SCIENCE FICTION
BOOK

REVIEW INDEX,
1923-1973

Edited by H. W. Hall

Serials Librarian,
Texas A&M University Library

Gale Research Company · Book Tower · Detroit, Michigan 48226

**Library of Congress
Cataloging in Publication Data**

Hall, Halbert W.
    Science fiction book review index, 1923-1973.

    1. Science fiction--Book reviews--Indexes   I. Title
Z5917.S36H35   016.80883'876   74-29085
ISBN 0-8103-1054-6

Science Fiction Book Review Index,1923-1973 will be kept up-to-date by annual volumes compiled and produced by the editor. Address inquiries regarding the annual editions to H. W. Hall, 3608 Meadow Oaks Lane, Bryan, Texas 77801. These annual volumes will be cumulated at a future date by Gale Research Company.

To

Betty and Julia

who gave up many hours of family life to this project.

CONTENTS

INTRODUCTION

Stories which may be classed as science fiction date at least back to H. G. Wells and Jules Verne, but science fiction really began as a separate literary genre in 1926 with the birth of Amazing Stories, the first magazine devoted exclusively to science fiction. As a result of this birth in the pulp era, science fiction was accorded little attention and less respect by critics and scholars. In the past decade, this attitude about science fiction has changed drastically.

In 1968, the Science Fiction Research Association was formed to unite the efforts of teachers, scholars, and bibliographers interested in science fiction. Through its scholarly journal, Extrapolation and its Newletter, the association promotes the study and teaching of science fiction in the United States. In England, the counterpart of Science Fiction Research Association is the Science Fiction Foundation, based at Northeast London Polytechnic, and publishers of the quarterly journal Foundation.

Further evidence of the changed attitude toward the genre may be found in the proliferation of science fiction courses at all levels from junior high school through college. Jack Williamson conducted several surveys of science fiction courses over the past five years, and verified the existence of at least 200 different institutions offering science fiction courses. Since the last Williamson survey, a number of additional science fiction courses have been reported, leading one educator to estimate as many as 2,000 science fiction courses are being taught annually in the United States.

This academic activity has been supported by libraries around the country. A recent Science Fiction Research Association survey located almost forty college and public libraries with unitary science fiction collections adequate to support study and teaching of science fiction. The collections range from partial collections of the science fiction magazines to near comprehensive collections of books and magazines.

Science fiction's burgeoning popularity has resulted in considerable review space being devoted to the appearance of a new science fiction book, both in science fiction and general interest magazines. Because science fiction has found respectability, and is subject to the same kinds of analysis and criticism as other literary genres, a need arose for an easy reference system to book reviews. Thus, Science Fiction Book Review Index was born.

50 Years Of Sci-Fi Reviews

This book review index provides access to science fiction and fantasy book reviews which appeared in the science fiction magazines from 1923 through 1973. From 1970-73 coverage of magazines is somewhat broader. In addition to the science fiction magazines, a number of general magazines, library magazines, and amateur magazines (fanzines) were indexed, both to give the index more utility, and to provide a broader variety of viewpoints than might be found in only the science fiction magazines. The primary criterion for choice of non-science fiction magazines for indexing was the established fact that the magazine carried reviews of science fiction books. The beginning date for coverage for these non-science fiction magazines corresponds to the beginning date for the annual version of SFBRI which was first published in 1970. The enormous number of backfiles of non-science fiction magazines and the lack of consistent coverage of science fiction in the earlier years of the magazines were the criteria for establishing the cut off date of 1970.

During the first twenty-five years covered by SFBRI, there was little critical writing on science fiction, and even now there are few critical studies of individual books and authors. Consequently, the reviews cited in SFBRI represent the only commentary available on a vast body of science fiction. The quality of this commentary ranges from simple plot summaries (which may have certain values of their own) to rather extensive critical commentary.

Science Fiction Book Review Index is a complete record of all books reviewed in the science fiction magazines from 1923 to 1973, and a record of all science fiction and fantasy books and books of interest to science fiction readers reviewed in the non-science fiction magazines from 1970-73. Reviews of non-science fiction books that appeared in science fiction magazines were not excluded from SFBRI for three reasons. First, users who recall a review they wish to refer to should be able to find it in SFBRI, whether science fiction or not. Second, including all reviews gives some indication of the diversity of interest found in the field. Finally, had the compiler not indexed all reviews at this time, quite likely the job of indexing the excluded books would never be done.

SFBRI is a book review index. It does not index movie reviews, reviews of TV shows, or fanzine reviews. In addition to these exclusions, publication notices are excluded, as are brief mentions of books in the context of other reviews.

Science Fiction Book Review Index is designed as an aid to study and research of science fiction authors and their works. As much data has been provided on the book and review as seemed reasonable and useful.

Arrangement

Science Fiction Book Review Index is arranged alphabetically by author, with books listed alphabetically by title under each author's name. Where there are co-authors or co-editors, entry is under the first named person, with full information on co-authors in the bibliographic data for each book. Cross-references are not provided for co-authors.

Author's names are verified whenever possible in the Library of Congress catalogs. If no LC data was available, names were verified in the best available source. A listing of sources used follows this introduction. Entries are generally under the author's real name when it could be determined, with cross-references for pseudonyms. Pseudonyms are shown as part of the bibliographic data for particular books, as in the following example.

> ASIMOV, ISAAC
>
> Lucky Starr and the big sun of Mercury, by Paul French.

Entries in the index are alphabetized letter by letter. Abbreviations and numbers are filed as if spelled out in full, except in the case of numbered series, such as Orbit or New Writings in SF, which are filed in numerical order.

Books which are entered under title main entry are filed in a special title entry section following the letter "Z" in the body of the index. Title main entries are also cross-referenced in the title index.

Variant titles of books are not connected in SFBRI. The user is cautioned to check on all titles under which a work has appeared to assure full coverage.

For each book reviewed, the following data is provided: 1) author; 2) title; 3) pseudonym, joint authors, or joint editors; 4) place of publication; 5) publisher; 6) date of publication; 7) number of pages; and 8) Library of Congress card number. An example illustrating these elements follows:

> ABBOTT, EDWIN A.
> 1
>
> Flatland; a romance of many dimensions, by A. Square. New York, Dover, 1952. 103 p. 54-1523.
> 2   3   4   5   6   7   8

When only one edition of a book was reviewed, data on that edition was provided. When reviews covered several editions or printings, data is provided for the earliest edition for which data is available. When a choice of citing paperback or hardcover edition was required, the hardcover was chosen. In some cases bibliographic data could not be located for a book reviewed, or only partial data was available.

Citations to reviews include the following data: 1) magazine code; 2) volume and issue numbers, or whole number of issue; 3) pagination of review; 4) date of magazine issue; 5) reviewer. An example follows:

> ASF   91(5):165-166. Ag. 1973. (P. Miller)
> 1   2   3   4   5

Users should note that the magazine code refers to bibliographic units which may include title changes. For example, the code ASF refers to the magazine currently known as Analog, and also refers to the earlier title of that magazine, Astounding. To determine the exact title for a specific issue, refer to the appendix, which gives a complete issue by issue checklist of the magazines indexed. Adequate information is given in each citation to allow clear identification of the title, and to facilitate use of library interlibrary loan services for those without direct access to the magazines indexed.

Appendixes

A complete listing of the magazines indexed is included as an appendix, which is divided into two parts. Part one is a record of the science fiction magazines from 1923 through 1973. Each magazine listing includes all available data on the magazine, including the following items: Title, title changes, editors; variations in publisher; indexes which cover the title; indexing code; special notes; and an issue-by-issue checklist of the magazine. All changes in title are cross-referenced in the appendix to provide ease of access. The compiler checked approximately ninety percent of the magazine issues for this data, using the science fiction collection at Texas A&M University as the research source.

Part two of the appendix is a title checklist of the general, library, and amateur magazines covered by the index. Title and date coverage started is provided in this section.

Two brief listings follow section two. A list of the major science fiction indexes is given, fully identifying the titles referred to in the "Indexed in:" section of each science fiction magazine listing. For example, the code line "Indexed in: Day" refers to: Day, Donald B. Index to the SF Magazines, 1926-1950. Portland, Ore., Perri Press, 1951.

The last item in the appendix is an editor index to the science fiction magazines. Arranged by editor's last name, this listing gives editor, magazines edited, and dates under that editorship.

Bibliographic Sources Consulted

Whenever possible, bibliographic data is based on the material in the Texas A&M University Library's science fiction collection of over 6,000 titles. For material not in that collection, the best available data was compiled from the following sources:

Library of Congress Catalogs

British Museum Catalog

British National Bibliography

Whitaker's Cumulative Book List

Cumulative Book Index

American Book Publishing Record

Bleiler, Everett F., ed. The Checklist of fantastic literature. Chicago: Shasta, 1948.

Day, Bradford M. Supplemental checklist of fantastic literaure. Denver, N. Y.: Science Fiction and Fantasy Publishers, 1963.

Day, Bradford M. Checklist of fantastic literature in paperbound books. Denver, N. Y.: Science Fiction and Fantasy Publishers, 1965.

Burger, Joanne. SF published in 1967-   . Lake Jackson, Tx.: The Author, 1967-

Reginald, Rob. Cumulative paperback index, 1939-1959. Detroit: Gale Research, 1973.

Tuck, Donald H. Handbook of science fiction and fantasy. 2d. ed. Hobart, Tasmania: The Author, 1959.

Tuck, Donald H. Encyclopedia of science fiction and fantasy. Vol. 1, A-L. Chicago: Advent, 1974.

Versins, Pierre. Encyclopedie de l'utopie des voyages extraordinaires et de la science fiction. Lausanne: Editions L'Age de'Homme, 1972.

ACKNOWLEDGMENTS

Three individuals provided extensive aid in the compilation of SFBRI. My special thanks to Mary Jo Walker of Eastern New Mexico University Library, Robert A. Tibbetts of the Ohio State University libraries, and Charles Gilreath of the Texas A&M University library.

In addition, I wish to extend my thanks to the individuals listed below. Without their help and encouragement, this project would not have been possible.

Joe Bowman   Ken Slater
Malcolm Willitts   Annelle Hawkins
Robert A. W. Lowndes   Evelyn King
Anthony R. Lewis   Gloria Johnson
Donald Tuck

Special thanks to the Texas A&M University Faculty Research Mini-Grant Program for partial funding of the project.

ABBREVIATIONS

ADT	AMAZING DETECTIVE TALES		INT	INTERNATIONAL SCIENCE FICTION
AFR	AVON FANTASY READER		ISF	IMAGINATION SCIENCE FICTION
AG	AUGUST		JA	JANUARY
ALG	ALGOL		JE	JUNE
AMA	AMAZING STORIES ANNUAL		JL	JULY
AMF	A. MERRITT'S FANTASY MAGAZINE		JPC	JOURNAL OF POPULAR CULTURE
AMN	AMAZING STORIES SCIENCE FICTION NOVELS		KPG	KLIATT PAPERBACK BOOK GUIDE
AMQ	AMAZING STORIES QUARTERLY		KR	KIRKUS REVIEWS - *TS* *(TS)*
AMR	AMAZING STORIES QUARTERLY REISSUE		LJ	LIBRARY JOURNAL - *CH,CI,REF,TS*
AMZ	AMAZING STORIES		LM	LUNA MONTHLY
AP	APRIL		MAC	MACABRE
ASF	ANALOG		MCM	MAGIC CARPET MAGAZINE
ASFR	AVON SCIENCE FICTION FANTASY READER		MIR	MIRACLE SCIENCE AND FANTASY STORIES
ASR	AVON SCIENCE FICTION READER		MOH	MAGAZINE OF HORROR
ASS	AMAZING SCIENCE STORIES		MR	MARCH
AST	ASTONISHING STORIES		MSF	MARVEL SCIENCE FICTION
ASY	ASTOUNDING STORIES YEARBOOK		MT	MARVEL TALES
AT	AUTUMN		MTS	MOST THRILLING SCIENCE EVER TOLD
AUT	AUTHENTIC SCIENCE FICTION		MY	MAY
AWS	AIR WONDER STORIES		MYT	MYSTERIOUS TRAVELER MYSTERY READER
REF BB	BOOKS AND BOOKMEN		N	NOVEMBER
BDI	BEYOND INFINITY		NEB	NEBULA SCIENCE FICTION
BFF	BEYOND FICTION		NR	NATIONAL REVIEW *CI, REF*
BFT	BIZARRE FANTASY TALES		NS	NEW STATESMAN - *REF*
BIZ	BIZARRE MYSTERY MAGAZINE		NST	NEW SCIENTIST
REF&CIRC BKL	BOOKLIST		NWA	NEW WORLDS SCIENCE FICTION
BKW	A BOOK OF WEIRD TALES		NWB	NEW WORLDS
CIRC BS	BEST SELLERS		NWK	NEWSWEEK *CI, REF*
BSP	BRITISH SPACE FICTION MAGAZINE		NWQ	NEW WORLDS QUARTERLY
CAF	CAPTAIN FUTURE		NYT	NEW YORK TIMES BOOK REVIEW *CH,CI,REF,TS*
CCB	CENTER FOR CHILDREN'S BOOKS, CHICAGO. BULLETIN		O	OCTOBER
CC	COLLEGE ENGLISH		OSF	ORBIT SCIENCE FICTION
CHC	CHOICE		OSFS	ORIGINAL SCIENCE FICTION STORIES
COM	COMET STORIES		OTW	OUT OF THIS WORLD
COS	COSMOS SCIENCE FICTION & FANTASY MAGAZINE		OTWA	OUT OF THIS WORLD ADVENTURES
COSM	COSMIC SCIENCE FICTION		OUT	OUTLANDS
D	DECEMBER		PNM	PHANTOM
DSF	DYNAMIC SCIENCE FICTION		PS	PLANET STORIES
DSS	DYNAMIC SCIENCE STORIES		PW	PUBLISHERS WEEKLY *CI, REF, TS*
DWD	DREAM WORLD		REN	RENAISSANCE
CH REF EE	ELEMENTARY ENGLISH		RKS	ROCKET STORIES
EJ	ENGLISH JOURNAL		RQ	RIVERSIDE QUARTERLY
ETR	ETERNITY		S	SEPTEMBER
EXT	EXTRAPOLATION		SAT	SATELLITE SCIENCE FICTION
F	FEBRUARY		SAY	SCIENCE FICTION ADVENTURES YEARBOOK
FAD	FANTASTIC ADVENTURES (1939-1953)		SCA	SCIENCE FICTION CLASSICS ANNUAL
FAM	FANTASY FICTION		SCF	SCIENCE FANTASY
FANA	FANTASIAE		SCP	SCOOPS
FANS	FANTASY, THE MAGAZINE OF SCIENCE FICTION		SDNP	CHICAGO DAILY NEWS. PANORAMA.
FANT	FANTASY		SF	SCIENCE FICTION
FAS	FANTASTIC STORIES		SFA	SCIENCE FICTION ADVENTURES (1952-1954)
FASF	FANTASTIC SCIENCE FICTION		SFAB	SCIENCE FICTION ADVENTURES (1958-1963)
FAU	FANTASTIC UNIVERSE SCIENCE FICTION		SFAC	SCIENCE FICTION ADVENTURE CLASSICS
FAY	FANTASTIC ADVENTURES YEARBOOK		SFAD	SCIENCE FICTION ADVENTURES (1956-1958)
FBK	FANTASY BOOK		SFB	SCIENCE FANTASY
FER	FEAR		SFC	SCIENCE FICTION ADVENTURE CLASSICS
FF	FORGOTTEN FANTASY		SFD	SCIENCE FICTION DIGEST
FFM	FAMOUS FANTASTIC MYSTERIES		SFG	SF GREATS
FFN	FANTASY STORIES		SFI	SF IMPULSE
FL	FALL		SFIQ	SCIENCE FICTION QUARTERLY (1951-1958)
FMF	FAMOUS SCIENCE FICTION		SFN	SFRA NEWSLETTER
FNM	FANTASTIC NOVELS MAGAZINE		SFO	SF COMMENTARY
FOU	FOUNDATION		SFP	SCIENCE FICTION PLUS
CIRC-REF FSF	MAGAZINE OF FANTASY & SCIENCE FICTION		SFQ	SCIENCE FICTION QUARTERLY (1940-1943)
FSM	FANTASTIC STORY MAGAZINE		SFR	SCIENCE FICTION REVIEW
FSO	FLYING SAUCERS FROM OTHER WORLDS		SFS	SCIENCE FICTION STORIES
FTT	FANCIFUL TALES OF TIME AND SPACE		SFST	SCIENCE FICTION STUDIES
FUN	FROM UNKNOWN WORLDS		SFY	SCIENCE FICTION YEARBOOK
FUT	FUTURES		SHK	SHOCK
FUTF	FUTURE SCIENCE FICTION		SM	SUMMER
FUTS	FUTURISTIC STORIES		SMS	STARTLING MYSTERY STORIES
YA GAL	GALAXY		SP	SPRING
GAM	GAMMA		SPEC	SPECULATION
GOF	GOLDEN FLEECE		SPF	SPACE SCIENCE FICTION
GSFS	GREAT SCIENCE FICTION STORIES		SPF	SPACE SCIENCE FICTION
CH HB	HORN BOOK		SPS	SPACE STORIES
HOH	HAUNT OF HORROR		SPT	SPACE TRAVEL
INF	INFINITY SCIENCE FICTION		SPV	SPACE ADVENTURES

SPW	SPACEWAY SCIENCE FICTION	TRR	THE ROHMER REVIEW
SR	SATURDAY REVIEW	TSB	TWO COMPLETE SCIENCE ADVENTURE BOOKS
SRA	SATURDAY REVIEW OF THE ARTS	TSF	10 STORY FANTASY
SRE	SATURDAY REVIEW OF EDUCATION	TWS	THRILLING WONDER STORIES
SRN	SATURN SCIENCE FICTION AND FANTASY	UNC	UNCANNY STORIES
SRS	STRANGE STORIES	UNI	UNIVERSE SCIENCE FICTION
SRSC	SATURDAY REVIEW OF SCIENCE	UNK	UNKNOWN WORLDS
SRSO	SATURDAY REVIEW OF SOCIETY	UNT	UNCANNY TALES
SSE	STRANGEST STORIES EVER TOLD	VAN	VANGUARD SCIENCE FICTION
SSF	SUPER SCIENCE FICTION	VEN	VENTURE SCIENCE FICTION
SSM	SPACE SCIENCE FICTION MAGAZINE	VOR	VORTEX SCIENCE FICTION
SSS	SUPER SCIENCE STORIES	VOT	VISION OF TOMORROW
SST	SCIENCE STORIES	VTX	VERTEX
STA	STRANGE ADVENTURES	W	WINTER
STF	STRANGE FANTASY	WAS	WITCHCRAFT AND SORCERY
STL	STARTLING STORIES	WBD	WORLDS BEYOND
STR	STAR SCIENCE FICTION	WFA	WORLDS OF FANTASY (1968-
STS	STIRRING SCIENCE STORIES	WIF	WORLDS OF IF
STT	STRANGE TALES OF MYSTERY AND TERROR	WMY	WEIRD MYSTERY
SUS	SUSPENSE	WOF	WORLDS OF FANTASY (1950-1954)
SWSJ	SON OF WSFA JOURNAL	WOL	WEIRD AND OCCULT LIBRARY
TAD	THE ARMCHAIR DETECTIVE	WOS	WONDERS OF THE SPACEWAYS
TB	THRILL BOOK	WOT	WORLDS OF TOMORROW
TIS	TOPS IN SCIENCE FICTION	WSA	WONDER STORY ANNUAL
TLS	TIMES (LONDON) LITERARY SUPPLEMENT	WSJ	WSFA JOURNAL
TM	TIME	WSQ	WONDER STORIES QUARTERLY
TMNP	THE MYSTERY READERS NEWSLETTER	WT	WEIRD TALES
TOF	TALES OF THE FRIGHTENED	WTZ	WEIRD TALES (1973-)
TOT	TALES OF TOMORROW	WTT	WEIRD TERROR TALES
TOW	TALES OF WONDER	WWD	WEIRD WORLD

SCIENCE FICTION
BOOK REVIEW INDEX,
1923–1973

AUTHOR ENTRIES

A

A.C.P.

Equality; or, a history of Lithconia. 2nd ed.
Philadelphia, Prime Press, 1947. 86 p. 48-12431.

    ASF   49(3):156. My. 1952. (P. Miller)

AARONS, EDWARD S.

Assignment to disaster. New York, Fawcett, 1955.
160 p. 55-38191.

    ASF   56(4):150. D. 1955. (P. Miller)
    FAU   4(5):128. D. 1955. (H. Santesson)

ABBOTT, EDWIN A.

Flatland: a romance of many dimensions, by
A. Square. New York, Dover, 1952. 103 p.
54-1523.

    ASF   52(2):148. O. 1953. (P. Miller)
    FUTF 4(3):46. S. 1953. (J. Blish)
    GAL   6(5):115-116. Ag. 1953. (G. Conklin)
    SAT   1(4):127-128. Ap. 1957. (S. Moskowitz)

ABE, KOBO

Inter ice age 4. New York, Knopf, 1970. 228 p.
70-111245.

    LJ   95:2512. Jl. 1970. (D. Pearce)
    SR   53:37. S. 26, 1970. (H. Hibbett)
    BS   30:334. N. 15, 1970. (C. Collier)
    ATLANTIC 226:150. O. 1970. (P. Adams)
    ASF   87:164. Jl. 1971. (P. Miller)
    SWSJ 21:6-7. My. 1971. (J. Newton)
    KPG   6:77. S. 1972. (P. Selden)

ABEL, RICHARD COX

Trivana I, by R. Cox Abel and Charles MacKennon
Barren. London, Panther, 1966. 171 p.

    NWB   No. 166:151. S. 1966. (J. Cawthorn)

ABELMAN, PAUL

The twilight of the Vilp. London, Gollancz, 1969.
157 p.

    NWB   No. 190:59. My. 1969. (M. Harrison)
    SFO   5:44. Ag. 1969. (A. Escot)

ABETTI, GIORGIO

The history of astonomy. London, Sidgwick, 1954.
345 p.

    AUT   No. 50:133-134. O. 1954. (n.g.)
    NWB   No. 27:3. S. 1954. (J. Carnell)

The sun. New York, Macmillan, 1957. 336 p.
A57-2878.

    GAL   16(2):98-99. Je. 1958. (F. Gale)

ABRAMOV, ALEXANDER

Journey across three worlds, by Alexander Abramov
and Sergei Abramov. Moscow, Mir, 1973. 396 p.

    BB   18:86-87. S. 1973. (B. Patten)

ABRO, A. D.

The evolution of scientific thought from Newton to
Einstein, by A. D'Abro. New York, Boni & Liveright,
1927. 544 p. 28-11297.

    ASF   50(2):166. O. 1952. (P. Miller)
    FUTF 3(3):66,74. S. 1952. (J. Blish)

The rise of the new physics, by A. D'Abro. 2nd ed.
New York, Dover, 1952. 2 v. 52-8895.

    ASF   50(2):166. O. 1952. (P. Miller)

ACKERMAN, FORREST J., ed.

Best science fiction for 1973. New York, Ace,
1973. 267 p.

    PW   203:51. My. 21, 1973. (n.g.)
    VTX   1:11. D. 1973. (n.g.)
    REN   5(3):11-13. Sm. 1973. (J. Pierce)

The Frankenscience monster. New York, Ace, 1969.
191 p. NUC 72-35007.

    LM   13:21. Je. 1970. (D. Paskow)
    SFR   37:33. Ap. 1970. (P. Walker)

Science fiction worlds of Forrest J. Ackerman and
friends. New York, Powell, 1969. 233 p.

    LM   6:29. N. 1969. (G. Bear)

ADAMS, CARLSBIE CLIFTON

Careers in astronautics and rocketry, by C. C. Adams and Wernher von Braun. New York, McGraw Hill, 1961. 252 p. 61-18306.

    FSF   24(5):97-98. My. 1963. (A. Davidson)

ADAMSKI, GEORGE

Inside the spaceships. New York, Abelard-Schuman, 1955. 256 p. 55-10556.

    ASF   57(2):151-152. Ap. 1956. (P. Miller)
    FAU   5(6):128. Jl. 1956. (H. Santesson)
    GAL   11(3):91. Ja. 1956. (F. Gale)

ADDAMS, CHARLES

My crowd. New York, Simon & Schuster, 1970. 192 p. 76-129192.

    LM   28:29. S. 1971. (J. B. Post)

ADDIS, MRS. HAZEL IRIS (WILSON)

Stranger from Space, by Hazel Adair and Ronald Marriott. London, Weidenfeld, 1953. 191 p.

    AUT   No. 38:138. O. 1953. (n.g.)

ADKINSON, ROBERT VICTOR

The cabinet of Dr. Caligari: a film by Robert Wiene. London, Lorrimer, 1972. 104 p.

    BB   17:82. Je. 1972. (H. Leonard)

ADLARD, MARK

Interface. London, Sidgwick, 1971. 191 p. 72-179218.

    SPEC   30:35,41. Je. 1972. (P. Weston)

Volteface. London, Sidgwick, 1972. 210 p.

    SPEC   32:37-39,44. Sp. 1973. (T. Shippey)

ADLER, ALLEN

Mach 1: a story of planet Ionus. New York, Farrar, 1957. 212 p. 57-12153.

    ASF   61(3):142. My. 1958. (P. Miller)
    OSFS   8(6):77-79. My. 1958. (D. Knight)

ADLER, IRVING

How life began. New York, Day, 1957. 128 p. 57-7415.

    GAL   15(1):121. N. 1957. (F. Gale)

Monkey business. New York, Day, 1957. 128 p. 57-11700

    FSF   13(6):94. D. 1957. (A. Boucher)

Thinking machines. New York, Day, 1961. 189 p. 61-5924.

    GAL   20(2):147. D. 1961. (F. Gale)

The tools of science. New York, Day, 1958. 128 p. 58-10118.

    GAL   18(2):154. D. 1959. (F. Gale)

AFFORD, MAX

Death's mannikins. New York, Appleton-Century, 1937. 292 p. 37-12725.

    AMZ   12(1):134. F. 1938. (C. Brandt)

AGEL, JEROME, ed.

The making of Kubrick's 2001. New York, Signet, 1970. 367 p. 77-108724.

    FSF   39(4):29. O. 1970. (E. Ferman)
    PW   198(3):83. Ja. 19, 1970.
    LM   23:30. Ap. 1971. (K. Beale)
    VEN   4(3):107. Ag. 1970. (R. Goulart)

AHMED, ROLLO

The complete book of witchcraft. New York, Paperback Library, 1970. 318 p. NUC 72-90620.

    LM   33:32. F. 1972. (J. Rapkin)

AHNSTROM, D. N.

The complete book of helicopters. Cleveland, World, 1954. 160 p. 54-8173.

    GAL   10(2):115. My. 1955. (G. Conklin)

AICKMAN, ROBERT

Sub Rosa: strange tales. London, Gollancz, 1968. 256 p. 68-108557.

    FAS   19(1):127-128. O. 1969. (F. Leiber)
    FSF   39(4):28-29. O. 1970. (G. Wilson)

AIKEN, JOAN

The green flash and other tales of horror, suspense and fantasy. New York, Holt, 1971. 163 p. 73-155870.

    LM   44:17. Ja. 1973. (C. Moslander)
    SWSJ   94:6. Je. 1973. (D. D'Ammassa)
    BKL   68:428. Ja. 15, 1972. (n.g.)
    HB   48:54-55. Ja. 1972. (E. Heins)

A necklace of raindrops and other stories. Garden City, N.Y., Doubleday, 1968. 94 p. 69-15184.

    LM   13:18. Je. 1970. (J. Post)

Smoke from Cromwell's time. Garden City, N.Y., Doubleday, 1970. 163 p. 75-105613.

    LM   33:28. F. 1972. (C. Moslander)

AIKEN, JOAN (Continued)

The whispering mountain. Garden City, N.Y., Doubleday, 1969. 237 p. 74-89139.

LM   18:21. N. 1970. (C. Moslander)

AIKEN, JOHN

World well lost. Garden City, N.Y., Doubleday, 1971. 207 p. 74-131063.

PW   198(23):49-50. D. 7, 1970.
LJ   96:97. Ja. 1, 1971. (R. Haseltine)
LJ   96:1829. My. 15, 1971. (K. Roberts)
SWSJ   28:7. Jl. 1971. (J. Newton)
LM   38/39:49. Jl/Ag. 1972. (C. Moslander)

AITKEN, ROBERT G.

The binary stars. New York, Dover, 1964. 309 p. 64-13456.

GAL   23(4):145. Ap. 1965. (F. Pohl)

AKADEMIIA NAUK SSSR

The other side of the moon, tr. by J. B. Sykes. New York, Pergamon, 1960. 36 p. 60-9936.

ASF   66(3):163-165. N. 1960. (P. Miller)

AKERS, ALAN BURT

The sun of Scorpio. New York, Daw, 1973. 192 p.

SWSJ   115:3. N. 1973. (D. Stever)

Transit to Scorpio. New York, Daw, 1972. 190 p.

WIF   21:171. Je. 1973. (L. del Rey)

Warrior of Scorpio. New York, Daw, 1973. 190 p.

SWSJ   115:3. N. 1973. (D. Stever)

ALAZRAKI, JAIME

Jorge Luis Borges. New York, Columbia University Press, 1971. 48 p. 77-136494.

CHO   9:374. My. 1972. (n.g.)

ALBAN, ANTONY

Catharsis central. New York, Berkley, 1969. 160 p.

LM   8:31. Ja. 1970. (J. Schaumberger)

ALBANO, M. W.

Souls' judgement day. Paterson, N.J., Lorecraft Publishers, 1940. 256 p. 40-7801.

AST   2(1):35. O. 1940. (D. Wollheim)

ALDISS, BRIAN WILSON

The airs of earth. London, Faber, 1963. 256 p. NUC 63-71207.

NWB   No. 135:125-126. O. 1963. (L. Flood)

Barefoot in the head. Garden City, N.Y., Doubleday, 1970. 281 p. 74-97644.

FSF   39(6):22-24. D. 1970. (J. Blish)
SFR   36:17-19. 1970. (J. Brunner)
SFO   15:17-18. S. 1970. (A. van der Poorten)
SPEC   3(1):24-26. Ja. 1970. (J. Blish)
VOT   1(6):60-61. Mr. 1970. (R. Buckley)
LM   24/25:42. My/Je. 1971. (C. Moslander)
NWB   No. 195:30-31. N. 1969. (J. Clute)
GAL   33:153-154. Mr/Ap. 1973. (T. Sturgeon)

Best fantasy stories, ed. by Brian W. Aldiss. London, Faber, 1962. 208 p. 63-3491.

NWB   No. 125:126. D. 1962. (L. Flood)
FSF   30(4):39-40. Ap. 1966. (F. Leiber)

Best science fiction stories of Brian W. Aldiss. London, Faber, 1971. 260 p. 72-175495.

BB   17:VII. Ag. 1972. (J. Boland)
SFO   39:7-9. N. 1973. (G. Murnane)

Billion year spree: the true history of science fiction. Garden City, N.Y., Doubleday, 1973. 329 p. 72-92186.

ASF   92:163-164. D. 1973. (P. Miller)
KR   41:346. Mr. 15, 1973. (n.g.)
KR   41:469. Ap. 15, 1973. (n.g.)
LJ   98:1487. My. 1, 1973. (H. Hall)
LJ   98:1711. My. 15, 1973. (J. Kammermeyer)
PW   203:52. Ap. 30, 1973. (n.g.)
NS   2224:654-655. N. 2, 1973. (V. Pritchett)
NST   60:494-495. N. 15, 1973. (M. Kenward)
CHO   10:965. S. 1973. (n.g.)
SFN   27:3. S. 1973. (F. Lerner)
SDNP   p. 10. D. 1/2, 1973. (B. Friend)
NYT   p. 39. S. 23, 1973. (T. Sturgeon)
ALG   21:48-49. N. 1973. (R. Lupoff)
LM   48:24-25. Fl. 1973. (N. Barron)

Bow down to nul. New York, Ace, 1960. 145 p. NUC 72-82105.

AMZ   34(10):134-135. O. 1960. (S. Cotts)
ASF   67(3):169-170. My. 1961. (P. Miller)
NWB   No. 166:153. S. 1966. (H. Bailey)

The canopy of time. London, Faber, 1966, c1959. 221 p. 75-12076.

NWB   No. 92:127-128. Mr. 1960. (L. Flood)
NWB   No. 163:150-151. Je. 1966. (J. Colvin)

Cryptozoic! Garden City, N.Y. Doubleday, 1968. 240 p. 68-10576.

AMZ   42(3):138-139. S. 1968. (W. Atheling, Jr.)
ASF   82(2):162-163. O. 1968. (P. Miller)
GAL   27(1):155-157. Ag. 1968. (A. Budrys)
FSF   35(2):18-23. Ag. 1968. (J. Merril)
SFO   15:14-16. S. 1970. (B. Gillam)

ALDISS, BRIAN WILSON (Continued)

The dark light-years. New York, Signet, 1964. 128 p.
NUC 70-85557.

    AMZ   39(4):124-125. Ap. 1965. (R. Silverberg)
    ASF   74(6):90. F. 1965. (P. Miller)
    NWB   No. 139:127. F. 1964. (L. Flood)

Earthworks. Garden City, N.Y., Doubleday, 1966.
154 p. 66-12206.

    ASF   78(4):162. D. 1966. (P. Miller)
    NWB   No. 151:114-115. Je. 1965. (C. Platt)
    FSF   31(1):33-34. Jl. 1966. (J. Merril)

The eighty minute hour. Garden City, N.Y., Doubleday,
1974. 226 p. 73-83341.

    KR   41:1229. N. 1, 1973. (n.g.)
    PW   204:56. N. 5, 1973 (n.g.)

Equator. London, Digit, 1961. 160 p.

    SFO   10:35. Mr/Ap. 1970. (B. Gillespie)

Frankenstein unbound. London, Cape, 1973. 184 p.

    LST   2323:459-460. O. 4, 1973. (R. Blythe)
    NST   60:61-62. O. 4, 1973. (M. Sherwood)

Galaxies like grains of sand. New York, Signet,
1960. 144 p. NUC 70-89717.

    AMZ   34(11):137. N. 1960. (S. Cotts)
    NWB   No. 101:128. D. 1960. (J. Carnell)
    WIF   10(5):86. N. 1960. (F. Pohl)

Greybeard. New York, Harcourt, 1964. 245 p. 64-18276.

    ASF   74(6):87-88. F. 1965. (P. Miller)
    NWB   No. 146:110-112. Ja. 1965. (M. Moorcock)
    NWB   No. 152:112. Jl. 1965. (G. Collyn)
    SCF   No. 68:2-3. D/Ja. 1964/65. (K. Bonfiglioli)
    FSF   27(6):70. D. 1964. (R. Goulart)
    SFO   10:45. Mr/Ap. 1970. (B. Gillespie)

Hothouse. London, Faber, 1962. 253 p. NUC 63-439.

    NWB   No. 123:127. O. 1962. (L. Flood)
    SFO   10:41. Mr/Ap. 1970. (B. Gillespie)

Intangibles inc. London, Faber, 1969. 198 p.
79-423930.

    NWB   No. 191:60. Je. 1969. (M. Harrison)
    SFO   6:17. S. 1969. (B. Gillespie)

Introducing SF. London, Faber, 1964. 224 p.
NUC 65-93659.

    NWB   No. 147:119-120. F. 1965. (J. Colvin)

The long afternoon of earth. New York, Signet, 1962.
192 p. 70-89716.

    AMZ   36(5):136-137. My. 1962. (S. Cotts)
    ASF   69(4):156-157. Je. 1962. (P. Miller)
    GAL   21(1):193. O. 1962. (F. Gale)

The male response. New York, Galaxy Novels, 1961.
188 p.

    ASF   68(6):167. F. 1962. (P. Miller)

Moment of eclipse. London, Faber, 1970. 215 p.
79-582681.

    FSF   43:17-18. N. 1972. (J. Blish)
    KR   40:27. Ja. 1, 1972. (n.g.)
    LM   38/39:63. Jl/Ag. 1972. (J. B. Post)
    LJ   97:1462. Ap. 15, 1972. (J. Post)
    PW   201:65. Ja. 3, 1972. (n.g.)
    SPEC   30:16-19. Je. 1972. (T. Shippey)

Neanderthal planet. New York, Avon, 1969. 192 p.
NUC 71-88839.

    LM   24/25:61. My/Je. 1971. (S. Mines)

Nebula award stories two, edited by Brian W. Aldiss
and Harry Harrison. Garden City, N.Y., Doubleday,
1967. 244 p. 66-20974.

    GAL   26(3):159-160. F. 1968. (A. Budrys)
    WSJ   73:45. S/N. 1970. (T. Pauls)
    LM   20:28. Ja. 1971. (J. Slavin)

No time like tomorrow. New York, Signet, 1959. 160 p.
NUC 72-25646.

    AMZ   33(10):74-75. O. 1959. (S. Cotts)
    ASF   65(2):165-167. Ap. 1960. (P. Miller)
    WIF   9(5):97-98. N. 1959. (F. Pohl)

Non-stop. London, Faber, 1958. 252 p.

    NEB   No. 31:105-106. Je. 1958. (K. Slater)
    NWB   No. 76:123. O. 1958. (L. Flood)
    NWB   No. 154:123. S. 1965. (J. Colvin)
    SCF   No. 76:2-3,48. S. 1965. (B. Aldiss)
    SFO   10:37. Mr/Ap. 1970. (B. Gillespie)

Penguin science fiction. Harmondsworth, Penguin,
1961. 236 p.

    NWB   No. 113:126. D. 1961. (J. Carnell)

The primal urge. New York, Ballantine, 1961. 191 p.

    ASF   69(3):167-168. My. 1962. (P. Miller)
    FSF   22(4):113-114. Ap. 1962. (A. Bester)
    NWB   No. 117:127. Ap. 1962. (L. Flood)

Report on probability a. Garden City, N.Y.,
Doubleday, 1969. 190 p. 78-84385.

    FSF   39(1):45. Jl. 1970. (J. Russ)
    LJ   95(3):511. F. 1, 1970. (R. Ryan)
    LM   19:24. D. 1970. (C. Moslander)
    SFR   39:28. Ag. 1970. (P. Walker)

The saliva tree. London, Faber, 1966. 232 p.
66-71344.

    NWB   No. 165:150-151. Ag. 1966. (R. H.)
    SFI   1(6):2-4. Ag. 1966. (H. Harrison)
    SFR   36:32. 1970. (B. Gillam)

The shape of further things. Garden City, N.Y.,
Doubleday, 1971. 171 p. 70-139001.

    FSF   42:29. Ja. 1972. (J. Blish)
    LM   38/39:32. Jl/Ag. 1972. (J. B. Post)
    SPEC   30:14-15. Je. 1972. (P. Bulmer)
    SWSJ   45:6. Ja. 1972. (M. Shoemaker)
    SWSJ   35:9. O. 1971. (J. Newton)
    EXT   13:79. D. 1971. (T. Clareson)
    LJ   96:2147. Je. 15, 1971. (H. Malm)
    PW   199:72. F. 8, 1971. (n.g.)

ALDISS, BRIAN WILSON (Continued)

Space, time and Nathaniel. London, Faber, 1957.
208 p. 57-28893.

AUT	No. 82:126-127.	Jl. 1957.	(A. Harby)
NEB	No. 21:102-103.	My. 1957.	(K. Slater)
NWB	No. 58:125-126.	Ap. 1957.	(L. Flood)
FSF	13(5):117.	N. 1957.	(A. Boucher)
SFO	8:42.	Ja. 1970.	(B. Gillespie)

Starship. New York, Criterion Books, 1959. 256 p.
59-6560.

AMZ	33(7):79-80.	Jl. 1959.	(S. Cotts)
ASF	64(2):147.	O. 1959.	(P. Miller)
FAU	11(4):125.	Jl. 1959.	(H. Santesson)
GAL	18(2):151.	D. 1959.	(F. Gale)
WIF	10(3):99-100.	Jl. 1960.	(F. Pohl)
LM	18:29.	N. 1970.	(J. Slavin)
SFR	39:27-28.	Ag. 1970.	(P. Walker)

Starswarm. New York, Signet, 1964. 159 p. NUC70-79711.

AMZ	38(8):119-120.	Ag. 1964.	(R. Silverberg)
ASF	73(4):86-87.	Je. 1964.	(P. Miller)

Vanguard from alpha. New York, Ace, 1959. 109 p.

ASF	65(3):172.	My. 1960.	(P. Miller)
FSF	17(6):90-91.	D. 1959.	(D. Knight)

Who can replace a man? New York, Harcourt, 1966.
253 p. 66-22272.

AMZ	41(3):4-5.	Ag. 1967.	(H. Harrison)
ASF	79(6):167-169.	Ag. 1967.	(P. Miller)
FSF	32(2):27-28.	F. 1967.	(J. Merril)

Yet more penguin science fiction, ed. by Brian W.
Aldiss. Harmondsworth, Penguin, 1964. 205 p.

FSF	30(6):39.	Je. 1966.	(F. Leiber)

ALEXANDER, LLOYD

The foundling and other tales of Prydain. New York,
Holt, 1973. 87 p.

LJ	98:3704.	D. 15, 1973.	(L. Gerhardt)
NYT	p. 48-50.	N. 4, 1973.	(J. Fritz)
KR	41:1308.	D. 1, 1973.	(n.g.)

The king's fountain. New York, Dutton, 1971. 34 p.
72-133109.

LM	35/36:44.	Ap/My. 1972.	(S. Deckinger)

ALEXANDER, ROLF

The power of the mind. London, Laurie, 1956. 248 p.

AUT	No. 74:154-155.	N. 1956.	(n.g.)

ALFVEN, HANNES

The tale of the big computer, by Olof Johannesson.
New York, Coward-McCann, 1968. 126 p. 68-11869.

ASF	83(3):167.	My. 1969.	(P. Miller)
FSF	34(6):52-53.	Je. 1968.	(J. Merril)

ALHAZRED, ABDUL

The Necronomicon, or, Al Azif. Philadelphia,
Owlswick Press, 1973. 197 p.

LM	49:24.	At. 1973.	(J. B. Post)

ALLEN, DICK
SEE Allen, Richard Stanley.

ALLEN, HENRY WILSON

Genesis five. New York, Morrow, 1968. 256 p.
68-54873.

ASF	86:168-169.	Ja. 1971.	(P. Miller)

ALLEN, RICHARD HINCKLEY

Star names: their lore and meaning. New York,
Dover, 1963. 563 p. 63-21808.

GAL	23(4):145.	Ap. 1965.	(F. Pohl)
SFR	36:34.	1970.	(J. Boardman)

ALLEN, RICHARD STANLEY

Science fiction: the future, ed. by Dick Allen.
New York, Harcourt, 1971. 345 p. 78-152576.

ASF	89:166-67.	My. 1972.	(P. Miller)
EXT	13:79.	D. 1971.	(T. Clareson)
FSF	42:36-37.	F. 1972.	(J. Blish)
SFN	4:2-3.	S. 15, 1971.	(V. Carew)

ALLEN, W. GORDON

Spacecraft from beyond three dimensions. New York,
Exposition Press, 1959. 202 p. 59-266.

FAU	11(5):100.	S. 1959.	(H. Santesson)

ALLINGHAM, CEDRIC

Flying saucer from Mars. New York, British Book
Center, 1955. 153 p. 55-1611.

AMZ	29(5):109-110.	S. 1955.	(V. Gerson)
ASF	56(2):142-143.	O. 1955.	(P. Miller)
FAU	4(5):126-127.	D. 1955.	(H. Santesson)
AUT	No. 53:127-128.	Ja. 1955.	(n.g.)
NWB	No. 32:126-127.	F. 1955.	(L. Flood)

ALLINGHAM, MARGERY

The mind readers. New York, Morrow, 1965. 274 p.
65-18520.

ASF	76(3):146-147.	N. 1965.	(P. Miller)

ALLINSON, BEVERLY

Mitzi's magic garden. Champaign, Ill., Garrard,
1971. 40 p. 77-155567.

LM	38/39:27.	Jl/Ag. 1972.	(S. Deckinger)

ALLOTT, KENNETH

Jules Verne. New York, Macmillan, 1941. 283 p.

    SSS   4(2):91. N. 1942. (D. Wollheim)

ALLOTTE DE LA FUYE, MARGUERITE

Jules Verne, prophet of a new age. London, Staples, 1954. 222 p.

    ASF   59(5):144-145. Jl. 1957. (P. Miller)
    AUT   No. 54:129. F. 1955. (n.g.)

ALLUM, TOM

Boy beyond the moon. Indianapolis, Bobbs-Merrill, 1960. 255 p. 60-7172.

    GAL   19(4):134. Ap. 1961. (F. Gale)

ALTER, DINSMORE

Lunar atlas.
    SEE: North American Aviation, inc. Space Sciences Laboratory. Lunar atlas.

Pictorial astronomy, by Dinsmore Alter and Clarence H. Cleminshaw. New York, Crowell, 1952. 296 p. 52-7375.

    ASF   51(6):142. Ag. 1953. (P. Miller)

AMIS, KINGSLEY

The green man. New York, Harcourt, 1970. 252 p. 76-95862.

    PW   197(23):177. Je. 8, 1970.
    LM   28:27. S. 1971. (D. Paskow)

New maps of hell. New York, Harcourt, 1960. 161 p. 60-5441.

    ASF   65(6):165-168. Ag. 1960. (P. Miller)
    GAL   19(2):123-124. D. 1960. (F. Gale)
    AMZ   35(7):138-139,144. Jl. 1961. (S. Cotts)
    NWB   No. 105:125-127. Ap. 1961. (L. Flood)
    WIF   10(3):100-101. Jl. 1960. (F. Pohl)
    FSF   18(6):84-86. Je. 1960. (D. Knight)
    FSF   21(1):81. Jl. 1961. (A. Bester)
    EXT   2:20-21. D. 1960. (A. Lewis)

Spectrum, ed. by Kingsley Amis and Robert Conquest. New York, Harcourt, 1962. 304 p. 62-9439.

    AMZ   36(9):122-123. S. 1962. (S. Cotts)
    ASF   70(1):155-156. S. 1962. (P. Miller)
    GAL   21(3):140-141. F. 1963. (F. Gale)
    NWB   No. 112:123. N. 1961. (L. Flood)
    FSF   24(3):31-32. Mr. 1963. (A. Davidson)

Spectrum II, ed. by Kingsley Amis and Robert Conquest. New York, Harcourt, 1963. 271 p. 63-14397rev.

    ASF   72(6):93-94. F. 1964. (P. Miller)
    GAL   22(2):125. D. 1963. (F. Pohl)

Spectrum II (Continued)

    NWB   No. 124:126-127. N. 1962. (L. Flood)
    FSF   26(1):40-41. Ja. 1964. (A. Davidson)

Spectrum III, ed. by Kingsley Amis and Robert Conquest. New York, Harcourt, 1964. 272 p. 63-14397rev.

    ASF   74(6):88. F. 1965. (P. Miller)
    NWB   No. 139:127-128. F. 1964. (L. Flood)
    FSF   27(6):71. D. 1964. (R. Goulart)

Spectrum IV, ed. by Kingsley Amis and Robert Conquest. New York, Harcourt, 1965. 320 p. 63-14397rev.

    ASF   77(2):142-143. Ap. 1966. (P. Miller)
    NWB   No. 152:120. Jl. 1965. (L. Jones)
    FSF   30(6):39-40. Je. 1966. (F. Leiber)

Spectrum V, ed. by Kingsley Amis and Robert Conquest. New York, Harcourt, 1967. 272 p. 63-14397rev.

    AMZ   41(5):142-143. D. 1967. (H. Harrison)
    ASF   80(6):161-163. F. 1968. (P. Miller)
    ASF   80(6):167-168. F. 1968. (P. Miller)

AMORY, MARK

Biography of Lord Dunsany. London, Collins, 1972. 288 p.

    BB   17:14. Ag. 1972. (D. Fallowell)
    TLS   3667:647. Je. 9, 1972. (n.g.)

AMOSOFF, N.
    SEE: Amosov, Nikolai Mikhailovich.

AMOSOV, NIKOLAI MIKHAILOVICH

Notes from the future, by N. Amosoff. New York, Simon & Schuster, 1970. 384 p. 77-107270.

    LF   95:2512. Jl. 1970. (R. Henderson)
    PW   197(17):44. Ap. 27, 1970.
    PW   197(20):34. My. 18, 1970.
    BEST SELLERS 30:149. Jl. 15, 1970. (J. Phillipson)
    BOOK WORLD p. 5. Ag. 2, 1970. (F. Reeve)
    NATIONAL REVIEW 22:903. Ag. 25, 1970. (G. Davenport)
    NEWSWEEK 76:100. Jl. 13, 1970.
    ASF   87:163-164. Jl. 1971. (P. Miller)
    BB   16:51. My. 1971. (S. Blackmore)
    LM   26/27:38. Jl/Ag. 1971. (J. B. Post)

ANDERSEN, HANS CHRISTIAN

The tinder box. Englewood Cliffs, N.J., Prentice-Hall, 1970. 31 p. 72-88152.

    LM   24/25:36. My/Je. 1971. (J. Post)

ANDERSON, ANDY

The valley of the gods. Baraboo, Wisc., Andoll Publishing Co., 1957.

    AMZ   31(7):123-124. Jl. 1957. (V. Gerson)
    FAU   7(4):111. Ap. 1957. (H. Santesson)

ANDERSON, CHESTER

The butterfly kid. New York, Pyramid, 1967. 190 p.

    FSF   34(2):55-56. F. 1968. (J. Merril)

ANDERSON, COLIN

Magellan. New York, Walker, 1970. 189 p. 79- 103380.

    LF   95(12):2284. Je. 15, 1970. (J. Polacheck)
    PW   195(8):151. F. 23, 1970.
    SFR   39:23. Ag. 1970. (P. Walker)
    LM   23:27. Ap. 1971. (R. Freedman)
    SFO   23:18-20. S. 1971. (D. Penman)
    SWSJ   17:4. Mr. 1971. (J. Newton)

ANDERSON, EDGAR

Plants, man and life. Boston, Little, Brown, 1952.
245 p. 52-5870.

    GAL   6(1):115-116. Ap. 1953. (G. Conklin)

ANDERSON, KAREN

Henry Kuttner: a memorial symposium, ed. by Karen
Anderson. Berkeley, Sevagram, 1958. 34 p.

    FSF   15(6):102. D. 1958. (A. Boucher)

ANDERSON, POUL

After doomsday. New York, Ballantine, 1962. 128 p.
62-2296.

    ASF   69(6):168-169. Ag. 1962. (P. Miller)
    NWB   No. 129:128. Ap. 1963. (L. Flood)
    NWB   No. 151:115-116. Je. 1965. (J. Colvin)
    GAL   31(1):192. D. 1970. (A. Budrys)
    SFR   41:33. N. 1970. (P. Walker)

Agent of the terran empire. Philadelphia, Chilton,
1965. 201 p. 65-20905.

    ASF   76(6):148. F. 1966. (P. Miller)
    FSF   30(2):45. F. 1966. (J. Merril)

Beyond the beyond. New York, Signet, 1969. 278 p.
NUC 72-47754.

    ASF   85(2):168-169. Ap. 1970. (P. Miller)
    LM   14:28. Jl. 1970. (S. Mines)
    SFO   17:23-24. N. 1970. (D. Grigg)
    SPEC   28:20-23. Ja. 1971. (D. Redd)

Brain wave. New York, Ballantine, 1954. 166 p.
54-8910.

    ASF   55(1):154. Mr. 1955. (P. Miller)
    AUT   No. 66:153. F. 1956. (n.g.)
    GAL   8(6):114-115. S. 1954. (G. Conklin)
    NWB   No. 44:126-128. F. 1956. (L. Flood)
    FSF   7(3):92. S. 1954. (A. Boucher)

The broken sword. New York, Abelard-Schuman, 1954.
274 p. 54-10223.

    ASF   55(4):159. Je. 1955. (P. Miller)
    GAL   10(2):115. My. 1955. (G. Conklin)
    FSF   8(2):97. F. 1955. (A. Boucher)
    SFIQ   3(6):38. Ag. 1955. (L. de Camp)

The broken sword. (Continued)

    PW   198(25):62. D. 28, 1970. (n.g.)
    FF   1:74-75. Je. 1971. (R. Reginald)
    LM   22:19. Mr. 1971. (L. Carter)
    WSJ   77:33-34. Je/Jl. 1971. (A. Gilliland)

The byworlder. New York, Signet, 1971. 160 p.

    ASF   90:168. Ja. 1973. (P. Miller)
    LM   35/36:53. Ap/My. 1972. (W. Rupp)
    PW   200:74. Jl. 12, 1971. (n.g.)
    REN   4:14. 1972. (J. Pierce)

A circus of hells. New York, Signet, 1970. 160 p.

    ASF 86(4):169. D. 1970. (P. Miller)

The corridors of time. Garden City, N.Y., Doubleday,
1965. 209 p. 65-21423.

    ASF   77(3):155-156. My. 1966. (P. Miller)
    NWB   No. 170:155-156. Ja. 1967. (J. Cawthorn)
    FSF   30(2):45. F. 1966. (J. Merril)

The dancer from Atlantis. Garden City, N.Y.,
Doubleday, 1971. 207 p. 74-20329.

    FUT   5:334-335. Je. 1973. (D. Livingston)
    LM   43:28. D. 1972. (P. Walker)

The day the sun stood still. Nashville, T. Nelson,
1972. 240 p. 77-38748.

    CCB   26:1. S. 1972. (n.g.)
    KR   40:142. F. 1, 1972. (n.g.)
    LJ   97:2957-2958. S. 15, 1972. (R. Robinson)
    PW   201:68. F. 14, 1972. (n.g.)

Earthman, go home! New York, Ace, 1960. 110 p.

    ASF   67(4):168. Je. 1961. (P. Miller)

Earthman's burden, by Poul Anderson and Gordon
Dickson. New York, Gnome Press, 1957. 185 p.
57-7111.

    ASF   61(2):143-144. Ap. 1958. (P. Miller)
    GAL   16(1):117-118. My. 1958. (F. Gale)
    INF   3(3):60-61. Mr. 1958. (D. Knight)
    VEN   2(1):80. Ja. 1958. (T. Sturgeon)
    FSF   14(4):95. Ap. 1958. (A. Boucher)
    SFR   39:22. Ag. 1970. (F. Patten)

The enemy stars. Philadelphia, Lippincott, 1959.
189 p. 59-7103.

    ASF   64(2):146. O. 1959. (P. Miller)
    GAL   18(1):146-147. O. 1959. (F. Gale)
    WIF   9(5):96-97. N. 1959. (F. Pohl)
    FSF   16(5):75-76. My. 1959. (D. Knight)
    BB   17:XII-XIII. Ag. 1972. (R. Baker)

Ensign Flandry. Philadelphia, Chilton, 1966.
209 p. 66-27598.

    GAL   25(5):188-189. Je. 1967. (A. Budrys)

Flandry of terra. Philadelphia, Chilton, 1965.
225 p. 65-20904.

    GAL   24(3):137-139. F. 1966. (A. Budrys)
    FSF   30(2):45. F. 1966. (J. Merril)

ANDERSON, POUL (Continued)

Guardians of time. New York, Ballantine, 1960. 140 p.
NUC 70-88641.

ASF	67(4):168-169. Je. 1961. (P. Miller)
NWB	No. 112:123. N. 1961. (L. Flood)
GAL	31(1):192. D. 1970. (A. Budrys)
SFR	41:33. N. 1970. (P. Walker)

The high crusade. Garden City, N.Y., Doubleday, 1960. 192 p. 60-13499.

ASF	67(4):165. Je. 1961. (P. Miller)
GAL	19(6):154-155. Ag. 1961. (F. Gale)
FSF	23(6):82-83. D. 1962. (A. Davidson)

The horn of time. New York, Signet, 1968. 144 p.
NUC 70-75902.

| ASF | 81(6):167. Ag. 1968. (P. Miller) |

Hrolf Kraki's saga. New York, Ballantine, 1973. 261 p.

| SWSJ | 115:4. N. 1973. (D. Stever) |

The infinite voyage: man's future in space. New York, Crowell-Collier, 1969. 160 p. 69-10533.

| LM | 8:22. F. 1970. (V. Woehr) |

Is there life on other worlds? New York, Crowell, 1963. 224 p. 63-11105.

| ASF | 72(5):89-90. Ja. 1964. (P. Miller) |
| ASF | 73(1):89. Mr. 1964. (P. Miller) |

Let the spacemen beware. New York, Ace, 1963. 98 p.

| ASF | 72(5):87. Ja. 1964. (P. Miller) |

The makeshift rocket. New York, Ace, 1962. 97 p.

| ASF | 70(1):159-160. S. 1962. (P. Miller) |

Mayday orbit. New York, Ace, 1961. 126 p.
NUC 72-22053.

| ASF | 68(6):166-167. F. 1962. (P. Miller) |

Nebula award stories four, ed. by Poul Anderson. Garden City, N.Y., Doubleday, 1970. 236 p. 66-20974.

ASF	85(4):166-167. Je. 1970. (P. Miller)
FSF	38(5):28-30. My. 1970. (B. Malzberg)
PW	198(23):51. D. 7, 1970.
NWB	No. 197:32. Ja. 1970. (M. Harrison)
SFO	12:10-11. Je. 1970. (J. Foyster)
LM	21:25. F. 1971. (D. Paskow)
WSJ	76:99-101. Ap/My. 1971. (T. Pauls)

No world of their own. New York, Ace, 1955. 158 p.
55-37190.

| GAL | 11(3):92. Ja. 1956. (F. Gale) |

Operation chaos. Garden City, N.Y., Doubleday, 1971. 232 p. 74-148602.

ASF	88:166-167. D. 1971. (P. Miller)
FSF	41:24-25. D. 1971. (J. Blish)
KR	39:453. Ap. 15, 1971. (n.g.)
KR	39:322. Mr. 15, 1971. (n.g.)

Operation chaos. (Continued)

LJ	96:1640. My. 1, 1971. (F. Patten)
LJ	96:2145. Je. 15, 1971. (B. Gray)
WIF	21:174-175. N/D. 1971. (L. del Rey)
KPG	6:17. S. 1972. (P. Selden)
LM	38/39:46. Jl/Ag. 1972. (C. Moslander)
REN	4:17. Sm. 1972. (M. Hickman)
SPEC	31:28-29. At. 1972. (T. Shippey)
WSJ	79:28-29. N. 1971/Ja. 1972. (J. Newton)
RQ	5:310-314. Ap. 1973. (J. Christopher)

Orbit unlimited. New York, Pyramid, 1961. 158 p.

| ASF | 68(2):162-163. O. 1961. (P. Miller) |

People of the wind. New York, Signet, 1973. 176 p.

REN	5(2):16-17. Sp. 1973. (J. Pierce)
VTX	1:98. Ag. 1973. (n.g.)
WIF	22:89-90. N/D. 1973. (L. del Rey)

Planet of no return. New York, Ace, 1957. 105 p.
NUC 69-139439.

| ASF | 59(6):147-148. Ag. 1957. (P. Miller) |
| FSF | 12(4):83. Ap. 1957. (A. Boucher) |

Queen of air and darkness. New York, Signet, 1973. 149 p.

| PW | 204:58. N. 5, 1973. (n.g.) |

The rebel worlds. New York, Signet, 1969. 141 p.

| LM | 16:29. S. 1970. (J. Slavin) |

Satan's world. Garden City, N.Y., Doubleday, 1969. 204 p. 79-89786.

FSF	39(1):42-45. Jl. 1970. (J. Russ)
LJ	95(4):792. F. 15, 1970. (M. Chelton)
RQ	4(3):206-207. Je. 1970. (O. Cusack)
SFR	38:24-25. Je. 1970. (P. Walker)
WIF	20(6):148. Jl/Ag. 1970. (L. del Rey)
SFO	23:24. S. 1971. (A. van der Poorten)
WSJ	74:39-40. D. 70-Ja. 1971. (T. Pauls)
LM	34:31-32. Mr. 1972. (G. Bear)

Seven conquests. New York, Macmillan, 1969. 224 p. 69-12644

ASF	85(6):166-167. Ag. 1970. (P. Miller)
LM	8:31. Ja. 1970. (S. Mines)
LM	24/25:53. My/Je. 1971. (Y. Edeiken)
SWSJ	21:9. My. 1971. (J. Newton)
SWSJ	26:9-10. Jl. 1971. (D. Halterman)
FSF	37(2):29-30. Ag. 1969. (J. Russ)

Shield. New York, Berkley, 1963. 158 p.
NUC 72-10909.

ASF	72(1):92-93. S. 1963. (P. Miller)
NWB	No. 151:116. Je. 1965. (J. Colvin)
WOT	5(3):189-191. Sp. 1971. (L. del Rey)
WSJ	75:31-33. F/Mr. 1971. (T. Pauls)

The snows of Ganymede. New York, Ace, 1958. 96 p.
NUC 65-57070.

| ASF | 63(4):152. Je. 1959. (P. Miller) |
| FAU | 11(1):109-110. Ja. 1959. (H. Santesson) |

ANDERSON, POUL (Continued)

The star fox. Garden City, N.Y., Doubleday, 1965.
274 p. 65-17261.

ASF	76(6):149-150. F. 1966. (P. Miller)
NWB	No. 163:148-149. Je. 1966. (J. Colvin)
NWB	No. 188:62. Mr. 1969. (J. Cawthorn)
FSF	29(5):18. N. 1965. (J. Merril)

Star ways. New York, Avalon, 1956. 224 p. 56-13319.

ASF	59(5):147. Jl. 1957. (P. Miller)
ASF	61(5):151-152. Jl. 1958. (P. Miller)
FUTF	No. 31:101-102. Win. 1956/1957. (M. King)
ISF	9(3):115. Je. 1958. (H. Bott)
SFAD	2(5):113-114. Ap. 1958. (C. Knox)
FSF	12(4):83. Ap. 1957. (A. Boucher)

Strangers from Earth. New York, Ballantine,
1961. 144 p. 61-3012.

ASF	68(2):162. O. 1961. (P. Miller)

Tales of flying mountains. New York, Macmillan,
1970. 253 p. 76-108145.

LJ	95(13):2512. Jl. 1970. (R. Haseltine)
PW	197(15):84. Ap. 13, 1970.
LM	24/25:62. My./Je. 1971. (R. Freedman)
SWSJ	24:3. Je. 1971. (J. Newton)
ASF	88:169. Ja. 1972. (P. Miller)

Tau zero. Garden City, N.Y., Doubleday, 1970. 208 p.
78-97645.

GAL	31(1):192. D. 1970. (A. Budrys)
PW	195(6):78. F. 9, 1970
SFR	41:23-24. N. 1970. (J. Christopher)
ASF	86:167-168. Ja. 1971. (P. Miller)
FSF	40:14-15. Mr. 1971. (J. Blish)
KPG	5:71. N. 1971. (P. Selden)
LM	24/25:39. My./Je. 1971. (D. Paskow)
NWQ	1:168-169. 1971. (M. Harrison)
SFO	25:37-39. D. 1971. (S. Miesel)
SFO	25:39-42. D. 1971. (B. Gillespie)
SWSJ	17:7. Mr. 1971. (J. Newton)
FAS	22:114. O. 1972. (F. Leiber)
FOU	2:44-52. Je. 1972. (P. Nicholls)
RQ	6:70-71. Ag. 1973. (L. Taylor)

There will be time. Garden City, N.Y., Doubleday,
1972. 181 p.

ASF	91:169-170. Jl. 1973. (P. Miller)
KPG	7:85. S. 1973. (P. Mattern)

Three hearts and three lions. Garden City, N.Y.,
Doubleday, 1961. 191 p. 61-9476.

AMZ	36(2):138. F. 1962. (S. Cotts)
ASF	68(2):163-165. O. 1961. (P. Miller)
GAL	20(3):190-191. F. 1962. (F. Gale)
LM	18:16. N. 1970. (L. Carter)

Three worlds to conquer. New York, Pyramid, 1964.
143 p.

ASF	74(5):89. Ja. 1965. (P. Miller)
NWB	No. 164:149. Jl. 1966. (H. Bailey)

Time and stars. Garden City, N.Y., Doubleday,
1964. 249 p. 64-11294.

AMZ	38(4):126-127. Ap. 1964. (R. Silverberg)
ASF	73(4):86. Je. 1964. (P. Miller)
GAL	23(3):153-157. F. 1965. (A. Budrys)
NWB	No. 146:116-117. Ja. 1965. (J. Colvin)

Trader to the stars. Garden City, N.Y., Doubleday,
1964. 176 p. 64-20375.

ASF	74(5):86. Ja. 1965. (P. Miller)
GAL	23(3):153-157. F. 1965. (A. Budrys)
NWB	No. 152:122. Jl. 1965. (L. Jones)
FSF	28(1):83. Ja. 1965. (R. Goulart)

The trouble twisters. Garden City, N.Y., Doubleday,
1966. 189 p. 66-17403.

ASF	78(3):169-170. N. 1966. (P. Miller)
GAL	25(3):193-194. F. 1967. (A. Budrys)
NWB	No. 166:154. S. 1966. (H. Bailey)
NWB	No. 176:64. O. 1967. (J. Cawthorn)

Twilight world. New York, Torquil Books, 1961.
181 p. 61-6098.

ASF	67(5):159-160. Jl. 1961. (P. Miller)
NWB	No. 126:127. Je. 1962. (L. Flood)
FSF	20(3):97. My. 1961. (A. Bester)

Unman and other novellas. New York, Ace, 1962.
158 p. NUC 72-21972.

ASF	70(1):159-160. S. 1962. (P. Miller)
TLS	3684:1235. O. 13, 1972. (n.g.)

Vault of the ages. Philadelphia, Winston, 1952.
210 p. 52-8971.

ASF	51(6):144-145. Ag. 1953. (P. Miller)
GAL	5(6):111. Mr. 1953. (G. Conklin)
SPS	2(1):128. Ap. 1953. (n.g.)
FSF	4(1):89. Ja. 1953. (Boucher & McComas)
LM	11:22. Ap. 1970. (D. Paskow)

Virgin planet. New York, Avalon Books, 1959. 224 p.
NUC 65-108654.

AMZ	33(7):79. Jl. 1959. (S. Cotts)
ASF	64(3):149-150. N. 1959. (P. Miller)
GAL	18(2):152-153. D. 1959. (F. Gale)
NWB	No. 164:149-150. Jl. 1966. (H. Bailey)
OSFS	10(5):78,120. N. 1959. (C. Knox)

War of the wing-men. New York, Ace, 1958. 160 p.
NUC 65-57071.

ASF	63(4):152. Je. 1959. (P. Miller)
FAU	11(1):109-110. Ja. 1959. (H. Santesson)

The war of two worlds. New York, Ace, 1959.
108 p. NUC 70-43679.

ASF	64(2):145-146. O. 1959. (P. Miller)
FAU	11(3):96. My. 1959. (H. Santesson)
WIF	9(4):101. S. 1959. (D. Knight)

World without stars. New York, Ace, 1966. 125 p.
NUC 68-76195.

FSF	33(2):32-33. Ag. 1967. (J. Merril)
GAL	25(6):138-139. Ag. 1967. (A. Budrys)

ANDERSON, WILLIAM C.

Adam M-1. New York, Crown, 1964. 255 p. 64-17329.

    ASF   75(4):159. Je. 1965. (P. Miller)

Pandemonium on the Potomac. New York, Crown, 1966. 245 p. 66-17329.

    ASF   78(4):161-162. D. 1966. (P. Miller)

Penelope. New York, Crown, 1963. 215 p. 63-12061.

    ASF   72(2):90-91. O. 1963. (P. Miller)

ANDREWS, JOHN WILLIAMS

A.D. twenty-one hundred: a narrative of space. Boston, Branden, 1969. 54 p. 71-82113.

    LM   13:23. Je. 1970. (D. Paskow)

ANDREWS, ROY CHAPMAN

Nature's ways. New York, Crown, 1951. 206 p. 51-4326.

    GAL   3(2):100. N. 1951. (G. Conklin)

ANGELUCCI, ORFEO M.

The secret of the saucers, ed. by Ray Palmer. Amherst, Wisc., Amherst, 1955. 167 p. 57-4976.

    FSF   13(3):85. S. 1957. (A. Boucher)

ANGRIST, STANLEY W.

Other worlds, other beings. New York, Crowell, 1973. 119 p. 70-171001.

    LJ   98:2006. Je. 15, 1973. (O. Fortier)
    BKL   69:904. My. 15, 1973. (n.g.)
    KR   40:1359. D. 1, 1972. (n.g.)

ANNO, MITSUMASA

Topsy-turview, pictures to stretch the imagination. New York, Walker/Weatherhill, 1970. 27 p. 71-96054.

    LM   15:33. Ag. 1970. (J. Post)

ANTHONY, HERBERT DOUGLAS

Science and its background. London, Macmillan, 1948. 303 p. 49-3366.

    AUT   No. 56:134. Ap. 1955. (n.g.)

ANTHONY, PIERS

Chthon. New York, Ballantine, 1967. 254 p. NUC 71-84191.

    AMZ   41(5):143-144. D. 1967. (H. Harrison)
    ASF   81(5):161. Jl. 1968. (P. Miller)

ANTHONY, PIERS (Continued)

Macroscope. New York, Avon, 1969. 480 p. NUC 72-8013.

    LM   16:22. S. 1970. (S. Mines)
    NWB   197:33. Ja. 1970. (J. Clute)
    SFR   38:25-26. Je. 1970. (R. Delap)
    ASF   87:167-168. Ag. 1971. (P. Miller)

Omnivore. New York, Ballantine, 1968. 191 p. NUC 71-84188.

    AMZ   43(3):126-127. S. 1969. (G. Benford)
    ASF   84(2):176. O. 1969. (P. Miller)
    NWB   No. 194:28. O. 1969. (J. Clute)

Orn. New York, Avon, 1970. 256 p.

    PW   199:58. My. 3, 1971. (n.g.)
    ASF   89:171-172. Je. 1972. (P. Miller)
    KPG   6:71. F. 1972. (n.g.)
    LM   41/42:36. O/N. 1972. (G. Bear)
    WIF   21:116. My/Je. 1972. (L. del Rey)

Prostho plus. New York, Berkley, 1973. 192 p.

    LM   29:31. O. 1971. (G. Bear)
    REN   5(2):20. Sp. 1973. (J. Pierce)

Race against time. New York, Hawthorne, 1973. 179 p. 72-7774.

    LJ   98:2660. S. 15, 1973. (D. Jones)
    KR   41:258-259. Mr. 1, 1973. (n.g.)

The ring, by Piers Anthony and Robert E. Margroff. New York, Ace, 1969. 254 p.

    ASF   83(1):173. Mr. 1969. (P. Miller)
    SFO   1:11. Ja. 1969. (G. Turner)
    SFO   8:40. Ja. 1970. (P. Anderson)

Sos the rope. New York, Pyramid, 1968. 157 p. NUC 70-78713.

    ASF   83(4):163. Je. 1969. (P. Miller)

Var the stick. London, Faber, 1972. 191 p.

    TLS   3650:145. F. 11, 1972. (n.g.)
    NST   54:156-157. Ap. 20, 1972. (M. Kenward)
    PW   204:63-64. O. 15, 1973. (n.g.)

antoniorrobles
SEE Robles, Antonio

ANVIL, CHRISTOPHER

Pandora's planet. Garden City, N.Y., Doubleday, 1972. 233 p. 75-182835.

    KR   40:500. Ap. 15, 1972. (n.g.)
    LJ   97:2120. Je. 1, 1972. (F. Patten)
    PW   201:49. My. 1, 1972. (n.g.)
    FSF   44:25-26. F. 1973. (J. Russ)
    PW   203:71. Je. 18, 1973. (n.g.)
    SWSJ 83:5. F. 1973. (J. Newton)
    SWSJ 118:3-4. D. 1973. (D. Stever)

APPEL, BENJAMIN

The fantastic mirror: science fiction across the ages.
New York, Pantheon, 1969. 139 p. 77-77426.

    ASF   86(1):166. S. 1970. (P. Miller)
    LJ   95(15):1537-1538. Jl. 1970. (R. Robinson)
    LM   18:22. N. 1970. (D. Paskow)
    EXTRAPOLATION 12(1):28. D. 1970.
    HORN BOOK 46:406. Ag. 1970. (H. Stubbs)

The funhouse. New York, Ballantine, 1959. 101 p.
60-51509.

    ASF   65(6):172-174. Ag. 1959. (P. Miller)
    AMZ   34(3):42-43. Mr. 1960. (S. Cotts)
    FSF   18(3):93. Mr. 1960. (D. Knight)

APPLETON, VICTOR, II, pseud.

Tom Swift and his cosmotron express. New York,
Grosset, 1970. 180 p. 74-100117.

    LM   20:27. Ja. 1971. (D. Paskow)

Tom Swift and his dyna-4 capsule. New York,
Grossett, 1969. 175 p. 69-12165.

    LM   20:27. Ja. 1971. (D. Paskow)

Tom Swift and the galaxy ghosts. New York,
Grossett, 1970. 180 p. 74-130338.

    LM   38/39:18-19. Jl/Ag. 1972. (J. B. Post)

ARCH, E. L.

Bridge to yesterday. New York, Avalon, 1963. 192 p.

    ASF   72(5):88. Ja. 1964. (P. Miller)

The deathstones. New York, Avalon, 1964. 192 p.

    ASF   73(6):87. Ag. 1964. (P. Miller)

Planet of death. New York, Avalon, 1964. 192 p.

    ASF   74(6):88. F. 1965. (P. Miller)

ARDREY, ROBERT

African genesis. New York, Atheneum, 1961. 380 p.
61-15889.

    ASF   69(2):157-160. Ap. 1962. (P. Miller)

ARESBYS, THE, pseud.

The mark of the dead. New York, Ives Washborn, 1929.
313 p. 30-843.

    ADT   1(2):185. F. 1930. (n.g.)

ARISS, BRUCE

Full circle. New York, Avalon, 1963. 224 p.
NUC 65-19727

    ASF   72(4):90-91. D. 1963. (P. Miller)

ARLEN, MICHAEL

Man's mortality. Garden City, N.Y., Doubleday, 1933.
307 p. 33-7091.

    AMZ   8(6):616. O. 1933. (C. Brandt)
    SFA   2(3):122. Je. 1954. (D. Knight)

ARMSTRONG, ANTHONY
SEE Willis, Anthony Armstrong

ARMSTRONG, GERRY

The fairy thorn, by Gerry Armstrong and George
Armstrong. Chicago, A. Whitman, 1969. 40 p.
75-79547.

    LM   16:7. S. 1970. (J. Post)

ARMSTRONG, NEIL

First on the moon: a voyage with Neil Armstrong,
Michael Collins and Edward E. Aldrin, written with
Gene Farmer and Dora Jane Hamblin. Boston, Little,
Brown, 1970. 434 p. 76-103950.

    PW   197(11):48. Mr. 16, 1970.

ARMYTAGE, W. H. G.

Yesterday's tomorrows: a historical survey of
future societies. Toronto, University of Toronto
Press, 1968. 288 p. 68-135343.

    JPC   3:168-170. Sm. 1969. (L. Landrum)

ARNOLD, EDWIN L.

Gulliver of Mars. New York, Ace, 1964. 224 p.

    FSF   27(6):71-72. D. 1964. (R. Goulart)
    LM   24/25:60. My/Je. 1971. (D. Paskow)

ARNOLD, FRANK EDWARD

Wings across time. London, Pendulum, 1946. 120 p.

    OUT   No. 1:35. W. 1946. (A. Bloom)

ARNOLD, KENNETH

The coming of the saucers, by Kenneth Arnold and
Ray Palmer. Boise, Idaho, The Authors, 1952.
192 p. 52-65862.

    FSF   3(7):115. N. 1952. (Boucher & McComas)

ARTAUD, ANTONIN

Collected works, volume one. London, Calder, 1968-.

    NWB   No. 187:61. F. 1969. (P. White)

ARTECHE, MIGUEL

El cristo hueco. Barcelona, Editorial Pomaire, 1969. 283 p.

    EXT   14:163-165. My. 1973. (J. Brown)

ARTHUR, RUTH M.

The saracen lamp. New York, Atheneum, 1970. 210 p. 73-98606.

    LM   29:25. O. 1971. (C. Moslander)

ARUEGO, JOSE

The king and his friends. New York, Scribners, 1969. 39 p. 75-85270.

    LM   18:22. N. 1970. (J. Post)

ASCH, FRANK

Elvira everything. New York, Harper, 1970. 48 p. 78-104752.

    LM   34:25. Mr. 1972. (J. Post)

ASENDORF, JAMES C.

The bear seeds. Boston, Little, Brown, 1969. 74 p. 69-10651.

    LM   12:26. My. 1970. (J. Post)

ASHBY, WILLIAM ROSS

Design for a brain. New York, Wiley, 1952. 260 p. 52-13230.

    ASF   50(6):169-170. F. 1953. (J. Campbell, Jr.)
    GAL   6(6):122-123. S. 1953. (G. Conklin)

ASHMORE, BASIL, ed.

The mystery of Arthur Gordon Pym, by Edgar Allan Poe and Jules Verne. Westport, Conn., Associated Booksellers, 1961. 191 p. 61-3123.

    ASF   68(3):168-169. N. 1961. (P. Miller)

ASHTON, FRANCIS

Wrong side of the moon, by Francis Ashton and Stephen Ashton. London, Boardman, 1952. 191 p. 52-22911.

    AUT   No. 22:112. Je. 1952. (n.g.)
    NWB   No. 14:96. Mr. 1952. (J. Carnell)

ASHTON, GEORGE

Taking colour photographs. London, Fountain Press, 1955. 122 p. 55-56313.

    AUT   No. 66:154. F. 1956. (n.g.)

ASHTON, ROSABEL H.

Magog of Arana. New York, Vantage, 1969. 230 p.

    LM   7:22. D. 1969. (J. B. Post)

ASHTON-WOLFE, HARRY

The thrill of evil. New York, Houghton Mifflin, 1930. 300 p. 30-18939.

    ADT   1(10):957. O. 1930. (n.g.)

ASIMOV, ISSAC

ABC's of space. New York, Walker, 1969. 47 p. 73-86406.

    LM   14:20. Jl. 1970. (J. Post)

ABC's of the ocean. New York, Walker, 1970. 48 p. NUC 72-42494.

    LM 23:21. Ap. 1971. (J. Post)

Adding a dimension. Garden City, N.Y., Doubleday, 1964. 202 p. 64-15340.

    ASF   74(2):89. O. 1964. (P. Miller)
    LM   7:30. D. 1969. (V. Woehr)

Asimov on astronomy. Garden City, N.Y., Doubleday, 1974. 238 p. 73-80946.

    PW   204:34. N. 12, 1973. (n.g.)

Asimov's guide to Shakespeare. Garden City, N.Y., Doubleday, 1970. 2 v. 74-116182.

    FAS   22:116-117. O. 1972. (F. Leiber)

Asimov's mysteries. Garden City, N.Y., Doubleday, 1968. 228 p. 68-10573.

    AMZ   42(2):139. Jl. 1968. (P. Anderson)
    ASF   81(6):164-166. Ag. 1968. (P. Miller)
    GAL   26(6):162-163. Jl. 1968. (A. Budrys)

Building blocks of the universe. New York, Abelard-Schuman, 1957. 256 p. 57-5399.

    ASF   61(3):140. My. 1958. (P. Miller)
    NR   25:103. Ja. 19, 1973. (T. Sturgeon)
    NYT   p. 10-12. Ja. 28, 1973. (T. Sturgeon)

The caves of steel. Garden City, N.Y., Doubleday, 1954. 224 p. 54-5418.

    ASF   54(3):150. N. 1954. (P. Miller)
    AUT   No. 45:135. My. 1954. (n.g.)
    FAU   2(2):128. S. 1954. (R. Frazier)
    GAL   8(4):97-98. Jl. 1954. (G. Conkin)
    GAL   11(6):88. Ap. 1956. (F. Gale)
    ISF   5(9):99. S. 1954. (H. Bott)
    NWB   No. 32:118-119. F. 1955. (L. Flood)
    BSP   1(8):64-65. D. 1954. (n.g.)
    FSF   6(5):88. My. 1954. (Boucher & McComas)
    NEB   No. 10:116. O. 1954. (K. Slater)

ASIMOV, ISAAC (Continued)

The chemicals of life: enzymes, vitamins, hormones.
New York, Abelard-Schuman, 1954. 159 p. 54-10220.

ASF	56(5):156.	Ja. 1956.	(P. Miller)
GAL	10(3):119.	Je. 1955.	(G. Conklin)

The clock we live on. New York, Abelard-Schuman,
1959. 160 p. 59-6513.

ASF	65(4):166.	Je. 1960.	(P. Miller)
GAL	19(1):145.	O. 1960.	(F. Gale)

The currents of space. Garden City, N.Y., Doubleday,
1952. 217 p. 52-10054.

ASF	51(3):146-147.	My. 1953.	(P. Miller)
AUT	No. 31:137.	Mr. 1953.	(H. Campbell)
FAU	1(1):190-191.	Je/Jl. 1953.	(S. Merwin, Jr.)
GAL	6(2):122.	My. 1953.	(G. Conklin)
ISF	4(6):143.	Jl. 1953.	(M. Reinsberg)
NEB	No. 14:103-104.	N. 1955.	(K. Slater)
NWB	No. 37:125-126.	Jl. 1955.	(L. Flood)
SPF	2(1):93-94.	Jl. 1953.	(G. Smith)
WT	45(1):72.	Mr. 1953.	(n.g.)
SWSJ	51:3.	Mr. 1972.	(B. Keller)

David Starr: space ranger, by Paul French. Garden
City, N.Y., Doubleday, 1952. 186 p. 52-5220rev.

ASF	54(3):143.	N. 1954.	(P. Miller)
GAL	6(1):115.	Ap. 1953.	(G. Conklin)
NYT	p. 34.	My. 14, 1972.	(T. Sturgeon)
AUT	No. 39:137.	N. 1953.	(n.g.)

The early Asimov. Garden City, N.Y., Doubleday,
1972. 540 p. 72-76116.

ASF	91:166-167.	Jl. 1973.	(P. Miller)
BKL	69:428.	Ja. 1, 1973.	(n.g.)
CHO	10:87.	Mr. 1973.	(n.g.)
NR	25:103.	Ja. 19, 1973.	(T. Sturgeon)
NYT	p. 10-12.	Ja. 28, 1973.	(T. Sturgeon)
TLS	3715:562.	My. 18, 1973.	(n.g.)
WIF	21:118-120.	Ap. 1973.	(L. del Rey)
BB	18:104.	Jl. 1973.	(B. Patten)
KR	40:824.	Jl. 15, 1972.	(n.g.)
LM	41/42:62.	O/N. 1972.	(J. B. Post)
LJ	97:2756.	S. 1, 1972.	(B. Smith)
SDNP	p. 8.	D. 9/10, 1972.	(B. Friend)
SFN	17/18:2.	N/D. 1972.	(n.g.)

Earth is room enough. Garden City, N.Y., Doubleday,
1957. 192 p. 57-11410.

ASF	61(2):148-150.	Ap. 1958.	(P. Miller)
FAS	7(2):122.	F. 1958.	(S. Cotts)
FAU	9(2):96.	F. 1958.	(H. Santesson)
GAL	16(2):97.	Je. 1958.	(F. Gale)
OSFS	8(6):82-83.	Ja. 1958.	(D. Knight)
VEN	2(1):80.	Ja. 1958.	(T. Sturgeon)
FSF	13(6):94.	D. 1957.	(A. Boucher)

The end of eternity. Garden City, N.Y., Doubleday,
1955. 191 p. 55-9227.

AMZ	30(3):57.	Mr. 1956.	(V. Gerson)
AMZ	32(6):85-86.	Je. 1958.	(S. Cotts)
ASF	56(6):146-147.	F. 1956.	(P. Miller)
FAU	4(6):126-127.	Ja. 1956.	(H. Santesson)
GAL	11(4):88-89.	F. 1956.	(F. Gale)
AUT	No. 63:153-154.	N. 1955	(n.g.)

The end of eternity (Continued)

ISF	7(2):123.	Ap. 1956.	(H. Bott)
OSFS	6(5):140-141.	Mr. 1956.	(D. Knight)
WIF	21:119-120.	Ap. 1972.	(L. del Rey)
SWSJ	63:6.	S. 1972.	(B. Keller)

Fact and fancy. Garden City, N.Y., Doubleday,
1962. 264 p. 62-7598.

ASF	70(5):173.	Ja. 1963.	(P. Miller)
GAL	21(2):190-193.	D. 1962.	(F. Gale)
FSF	23(2):69.	Ag. 1962.	(A. Davidson)

Fantastic voyage. Boston, Houghton Mifflin, 1966.
239 p. 66-12593.

ASF	78(1):160-161.	S. 1966.	(P. Miller)
NWB	No. 165:147-148.	Ag. 1966.	(J. Cawthorn)
SFI	1(7):3,159-160.	S. 1966	(H. Harrison)
FSF	31(5):57-58.	N. 1966.	(J. Merril)

Foundation. New York, Gnome, 1951. 255 p. 51-13439.

AMZ	26(2):149.	F. 1952.	(S. Merwin)
ASF	48(6):156-157.	F. 1952.	(P. Miller)
FUTF	2(6):68-69.	Mr. 1952.	(R. Lowndes)
GAL	3(5):86.	F. 1952.	(G. Conklin)
TWS	39(3):141-142.	F. 1952.	(S. Mines)

Foundation and empire. New York, Gnome, 1952. 247 p.
52-12466.

ASF	51(2):156-157.	Ap. 1953.	(P. Miller)
GAL	5(4):97.	Ja. 1953.	(G. Conklin)
SPF	1(5):116.	Mr. 1953.	(G. Smith)

The foundation trilogy. Garden City, N.Y.,
Doubleday, c1951-53. 3 v. in 1.

ASF	72(5):86.	Ja. 1964.	(P. Miller)

The gods themselves. Garden City, N.Y., Doubleday,
1972. 288 p. 72-180055.

ASF	90:168-170.	N. 1972.	(P. Miller)
BKL	68:975.	Jl. 15, 1972.	(n.g.)
BS	32:154.	Jl. 1, 1972.	(R. Rafalko)
EXT	13:127-131.	My. 1972.	(J. Patrouch, jr.)
FUT	4:91-92.	D. 1972.	(D. Livingston)
KR	40:282.	Mr. 1, 1972.	(n.g.)
LM	38/39:48.	Jl/Ag. 1972.	(S. Mines)
LJ	97:1933.	My. 15, 1972.	(G. Merrill)
LJ	97:2438.	Jl. 1972.	(D. Gilzinger, jr.)
NST	55:305.	Ag. 10, 1972.	(M. Kenward)
REN	4:14.	spr. 1972.	(J. Pierce)
SDNP	p. 8.	Jl. 15/16, 1972.	(B. Friend)
SPEC	31:29-30.	At. 1972.	(T. Shippey)
SWSJ	75:8-9.	D. 1972.	(B. Keller)
SWSJ	70:9.	O. 1972.	(M. Shoemaker)
TLS	3684:1235.	O. 13, 1972.	(n.g.)
AMZ	47:117-118.	Ag. 1973.	(C. Chauvin)
KPG	7:80.	N. 1973.	(A. Irving)
NYT	p. 12.	Ja. 28, 1973.	(T. Sturgeon)
NR	25:103-104.	Ja. 19, 1973.	(T. Sturgeon)
PW	203:56.	Ap. 16, 1973.	(n.g.)
RQ	6:77-78.	Ag. 1973.	(D. Barbour)

The Hugo winners. Garden City, N.Y., Doubleday, 1962.
318 p. 62-14132.

ASF	70(5):168-170.	Ja. 1963.	(P. Miller)
GAL	21(4):158-159.	Ap. 1963.	(F. Gale)
NWB	No. 135:126-127.	O. 1963.	(L. Flood)
FSF	24(2):34-35.	F. 1963.	(A. Davidson)

ASIMOV, ISAAC (Continued)

The Hugo winners, vol. 2. Garden City, N.Y.,
Doubleday, 1971. 654 p. 62-14132.

    PW   200:50. Jl. 5, 1971. (n.g.)
    ASF   88:173-174. F. 1972. (P. Miller)
    FSF   42:61-64. Mr. 1972. (A. Panshin)
    GAL   32:87-88. Mr. 1972. (T. Sturgeon)
    LM   44:32. Ja. 1973. (J. B. Post)
    KPG   7:21. S. 1973. (n.g.)

I, robot. New York, Gnome Press, 1950. 253 p. 51-9134.

    ASF   48(1):124-125. S. 1951. (P. Miller)
    FUTF 2(6):69. Mr. 1952. (R. Lowndes)
    GAL   2(1):60. Ap. 1951. (G. Conklin)
    NWB   No. 17:96. S. 1952. (J. Carnell)
    NWB   No. 187:63. F. 1969. (J. Cawthorn)
    STL   23(2):160. My. 1951. (n.g.)
    SSS   8(1):36. Ap. 1951. (F. Pohl)
    FSF   2(3):84. Je. 1951. (Boucher & McComas)
    AUT   No. 9:110. My.15, 1951. (n.g.)
    WSJ   75:35-38. F/Mr. 1971. (J. Landau)

Inside the atom. New York, Abelard-Schuman, 1956.
176 p. 56-5910.

    ASF   59(1):146. Mr. 1957. (P. Miller)
    FUTF No. 32:114-115. Spr. 1957. (L. de Camp)
    GAL   13(3):49. Ja. 1957. (F. Gale)

The intelligent man's guide to science. New York,
Basic Books, 1960. 2 v. 60-13145.

    ASF   67(3):168-169. My. 1961. (P. Miller)
    GAL   20(2):145. D. 1961. (F. Gale)
    FSF   20(4):86-88. Ap. 1961. (A. Bester)

Is anyone there? Garden City, N.Y., Doubleday, 1967.
320 p. 67-12879.

    ASF   81(2):158. Ap. 1968. (P. Miller)
    GAL   26(3):160-161. F. 1968. (A. Budrys)
    NWB   No. 185:63-64. D. 1968. (C. P.)
    FSF   34(3):41-42. Mr. 1968. (J. Merril)

The left hand of the electron. Garden City, N.Y.,
Doubleday, 1972. 225 p. 75-181479.

    SDNP p. 8. Jl. 15/16, 1972. (B. Friend)

The living river. New York, Abelard-Schuman, 1959.
380 p. 61-12491.

    GAL   19(4):132. Ap. 1961. (F. Gale)

Lucky Starr and the big sun of Mercury, by Paul French.
New York, Doubleday, 1956. 191 p. 56-5584.

    AMZ   30(9):95-96. S. 1956. (V. Gerson)
    ASF   58(2):156. O. 1956. (P. Miller)
    FAU   6(1):126-127. Ag. 1956. (H. Santesson)
    GAL   12(5):112. S. 1956. (F. Gale)
    FSF   12(2):101. F. 1957. (A. Boucher)

Lucky Starr and the moons of Jupiter, by Paul French.
Garden City, N.Y., Doubleday, 1957. 192 p. 57-9504.

    ASF   61(3):139. My. 1958. (P. Miller)
    GAL   16(5):103-104. S. 1948. (F. Gale)

Lucky Starr and the oceans of Venus, by Paul French.
Garden City, N.Y., Doubleday, 1954. 186 p. 54-9832.

    ASF   55(6):148. Ag. 1955. (P. Miller)
    AUT   No. 51:129-130. No. 1954. (n.g.)

Lucky Starr and the oceans of Venus (Continued)

    GAL   9(5):109. F. 1955. (G. Conklin)
    ISF   6(2):122. F. 1955. (H. Bott)

Lucky Starr and the pirates of the asteroids, by Paul
French. Garden City, N.Y., Doubleday, 1953. 188 p.
53-6939.

    ASF   54(3):143. N. 1954. (P. Miller)
    GAL   8(2):132. My. 1954. (G. Conklin)
    NYT   p. 34. My. 14, 1972. (T. Sturgeon)
    SWSJ 117:4. N. 1973. (D. D'Ammassa)

Lucky Starr and the rings of Saturn, by Paul French.
Garden City, N.Y., Doubleday, 1958. 179 p. 58-9653.

    ASF   62(6):140. F. 1959. (P. Miller)

The martian way. Garden City, N.Y., Doubleday, 1955.
222 p. 55-5496.

    AMZ   29(6):113-114. N. 1955. (V. Gerson)
    ASF   56(4):147. D. 1955. (P. Miller)
    AMZ   31(12):116-117. D. 1957. (S. Cotts)
    FAU   4(3):110-111. O. 1955. (H. Santesson)
    GAL   11(1):112. O. 1955. (G. Conklin)
    AUT   No. 61:154. S. 1955. (n.g.)
    NWB   No. 145:121. N/D. 1964. (J. Colvin)
    NWB   No. 151:116-117. Je. 1965. (J. Colvin)
    OSFS 6(4):119-120. Ja. 1956. (D. Knight)
    VEN   1(6):84. N. 1957. (T. Sturgeon)
    FSF   9(3):92. S. 1955. (A. Boucher)

More soviet science fiction, ed. by Isaac Asimov. New
York, Collier, 1962. 190 p.

    ASF   70(4):150-155. D. 1962. (P. Miller)

The naked sun. Garden City, N.Y., Doubleday, 1957.
187 p. 57-5534.

    AMZ   31(7):122. Jl. 1957. (V. Gerson)
    ASF   59(6):144. Ag. 1957. (P. Miller)
    GAL   14(4):115. Ag. 1957. (F. Gale)
    ISF   8(6):106. D. 1957. (H. Bott)
    INF   2(5):98-99. S. 1957. (D. Knight)
    NEB   No. 29:106. Ap. 1958. (K. Slater)
    NWB   No. 73:2-3. Jl. 1958. (L. Flood)
    VEN   1(5):51. S. 1957. (T. Sturgeon)
    FSF   12(4):82-83. Ap. 1957. (A. Boucher)
    KPG   7:17. F. 1973. (n.g.)

The near east. Boston, Houghton Mifflin, 1968. 277 p.
68-18038.

    FAS   19(3):141-142. F. 1970. (F. Leiber)

Nebula award stories eight, ed. by Isaac Asimov. New
York, Harper, 1973. 248 p. 66-20974.

    KR   41:989. S. 1, 1973. (n.g.)

The new intelligent man's guide to science. New York,
Basic Books, 1965. 846 p. 65-23045.

    ASF   77(6):163. Ag. 1966. (P. Miller)
    FSF   30(3):54-55. Mr. 1966. (J. Merril)

Nightfall and other stories. Garden City, N.Y., Double-
day, 1969. 343 p. 77-78711.

    LM   14:31. Jl. 1970. (G. Bear)
    PW   198(15):56. O. 12, 1970.
    SFR   36:32-33. 1970. (B. Sabells)
    SFR   37:25-26. Ap. 1970. (T. Pauls)

ASIMOV, ISAAC (Continued)

Nightfall: 20 SF stories. London, Rapp & Whiting, 1970. 343 p.

  SFO   23:23-24. S. 1971. (A. van der Poorten)

Nine tomorrows. Garden City, N.Y., Doubleday, 1959. 236 p. 59-6347.

  AMZ   33(6):52-53. Je. 1959. (S. Cotts)
  ASF   64(2):143-145. O. 1959. (P. Miller)
  FAU   11(3):100. My. 1959. (H. Santesson)
  GAL   18(1):148. O. 1959. (F. Gale)
  NWB   No. 137:128. D. 1963. (L. Flood)
  WIF   10(5):87. N. 1960. (F. Pohl)
  FSF   19(5):92-93. N. 1960. (A. Bester)
  SFR   40:28-29. O. 1970. (P. Walker)

Of time and space and other things. Garden City, N.Y., Doubleday, 1965. 204 p. 65-17259.

  ASF   77(4):147-148. Je. 1966. (P. Miller)
  FSF   29(6):34-35. D. 1965. (R. Raphael)
  NYT   p. 12. Ja. 28, 1973. (T. Sturgeon)
  NR   25:103. Ja. 19, 1973. (T. Sturgeon)

The 1000 year plan. New York, Ace, 1955. 160 p. 55-37189.

  GAL   11(3):92. Ja. 1956. (F. Gale)

Only a trillion. New York, Abelard-Schuman, 1958. 195 p. 57-9947.

  ASF   61(6):143-144. Ag. 1958. (P. Miller)
  GAL   16(6):132-133. O. 1958. (F. Gale)
  FSF   15(3):100. S. 1958. (A. Boucher)

Opus 100. Boston, Houghton Mifflin, 1969. 318 p. 75-80416.

  ASF   84(6):163-164. F. 1970. (P. Miller)
  GAL   29(4):121, 158. D. 1969. (A. Budrys)

Pebble in the sky. Garden City, N.Y., Doubleday, 1950. 223 p. 50-5147.

  ASF   45(6):146-147. Ag. 1950. (L. de Camp)
  FBK   2(1):105. 1951. (n.g.)
  TWS   36(2):156. Je. 1950. (S. Merwin)
  SSS   6(4):90. My. 1950. (F. Pohl)
  WT   42(4):95. My. 1950. (n.g.)
  WIF   21:119. Ap. 1972. (L. del Rey)

Realm of measure. Boston, Houghton Mifflin, 1960. 186 p. 60-9091.

  GAL   19(6):157. Ag. 1961. (F. Gale)

Realm of numbers. Boston, Houghton Mifflin, 1959. 200 p. 59-7480.

  GAL   18(6):120. Ag. 1960. (F. Gale)

The rebellious stars. New York, Ace, 1954. 176 p. 55-18820.

  GAL   10(3):119. Je. 1955. (G. Conklin)

The rest of the robots. Garden City, N.Y., Doubleday, 1964. 556 p. 64-22323.

  AMZ   39(3):124-126. Mr. 1965. (R. Silverberg)
  ASF   75(1):84-85. Mr. 1965. (P. MIller)
  GAL   23(5):166-167. Je. 1965. (A. Budrys)
  FSF   28(3):53-57. Mr. 1965. (J. Merril)

Rings of Saturn and Moons of Jupiter. London, New English Library, 1973. 286 p.

  BB   19:104-105. N. 1973. (B. Patten)

Science, numbers and I. Garden City, N.Y., Doubleday, 1968. 226 p. 68-14207.

  ASF   83(3):166-167. My. 1969. (P. Miller)

Second foundation. New York, Gnome Press, 1953. 210 p. 53-10530.

  ASF   53(4):144. Je. 1954. (P. Miller)
  FAU   1(3):191-192. O/N. 1953. (S. Merwin, Jr.)
  GAL   7(2):79. N. 1953. (G. Conklin)
  ISF   5(6):117. Je. 1954. (H. Bott)

The sensuous dirty old man, by Dr. 'A'. New York, Walker, 1971. 148 p.

  LM   41/42:61. O/N. 1972. (P. Walker)

Soviet science fiction, ed. by Isaac Asimov. New York, Collier, 1962. 189 p.

  ASF   79(4):150-155. D. 1962. (P. Miller)

Space dictionary. New York, Starline, 1971. 96 p.

  LM   35/36:44. Ap/My. 1972. (J. Post)

The stars in their courses. Garden City, N.Y., Doubleday, 1971. 199 p. 71-131065.

  LM   38/39:42. Jl/Ag. 1972. (C. Moslander)
  WSJ   79:31-33. N. 71/Ja. 1972. (J. Newton)
  NR   25:103. Ja. 19, 1973. (T. Sturgeon)

The stars, like dust. Garden City, N.Y., Doubleday, 1951. 218 p. 51-1170.

  ASF   47(5):155-156. Jl. 1951. (V. Gerson)
  FUTF   2(6):69. Mr. 1952. (R. Lowndes)
  GAL   2(2):84-85. My. 1951. (G. Conklin)
  STL   23(3):141-142. Jl. 1951. (n.g.)
  WT   43(4):10. My. 1951. (n.g.)

Stories from the Hugo winners, vol. 2, ed. by Isaac Asimov. Greenwich, Conn., Fawcett, 1972. 320 p.

  KPG   7:19. N. 1973. (n.g.)

Today and tomorrow and ... Garden City, N.Y., Doubleday, 1973. 321 p. 72-89819.

  FSF   45:36. Ag. 1973. (E. Ferman)
  GAL   34:104. O. 1973. (T. Sturgeon)
  KR   41:264. Mr. 1, 1973. (n.g.)
  PW   203:56. Mr. 12, 1973. (n.g.)
  VTX   1:13. Ag. 1973. (n.g.)
  BKL   69:1038. Jl. 15, 1973. (n.g.)

Tomorrow's children. Garden City, N.Y., Doubleday, 1966. 431 p. 66-8099.

  ASF   80(3):165. N. 1967. (P. Miller)

The tragedy of the moon. Garden City, N.Y., Doubleday, 1973. 240 p. 73-79641.

  LJ   98:3476. N. 15, 1973. (E. Seidenberg)
  PW   204:76. Ag. 20, 1973. (n.g.)

ASIMOV, ISAAC (Continued)

Twentieth century discovery. Garden City, N.Y.,
Doubleday, 1969. 178 p. 69-15170.

    LM 14:25. Jl. 1970. (J. B. Post)

Triangle: The Currents of space; Pebble in the sky; The
Stars, like dust. Garden City, N.Y., Doubleday, 1961.
516 p. 61-9753.

    AMZ   35(10):137-138. O. 1961. (S. Cotts)
    FSF   21(4):81. O. 1961. (A. Bester)
    GAL   20(6):193. Ag. 1962. (F. Gale)

View from a height. Garden City, N.Y., Doubleday, 1963.
252 p. 63-18032.

    ASF   73(2):93. Ap. 1964. (P. Miller)

Where do we go from here? Garden City, N.Y., Doubleday,
1971. 441 p. 75-142033.

    FUT   3:195-196. Je. 1971. (D. Livingston)
    LJ   96:1294. Ap. 1, 1971. (A. Samuels)
    PW   199:81. F. 8, 1971. (n.g.)
    SWSJ 28:8. Jl. 1971. (J. Newton)
    KPG   6:29. N. 1972. (n.g.)
    NYT   p. 12. Ja. 18, 1973. (T. Sturgeon)

The world of carbon. New York, Abelard-Schuman, 1958.
179 p. 58-6063.

    ASF   62(6):141. F. 1959. (P. Miller)

Worlds of science, and the history behind them. Boston,
Houghton Mifflin, 1959. 266 p. 59-5198.

    GAL   18(6):120. Ag. 1960. (F. Gale)

ASQUITH, CYNTHIA MARY EVELYN CHARTERIS, ed.

Shudders. New York, Scribner, 1929. 268 p. 29-24380.

    AMZ   4(11):1088. F. 1930. (C. Brandt)

ASSELINEAU, ROGER

Edgar Allan Poe. Minneapolis, University of Minnesota
Press, 1970. 48 p. 72-629875.

    LM   26/27:35. Jl/Ag. 1971. (J. B. Post)

ASTURIAS, MIGUEL ANGEL

Mulata. New York, Delacorte, 1967. 307 p. 67-17639.

    FAS   18(2):142-143. D. 1968. (F. Leiber)
    FSF   34(5):48. My. 1968. (J. Merril)

ATHELING, WILLIAM, JR.
SEE: Blish, James.

ATKINS, JOHN ALFRED

A land fit for 'eros, by John Atkins and J. B. Pick.
London, Arco, 1957. 224 p.

    NEB   No. 21:105. My. 1957. (K. Slater)

Tomorrow revealed. New York, Roy Publishers, 1956.
254 p. 56-8332.

    ASF   59(4):146-147. Je. 1957. (P. Miller)
    FSF   12(3):101-102. Mr. 1957. (A. Boucher)

ATTWOOD, WILLIAM

The fairly scary adventure book. New York, Harper,
1969. 96 p. 75-89986.

    LM   23:23. Ap. 1971. (C. Moslander)

AUBERT DE LA RUE, EDGAR

Man and the winds. New York, Philosophical Library,
1955. 206 p. 55-12833.

    GAL   12(2):107. Je. 1956. (F. Gale)

AUBOYER, JEANNINE

The oriental world: India and Southeast Asia. London,
Hamlyn, 1967. 176 p. 68-113036.

    NWB   No. 185:58. D. 1968. (W. E. B.)

AUBREY-FLETCHER, HENRY LANCELOT

The duke of York's steps, by Henry Wade. New York,
Payson and Clarke, 1929. 350 p. 29-26900.

    ADT   1(2):185. F. 1930. (n.g.)

AUGUST, LEE

Superdoll. New York, Award, 1969. 152 p.

    ASF   84(3):166. N. 1969. (P. Miller)

AUGUSTUS, ALBERT, JR.

The slaves of Lomooro. New York, Powell, 1969. 203 p.

    LM   16:14. S. 1970. (J. Osborne)

AVALLONE, MICHAEL

Beneath the planet of the apes. New York, Bantam, 1970.
134 p.

    LM   26/27:44. Jl/Ag. 1971. (R. Freedman)
    SFR   43:44. Mr. 1971. (P. Walker)

AVERY, J. H.

Introduction to the mathematics of physics, by J. H.
Avery and M. Nelkon. London, Heinemann, 1954. 178 p.
55-1015.

    AUT   No. 51:131. N. 1954. (n.g.)

AXELROD, GEORGE

Will success spoil Rock Hunter? New York, Random, 1956.
145 p. 56-6818.

    FSF   13(5):116. N. 1957. (A. Boucher)

AYCOCK, ROGER D.

An earth gone mad, by Roger Dee. New York, Ace, 1954.
144 p. 55-18984.

  GAL   10(3):119. Je. 1955. (G. Conklin)

AYLESWORTH, JOHN

Fee, fei, fo, fum. New York, Avon, 1963. 158 p.
NUC 72-17445.

  ASF   73(1):90. Mr. 1964. (P. Miller)

AYME, MARCEL

The second face. New York, Harper, 1952. 182 p.
52-5416rev.

  FSF   3(6):100. O. 1952. (Boucher & McComas)

The walker through walls. New York, Berkley, 1962.
191 p.

  SCF   No. 55:112. O. 1962. (J. Carnell)

B

BAAR, JAMES

Polaris! by James Baar and William E. Howard. New York, Harcourt, 1960. 245 p. 60-12731.

GAL   20(1):174-175. O. 1961. (F. Gale)

BABBITT, NATALIE

The search for delicious. New York, Farrar, 1969. 167 p. 69-20374.

LM   11:21. Ap. 1970. (B. Stiffler)

The something. New York, Farrar, 1970. 39 p. 70-125143.

LM   35/36:41. Ap/My. 1972. (J. Post)

BABCOCK, WILLIAM H.

Legendary islands of the Atlantic. New York, American Geographic Society, 1922. 196 p. 22-7636.

TWS   12(1):116. Ag. 1938. (P. M.)

BAGLEY, LAURENCE C.

The boy's book of aircraft. London, Blackie, 1954. 32 p.

AUT   No. 53:133. Ja. 1955. (n.g.)

BAHNSON, AGNEW H., JR.

The stars are too high. New York, Random House, 1959. 250 p. 59-5720.

ASF   65(1):163-164. Mr. 1960. (P. Miller)
GAL   18(3):166-167. F. 1960. (F. Gale)
WIF   9(6):86. Ja. 1960. (F. Pohl)

BAILEY, JAMES OSLER

Pilgrims through space and time: a history and analysis of scientific fiction. New York, Argus, 1947. 341 p. 47-31052.

ASF   50, i.e.41(1):153-156. Mr. 1948. (W. Ley)
AMZ   47:119-120. Ag. 1973. (C. Chauvin)
ALG   20:27-28. My. 1973. (R. Lupoff)
SFST   1(1):37-41. Ap. 1973. (R. Philmus)

BAIN, WILLARD S., JR.

Informed sources (day east received). Garden City, N.Y., Doubleday, 1969. 144 p. 69-10946.

LM   6:26. N. 1969. (J. B. Post)
GAL   28(6):152-153. Ag. 1969. (A. Budrys)
FSF   34(2):57-58. F. 1968. (J. Merril)

BAIR, PATRICK

The conjurers, by David Gurney. London, New English Library, 1972. 285 p.

BB   17:76. Je. 1972. (D. Fallowell)

The "F" certificate, by David Gurney. New York, Geis, 1969. 254 p. 69-12361.

LM   8:28. Ja. 1970. (J. B. Post)

BAKER, CYRIL CLARENCE THOMAS

Practical mathematics. London, English Universities Press, 1954-

AUT   No. 56:133. Ap. 1955. (n.g.)

BAKER, MARGARET JOYCE

Hi-jinks joins the bears. New York, Farrar, 1969. 121 p. 70-85361.

LM   13:17. Je. 1970. (C. Moslander)

BAKER, MICHAEL

The mountain and the summer stars. New York, Harcourt, 1969. 124 p. 69-11593.

LM   11:22. Ap. 1970. (B. Stiffler)

BAKER, MRS. KARLE WILSON

The garden of the Plynck. New York, Yale University Press, 1924. 112 p. 20-26871.

WIF   11(6):56-58. Ja. 1962. (T. Sturgeon)

BAKER, ROBERT ALLEN, ed.

A stress analysis of a strapless evening gown. Englewood Cliffs, N.J., Prentice-Hall, 1963. 192 p. 63-16353.

ASF   73(1):89-90. Mr. 1964. (P. Miller)

BALCHIN, NIGEL

Kings of infinite space. Garden City, N.Y., Doubleday, 1968. 264 p. 68-11792.

    FSF   36(1):38. Ja. 1969. (J. Merril)

BALDWIN, RALPH BELKNAP

The measure of the moon. Chicago, University of Chicago Press, 1963. 488 p. 62-20025.

    ASF   71(6):87-88. Ag. 1963. (P. Miller)

BALL, BRIAN N.

The probability man. New York, Daw, 1972. 175 p.

    GAL   33:87. S. 1972. (T. Sturgeon)
    LM   38/39:37. Jl/Ag. 1972. (S. Mines)

The regiments of night. New York, Daw, 1972. 188 p.

    LM   41/42:49. O/N. 1972. (S. Mines)
    VTX   1:98. Ag. 1973. (n.g.)

Sundog. London, Dobson, 1965. 216 p.

    NWB   No. 151:112. Je. 1965. (L. Jones)

Timepiece. New York, Ballantine, 1970. 144 p.

    PW   197(9):83. Mr. 2, 1970.
    VOT   1(2):61. D. 1969. (K. Slater)
    LM   24/25:46. My/Je. 1971. (P. Walker)
    SWSJ 17:9. Mr. 1971. (T. Pauls)

Timepivot. New York, Ballantine, 1970. 186 p.

    PW   198(22):43. N. 30, 1970.
    LM   35/36:47. Ap/My. 1972. (C. Moslander)

BALL, JOHN DUDLEY

The first team. London, Joseph, 1972. 416 p.

    SWSJ 108:4. O. 1973. (D. Stever)

Operation springboard. New York, Duell, Sloan and Pearce, 1958. 168 p. 58-10435.

    ASF   62(6):139. F. 1959. (P. Miller)

BALLARD, J. G.

The atrocity exhibition. London, Cape, 1970. 157 p. 75-590447.

    NWQ   1:170-171. 1971. (M. Harrison)
    LM   34:27-28. Mr. 1972. (M. Purcell)
    SDNP p. 8. D. 8/9, 1972. (B. Friend)

The burning world. New York, Berkley, 1964. 160 p.

    ASF   74(6):89-90. F. 1965. (P. Miller)
    NWB   No. 146:118. Ja. 1965. (J. Colvin)

Chronopolis. New York, Putnam, 1971. 319 p. 74-163404.

    LJ   96:2672. S. 1, 1971. (F. Patten)
    KR   39:770-771. Jl. 15, 1971. (n.g.)
    KR   39:821-822. Ag. 1, 1971. (n.g.)
    PW   200:68. Jl. 12, 1971. (n.g.)

Chronopolis (Continued)

    CHO   8:1584. F. 1972. (n.g.)
    GAL   32:116-118. Ja. 1972. (T. Sturgeon)
    LM   41/42:44-45. O/N. 1972. (M. Purcell)

Crash. New York, Farrar, 1973. 223 p. 73-84112.

    BB   18:84-85. S. 1973. (J. Boland)
    KR   41:698. Jl. 1, 1973. (n.g.)
    NST   59:280-281. Ag. 2, 1973. (M. Jakubowski)

The crystal world. New York, Farrar, 1966. 210 p. 66-11685.

    FAS   18(3):143-144. F. 1969. (F. Leiber)
    NWB   No. 164:146-148. Jl. 1966. (J. Colvin)
    FSF   31(2):59-69. Ag. 1966. (J. Merril)

The drought. London, Cape, 1965. 252 p. 66-38405.

    NWB   No. 154:124-125. S. 1965. (J. Colvin)
    FSF   30(1):44-45. Ja. 1966. (J. Merril)

The drowned world. New York, Berkley, 1962. 158 p. NUC 65-71363.

    AMZ   37(2):120-121. F. 1963. (S. Cotts)
    NWB   No. 129:128. Ap. 1963. (L. Flood)
    NWB   No. 151:117. Je. 1965. (J. Colvin)

The drowned world and The Wind from nowhere. Garden City, N.Y., Doubleday, 1965. 316 p. 65-12820.

    FSF   29(1):79-82. Jl. 1965. (J. Merril)

The 4-dimensional nightmare. London, Gollancz, 1963. 208 p. NUC 64-49720.

    NWB   No. 133:124. Ag. 1963. (L. Flood)
    NWB   No. 160:154-155. Mr. 1966. (J. Colvin)

The impossible man. New York, Berkley, 1966. 160 p.

    ASF   78(5):166. Ja. 1967. (P. Miller)
    FSF   31(2):59-60. Ag. 1966. (J. Merril)

Love and napalm: export USA. New York, Grove, 1972. 156 p. 72-81790.

    CHO   10:87. Mr. 1973. (n.g.)

The overloaded man. London, Panther, 1967. 160 p.

    NWB No. 178. D/Ja. 1968. (J. Colvin)

Passport to eternity. New York, Berkley, 1963. 160 p. NUC 68-77742.

    ASF   73(3):87-88. My. 1964. (P. Miller)

Terminal beach. New York, Berkley, 1964. 160 p.

    ASF   76(5):148. Ja. 1966. (P. Miller)
    NWB   No. 144:119-120. S/O 1964. (M. Moorcock)
    NWB   No. 152:112-113. Jl. 1965. (G. Collyn)
    NWB   No. 169:156-157. D. 1966. (W. E. B.)

Vermilion sands. New York, Berkley, 1971. 192 p.

    LM   24/25:52-53. My/Je. 1971. (M. Purcell)
    WSJ   78:26-27. Ag/O, 1971. (R. Ridenour)
    SPEC 31:31-33. At. 1972. (D. Pringle)

BALLARD, J. G. (Continued)

The voices of time. New York, Berkley, 1962. 158 p.

    AMZ   36(6):139-140. Je. 1962. (S. Cotts)
    ASF   70(1):157-158. S. 1962. (P. Miller)
    NWB   No. 165:145. Ag. 1966. (J. Cawthorn)

The wind from nowhere. New York, Berkley, 1962. 160 p.

    AMZ   36(8):122-123. Ag. 1962. (S. Cotts)
    ASF   69(4):166-167. Ag. 1962. (P. Miller)
    NWB   No. 117:128. Ap. 1962. (J. Carnell)
    NWB   No. 165:145. Ag. 1966. (J. Cawthorn)

BALLOU, ARTHUR W.

Bound for Mars. Boston, Little, Brown, 1970. 218 p.
78-108167.

    LJ   96:1510-1511. Ap. 15, 1971. (P. Postell)

Marooned in orbit. Boston, Little, Brown, 1968. 184 p.
68-13878.

    ASF   82(5):163. Ja. 1969. (P. Miller)
    LM   1:25. Je. 1969. (M. Hewitt)
    GAL   27(3):164-166. O. 1968. (A. Budrys)

BALMER, EDWIN

After worlds collide, by Edwin Balmer and Philip Wylie.
New York, Frederick A. Stokes Co., 1934. 341 p. 34-8579.

    AMZ   9(3):133. Jl. 1934. (C. Brandt)
    TWS   6(2):238. Jl. 1934. (n.g.)

The golden hoard, by Edwin Balmer and Philip Wylie.
New York, Frederick A. Stokes Co., 1934. 323 p. 34-36553.

    AMZ   10(1):134. Ap. 1935. (C. Brandt)

When worlds collide, by Edwin Balmer and Philip Wylie.
New York, Frederick A. Stokes, Co., 1933. 344 p.
33-7382.

    AMZ   8(6):618. O. 1933. (C. Brandt)
    AUT   No. 13:111. S. 1951. (n.g.)
    FSO   5(3):149. Ja. 1952. (B. Tucker)
    GAL   2(2):85. My. 1951. (G. Conklin)

BAMBER, GEORGE

The sea is boiling hot. New York, Ace, 1971. 253 p.

    GAL   32:119. Ja. 1972. (T. Sturgeon)
    LM   40:29. S. 1972. (S. Mines)
    WIF   21:156. F. 1972. (L. Del Rey)

BAMMAN, HENRY A.

Bone people by Henry Bamman, William Odell and Robert
Whitehead. Westchester, Ill., Benefic Press, 1970.
72 p. 79-103285.

    LM   18:19. N. 1970. (M. Hewitt)

Ice-men of Rime by Henry Bamman, William Odell and
Robert Whitehead. Westchester, Ill., Benefic Press,
1970. 72 p. 76-103287.

    LM   18:19. N. 1970. (M. Hewitt)

Inviso man by Henry Bamman, William Odell and Robert
Whitehead. Westchester, Ill., Benefic Press, 1970.
72 p. 72-103286.

    LM   18:19. N. 1970. (M. Hewitt)

Milky way by Henry Bamman, William Odell and Robert
Whitehead. Westchester, Ill., Benefic Press, 1970.
71 p. 75-103284.

    LM   18:19. N. 1970. (M. Hewitt)

Planet of the whistlers by Henry Bamman, William Odell
and Robert Whitehead. Westchester, Ill., Benefic Press,
1970. 72 p. 79-101394.

    LM   18:19. N. 1970. (M. Hewitt)

Space pirate by Henry Bamman, William Odell and Robert
Whitehead. Westchester, Ill., Benefic Press, 1970. 72 p.
71-103283.

    LM   18:19. N. 1970. (M. Hewitt)

BANISTER, MANLY MILES

Conquest of earth. New York, Avalon, 1957. 224 p.
57-8752.

    AMZ   31(11):121. N. 1957. (S. Cotts)
    ASF   61(1):143-144. Mr. 1958. (P. Miller)
    VEN   1(6):83. N. 1957. (T. Sturgeon)
    FSF   13(3):86. S. 1957. (A. Boucher)

BANNISTER, CONSTANCE

Astrotots. New York, Essandess, 1969. 78 p.

    LM   18:28. N. 1970. (J. Post)

BANTOCK, GAVIN

Juggernaut. Norwood, Anvil, 1968. 16 p. 77-351071.

    NWB   No. 190:62. My. 1969. (J. Clute)

BARBER, ANTONIA

The ghosts. New York, Farrar, 1969. 190 p. 73-85362.

    LM   12:26. My. 1970. (C. Moslander)

BARBET, PIERRE

Baphomet's meteor. New York, Daw, 1972. 144 p.

    SWSJ   109:3-4. O. 1973. (T. Waters)

BARCLAY, ISABEL

Worlds without end. Garden City, N.Y., Doubleday, 1956.
352 p. 55-10503.

    GAL   13(5):119. Mr. 1957. (F. Gale)

BARJAVEL, RENE

Ashes, ashes. Garden City, N.Y., Doubleday, 1967. 215 p. 67-15357.

    ASF   83(2):162-163. Ap. 1969. (P. Miller)
    FSF   35(1):56. Jl. 1968. (J. Russ)

Future times three. New York, Award, 1958. 185 p.

    LM   38/39:64. Jl/Ag. 1972. (M. Purcell)

The ice people. New York, Morrow, 1970. 205 p. 78-135150.

    ASF   87:163. Jl. 1971. (P. Miller)
    LJ   96:979. Mr. 15, 1971. (F. Patten)
    LJ   96:1138. Mr. 15, 1971. (T. Hirt)
    GAL   32:161-162. Jl. 1971. (A. Budrys)
    LM   38/39:55. Jl/Ag. 1972. (C. Purcell)
    FUT   5:335. Je. 1973. (D. Livingston)

BARKER, ALBERT

The apollo legacy. New York, Award, 1970. 156 p.

    LM   30:32. N. 1971. (C. Moslander)

BARKER, GRAY

They knew too much about flying saucers. New York, University Books, 1956. 256 p. 56-7830.

    ASF   58(4):155-156. D. 1956. (P. Miller)
    FAU   6(3):93. O. 1956. (H. Santesson)
    GAL   13(2):85. D. 1956. (F. Gale)
    FSF   11(4):106. O. 1956. (A. Boucher)

BARLOW, JAMES

One half of the world. New York, Harper, 1957. 277 p. 56-11097.

    ASF   60(2):158-159. O. 1957. (P. MIller)
    GAL   14(5):104-105. S. 1957. (F. Gale)
    FSF   12(5):74. My. 1957. (A. Boucher)

BARNES, ARTHUR K.

Interplanetary hunter. New York, Gnome Press, 1956. 231 p. 56-7844.

    AMZ   30(9):96. S. 1956. (V. Gerson)
    ASF   58(2):154-155. O. 1956. (P. Miller)
    FAU   6(1):128. Ag. 1956. (H. Santesson)
    GAL   12(6):95. O. 1956. (F. Gale)
    FSF   11(5):100-101. N. 1956. (A. Boucher)

BARNHOUSE, PERL T.

My journeys with Astargo. Denver, Bell Publications, 1952. 212 p.

    FUTF   4(1):49-51. My. 1953. (D. Knight)

BARR, DENSIL NAVE
SEE Buttrey, Douglas Norton

BARR, DONALD

Space relations. New York, Charterhouse, 1973. 249 p. 83-79958.

    KR   41:777. Jl. 14, 1973. (n.g.)
    PW   204:110. Jl. 16, 1973. (n.g.)

BARR, GLADYS HUCHISON

The bell witch at Adams. Nashville, Hutchinson, 1969. 107 p. 76-109386.

    LM   21:23. F. 1971. (B. Stiffler)

BARR, TYRONE C.

The last 14. New York, Chariot Books, 1960. 156 p.

    ASF   68(1):169-170. S. 1961. (P. Miller)

BARRETT, FRANCIS

The magus, or celestial intelligencer. London, Lackington, 1801. 175, 198 p. 11-15009.

    UNK   7(1):159-162. Je. 1943. (n.g.)

BARRETT, NEAL

Kelwin. New York, Lancer, 1970. 223 p. NUC71-67227.

    SFR   43:44. Mr. 1971. (E. Evans)
    WOT   5(3):191-192. Sp. 1971. (L. del Rey)

The leaves of time. New York, Lancer, 1971. 205 p.

    LM   40:31. S. 1972. (D. Paskow)
    WIF   20:149-150. My/Je. 1971. (L. del Rey)

BARRETT, WILLIAM EDMUND

The edge of things. New York, Doubleday, 1960. 336 p. 60-5913.

    NWB   No. 112:125. N. 1961. (L. Flood)

The fools of time. Garden City, N.Y., Doubleday, 1963. 309 p. 63-11202.

    AMZ   37(10):120-122. O. 1963. (S. Cotts)
    ASF   72(3):89. N. 1963. (P. Miller)
    LM   38/39:52. Jl/Ag. 1972. (J. McQuown)

BARRINGER, DANIEL MOREAU

And the waters prevailed. New York, Dutton, 1956. 188 p. 56-8310.

    GAL   14(1):125. My. 1957. (F. Gale)

BARRON, DONALD GABRIEL

The zilov bombs. New York, Norton, 1963. 173 p. 62-19004Rev.

    AMZ   37(7):123-124. Jl. 1963. (S. Cotts)
    ASF   71(3):91-92. My. 1963. (P. Miller)

BARROWS, MARJORIE, ed.

The children's hour, vol. 16. Chicago, Spencer, 1954.
1 v.

FSF   8(1):94-95. Ja. 1955. (A. Boucher)

BARSTOW, STAN

A raging calm. London, Joseph, 1968. 331 p. 73-368679.

NWB   No. 187:59. F. 1969. (M. Harrison)

BARTH, JOHN

Chimera. New York, Random House, 1972. 308 p.
72-3389.

SWSJ   117:4. N. 1973. (B. Gillam)

The floating opera. London, Secker, 1968. 247 p.
76-373328.

NWB   No. 187:59-60. F. 1969. (M. Harrison)

Giles goat boy. Garden City, N.Y., Doubleday, 1966.
710 p. 66-15666.

FSF   32(3):20-27. Mr. 1967. (J. Merril)

Lost in the funhouse. Garden City, N.Y., Doubleday,
1968. 201 p. 68-22615.

FSF   36(1):40-41. Ja. 1969. (J. Merril)

BARTHELME, DONALD

Come back, Dr. Caligari. Boston, Little, Brown, 1964.
183 p. 64-12099.

NWB   No. 163:149. Je. 1966. (J. Colvin)
NWB   No. 179:64-65. F. 1968. (J. Sladek)
FSF   27(4):38-39. O. 1964. (A. Davidson)

Unspeakable practises, unnatural acts. New York,
Farrar, Straus, and Giroux, 1968. 170 p. 68-14918.

NWB   No. 195:30. N. 1969. (J. Clute)

BARTON, ELIZABETH (SENORA LUIS TREVINO)

Beyond the gates of Hercules. New York, Farrar, 1971.
246 p. 75-149227.

KR   39:510. My. 1, 1971. (n.g.)
LM   41/42:30. O/N. 1972. (C. Moslander)

BARTON, WILLIAM

Hunting on Kunderer. New York, Ace, 1973. 120 p.

SWSJ   109:5. O. 1973. (D. D'Ammassa)

BARZMAN, BEN

Twinkle, twinkle, little star. New York, Putnam, 1960.
261 p. 60-11429.

GAL   19(6):156. Ag. 1961. (F. Gale)

BARZUN, JACQUES

Science: the glorious entertainment. London, Secker,
1964. 322 p.

NWB   No. 143:81-82. Jl/Ag. 1964. (n.g.)

BASCOM, WILLARD

A hole in the bottom of the sea. Garden City, N.Y.,
Doubleday, 1961. 352 p. 61-7638.

AMZ   35(9):136. S. 1961. (S. Cotts)
ASF   68(4):152-155. D. 1961. (P. Miller)
GAL   20(6):193-194. Ag. 1962. (F. Gale)
FSF   21(6):72. D. 1961. (A. Bester)

BASS, MILTON R.

Force red. New York, Putnam, 1970. 255 p. 70-112932.

LM   24/25:43. My/Je. 1971. (D. Paskow)

BASS, T. J.

The godwhale. New York, Ballantine, 1974. 281 p.

PW   204:63. N. 19, 1973. (n.g.)

Half past human. New York, Ballantine, 1969. 279 p.
NUC 72-82822.

KPG   5:72. N. 1971. (P. Selden)
PW   199:137. My. 31, 1971. (n.g.)
WSJ   78:27-28. Ag/O. 1971. (T. Pauls)
LM   38/39:63. Jl/Ag. 1972. (M. McQuown)

BATEMAN, ROBERT

When the whites went. New York, Walker, 1964. 183 p.
63-21645.

NWB   No. 132:124. Jl. 1963. (L. Flood)
FSF   27(5):44. N. 1964. (A. Davidson)

BATES, DAVID ROBERT

Space research and exploration. London, Eyre, 1957.
224 p. 57-2973.

NWB   No. 65:126-127. N. 1957. (L. Flood)

BATES, HARRY

Space hawk, by Anthony Gilmore. New York, Greenberg,
1952. 274 p. 52-6108.

ASF   51(3):145-146. My. 1953. (P. Miller)
GAL   5(2):124. N. 1952. (G. Conklin)

BATTEAU, DWIGHT W.

Stupidtheorems. Cambridge, Mass., Windward House,

ASF   79(5):165. Jl. 1967. (J. Campbell)

BAUER, LUDWIG

War against tomorrow, tr. by W. H. Carter. New York, Duffield & Green, 1932. 314 p. 32-13690.

AMZ   7(5):471. Ag. 1932. (C. Brandt)

BAUM, LYMAN FRANK

Animal fairy tales. Chicato, Internation Wizard of Oz Club, 1969. 151 p. 75-11592.

LM   15:30. Ag. 1970. (D. Paskow)

Dorothy and the wizard of Oz. Chicago, Rand McNally, 1971. 226 p. 77-27754.

LM   38/39:29. Jl/Ag. 1972. (D. Hamilton)

A kidnapped Santa Claus. Indianapolis, Bobbs-Merrill, 1969. 43 p. 75-75138.

LM   15:29. Ag. 1970. (J. Post)

The land of Oz. Chicago, Rand McNally, 1971. 280 p. 79-27871.

LM   38/39:29. Jl/Ag. 1972. (D. Hamilton)

The marvelous land of Oz. New York, Dutton, 1969. 164 p.

LM   9:30. F. 1970. (J. Schaumberger)

Ozma of Oz. Chicago, Rand McNally, 1971. 258 p. 72-27639.

LM   38/39:29. Jl/Ag. 1972. (D. Hamilton)

Queen zixi of Ix: or, the story of the magic cloak. New York, Dover, 1971. 231 p. 72-142287.

LM   38/39:29. Jl/Ag. 1972. (D. Hamilton)

The road to Oz. Chicago, Rand McNally, 1971. 268 p. 75-27870.

LM   38/39:29. Jl/Ag. 1972. (D. Hamilton)

The sea fairies. Chicago, Reilly & Lee, 1969. 240 p.

LM   18:20. N. 1970. (C. Moslander)

Sky island. Chicago, Reilly & Lee, 1970. 287 p. 78-125373.

LM   30:22. N. 1971. (D. Hamilton)

The surprising adventures of the magical monarch of Mo. New York, Dover, 1968. 237 p. 68-19550.

LM   4:28. S. 1969. (J. Schaumberger)

The tin woodman of Oz. Chicago, Rand McNally, 1971. 287 p. 77-27691.

LM   38/39:29. Jl/Ag. 1972. (D. Hamilton)

The wizard of Oz. Chicago, Rand McNally, 1971. 236 p. 72-27872.

LM   38/39:29. Jl/Ag. 1972. (D. Hamilton)

The wizard of Oz & who he was. East Lansing, Michigan State Univ. Press, 1957. 208 p. 56-8022.

FSF   13(2):105-106. Ag. 1957. (A. Boucher)

BAUM, TOM

Counterparts. New York, Dial, 1970. 127 p. 74-120471.

LJ   95(4):2712. Ag. 1970. (B. Wimble)
PW   198(4):65. Jl. 27, 1970.
SWSJ   17:8. Mr. 1971. (J. Newton)

BAXTER, JOHN

The pacific book of SF, ed. by John Baxter. London, Angus & Robertson, 1969. 180 p. 72-426199.

LM   7:27. D. 1969. (J. B. Post)
SFO   1:12. Ja. 1969. (G. Turner)
SFO   23:33-36. S. 1971. (G. Turner)

Science fiction in the cinema. New York, Barnes, 1970. 240 p. 69-14896.

SFR   40:29. O. 1970. (F. Patten)
ASF   86:163-164. F. 1971. (P. Miller)
LM   22:30-31. Mr. 1971. (A. Jackson)
SFN   8:3. F. 25, 1972. (I. Rogers)

The second pacific book of SF, ed. by John Baxter. Sydney, Angus & Robertson, 1971. 149 p. 74-870846.

SFO   23:36-38. S. 1971. (G. Turner)

BAXTER, MARIA

My saturnian lover. New York, Vantage Press, 1958. 72 p.

FAU   11(1):110. Ja. 1959. (H. Santesson)

BAXTER, WILLIAM JOSEPH

Today's revolution in weather. New York, International Economic Research Bureau, 1953. 131 p. 53-3251.

GAL   8(3):121. Je. 1954. (G. Conklin)

BAYLEY, BARRINGTON J.

Collision course. New York, Daw, 1973. 175 p.

KPG   7:86. S. 1973. (P. Mattern)

BAYNES, PAULINE

A map of middle earth. London, George Allen & Unwin, n.d. 1 sheet.

LM   35/36:60-61. Ap/My. 1972. (J. B. Post)

A map of Narnia and the surrounding countries. New York, Macmillan, n.d. 1 sheet.

LM   43:25. D. 1972. (J. B. Post)

BEAGLE, PETER S.

A fine and private place. New York, Viking, 1960. 272 p. 60-8662.

GAL   19(4):131. Ap. 1961. (F. Gale)
FSF   37(4):98. O. 1969. (G. Wilson
SFR   36:31. 1970. (D. Burton)

BEAGLE, PETER S. (Continued)

The last unicorn. New York, Viking, 1968. 218 p.
68-1675.

    FAS   18(4):143-144. Ap. 1969. (A. Panshin)
    NWB   No. 185:61-62. D. 1968. (M. Harrison)
    FSF   37(4):98. O. 1969. (G. Wilson)
    LM   7:30. D. 1969. (C. Woodruff)

BEARD, HENRY N.

Bored of the rings by Henry N. Beard and Douglas C.
Kenney. New York, Signet, 1969. 160 p.

    LM   14:24. Jl. 1970. (G. Bear)
    SFR   35:36-37. F. 1970. (D. Burton)

BEATTY, JEROME, JR.

Matthew Looney and the space pirates. Reading, Mass.,
Young Scott, 1972. 158 p. 73-179371.

    CCB   36:38. N. 1972. (n.g.)
    KR   40:323. Mr. 15, 1972. (n.g.)
    NYT   p. 8. Je. 18, 1972. (S. Offit)

Matthew Looney in the outback. New York, Scott, 1969.
224 p. 69-14567.

    LM   7:18-19. D. 1969. (D. Paskow)

Matthew Looney's invasion of the earth. New York,
Scott, 1965. 158 p. 65-12582.

    LM   7:18-19. D. 1969. (D. Paskow)

Matthew Looney's voyage to the earth. New York, Scott,
1961. 134 p. 61-2909.

    LM   7:18-19. D. 1969. (D. Paskow)

BEAUMONT, CHARLES

The fiend in you, ed. by Charles Beaumont. New York,
Ballantine, 1962. 158 p.

    FAS   12(4):125-126. Ap. 1963. (S. Cotts)

The hunger. New York, Putnam, 1957. 234 p. 57-6720.

    ASF   62(3):140-141. N. 1958. (P. Miller)
    GAL   15(1):119. N. 1957. (F. Gale)
    FSF   13(1):90-91. Jl. 1957. (A. Boucher)

The magic man. Greenwich, Conn., Fawcett, 1965. 256 p.
NUC 67-4987.

    FSF   30(2):41-42. F. 1966. (J. Merril)

Yonder. New York, Bantam, 1958. 184 p. 58-6415.

    ASF   62(3):140. N. 1958. (P. Miller)
    INF   4(1):111-112. O. 1958. (R. Silverberg)
    FSF   15(3):98. S. 1958. (A. Boucher)

BECHDOLT, JOHN ERNEST

The torch. Philadelphia, Prime Press, 1948. 229 p.

    AMZ   24(9):162. S. 1950. (M. Tish)
    FNM   3(2):120. Jl. 1949. (S. Moskowitz)
    SSS   5(2):74. Ap. 1949. (F. Pohl)

BECK, CALVIN

The frankenstein reader, ed. by Calvin Beck. New York,
Ballantine, 1962. 159 p. NUC 66-40865.

    FAS   12(4):124-125. Ap. 1963. (S. Cotts)

BECKER, THOMAS W.

Exploring tomorrow in space. New York, Sterling, 1972.
160 p. 72-81033.

    LJ   98:1010. Mr. 15, 1973. (O. Fortier)

BECKHARD, ARTHUR J.

Albert Einstein. New York, Putnam, 1959. 126 p. 59-
11414.

    GAL   19(1):144. O. 1960. (F. Gale)

BEDNARIK, ROSI

Elefish by Rosi Rednarik and Susan Bond. New York,
Scroll Press, 1971. 1 v. NUC 72-44693.

    LM   38/39:27. Jl/Ag. 1972. (J. Post)

BEECHING, JACK

The dakota project. New York, Delacorte, 1968. 229 p.
73-87533.

    ASF   85(1):164-165. Mr. 1970. (P. Miller)
    LM   38/39:57-58. Jl/Ag. 1972. (P. Walker)

BEET, ERNEST AGAR

A guide to the sky. 3d ed. Cambridge, Cambridge
University Press, 1950. 95 p. 51-1936.

    AUT   No. 10:109. Je. 15, 1951. (n.g.)

BELIAYEV, ALEKSANDR ROMANOVICH

The amphibian. Moscow, Foreign Languages Publishing
House, n.d. 284 p.

    ASF   70(4):152-153. D. 1962. (P. Miller)

The struggle for space. Washington, Arfor, 1965. 116 p.
65-12366rev.

    FSF   29(6):35-36. D. 1965. (F. Leiber)

BELL, ERIC TEMPLE

Before the dawn by John Taine. Baltimore, Williams and
Wilkins, 1934. 247 p. 34-16718.

    AMZ   9(7):133-134. N. 1934. (C. Brandt)
    TWS   6(5):630. O. 1934. (n.g.)

The cosmic geoids and one other by John Taine. Los
Angeles, Calif., Fantasy Publishing Co., 1949. 179 p.
49-16335.

    ASF   46(5):74-75. Ja. 1951. (F. Ackerman)
    FSO   3(4):37. Je/Jl. 1951. (P. Miller)

BELL, ERIC TEMPLE (Continued)

The cosmic geoids and one other (Continued)

    SSS   5(4):100. S. 1949. (F. Pohl)

The crystal horde, by John Taine. Reading, Pa., Fantasy Press, 1952. 254 p. 52-11291.

    ASF   50(5):157. Ja. 1953. (P. Miller)
    GAL   5(2):121-122. N. 1952. (G. Conklin)
    SPF   1(4):99. F. 1953. (G. Smith)
    FSF   3(7):115. N. 1952. (Boucher & McComas)

The forbidden garden, by John Taine. Reading, Pa., Fantasy Press, 1947. 278 p. 47-6283.

    ASF   41(5):73-75. Jl. 1948. (P. Miller)
    TWS   31(3):110-111. F. 1948. (S. Merwin)

G. O. G. 666, by John Taine. Reading, Pa., Fantasy Press, 1954. 251 p. 53-12741.

    ASF   54(5):154-155. Ja. 1955. (P. Miller)
    AUT   No. 66:152. F. 1956. (n.g.)
    GAL   9(1):99. O. 1954. (G. Conklin)
    NWB   No. 44:126. F. 1956. (L. Flood)
    BSP   2(7):28-29. 1956. (n.g.)

The greatest adventure, by John Taine. New York, Dutton, 1929. 258 p. 29-4213rev.

    AMZ   4(6):566. S. 1929. (C. Brandt)

Green fire, by John Taine. Los Angeles, Fantasy Publishing Co., 1952. 313 p. 52-37331.

    ASF   51(1):159-160. Mr. 1953. (P. Miller)
    GAL   5(5):99. F. 1953. (G. Conklin)

The iron star, by John Taine. New York, Dutton, 1930. 357 p. 30-4843rev.

    AMZ   5(1):84. Ap. 1930. (C. Brandt)
    ASF   49(2):113. Ap. 1952. (P. Miller)
    ASF   49(3):157. My. 1952. (P. Miller)
    GAL   4(5):100. Ag. 1952. (G. Conklin)

Men of mathematics. New York, Simon & Schuster, 1937. 592 p.

    TWS   10(1):128. Ag. 1937. (J. Campbell)

Seeds of life, by John Taine. Reading, Pa., Fantasy Press, 1951. 255 p. 51-5874.

    AMZ   26(3):151. Mr. 1952. (S. Merwin)
    ASF   48(2):143. O. 1951. (P. Miller)
    GAL   3(2):97-98. N. 1951. (G. Conklin)
    AUT   No. 57:120. My. 1955. (n.g.)
    NWB   No. 34:126. Ap. 1955. (L. Flood)
    BSP   2(2):40-41. Jl. 1955. (H. Cohn)
    FSF   2(6):88. D. 1951. (Boucher & McComas)

The time stream, by John Taine. Providence, Buffalo Book Co., 1946. 251 p. 46-1112.

    ASF   39(1):137-138. Mr. 1947. (P. Miller)
    LM   43:30. D. 1972. (J. B. Post)
    WIF   21:159-160. N/D. 1972. (L. del Rey)

The time stream, the greatest adventure, the purple sapphire: three science fiction novels by John Taine. New York, Dover, 1964. 532 p. 64-13464.

    AMZ   39(2):114-116. F. 1965. (R. Silverberg)
    GAL   23(3):157-158. F. 1965. (A. Budrys)

BELL, NEIL
    SEE Soutnwold, Stephen.

BELLAIRS, JOHN

    The face in the frost. New York, Macmillan, 1969. 174 p. 69-11399.

    LM   12:31. My. 1970. (D. Paskow)

BELLAMY, FRANCIS RUFUS

    Atta. New York, Wyn, 1953. 216 p. 53-9425.

    ASF   54(6):143-144. F. 1955. (P. Miller)
    FUTF   5(3):103-104. O. 1954. (D. Knight)
    GAL   7(5A):110. F. 1954. (G. Conklin)

BELTING, NATALIA MAREE

    Winter's eve. New York, Holt, 1969. 48 p. 73-85425.

    LM   12:28. My. 1970. (J. Post)

BENCHLEY, NATHANIEL

    Feldman fieldmouse. New York, Harper, 1971. 96 p. 72-135773.

    LM   38/39:28. Jl/Ag. 1972. (C. Moslander)

BENDICK, JEANNE

    The first book of space travel. New York, Watts, 1953. 69 p. 53-6143.

    ASF   54(3):146. N. 1954. (P. Miller)
    GAL   8(2):130-131. My. 1954. (G. Conklin)

BENEDICTUS, DAVID

    Hump: or, bone by bone alive. London, Blond, 1967. 109 p. 67-91681.

    NWB   No. 180:65. Mr. 1968. (J. Sallis)

BENET, STEPHEN VINCENT

    Tales before midnight. New York, Farrar, 1939. 274 p. 39-27965.

    SSS   1(3):4. Jl. 1940. (D. Wollheim)

BENFORD, GREG

    Deeper than darkness. New York, Ace, 1970. 191 p.

    AMZ   45:112-113, 121. S. 1971. (T. White)
    SWSJ   19:9. Ap. 1971. (T. Pauls)

BENNET, ALFRED GORDON

The demigods. London, Rich & Cowan, 1955. 368 p.

AUT   No. 66:152. F. 1956. (n.g.)
NWB   No. 43:123-124. Ja. 1956. (L. Flood)
BSP   2(7):29-30. 1956. (n.g.)

BENNETT, ARNOLD

The loot of cities. Philadelphia, Train, 1972. 156 p.

LM   48:29. Fl. 1973. (B. Fredstrom)

BENNETT, GERTRUDE BARROWS

The citadel of fear, by Francis Stevens. New York,
Paperback Library, 1970. 270 p.

KPG   5:sec II. F. 1971. (C. Richey)
LM   29:30. O. 1971. (J. Evers)

The heads of Cerberus, by Francis Stevens. Reading,
Pa., Polaris Press, 1952. 191 p. 52-27268.

ASF   50(1):170. S. 1952. (P. Miller)
FUTF   5(1):86-88. Je. 1954. (D. Knight)
FSO   4(8):159. N. 1952. (D. Richardson)
GAL   5(3):124-125. D. 1952. (G. Conklin)
SPF   1(3):103. N. 1952. (G. Smith)
STL   28(3):143-144. Ja. 1953. (n.g.)

BENNETT, MARGOT

The long way back. New York, Coward-McCann, 1955.
248 p. 55-6515.

ASF   56(2):148-149. O. 1955. (P. Miller)
NEB   No. 11:116. D. 1954. (K. Slater)
NWB   No. 32:125-126. F. 1955. (L. Flood)
OSFS   6(2):116-117. S. 1955. (D. Knight)
BSP   1(10):51-52. F. 1955. (n.g.)
FSF   8(6):75. Je. 1955. (A. Boucher)

BENNINGTON, T. W.

Short-wave radio and the ionosphere. 2d ed. London,
Iliffe, 1950. 138 p. 50-13881.

AUT   No. 10:109. Je. 15, 1951. (n.g.)

BENOIT, PIERRE

Atlantida. New York, Ace, 1964. 192 p.

FAS   14(4):127. Ap. 1965. (R. Silverberg)

BENSEN, DONALD R., ed.

The unknown. New York, Pyramid, 1963. 192 p. NUC
72-6084.

ASF   71(5):87-89. Jl. 1963. (P. Miller)

The unknown five. New York, Pyramid, 1964. 190 p.
NUC 72-6085.

AMZ   38(4):125-126. Ap. 1964. (R. Silverberg)
ASF   74(1):89. S. 1964. (P. Miller)

BENSON, ROBERT HUGH

Lord of the world. New York, Dodd, Mead, 1943. 352 p.

SSS   3(4):123. My. 1942. (D. Wollheim)
FSF   11(4):107. O. 1956. (A. Boucher)

BERG, CHERNEY

The good germ. New York, Lion, 1969. 25 p.

LM   24/25:36. My/Je. 1971. (J. Post)

BERGAUST, ERIK

Reaching for the stars. Garden City, N.Y., Doubleday,
1960. 407 p. 60-13500.

AMZ   35(6):138-140. Je. 1961. (S. Cotts)
GAL   20(2):146. D. 1961. (F. Gale)

Satellite! by Erik Bergaust and William Beller.
New York, Hanover House, 1956. 240 p. 57-4554.

ASF   58(6):142-143. F. 1957. (P. Miller)
FAU   7(4):111-112. Ap. 1957. (H. Santesson)
GAL   14(1):123. My. 1957. (F. Gale)
VEN   2(3):58. My. 1958. (T. Sturgeon)

BERGER, JOHN

Art and revolution: Ernst Neizvestny and the role of
the artist in the USSR. London, Weidenfeld, 1969.
191 p. 70-402011.

NWB   No. 190:56-58. My. 1969. (R. Jones)

The moment of cubism. London, Weidenfeld, 1969. 139 p.
78-408210.

NWB   No. 193:32-33. Ag. 1969. (R. Jones)

BERGIN, PAUL A.

Xuan and the girl from the other side. New York, Tower,
1969. 138 p.

LM   16:2. S. 1970. (G. Bear)

BERGMAN, JULES

Ninety seconds to space. Garden City, N.Y., Hanover
House, 1960. 224 p. 60-12170.

GAL   20(1):174. O. 1961. (F. Gale)

BERGQUIST, N. O.

The moon puzzle. London, Sigwick, 1954. 378 p.

AUT   No. 53:128. Ja. 1955. (n.g.)

BERK, HOWARD

The sun grows cold. New York, Delacorte, 1971. 244 p.
72-124720.

LJ   95(20):3924. N. 15, 1970. (M. Cross)
PW   198(20):71. N. 16, 1970. (n.g.)
LM   38/39:57-58. Jl/Ag. 1972. (P. Walker)

BERK, HOWARD (Continued)

The sun grows cold. (Continued)

LJ   96:1527. Ap. 15, 1971. (B. Gray)
SWSJ 19:7. Ap. 1971. (J. Newton)
SWSJ 108:4. O. 1973. (D. D'Ammassa)

BERKELEY, EDMUND CALLIS

Giant brains, or machines that think. New York, Wiley, 1949. 270 p. 49-50247.

ASF   45(4):99-100. Je. 1950. (E. Locke)

BERLITZ, CHARLES FRAMBACH

The mystery of Atlantis. New York, Grosset, 1969. 205 p. 71-86707.

LM   16:14. S. 1970. (J. B. Post)

BERNA, PAUL

Continent in the sky. New York, Abelard-Schuman, 1963. 192 p. 63-8232.

ASF   72(5):89. Ja. 1964. (P. Miller)

Threshold of the stars. New York, Abeland-Schuman, c1954. 176 p.

ASF   68(5):157-158. Ja. 1962. (P. Miller)
GAL   20(6):192. Ag. 1962. (F. Gale)

BERNANOS, MICHEL

The other side of the mountain. New York, Houghton Mifflin, 1968. 107 p. 68-29550.

LM   3:31. Ag. 1969. (D. Paskow)

BERNARD, JOEL

The thinking machine affair. New York, Ace, 1970. 156 p.

LM   29:29. O. 1971. (D. Paskow)

BERNARD, RAFE

The wheel in the sky. London, Ward, 1954. 192 p.

NWB   No. 29:118. N. 1954. (L. Flood)

BERNARD, RAYMOND W.

The hollow earth. New York, Fieldcrest, 1964. 116 p. 67-8986.

ASF   75(2):150-152. Ap. 1965. (P. Miller)

BERNARDO, JAMES V.

Aviation in the modern world. New York, Dutton, 1959. 352 p. 59-5824.

AMZ   34(11):134. N. 1960. (S. Cotts)

BERNE, ERIC

Games people play: the psychology of human relationships. New York, Grove, 1964. 192 p. 64-13783.

NWB   No. 190:59-60. My. 1969. (B. Marsden)
FSF   30(4):32-33. Ap. 1966. (J. Merril)

BERNERI, MARIE LOUISE

Journey through utopia. Freeport, N.Y., Books For Libraries, 1969. 339 p. 71-93316.

REN   4:13. sum. 1972. (J. Pierce)

BERNSTEIN, MOREY

The search for Bridey Murphey. Garden City, N.Y., Doubleday, 1956. 257 p. 55-10504.

FAU   5(4):128. My. 1956. (H. Santesson)
GAL   12(5):109-110. S. 1956. (F. Gale)
AUT   No. 68:155. Ap. 1956. (n.g.)
ISF   7(3):123. Je. 1956. (H. Bott)
SFIQ   4(4):76-77. Ag. 1956. (D. Knight)
FSF   10(5):88-90. My. 1956. (A. Boucher)

BERRY, BRYAN

Born in captivity. London, Hamilton, 1952. 192 p.

NWB   No. 20:96. Mr. 1953. (J. Newman)

BERRY, JAMES R.

Dar Tellum: stranger from a distant planet. New York, Walker, 1973. 64 p.

CCB   27:58. D. 1973. (n.g.)
KR   41:753. Jl. 15, 1973. (n.g.)
PW   204:111. Jl. 16, 1973. (n.g.)

BERTO, GIUSEPPE

Incubus. Harmondsworth, Penguin, 1969. 382 p. NUC 70-98570.

NWB   No. 197:33. Ja. 1970. (J. Clute)

BESKOW, ELSE MAARTMANN

Children of the forest. New York, Delacorte, 1970. 32 p. 69-18439.

LM   23:22. Ap. 1971. (J. Post)

BESKOW, KATJA

The astonishing adventures of Patrick the mouse. New York, Dell, 1970. 84 p.

LM   23:22. Ap. 1971. (C. Moslander)

BESLY, MARY ANN CATHERINE

Field work in biology, by M. A. Besly and G. R. Meyer. London, Methuen, 1955. 68 p.

AUT   No. 64:154. D. 1955. (n.g.)

BEST, HERBERT

The twenty-fifth hour. New York, Random House, 1940. 321 p. 40-6586.

SSS 1(3):4. Jl. 1940. (D. Wollheim)

BESTER, ALFRED

The dark side of earth. New York, Signet, 1964. 160 p. NUC 64-58303.

AMZ 38(12):123-124. D. 1964. (R. Silverberg)
ASF 77(6):166. Ag. 1966. (P. Miller)
FSF 27(6):72. D. 1964. (R. Goulart)

The demolished man. Chicago, Shasta, 1953. 250 p. 53-7290.

ASF 52(4):149-150. D. 1953. (P. Miller)
AUT No. 41:149-150. Ja. 1954. (n.g.)
FAU 1(2):191. Ag/S. 1953. (S. Merwin, Jr.)
GAL 6(6):121-122. S. 1953. (G. Conklin)
ISF 4(7):144. Ag. 1953. (M. Reinsberg)
SFP 1(5):27. Ag. 1953. (S. Moskowitz)
TWS 42(3):146. Ag. 1953. (n.g.)
FSF 5(1):84. Jl. 1953. (Boucher & McComas)

Starburst. New York, Signet, 1958. 160 p. NUC 69-138683.

AMZ 32(10):145. O. 1958. (S. Cotts)
ASF 62(6):141-142. F. 1959. (P. MIller)
FAU 10(3):118-119. S. 1958. (H. Santesson)
INF 4(2):94-95. N. 1958. (R. Silverberg)
FSF 15(2):106-107. Ag. 1958. (A. Boucher)

The stars my destination. New York, New American Library, 1957. 197 p. 57-8031.

ASF 60(3):148. N. 1957. (P. Miller)
FAU 8(2):113. Ag. 1957. (H. Santesson)
INF 2(6):105-107. O. 1957. (D. Knight)
FSF 13(2):107. Ag. 1957. (A. boucher)
LM 23:24. Ap. 1971. (D. Paskow)

Tiger! Tiger! London, Sidgwick, 1956. 232 p.

AUT No. 71:157-158. Jl. 1956. (n.g.)
NWB No. 50:126-128. Ag. 1956. (L. Flood)
NWB No. 178:60-61. D/Ja. 1969. (J. Colvin)
NEB No. 18:104. N. 1956. (K. Slater)

BETHRUM, TRUMAN

Aboard a flying saucer. Los Angeles, De Vorss & Co., 1954. 192 p. 54-9642.

ASF 54(2):145-147. O. 1954. (P. Miller)

BETSCH, ROLAND

Das experiment des Dr. Tentclott. Berlin, Verlag Scherl, 1931. 227 p. 32-1007.

AMZ 6(12):1142. Mr. 1932. (C. Brandt)

BEUF, CARLO MARIA LUIGI

The innocence of Pastor Muller. New York, Duell, 1951. 156 p. 51-9615.

FSF 2(6):88. D. 1951. (Boucher & McComas)

BEVERLEY, BARRINGTON

The air devil. London, Philip Alan & Co., 1934. 252 p.

AMZ 12(1):134. F. 1938. (C. Brandt)

The space raiders. London, Philip Alan & Co., 1936. 245 p.

AMZ 12(1):134. F. 1938. (C. Brandt)

BEYER, WILLIAM GRAY.

Minions of the moon. New York, Gnome Press, 1950. 190 p. 50-10453.

ASF 47(1):147. Mr. 1951. (P. Miller)
GAL 1(2):90. N. 1950. (G. Conklin)
TWS 37(2):158. D. 1950. (S. Merwin)
SSS 7(3):96. N. 1950. (F. Pohl)
WBD 1(1):115. D. 1950. (D. Knight)
FSF 1(5):104. D. 1950. (Boucher & McComas)

BEYNON, JOHN
SEE John Beynon Harris

BIBBY, GEOFFREY

The testimony of the spade. New York, Knopf, 1956. 414 p. 56-8916.

ASF 59(2):156-158. Ap. 1957. (P. Miller)

BIBBY, HAROLD CYRIL

The human body, by Cyril Bibby and Ian T. Morison. Middlesex, Penguin, 1955. 31 p. 56-4821.

AUT No. 62:152. O. 1955. (n.g.)

BIEMILLER, CARL L.

Follow the whales: the hydronauts meet the otter-people. Garden City, N.Y., Doubleday, 1973. 185 p. 72-92190.

LJ 98:3153. O. 15, 1973. (D. Jones)

The hydronauts. Garden City, N.Y., Doubleday, 1970. 131 p. 70-97651.

PW 197(20):39. My. 18, 1970.

Starboy. New York, Holt, 1956. 158 p. 56-6224.

GAL 13(3):48. Ja. 1957. (F. Gale)
FSF 12(2):102. F. 1957. (A. Boucher)

BIER, JESSE

A hole in the lead apron. New York, Harcourt, 1964.
248 p. 64-19941.

    FSF   29(4):97. O. 1965. (J. Merril)

BIERCE, AMBROSE

Ghost and horror stories of Ambrose Bierce, ed. by
Everett F. Bleiler. New York, Dover, 1964. 199 p.
64-13459.

    FAS   14(1):123. Ja. 1965. (R. Silverberg)
    FSF   28(1):86. Ja. 1965. (R. Goulart)

BIGGLE, LLOYD, JR.

All the colors of darkness. Garden City, N.Y., Double-
day, 1963. 210 p. 63-20501.

    ASF   73(1):89. Mr. 1964. (P. Miller)
    FSF   26(3):82. Mr. 1964. (A. Davidson)
    SWSJ 109:4. O. 1973. (K. Ozanne)

The angry espers. New York, Ace, 1961. 136 p.

    ASF   67(5):160-161. Jl. 1961. (P. Miller)

The fury out of time. Garden City, N.Y., Doubleday,
1965. 257 p. 65-17255.

    FSF   29(5):20. N. 1965. (J. Merril)
    SWSJ 109:4-5. O. 1973. (K. Ozanne)

The light that never was. Garden City, N.Y., Double-
day, 1972. 216 p. 71-180060.

    BKL   68:975. J. 15, 1972. (n.g.)
    KR   40:223. F. 15, 1972. (n.g.)
    LJ   97:1738. My. 1, 1972. (J. Post)
    LM   41/42:41. O/N. 1972. (B. Fredstrom)
    PW   201:68. F. 14, 1972. (n.g.)
    SWSJ 67:9. S. 1972. (S. Burns)
    FSF   44:26-27. F. 1973. (J. Russ)
    KPG   7:81. N. 1973. (n.g.)
    SWSJ 104:4. S. 1973. (D. Stever)

The metallic muse. Garden City, N.Y., Doubleday, 1972.
228 p. 79-186007.

    KR   40:554. My. 1, 1972. (n.g.)
    PW   201:46. My. 22, 1972. (n.g.)
    GAL   33:171-172. Ja. 1973. (T. Sturgeon)
    LJ   98:659-660. F. 15, 1973. (D. Malm)
    LM   44:24. Ja. 1973. (S. Mines)
    WSJ   81:R/8-R/10. F. 1973. (J. Newton)

Nebula award stories seven, ed. by Lloyd Biggle, Jr.
New York, Harper & Row, 1973. 234 p.

    KR   40:1215. O. 15, 1972. (n.g.)
    KR   40:1258. N. 1, 1972. (n.g.)
    PW   202:64. N. 20, 1972. (n.g.)
    ASF   91:170-171. Jl. 1973. (P. Miller)
    EJ   62:1059. O. 1973. (H. Means)
    LJ   98:1401-1402. Ap. 15, 1973. (K. Stevens)

The rule of the door and other fanciful regulations.
Garden City, N.Y., Doubleday, 1967. 206 p. 67-22469.

    ASF   82(1):170-171. S. 1968. (P. Miller)

The still, small voice of trumpets. Garden City,
N.Y., Doubleday, 1968. 189 p. 68-14209.

    ASF   83(4):162-163. Je. 1969. (P. Miller)
    NWB   No. 184:60. N. 1968. (R. Meadley & M. Harrison)
    FSF   35(6):20. D. 1968. (J. Russ)

Watchers of the dark. Garden City, N.Y., Doubleday,
1966. 228 p. 66-17440.

    ASF   79(3):161. My. 1967. (P. Miller)

The world menders. Garden City, N.Y., Doubleday, 1971.
181 p. 75-139005.

    KR   39:26. Ja. 1, 1971. (n.g.)
    LJ   96:654. F. 15, 1971. (R. Stevenson)
    LJ   96:1829. My. 15, 1971. (R. Coats)
    PW   199:62. Ja. 11, 1971. (n.g.)
    REN   3:13. Fall 1971. (M. Shoemaker)
    WSJ   77:37. Je/Jl. 1971. (M. Shoemaker)
    LM   38/39:53. Jl/Ag. 1972. (C. Moslander)
    SWSJ 41:9-10. Ja. 1972. (J. Newton)
    GAL   33:172. Ja. 1973. (T. Sturgeon)

BILL, ALFRED H.

The wolf in the garden. New York, Longmans, 1931. 287 p.

    LM   41/42:40. O/N. 1972. (B. Fredstrom)
    TMNR 3:39. Ap/My. 1972. (L. Carlin)

BINDER, EANDO

Adam Link, robot. New York, Paperback Library, 1965.
174 p. NUC 70-85272.

    FSF   30(5):45. My. 1966. (J. Merril)

The impossible world. New York, Curtis, 1967. 159 p.

    LM   38/39:49. Jl/Ag. 1972. (A. Jackson)

Lords of creation. Philadelphia, Prime Press, 1949.
232 p. 49-6418.

    TWS   35(3):160-161. F. 1950. (n.g.)
    STL   21(1):160-161. Mr. 1950. (n.g.)
    SWSJ 24:9-10. Je. 1971. (D. Halterman)

Night of the saucers. New York, Belmont, 1971. 156 p.

    SWSJ 32:9. S. 1971. (M. Shoemaker)

BINDER, OTTO OSCAR

Riddles of astronomy. New York, Basic Books, 1964.
210 p. 64-15932.

    ASF   74(4):87. D. 1964. (P. Miller)
    GAL   23(4):145. Ap. 1965. (F. Pohl)
    FSF   27(6):71. D. 1964. (R. Goulart)

What we really know about flying saucers. Greenwich,
Conn., Fawcett Pubs., 1967. 224 p. 76-6006.

    FSF   34(3):43-44. Mr. 1968. (J. Merril)

BINDER, OTTO OSCAR AND BINDER, EARL ANDRO
SEE Binder, Eando

BINGHAM, JUNE

Do cows have neuroses? London, National Association for Mental Health, 1954. 16 p.

    AUT   No. 51:130-131. N. 1954. (n.g.)

BIRD, JOHN G.

The comprehensible universe. London, The Author, 1952. 32 p. 55-19272.

    AUT   No. 31:138. Mr. 1953. (H. Campbell)

BIRDWELL, E. NELSON, JR., ed.

Superman: from the 30's to the 70's. New York, Crown, 1971. 386 p. 77-175018.

    FSF   43:38-40. O. 1972. (R. Goulart)

BIRKIN, CHARLES

My name is death. New York, Award, 1971. 156 p.

    LM   33:31. F. 1972. (D. Paskow)

Spawn of satan. New York, Award, 1971. 186 p.

    LM   41/42:33. O/N. 1972. (J. McQuown)

BISHOP, ZEALIA BROWN

The curse of Yig. Sauk City, Wisc., Arkham House, 1953. 175 p. 53-13138.

    WT   46(1):129. Mr. 1954. (n.g.)
    FSF   6(2):95. F. 1954. (Boucher & McComas)

BIXBY, JEROME

Space by the tale. New York, Ballantine, 1964. 159 p.

    ASF   76(3):148-149. N. 1965. (P. Miller)

BIZONY, M.T.

The space encyclopaedia: a guide to astronomy and space research, ed. by M. T. Bizony. New York, Dutton, 1957. 287 p. 57-12923.

    GAL   16(4):127-128. Ag. 1958. (F. Gale)
    NWB   No. 65:126. N. 1957. (L. Flood)
    NEB   No. 27:99-100. F. 1958. (K. Slater)
    WIF   9(1):113. D. 1958. (D. Knight)

BLACKBURN, JOHN

Bury him darkly. New York, Putnam, 1970. 191 p. 77-105599.

    ASF   86(2):165-166. O. 1970. (P. Miller)

A scent of new-mown hay. New York, M. S. Mill, 1958. 224 p. 58-13530.

    ASF   64(1):151. S. 1959. (P. Miller)

A sour-apple tree. New York, M. S. Mill, 1959. 189 p. 59-7400rev.

    ASF   64(3):147-148. N. 1959. (P. Miller)

BLACKETT, PATRICK MAYNARD STUART

Atomic weapons and east-west relations. Cambridge, Cambridge University Press, 1956. 107 p. 57-13509.

    ASF   59(2):150-153. Ap. 1957. (P. Miller)

BLACKWOOD, ALGERNON

Ancient sorceries. North Hollywood, CA., Fantasy House, 1973.

    FANA   1:10. D. 1973. (L. Newman)

BLAIR, CLAY

The atomic submarine. London, Odhams, 1955. 224 p. 56-763.

    AUT   No. 64:153. D. 1955. (n.g.)

BLAIR, PETER HUNTER

The coming of Pout. New York, Little, Brown, 1969. 158 p. 69-10652.

    LM   8:22. Ja. 1970. (B. Stiffler)

BLANKENSHIP, WILLIAM D.

The helix file. New York, Walker, 1972. 233 p. 78-186185.

    PW   201:71. Ap. 3, 1972. (n.g.)

BLATTY, WILLIAM PETER

The exorcist. New York, Harper and Row, 1971. 340 p. 73-144189.

    BB   17:50. Ap. 1972. (D. Fallowell)

BLEILER, EVERETT FRANKLIN

The best science fiction stories: 1949, ed. by Everett F. Bleiler and T. E. Dikty. New York, Frederick Fell, 1949. 314 p.

    ASF   45(3):104-105. My. 1950. (L. de Camp)
    FBK   1(6):31. 1950. (n.g.)
    FUTF   3(4):94. N. 1952. (R. Lowndes)
    SSS   6(2):97. Ja. 1950. (F. Pohl)
    STL   20(3):160. Ja. 1950. (n.g.)
    FSF   1(2):106. W/S. 1950. (Boucher & McComas)

The best science fiction stories: 1950, ed. by Everett F. Bleiler and T. E. Dikty. New York, Frederick Fell, 1950. 347 p.

    ASF   47(1):146. Mr. 1951. (P. Miller)
    FUTF   3(4):94. N. 1952. (R. Lowndes)
    GAL   1(3):65. D. 1950. (G. Conklin)
    STL   22(3):156. Ja. 1951. (n.g.)
    SSS   7(4):47. Ja. 1951. (F. Pohl)
    FSF   2(1):59. F. 1951. (Boucher & McComas)

BLEILER, EVERETT FRANKLIN (Continued)

The best science fiction stories: 1951, ed. by Everett F. Bleiler and T. E. Dikty. New York, Frederick Fell, 1951. 352 p.

    ASF   48(6):155-156. F. 1952. (P. Miller)
    GAL   3(5):85-86. F. 1952. (G. Conklin)

The best science fiction stories: 1952, ed. by Everett F. Bleiler and T. E. Dikty. New York, Frederick Fell, 1952. 288 p.

    ASF   50(5):158. Ja. 1953. (P. Miller)
    ASF   51(4):77-78. Je. 1953. (P. Miller)
    GAL   5(4):99. Ja. 1953. (G. Conklin)
    SPF   1(4):100. F. 1953. (G. Smith)
    FSF   4(1):90. Ja. 1953. (Boucher & McComas)
    GAL   5(1):122-123. O. 1952. (G. Conklin)
    AUT   No. 34:139. Je. 1953. (n.g.)
    STL   27(3):144-145. O. 1952. (n.g.)
    FSF   3(6):100. O. 1952. (Boucher & McComas)

The best science fiction stories: 1953, ed. by Everett F. Bleiler and T. E. Dikty. New York, Frederick Fell, 1953. 274 p.

    ASF   53(2):147-148. Ap. 1954. (P. Miller)
    GAL   8(1):117. Ap. 1954. (G. Conklin)
    ISF   5(5):115. My. 1954. (H. Bott)
    FSF   6(1):96. Ja. 1954. (Boucher & McComas)

The best science fiction stories: 1954, ed. by Everett F. Bleiler and T. E. Dikty. New York, Frederick Fell, 1954. 316 p.

    ASF   54(4):150-151. D. 1954. (P. Miller)
    AMZ   29(3):115. My. 1955. (V. Gerson)
    ASF   55(1):156-157. Mr. 1955. (P. Miller)
    GAL   9(6):99. Mr. 1955. (G. Conklin)
    ISF   6(5):115. My. 1955. (H. Bott)
    FSF   8(2):96. F. 1955. (A. Boucher)
    GAL   9(1):98. O. 1954. (G. Conklin)
    ISF   5(10):108. O. 1954. (H. Bott)
    FSF   7(3):94. S. 1954. (A. Boucher)

The best science fiction stories and novels, ed. by Everett F. Bleiler and T. E. Dikty. London, Grayson, 1951. 256 p.

    AUT   No. 20:112. Ap. 1952. (n.g.)

The best science fiction stories, 2nd. series, ed. by Everett F. Bleiler and T. E. Dikty. London, Grayson, 1952. 240 p.

    NWB   No. 17:96. S. 1952. (J. Carnell)

The best science fiction stories, third series, ed. by Everett F. Bleiler and T. E. Dikty. London, Grayson, 1953. 256 p.

    AUT   No. 41:150. Ja. 1954. (n.g.)

The best science fiction stories, fourth series, ed. by Everett F. Bleiler and T. E. Dikty. London, Grayson, 1955. 239 p.

    AUT   No. 56:136. Ap. 1955. (n.g.)
    NWB   No. 33:124. Mr. 1955. (L. Flood)

The best science fiction stories, fifth series, ed. by Everett F. Bleiler and T. E. Dikty. London, Grayson, 1956. 207 p.

    NWB   No. 47:126-127. My. 1956. (L. Flood)

Category phoenix, ed. by E. F. Bleiler and T. E. Dikty. London, J. Lane, 1955. 192 p.

    AUT   No. 58:119. Je. 1955. (n.g.)
    NEB   No. 13:105. S. 1955. (K. Slater)
    NWB   No. 34:125. Ap. 1955. (L. Flood)

The checklist of fantastic literature. Chicago, Shasta, 1948. 452 p. 48-6709.

    AMZ   22(8):65. Ag. 1948. (n.g.)
    AMZ   23(12):148-149. D. 1949. (M. Tish)
    ASF   43(5):142-143. Jl. 1949. (W. Ley)
    FNM   2(5):115. Ja. 1949. (S. Moskowitz)
    TWS   33(2):175-176. D. 1948. (S. Merwin)
    SSS   5(2):73. Ap. 1949. (F. Pohl)
    TMNR   4:35. n.d. (R. Briney)
    LM   44:21. Ja. 1973. (J. B. Post)
    RQ   (Am Lib. Assn.) 12:403. Sm. 1973. (J. B. Post)

Eight dime novels, ed. by Everett F. Bleiler. New York, Dover,

    PW   204:57. S. 10, 1973. (n.g.)

Five victorian ghost novels. New York, Dover, 1971. 421 p. 77-102771.

    FSF   42:22. Ag. 1972. (G. Wilson)
    KPG   6:63. Ap. 1972. (L. Liggera)
    LM   32:26. Ja. 1972. (C. Moslander)

Frontiers in space, ed. by Everett F. Bleiler and T. E. Dikty. New York, Bantam, 1955. 166 p.

    ASF   56(2):150. O. 1955. (P. Miller)
    FSF   9(2):95. Ag. 1955. (A. Boucher)

Imagination unlimited, ed. by Everett F. Bleiler and T. E. Dikty. New York, Farrar, 1952. 430 p. 52-1555.

    ASF   50(3):158. N. 1952. (P. Miller)
    GAL   4(4):104-105. Jl. 1952. (G. Conklin)
    NWB   No. 166:153-154. S. 1966. (H. Bailey)

Science fiction omnibus, by Everett F. Bleiler and T. E. Dikty. New York, Doubleday, 1952. 341 p. 52-545.

    AMZ   26(6):147-148. Je. 1952. (S. Merwin)
    ASF   49(5):160-161. Jl. 1952. (P. Miller)
    FASF   1(1):49. D. 1952. (L. Raymond)

Year's best science fiction novels: 1953, ed. by Everett F. Bleiler and T. E. Dikty. New York, Frederick Fell, 1953. 315 p.

    ASF   53(1):156-157. Mr. 1954. (P. Miller)
    GAL   7(1):117-118. O. 1953. (G. Conklin)
    ISF   4(10):145. N. 1953. (M. Reinsberg)
    FSF   5(3):102. S. 1953. (Boucher & McComas)

The year's best science fiction novels, second series, ed. by Everett F. Bleiler and T. E. Dikty. London, Grayson, 1955. 240 p.

    AUT   No. 67:151. Mr. 1956. (n.g.)
    NWB   No. 46:127. Ap. 1956. (L. Flood)

BLISH, JAMES

And all the stars a stage. Garden City, N.Y., Doubleday, 1971. 206 p. 77-144250.

    TLS   3700:129. F. 2, 1973. (n.g.)
    ASF   90:167-168. O. 1972. (P. Miller)
    LM   41/42:33. O/N. 1972. (P. Walker)

BLISH, JAMES (Continued)

And all the stars a stage (Continued)

```
NWQ     4:7-14.  1972.  (M. Harrison)
GAL     32:122.  N. 1971.  (A. Budrys)
KR      39:257.  Mr. 1, 1971.  (n.g.)
LJ      96:1640.  My. 1, 1971.  (F. Patten)
REN     3:14.  Fl. 1971.  (M. Hickman)
PW      197(17):79.  Ap. 27, 1970.  (n.g.)
SWSJ    35:9.  O. 1971.  (M. Shoemaker)
SWSJ    39:10.  D. 1971.  (J. Newton)
BB      18:80.  Mr. 1973.  (R. Baker)
BB      18:102-103.  Je. 1973.  (B. Patten)
```

Anywhen. Garden City, N.Y., Doubleday, 1970. 168 p.
78-111144.

```
LJ      95(13):2513.  Jl. 1970.  (J. Davis)
FSF     40:23-25.  Je. 1971.  (H. Ellison)
LM      26/27:32.  Jl/Ag. 1971.  (D. Hamilton)
SWSJ    17:5-6.  Mr. 1971.  (J. Newton)
FOU     2:54.  Je. 1972.  (G. Hay)
SWSJ    42:2.  Ja. 1972.  (T. Pauls)
```

Best SF stories of James Blish. London, Faber, 1965.
224 p. NUC 65-108230.

```
NWB     No. 152:115-120.  Jl. 1965.  (J. Colvin)
```

Best science fiction stories of James Blish. London,
Faber, 1973. 216 p.

```
BB      18:102-103.  Je. 1973.  (B. Patten)
TLS     3711:451.  Ap. 20, 1973.  (n.g.)
```

Black easter. Garden City, N.Y., Doubleday, 1968.
165 p. 68-18070.

```
AMZ     42(4):74-75.  N. 1968.  (S. Delany)
FAS     18(5):142-143.  Je. 1969.  (F. Leiber)
GAL     27(6):186-189.  Ja. 1969.  (A. Budrys)
NWB     No. 185:61.  D. 1968.  (M. Harrison)
FSF     35(6):16-18.  D. 1968.  (J. Russ)
AMZ     43(5):122-125.  Ja. 1970.  (T. White)
```

A case of conscience. New York, Ballantine, 1958.
188 p. 58-8569.

```
AMZ     32(8):60-61.  Ag. 1958.  (S. Cotts)
ASF     62(3):145-146.  N. 1958.  (P. Miller)
FAU     10(2):125.  Ag. 1958.  (H. Santesson)
GAL     17(4):143-144.  Ap. 1959.  (F. Gale)
INF     4(1):109-111.  O. 1958.  (R. Silverberg)
NWB     No. 84:85.  Je. 1959.  (L. Flood)
WIF     9(1):108-109.  D. 1958.  (D. Knight)
FSF     15(2):105.  Ag. 1958.  (A. Boucher)
```

Cities in flight. New York, Avon, 1970. 605 p.
NUC 71-84926.

```
SFR     40:25-26.  O. 1970.  (F. Patten)
```

A clash of cymbals. London, Faber, 1958. 197 p.

```
NWB     No. 92:127.  Mr. 1960.  (L. Flood)
FSF     19(6):70-71.  D. 1960.  (A. Bester)
```

The day after judgement. Garden City, N.Y., Doubleday,
1971. 166 p. 74-116190.

```
PW      198(19):58.  N. 9, 1970.
AMZ     45:109-110.  S. 1971.  (T. White)
FSF     41:23.  N. 1971.  (J. Russ)
LJ      96:97.  Ja. 1, 1971.  (R. Haleltine)
LJ      96:1829-1830.  My. 15, 1971.  (N. Menken)
WSJ     77:36-37.  Je/Jl. 1971.  (T. White)
```

The day after judgement (Continued)

```
SWSJ    20:8.  My. 1971.  (J. Newton)
LM      38/39:53.  Jl/Ag. 1972.  (D. Paskow)
TLS     3669:705.  Je. 23, 1972.  (n.g.)
```

Doctor Mirabilis. New York, Dodd, Mead, 1964. 287 p.
64-55198.

```
AMZ     39(3):123-124.  Mr. 1965.  (R. Silverberg)
KR      39:128.  F. 1, 1971.  (n.g.)
PW      199:71.  F. 15, 1971.  (n.g.)
```

The duplicated man, by James Blish and Robert Lowndes.
New York, Avalon, 1959. 222 p. NUC 71-27781.

```
ASF     65(1):159.  Mr. 1960.  (P. Miller)
FUTF    No. 29:111-114.  1956.  (R. Garrett)
GAL     18(4):143.  Ap. 1960.  (F. Gale)
WIF     9(6):82-83.  Ja. 1960.  (F. Pohl)
```

Earthman, come home. New York, Putnam, 1955. 239 p.
55-5662.

```
ASF     55(5):151.  Jl. 1955.  (P. Miller)
FAU     4(3):113.  O. 1955.  (H. Santesson)
GAL     10(2):115.  My. 1955.  (G. Conklin)
GAL     17(5):139.  Je. 1959.  (F. Gale)
ISF     7(5):123.  O. 1956.  (H. Bott)
OSFS    6(1):102-105.  Jl. 1953.  (D. Knight)
FUTF    No. 44:105.  Ag. 1959.  (C. Knox)
FSF     8(5):71.  My. 1955.  (A. Boucher)
```

Fallen star. London, Faber, 1957. 224 p.

```
NEB     No. 26:101-102.  Ja. 1958.  (K. Slater)
NWB     No. 66:127.  D. 1957.  (L. Flood)
```

The frozen year. New York, Ballantine, 1957. 155 p.
57-7039.

```
ASF     60(2):157-158.  O. 1957.  (P. Miller)
FAU     8(5):101.  N. 1957.  (H. Santesson)
GAL     14(4):115-116.  Ag. 1957.  (F. Gale)
VAN     1(1):92.  Je. 1958.  (L. del Rey)
FSF     12(6):111.  Je. 1957.  (A. Boucher)
```

Galactic cluster. New York, New American Library, 1959.
176 p. NUC 70-90299.

```
ASF     66(1):151-152.  S. 1960.  (P. Miller)
NWB     No. 94:125.  My. 1960.  (L. Flood)
```

The issue at hand, by William Atheling, jr. Chicago,
Advent, 1964. 136 p. 65-2533.

```
ASF     75(5):145-146.  Jl. 1965.  (P. Miller)
GAL     23(5):168-169.  Je. 1965.  (A. Budrys)
```

Jack of eagles. New York, Greenberg, 1952. 246 p.
52-5618.

```
AMZ     26(8):149-150.  Ag. 1952.  (S. Merwin)
ASF     50(2):168-169.  O. 1952.  (P. Miller)
DSF     1(1):104.  D. 1952.  (R. Lowndes)
GAL     4(3):126.  Je. 1952.  (G. Conklin)
NWB     No. 43:126.  Ja. 1956.  (L. Flood)
SPF     1(2):65,119.  S. 1952.  (G. Smith)
FSF     3(4):103.  Ag. 1952.  (Boucher & McComas)
```

A life for the stars. New York, Putnam, 1962. 188 p.
62-14388.

```
NWB     No. 146:115.  Ja. 1965.  (J. Colvin)
```

BLISH, JAMES (Continued)

Midsummer century. Garden City, N.Y., Doubleday, 1972.
106 p. 75-180061.

ASF	90:168.	O. 1972.	(P. Miller)
BKL	68:975.	Jl. 15, 1972.	(n.g.)
GAL	33:85.	S. 1972.	(T. Sturgeon)
KR	40:352.	Mr. 15, 1972.	(n.g.)
LJ	97:1624.	Ap. 15, 1972.	(V. Borland)
LJ	97:2651.	Ag. 1972.	(C. Hough)
LJ	97:2970.	S. 15, 1972.	(R. Minurdi)
LM	41/42:54.	O/N. 1972.	(B. Fredstrom)
PW	201:57.	Mr. 6, 1972.	(n.g.)
FSF	44:28-29.	F. 1973.	(J. Russ)

Mission to the heart stars. New York, Putnam, 1965.
158 p. 65-13318.

ASF	82(5):162.	Ja. 1969.	(P. Miller)

More issues at hand, by William Atheling, Jr. Chicago,
Advent, 1970. 154 p. 72-115400.

ASF	87:159-161.	My. 1971.	(P. Miller)
EXT	12:96-98.	My. 1971.	(T. Clareson)
GAL	31:141-142.	Ap. 1971.	(A. Budrys)
LM	23:31.	Ap. 1971.	(J. B. Post)
SFR	43:25-28.	Mr. 1971.	(R. Lowndes)
JPC	5:247-249.	Summer 1971.	(T. Clareson)
FSF	42:124-129.	My. 1972.	(D. Suvin)
SFO	29:13-18,24.	Ag. 1972.	(J. Foyster)
SPEC	30:36-39.	Je. 1972.	(J. Foyster)

Nebula award stories five, ed. by James Blish. Garden
City, N.Y., Doubleday, 1970. 215 p.

PW	198(13):72.	S. 28, 1970.	
ASF	87:164-165.	My. 1971.	(P. Miller)
SFR	43:30-32.	Mr. 1971.	(P. Walker)
SWSJ	18:9-10.	Ap. 1971.	(J. Newton)
WSJ	77:34-36.	Je/Jl. 1971.	(T. Pauls)
LM	33:30.	F. 1972.	(D. Paskow)
TLS	3663:537.	My. 12, 1972.	(n.g.)

The night shapes. New York, Ballantine, 1962. 125 p.
NUC 64-3322.

AMZ	37(4):121-122.	Ap. 1963.	(S. Cotts)
ASF	71(1):87-88.	Mr. 1963.	(P. Miller)
NWB	No. 125:128.	D. 1962.	(J. Carnell)

The quincunx of time. New York, Dell, 1973. 128 p.

SWSJ	117:3.	N. 1973.	(D. D'Ammassa)

The seedling stars. New York, Gnome Press, 1957. 185 p.
57-7109.

ASF	60(4):152-153.	D. 1957.	(P. Miller)
GAL	15(3):104-105.	Ja. 1958.	(F. Gale)
INF	2(2):94-96.	Ap. 1957.	(L. Shaw & I. Stein)
INF	3(6):93-94.	Ag. 1958.	(R. Silverberg)
VEN	1(5):51.	S. 1957.	(T. Sturgeon)
NWB	No. 178:61.	D/Ja. 1968.	(J. Colvin)
FSF	13(1):92.	Jl. 1957.	(A. Boucher)

Spock must die. New York, Bantam, 1970. 118 p.

AMZ	44(3):134-135.	S. 1970.	(D. O'Neil)
SFR	39:23.	Ag. 1970.	(W. Connelly)

The star dwellers. New York, Putnam, 1961. 192 p.
61-12726.

ASF	69(3):164-167.	My. 1962.	(P. Miller)
NWB	No. 124:127.	N. 1962.	(L. Flood)

Star trek 3. New York, Bantam, 1969. 118 p.

LM	4:31.	S. 1969.	(J. Schaumbruger)

Star trek 5. New York, Bantam, 1972. 136 p.

LM	44:24.	Ja. 1973.	(D. Hamilton)

Star trek 6. New York, Bantam, 1972. 149 p.

LM	44:22.	Ja. 1973.	(D. Hamilton)

Star trek 9. New York, Bantam, 1973. 183 p.

SWSJ	118:4.	D. 1973.	(D. D'Ammassa)

They shall have stars. London, Faber, 1956. 181 p.

AUT	No. 75:152-153.	D. 1956.	(n.g.)
NWB	No. 52:127.	O. 1956.	(L. Flood)
NEB	No. 18:106.	N. 1956.	(K. Slater)

Titan's daughter. New York, Berkley, 1961. 142 p.
NUC 72-2335.

ASF	68(1):167.	S. 1961.	(P. Miller)
NWB	No. 107:123-124.	Je. 1961.	(J. Carnell)

A torrent of faces, by James Blish and Norman L. Knight.
Garden City, N.Y., Doubleday, 1967. 270 p. 67-22474.

AMZ	42(2):136-137.	Jl. 1968.	(L. Tanner)
ASF	83(1):170-171.	Mr. 1969.	(P. Miller)
FMF	2(3):49,118.	Spr. 1969.	(R. Lowndes)
NWB	No. 189:63.	Ap. 1969.	(J. Cawthorn)
FSF	35(1):56-57.	Jl. 1968.	(J. Russ)

The triumph of time. New York, Avon, 1958. 158 p.
58-4755.

ASF	63(6):150-151.	Ag. 1959.	(P. Miller)
FAU	11(3):97-98.	My. 1959.	(H. Santesson)
WIF	9(3):96-98.	Jl. 1959.	(F. Pohl)
	(Vol. & issue numbers incorrect in issue)		

VOR. New York, Avon, 1958. 159 p.

ASF	62(5):147-148.	Ja. 1959.	(P. Miller)
FAU	10(5):114.	N. 1958.	(H. Santesson)
INF	4(1):95-96.	N. 1958.	(R. Silverberg)
WIF	9(2):75-76.	F. 1959.	(D. Knight)
FSF	15(2):105-106.	Ag. 1958.	(A. Boucher)

The warriors of day. New York, Lancer, 1951. 160 p.

FSF	33(4):28-29.	O. 1967.	(J. Russ)

Welcome to Mars. New York, Putnam, 1968. 159 p.
67-24141.

ASF	82(5):162.	Ja. 1969.	(P. Miller)

Year 2018. New York, Avon, 1957. 159 p.

ASF	61(4):141.	Je. 1958.	(P. Miller)
GAL	17(5):139.	Je. 1959.	(F. Gale)
VEN	2(3):58.	My. 1958.	(T. Sturgeon)
FSF	14(4):94.	Ap. 1958.	(A. Boucher)

BLISS, SIDNEY

Cry hunger. New York, Vantage Press, 1955. 178 p.
54-12633.

GAL	12(4):110.	Ag. 1956.	(F. Gale)

BLIVEN, BRUCE

Preview for tomorrow. New York, Knopf, 1953. 347 p. 52-6410.

SFP   1(5):27. Ag. 1953. (S. Moskowitz)

BLOCH, ROBERT

Dragons and nightmares. Baltimore, Mirage, 1969. 185 p. 78-14533.

LM   12:32. My. 1970. (L. Carter)
WTT   1(2):117. Sm. 1970. (R. Lowndes)

The eighth stage of fandom. Chicago, Advent, 1962. 176 p. NUC 64-8502.

NWB   No. 130:127-128. My. 1963. (J. Carnell)

Pleasant dreams/nightmares. Sauk City, Wisc., Arkham House, 1960. 233 p. 60-50892.

NWB   No. 173:64. Jl. 1967. (J. Cawthorn)

BLUEMLE, ANDREW

Saturday science. New York, Dutton, 1960. 333 p. 60-8944.

GAL   20(1):175. O. 1961. (F. Gale)

BLUM, RALPH

The simultaneous man. Boston, Little, Brown, 1970. 238 p. 77-103953.

LJ   95:1763. My. 1, 1970. (M. Grant)
PW   197(1):73. Ja. 5, 1970.
BS   30:10. Ap. 1, 1970. (A. Fleming)
NYT   p. 46. Ap. 26, 1970. (A. Hubin)
SR   53:36. Ap. 11, 1970. (A. Kazin)
ASF   86:165-166. Ja. 1971. (P. Miller)
FSF   40:62-65. F. 1971. (J. Russ)
LM   24/25:38. My/Je. 1971. (C. Moslander)
SDNP   p. 6. N. 21/22, 1972. (B. Friend)
NY REVIEW OF BOOKS 14:37. My. 21, 1970. (D. Jones)

BLYTHE, HENRY

The three lives of Naomi Henry. New York, Citadel, 1957. 160 p. 57-9013.

GAL   15(1):121. N. 1957. (F. Gale)

BOARDMAN, JOHN, ed.

An A B C of science fiction. New York, Avon, 1968. 223 p.

LM   2:24-25. Jl. 1969. (J. Slavin)
WSJ   supp. 75-2:4. F/Mr. 1971. (J. Newton)

BOARDMAN, TOM, JR., ed.

The unfriendly future. London, Four Square, 1965. 175 p.

FSF   30(6):38. Je. 1966. (F. Leiber)

BOAS, MAURITS IGNATIUS

The dog that was and was not; The Double guarantee: two surrealistic tales. New York, Fell, 1969. 255 p. 74-91100.

LM   19:26. D. 1970. (J. B. Post)

BOCHOW, WALTER F.

Hansgeorg erbt ein wunder. Leipzig, Ernst Oldengurg Verlag, n.d. 255 p.

AMZ   7(9):857. D. 1932. (C. Brandt)

BODE, VAUGHN

Bode's cartoon concert. New York, Dell, 1973. unpaged.

SWSJ   113:3. N. 1973. (D. D'Ammassa)

BODELSEN, ANDERS

Freezing down. New York, Harper, 1971. 179 p. 77-122892.

BS   31:28. Ap. 1, 1971. (L. Fleming)
LJ   96:654-655. F. 15, 1971. (D. Halprin)
LJ   96:2145. Je. 15, 1971. (J. Faria)
NYT   p. 32, F. 28, 1971. (M. Levin)
PW   199:51. Ja. 4, 1971. (n.g.)
KPG   6:85. N. 1972. (L. Joiner)
LM   38/39:41. Jl/Ag. 1972. (C. Moslander)

BOGGON, MARTYN

The inevitable hour. New York, Award, 1969. 188 p.

LM   11:29. Ap. 1970. (D. Paskow)

BOGORAZ, VLADIMIR GERMANOVICH.

The sons of the mammoth. New York, Cosmopolitan, 1929. 254 p. 29-19241.

AMZ   4(11):1088. F. 1930. (C. Brandt)

BOILEAU, PIERRE

Choice cuts, by Pierre Boileau and Thomas Narcejac. New York, Bantam, 1968. 198 p.

WSJ   supp. 74-1:7. D. 1970-Ja. 1971. (D. Halterman)

BOK, BART JAN

The milky way, by Bart J. Bok and Priscilla F. Bok. Cambridge, Harvard University Press, 1957. 269 p. 56-11279.

ASF   59(6):144-145. Ag. 1957. (P. Miller)
GAL   15(1):121. N. 1957. (F. Gale)

BOK, HANNES

Beyond the golden stair. New York, Ballantine, 1970.
209 p.

FF	1:76.	Je. 1971.	(D. Menville)
WSJ	76:101-102.	Ap/My. 1971.	(F. Patten)
LM	35/36:61.	Ap/My. 1972.	(J. Evers)
WFA	1(3):190.	W. 1970/1971.	(L. del Rey)

The sorcerers ship. New York, Ballantine, 1969. 205 p.

NWB   No. 200:31. Ap. 1970. (J. Cawthorn)

BOLAND, JOHN

No refuge. London, Joseph, 1956. 253 p. 56-56384.

AUT	No. 76:154-155.	Ja. 1957.	(n.g.)
NWB	No. 57:127.	Mr. 1957.	(L. Flood)

White August. London, Joseph, 1955. 239 p. 55-39738.

AUT	No. 61:153-154.	S. 1955.	(n.g.)
NEB	No. 14:103.	N. 1955.	(K. Slater)
NWB	No. 37:126.	Jl. 1955.	(L. Flood)

BOLLINGER, MAX

The fireflies. New York, Atheneum, 1970. 43 p. 77-98615.

LM   26/27:27. Jl/Ag. 1971. (G. Burnick)

The golden apple. New York, Atheneum, 1970. 27 p. 79-115091.

LM   31:26. D. 1971. (J. Post)

BOMANS, GODFRIED JAN ARNOLD

The wily wizard and the wicked witch and other weird stories. New York, Watts, 1969. 180 p. 69-14458.

LM   16:8. S. 1970. (C. Moslander)

BOND, J. HARRY

The other worlds. New York, Avalon, 1963. 191 p.

ASF   73(5):91. Jl. 1964. (P. Miller)

BOND, NELSON SLADE

Exiles of time. Philadelphia, Prime Press, 1949. 183 p. 50-104.

SCF	No. 1:95.	Sm. 1950.	(V. Parker)
STL	21(1):162.	Mr. 1950.	(n.g.)
SSS	6(3):99.	Mr. 1950.	(F. Pohl)

Lancelot Biggs: spaceman. Garden City, N.Y., Doubleday, 1950. 224 p.

ASF	47(1):144.	Mr. 1951.	(P. Miller)
FBK	2(1):106.	1951.	(n.g.)
FUTF	2(1):55,98.	My. 1951.	(R. Lowndes)
FSO	3(6):97.	O. 1951.	(P. Miller)
GAL	1(2):88-89.	N. 1950.	(G. Conklin)
SCF	No. 2:75-76.	W. 1950/51.	(J. Aiken)
TWS	37(2):158.	D. 1950.	(S. Merwin)

Lancelot Biggs: spaceman (Continued)

SSS	7(3):96-97.	N. 1950.	(F. Pohl)
WBD	1(1):116.	D. 1950.	(D. Knight)

Nightmares and daydreams. Sauk City, Wisc., Arkham House, 1968. 269 p. 68-5214.

FSF	36(4):50.	Ap. 1969.	(G. Wilson)
MOH	5(4):112-113.	Jl. 1969.	(R. Lowndes)

No time like the present. New York, Avon, 1954. 221 p. 54-32734.

GAL   9(3):111. D. 1954. (G. Conklin)

The thirty-first of February. New York, Gnome Press, 1949. 272 p. 49-49009.

AMZ	24(9):163.	S. 1950.	(M. Tish)
ASF	45(4):100-101.	Je. 1950.	(F. Ackerman)
FSO	2(1):59.	Jl. 1950.	(F. Ackerman)
STL	20(2):155-156.	N. 1949.	(n.g.)
SSS	6(1):80.	N. 1949.	(F. Pohl)

BONE, J. F.

The Lani people. New York, Bantam, 1962. 152 p.

AMZ	36(7):143-144.	Jl. 1962.	(S. Cotts)
ASF	70(1):159.	S. 1962.	(P. Miller)
FSF	23(1):111.	Jl. 1962.	(A. Bester)

BONESTELL, CHESLEY

Beyond Jupiter: the worlds of tomorrow, by Chesley Bonestell and Arthur C. Clarke. Boston, Little, Brown, 1972. 89 p. 72-6440.

PW   203:50. Ap. 16, 1973. (n.g.)

The conquest of space, by Chesley Bonestell and Willy Ley. New York, Viking Press, 1949. 160 p. 49-10790.

ASF	45(5):124-126.	Jl. 1950.	(R. Richardson)
NWB	No. 8:51.	W. 1950.	(J. Carnell)
SSS	6(2):127.	Ja. 1950.	(F. Pohl)
FSF	1(2):106.	W/S. 1950.	(Boucher & McComas)

Rocket to the Moon. Chicago, Children's Press, 1968. 63 p. 68-14725.

LM   4:25. S. 1969. (M. Hewitt)

The solar system. Chicago, Children's Press, 1967. 63 p. 67-20110.

LM   4:25. S. 1969. (M. Hewitt)

BONEWITS, P. E. I.

Real magic: an introductory treatise on the basic principles of yellow magic. New York, Berkley, 1972. 271 p.

LM   46:21. Mr. 1973. (M. McQuown)

BONNOR, WILLIAM B.

The mystery of the expanding universe. New York, Macmillan, 1964. 212 p. 63-14542.

ASF   74(1):88. S. 1964. (P. Miller)

BOOKER, CHRISTOPHER

The neophiliacs. London, Collins, 1969. 381 p. 75-444648.

NWB   No. 196:30-32. D. 1969. (M. Moorcock)

BORGES, JORGE LUIS

The book of imaginary beings. New York, Dutton, 1969. 256 p. 76-87180.

LM   14:28. Jl. 1970. (J. B. Post)

Extraordinary tales, comp. by Jorge Luis Borges and Adolfo Bioy Casares. New York, Herder and Herder, 1971. 144 p. 70-150301.

CHO   8:1447. Ja. 1972. (n.g.)
LM   41/42:54. O/N. 1972. (P. Walker)

Ficciones. New York, Grove Press, 1962. 174 p. 62-13054.

SWSJ   102:2. Ag. 1973. (G. Wolfe)

Fictions. London, John Calder, 1965. 159 p. NUC 67-4063.

NWB   No. 160:156. Mr. 1966. (J. Colvin)

Labyrinths. New York, New Directions, 1964. 260 p. 64-25440.

FSF   29(4):96-97. O. 1965. (J. Merril)

BORN, MAX

The restless universe. 2d ed. New York, Dover, 1951. 315 p. 51-13192.

SPF   1(3):104. N. 1952. (G. Smith)

BORODIN, GEORGE

Spurious sun. London, Werner Laurie, 1948. 281 p.

TWS   34(2):158-159. Je. 1949. (S. Merwin)

BORRELLO, ALFRED

H. G. Wells: author in agony. Carbondale, Southern Illinois University, 1972. 137 p. 77-180627.

BKL   68:843. Je. 1, 1972. (n.g.)
EXT   14:69. D. 1972. (T. Clareson)

BOSTON, LACY MARIA

The children of Green Knowe. New York, Harcourt, 1955. 157 p. 55-7608.

FSF   10(6):103. Je. 1956. (A. Boucher)

BOSWELL, ROLFE

Nostradamus speaks, ed. by Rolfe Boswell. New York, Crowell, 1941. 381 p. 41-24921.

UNK   6(1):106-108. Je. 1942. (A. Boucher)

Prophets and protents. Seven seers foretell Hitler's doom. New York, Crowell, 1942. 154 p. 42-24209.

UNK   7(1):156-159. Je. 1943. (A. Boucher)

BOTTING, DOUGLAS

Island of the dragon's blood. New York, Winfred Funk, 1959. 251 p. 59-7937rev.

WIF   9(5):101. N. 1959. (F. Pohl)

BOUCHER, ANTHONY
SEE White, William Anthony Parker.

BOULLE, PIERRE

Because it is absurd (on Earth as it is in heaven). New York, Vanguard, 1971. 190 p. 74-164984.

KR   39:824. Ag. 1, 1971. (n.g.)
BKL   68:487. F. 15, 1972. (n.g.)
LJ   97:790. F. 15, 1972. (D. Rynne)

Desperate games. New York, Vanguard, 1973. 213 p. 73-83035.

PW   204:45. Ag. 13, 1973. (n.g.)

Ears of the jungle. New York, Vanguard, 1972. 224 p. 72-83350.

BKL   69:642. Mr. 1, 1973. (n.g.)
NR   25:325. Mr. 16, 1973. (J. Coyne, Jr.)

Monkey planet. London, Secker, 1964. 223 p. NUC 64-64031.

NWB   No. 164:152. Jl. 1966. (R. Bennett)

The planet of the apes. New York, Vanguard, 1963. 246 p. 63-21853.

ASF   73(3):85. My. 1964. (P. Miller)
ASF   83(3):168. My. 1969. (P. Miller)

Time out of mind. New York, Signet, 1969. 280 p.

LM   10:29. Mr. 1970. (J. Slavin)

BOUNDS, SYDNEY J.

The moon raiders. London, Foulsham, 1955. 160 p.

AUT   No. 57:120. My. 1955. (n.g.)

BOVA, BENJAMIN WILLIAM

As on a darkling plain. New York, Walker, 1972. 193 p. 72-83756.

KR   40:1117. S. 15, 1972. (n.g.)
LJ   97:3617. N. 1, 1972. (M. Smith)
PW   202:54. O. 2, 1972. (n.g.)
GAL   33:154-155. Mr/Ap. 1973. (T. Sturgeon)
LM   46:19. Mr. 1973. (P. Walker)

The dueling machine. New York, Holt, 1969. 247 p. 72-80312.

LM   13:19. Je. 1970. (D. Paskow)

BOVA, BENJAMIN WILLIAM (Continued)

Escape. New York, Holt, 1970. 122 p. 70-98920.

    LM   24/25:35. My/Je. 1971. (C. Moslander)
    SWSJ 20:8-9. My. 1971. (R. Delap)

Exiled from Earth. New York, Dutton, 1971. 202 p.
74-133120.

    HB   47:488. O. 1971. (B. Robinson)
    KR   39:379. Ap. 1, 1971. (n.g.)
    LJ   97:2135. Je. 15, 1971. (E. Haynes)
    PW   199:65. Je. 28, 1971. (n.g.)
    FSF 42:30-31. Ja. 1972. (J. Blish)
    LM   40:19. S. 1972. (C. Moslander)

Flight of exiles. New York, Dutton, 1972. 185 p.
72-78092.

    KR   40:1034. S. 1, 1972. (n.g.)
    BKL 69:491. Ja. 15, 1973. (n.g.)

Forward in time. New York, Walker, 1973. 234 p.

    KR   41:912. Ag. 15, 1973. (n.g.)
    PW   204:181. S. 24, 1973. (n.g.)

In quest of quasars: an introduction to stars and
starlike objects. New York, Crowell, 1969. 198 p.
77-83062.

    LM   19:20. D. 1970. (C. Moslander)

The many worlds of science fiction, ed. by Ben Bova.
New York, Dutton, 1971. 234 p. 75-162276.

    KR   39:1078. O. 1, 1971. (n.g.)
    BKL 68:503-504. F. 15, 1972. (n.g.)
    LJ   97:782-783. F. 15, 1972. (E. Haynes)
    LM   43:28. D. 1972. (J. Pierce)

The milky way galaxy. New York, Holt, 1961. 228 p.
60-12316rev.2.

    FSF 20(3):97. My. 1961. (A. Bester)

Planets, life and lgm. Reading, Mass., Addison-Wesley,
1970. 109 p. 78-105871.

    LM   29:23. O. 1971. (C. Moslander)

The science fiction hall of fame, v. 2A & 2B, ed. by
Ben Bova. Garden City, N.Y., Doubleday, 1973. 2 v.
70-97691.

    ASF 91:158-159. Je. 1973. (P. Miller)
    BKL 69:835. My. 1, 1973. (n.g.)
    FSF 45:39-40. O. 1973. (A. Davidson)
    GAL 33:170-171. My/Je. 1973. (T. Sturgeon)
    NYT p. 14. Ap. 22, 1973. (T. Sturgeon)
    WIF 21:103-105. Jl/Ag. 1973. (L. del Rey)
    BB   19:104. N. 1973. (B. Patten)
    VIEWS AND REVIEWS 4(4):77. Sm. 1973. (R. Briney)
    KR   40:1326. N. 15, 1972. (n.g.)
    KR   40:1367. D. 1, 1972. (n.g.)
    PW   202:54. N. 6, 1972. (n.g.)

The star conquerors. Philadelphia, Winston, 1959. 215 p.
59-13109rev.

    ASF 65(5):163-164. Jl. 1960. (P. Miller)

Star watchman. New York, Holt, 1964. 224 p. 64-20216.

    ASF 75(4):158-159. Je. 1965. (P. Miller)

Starflight and other improbabilities. New York,
Westminster, 1973. 126 p. 72-7332.

    KR   41:126. F. 1, 1973. (n.g.)
    LJ   98:2199. Jl. 1973. (R. Jordan)
    PW   203:74. Je. 25, 1973. (n.g.)

THX1138. New York, Paperback Library, 1971. 160 p.

    LM   40:25. S. 1972. (D. Schweitzer)

When the sky burned. New York, Walker, 1973. 192 p.
72-95800.

    LJ   98:2466. S. 1, 1973. (R. Middleton)
    KR   41:621. Je. 1, 1973. (n.g.)
    PW   203:70. Je. 25, 1973. (n.g.)

The winds of Altair. New York, Dutton, 1973. 135 p.
72-89836.

    LJ   98:2007. Je. 15, 1973.
    KR   41:253. Mr. 1, 1973. (n.g.)

BOWEN, JOHN

After the rain. New York, Ballantine, 1959. 158 p.
58-11034rev.

    AMZ 33(5):140. My. 1959. (S. Cotts)
    ASF 63(5):148-150. Jl. 1959. (P. Miller)
    FAU 11(3):97. My. 1959. (H. Santesson)
    NEB No. 29:105-106. Ap. 1958. (K. Slater)
    WIF 9(3):99. Jl. 1959. (F. Pohl)
         (Vol. & issue numbers incorrect in issue)
    FSF 16(5):74-75. My. 1959. (D. Knight)

BOWEN, ROBERT NAPIER CLIVE

The exploration of time. New York, Philosophical
Library, 1958. 143 p. 58-3246.

    GAL 18(2):154. D. 1959. (F. Gale)

BOWMAN, NORMAN J.

The handbook of rockets and guided missiles. Chicago,
Perastadion Press, 1957. 328 p. A57-2355.

    GAL 14(5):107. S. 1957. (F. Gale)

BOWMAN, WILLIAM ERNEST

The ascent of rum doodle. New York, Vanguard, 1956.
141 p. 57-7680.

    GAL 15(2):100-101. D. 1957. (F. Gale)

BOYD, JOHN
SEE Upchurch, Boyd.

BOYD, MILDRED

Man, myth and magic. New York, Criterion, 1969. 173 p.
68-15239.

    LM   18:25. N. 1970. (C. Moslander)

BOYD, WILLIAM CLOUSER

Races and people, by William C. Boyd and Isaac Asimov. New York, Abelard-Schuman, 1955. 189 p. 55-8630.

    ASF   59(1):144-145. Mr. 1957. (P. Miller)

BOYS, CHARLES VERNON

Soap bubbles. New York, Dover, 1958. 193 p. 59-14223.

    WIF   10(1):107. Mr. 1960. (F. Pohl)

BRACKETT, LEIGH

Alpha Centauri or die! New York, Ace, 1963. 121 p. NUC 70-6216.

    ASF   72(4):89. D. 1963. (P. Miller)

The big jump. New York, Ace, 1955. 131 p. 55-33829.

    ASF   56(3):151-152. N. 1955. (P. Miller)
    GAL   11(2):104-105. N. 1955. (F. Gale)

The coming of the terrans. New York, Ace, 1967. 157 p.

    ASF   81(5):160-161. Jl. 1968. (P. Miller)

An eye for an eye. Garden City, N.Y., Doubleday, 1957. 186 p. 57-13015.

    ASF   62(1):149-150. S. 1958. (P. Miller)

The galactic breed. New York, Ace, 1955. 168 p.

    ASF   56(3):149. N. 1955. (P. Miller)
    GAL   10(6):92. S. 1955. (G. Conklin)

The halfling and other stories. New York, Ace, 1973. 351 p.

    KPG   7:82. N. 1973. (E. Sisco)

The long tomorrow. Garden City. N.Y., Doubleday, 1955. 222 p. 55-9983.

    AMZ   36(10):119-120. O. 1962. (S. Cotts)
    ASF   57(3):144-145. My. 1956. (P. Miller)
    ASF   57(6):143-146. Ag. 1956. (P. Miller)
    FAU   5(1):112. F. 1956. (H. Santesson)
    FUTF   No. 29:128-130. 1956. (D. Knight)
    GAL   11(5):97-98. Mr. 1956. (F. Gale)
    AUT   No. 64:155. D. 1955. (n.g.)
    ISF   8(1):123. F. 1957. (H. Bott)
    FSF   10(1):93-94. Ja. 1956. (A. Boucher)

The nemesis from terra. New York, Ace, 1959. 120 p.

    ASF   69(4):157. Je. 1962. (P. Miller)

People of the talisman. New York, Ace, 1964. 128 p. NUC 70- 91016.

    ASF   79(4):168-169. Je. 1967. (P. Miller)

The secret of Sinharat. New York, Ace, 1964. 95 p. NUC 70-91015.

    ASF   79(4):168-169. Je. 1967. (P. Miller)

The starmen. New York, Gnome Press, 1952. 213 p. 52-13840.

    ASF   51(2):157. Ap. 1953. (P. Miller)
    AUT   No. 51:128. N. 1954. (n.g.)
    GAL   6(1):116. Ap. 1953. (G. Conklin)
    TWS   42(2):144-145. Je. 1953. (n.g.)
    SPF   1(6):84-85. My. 1953. (G. Smith)
    FSF   4(2):74. F. 1953. (Boucher & McComas)
    NEB   No. 10:116. O. 1954. (K. Slater)

The sword of Rhiannon. New York, Ace, 1953. 128 p.

    AUT   No. 76:153-154. Ja. 1957. (n.g.)
    NWB   No. 54:128. D. 1956. (L. Flood)
    SFO   8:39. Ja. 1970. (D. Anderson)

BRADBURY, EDWARD POWYS

Barbarians of Mars. London, Compact, 1965. 157 p.

    NWB   No. 159:116. F. 1966. (J. Cawthorn)

Blades of Mars. London, Compact, 1965. 156 p.

    NWB   No. 156:124. N. 1965. (J. Colvin)

Warriors of Mars. London, Compact, 1965. 157 p.

    NWB   No. 151:119. Je. 1965. (J. Colvin)

BRADBURY, RAY, ed.

Beyond. New York, Berkley, 1963. 160 p.

    ASF   71(5):87-89. Jl. 1963. (P. Miller)

The circus of Dr. Lao and other improbable stories. New York, Bantam, 1956. 210 p. 56-10486.

    ASF   59(6):142-143. Ag. 1957. (P. Miller)
    INF   2(3):121-122. Je. 1957. (D. Knight)
    SAT   1(3):117-118. F. 1957. (S. Moskowitz)
    FSF   12(2):98-99. F. 1957. (A. Boucher)

Dandelion wine. Garden City, N.Y., Doubleday, 1957. 281 p. 57-7824.

    ASF   62(1):146-147. S. 1958. (P. Miller)
    GAL   15(6):86-87. Ap. 1958. (F. Gale)
    NWB   No. 157:119-122. D. 1965. (L. Jones)
    OSFS   8(7):116-117. Je. 1958. (D. Knight)

Fahrenheit 451. New York, Ballantine, 1953. 199 p. 53-11280.

    ASF   53(2):145-146. Ap. 1954. (P. Miller)
    AUT   No. 47:114. Jl. 1954. (n.g.)
    GAL   7(5A):108-109. F. 1954. (G. Conklin)
    NWB   No. 23:126. My. 1954. (L. Flood)
    SFA   2(3):160. Je. 1954. (D. Knight)
    FSF   5(6):104-105. D. 1953. (Boucher & McComas)

The golden apples of the sun. Garden City, N.Y., Doubleday, 1953. 250 p. 52-13569.

    ASF   52(2):146-148. O. 1953. (P. Miller)
    FAU   1(2):191-192. Ag/S. 1953. (S. Merwin, Jr.)
    FSF   4(6):70-71. Je. 1953. (Boucher & McComas)
    FUTF   4(4):40-41,63. N. 1953. (K. Crossen)
    GAL   6(5):116-117. Ag. 1953. (G. Conklin)
    AUT   No. 33:138. My. 1953. (n.g.)
    ISF   4(7):145. Ag. 1953. (M. Reinsberg)
    SFA   2(1):117-120. D. 1953. (D. Knight)
    TWS   43(1):130. N. 1953. (P. Jones)

BRADBURY, RAY (Continued)

The golden apples of the sun (Continued).

SPF	2(2):157.	S. 1953.	(G. Smith)	
WT	45(3):96.	Jl. 1953.	(n.g.)	

The halloween tree. New York, Knopf, 1972. 145 p. 72-2433.

SR	55:79.	N. 11, 1972.	(K. Kushin)	
NST	60:361-362.	N. 1, 1973.	(M. Sherwood)	

I sing the body electric. New York, Knopf, 1969. 305 p. 75-88745.

ASF	85(5):165-166.	Jl. 1970.	(P. Miller)	
FSF	39(1):45-46.	Jl. 1970.	(J. Russ)	
LJ	95(6):1210.	Mr. 15, 1970.	(R. Minudri)	
LM	15:33.	Ag. 1970.	(G. Bear)	
SFR	38:31-32.	Je. 1970.	(P. Walker)	
NS	79:452.	Mr. 27, 1970.	(n.g.)	
NYT	p. 16.	D. 28, 1969.	(M. Levin)	
SWSJ	18:6.	Ap. 1971.	(J. Newton)	

The illustrated man. Garden City, N.Y., Doubleday, 1951. 256 p. 51-1140.

AMZ	25(10):143.	O. 1951.	(S. Merwin)	
ASF	47(5):155.	Jl. 1951.	(V. Gerson)	
GAL	2(3):53-54.	Je. 1951.	(G. Conklin)	
SFIQ	2(2):81-82.	F. 1953.	(D. Knight)	
TWS	39(1):144-145.	O. 1951.	(S. Merwin)	
WT	43(6):96.	S. 1951.	(n.g.)	
FSF	2(4):84.	Ag. 1951.	(Boucher & McComas)	

The machineries of joy. New York, Simon & Schuster, 1964. 255 p. 64-10652.

ASF	73(6):86-87.	Ag. 1964.	(P. Miller)	
SFI	1(12):149-150.	F. 1967.	(A. Bevan)	
FSF	27(1):71-72.	Jl. 1964.	(A. Davidson)	
FSF	29(4):94-95.	O. 1965.	(J. Merril)	

Mars and the mind of man, by Ray Bradbury and others. New York, Harper, 1973. 96 p. 72-9746.

BKL	70:222.	O. 15, 1973.	(n.g.)	
GAL	34:104-105.	O. 1973.	(T. Sturgeon)	
KR	41:582.	My. 15, 1973.	(n.g.)	
PW	203:38.	My. 28, 1973.	(n.g.)	
KR	41:613-614.	Je. 1, 1973.	(n.g.)	

The Martian chronicles. Garden City, N.Y., Doubleday, 1950. 222 p. 50-7660.

AMZ	25(11):159.	N. 1951.	(S. Merwin)	
ASF	46(6):151.	F. 1951.	(L. de Camp)	
FBK	2(1):106.	1951.	(n.g.)	
FSO	2(3):35.	O. 1950.	(n.g.)	
SCF	No. 1:30.	Sm. 1950.	(G. Giles)	
STL	22(1):157-158.	S. 1950.	(n.g.)	
SSS	7(2):67-68.	S. 1950.	(F. Pohl)	
FSF	1(4):81.	Fl. 1950.	(Boucher & McComas)	

A medicine for melancholy. Garden City, N.Y., Doubleday, 1959. 240 p. 59-6352.

AMZ	33(6):52.	Je. 1959.	(S. Cotts)	
ASF	63(4):147-148.	Je. 1959.	(P. Miller)	
FAU	11(4):124.	Jl. 1959.	(H. Santesson)	
GAL	18(1):147.	O. 1959.	(F. Gale)	
WIF	10(4):89.	S. 1960.	(F. Pohl)	

The October country. New York, Ballantine, 1955. 308 p. 55-12167.

AMZ	30(2):119.	F. 1956.	(V. Gerson)	
ASF	57(2):147-148.	Ap. 1956.	(P. Miller)	
FAU	4(6):128.	Ja. 1956.	(H. Santesson)	
GAL	11(5):96-97.	Mr. 1956.	(F. Gale)	
NWB	No. 51:127-128.	S. 1956.	(L. Flood)	
OSFS	7(1):105-106.	Jl. 1956.	(D. Knight)	
FSF	10(2):94-95.	F. 1956.	(A. Boucher)	
FSF	22(6):86-87.	Je. 1962.	(A. Bester)	
FF	1:76-77.	Je. 1971.	(D. Menville)	
SWSJ	26:7-8.	Jl. 1971.	(J. Newton)	

R is for rocket. Garden City, N.Y., Doubleday, 1962. 233 p. 62-15878.

AMZ	37(3):125-126.	Mr. 1963.	(S. Cotts)	
ASF	70(6):178.	F. 1963.	(P. Miller)	
FSF	24(5):96-97.	My. 1963.	(A. Davidson)	
FSF	29(4):94-95.	O. 1965.	(J. Merril)	
FOU	2:53-54.	Je. 1972.	(G. Hay)	

S is for space. London, Hart-Davis, 1968. 239 p. 78-358075.

FOU	2:53-54.	Je. 1972.	(G. Hay)	

The silver locusts. London, Hart-Davis, 1951. 232 p.

NWB	No. 12:95-96.	W. 1951.	(E. Williams)	
AUT	No. 17:112.	Ja. 1952.	(n.g.)	

Something wicked this way comes. New York, Simon & Schuster, 1962. 317 p. 62-9604.

FAS	12(1):123-124.	Ja. 1963.	(S. Cotts)	
NWB	No. 151:113.	Je. 1965.	(L. Jones)	
FSF	25(1):105-106.	Jl. 1963.	(A. Davidson)	

Switch on the night. New York, Pantheon, 1955. 1 v. 55-5545.

FSF	9(1):100-101.	Jl. 1955.	(A. Boucher)	
SFIQ	4(2):51-52.	F. 1956.	(D. Knight)	

Timeless stories. New York, Bantam, 1952. 320 p.

GAL	5(4):97-98.	Ja. 1953.	(G. Conklin)	
FSF	3(7):114.	N. 1952.	(Boucher & McComas)	

Twice 22. Garden City, N.Y., Doubleday, 1966. 406 p. 66-10615.

ASF	77(5):148.	Jl. 1966.	(P. Miller)	

The vintage Bradbury. New York, Vintage Books, 1965. 329 p. 65-18936.

ASF	77(2):143-144.	Ap. 1966.	(P. Miller)	

BRADDON, RUSSELL

When the enemy is tired. New York, Viking, 1969. 251 p. 69-12669.

LM	9:28.	F. 1970.	(S. Mines)	

BRADFORD, COLUMBUS

Terrania, or the feminization of the world. Boston, Christopher Publishing House, 1930. 208 p. 30-4724.

AMZ	5(10):952.	Ja. 1931.	(C. Brandt)	

BRADFORD, J. S.

Even a worm. London, Arthur Baker, Ltd., 1936. 220 p.

AMZ   12(1):134. F. 1938. (C. Brandt)

BRADLEY, MARION ZIMMER

The brass dragon. New York, Ace, 1969. 125 p.

LM   6:31. N. 1969. (S. Mines)

The colors of space. Derby, Conn., Monarch Books, 1963. 124 p.

ASF   73(3):89. My. 1964. (P. Miller)

The dark intruder. New York, Ace, 1964. 124 p.

ASF   76(1):152. S. 1965. (P. Miller)

Darkover landfall. New York, Daw, 1972. 160 p.

ASF   91:159. Je. 1973. (P. Miller)
NYT   p. 16. Ap. 22, 1973. (T. Sturgeon)

The door through space. New York, Ace, 1961. 132 p.

ASF   69(3):168-169. My. 1962. (P. Miller)

Falcons of Narabedla. New York, Ace, 1964. 127 p.

ASF   76(1):152. S. 1965. (P. Miller)

Hunters of the red moon. New York, Daw, 1973. 176 p.

SWSJ   108:3. O. 1973. (D. D'Ammassa)
FANA   1:10. N. 1973. (L. Newman)

Men, halflings, and hero worship. Baltimore, T-K Graphics, 1973. 51 p.

SFN   25/26:4. Jl/Ag. 1973. (F. Lerner)

Seven from the stars. New York, Ace, 1962. 120 p. NUC 70-105057.

ASF   69(5):168-169. Jl. 1962. (P. Miller)

The winds of darkover. New York, Ace, 1970. 139 p.

LM   24/25:34. My/Je. 1971. (P. Walker)
SFR   42:30-31. Ja. 1971. (P. Walker)
WIF   20(6):149-150. Jl/Ag. 1970. (L. del Rey)

The world wreckers. New York, Ace, 1971. 189 p.

REN   4:15. 1972. (J. Pierce)

BRAHMAH, ERNEST

Kai Lung's golden hours. New York, Ballantine, 1972. 242 p.

GAL   33:85-86. S. 1972. (T. Sturgeon)
KPG   4:74. N. 1972. (C. Richey)

BRAILSFORD, FRANCES

In the space of a wink. Chicago, Follett, 1969. 94 p. 69-15976.

LM   15:29. Ag. 1970. (J. Post)

BRAMWELL, JAMES

Lost atlantis. New York, Harper, 1938. 288 p. 37-30685.

TWS   12(2):124-125. O. 1938. (P. M.)

BRAND, MAX
SEE Faust, Frederick.

BRANDE, MARLIE

Nicholas. Chicago, Follet, 1968. 29 p. NUC 70-92601.

LM   5:31. O. 1969. (D. Langsam)

BRANDON, JOAN

Successful hypnotism. New York, Stravon, 1956. 128 p. 56-7009.

GAL   13(2):87. D. 1956. (F. Gale)

BRANLEY, FRANKLYN MANSFIELD

Experiments in the principles of space travel. New York, Crowell, 1955. 119 p. 55-9204.

GAL   12(2):107. Je. 1956. (F. Gale)

Exploring by satellite. New York, Crowell, 1957. 40 p. 57-9248.

ASF   61(2):141. Ap. 1958. (P. Miller)

Lodestar: rocket ship to Mars. New York, Crowell, 1951. 51-764.

ASF   49(1):155-156. Mr. 1952. (P. Miller)
GAL   3(5):85. F. 1952. (G. Conklin)

BRANNAN, JOHN M.

The future makers. New York, Vantage, 1971. 219 p.

LM   44:23. Ja. 1973. (J. B. Post)

BRANT, SEBASTIAN

The ship of fools. New York, Dover, 1962. 399 p. NUC 63-25643.

FSF   25(1):107. Jl. 1963. (A. Davidson)

BRAUN, FRANK F.

Einfall in London. Berlin, Arthur Cassirer, n.d. 252 p.

AMZ   6(12):1142. Mr. 1932. (C. Brandt)

BRAUN, WERNHER VON
SEE von Braun, Wernher

BREBNER, WINSTON

Doubting Thomas. New York, Rinehart, 1956. 210 p. 56-10183.

ASF   59(4):141. Je. 1957. (P. Miller)

BREGGIN, PETER

After the good war. New York, Popular Library, 1972.
191 p.

    BS   32:486-487. F. 1, 1973. (W. Hill)
    NYT   p. 31. F. 18, 1973. (M. Levin)

BRENNEN, JOSEPH PAYNE

Nightmare need. Sauk City, Wisc., Arkham House, 1964.
69 p. 64-56921.

    MOH   2(4):78. Ag. 1965. (R. Lowndes)

Nine horrors and a dream. New York, Ballantine, 1962.
121 p.

    FSF   23(2):67. Ag. 1962. (A. Davidson)

BRETNOR, REGINALD

Modern science fiction, ed. by Reginald Bretnor. New
York, Coward-McCann, 1953. 294 p. 52-11714.

    ASF   51(4):71-77. Je. 1953. (P. Miller)
    FAU   1(5):158. Mr. 1954. (R. Frazier)
    GAL   6(4):120-121. Jl. 1953. (G. Conklin)
    SFP   1(3):66. My. 1953. (S. Moskowitz)
    SFIQ 2(4):72-73. Ag. 1953. (L. de Camp)
    FSF   4(5):89-90. My. 1953. (Boucher & McComas)

Science fiction, today and tomorrow, ed. by Reginald
Bretnor. New York, Harper, 1974. 342 p. 73-4142.

    KR   41:1233. N. 1, 1973. (n.g.)
    PW   204:54. N. 19, 1973. (n.g.)

BRETT, LEO

The alien ones. New York, Acadia, 1969. 140 p.

    LM   18:25. N. 1970. (S. Mines)
    SWSJ 21:4-5. My. 1971. (D. Halterman)

BREWTON, SARA WESTBROOK

Shrieks at midnight, macabre poems, eerie and humorous,
by Sara Westbrook Brewton and John E. Brewton. New York,
Crowell, 1969. 177 p. 69-11824.

    LM   13:22. Je. 1970. (D. Paskow)

BRIARTON, GRENDEL

Through time and space with Fredinand Feghoot. Berkeley,
Calif., Paradox Press, 1962. 1 v. 63-886.

    AMZ   36(12):123. D. 1962. (S. Cotts)

BRIDGES, PHILIP N.

Space age terminology. Ashton, Md., The Author, 1963.
20 p.

    ASF   78(6):160-161. F. 1967. (P. Miller)

BRIGGS, PHILIP

Escape from gravity. London, Lutterworth, 1955. 192 p.

    AUT   No. 61:154. S. 1955. (n.g.)

BRIGGS, RAYMOND

Jim and the beanstalk. New York, Coward McCann, 1970.
40 p. 77-111062.

    LM   40:16. S. 1972. (J. Post)

BRINDELL, JUNE RACHUY

Luap. Indianapolis, Bobbs Merrill, 1971. 31 p. 75-
156108.

    LM   35/36:43. Ap/My. 1972. (S. Deckinger)

BRINEY, ROBERT E.

SF bibliographies: an annotated bibliography of
bibliographical works on science fiction and fantasy,
comp. by Robert E. Briney and Edward Wood. Chicago,
Advent, 1972. 49 p. 72-86150.

    AMZ   47:109-110. Je. 1973. (A. Panshin)
    ASF   91:172. Ap. 1973. (P. Miller)
    RQ   (Am Lib. Assn.) 12:312. Sp. 1973. (J. Post)
    VIEWS AND REVIEWS 4(2):75. W. 1972. (R. Briney)
    EXT   14:67-68. D. 1972. (R. Galbrath)
    LJ   97:3696. N. 15, 1972. (H. Hall)
    LM   41/42:49. O/N. 1972. (J. B. Post)
    SFN   16:3. O. 1972. (M. Owings)
    SPEC 31:19. At. 1972. (P. Weston)

BRISCO, PAT A.

The other people. Reseda, Calif., Powell, 1970. 204 p.

    LM   23:28. Ap. 1971. (D. Paskow)

BRITAIN, DAN

Civil war II. New York, Pinnacle, 1972. 251 p.

    SWSJ 118:4. D. 1973. (D. D'Ammassa)

The godmakers. New York, Pinnacle, 1970. 188 p.

    LM   34:28. Mr. 1972. (M. McQuown)

BRITISH ASTRONOMICAL ASSOCIATION

Handbook. 1955. Middlesex, The Association, 1954.
61 p.

    AUT   No. 57:118. My. 1955. (n.g.)

BRITISH INTERPLANETARY SOCIETY

Realities of space travel, ed. by L. J. Carter. London,
Putnam, 1957. 431 p. 57-2474.

    AUT   No. 83:127. Ag. 1957. (A. Harby)

BROCK, BETTY

No flying in the house. New York, Harper, 1970. 139 p. 79-104755.

LM   35/36:43. Ap/My. 1972. (C. Moslander)

The shades. New York, Harper, 1971. 128 p. 79-148421.

LM   43:18. D. 1972. (C. Moslander)

BROOKS, WALTER ROLLIN

Freddy and the space ship. New York, Knopf, 1953. 262 p. 53-7628.

FSF   6(1):95. Ja. 1954. (Boucher & McComas)

BROPHY, BRIGID

Black and white, a portrait of Aubrey Beardsley. London, Cape, 1968. 95 p. 77-399532.

NWB   No. 192:57-60. Jl. 1969. (K. Coutts-Smith)

BROSS, IRWIN D. J.

Design for decision. New York, Macmillan, 1953. 276 p. 53-12977.

ASF   54(3):152-155. N. 1954. (n.g.)

BROTMAN, JORDAN

Doctor Vago. New York, Award Books, 1969. 188 p.

LM   13:25. Je. 1970. (D. Paskow)

BROUSSARD, LOUIS

The measure of Poe. Norman, University of Oklahoma Press, 1969. 168 p. 69-16715.

LM   18:28. N. 1970. (J. B. Post)

BROUSSEAU, RAY, comp.

Looking forward: life in the twentieth century as predicted in the pages of american magazines from 1895 to 1905. New York, American Heritage Press, 1970. 352 p. 72-75723.

LM   30:30. N. 1971. (J. B. Post)
PW   198(3):61. Jl. 20, 1970. (n.g.)

BROWER, BROCK

The inchworm war and the butterfly peace. Garden City, N.Y., Doubleday, 1970. 38 p. 77-73953.

LM   30:23. N. 1971. (J. Post)

BROWN, ALEC

Angelo's moon. London, Bodley Head, 1955. 221 p.

AUT   No. 60:153. Ag. 1955. (n.g.)
NEB   No. 14:104. N. 1955. (K. Slater)
NWB   No. 49:127-128. O. 1955. (L. Flood)

BROWN, FREDRIC

Angels and space ships. New York, Dutton, 1954. 224 p. 54-8864.

ASF   54(6):144-145. F. 1955. (P. Miller)
GAL   9(6):97. Mr. 1955. (G. Conklin)
AUT   No. 62:153-154. O. 1955. (n.g.)
NWB   No. 40:123,126. O. 1955. (L. Flood)
SFIQ   3(5):58-59. My. 1955. (D. Knight)
BSP   2(4):51. S. 1955. (n.g.)

Daymares. New York, Lancer, 1968. 317 p.

ASF   83(4):153-154. Je. 1969. (P. Miller)

Honeymoon in hell. New York, Bantam, 1958. 170 p. 58-9474.

ASF   63(3):150-152. My. 1959. (P. Miller)

The lights in the sky are stars. New York, Dutton, 1953. 254 p. 53-11520.

ASF   53(4):145-146. Je. 1954. (P. Miller)
GAL   8(3):121. Je. 1954. (G. Conklin)

Martians, go home. New York, Dutton, 1955. 189 p. 55-11672.

FAU   4(6):127. Ja. 1956. (H. Santesson)
GAL   12(2):106. Je. 1956. (F. Gale)
SFIQ   4(4):75. Ag. 1956. (D. Knight)
FSF   10(2):96-97. F. 1956. (A. Boucher)
ASF   57(5):156. Jl. 1956. (P. Miller)

The mind thing. New York, Bantam, 1961. 149 p. 61-5105.

ASF   68(2):169. O. 1961. (P. Miller)
NWB   No. 107:124-126. Je. 1961. (J. Carnell)

Nightmares and geezenstacks. New York, Bantam, 1961. 137 p.

ASF   68(3):168. N. 1961. (P. Miller)

The office. New York, Dutton, 1958. 245 p. 58-5230.

ASF   62(1):147-148. S. 1958. (P. Miller)

Paradox lost. New York, Random, 1973. 210 p. 72-10988.

BKL   70:207. O. 15, 1973. (n.g.)
KR   41:276. Mr. 1, 1973. (n.g.)
LJ   98:1512. My. 1, 1973. (J. B. Post)
PW   203:64. Mr. 12, 1973. (n.g.)
VTX   1:13. Ag. 1973. (n.g.)

Project Jupiter. London, Boardman, 1954. 222 p.

AUT   No. 50:133. O. 1954. (n.g.)
NEB   No. 11:119. D. 1954. (K. Slater)
NWB   No. 27:3. S. 1954. (J. Carnell)
NWB   No. 28:127-128. O. 1954. (L. Flood)
BSP   1(7):70. N. 1954. (n.g.)

Rogue in space. New York, Dutton, 1957. 189 p. 57-5347.

AMZ   31(6):121. Je. 1957. (V. Gerson)
ASF   60(3):147. N. 1957. (P. Miller)
GAL   15(2):102-103. D. 1957. (F. Gale)
VEN   2(3):57. My. 1958. (T. Sturgeon)
SFAD   2(6):93. Je. 1958. (C. Knox)
FSF   12(5):75. My. 1957. (A. Boucher)

BROWN, FREDRIC (Continued)

Science fiction carnival, ed. by Fredric Brown and Mack Reynolds. Chicago, Shasta, 1954. 315 p. 53-12530.

```
ASF   54(1):153.  S. 1954.  (P. Miller)
GAL   8(4):98.  Jl. 1954.  (G. Conklin)
ISF   5(7):117.  Jl. 1954.  (H. Bott)
FSF   6(5):87.  My. 1954.  (Boucher & McComas)
```

Space on my hands. Chicago, Shasta, 1951. 224 p. 51-5685.

```
AMZ   26(6):148.  Je. 1952.  (S. Merwin)
ASF   48(6):158.  F. 1952.  (P. Miller)
FUTF  4(1):49.  My. 1953.  (D. Knight)
GAL   4(2):125-126.  My. 1952.  (G. Conklin)
STL   26(1):145.  My. 1952.  (n.g.)
```

What mad universe. New York, Dutton, 1949. 255 p. 49-11544.

```
ASF   46(4):98.  D. 1950.  (P. Miller)
AUT   No. 19:112.  Mr. 1952.  (n.g.)
NEB   1(1):119.  At. 1952.  (M. Elder)
NWB   No. 11:94.  At. 1951.  (L. F.)
STL   21(1):160.  Mr. 1950.  (n.g.)
SSS   6(3):97.  Mr. 1950.  (F. Pohl)
FSF   1(2):105.  W/S 1950.  (Boucher & McComas)
BSP   1(8):62-63.  D. 1954.  (n.g.)
```

BROWN, HARRISON SCOTT

The challenge of man's future. New York, Viking, 1954. 290 p. 54-6422.

```
ASF   55(2):145-146.  Ap. 1955.  (P. Miller)
```

The next hundred years, by Harrison Brown, James Bonner, and John Weir. New York, Viking, 1957. 193 p. 57-8404.

```
ASF   63(2):142-144.  Ap. 1959.  (P. Miller)
```

BROWN, JAMES COOKE

The trioka incident: a tetralogue in two parts. Garden City, N.Y., Doubleday, 1970. 399 p. 70-103734.

```
LJ    95(14):2712.  Ag. 1970.  (R. Hough)
FSF   40:15-16.  Mr. 1971.  (J. Blish)
KPG   5:sec. II.  F. 1971.  (C. Richey)
LM    24/25:47.  My/Je. 1971.  (D. Paskow)
SWSJ  33:4-5.  S. 1971.  (J. Newton)
SDNP  p. 6, N. 21/22, 1971.  (B. Friend)
```

BROWN, RAYMOND LAMONT.

A book of witchcraft. New York, Taplinger, 1971. 116 p. 71-143222.

```
LM    41/42:59.  O/N. 1972.  (M. McQuown)
```

BROWN, ROSEL GEORGE

A handful of time. New York, Ballantine, 1962. 160 p. NUC 68-51727.

```
ASF   71(6):86-87.  Ag. 1963.  (P. Miller)
NWB   No. 138:125.  Ja. 1964.  (J. Carnell)
```

Sybil Sue Blue. Garden City, N.Y., Doubleday, 1966. 183 p. 66-17437.

```
ASF   79(4):165-166.  Je. 1967.  (P. Miller)
NWB   No. 169:155.  D. 1966.  (H. Bailey)
FSF   32(1):67.  Ja. 1967.  (J. Merril)
```

The waters of Centaurus. Garden City, N.Y., Doubleday, 1970. 181 p. 73-103735.

```
ASF   86(2):164.  O. 1970.  (P. Miller)
LJ    95(12):2284.  Je. 15, 1970.  (D. Polacheck)
PW    197(11):55.  Mr. 16, 1970.  (n.g.)
LM    26/27:43.  Jl/Ag. 1971.  (J. Wood)
SWSJ  21:2.  My. 1971.  (J. Newton)
SWSJ  104:3.  S. 1973.  (D. Stever)
```

BROWN, SLATER

Spaceward bound. New York, Prentice-Hall, 1955. 213 p. 55-7321.

```
GAL   13(3):48.  Ja. 1957.  (F. Gale)
FSF   10(2):98.  F. 1956.  (A. Boucher)
```

BROYLES, LLOYD DOUGLAS

Who's who in science fandom. Waco, Tx., The Author, 1961. 39 p.

```
ASF   69(6):173.  Ag. 1962.  (P. MIller)
```

BRUCE, MURIEL

Mukara. New York, Rae D. Henkle Co., 1930. 278 p. 30-12289.

```
AMZ   5(4):372.  Jl. 1930.  (C. Brandt)
```

BRULLER, JEAN

You shall know them, by Vercors. Boston, Little, Brown, 1953. 249 p. 52-12650.

```
ASF   53(3):149.  My. 1954.  (P. Miller)
GAL   10(6):90.  S. 1955.  (G. Conklin)
```

BRUNHOFF, LAURENT DE

Babar's moon trip. New York, Random, 1969. 18 p.

```
LM    16:10.  S. 1970.  (J. Post)
```

BRUNNER, JOHN

Age of miracles. New York, Ace, 1973. 300 p.

```
GAL   34:106.  O. 1973.  (T. Sturgeon)
```

The alter of Asconel. New York, Ace, 1965. 143 p. NUC 70-68170.

```
FSF   30(3):47-48.  Mr. 1966.  (J. Merril)
```

The astronauts must not land. New York, Ace, 1963. 138 p. NUC 70-89770.

```
ASF   73(1):90.  Mr. 1964.  (P. Miller)
```

BRUNNER, JOHN (Continued)

The atlantic abomination. New York, Ace, 1960. 128 p.
NUC 70-73797.

    ASF   68(3):165. N. 1961. (P. Miller)
    AMZ   35(2):132-133. F. 1961. (n.g.)

The avengers of Carrig. New York, Dell, 1969. 157 p.

    LM   16:13. S. 1970. (S. Mines)

Castaways world. New York, Ace, 1963. 127 p. NUC 70-89768.

    ASF   73(4):87-88. Je. 1964. (P. Miller)

Catch a falling star. New York, Ace, 1968. 158 p.
NUC 72-5073.

    NWB   No. 189:63. Ap. 1969. (J. Cawthorn)
    SFO   20:27-28. Ap. 1971. (P. Anderson)

Day of the star cities. New York, Ace, 1965. 158 p.
NUC 70-92666.

    FSF   30(4):33-34. Ap. 1966. (J. Merril)
    NWB   No. 163:156-157. Je. 1966. (J. Cawthorn)

The devil's work. New York, Norton, 1970. 365 p.
70-77400.

    FSF   43:62. Jl. 1972. (J. Blish)
    LM   22:23. Mr. 1971. (D. Paskow)

Double, double. New York, Ballantine, 1969. 222 p.

    ASF   83(6):165. Ag. 1969. (P. Miller)
    NWB   No. 191:61. Je. 1969. (J. Cawthorn)
    BB   17:50-51. O. 1971. (D. Compton)
    SFO   26:42. Ap. 1972. (C. McGowan)

The dramaturges of Yan. New York, Ace, 1972. 157 p.

    FUT   5:334. Je. 1973. (D. Livingston)

The dreaming earth. New York, Pyramid Books, 1963.
159 p. NUC 70-92435.

    AMZ   37(6):119-120. Je. 1963. (S. Cotts)
    ASF   71(6):90. Ag. 1963. (P. Miller)
    LM   31:30. D. 1971. (J. Evers)

Echo in the skull. New York, Ace, 1959. 94 p. NUC
71-15311.

    ASF   65(4):161-162. Je. 1960. (P. Miller)

Entry to elsewhen. New York, Daw, 1972. 172 p.

    LM   46:15. Mr. 1973. (S. Bacharach)

The evil that men do. New York, Belmont, 1969. 173 p.
NUC 70-99437.

    LM   9:32. F. 1970. (D. Paskow)
    SFR   35:31-32. F. 1970. (H. Davis)

From this day forward. Garden City, N.Y., Doubleday,
1972. 238 p. 76-186009.

    KR   40:500. Ap. 15, 1972. (n.g.)
    LJ   97:2204. Je. 15, 1972. (M. Burgess)
    PW   201:49. My. 1, 1972. (n.g.)

The gaudy shadows. New York, Beagle, 1970. 251 p.

    LM   41/42:37. O/N. 1972. (S. Gilliland)

The jagged orbit. New York, Ace, 1969. 343 p. NUC
71-87957.

    AMZ   43(3):121-123. S. 1969. (J. Blish)
    ASF   84(1):164-165. S. 1969. (P. Miller)
    SFO   5:41. Ag. 1969. (A. Escot)
    SPEC   3(1):9. Ja. 1970. (P. Weston)
    SWSJ   26:8. Jl. 1971. (yngvi)

Listen! the stars! New York, Ace, 1963. 96 p. NUC
72-5985.

    ASF   72(5):88. Ja. 1964. (P. Miller)

The long result. New York, Ballantine, 1966. 190 p.
NUC 70-92665.

    ASF   81(6):168. Ag. 1968. (P. Miller)
    FSF   32(2):28-29. F. 1967. (J. Merril)

Meeting at infinity. New York, Ace, 1961. 155 p.
NUC 70-90289.

    ASF   68(3):166-168. N. 1961. (P. Miller)
    LM   8:28. Ja. 1970. (J. Schaumberger)

No future in it. Garden City, N.Y., Doubleday, 1964.
181 p. 64-10246.

    ASF   73(6):85. Ag. 1964. (P. Miller)
    GAL   23(4):141-142. Ap. 1965. (A. Budrys)
    NWB   No. 125:124. D. 1962. (L. Flood)

Now then. London, Mayflower, 1965. 143 p.

    FSF   30(2):44-45. F. 1966. (J. Merril)

The 100th millennium. New York, Ace, 1959. 110 p.
NUC 72-25883

    ASF   64(6):168. F. 1960. (P. Miller)
    FAU   11(5):100. S. 1959. (H. Santesson)

Out of my mind. New York, Ballantine, 1967. 220 p.

    ASF   80(2):164-165. O. 1967. (P. Miller)
    FSF   33(2):35. Ag. 1967. (J. Merril)

The productions of time. New York, Signet, 1967.
139 p. NUC 70-82247.

    ASF   80(4):162-163. D. 1967. (P. Miller)

Quicksand. Garden City, N.Y., Doubleday, 1967. 240 p.
67-22466.

    AMZ   42(2):135-136. Jl. 1968. (R. Silverberg)
    ASF   81(5):159-160. Jl. 1968. (P. Miller)
    GAL   26(5):124-126. Je. 1968. (A. Budrys)
    NWB   No. 186:61-62. Ja. 1969. (T. Disch)
    FSF   35(2):19-23. Ag. 1968. (J. Merril)
    SPEC   3(3):12-16. S/O. 1970. (T. Sudbery)
    VOT   1(4):54-55. Ja. 1970. (K. Slater)

The rites of Ohe. New York, Ace, 1963. 129 p.

    ASF   73(4):87-88. Je. 1964. (P. Miller)

Sanctuary in the sky. New York, Ace, 1960. 122 p.
NUC 72-25885.

    ASF   67(5):157-158. Jl. 1961. (P. Miller)

BRUNNER, JOHN (Continued)

Secret agent of terra. New York, Ace, 1962. 127 p.
NUC 70-90337.

   ASF   70(4):155-156. D. 1962. (P. Miller)

The sheep look up. New York, Harper, 1972. 461 p.
72-79705.

   ASG   19:28. N. 1972. (D. Lupoff)
   BKL   69:229. N. 1, 1972. (n.g.)
   CHO   9:1290. D. 1972. (n.g.)
   KR   40:597. My. 15, 1972. (n.g.)
   LJ   97:2651. Ag. 1972. (B. Smith)
   PW   201:56. Je. 26, 1972. (n.g.)
   SDNP   p. 8. D. 9/10, 1972. (B. Friend)
   AMZ   47(4):118-119. D. 1973. (C. Chauvin)
   ASF   91(4):156-157. Je. 1973. (P. Miller)
   PW   204(8):88. Ag. 20, 1973. (n.g.)
   WSJ   82:R/1-R/2. S. 1973. (R. Delap)

The skynappers. New York, Ace, 1960. 115 p.

   ASF   68(3):164-165. N. 1961. (P. Miller)

Slavers of space. New York, Ace, 1960. 118 p. NUC 72-
25884.

   AMZ   34(6):134-135. Je. 1960. (S. Cotts)
   ASF   66(2):170-171. O. 1960. (P. Miller)
   WIF   10(3):104-105. Jl. 1960. (F. Pohl)

The space-time juggler. New York, Ace, 1963. 84 p.

   ASF   73(1):90. Mr. 1964. (P. Miller)

The squares of the city. New York, Ballantine, 1965.
319 p. 65-29848.

   ASF   80(1):167-168. S. 1967. (P. Miller)
   GAL   24(5):147-152. Je. 1966. (A. Budrys)
   NWB   No. 163:146. Je. 1966. (J. Colvin)
   FSF   30(4):34-35. Ap. 1966. (J. Merril)

Stand on Zanzibar. Garden City, N.Y., Doubleday, 1968.
505 p. 68-22631.

   AMZ   43(3):123-126. S. 1969. (N. Spinrad)
   GAL   28(4):139-140. My. 1969. (A. Budrys)
   NWB   No. 186:63. Ja. 1969. (J. Churchill)
   FSF   36(2):22-24. F. 1969. (J. Merril)
   SFO   16:7-10. O. 1970. (B. Gilliam)
   WIF   20(5):71-73, 153-154. My./Je. 1970. (L. del Rey)
   WSJ   70:27-29. D. 1969/F. 1970. (A. Gilliland)
   WSJ   supp 73-1:10. 1970. (Yngvi)
   VOT   1(2):62-63. D. 1969. (K. Buckley)

The stardroppers. New York, Daw, 1972. 144 p.

   WIF   21:166-167. F. 1973. (L. del Rey)
   PW   202:51. Ag. 7, 1972. (n.g.)

The stone that never came down. Garden City, N.Y.,
Doubleday, 1973. 206 p. 73-79652.

   KR   41:1123. O. 1, 1973. (n.g.)
   PW   204:60. O. 15, 1973. (n.g.)

The super barbarians. New York, Ace, 1962. 160 p.

   AMZ   36(10):122. O. 1962. (S. Cotts)
   GAL   21(2):194. D. 1962. (F. Gale)

Telepathist. London, Faber, 1965. 238 p. NUC 66-
79547.

   NWB   No. 151:113. Je. 1965. (L. Jones)

Threshold of eternity. New York, Ace, 1959. 148 p.
NUC 70-73905

   ASF   64(2):145-146. O. 1959. (P. Miller)
   FAU   11(3):96-97. My. 1959. (H. Santesson)

Times without number. New York, Ace, 1969. 156 p.
NUC 72-5067.

   LM   15:32. Ag. 1970. (G. Bear)
   SFR   39:27-28. Ag. 1970. (P. Walker)
   VOT   1(9):29. Je. 1970. (J. Foyster)

Timescoop. New York, Dell, 1969. 156 p.

   ASF   84(4):165-166. D. 1969. (P. Miller)
   BB   17:72-73. Je. 1972. (B. Patten)
   SFO   20:28. Ap. 1971. (P. Anderson)

To conquer chaos. New York, Ace, 1964. 192 p. NUC 72-
5069.

   ASF   75(2):154. Ap. 1965. (P. Miller)

The traveler in black. New York, Ace, 1971. 222 p.

   LM   22:18. Mr. 1971. (L. Carter)

The whole man. New York, Ballantine, 1964. 188 p.
NUC 72-5068.

   ASF   76(6):151-152. F. 1966. (P. Miller)

The world swappers. New York, Ace, 1959. 153 p.
NUC 70-90279.

   AMZ   34(2):139-140. F. 1960. (S. Cotts)
   ASF   65(4):162-163. Je. 1960. (P. Miller)
   WIF   10(2):92. My. 1960. (F. Pohl)

The wrong end of time. Garden City, N.Y., Doubleday,
1971. 204 p. 74-175935.

   LJ   96:4029. D. 1, 1971. (M. Burgess)
   KR   39:1094. O. 1, 1971. (n.g.)
   PW   200:58. O. 11, 1971. (n.g.)
   LM   41/42:56. O/N. 1972. (C. Moslander)
   FSF   44:45-46. Ja. 1973. (J. Blish)
   KPG   7:83. N. 1973. (P. Mattern)
   ASF   90:162. F. 1973. (P. Miller)

BRUNT, SAMUEL

A voyage to Cacklogallinia. New York, Columbia Uni-
versity Press, 1940. 167 p. 40-6468.

   AST   1(4):4. Ag. 1940. (D. Wollheim)

BRYAN, P. H. H.

The barford cat affair. New York, Abelard-Schuman,
1958. 151 p. 58-6425.

   ASF   62(5):149-150. Ja. 1959. (P. Miller)

BRYANT, EDWARD

Among the dead and other events leading up to the apocalypse. New York, Macmillan, 1973. 210 p. 72-87564.

    ALG   21:48. N. 1973. (R. Lupoff)
    NYT   p. 16. Ap. 22, 1973. (T. Sturgeon)
    VTX   1:98. Ag. 1973. (n.g.)
    PW   202:34. D. 18, 1972. (n.g.)

BRYANT, PETER
    SEE George, Peter Bryan

BUCHAN, JOHN

The gap in the curtain. New York, Houghton Mifflin, 1932. 313 p. 32-20526.

    AMZ   7(9):856-857. D. 1932. (C. Brandt)

BUCHSBAUM, RALPH

Animals without backbones. Chicago, University of Chicago Press, 1938. 371 p. 38-29005.

    ASF   24(5):79. Ja. 1940. (L. de Camp)

BUCK, PEARL SYDENSTRICKER

Command the morning. New York, John Day, 1959. 317 p. 59-7169.

    WIF   9(5):95. N. 1959. (F. Pohl)

BUCKLAND, RAYMOND

Practical candle burning. St. Paul, Llewellyn, 1970. 153 p. 70-11769.

    LM   26/27:42. Jl/Ag. 1971. (J. Evers)

Witchcraft from inside. St. Paul, Llewellyn, 1971. 141 p. 70-24986.

    LM   38/39:51. Jl/Ag. 1972. (M. McQuown)

BUCKLEY, MARY

Six brothers and a witch. Indianapolis, Bobbs-Merrill, 1969. 87 p. 75-78278.

    LM   12:27. My. 1970. (D. Hamilton)

BUCKNER, ROBERT

Starfire. New York, Perma Books, 1960. 139 p.

    ASF   68(1):169. S. 1961. (P. Miller)

BUDRYS, ALGIS

The Amsirs and the iron thorn. Greenwich, Conn., Fawcett, 1967. 159 p.

    AMZ   42(2):137-139. Jl. 1968. (L. Tanner)
    ASF   82(2):164-165. O. 1968. (P. Miller)
    GAL   26(3):161-162. F. 1968. (A. Budrys)
    FSF   34(5):51. My. 1968. (J. Merril)

Budrys' inferno. New York, Berkley, 1963. 160 p. NUC 72-10955.

    ASF   73(3):88-89. My. 1964. (P. Miller)
    NWB   No. 143:82-83. Jl/Ag. 1964. (J. Colvin)

The falling torch. New York, Pyramid, 1959. 158 p.

    ASF   65(2):167-168. Ap. 1960. (P. Miller)
    GAL   21(1):194. O. 1962. (F. Gale)
    NWB   No. 167:155. O. 1966. (J. Cawthorn)
    WIF   9(5):93-94. N. 1959. (F. Pohl)
    FSF   17(5):98. N. 1959. (D. Knight)
    FSF   22(6):87. Je. 1962. (A. Bester)

False night. New York, Lion Books, 1955. 127 p.

    AMZ   29(4):96-97. Jl. 1955. (V. Gerson)
    ASF   55(5):152. Jl. 1955. (P. Miller)
    FUTF   No. 28:83-84. 1955. (D. Knight)
    GAL   10(3):120. Je. 1955. (G. Conklin)

The furious future. London, Gollancz, 1964. 190 p. NUC 65-13106.

    NWB   No. 163:146. Je. 1966. (J. Colvin)

Man of earth. New York, Ballantine, 1958. 144 p.

    ASF   62(3):148. N. 1958. (P. Miller)
    FAU   9(6):119-120. Je. 1958. (H. Santesson)
    GAL   17(1):76. N. 1958. (F. Gale)
    OSFS   10(2):63-64. My. 1959. (C. Knox)
    WIF   9(1):111-112. D. 1958. (D. Knight)
    FSF   15(5):85. N. 1958. (A. Boucher)

Rogue moon. Greenwich, Conn., Fawcett, 1960. 176 p.

    AMZ   39(3):126. Mr. 1965. (R. Silverberg)
    ASF   67(4):164. Je. 1961. (P. Miller)
    FSF   20(6):104-105. Je. 1961. (A. Bester)
    FSF   20(6):105-109. Je. 1961. (J. Blish)

Some will not die. Evanston, Regency, 1961. 159 p.

    FSF   23(5):53-55. N. 1962. (A. Davidson)

The unexpected dimension. New York, Ballantine, 1960. 159 p. NUC 72-25979.

    AMZ   34(9):136. S. 1960. (S. Cotts)
    ASF   67(1):158-159. Mr. 1961. (P. Miller)
    NWB   No. 118:127. My. 1962. (L. Flood)
    WIF   10(4):87-88. S. 1960. (F. Pohl)

Who? New York, Pyramid, 1958. 157 p. NUC 71-20941.

    ASF   63(1):143. Mr. 1959. (P. Miller)
    GAL   28(5):158-161. Jl. 1969. (A. Budrys)
    INF   4(2):96-98. N. 1958. (R. Silverberg)
    NWB   No. 123:128. O. 1962. (L. Flood)
    NWB   No. 147:123. F. 1965. (H. Bailey)
    FSF   15(5):85. N. 1958. (A. Boucher)

BULGAKOV, MIKHAIL AFANAS'EVICH

The master and Margarita. New York, Harper, 1967. 394 p. 67-22898.

    FSF   34(5):48-49. My. 1968. (J. Merril)

BULLOUGH, WILLIAM SYDNEY

Introducing animals with backbones by William Sydney Bullough and Helena Bullough. London, Metheun, 1954. 72 p.

AUT   No. 51:131. N. 1954. (n.g.)

BULMER, KENNETH

Behold the stars. New York, Ace, 1965. 120 p.

NWB   No. 163:155-156. Je. 1966. (J. Cawthorn)
SWSJ   109:3. O. 1973. (K. Ozanne)

Beyond the silver sky. New York, Ace, 1961. 100 p. NUC 72-113315.

ASF   68(3):166-168. N. 1961. (P. Miller)

The changeling worlds. New York, Ace, 1959. 145 p. NUC 72-113320.

ASF   65(3):172. My. 1960. (P. Miller)
WIF   9(5):98. N. 1959. (F. Pohl)

The chariots of Ra. New York, Ace, 1972. 130 p.

LM   45:32. F. 1973. (J. Rapkin)

City under the sea. New York, Ace, 1958. 175 p. NUC 70-73710.

ASF   61(5):151-152. Jl. 1958. (P. Miller)
SFAD   2(5):113-114. Ap. 1958. (C. Knox)

The demons. London, Compact, 1965. 190 p.

NWB   No. 156:124. N. 1965. (J. Colvin)

The doomsday men. Garden City, N.Y., Doubleday, 1968. 207 p. 68-11780.

ASF   83(2):164-165. Ap. 1969. (P. Miller)
FSF   35(6):20. D. 1968. (J. Russ)

The earth gods are coming. New York, Ace, 1960. 107 p.

AMZ   35(1):134. Ja. 1961. (S. Cotts)
ASF   67(2):172. Ap. 1961. (P. Miller)

New writings in SF 21, ed. by Kenneth Bulmer. London, Sidgwick, 1973. 189 p.

TLS   3715:562. My. 18, 1973. (n.g.)

New writings in SF 22, ed. by Kenneth Bulmer. London, Sidgwick, 1973. 189 p.

BB   18:86-87. S. 1973. (B. Patten)

No man's world. New York, Ace, 1961. 128 p.

AMZ   36(1):139-140. Ja. 1962. (S. Cotts)
ASF   68(6):166-167. F. 1962. (P. Miller)

On the symb-socket circuit. New York, Ace, 1972. 174 p.

LM   45:24. F. 1973. (B. Fredstrom)
REN   4:14. Sm. 1972. (J. Pierce)

Quench the burning stars. London, Hale, 1970. 192 p.

NWB   No. 200:31-32. Ap. 1970. (J. Cawthorn)

Roller coaster world. New York, Ace, 1972. 173 p.

LM   46:25. Mr. 1973. (G. Glick)

The secret of Zi. New York, Ace, 1958. 161 p. NUC 70-45292.

ASF   64(1):150-151. S. 1959. (P. Miller)
FAU   11(2):109. Mr. 1959. (H. Santesson)

The ships of durostorum. New York, Ace, 1970. 101 p.

LM   24/25:50. My./Je. 1971. (T. Bulmer)

The wizard of starship Poseidon. New York, Ace, 1963. 124 p.

ASF   72(5):87. Ja. 1964. (P. Miller)

BUNCH, DAVID R.

Moderan. New York, Avon, 1971. 240 p.

AMZ   46:105-106. Ja. 1973. (C. Chauvin)
SWSJ   117:3. N. 1973. (D. D'Ammassa)
FSF   43:39-41. D. 1972. (J. Russ)

BUNIN, IVAN ALEKSEEVICH

Velga. New York, Phillips, 1970. 30 p. 74-120786.

LM   31:25. D. 1971. (J. Post)

BURDICK, ERIC

Old rag bone. London, Hutchinson, 1969. 208 p. 75-515309.

NWB   No. 191:60-61. Je. 1969. (M. Harrison)

BURDICK, EUGENE

Fail-safe, by Eugene Burdick and Harvey Wheeler. New York, McGraw-Hill, 1962. 286 p. 62-19642.

ASF   70(6):172-174. F. 1963. (P. Miller)

BURGER, DIONYS

Sphereland. New York, Crowell, 1965. 208 p.

SWSJ   94:6. Je. 1973. (T. Waters)

BURGER, JOANNE, ed.

SF published in 1968; 1969; 1970. Lake Jackson, Tx., The Author, 1967-.

LJ   96:3744. N. 15, 1971. (H. Hall)

SF published in 1969. Lake Jackson, Tx., The Author, 1970. 55 p.

ASF   86:168. F. 1971. (P. Miller)

BURGESS, ANTHONY
SEE Wilson, John Anthony Burgess

BURGESS, ERIC

Frontier to space. New York, Macmillan, 1955. 174 p.
56-9358.

AUT No. 57:117. My. 1955. (n.g.)
FSF 9(4):103. O. 1955. (A. Boucher)

Guided weapons. New York, Macmillan, 1957. 255 p.
57-10012.

GAL 15(4):106. F. 1958. (F. Gale)

An introduction to rockets and space flight. London,
Hodder, 1956. 96 p. 56-43386.

AUT No. 73:155. S. 1956. (n.g.)
NWB No. 51:128. S. 1956. (L. Flood)

Rocket propulsion. 2d ed. London, Chapman & Hall,
1954. 235 p.

AUT No. 47:116. Jl. 1954. (n.g.)

Satellites and spaceflight. New York, Macmillan, 1957.
159 p. 58-6050.

GAL 17(2):102. D. 1958. (F. Gale)

BURKE, JOHN

Moon zero two. New York, Signet, 1970. 126 p.

LM 24/25:55. My/Je. 1971. (T. Bulmer)

BURKE, JONATHAN

Alien landscapes. London, Museum Press, 1955. 160 p.

AUT No. 59:121. Jl. 1955. (n.g.)
NWB No. 37:125. Jl. 1955. (L. Flood)

The echoing worlds. London, Panther, 1954. 159 p.

AUT No. 45:137-138. My. 1954. (n.g.)

Pattern of shadows. London, Museum Press, 1954. 128 p.

AUT No. 53:125-126. Ja. 1955. (n.g.)
NWB No. 32:118. F. 1955. (L. Flood)

Pursuit through time. London, Ward & Lock, 1956. 187 p.

AUT No. 68:153-154. Ap. 1956. (n.g.)
NEB No. 17:102. Jl. 1956. (K. Slater)
NWB No. 47:126. My. 1956. (L. Flood)

Twilight of reason. London, Hamilton, 1954. 159 p.

AUT No. 46:139-140. Je. 1954. (n.g.)

BURKETT, WILLIAM R., JR.

Sleeping planet. Garden City, N.Y., Doubleday, 1965.
297 p. 65-11806.

ASF 77(2):144. Ap. 1966. (P. Miller)
FSF 29(3):72. S. 1965. (J. Merril)
LM 20:28. Ja. 1971. (J. Rapkin)

BURKS, ARTHUR J.

Black medicine. Sauk City, Wisc., Arkham House, 1966.
308 p. 67-355.

SMS 1(4):87. Sp. 1967. (R. Lowndes)

BURMAN, BEN LUCIEN

High water at Catfish Bend. New York, Messner, 1952.
121 p. 52-9138.

FSF 3(6):100. O. 1952. (Boucher & McComas)

Seven stars for Catfish Bend. New York, Funk & Wagnalls,
1956. 133 p. 56-7770.

FSF 11(5):101. N. 1956. (A. Boucher)

BURNETT, FRANK MACFARLANE

Viruses and man. London, Penguin, 1953. 197 p.

AUT No. 42:152. F. 1954. (n.g.)

BURNETT, WHIT

10 tales of terror, ed. by Whit Burnett and Hallie
Burnett. New York, Bantam, 1957. 229 p. 57-5191.

FSF 12(5):76. My. 1957. (A. Boucher)

BURNS, ALAN

Babel. London, Calder, 1969. 159 p. 70-417761.

NWB No. 195:31. N. 1969. (J. Clute)

BURNS, PETER FREDERICK

Daily life mathematics. London, Ginn, 1953.

AUT No. 41:153. Ja. 1954. (n.g.)

BURROUGHS, EDGAR RICE

At the Earth's core. New York, Ace, c1914. 142 p.
NUC 72-6064.

ASF 71(1):88-89. Mr. 1963. (P. Miller)
GAL 21(5):135-136. Je. 1963. (F. Gale)

At the Earth's core, Pellucidar, and Tanar of Pellucidar.
New York, Dover, 1963. 433 p. 63-17927.

AMZ 39(1):124-125. Ja. 1965. (R. Silverberg)

Back to the stone age. Tarzana, Calif., Edgar Rice
Burroughs, Inc., 1937. 318 p. 37-39116.

ASF 73(2):94-95. Ap. 1964. (P. Miller)
AMZ 12(1):133-134. F. 1938. (C. Brandt)

Beyond the farthest star. New York, Ace, 1964. 125 p.
NUC 65-111101.

AMZ 38(11):124. N. 1964. (R. Silverberg)
ASF 74(3):90. N. 1964. (P. Miller)

BURROUGHS, EDGAR RICE (Continued)

Beyond thirty and The man-eater. New York, Science-Fiction and Fantasy Publications, 1957. 229 p.

   ASF   61(6):145-146. Ag. 1958. (P. Miller)
   SAT   1(4):126-127. Ap. 1957. (S. Moskowitz)

Carson of Venus. New York, Canaveral, 1963. 312 p. 63-21729.

   ASF   73(2):93-94. Ap. 1964. (P. Miller)

The cave girl. New York, Ace, 1963. 224 p.

   AMZ   38(7):125. Jl. 1964. (R. Silverberg)
   ASF   71(4):92. Je. 1963. (P. Miller)

Escape on Venus. New York, Canaveral, 1963. 347 p. 63-21730.

   ASF   73(2):93-94. Ap. 1964. (P. Miller)

The eternal savage. New York, Ace, 1963. 192 p. NUC 65-105693.

   ASF   74(2):90-91. O. 1964. (P. Miller)

A fighting man of Mars. New York, Metropolitan Books, 1931. 319 p. 31-12974.

   AMZ   6(8):762. N. 1931. (C. Brandt)
   GAL   22(1):121. O. 1963. (F. Gale)

The gods of Mars. New York, Canaveral Press, 1962. 348 p. 62-21542.

   ASF   71(4):91. Je. 1963. (P. Miller)

John Carter of Mars. New York, Canaveral, 1964. 208 p. 64-15790.

   ASF   74(4):87-88. D. 1964. (P. Miller)

Jungle girl. Tarzana, Calif., Edgar Rice Burroughs, Inc., 1932. 318 p. 32-10936.

   AMZ   7(5):471. Ag. 1932. (C. Brandt)

Land of terror. New York, Canaveral, 1963. 319 p. 63-21732.

   ASF   73(2):94-95. Ap. 1964. (P. Miller)

The land that time forgot. New York, Canaveral Press, 1962. 318 p. 62-17747.

   ASF   71(4):92. Je. 1963. (P. Miller)
   GAL   22(1):120-121. O. 1963. (F. Gale)

The lost continent. New York, Ace, 1969. 124 p.

   LM   16:19. S. 1970. (D. Paskow)

Lost on Venus. Tarzana, Calif., Edgar Rice Burroughs, Inc., 1935. 318 p. 35-4004.

   AMZ   10(2):135. My. 1935. (C. Brandt)
   ASF   72(5):89. Ja. 1964. (P. Miller)
   ASF   73(2):93-94. Ap. 1964. (P. Miller)

The master mind of Mars. London, Methuen, 1939. 216 p.

   AUT   No. 56:137. Ap. 1955. (n.g.)
   TOW   No. 9:95. W. 1939. (n.g.)

The moon maid. New York, Ace, c1923. 176 p.

   GAL   21(5):136-137. Je. 1963. (F. Gale)
   BB   18:72. D. 1972. (B. Patten)

The moon men. New York, Ace, c1925. 222 p. NUC 72-6067.

   GAL   21(5):137-138. Je. 1963. (F. Gale)

The Oakdale affair and The rider. Tarzana, Calif., Edgar Rice Burroughs, Inc., 1937. 316 p. 37-5298.

   AMZ   11(6):134. D. 1937. (C. Brandt)

Pellucidar. New York, Ace, c1915. 160 p.

   GAL   21(5):137. Je. 1963. (F. Gale)

Pirates of Venus. Tarzana, Calif., Edgar Rice Burroughs, Inc., 1934. 314 p. 34-4860.

   AMZ   9(3):132-133. Jl. 1934. (C. Brandt)
   ASF   71(4):91-92. Je. 1963. (P. Miller)
   GAL   22(1):122-123. O. 1963. (F. Gale)
   TWS   6(1):114. Je. 1934. (n.g.)

The pirates of Venus and Lost on Venus. New York, Dover, 1963. 340 p. 63-17925.

   AMZ   39(1):124-125. Ja. 1965. (R. Silverberg)
   ASF   73(2):95. Ap. 1964. (P. Miller)

A princess of Mars. New York, Ballantine, 1963. 159 p. NUC 64-5642.

   ASF   71(4):91. Je. 1963. (P. Miller)

A princess of Mars and A fighting man of Mars. New York, Dover, 1964. 356 p. 63-17962.

   AMZ   39(1):124-125. Ja. 1965. (R. Silverberg)

Savage Pellucidar. New York, Canaveral, 1963. 274 p. 63-21733.

   ASF   73(2):94-95. Ap. 1964. (P. Miller)

Swords of Mars. Tarzana, Calif., Edgar Rice Burroughs, Inc., 1936. 315 p. 36-7261.

   AMZ   10(11):134. Ag. 1936. (C. Brandt)
   ASF   72(4):89-90. D. 1963. (P. Miller)

Synthetic men of Mars. Tarzana, Calif., Edgar Rice Burroughs, Inc., 1940. 315 p. 40-7008.

   AST   2(4):4. Ap. 1941. (D. Wollheim)
   ASF   72(4):89-90. D. 1963. (P. Miller)

Tales of three planets. New York, Canaveral Press, 1964. 282 p. 64-15792.

   AMZ   38(10):123-124. O. 1964. (R. Silverberg)
   ASF   74(4):87. D. 1964. (P. Miller)

Tanar of Pellucidar. New York, Canaveral Press, 1962. 245 p. 62-17749.

   ASF   71(4):92. Je. 1963. (P. Miller)

Tarzan and the city of gold. Tarzana, Calif., Edgar Rice Burroughs, Inc., 1933. 316 p. 33-24091.

   AMZ   8(10):134. F. 1934. (C. Brandt)

BURROUGHS, EDGAR RICE (Continued)

Tarzan and the leopard men. Tarzana, Calif., Edgar Rice
Burroughs, Inc., 1935. 332 p. 35-19421.

  AMZ   10(9):134. Ap. 1936. (C. Brandt)

Tarzan and the lion man. Tarzana, Calif., Edgar Rice
Burroughs, Inc., 1934. 318 p. 34-29908.

  AMZ   9(10):132. F. 1935. (C. Brandt)

Tarzan and the madman. New York, Canaveral, 1964. 236 p.
64-15789.

  FSF   28(1):85-86. Ja. 1965. (R. Goulart)

Tarzan at the Earth's core. New York, Metropolitan
Books, 1930. 301 p. 30-32136.

  ASF   71(4):92. Je. 1963. (P. Miller)
  GAL   22(1):121-122. O. 1963. (F. Gale)

Tarzan the invincible. Tarzana, Calif., Edgar Rice
Burroughs, Inc., 1931. 318 p. 31-33380.

  AMZ   6(12):1142. Mr. 1932. (C. Brandt)

Tarzan the magnificent. Tarzana, Calif., Edgar Rice
Burroughs, Inc., 1939. 318 p. 39-31537.

  AST   1(1):109-110. F. 1940. (D. Wollheim)

Tarzan triumphant. Tarzana, Calif., Edgar Rice
Burroughs, Inc., 1932. 318 p. 32-22545.

  AMZ   7(9):856. D. 1932. (C. Brandt)

Tarzan's quest. Tarzana, Calif., Edgar Rice Burroughs,
Inc., 1936. 318 p. 36-24404.

  AMZ   11(2):134. Ap. 1937. (C. Brandt)

Three martian novels. New York, Dover, 1962. 499 p.

  ASF   70(3):157-161. N. 1962. (P. Miller)

Thuvia, maid of Mars. New York, Ace, 1962. 143 p.

  GAL   21(5):138. Je. 1963. (F. Gale)

The warlord of Mars. New York, Ballantine, 1963. 158 p.
NUC 64-63929.

  ASF   72(1):94-95. S. 1963. (P. Miller)

BURROUGHS, JOHN COLEMAN

John carter of Mars. Kansas City, House of Greystoke,
1970. 72 p.

  LM   29:38. O. 1971. (P. Spencer)

BURROUGHS, WILLIAM S.

The naked lunch. Paris, Olympia Press, 1959. 225 p.
59-51395rev.

  NWB   No. 142:121-127. My/Je. 1964. (J. Ballard)
  NWB   No. 147:115-119. F. 1965. (J. Colvin)

Nova express. New York, Grove Press, 1964. 187 p.
64-10597.

  ASF   75(3):156. My. 1965. (P. Miller)
  NWB   No. 161:147-153. Ap. 1966. (B. Butler)
  FSF   28(5):70-75. My. 1965. (J. Merril)

The soft machine. New York, Grove, 1966. 182 p. 66-
14096.

  FSF   34(2):54-55. F. 1968. (J. Merril)
  NWB   No. 142:121-127. My/Je. 1964. (J. Ballard)

The ticket that exploded. London, Calder, 1968. 217 p.
74-402031.

  NWB   No. 142:121-127. My/Je. 1964. (J. Ballard)
  NWB   No. 187:60. F. 1969. (M. Harrison)

BURTON, RICHARD F., ed.

Vikram and the vampire, or tales of Hindu deviltry.
New York, Dover, 1970. 243 p. 78-94320.

  FF   1:33. D. 1970. (D. Menville)
  LM   24/25:55. My/Je. 1971. (J. B. Post)

BUSHMAN, JOHN C.

Now and any time. New York, Harper, 1970. 320 p.

  LM   15:29. Ag. 1970. (J. Post)

Real and fantastic. New York, Harper, 1970. 320 p.

  LM   15:29. Ag. 1970. (J. Post)

BUSSON, BERNARD

The last secrets of the Earth, by Bernard Busson and
Gerard Leroy. New York, Putnam, 1957. 186 p. 57-9395.

  GAL   15(4):106-107. F. 1958. (F. Gale)
  FSF   13(3):84. S. 1957. (A. Boucher)

BUTLER, ELIZA MARIAN

Ritual magic. London, Cambridge, 1949. 328 p. 49-
49152.

  FSF   1(3):107. Sm. 1950. (Boucher & McComas)
  LM   40:32. S. 1972. (M. McQuown)

BUTLER, IVAN

Horror in the cinema. 2d. ed. New York, Barnes, 1970.
208 p. NUC 71-36323.

  LM   32:32. Ja. 1972. (A. Jackson)

BUTLER, WILLIAM

The butterfly revolution. New York, Ballantine, 1967.
221 p.

  WSJ   supp. 74-1:7. D. 1970-Ja. 1971. (D. Halterman)

BUTTREY, DOUGLAS NORTON

The man with only one head, by Densil Nave Barr. London,
Rich & Cowan, 1955. 192 p. 56-22986.

   AUT   No. 66:151-152. F. 1956. (n.g.)
   NWB   No. 43:124. Ja. 1956. (L. Flood)

BYFIELD, BARBARA NINDE

The glass harmonica. New York, Macmillan, 1967. 160 p.
66-21977.

   SFR   35:36. F. 1970. (J. Boardman)
   SWSJ   26:4. Jl. 1971. (N. Brooks)

The haunted spy. Garden City, N.Y., Doubleday, 1969.
37 p. 79-78689.

   LM   12:25. My. 1970. (J. Post)

BYRD, ELIZABETH

A strange and seeing time. New York, Ballantine, 1969.
233 p.

   SFR   41:24-25. N. 1970. (P. Walker)

BYRNE, STUART J.

Starman. Reseda, Calif., Powell, 1969. 205 p.

   LM   11:25. Ap. 1970. (J. Slavin)
   SWSJ   21:10. My. 1971. (D. Halterman)

C

CABELL, JAMES BRANCH

The cream of the jest. New York, McBride, 1917. 280 p. 17-24970.

    FOU   2:56. Je. 1972. (G. Hay)
    FSF   42:101-102. Ap. 1972. (J. Blish)
    KPG   6:72. F. 1972. (C. Richey)
    PW   200:65. Ag. 2, 1971. (n.g.)

Domnei and The music from behind the moon. New York, Ballantine, 1972. 219 p.

    LM   44:28. Ja. 1973. (J. B. Post)

Figures of earth. New York, McBride, 1921. 356 p. 21-3415.

    FSF   38(2):45-47. F. 1970. (J. Blish)
    BFT   1(1):88-91. Fl. 1970. (R. Lowndes)

The high place. New York, Ballantine, 1970. 243 p. NUC 72-7175.

    FSF   39(3):16-17. S. 1970. (J. Blish)
    NWB   No. 200:30. Ap. 1970. (J. Churchill)
    BFT   1(2):73. Mr. 1971. (R. Lowndes)
    LM   22:23. Mr. 1971. (S. Mines)

The silver stallion. New York, McBride, 1926. 358 p. 26-10315.

    FSF   38(2):45-47. F. 1970. (J. Blish)
    WSJ   71:74-75. Mr/My. 1970. (A. Gilliland)
    BB   16:paperback supp. IV. Ag. 1971. (M. Learmont)
    BFT   1(1):88-91. Fl. 1970. (R. Lowndes)

Something about Eve. New York, McBride, 1927. 364 p. 27-24202.

    FSF   40:23-24. Ja. 1971. (J. Blish)

CADE, CECIL MAXWELL

Other worlds than ours. New York, Taplinger, 1967. 248 p. 67-19692.

    NWB   No. 170:150-154. Ja. 1967. (J. Merril)
    SFI   1(12):148. F. 1967. (A. Bevan)

CADELL, ELIZABETH

Brimstone in the garden. New York, Morrow, 1950. 264 p. 50-8910.

    FSF   2(1):59. F. 1951. (Boucher & McComas)

Crystal clear. New York, Morrow, 1953. 250 p. 52-8038.

    FSF   5(4):72. O. 1953. (Boucher & McComas)

CAGE, JOHN

Silence. London, Calder & Boyers, 1968. 276 p. NUC 71-34516.

    NWB   No. 186:54-56. Ja. 1969. (L. Jones)

CAIDIN, MARTIN

The astronauts. New York, Dutton, 1961. 224 p. 61-65894.

    GAL   20(1):173. O. 1961. (F. Gale)

The cape. Garden City, N.Y., Doubleday, 1971. 374 p. 76-139008.

    KR   39:394. Ap. 1, 1971. (n.g.)

Cyborg. New York, Arbor House, 1972. 282 p. 73-183758.

    BKL   68:976. Jl. 15, 1972. (n.g.)
    BS   32:50. My. 1, 1972. (F. Rontondaro)
    GAL   33:95. Jl. 1972. (T. Sturgeon)
    LJ   97:2245. Je. 15, 1972. (R. Minurdi)
    LJ   97:2438. Jl. 1972. (H. Veit)

Destination Mars. Garden City, N.Y., Doubleday, 1972. 295 p. 74-186011.

    GAL   33:172. N. 1972. (T. Sturgeon)
    NYT   p. 20. S. 3, 1972. (T. Sturgeon)

Four came back. New York, McKay, 1968. 275 p. 68-29629.

    LM   24/25:59. My/Je. 1971. (D. Paskow)

The god machine. New York, Dutton, 1968. 316 p. 68-12450.

    LM   7:28. D. 1969. (D. Paskow & J. Slavin)
    WIF   19(9):155-156. N. 1969. (L. del Rey)

Hydrospace. New York, Dutton, 1964. 320 p. 64-21862.

    FSF   29(6):32-33. D. 1965. (R. Raphael)

CAIDEN, MARTIN (Continued)

The long night. New York, Dodd, Mead, 1956. 242 p. 56-6287.

    ASF   57(5):150-151. Jl. 1956. (P. Miller)
    FSF   12(2):100. F. 1957. (A. Boucher)

The man-in-space dictionary. New York, Dutton, 1963. 224 p. 63-14274.

    FSF   25(6):79. D. 1963. (A. Davidson)

Marooned. New York, Dutton, 1964. 378 p. 64-11082.

    FSF   27(4):39-40. O. 1964. (A. Davidson)
    NWB   No. 156:124. N. 1965. (J. Colvin)
    WIF   19(9):155. N. 1969. (L. del Rey)

The Mendelov conspiracy. New York, Meredith, 1969. 274 p. 77-85418.

    LM   16:24. S. 1970. (G. Bear)

Operation nuke. New York, Arbor House, 1973. 240 p. 72-97689.

    LJ   98:2150. Jl. 1973. (H. Veit)
    KR   41:532. My. 1, 1973. (n.g.)
    PW   203:44. My. 14, 1973. (n.g.)
    BS   33:151-152. Jl. 15, 1973. (F. Rontondaro)
    SWSJ   111:4. O. 1973. (R. Delap)

Rockets beyond the earth. New York, McBride, 1954. 319 p. 54-7381rev.

    AUT   No. 65:153-154. Ja. 1956. (n.g.)

Worlds in space. New York, Holt, 1954. 212 p. 54-5439rev.

    ASF   55(4):156. Je. 1955. (P. Miller)
    GAL   8(5):96. Ag. 1954. (G. Conklin)
    AUT   No. 53:128-129. Ja. 1955. (n.g.)
    ISF   5(9):99. S. 1954. (H. Bott)
    NEB   No. 11:118. D. 1954. (K. Slater)
    SFD   1(2):121-123. My. 1954. (E. Lewis)

CAILLOIS, ROGER, ed.

The dream adventure: a literary anthology. New York, Orion, 1963. 285 p. 73-9524.

    FAS   14(1):122-123. Ja. 1965. (R. Silverberg)

CALDECOTT, ANDREW

Fires burn blue. New York, Longmans, 1948. 222 p. 49-8040.

    SSS   5(4):101. S. 1949. (F. Pohl)

CALDWELL, TAYLOR

The devil's advocate. New York, Crown, 1952. 375 p. 52-5681rev.

    SFA   1(2):112-113. F. 1953. (D. Knight)

Your sins and mine. New York, Fawcett, 1955. 127 p. 56-16959.

    GAL   12(1):100-101. My. 1956. (F. Gale)
    OSFS   7(1):103-105. Jl. 1956. (D. Knight)

CALHOUN, MARY

Magic in the alley. New York, Atheneum, 1970. 167 p. 77-98607.

    LM   24/25:35. My/Je. 1971. (C. Moslander)

White witch of Kynance. New York, Harper & Row, 1970. 208 p. 76-104757.

    LM   26/27:25. Jl/Ag. 1971. (C. Moslander)

CALISHER, HORTENSE

Journal from Ellipsia. New York, Little, Brown, 1965. 375 p. 65-21355.

    FSF   34(2):52-53. F. 1968. (J. Merril)

CALKINS, DICK. The Collected works of Buck Rogers. . . SEE Dille, Robert C. The Collected works. . .

CALKINS, ELIZABETH

Teaching tomorrow: a handbook of science fiction for teachers, by Elizabeth Calkins and Barry McGhan. Dayton, Ohio, Pflaum/Standard, 1972. 103 p. 72-83236.

    EXT   14:69. D. 1972. (T. Clareson)
    KPG   6:195. N. 1972. (n.g.)
    LM   47:30. Sm. 1973. (N. Barron)
    SFN   22:3-4. Ap. 1973. (F. Brand)
    REFERENCE SERVICES REVIEW 1:12. Ja/Mr. 1972.
        (F. Cheney)

CALVINO, ITALO

Cosmicomics. New York, Collier, 1970. 185 p. 76-151133.

    KPG   5:sec. II. F. 1971. (C. Richey)

T Zero. New York, Harcourt, 1970. 160 p. 74-15982.

    LM   16:27. S. 1970. (C. Moslander)

The watcher and other stories. New York, Harcourt, 1971. 181 p. 75-134573.

    LJ   96:655. F. 15, 1971. (R. Scott)
    TM   97:98. F. 22, 1971. (M. Maddocks)

CAMERON, ALASTAIR

Fantasy classification system. St. Vital, Manitoba, Canadian Science Fiction Association, 1952. 52 p. 52-33139.

    SFA   1(6):94-95. S. 1953. (D. Knight)

CAMERON, ELEANOR

Stowaway to the mushroom planet. Boston, Little, Brown, 1956. 226 p. 56-8461.

    GAL   14(3):110. Jl. 1957. (F. Gale)

The terrible Churnadryne. Boston, Little, Brown, 1959. 125 p. 59-7339.

    GAL   19(2):127. D. 1960. (F. Gale

CAMERON, IAN
    SEE Payne, Donald Gordon

CAMERON, JOHN

Analog 6, ed. by John W. Campbell. Garden City, N.Y., Doubleday, 1968. 313 p.

ASF	82(4):163-164.	D. 1968.	(P. Miller)
ASF	84(1):163-164.	S. 1969.	(P. Miller)
GAL	27(3):170-171.	O. 1968.	(A. Budrys)
FSF	35(4):24-25.	O. 1968.	(R. Hughes)

The astrologer. New York, Random, 1972. 309 p. 75-159335.

    LJ   97:2756. S. 1, 1972. (D. Williams)

CAMERON, LOU

Cybernia. Greenwich, Conn., Fawcett, 1972. 174 p.

    SWSJ   118:3. D. 1973. (D. D'Ammassa)
    KPG   6:86. N. 1972. (P. Selden)

CAMM, FREDERICK JAMES

Newnes slide rule manual. 5th ed. London, Newnes, 1953. 112 p. 53-31169.

    AUT   No. 36:138. Ag. 1953. (n.g.)

CAMPBELL, HERBERT JAMES

Beyond the visible. London, Hamilton, 1953. 192 p.

    NWB   No. 20:96. Mr. 1953. (J. Newman)

Tomorrow's universe, ed. by H. J. Campbell, London, Hamilton, 1953. 224 p.

    FAU   2(1):158-159. Jl. 1954. (R. Frazier)
    GAL   8(3):119-120. Je. 1954. (G. Conklin)

CAMPBELL, JOHN WOOD, JR.

Analog 1, ed. by John W. Campbell. Garden City, N.Y., Doubleday, 1963. 219 p.

    AMZ   37(6):120-121, 127. Je. 1963. (S. Cotts)
    ASF   71(5):87-89. Jl. 1963. (P. Miller)
    FSF   25(1):106. Jl. 1963. (A. Davidson)

Analog 2, ed. by John W. Campbell. Garden City, N.Y., Doubleday, 1964. 275 p.

    AMZ   38(5):127, 130. My. 1964. (R. Silverberg)
    ASF   73(3):86-87. My. 1964. (P. Miller)
    FSF   26(6):35. Je. 1964. (A. Davidson)

Analog 3, ed. by John W. Campbell. Garden City, N.Y., Doubleday, 1965. 269 p.

    ASF   76(4):152-153. D. 1965. (P. Miller)
    NWB   No. 187:63. F. 1969. (J. Cawthorn)

Analog 4, ed. by John W. Campbell. Garden City, N.Y., Doubleday, 1966. 224 p.

    ASF   78(4):160-161. D. 1966. (P. Miller)

Analog 5, ed. by John W. Campbell. Garden City, N.Y., Doubleday, 1967. 242 p.

    AMZ   41(4):5. O. 1967. (H. Harrison)
    ASF   80(5):167-168. Ja. 1968. (P. Miller)

Analog 7, ed. by John W. Campbell. Garden City, N.Y., Doubleday, 1969. 352 p.

    ASF   84(1):163-164. S. 1969. (P. Miller)
    SWSJ   17:6-7. Mr. 1971. (T. Pauls)
    LM   10:29. Mr. 1970. (J. B. Post)
    NR   22(9):266. Mr. 10, 1970. (T. Sturgeon)

Analog 8, ed. by John W. Campbell. Garden City, N.Y., Doubleday, 1971. 227 p.

    ASF   88:163-165. D. 1971. (P. Miller)
    KR   39:396. Ap. 1, 1971. (n.g.)
    PW   199:55. My. 3, 1971. (n.g.)
    WSJ   79:34-35. N. 1971/Ja. 1972. (T. Pauls)
    SWSJ   46:9. F. 1972. (J. Newton)

The astounding science fiction anthology, ed. by John W. Campbell. New York, Simon & Schuster, 1952. 583 p.

    AMZ   26(9):148. S. 1952. (S. Merwin)
    ASF   49(5):157-159. Jl. 1952. (P. Miller)
    FASF   1(1):50. Ag. 1952. (L. Raymond)
    GAL   4(3):125. Je. 1952. (G. Conklin)
    SFA   1(1):123. N. 1952. (D. Knight)
    TWS   41(1):144-145. O. 1952. (n.g.)
    FSF   3(3):86-87. Je. 1952. (Boucher & McComas)
    AMZ   38(12):126. D. 1964. (R. Silverberg)
    ASF   59(5):150. Jl. 1957. (P. Miller)
    FUTF   3(4):46,94. N. 1952. (R. Lowndes)

Astounding tales of space and time, ed. by John W. Campbell. New York, Berkley, 1951. 190 p. NUC 70-82312.

    AMZ   39(2):116. F. 1965. (R. Silverberg)
    ASF   60(1):148. S. 1957. (P. Miller)

The atomic story. New York, Holt, 1947. 297 p. 47-2244rev.

    ASF   39(4):41. Je. 1947. (n.g.)

The best of J. W. Campbell. London, Sidgwick, 1973. 278 p.

    TLS   3715:562. My. 18, 1973. (n.g.)

The black star passes. Reading, Pa., Fantasy Press, 1953. 254 p. 53-12673.

    ASF   53(1):156. Mr. 1954. (P. Miller)
    FAU   1(5):158. Mr. 1954. (R. Frazier)
    GAL   8(1):120-121. Ap. 1954. (G. Conklin)

Cloak of Aesir. Chicago, Shasta, 1952. 255 p. 52-14603.

    ASF   50(3):156-157. N. 1952. (P. Miller)
    GAL   4(6):133-134. S. 1952. (G. Conklin)
    SFIQ   3(2):61. Ag. 1954. (D. Knight)
    WIF   21:159. N/D. 1972. (L. del Rey)

Collected editorials from Analog. Garden City, N.Y., Doubleday, 1966. 248 p. 66-24320.

    ASF   79(1):160-162. Mr. 1967. (P. Miller)

CAMPBELL, JOHN WOOD, JR. (Continued)

The First Astounding science fiction anthology, ed. by John W. Campbell. London, Grayson, 1954. 239 p.

AUT	No. 46:138.	Je. 1954.	(n.g.)
NEB	No. 9:119.	Ag. 1954.	(K. Slater)
NWB	No. 24:126.	Je. 1954.	(L. Flood)

The incredible planet. Reading, Pa., Fantasy Press, 1949. 344 p. 49-11571.

ASF	46(3):94.	N. 1950.	(P. Miller)
STL	21(1):162.	Mr. 1950.	(n.g.)
SSS	6(4):91-92.	My. 1950.	(F. Pohl)

Invaders from the infinite. Hicksville, N.Y., Gnome, 1961. 189 p. 60-53080.

| ASF | 68(1):166-167. | S. 1961. | (P. Miller) |
| GAL | 21(1):194. | O. 1962. | (F. Gale) |

Islands of space. Reading, Pa., Fantasy Press, 1956. 224 p. 57-24574.

| ASF | 60(3):142-146. | N. 1957. | (P. Miller) |
| VEN | 1(6):81-83. | N. 1957. | (T. Sturgeon) |

John W. Campbell anthology. Garden City, N.Y., Doubleday, 1973. 528 p. 72-89301.

| KR | 41:147. | F. 1, 1973. | (n.g.) |
| WIF | 21:106-107. | Jl/Ag. 1973. | (L. del Rey) |

The mightiest machine. Providence, Hadley, 1947. 228 p. 47-11483rev.

ASF	46(3):94.	N. 1950.	(P. Miller)
FBK	1(2):41.	1947.	(M. N.)
NWB	No. 163:154-155.	Je. 1966.	(J. Cawthorn)

The moon is hell. Reading, Pa., Fantasy Press, 1950. 256 p. 51-594.

ASF	47(4):130-131.	Je. 1951.	(P. Miller)
GAL	2(1):59-60.	Ap. 1951.	(G. Conklin)
STL	23(2):160.	My. 1951.	(n.g.)
FSF	2(4):83.	Ag. 1951.	(Boucher & McComas)
SWSJ	118:4.	D. 1973.	(K. Ozanne)

The planeteers. New York, Ace, 1966. 150 p.

| ASF | 79(3):161-162. | My. 1967. | (P. Miller) |

Prologue to Analog, ed. by John W. Campbell. Garden City, N.Y., Doubleday, 1962. 308 p. 62-7608.

AMZ	36(5):137-138.	My. 1962.	(S. Cotts)
ASF	68(4):157-159.	D. 1961.	(P. Miller)
GAL	21(3):141-142.	F. 1963.	(F. Gale)
FSF	22(4):115.	Ap. 1962.	(A. Bester)

The second Astounding science fiction anthology, ed. by John W. Campbell. London, Grayson, 1954. 224 p.

| AUT | No. 54:127-128. | F. 1955. | (n.g.) |
| NWB | No. 32:122-124. | F. 1955. | (L. Flood) |

The ultimate weapon. New York, Ace, 1966. 106 p.

| ASF | 79(3):161-162. | My. 1967. | (P. Miller) |

Who goes there? Chicago, Shasta, 1951. 230 p. 51-6598.

AMZ	23(12):150-151.	D. 1949.	(M. Tish)
AMZ	26(7):144.	Jl. 1952.	(S. Merwin)
ASF	42(4):105.	D. 1948.	(P. Miller)
ASF	49(6):128.	Ag. 1952.	(P. Miller)
ASF	56(1):151.	S. 1955.	(P. Miller)
FNM	3(2):119.	Jl. 1949.	(S. Moskowitz)
FUTF	4(1):48-49.	My. 1953.	(D. Knight)
GAL	3(5):87.	F. 1952.	(G. Conklin)
TWS	49(2):145.	Je. 1952.	(n.g.)
STL	18(3):177.	Ja. 1949.	(n.g.)
SSS	5(1):92.	Ja. 1949.	(F. Pohl)

CAMPBELL, RAMSEY

Demons by daylight. Sauk City, Wisc., Arkham House, 1973. 153 p.

| FSF | 45:42-43. | D. 1973. | (G. Wilson) |
| LM | 45:27. | F. 1973. | (J. B. Post) |

CANTRIL, HADLEY

The invasion from Mars. Princeton, N.J., Princeton University Press, 1940. 228 p. 40-27430.

| AST | 1(4):4. | Ag. 1940. | (D. Wollheim) |

CAPEK, KAREL

An atomic phantasy; Krakatit. New York, Arts, Inc., 1951. 294 p. 51-13904.

| ASF | 49(3):156-157. | My. 1952. | (P. Miller) |
| GAL | 4(6):135. | S. 1952. | (G. Conklin) |

War with the newts. New York, Putnam, 1937. 348 p. 37-17329.

| OSFS | 6(1):105-107. | Jl. 1953. | (D. Knight) |
| TWS | 11(1):88. | F. 1938. | (P. M.) |

CAPON, PAUL

Down to earth. London, Heinemann, 1954. 196 p.

| AUT | No. 54:128. | F. 1955. | (n.g.) |
| NEB | No. 12:114. | Ap. 1955. | (K. Slater) |

Into the tenth millenium. London, Heinemann, 1956. 280 p.

| NWB | No. 57:127-128. | Mr. 1957. | (L. Flood) |

Lost: a moon. Indianapolis, Bobbs-Merrill, 1955. 222 p. 56-11650.

| GAL | 14(2):110. | Je. 1957. | (F. Gale) |

The other half of the planet. London, Heinemann, 1952. 255 p.

| ASF | 52(1):140-141. | S. 1953. | (D. Archer) |

The other side of the sun. London, Heinemann, 1950. 321 p. 51-20338rev.

| AUT | No. 5:125. | Mr. 1, 1951. | (n.g.) |

CAPON, PAUL (Continued)

The world at bay. Philadelphia, Winston, 1954. 208 p. 54-7726.

> ASF   55(6):151-152. Ag. 1955. (P. Miller)
> NEB   No. 12:114. Ap. 1955. (K. Slater)

CAPP, AL

Bald iggle—the life it ruins may be your own. New York, Simon & Schuster, 1956. unpaged. 56-3436rev.

> FSF   11(6):108. D. 1956. (A. Boucher)

CAPPS, CARROLL M.

Bumsider, by C. C. MacApp. New York, Lancer, 1973. 223 p.

> LM   46:17. Mr. 1973. (S. Mines)

Prisoners of the sky, by C. C. MacApp. New York, Lancer, 1969. 224 p.

> LM 19:28. D. 1970. (J. Osbourne)

Recall not earth, by C. C. MacApp. New York, Dell, 1970. 192 p.

> LM   24/25:55. My/Je. 1971. (T. Bulmer)
> PW   195(3):82. Ja. 19, 1970. (n.g.)

Secret of the sunless world, by C. C. MacApp. New York, Dell, 1969. 204 p.

> LM   11:32. Ap. 1970. (J. Schaumburger)
> SWSJ   17:10. Mr. 1971. (D. Halterman)

Subb, by C. C. MacApp. New York, Paperback Library, 1971. 187 p.

> LM   35/36:53. Ap/My. 1972. (S. Mines)

Worlds of the wall, by C. C. MacApp. New York, Avon, 1969. 222 p.

> SFR   36:29. 1970. (P. Walker)
> SWSJ   18:10. Ap. 1971. (D. Halterman)

CARLEY, WAYNE

Mixed-up magic. Champaign, Ill., Garrard, 1971. 40 p. 70-157999.

> LM   35/36:45. Ap/My. 1972. (S. Deckinger)

CARLSON, DALE BICK

The human apes. New York, Atheneum, 1973. 155 p. 72-86755.

> KR   41:193. F. 15, 1973. (n.g.)
> PW   203:65-66. My. 7, 1973. (n.g.)

The mountain of truth. New York, Atheneum, 1972. 169 p.

> LM   44:19. Ja. 1973. (C. Moslander)

CARNELL, JOHN, ed.

The best from New Worlds. London, Boardman, 1955. 190 p.

> AUT   No. 56:137. Ap. 1955. (n.g.)
> BSP   1(12):110-111. Ap. 1955. (n.g.)

Gateway to the stars. London, Museum Press, 1955. 191 p.

> AUT   No. 58:120. Je. 1955. (n.g.)
> NWB   No. 35:127-128. My. 1955. (L. Flood)

Gateway to tomorrow. London, Museum Press, 1954. 192 p.

> AUT   No. 44:89. Ap. 1954. (n.g.)
> GAL   8(5):96. Ag. 1954. (G. Conklin)

Lambda I. New York, Berkley, 1964. 175 p. NUC 67-24076.

> ASF   73(6):86. Ag. 1964. (P. Miller)
> NWB   No. 144:121-122. S/O. 1964. (J. Colvin)
> NWB   No. 151:118. Je. 1965. (J. Colvin)

New writings in SF: 1. New York, Bantam, 1964. 147 p.

> ASF   78(5):162-163. Ja. 1967. (P. Miller)
> NWB   No. 144:120-121. S/O. 1964. (J. Colvin)
> FSF   32(2):26-27. F. 1967. (J. Merril)

New writings in SF 2. New York, Bantam, 1964. 150 p.

> NWB   No. 146:117-118. Ja. 1965. (J. Colvin)

New writings in SF 3. New York, Bantam, 1965. 168 p.

> NWB   No. 151:117-118. Je. 1965. (J. Colvin)

New writings in SF-4. New York, Bantam, 1965. 154 p.

> ASF   82(4):165-166. D. 1968. (P. Miller)
> NWB   No. 153:125-126. Ag. 1965. (J. Colvin)

New writings in SF 5. London, Corgi, 1965. 190 p.

> LM   26/27:42. Jl/Ag. 1971. (D. Paskow)
> NWB   No. 156:125. N. 1965. (J. Colvin)

New writings in SF-6. New York, Bantam, 1965. 168 p.

> LM   34:28. Mr. 1972. (J. B. Post)

New writings in SF 7. New York, Bantam, 1971. 190 p.

> PW   199:55. Je. 14, 1971. (n.g.)
> ASF   89:165-166. Je. 1972. (P. Miller)

New writings in SF 8. New York, Bantam, 1971. 184 p.

> NWB   No. 166:151. S. 1966. (J. Cawthorn)

New writings in SF-9. New York, Bantam, 1972. 180 p.

> KPG   6:19. S. 1972. (n.g.)
> LM   38/39:42. Jl/Ag. 1972. (J. B. Post)

New writings in SF 15. London, Corgi, 1969. 189 p.

> VOT   1(5):17-19. F. 1970. (K. Buckley)

New writings in SF 16. London, Corgi, 1969. 190 p.

> NWB   No. 200:32. Ap. 1970. (J. Cawthorn)
> SFO   21:30-32. Mr. 1971. (B. Gillespie)
> SPEC   28:23-24. Jan. 1971. (B. Gillespie)

New writings in SF 17. London, Corgi, 1970. 190 p.

> SPEC   28:24-26. Ja. 1971. (T. Sudbery)

CARNELL, JOHN, ed. (Continued)

No place like earth. London, Boardman, 1952. 255 p.

```
ASF    52(1):143-144.  S. 1953.  (D. Archer)
GAL    6(6):122.  S. 1953.  (G. Conklin)
NWB    No. 18:95.  N. 1952.  (L. Flood)
AUT    No. 30:139.  F. 1953.  (H. Campbell)
```

Weird shadows from beyond. London, Transworld, 1965. 157 p.

```
NWB    No. 156:121-123.  N. 1965.  (J. Colvin)
```

CARPENTER, M. SCOTT, et al.

We seven. New York, Simon & Schuster, 1962. 352 p. 62-19074.

```
FSF    25(4):21.  O. 1963.  (A. Davidson)
```

CARPENTER, SHIRLEY

Icebergs and jungles, by Shirley Carpenter and Marie Neurath. Garden City, N.Y., Hanover House, 1954. 29 p. 55-792.

```
NWB    No. 29:122.  N. 1954.  (J. Carnell)
```

Mountains and valleys, by Shirley Carpenter, Marie Neurath, and Stewart Irwin. Garden City, N.Y., Hanover House, 1954. 29 p. 55-781.

```
NWB    No. 29:122.  N. 1954.  (J. Carnell)
```

CARPENTIER, ALEJO

War of time. New York, Knopf, 1970. 179 p. 70-98667.

```
LM     22:30.  Mr. 1971.  (D. Paskow)
```

CARR, CHARLES

Colonists of space. London, Ward, Lock, 1954. 192 p.

```
AUT    No. 52:129-130.  D. 1954.  (n.g.)
NWB    No. 29:118.  N. 1954.  (L. Flood)
```

Salamander war. London, Ward, Lock, 1955. 190 p.

```
NWB    No. 40:128.  O. 1955.  (L. Flood)
```

CARR, JOHN DICKSON

The devil in velvet. New York, Harper, 1951. 335 p. 51-10388.

```
AMZ    26(5):147-148.  My. 1952.  (S. Merwin)
FSF    2(5):58-59.  O. 1951.  (Boucher & McComas)
```

Fear is the same, by Carter Dickson. New York, Morrow, 1956. 284 p. 56-5393.

```
ASF    57(5):159-160.  Jl. 1956.  (P. Miller)
FSF    10(6):103.  Je. 1956.  (A. Boucher)
```

Fire, burn. New York, Harper, 1957. 265 p. 57-7135.

```
ASF    60(4):155-156.  D. 1957.  (P. Miller)
FSF    13(2):108.  Ag. 1957.  (A. Boucher)
```

CARR, ROBERT SPENCER

Beyond infinity. Reading, Pa., Fantasy Press, 1951. 236 p.

```
AMZ    25(11):158.  N. 1951.  (S. Merwin)
ASF    48(3):119.  N. 1951.  (P. Miller)
GAL    3(1):88-89.  O. 1951.  (G. Conklin)
STL    24(2):142-144.  N. 1951.  (n.g.)
```

CARR, TERRY

The best science fiction of the year, ed. by Terry Carr. New York, Ballantine, 1972. 340 p.

```
ASF    91:169-171.  My. 1973.  (P. Miller)
FSF    44:35-37.  Mr. 1973.  (A. Davidson)
WSJ    82:R/4-R/5.  S. 1973.  (R. Delap)
VTX    1:11.  D. 1973.  (n.g.)
LM     45:26-27.  F. 1973.  (D. Lundry)
KPG    6:19.  S. 1972.  (n.g.)
PW     201:141.  Je. 5, 1972.  (n.g.)
REN    4:10-12.  Fl. 1972.  (J. Pierce)
```

The best science fiction of the year, no. 2, ed. by Terry Carr. New York, Ballantine, 1973. 370 p.

```
ASF    92:165-166.  D. 1973.  (P. Miller)
PW     203:91.  Je. 4, 1973.  (n.g.)
REN    5(3):11-13.  Sm. 1973.  (J. Pierce)
```

An exaltation of stars: transcendental adventures in science fiction, ed. by Terry Carr. New York, Simon & Schuster, 1973. 191 p. 72-89253.

```
KR     41:413.  Ap. 1, 1973.  (n.g.)
LJ     98:2151.  Jl. 1973.  (D. Polacheck)
SWSJ   106:3.  O. 1973.  (B. Gillam)
```

Into the unknown, ed. by Terry Carr. Nashville, Nelson, 1973. 192 p.

```
KR     41:691.  Jl. 1, 1973.  (n.g.)
```

New worlds of fantasy, ed. by Terry Carr. New York, Ace, 1967. 253 p. NUC 70-77458.

```
FSF    34(5):52-53.  My. 1968.  (J. Merril)
```

New worlds of fantasy, #2, ed. by Terry Carr. New York, Ace, 1970. 254 p.

```
PW     198(2):164.  Jl.13, 1970.
AMZ    45:107-108.  My. 1971.  (T. White)
LM     28:25.  S. 1971.  (G. Bear)
```

New worlds of fantasy, #3, ed. by Terry Carr. New York, Ace, 1971. 253 p.

```
LM     38/39:61.  Jl/Ag. 1972.  (P. Walker)
```

The others, ed. by Terry Carr. Greenwich, Conn., Fawcett, 1969. 192 p.

```
LM     7:29.  D. 1969.  (J. Schaumburger)
SFR    36:37.  1970.  (E. Evers)
```

Science fiction for people who hate science fiction, ed. by Terry Carr. Garden City, N.Y., Doubleday, 1966. 190 p. 66-24334.

```
GAL    28(4):136.  My. 1969.  (A. Budrys)
```

CARR, TERRY (Continued)

This side of infinity, ed. by Terry Carr. New York, Ace, 1972. 237 p.

    LM   46:24. Mr. 1973. (J. Rapkin)

Universe I, ed. by Terry Carr. New York, Ace, 1971. 249 p.

    REN   3:13-14. Fl. 1971. (M. Shoemaker)
    SFO   25:35-36. D. 1971. (R. Delap)
    WSJ   78:28-29. Ag/0. 1971. (M. Shoemaker)
    GAL   32:84-85. Mr. 1972. (T. Sturgeon)
    LM   38/39:61-62. Jl.Ag. 1972. (P. Walker)

Universe 2, ed. by Terry Carr. New York, Ace, 1972. 255 p.

    LM   44:26. Ja. 1973. (S. Mines)
    REN   4:19. Sp. 1972. (J. Pierce)

Universe 3, ed. by Terry Carr. New York, Random House, 1973. 180 p.

    GAL   34:71-72. D. 1973. (T. Sturgeon)
    KR   41:777. Jl. 15, 1973. (n.g.)
    PW   204:49. Ag. 13, 1973. (n.g.)

Warlord of Kor. New York, Ace, 1963. 97 p. NUC 67-15528.

    ASF   72(4):90. D. 1963. (P. Miller)

CARRIGAN, RICHARD

The siren star, by Richard Carrigan and Nancy Carrigan. New York, Pyramid, 1970. 173 p.

    LM   40:26. S. 1972. (P. Walker)
    REN   3:15. Sm. 1971. (J. Pierce)

CARRINGTON, HEREWARD

The case for psychic survival. New York, Citadel, 1957. 157 p. 57-12274.

    FAU   9(6):118. Je. 1958. (H. Santesson)

Haunted people, by Hereward Carrington and Nandor Fodor. New York, Dutton, 1951. 225 p. 51-8924.

    FSF   3(4):104. Ag. 1952. (Boucher & McComas)

Mysterious psychic phenomena. Boston, Christopher, 1954. 176 p. 54-1747.

    FSF   10(1):97. Ja. 1956. (A. Boucher)

CARRINGTON, RICHARD

Mermaids and mastodons. New York, Rinehart, 1957. 251 p. 57-6576.

    ASF   60(5):145. Ja. 1958. (P. Miller)
    GAL   14(6):125. O. 1957. (F. Gale)
    FSF   13(3):83-84. S. 1957. (A. Boucher)

CARROLL, GLADYS HASTY

Man on the mountain. Boston, Little, Brown, 1969. 223 p. 79-92546.

    LM   38/39:47. Jl/Ag. 1972. (B. Fredstrom)

CARROLL, LEWIS
SEE Dodgson, Charles Lutwidge.

CARSON, RACHAEL LOUISE

The edge of the sea. Boston, Houghton Mifflin, 1955. 276 p. 54-10759.

    GAL   12(1):101-102. My. 1956. (F. Gale)

The sea around us. New York, Oxford University Press, 1951. 230 p. 51-10430.

    ASF   50(1):166-168. S. 1952. (P. Miller)
    GAL   3(4):117. Ja. 1952. (G. Conklin)

CARSON, ROBIN

Pawn of time. New York, Holt, 1957. 442 p. 57-10414.

    ASF   61(1):140-141. Mr. 1958. (P. Miller)
    VEN   2(3):59. My. 1958. (T. Sturgeon)
    WIF   8(6):110-111. O. 1958. (D. Knight)

CARTER, ANGELA

Heroes and villains. New York, Simon & Schuster, 1969. 214 p. 75-116501.

    LM   30:29. N. 1971. (C. Moslander)
    NYT   p. 62, S. 13, 1970.
    PW   198(1):55. Jl. 6, 1970. (n.g.)
    GAL   34:69-70. D. 1973. (T. Sturgeon)

The infernal desire machine of Doctor Hoffman. London, Hart-Davis, 1972. 286 p.

    FOU   3:69-71. Mr. 1973. (G. Hay)

Miss Z, the dark young lady. New York, Simon & Schuster, 1970. 32 p. 77-101888.

    LM   34:25. Mr. 1972. (J. Post)

CARTER, BRUCE
SEE Hough, Richard Alexander

CARTER, JOHN FRANKLIN

The rat race, by Jay Franklin. Los Angeles, Fantasy Publishing Co., 1950. 371 p. 50-8121.

    FBK   2(1):106. 1951. (n.g.)
    GAL   1(1):142-143. O. 1950. (G. Conklin)
    SSS   7(2):69. S. 1950. (F. Pohl)

CARTER, LIN

Black legion of Callisto. New York, Dell, 1972. 203 p.

    WIF   21:169-170. Je. 1973. (L. del Rey)

The black star. New York, Dell, 1973. 235 p.

    EJ   62:1060. O. 1973. (H. Means)

City of Sorcerers by Henry Kuttner and The elder gods, by John W. Campbell, ed. by Lin Carter. New York, Ballantine.

    PW   199:136. My. 31, 1971. (n.g.)

CARTER, LIN (Continued)

Discoveries in fantasy, ed. by Lin Carter. New York, Ballantine, 1972. 243 p.

    LM   44:27-28. Ja. 1973. (K. Ludwig)

Dragons, elves, and heroes. New York, Ballantine, 1970. 277 p. NUC 72-74553.

    BFT   1(2):75. Mr. 1971. (R. Lowndes)
    SFR   36:36-37. 1970. (P. Walker)

The flame of Iridor. New York, Belmont, 1967. 97 p.

    WSJ   supp. 75-2:5. F/Mr. 1971. (A. Gechter)

Flashing swords, ed. by Lin Carter. Garden City, N.Y., Doubleday, 1973. 2 v. 73-169817.

    KPG   7:22. N. 1973. (n.g.)
    FANA   1:6. Ap. 1973. (n.g.)

Flashing swords no. 2, ed. by Lin Carter. New York, Dell, 1974. 268 p.

    PW   204:63. N. 19, 1973. (n.g.)

Giant of world's end. New York, Belmont, 1969. 141 p.

    LM   1:23-24,27. Je. 1969. (R. Brissor)
    SFR   38:20-21. Je. 1970. (J. Boardman)

Golden cities, far, ed. by Lin Carter. New York, Ballantine, 1970. 214 p.

    FF   1:45-46. Ap. 1971. (R. Reginald)
    LM   34:30. Mr. 1972. (P. Walker)

Great short novels of adult fantasy, ed. by Lin Carter. New York, Ballantine, 1972. 278 p.

    KPG   6:30. N. 1972. (n.g.)
    PW   202:38. Jl. 3, 1972. (n.g.)
    SWSJ   100:6. Jl. 1973. (J. Frederick)

Great short novels of adult fantasy, Vol. II, ed. by Lin Carter. New York, Ballantine.

    KPG   7:17. Ap. 1973. (n.g.)

Imaginary worlds: the art of fantasy. New York, Ballantine, 1973. 278 p.

    KPG   7:93. N. 1973. (P. Mattern)
    LJ   98:2295. Ag. 1973. (D. Sternlicht)
    FANA   1:9. Ag. 1973. (I. Slater)

Jandar of Callisto. New York, Dell, 1972. 224 p.

    WIF   21:169-170. Je. 1973. (L. del Rey)

Lost world of time. New York, Signet, 1969. 128 p.

    LM   16:16. S. 1970. (S. Mines)
    WSJ   70:12. D. 1969./F. 1970. (A. Gechter)

Lovecraft: a look behind the "Cthulhu Mythos." New York, Ballantine, 1972. 198 p.

    FAS   22:113-114. O. 1972. (F. Leiber)
    LM   38/39:60. Jl/Ag. 1972. (J. B. Post)
    SFN   13/15:3. Jl/S. 1972. (M. Owings)

The magic of Atlantis. New York, Lancer, 1970. 191 p.

    LM   35/36:56. Ap/My. 1972. (J. Evers)

The man who loved Mars. Greenwich, Conn., Fawcett, 1973. 157 p.

    WIF   21:108. Jl/Ag. 1973. (L. del Rey)

New worlds for old, ed. by Lin Carter. New York, Ballantine, 1971. 326 p.

    FAS   21:105-108. Ag. 1972. (F. Leiber)

The purloined planet. New York, Belmont, 1969. 72 p.

    SFR   35:30-31. F. 1970. (H. Davis)
    LM   9:32. F. 1970. (D. Paskow)

The sky pirates of Callisto. New York, Dell, 1973. 189 p.

    WIF   21:169-170. Je. 1973. (L. del Rey)

The spawn of Cthulhu. New York, Ballantine, 1971. 274 p.

    KPG   6:77. F. 1972. (C. Richey)

Star rogue. New York, Lancer, 1970. 190 p.

    LM   26/27:46. Jl/Ag. 1971. (J. Evers)

Thongor and the dragon city. (rev. and expanded version of Thongor of Lemuria). New York, Berkley, 1970. 143 p.

    LM   24/25:63. My/Je. 1971. (D. Paskow)

Thongor and the wizard of Lemuria. New York, Berkley, 1969. 143 p.

    LM   21:30. F. 1971. (D. Paskow)

Thongor fights the pirates of Tarakus. New York, Berkley, 1970. 160 p. NUC 72-14856.

    LM   26/27:48. Jl/Ag. 1971. (D. Paskow)
    WSJ   75:34-35. F/Mr. 1971. (T. Pauls)
    WSJ   supp. 75-2:6. F/Mr. 1971. (A. Gechter)

Thongor of Lemuria. New York, Ace, 1966. 127 p. NUC 70-86568.

    NWB   No. 165:146. Ag. 1966. (J. Cawthorn)

Tolkien: a look behind the Lord of the Rings. New York, Ballantine, 1969. 211 p. 73-3282.

    FAS   19(3):140. F. 1970. (F. Leiber)
    FAS   19(2):139-140. D. 1969. (F. Lerner)
    MOH   6(3):38-39. Sm. 1970. (R. Lowndes)
    LM   8:26. Je. 1970. (J. Schaumberger)
    SFR   39:25-26. Ag. 1970. (P. Walker)

Tower at the edge of time. New York, Belmont, 1968. 141 p.

    WSJ   supp. 75-2:7. F/Mr. 1971. (A. Gechter)

Tower of Medusa. New York, Ace, 1969. 106 p.

    SFR   42:29-30. Ja. 1971. (P. Walker)

Under the green star. New York, Daw, 1972. 144 p.

    KPG   7:78. Ap. 1973. (B. Deck)
    LM   46:20. Mr. 1973. (S. Bacharach)
    WIF   21:170-171. Je. 1973. (L. del Rey)

CARTER, LIN (Continued)

When the green star calls. New York, Daw, 1973. 176 p.

    KPG   7:84. N. 1973. (P. Mattern)

The wizard of Lemuria. New York, Ace, 1965. 127 p. NUC 70-86569

    NWB   No. 159:116. F. 1966. (J. Cawthorn)

The young magicians. New York, Ballantine, 1970. 280 p.

    BFT   1(2):83. Mr. 1971. (R. Lowndes)
    SFR   36:36-37. 1970. (P. Walker)

CARTER, M. L.

The curse of the undead, ed. by M. L. Carter. Greenwich, Conn., Fawcett, 1970.

    LM   24/25:45. My/Je. 1971. (P. Walker)

CARTER, MICHAEL P.

Into work. Baltimore, Penguin, 1966. 239 p. 66-7513.

    NWB   No. 165:149-150. Ag. 1966. (W. E. B.)

CARTER, NICK

The death strain. New York, Award, 1971. 156 p.

    LM   28:26. S. 1971. (D. Paskow)

The human time bomb. New York, Award, 1969. 154 p.

    LM   24/25:47. My/Je. 1971. (D. Paskow)

Operation moon rocket. New York, Award, 1970. 160 p.

    LM   24/25:47. My/Je. 1971. (D. Paskow)

CARVALHO, CLAIRE

Crime in ink, by Claire Carvalho and Boyden Sparkes. New York, Scribners, 1929. 296 p. 29-24607.

    ADT   1(3):286. Mr. 1931. (n.g.)

CASE, DAVID

The cell: three tales of horror. New York, Hill & Wang, 1969. 269 p. 70-580375.

    FSF   38(3):46-47. Mr. 1970. (G. Wilson)

CASEWIT, CURTIS W.

The peacemakers. New York, Avalon, 1960. 224 p.

    ASF   66(1):152-153. S. 1960. (P. Miller)
    GAL   19(2):126. D. 1960. (F. Gale)

CASOLET, JACQUES

Theory of flight. s.l., s.n.

    ASF   63(3):152. My. 1959. (P. Miller)

CASTANEDA, CARLOS

A separate reality: further conversations with Don Juan. New York, Pocket Books, 1972. 263 p.

    NR   25:104. Ja. 19, 1973. (T. Sturgeon)

CASTERET, NORBET

The descent of Pierre Saint-Martin. New York, Philosophical Library, 1956. 160 p.

    FUTF   No. 33:123-125. Sm. 1957. (R. Garrett)

CASTILLA, CLYDE ANDRE

Shara-li. Hollywood, Clear Thoughts, 1958. 100 p.

    ASF   66(1):147-148. S. 1960. (P. Miller)

CASTLE, JEFFRY LLOYD

Satellite E one. New York, Dodd, Mead & Co., 1954. 223 p. 54-11231.

    AMZ   29(3):115-116. My. 1955. (V. Gerson)
    ASF   55(1):155. Mr. 1955. (P. Miller)
    AUT   No. 51:130. N. 1954. (n.g.)
    GAL   9(6):95-96. Mr. 1955. (G. Conklin)
    NWB   No. 28:128. O. 1954. (L. Flood)
    SFIQ   3(5):57-58. My. 1955. (D. Knight)
    OSFS   10(5):128-130. N. 1959. (C. Knox)
    BSP   1(8):64. D. 1954. (n.g.)

Vanguard to Venus. New York, Dodd, Mead, 1957. 212 p. 57-12127.

    GAL   16(2):99-100. Je. 1958. (F. Gale)
    WIF   8(6):113-114. O. 1958. (D. Knight)
    FSF   13(6):95. D. 1957. (A. Boucher)

CAUFIELD, DONALD E.

Never steal a magic cat, by Don Caufield and Joan Caufield. Garden City, N.Y., Doubleday, 1971. 89 p. 72-135852.

    LM   38/39:20. Jl/Ag. 1972. (L. Tuttle)

CAUNTER, JULIEN

How to produce effects in amateur films. London, Focal Press, 1955. 184 p.

    AUT   No. 60:151. Ag. 1955. (n.g.)

CERAM, C. W.
SEE Marek, Kurt W.

CERF, CHRISTOPHER

The vintage anthology of science fantasy, ed. by Christopher Cerf. New York, Vintage, 1966. 310 p. 66-13014.

    FSF   31(3):20-22. S. 1966. (J. Merril)
    NWB   No. 163:144-145. Je. 1966. (J. Colvin)
    RQ   2(2):112-125. Je. 1966. (L. Sapiro)

CHALKER, JACK

Mirage on Lovecraft. by Jack Chalker and Mark Owings. Baltimore, Md., Jack Chalker, 1965. 46 p.

MOH   2(6):82.   W. 1965/1966.   (R. Lowndes)

CHAMBERS, BRADFORD

The key to interplanetary space travel. New York, Stravon, 1956. 66 p. 55-12326.

GAL   12(6):94-95.   O. 1956.   (F. Gale)

CHAMBERS, EDWARD JACK

Basic physics. London, Bell, 1955. 336 p. 55-4761.

AUT   No. 60:150-151.   Ag. 1955.   (n.g.)

CHAMBERS, ROBERT WARNER

From cell to test tube. New York, Scribners, 1960. 216 p. 60-6412.

GAL   20(1):175-176.   O. 1961.   (F. Gale)

CHAMBERS, ROBERT WILLIAM

The gold chase. New York, Appleton, 1935. 250 p. 35-12772.

AMZ   10(10):132.   Je. 1936.   (C. Brandt)

The king in yellow and other horror stories. New York, Dover, 1970. 287 p. 70-98301.

FSF   42:22. Ag. 1972.   (G. Wilson)
LM   26/27:48. Jl/Ag. 1971.   (J. B. Post)
NWB   No. 163:157. Je. 1966.   (J. Cawthorn)

The maker of moons. Buffalo, N.Y., Shroud, 1954. 78 p.

GAL   10(4):92. Jl. 1955.   (G. Conklin)

CHANDLER, A. BERTRAM

Alternate orbits. New York, Ace, 1971. 136 p.

LM   41/42:60. O/N. 1972.   (W. Rupp)

Beyond the galactic rim. New York, Ace, 1963. 114 p.

ASF   73(3):89. My. 1964.   (P. Miller)

Bring back yesterday. New York, Ace, 1961. 173 p.

ASF   68(6):165-166. F. 1962.   (P. Miller)

Catch the star winds. New York, Lancer, 1969. 222 p. NUC 70-80861.

ASF   85(2):169. Ap. 1970.   (P. Miller)
SFO   8:38. Ja. 1970.   (P. Anderson)

The dark dimensions. New York, Ace, 1971. 117 p.

LM   41/42:60. O/N. 1972.   (W. Rupp)

The deep reaches of space. London, Jenkins, 1964. 190 p.

NWB   No. 141:125. Ap. 1964.   (L. Flood)

Glory planet. New York, Avalon, 1964. 190 p.

ASF   74(4):89. D. 1964.   (P. Miller)

The hamelin plague. Derby, Conn., Monarch Books, 1963. 126 p.

ASF   73(5):89. Jl. 1964.   (P. Miller)

The hard way up. New York, Ace, 1972. 162 p.

LM   45:32. F. 1973.   (J. Rapkin)

Rendezvous on a lost world. New York, Ace, 1961. 124 p.

ASF   69(3):168-169. My. 1962.   (P. Miller)

The rim gods. New York, Ace, 1969. 192 p.

LM   7:24. D. 1969.   (J. Schaumburger)

The rim of space. New York, Avalon, 1961. 220 p.

AMZ   35(10):135. O. 1961.   (S. Cotts)
ASF   68(3):165-166. N. 1961.   (P. Miller)
ASF   70(4):155-156. D. 1962.   (P. Miller)
GAL   20(2):145-146. D. 1961.   (F. Gale)

The ship from outside. New York, Ace, 1963. 108 p.

ASF   73(3):89. My. 1964.   (P. Miller)

Space mercenaries. New York, Ace, 1965. 131 p.

NWB   No. 163:153-154. Je. 1966.   (J. Cawthorn)

Spartan planet. New York, Dell, 1969. 156 p.

LM   8:25. Ja. 1970.   (J. Slavin)

To prime the pump. New York, Curtis, 1971. 157 p.

LM   38/39:44. Jl/Ag. 1972.   (Y. Ediken)

CHANNING, MARK

Indian mosaic. Philadelphia, Lippincott, 1936. 316 p. 36-18342.

AMZ   11(2):133. Ap. 1937.   (C. Brandt)

King cobra. Philadelphia, Lippincott, 1934. 309 p. 34-18838.

AMZ   9(7):134. N. 1934.   (C. Brandt)

The poisoned mountain. Philadelphia, Lippincott, 1936. 308 p. 35-30567.

AMZ   10(11):133. Ag. 1936.   (C. Brandt)

The white python. Philadelphia, Lippincott, 1934. 320 p. 34-33675.

AMZ   10(1):134. Ap. 1935.   (C. Brandt)

CHANT, JOY

Red moon and black mountain. New York, Ballantine, 1971.
277 p.

    PW   199:80. F. 15, 1971. (n.g.)

CHAPLIN, GEORGE

Hawaii 2000: continuing experiment in anticipatory
democracy, ed. by George Chaplin and Glenn D. Paige.
Honolulu, University of Hawaii Press, 1973. 491 p.
72-88024.

    PW   204:61. Jl. 30, 1973. (n.g.)

CHAPMAN, ARTHUR HARRY

Put-offs and come-ons: psychological manoeuvres and
stratagems. London, Cassell, 1968. 256 p. 72-376081.

    NWB   No. 190:60. My. 1969. (B. Marsden)

CHAPPELL, GEORGE SHEPARD

Through the alimentary canal with gun and camera. New
York, Dover, 1963. 114 p. 63-3153.

    FSF   26(6):37. Je. 1964. (A. Davidson)

CHARBONNEAU, LOUIS H.

Barrier world. New York, Lancer, 1970. 224 p.

    SFR   42:40. Je. 1971. (R. Geis)

Corpus earthling. Rockville Centre, N.Y., Zenith Books,
1960. 160 p.

    ASF   66(4):165-166. D. 1960. (P. Miller)

No place on earth. Garden City, N.Y., Doubleday, 1958.
184 p. 66-1618.

    AMZ   33(1):101-102. Ja. 1959. (S. Cotts)
    ASF   63(3):156. My. 1959. (P. Miller)
    FAU   11(1):112-113. Ja. 1959. (H. Santesson)
    GAL   17(5):138. Je. 1959. (F. Gale)
    OSFS   10(5):124-126. N. 1959. (C. Knox)

The sentinel stars. New York, Bantam, 1963. 156 p.
63-19052rev.

    ASF   73(5):89. Jl. 1964. (P. Miller)

CHARNAS, SUZY MCKEE

Walk to the end of the world. New York, Ballantine, 1974.
214 p.

    PW   204:40. D. 17, 1973. (n.g.)

CHARROUX, ROBERT

Forgotten worlds. New York, Walker, 1973. 354 p.
72-80539.

    SWSJ 104:3-4. S. 1973. (M. Shoemaker)

One thousand years of man's unknown history. New York,
Berkley, 1971. 190 p.

    LM   40:27. S. 1972. (R. FitzOsbert)

CHARTER, S. P. R.

Man on earth. Sausalito, Calif., Contact Editions, 1962.
272 p. 62-15383.

    FSF   26(2):96. F. 1964. (A. Davidson)

CHASE, ADAM

The golden ape. New York, Avalon, 1959. 221 p.

    ASF   65(1):160-161. Mr. 1960. (P. Miller)
    GAL   18(4):144-145. Ap. 1960. (F. Gale)
    WIF   9(6):86. Ja. 1960. (F. Pohl)

CHEETHAM, ANTHONY

Science against man, ed. by Anthony Cheetham. New York,
Avon, 1970. 221 p.

    PW   198(21):40. N. 23, 1970.
    GAL   32:166-168. Jl. 1971. (A. Budrys)

CHESNUTT, CHARLES WADDELL

The conjure woman. Ann Arbor, University of Michigan
Press, 1969. 229 p. 70-8946.

    LM   16:14. S. 1970. (J. B. Post)

CHESTER, MICHAEL

Rockets and spacecraft of the world. New York, Norton,
1964. 205 p. 63-16664.

    FSF   27(4):39. O. 1964. (A. Davidson)

CHESTERTON, GILBERT KEITH

The man who was Thursday. New York, Ballantine, 1971.
205 p.

    LM   33:23-25. F. 1972. (P. Walker)

CHEVALIER, HAAKON MAURICE

The man who would be god. New York, Putnam, 1959. 449 p.
59-12001.

    GAL   18(5):151-152. Je. 1960. (F. Gale)

CHILTON, CHARLES

Journey into space. London, Jenkins, 1954. 220 p.

    AUT   No. 54:128-129. F. 1955. (n.g.)
    NWB   No. 32:122. F. 1955. (L. Flood)

The red planet. London, Jenkins, 1956. 208 p.

    AUT   No. 76:154. Ja. 1957. (n.g.)
    NWB   No. 52:128. O. 1956. (L. Flood)

CHILTON, CHARLES (Continued)

The world in peril. London, Jenkins, 1960. 222 p.

NWB No. 101:125-126. D. 1960. (L. Flood)

CHRISTOPHER, JOHN

Beyond the burning lands. New York, Macmillan, 1971. 170 p. 78-152288.

HB	47:619. D. 1971. (S. Andrews)	
KR	39:681. Jl. 1, 1971. (n.g.)	
LJ	96:4188. D. 15, 1971. (E. Haynes)	
CCB	25:88. F. 1972. (n.g.)	
LM	38/39:30. Jl/Ag. 1972. (D. Hamilton)	

The caves of night. New York, Simon & Schuster, 1958. 244 p. 58-6277.

NWB No. 76:124. O. 1958. (L. Flood)

The city of gold and lead. New York, Macmillan, 1967. 185 p. 67-21245.

KPG 5:sec. II. F. 1971. (T. Wolf)
LM 38/39:19. Jl/Ag. 1972. (C. Moslander)
WSJ 76:42. Ap/My. 1971. (M. Owings)

The death of grass. London, Joseph, 1956. 230 p. 56-56382.

AUT No. 77:156. F. 1957. (n.g.)
NWB No. 53:126. N. 1956. (L. Flood)
NEB No. 18:105. N. 1956. (K. Slater)

Dom and va. New York, Macmillan, 1973. 154 p. 72-92434.

LJ 98:2199. Jl. 1973. (M. Brady)

The guardians. New York, Macmillan, 1970. 168 p. 78-99118.

LJ 95(8):1647. Ap. 15, 1970. (M. Dorsey)
LM 19:19. D. 1970. (B. Stiffler)
NYT p. 46-47. S. 10, 1971. (B. Searles)
KPG 7:61. F. 1973. (A. Irving)

The long winter. New York, Simon & Schuster, 1962. 253 p. 62-12411.

ASF 69(6):165-166. Ag. 1962. (P. Miller)
FSF 25(6):79-80. D. 1963. (A. Davidson)
LM 1:28-29. Je. 1969. (S. Mines)

The lotus caves. New York, Macmillan, 1969. 154 p. 71-445652.

LM 13:18. Je. 1970. (D. Paskow)

No blade of grass. New York, Simon & Schuster, 1957. 218 p. 57-5674.

ASF 60(2):156-157. O. 1957. (P. Miller)
INF 2(6):104-105. O. 1957. (D. Knight)
OSFS 10(5):130. N. 1959. (C. Knox)
VAN 1(1):87-89. Je. 1958. (L. del Rey)
FSF 13(4):102. O. 1957. (A. Boucher)

Pendulum. New York, Simon & Schuster, 1968. 254 p. 68-14835.

ASF 83(2):162. Ap. 1969. (P. Miller)
LM 13:24. Je. 1970. (D. Paskow)
RQ 4:296-297. Mr. 1971. (W. Connelly)

Planet in peril. New York, Avon, 1959. 159 p.

ASF 65(5):164. Jl. 1960. (P. Miller)
WIF 10(2):93. My. 1960. (F. Pohl)

The pool of fire. New York, Macmillan, 1968. 178 p. 68-23062.

ASF 82(5):162. Ja. 1969. (P. Miller)
KPG 5:sec II. F. 1971. (T. Wolf)
WSJ 76:42. Ap/My. 1971. (M. Owings)
LM 38/39:19. Jl/Ag. 1972. (C. Moslander)

The possessors. New York, Simon & Schuster, 1965. 252 p. 65-10387.

FSF 29(3):70. S. 1965. (J. Merril)

The prince in waiting. New York, Macmillan, 1970. 182 p. 70-119838.

ASF 88:164-165. S. 1971. (P. Miller)
LJ 95(20):4051. N. 15, 1970. (E. Haynes)
LM 33:27. F. 1972. (C. Moslander)
NS 81:777-778. Je. 4, 1971. (C. Storr)

The ragged edge. New York, Simon & Schuster, 1966. 254 p. 66-11062.

AMZ 41(2):4,158. Je. 1967. (H. Harrison)
ASF 77(4):146-147. Je. 1966. (P. Miller)
FSF 30(3):53. Mr. 1966. (J. Merril)

Sweeny's island. New York, Simon & Schuster, 1964. 218 p. 64-13347.

ASF 74(3):89. N. 1964. (P. Miller)
FSF 28(4):70. Ap. 1965. (J. Merril)

The sword of the spirits. New York, Macmillan, 1972. 162 p. 74-176419.

ASF 90:168-169. O. 1972. (P. Miller)
BKL 68:818. My. 15, 1972. (n.g.)
CCB 25:166-167. Jl/Ag. 1972. (n.g.)
HB 48:374-375. Ag. 1972. (S. Andrews)
KR 40:142-143. F. 1, 1972. (n.g.)
LJ 97:1613-1614. Ap. 15, 1972. (J. Nykiel)
NS 2150:759. Je. 2, 1972. (C. Storr)
LM 46:13. Mr. 1973. (C. Moslander)

The twenty-second century. New York, Lancer, 1962. 190 p.

ASF 71(6):90. Ag. 1963. (P. Miller)
AUT No. 45:136. My. 1954. (n.g.)
NEB 2(4):128. Ap. 1954. (Slater & Elder)

The white mountains. New York, Macmilland, 1967. 184 p. 67-1262.

ASF 80(5):165. Ja. 1968. (P. Miller)
KPG 5:sec II. F. 1971. (T. Wolf)
WSJ 76:42. Ap/My. 1971. (M. Owings)
LM 38/39:19. Jl/Ag. 1972. (C. Moslander)

The world in winter. London, Eyre, 1962. 253 p. NUC 63-3340.

NWB No. 125:125-126. D. 1962. (L. Flood)

The year of the comet. London, Michael Joseph, 1955. 271 p.

AUT No. 58:119-120. Je. 1955. (n.g.)
NEB No. 13:104. S. 1955. (K. Slater)
NWB No. 35:127. My. 1955. (L. Flood)

CHURCHWARD, JAMES

The children of Mu. New York, Ives Washburn, 1931.
266 p. 31-13837.

AMZ   6(8):762. N. 1931. (C. Brandt)

Cosmic forces, as they were taught in Mu. The ancient
tale that religion and science are twin sisters. v. 1.
New York, The Author, dist. by Baker & Taylor Co., 1934-.
268 p. 34-21662.

AMZ   9(10):132. F. 1935. (C. Brandt)
AMZ   10(9):134. Ap. 1936. (C. Brandt)

The sacred symbols of Mu. New York, Ives Washburn, 1933.
258 p. 33-9997.

AMZ   8(8):130. D. 1933. (C. Brandt)

CLAIR, COLIN

Unnatural history. New York, Abelard-Schuman, 1967.
256 p. 66-25012.

FSF   34(3):43. Mr. 1968. (J. Merril)

CLAIR, STELLA

Susie Saucer and Ronnie Rocket. London, Werner Laurie,
1954. 64 p.

FSF   11(1):93. Jl. 1956. (A. Boucher)

CLAPP, PATRICIA

Jane-Emily. New York, Lothrop Lee, 1969. 160 p.
69-14326.

LM   47:28. Sm. 1973. (C. Moslander)

CLARENS, CARLOS

An illustrated history of the horror films. New York,
Putnams, 1967. 258 p. 67-10951.

AMZ   41(5):143. D. 1967. (H. Harrison)
LM   4:30. S. 1969. (J. B. Post)

CLARESON, THOMAS D.

SF: the other side of realism, ed. by Thomas D. Clareson.
Bowling Green, Ohio, Bowling Green University Popular
Press, 1971. 356 p. 72-168385.

AMZ   46:108-109. Ja. 1973. (C. Chauvin)
ASF   88:171-173. F. 1972. (P. Miller)
CHO   9:211. Ap. 1972. (n.g.)
EXT   13:79. D. 1971. (T. Clareson)
LJ   96:4095. D. 15, 1971. (M. Peffers)
LM   35/36:54-55. Ap/My. 1972. (P. Purcell)
CE   34:1148-1150. My. 1973. (D. Suvin)
SFN   20/21:1-3. F/Mr. 1973. (B. Kay)
FOU   4:79-94. Jl. 1973. (P. Nicholls)

Science fiction criticism: an annotated checklist, ed. by
Thomas D. Clareson. Kent, Ohio, Kent State University
Press, 1972. 225 p. 71-181084.

AMZ   47:109-110. Je. 1973. (A. Panshin)
CHO   9:113. N. 1972. (n.g.)
LJ   97:2374. Jl. 1972. (H. Hall)

Science fiction criticism: an annotated checklist (Con-
tinued)

LM   41/42:49. O/N. 1972. (J. B. Post)
SFN   11:4. My. 1972. (F. Lerner)
SFN   16:3. O. 1972. (M. Owings)
ALG   20:28. My. 1973. (R. Lupoff)
RQ   (Am. Lib. Assn.) 12:312. Sp. 1973. (J. Post)
VIEWS AND REVIEWS 4(2):75. W. 1972. (R. Briney)

A spectrum of worlds, ed. by Thomas D. Clareson. Garden
City, N.Y., Doubleday, 1972. 311 p. 72-76139.

EXT   14:69-70. D. 1972. (n.g.)
KR   40:824. Jl. 15, 1972. (n.g.)
PW   202:37. Jl. 3, 1972. (n.g.)
GAL   33:170-171. Ja. 1973. (T. Sturgeon)
VTX   1:98. Ag. 1973. (n.g.)

CLARK, JOHN D.

Ignition. New Brunswick, N.J., Rutgers University Press,
1972. 214 p. 72-185390.

WIF   21:140. Jl/Ag.1972. (L. del Rey)

CLARK, RONALD WILLIAM

The bomb that failed. New York, Morrow, 1969. 255 p.
74-83691.

LM   17:30-31. O. 1970. (D. Paskow)

CLARK, WILFRID EDWARD LE GROS

The fossil evidence for human evolution. Chicago,
University of Chicago Press, 1955. 180 p. 55-5039.

ASF   56(4):146-147. D. 1955. (P. Miller)

History of the primates. London, British Museum, 1949.
117 p. GS 50-9.

AUT   No. 52:135. D. 1954. (n.g.)

CLARKE, ARTHUR CHARLES

Across the sea of stars. New York, Harcourt, 1959.
584 p. 59-10252.

ASF   64(4):144-145. D. 1959. (P. Miller)
GAL   18(4):142. Ap. 1960. (F. Gale)
WIF   9(6):84. Ja. 1960. (F. Pohl)

Against the fall of night. New York, Gnome Press, 1953.
223 p. 53-9537.

ASF   52(3):149-150. N. 1953. (P. Miller)
FAU   1(2):192. Ag/S. 1953. (S. Merwin, Jr.)
GAL   7(2):80. N. 1953. (G. Conklin)
FSF   5(2):96. Ag. 1953. (Boucher & McComas)

The challenge of the sea. New York, Holt, 1960. 167 p.
60-11244.

AMZ   35(1):136. Ja. 1961. (S. Cotts)
ASF   67(1):153. Mr. 1961. (P. Miller)
GAL   19(5):97. Je. 1961. (F. Gale)
WIF   10(6):85-86. Ja. 1961. (F. Pohl)

CLARKE, ARTHUR CHARLES (Continued)

The challenge of the spaceship. New York, Harper, 1959.
213 p. 59-8248.

AMZ	36(1):138-139. Ja. 1962. (S. Cotts)
ASF	64(4):142-144. D. 1959. (P. Miller)
NWB	No. 112:127. N. 1961. (J. Carnell)
WIF	9(6):83-84. Ja. 1960. (F. Pohl)

Childhood's end. New York, Ballantine, 1953. 214 p.
53-10419.

ASF	52(6):151-152. F. 1954. (P. Miller)
AUT	No. 47:112. Jl. 1954. (n.g.)
GAL	7(5):128-129. Ja. 1954. (G. Conklin)
ISF	5(3):147. Mr. 1954. (M. Reinsberg)
NEB	No. 9:116-117. Ag. 1954. (K. Slater)
NWB	No. 24:127. Je. 1954. (L. Flood)
WIF	2(6):113. Ja. 1954. (n.g.)
FSF	5(4):72. O. 1953. (Boucher & McComas)

The city and the stars. New York, Harcourt, 1956. 310 p.
56-5328.

AMZ	39(7):117. Jl. 1956. (V. Gerson)
ASF	57(5):155. Jl. 1956. (P. Miller)
GAL	12(4):108-109. Ag. 1956. (F. Gale)
AUT	No. 74:153-154. N. 1956. (n.g.)
ISF	7(4):123. Ag. 1956. (H. Bott)
INF	1(4):106-107. Ag. 1956. (D. Knight)
NWB	No. 51:126. S. 1956. (L. Flood)
VEN	2(3):57. My. 1958. (T. Sturgeon)
SFAD	2(6):92-93. Je. 1958. (C. Knox)
FSF	10(4):78. Ap. 1956. (A. Boucher)

The coast of coral. New York, Harper, 1956. 208 p.
56-6911.

GAL	13(2):86. D. 1956. (F. Gale)
AUT	No. 75:154. D. 1956. (n.g.)
NWB	No. 51:126-127. S. 1956. (L. Flood)

The coming of the space age. New York, Meredith, 1967.
301 p. 67-11025.

FSF	34(3):39-41. Mr. 1968. (J. Merril)
VOT	1(9):29-30. Je. 1970. (W. Gillings)

The deep range. New York, Harcourt, 1957. 238 p.
57-6214.

FSF	12(6):110-111. Je. 1957. (A. Boucher)
ASF	60(1):144-145. S. 1957. (P. Miller)
FAU	8(2):112-113. Ag. 1957. (H. Santesson)
GAL	14(6):122. O. 1957. (F. Gale)
ISF	9(1):123. F. 1958. (H. Bott)
INF	2(5):99-100. S. 1957. (D. Knight)
NEB	No. 22:103. Jl. 1957. (K. Slater)
NWB	No. 65:123-124. N. 1957. (L. Flood)
NWB	No. 186:60-61. Ja. 1969. (J. Cawthorn)
VEN	1(4):79. Jl. 1957. (T. Sturgeon)

Dolphin island. New York, Holt, 1963. 187 p. 63-8704.

ASF	72(2):90-91. O. 1963. (P. Miller)
NWB	No. 138:128. Ja. 1964. (L. Flood)

Earthlight. New York, Ballantine, 1955. 186 p. 55-6937.

AMZ	29(4):95-96. Jl. 1955. (V. Gerson)
ASF	55(4):160. Je. 1955. (P. Miller)
FAU	4(5):127-128. D. 1955. (H. Santesson)
GAL	10(3):117. Je. 1955. (G. Conklin)
GAL	17(1):74. N. 1958. (F. Gale)
AUT	No. 62:153. O. 1955. (n.g.)

Earthlight (Continued)

NWB	No. 37:127-128. Jl. 1955. (L. Flood)
OSFS	6(1):107. Jl. 1953. (D. Knight)
FSF	8(5):71. My. 1955. (A. Boucher)
PW	201:59. Je. 12, 1972. (n.g.)

Expedition to earth. New York, Ballantine, 1953. 165 p.
53-12766.

ASF	54(3):150-151. N. 1954. (P. Miller)
GAL	8(2):132. My. 1954. (G. Conklin)
AUT	No. 53:125. Ja. 1955. (n.g.)
NWB	No. 32:117-118. F. 1955. (L. Flood)

The exploration of space. New York, Harper, 1951. 199 p.
52-5430.

ASF	59(2):162-163. O. 1952. (P. Miller)
GAL	5(1):121-122. O. 1952. (G. Conklin)
GAL	18(4):145. Ap. 1960. (F. Gale)
AUT	No. 16:111. D. 1951. (n.g.)
AUT	No. 65:154. Ja. 1956. (n.g.)
NWB	No. 12:93. W. 1951. (J. Carnell)
SFA	1(3):68-70. Mr. 1953. (L. del Rey)
SFP	1(1):60. Mr. 1953. (S. Moskowitz)
STL	28(3):145-146. Ja. 1953. (n.g.)

A fall of moondust. New York, Harcourt, 1961. 248 p.
61-12345.

ASF	68(6):163-164. F. 1962. (P. Miller)
GAL	20(5):192-193. Je. 1962. (F. Gale)
NWB	No. 112:122. N. 1961. (L. Flood)
NWB	No. 133:127. Ag. 1963. (J. Carnell)
FSF	22(1):86. Ja. 1962. (A. Bester)

From the ocean, from the stars. New York, Harcourt,
1962. 515 p. 62-8058.

ASF	69(4):159-160. Je. 1962. (P. Miller)
GAL	21(3):142-143. F. 1963. (F. Gale)
FSF	25(6):78. D. 1963. (A. Davidson)

Interplanetary flight: an introduction to astronautics.
New York, Harper, 1951. 164 p. 51-10746.

ASF	48(3):116. N. 1951. (P. Miller)
GAL	2(5):101. Ag. 1951. (W. Ley)
NWB	No. 7:79. Sm. 1950. (n.g.)
SCF	No. 1:29. Sm. 1950. (G. Giles)
TWS	39(2):141. D. 1951. (n.g.)
FSF	2(5):60. O. 1951. (Boucher & McComas)
AUT	No. 5:126. Mr. 1, 1951. (n.g.)

Islands in the sky. Philadelphia, Winston, 1952. 209 p.
52-8970.

ASF	51(6):144-145. Ag. 1953. (P. Miller)
GAL	5(6): 111. Mr. 1953. (G. Conklin)
NWB	No. 18:96. N. 1952. (L. Flood)
SFP	1(5):27. Ag. 1953. (S. Moskowitz)
SPF	2(1):92. Jl. 1953. (G. Smith)
SPS	2(1):128. Ap. 1953. (n.g.)
WIF	10(4):87. S. 1960. (F. Pohl)
NS	81:777. Je. 4, 1971. (n.g.)
FSF	4(1):89. Ja. 1953. (Boucher & McComas)

The lion of comarre and Against the fall of night. New
York, Harcourt, 1968. 214 p. 68-28816.

ASF	84(3):169. N. 1969. (P. Miller)
FSF	37(5):49. N. 1969. (A. Panshin)
SFO	22:15-17. Jl. 1971. (D. Boutland)

CLARKE, ARTHUR CHARLES (Continued)

The lost worlds of "2001". New York, Signet, 1972.
240 p.
LM   43:30. D. 1972. (G. Bear)

The making of a moon. New York, Harper, 1957. 205 p.
57-8187.

ASF   61(2):141. Ap. 1958. (P. Miller)
GAL   15(5):121. Mr. 1958. (F. Gale)
NWB   No. 65:125-126. N. 1957. (L. Flood)
FSF   13(5):118-119. N. 1957. (A. Boucher)

Man and space. New York, Time, Inc., 1966. 200 p.
66-7161.

FSF   29(1):83. Jl. 1965. (J. Merril)

The other side of the sky. New York, Harcourt, 1958.
245 p. 58-5477.

AMZ   32(6):85. Je. 1958. (S. Cotts)
ASF   61(6):142-143. Ag. 1958. (P. Miller)
FAU   9(6):114-115. Je. 1958. (H. Santesson)
GAL   16(6):132. O. 1958. (F. Gale)
NWB   No. 109:128. Ag. 1961. (L. Flood)
WIF   9(1):111. D. 1958. (D. Knight)
FSF   14(5):112-113. My. 1958. (A. Boucher)

Prelude to Mars. New York, Harcourt, 1965. 497 p.
65-16953.

ASF   77(1):152. Mr. 1966. (P. Miller)
FSF   30(2):45. F. 1966. (J. Merril)

Prelude to space. New York, Gnome Press, 1954. 191 p.
54-7257.

ASF   54(3):151-152. N. 1954. (P. Miller)
GAL   2(1):61. Ap. 1951. (G. Conklin)
GAL   8(4):96-97. Jl. 1954. (G. Conklin)
NWB   No. 21:122-123. Je. 1953. (L. Flood)
FSF   2(4):83. Ag. 1951. (Boucher & McComas)
FSF   6(6):70. Je. 1954. (Boucher & McComas)
SFO   22:17-18,26. Jl. 1971. (D. Boutland)

Profiles of the future. New York, Harper, 1962. 235 p.
62-14563.

ASF   71(5):89. Jl. 1963. (P. Miller)
NWB   No. 143:82. Jl/Ag. 1964. (J. Colvin)

The promise of space. New York, Harper, 1968. 325 p.
68-17042.

NWB   No. 187:62. F. 1969. (C. Platt)

Reach for tomorrow. New York, Ballantine, 1956. 166 p.
56-8164.

ASF   58(1):153-154. S. 1956. (P. Miller)
FAU   5(6):125-126. Jl. 1956. (H. Santesson)
GAL   12(5):110. S. 1956. (F. Gale)
NWB   No. 119:127. Je. 1962. (L. Flood)

The reefs of taprobane. New York, Harper, 1957. 205 p.
57-6136.

GAL   14(6):123. O. 1957. (F. Gale)

Rendezvous with Rama. New York, Harcourt, 1973. 303 p.
73-3497.

BKL   70:319. N. 15, 1973. (n.g.)
KR   41:714. Jl. 1, 1973. (n.g.)
LJ   98:2339. Ag. 1973. (R. Molyneux)

Rendezvous with Rama (Continued)

LJ   98:3474. N. 15, 1973. (C. Starr)
BS   33:291. O. 1, 1973. (S. Hall)
NYT   p. 38. S. 23, 1973. (T. Sturgeon)
TM   102:125. S. 24, 1973. (R. Sheppard)
NST   59:161. Jl. 19, 1973. (M. Kenward)
CHO   10:1547. D. 1973. (n.g.)
PW   203:70. Je. 25, 1973. (n.g.)
SDNP   p. 10. D. 1/2, 1973. (B. Friend)
SWSJ   111:3. O. 1973. (B. Gillam)
SWSJ   111:3. O. 1973. (D. Stever)
SWSJ   111:3. O. 1973. (D. D'Ammassa)
NYT   p. 38. S. 23, 1973. (T. Sturgeon)
VIEWS AND REVIEWS 5(1):40. S. 1973. (R. Briney)

Report on planet three and other speculations. New York,
Harper, 1972. 250 p. 74-156515.

CHO   9:338. My. 1972. (n.g.)
GAL   33:88. S. 1972. (T. Sturgeon)
LJ   97:1628. Ap. 15, 1972. (R. Minurdi)
KR   39:1185. N. 1, 1971. (n.g.)
LJ   96:4013. D. 1, 1971. (H. Hall)
PW   200:44. N. 8, 1971. (n.g.)

Sands of Mars. New York, Gnome Press, 1952. 216 p.
52-10185.

ASF   50(2):167-168. O. 1952. (P. Miller)
GAL   5(1):121-122. O. 1952. (G. Conklin)
NWB   No. 12:93-94. W. 1951. (J. Carnell)
SPF   1(4):98-99. F. 1953. (G. Smith)
STL   28(3):145-146. Ja. 1953. (n.g.)
FSF   3(5):43. S. 1952. (Boucher & McComas)
AUT   No. 17:112. Ja. 1952. (n.g.)
KPG   6:20. S. 1972. (n.g.)

Tales from the white hart. New York, Ballantine, 1957.
151 p. 56-12821.

ASF   59(4):145-146. Je. 1957. (P. Miller)
FAU   7(4):108. Ap. 1957. (H. Santesson)
GAL   14(2):108-109. Je. 1957. (F. Gale)
INF   2(4):98-99. Jl. 1957. (D. Knight)
FSF   12(4):84. Ap. 1957. (A. Boucher)

Tales of ten worlds. New York, Harcourt, 1962. 245 p.
62-16730.

AMZ   37(3):126. Mr. 1963. (S. Cotts)
ASF   70(5):170-173. Ja. 1963. (P. Miller)
NWB   No. 133:124-125. Ag. 1963. (L. Flood)
FSF   25(4):22. O. 1963. (A. Davidson)
KPG   7:23. S. 1973. (n.g.)

Time probe: the sciences in science fiction. New York,
Delacorte, 1966. 242 p. 66-12704.

ASF   80(6):168-169. F. 1968. (P. Miller)
FSF   32(1):68. Ja. 1967. (J. Merril)

The treasure of the great reef. New York, Harper, 1964.
233 p. 64-12697.

ASF   73(5):91. Jl. 1964. (P. Miller)
FSF   27(2):23. Ag. 1964. (A. Davidson)

2001: a space odyssey. New York, New American Library,
1968. 221 p. 68-29754.

AMZ   42(5):140-142. Ja. 1969. (W. Atheling, Jr.)
ASF   82(5):166-167. Ja. 1969. (G. Stine)
NWB   No. 183:62. O. 1968. (W. E. B.)
NWB   No. 184:61. N. 1968. (R. Meadley & M. Harrison)
SWSJ   33:6. S. 1971. (yngvi)

CLARKE, ARTHUR CHARLES (Continued)

Voices from the sky. New York, Harper, 1965. 243 p.
65-20992.

 ASF 77(6):164-165. Ag. 1966. (P. Miller)
 NWB No. 161:156-159. Ap. 1966. (L. Jones)

The wind from the sun. New York, Harcourt, 1972. 193 p.
77-182325.

 AMZ 46:119-120. N. 1972. (T. Monteleone)
 ASF 90:167-168. N. 1972. (P. Miller)
 BB 18:73. D. 1972. (B. Patten)
 BKL 68:976. Jl. 15, 1972. (n.g.)
 CCB 26:3-4. S. 1972. (n.g.)
 GAL 33:88. S. 1972. (T. Sturgeon)
 KR 40:223. F. 15, 1972. (n.g.)
 LJ 97:1462. Ap. 15, 1972. (J. Post)
 LJ 97:2493. Jl. 1972. (G. Merrill)
 LM 37:31. Je. 1972. (J. B. Post)
 PW 201:68. F. 14, 1972. (n.g.)
 SWSJ 74:10. D. 1972. (J. Newton)
 TLS 3684:1235. O. 13, 1972. (n.g.)
 KPG 7:22. N. 1973. (n.g.)

The young traveller in space. London, Phoenix, 1954.
72 p. 54-38652.

 AUT No. 52:131. D. 1954. (n.g.)
 NEB No. 11:118. D. 1954. (K. Slater)
 NWB No. 29:122. N. 1954. (J. Carnell)

CLARKE, IGNATIUS FREDERICK, comp.

The tale of the future from the beginning to the present
day. 2d. ed. London, The Library Association, 1972.
196 p.

 FOU 4:62-68. Jl. 1973. (M. Edwards)
 LM 44:21. Ja. 1973. (J. B. Post)
 RQ (Am. Lib. Assn.) 12:403. Sm. 1973. (J. B. Post)
 EXT 14:70. D. 1972. (T. Clareson)

Voices prophesying war, 1763-1984. London, Oxford Uni-
versity Press, 1966. 254 p. 66-77284.

 FSF 35(1):57-60. Jl. 1968. (V. Carew)
 NWB No. 172:119-126. Mr. 1967. (B. Aldiss)
 EXT 8:64-66. My. 1967. (R. Plank)

CLARKE, ROBIN

We all fall down: the prospect of biological and chemical
warfare. London, Allen Lane, 1968. 201 p. 68-114914.

 NWB No. 186:56-57. Ja. 1969. (J. Brunner)

CLARKSON, HELEN

The last day. New York, Dodd, 1959. 183 p. 59-14322.

 ASF 66(3):159-160. N. 1960. (P. Miller)

CLARO, JOSEPH

I can predict the future. New York, Lothrop, 1972. 96 p.
72-1086.

 KR 40:859. Ag. 1, 1972. (n.g.)
 CCB 26:135-136. My. 1973. (n.g.)
 EE 50:477-478. Mr. 1973. (D. Bissnett)

CLASON, CLYDE B.

Ark of Venus. New York, Knopf, 1955. 181 p. 55-8954.

 ASF 57(5):154. Jl. 1956. (P. Miller)
 FAU 5(3):128. Ap. 1956. (H. Santesson)
 GAL 11(6):87-88. Ap. 1956. (F. Gale)
 ISF 7(2):122. Ap. 1956. (H. Bott)

Exploring the distant stars. New York, Putnam, 1958.
384 p. 58-5468.

 GAL 17(2):101. D. 1958. (F. Gale)

Men, planets and stars. New York, Putnam, 1959. 160 p.
59-11422.

 GAL 19(1):142-143. O. 1960. (F. Gale)
 GAL 19(6):157. Ag. 1961. (F. Gale)

CLAUDY, CARL H.

The blue grotto terror. New York, Grosset & Dunlap, 1934.
234 p. 34-32207.

 AMZ 10(2):135. My. 1935. (C. Brandt)

The land of no shadow. New York, Grossett & Dunlap, 1933.
214 p. 33-3284.

 AMZ 10(2):135. My. 1935. (C. Brandt)

The mystery men of Mars. New York, Grosset & Dunlap,
1933. 216 p. 33-1846.

 AMZ 10(2):135. My. 1935. (C. Brandt)

A thousand years a minute. New York, Grosset & Dunlap,
1933. 216 p. 33-3283.

 AMZ 10(2):135. My. 1935. (C. Brandt)

CLEATOR, PHILIP ELLABY

Into space. London, Allen & Unwin, 1953. 159 p. 54-
2119.

 ASF 54(4):148. D. 1954. (P. Miller)

The robot era. London, Allen & Unwin, 1955. 172 p. 55-
4837.

 AUT No. 68:155-156. Ap. 1956. (n.g.)

Rockets through space. New York, Simon & Schuster, 1936.
227 p.

 AMZ 10(13):136. D. 1936. (C. Brandt)
 TWS 8(2):119. O. 1936. (M. Weisenger)

CLEMENS, SAMUEL LANGHORNE

Report from paradise, by Mark Twain. New York, Harper,
1952. 94 p. 52-7304.

 GAL 5(6):109-110. Mr. 1953. (G. Conklin)

CLEMENT, HAL
 SEE Stubbs, Harry C.

CLEVE, JOHN

Fruit of the loins. s.l., Bee-Line.

   SFR   37:28. Ap. 1970. (R. Delap)

CLIFFORD, PEGGY

The gnu and the guru go behind the beyond. Boston, Houghton Mifflin, 1970. 95 p. 79-115450.

   LM   38/39:20. Jl/Ag. 1972. (L. Tuttle)

CLIFTON, MARK

Eight keys to Eden. Garden City, N.Y., Doubleday, 1960. 187 p. 60-9470.

   AMZ   34(9):136. S. 1960. (S. Cotts)
   ASF   67(1):157-158. Mr. 1961. (P. Miller)
   GAL   19(4):133-134. Ap. 1961. (F. Gale)
   NWB   No. 99:125. O. 1960. (L. Flood)
   NWB   No. 118:127-128. My. 1962. (L. Flood)
   NWB   No. 125:127. D. 1962. (J. Carnell)
   WIF   10(5):84-85. N. 1960. (F. Pohl)
   FSF   19(4):93-94. O. 1960. (A. Bester)

They'd rather be right, by Mark Clifton and Frank Riley. New York, Gnome Press, 1957. 189 p. 57-14670.

   ASF   61(4):142-143. Je. 1958. (P. Miller)
   FAU   9(6):118. Je. 1958. (H. Santesson)
   GAL   16(3):107. Jl. 1958. (F. Gale)
   FSF   14(4):94. Ap. 1958. (A. Boucher)

When they come from space. Garden City, N.Y., Doubleday, 1962. 192 p. 62-7613.

   ASF   69(5):166-167. Jl. 1962. (P. Miller)
   GAL   21(1):193-194. O. 1962. (F. Gale)
   NWB   No. 130:127. My. 1963. (L. Flood)

CLINE, BARBARA LOVETT

The questioners: physicists and the quantum theory. New York, Crowell, 1965. 274 p. 65-18693.

   WIF   16(11):7. N. 1966. (F. Pohl)

CLINGERMAN, MILDRED

A cupful ot space. New York, Ballantine, 1961. 142 p.

   ASF   68(6):161-162. F. 1962. (P. Miller)

CLINTON, EDWIN M.

Puzzle box, by Anthony More. San Francisco, Trover Hall, 1946. 111 p. 47-17972rev.

   TWS   30(3):113. Ag. 1947. (S. Merwin)

CLOCK, HERBERT

The light in the sky, by Herbert Clock and Eric Boetzel. New York, Coward-McCann, 1929. 304 p. 29-13212.

   AMZ   4(7):658. O. 1929. (C. Brandt)

CLOW, MARTHA DEMAY

Starbreed. New York, Ballantine, 1970. 220 p.

   LM   19:29. D. 1970. (S. Mines)

COATES, JOHN

Here today. New York, Macmillan, 1950. 263 p. 50-13189.

   FSF   2(1):59. F. 1951. (Boucher & McComas)

COATES, ROBERT MYRON

The eater of darkness. New York, Macauley, 1929. 238 p. 29-15568.

   ASF   65(4):159-160. Je. 1960. (P. Miller)
   GAL   18(6):119. Ag. 1960. (F. Gale)
   FSF   18(5):81-82. My. 1960. (D. Knight)

The hour after westerly and other stories. New York, Harcourt, 1957. 216 p. 57-5293.

   FSF   12(5):77. My. 1957. (A. Boucher)

COBLENTZ, STANTON ARTHUR

After 12,000 years. Los Angeles, Fantasy Publishing Co., 1950. 295 p. 50-12832.

   FBK   2(1):106. 1951. (n.g.)
   GAL   1(4):137-138. Ja. 1951. (G. Conklin)
   SSS   7(4):47,129. Ja. 1951. (F. Pohl)

The blue barbarians. New York, Avalon, 1958. 223 p. 58-9128.

   ASF   62(5):149-150. Ja. 1959. (P. Miller)
   FUTF No. 41:117-119. F. 1959. (C. Knox)
   GAL   17(4):146. Ap. 1959. (F. Gale)

Hidden world. New York, Avalon, 1957. 224 p. 57-12666.

   ASF   61(2):145-146. Ap. 1958. (P. Miller)
   FAS   6(11):124. D. 1957. (S. Cotts)
   GAL   16(1):119. My. 1958. (F. Gale)
   OSFS 8(7):118. Je. 1958. (D. Knight)
   VEN   2(1):80. Ja. 1958. (T. Sturgeon)
   FSF   13(5):118. N. 1957. (A. Boucher)

The last of the great race. New York, Acadia House, 1964. 192 p.

   ASF   74(4):88. D. 1964. (P. Miller)

The lizard lords. New York, Avalon, 1964. 192 p.

   ASF   75(6):152. Ag. 1965. (P. Miller)

The lost comet. New York, Acadia House, 1964. 188 p. 64-7371/cd.

   ASF   75(1):86. Mr. 1965. (P. Miller)

The moon people. New York, Avalon, 1964. 191 p.

   AMZ   38(6):122-123. Je. 1964. (R. Silverberg)
   ASF   73(5):90. Jl. 1964. (P. Miller)

COBLENTZ, STANTON ARTHUR (Continued)

Next door to the sun. New York, Avalon Books, 1960. 224 p.

    AMZ   34(8):136. Ag. 1960. (S. Cotts)
    ASF   66(6):169-170. F. 1961. (P. Miller)
    GAL   19(3):140. F. 1961. (F. Gale)
    WIF   10(6):87-88. Ja. 1961. (F. Pohl)

The pageant of man. New York, Wings Press, 1936. 319 p. 36-21167.

    AMZ   11(4):132. Ag. 1937. (C. Brandt)
    AMZ   11(6):133. D. 1937. (T. Sloane)

The planet of youth. Los Angeles, Fantasy Publishing Co., 1952. 71 p.

    SFP   1(4):66. Je. 1953. (S. Moskowitz)

The runaway world. New York, Avalon, 1961. 224 p.

    ASF   68(2):169-170. O. 1961. (P. Miller)
    GAL   20(2):146. D. 1961. (F. Gale)

Shadows on a wall. New York, Poetic Publications, 1930. 83 p. 31-2029.

    AMZ   5(11):1048. F. 1931. (T. Sloane)

The sunken world. Los Angeles, Fantasy Publishing Co., 1948. 184 p. 48-8318.

    FNM   4(1):115-116. My. 1950. (S. Moskowitz)
    FBK   1(4):38. 1948. (n.g.)
    AUT   No. 18:112. F. 1952. (n.g.)

Under the triple suns. Reading, Pa., Fantasy Press, 1955. 224 p. 54-5694.

    ASF   56(2):149. O. 1955. (P. Miller)
    FUTF   No. 29:126-128. 1956. (D. Knight)
    GAL   11(1):112. O. 1955. (G. Conklin)

When the birds fly south. Mill Valley, Calif., Wings Press, 1945. 223 p. 45-20869.

    WT   44(2):94. Ja. 1952. (n.g.)

The wonder stick. New York, Cosmopolitan, 1929. 309 p. 29-22397.

    AMZ   4(11):1088. F. 1930. (C. Brandt)

COCKBURN, CLAUD

Overdraft on glory, by James Helvick. Philadelphia, Lippincott, 1955. 320 p. 55-9155rev.

    ASF   58(2):155. O. 1956. (P. Miller)
    FSF   10(4):78. Ap. 1956. (A. Boucher)

COCKCROFT, T. G. L.

Index to the weird fiction magazines (index by author). Lower Hutt, N. Z., The Author, 1967. 43 p. NUC 66-8242.

    MOH   5(4):113. Jl. 1969. (R. Lowndes)

Index to the weird fiction magazines: index by title. Lower Hutt, N. Z., The Author, 1962. 60 p. NUC 66-8242.

    ASF   72(5):90. Ja. 1964. (P. Miller)
    NWB   No. 133:126. Ag. 1963. (J. Carnell)

COFFIN, PATRICIA

The gruesome green witch. New York, Walker, 1969. 85 p. 69-13168.

    LM   6:23. N. 1969. (J. Post)

COFFMAN, VIRGINIA

The devil's mistress. New York, Lancer, 1970. 190 p.

    LM   29:29. O. 1971. (J. Rapkin)

The vampyre of Moura. New York, Ace, 1970. 220 p.

    LM   15:31. Ag. 1970. (J. Rapkin)

COGGINS, JACK

By space ship to the Moon, by Jack Coggins and Fletcher Pratt. New York, Random House, 1952. 56 p. 52-7219.

    ASF   51(1):154-155. Mr. 1953. (P. Miller)
    GAL   5(6):109. Mr. 1953. (G. Conklin)
    AUT   No. 53:129. Ja. 1955. (n.g.)
    FSF   4(1):89. Ja. 1953. (Boucher & McComas)

Rockets, jets, guided missles and space ships, by Jack Coggins and Fletcher Pratt. New York, Random House, 1951. 60 p. 51-7326.

    AUT   No. 26:128. O. 1952. (n.g.)
    GAL   3(4):118. Ja. 1952. (G. Conklin)
    AUT   No. 53:129. Ja. 1955. (n.g.)
    SFA   1(1):124-125. N. 1952. (D. Knight)
    FSF   3(1):107. F. 1952. (Boucher & McComas)
    ASF   49(1):157. Mr. 1952. (P. Miller)

COGSWELL, THEODORE R.

The wall around the world. New York, Pyramid, 1962. 160 p.

    ASF   69(6):171-172. Ag. 1962. (P. Miller)
    FSF   23(1):110. Jl. 1962. (A. Bester)

COHEN, JOHN

Risk and gambling: the study of subjective probability, by John Cohen and Mark Hansel. New York, Philosophical Library, 1956. 153 p.

    GAL   13(6):107. Ap. 1957. (F. Gale)

COHEN, MARVIN

The self-devoted friend. London, Rapp & Carroll, 1967. 159 p. 67-30102.

    NWB   No. 181:63. Ap. 1968. (J. Sallis)

COHN, VICTOR

1999 our hopeful future. Indianapolis, Bobbs-Merrill, 1956. 205 p. 56-6778.

    GAL   13(1):69. N. 1956. (F. Gale)

COLBERT, EDWIN H.

Evolution of the vetebrates. New York, Wiley, 1955.
479 p. 55-6663.

FUTF No. 32:115-116. Spr. 1957. (L. de Camp)

COLBY, CARROLL B.

Beyond the Moon: future explorations in interplanetary
space. New York, Coward-McCann, 1971. 48 p. 73-166592.

LM 40:19. S. 1972. (J. Post)

COLE, BURT

The funco file. Garden City, N.Y., Doubleday, 1969.
282 p. 69-12203.

AMZ 44(1):113-114. My. 1970. (R. Delap)
ASF 84(6):164-165. F. 1970. (P. Miller)
KPG 5:sec. II. F. 1971. (P. Selden)

Subi: the volcano. New York, Macmillan, 1957. 220 p.
57-9365.

FSF 13(4):103. O. 1957. (A. Boucher)

COLE, DANDRIDGE M.

Islands in space: the challenge of the planetoids, by
Dandridge M. Cole and Donald W. Cox. Philadelphia,
Chilton, 1964. 276 p. 64-7625.

AMZ 39(6):124-125. Je. 1965. (R. Silverberg)

COLE, EVERETT B.

The philosophical corps. Hicksville, N.Y., Gnome Press,
1962. 187 p. 60-53081.

ASF 71(2):89-90. Ap. 1963. (P. Miller)

COLE, GEORGE DOUGLAS HOWARD

Poison in a garden suburb, by George Douglas, Howard Cole,
and Margaret Cole. New York, Payson and Clarke, 1929.
352 p. 29-20652.

ADT 1(2):185. F. 1930. (n.g.)

COLE, WALTER R.

A checklist of science fiction anthologies. New York,
The Author, 1964. 374 p. 65-1442.

AMZ 39(5):124-125. My. 1965. (R. Silverberg)
ASF 75(6):151-152. Ag. 1965. (P. Miller)

COLE, WILLIAM

Aunt Bella's umbrella. Garden City, N.Y., Doubleday,
1970. 45 p. 71-97252.

LM 26/27:30. Jl/Ag. 1971. (D. Langsam)

COLEMAN, JAMES ANDREW

Relativity for the layman. New York, Macmillan, 1959.
127 p. 59-13781.

GAL 18(6):120. Ag. 1960. (F. Gale)

COLEMAN, JAMES NELSON

The null-frequency impulser. New York, Berkley, 1969.
191 p.

VEN 3(3):106. N. 1969. (R. Goulart)
LM 8:30. Ja. 1970. (J. Slavin)
SWSJ 33:5. S. 1971. (D. Halterman)

COLEMAN, MARION MOORE.

The man on the moon: the story of Pan Twardowski.
Cheshire, Conn., Cherry Hill Books, 1971. 54 p. 77-
155638.

LM 35/36:64. Ap/My. 1972. (J. B. Post)

COLES, MANNING

Brief candles. Garden City, N.Y., Doubleday, 1954.
252 p. 54-6788.

FSF 7(2):79. Ag. 1954. (Boucher & McComas)

The far traveller. Garden City, N.Y., Doubleday, 1956.
224 p. 56-8494.

FSF 11(5):101. N. 1956. (A. Boucher)
GAL 13(4):53. F. 1957. (F. Gale)

Happy returns. Garden City, N.Y., Doubleday, 1955.
224 p. 55-9229.

FAU 4(6):126. Ja. 1956. (H. Santesson)
FSF 10(1):96. Ja. 1956. (A. Boucher)

COLLIER, JAMES LINCOLN

Why does everybody think I'm nutty? New York, Grosset,
1971. 143 p. 70-130850.

LM 38/39:25. Jl/Ag. 1972. (C. Moslander)

COLLIER, JOHN

Fancies and goodnights. Garden City, N.Y., Doubleday,
1951. 364 p. 51-14145.

AMZ 26(5):146. My. 1952. (S. Merwin)
ASF 49(6):126-127. Ag. 1952. (P. Miller)
GAL 4(2):124. My. 1952. (G. Conklin)
VEN 2(3):58. My. 1958. (T. Sturgeon)

Full circle. New York, Appleton, 1933. 290 p. 33-10978.

AMZ 8(6):616. O. 1933. (C. Brandt)

His monkey wife. Garden City, N.Y., Doubleday, 1957.
259 p. 57-5636.

GAL 15(1):118-119. N. 1957. (F. Gale)

COLLIER, JOHN (Continued)

The John Collier reader. New York, Knopf, 1972. 571 p.
71-154906.

CHO	10:90. Mr. 1973. (n.g.)	
SRA	1:80,84. Ja. 6, 1973. (W. Abrahams)	
TM	101:82. Ja. 29, 1973. (J. Skow)	
KR	40:1042. S. 1, 1972. (n.g.)	
LJ	97:3332. O. 15, 1972. (E. Sayre)	
PW	202:71. S. 18, 1972. (n.g.)	

Of demons and darkness. London, Transworld, 1965.
303 p.

NWB   No. 151:113-114. Je. 1965. (L. Jones)

Pictures in the fire. London, Hart-Davis, 1958. 190 p.

NEB   No. 40:103. My. 1959. (K. Slater)

Presenting moonshine. New York, Viking, 1941. 327 p.
41-976rev.

AST   3(1):6. S. 1941. (D. Wollheim)
COSM   1(3):65. Jl. 1941. (n.g.)

COLLINS, CHARLES M.

A walk with the beast. New York, Avon, 1969. 192 p.

FSF   37(4):97. O. 1969. (G. Wilson)

COLLINS, HUNT
SEE Hunter, Evan

COLLINS, LEN

Science fiction collections index. South Porcupine,
Ontario, Art Hayes, 1970. unpaged.

ASF   87:175. Je. 1971. (P. Miller)
LM   29:28. O. 1971. (W. Cole)

COLLINS, MICHAEL

The lukan war. New York, Belmont, 1969. 157 p.

LM   13:23. Je. 1970. (J. Rapkin)

COLLINS, WILKE

Tales of terror and the supernatural. New York, Dover,
1972. 294 p.

FSF   45:39-40. D. 1973. (G. Wilson)
KPG   7:17. Ap. 1973. (n.g.)
LM   46:19-20. Mr. 1973. (M. Purcell)

COLLODI, CARLO
SEE Lorenzini, Carlo

COLLODON, AUGUSTUS C.

Congo Jake. New York, Claude Kendall, 1933. 278 p.
33-27292.

AMZ   8(8):131. D. 1933. (C. Brandt)

COLVIN, JAMES

The deep fix. London, Compact, 1966. 160 p.

NWB   No. 166:151. S. 1966. (J. Cawthorn)

COMFORT, ALEX

The anxiety makers. London, Nelson, 1967. 208 p.

NWB   No. 175:61-64. S. 1967. (C. Shackleton)

COMPTON, ARTHUR HOLLY

Atomic quest. New York, Oxford University Press, 1956.
370 p. 56-11114.

ASF   59(2):150-153. Ap. 1957. (P. Miller)
GAL   13(5):117. Mr. 1957. (F. Gale)

COMPTON, DAVID GUY

Chronocules. New York, Ace, 1970. 255 p.

PW   198(17):55. O. 26, 1970.
ASF   87:167-168. Jl. 1971. (P. Miller)
FSF   41:43-44. S. 1971. (J. Blish)
GAL   32:164-166. Jl. 1971. (A. Budrys)
SWSJ   30:8. Ag. 1971. (M. Shoemaker)
AMZ   45:112-113. Mr. 1972. (S. Whealton)
AMZ   45:113-115. Mr. 1972. (C. Chauvin)

Farewell, earth's bliss. New York, Ace, 1966. 188 p.

KPG   5:61. S. 1971. (J. Purfield)
GAL   32:119. Ja. 1972. (T. Sturgeon)
LM   40:26. S. 1972. (S. Mines)

The missionaries. New York, Ace, 1972. 222 p.

KPG   6:87. N. 1972. (P. Selden)
SWSJ   118:3. D. 1973. (D. D'Ammassa)
SPEC   32:32-34. Sp. 1973. (M. Adlard)

The quality of mercy. New York, Ace, 1970.

PW   198(2):164. Jl. 13, 1970.

The silent multitude. New York, Ace, 1966. 189 p.

GAL   29(4):119-121. D. 1969. (A. Budrys)
SFR   36:30-31. 1970. (R. Delap)
VEN   4(1):99. F. 1970. (R. Goulart)

The steel crocodile. New York, Ace, 1970. 254 p.

FSF   39(2):60-61. Ag. 1970. (J. Blish)
GAL   30(3):29,155. Je. 1970. (A. Budrys)
SFR   37:36. Ap. 1970. (R. Geis)
LM   24/25:57. My/Je. 1971. (S. Mines)
VEN   4(3):106. Ag. 1970. (R. Goulart)

Synthajoy. New York, Ace, 1968. 189 p.

AMZ   42(5):142-143. Ja. 1969. (W. Atheling, Jr.)
ASF   83(4):164. Je. 1969. (P. Miller)
GAL   28(2):192-193. Mr. 1969. (A. Budrys)
SFR   36:30-31. 1970. (R. Delap)

CONDON, RICHARD

The manchurian candidate. New York, McGraw-Hill, 1959.
311 p. 59-8533.

    ASF   64(5):170. Ja. 1960. (P. Miller)

CONEY, MICHAEL G.

Friends come in boxes. New York, Daw, 1973. 160 p.

    KPG   7:87. S. 1973. (E. Sisco)
    SWSJ   91:2. Je. 1973. (D. D'Ammassa)
    SWSJ   111:5-6. O. 1973. (D. Stever)

The hero of downways. New York, Daw, 1973. 188 p.

    SWSJ   110:3. O. 1973. (D. D'Ammassa)

Mirror image. New York, Daw, 1972. 174 p.

    LM   46:18. Mr. 1973. (S. Bacharach)
    VTX   1:13. Ag. 1973. (n.g.)
    PW   202:56. O. 2, 1972. (n.g.)

Syzygy. New York, Ballantine, 1973. 216 p.

    REN   5(4):14. Fl. 1973. (J. Pierce)
    SWSJ   93:2. Je. 1973. (D. D'Ammassa)

CONGDON, DON

Stories for the dead of night, ed. by Don Congdon. New
Yrok, Dell, 1957. 288 p. 57-6999.

    FSF   12(6):112. Je. 1957. (A. Boucher)

Tales of love and horror, ed. by Don Congdon. New York,
Ballantine, 1961. 144 p. NUC 64-64118.

    NWB   No. 112:127. N. 1961. (J. Carnell)

CONGDON, MICHAEL

Alone by night, ed. by Michael and Don Congdon. New
York, Ballantine, 1962. 144 p.

    SCF   No. 54:111. Ag. 1962. (J. Carnell)

CONGER, LESLEY

Tops and bottoms. New York, Four Winds, 1970. 40 p.
79-105334.

    LM   20:27. Ja. 1971. (J. Post)

CONKLIN, GROFF, ed.

The big book of science fiction. New York, Crown, 1950.
545 p. 50-9548.

    ASF   47(3):150. My. 1951. (P. Miller)
    FUTF   1(6):69. Mr. 1951. (R. Lowndes)
    GAL   1(1):143-144. O. 1950. (G. Conklin)
    SCF   No. 2:32-33. W. 1950/51. (G. Giles)
    STL   22(3):155-156. Ja. 1951. (n.g.)
    SSS   7(4):129-130. Ja. 1951. (F. Pohl)
    WBD   1(2):103. Ja. 1951. (D. Knight)
    FSF   2(1):59. F. 1951. (Boucher & McComas)

Br-r-r! New York, Avon, 1959. 192 p.

    FSF   17(2):91-93. Ag. 1959. (D. Knight)

Crossroads in time. Garden City, N.Y., Permabooks, 1953.
312 p.

    FSF   6(6):71. Je. 1954. (Boucher & McComas)
    FUTF   5(3):126-127. O. 1954. (D. Knight)

Dimension 4. New York, Pyramid, 1964. 159 p. NUC 72-
45224.

    ASF   74(1):90. S. 1964. (P. Miller)

Five unearthly visions. Greenwich, Conn., Fawcett, 1965.
175 p. NUC 72-45223.

    FSF   30(6):38-39. Je. 1966. (F. Leiber)

Four for the future. New York, Pyramid, 1959. 160 p.
NUC 70-94012.

    ASF   65(3):171. My. 1960. (P. Miller)

Giants unleashed. New York, Grosset, 1965. 248 p. 65-
21854.

    ASF   78(2):162-163. O. 1966. (P. Miller)

The graveyard reader. New York, Ballantine, 1958. 156 p.
NUC 72-33757.

    AMZ   32(9):51. S. 1958. (S. Cotts)
    FAU   10(3):119. S. 1958. (H. Santesson)
    GAL   17(3):143. F. 1959. (F. Gale)
    INF   3(6):95-97. Ag. 1958. (R. Silverberg)
    FSF   15(3):99-100. S. 1958. (A. Boucher)

Great science fiction by scientists. New York, Collier
Books, 1962. 313 p. 62-12072.

    AMZ   36(10):119. O. 1962. (S. Cotts)
    ASF   70(1):154. S. 1962. (P. Miller)
    GAL   21(2):193-194. D. 1962. (F. Gale)

Great stories of space travel. New York, Grosset &
Dunlap, 1963. 256 p. 63-15124.

    ASF   73(4):89. Je. 1964. (P. Miller)

Invaders of the earth. New York, Vanguard Press, 1952.
333 p. 52-6778.

    AMZ   26(9):148-149. S. 1952. (S. Merwin)
    ASF   50(6):168-169. F. 1953. (P. Miller)
    FUTF   3(4):46. N. 1952. (R. Lowndes)
    GAL   4(3):125-126. Je. 1952. (V. Gerson)
    AUT   No. 38:138. O. 1953. (n.g.)
    NWB   No. 23:127. My. 1954. (L. Flood)
    SFA   1(1):123-124. N. 1952. (D. Knight)
    SPF   1(2):119. S. 1952. (G. Smith)
    FSF   3(4):102-103. Ag. 1952. (Boucher & McComas)
    STL   27(2):141. S. 1952. (n.g.)

Omnibus of science fiction. New York, Crown, 1952.
574 p. 52-10778.

    FUTF   4(3):84. S. 1953. (R. Lowndes)
    GAL   6(4):124. Jl. 1953. (V. Gerson)
    SFA   1(5):119-120. Jl. 1953. (D. Knight)
    FSF   4(4):99. Ap. 1953. (Boucher & McComas)

CONKLIN, GROFF, ed. (Continued)

Operation future. New York, Permabooks, 1955. 356 p. 55-8915.

ASF	56(5):151-152.	Ja. 1956.	(P. Miller)
GAL	11(3):90-91.	Ja. 1956.	(F. Gale)
FSF	9(5):85.	N. 1955.	(A. Boucher)

Possible tomorrows. London, Sidgwick & Jackson, 1972. 188 p.

BB	18:73.	D. 1972.	(B. Patten)

Possible worlds of science fiction. New York, Vanguard, 1951. 372 p. 51-10781.

AMZ	25(10):142.	O. 1951.	(S. Merwin)
ASF	48(5):136.	Ja. 1952.	(P. Miller)
NWB	No. 17:96.	S. 1952.	(J. Carnell)
SFIQ	1(6):78-79.	Ag. 1952.	(R. Lowndes)
TWS	39(1):144.	O. 1951.	(S. Merwin)

Science-fiction adventures in dimension. New York, Vanguard, 1953. 354 p. 53-6899.

ASF	53(2):149.	Ap. 1954.	(P. Miller)
AUT	No. 57:120.	My. 1955.	(n.g.)
ISF	4(9):145.	O. 1953.	(M. Reinsberg)
NWB	No. 34:125-126.	Ap. 1955.	(L. Flood)
FUTF	4(3):84.	S. 1953.	(R. Lowndes)
SPF	2(2):157.	S. 1953.	(G. Smith)

Science fiction adventures in mutation. New York, Vanguard, 1955. 316 p. 55-10482.

ASF	57(5):158-159.	Jl. 1956.	(P. Miller)
GAL	12(3):100.	Jl. 1956.	(F. Gale)
FAU	3(1):128.	F. 1955.	(R. Frazier)

The science fiction galaxy. Garden City, N.Y., Permabooks, 1950. 242 p. 50-6028.

TWS	36(2):157.	Je. 1950.	(S. Merwin)

Science fiction terror tales. New York, Gnome Press, 1955. 262 p. 55-6842.

AMZ	29(5):108.	S. 1955.	(V. Gerson)
ASF	56(2):149-150.	O. 1955.	(P. Miller)
FAU	3(1):127-128.	F. 1955.	(R. Frazier)
OSFS	6(2):120-122.	S. 1955.	(D. Knight)
FSF	9(1):99-100.	Jl. 1955.	(A. Boucher)
SFR	37:30-31.	Ap. 1970.	(P. Walker)

Science fiction thinking machines. New York, Vanguard, 1954. 370 p. 54-6995.

ASF	54(5):152-153.	Ja. 1955.	(P. Miller)
FSF	7(3):94.	S. 1954.	(A. Boucher)

Selections from science fiction thinking machines. New York, Bantam, 1955. 183 p.

FSF	9(5):85.	N. 1955.	(A. Boucher)

17 x infinity. New York, Dell, 1963. 272 p. 63-5997.

ASF	73(4):88.	Je. 1964.	(P. Miller)

Six great short novels of science fiction. New York, Dell, 1954. 384 p. 53-13260.

ASF	67(4):160-161.	Je. 1961.	(P. Miller)
FAU	2(1):157-158.	Jl. 1954.	(R. Frazier)
FUTF	5(3):126.	O. 1954.	(D. Knight)
ISF	5(7):116.	Jl. 1954.	(H. Bott)

Strange adventures in science fiction. London, Grayson, 1954. 240 p.

AUT	No. 49:129.	1954.	(n.g.)
NWB	No. 29:120.	N. 1954.	(L. Flood)

Strange travels in science fiction. London, Grayson, 1954. 256 p.

AUT	No. 44:89-90.	Ap. 1954.	(n.g.)
NWB	No. 23:127.	My. 1954.	(L. Flood)

The supernatural reader, edited by Groff Conklin and Lucy Conklin. Philadelphia, Lippincott, 1953. 349 p. 53-5415.

FAU	1(3):189-190.	O/N. 1953.	(S. Merwin, Jr.)
NEB	No. 24:100-101.	S. 1957.	(K. Slater)
FSF	5(1):85.	Jl. 1953.	(Boucher & McComas)

13 great stories of science fiction. Greenwich, Conn., Fawcett, 1960. 192 p. NUC 72-33758.

ASF	66(6):174-175.	F. 1961.	(P. Miller)
SFR	40:28-29.	O. 1970.	(P. Walker)

A treasury of science fiction. New York, Berkley, 1948. 192 p.

AMZ	40(1):156-157.	Ag. 1965.	(R. Silverberg)

12 great classics of science fiction. Greenwich, Conn., Fawcett, 1963. 192 p. NUC 70-80327.

ASF	74(2):90.	O. 1964.	(P. Miller)

Twisted. New York, Belmont, 1962. 189 p. NUC 63-4858.

SCF	No. 55:112.	O. 1962.	(J. Carnell)

Worlds of when. New York, Pyramid Books, 1962. 159 p. NUC 72-33759.

AMZ	36(11):124-125,128.	N. 1962.	(S. Cotts)
ASF	70(1):154-155.	S. 1962.	(P. Miller)
FSF	23(4):66-67.	O. 1962.	(A. Davidson)

CONQUEST, ROBERT

A world of difference. London, Lock, 1955. 192 p.

NWB	No. 46:126.	Ap. 1956.	(L. Flood)

CONRAD, EARL

The Da Vinci machine. New York, Fleet Press, 1969. 189 p. 66-25986.

FSF	37(3):24.	S. 1969.	(J. Russ)
LM	7:27.	D. 1969.	(D. Paskow)

The premier. Garden City, N.Y., Doubleday, 1963. 295 p. 62-15894.

LM	24/25:47.	My/Je. 1971.	(C. Moslander)

CONSTANCE, ARTHUR

The inexplicable sky. New York, Citadel, 1957. 288 p. 57-9165.

FAU	8(5):102.	N. 1957.	(H. Santesson)
GAL	15(3):106-107.	Ja. 1958.	(F. Gale)

CONWAY, GERALD F.

The midnight dancers. New York, Ace, 1971. 221 p.

REN   3:15. Fl. 1971. (J. Pierce)
PW   199:137. My. 31, 1971. (n.g.)

CONWAY, TROY

Son of a witch. New York, Paperback Library, 1971.
175 p.

LM   38/39:52. Jl/Ag. 1971. (J. McQuown)

COOK, FREDERICK S.

Fred Cook's index to the wonder group. Grand Haven,
Mich., The Author, 1966. 239 p. 70-14090.

ASF   78(3):169. N. 1966. (P. Miller)

COOK, GLEN

The heirs of Babylon. New York, Signet, 1972. 184 p.

FAS   23:90. N. 1973. (F. Leiber)

COOK, W. PAUL

H. P. Lovecraft: a portrait. Baltimore, Mirage, 1968.
66 p. 68-7900.

GAL   28(5):158. Jl. 1969. (A. Budrys)
MOH   5(4):113-114. Jl. 1969. (R. Lowndes)

COOMBS, CHARLES IRA

Celestial space, inc. Philadelphia, Westminster, 1954.
190 p. 54-6985.

GAL   10(2):114. My. 1955. (G. Conklin)

Mystery of satellite 7. New York, Grosset & Dunlap,
1962. 192 p. NUC 64-40141.

ASF   71(4):90. Je. 1963. (P. Miller)
GAL   17(6):141. Ag. 1959. (F. Gale)

Rockets, missiles, and moons. New York, Morrow, 1957.
256 p. 57-8687.

ASF   61(2):141-142. Ap. 1958. (P. Miller)

Skyrocketing into the unknown. New York, Morrow, 1954.
256 p. 54-6381.

FSF   7(5):97. N. 1954. (A. Boucher)

Survival in the sky. New York, Morrow, 1956. 256 p.
56-6577.

ASF   58(1):158. S. 1956. (P. Miller)

COON, CARLETON S.

The story of man. New York, Knopf, 1954. 437 p. 53-
9458.

ASF   55(2):144-145. Ap. 1955. (P. Miller)
SFIQ   4(3):50-51. My. 1956. (L. de Camp)

COON, HORACE

43,000 years later. New York, Signet, 1958. 144 p.

AMZ   32(11):78. N. 1958. (S. Cotts)
ASF   63(2):148-149. Ap. 1959. (P. Miller)
FAU   10(3):123-124. S. 1958. (H. Santesson)
WIF   9(2):76-77. F. 1959. (D. Knight)

COOPER, COLIN

Outcrop. London, Faber, 1969. 231 p. 71-480307.

NWB   No. 200:32. Ap. 1970. (J. Cawthorn)

COOPER, EDMUND

All fools' day. New York, Walker, 1966. 192 p. 66-
22503.

ASF   81(6):163-164. Ag. 1968. (P. Miller)

The cloud walker. New York, Ballantine, 1973. 216 p.

EJ   62:1060. O. 1973. (H. Means)
LJ   98:2339. Ag. 1973. (M. Peffers)
SWSJ   91:2. Je. 1973. (D. D'Ammassa)
BB   19:102. N. 1973. (F. Brown)

Deadly image. New York, Ballantine, 1958. 190 p. 58-
10586.

AMZ   32(9):50-51. S. 1958. (S. Cotts)
ASF   62(6):143. F. 1959. (P. Miller)
FAU   10(3):116. S. 1958. (H. Santesson)
GAL   17(3):141-142. F. 1959. (F. Gale)
INF   4(1):112-113. O. 1958. (R. Silverberg)
NWB   No. 192:61. Jl. 1969. (J. Churchill)
WIF   9(2):76. F. 1959. (D. Knight)

Double phoenix, by Edmund Cooper and Roger L. Green.
New York, Ballantine, 1971. 210 p.

KPG   6:65. Ap. 1972. (C. Richey)

A far sunset. New York, Walker, 1967. 188 p. 67-23100.

ASF   83(4):165. Je. 1969. (P. Miller)

Five to twelve. New York, Putnam, 1969. 153 p. 71-
83504.

ASF   84(6):165. F. 1970. (P. Miller)
LM   11:25. Ap. 1970. (S. Mines)
SFR   40:23-24. O. 1970. (W. Connelly)
SFO   20:26-27. Ap. 1971. (B. Gillam)
SWSJ   24:6. Je. 1971. (yngvi)

Kronk. New York, Putnam, 1971. 190 p. 78-147062.

LJ   96:858-859. Mr. 1, 1971. (R. Ryan)
PW   199:62. Ja. 11, 1971. (n.g.)
SWSJ   39:9. D. 1971. (J. Newton)
BS   31:117. Je. 1, 1971. (J. Murray)
BB   17:XII-XIII. Ag. 1972. (R. Baker)
LM   38/39:33. Jl/Ag. 1972. (P. Walker)

The last continent. New York, Dell, 1969. 156 p.

LM   16:21. S. 1970. (D. Paskow)
SWSJ   111:6. O. 1973. (K. Ozanne)

COOPER, EDMUND (Continued)

News from elsewhere. New York, Berkley, 1969. 142 p. NUC 72-55974.

    LM   11:27. Ap. 1970. (S. Mines)
    SFR   39:30. Ag. 1970. (T. Pauls)

The overman culture. New York, Putnam, 1972. 190 p. 77-186647.

    BKL   68:976. Jl. 15, 1972. (n.g.)
    BS   32:51. My. 1, 1972. (J. Murray)
    KR   40:223. F. 15, 1972. (n.g.)
    LJ   97:2204. Je. 15, 1972. (R. Barber)
    LJ   97:2494. Jl. 1972. (J. Faria)
    PW   201:68. F. 14, 1972. (n.g.)
    SDNP p. 9. S. 16/17, 1972. (B. Friend)
    SWSJ 70:9-10. O. 1972. (J. Newton)
    TMNR 4:28. n.d. (R. Briney)
    WIF   21:140. Jl/Ag. 1972. (L. del Rey)
    ASF   90:161-162. F. 1973. (P. Miller)

Sea horse in the sky. New York, Putnam, 1970. 190 p. 78-113165.

    LJ   95(18):3649. O. 15, 1970. (M. Chelton)
    PW   197(23):179. Je. 8, 1970.
    FSF   40:65-66. F. 1971. (J. Russ)
    LM   26/27:44. Jl/Ag. 1971. (D. Paskow)
    SWSJ 18:2-3. Ap. 1971. (T. Pauls)
    SWSJ 33:5-6. S. 1971. (J. Newton)

Seed of light. New York, Ballantine, 1959. 159 p. NUC 70-94160.

    AMZ   33(12):140. D. 1959. (S. Cotts)
    ASF   65(3):171-172. My. 1960. (P. Miller)
    WIF   9(6):87. Ja. 1960. (F. Pohl)
    FSF   17(6):91-92. D. 1959. (D. Knight)
    SFR   35:32. F. 1970. (E. Sanders)

The slaves of heaven. New York, Putnam, 1974. 148 p.

    PW   204:23. D. 31, 1973. (n.g.)

The tenth planet. New York, Putnam, 1973. 214 p. 73-78642.

    KR   41:912. Ag. 15, 1973. (n.g.)
    PW   204:90. O. 8, 1973. (n.g.)

Tomorrow's gift. New York, Ballantine, 1958. 164 p. 58-13388.

    AMZ   33(4):139. Ap. 1959. (S. Cotts)
    ASF   63(6):154-155. Ag. 1959. (P. Miller)
    FAU   11(3):98. My. 1959. (H. Santesson)
    FSF   16(4):110-112. Ap. 1959. (D. Knight)

Transit. London, Faber, 1964. 232 p. NUC 64-64496.

    NWB   No. 140:128. Mr. 1964. (L. Flood)

The uncertain midnight. London, Hutchinson, 1958. 224 p.

    NWB   No. 84:84-85. Je. 1959. (L. Flood)

Voices in the dark. London, Digit, 1960. 156 p.

    NWB   No. 97:125. Ag. 1960. (L. Flood)

COOPER, ELIZABETH K.

Discovering chemistry. New York, Harcourt, 1959. 190 p. 59-7281.

    GAL   19(1):143-144. O. 1960. (F. Gale)

COOPER, GORDON

Dead cities and forgotten tribes. New York, Philosophical Library, 1952. 160 p.

    SFIQ 2(4):73. Ag. 1953. (L. de Camp)

COOPER, HENRY S. F., JR.

13: the flight that failed. New York, Dial Press, 1973. 199 p. 72-13676.

    NYT   p. 4-5. Mr. 11, 1973. (J. McElroy)
    SRS   1:62-63. F. 24, 1973. (M. Maddocks)
    VTX   1:13. Ag. 1973. (n.g.)

COOPER, LOUISE

The book of paradox. New York, Delacorte, 1973. 256 p. 73-6798.

    LJ   98:3164. O. 15, 1973. (A. Hankenson)

COOPER, PARLEY J.

The feminists. New York, Pinnacle Books, 1971. 188 p.

    LM   38/39:56. Jl/Ag. 1972. (J. McQuown)

COOPER, SUSAN

The dark is rising. New York, Atheneum, 1973. 216 p.

    CCB   27:61. D. 1973. (n.g.)
    NYT   p. 8. Ap. 22, 1973. (J. Yoler)

Mandrake. London, Hodder, 1964. 253 p. NUC 65-36823.

    NWB   No. 169:154. D. 1966. (H. Bailey)
    SWSJ 109:3. O. 1973. (D. D'Ammassa)

COOVER, ROBERT

Pricsongs and descants. New York, Dutton, 1969. 256 p. 70-87176.

    LM   16:27. S. 1970. (D. Paskow)

The universal baseball association, inc., J. Henry Waugh, prop. New York, Random House, 1968. 242 p. 68-14517.

    GAL   30(1):104-106,154. Ap. 1970. (A. Budrys)
    LM   6:29. N. 1969. (J. B. Post)
    LM   7:32. D. 1969. (B. N. Malzberg)

COPEN, BRUCE

Hypnosis and space travel. Sussex, The Author, 1953. 24 p.

    AUT   No. 41:152. Ja. 1954. (n.g.)

COPPARD, AUGREY

Who has poisoned the sea? New York, Philips, 1970.
158 p. 75-98269.

    PW   197(20):39. My. 18, 1970.

COPPEL, ALFRED

Dark December. Greenwich, Conn., Gold Medal Books, 1960.
208 p.

    ASF   66(4):164-165. D. 1960. (P. Miller)
    NWB   No. 97:127. Ag. 1960. (L. Flood)

The navigator of Rhada, by Robert Cham Gilman. New York,
1969. 223 p. 69-13774.

    ASF   84(2):173-174. O. 1969. (P. Miller)
    LM   1:25-26. Je. 1969. (M. Hewitt)

The rebel of Rhada, by Robert Cham Gilman. New York,
Harcourt, 1968. 192 p. 68-13369.

    ASF   82(5):166. Ja. 1969. (P. Miller)
    SFR   41:26. N. 1970. (T. Pauls)

The starkahn of Rhada, by Robert Cham Gilman. New York,
Harcourt, 1970. 190 p. 70-102441.

    ASF   86(4):167-168. D. 1970. (P. Miller)
    LJ   95(4):786. F. 15, 1970. (E. Haynes)
    LM   24/25:37. My/Je. 1971. (D. Paskow)
    NYT   p. 47. S. 20, 1971. (B. Searles)

CORBETT, SCOTT

Ever ride a dinosaur? New York, Holt, 1969. 113 p. 69-
11174.

    LM   6:25. N. 1969. (B. Stiffler)

The hairy horror trick. Boston, Little, Brown, 1969.
101 p. 70-77443.

    LM   11:21. Ap. 1970. (J. Post)

CORBIN, WILLIAM
    SEE   McGraw, William Corbin

CORLEY, EDWIN

Siege. New York, Stein & Day, 1969. 384 p. 69-17948.

    LM   22:25. Mr. 1971. (D. Paskow)

CORMAN, AVERY

Oh, God! New York, Simon & Schuster, 1971. 190 p.
79-159127.

    LM   38/39:31. Jl/Ag. 1972. (P. Walker)

CORMAN, CID

Words for each other. London, Rapp & Carroll, 1967.
80 p. 68-95245.

    NWB   No. 181:64. Ap. 1968. (J. Sallis)

CORREY, LEE
    SEE Stine, George Harry

CORTRIGHT, EDGAR M.

Exploring space with a camera. Washington, D.C., National
Aeronautics and Space Administration, 1968. 214 p. 68-
60027.

    ASF   83(2):160. Ap. 1969. (P. Miller)

CORWIN, NORMAN LEWIS

Dog in the sky. New York, Simon & Schuster, 1952. 156 p.
52-14606.

    GAL   6(1):116. Ap. 1953. (G. Conklin)

COST, MARCH
    SEE Morrison, Peggy

COSTAIN, THOMAS BERTRAM

Below the salt. Garden City, N.Y., Doubleday, 1957.
480 p. 56-10757.

    ASF   61(1):140-141. Mr. 1958. (P. Miller)

The black rose. Garden City, N.Y., Doubleday, 1945.
403 p. 45-7847.

    SWSJ   113:4. N. 1973. (K. Ozanne)

The darkness and the dawn. Garden City, N.Y., Doubleday,
1959. 478 p. 59-11583.

    SWSJ   113:4. N. 1973. (K. Ozanne)

For my great folly. New York, Putnam, 1942. 504 p.
42-17801.

    SWSJ   110:3. O. 1973. (K. Ozanne)

High towers. Garden City, N.Y., Doubleday, 1949. 403 p.
48-9680.

    SWSJ   113:4. N. 1973. (K. Ozanne)

The silver chalice. Garden City, N.Y., Doubleday, 1965.
623 p. 65-16263.

    SWSJ   113:4. N. 1973. (K. Ozanne)

Son of a hundred kings. Garden City, N.Y., Doubleday,
1950. 465 p. 50-9942.

    SWSJ   113:4. N. 1973. (K. Ozanne)

COTTRELL, LEONARD

The bull of Minos. New York, Rinehart, 1958. 234 p.
58-11633.

    ASF   63(5):156-157. Jl. 1959. (P. Miller)

Lost cities. New York, Rinehart, 1957. 251 p. 57-9627.

    ASF   61(1):146-148. Mr. 1958. (P. Miller)

COTTRELL, LEONARD (Continued)

Lost pharaohs. New York, Holt, 1961. 250 p. 61-5299.

GAL   20(1):176. O. 1961. (F. Gale)

The mountains of pharaoh. New York, Rinehart, 1956. 285 p. 56-5721.

FUTF   No. 32:115. Spr. 1957. (L. de Camp)

COURNOS, JOHN

A book of prophecy from the Egyptians to Hitler, ed. by John Cournos. New York, Scribners, 1942. 274 p. 42-9210.

UNK   6(4):110. D. 1942. (A. Boucher)

COWPER, RICHARD

Breakthrough. New York, Ballantine, 1969. 218 p.

LM   13:21. Je. 1970. (D. Paskow)
SFR   35:31. F. 1970. (C. Thorne)
BB   17:XI-XII. Mr. 1972. (J. Boland)

Clone. Garden City, N.Y., Doubleday, 1972. 200 p.

KR   41:777. Jl. 15, 1973. (n. g.)
PW   204:64. Ag. 6, 1973. (n.g.)
TLS   3700:129. F. 2, 1973. (n.g.)

Kuldesak. Garden City, N.Y., Doubleday, 1972. 216 p. 72-76142.

KR   40:883. Ag. 1, 1972. (n.g.)
LJ   97:3617. N. 1, 1972. (R. Hough)
PW   202:42. Ag. 7, 1972. (n.g.)
TLS   3669:705. Je. 23, 1972. (n.g.)
LM   49:28. At. 1973. (R. Freedman)

Phoenix. New York, Ballantine, 1970. 186 p.

SFR   37:36. Ap. 1970. (R. Geis)
LM   20:29. Ja. 1971. (S. Mines)
SWSJ   33:3-4. S. 1971. (C. Chauvin)
BB   17:XI-XII. Mr. 1972. (J. Boland)

COX, PALMER

Bugaboo Bill. Pictures by William Curtis Holdsworth. New York, Farrar, 1971. 30 p. 74-133198.

LM   41/42:31. O/N. 1972. (S. Deckinger)

COX, WALLY

The tenth life of Osiris Oaks, by Wally Cox and Everett Greenbaum. New York, Simon & Schuster, 1972. 125 p.

LM   48:23. Fl. 1973. (C. Moslander)

CRAIG, GORDON A.

War, politics and diplomacy. New York, Praeger, 1966. 297 p. 66-26550.

NWB   No. 177:64. N. 1967. (G. Collyn)

CRAMP, LEONARD G.

Space, gravity and the flying saucers. London, Werner Laurie, 1954. 182 p. 55-894.

ASF   56(2):143. O. 1955. (P. Miller)
AUT   No. 54:131. F. 1955. (n.g.)
NEB   No. 11:118-119. D. 1954. (K. Slater)

CRANE, MILTON

50 great short stories, ed. by Milton Crane. New York, Bantam, 1952. 632 p. 52-43293.

FSF   5(4):73. O. 1953. (Boucher & McComas)

CRANE, ROBERT
SEE Glemser, Bernard

CRAWFORD, JOSEPH H.

333: a bibliography of the science-fantasy novel, by Joseph H. Crawford, James J. Donahue, and Donald M. Grant. Providence, R.I., Grandon, 1953. 80 p. A55-8667.

ASF   53(4):147. Je. 1954. (P. Miller)
FUTF   5(2):83-84. Ag. 1954. (L. de Camp)

CREASEY, JOHN

The blight. New York, Walker, 1968. 192 p. 68-16370.

LM   4:29. S. 1969. (C. Woodruff)

The inferno. New York, Berkley, 1968. 192 p.

SWSJ   24:4. Je. 1971. (D. Halterman)
VEN   3(1):115-116. My. 1969. (R. Goulart)

The smog. New York, Walker, 1971. 192 p. 79-142846.

LM   38/39:46. Jl/Ag. 1972. (D. Paskow)

The terror: the return of Dr. Palfrey. New York, Walker, 1966. 175 p. 66-16921.

GAL   28(5):158. Jl. 1969. (A. Budrys)

The touch of death. New York, Walker, 1969. 192 p. 74-86397.

LM   16:28. S. 1970. (D. Paskow)

Traitors' doom. New York, Walker, 1970. 191 p. 70-126119.

LM   32:31. Ja. 1972. (D. Paskow)

The unbegotten. New York, Walker, 1972. 189 p. 79-183920.

KR   40:98. Ja. 15, 1972. (n.g.)
LM   41/42:46. O/N. 1972. (J. B. Post)

CRESSWELL, HELEN

The night watchmen. New York, Macmillan, 1969. 122 p. 77-120717.

LM   35/36:41. Ap/My. 1972. (C. Moslander)

CRESSWELL, HELEN (Continued)

Up the pier. New York, Macmillan, 1972. 144 p.

    LM   44:17. Ja. 1973. (K. Anderson)

The white sea horse. New York, Dell, 1970. 76 p.

    LM   22:22. Mr. 1971. (D. Hamilton)

CRICHTON, MICHAEL

The andromeda strain. New York, Knopf, 1969. 295 p.
69-14731.

    AMZ   43(6):130-132. Mr. 1970. (D. O'Neil)
    ASF   84(1):158-160. S. 1969. (P. Miller)
    VEN   3(3):105-106. N. 1969. (R. Goulart)
    WIF   19(10):93-95. D. 1969. (L. del Rey)
    FSF   37(5):47-48. N. 1969. (A. Panshin)
    LM   4:26-27. S. 1969. (G. Bear)
    GAL   31:142. Ap. 1971. (A. Budrys)

The terminal man. New York, Knopf, 1972. 247 p. 73-
136320.

    ASF   90:160. S. 1972. (P. Miller)
    BKL   68:886. Je. 15, 1972. (n.g.)
    BS   32:52. My. 1, 1972. (T. Siaulys)
    CHO   9:1127. N. 1972. (n.g.)
    GAL   33:93. Jl. 1972. (T. Sturgeon)
    KR   40:273. Mr. 1, 1972. (n.g.)
    LJ   97:1180. Mr. 15, 1972. (R. Minurdi)
    LJ   97:1459. Ap. 15, 1972. (S. Rinkoff)
    LM   41/42:38-39. O/N. 1972. (R. Freedman)
    NYT   p. 32-33. Ap. 30, 1972. (T. Sturgeon)
    NST   56:295. N. 2, 1972. (M. Kenward)
    NR   24:700. Je. 23, 1972. (J. Coyne)
    PW   201:71. F. 28, 1972. (n.g.)
    SDNP   p. 8. Ap. 29/30, 1972. (B. Friend)
    SR   55:89. My. 6, 1972. (A. Cooper)
    LIFE   72:28. My. 5, 1972. (W. McPhearson)
    NY REVIEW OF BOOKS. 19:20-21. Jl. 20, 1972. (T.
                    Edwards)
    KPG   7:24. S. 1973. (n.g.)
    PW   203:84. Mr. 5, 1973. (n.g.)
    SWSJ   93:2. Je. 1973. (D. D'Ammassa)

CRISP, FRANK

The night callers. London, Panther, 1960. 192 p.

    NWB   No. 113:127-128. D. 1961. (J. Carnell)

CRISPIN, EDMUND
    SEE Montgomery, Robert Bruce

CRISTABEL

The mortal immortals. New York, Walker, 1971. 271 p.
75-149306.

    LM   38/39:57. Jl/Ag. 1972. (S. Mines)

CROMPTON, RICHMAL
    SEE Lamburn, Richmal Crompton

CRONIN, BERNARD

The ant men, by Eric North. Philadelphia, Winston, 1955.
216 p. 55-6522.

    AMZ   29(7):112-113. D. 1955. (V. Gerson)
    ASF   59(1):147-148. Mr. 1957. (P. Miller)
    FSF   9(3):89. S. 1955. (A. Boucher)

CROOME, ANGELA

Wonderama: a book of modern marvels. London, Adprint.

    NWB   No. 66:128. D. 1957. (L. Flood)

CROSBY, ALEXANDER L.

Rockets into space, by Alexander L. Crosby and Nancy
Larrick. New York, Random House, 1959. 82 p. 59-12360.

    GAL   19(1):143. O. 1960. (F. Gale)

CROSS, JOHN KEIR

Best horror stories, ed. by John Keir Cross. London,
Faber, 1957. 300 p.

    NEB   No. 27:102. F. 1958. (K. Slater)

The stolen sphere. New York, Dutton, 1953. 220 p. 53-
6067.

    FSF   6(2):95. F. 1954. (Boucher & McComas)
    GAL   8(4):100. Jl. 1954. (G. Conklin)

CROSS, POLTON

Other eyes watching. London, Pendulum, 1946. 120 p.

    OUT   No. 1:35. W. 1946. (A. Bloom)

CROSSEN, KENDELL FOSTER

Adventures in tomorrow, ed. by Kendell F. Crossen. New
York, Greenberg, 1951. 278 p. 51-3719.

    AMZ   25(10):142-143. O. 1951. (S. Merwin)
    ASF   48(5):135-136. Ja. 1952. (P. Miller)
    GAL   2(4):118-119. Jl. 1951. (G. Conklin)
    NWB   No. 21:123-124. Je. 1953. (L. Flood)
    TWS   39(1):144. O. 1951. (S. Merwin)

Future tense, ed. by Kendell F. Crossen. New York,
Greenberg, 1952. 364 p. 52-9282.

    ASF   52(3):152. N. 1953. (P. Miller)
    FAU   1(1):192. Je/Jl. 1953. (S. Merwin, Jr.)
    FUTF   4(4):38-40. N. 1953. (D. Knight)
    GAL   6(3):123-124. Je. 1953. (G. Crossen)
    ISF   4(9):144. O. 1953. (M. Reinsberg)
    NWB   No. 24:127. Je. 1954. (L. Flood)
    SFP   1(5):27. Ag. 1953. (S. Moskowitz)
    STL   30(2):144. Je. 1953. (n.g.)

Once upon a star. New York, Holt, 1953. 237 p. 53-
5498.

    ASF   52(2):150. O. 1953. (P. Miller)
    GAL   7(1):120-121. O. 1953. (G. Conklin)
    ISF   4(10):145. N. 1953. (M. Reinsberg)
    FSF   5(1):85. Jl. 1953. (Boucher & McComas)

CROSSEN, KENDELL FOSTER (Continued)

The rest must die, by Richard Foster. New York, Gold Medal, 1959. 176 p.

AMZ   33(6):53. Je. 1959. (S. Cotts)
ASF   64(1):145-147. S. 1959. (P. Miller)

Year of consent. New York, Dell, 1954. 224 p. 54-8871.

ASF   55(4):158-159. Je. 1955. (P. Miller)
GAL   10(4):90. Jl. 1955. (G. Conklin)
FSF   8(4):82. Ap. 1955. (A. Boucher)

CROUSE, WILLIAM H.

Understanding science. New York, Wittlesey House, 1948. 190 p. 48-7780.

GAL   14(2):110. Je. 1957. (F. Gale)

CROWCROFT, PETER

The fallen sky. London, Nevill, 1954. 222 p.

NWB   No. 33:119. Mr. 1955. (L. Flood)

CROWLEY, ALEISTER

Moonchild. New York, S. Weiser, 1970. 335 p. 72-142496.

BB   17:V. Mr. 1972. (A. Forrest)
LM   38/39:49. Jl/Ag. 1972. (M. McQuown)

CROWTHER, JAMES GERALD

Science unfolds the future. London, Muller, 1955. 255 p. 56-36601.

AUT   No. 70:156-157. Je. 1956. (n.g.)

The sciences of energy. London, Muller, 1954. 271 p.

AUT   No. 48:127-128. Ag. 1954. (n.g.)

CRUMP, JAMES

Dragon bones in the yellow earth, by James Crump and Irving Crump. New York, Dodd, Mead, 1963. 210 p. 63-10253.

FSF   25(6):77-78. D. 1963. (A. Davidson)

CRUSO, SOLOMON

The last of the Japs and the Jews. New York, Herman W. Lefkowitz, 1933. 333 p. 33-30141.

AMZ   9(1):134. My. 1934. (C. Brandt)

CUDDON, ERIC

Hypnosis-its meaning and practice. London, Bell, 1955. 175 p.

AUT   No. 67:152-153. Mr. 1956. (n.g.)

CULLEN, COUNTEE

The lost zoo. Chicago, Follett, 1969. 95 p. 69-15765.

LM   14:19. Jl. 1970. (J. Post)

CULLINGFORD, GUY
SEE Taylor, Constance Lindsay

CUMMING, ROBERT DENOON, ed.

The philosophy of Jean-Paul Sarte. London, Methuen, 1968. 491 p.

NWB   No. 190:63. My. 1969. (J. Clute)

CUMMINGS, RAY

Beyond the stars. New York, Ace, 1964. 160 p. NUC 65-79716.

ASF   73(5):90. Jl. 1964. (P. Miller)

Beyond the vanishing point. New York, Ace, 1958. 95 p. NUC 70-50321.

ASF   64(1):150-151. S. 1959. (P. Miller)

Brigands of the moon. Chicago, McClurg, 1931. 386 p. 31-10362.

AMZ   6(10):951. Ja. 1932. (C. Brandt)
ASF   63(4):154. Je. 1959. (P. Miller)

The exile of time. New York, Avalon, 1964. 192 p. NUC 65-39694.

ASF   75(6):153-154. Ag. 1965. (P. Miller)

Explorers into infinity. New York, Avalon, 1965. 192 p.

ASF   77(2):141-142. Ap. 1966. (P. Miller)

The man who mastered time. Chicago, McClurg, 1929. 351 p. 29-22389.

AMZ   4(12):1188. Mr. 1930. (C. Brandt)
ASF   58(5):156-157. Ja. 1957. (P. Miller)

The princess of the atom. London, Boardman, 1951. 191 p.

NWB   No. 12:94. W. 1951. (F. Arnold)
AUT   No. 15:111. N. 1951. (n.g.)

The shadow girl. New York, Ace, 1962. 159 p.

ASF   69(4):164. Je. 1962. (P. Miller)

Tama of the light country. New York, Ace, 1965. 124 p.

NWB   No. 160:156-157. Mr. 1966. (J. Colvin)

Wandl the invader. New York, Ace, 1961. 135 p.

ASF   68(2):166-167. O. 1961. (P. Miller)

CUMMINS, WALTER M.

The other sides of reality: myths, visions and fantasies,
ed. by Walter M. Cummins, Martin Green and Margaret
Verhulst. San Francisco, Boyd & Fraser, 1972. 334 p.
75-182677.

    LM   46:28-29. Mr. 1973. (M. Purcell)
    EXT   14:70. D. 1972. (T. Clareson)

CURRAN, RONALD

Witches, wraiths and warlocks, ed. by Ronald Curran.
Greenwich, Conn., Fawcett, 1971. 361 p.

    LM   41/42:33. O/N. 1972. (J. McQuown)
    PW   199:53. Mr. 29, 1971. (n.g.)

CURRY, JANE LOUISE

The change-child. New York, Harcourt, 1969. 175 p.
69-13772.

    LM   10:27,32. Mr. 1970. (C. Moslander)

The daybreakers. New York, Harcourt, 1970. 191 p.
72-94332.

    LM   26/27:30. Jl/Ag. 1971. (D. Hamilton)

Over the sea's edge. New York, Harcourt, 1971. 182 p.
70-152693.

    LM   38/39:30. Jl/Ag. 1972. (K. Anderson)

CURTIS, RICHARD

Perils of the peaceful atom, by Richard Curtis and
Elizabeth Hogan. New York, Ballantine, 1970. 357 p.
NUC 71-34591.

    SFR   42:28-29. Ja. 1971. (P. Walker)

CYRANO DE BERGERAC, 'SAVINIEN

Voyages to the moon and the sun. New York, Orion Press,
1962. 303 p. 62-10326.

    ASF   70(2):162-165. O. 1962. (P. Miller)

D

DAHL, ROALD

Kiss kiss. New York, Knopf, 1960. 308 p. 60-5186.

   ASF   66(4):169. D. 1960. (P. Miller)
   FSF   18(6):86. Je. 1960. (D. Knight)

DAIN, ALEX

The bane of Kanthos. New York, Ace, 1969. 124 p.
NUC 71-90121.

   SFR   41:27-28. N. 1970. (P. Walker)

DALLAS, IAN

The book of strangers. New York, Pantheon, 1972. 151 p.
72-184657.

   GAL   33:196-197. N. 1972. (T. Sturgeon)
   KR   40:494. Ap. 1972. (n.g.)
   PW   203:68. My. 7, 1973. (n.g.)

DALLAS, PAUL V.

The lost planet. Philadelphia, Winston, 1956. 209 p.
56-8416.

   ASF   59(5):146-147. Jl. 1957. (P. Miller)
   GAL   14(3):109-110. Jl. 1957. (F. Gale)

DALMAS, JOHN

The yngling. New York, Pyramid, 1971. 224 p.

   ASF   89:175. Ap. 1972. (P. Miller)
   LM   41/42:36. O/N. 1972. (B. Frestrom)

DANIEL, GLYN EDMUND

Myth or legend? New York, Macmillan, 1955. 125 p.

   SFIQ   4(3):49-50. My. 1956. (L. de Camp)

DANIELS, DOROTHY

Lady of the shadows. New York, Paperback, 1970. 159 p.

   LM   16:22. S. 1970. (J. Rapkin)

Strange paradise. New York, Paperback, 1969. 154 p.

   LM   18:32 N. 1970. (J. Rapkin)

DANIELS, LES

Comix. New York, Outerbridge, 1971. 198 p. 75-169104.

   FSF   43:40-41. O. 1972. (R. Goulart)

DANIKEN, ERICH VON

Chariots of the gods. New York, Putnam, 1969. 189 p.
NUC 70-99378.

   NWB   No. 196:28-29. D. 1969. (J. Sladek)
   EJ   62:1060. O. 1973. (H. Means)
   VOT   1(6):62-64. Mr. 1970. (D. Malcom)
   NR   22(7):211-212. F. 24, 1970. (P. Anderson)
   LM   21:27. F. 1971. (J. B. Post)

The gold of the gods. New York, Putnam, 1973. 210 p.

   FUT   5:594. D. 1973. (D. Livingston)

DANN, JACK

Wandering stars, ed. by Jack Dann. New York, Harper,
1974. 239 p. 73-4146.

   KR   41:1287. N. 15, 1973. (n.g.)

DANSKE DYBHAVSEKSPEDITION JORDEN RUNDT

The Galathea deep sea expedition, 1950-1952. New York,
Macmillan, 1956. 296 p. 57-13775.

   GAL   14(6):125. O. 1957. (F. Gale)

DARAUL, ARKON

Witches and sorcerers. Secaucus, N.Y., Citadel, 1969
(c1962). 270 p.

   LM   7:28. D. 1969. (J. B. Post)

DARD, ROGER

Fantastic novels: a checklist. Perth, Western Australia,
Dragon Press, 1957. 11 p.

   FAU   8(5):102. N. 1957. (H. Santesson)

DARITY, WILLIAM A., JR.

The shades of time. New York, William Frederick Press,
1969. 67 p. 68-19721.

   AMZ   44(1):114-115. My. 1970. (R. Lupoff)
   LM   19:30. D. 1970. (J. B. Post)

DARWIN, CHARLES GALTON

The next million years. Garden City, N.Y., Doubleday, 1953. 210 p. 52-13372.

ASF   51(5):152-156. Jl. 1953. (P. Miller)
FAU   1(1):192. Je/Jl. 1953. (S. MErwin, Jr.)
GAL   6(2):120. My. 1953. (G. Conklin)
SFP   1(2):65. Ap. 1953. (S. Moskowitz)
SFIQ   2(4):73. Ag. 1953. (L. de Camp)

DARWIN, CHARLES ROBERT

The voyage of the Beagle. London, Dent, 1955. 496 p.

AUT   No. 59:120. Jl. 1955. (n.g.)

DASMANN, RAYMOND FREDERICK

The last horizon. New York, Macmillan, 1963. 279 p. 63-15051.

ASF   72(3):87-88. N. 1963. (P. Miller)

DAUMAL, RENE

Mount analogue. New York, Pantheon, 1960. 157 p. 60-8583.

ASF   67(1):156-157. Mr. 1961. (P. Miller)

DAVENPORT, BASIL

Deals with the devil, ed. by Basil Davenport. New York, Dodd, Mead, 1958. 332 p. 58-10780.

FSF   16(1):88. Ja. 1959. (A. Boucher)

Inquiry into science fiction. New York, Longmans, Green, 1955. 87 p. 55-8306.

ASF   56(1):143-144. S. 1955. (P. Miller)
FAU   4(4):116-117. N. 1955. (H. Santesson)
SFIQ   4(2):52. F. 1956. (D. Knight)
SFIQ   4(3):49. My. 1956. (L. de Camp)
FSF   9(3):90-91. S. 1955. (A. Boucher)

Introduction to Islandia. New York, Farrar, 1942. 61 p. 42-14079.

SSS   4(2):90. N. 1942. (D. Wollheim)

Invisible men, ed. by Basil Davenport. New York, Ballantine, 1960. 158 p.

AMZ   34(10):136. O. 1960. (S. Cotts)
ASF   67(3):165-166. My. 1961. (P. Miller)
NWB   No. 99:127. O. 1960. (L. Flood)
WIF   10(5):87. N. 1960. (F. Pohl)

Tales to be told in the dark. New York, Ballantine, 1957. 159 p.

WIF   10(4):91. S. 1960. (F. Pohl)

DAVENTRY, LEONARD

A man of double deed. Garden City, N.Y., Doubleday, 1965. 191 p. 65-23794.

ASF   77(5):147-148. Jl. 1966. (P. Miller)
NWB   No. 151:111-112. Je. 1965. (L. Jones)
FSF   30(2):44. F. 1965. (J. Merril)

The twenty-one billionth paradox. Garden City, N.Y., Doubleday, 1971. 204 p. 75-157582.

KR   39:897. Ag. 15, 1971. (n.g.)
LJ   96:3348. O. 15, 1971. (A. Boyer)
LM   41/42:55. O/N. 1972. (C. Moslander)

DAVID-NEEL, ALEXANDRA

Magic and mystery in Tibet. New York, University Books, 1958. 320 p. 56-13013.

FAU   9(6):116-117. Je. 1958. (H. Santesson)

DAVIDSON, AVRAM

The best from fantasy and science fiction: twelfth series, ed. by Avram Davidson. Garden City, N.Y., Doubleday, 1963. 225 p.

AMZ   37(9):123-125. S. 1963. (S. Cotts)
ASF   71(5):87-89. Jl. 1963. (P. Miller)

The best from fantasy and science fiction: thirteenth series, ed. by Avram Davidson. Garden City, N.Y., Doubleday, 1964. 255 p.

ASF   74(2):89. O. 1964. (P. Miller)
NWB   No. 162:146-148. My. 1966. (J. Colvin)
NWB   No. 187:63. F. 1969. (J. Cawthorn)

The clash of the star kings. New York, Ace, 1966. 105 p.

NWB   No. 166:155. S. 1966. (H. Bailey)

The enemy of my enemy. New York, Berkley, 1966. 160 p. NUC 70-90328.

ASF   80(1):168. S. 1967. (P. Miller)
GAL   25(5):191. Je. 1967. (A. Budrys)
FSF   33(2):33. Ag. 1967. (J. Merril)

The island under the earth. New York, Ace, 1969. 189 p.

AMZ   43(5):126-128. Ja. 1970. (R. Delap)
GAL   29(2):116-117. O. 1969. (A. Budrys)
NWB   No. 194:30. O. 1969. (J. Churchill)
WSJ   72:19-20. Je/Ag. 1970. (T. Pauls)

Joyleg, by Avram Davidson and Ward Moore. New York, Walker, 1971. 233 p. 74-142850.

ASF   71(3):92-93. My. 1963. (P. Miller)
LM   41/42:58. O/N. 1972. (P. Walker)
LJ   96:2669. S. 1, 1971. (B. Smith)
NYT   p. 15. Jl. 25, 1971. (M. Levin)

The Kar-Chee reign. New York, Ace, 1966. 138 p.

ASF   80(3):166. N. 1967. (P. Miller)
NWB   No. 165:147. Ag. 1966. (J. Cawthorn)
FSF   31(6):32. D. 1966. (J. Merril)

Masters of the maze. New York, Pyramid, 1965. 156 p. NUC 70-80491.

ASF   79(5):162-163. Jl. 1967. (P. Miller)
GAL   24(3):134-136. F. 1966. (A. Budrys)
FSF   29(5):21-22. N. 1965. (J. Merril)

Mutiny in space. New York, Pyramid, 1964. 159 p. NUC 70-80490.

FSF   29(1):76. Je. 1965. (J. Merril)
SWSJ   26:2. Jl. 1971. (D. Halterman)

DAVIDSON, AVRAM (Continued)

Or all the seas with oysters. New York, Berkley, 1962.
176 p.

    ASF   70(6):176-177. F. 1963. (P. Miller)
    NWB   No. 125:128. D. 1962. (J. Carnell)

Peregrine primus. New York, Walker, 1971. 174 p. 75-
161122.

    KR   39:1039. S. 15, 1971. (n.g.)
    LJ   96:3636. N. 1, 1971. (M. Peffers)
    PW   200:66. S. 27, 1971. (n.g.)
    ALG   18:14. My. 1972. (D. Lupoff)
    FSF   43:63-64. Jl. 1971. (J. Blish)

The phoenix and the mirror. Garden City, N.Y., Double-
day, 1969. 209 p. 69-10982.

    FAS   22:111-112. Jl. 1973. (F. Leiber)
    FSF   37(2):25-27. Ag. 1969. (J. Russ)
    FSF   39(2):61-62. Ag. 1970. (J. Blish)
    SFO   17:41-42. N. 1970. (G. Turner)
    LM   32:28. Ja. 1972. (C. Woodruff)

Rogue dragon. New York, Ace, 1965. 142 p.

    ASF   77(5):154-155. Jl. 1966. (P. Miller)

Rork! New York, Berkley, 1965. 144 p. NUC 70-90327.

    ASF   77(5):152-153. Jl. 1966. (P. Miller)
    FSF   30(3):50. Mr. 1966. (J. Merril)

Strange seas and shores. Garden City, N.Y., Doubleday,
1971. 219 p. 79-140064.

    FSF   41:23-24. D. 1971. (J. Blish)
    LJ   96:979. Mr. 15, 1971. (A. Boyer)
    PW   199:73. F. 15, 1971. (n.g.)
    SWSJ   32:10. S. 1971. (J. Newton)
    LM   40:24. S. 1972. (P. Walker)

What strange stars and skies. New York, Ace, 1965.
188 p.

    ASF   79(4):169-170. Je. 1967. (P. Miller)

DAVIDSON, LEON

    Flying saucers. 2d. ed. White Plains, N.Y., The Author,
    1956. 83 p. 57-2610.

        FAU   9(3):98. Mr. 1958. (H. Santesson)

DAVIES, HUGH SYKES

    The papers of Andrew Melmoth. New York, Morrow, 1961.
    221 p. 61-13545.

        ASF   68(6):159-161. F. 1962. (P. Miller)
        GAL   20(5):194. Je. 1962. (F. Gale)

DAVIES, LESLIE PURNELL

    The alien. Garden City, N.Y., Doubleday, 1971. 182 p.
    70-144259.

        FSF   41:24. D. 1971. (J. Blish)
        KR   39:396. Ap. 1, 1971. (n.g.)
        KR   39:517. My. 1, 1971. (n.g.)
        LJ   96:1634. My. 1, 1971. (M. Peffers)
        LJ   96:2145. Je. 15, 1971. (R. Minudri)

The alien (Continued).

    PW   199:46. Ap. 19, 1971. (n.g.)
    SWSJ   36:9-10. N. 1971. (J. Newton)
    ASF   89:165-166. Jl. 1972. (P. Miller)
    LM   40:22. S. 1972. (P. Walker)
    RQ   5:134-135. F. 1972. (W. Connelly)
    WSJ   79:27-28. N. 1971/Ja. 1972. (T. Pauls)

The artificial man. Garden City, N.Y., Doubleday, 1967.
191 p. 67-10354.

    ASF   80(3):165-166. N. 1967. (P. Miller)

Dimension A. Garden City, N.Y., Doubleday, 1969. 206 p.
69-10996.

    ASF   84(6):163. F. 1970. (P. Miller)
    LM   41/42:37. O/N. 1972. (K. Ludwig)

Genesis two. Garden City, N.Y., Doubleday, 1970. 191 p.
72-111156.

    LJ   95(12):2279. Je. 15, 1970. (R. Henderson)
    LJ   95(20):4065. N. 15, 1970. (J. Faria)
    PW   197(24):59. Je. 15, 1970.
    FSF   40:16. Mr. 1971. (J. Blish)
    LM   24/25:52. My/Je. 1971. (D. Paskow)
    NWQ   1:167-168. 1971. (M. Harrison)
    SWSJ   26:3. Jl. 1971. (J. Newton)
    RQ   5:134-135. F. 1972. (W. Connelly

The lampton dreamers. Garden City, N.Y., Doubleday, 1967.
188 p. 67-14126.

    ASF   81(4):161-162. Je. 1968. (P. Miller)

The man from nowhere. London, Jenkins, 1965. 224 p.
66-55152.

    NWB   No. 153:127. Ag. 1965. (H. Bailey)

The paper dolls. Garden City, N.Y., Doubleday, 1966.
216 p. 66-12230.

    ASF   78(5):163-164. Ja. 1967. (P. Miller)
    FSF   32(2):29. F. 1967. (J. Merril)

Psychogeist. Garden City, N.Y., Doubleday, 1967.
191 p. 67-12839.

    NWB   No. 163:149. Je. 1966. (J. Colvin)
    FSF   34(1):42. Ja. 1968. (T. Carr)

Stranger to town. Garden City, N.Y., Doubleday, 1969.
189 p. 69-12236.

    LM   8:32. Ja. 1970. (S. Mines)

Twilight journey. Garden City, N.Y., Doubleday, 1968.
191 p. 68-18097.

    ASF   82(6):166-167. F. 1969. (P. Miller)
    FSF   36(1):37. Ja. 1969. (J. Merril)

What did I do tomorrow? Garden City, N.Y., Doubleday,
1973. 192 p.

    BKL   69:833. My. 1, 1973. (n.g.)
    LJ   98:660. F. 15, 1973. (N. Menken)
    LJ   98:1508. My. 1, 1973. (T. Bell)
    PW   203:59. Ja. 15, 1973. (n.g.)

DAVIS, CHRISTOFER

A peep into the 20th century. New York, Ballantine.

    GAL   34:106. O. 1973. (T. Sturgeon)

DAVIS, ELIZABETH
  SEE Davis, Lou Ellen

DAVIS, LOU ELLEN

There was an old woman, by Elizabeth Davis. Garden City,
N.Y., Doubleday, 1971. 178 p. 70-131070.

    LM   38/39:36. Jl/Ag. 1972. (M. McQuown)

DAVIS, PETER

The king of the amazon. New York, Macauley, 1933.
310 p. 33-16727.

    AMZ   8(8):130. D. 1933. (C. Brandt)

DAVIS, RICHARD, ed.

The year's best horror stories. New York, Daw, 1972.
174 p.

    WSJ   82:R/10-R/11. S. 1973. (R. Delap)
    FSF   44:76-77. My. 1973. (G. Wilson)
    GAL   33:173. Ja. 1973. (T. Sturgeon)
    LM   41/42:41. O/N. 1972. (M. McQuown)

DAY, BRADFORD M.

Bibliography of adventure: Mundy, Burroughs, Rohmer,
Haggard. Denver, N.Y., Science Fiction and Fantasy
Publications, 1964. 126 p. 64-56055.

    ASF   74(4):88. D. 1964. (P. Miller)

Checklist of fantastic magazines. South Ozone Park, N.Y.,
The Author, 1953. 23 p.

    FUTF   5(2):82-83. Ag. 1954. (L. de Camp)

The complete checklist of science-fiction magazines.
Woodhaven, N.Y., Science Fiction and Fantasy Publica-
tions, 1961. 63 p.

    ASF   69(6):173. Ag. 1962. (P. Miller)

Edgar Rice Burroughs: a bibliography. Woodhaven, N.Y.,
Science Fiction and Fantasy Publications, 1962. 48 p.

    ASF   69(6):173. Ag. 1962. (P. Miller)

Edgar Rice Burroughs biblio. New York, Science Fiction
and Fantasy Publications, 1956. 29 p.

    ASF   58(3):158. N. 1956. (P. Miller)
    ASF   60(2):153-154. O. 1957. (P. Miller)
    SAT   1(4):126-127. Ap. 1957. (S. Moskowitz)

An index on the weird and fantastica in magazines. New
York, The Author, 1953. 162 p.

    ASF   54(1):153-154. S. 1954. (P. Miller)
    FUTF   5(2):82. Ag. 1954. (L. de Camp)
    FSF   7(2):80. Ag. 1954. (Boucher & McComas)

The supplemental checklist of fantastic literature.
Denver, N.Y., Science-Fiction and Fantasy Publications,
1963. 155 p. 64-46968.

    ASF   73(5):89-90. Jl. 1964. (P. Miller)

Talbot Mundy biblio. New York, Science-Fiction and
Fantasy Publications, 1955. 28 p.

    ASF   60(2):153-154. O. 1957. (P. Miller)
    SAT   1(3):116-117. F. 1957. (S. Moskowitz)

DAY, DONALD BYRNE

Index to the science fiction magazines: 1926-1950.
Portland, Ore., Perri Press, 1952. 184 p. 52-41880.

    ASF   49(4):162-163. Je. 1952. (P. Miller)
    ASF   51(1):157-158. Mr. 1953. (P. Miller)
    SFIQ   2(4):74. Ag. 1953. (L. de Camp)
    SPF   2(1):94-95. Jl. 1953. (G. Smith)

DEACON, RICHARD

John Dee: scientist, geographer, astrologer and secret
agent to Elizabeth I. London, Muller, 1968. 309 p.
68-139727

    LM   26/27:35. Jl/Ag. 1971. (J. B. Post)

DEAN, GORDON E.

Report on the atom. Strand, Eyre & Spottiswoode, 1954.
288 p.

    AUT   No. 44:92-93. Ap. 1954. (n.g.)
    BSP   1(3):19. Ap. 1954. (n.g.)

DE BOIS, WILLIAM PENE

Otto and the magic potatoes. New York, Viking, 1970.
48 p. 79-102919.

    LM   29:25. O. 1971. (J. Post)

DE CAMP, LYON SPRAGUE

The ancient engineers. Garden City, N.Y., Doubleday,
1963. 408 p. 62-15901.

    ASF   72(1):93. S. 1963. (P. Miller)
    FSF   27(4):37. O. 1964. (A. Davidson)

Ancient ruins and archaeology, by L. Sprague de Camp and
Catherine C. de Camp. Garden City, N.Y., Doubleday,
1964. 294 p. 64-19237.

    ASF   75(1):85. Mr. 1965. (P. Miller)

The bronze god of Rhodes. Garden City, N.Y., Doubleday,
1960. 406 p. 59-12622.

    FSF   18(6):86-87. Je. 1960. (D. Knight)

The carnelian cube, by L. Sprague de Camp and Fletcher
Pratt. New York, Gnome, 1948. 230 p. 48-28172.

    AMZ   23(12):150. D. 1949. (M. Tish)
    FNM   4(1):116. My. 1950. (A. Searles)
    TWS   34(1):161. Ap. 1949. (n.g.)
    SSS   5(1):92. Ja. 1949. (F. Pohl)
    LM   26/27:34. Jl/Ag. 1971. (P. Walker)

DE CAMP, LYON SPRAGUE (Continued)

The castle of iron, by L. Sprague de Camp and Fletcher Pratt. New York, Gnome Press, 1950. 224 p. 50-11580.

ASF	47(3):149.	My. 1951.	(P. Miller)
FSO	3(1):53.	Ja. 1951.	(P. Miller)
GAL	1(2):89-90.	N. 1950.	(G. Conklin)
TWS	37(2):157-158.	D. 1950.	(S. Merwin)
SSS	7(3):97.	N. 1950.	(F. Pohl)
WBD	1(1):113-114.	D. 1950.	(D. Knight)
FSF	1(5):104.	D. 1950.	(Boucher & McComas)

Citadels of mystery, by L. Sprague de Camp and Catherine C. de Camp. New York, Ballantine, 1973. 292 p.

FANA	1:6.	My. 1973.	(n.g.)

The clocks of Iraz. New York, Pyramid, 1971. 190 p.

LM	34:22.	Mr. 1972.	(L. Carter)
SWSJ	47:4.	F. 1972.	(W. Marlow)

The Conan grimoire, ed. by L. Sprague de Camp and George H. Scithers. Baltimore, Mirage, 1972. 161 p.

FANA	1:6.	Ap. 1973.	(n.g.)
LM	45:25-26.	F. 1973.	(B. Fredstrom)

The Conan swordbook, ed. by L. Sprague de Camp and George H. Scithers. Baltimore, Mirage, 1969. 255 p. 79-94776.

MOH	6(6):116,124.	Ap. 1971.	(R. Lowndes)

Conan the buccaneer, by L. Sprague de Camp and Lin Carter. New York, Lancer, 1971. 191 p.

LM	40:29.	S. 1972.	(P. Walker)

The continent makers. New York, Twayne, 1953. 272 p. 53-6455.

ASF	52(3):150-152.	N. 1953.	(P. Miller)
GAL	6(3):122-123.	Je. 1953.	(G. Conklin)
ISF	4(6):143.	Jl. 1953.	(M. Reinsberg)
SFP	1(4):66.	Je. 1953.	(S. Moskowitz)
KPG	6:86.	Ap. 1972.	(K. Reeds)

Cosmic manhunt. New York, Ace, 1954. 128 p. 54-33269.

GAL	9(2):121-122.	N. 1954.	(G. Conklin)

Divide and rule. Reading, Pa., Fantasy Press, 1948. 231 p. 48-9738.

AMZ	23(12):152.	D. 1949.	(M. Tish)
ASF	44(1):150-151.	S. 1949.	(P. Miller)
STL	19(2):155-156.	My. 1949.	(n.g.)
SSS	5(3):95.	Jl. 1949.	(F. Pohl)

An elephant for Aristotle. Garden City, N.Y., Doubleday, 1958. 360 p. 58-5934.

ASF	62(1):148.	S. 1958.	(P. Miller)

The fallible fiend. New York, Signet, 1973. 143 p.

FANA	1:6.	Ap. 1973.	(n.g.)
KPG	7:79.	Ap. 1973.	(E. Boatner)

Fantasy twins, by L. Sprague de Camp and Stanley G. Weinbaum. Los Angeles, Fantasy Publishing Co., 1953. 503 p.

SFP	1(4):66.	Je. 1953.	(S. Moskowitz)

Genus homo, by L. Sprague de Camp and P. Schuyler Miller. Reading, Pa., Fantasy Press, 1950. 225 p. 50-14610.

ASF	47(3):151-152.	My. 1951.	(C. Coffin)
FSO	4(5):145.	Jl. 1952.	(B. Tucker)
GAL	1(2):89.	N. 1950.	(G. Conklin)
STL	22(3):156-157.	Ja. 1951.	(n.g.)
SSS	7(3):95.	N. 1950.	(F. Pohl)

The glory that was. New York, Avalon Books, 1960. 223 p. NUC 65-95808.

AMZ	34(4):139.	Ap. 1960.	(S. Cotts)
ASF	65(5):167-168.	Jl. 1960.	(P. Miller)
GAL	18(6):118-119.	Ag. 1960.	(F. Gale)
WIF	10(6):88.	Ja. 1961.	(F. Pohl)
FSF	18(5):80-81.	My. 1960.	(D. Knight)
KPG	5:16.	S. 1971.	(n.g.)

The goblin tower. New York, Pyramid, 1968. 247 p. NUC 70-80437.

SFO	13:12.	Jl. 1970.	(P. Anderson)

A gun for dinosaur. Garden City, N.Y., Doubleday, 1963. 359 p. 63-7693.

AMZ	38(9):125.	S. 1963.	(S. Cotts)
ASF	71(5):90.	Jl. 1963.	(P. Miller)
FSF	25(4):20-21.	O. 1963.	(A. Davidson)
SFR	39:34-35.	Ag. 1970.	(B. Gillam)

The hand of Zei. New York, Avalon, 1963. 222 p. NUC 64-39515.

ASF	71(6):89-90.	Ag. 1963.	(P. Miller)

The incomplete enchanter, by L. Sprague de Camp and Fletcher Pratt. Philadelphia, Prime Press, 1950. 326 p.

FSF	1(5):104.	D. 1950.	(Boucher & McComas)
ASF	46(6):150-151.	F. 1951.	(P. Miller)
FSO	3(1):53.	Ja. 1951.	(P. Miller)
NWB	No. 99:128.	O. 1960.	(L. Flood)
SCF	No. 54:110.	Ag. 1962.	(J. Carnell)
TWS	37(1):156.	O. 1950.	(S. Merwin)
SSS	3(4):123.	My. 1942.	(D. Wollheim)
WBD	1(1):113-114.	D. 1950.	(D. Knight)
FSF	19(4):94.	O. 1960.	(A. Bester)

Lands beyond, by L. Sprague de Camp and Willy Ley. New York, Rinehart, 1952. 329 p.

ASF	50(2):163-164.	O. 1952.	(P. Miller)
AUT	No. 45:142.	My. 1954.	(n.g.)
GAL	5(2):122.	N. 1952.	(G. Conklin)
NWB	No. 22:126.	Ap. 1954.	(L. Flood)
TWS	42(2):145.	Je. 1953.	(n.g.)
SPF	1(3):104.	N. 1952.	(G. Smith)
WT	44(8):74.	Ja. 1953.	(n.g.)
NEB	2(4):126.	Ap. 1954.	(Slater & Elder)

Lest darkness fall. New York, Holt, 1941. 379 p. 41-2806.

AMZ	23(12):152.	D. 1949.	(M. Tish)
AST	3(1):6.	S. 1941.	(I. Asimov)
NWB	No. 42:126.	D. 1955.	(L. Flood)
TWS	34(3):157-158.	Ag. 1949.	(S. Merwin)
STS	1(3):124,127.	Je. 1941.	(D. Wollheim)
UNK	4(6):6.	Ap. 1941.	(n.g.)
BSP	2(5):66.	O. 1955.	(n.g.)

DE CAMP, LYON SPRAGUE (Continued)

Lost continents; the Atlantis theme in history, science, and literature. New York, Gnome, 1954. 362 p. 54-7253.

```
ASF   54(2):142-145.  O. 1954.  (P. Miller)
GAL   8(6):115-116.  S. 1954.  (G. Conklin)
FSF   7(2):80.  Ag. 1954.  (Boucher & McComas)
LM    35/36:47.  Ap/My. 1972.  (J. B. Post)
```

Phantoms and fancies. Baltimore, Mirage, 1972. 107 p. 72-85407.

```
LM    41/42:58.  O/N. 1972.  (D. Schweitzer)
```

The reluctant shaman. New York, Pyramid, 1970. 190 p.

```
SFO   23:39-43.  S. 1971.  (B. Gillam)
LM    35/36:49.  Ap/My. 1972.  (J. B. Post)
```

Rogue queen. Garden City, N.Y., Doubleday, 1951. 222 p. 51-11464.

```
AMZ   25(12):151.  D. 1951.  (S. Merwin)
ASF   48(3):118-119.  N. 1951.  (P. Miller)
ASF   48(6):152-153.  F. 1952.  (P. Miller)
GAL   3(1):87-88.  O. 1951.  (G. Conklin)
SFIQ  2(3):69-70.  My. 1953.  (R. Lowndes)
STL   24(2):142.  N. 1951.  (n.g.)
WT    44(2):94.  Ja. 1952.  (n.g.)
FSF   2(6):87.  D. 1951.  (Boucher & McComas)
KPG   7:19.  F. 1973.  (n.g.)
```

Science fiction handbook. New York, Hermitage House, 1953. 328 p. 53-9724.

```
ASF   52(6):144-147.  F. 1954.  (P. Miller)
DSF   1(6):48.  Ja. 1954.  (R. Lowndes)
FAU   1(5):157-158.  Mr. 1954.  (R. Frazier)
GAL   8(2):129-130.  My. 1954.  (G. Conklin)
ISF   5(4):115.  Ap. 1954.  (M. Reinsberg)
SFA   2(3):123-124.  Je. 1954.  (D. Knight)
SFP   1(7):65.  D. 1953.  (S. Moskowitz)
FSF   5(6):105.  D. 1953.  (Boucher & McComas)
```

The search for Zei. New York, Avalon, 1962. 224 p. NUC 64-39516.

```
ASF   71(1):89.  Mr. 1963.  (P. Miller)
```

Solomon's stone. New York, Avalon Books, 1957. 224 p. 57-12678.

```
ASF   61(3):147.  My. 1958.  (P. Miller)
FAS   7(2):121-122.  F. 1958.  (S. Cotts)
GAL   16(3):108-109.  Jl. 1958.  (F. Gale)
OSFS  8(6):83,120.  My. 1958.  (D. Knight)
VEN   2(3):58.  My. 1958.  (T. Sturgeon)
WIF   10(6):88.  Ja. 1961.  (F. Pohl)
FSF   13(7):33.  Ja. 1958.  (A. Boucher)
```

The spell of the seven. New York, Pyramid, 1965. 192 p.

```
FSF   30(5):45-46.  My. 1966.  (F. Leiber)
```

Spirits, stars and spells, by L. Sprague de Camp and Catherine de Camp. New York, Canaveral, 1966. 348 p. 65-25470.

```
ASF   77(5):148-150.  Jl. 1966.  (P. Miller)
FAS   17(4):122-123.  Mr. 1968.  (F. Leiber)
```

Swords and sorcery, ed. by L. Sprague de Camp. New York, Pyramid, 1963. 186 p.

```
FSF   27(3):79-80.  S. 1964.  (A. Davidson)
```

Tales beyond time: from fantasy to science fiction, ed. by L. Sprague and Catherine Crook de Camp. New York, Lothrop, 1973. 159 p. 72-11950.

```
KR    41:456.  Ap. 15, 1973.  (n.g.)
```

Tales from Gavagan's bar, by L. Sprague de Camp and Fletcher Pratt. New York, Twayne, 1953. 228 p.

```
ASF   53(6):152.  Ag. 1954.  (P. Miller)
GAL   8(3):120-121.  Je. 1954.  (G. Conklin)
ISF   5(5):114.  My. 1954.  (H. Bott)
SFA   2(3):124.  Je. 1954.  (D. Knight)
```

3000 years of fantasy and science fiction, ed. by L. Sprague de Camp and Catherine Crook de Camp. New York, Lothrop, 1972. 256 p.

```
KR    40:948.  Ag. 15, 1972.  (n.g.)
LJ    97:3617.  N. 1, 1972.  (M. Burgess)
LJ    97:4076-4077.  D. 15, 1972.  (F. Postell)
```

The tower of Zanid. New York, Avalon, 1958. 220 p.

```
ASF   63(2):147.  Ap. 1959.  (P. Miller)
GAL   17(6):139.  Ag. 1959.  (F. Gale)
OSFS  10(4):95-96.  S. 1959.  (C. Knox)
```

The tritonian ring. New York, Twayne, 1953. 262 p. 53-12783.

```
ASF   53(6):151-152.  Ag. 1954.  (P. Miller)
FAU   1(6):159-160.  My. 1954.  (R. Frazier)
SFA   2(3):124.  Je. 1954.  (D. Knight)
```

The undesired princess. Los Angeles, Fantasy Publishing Co., 1951. 248 p. 51-24859.

```
ASF   48(2):141-142.  O. 1951.  (P. Miller)
GAL   3(1):87-88.  O. 1951.  (G. Conklin)
FSF   2(5):59.  O. 1951.  (Boucher & McComas)
```

Wall of serpents, by L. Sprague de Camp and Fletcher Pratt. New York, Avalon, 1960. 223 p.

```
ASF   67(6):170-171.  Ag. 1961.  (P. Miller)
GAL   20(2):145.  D. 1961.  (F. Gale)
```

Warlocks and warriors, ed. by L. Sprague de Camp. New York, Putnam, 1970. 255 p. 70-128629.

```
WFA   1(3):188.  W. 1970/1971.  (L. del Rey)
PW    198(2):150.  Jl. 13, 1970.  (n.g.)
PW    198(23):51.  D. 7, 1970.  (n.g.)
RQ    5:226-230.  Ag. 1972.  (D. Schweitzer)
SWSJ  46:9.  F. 1972.  (F. Patten)
FSF   40:16-17.  Mr. 1971.  (J. Blish)
LM    22:18.  Mr. 1971.  (L. Carter)
SWSJ  18:2.  Ap. 1971.  (J. Newton)
```

The wheels of if. Chicago, Shasta, 1949. 223 p. 49-8044.

```
ASF   44(2):142.  O. 1949.  (P. Miller)
FNM   4(2):106.  Jl. 1950.  (S. Moskowitz)
STL   19(3):133-134.  Jl. 1949.  (n.g.)
SFO   23:39-43.  S. 1971.  (B. Gillam)
SSS   5(3):95.  Jl. 1949.  (F. Pohl)
```

DEE, ROGER
SEE Aycock, Roger D.

DEEGAN, JON J.

Exiles in time. London, Hamilton, 1954. 159 p.

AUT   No. 46:139. Je. 1954. (n.g.)

DE FORD, MIRIAM ALLEN

Elsewhere, elsewhen, elsehow, ed. by Miriam Allen de Ford.
New York, Walker, 1971. 180 p. 77-147792.

KR   39:465. Ap. 15, 1971. (n.g.)
KR   39:567. My. 15, 1971. (n.g.)
LJ   96:3641. N. 1, 1971. (S. Avila)
LJ   96:4205. D. 15, 1971. (A. Hankenson)
PW   199:47. Ap. 19, 1971. (n.g.)
LM   44:26. Ja. 1973. (B. Fredstrom)

Space, time & crime, ed. by Miriam Allen de Ford. New
York, Paperback Library, 1964. 174 p.

FSF   29(2):65. Ag. 1965. (F. Leiber)

Xenogenesis. New York, Ballantine, 1969. 231 p.

LM   7:32. D. 1969. (J. Slavin)

DE GRAEFF, ALLEN, ed.

Human and other beings. New York, Collier, 1963. 319 p.
63-10209.

ASF   74(1):88-89. S. 1964. (P. Miller)

DE GRAZIA, ALFRED, ed.

The Velikovsky affair: the warfare of science and
scientism. New Hyde Park, N.Y., University Books,
1966. 260 p. 65-15374.

ASF   79(1):158-160. Mr. 1967. (P. Miller)

DELAGE, IDA

The farmer and the witch. Champaign, Ill., Garrard,
1966. 48 p.

LM   22:21. Mr. 1971. (J. Post)

The old witch and the snores. Champaign, Ill., Garrard,
1970. 46 p. 75-95748.

LM   22:21. Mr. 1971. (J. Post)

The weeny witch. Champaign, Ill., Garrard, 1968. 48 p.

LM   22:21. Mr. 1971. (J. Post)

What does a witch need? Champaign, Ill., Garrard, 1971.
47 p. 76-143305.

LM   38/39:27. Jl/Ag. 1972. (J. Post)

The witchy broom. Champaign, Ill., Garrard, 1969. 48 p.

LM   22:21. Mr. 1971. (J. Post)

DE LA MARE, COLIN

They walk again. New York, Dutton, 1942. 469 p. 43-
6805.

SSS   4(3):67. F. 1943. (D. Wollheim)

DE LA MARE, WALTER

Eight tales. Sauk City, Wisc., Arkham House, 1971. 108 p.
73-25846.

LM   38/39:41. Jl/Ag. 1972. (C. Moslander)

DELANY, SAMUEL R.

Babel-17. New York, Ace, 1966. 173 p. NUC 70-22772.

ASF   80(4):163-164. D. 1967. (P. Miller)
NWB   No. 167:153-154. O. 1966. (J. Cawthorn)
FSF   31(6):35-36. D. 1966. (J. Merril)
SFO   20:23-24. Ap. 1971. (L. Luttrell)

The ballad of Beta-2. New York, Ace, 1965. 96 p.
NUC 71-1317.

FSF   29(5):18-19. N. 1965. (J. Merril)

Captives of the flame. New York, Ace, 1963. NUC 67-
24403.

ASF   72(3):90-91. N. 1963. (P. Miller)

City of a thousand suns. New York, Ace, 1965. 156 p.
NUC 69-135296.

ASF   79(4):167-168. Je. 1967. (P. Miller)

Driftglass. Garden City, N.Y., Doubleday, 1971. 274 p.
71-27226.

ALG   19:29. N. 1972. (D. Lupoff)
ASF   89:167-168. Jl. 1972. (P. Miller)
KPG   6:87. Ap. 1972. (C. Richey)

The Einstein intersection. New York, Ace, 1967. 142 p.
NUC 70-22773.

ASF   81(2):163-164. Ap. 1968. (P. Miller)
FAS   18(1):136-137. O. 1968. (F. Leiber)
GAL   26(1):193-194. O. 1967. (A. Budrys)
NWB   No. 173:63. Jl. 1967. (J. Cawthorn)
FSF   33(5):34-36. N. 1967. (J. Merril)
SFO   1:16. Ja. 1969. (R. Toomey)

Empire star. New York, Ace, 1966. 152 p.

NWB   No. 163:143-144. Je. 1966. (J. Colvin)
FSF   31(6):35-36. D. 1966. (J. Merril)

The fall of the towers. New York, Ace, 1966. 413 p.

LM   40:24. S. 1972. (J. B. Post)

The jewels of Aptor. New York, Ace, 1962. 156 p.
NUC 70-3149.

ASF   71(6):91-92. Ag. 1963. (P. Miller)

Nova. Garden City, N.Y., Doubleday, 1968. 279 p.
68-18083.

ASF   82(3):166-167. N. 1968. (P. Miller)
GAL   27(6):189-192. Ja. 1969. (A. Budrys)
NWB   No. 185:61. D. 1968. (M. Harrison)

DELANY, SAMUEL R. (Continued)

Nova. (Continued)

FSF	35(5):43-46. N. 1968. (J. Merril)
SFO	13:9-10. Jl. 1970. (J. Gibson)
SFO	14:7-10. Ag. 1970. (B. Gillam)
SFO	17:38-41. N. 1970. (G. Turner)
SPEC	3(1):17-20. Ja. 1970. (P. Bulmer)
SWSJ	54:3. My. 1972. (R. Wadholm)

Quark/I, ed. by Samuel R. Delany and Marilyn Hacker. New York, Paperback Library, 1970. 239 p.

AMZ	45:110-112. S. 1971. (T. White)
KPG	5:sec. II. Ap. 1971. (L. Hale)
LM	23:28. Ap. 1971. (J. B. Post)
SFO	22:33-39. Jl. 1971. (B. Gillespie)
SFR	43:33-36. Mr. 1971. (R. Delap)

Quark 3, ed. by Samuel R. Delany and Marilyn Hacker. New York, Paperback Library, 1971. 238 p.

SFO	25:33-35. D. 1971. (R. Delap)
LM	41/42:56-57. O/N. 1972. (D. Schweitzer)

Quark/4, ed. by Samuel R. Delany and Marilyn Hacker. New York, Paperback Library, 1971. 240 p.

LM	35/36:51. Ap/My. 1972. (S. Mines)

The tides of lust. New York, Lancer, 1973. 173 p.

PW	203:82. F. 19, 1973. (n.g.)

The towers of Toron. New York, Ace, 1964. 140 p. NUC 67-23845.

ASF	74(3):88. N. 1964. (P. Miller)

DE LA REE, GERRY

Space travel—when and how? River Edge, N.J., The Author, 1953.

AUT	No. 41:152. Ja. 1954. (n.g.)

DE LATIL, PIERRE

Man and the underwater world, by Pierre de Latil and Jean Rivoire. New York, Putnam, 1956. 400 p. 56-7203.

GAL	13(1):71. N. 1956. (F. Gale)

DELBLANC, SVEN

Homunculus: a magic tale. Englewood Cliffs, N.J., Prentice Hall, 1969. 188 p. 69-13116.

SFR	36:38. 1970. (R. Delap)

DE LENOIR, CECIL

The hundredth man. New York, Claude Kendall, 1934. 288 p. 34-40652.

AMZ	9(7):133. N. 1934. (C. Brandt)

DEL MARTIA, ASTRON

One against time. New York, Paperback Library, 1969. 144 p.

LM	20:29. Ja. 1971. (D. Paskow)

DEL PIOMBO, AKBAR

The boiler maker. New York, Citadel Press, 1961. unpaged. 61-66321.

FSF	24(2):33. F. 1963. (A. Davidson)

Fuzz against junk. New York, Citadel Press, 1961. unpaged. NUC 65-48886.

FSF	24(2):33. F. 1963. (A. Davidson)

The hero maker. New York, Citadel Press, 1961. unpaged. NUC 67-89671.

FSF	24(2):33-34. F. 1963. (A. Davidson)

Is that you Simon? New York, Citadel Press, 1961. unpaged. 61-66315.

FSF	24(2):33. F. 1963. (A. Davidson)

DEL REY, LESTER

And some were human. Philadelphia, Prime Press, 1948. 331 p.

AMZ	23(12):153-154. D. 1949. (M. Tish)
ASF	44(1):150. S. 1949. (P. Miller)
FNM	2(5):114-115. Ja. 1949. (S. Moskowitz)
SSS	5(1):91-92. Ja. 1949. (F. Pohl)
FSF	22(4):114-115. Ap. 1962. (A. Bester)

Attack from Atlantis. Philadelphia, Winston, 1953. 207 p. 53-9312.

ASF	54(3):145. N. 1954. (P. Miller)
FAU	1(6):160. My. 1954. (R. Frazier)
GAL	8(3):122. Je. 1954. (G. Conklin)
WIF	19(8):148-149. O. 1969. (L. del Rey)

Best science fiction stories of the year, ed. by Lester del Rey. New York, Dutton, 1972. 250 p. 77-190700.

WSJ	82:R/9-R/10. S. 1973. (R. Delap)
KR	40:603. My. 15, 1972. (n.g.)
LJ	97:2651. Ag. 1972. (D. Halprin)
PW	201:33. My. 29, 1972. (n.g.)
REN	4:10-12. Fl. 1972. (J. Pierce)
SDNP	p. 9. S. 16/17, 1972. (B. Friend)
ASF	91:169-171. My. 1973. (P. Miller)
LM	46:25. Mr. 1973. (S. Mines)
FSF	44:39-40. Mr. 1973. (A. Davidson)
KPG	7:22. N. 1973. (n.g.)
PW	203:52. My. 21, 1973. (n.g.)
VTX	1:11. D. 1973. (n.g.)
REN	5(3):11-13. Sm. 1973. (J. Pierce)

Best science fiction stories of the year, vol. 2, ed. by Lester del Rey. New York, Dutton, 1973. 251 p. 77-190700.

LJ	98:3164. O. 15, 1973. (C. Coon)
KR	41:622. Je. 1, 1973. (n.g.)

DEL REY, LESTER (Continued)

Day of the giants. New York, Avalon Books, 1959. 224 p.

ASF	64(1):151-152. S. 1959. (P. Miller)	
GAL	18(2):152. D. 1959. (F. Gale)	
WIF	9(3):99-100. Jl. 1959. (F. Pohl)	
	(Vol. & issue numbers incorrect in issue)	

The eleventh commandment. New York, Ballantine, 1962.
186 p.

ASF	70(1):158-159. S. 1962. (P. Miller)
PW	198(18):55. N. 2, 1970. (n.g.)
REN	3:10-11. 1971. (J. Pierce)

Gods and golems. New York, Ballantine, 1973. 246 p.

KPG	7:17-18. Ap. 1973. (n.g.)
WSJ	82:R/11-R/12. S. 1973. (C. Derry)

It's your atomic age. New York, Abelard, 1951. 226 p.
51-10444rev.

SFIQ	1(5):77,125-127. My. 1952. (R. Lowndes)

Marooned on Mars. Philadelphia, Winston, 1952. 210 p.
52-5497.

AMZ	26(10):147-148. O. 1952. (S. Merwin)
ASF	50(3):153-154. N. 1952. (P. Miller)
FUTF	3(5):85. Ja. 1953. (R. Lowndes)
GAL	5(2):123-124. N. 1952. (G. Conklin)
SPF	1(3):102. N. 1952. (G. Smith)
SPS	1(1):129. O. 1952. (n.g.)

Mission to the moon. Philadelphia, Winston, 1956. 206 p.
56-5093.

ASF	59(5):146-147. Jl. 1957. (P. Miller)
GAL	13(3):47. Ja. 1957. (F. Gale)

Moon of mutiny. New York, Holt, 1961. 217 p. 61-14968.

AMZ	36(1):138. Ja. 1962. (S. Cotts)
ASF	69(3):170-171. My. 1962. (P. Miller)

Mortals and monsters. New York, Ballantine, 1965. 188 p.
NUC 70-101977.

GAL	24(2):149-151. D. 1965. (A. Budrys)

The mysterious earth. Philadelphia, Chilton, 1960. 214 p.
60-7517.

ASF	66(5):162-163. Ja. 1961. (P. Miller)

The mysterious sea. Philadelphia, Chilton, 1961. 198 p.
61-13510.

FSF	21(6):72-73. D. 1961. (A. Bester)

Nerves. New York, Ballantine, 1956. 153 p. 56-9579.

AMZ	30(9):95. S. 1956. (V. Gerson)
ASF	58(4):150-151. D. 1956. (P. Miller)
FAU	6(3):91. O. 1956. (H. Santesson)
GAL	13(4):52-53. F. 1957. (F. Gale)
INF	1(6):111-112. D. 1956. (D. Knight)
SAT	1(3):116. F. 1957. (S. Moskowitz)
FSF	11(3):108. S. 1956. (A. Boucher)

Outpost of Jupiter. New York, Holt, 1963. 191 p. 63-
10205.

ASF	72(4):91. D. 1963. (P. Miller)

Prisoners of space. Philadelphia, Westminster, 1967.
142 p. 68-10427.

ASF	82(5):163. Ja. 1969. (P. Miller)

Pstalemate. New York, Putnam, 1971. 190 p. 78-172410.

KR	39:1142. O. 15, 1971. (n.g.)
KR	39:1222. N. 15, 1971. (n.g.)
BKL	68:649. Ap. 1, 1972. (n.g.)
FSF	43:59-60. Jl. 1972. (J. Blish)
GAL	32:125. My. 1972. (T. Sturgeon)
LJ	97:217. Ja. 15, 1972. (F. Patten)
LJ	97:1624. Ap. 15, 1972. (P. Wegars)
LM	41/42:40. O/N. 1972. (B. Fredstrom)
NYT	p. 33. My. 14, 1972. (T. Sturgeon)
REN	4:13. 1972. (J. Pierce)
FOU	3:76-77. Mr. 1973. (C. Priest)
KPG	7:80. Ap. 1973. (P. Deck)
RQ	6:68-69. Ag. 1973. (D. Schweitzer)
TLS	3700:129. F. 2, 1973. (n.g.)
ASF	90:163-164. F. 1973. (P. Miller)

Robots and changelings. New York, Ballantine, 1958.
175 p. 58-6912rev.

AMZ	32(5):56. My. 1958. (S. Cotts)
ASF	62(4):157-158. D. 1958. (P. Miller)
FAU	9(4):94-95. Ap. 1958. (H. Santesson)
GAL	16(6):131. O. 1958. (F. Gale)
OSFS	10(2):66-67. My. 1959. (C. Knox)
WIF	9(1):110. D. 1958. (D. Knight)
FSF	14(4):95. Ap. 1958. (A. Boucher)

Rocket jockey, by Philip St. John. Philadelphia, Winston,
1952. 207 p. 52-8972.

ASF	51(6):144-145. Ag. 1953. (P. Miller)
GAL	5(6):111. Mr. 1953. (G. Conklin)
SPF	1(5):117-118. Mr. 1953. (G. Smith)
SPS	2(1):127. Ap. 1953. (n.g.)

Rocket pilot, by Philip St. John. London, Hutchinson,
1955. 216 p.

AUT	No. 60:152-153. Ag. 1955. (n.g.)

Rockets through space. Philadelphia, Winston, 1957.
118 p. 57-8844.

ASF	61(3):140. My. 1958. (P. Miller)
GAL	17(1):77. N. 1958. (F. Gale)
VEN	2(3):59. My. 1958. (T. Sturgeon)

Rockets to nowhere, by Philip St. John. Philadelphia,
Winston, 1954. 214 p. 53-7337.

ASF	59(1):147-148. Mr. 1957. (P. Miller)

Step to the stars. Philadelphia, Winston, 1954. 210 p.
54-8792.

ASF	55(6):151-152. Ag. 1955. (P. Miller)
AUT	No. 72:151. Ag. 1956. (n.g.)

Tunnel through time. Philadelphia, Westminster, 1966.
153 p. 66-11916.

ASF	78(2):163-164. O. 1966. (P. Miller)

The year after tomorrow, ed. by Lester del Rey, Cecile
Matschat and Carl Carmer. Philadelphia, Winston, 1954.
339 p. 52-8976.

GAL	9(2):122. N. 1954. (G. Conklin)
SFIQ	3(5):64. My. 1955. (D. Knight)

DEMIJOHN, THOM. Black Alice.
  SEE Disch, Thomas M. Black Alice.

DE MORGAN, AUGUSTUS

  A budget of paradoxes. New York, Dover, 1954. 2 v.
  54-475.

    GAL   9(6):98-99. Mr. 1955. (G. Conklin)

DEMPSEY, MICHAEL W.

  Into space, by Michael W. Dempsey and Angela Sheehan.
  New York, World, 1970. 30 p. 77-128530.

    LM   28:22. Jl/Ag. 1971. (J. Post)

DENNIS, NIGEL FORBES

  Cards of identity. New York, Vanguard, 1955. 369 p.
  55-24401.

    ASF   57(5):151-152. Jl. 1956. (P. Miller)

DE PAOLA, THOMAS ANTHONY

  The monsters' ball, by Tomie De Paola. New York, Haw-
  thorne, 1970. 31 p. 73-98184.

    LM   29:24. O. 1971. (J. Post)

DE REGNIERS, BEATRICE SHENK

  The boy, the bat, and the butterfly. New York, Atheneum,
  1971. 40 p. 77-154752.

    LM   41/42:29. O/N. 1972. (S. Deckinger)

DERLETH, AUGUST WILLIAM

  Beacheads in space, ed. by August Derleth. New York,
  Pellegrini & Cudahy, 1952. 320 p. 52-9049.

    ASF   52(3):147-148. N. 1953. (P. Miller)
    AUT   No. 47:113-114. Jl. 1954. (n.g.)
    DSF   1(3):67. Je. 1953. (R. Lowndes)
    GAL   5(5):98-99. F. 1953. (G. Conklin)
    NEB   No. 9:118-119. Ag. 1954. (K. Slater)
    NWB   No. 24:126-127. Je. 1954. (L. Flood)
    WT   44(8):8,74. Ja. 1953. (n.g.)

  Beyond time and space, ed. by August Derleth. New York,
  Pellegrini & Cudahy, 1950. 643 p. 50-7958.

    ASF   47(1):146-147. Mr. 1951. (P. Miller)
    FASF   1(1):34. Ag. 1952. (L. Raymond)
    FUTF   1(6):69. Mr. 1951. (R. Lowndes)
    FSO   3(1):100. Ja. 1951. (B. Tucker)
    GAL   1(1):143-144. O. 1950. (G. Conklin)
    SCF   No. 2:31-32. W. 1950/51. (G. Giles)
    FSF   1(4):82. Fl. 1950. (Boucher & McComas)

  The chronicles of Solar Pons. Sauk City, Wisc., Mycroft
  & Moran, 1973. 237 p.

    LM   48:26. Fl. 1973. (J. B. Post)

Colonel Markesan and less pleasant people, by August
Derleth and Mark Shorer. Sauk City, Wisc., Arkham House,
1966. 285 p. 66-8627.

    SMS   1(3):30. W. 1966. (R. Lowndes)

Dark things. Sauk City, Wisc., Arkham House, 1971.
330 p. 71-158720.

    LM   41/42:50. O/N. 1972. (J. B. Post)

Far boundaries. New York, Pellegrini & Cudahy, 1951.
292 p. 51-10782.

    AMZ   25(12):150. D. 1951. (S. Merwin)
    ASF   48(6):159. F. 1952. (P. Miller)
    GAL   3(3):110-111. D. 1951. (G. Conklin)
    SFIQ   1(6):79. Ag. 1952. (R. Lowndes)

Mr. Fairlee's final journey. Sauk City, Wisc., Mycroft
& Moran, 1968. 131 p. 70-1263.

    SMS   3(1):91. Sm. 1969. (R. Lowndes)

Mr. George and other odd persons, by Stephen Grendon.
Sauk City, Wisc., Arkham House, 1963. 239 p. 63-24546.

    FSF   26(3):79-80. Mr. 1964. (A. Davidson)

Night's yawning peal. New York, Arkham House, 1952.
280 p. 52-5051.

    AMZ   26(9):149. S. 1952. (S. Merwin)

The other side of the moon, ed. by August Derleth.
London, Grayson, 1956. 239 p.

    AUT   No. 71:158. Jl. 1956. (n.g.)
    NWB   No. 49:128. Jl. 1956. (L. Flood)

The outer reaches. New York, Pellegrini & Cudahy, 1951.
342 p. 51-13540.

    AMZ   26(3):150-151. Mr. 1952. (S. Merwin)
    ASF   49(3):161. My. 1952. (P. Miller)
    FASF   1(1):34. Ag. 1952. (L. Raymond)
    FASF   1(2):49. D. 1952. (L. Raymond)
    GAL   4(1):119-120. Ap. 1952. (G. Conklin)
    SFIQ   1(6):79-80. Ag. 1952. (R. Lowndes)
    STL   25(1):142-143. F. 1952. (n.g.)

Over the edge. London, Gollancz, 1967. 297 p.

    NWB   No. 177:63. N. 1967. (J. Cawthorn)

Portals of tomorrow, ed. by August Derleth. New York,
Rinehart, 1954. 371 p. 54-6523.

    ASF   55(1):156-157. Mr. 1955. (P. Miller)
    GAL   9(1):95-96. O. 1954. (G. Conklin)
    ISF   5(10):109. O. 1954. (H. Bott)
    FSF   7(3):93-94. S. 1954. (A. Boucher)

Someone in the dark. Sauk City, Wisc., Arkham House,
1941. 335 p. 41-17319.

    SSS   3(2):123. My. 1942. (D. Wollheim)
    TWS   21(3):13. F. 1942. (A. S.)

Strange ports of call, ed. by August Derleth. New York,
Pelligrini & Cudahy, 1948. 393 p. 48-6688.

    AMZ   23(12):150. D. 1949. (M. Tish)
    ASF   42(3):105-106. N. 1948. (T. Sturgeon)
    FNM   3(2):120. Jl. 1949. (S. Moskowitz)
    STL   18(2):176-177. N. 1948. (n.g.)

DERLETH, AUGUST WILLIAM (Continued)

Tales of the cthulhu mythos, by H. P. Lovecraft and others, comp. by August Derleth. Sauk City, Wisc., Arkham House, 1969. 407 p.

    WTT   1(3):7,118. Fl. 1970. (R. Lowndes)
    FSF   39(4):27. O. 1970. (G. Wilson)
    LM   12:30. My. 1970. (J. B. Post)
    SWSJ   21:9-10. My. 1971. (M. Owings)

Thirty years of Arkham House, 1939-1969; a history and bibliography. Sauk City, Wisc., Arkham House, 1970. 99 p. 76-121892.

    BFT   1(2):74. Mr. 1971. (R. Lowndes)
    LM   24/25:56. My/Je. 1971. (J. B. Post)

Time to come, ed. by August Derleth. New York, Farrar, 1954. 311 p. 54-7307.

    GAL   9(2):120. N. 1954. (G. Conklin)

Travellers by night, ed. by August Derleth. Sauk City, Wisc., Arkham House, 1967. 261 p. 67-5887.

    MOH   4(1):110-113. Ja. 1968. (R. Lowndes)

When evil wakes, ed. by August Derleth. London, Souvenir Press, 1963. 288 p. NUC 64-43092.

    FSF   26(3):81. Mr. 1964. (A. Davidson)

Worlds of tomorrow, ed. by August Derleth. New York, Pellegrini & Cudahy, 1953. 351 p. 52-12383.

    ASF   52(4):148-149. D. 1953. (P. Miller)
    GAL   6(3):124. Je. 1953. (G. Conklin)
    AUT   No. 52:130-131. D. 1954. (n.g.)
    NEB   No. 11:119. D. 1954. (K. Slater)
    NWB   No. 32:124-125. F. 1955. (L. Flood)
    SFP   1(6):65. O. 1953. (S. Moskowitz)

DERN, DOROTHY LOUISE

The doctor's secret. New York, Pageant. 1954. 116 p. 54-12340.

    GAL   13(5):119. Mr. 1957. (F. Gale)

DEROUEN, REED RANDOLPH

Split image. London, Wingate, 1955. 283 p.

    NWB   No. 44:124-125. F. 1956. (L. Flood)

DESMOND, WILLIAM H.

The science fiction magazine checklist, 1961-1972. Cambridge, Mass., Archival Press, 1973. 16 p.

    VIEWS AND REVIEWS 5(2):34. D. 1973. (R. Briney)

DEVITIS, A. A.

Anthony Burgess. New York, Twayne, 1972. 179 p. 72-161806.

    CHO   10:90. Mr. 1973. (n.g.)

DEVLIN, WENDE

Old witch and the polka-dot ribbon, by Wende Devlin and Harry Devlin. New York, Parents Magazine Press, 1970. 32 p. 74-117565.

    LM   38/39:21. Jl/Ag. 1972. (J. Post)

DE WOHL, LOUIS

The second conquest. Philadelphia, Lippincott, 1954. 239 p. 54-5595.

    ASF   54(6):142. F. 1955. (P. Miller)
    GAL   8(6):116. S. 1954. (G. Conklin)
    SFD   1(2):126-127. My. 1954. (E. Lewis)

DEXTER, WILLIAM
    SEE Prichard, William Thomas

DICK, PHILIP K.

The book of Philip K. Dick. New York, Daw, 1973. 187 p.

    KPG   7:18. Ap. 1973. (n.g.)
    LM   46:17. Mr. 1973. (L. Bloom)

Clans of the alphane moon. New York, Ace, 1964. 192 p.

    SFO   1:47. Ja. 1969. (B. Gillespie)
    KPG   6:88. Ap. 1972. (C. Richey)

The cosmic puppets. New York, Ace, 1957. 127 p.

    ASF   61(4):145-146. Je. 1958. (P. Miller)
    FSF   13(7):33. Ja. 1958. (A. Boucher)
    SFAD   2(4):100. Mr. 1958. (C. Knox)

Counter-clock world. New York, Berkley, 1967. 160 p. NUC 71-100126.

    FSF   33(5):32-33. N. 1967. (J. Merril)
    SFO   4:55. Jl. 1969. (B. Gillespie)

The crack in space. New York, Ace, 1966. 190 p. NUC 69-39687.

    FSF   33(5):32-33. N. 1967. (J. Merril)
    NWB   No. 163:144. Je. 1966. (J. Colvin)
    SFO   4:59. Jl. 1969. (B. Gillespie)

Do androids dream of electric sheep? Garden City, N.Y., Doubleday, 1968. 210 p. 68-11779.

    ASF   82(1):171. S. 1968. (P. Miller)
    NWB   No. 190:59. My. 1969. (M. Harrison)
    FSF   35(2):19-23. Ag. 1968. (J. Merril)
    SFO   7:33. N. 1969. (D. Penman)
    SFO   9:11-25. F. 1970. (B. Gillespie)
    SWSJ   26:10. Jl. 1971. (S. Goldstein)

Dr. Bloodmoney (or how we got along after the bomb). New York, Ace, 1965. 222 p. NUC 71-100123.

    NWB   No. 160:157. Mr. 1966. (J. Colvin)
    SFO   1:48. Ja. 1969. (B. Gillespie)

Dr. Futurity. New York, Ace, 1960. 138 p.

    ASF   66(2):170-171. O. 1960. (P. Miller)
    WIF   10(3):105. Jl. 1960. (F. Pohl)
    FSF   18(6):86. Je. 1960. (D. Knight)

DICK, PHILIP K. (Continued)

Eye in the sky. New York, Ace, 1957. 255 p. NUC 69-115131.

ASF	60(5):143-144. Ja. 1958. (P. Miller)
INF	3(1):99-100. N. 1957. (D. Knight)
VEN	1(5):50-51. S. 1957. (T. Sturgeon)
FSF	13(1):93. Jl. 1957. (A. Boucher)

Flow my tears the policeman said. Garden City, N.Y., Doubleday, 1974. 231 p. 73-83625.

| KR | 41:1328. D. 1, 1973. (n.g.) |
| PW | 204:36. D. 3, 1973. (n.g.) |

Galactic pot-healer. New York, Berkley, 1969. 144 p. NUC 70-84255.

ASF	85(1):168. Mr. 1970. (P. Miller)
NWB	No. 194:30. O. 1969. (J. Churchill)
LM	13:22. Je. 1970. (S. Mines)
SFR	33:33-34. F. 1970. (M. Linden)
WSJ	73:44-45. S/N. 1970. (A. Gilliland)
BB	17:50-51. O. 1971. (D. Compton)

The game-players of Titan. New York, Ace, 1964. 191 p. NUC 70-84563.

AMZ	38(5):125-126. My. 1964. (R. Silverberg)
ASF	73(6):85-86. Ag. 1964. (P. Miller)
KPG	6:78. S. 1972. (C. Richey)

The Ganymede takeover, by Philip K. Dick and Ray Nelson. New York, Ace, 1967. 157 p.

| NWB | No. 176:64. O. 1967. (J. Cawthorn) |
| SFO | 2:46. Mr. 1969. (B. Gillespie) |

A handful of darkness. London, Rich & Cowan, 1955. 224 p.

AUT	No. 62:155. O. 1955. (n.g.)
NWB	No. 40:126. O. 1955. (L. Flood)
BSP	2(5):50-52. O. 1955. (n.g.)
FSF	10(4):79. Ap. 1956. (A. Boucher)

The man in the high castle. New York, Putnam, 1962. 239 p. 62-18262.

AMZ	37(2):119-120. F. 1963. (S. Cotts)
AMZ	38(6):123-124. Je. 1964. (R. Silverberg)
ASF	71(2):88. Ap. 1963. (P. Miller)
NWB	No. 160:157. Mr. 1966. (J. Colvin)
NWB	No. 173:63-64. Jl. 1967. (J. Cawthorn)
FSF	24(6):59-61. Je. 1963. (A. Davidson)
SFO	1:45. Ja. 1969. (B. Gillespie)

The man who japed. New York, Ace, 1956. 160 p. NUC 69-115134.

ASF	59(6):141-142. Ag. 1957. (P. Miller)
FAS	6(4):122-123. My. 1957. (V. Gerson)
INF	2(2):96-97. Ap. 1957. (L. Shaw & I. Stein)
FSF	12(4):83. Ap. 1957. (A. Boucher)

The martian time-slip. New York, Ballantine, 1964. 220 p. NUC 71-100127.

| ASF | 74(3):87-88. N. 1964. (P. Miller) |
| FSF | 27(6):70-71. D. 1964. (R. Goulart) |

Maze of death. Garden City, N.Y., Doubleday, 1970. 216 p. 70-111158.

BB	17:60-61. Mr. 1972. (B. Patten)
KPG	6:75. F. 1972. (C. Richey)
LJ	95(20):4066. N. 15, 1970. (M. Blalock)
PW	197(19):40. My. 11, 1970.
LM	26/27:39. Jl/Ag. 1971. (D. Paskow)
SPEC	29:35-38. O. 1971. (P. Strick)
SWSJ	25:4. Je. 1971. (J. Newton)

Now wait for last year. New York, McFadden Bartell, 1966. 224 p.

| SFO | 9:5-7. F. 1970. (G. Turner) |
| SFO | 9:11-25. F. 1970. (B. Gillespie) |

Our friends from Frolix 8. New York, Ace, 1970. 189 p.

| LM | 24/25:46. My/Je. 1971. (J. Evers) |

The penultimate truth. New York, Belmont, 1964. 176 p.

| AMZ | 39(4):125-126. Ap. 1965. (R. Silverberg) |
| SFO | 2:44. Mr. 1970. (B. Gillespie) |

The preserving machine. New York, Ace, 1969. 317 p.

| LM | 9:31. F. 1970. (J. Slavin) |
| SWSJ | 17:7. Mr. 1971. (yngvi) |

Solar lottery. New York, Ace, 1955. 188 p. 55-33828.

ASF	56(3):151-152. N. 1955. (P. Miller)
GAL	11(2):104-105. N. 1955. (F. Gale)
INF	1(1):128-130. N. 1955. (D. Knight)
NWB	No. 184:61. N. 1968. (R. Meadley & M. Harrison)
FSF	9(2):94. Ag. 1955. (A. Boucher)

The three stigmata of Palmer Eldritch. Garden City, N.Y., Doubleday, 1965. 278 p. 65-11537.

ASF	75(6):152-153. Ag. 1965. (P. Miller)
GAL	23(6):187-192. Ag. 1965. (A. Budrys)
NWB	No. 160:157. Mr. 1966. (J. Colvin)
FSF	29(1)[i.e. 28(6)]:74-75. Je. 1965. (J. Merril)
SFO	1:40. Ja. 1969. (B. Gillespie)
SWSJ	68:9. S. 1972. (M. Shoemaker)

Time out of joint. Philadelphia, Lippincott, 1959. 221 p. 59-7775.

| ASF | 64(5):174. Ja. 1960. (P. Miller) |
| WIF | 9(5):98. N. 1959. (F. Pohl) |

Ubik. Garden City, N.Y., Doubleday, 1969. 202 p. 69-15205.

LM	4:31. S. 1969. (S. Mines)
SFO	9:11-25. F. 1970. (B. Gillespie)
SFO	17:33-34. N. 1970. (G. Turner)
WSJ	70:24-25. D. 1969-F. 1970. (T. Pauls)
SPEC	29:35-38. O. 1971. (J. Post)
ASF	84(2):174-175. O. 1969. (P. Miller)
VEN	3(3):105. N. 1969. (R. Goulart)

The variable man. New York, Ace, 1957. 255 p.

ASF	62(1):154-155. S. 1958. (P. Miller)
FAU	9(4):95. Ap. 1958. (H. Santesson)
VEN	2(3):58. My. 1958. (T. Sturgeon)
SFAD	2(6):92. Je. 1958. (C. Knox)
FSF	14(2):109. F. 1958. (A. Boucher)

DICK, PHILIP K. (Continued)

Vulcan's hammer. New York, Ace, 1960. 139 p.
NUC 70-70723.

| ASF | 68(3):164-165. N. 1961. (P. Miller) |
| AMZ | 35(2):133. F. 1961. (n.g.) |

We can build you. New York, Daw, 1972. 206 p.

| GAL | 33:173-174. Ja. 1973. (T. Sturgeon) |

The world Jones made. New York, Ace, 1956. 192 p.
56-31362.

ASF	58(1):158-159. S. 1956. (P. Miller)
INF	1(5):65-66. O. 1956. (D. Knight)
NWB	No. 187:63. F. 1969. (J. Cawthorn)
FSF	11(2):108. Ag. 1956. (A. Boucher)
SFO	2:46. Mr. 1969. (B. Gillespie)
VOT	1(8):28-29. Mr. 1970. (D. Malcolm)

World of chance. London, Rich & Cowan, 1956. 160 p.

| AUT | No. 73:153. S. 1956. (n.g.) |
| NWB | No. 49:126. Jl. 1956. (L. Flood) |

The zap gun. New York, Pyramid, 1967. 176 p.

| FSF | 33(5):32-33. N. 1967. (J. Merril) |
| SFO | 4:64. Jl. 1969. (B. Gillespie) |

DICKENS, ANTHONY

A guide to fairy chess. New York, Dover, 1971. 66 p.
74-143681.

| LM | 24/25:54. My/Je. 1971. (J. B. Post) |

DICKENS, CHARLES

The magic fish-bone. Irvington-on-Hudson, N.Y., Harvey,
1969. 32 p. 69-17741.

| LM | 24/25:36. My/Je. 1971. (J. Post) |

DICKINSON, PETER

The green gene. New York, Pantheon, 1973. 191 p. 72-
12857.

BKL	69:1009. Jl. 1, 1973. (n.g.)
BS	33:102. Je. 1, 1973. (A. Siaulys)
KR	41:344. Mr. 15, 1973. (n.g.)
KR	41:404. Ap. 1, 1973. (n.g.)
LJ	98:1602. Mr. 15, 1973. (H. Veit)
PW	203:59. Ap. 2, 1973. (n.g.)
TLS	3719:697. Je. 15, 1973. (n.g.)

Sleep and his brother. New York, Harper, 1971. 218 p.

| LM | 40:27. S. 1972. (P. Walker) |

The weathermonger. Boston, Little, Brown, 1969. 216 p.
69-11781.

| LM | 5:31. O. 1969. (D. Paskow) |

DICKS, TERRANCE

The making of Doctor Who, by Terrance Dicks and Malcolm
Hulke. London, Pan, 1972. 115 p.

| FOU | 2:53. Je. 1972. (G. Hay) |

DICKSON, CARTER
SEE Carr, John Dickson

DICKSON, GORDON R.

Alien art. New York, Dutton, 1973. 162 p.

| CCB | 27:25. O. 1973. (n.g.) |
| KR | 41:395-396. Ap. 1, 1973. (n.g.) |

Alien from Arcturus. New York, Ace, 1956. 150 p.

ASF	57(5):160. Jl. 1956. (P. Miller)
INF	1(4):107. Ag. 1956. (D. Knight)
FSF	10(4):79. Ap. 1956. (A. Boucher)

The alien way. New York, Bantam, 1965. 184 p. NUC 67-
48283.

| FSF | 28(5):70-75. My. 1965. (J. Merril) |

Danger—human! Garden City, N.Y., Doubleday, 1970.
228 p. 77-89082.

LJ	95(1):82. Ja. 1, 1970. (B. Laite)
LJ	95(10):1969. My. 15, 1970. (J. Calvallini)
SFR	40:31. O. 1970. (P. Walker)
LM	21:29. F. 1971. (D. Paskow)

Delusion world. New York, Ace, 1961. 100 p.

| ASF | 69(3):169-170. My. 1962. (P. Miller) |

The genetic general. New York, Ace, 1960. 159 p.

AMZ	34(10):135-136. O. 1960. (S. Cotts)
ASF	67(5):155. Jl. 1961. (P. Miller)
WIF	10(5):83. N. 1960. (F. Pohl)
FSF	19(5):93. N. 1960. (A. Bester)

Hour of the horde. New York, Putnam, 1970. 191 p.
70-104681.

LJ	95(18):3655-3656. O. 15, 1970. (A. Michalik)
LM	30:29. N. 1971. (D. Paskow)
NYT	p. 47. S. 20, 1971. (B. Searles)

Mankind on the run. New York, Ace, 1956. 151 p.

| ASF | 58(3):157. N. 1956. (P. Miller) |
| FSF | 11(3):109. S. 1956. (A. Boucher) |

Mission to universe. New York, Berkley, 1965. 175 p.
NUC 70-89726.

| FSF | 30(3):46-47. Mr. 1966. (J. Merril) |

Mutants. New York, Macmillan, 1970. 250 p. 70-92076.

LJ	95(12):2284. Je. 15, 1970. (J. Polacheck)
PW	195(8):151. F. 23, 1970.
ASF	87:163-164. My. 1971. (P. Miller)
FSF	40:22-23. Je. 1971. (H. Ellison)
SWSJ	21:5. My. 1971. (J. Newton)
KPG	7:23. N. 1973. (n.g.)
VTX	1:11. D. 1973. (n.g.)

Naked to the stars. New York, Pyramid, 1961. 159 p.
NUC 70-93876.

| ASF | 69(4):161-162. Je. 1962. (P. Miller) |
| GAL | 21(2):194. D. 1962. (F. Gale) |

DICKSON, GORDON R. (Continued)

Necromancer. Garden City, N.Y., Doubleday, 1962. 191 p. 62-11444.

```
ASF    70(2):167-168.  O. 1962.  (P. Miller)
FSF    24(3):34-36.  Mr. 1963.  (R. Garrett)
```

None but man. Garden City, N.Y., Doubleday, 1969. 253 p. 69-12224.

```
ASF    84(2):172-173.  O. 1969.  (P. Miller)
LM      9:26.  F. 1970.  (J. Rapkin)
```

The outposter. Philadelphia, Lippincott, 1972. 214 p. 75-38324.

```
KR     40:602.  My. 15, 1972.  (n.g.)
LJ     97:2651.  Ag. 1972.  (J. Richter)
PW     201:33.  Ag. 29, 1972.  (n.g.)
WIF    21:157-158.  N/D. 1972.  (L. del Rey)
ASF    90:164-165.  Ja. 1973.  (P. Miller)
BKL    69:428.  Ja. 1, 1973.  (n.g.)
```

The pritcher mass. Garden City, N.Y., Doubleday, 1973. 186 p. 72-76151.

```
LJ     97:2641.  Ag. 1972.  (J. B. Post)
ASF    92:169-170.  N. 1973.  (P. Miller)
BKL    69:429.  Ja. 1, 1973.  (n.g.)
FSF    44:37-38.  Ap. 1973.  (A. Davidson)
GAL    33:155-156.  Mr/Ap., 1973.  (T. Sturgeon)
LM     44:32.  Ja. 1973.  (J. B. Post)
WIF    21:164-165.  F. 1973.  (L. del Rey)
KR     40:825.  Jl. 15, 1972.  (n.g.)
KR     40:869.  Ag. 1, 1972.  (n.g.)
PW     202:74.  Jl. 24, 1972.  (n.g.)
```

The R-master. Philadelphia, Lippincott, 1973. 186 p. 73-013837.

```
KR     41:1057.  S. 15, 1973.  (n.g.)
PW     204:181.  S. 24, 1973.  (n.g.)
```

Secret under antarctica. New York, Holt, 1963. 139 p. 63-17322.

```
ASF    73(3):88.  My. 1964.  (P. Miller)
```

Secret under the sea. New York, Holt, 1960. 121 p. 60-14133.

```
ASF    68(5):156-157.  Ja. 1962.  (P. Miller)
GAL    19(6):157.  Ag. 1961.  (F. Gale)
```

Sleepwalker's world. Philadelphia, Lippincott, 1971. 203 p. 73-151488.

```
ASF    88:167.  D. 1971.  (P. Miller)
KR     39:656.  Je. 15, 1971.  (n.g.)
KR     39:688.  Jl. 1, 1971.  (n.g.)
LJ     96:2351.  Jl. 1971.  (J. B. Post)
PW     199:51.  Je. 7, 1971.  (n.g.)
CCB    25:105.  Mr. 1972.  (n.g.)
FSF    42:97.  Je. 1972.  (J. Blish)
LM     38/39:56.  Jl/Ag. 1972.  (P. Walker)
KPG    7:81.  Ap. 1973.  (C. Richey)
```

Soldier, ask not. New York, Dell, 1967. 222 p. NUC 70-84560.

```
ASF    81(2):163.  Ap. 1968.  (P. Miller)
```

The space swimmers. New York, Berkley, 1967. 160 p.

```
ASF    81(3):167.  My. 1968.  (P. Miller)
FSF    33(4):31-33.  O. 1967.  (T. White)
```

Space winners. New York, Holt, 1965. 217 p. 65-21546.

```
ASF    77(3):154.  My. 1966.  (P. Miller)
```

Spacepaw. New York, Putnam, 1969. 222 p. 69-13548.

```
ASF    84(3):170.  N. 1969.  (P. Miller)
LM     12:30.  My. 1970.  (S. Mines)
SFR    41:29-30.  N. 1970.  (W. Connelly)
SWSJ   19:8.  Ap. 1971.  (D. Halterman)
```

Spacial delivery. New York, Ace, 1961. 123 p.

```
ASF    69(3):169-170.  My. 1962.  (P. Miller)
```

The star road. Garden City, N.Y., Doubleday, 1973. 229 p.

```
GAL    34:88.  S. 1973.  (T. Sturgeon)
KR     41:214.  F. 15, 1973.  (n.g.)
LJ     98:1307.  Ap. 15, 1973.  (D. Harrison)
PW     203:122.  F. 26, 1973.  (n.g.)
```

Tactics of mistake. Garden City, N.Y., Doubleday, 1971. 240 p. 75-139013.

```
ASF    88:168.  O. 1971.  (P. Miller)
GAL    32:146-147.  S/O. 1971.  (A. Budrys)
KR     39:140.  F. 1, 1971.  (n.g.)
LJ     96:979.  Mr. 15, 1971.  (T. Bell)
PW     199:68.  F. 1, 1971.  (n.g.)
WIF    21:173-174.  N/D. 1971.  (L. del Rey)
WSJ    78:25-26.  Ag/O. 1971.  (T. Pauls)
FSF    42:37-38.  F. 1972.  (J. Blish)
RQ     5:224-225.  Ag. 1972.  (W. Connelly)
LM     46:16.  Mr. 1973.  (B. Fredstrom)
```

Time to teleport. New York, Ace, 1960. 96 p.

```
ASF    67(5):155.  Jl. 1961.  (P. Miller)
WIF    10(5):83-84.  N. 1960.  (F. Pohl)
```

DICKSON, LOVAT

H. G. Wells: his turbulent life and times. Boston, Atheneum, 1969. 330 p. 68-12534.

```
BB     17:I.  Ag. 1972.  (T. Allen)
LM     11:25-26.  Ap. 1970.  (C. Moslander)
VEN    4(2):109-110.  My. 1970.  (R. Goulart)
KPG    6:41.  S. 1972.  (A. Irving)
```

DIKTY, T. E.

The best science fiction stories and novels: 1955, ed. by T. E. Dikty. New York, Frederick Fell, 1956. 544 p.

```
AMZ    30(2):118-119.  F. 1956.  (V. Gerson)
FAU    5(1):112-113.  F. 1956.  (H. Santesson)
GAL    12(3):100-101.  Jl. 1956.  (F. Gale)
ISF    7(3):122.  Je. 1955.  (H. Bott)
FSF    10(1):92-93.  Ja. 1956.  (A. Boucher)
```

The best science fiction stories and novels: 1956, ed. by T. E. Dikty. New York, Frederick Fell, 1957. 242 p.

```
ASF    59(6):145-146.  Ag. 1957.  (P. Miller)
FAU    7(4):108-109.  Ap. 1957.  (H. Santesson)
GAL    14(2):108.  Je. 1957.  (F. Gale)
ISF    8(4):97.  Ag. 1957.  (H. Bott)
```

DIKTY, T. E. (Continued)

The best science fiction stories and novels: 1956.
(Continued)

```
VEN    1(4):79.  Jl. 1957.  (T. Sturgeon)
FSF    12(3):102.  Mr. 1957.  (A. Boucher)
```

The best science fiction stories and novels: ninth
series, ed. by T. E. Dikty. Chicago, Advent, 1958.
258 p.

```
ASF    62(4):156-157.  D. 1958.  (P. Miller)
FAU    9(6):120-121.  Je. 1958.  (H. Santesson)
GAL    17(1):75.  N. 1957.  (F. Gale)
WIF    9(1):111.  D. 1958.  (D. Knight)
FSF    15(2):104-105.  Ag. 1958.  (A. Boucher)
```

Every boy's book of outer space stories, ed. by T. E.
Dikty. New York, Frederick Fell, 1960. 283 p. 60-
13260.

```
ASF    67(4):166-167.  Je. 1961.  (P. Miller)
GAL    20(6):193.  Ag. 1962.  (F. Gale)
```

Five tales from tomorrow, ed. by T. E. Dikty. Greenwich,
Conn., Fawcett, 1957. 176 p. NUC 70-2570.

```
FSF    26(2):94.  F. 1964.  (A. Davidson)
NWB    No. 138:125.  Ja. 1964.  (J. Carnell)
```

Great science fiction stories about Mars, ed. by T. E.
Dikty. New York, Fell, 1966. 187 p. 65-24047.

```
GAL    25(4):166-169.  Ap. 1967.  (A. Budrys)
```

DILLE, ROBERT C.

The collected works of Buck Rogers in the 25th century,
ed. by Robert C. Dille. New York, Chelsea House, 1969.
376 p. 70-99585.

```
ASF    85(4):163-165.  Je. 1970.  (P. Miller)
LM     9:20-22.  F. 1970.  (J. Boardman)
WIF    20(4):2,152-154.  Ap. 1970.  (L. del Rey)
AMZ    44(3):131-132.  S. 1970.  (D. O'Neil)
RQ     4(2):138-141.  Ja. 1970.  (J. Harman)
VEN    4(2):110-111.  My. 1970.  (R. Goulart)
```

DINES, GLEN

The mysterious machine. New York, Macmillan, 1957.
140 p. 57-7499.

```
GAL    16(1):118.  My. 1958.  (F. Gale)
```

DINGWALL, ERIC JOHN·

The unknown—is it nearer? by Eric J. Dingwall and John
Langdon-Davies. New York, Signet, 1956. 160 p. 56-
7926.

```
ASF    58(2):155-156.  O. 1956.  (P. Miller)
FSF    11(4):105.  O. 1956.  (A. Boucher)
```

DINSDALE, TIM

Loch ness monster. Philadelphia, Chilton, 1962. 248 p.
62-2554.

```
FSF    23(1):109.  Jl. 1962.  (A. Bester)
```

DISCH, THOMAS M.

Bad moon rising, ed. by Thomas M. Disch. New York,
Harper, 1973. 302 p. 72-9167.

```
CHO    10:972.  S. 1973.  (n.g.)
GAL    33:173.  My/Je. 1973.  (T. Sturgeon)
KR     41:147-148.  F. 1, 1973.  (n.g.)
LJ     98:1512.  My. 1, 1973.  (M. Peffers)
PW     203:76.  Mr. 5, 1973.  (n.g.)
```

Black Alice, by Thomas M. Disch and John Thomas Sladek.
Garden City, N.Y., Doubleday, 1968. 235 p. 68-22503.

```
SFR    35:29-30.  F. 1970.  (R. Delap)
NWB    No. 190:61.  My. 1969.  (J. Cawthorn)
```

Camp concentration. Garden City, N.Y., Doubleday, 1969.
184 p. 69-10960.

```
ASF    89:171.  Mr. 1972.  (P. Miller)
AMZ    43(5):128-130.  Ja. 1970.  (D. O'Neil)
NWB    No. 185:60.  D. 1968.  (J. Churchill)
KPG    5:73.  N. 1971.  (C. Richey)
LM     30:30.  N. 1971.  (F. FitzOsbert)
```

Echo round his bones. New York, Berkley, 1967. 144 p.

```
FSF    33(5):34-36.  N. 1967.  (J. Merril)
```

Fun with your new head. Garden City, N.Y., Doubleday,
1971. 207 p. 72-132503.

```
LM     38/39:39.  Jl/Ag. 1972.  (D. Paskow)
LJ     96:98.  Ja. 1, 1971.  (R. Ryan)
LJ     96:2376.  Jl. 1971.  (J. Strothman)
PW     198(21):39.  N. 23, 1970.  (n.g.)
SWSJ   29:6.  Jl. 1971.  (J. Newton)
```

The genocides. New York, Berkley, 1965. 143 p.

```
ASF    77(6):168.  Ag. 1966.  (P. Miller)
GAL    25(2):128-131.  D. 1966.  (A. Budrys)
SFI    1(11):51-54.  Ja. 1967.  (B. Aldiss)
FSF    30(6):33-36.  Je. 1966.  (J. Merril)
```

Mankind under the leash. New York, Ace, 1966. 140 p.

```
FSF    33(5):34-36.  N. 1967.  (J. Merril)
```

The prisoner. New York, Ace, 1969. 169 p.

```
FAS    19(4):112-113.  Ap. 1970.  (H. Stine)
LM     9:29.  F. 1970.  (G. Bear)
```

The ruins of earth, ed. by Thomas M. Disch. New York,
Putnam, 1971. 318 p. 72-163409.

```
FUT    4:195-196.  Je. 1972.  (D. Livingston)
KPG    6:21.  S. 1972.  (n.g.)
LJ     97:518-519.  F. 1, 1972.  (J. Post)
LJ     97:1624-1625.  Ap. 15, 1972.  (R. Coats)
LM     43:32.  D. 1972.  (S. Mines)
REN    4:5-10.  sum. 1972.  (R. Hodgens)
PW     200:51.  N. 1, 1971.  (n.g.)
BB     18:102.  Je. 1973.  (B. Patten)
TLS    3711:451.  Ap. 30, 1973.  (n.g.)
SPEC   32:34-36.  Sp. 1973.  (C. Chauvin)
```

Under compulsion. London, Rupert Hart-Davis, 1968.
220 p. 70-377643.

```
SFO    2:23.  Mr. 1969.  (B. Gillespie)
```

DISNEY, WALT, PRODUCTIONS

Living desert: a true-life adventure. London, Rathbone, 1954. 124 p.

AUT   No. 56:132. Ap. 1955. (n.g.)

DIXON, RICHARD

Destination: Amalthea, ed. by Richard Dixon. Moscow, Foreign Languages Publishing House, 1962. 420 p.

ASF   76(1):149-150. S. 1965. (P. Miller)

DIXON, WILLIAM

A portfolio of drawings by William Dixon based on the novels of Edgar Rice Burroughs. Philadelphia, Oswald Train, 1971. 10 plates.

LM   41/42:35. O/N. 1972. (J. B. Post)

DIXSON, ROGER

Noah II. New York, Ace, 1970. 288 p.

LM   31:28. D. 1971. (P. Walker)

DR. 'A'
SEE Asimov, Isaac

DODGSON, CHARLES LUTWIDGE

Alice in wonderland and other favorites, by Lewis Carroll. New York, Washington Square, 1951. 274 p.

LM   19:29. D. 1970. (C. Moslander)

The mathematical recreations of Lewis Carroll, by Lewis Carroll. New York, Dover, 1958. 2 v. 58-14299rev.

GAL   19(3):142-143. F. 1961. (F. Gale)

DOHERTY, G. D.

Aspects of science fiction, ed. by G. D. Doherty. London, Murray, 1959. 218 p.

NWB   No. 97:124. Ag. 1960. (L. Flood)

DOLE, STEPHEN H.

Habitable planets for man. New York, Blaisdell Publishing Co., 1964. 160 p. 64-15992.

ASF   74(3):85-86. N. 1964. (P. Miller)
WOT   3(1):4-6. My. 1965. (F. Pohl)

Planets for man, by Stephen H. Dole and Isaac Asimov. New York, Random House, 1964. 242 p. 64-14833.

ASF   74(3):85-86. N. 1964. (P. Miller)
SFI   1(12):147. F. 1967. (A. Bevan)

DOLEZAHL, ERICH

Der Ruf der Sterne. Berlin, Krystall Verlag, 1931. 271 p. 31-32943.

AMZ   6(7):667. O. 1931. (C. Brandt)

Conquest of space. New York, Abelard-Schuman, 1969. 132 p. 78-85942.

BKL   66(17):1090. My. 1, 1970.

DONIS, MILES

The fall of New York. New York, McKay, 1971. 216 p. 78-149091.

LM   47:31. Sm. 1973. (L. Bloom)

DONLEAVY, JAMES PATRICK

The beastly beatitudes of Balthazar B. London, Eyre, 1969. 438 p.

NWB   No. 190:59. My. 1969. (M. Harrison)

Meet my maker the mad molecule. Boston, Little, Brown, 1964. 178 p. 64-17470.

FSF   28(1):86. Ja. 1965. (R. Goulart)

DONNELLY, IGNATIUS

Atlantis, the antediluvian world. New York, Crown, 1962. 355 p. NUC 64-69478.

FSF   25(3):91. S. 1963. (A. Davidson)

Caesar's column. Cambridge, Harvard University Press, 1960. 313 p. 60-5395.

ASF   66(2):163-168. O. 1960. (P. Miller)

DORMAN, SONYA

Poems. Columbus, Ohio State University Press, 1970. 74 p. 74-109104.

SFN   5:4. O. 15, 1971. (V. Carew)

DORNBERGER, WALTER

V-2. New York, Viking, 1954. 281 p. 54-7830.

ASF   54(4):143-146. D. 1954. (P. Miller)
FAU   11(2):107-108. Mr. 1959. (H. Santesson)
GAL   9(5):107-108. F. 1955. (G. Conklin)

DORRANCE, JAMES FRANCH

Forbidden Range. New York, Macauley, 1930. 307 p. 30-17937.

AMZ   5(10):952. Ja. 1931. (C. Brandt)

DOUGLAS, DRAKE, pseud.

Horror! New York, Collier, 1969. 277 p. NUC 70-20607.

LM 11:31. Ap. 1970. (D. Paskow)

DOUGLAS, JOHN SCOTT

The story of the oceans. London, Muller, 1953. 272 p.

AUT No. 37:139. S. 1953. (n.g.)

DOYLE, ARTHUR CONAN

The complete Professor Challenger stories. London, Murray, 1952. 577 p.

ASF 58(4):151-153. D. 1956. (P. Miller)

The lost world. New York, Permabooks, 1954. 200 p.

GAL 8(4):100. Jl. 1954. (G. Conklin)
WIF 10(5):84. N. 1960. (F. Pohl)

The man with the watches and The Lost special. Culver City, Calif., Luther Morris, 1969. 46 p.

SMS 3(1):91. Sm. 1969. (R. Lowndes)

The maracot deep and other stories. Garden City, N.Y., Doubleday, 1929. 307 p. 29-20790.

AMZ 4(11):1088. F. 1930. (C. Brandt)
SWSJ 26:2-3. Jl. 1971. (J. Landau)

The poison belt. New York, Macmillan, 1964. 158 p. 64-17380.

ASF 75(3):158-159. My. 1965. (P. Miller)
FSF 28(1):84-85. Ja. 1965. (R. Goulart)

DOZOIS, GARDNER

A day in the life, ed. by Gardner Dozois. New York, Harper, 1971. 288 p. 78-160655.

KR 39:1179. N. 1, 1971. (n.g.)
PW 200:49. O. 25, 1971. (n.g.)
AMZ 46:120-121. N. 1972. (B. Noble)
BKL 68:753. My. 1, 1972. (n.g.)
LJ 97:1462. Ap. 15, 1972. (J. Post)
LM 38/39:50. Jl/Ag. 1972. (J. B. Post)
NYT p. 34. My. 14, 1972. (T. Sturgeon)

DRAKE, BURGESS

Children of the wind. Philadelphia, Lippencott, 1954. 352 p. 54-5591.

GAL 9(2):119-120. N. 1954. (G. Conklin)

DRAKE, FRANK D.

Intelligent life in space. New York, Macmillan, 1962. 128 p. 62-18373.

FSF 26(2):95. F. 1964. (A. Davidson)

DRAKE, LEAH BODINE

A hornbook for witches. Sauk City, Wisc., Arkham House, 1950. 70 p. 51-16922.

WT 43(4):10. My. 1951. (n.g.)

DREYFUSS, ERNST

The unfrozen. New York, Tower, 1970. 158 p.

LM 23:26. Ap. 1971. (D. Paskow)

DROKE, MAXWELL

You and the world to come. New York, Harper, 1959. 203 p. 59-10609.

GAL 18(5):153. Je. 1960. (F. Gale)

DRURY, ALLEN

Advise and consent. Garden City, N.Y., Doubleday, 1959. 616 p. 59-9137.

ASF 64(5):171-172. Ja. 1960. (P. Miller)

Preserve and protect. London, Joseph, 1968. 448 p. 74-377076.

NWB No. 187:59. F. 1969. (M. Harrison)

The throne of Saturn. Garden City, N.Y., Doubleday, 1971. 588 p. 73-138928.

LJ 96:976. Mr. 15, 1971. (R. Rosichan)
NR 23:377-378. Ap. 6, 1971. (G. Wagner)
REN 3:14. sum. 1971. (J. Pierce)
LM 37:30. Je. 1972. (J. Pierce)

DU BOIS, THEODORA MCCORMICK

Solution T-25. Garden City, N.Y., Doubleday, 1951. 218 p. 51-1623.

ASF 47(6):141. Ag. 1951. (P. Miller)
GAL 2(3):55. Je. 1951. (G. Conklin)
STL 23(3):142. Jl. 1951. (n.g.)
WT 43(6):96. S. 1951. (n.g.)

DUBOIS, WILLIAM PENE

Peter Graves. New York, Dell, 1970. 168 p.

LM 34:24. Mr. 1972. (C. Moslander)

DU BREUIL, LINDA

Nightmare baby. New York, Belmont, 1970. 185 p.

SFR 42:40. Ja. 1971. (R. Geis)
LM 40:20. S. 1972. (J. Rapkin)

DU CANN, CHARLES GARFIELD LOTT

Teach yourself to live. London, English Universities Press, 1955. 191 p.

AUT No. 59:119. Jl. 1955. (n.g.)

DUCHACEK, IVO

Martin and his friend from outer space, by Ivo Duka and
Helena Kolda. New York, Harper, 1955. 95 p. 55-5524.

GAL   12(1):103. My. 1956. (F. Gale)
FSF   9(3):89-90. S. 1955. (A. Boucher)

DUCORNET, ERICA

The blue bird. New York, Knopf, 1970. 60 p. 78-97775.

LM   26/27:25. Jl/Ag. 1971. (J. Post)

Shazira Shazam and the devil, by Erica and Guy Ducornet.
Englewood Cliffs, N.J., Prentice-Hall, 1970. 32 p.

LM   31:25. D. 1971. (J. Post)

DUDDINGTON, C. L.

The living world. London, Pan, 1966. 256 p. 66-77400.

NWB   No. 185:63. D. 1968. (C. Smith)

DUERREMACHT, FRIEDRICH

The physicists. New York, Grove Press, 1964. 94 p.
63-17001.

ASF   75(3):155-156. My. 1965. (P. Miller)

DUFAY, JEAN

Galactic nebulae and interstellar matter. New York,
Philosophical Library, 1957. 352 p. 57-1961.

GAL   15(2):101-102. D. 1957. (F. Gale)

DUFF, DOUGLAS VALDER

The sky pirates. London, Blackie, 1955. 206 p.

AUT   No. 58:118. Je. 1955. (n.g.)

DUFFUS, ROBERT LUTHER

Jason Potter's space walk. New York, Norton, 1970.
155 p. 71-116097.

LJ   95(14):2714. Ag. 1970. (S. Mott)
PW   198(7):48. Ag. 17, 1970.

DUGAN, JAMES

Man under the sea. New York, Harper, 1956. 332 p.
55-10692.

GAL   13(1):71. N. 1956. (F. Gale)
FSF   29(6):32-33. D. 1965. (R. Raphael)

DUGGER, RONNIE

Dark star: Hiroshima reconsidered in the life of Claude
Eatherly. London, Gollancz, 1967. 240 p. 67-69950.

NWB   No. 173:61-62. Jl. 1967. (B. Aldiss)

DUKE, MADELAINE

This business of bomfog. Garden City, N.Y., Doubleday,
1969. 192 p. 69-15202.

LM   10:30. Mr. 1970. (D. Paskow)

DUKE, NEVILLE

Sound barrier, by Neville Duke and Edward Lanchbery.
London, Cassell, 1955. 129 p.

AUT   No. 66:154-155. F. 1956. (n.g.)
GAL   11(5):99. Mr. 1956. (F. Gale)

DUMAS, ALEXANDRE

The wolf leader. Philadelphia, Prime Press, 1950. 237 p.
50-9627.

TWS   38(2):143-144. Je. 1951. (S. Merwin)

DU MAURIER, DAPHNE

The house on the strand. Garden City, N.Y., Doubleday,
1969. 298 p. 74-78693.

LM   38/39:36. Jl/Ag. 1972. (J. Rapkin)

DUNCAN, DAVID

Another tree in Eden. London, Heinemann, 1956. 192 p.

AUT   No. 73:154. S. 1956. (n.g.)
NWB   No. 50:128. Ag. 1956. (L. Flood)

Beyond Eden. New York, Ballantine, 1955. 169 p.
55-8269.

AMZ   29(6):114-115. N. 1955. (V. Gerson)
ASF   56(2):146-147. O. 1955. (P. Miller)
FAU   4(3):111. O. 1955. (H. Santesson)
FAU   9(2):96. F. 1958. (H. Santesson)
GAL   10(6):92. S. 1955. (G. Conklin)

Dark dominion. New York, Ballantine, 1954. 208 p.
53-13038.

ASF   54(6):145-146. F. 1955. (P. Miller)
GAL   8(5):93-94. Ag. 1954. (G. Conklin)
AUT   No. 59:122. Jl. 1955. (n.g.)
NWB   No. 37:124. Jl. 1955. (L. Flood)
FSF   7(3):92-93. S. 1954. (A. Boucher)

Occam's razor. New York, Ballantine, 1957. 165 p.
57-13046.

ASF   61(3):145-146. My. 1958. (P. Miller)
GAL   16(1):116-117. My. 1958. (F. Gale)
NWB   No. 76:123. O. 1958. (L. Flood)
OSFS   8(6):79-82. My. 1958. (D. Knight)
VEN   2(3):58. My. 1958. (T. Sturgeon)
SFAD   2(4):99. Mr. 1958. (C. Knox)

DUNCAN, LOIS

A gift of magic. Boston, Little, Brown, 1971. 183 p.
70-150053.

LM   46:12. Mr. 1973. (J. Rapkin)

DUNCAN, WINIFRED

The fields of force. London, Theosophical Publishing House, 1956. 67 p.

    FAU   10(5):122-123. N. 1958. (H. Santesson)

DUNLAP, ORRIN ELMER

Marconi: the man and his wireless. New York, Macmillan, 1937. 360 p. 37-5977.

    TWS   10(2):100. O. 1937. (R. D.)

DUNN, ALAN

Is there intelligent life on earth? New York, Simon & Schuster, 1960. 118 p. 60-6091.

    AMZ   34(5):140. My. 1960. (S. Cotts)
    ASF   66(1):147. S. 1960. (P. Miller)
    GAL   19(2):125. D. 1960. (F. Gale)

DUNN, J. ALLEN

The treasure of Atlantis. New York, Centaur, 1970. 126 p.

    FF   1:76. Je. 1971. (D. Menville)
    LM   26/27:43. Jl/Ag. 1971. (J. B. Post)

DUNSANY, EDWARD JOHN MORTON DRAX PLUNKETT, 18TH BARON

At the edge of the world. New York, Ballantine, 1970. 238 p.

    LM   21:29. F. 1971. (D. Paskow)
    SFR   41:33. N. 1970. (P. Walker)

Beyond the fields we know. New York, Ballantine, 1972. 299 p.

    KPG   6:22. S. 1972. (n.g.)
    LM   44:29. Ja. 1973. (J. B. Post)

The charwoman's shadow. New York, Ballantine, 1973. 213 p.

    KPG   7:18. Ap. 1973. (n.g.)

The curse of the wise woman. London, Collins, 1972. 222 p.

    BB   17:14-15. Ag. 1972. (D. Fallowell)
    TLS   3667:647. Je. 9, 1972. (n.g.)

Don Rodriquez: chronicles of shadow valley. New York, Ballantine, 1971. 274 p.

    KPG   5:74. N. 1971. (C. Richey)
    LM   41/42:51. O/N. 1972. (P. Walker)

The fourth book of Jorkens. Sauk City, Arkham House, 1948. 194 p. 48-11670.

    AMZ   23(12):153. D. 1949. (M. Tish)
    FNM   4(2):106-107. Jl. 1950. (S. Moskowitz)
    SSS   5(2):74. Ap. 1949. (F. Pohl)

Gods, men, and ghosts: the best supernatural fiction of Lord Dunsany. New York, Dover, 1972. 260 p. 75-164735.

    KPG   6:22. S. 1972. (n.g.)
    LM   44:29. Ja. 1973. (J. B. Post)

The king of Elfland's daughter. New York, Ballantine, 1969. 242 p.

    BB   18:76. O. 1972. (R. Greacen)
    BB   16:IV-VI. Ag. 1971. (M. Learmont)
    FSF   38(2):45. F. 1970. (J. Blish)
    LM   11:30. Ap. 1970. (J. Schaumberger)

The last revolution. London, Jarrolds, 1951. 192 p.

    ASF   52(1):144-145. S. 1953. (D. Archer)

My talks with Dean Spanley. London, Collins, 1972. 111 p.

    BB   17:14-15. Ag. 1972. (D. Fallowell)
    TLS   3667:647. Je. 9, 1972. (n.g.)

The sword of Welleran and other tales of enchantment. New York, Devin-Adair, 1954. 181 p. 54-10814.

    FSF   8(4):82-83. Ap. 1955. (A. Boucher)
    SFIQ   3(6):39. Ag. 1955. (L. de Camp)

DUNSTAN, MARYJANE

Worlds in the making: probes for students of the future, by Maryjane Dunstan and Patricia W. Garlan. Englewood Cliffs, N.J., Prentice-Hall, 1970. 370 p. 67-25443.

    LM   30:26-27. N. 1971. (C. Moslander)

DURANT, JOHN

Predictions. New York, Barnes, 1956. 151 p. 56-10858.

    ASF   59(4):143-144. Je. 1957. (P. Miller)

DURDEN, JOSEPH VALENTINE

Cine-biology, by J. Valentine Durden, Mary Field, and F. Percy Smith. Harmondsworth, Penguin, 1941. 128 p.

    AUT   No. 58:121. Je. 1955. (n.g.)

DURRELL, LAWRENCE

Nunquam. New York, Dutton, 1970. 318 p. 70-87181.

    NS   79:450. Mr. 27, 1970. (F. Hope)
    SR   53:29. Mr. 21, 1970. (A. Burgess)
    LM   41/42:47. O/N. 1972. (J. B. Post)

DURY, G. H.

The face of the earth. Baltimore, Pelican, 1960. 223 p. 60-416.

    ASF   66(5):160-161. Ja. 1961. (P. Miller)

DYE, CHARLES

Prisoner in the skull. New York, Abelard, 1952. 256 p.
52-13707.

    ASF   51(5):158. Jl. 1953. (P. Miller)
    FUTF 4(2):24. Jl. 1953. (R. Lowndes)
    GAL   6(1):117. Ap. 1953. (G. Conklin)
    NEB   No. 27:102. F. 1958. (K. Slater)
    SPF   1(5):117. Mr. 1953. (G. Smith)

DYER, GEORGE BELL

The long death. New York, Scribners, 1937. 250 p.
37-3927rev.

    AMZ   11(6):134. D. 1937. (C. Brandt)

E

EAGER, EDGAR

The time garden. New York, Harcourt, 1958. 188 p.

FSF   15(5):86. N. 1958. (A. Boucher)

EAGER, EDWARD MCMAKEN

Half magic. New York, Harcourt, 1954. 217 p. 54-5153.

FSF   7(4):96-97. O. 1954. (A. Boucher)
LM   21:24. F. 1971. (B. Stiffler)

Magic by the lake. New York, Harcourt, 1954. 417 p.

FSF   13(3):87. S. 1957. (A. Boucher)

EARLEY, GEORGE W., ed.

Encounters with aliens: ufo's and alien beings in science fiction. Los Angeles, Sherbourne, 1968, 244 p. 68-28291.

LM   6:28. N. 1969. (G. Bear)

EBERHARD, FREDERICK GEORGE

The microbe murders. New York, Macaulay, 1935. 255 p. 36-1426.

AMZ   10(4):134. Jl. 1935. (C. Brandt)

ECKERT, ALLAN W.

The great auk. New York, Little, Brown, 1963. 202 p. 63-18215.

FSF   26(5):69-70. My. 1964. (A. Davidson)

ECKERT, HORST

Dear snowman, by Janosch. New York, World, 1970. 32 p. 70-107784.

LM   34:24. Mr. 1972. (S. Deckinger)

EDDINGTON, ARTHUR STANLEY

The expanding universe. New York, Macmillan, 1933. 182 p. 33-5593.

AMZ   8(6):616-617. O. 1933. (C. Brandt)

EDDISON, ERIC RUCKER

A fish dinner in Memison. New York, Dutton, 1941. 349 p. 41-9033.

FAS   18(4):142-143. Ap. 1969. (F. Leiber)
SSS   4(1):71-72. Ag. 1942. (D. Wollheim)

The mezentian gate. New York, Ballantine, 1958. 270 p.

VEN   3(3):106-107. N. 1969. (R. Goulart)
NWB   No. 194:29. O. 1969. (J. Clute)

Mistress of mistresses. New York, Ballantine, 1967. 401 p. NUC 71-68046.

FAS   18(4):142-143. Ap. 1969. (F. Leiber)

The Worm Ouroboros. New York, Crown, 1962. 445 p. NUC 63-20220.

FAS   11(9):125. S. 1962. (S. Cotts)
FAS   18(4):142-143. Ap. 1969. (F. Leiber)
GAL   6(4):123. Jl. 1953. (G. Conklin)
SFIQ   3(2):63. Ag. 1954. (D. Knight)
WFA   1(3):189-190. W. 1970/1971. (L. del Rey)
SFIQ   3(6):38. Ag. 1955. (L. de Camp)
FSF   25(4):19-20. O. 1963. (A. Davidson)

EDGAR, KENNETH

The starfire. Pittsburg, Boxwood Press, 1961. 174 p.

ASF   68(5):157. Ja. 1962. (P. Miller)

EDMONDS, HELEN WOODS

Ice, by Anna Kavan. Garden City, N.Y., Doubleday, 1970. 192 p. 70-126384.

LJ   95(21):4196. D. 1, 1970. (D. Polacheck)
PW   198(10):53. S. 7, 1970. (n.g.)
FSF   41:25-26. O. 1971. (B. Searles)
LJ   96:748. F. 15, 1971. (D. Jensen)
SWSJ   19:8-9. Ap. 1971. (J. Newton)
GAL   32:118-119. Ja. 1972. (T. Sturgeon)
LM   34:30. Mr. 1972. (C. Moslander)
BB   18:X. Mr. 1973. (O. Blakeston)

EDMONDSON, G. C.

Chapayeca. Garden City, N.Y., Doubleday, 1971. 163 p. 71-150887.

KR   39:656. Je. 15, 1971. (n.g.)
LJ   96:2351. Jl. 1971. (J. Richter)
PW   199:63-64. Je. 21, 1971. (n.g.)

EDMONDSON, G. C. (Continued)

Chapayeca (Continued).

| ASF | 88:168-169. Ja. 1972. (P. Miller) |
| FSF | 42:104-105. Ap. 1972. (J. Blish) |

The ship that sailed the time stream. New York, Ace, 1965. 167 p.

LM	30:28. N. 1971. (P. Walker)
WIF	20:125. Ja/F. 1971. (L. del Rey)
WSJ	75:30. F/Mr. 1971. (T. Pauls)

EDWARDS, FRANK

Strangest of all. New York, Citadel, 1956. 223 p. 56-11882.

| GAL | 14(1):125. My. 1957. (F. Gale) |

EDWARDS, GAWAIN
SEE Pendray, George Edward

EDWARDS, HARRY

The truth about spiritual healing. London, Spiritualist Press, 1956. 153 p.

| AUT | No. 80:126-127. My. 1957. (n.g.) |

EDWARDS, IOWERTH EIDDON STEPHEN

The pyramids of Egypt. Harmondworth, Penguin, 1955. 256 p.

| FUTF | 5(2):84. Ag. 1954. (L. de Camp) |

EDWIN, RONALD

Clock without hands. London, Sidgwick, 1955. 162 p. 56-32319.

| GAL | 14(3):111. Jl. 1957. (F. Gale) |
| NWB | No. 46:128. Ap. 1956. (L. Flood) |

EFFINGER, GEORGE ALEC

Chains of the sea. New York, Nelson, 1973. 224 p. 73-6444.

BKL	70:380. D. 1, 1973. (n.g.)
LJ	98:2151. Jl. 1973. (M. Burgess)
KR	41:692. Jl. 1, 1973. (n.g.)
LJ	98:3159. O. 15, 1973. (M. Brady)

Relatives. New York, Harper, 1973. 212 p.

NYT	p. 14. D. 23, 1973. (n.g.)
KR	41:912. Ag. 15, 1973. (n.g.)
PW	204:41. S. 10, 1973. (n.g.)

What entropy means to me. Garden City, N.Y., Doubleday, 1972. 191 p. 72-182695.

GAL	33:172-173. N. 1972. (T. Sturgeon)
KR	40:431. Ap. 1, 1972. (n.g.)
LJ	97:2220. Je. 15, 1972. (G. Effinger)
LJ	97:2756. S. 1, 1972. (B. Smith)
NYT	p. 20. S. 3, 1972. (T. Sturgeon)
PW	201:71. Ap. 3, 1972. (n.g.)

What entropy means to me (Continued).

FSF	44:31. F. 1973. (J. Russ)
LM	47:29. Sm. 1973. (C. Moslander)
PW	203:68. My. 7, 1973. (n.g.)
KPG	7:85. N. 1973. (E. Cisco)
ALG	20:26-27. My. 1973. (R. Lupoff)
SWSJ	102:2. Ag. 1973. (D. D'Ammassa)

EGLETON, CLIVE

A piece of resistance. New York, Coward McCann, 1970. 252 p. 78-96786.

| WIF | 20(6):152-153. Jl/Ag. 1970. (L. del Rey) |

EHRENSVARD, GOSTA CARL HENRIK

Man on another world. Chicago, University of Chicago Press, 1965. 182 p. 65-17287.

| FSF | 29(6):34-35. D. 1965. (R. Raphael) |

EHRLICH, MAX SIMON

The big eye. Garden City, N.Y., Doubleday, 1949. 221 p. 49-10563.

AUT	No. 5:126. Mr. 1, 1951. (n.g.)
MSF	3(1):98. N. 1950. (W. Wright)
NWB	No. 11:94. At. 1951. (L. F.)
STL	20(3):160-161. Ja. 1950. (n.g.)
SSS	6(1):81. N. 1949. (F. Pohl)
FBK	1(6):30. 1950. (n.g.)

The edict. New York, Bantam, 1972. 217 p.

KPG	6:79. S. 1972. (C. Hilbert)
GAL	33:94-95. Jl. 1972. (T. Sturgeon)
LM	38/39:63. Jl/Ag. 1972. (S. Mines)

EICHNER, HENRY

The atlantean chronicles. Alhambra, Calif., Fantasy Publishing Co., 1971. 230 p.

| EXT | 14:70. D. 1972. (T. Clareson) |
| LM | 41/42:61. O/N. 1972. (J. B. Post) |

EINSTEIN, ALBERT

Ideas and opinions. New York, Crown, 1954. 377 p. 54-6644.

| GAL | 9(4):120-121. Ja. 1955. (G. Conklin) |

EINSTEIN, CHARLES

The day New York went dry. New York, Gold Medal Books, 1964. 160 p.

| ASF | 76(3):149-150. N. 1965. (P. Miller) |
| FSF | 28(4):68-70. Ap. 1965. (J. Merril) |

EISELEY, LOREN

The firmament of time. New York, Atheneum, 1960. 182 p. 60-11032rev.

| ASF | 67(2):173. Ap. 1961. (P. Miller) |

EISELY, LOREN (Continued)

The immense journey. New York, Random House , 1957.
210 p. 57-6657rev.

GAL   16(3):107-108. Jl. 1958. (F. Gale)

The invisible pyramid. New York, Scribners, 1970.
173 p. 71-123826.

LM   26/27:40. Jl/Ag. 1971. (J. B. Post)

EISENBERG, LARRY

The best laid schemes. New York, Macmillan, 1971.
191 p. 71-142347.

LJ   96:2550. Ag. 1971. (R. Hough)
LM   40:21. S. 1971. (P. Walker)
GAL   34:87-88. S. 1973. (T. Sturgeon)
KPG   7:25. S. 1973. (n.g.)
PW   203:75. Ap. 23, 1973. (n.g.)
VTX   1:13. Ag. 1973. (n.g.)

EISNER, STEVE

H. P. Lovecraft memorial symposium, ed. by Steve Eisner.
Detroit, University of Detroit, 1958.

GAL   17(1):76-77. N. 1958. (F. Gale)

EKLUND, GORDON

Beyond the resurrection. Garden City, N.Y., Doubleday,
1973. 202 p. 72-84909.

KR   40:1381. D. 1, 1972. (n.g.)
PW   202:57. D. 4, 1972. (n.g.)
FSF   45:34-35. Ag. 1973. (S. Coleman)
LJ   98:1602. My. 15, 1973. (J. B. Post)
SWSJ   95:2. Jl. 1973. (D. D'Ammassa)

The eclipse of dawn. New York, Ace, 1971. 221 p.

REN   3:14. 1971. (J. Pierce)
FSF   42:94-95. Je. 1972. (J. Blish)
LM   38/39:38. Jl/Ag. 1972. (D. Paskow)

EKMAN, SVEN

Zoogeography of the sea. London, Sidgwick & Jackson,
1953. 417 p. A53-7067.

AUT   No. 33:139. My. 1953. (H. Campbell)

ELAM, RICHARD M.

Teen-age super science stories, ed. by Richard M. Elam.
New York, Lantern Press, 1957. 253 p. 57-8908.

ASF   61(3):139. My. 1958. (P. Miller)

ELDER, JOSEPH

Eros in orbit, ed. by Joseph Elder. New York, Trident,
1973. 189 p.

ASF   91:159-161. Ag. 1973. (P. Miller)
KR   41:277. Mr. 1, 1973. (n.g.)
LJ   98:1310. Ap. 15, 1973. (A. Samuels)
PW   203:64. Mr. 12, 1973. (n.g.)

Eros in orbit (Continued).

GAL   34:132. Jl/Ag. 1973. (T. Sturgeon)
FSF   45:65-67. Jl. 1973. (J. Russ)

The farthest reaches, ed. by Joseph Elder. New York,
Trident, 1968. 217 p. 68-26712.

LM   16:20. S. 1970. (D. Paskow)
SFR   37:30-31. Ap. 1970. (P. Walker)

ELDER, MICHAEL

The alien earth. New York, Rinnacle, 1971. 187 p.

PW   199:58. Je. 7, 1971. (n.g.)

Nowhere on earth. New York, Pinnacle, 1972. 186 p.

PW   203:75. Ap. 23, 1973. (n.g.)

ELGIN, SUZETTE

At the seventh level. New York, Daw, 1972. 142 p.

GAL   33:173. Ja. 1973. (T. Sturgeon)
LM   46:30. Mr. 1973. (D. Lundry)

Furthest. New York, Ace, 1971. 191 p.

REN   3:16. 1971. (J. Pierce)
SFO   23:20-21. S. 1971. (T. Pauls)
WSJ   76:102-107. Ap/My. 1971. (J. Newton)
AMZ   46:108-111. My. 1972. (T. White)

ELIOTT, E. C.
SEE Martin, Rex

ELLIK, RON

The universes of E. E. Smith, by Ron Ellik and Bill
Evans. Chicago, Advent, 1966. 272 p. 66-9092.

AMZ   41(5):143. D. 1967. (H. Harrison)
ASF   78(6):157-158. F. 1967. (P. Miller)
GAL   25(4):173. Ap. 1967. (A. Budrys)
FSF   33(3):61. S. 1967. (J. Merril)

ELLIOTT, HARRY CHANDLER

Reprieve from paradise. New York, Gnome Press, 1955.
256 p. 55-5465.

ASF   56(6):143-144. F. 1956. (P. Miller)
FAU   4(5):124-125. D. 1955. (H. Santesson)
FUTF   No. 29:122-123. 1956. (D. Knight)
GAL   11(4):89. F. 1956. (F. Gale)

The shape of intelligence. New York, Scirbners, 1969.
303 p. 68-17353.

ASF   83(6):168. Ag. 1969. (J. Campbell, Jr.)

ELLIOTT, JOHN

Dragon feast. New York, Belmont, 1970. 176 p.

LM   38/39:39. Jl/Ag. 1972. (J. Rapkin)

ELLIOTT, ROBERT C.

The shape of utopia: studies in a literary genre.
Chicago, University of Chicago Press, 1970. 158 p.
78-103136.

CE   33:368-371. D. 1971. (J. Russ)

ELLIS, EDITH

Open the door, by Wilfred Brandon, transcribed by Edith
Ellis. New York, Knopf, 1935. 195 p. 35-3183.

AMZ   10(3):134. Je. 1935. (C. Brandt)

ELLISON, HARLAN

Again, dangerous visions, ed. by Harlan Ellison. Garden
City, N.Y., Doubleday, 1972. 760 p. 70-123689.

BKL   68:930. Jl. 1, 1972. (n.g.)
FSF   43:42-47. S. 1972. (A. Davidson)
FUT   4:292-294. S. 1972. (D. Livingston)
GAL   32:119-121. My. 1972. (T. Sturgeon)
KR   40:89. Ja. 15, 1972. (n.g.)
KR   40:146-147. F. 1, 1972. (n.g.)
LJ   97:1462. Ap. 15, 1972. (J. Post)
LM   37:29-30. Je. 1972. (J. B. Post)
NYT   p. 20. S. 3, 1972. (T. Sturgeon)
PW   201:59-60. Ja. 24, 1972. (n.g.)
REN   4:12-13. sum. 1972. (P. Walker)
SDNP   p. 8. Jl. 15/16, 1972. (B. Friend)
SFN   17/18:1. N/D. 1972. (n.g.)
SPEC   31:34-37. aut. 1972. (D. Barbour)
ASF   91:168-170. Ap. 1973. (P. Miller)
PW   204:285. Ag. 27, 1973. (n.g.)
WSJ   81:R/10-R/11. F. 1973. (D. Bishoff)
WSJ   81:R/11-R/18. F. 1973. (M. Shoemaker)

Alone against tomorrow. New York, Macmillan, 1971.
312 p. 78-127465.

PW   198(24):34. D. 14, 1970.
FSF   41:25-26. D. 1971. (J. Blish)
LJ   96:1640-1641. My. 1, 1971. (A. Boyer)
WIF   21:140-141. S/O. 1971. (L. del Rey)
SWSJ   28:7. Jl. 1971. (J. Newton)
KPG   6:32. N. 1972. (n.g.)
LM   40:29-30. S. 1972. (G. Labowitz)

The beast that shouted love at the heart of the world.
New York, Avon, 1969. 254 p.

ASF   85(6):168-169. Ag. 1970. (P. Miller)
LM   14:25. Jl. 1970. (D. Paskow)
SPEC   28:28-31. Ja. 1971. (B. Stableford)

Dangerous visions, ed. by Harlan Ellison. Garden City,
N.Y., Doubleday, 1967. 520 p. 67-19078.

AMZ   42(1):136-137,147. Ap. 1968. (W. Atheling, Jr.)
ASF   81(3):162-164. My. 1968. (P. Miller)
GAL   26(4):156-163. Ap. 1968. (A. Budrys)
FSF   33(6):28-33. D. 1967. (J. Merril)
MOH   4(4):4-5,34. Jl. 1968. (R. Lowndes)
LM   12:31. My. 1970. (D. Paskow)
SFN   17/18:1. N/D. 1972. (n.g.)
SFO   18:5-17. D. 1970. (B. Gillespie)
KPG   7:19. Ap. 1973. (n.g.)

Ellison wonderland. New York, Paperback Library, 1962.
191 p.

ASF   70(4):158-159. D. 1962. (P. Miller)

The glass teat. New York, Ace, 1970. 318 p. 70-12175.

AMZ   44(4):143-145. N. 1970. (T. White)
LM   23:29. Ap. 1971. (J. Wood)
WIF   20:167-168. Mr/Ap. 1971. (L. del Rey)

I have no mouth and I must scream. New York, Pyramid,
1967. 175 p.

ASF   81(4):162-163. Je. 1968. (P. Miller)
FSF   34(1):39-40. Ja. 1968. (S. Delany)

The man with nine lives. New York, Ace, 1960. 131 p.

ASF   66(1):149-150. S. 1960. (P. Miller)
WIF   10(3):105. Jl. 1960. (F. Pohl)

Over the edge: stories from somewhere else. New York,
Belmont, 1970. 191 p.

LM   24/25:43. My/Je. 1971. (D. Paskow)
SPEC   30:13-14. Je. 1972. (C. Thorne)

Partners in wonder. New York, Walker, 1971. 471 p.
77-123270.

PW   198(18):52-53. N. 2, 1970.
FSF   41:21-23. N. 1971. (J. Russ)
LJ   96:2011. Je. 1, 1971. (W. Robinson)
LM   22:29. Mr. 1971. (J. B. Post)
SFR   42:27-28. Ja. 1971. (N. Spinrad)
SWSJ   45:4. Ja. 1972. (J. Newton)

A touch of infinity. New York, Ace, 1960. 123 p.

ASF   66(1):149-150. S. 1960. (P. Miller)
WIF   10(3):105. Jl. 1960. (F. Pohl)

ELLISON, VIRGINIA H.

The pooh cook book. New York, Dutton, 1969. 120 p.
75-92616.

LM   15:34. Ag. 1970. (M. Hewitt)

ELLWOOD, GRACIA FAY

Good news from Tolkien's middle earth. Grand Rapids,
Mich., Eerdmans, 1970. 160 p. 69-12313.

LM   30:31. N. 1971. (J. B. Post)

ELTON, JOHN

The green plantations. London, Lock, 1955. 192 p.

AUT   No. 56:135. Ap. 1955. (n.g.)
NWB   No. 33:123. Mr. 1955. (L. Flood)

ELWELL, FELICIA ROSEMARY

Science and the doctor, by F. R. Elwell and J. M.
Richardson. New York, Criterion, 1959. 160 p. 59-6128.

GAL   19(1):144. O. 1960. (F. Gale)

ELWOOD, ROGER, ed.

And walk now gently through the fire. Philadelphia,
Chilton, 1972. 185 p. 72-8060.

ASF   91:163-164. Ag. 1973. (P. Miller)

ELWOOD, ROGER, ed (Continued)

And walk now gently through the fire (Continued).

EJ	62:829-830.	My. 1973.	(J. Conner)
LJ	98:567.	F. 15, 1973.	(J. Aroeste)
PW	202:57.	D. 4, 1972.	(n.g.)

Androids, time machines and blue giraffes, ed. by Roger Elwood and Vic Ghidalia. Chicago, Follett, 1973. 381 p. 72-85580.

FANA	1:12.	Ag. 1973.	(n.g.)
VTX	1:11.	1973.	(n.g.)

The berserkers. New York, Trident, 1974. 217 p. 73-82873.

PW	204:105.	O. 22, 1973.	(n.g.)

Demon kind: eleven stories of children with strange and supernatural powers. New York, Avon, 1973. 192 p.

KPG	7:20.	Ap. 1973.	(n.g.)

Frontiers I: tomorrow's alternatives. New York, Collier, 1973. 198 p. 73-6060.

PW	204:63.	O. 15, 1973.	(n.g.)

Frontiers II: the new mind. New York, Collier, 1973. 180 p. 73-6060.

PW	204:63.	O. 15, 1973.	(n.g.)

Future city. New York, Trident, 1973. 232 p. 72-96814.

LJ	98:2015.	Je. 15, 1973.	(K. Stevens)
KR	41:533.	My. 1, 1973.	(n.g.)
LJ	98:2151.	Jl. 1973.	(I. Benig)
GAL	34:70-71.	D. 1973.	(T. Sturgeon)
PW	203:67.	Je. 18, 1973.	(n.g.)
ALG	21:44.	N. 1973.	(R. Lupoff)

Horror hunters, ed. by Roger Elwood and Vic Ghidalia. New York, Macfadden, 1971. 192 p.

LM	35/36:52.	Ap/My. 1972.	(B. Fredstrom)

The little monsters, ed. by Roger Elwood and Vic Ghidalia. New York, Macfadden, 1969. 160 p.

LM	11:26.	Ap. 1970.	(S. Mines)
MOH	6(4):72-73.	Fl. 1970.	(R. Lowndes)
SFR	40:31.	O. 1970.	(P. Walker)

Monster tales: vampires, werewolves, and things. Chicago, Rand McNally, 1973. 117 p. 73-12069.

KR	41:1200.	N. 1, 1973.	(n.g.)

Omega. New York, Walker, 1973. 190 p. 73-83311.

KR	41:1124.	O. 1, 1973.	(n.g.)

The other side of tomorrow. New York, Random, 1973. 207 p. 73-3046.

LJ	98:3710-3711.	D. 15, 1973.	(M. Brady)
KR	41:1043.	S. 15, 1973.	(n.g.)

Saving worlds, ed. by Roger Elwood and Virginia Kidd. Garden City, N.Y., Doubleday, 1973. 237 p. 72-84910.

ALG	21:44-45.	N. 1973.	(R. Lupoff)
KR	41:533.	My. 1, 1973.	(n.g.)
LJ	98:2574.	S. 15, 1973.	(S. Fell)

Saving worlds (Continued).

PW	203:36-37.	My. 28, 1973.	(n.g.)
VTX	1:10.	D. 1973.	(n.g.)

Science fiction tales: invaders, creatures and alien worlds. Chicago, Rand McNally, 1973. 124 p. 73-9799.

KR	41:1200.	N. 1, 1973.	(n.g.)

Showcase. New York, Harper, 1973. 160 p. 72-9169.

ALG	21:46-48.	N. 1973.	(R. Lupoff)
KR	41:478.	Ap. 15, 1973.	(n.g.)
LJ	98:2339.	Ag. 1973.	(R. Ryan)
PW	203:50.	Ap. 16, 1973.	(n.g.)

Signs and wonders. Old Tappen, N.J., Revell, 1972. 157 p. 74-186535.

LJ	97:2756.	S. 1, 1972.	(D. Gilzinger, Jr.)
PW	201:71.	Ap. 3, 1972.	(n.g.)
LM	49:26.	At. 1973.	(S. Mines)

Strange things happening. Elgin, Ill., D. C. Cook, 1973. 127 p. 72-87051.

GAL	34:130.	Jl/Ag. 1973.	(T. Sturgeon)

Young demons, ed. by Roger Elwood and Vic Ghidalia. New York, Avon, 1971. 160 p.

KPG	6:22-23.	S. 1972.	(n.g.)
GAL	33:87-88.	S. 1972.	(T. Sturgeon)
LM	44:25.	Ja. 1973.	(M. McQuown)

ELY, DAVID

Seconds. New York, Pantheon, 1963. 181 p. 63-13697.

FSF	26(2):96.	F. 1964.	(A. Davidson)

ENEY, DICK

Fancyclopedia II. Alexandria, Va., the Author, 1959. 186 p.

FSF	18(6):87.	Je. 1960.	(D. Knight)

ENGDAHL, SYLVIA LOUISE

Beyond the tomorrow mountains. New York, Atheneum, 1973. 257 p. 72-86934.

BKL	69:946.	Je. 1, 1973.	(n.g.)
KR	41:193.	F. 15, 1973.	(n.g.)
HB	49:276.	Je. 1973.	(P. Heins)
LJ	98:2663.	S. 15, 1973.	(M. Dorsey)
CCB	26:153.	Je. 1973.	(n.g.)

Enchantress from the stars. New York, Atheneum, 1970. 275 p. 74-98609.

LJ	95(10):1952.	My. 15, 1970.	(E. Haynes)
HB	46(2):165-166.	Ap. 1970.	
LM	26/27:24.	Jl/Ag. 1971.	(D. Hamilton)

The far side of evil. New York, Atheneum, 1971. 292 p. 77-134808.

HB	47:172.	Ap. 1971.	(S. Andrews)
KR	39:112-113.	F. 1, 1971.	(n.g.)
LJ	96:1514.	Ap. 15, 1971.	(E. Haynes)
LM	38/39:22.	Jl/Ag. 1972.	(C. Moslander)

ENGDAHL, SYLVIA LOUISE (Continued)

Journey between worlds. New York, Atheneum, 1970.
235 p. 72-115076.

LJ   95(18):3636. O. 15, 1970. (E. Haynes)
LM   30:23. N. 1971. (D. Hamilton)
EE   49:296. F. 1972. (D. Brockman)

This star shall abide. New York, Atheneum, 1972. 247 p.
79-175553.

BKL   68:820. My. 15, 1972. (n.g.)
HB   48:274. Je. 1972. (P. Heins)
LJ   97:1921. My. 15, 1972. (E. Haynes)
LM   41/42:32. O/N. 1972. (K. Anderson)
COMMONWEAL 97:162. N. 17, 1972. (E. Graves)
CCB   26:89. F. 1973. (n.g.)

ENGEL, LEONARD, ed.

New worlds of modern science. New York, Dell, 1956.
383 p. 56-5402.

ASF   58(4):156-157. D. 1956. (P. Miller)

ENGLAND, GEORGE ALLAN

Beyond the great oblivion. New York, Avalon, 1965.
190 p. NUC 68-94083.

ASF   77(3):155. My. 1966. (P. Miller)

Darkness and dawn. New York, Avalon, 1964. 191 p.
NUC 68-94068.

AMZ   39(5):6,124. My. 1965. (R. Silverberg)

The people of the abyss. New York, Avalon, 1966. 192 p.
NUC 69-102662.

ASF   78(3):170-171. N. 1966. (P. Miller)

ERLANGER, MICHAEL

Silence in heaven. New York, Atheneum, 1961. 169 p.
61-6743.

ASF   70(1):162. S. 1962. (P. Miller)

ERNST, MORRIS

Utopia, 1976. New York, Rinehart, 1955. 305 p. 55-
9766.

FAU   5(4):127. My. 1956. (H. Santesson)
FSF   10(5):91. My. 1956. (A. Boucher)

ERNSTING, WALTER

Invasion from space, by Walter Ernsting and Kurt Mahr.
New York, Ace, 1970. 187 p. NUC 71-16571.

LM   19:28. D. 1970. (S. Mines)
SFR   41:27-28. N. 1970. (P. Walker)

ERTZ, SUSAN

Woman alive. New York, Appleton, 1936. 219 p.
36-9232.

AMZ   10(13):135-136. D. 1936. (C. Brandt)

ESFANDAIRY, F. M.

Up-wingers. New York, John Day, 1973. 146 p.

FUT   5:594-595. D. 1973. (D. Livingston)

ESHBACH, LLOYD ARTHUR

Of worlds beyond. 1st ed. Reading, Pa., Fantasy Press,
1947. 96 p. 47-6516.

TWS   32(1):144. Ap. 1948. (S. Merwin)

Of worlds beyond. 2d ed. Chicago, Advent Press, 1964.
160 p. 64-57013.

ASF   75(1):86. Mr. 1965. (P. Miller)
NWB   No. 159:112-115. F. 1966. (L. Jones)

Tyrant of time. Reading, Pa., Fantasy Press, 1955.
253 p. 55-14065.

AMZ   29(4):97. Jl. 1955. (V. Gerson)
ASF   55(6):144-147. Ag. 1955. (P. Miller)
FAU   4(3):111-112. O. 1955. (H. Santesson)
GAL   10(4):93. Jl. 1955. (G. Conklin)
OSFS   6(2):120. S. 1955. (D. Knight)

ETTINGER, ROBERT C.

Man into superman: the startling potential of human
evolution—and how to be a part of it. New York, St.
Martins, 1972. 312 p.

PW   201:47. My. 8, 1972. (n.g.)

The prospect of immortality. Garden City, N.Y., Double-
day, 1964. 190 p. 64-13850.

ASF   74(6):86. F. 1965. (P. Miller)

EURICH, NELL

Science in utopia: a mighty design. Cambridge, Harvard
University Press, 1967. 332 p. 67-14339.

FSF   35(1):61-62. Jl. 1968. (V. Carew)

EVANS, BERGEN

The spoor of spooks and other nonsense. New York, Knopf,
1954. 296 p. 53-9461.

FSF   8(1):95-96. Ja. 1955. (A. Boucher)
SFIQ   3(6):37. Ag. 1955. (L. de Camp)

EVANS, CHRISTOPHER, ed.

Mind at bay. London, Panther, 1969. 186 p.

SWSJ   33:9. S. 1971. (M. Owings)

EVANS, EDWARD EVERETT

Alien minds. Reading, Pa., Fantasy Press, 1955. 223 p.
55-13628.

   ASF   57(3):148-149. My. 1956. (P. Miller)
   FAU   5(2):123. Mr. 1956. (H. Santesson)
   GAL   11(6):86. Ap. 1956. (F. Gale)

Man of many minds. Reading, Pa., Fantasy Press, 1953.
222 p. 53-12860.

   ASF   54(1):152. S. 1954. (P. Miller)
   WIF   10(2):89-90. My. 1960. (F. Pohl)

The planet mappers. New York, Dodd, Mead, 1955. 242 p.
55-5211.

   ASF   57(3):149. My. 1956. (P. Miller)
   FSF   9(3):89. S. 1955. (A. Boucher)

EVANS, IDRISYN OLIVER

Discovering the heavens. New York, Roy, 1959. 208 p.
59-9896.

   GAL   19(1):143. O. 1960. (F. Gale)

EVANS, ROBLEY

J. R. R. Tolkien. New York, Warner Paperback Library,
1972. 206 p.

   KPG   7:85. Ap. 1973. (M. Griffin)

EVERETT, PETER

Negatives. New York, Simon & Schuster, 1965. 200 p.
65-11162.

   FAS   19(1):128. O. 1969. (F. Leiber)

F

FABUN, DON

The dynamics of change, ed. by Don Fabun. Englewood Cliffs, N.J., Prentice-Hall, 1967. 1 v. 67-25569.

    FSF   35(2):23. Ag. 1968. (J. Merril)

FADIMAN, CLIFTON

Fantasia mathematica, ed. by Clifton Fadiman. New York, Simon & Schuster, 1958. 298 p. 58-6269.

    ASF   62(3):146-147. N. 1958. (P. Miller)
    FAU   9(6):115. Je. 1958. (H. Santesson)
    GAL   17(3):140-141. F. 1959. (F. Gale)
    WIF   9(1):113. D. 1958. (D. Knight)
    FSF   15(2):104. Ag. 1958. (A. Boucher)

The mathematical magpie, ed. by Clifton Fadiman. New York, Simon & Schuster, 1962. 300 p. 62-15492.

    AMZ   36(12):121-122. D. 1962. (S. Cotts)
    ASF   70(4):157-158. D. 1962. (P. Miller)
    GAL   21(3):141. F. 1963. (F. Gale)
    NWB   No. 125:126-127. D. 1962. (J. Carnell)
    FSF   23(6):83-85. D. 1962. (A. Davidson)

FAGAN, HENRY ALLAN

Ninya. London, Cape, 1956. 221 p.

    NEB   No. 18:106. N. 1956. (K. Slater)

FAIRFAX, JOHN

Frontier of going: an anthology of space poetry, ed. by John Fairfax. London, Panther, 1969. 125 p.

    SFO   5:43. Ag. 1969. (A. Escot)

FAIRMAN, PAUL W.

City under the sea. New York, Pyramid, 1965. 141 p.

    FSF   29(3):72. S. 1965. (J. Merril)

The Frankenstein wheel. New York, Popular Library, 1972. 190 p.

    TMNR   4:33. n.d. (L. Carlin)
    LM   45:25. F. 1973. (J. Rapkin)

FALLAW, L. M.

The ugglians. New York, Philosophical Library, 1956. 90 p. 57-13615.

    GAL   14(4):114-115. Ag. 1957. (F. Gale)

FARB, PETER

Living earth. New York, Harper, 1959. 178 p. 59-6330.

    WIF   12(4):6. S. 1962. (F. Pohl)

FARCA, MARIE C.

Complex man. Garden City, N.Y., Doubleday, 1973. 247 p. 72-92206.

    KR   41:478. Ap. 15, 1973. (n.g.)
    LJ   98:2339. Ag. 1973. (R. Nadelhaft)
    PW   203:61. My. 7, 1973. (n.g.)

Earth. Garden City, N.Y., Doubleday, 1972. 183 p. 74-175604.

    KR   39:1335. D. 15, 1971. (n.g.)
    BKL   68:931. Jl. 1, 1972. (n.g.)
    GAL   33:93. Jl. 1972. (T. Sturgeon)
    KR   40:78. Ja. 15, 1972. (n.g.)
    LJ   97:1625. Ap. 15, 1972. (C. Coon)
    LJ   97:3932. D. 1, 1972. (R. Nadelhaft)
    PW   201:65. Ja. 3, 1972. (n.g.)
    LM   44:22-23. Ja. 1973. (W. Rupp)

FARJEON, JOSEPH JEFFERSON

The 5.18 mystery. New York, Dial Press, 1929. 308 p. 29-25348.

    ADT   1(2):186. F. 1930. (n.g.)

FARLEY, RALPH MILNE
SEE Hoar, Roger Sherman

FARMER, PENELOPE

A castle of bone. New York, Atheneum, 1972. 152 p.

    LM   48:23. Fl. 1973. (C. Moslander)

Charlotte sometimes. New York, Harcourt, 1969. 192 p. 69-13773.

    LM   16:12. S. 1970. (C. Moslander)

FARMER, PHILIP JOSE

The alley god. New York, Ballantine, 1962. 176 p.

```
AMZ    36(9):124-125.  S. 1962.  (S. Cotts)
ASF    69(6):169-170.  Ag. 1962.  (P. Miller)
FSF    23(1):110.  Jl. 1962.  (A. Bester)
```

Behind the walls of terra. New York, Ace, 1970. 188 p.

```
ASF    87:165-166.  My. 1971.  (P. Miller)
LM     26/27:37.  Jl/Ag. 1971.  (G. Bear)
SWSJ   21:4.  My. 1971.  (F. Patten)
SWSJ   43:2.  Ja. 1972.  (T. Pauls)
```

Blown. North Hollywood, Calif., Essex House, 1969. 208 p.

```
LM     10:28.  Mr. 1970.  (G. Bear)
SFR    36:30-31.  F. 1970.  (T. Pauls)
SFR    37:29.  Ap. 1970.  (R. Delap)
SWSJ   25:5-6.  Je. 1971.  (D. Halterman)
```

The book of Philip Jose Farmer. New York, Daw, 1973. 239 p.

```
PW     203:41.  My. 28, 1973.  (n.g.)
REN    5(3):10.  Sm. 1973.  (J. Pierce)
```

Dare. New York, Ballantine, 1965. 159 p. NUC 63-15242.

```
FSF    29(3):70.  S. 1965.  (J. Merril)
```

Doc Savage: his apocalyptic life. Garden City, N.Y., Doubleday, 1973. 226 p. 72-96236.

```
LJ     98:3003.  O. 15, 1973.  (M. Peffers)
KR     41:777-778.  Jl. 15, 1973.  (n.g.)
PW     204:59.  Jl. 30, 1973.  (n.g.)
REN    5(4):13.  Fl. 1973.  (J. Pierce)
```

Down in the black gang. New York, Signet, 1971. 224 p.

```
SWSJ   117:3.  N. 1973.  (K. Ozanne)
```

The fabulous riverboat. New York, Putnam, 1971. 253 p. 79-174635.

```
KR     39:1179.  N. 1, 1971.  (n.g.)
PW     200:67.  N. 15, 1971.  (n.g.)
ASF    89:163-165.  My. 1972.  (P. Miller)
BKL    68:649.  Ap. 1, 1972.  (n.g.)
LJ     97:217.  Ja. 15, 1972.  (J. Richter)
WIF    21:113-114.  My/Je. 1972.  (L. del Rey)
```

A feast unknown. North Hollywood, Calif., Essex House, 1969. 286 p.

```
ASF    84(3):167-168.  N. 1969.  (P. Miller)
NWB    No. 194:32.  O. 1969.  (N. Spinrad)
LM     2:27-28.  Jl. 1969.  (S. Mines)
SFR    37:29.  Ap. 1970.  (R. Delap)
SFR    37:16.  Ap. 1970.  (P. Anthony)
SWSJ   24:8-9.  Je. 1971.  (R. Weston)
```

Flesh. New York, Beacon Books, 1960. 160 p.

```
ASF    66(5):163-165.  Ja. 1961.  (P. Miller)
ASF    84(3):167.  N. 1969.  (P. Miller)
NWB    No. 184:60-61.  N. 1968.  (R. Meadley & M.
                                    Harrison)
FSF    35(6):21.  D. 1968.  (J. Russ)
```

The gate of time. New York, Belmont, 1966. 176 p. NUC 70-80787.

```
LM     26/27:47.  Jl/Ag. 1971.  (D. Paskow)
```

The green odyssey. New York, Ballantine, 1957. 152 p. 57-10603.

```
ASF    60(5):147-148.  Ja. 1958.  (P. Miller)
GAL    15(3):106.  Ja. 1958.  (F. Gale)
INF    3(1):98-99.  N. 1957.  (D. Knight)
SAT    2(2):127.  D. 1957.  (S. Moskowitz)
VEN    1(6):83.  N. 1957.  (T. Sturgeon)
FSF    13(4):104.  O. 1957.  (A. Boucher)
```

The image of the beast. North Hollywood, Calif., Essex House, 1968. 255 p.

```
AMZ    43(2):122-124.  Jl. 1969.  (T. White)
ASF    84(3):167.  N. 1969.  (P. Miller)
FAS    18(6):127-130.  Ag. 1969.  (F. Leiber)
NWB    No. 192:62-63.  Jl. 1969.  (C. Platt)
NWB    No. 194:32.  O. 1969.  (N. Spinrad)
```

Lord of the trees. New York, Ace, 1970. 122 p.

```
WIF    20:119-121.  Ja/F. 1971.  (L. del Rey)
```

Lord tyger. Garden City, N.Y., Doubleday, 1970. 336 p. 79-89108.

```
GAL    30(5):156-157.  Je. 1970.  (A. Budrys)
LJ     95(6):1050.  Mr. 15, 1970.  (D. Polacheck)
WIF    20(5):154-156.  My/Je. 1970.  (L. del Rey)
SFR    39:22-23.  Ag. 1970.  (P. Walker)
LM     21:26.  F. 1971.  (J. Pierce)
```

The lovers. New York, Ballantine, 1961. 160 p.

```
AMZ    35(10):138,146.  O. 1961.  (S. Cotts)
ASF    68(5):162-163.  Ja. 1962.  (P. Miller)
FSF    21(4):81.  O. 1961.  (A. Bester)
REN    4:9.  Fl. 1972.  (J. Pierce)
```

The mad goblin. New York, Ace, 1970. 130 p.

```
WIF    20:119-121.  F. 1971.  (L. del Rey)
```

Night of light. New York, Berkley, 1966. 160 p.

```
NWB    No. 166:153.  S. 1966.  (H. Bailey)
FSF    32(5):44-48.  My. 1967.  (J. Merril)
KPG    7:62.  F. 1973.  (E. Michales)
```

The other log of Phileas Fogg. New York, Daw, 1973. 191 p.

```
KPG    7:88.  S. 1973.  (P. Mattern)
PW     203:72.  Ja. 22, 1973.  (n.g.)
REN    5(2):18.  Sp. 1973.  (J. Pierce)
```

The stone god awakens. New York, Ace, 1970. 190 p.

```
LM     24/25:59.  My/Je. 1971.  (G. Bear)
WIF    20:165-166.  Mr/Ap. 1971.  (L. del Rey)
SWSJ   50:3.  Mr. 1972.  (F. Patten)
```

Strange relations. New York, Ballantine, 1960. 190 p. NUC 63-15242.

```
AMZ    34(9):135-136.  S. 1960.  (S. Cotts)
ASF    66(5):163-165.  Ja. 1961.  (P. Miller)
WIF    10(4):88.  S. 1960.  (F. Pohl)
```

FARMER, PHILIP JOSE (Continued)

Tarzan alive: a definitive biography of Lord Greystoke.
Garden City, N.Y., Doubleday, 1972. 312 p. 70-175371.

BS	32:254. S. 1, 1972. (W. Murphey)
GAL	33:95. Jl. 1972. (T. Sturgeon)
LJ	97:1437. Ap. 15, 1972. (D. Halprin)
LM	41/42:57. O/N. 1972. (J. B. Post)
PW	201:67. F. 14, 1972. (n.g.)
SDNP	p. 8. Jl. 15/16, 1972. (B. Friend)
SFN	16:2-3. O. 1972. (F. Lerner)
TMNR	4:34. n.d. (L. Perrine)
WIF	21:115-116. O. 1972. (L. del Rey)
RQ (Am. Lib. Assn.) 12:315. Sp. 1973. (J. Post)

Time's last gift. New York, Ballantine, 1972. 201 p.

LM	43:27. D. 1972. (P. Walker)
WIF	21:114. My/Je. 1972. (L. del Rey)

Timestop. New York, Lancer, 1957. 192 p.

SFR	42:36-37. Ja. 1971. (T. Pauls)

To your scattered bodies go. New York, Putnam, 1971.
221 p. 77-136810.

PW	198(20):71. N. 16, 1970.
LJ	96:1389. Ap. 15, 1971. (F. Patten)
LJ	96:1528. Ap. 15, 1971. (J. Faria)
REN	3:13. Sm. 1971. (J. Pierce)
SWSJ	22:8. My. 1971. (J. Newton)
WIF	20:146-148. My/Je. 1971. (L. del Rey)
ASF	89:163-165. My. 1972. (P. Miller)
LM	32:27-28. Ja. 1972. (D. Schweitzer)

Tongues of the moon. New York, Pyramid, 1964. 143 p.

LM	26/27:33. Jl/Ag. 1971. (J. Evers)

The wind whales of Ishmael. New York, Ace, 1971. 157 p.

REN	3:14-15. 1971. (J. Pierce)
LM	34:23. Mr. 1972. (L. Carter)
SWSJ	50:3. Mr. 1972. (F. Patten)

FARQUHARSON, ROBIN

Theory of voting. Oxford, Blackwell, 1969. 83 p.

NWB	No. 199:29. Mr. 1970. (J. Sladek)

FARSACE, LARRY

Golden atom. Rochester, N.Y., The Author, 1955. 100 p.

ASF	57(2):152. Ap. 1956. (P. Miller)

FAST, HOWARD MELVIN

The edge of tomorrow. New York, Bantam, 1961. 120 p.

ASF	68(4):159. D. 1961. (P. Miller)

The general who zapped an angel. New York, Morrow, 1970.
160 p. 70-94385.

FSF	39(3):18-19. S. 1970. (J. Blish)
LJ	95(6):1047. Mr. 15, 1970. (J. Davis)
SFR	39:26-27. Ag. 1970. (R. Delap)
LM	22:26. Mr. 1971. (D. Paskow)
PW	200:50. N. 8, 1971. (n.g.)
GAL	33:95. Jl. 1972. (T. Sturgeon)

A touch of infinity. New York, Morrow, 1973. 192 p.
72-135.

BS	33:239. S. 1, 1973. (M. Hardy)
LJ	98:2339. Ag. 1973. (D. Halprin)
LJ	98:2678-2679. S. 15, 1973. (R. Minudri)
KR	41:659. Je. 15, 1973. (n.g.)
PW	203:70. Je. 25, 1973. (n.g.)

FAST, JULIUS

The league of grey-eyed women. Philadelphia, Lippincott,
1970. 219 p. 70-85112.

ASF	85(6):165-166. Ag. 1970. (P. Miller)
FSF	39(2):59-60. Ag. 1970. (J. Blish)
LJ	95(13):2546. Jl. 1970. (M. Mellander)
LM	19:24. D. 1970. (D. Paskow)
WSJ	71:83-85. Mr/My. 1970. (T. Pauls)
SFR	42:32. Ja. 1971. (P. Walker)

FAUCETTE, JOHN M.

The age of ruin. New York, Ace, 1968. 114 p.

LM	7:22. D. 1969. (S. Mines)
NWB	No. 191:62. Je. 1969. (J. Cawthorn)

The warriors of terra. New York, Belmont, 1970. 174 p.

LM	29:29. O. 1971. (D. Paskow)

FAULEY, WILBUR FINLEY

Shuddering castle, by Wilbur Fawley. New York, Green
Circle Books, 1936. 320 p. 36-21689.

AMZ	11(1):133. F. 1937. (C. Brandt)

FAUST, FREDERICK

The untamed, by Max Brand. New York, Putnam, 1919.
374 p. 19-4517rev.

FF	1:38. F. 1971. (D. Menville)

FAWCETT, FRANK DUBREZ

Hole in heaven. London, Sidgwick, 1954. 244 p.

AUT	No. 47:113. Jl. 1954. (n.g.)
NEB	No. 9:116. Ag. 1954. (K. Slater)
NWB	No. 23:128. My. 1954. (L. Flood)
OSFS	6(2):117-118. S. 1955. (D. Knight)

FAWCETT, PERCY HARRISON

Lost trails, lost cities. New York, Funk & Wagnalls,
1953. 332 p. 53-6980.

ASF	52(4):140-144. D. 1953. (P. Miller)
SFIQ	2(5):61-62. N. 1953. (L. de Camp)

FAWLEY, WILBUR
SEE Fauley, Wilbur Finley

FAY, JOHN

The helicopter and how it flies. London, Pitman, 1954.
105 p. 54-12529.

   AUT   No. 50:135. O. 1954. (n.g.)

FEAR, W. H.

Operation satellite. London, Badger, 1958. 160 p.

   NEB   No. 31:106-107. Je. 1958. (K. Slater)

FEARING, KENNETH

Clark Gifford's body. New York, Random House, 1942.
285 p. 42-17798.

   SSS   4(2):90-91. N. 1942. (D. Wollheim)

Loneliest girl in the world. New York, Harcourt, Brace,
1951. 238 p. 51-11347.

   FSF   3(1):106. F. 1952. (Boucher & McComas)

FEARN, JOHN RUSSELL

Liners of time. Kingswood, Eng., World's Work, 1947.
156 p. 48-13321.

   FANS   1(3):96. Ag. 1947. (G. G.)

FEIFFER, JULES

The great comic book heroes, ed. by Jules Feiffer. New
York, Dial, 1965. 189 p. 65-23962.

   FSF   30(5):40-41. My. 1966. (J. Merril)

FEINBERG, JOSEPH GEORGE

The atom story. New York, Philosophical Library, 1953.
243 p. 53-759.

   GAL   7(3):86. D. 1953. (D. Conklin)

FEINBURG, GERALD

The prometheus project: mankind's search for long range
goals. Garden City, N.Y., Doubleday, 1968. 215 p.
68-27103.

   FSF   37(3):20-21. S. 1969. (J. Russ)
   LM   7:24. D. 1969. (J. B. Post)
   SFR   39:21. Ag. 1970. (P. Farmer)

FELSON, HENRY GREGOR

The boy who discovered the earth. New York, Scribners,
1955. 140 p.

   ASF   57(5):154. Jl. 1956. (P. Miller)

FENTON, EDWARD

Penny candy. New York, Holt, 1970. 46 p. 69-11959.

   LM   34:26. Mr. 1972. (J. Post)

FENTON, ROBERT W.

The big swingers. Englewood Cliffs, N.J., Prentice-Hall,
1967. 258 p. 66-24975.

   AMZ   41(4):4-5. O. 1967. (H. Harrison)
   ASF   80(2):162-163. O. 1967. (P. Miller)
   FSF   33(3):60-61. S. 1967. (J. Merril)

FERMAN, EDWARD L., ed.

The best from fantasy and science fiction, 15th series.
New York, Ace, 1966. 253 p.

   NWB   No. 165:151. Ag. 1966. (W. E. B.)
   SFR   41:33. N. 1970. (P. Walker)

The best from fantasy and science fiction: 16th series.
Garden City, N.Y., Doubleday, 1967. 264 p.

   ASF   80(5):166-167. Ja. 1968. (P. Miller)
   NWB   No. 174:63-64. Ag. 1967. (J. Cawthorn)

The best from fantasy and science fiction: seventeenth
series. New York, Ace, 1968. 252 p.

   GAL   27(3):167-170. O. 1968. (A. Budrys)
   KPG   6:25. F. 1972. (n.g.)

The best from fantasy and science fiction: eighteenth
series. New York, Ace, 1969. 287 p.

   ASF   85(2):167-168. Ap. 1970. (P. Miller)
   NWB   No. 195:32. N. 1969. (M. Harrison)
   LM   10:29. Mr. 1970. (J. B. Post)

The best from fantasy and science fiction, 19th series.
Garden City, N.Y., Doubleday, 1971. 286 p.

   KR   39:657. Je. 15, 1971. (n.g.)
   PW   199:65. My. 24, 1971. (n.g.)
   LM   38/39:55. Jl/Ag. 1972. (S. Mines)
   SWSJ   54:3. My. 1972. (B. Keller)
   KPG   7:20-21. Ap. 1973. (n.g.)

The best from fantasy and science fiction: 20th series.
Garden City, N.Y., Doubleday, 1973. 296 p.

   KR   41:989. S. 1, 1973. (n.g.)
   PW   204:80. O. 1, 1973. (n.g.)

Once and future tales. Jacksonville, Ill., Delphi Press,
1968. 366 p. 67-30931.

   GAL   28(1):186-188. F. 1969. (A. Budrys)

Twenty years of the "Magazine of Fantasy and Science
Fiction," ed. by Edward L. Ferman and Robert P. Mills.
New York, Putnam, 1970. 264 p. 70-105597.

   LJ   95(12):2284. Je. 15, 1970. (J. Polacheck)
   SWSJ   33:7-8. S. 1971. (J. Newton)

FERMAN, JOSEPH W.

No limits, ed. by Joseph W. Ferman. New York, Ballantine,
1964. 192 p. NUC 69-69148.

   ASF   76(6):152. F. 1966. (P. Miller)

FERMI, LAURA

Atoms in the family. Chicago, University of Chicago Press, 1954. 267 p. 54-12114.

GAL 10(2):114. My. 1955. (G. Conklin)

FEZANDIE, CLEMENT

Through the earth. Naperville, Ill., Fax, 1972. 32 p.

LM 46:31. Mr. 1973. (B. Fredstrom)

FINCH, CHRISTOPHER

The art of Walt Disney. New York, Abrams, 1973. 458 p.

FANA 1:9-10. N. 1973. (P. Marmor)

FINLAY, VIRGIL

Virgil Finlay. West Kingston, R.I., Grant, 1971. 158 p. 75-30318.

ALG 19:29. N. 1972. (D. Lupoff)
LM 29:27. O. 1971. (G. Bear)

Virgil Finlay, 1914-1971: a portfolio of his unpublished illustrations. Saddle River, N.J., Gerry de la Ree. 1971.

LM 28:25. S. 1971. (G. Bear)

FINNEY, JACK

The body snatchers. New York, Dell, 1955. 191 p. 54-12494.

ASF 56(1):151-152. S. 1955. (P. Miller)
FAU 4(3):112. O. 1955. (H. Santesson)
GAL 10(4):92. Jl. 1955. (G. Conklin)
NWB No. 42:126. D. 1955. (L. Flood)
OSFS 6(2):118-120. S. 1955. (D. Knight)
FSF 8(5):71-72. My. 1955. (A. Boucher)

The clock of time. London, Eyre, 1958. 189 p.

NWB No. 73:3. Jl. 1958. (L. Flood)

The third level. New York, Rinehart, 1957. 256 p. 57-9626.

AMZ 32(1):122-123. Ja. 1958. (S. Cotts)
ASF 61(3):141-142. My. 1958. (P. Miller)
FUTF No. 41:115-116. F. 1959. (C. Knox)
GAL 16(1):116. My. 1958. (F. Gale)
INF 3(2):88-90. Ja. 1958. (D. Knight)
INF 3(5):95-96. Je. 1958. (D. Knight)
VEN 2(1):80. Ja. 1958. (T. Sturgeon)
FSF 13(5):116-117. N. 1957. (A. Boucher)

Time and again. New York, Simon & Schuster, 1970. 399 p. 71-101873.

LJ 95(17):3304. O. 1, 1970. (R. Henderson)
LJ 95(18):3649-3650. O. 15, 1970. (R. Minudri)
PW 197(10):81. Mr. 9, 1970.
BS 30:151. Jl. 15, 1970. (C. Maguire)
LM 26/27:32. Jl/Ag. 1971. (D. Paskow)
NYT p. 24, Ag. 2, 1970. (W. Rogers)
TM 96:76. Jl. 20, 1970. (M. Duffey)
ASF 86:166-167. F. 1971. (P. Miller)
PW 199:136. My. 31, 1971. (n.g.)

The Woodrow Wilson dime. New York, Simon & Schuster, 1968. 190 p. 68-14837.

ASF 82(3):166. N. 1968. (P. Miller)
LM 4:30. S. 1969. (D. Paskow)

FIRESTONE, SHULAMITH

The dialectic of sex. New York, Morrow, 1970. 274 p. 70-123149.

FSF 41:18-19. N. 1971. (J. Russ)

FIRSOFF, VALDEMAR AXEL

Life beyond the earth. New York, Basic Books, 1964. 320 p. 64-1889.

ASF 74(3):86. N. 1964. (P. Miller)
WOT 3(1):4-6. My. 1965. (F. Pohl)
FSF 27(1):72-73. Jl. 1964. (I. Asimov)

Our neighbor worlds. New York, Philosophical Library, 1953. 336 p. 53-11499.

ASF 53(6):150. Ag. 1954. (P. Miller)

Strange world of the moon. New York, Basic Books, 1960. 226 p. 60-7751.

ASF 66(1):144-146. S. 1960. (P. Miller)
WIF 10(3):104. Jl. 1960. (F. Pohl)

FIRTH, MARY VIOLET

The secrets of Dr. Traverner, by Dion Fortune. St. Paul, Llewelyn, 1962. 234 p. 62-4912.

FSF 26(2):95. F. 1964. (A. Davidson)
SMS 3(6):37-38. Mr. 1971. (R. Lowndes)

FISHER, JAMES

Adventure of the world. London, Rathbone, 1954. 66 p.

AUT No. 50:134-135. O. 1954. (n.g.)
NWB No. 27:3. S. 1954. (J. Carnell)

FISHER, VARDIS

Darkness and the deep. New York, Vanguard, 1943. 296 p. 43-3878.

ASF 35(2):120-122. Ap. 1945. (P. Miller)

The golden rooms. New York, Vanguard, 1944. 324 p. 44-47041.

ASF 35(2):119-120. Ap. 1945. (P. Miller)

FISK, NICHOLAS

Trillions. New York, Pantheon, 1973. 158 p. 72-7623.

CCB 27:26. O. 1973. (n.g.)
KR 41:396. Ap. 1, 1973. (n.g.)
PW 203:71. Mr. 26, 1973. (n.g.)

FITZ GIBBON, CONSTANCE

When the kissing had to stop. New York, Norton, 1960.
247 p. 60-8951.

    ASF   66(3):160-161. N. 1960. (P. Miller)
    GAL   19(3):142. F. 1961. (F. Gale)
    FSF   19(5):91. N. 1960. (A. Bester)
    NWB   No. 107:124. Je. 1961. (J. Carnell)

FITZSIMMONS, CORTLAND

The Bainbridge murder. New York, McBride, 1930. 270 p.
30-5405.

    ADT   1(8):765. Ag. 1930. (n.g.)

FLAMMARION, CAMILLE

Astronomy. New York, Simon & Schuster, 1964. 670 p.
64-15354.

    GAL   23(4):4. Ap. 1965. (F. Pohl)

FLEMING, ANDREW MAGNUS

The gold diggers. Boston, Meador Publishing Co., 1930.
256 p. 31-773.

    AMZ   7(11):1048. F. 1933. (C. Brandt)

FLEMING, IAN

Moonraker. New York, Macmillan, 1955. 220 p. 55-14955.

    ASF   57(3):148. My. 1956. (P. Miller)

FLEMING, ROSCOE

The man who reached the moon. Lakewood, Colo., Golden
Press, 1955. 80 p.

    GAL   16(1):119. My. 1958. (F. Gale)

FLETCHER, GEORGE U.
SEE Pratt, Fletcher

FLETCHER, GUSTAV LUDWIG

Earth science, by Gustav. L. Fletcher and Caleb Wroe
Wolf. 3d ed. New York, Heath, 1953. 556 p. 53-9304.

    AUT   No. 39:137-138. N. 1953. (n.g.)

FLETCHER, RONALD

The family and marriage in Britain. Harmondsworth,
Pelican, 1966. 250 p. 66-74658.

    NWB   No. 166:155-156. S. 1966. (H. Bailey)

FLINT, HOMER EON

The devolutionist and the emancipatrix. New York, Ace,
n.d. 191 p.

    ASF   77(1):148-149. Mr. 1966. (P. Miller)

The lord of death and the queen of life. New York, Ace,
n.d. 143 p.

    ASF   77(1):148-149. Mr. 1966. (P. Miller)

FLORA, JAMES

Pishtosh, bullwash, and wimple. New York, Atheneum,
1972. 33 p.

    LM   46:13. Mr. 1973. (G. Lundry)

FLYING SAUCER REVIEW

World roundup of UFO sightings and events. New York,
Citadel, 1958. 224 p. 58-8023.

    FAU   10(2):123-124. Ag. 1958. (H. Santesson)
    GAL   17(3):142-143. F. 1959. (F. Gale)

FODOR, NANDOR

On the trail of the poltergeist. New York, Citadel,
1958. 222 p. 58-10595.

    FAU   10(5):118. N. 1958. (H. Santesson)
    FSF   15(6):103. D. 1958. (A. Boucher)

FOLEY, MARTHA

The best American short stories: 1955, ed. by Martha
Foley. New York, Ballantine, 1956. 422 p.

    ASF   58(1):158. S. 1956. (P. Miller)

FONTENAY, CHARLES L.

Epistle to the Babylonians. Knoxville, University of
Tennessee Press, 1969. 211 p. 68-9778.

    SFR   36:37-38. 1970. (P. Chapdelaine)
    WSJ   70:23-24. D. 1969/F. 1970. (P. Chapdelaine)

Rebels of the red planet. New York, Ace, 1961. 143 p.

    ASF   69(3):172-173. My. 1962. (P. Miller)

Twice upon a time. New York, Ace, 1958. 152 p.

    ASF   62(2):146. O. 1958. (P. Miller)

FORD, GARRET

Science and sorcery, ed. by Garret Ford. Los Angeles,
Fantasy Publishing Co., 1953. 327 p. 54-17738.

    ASF   54(4):151. D. 1954. (P. Miller)
    GAL   8(6):117-118. S. 1954. (G. Conklin)

FOREST, JEAN CLAUDE

Barbarella. New York, Grove Press, 1966. 68 p.
66-19857.

    ASF   78(5):164-166. Ja. 1967. (P. Miller)
    FSF   32(3):20-27. Mr. 1967. (J. Merril)

FORMAN, HENRY JAMES

The story of prophecy in the life of mankind from early times to the present day. New York, Farrar, 1936. 347 p. 36-18269.

UNK   2(4):121-122. D. 1939. (M. Lieberman)

FORREST, MARYANN

Here. New York, Coward, 1970. 210 p. 74-96777.

LJ   95(12):2284. Je. 15, 1970. (D. Polacheck)

FORST, S.

Pipkin. New York, Delacorte, 1970. 130 p. 73-113188.

LM   32:25. Ja. 1972. (C. Moslander)

FORT, CHARLES

The books of Charles Fort. New York, Holt, 1941. 1125 p. 41-8508.

AST   3(1):8. S. 1941. (D. Wollheim)
ASF   27(6):146-147. Ag. 1941. (J. Campbell, Jr.)
BSP   1(9):60. Ja. 1955. (n.g.)

Lo. New York, Claude Kendall, 1931. 411 p. 31-5024.

AMZ   6(4):379. Jl. 1931. (C. Brandt)

Wild talent. New York, Claude Kendall, 1932. 342 p. 32-29232.

AMZ   7(12):1145. Mr. 1933. (C. Brandt)

FORTUNE, DION
    SEE Firth, Mary Violet

FORTUNE MAGAZINE

The fabulous future: America in 1980. New York, Dutton, 1956. 206 p. 56-6300.

GAL   12(6):93-94. O. 1956. (F. Gale)

FOSTER, ALAN DEAN

Bloodhype. New York, Ballantine, 1973. 249 p.

LM   48:27. Fl. 1973. (L. Bloom)

The Tar-Aiym krang. New York, Ballantine, 1972. 251 p.

WIF   21:117. O. 1972. (L. del Rey)

FOSTER, RICHARD
    SEE Crossen, Kendall Foster

FOSTER, ROBERT

A guide to middle earth. Baltimore, Md., Mirage, 1971. 283 p. 72-94777.

LM   28:28. S. 1971. (P. Walker)
BKL   68:429-430. Ja. 15, 1972. (n.g.)
BKL   68:377. Ja. 1, 1972. (n.g.)

FOWLER, JOHN M.

Fallout; a study of superbombs, strontium 90, and survival, ed. by John M. Fowler. New York, Basic Books, 1960. 235 p. 60-7808.

ASF   66(4):158-159. Ja. 1961. (P. Miller)
WIF   10(4):91-93. S. 1960. (F. Pohl)

FOWLES, JOHN

The magus. Boston, Little, Brown, 1966. 582 p. 65-21357.

SFO   2:20. Mr. 1969. (B. Gillespie)

FOX, GARDNER F.

Escape across the cosmos. New York, Paperback Library, 1964. 160 p. NUC 70-109456.

ASF   75(1):89. Mr. 1965. (P. Miller)

Kothar and the conjurer's curse. New York, Belmont, 1970. 156 p.

LM   34:28. Mr. 1972. (P. Walker)

Kothar of the magic sword. New York, Belmont, 1969. 154 p.

LM   10:22-23. Mr. 1970. (L. Carter)

FRANCE, ANATOLE

The revolt of the angels. New York, Crown, 1962. 348 p. 68-72346.

FAS   11(9):126. S. 1962. (S. Cotts)
FSF   24(2):35-36. F. 1963. (A. Davidson)

FRANCIS, FRANK

The magic wallpaper. New York, Abelard-Schuman, 1970. 27 p. 79-118811.

LM   35/36:41. Ap/My. 1972. (J. Post)

FRANK, PAT

Alas, Babylon. Philadelphia, Lippincott, 1959. 254 p. 59-5405.

ASF   64(1):145-147. S. 1959. (P. Miller)
GAL   18(2):150. D. 1959. (F. Gale)
LM   24/25:63. My/Je. 1971. (D. Paskow)

Forbidden area. Philadelphia, Lippincott, 1956. 252 p. 56-6417.

ASF   58(1):157-158. S. 1956. (P. Miller)
GAL   13(1):68-69. N. 1956. (F. Gale)
INF   1(6):110-111. D. 1956. (D. Knight)
FSF   10(6):102. Je. 1956. (A. Boucher)

Mr. Adam. Philadelphia, Lippincott, 1946. 252 p. 46-6543.

ASF   41(3):95. My. 1948. (P. Miller)
AUT   No. 82:127. Jl. 1957. (A. Harby)

FRANK, PAT (Continued)

Seven days to never. London, Constable, 1957. 252 p.

NEB   No. 21:105. My. 1957. (K. Slater)

FRANKAU, GILBERT

Unborn tomorrow. London, MacDonald, 1953. 302 p.

AUT   No. 43:147-148. Mr. 1954. (n.g.)

FRANKE, HERBERT W.

The orchid cage. New York, Daw, 1973. 174 p.

REN   5(4):15. Fl. 1973. (J. Pierce)

FRANKLIN, HOWARD BRUCE

Future perfect, ed. by H. Bruce Franklin. New York, Oxford University Press, 1966. 402 p. 66-14475.

ASF   78(2):159-160. O. 1966. (P. Miller)
FSF   31(3):24. S. 1966. (J. Merril)
SFO   10:14. Mr/Ap. 1970. (J. Foyster)

FRANSON, DONALD

An author index to Astounding/Analog: part II-vol. 36, #1, September, 1945 to vol. 73, #3, May, 1964. n.p., National Fantasy Fan Federation, 1964. 7 p.

ASF   74(6):89. F. 1965. (P. Miller)

A history of the Hugo, Nebula and International Fantasy Award, listing nominees and winners, 1951-1969. Dearborn, Mich., The Author, 1970. 45 p.

AMZ   44(4):141. N. 1970. (T. White)
ASF   86(4):164-167. D. 1970. (P. Miller)
LM   18:23. N. 1970. (J. B. Post)

FRANZERO, CHARLES MARIE

The life and times of Tarquin the Etruscan. New York, John Day, 1961. 254 p. 61-5692.

GAL   20(1):176. O. 1961. (F. Gale)

FRASER, RONALD GEORGE JUTA

Once around the sun. New York, Macmillan, 1958. 160 p. 58-6229.

GAL   16(4):128. .Ag. 1958. (F. Gale)

FRAYN, MICHAEL

The tin men. Boston, Little, Brown, 1965. 216 p. 66-10370.

LM   2:22. Jl. 1969. (J. B. Post)
NWB   No. 192:61. Jl. 1969. (J. Churchill)

A very private life. New York, Viking, 1968. 132 p. 68-26503.

ASF   83(5):163. Jl. 1969. (P. Miller)
LM   2:22. Jl. 1969. (J. B. Post)
SPEC   30:16-19. Je. 1972. (T. Shippey)

FRAZEE, STEVE

The sky block. New York, Rinehart, 1953. 247 p. 53-9236.

ASF   53(5):151. Jl. 1954. (P. Miller)
GAL   7(6):120. Mr. 1954. (G. Conklin)
AUT   No. 59:122. Jl. 1955. (n.g.)
NWB   No. 37:126-127. Jl. 1955. (L. Flood)
SFA   2(2):80-81. F. 1954. (D. Knight)

FRAZER, JULIUS THOMAS

The voices of time, ed. by J. T. Frazer. New York, Braziller, 1966. 710 p. 65-19326.

NWB   No. 168:155-158. N. 1966. (M. Orgill)
NWB   No. 186:54. Ja. 1969. (J. Ballard)

FREAS, FRANK KELLY

Frank Kelly Freas: a portfolio. Chicago, Advent, 1957. 38 p.

ASF   61(1):142. Mr. 1958. (P. Miller)
GAL   15(5):122. Mr. 1958. (F. Gale)
INF   3(2):91. Ja. 1958. (D. Knight)
SAT   2(2):126-127. D. 1957. (S. Moskowitz)
VEN   1(6):84. N. 1957. (T. Sturgeon)

FREDERICKS, ARNOLD
SEE Kummer, Frederic Arnold

FREEMAN, BARBARA C.

Timi, the tale of a griffin. New York, Grosset & Dunlap, 1970. 48 p. 72-85796.

LM   37:27. Je. 1972. (J. Post)

FREEMAN, MAE

You will go to the moon, by Mae Freeman and Ira M. Freeman. rev. ed. New York, Beginner Books, 1971. 60 p. 75-158389.

LM   40:19. S. 1972. (J. Post)

FREEMAN, MARY EALEANOR WILKINS

The wind in the rose-bush and other stories of the supernatural. New York, Garrett, 1969. 237 p. 69-11895.

LM   16:18. S. 1970. (J. B. Post)

FREEMAN, WILLIAM

Biographies: scientists and inventors. London, Pitman, 1954. 119 p. A56-3000.

AUT   No. 54:130. F. 1955. (n.g.)

FREKSA, FRIEDRICH

Druso, oder: die gestohlene Menschenwelt. Berlin, Herman Reckendorf, 1931. 317 p. 32-5906.

AMZ   7(12):1145. Mr. 1933. (C. Brandt)

FRENCH, PAUL
SEE Asimov, Isaac

FRID, JONATHAN

Barnabas Collins: a personal picture album. New York,
Paperback Library, 1969. 116 p.

LM   13:29. Je. 1970. (J. Rapkin)

FRIEDBERG, GERTRUDE

The revolving boy. Garden City, N.Y., Doubleday, 1966.
191 p. 66-20976.

ASF   79(4):166. Je. 1967. (P. Miller)
NWB   No. 173:64. Jl. 1967. (J. Cawthorn)
FSF   32(1):67-68. Ja. 1967. (J. Merril)

FRIEDELL, EGON

The return of the time machine. New York, Daw, 1972.
127 p.

WIF   21:167. F. 1973. (L. del Rey)

FRIEDRICH, JOHANNES

Extinct languages. New York, Philosophical Library, 1957.
182 p. 57-13772.

ASF   61(5):152. Jl. 1958. (P. Miller)

FRIEL, ARTHUR O.

The pathless trail. New York, Centaur, 1970. 128 p.

LM   24/25:60. My/Je. 1971. (D. Paskow)

Tiger river. New York, Centaur, 1971. 186 p.

ALG   19:29. N. 1972. (D. Lupoff)

FRIEND, JOHN ALBERT NEWTON

Numbers: fun and facts. New York, Scribners, 1954.
208 p. 54-8690.

AUT   No. 56:133-134. Ap. 1955. (n.g.)

FRIEND, OSCAR J.

The kid from Mars. New York, Frederick Fell, 1949.
270 p. 49-5792.

ASF   46(5):73. Ja. 1951. (P. Miller)
SSS   6(2):97,127. Ja. 1950. (F. Pohl)
TWS   35(3):160. F. 1950. (n.g.)

FRIERSON, MEADE

HPL, ed. by Meade and Penny Frierson. Birmingham, Ala.,
The Authors, 1972. 144 p.

LM   38/39:45. Jl/Ag. 1972. (J. B. Post)

FRITCH, CHARLES E.

Crazy mixed-up planet. Philadelphia, N.Y., Powell, 1969.
203 p.

LM   18:24. N. 1970. (S. Mines)

Horses' asteroid. Philadelphia, N.Y., Powell, 1970.
206 p.

LM   26/27:38. Jl/Ag. 1971. (R. Freedman)

FRY, ROSALIE K.

Mungo. New York, Farrar, 1972. 123 p.

LM   48:22. Fl. 1973. (C. Moslander)

FRYER, DONALD S.

Songs and sonnets Atlantean. Sauk City, Wisc., Arkham
House, 1971. 134 p. 74-26976.

FAS   21:108. Ag. 1972. (F. Leiber)
FSF   42:23. Ag. 1972. (G. Wilson)
LM   43:22-23. D. 1972. (M. Purcell)

FUCHS, ERICH

Journey to the moon. New York, Delacorte, 1969. 27 p.
74-103151.

LM   30:25. N. 1971. (J. Post)

FURMAN, A. L., ed. Teen-age space adventures.
SEE Teen-age space adventures.

G

GABOR, DENNIS

Inventing the future. London, Secker & Warburg, 1963.
231 p. 63-24669.

NWB   No. 143:82. Jl/Ag. 1964. (J. Colvin)

GADDIS, VINCENT H.

Invisible horizons. Philadelphia, Chilton, 1965.
239 p. 65-14893.

FSF   29(6):34. D. 1965. (R. Raphael)

Mysterious fires and lights. New York, McKay, 1967.
280 p. 67-16939.

FSF   34(3):43. Mr. 1968. (J. Merril)

GAGLIARDI, MARIA FRANCESCA

The magic fish. New York, Putnam, 1969. 32 p. 69-
11423.

LM   12:27. My. 1970. (D. Langsam)

GAIL, OTTO WILLI

By rocket to the moon. New York, Sears, 1931. 303 p.
31-13233.

AMZ   6(10):951. Ja. 1932. (C. Brandt)

GALANOPOULOS, ANGELOS GEORGIOU

Atlantis: the truth behind the legend, by A. G.
Galanopoulos and Edward Bacon. Indianapolis, Bobbs-
Merrill, 1969. 216 p. 71-80738.

LM   15:35. Ag. 1970. (J. B. Post)

GALAXY MAGAZINE

The best from Galaxy, vol. 1. New York, Award, 1972.
251 p.

PW   202:47. N. 13, 1972. (n.g.)
KPG   7:20. F. 1973. (n.g.)
GAL   33:173-174. My/Je. 1973. (T. Sturgeon)

GALBREATH, ROBERT

The occult: studies and evaluations, ed. by Robert
Galbreath. Bowling Green, Ohio, Bowling Green Popular
Press, 1972. 126 p.

TRR   9:28. Ag. 1972. (R. Briney)

GALLAGHER, RICHARD

The doomsday committee. New York, Award, 1970. 187 p.
NUC 71-91317.

LM   32:29. Ja. 1972. (R. Freedman)

GALLANT, JOSEPH

Stories of scientific imagination, ed. by Joseph
Gallant. New York, Oxford Book Co., 1954. 152 p.
54-10170.

FSF   8(5):73. My. 1955. (A. Boucher)

GALLANT, ROY A.

Exploring Mars. Garden City, N.Y., Garden City Books,
1956. 62 p. 55-12238.

AMZ   31(7):125. Jl. 1957. (V. Gerson)
ASF   58(5):158-159. Ja. 1957. (P. Miller)
GAL   13(6):105. Ap. 1957. (F. Gale)

Exploring the moon, by Roy A. Gallant and Lowell Hess,
Garden City, N.Y., Garden City Books, 1955. 63 p.
55-6693.

ASF   57(5):154-155. Jl. 1956. (P. Miller)

Exploring the planets. Garden City, N.Y., Garden City
Books, 1958. 123 p. 58-9659.

GAL   18(2):154. D. 1959. (F. Gale)

GALLENKAMP, CHARLES

Maya: the riddle and rediscovery of a lost civilization.
New York, McKay, 1959. 240 p. 58-12262.

WIF   12(4):5-6. S. 1962. (F. Pohl)

GALLET, GEORGES H.

Escales dans l'infini, ed. by Georges H. Gallet. Paris,
le Rayon Fantastique, 1954.

NWB   No. 29:120-121. N. 1954. (L. Flood)

GALLION, JANE

Biker. North Hollywood, Calif., Essex House, 1969.
159 p.

NWB   No. 194:31. O. 1969. (N. Spinrad)

GALLUN, RAYMOND Z.

People minus X. New York, Simon and Schuster, 1957.
186 p.   56-9925.

    AMZ   31(11):120. N. 1957. (S. Cotts)
    ASF   61(2):144-145. Ap. 1958. (P. Miller)
    ASF   62(5):153. Ja. 1959. (P. Miller)
    GAL   15(6):88. Ap. 1958. (F. Gale)
    INF   3(3):57-60. Mr. 1958. (D. Knight)

The planet strappers. New York, Pyramid, 1961. 157 p.

    ASF   69(5):169. Jl. 1962. (P. Miller)

GALOUYE, DANIEL F.

Dark universe. New York, Bantam, 1961. 154 p.

    AMZ   36(1):137-138. Ja. 1962. (S. Cotts)
    ASF   69(1):166-167. Mr. 1962. (P. Miller)
    NWB   No. 112:126-127. N. 1961. (J. Carnell)
    NWB   No. 125:125. D. 1962. (L. Flood)

The infinite man. New York, Bantam, 1973. 202 p.

    SWSJ   96:4. Jl. 1973. (D. D'Ammassa)

Lords of the psychon. New York, Bantam, 1963. 153 p.
63-9177.

    AMZ   37(8):124. Ag. 1963. (S. Cotts)
    ASF   72(3):90. N. 1963. (P. Miller)

The lost perception. London, Gollancz, 1966. 190 p.
66-71493.

    NWB   No. 162:148. My. 1966. (J. Colvin)

Simulacron-3. New York, Bantam, 1964. 152 p. 65-31964.

    ASF   75(6):154. Ag. 1965. (P. Miller)

GAMOW, GEORGE

Biography of the earth. New York, Viking, 1941. 242 p.
41-16865.

    ASF   29(4):130. Je. 1942. (L. de Camp)

The creation of the universe. New York, Viking, 1952.
147 p. 52-9319.

    GAL   5(3):125-126. D. 1952. (G. Conklin)

Matter, earth and sky. Englewood Cliffs, N.J., Prentice-
Hall, 1958. 593 p. 58-9147.

    ASF   63(1):146. Mr. 1959. (P. Miller)

The moon. New York, Abelard-Schuman, 1959. 127 p.
59-7280.

    ASF   64(3):154-155. N. 1959. (P. Miller)
    GAL   19(1):142. O. 1960. (F. Gale)

One, two, three...infinity: facts and speculations of
science. New York, Viking Press, 1947. 340 p. 47-
31115.

    ASF   41(4):158-161. Je. 1948. (W. Ley)

A planet called earth. New York, Viking, 1963. 257 p.
63-8853.

    ASF   72(4):91. D. 1963. (P. Miller)

A star called the sun. London, Macmillan, 1965. 208 p.
66-37712.

    ASF   74(1):90. S. 1964. (P. Miller)
    FSF   27(4):38. O. 1964. (A. Davidson)

Thirty years that shook physics. Garden City, N.Y.,
Doubleday, 1966. 224 p. 66-39606.

    ASF   78(1):159-160. S. 1966. (P. Miller)

GAND, JOYCE

The meramid's daughter. New York, Holt, 1969. 319 p.

    LM   16:11. S. 1970. (C. Moslander)

GANTZ, KENNETH FRANKLIN

Not in solitude. Garden City, N.Y., Doubleday, 1959.
240 p. 59-6355.

    GAL   18(1):146. O. 1959. (F. Gale)
    AMZ   33(5):140-141. My. 1959. (S. Cotts)
    ASF   64(2):146-147. O. 1959. (P. Miller)
    FAU   11(3):97. My. 1959. (H. Santesson)

GAPOSCHKIN, CECILIA HELENA PAYNE

Stars in the making. Cambridge, Mass., Harvard Univer-
sity Press, 1952. 160 p. 52-9378.

    ASF   51(5):160-162. Jl. 1953. (P. Miller)

GARBEDIAN, HAIG GORDON

Major mysteries of science. New York, Covici Friede,
1933. 355 p. 33-12363.

    AMZ   8(6):617. O. 1933. (C. Brandt)

GARBELL, MAURICE ADOLPH

Soviet research on gravitation. Washington, D.C., U.S.
Department of Commerce, Office of Technical Services,
1961. 352 p.

    ASF   69(1):170-171. Mr. 1962. (P. Miller)

GARDETTE, CHARLES D.

The fire-fiend & The raven, by Charles D. Gardette and
Edgar Allen Poe. Saddle River, N.J., Gerry de la Ree,
1973. 46 p.

    VIEWS AND REVIEWS 5(2):34. D. 1973. (R. Briney)

Golgotha. Saddle River, N.J., Gerry de la Ree, 1973.
1 v.

    VIEWS AND REVIEWS 5(2):34. D. 1973. (R. Briney)

GARDNER, FRED

The lioness who made deals. New York, Norton, 1969.
22 p. 72-77859.

    LM   18:21. N. 1970. (J. Post)

GARDNER, JOHN

Grendel. New York, Knopf, 1971. 174 p. 70-154911.

   SFN   12:4. Je. 1972. (V. Kennedy)
   TLS   3672:793. Jl. 14, 1972. (n.g.)

GARDNER, MARTIN

The ambidextrous universe. New York, Basic Books, 1964. 294 p. 64-23953.

   FSF   28(4):72. Ap. 1965. (J. Merril)

Fads and fallacies in the name of science. New York, Dover, 1957. 363 p. 57-3844.

   FUTF No. 36:43. Ap. 1958. (J. Tyler)
   NWB   No. 150:48. My. 1965. (J. Colvin)
   FSF   13(6):92-93. D. 1957. (A. Boucher)

In the name of science. New York, Putnam, 1952. 320 p. 52-9831.

   ASF   51(2):150-154. Ap. 1953. (P. Miller)
   GAL   6(3):121. Je. 1953. (G. Conklin)
   SFIQ 2(4):74. Ag. 1953. (L. de Camp)
   FSF   4(4):97. Ap. 1953. (Boucher & McComas)

Logic machines and diagrams. New York, McGraw Hill, 1958. 157 p. 58-6683.

   WIF   10(2):91. My. 1960. (F. Pohl)

Science puzzlers. New York, Viking, 1960. 127 p. 60-50950.

   GAL   20(1):177. O. 1961. (F. Gale)

GARDNER, MATT

The curse of Quintana Roo. New York, Popular Library, 1972. 206 p.

   LM   45:25. F. 1973. (J. Rapkin)
   TMNR 4:33. n.d. (L. Carlin)

GARDNER, MAURICE B.

Bantan and the mermaids. Brooklyn, N.Y., Theo Gaus Sons, 1970. 316 p. 79-122445.

   LM   41/42:55. O/N. 1972. (B. Fredstrom)

Bantan primeval. Boston, Forum Publishing Co., 1961. 373 p. 61-66537.

   ASF   69(2):166-167. Ap. 1962. (P. Miller)

GARFIELD, LEON

The restless ghost. New York, Pantheon, 1969. 132 p. 70-77424.

   LM   14:20. Jl. 1970. (C. Moslander)

GARNER, ALAN

The moon of gomrath. New York, Walck, 1967. 184 p. 67-19922.

   NWB   No. 188:62. Mr. 1969. (J. Cawthorn)
   WSJ   72:26. Je/Ag. 1970. (D. Halterman)

Red shift. New York, Macmillan, 1973. 158 p. 73-584.

   BB   19:130. N. 1973. (K. Bazarov)
   KR   41:989. S. 1, 1973. (n.g.)

The weirdstone of Brisingamen. London, Collins, 1965. 224 p. 74-352456.

   NWB   No. 165:146-147. Ag. 1966. (J. Cawthorn)

The weirdstone of Brisingamen: a tale of Alderly. (rev. ed.) New York, Walck, 1969. 253 p. 69-17914.

   LJ   95(4):786. F. 15, 1970. (M. Cart)
   LM   9:23. F. 1970. (C. Moslander)

GARNER, ROLF

The indestructible. London, Hamilton, 1954. 159 p.

   AUT   No. 45:138-139. My. 1954. (n.g.)

GARNETT, BILL

Down bound train. Garden City, N.Y., Doubleday, 1973. 189 p.

   LJ   98:1512. My. 1, 1973. (I. Benig)
   PW   203:49-50. Ap. 16, 1973. (n.g.)

GARNETT, DAV

Mirror in the sky. New York, Berkley, 1969. 160 p.

   LM   14:30. Jl. 1970. (G. Bear)

The starseekers. New York, Berkley, 1971. 192 p.

   LM   38/39:48. Jl/Ag. 1972. (Y. Edeiken)

GARNETT, WILLIAM JEREMIAH

Freshwater microscopy. London, Constable, 1953. 300 p. 54-722.

   AUT   No. 43:150. Mr. 1954. (n.g.)

GARRETT, EILEEN JEANETTE LYTTLE, ed.

Beyond the five senses. Philadelphia, Lippincott, 1957. 384 p. 57-8945.

   GAL   15(4):106. F. 1958. (F. Gale)

The sense and nonsense of prophecy. New York, Creative Age, 1950. 279 p. 50-9904.

   FSF   2(1):60. F. 1951. (Boucher & McComas)

GARRETT, RANDALL.

Anything you can do. Garden City, N.Y., Doubleday, 1963. 192 p.

AMZ   37(5):123-124. My. 1963. (S. Cotts)
ASF   71(4):91. Je. 1963. (P. Miller)
LM   9:31. F. 1970. (D. Paskow)
FSF   24(5):98-99. My. 1963. (A. Davidson)

Pagan passions, by Randall Garrett and Larry M. Harris. New York, Beacon, 1959. 158 p.

ASF   66(1):147. S. 1960. (P. Miller)

Too many magicians. Garden City, N.Y., Doubleday, 1967. 260 p. 67-22473.

ASF   81(4):161. Je. 1968. (P. Miller)

Unwise child. Garden City, N.Y., Doubleday, 1962. 215 p. 60-13524.

AMZ   37(1):121-123. Ja. 1963. (S. Cotts)
ASF   71(2):89. Ap. 1963. (P. Miller)
FSF   24(3):33-34. Mr. 1963. (G. Dickson)

GARSON, PAUL

The great quill. Garden City, N.Y., Doubleday, 1973. 183 p.

PW   204:56. S. 17, 1973. (n.g.)

GARTH, WILL
SEE Kuttner, Henry

GARTMANN, HEINZ

Man unlimited. New York, Pantheon, 1957. 214 p. 56-10413.

ASF   60(1):147. S. 1957. (P. Miller)

The men behind the space rockets. New York, McKay, 1956. 185 p. 56-13938.

GAL   13(2):85. D. 1956. (F. Gale)
AUT   No. 68:156. Ap. 1956. (n.g.)

GARVIN, RICHARD M.

The fortec conspiracy, by Richard M. Garvin and Edmond G. Addeo. Los Angeles, Sherbourne Press, 1968. 181 p. 68-13286.

ASF   84(1):165-166. S. 1969. (P. Miller)

The Talbott agreement, by Richard M. Garvin and Edmond G. Addeo. Los Angeles, Sherbourne, 1968. 255 p. 68-55591.

LM   4:30. S. 1969. (D. Paskow)

GARY, ROMAIN

The dance of Genghis Cohn. New York, New American Library, 1968. 192 p.

LM   13:29. Je. 1970. (D. Paskow)

The gasp. New York, Putnam, 1973. 253 p. 72-89771.

BB   18:84. S. 1973. (J. Boland)
BS   33:5. Ap. 1, 1973. (A. Soloman)
LJ   98:436. F. 1, 1973. (R. Ahrold)
NYT   p. 48. Mr. 25, 1973. (M. Levin)
KR   40:1440. D. 15, 1972. (n.g.)

The guilty head. New York, World, 1969. 255 p. 78-92535.

LM   13:29. Je. 1970. (D. Paskow)

Hissing tales. New York, Harper, 1964. 186 p. 64-12685.

FSF   29(4):97. O. 1965. (J. Merril)

GASKELL, JANE

Strange evil. London, Hutchinson, 1957. 256 p. 57-48981.

NEB   No. 26:100-101. Ja. 1958. (K. Slater)

A sweet, sweet summer. New York, St. Martins, 1973. 223 p. 72-90759.

LJ   98:2339. Ag. 1973. (T. Bell)
PW   203:59. Ap. 2, 1973. (n.g.)

GASTER, THEODOR HERZL

The oldest stories in the world. New York, Viking, 1952. 238 p. 52-13711.

SFIQ   2(4):74. Ag. 1953. (L. de Camp)

GAT, DIMITRI V.

The shepherd is my lord. Garden City, N.Y., Doubleday, 1971. 208 p. 76-131077.

LJ   95(21):4194. D. 1, 1970. (R. Ryan)
PW   198(20):71. N. 16, 1970.
RQ   5:63-64. Jl. 1971. (W. Connelly)
SWSJ   22:7. My. 1971. (J. Newton)
LM   40:20. S. 1972. (D. Paskow)

GATLAND, KENNETH WILLIAM

The development of the guided missile, 2d ed. London, Iliffe, 1954. 292 p. 54-44672.

AUT   No. 53:130-131. Ja. 1955. (n.g.)

The inhabited universe, by Kenneth W. Gatland and Derek D. Dempster. New York, McKay, 1958. 182 p. 58-854.

ASF   62(6):145-146. F. 1959. (P. Miller)
GAL   17(2):102-103. D. 1958. (F. Gale)

Space travel, by Kenneth Gatland and Anthony Kunesch. London, Wingate, 1953. 205 p. 54-16331.

AUT   No. 42:151-152. F. 1954. (n.g.)

GAUL, ALBRO TILTON

The complete book of space travel. Cleveland, World, 1956. 160 p. 55-5287.

ASF   58(6):142. F. 1957. (P. Miller)
FAU   6(3):92-93. O. 1956. (H. Santesson)
GAL   13(2):85. D. 1956. (F. Gale)

GAUL, ALBRO TILTON (Continued)

The complete book of space travel (Continued).

    ISF   8(3):95. Je. 1957. (H. Bott)
    SAT   1(4):128. Ap. 1957. (S. Moskowitz)
    OSFS   7(4):81-82,120-121. Ja. 1957. (R. Garrett)

GAYLE, HAROLD

Spawn of the vortex, by Henry K. Gayle. New York, Comet Press, 1957. 138 p. 57-10651.

    FAU   9(2):96. F. 1958. (H. Santesson)

GAYLE, HENRY K.
SEE Gayle, Harold.

GAYNOR, FRANK

Pocket encyclopedia of atomic energy. New York, Philosophical Library, 1950. 204 p. 50-8607.

    GAL   7(5):132. Ja. 1954. (G. Conklin)
    TWS   37(3):161. F. 1951. (S. Merwin)

GEDDES, NORMAN BEL

Horizons. Boston, Little, Brown, 1932. 293 p. 32-35322.

    AMZ   8(6):618. O. 1933. (C. Brandt)

GEIS, DARLENE

Dinosaurs. New York, Grosset, 1959. 105 p. 59-16135.

    WIF   10(1):105-106. Mr. 1960. (F. Pohl)

GEIS, RICHARD

The endless orgy. North Hollywood, Essex House, 1968. 190 p.

    FAS   18(6):127-130. Ag. 1969. (F. Leiber)

Raw meat. North Hollywood, Essex House.

    SFR   35:40-41. F. 1970. (H. Stine)
    SFR   37:29-30. Ap. 1970. (R. Delap)
    SFR   37:16-17. Ap. 1970. (P. Anthony)

GELATT, ROLAND

The fabulous phonograph. Philadelphia, Lippincott, 1955. 320 p. 55-9154.

    FSF   10(1):96-97. Ja. 1956. (A. Boucher)

GELB, IGNACE J.

A study of writing: the foundations of grammatology. Chicago, University of Chicago Press, 1952. 295 p. 52-10599.

    SFIQ   2(4):74. Ag. 1953. (L. de Camp)

GEORGE, PETER BRYAN

Commander-1. New York, Delacorte, 1965. 254 p. 64-24932.

    ASF   76(2):146-147. O. 1965. (P. Miller)

Dr. Strangelove. New York, Bantam, 1964. 145 p. 63-15229.

    ASF   73(5):87-88. Jl. 1964. (P. Miller)

Red alert, by Peter Bryant. New York, Ace, 1958. 191 p. NUC 64-7751.

    AMZ   33(7):80. Jl. 1959. (S. Cotts)
    ASF   64(1):145. S. 1959. (P. Miller)

GERBER, RICHARD

Utopian fantasy: a study of English utopian fiction since the end of the nineteenth century. London, Routledge, 1955. 162 p. 55-2866.

    OSFS   8(2):112-115. S. 1957. (L. de Camp)
    PW   204:81. Jl. 2, 1973. (n.g.)

GERMAN SCIENCE FICTION CLUB

Die Zukunft im Buch. Niedernhausen, GSFC, n.d. 16 p.

    ASF   57(3):143. My. 1956. (P. Miller)

GERNSBACK, HUGO

Ralph 124C 41+. New York, Frederick Fell, 1950. 207 p. 50-13967.

    ASF   47(3):150-151. My. 1951. (P. Miller)
    GAL   1(3):64. D. 1950. (G. Conklin)
    AUT   No. 22:112. Je. 1952. (n.g.)
    SCF   No. 2:33. W. 1950/51. (G. Giles)
    OSFS   10(5):127. N. 1959. (C. Knox)
    STL   22(3):156. Ja. 1951. (n.g.)
    SSS   7(3):97. N. 1950. (F. Pohl)

Ultimate world. New York, Walker, 1972. 187 p. 73-161119.

    KR   39:1231. N. 15, 1971. (n.g.)
    LJ   96:4109. D. 15, 1971. (P. Schuman)
    PW   200:37. D. 13, 1971. (n.g.)
    ALG   18:11. My. 1972. (D. Lupoff)
    ASF   89:164-165. Jl. 1972. (P. Miller)
    BKL   68:931. Jl. 1, 1972. (n.g.)
    GAL   33:95. Jl. 1972. (T. Sturgeon)
    LM   43:24-25. D. 1972. (N. Barron)
    WIF   21:110-111. My/Je. 1972. (L. del Rey)
    FSF   44:46-47. Ja. 1973. (J. Blish)

GERROLD, DAVID

The flying sorcerers, by David Gerrold and Larry Niven. New York, Ballantine, 1971. 316 p.

    FSF   42:95-96. Je. 1972. (J. Blish)
    KPG   6:76. F. 1972. (L. Hale)
    LM   41/42:41. O/N. 1972. (A. Jackson)
    WIF   21:157-158. F. 1972. (L. del Rey)

GERROLD, DAVID (Continued)

Generation: an anthology of speculative fiction, ed. by David Gerrold. New York, Dell, 1972. 236 p.

    LM   43:20-21. D. 1972. (D. Lundry)
    AMZ   47:120-121,126. D. 1973. (C. Chauvin)

The man who folded himself. New York, Random House, 1973. 148 p. 72-8076.

    ASF   91:161-162. Ag. 1973. (P. Miller)
    BKL   69:835. My. 1, 1973. (n.g.)
    LJ   98:436. F. 1, 1973. (I. Benig)
    FSF   45:26-28. N. 1973. (S. Coleman)
    REN   5(2):16. Sp. 1973. (J. Pierce)
    LM   45:30-31. F. 1973. (S. Mines)
    KR   40:1445. D. 15, 1972. (n.g.)
    PW   202:34. D. 11, 1972. (n.g.)

Protostars, ed. by David Gerrold. New York, Ballantine, 1971. 271 p.

    ETR   1(1):17,28. Jl. 1972. (G. Hasford)
    VTX   1:98. Ag. 1973. (n.g.)
    SWSJ 71:9. N. 1972. (M. Shoemaker)

Space skimmer. New York, Ballantine, 1971. 218 p.

    LM   41/42:54. O/N. 1972. (S. Mines)
    SWSJ 63:6. S. 1972. (S. Burns)
    WIF   21:154-156. N/D. 1972. (L. del Rey)

The trouble with tribbles. New York, Ballantine, 1973. 272 p.

    GAL   34:86-87. S. 1973. (T. Sturgeon)

When Harlie was one. New York, Ballantine, 1972. 279 p.

    ASF   92:162-163. S. 1973. (P. Miller)
    GAL   33:174. Ja. 1973. (T. Sturgeon)
    SWSJ 94:5. Je. 1973. (J. Frederick)
    LM   48:24. Fl. 1973. (B. Fredstrom)
    FUT   4:92. D. 1972. (D. Livingston)
    REN   4:8-9. Fl. 1972. (J. Pierce)
    WIF   21:156-157. N/D. 1972. (L. del Rey)

The world of star trek. New York, Ballantine, 1973. 277 p.

    GAL   34:86-87. S. 1973. (T. Sturgeon)

Yesterday's children. New York, Dell, 1972. 251 p.

    LM   46:31. Mr. 1973. (D. Lundry)
    WIF   21:156. N/D. 1972. (L. del Rey)

GERSON, NOEL BERTRAM

Double vision. Garden City, N.Y., Doubleday, 1972. 234 p. 74-180077.

    LJ   97:3819. N. 15, 1972. (J. Prince)

GESTON, MARK S.

The day star. New York, Daw, 1972. 126 p.

    AMZ   47:107-109. Je. 1973. (T. Monteleone)
    SWSJ 86:8. Mr. 1973. (S. Goldstein)
    WIF   21:117. O. 1972. (L. del Rey)

Lords of the starship. New York, Ace, 1967. 156 p.

    ASF   82(2):163-164. O. 1968. (P. Miller)
    GAL   26(5):127. Je. 1968. (A. Budrys)
    FOU   3:69-71. Mr. 1973. (G. Hay)

Out of the mouth of the dragon. New York, Ace, 1969. 156 p.

    GAL   29(2):117-119. O. 1969. (A. Budrys)
    LM   10:30. Mr. 1970. (J. Schaumburger)
    SWSJ 110:4. O. 1973. (K. Ozanne)

GHIDALIA, VIC, ed.

Beware the beasts, ed. by Vic Ghidalia and Roger Elwood. New York, Macfadden-Bartell, 1970. 160 p.

    FF   1:38. F. 1971. (D. Menville)
    LM   23:25. Ap. 1971. (J. Evers)
    MOH   6(6):112. Ap. 1971. (R. Lowndes)

Dracula's guest and other stories. Lexington, Mass., Xerox Educational Publications, 1972. 125 p.

    LM   48:28. Fl. 1973. (B. Fredstrom)

Eight strange tales. Greenwich, Conn., Fawcett, 1972. 160 p.

    LM   44:30-31. Ja. 1973. (P. Walker)
    PW   202:76. Jl. 24, 1972. (n.g.)

The mummy walks among us. Columbus, Ohio, American Educational Publishers, 1971. 151 p.

    LM   38/39:36. Jl/Ag. 1972. (M. McQuown)

The oddballs. New York, Manor, 1973. 190 p.

    PW   203:91. Je. 4, 1973. (n.g.)

Satan's pets. New York, Manor Books, 1972. 224 p.

    LM   41/42:42. O/N. 1972. (M. McQuown)

The Venus factor, ed. by Vic Ghidalia and Roger Elwood. New York, Macfadden, 1972. 192 p.

    GAL   33:95. Jl. 1972. (T. Sturgeon)
    LM   38/39:37. Jl/Ag. 1972. (B. Fredstrom)

Wizards and warlocks. New York, Manor, 1972. 224 p.

    LM   45:27. F. 1973. (B. Fredstrom)

GHUNAIM, MUHAMMAD ZAKARIYA

The lost pyramid, by M. Zakaria Goneim. New York, Rinehart, 1956. 175 p. 56-11024.

    AUT   No. 77:157. F. 1957. (n.g.)
    GAL   14(3):110. Jl. 1957. (F. Gale)

GIBBONS, GAVIN

The coming of the space ships. London, Spearman, 1956. 188 p. 57-28583.

    ASF   62(6):146-147. F. 1959. (P. Miller)
    AUT   No. 79:126-127. Ap. 1957. (n.g.)

GIBBONS, GAVIN (Continued)

They rode in space ships. New York, Citadel Press, 1957. 217 p. 58-1325.

    ASF   61(5):149-151. Jl. 1958. (P. Miller)
    GAL   16(5):102-103. S. 1958. (F. Gale)

GIBBS, ALONZO

Son of a mile long mother. Indianapolis, Ind., Bobbs, 1971. 78 p. 77-119375.

    LM   38/39:18. Jl/Ag. 1972. (S. Deckinger)

GIBBS, GEORGE FORT

The vanishing idol. New York, Appleton-Century, 1936. 244 p. 36-8774.

    AMZ   10(13):135. D. 1936. (C. Brandt)

GIBLIN, JOHN CHARLES

Intermediate physical chemistry. London, Heinemann, 1952. 258 p.

    AUT   No. 31:137. Mr. 1953. (H. Campbell)

GIBSON, WALTER BROWN

The eyes of the shadow, by Maxwell Grant. New York, Bantam, 1969. 172 p. NUC 71-29637.

    LM   10:31. Mr. 1970. (D. Paskow)
    LM   14:24. Jl. 1970. (D. Paskow)

GIESKE, HERMAN EVERETT

Utopia, inc. New York, Fortuny, 1940. 223 p. 41-1056.

    SSS   1(3):4. Jl. 1940. (J. Michel)

GIESY, JOHN ULRICH

The mouthpiece of Zitu. New York, Avalon, 1965. 192 p. NUC 68-88819.

    ASF   79(2):166-167. Ap. 1967. (P. Miller)

Palos of the dog star pack. New York, Avalon, 1965. 192 p. 66-54890.

    ASF   79(2):166-167. Ap. 1967. (P. Miller)

GIFFORD, DENIS

Science fiction film. New York, Dutton, 1971. 160 p. 70-25647.

    LM   32:31. Ja. 1972. (A. Jackson)

GILBERT, JOHN WILMER

The marsian. New York, Fortuny's, 1940. 156 p. 40-12027.

    AST   2(1):35. O. 1940. (D. Wollheim)

GILBERT, STEPHEN

Ratman's notebooks. New York, Viking, 1969. 184 p. 69-18797.

    LM   10:29. Mr. 1970. (D. Paskow)
    FSF   41:76. Jl. 1971. (G. Wilson)

GILFORD, C. B.

The liquid man. New York, Lancer, 1969. 222 p.

    LM   16:19. S. 1970. (D. Paskow)

GILL, SEYMOUR

Sara's granny and the groodle. Garden City, N.Y., Doubleday, 1969. 30 p. 69-12695.

    LM   12:26. My. 1970. (J. Post)

GILLEN, CHARLES H.

H. H. Monro (Saki). New York, Twayne, 1970. 178 p. NUC 71-29741.

    LM   33:29. F. 1972. (N. Barron)

GILLON, DIANA

The unsleep, by Diana Gillon and Meir Gillon. New York, Ballantine, 1962. 207 p.

    AMZ   36(6):138-139. Je. 1962. (S. Cotts)
    ASF   69(5):168. Jl. 1962. (P. Miller)
    NWB   No. 117:128. Ap. 1962. (J. Carnell)
    FSF   23(1):110. Jl. 1962. (A. Bester)

GILMAN, ROBERT CHAM
SEE Coppel, Alfred

GILMORE, ANTHONY
SEE Bates, Harry

GILZIN, KARL ALEKSANDROVICH

Sputniks and after. London, Macdonald, 1959. 285 p. 59-65009.

    NWB   No. 84:85-86. Je. 1959. (L. Flood)

GIMPEL, JEAN

The cult of art. New York, Stein and Day, 1969. 178 p. 70-87950.

    NWB   No. 199:28. Mr. 1970. (M. Dempsey)

GINGER, RAY, ed.

Spectrum: the world of science. New York, Holt, 1959. 115 p. 59-14015.

    GAL   18(6):120-121. Ag. 1960. (F. Gale)

GINSBURG, MIRRA, ed.

Last door to Aiya. New York, Phillips, 1968. 192 p.
68-16347.

ASF   82(2):160-162. O. 1968. (P. Miller)
FSF   35(4):25-26. O. 1968. (R. Hughes)

The ultimate threshold: a collection of the finest in
Soviet science fiction. New York, Holt, 1969. 244 p.
79-80362.

LM   26/27:33. Jl/Ag. 1971. (C. Moslander)
SWSJ   33:2. S. 1971. (J. Newton)
ASF   86(2):161-163. O. 1970. (P. Miller)
LJ   95(6):1047. Mr. 15, 1970. (R. Shatkin)
PW   195(7):74. F. 16, 1970.
New Republic 163(3):23-25. Jl. 18, 1970. (R.
                                    Wittemore)
SDNP   p. 6. N. 21/22, 1972. (B. Friend)

GIOVANNITTI, LEN

The decision to drop the bomb, by Len Giovannitti and
Fred Freed. New York, Coward-McCann, 1965. 348 p.
65-25499.

NWB   No. 173:60-63. Jl. 1967. (B. Aldiss)

GIRONELLA, JOSE MARIA

Phantoms and fugitives. New York, Sheed & Ward, 1964.
117 p. 63-17135.

FSF   29(4):95-96. O. 1965. (J. Merril)

GIRVAN, IAN WAVENEY

Flying saucers and common sense. London, Muller, 1955.
160 p. 55-30852rev.

AUT   No. 57:116. My. 1955. (n.g.)
FAU   6(1):127-128. Ag. 1958. (H. Santesson)
FSF   11(1):92-93. Jl. 1956. (A. Boucher)
GAL   13(1):71. N. 1956. (F. Gale)

GLEMSER, BERNARD

Hero's walk, by Robert Crane. New York, Ballantine,
1954. 198 p. 54-7559.

ASF   54(6):144. F. 1955. (P. Miller)
GAL   8(5):97. Ag. 1954. (G. Conklin)
NWB   No. 34:126. Ap. 1955. (L. Flood)
FSF   7(2):79. Ag. 1954. (Boucher & McComas)

GOBLE, NEIL

Asimov analyzed. Baltimore, Mirage, 1972. 174 p.
73-169988.

LM   49:29. At. 1973. (G. Bear)
ASF   90:168-170. D. 1972. (P. Miller)
SFN   16:2. O. 1972. (F. Lerner)

GOBSCH, HANNS

Death rattle, tr. by Ian F. D. Morrow. Boston, Little,
Brown, 1932. 318 p. 32-12196.

AMZ   7(5):471. Ag. 1932. (C. Brandt)

GODFREY, DAVE

Death goes better with Coca Cola. Toronto, Anansi, 1967.
117 p. NUC 68-90956.

NWB   No. 194:30. O. 1969. (J. Churchill)

GODWIN, FELIX

The exploration of the solar system. New York, Plenum,
1960. 200 p. 60-12471.

ASF   66(5):159-160. Ja. 1961. (P. Miller)

GODWIN, TOM

Space prison. (The Survivors). New York, Pyramid,
1958. 158 p.

WIF   10(3):102-103. Jl. 1960. (F. Pohl)

The survivors. Hicksville, N.Y., Gnome Press, 1958.
190 p. 57-14672.

AMZ   32(7):42. Jl. 1958. (S. Cotts)
ASF   62(3):143-144. N. 1958. (P. Miller)
GAL   17(1):74-75. N. 1958. (F. Gale)
INF   3(6):95-96. Ag. 1958. (R. Silverberg)
FSF   14(6):103. Je. 1958. (A. Boucher)

GOETSCH, WILHELM

The ants. Ann Arbor, University of Michigan Press, 1957.
169 p. 57-7743.

GAL   16(5):102. S. 1958. (F. Gale)

GOETZ, DELIA

Popol vuh: the sacred book of the ancient Maya, ed. by
Delia Goetz and Sylvanus G. Morley. Norman, University
of Oklahoma Press, 1950. 267 p. 50-6643.

FSF   1(4):83. Fl. 1950. (Boucher & McComas)

GOFFMAN, ERVING

Asylums. Harmondsworth, Penguin, 1968. 336 p.

NWB   No. 187:60-61. F. 1969. (R. Jones)

Stigma: notes on the management of spoiled identity.
Harmondsworth, Pelican, 1968. 174 p.

NWB   No. 190:60-61. My. 1969. (B. Marsden)

GOLD, HORACE L., ed.

Bodyguard and four other short novels from Galaxy.
Garden City, N.Y., Doubleday, 1960. 312 p. 60-13733.

AMZ   34(12):133-134. D. 1960. (S. Cotts)
GAL   19(4):132. Ap. 1961. (F. Gale)

Five Galaxy short novels. Garden City, N.Y., Doubleday,
1958. 287 p. 58-11311.

AMZ   33(2):52-53. F. 1959. (S. Cotts)
ASF   63(4):153-154. Je. 1959. (P. Miller)
GAL   17(4):144. Ap. 1959. (F. Gale)
OSFS   10(5):120,122,124. N. 1959. (C. Knox)

GOLD, HORACE L., ed. (Continued)

The Second Galaxy reader of science fiction. New York, Crown, 1954. 504 p.

    ASF   55(1):159-160. Mr. 1955. (P. Miller)
    ISF   5(9):98. S. 1954. (H. Bott)

Galaxy reader of science fiction. New York, Crown, 1952. 566 p.

    AMZ   26(9):147-148. S. 1952. (S. Merwin)
    ASF   49(6):125-126. Ag. 1952. (P. Miller)
    STL   27(2):140-141. S. 1952. (n.g.)

Galaxy reader of science fiction. London, Grayson, 1953. 225 p.

    AUT   No. 33:138. My. 1953. (H. Campbell)
    NWB   No. 21:124. Je. 1953. (L. Flood)

The Third Galaxy reader. Garden City, N.Y., Doubleday, 1958. 262 p.

    ASF   62(5):153-154. Ja. 1959. (P. Miller)
    AMZ   32(10):54. O. 1958. (S. Cotts)
    FAU   10(3):120. S. 1958. (H. Santesson)
    FUTF   No. 45:113-114. O. 1959. (C. Knox)
    FSF   15(3):99. S. 1958. (A. Boucher)

The Fourth Galaxy reader. Garden City, N.Y., Doubleday, 1959. 264 p.

    ASF   64(4):151-152. D. 1959. (P. Miller)

The Fifth Galaxy reader. Garden City, N.Y., Doubleday, 1961. 260 p.

    ASF   67(5):158-159. Jl. 1961. (P. Miller)
    AMZ   35(7):138-139. Jl. 1961. (S. Cotts)
    FSF   20(3):95-96. My. 1961. (A. Bester)
    GAL   19(6):155. Ag. 1961. (F. Gale)

The Sixth Galaxy Reader. Garden City, N.Y., Doubleday, 1962. 240 p.

    ASF   70(1):152-153. S. 1962. (P. Miller)
    GAL   21(3):141-142. F. 1963. (F. Gale)
    AMZ   36(11):123-124. N. 1962. (S. Cotts)
    FSF   23(2):69. Ag. 1962. (A. Davidson)

The Galaxy science fiction omnibus. London, Grayson, 1955. 350 p.

    AUT   No. 68:154. Ap. 1956. (n.g.)
    NWB   No. 46:128. Ap. 1956. (L. Flood)

Mind partner and 8 other novelets from Galaxy. Garden City, N.Y., Doubleday, 1961. 263 p. 61-12531.

    AMZ   36(3):139-140. Mr. 1962. (S. Cotts)
    ASF   69(2):160-161. Ap. 1962. (P. Miller)
    FSF   22(1):86-87. Ja. 1962. (A. Bester)

The old die rich. New York, Crown, 1955. 250 p. 55-7217.

    AMZ   29(5):108-109. S. 1955. (V. Gerson)
    ASF   56(3):149-150. N. 1955. (P. Miller)
    FAU   5(4):126. My. 1956. (H. Santesson)
    GAL   10(6):90-91. S. 1955. (G. Conklin)
    NWB   No. 153:124-125. Ag. 1965. (J. Colvin)
    OSFS   6(4):122-123. Ja. 1956. (D. Knight)
    FSF   9(2):94. Ag. 1955. (A. Boucher)

The weird ones. London, Dobson, 1965. 173 p.

    NWB   No. 148:118-121. Mr. 1965. (L. Jones)

The world that couldn't be. Garden City, N.Y., Doubleday, 1959. 288 p. 59-11595.

    AMZ   33(12):141. D. 1959. (S. Cotts)
    ASF   65(3):173-174. My. 1960. (P. Miller)
    FSF   17(6):92. D. 1959. (D. Knight)

GOLDIN, STEPHEN, ed.

The alien condition. New York, Ballantine, 1973. 206 p.

    KPG   7:89. S. 1973. (P. Mattern)
    LJ   98:2340. Ag. 1973. (D. Polacheck)

GOLDING, LOUIS

Honey for the ghost. New York, Dial, 1949. 383 p. 49-10824.

    FSF   1(2):106-107. W/S. 1950. (Boucher & McComas)

GOLDING, WILLIAM GERALD

The inheritors. New York, Harcourt, 1962. 233 p. 62-16724.

    FSF   24(2):31-33. F. 1963. (A. Davidson)

Lord of the flies. New York, Coward-McCann, 1955. 243 p. 66-10081.

    ASF   57(5):152. Jl. 1956. (P. Miller)
    GAL   18(3):166. F. 1960. (F. Gale)
    SFIQ   4(4):75-76. Ag. 1956. (D. Knight)

Sometime, never, by William Golding, John Wyndham, and and Mervyn Peake. New York, Ballantine, 1957. 185 p. 57-11580.

    ASF   61(1):142-143. Mr. 1958. (P. Miller)
    GAL   15(1):119-120. N. 1957. (F. Gale)
    INF   3(2):90-91. Ja. 1958. (D. Knight)
    NEB   No. 20:102-103. Mr. 1957. (K. Slater)
    NWB   No. 55:127. Ja. 1957. (L. Flood)
    INF   3(5):96. Je. 1958. (D. Knight)
    VEN   1(6):84. N. 1957. (T. Sturgeon)
    FSF   13(3):86-87. S. 1957. (A. Boucher)

The spire. New York, Harcourt, 1964. 215 p. 63-15314

    FSF   28(4):72. Ap. 1965. (J. Merril)

GOLDSMITH, DAVID H.

Kurt Vonnegut: fantasist of fire and ice. Bowling Green, Oh., Bowling Green Univ. Press, 1972. 44 p. 75-186633.

    CHO   9:813. S. 1972. (n.g.)
    EXT   14:71. D. 1972. (T. Clareson)
    LM   41/42:43. O/N. 1972. (W. Rupp)

GOLDSMITH, MAURICE

The young scientist's companion. London, Souvenir Press, 1961. 160 p. 61-19683.

   NWB   No. 110:126. S. 1961. (L. Flood)

GOLDSTEIN, KENNETH K.

The world of tomorrow. New York, McGraw, 1969. 128 p. 68-21843.

   LJ   95(2):252. Ja. 15, 1970. (R. Lundgren)
   LM   14:22. Jl. 1970. (C. Moslander)

GONEIM, M. ZAKARIA
SEE Ghunaim, Muhammad Zakariya

GOOCH, STAN

Total man. New York, Holt, 1973. 552 p. 73-182750.

   PW   202:43-44. S. 4, 1972. (n.g.)

GOOD, IRVING JOHN, ed.

The scientist speculates. New York, Basic Books, 1963. 413 p. 63-12848.

   ASF   72(4):86-87. D. 1963. (P. Miller)

GOODMAN, CLARK DROUILLARD, ed.

The science and engineering of nuclear power. Cambridge, Mass., Addison-Wesley, 1947-1949. 2 v. 48-484rev.

   ASF   42(1):153. S. 1948. (M. Rothman)
   ASF   44(6):124-126. F. 1950. (M. Rothman)

GOODMAN, JOSEPH V.

How to publish, promote and sell your book: a guide for the self-publishing author. Chicago, Adams Press, 1970. 56 p. 72-76251.

   LM   28:26. S. 1971. (J. B. Post)

GOODRICH, CHARLES

The genesis of Nam. Philadelphia, Dorrance, 1956. 136 p. 56-8629.

   FSF   13(5):118. N. 1957. (A. Boucher)

GOODRICH, NORMA LORRE

Myths of the hero. New York, Orion, 1962. 415 p. 62-15017.

   FSF   24(6):63-64. Je. 1963. (A. Davidson)

GOODSTONE, TONY, ed.

The pulps: fifty years of American pop culture. New York, Chelsea House, 1970. 239 p. 71-127013.

   EXT   12(1):27. D. 1970. (T. Clareson)
   NYT   p. 6-7. D. 27, 1970. (W. Murray)

The pulps: fifty years of American pop culture (Continued)

   ASF   87:161-162. My. 1971. (P. Miller)
   FSF   40:43-44. My. 1971. (R. Goulart)
   GAL   31:140-141. Ap. 1971. (A. Budrys)
   LJ   96:479-480. F. 1, 1971. (J. Breen)
   LM   21:28. F. 1971. (Y. Edeiken)
   WIF   21:143-145. S/O. 1971. (L. del Rey)

GOODWIN, HAROLD LELAND

A real book about space travel, by Hal Goodwin. Garden City, N.Y., Doubleday, 1952. 192 p. 52-13440.

   ASF   51(1):155-156. Mr. 1953. (P. Miller)

The science book of space travel. New York, Franklin Watts, 1954. 213 p. 54-6543.

   ASF   56(5):158-159. Ja. 1956. (P. Miller)
   FAU   5(5):126-127. Je. 1956. (H. Santesson)
   AUT   No. 83:126-127. Ag. 1957. (A. Harby)
   FSF   7(5):97-98. N. 1954. (A. Boucher)

GORDON, DONALD, pseud.

Star-raker. New York, Morrow, 1962. 288 p. 62-8856.

   ASF   69(4):157-158. Je. 1962. (P. Miller)

GORDON, ISABEL S., ed.

The armchair science reader, ed. by Isabel S. Gordon and Sophis Sorkin. New York, Simon & Schuster, 1959. 832 p. 59-13134.

   ASF   65(5):168-169. Jl. 1960. (P. Miller)
   GAL   19(2):124-125. D. 1960. (F. Gale)

GORDON, JOHN

The giant under the snow. New York, Harper, 1970. 200 p. 74-105479.

   LM   33:27. F. 1972. (C. Moslander)

The house on the brink. New York, Harper & Row, 1972. 217 p. 73-135784.

   LM   43:18. D. 1972. (C. Moslander)

GORDON, REX
SEE Hough, Stanley Bennett

GORDON, STUART

One-eye. New York, Daw, 1973. 224 p.

   SWSJ   113:3. N. 1973. (D. D'Ammassa)

GOREY, EDWARD ST. JOHN

The doubtful guest. Garden City, N.Y., Doubleday, 1957. 32 p. 57-10200.

   ASF   61(3):144. My. 1958. (P. Miller)

The epiplectic bicycle. New York, Dodd, Mead, 1969. 64 p. 75-93550.

   LM   18:20. N. 1970. (J. Post)

GOSCINNY, RENE

Asterix and Cleopatra. New York, Morrow, 1970. 48 p.
70-111079.

    SFR   35:39-40. F. 1970. (R. Lafferty)

GOTLIEB, PHYLLIS BLOOM

Sunburst. Greenwich, Conn., Fawcett, 1964. 160 p.
NUC 67-99601.

    FSF   29(1)[i.e. 28(6)]:75-76. Je. 1965. (J. Merril)

GOTTLIEB, HINKO

The key to the great gate. New York, Simon & Schuster,
1947. 178 p. 47-11052.

    ASF   42(6):143-145. F. 1949. (L. Stanton)
    FBK   1(3):37. 1948. (n.g.)
    SFA   2(3):122. Je. 1954. (D. Knight)
    TWS   33(1):175-176. O. 1948. (S. Merwin)

GOULART, RON

After things fell apart. New York, Ace, 1970. 188 p.

    ASF   86(2):166-167. O. 1970. (P. Miller)
    SFO   17:35-36. N. 1970. (G. Turner)
    LM   33:29. F. 1972. (C. Woodruff)

Broke down engine; and other troubles with machines.
New York, Macmillan, 1971. 192 p. 78-122292.

    LJ   95(21):4196. D. 1, 1970. (D. Polacheck)
    PW   198(7):50. Ag. 17, 1970.
    KPG   6:34. N. 1972. (n.g.)
    LM   37:28. Je. 1972. (C. Moslander)
    KR   39:410. F. 1, 1971. (n.g.)
    LJ   96:1830. My. 15, 1971. (M. Liddy)
    NYT   p. 48-49. Ap. 4, 1971. (n.g.)
    SWSJ   20:7. My. 1971. (J. Newton)
    CHRISTIAN SCIENCE MONITOR p. 13. Mr. 31, 1971.
        (M. Maddocks)

The cameleon corps and other shape changers. New York,
Macmillan, 1972. 216 p. 73-183861.

    ASF   90:170. N. 1972. (P. Miller)
    BKL   68:976. Jl. 15, 1972. (n.g.)
    LJ   97:1742. My. 1, 1972. (J. Richter)
    LJ   97:3474. O. 15, 1972. (V. Carpio)
    KPG   7:25. N. 1973. (n.g.)

Cheap thrills: an informal history of the pulp
magazines. New Rochelle, N.Y., Arlington House, 1972.
192 p. 72-77635.

    KR   40:654-655. Je. 1, 1972. (n.g.)
    PW   201:138. Je. 5, 1972. (n.g.)
    TMNR   5:37. n.d. (S. Carlin)
    ALG   21:48-49. N. 1973. (R. Lupoff)
    LM   44:29. Ja. 1973. (J. B. Post)
    KPG   7:95. N. 1973. (G. Marks)
    PW   204:48. Jl. 9, 1973. (n.g.)

Death cell. New York, Beagle, 1971. 153 p.

    KPG   5:75. N. 1971. (C. Richey)
    LM   41/42:53. O/N. 1972. (A. Jackson)

Gadget man. Garden City, N.Y., Doubleday, 1971. 161 p.
72-135714.

    PW   198(18):53. N. 2, 1970.
    ASF   87:171-172. Je. 1971. (P. Miller)
    FSF   41:27-28. O. 1971. (B. Searles)
    LJ   96:205. Ja. 15, 1971. (P. Micciche)
    LJ   96:2376. Jl. 1971. (J. Strain)
    SWSJ   33:9. S. 1971. (J. Newton)
    LM   38/39:35. Jl/Ag. 1972. (D. Paskow)

Hawkshaw. Garden City, N.Y., Doubleday, 1971. 162 p.
71-175377.

    ASF   90:162. S. 1972. (P. Miller)
    KR   40:98. Ja. 15, 1972. (n.g.)
    LJ   97:700. F. 15, 1972. (D. Polacheck)
    LM   41/42:40. O/N. 1972. (B. Fredstrom)
    PW   201:58. Ja. 17, 1972. (n.g.)
    SWSJ   74:10. D. 1972. (S. Burns)
    FSF   44:47-48. Ja. 1973. (J. Blish)

Plunder. New York, Beagle, 1972. 156 p.

    LM   44:29. Ja. 1973. (S. Mines)

Shaggy planet. New York, Lancer, 1973. 175 p.

    LM   46:32. Mr. 1973. (L. Bloom)

The sword swallower. Garden City, N.Y., Doubleday, 1968.
181 p. 68-27120.

    ASF   83(5):166-167. Jl. 1969. (P. Miller)
    NWB   No. 189:63. Ap. 1969. (J. Cawthorn)
    FSF   37(2):24-25. Ag. 1969. (J. Russ)
    LM   4:27. S. 1969. (J. B. Post)
    SFR   41:28-29. N. 1970. (B. Gillespie)

What's become of screwloose? New York, Scribners, 1971.
184 p. 76-143932.

    KR   39:140. F. 1, 1971. (n.g.)
    LJ   96:2011. Je. 1, 1971. (J. Richter)
    LJ   96:2938. S. 15, 1971. (J. Prince)
    PW   199:48. Mr. 22, 1971. (n.g.)
    ASF   89:166-167. Jl. 1972. (P. Miller)
    TLS   3659:427. Ap. 14, 1972. (n.g.)

Wildsmith. New York, Ace, 1972. 128 p.

    ASF   90:162. S. 1972. (P. Miller)
    LM   38/39:43. Jl/Ag. 1972. (S. Mines)
    SWSJ   64:10. S. 1972. (S. Burns)

GOWLAND, JOHN STAFFORD

Beyond Mars. London, Gryphon, 1956. 191 p.

    NEB   No. 19:103-104. D. 1956. (K. Slater)

GRAAT, HEINRICH

The revenge of Increase Sewall. New York, Belmont, 1969.
157 p.

    LM   15:32. Ag. 1970. (J. B. Post)

GRANT, MADELEINE PARKER

Louis Pasteur. New York, Whittlesey House, 1959. 220 p.
59-8539.

    GAL   19(1):144. O. 1960. (F. Gale)

GRANT, MAXWELL
SEE Gibson, Walter Brown

GRANT, SEBASTIAN

Camille 2000. New York, Award, 1969. 155 p.

LM   16:3. S. 1970. (G. Bear)
SFR   37:28. Ap. 1970. (R. Delap)

GRASS, GUNTER

Dog years. Harmondsworth, Penguin, 1969. 624 p.

NWB   No. 192:60. Jl. 1969. (R. Meadley)

Poems of Gunter Grass. Harmondsworth, Penguin, 1969.
88 p. 79-407677.

NWB   No. 192:60. Jl. 1969. (R. Meadley)

GRAVES, ROBERT

Watch the northwind rise. New York, Creative Age, 1949.
290 p. 49-7959rev.

LM   9:27. F. 1970. (J. B. Post)
SFA   2(3):122. Je. 1954. (D. Knight)

GRAY, CURME

Murder in millennium VI. Chicago, Shasta, 1951. 249 p.
52-9746.

ASF   50(3):155-156. N. 1952. (P. Miller)
DSF   1(3):46-47. Je. 1953. (D. Knight)
GAL   4(5):102. Ag. 1952. (G. Conklin)

GRAY, NICHOLAS STUART

Over the hills to fabylon. New York, Hawthorn, 1970.
197 p. 70-102417.

LM   35/36:43. Ap/My. 1972. (C. Moslander)

GRAY, PETER

Handbook of basic microtechnique. London, Constable,
1952. 141 p. 52-65898.

AUT   No. 34:140. Je. 1953. (n.g.)

GRAY, ROD

Laid in the future. New York, Tower, 1969. 157 p.

LM   16:3. S. 1970. (G. Bear)

GRAZIER, JAMES

The runts of 61 Cygni C. New York, Belmont, 1970. 156 p.

LM   31:29. D. 1971. (J. Evers)

GREEN, JOSEPH L.

An affair with genius. London, Gollancz, 1969. 190 p.
NUC 70-36307.

SFO   20:19-21. Ap. 1971. (D. Boutland)

Conscience interplanetary. Garden City, N.Y., Doubleday,
1973. 240 p. 72-96240.

FOU   3:78-79. Mr. 1973. (P. Nicholls)
LJ   98:2340. Ag. 1973. (J. Richter)
KR   41:622. Je. 1, 1973. (n.g.)
PW   203:149. Je. 11, 1973. (n.g.)

The loafers of refuge. New York, Ballantine, 1965.
160 p. NUC 70-87634.

FSF   31(1):35-36. Jl. 1966. (J. Merril)

The mind behind the eye. New York, Daw, 1972. 191 p.

GAL   33:86-87. S. 1972. (T. Sturgeon)
REN   4:16. Sm. 1972. (J. Pierce)
WIF   21:116-117. O. 1972. (L. del Rey)
LM   35/36:52. Ap/My. 1972. (J. B. Post)
AMZ   47:106-107. Je. 1973. (T. Monteleone)

GREEN, JULIA BOYNTON

Noonmark. Redlands, Calif., Valley Press, 1936. 78 p.
38-34089.

AMZ   11(4):132. Ag. 1937. (C. Brandt)

GREEN, ROGER LANCELYN

Into other worlds. New York, Abelard-Schuman, 1958.
190 p. 58-5441.

ASF   62(6):145. F. 1959. (P. Miller)
NEB   No. 27:106-108. Mr. 1958. (K. Slater)
NWB   No. 68:126. F. 1958. (L. Flood)
WIF   9(2):77. F. 1959. (D. Knight)
FSF   15(6):102-103. D. 1958. (A. Boucher)
SFST   1(1):37-41. Sp. 1973. (R. Philmus)

Ten tales of adventure, ed. by Roger L. Green. London,
Dent, 1972. 188 p.

TLS   3692:1496. D. 8, 1972. (n.g.)

GREEN, WILLIAM

Jet aircraft of the world, by William Green and Roy Cross.
London, Macdonald, 1955. 176 p. 55-2070.

AUT   No. 57:118-119. My. 1955. (n.g.)

GREENBERG, ALVIN

Going nowhere. New York, Simon & Schuster, 1971. 143 p.
71-154102.

LJ   96:2102. Je. 15, 1971. (A. Curely)
PW   199:63. Je. 21, 1971. (n.g.)
NYT   p. 4. Ag. 29, 1971. (H. Crews)
NW   78:79. Ag. 23, 1971.
TM   98:74. Ag. 16, 1971. (L. Sheppard)
BOOKWORLD p. 6. O. 3, 1971. (L. Davis)

GREENBERG, MARTIN, ed.

All about the future. New York, Gnome Press, 1955.
374 p. 54-13101.

```
AMZ     29(5):107-108.  S. 1955.  (V. Gerson)
ASF     56(3):152.  N. 1955.  (P. Miller)
FAU     3(1):126-127.  F. 1955.  (R. Frazier)
GAL     10(3):118-119.  Je. 1955.  (G. Conklin)
OSFS    6(2):120.  S. 1955.  (D. Knight)
FSF     8(6):76.  Je. 1955.  (A. Boucher)
```

Coming attractions. New York, Gnome Press, 1957. 254 p.
56-7845.

```
ASF     60(4):154-155.  D. 1957.  (P. Miller)
GAL     14(5):106-107.  S. 1957.  (F. Gale)
INF     2(2):96.  Ap. 1957.  (L. Shaw & I. Stein)
VEN     1(4):77-78.  Jl. 1957.  (T. Sturgeon)
FSF     13(3):84.  S. 1957.  (A. Boucher)
```

Crucible of power. London, Bodley Head, 1953. 236 p.

```
NWB     No. 23:127.  My. 1954.  (L. Flood)
```

Five science fiction novels. New York, Gnome Press, 1952.
382 p. 52-9500.

```
ASF     51(1):158-159.  Mr. 1953.  (P. Miller)
FUTF    3(4):94.  N. 1952.  (R. Lowndes)
GAL     4(5):100-101.  Ag. 1952.  (G. Conklin)
SFA     1(2):114-115.  F. 1953.  (D. Knight)
TWS     41(1):143-144.  O. 1952.  (n.g.)
FSF     3(5):44.  S. 1952.  (Boucher & McComas)
```

Journey to infinity. New York, Gnome Press, 1951.
381 p. 51-9207.

```
ASF     47(5):154.  Jl. 1951.  (V. Gerson)
FUTF    2(4):86.  N. 1951.  (R. Lowndes)
GAL     2(1):60-61.  Ap. 1951.  (G. Conklin)
STL     23(2):159.  My. 1951.  (n.g.)
```

Men against the stars. New York, Gnome Press, 1950.
351 p. 50-6637.

```
ASF     46(3):93-94.  N. 1950.  (P. Miller)
AUT     No. 19:112.  Mr. 1952.  (n.g.)
FSO     3(1):100.  Ja. 1951.  (B. Tucker)
NWB     No. 138:125.  Ja. 1964.  (J. Carnell)
SCF     No. 1:29-30.  Sm. 1950.  (G. Giles)
SSS     7(1):69-70.  Jl. 1950.  (F. Pohl)
```

The robot and the man. New York, Gnome Press, 1953.
251 p. 53-9363.

```
ASF     53(1):157-158.  Mr. 1954.  (P. Miller)
AUT     No. 48:125.  Ag. 1954.  (n.g.)
FAU     1(3):192.  O/N. 1953.  (S. Merwin, Jr.)
GAL     6(6):123-124.  S. 1953.  (G. Conklin)
ISF     4(9):145.  O. 1953.  (M. Reinsberg)
NWB     No. 26:126.  Ag. 1954.  (L. Flood)
SFP     1(6):65.  O. 1953.  (S. Moskowitz)
FSF     5(2):97.  Ag. 1953.  (Boucher & McComas)
NEB     No. 10:114.  O. 1954.  (K. Slater)
```

Travelers of space. New York, Gnome Press, 1951. 400 p.
52-6494.

```
AMZ     26(6):146-147.  Je. 1952.  (S. Merwin)
ASF     49(6):128-129.  Ag. 1952.  (P. Miller)
FUTF    3(4):94-95.  N. 1952.  (R. Lowndes)
GAL     4(2):126.  My. 1952.  (G. Conklin)
TWS     40(2):145-146.  Je. 1952.  (n.g.)
```

GREENBERGER, MARTIN, ed.

Computers and the world of the future. Cambridge, Mass.,
MIT Press, 1965. 340 p. 67-923.

```
WIF     15(1):4.  Ja. 1965.  (F. Pohl)
```

GREENE, GRAHAM

A sense of reality. New York, Viking, 1963. 119 p.
63-13352.

```
FSF     26(2):93-94.  F. 1964.  (A. Davidson)
```

GREENE, JOSEPH INGHAM

Captives in space. New York, Golden, 1960. 237 p.
60-51324.

```
LM      11:23-24.  Ap. 1970.  (D. Paskow)
```

The forgotten star. New York, Golden, 1959. 224 p.
59-4350.

```
LM      11:23-24.  Ap. 1970.  (D. Paskow)
```

GREENER, LESLIE

Moon ahead. New York, Viking, 1951. 256 p. 51-14070.

```
ASF     49(1):155-156.  Mr. 1952.  (P. Miller)
```

GREENFIELD, IRVING A.

The ancient of days. New York, Avon.

```
PW      203:56.  Ap. 30, 1973.  (n.g.)
SWSJ    108:4.  O. 1973.  (T. Waters)
```

Waters of death. New York, Lancer, 1967. 157 p.
NUC 71-89017.

```
SFR     43:43-44.  Mr. 1971.  (E. Evers)
```

GREENLEE, SAM

The spook who sat by the door. New York, Baron, 1969.
248 p. 77-90885.

```
LM      18:31.  N. 1970.  (D. Paskow)
NWB     No. 190:58.  My. 1969.  (M. Harrison)
```

GREGORY, CHRISTOPHER CLIVE LANGTON

Physical and psychical research, by C. C. L. Gregory and
Anita Kohsen. Reigate, Surrey, Omega, 1954. 213 p.
55-255.

```
GAL     11(2):105-106.  N. 1955.  (F. Gale)
```

GREGORY, FRANKLIN LONG

The white wolf. New York, Random, 1941. 271 p.
41-16488.

```
UNK     5(6):108.  Ap. 1942.  (A. Boucher)
```

GREGORY, STEPHEN

How to achieve sexual ecstasy. London, Running Man
Press, 1969. 224 p.

NWB   No. 191:58-60. Je. 1969. (J. Ballard)

GRENDON, STEPHEN
SEE Derleth, August William

GRENNAN, RUSSELL H.

It happened in Boston? Greenwich, Conn., Fawcett, 1970.
256 p.

LM   22:30. Mr. 1971. (D. Paskow)

GRIEDER, WALTER

The enchanted drum. New York, Parents' Magazine Press,
1969. 40 p. 69-12613.

LM   11:22. Ap. 1970. (J. Post)

GRIFFITH, MARY

Three hundred years hence. Philadelphia, Prime Press,
1950. 131 p. 52-2043.

ASF   49(3):156. My. 1952. (P. Miller)
TWS   37(1):156. O. 1950. (S. Merwin)
FSF   1(5):104. D. 1950. (Boucher & McComas)

GRIGSON, GEOFFREY

People, places, things, ideas, by Geoffrey Grigson and
Charles Harvard Gibbs-Smith. New York, Hawthorn Books,
1957. 4 v.

VEN   2(1):77-80. Ja. 1958. (T. Sturgeon)

GRILLOT DE GIVRY, EMILE ANGELO

Picture museum of sorcery, magic and alchemy. New Hyde
Park, N.Y., University Books, 1963. 394 p. 63-11177.

FSF   26(5):68-69. My. 1964. (A. Davidson)

Witchcraft, magic and alchemy. New York, Dover, 1971.
394 p. 78-142878.

LM   26/27:35. Jl/Ag. 1971. (M. McQuown)

GRIMM, JACOB LUDWIG KARL

Jorinda and Joringel, by the Brothers Grimm. New York,
World, 1970. 32 p. 71-114218.

LM   40:18. S. 1972. (J. Post)

GRINNELL, DAVID

Across time. New York, Avalon Books, 1957. 223 p. 57-
2695.

ASF   60(1):146. S. 1957. (P. Miller)
ASF   62(5):152-153. Ja. 1959. (P. Miller)
FSF   12(5):75. My. 1957. (A. Boucher)

Destiny's orbit. New York, Avalon, 1961. 224 p.

ASF   69(3):171-172. My. 1962. (P. Miller)

Edge of time. New York, Avalon Books, 1958. 221 p.
58-12513.

AMZ   32(12):74. D. 1958. (S. Cotts)
ASF   63(2):146-147. Ap. 1959. (P. Miller)
ASF   64(6):168. F. 1960. (P. Miller)
GAL   17(6):139. Ag. 1959. (F. Gale)

The martian missile. New York, Avalon, 1959. 224 p.

ASF   65(6):172. Ag. 1960. (P. Miller)
ASF   68(3):165. N. 1961. (P. Miller)
GAL   18(6):118. Ag. 1960. (F. Gale)

To Venus! To Venus! New York, Ace, 1970. 128 p.
NUC 71-63721.

LM   20:31. Ja. 1971. (J. Osborne)
SFR   42:30-31. Ja. 1971. (P. Walker)

GRISSOM, VIRGIL I.

Gemini!! New York, Macmillan, 1968. 212 p. 68-22127.

NWB   No. 190:63-64. My. 1969. (C. Platt)

GROSS, MIRIAM, ed.

The world of George Orwell. New York, Simon & Schuster,
1972. 182 p. 73-164705.

SDNP   p. 13. My. 6/7, 1972. (B. Friend)

GROULING, THOMAS

Project 12. New York, Vantage Press, 1962. 109 p.

FSF   23(1):110. Jl. 1962. (A. Bester)

GROVES, J. W.

Shellbreak. New York, Paperback Library, 1968. 159 p.

SFR   40:27-28. O. 1970. (W. Connelly)

GRUBB, DAVIS

Twelve tales of suspense and the supernatural. New York,
Scribner, 1964. 175 p. 64-13272.

FSF   27(1):72. Jl. 1964. (A. Davidson)

GRUNDTVIG, SVEND HERSLEB

Danish fairy tales. New York, Dover, 1972. 115 p.
72-91057.

FANA   1:6. My. 1973. (n.g.)

GUENTHER, Klaus

Creatures of the deep sea, by Klaus Guenther and Kurt
Deckert. New York, Scribner, 1956. 222 p. 56-3046.

GAL   13(5):118. Mr. 1957. (F. Gale)
AUT   No. 73:115. S. 1956. (n.g.)

GUGGENMOS, JOSEF
SEE Tresselt, Alvin R.

GUIEU, JIMMY

Flying saucers come from another world. London, Hutchinson, 1956. 248 p.

   AUT   No. 70:155-156. Je. 1956. (n.g.)
   NWB   No. 47:128. My. 1956. (L. Flood)

Les soucoupes volantes viennent d'un autre mond. Paris, Editions Fleve Noir, 1954. 256 p.

   NWB   No. 25:127. Jl. 1954. (L. Flood)

GUIN, WYMAN

Living way out. New York, Avon, 1967. 208 p.

   FSF   34(5):52-53. My. 1968. (J. Merril)

The standing joy. New York, Avon, 1964. 224 p.

   VEN   4(2):110. My. 1970. (R. Goulart)
   NWB   No. 200:32. Ap. 1970. (J. Cawthorn)
   SFR   38:26-27. Je. 1970. (B. Gillespie)

GUNN, JAMES EDWARD

The burning. New York, Dell, 1972. 154 p.

   LM   44:32. Ja. 1973. (S. Mines)

Future imperfect. New York, Vantam, 1964. 137 p. NUC 65-13862.

   AMZ   38(7):125-126. Jl. 1964. (R. Silverberg)

The immortals. New York, Bantam, 1962. 154 p. 62-20940.

   ASF   71(6):91. Ag. 1963. (P. Miller)
   LM   32:27. Ja. 1972. (M. McQuown)
   PW   198(9):281. Ag. 31, 1972. (n.g.)

The joy makers. New York, Bantam, 1961. 160 p. NUC 63-57171.

   AMZ   35(8):136. Ag. 1961. (S. Cotts)
   ASF   67(6):168. Ag. 1961. (P. Miller)
   NWB   No. 107:126-127. Je. 1961. (J. Carnell)
   NWB   No. 137:127. D. 1963. (L. Flood)

The listeners. New York, Scribners, 1972. 216 p. 72-1219.

   ASF   91:171-172. My. 1973. (P. Miller)
   BKL   69:620. Mr. 1, 1973. (n.g.)
   FSF   45:69-70. Jl. 1973. (J. Russ)
   LJ   98:1402. Ap. 15, 1973. (V. Carpio)
   NYT   p. 16. Ap. 22, 1973. (T. Sturgeon)
   REN   5(2):15. Sp. 1973. (J. Pierce)
   SDNP   p. 11. Ja. 27/28, 1973. (B. Friend)
   LM   49:30. At. 1973. (N. Barron)
   FUT   5:419. Ag. 1973. (D. Livingston)
   KR   40:1118. S. 15, 1972. (n.g.)
   LJ   97:3617. N. 1, 1972. (T. Bell)
   PW   202:54. O. 2, 1972. (n.g.)

Station in space. New York, Bantam, 1958. 156 p. 58-9789.

   ASF   63(4):150-151. Je. 1959. (P. Miller)

This fortress world. New York, Gnome Press, 1955. 216 p. 55-12188.

   AMZ   30(2):117-118. F. 1956. (V. Gerson)
   ASF   57(3):147. My. 1956. (P. Miller)
   ASF   60(5):150. Ja. 1958. (P. Miller)
   FAU   5(1):111-112. F. 1956. (H. Santesson)
   GAL   11(6):88. Ap. 1956. (F. Gale)
   SFIQ   4(4):74-75. Ag. 1956. (D. Knight)
   VAN   1(1):93. Je. 1958. (L. del Rey)

The witching hour. New York, Dell, 1970. 188 p.

   PW   195(8):163. F. 23, 1970.
   LM   24/25:55. My/Je. 1971. (G. Bear)

GUNTHER, GOTTHARD

Uberwindung von Raum und Zeit. Dusseldorf, Karl Rauch Verlag, 1952. 237 p.

   FUTF   4(4):37-38. N. 1953. (D. Knight)

GURNEY, DAVID
SEE Bair, Patrick

GURNEY, GENE

Cosmonauts in orbit: the story of the Soviet manned space program. New York, Watts, 1972. 192 p. 76-189516.

   LJ   98:1012. Mr. 15, 1973. (O. Fortier)

GUTKIND, ERWIN ANTON

Our world from the air. Garden City, N.Y., Doubleday, 1952. 400 plates. 52-14460.

   GAL   6(3):123. Je. 1953. (G. Conklin)

GUTTERIDGE, LINDSAY

Cold war in a country garden. New York, Putnam, 1971. 188 p. 72-161534.

   LJ   96:3061. O. 1, 1971. (H. Hall)
   LJ   96:4205. D. 15, 1971. (D. Thompson)
   NYT   p. 22. Ag. 29, 1971. (M. Levin)
   TLS   3916:815. Jl. 9, 1971. (n.g.)
   ASF   89:163-164. Jl. 1972. (P. Miller)
   LM   41/42:42. O/N. 1972. (C. Moslander)
   KPG   7:22. Ap. 1973. (n.g.)

Killer pine. New York, Putnam, 1973. 205 p. 72-97295.

   BKL   69:1009. Jl. 1, 1973. (n.g.)
   LJ   98:2205. Jl. 1973. (E. Storey)
   LJ   98:3023. O. 15, 1973. (R. Middleton)

GWYNNE, FRED

God's first world. New York, Harper, 1910. 45 p. 78-127221.

   LM   35/36:61. Ap/My. 1972. (J. B. Post)

H

HAAS, CHARLES

Adel Hitro. New York, Vantage Press, 1962. 93 p. NUC 63-17724.

    FSF   23(2):70. Ag. 1962. (A. Davidson)

HABER, HEINZ

Man in space. Indianapolis, Bobbs-Merrill, 1953. 291 p. 53-5232.

    ASF   52(2):142-144. O. 1953. (P. Miller)
    GAL   7(2):78-79. N. 1953. (G. Conklin)
    AUT   No. 42:150-151. F. 1954. (n.g.)
    NWB   No. 22:126. Ap. 1954. (L. Flood)
    FSF   5(4):70-71. O. 1953. (Boucher & McComas)

HADLEY, ARTHUR T.

The joy wagon. New York, Viking, 1958. 223 p. 58-5404.

    ASF   62(3):144. N. 1958. (P. Miller)
    GAL   17(3):141. F. 1959. (F. Gale)
    WIF   8(6):114. O. 1958. (D. Knight)

HAGEN, ORDEAN H.

Who done it? A guide to detective, mystery, and suspense fiction. New York, Bowker, 1969. 834 p. 69-19209.

    SMS   3(3):66-71. Sp. 1970. (R. Lowndes)

HAGGARD, HENRY RIDER

Five adventure novels. New York, Dover, 1951. 821 p. 52-8569.

    ASF   50(2):169-170. O. 1952. (P. Miller)
    FASF   1(1):34. Ag. 1952. (L. Raymond)
    SPF   1(3):103. N. 1952. (G. Smith)

Lost civilizations. New York, Dover, 1953. 769 p. 53-9934.

    ASF   52(6):150. F. 1954. (P. Miller)
    GAL   7(3):85. D. 1953. (G. Conklin)
    FSF   5(3):100. S. 1953. (Boucher & McComas)

People of the mist. New York, Ballantine,

    PW   204:112. O. 22, 1973. (n.g.)

She and The Return of she. New York, Lancer, 1972. 350 p.

    WIF   21:140. Jl/Ag. 1972. (L. del Rey)

The world's desire, by H. Rider Haggard and Andrew Lang. New York, Ballantine, 1972. 238 p.

    WSJ   71:77-78. Mr/My. 1970. (D. Halterman)
    KPG   6:69. S. 1972. (E. Boatner)

HAGGERTY, JAMES J.

Apollo: lunar landing. Chicago, Rand McNally, 1969. 159 p. 77-85765.

    LM   18:22. N. 1970. (C. Moslander)

HAIBLUM, ISIDORE

The return. New York, Dell, 1973. 188 p.

    SWSJ   88:2. Ap. 1973. (D. D'Ammassa)

Transfer to yesterday. New York, Ballantine, 1973. 210 p.

    SWSJ   108:4. O. 1973. (D. D'Ammassa)
    SWSJ   109:5. O. 1973. (D. Stever)

HAILEY, ARTHUR

In high places. Garden City, N.Y., Doubleday, 1962. 415 p. 61-9513.

    ASF   69(6):167-168. Ag. 1962. (P. Miller)

HAINING, PETER, ed.

Beyond the curtain of dark. New York, Pinnacle.

    FSF   44:77. My. 1973. (G. Wilson)

The clans of darkness. New York, Taplinger.

    FSF   44:78. My. 1973. (G. Wilson)

The evil people. New York, Popular Library, 1970. 208 p.

    LM   33:31. F. 1972. (J. Rapkin)

Freak show. Nashville, Thomas Nelson, 1972. 239 p. 72-1436.

    LM   41/42:45. O/N. 1972. (M. McQuown)
    VOT   1(9):30-31. Je. 1970. (D. Malcolm)

The future makers. New York, Belmont, 1968. 174 p.

    LM   38/39:38. Jl/Ag. 1972. (S. Mines)

HAINING, PETER, ed. (Continued)

The ghouls. New York, Stein, 1971. 383 p. 70-150254.

    LM   38/39:53. Jl/Ag. 1972. (M. McQuown)

Gothic tales of terror. New York, Taplinger, 1972. 928 p. 78-158841.

    BKL   68:886-887. Je. 15, 1972. (n.g.)
    CHO   9:1287. D. 1972. (n.g.)
    FSF   44:78. My. 1973. (G. Wilson)
    KPG   7:26. S. 1973. (n.g.)
    PW   203:69. Ap. 9, 1973. (n.g.)

Great British tales of terror: gothic stories of horror and romance, 1765-1840. London, Gollancz, 1972. 487 p.

    BB   17:80. Je. 1972. (J. Meades)

The Hollywood nightmare. New York, Taplinger, 1971. 276 p. 76-145543.

    FSF   44:77-78. My. 1973. (G. Wilson)
    PW   199:259-260. Ja. 25, 1971. (n.g.)

The Lucifer society. New York, Taplinger, 1972. 256 p. 70-179949.

    BB   17:87-88. S. 1972. (O. Blakeston)
    BKL   69:275. N. 15, 1972. (n.g.)

The magicians: occult stories. London, Peter Owen, 1972. 220 p.

    BB   18:96-97. O. 1972. (A. Walton)

The midnight people. London, Frewin, 1968. 255 p. 77-407174.

    LM   31:31. D. 1971. (J. Rapkin)

Nightfrights. London, Gollancz, 1972. 254 p.

    TLS   3692:1496. D. 8, 1972. (n.g.)

The nightmare reader. Garden City, N.Y., Doubleday, 1973. 340 p.

    KR   41:345. Mr. 15, 1973. (n.g.)
    PW   203:69. Mr. 26, 1973. (n.g.)
    SWSJ   109:4. O. 1973. (W. Johnson)

The unspeakable people. London, Frewin, 1969. 246 p. 72-482363.

    FF   1:46-47. Ap. 1971. (D. Menville)
    LM   33:31. F. 1972. (D. Paskow)

The witchcraft reader. Garden City, N.Y., Doubleday, 1970. 204 p. 70-131078.

    PW   198(20):72. N. 16, 1970.
    LJ   96:1138. Mr. 15, 1971. (A. Hankenson)
    LM   35/36:59. Ap/My. 1972. (D. Paskow)
    LJ   96:1138. Mr. 15, 1971. (A. Hankenson)

HALACY, DANIEL STEPHEN

Fun with the sun. New York, Macmillan, 1959. 112 p. 59-12518.

    GAL   19(2):126-127. D. 1960. (F. Gale)

Return from Luna. New York, Norton, 1969. 181 p. 69-12620.

    LM   1:25. Je. 1969. (M. Hewitt)

Rocket rescue. New York, Norton, 1968. 192 p. 68-16565.

    ASF   82(5):162-163. Ja. 1969. (P. Miller)

HALDANE, CHARLOTTE FRANKEN

The shadow of a dream. New York, Roy, 1953. 287 p. 53-7435.

    FSF   5(4):72. O. 1953. (Boucher & McComas)

HALE, EDWARD EVERETT

The brick moon. Boston, Little, Brown, 1899. 369 p. 12-32994.

    SAT   1(5):92-103. Je. 1957. (S. Moskowitz)

HALE, JOHN

The paradise man. Indianapolis, Bobbs-Merrill, 1969. 221 p. 71-84169.

    LJ   95:176. Ja. 15, 1970. (N. Horrocks)
    NS   78:430. S. 26, 1969. (C. Jordan)
    NYT   p. 46. D. 14, 1969. (M. Levin)
    TLS   p. 1145. O. 9, 1969. (n.g.)

HALL, ANGUS

Devilday. New York, Ace, 1969.

    LM   41/42:52. O/N. 1972. (M. McQuown)

HALL, AUSTIN

The blind spot, by Austin Hall and Homer Eon Flint. Philadelphia, Prime Press, 1951. 293 p.

    ASF   48(1):124. S. 1951. (W. Wright)
    ASF   49(3):157. My. 1952. (P. Miller)
    ASF   77(6):167-168. Ag. 1966. (P. Miller)
    FAS   14(4):126-127. Ap. 1965. (R. Silverberg)
    GAL   3(4):119. Ja. 1962. (G. Conklin)
    AUT   No. 34:139. Je. 1953. (n.g.)
    TWS   39(2):142. D. 1951. (n.g.)

People of the comet. Los Angeles, Fantasy Publishing Co., 1948. 131 p.

    AMZ   24(9):162. S. 1950. (M. Tish)
    FNM   3(2):119-120. Jl. 1949. (S. Moskowitz)
    FBK   1(4):38. 1948. (n.g.)
    SSS   5(1):92. Ja. 1949. (F. Pohl)

The spot of life. New York, Ace, n.d. 187 p.

    ASF   77(6):167-168. Ag. 1966. (P. Miller)
    FAS   14(5):125. My. 1965. (R. Silverberg)

HALL, H. W.

SFBRI: science fiction book review index, 1970. Bryan, Tx., The Author, 1971. 36 p.

    LM   29:31. O. 1971. (W. Cole)

HALL, H. W. (Continued)

Science fiction book review index: 1971. Bryan, Tx., The Author, 1972. 33 p.

ASF	90:167. N. 1972. (P. Miller)	
KPG	6:200. N. 1972. (n.g.)	
LJ	97:3137. O. 1, 1972. (M. Peffers)	
SWSJ	55:8. Je. 1972. (D. Miller)	

HALLAM, ATLANTIS

Star ship on Saddle Mountain. New York, Macmillan, 1955. 182 p. 55-14991.

GAL   12(3):102. J1. 1956. (F. Gale)

HALLE, LOUIS JOSEPH

Sedge. New York, Praeger, 1963. 118 p. 63-15501.

ASF   73(3):85-86. My. 1964. (P. Miller)

HALLSWORTH, ERNEST GORDON

The chemical basis of human development. Nottingham, University of Nottingham, 1952. 16 p.

AUT   No. 31:138. Mr. 1953. (H. Campbell)

HAMBURGER, MICHAEL

The truth of poetry. London, Weidenfield, 1969. 341 p.

NWB   No. 198:31. F. 1970. (D. Hill)

HAMILTON, ALEX, ed.

Splinters: a new anthology of modern macabre fiction. New York, Walker, 1969. 237 p. 79-86402.

LM	16:17. S. 1970. (J. B. Post)
NWB	No. 186:62. Ja. 1969. (J. Churchill)

HAMILTON, EDMOND

Battle for the stars. New York, Dodd, Mead, 1961. 206 p. 61-15300.

ASF	69(4):161. Je. 1962. (P. Miller)
FSF	22(2):89-90. F. 1962. (A. Bester)

Beyond the moon. New York, Signet, 1949. 167 p.

FUTF   2(1):98. My. 1951. (R. Lowndes)

Captain Future series.

SWSJ   21:7. My. 1971. (R. Weston)

City at world's end. New York, Frederick Fell, 1951. 239 p. 51-10074.

ASF	47(6):142-143. Ag. 1951. (L. de Camp)
GAL	3(6):83. Mr. 1952. (G. Conklin)
NWB	No. 18:96. N. 1952. (L. Flood)
FSF	2(4):83-84. Ag. 1951. (Boucher & McComas)

The haunted stars. New York, Dodd, Mead & Co., 1960. 192 p. 59-15721.

AMZ	34(7):137. J1. 1960. (S. Cotts)
ASF	66(3):167-168. N. 1960. (P. Miller)
GAL	21(4):156-157. Ap. 1963. (F. Gale)

The magician of Mars. New York, Popular Library, 1968. 128 p.

LM   19:22. D. 1970. (D. Paskow)

Outlaw world. New York, Popular Library, 1945. 126 p.

WIF	19(8):147. O. 1969. (L. del Rey)
SFR	35:38. F. 1970. (C. Brandon)

Outlaws of the moon. New York, Popular, 1969. 128 p.

LM	9:25. F. 1970. (J. Schaumburger)
VOT	1(5):19-20. F. 1970.

Outside the universe. New York, Ace, 1964. 173 p.

ASF   76(1):150-151. S. 1965. (P. Miller)

Quest beyond the stars. New York, Popular Library, 1969. 142 p.

LM	1:31. Je. 1969. (D. Paskow)
VEN	3(2):123-124. Ag. 1969. (R. Goulart)

Return to the stars. New York, Lancer, 1969. 207 p.

VOT	1(10):53-54. J1. 1970. (D. Malcolm)
WIF	20(6):150-151. J1/Ag. 1970. (L. del Rey)
LM	22:25. Mr. 1971. (D. Paskow)
SFR	42:32. Ja. 1971. (T. Pauls)

The star kings. New York, Frederick Fell, 1949. 262 p. 49-11802.

ASF	46(4):98-99. D. 1950. (P. Miller)
AUT	No. 19:112. Mr. 1952. (n.g.)
NWB	No. 11:95. At. 1951. (L. F.)
TWS	36(1):156. Ap. 1950. (S. Merwin)
SSS	6(3):98. Mr. 1950. (F. Pohl)

The star of life. New York, Dodd, Mead, 1959. 193 p. 59-6638.

ASF   64(4):152. D. 1959. (P. Miller)

Starwolf. New York, Ace, 1967. 158 p.

NWB   No. 176:64. O. 1967. (J. Cawthorn)

The sun smasher. New York, Ace, 1959. 110 p.

ASF   64(3):153. N. 1959. (P. Miller)

The valley of creation. New York, Lancer, 1964. 159 p.

ASF   74(6):90. F. 1965. (P. Miller)

World of the starwolves. (Starwolf No. 3). New York, Ace, 1968. 158 p.

ASF	85(1):168. Mr. 1970. (P. Miller)
NWB	No. 191:62. Je. 1969. (J. Cawthorn)
WIF	19(8):147-148. O. 1969. (L. del Rey)
SWSJ	17:3-4. Mr. 1971. (D. Halterman)

HAMILTON, EDMOND (Continued)

A Yank at Valhalla. New York, Ace, 1940. 128 p.

SWSJ 90:3. My. 1973. (D. D'Ammassa)

HAMILTON-PATERSON, JAMES LEE

The house in the waves. New York, Phillips, 1970. 157 p. 76-103043.

LM 34:26. Mr. 1972. (D. Hamilton)

HAMMERSCHLAG, HEINZE ERICH

Hypnotism and crime. London, Rider, 1956. 148 p. 57-34918.

AUT No. 79:128. Ap. 1957. (n.g.)

HANNA, W. C.

The Tandar saga. New York, Arcadia House, 1964. 190 p.

ASF 74(5):87. Ja. 1965. (P. Miller)

HANSON, JOAN

The monster's nose was cold. Minneapolis, Carolrhoda Books, 1971. 37 p. 73-131864.

LM 38/39:21. Jl/Ag. 1972. (J. Post)

HANSTEIN, OTFRID VON

Electropolis. Stuttgart, Levy & Muller, 1928. 224 p.

AMZ 4(8):756. N. 1929. (C. Brandt)

HAPGOOD, CHARLES H.

Earth's shifting crust. New York, Pantheon Books, 1958. 438 p. 58-5504.

ASF 63(1):140-141. Mr. 1959. (P. Miller)

HARBOTTLE, PHILIP

The multi-man. Wallsend-on-Tyne, The Author, 1968. 69 p.

SMS 2(5):113. W. 1968. (R. Lowndes)

HARDENDORFF, JEANNE B.

Witches, wit, and a werewolf. Philadelphia, Lippencott, 1971. 124 p. 75-153516.

SWSJ 88:2. Ap. 1973. (G. Wolfe)

HARDER, ELEANOR

Darius and the dozer bull. Nashville, Abingdon, 1971. 111 p. 72-147303.

LM 35/36:46. Ap/My. 1972. (K. Anderson)

HARDIN, GARRETT JAMES

Exploring new ethics for survival/the voyage of the spaceship Beagle. New York, Viking, 1972. 273 p. 78-185737.

PW 203:74. Mr. 19, 1973. (n.g.)

HARGREAVES, FREDERICK JAMES

The size of the universe. London, Penguin, 1948. 175 p.

AUT No. 6:126. Mr. 15, 1951. (n.g.)

HARKER, KENNETH

The symmetrians. London, Compact, 1966. 160 p.

NWB No. 166:151. S. 1966. (J. Cawthorn)

HARLEY, TIMOTHY

Moon lore. Rutland, Vt., Tuttle, 1970. 296 p. 79-99981.

LM 19:31. D. 1970. (J. B. Post)

HARMER, MABEL

Lizzie, the lost toys witch. Philadelphia, Macrae, 1970. 30 p. 73-108861.

LM 30:25. N. 1971. (D. Langsam)

HARMON, JIM

The great movie serials: their sound and fury, by Jim Harmon and Donald F. Glutt. Garden City, N.Y., Doubleday, 1972. 384 p. 70-171269.

KR 40:769. Jl. 1, 1972. (n.g.)
NYT p. 52. S. 24, 1972. (n.g.)
PW 201:62. Je. 26, 1972. (n.g.)

HARNESS, CHARLES LEONARD

Flight into yesterday. New York, Bouregy & Curl, 1953. 256 p. 53-11882.

ASF 53(2):147. Ap. 1954. (P. Miller)
GAL 7(5):132. Ja. 1954. (G. Conklin)
FSF 5(3):101. S. 1953. (Boucher & McComas)

The paradox men. New York, Ace, 1955. 133 p.

ASF 56(6):147-148. F. 1956. (P. Miller)
INF 1(2):121-123. F. 1956. (D. Knight)
NWB No. 46:112-114. Ja. 1965. (M. Moorcock)

The ring of Ritornel. New York, Berkley, 1968. 191 p.

AMZ 43(2):120-122. Jl. 1969. (W. Atheling, Jr.)
NWB No. 184:61. N. 1968. (R. Meadley & M. Harrison)
WIF 19(8):146-147. O. 1969. (L. del Rey)

HARNESS, CHARLES LEONARD (Continued)

The rose. New York, Berkley, 1953. 142 p.

NWB	No. 160:157-159. Mr. 1966. (L. Jones)
WIF	19(8):145-146. O. 1969. (L. del Rey)
FSF	31(1):32-33. Jl. 1966. (J. Merril)
SFO	15:9-10. S. 1970. (J. Gibson)
WSJ	70:26-27. D. 1969/F. 1970. (D. Halterman)

HARPER, HARRY

Dawn of the space age. London, Sampson Low, 1946. 142 p.

FANS 1(1):95. D. 1946. (n.g.)

Winged world. London, Gifford, 1946. 159 p.

FANS 1(3):95-96. Ag. 1947. (T. S.)

HARRE, THOMAS EVERETT

Beware after dark. New York, Macaulay, 1929. 481 p. 29-16668.

AMZ 4(8):756. N. 1929. (C. Brandt)

HARRINGTON, ALAN

The revelations of Dr. Modesto. New York, Avon, 1969. 224 p.

LM 14:27. Jl. 1970. (J. Slavin)

HARRIS, BARBARA S.

Who is Julia? New York, McKay, 1972. 309 p. 70-188264.

PW 201:45. My. 22, 1972. (n.g.)

HARRIS, BRUCE S., ed.

The collected drawings of Aubrey Beardsley. New York, Cresent, 1967. 212 p. 67-26201.

NWB No. 192:57-60. Jl. 1969. (K. Coutts-Smith)

HARRIS, CHRISTIE

Secret in the Stlalakum wild. New York, Atheneum, 1972. 186 p.

LM 44:19. Ja. 1973. (C. Moslander)

HARRIS, JOHN BEYNON

Chocky, by John Wyndham. New York, Ballantine, 1968. 221 p. NUC 71-91810.

| AMZ | 42(3):139-140. S. 1968. (A. Panshin) |
| ASF | 81(6):167-168. Ag. 1968. (P. Miller) |

The chrysalids, by John Wyndham. London, Joseph, 1955. 239 p.

NWB No. 42:124. D. 1955. (L. Flood)

Consider her ways, by John Wyndham. London, Joseph, 1961. 223 p.

NWB No. 115:127. F. 1962. (L. Flood)

The day of the triffids, by John Wyndham. Garden City, N.Y., Doubleday, 1951. 222 p.

AMZ	39(1):124. Ja. 1965. (R. Silverberg)
ASF	47(6):142. Ag. 1951. (F. Ackerman)
GAL	2(5):99. Ag. 1951. (G. Conklin)
NEB	1(1):119. At. 1952. (M. Elder)
NWB	No. 12:96. W. 1951. (G. Chapman)
SSS	8(3):49. Ag. 1951. (F. Pohl)
WT	43(6):96. S. 1951. (n.g.)
FSF	2(4):83. Ag. 1951. (Boucher & McComas)

The infinite moment, by John Wyndham. New York, Ballantine, 1961. 159 p. NUC 66-14523.

| AMZ | 36(2):137-138. F. 1962. (S. Cotts) |
| ASF | 69(2):162-163. Ap. 1962. (P. Miller) |

Jizzle, by John Wyndham. London, Dobson, 1954. 251 p.

NWB No. 24:128. Je. 1954. (L. Flood)

The John Wyndham omnibus. New York, Simon & Schuster, 1966. 532 p. 66-448.

ASF 77(4):145-146. Je. 1966. (P. Miller)

The Kraken wakes, by John Wyndham. London, Michael Joseph, 1953. 288 p. 53-35164.

AUT No. 38:138. O. 1953. (n.g.)

The midwich cuckoos, by John Wyndham. New York, Ballantine, 1958. 247 p. 57-12242.

ASF	62(1):151-152. S. 1958. (P. Miller)
FAU	11(4):125. Jl. 1959. (H. Santesson)
FUTF	No. 41:119-120. F. 1959. (C. Knox)
GAL	16(6):130-131. O. 1958. (F. Gale)
NEB	No. 26:102-103. Ja. 1958. (K. Slater)
NWB	No. 66:126-127. D. 1957. (L. Flood)
WIF	8(6):112-113. O. 1958. (D. Knight)
FSF	14(5):113. My. 1958. (A. Boucher)
WIF	9(4):97. S. 1959. (D. Knight)

Out of the deeps, by John Wyndham. New York, Ballantine, 1953. 185 p. 53-12491.

| ASF | 54(1):152-153. S. 1954. (P. Miller) |
| GAL | 8(1):118-119. Ap. 1954. (G. Conklin) |

The outward urge, by John Wyndham and Lucas Parkes. New York, Ballantine, 1959. 143 p. NUC 70-96954.

AMZ	34(2):138-139. F. 1960. (S. Cotts)
ASF	65(5):164-165. Jl. 1960. (P. Miller)
NWB	No. 84:84. Je. 1959. (L. Flood)
WIF	10(2):93. My. 1960. (F. Pohl)

Re-birth, by John Wyndham. New York, Ballantine, 1955. 185 p. 55-9098.

AMZ	29(6):114. N. 1955. (V. Gerson)
ASF	56(2):145-146. O. 1955. (P. Miller)
FAU	4(3):109-110. O. 1955. (H. Santesson)
GAL	10(6):91. S. 1955. (G. Conklin)
OSFS	6(4):118-119. Ja. 1956. (D. Knight)
FSF	9(2):93-94. Ag. 1955. (A. Boucher)

HARRIS, JOHN BEYNON (Continued)

The secret people. New York, Lancer, 1964. 175 p.

   ASF   74(5):89. Ja. 1965. (P. Miller)

The seeds of time, by John Wyndham. London, Joseph, 1956. 253 p.

   AUT   No. 76:156. Ja. 1957. (n.g.)
   NWB   No. 55:126-127. Ja. 1957. (L. Flood)

Stowaway to Mars, by John Wyndham. Greenwich, Conn., Fawcett, 1972. 192 p.

   KPG   7:29. F. 1973. (n.g.)
   GAL   8(4):99. Jl. 1954. (G. Conklin)

Tales of gooseflesh and laughter, by John Wyndham. New York, Ballantine, 1956. 150 p. 56-12818.

   ASF   59(5):149-150. Jl. 1957. (P. Miller)
   FAU   7(4):109. Ap. 1957. (H. Santesson)
   GAL   14(2):107-108. Je. 1957. (F. Gale)
   FSF   12(4):84. Ap. 1957. (A. Boucher)

The trouble with lichen, by John Wyndham. London, Joseph, 1959. 190 p.

   AMZ   35(5):134. My. 1961. (S. Cotts)
   ASF   67(4):163. Je. 1961. (P. Miller)
   NWB   No. 99:124-125. O. 1960. (L. Flood)
   SFR   38:34. Je. 1970. (P. Walker)

HARRIS, LOUIS

The story of crime. Boston, Stratford, c1929; New Haven, Conn., The Literary Press, 1929. 344 p. 29-14383.

   ADT   1(3):286. Mr. 1931. (n.g.)

HARRIS, ROSEMARY

The moon in the cloud. New York, Macmillan, 1969. 182 p. 71-99121.

   LM   31:27. D. 1971. (D. Hamilton)

The seal-singing. New York, Macmillan, 1971. 245 p. 75-155265.

   LM   38/39:24. Jl/Ag. 1972. (F. Hamilton)

HARRISON, HARRY

Ahead of time, ed. by Harry Harrison and Theodore J. Gordon. Garden City, N.Y., Doubleday, 1972. 201 p. 74-170797.

   KR   39:1240. N. 15, 1971. (n.g.)
   FSF   43:40-42. S. 1972. (A. Davidson)
   LM   43:26. D. 1972. (S. Mines)
   NYT   p. 20. S. 3, 1972. (T. Sturgeon)

Astounding, ed. by Harry Harrison. New York, Random House, 1973. 332 p. 73-5058.

   KR   41:990. S. 1, 1973. (n.g.)

The Astounding-Analog reader, Vol. 1, ed. by Harry Harrison and Brian W. Aldiss. Garden City, N.Y., Doubleday, 1972. 530 p. 72-83145.

   ASF   91:166-167. Jl. 1973. (P. Miller)
   FSF   44:13-16. Je. 1973. (A. Panshin)

The Astounding-Analog reader, (Continued).

   KR   40:1164. O. 1, 1972. (n.g.)
   PW   202:43-44. O. 16, 1972. (n.g.)
   GAL   33:171-172. My/Je. 1973. (T. Sturgeon)
   NR   25:104. Ja. 19, 1973. (T. Sturgeon)
   NYT   p. 12. Ja. 28, 1973. (T. Sturgeon)
   WIF   21:105-106. Jl/Ag. 1973. (L. del Rey)

The Astounding-Analog reader, Vol. 2, ed. by Harry Harrison and Brian W. Aldiss. Garden City, N.Y., Doubleday, 1973. 1 v.

   KR   41:215. F. 15, 1973. (n.g.)
   PW   203:64. Mr. 12, 1973. (n.g.)
   VTX   1:98. Ag. 1973. (n.g.)

Best SF: 1967, ed. by Harry Harrison and Brian W. Aldiss. New York, Berkley, 1968. 256 p.

   AMZ   42(3):143. S. 1968. (J. Blish)
   ASF   82(2):166-167. O. 1968. (P. Miller)
   GAL   27(4):160-163. N. 1968. (A. Budrys)

Best SF: 1968, ed. by Harry Harrison and Brian W. Aldiss. New York, Putnam, 1969. 245 p.

   ASF   84(1):162-163. S. 1969. (P. Miller)
   FSF   38(1):42-43. Ja. 1970. (J. Russ)
   LM   16:29-30. S. 1970. (S. Mines)
   WSJ   71:78-80. Mr/My. 1970. (T. Pauls)

Best SF: 1969, ed. by Harry Harrison and Brian W. Aldiss. New York, Berkley, 1970. 224 p.

   PW   197(24):59. Je. 15, 1970. (n.g.)
   WSJ   78:29-30. Ag/O. 1971. (T. Pauls)
   SWSJ 17:7-10. Mr. 1971. (J. Newton)
   LM   33:30. F. 1972. (D. Paskow)

Best science fiction, 1970, ed. by Harry Harrison and Brian Aldiss. New York, Berkley, 1971. 224 p.

   KR   39:575. My. 15, 1971. (n.g.)
   ASF   89:170-171. Ap. 1972. (P. Miller)
   FSF   42:65-66. Mr. 1972. (A. Panshin)
   LJ   97:292. Ja. 15, 1972. (G. Merrill)

Best SF: 1971, ed. by Harry Harrison and Brian W. Aldiss. New York, Putnam, 1972. 254 p. 74-116158.

   KR   40:696. Je. 15, 1972. (n.g.)
   KR   40:735. Jl. 1, 1972. (n.g.)
   PW   202:37. Jl. 3, 1972. (n.g.)
   REN   4:10-12. Fl. 1972. (J. Pierce)
   ASF   91:169-171. My. 1973. (P. Miller)
   KPG   7:23. F. 1973. (n.g.)
   WSJ   82:R/7-R/9. S. 1973. (R. Delap)

Best SF: 1972, ed. by Harry Harrison and Brian W. Aldiss. New York, Putnam, 1973. 254 p. 74-116158.

   ASF   92:162-164. O. 1973. (P. Miller)
   KR   41:533. My. 1, 1973. (n.g.)
   LJ   98:2679. S. 15, 1973. (K. Anderson)
   REN   5(3):11-13. Sm. 1973. (J. Pierce)

Bill, the galactic hero. London, Gollancz, 1965. 159 p. NUC 67-34783.

   NWB   No. 158:121. Ja. 1966. (J. Colvin)

HARRISON, HARRY (Continued)

Captive universe. New York, Putnam, 1969. 185 p. 69-11461.

AMZ	43(5):125-126.	Ja. 1970.	(R. Delap)
AMZ	43(6):133-134.	Mr. 1970.	(H. Stine)
ASF	85(6):169-170.	Ag. 1970.	(P. Miller)
LM	14:27.	Jl. 1970.	(J. Schaumburger)
SFO	13:10-11.	Jl. 1970.	(P. Anderson)
VOT	1(10):55.	Jl. 1970.	(K. Buckley)
NS	79:226.	F. 13, 1970.	(J. Raban)
TLS	3554:377.	Ap. 9, 1970.	(n.g.)
FAS	19(2):137-139.	D. 1969.	(F. Leiber)

The Daleth effect. New York, Putnam, 1970. 217 p. 79-102647.

ASF	86(1):165-166.	S. 1970.	(P. Miller)
LJ	95(6):1048.	Mr. 15, 1970.	(J. Davis)
FSF	39(6):24.	D. 1970.	(J. Blish)
PW	197(12):60.	Mr. 23, 1970.	
LM	24/25:39.	My/Je. 1971.	(D. Paskow)
SWSJ	24:4-5.	Je. 1971.	(J. Newton)
WIF	20:148-149.	My/Je. 1971.	(L. del Rey)

Deathworld. New York, Bantam, 1960. 154 p. 60-12456.

AMZ	35(1):134.	Ja. 1961.	(S. Cotts)
ASF	67(4):165.	Je. 1961.	(P. Miller)
NWB	No. 101:128.	D. 1960.	(J. Carnell)
FSF	20(1):96.	Ja. 1961.	(A. Bester)

Deathworld 2. New York, Bantam, 1964. 151 p. NUC 70-78177.

ASF	75(1):87.	Mr. 1965.	(P. Miller)

Deathworld 3. New York, Dell, 1968. 188 p. NUC 70-77953.

ASF	83(2):167.	Ap. 1969.	(P. Miller)
VOT	1(2):61-62.	D. 1969.	(K. Slater)

The light fantastic: science fiction classics from the mainstream, ed. by Harry Harrison and Theodore J. Gordon. New York, Scribners, 1971. 216 p. 76-140772.

FSF	41:21.	N. 1971.	(J. Russ)
IR	39:78.	Ja. 15, 1971.	(n.g.)
LJ	96:1294.	Ap. 1, 1971.	(D. Gilzinger)
PW	199:68.	F. 1, 1971.	(J. Newton)
CHO	8:1586.	F. 1972.	(n.g.)

Make room! Make room! Garden City, N.Y., Doubleday, 1966. 216 p. 66-17406.

ASF	79(3):159.	My. 1967.	(P. Miller)
NWB	No. 169:154.	D. 1966.	(H. Bailey)
FSF	32(2):29.	F. 1967.	(J. Merril)
SFO	1:18.	Ja. 1969.	(R. Toomey)
KPG	7:86.	N. 1973.	(M. Friedman)

The man from P. I. G. New York, Avon, 1968. 120 p.

ASF	83(3):168.	My. 1969.	(P. Miller)

Nova I, ed. by Harry Harrison & Brian Aldiss. New York, Delacorte, 1970. 222 p. 79-103443.

FSF	39(3):19.	S. 1970.	(J. Blish)
LJ	95(2):176.	Ja. 15, 1970.	(P. Edlund)
PW	195(2):61.	Ja. 12, 1970.	
SFR	39:29-30.	Ag. 1970.	(R. Delap)
KPG	5:17.	S. 1971.	(n.g.)
SFO	21:26-30.	My. 1971.	(B. Gillespie)
LM	22:24.	Mr. 1971.	(D. Paskow)

Nova I (Continued).

SWSJ	24:4-5.	Je. 1971.	(J. Newton)

Nova 2, ed. by Harry Harrison. New York, Walker, 1972. 181 p.

KR	40:431-432.	Ap. 1, 1972.	(n.g.)
PW	201:58.	Ap. 17, 1972.	(n.g.)
LM	49:25.	At. 1973.	(J. B. Post)

Nova 3, ed. by Harry Harrison. New York, Walker, 1973. 243 p.

KR	41:533.	My. 1, 1973.	(n.g.)

One step from earth, ed. by Harry Harrison and Theodore J. Gordon. New York, Macmillan, 1970. 210 p. 71-107049.

LM	24/25:43.	My/Je. 1971.	(D. Paskow)
SWSJ	18:4.	Ap. 1971.	(J. Newton)
BB	18:73.	D. 1972.	(B. Patten)
FOU	2:52-53.	Je. 1972.	(n.g.)
SWSJ	45:4-5.	Ja. 1972.	(T. Pauls)
LJ	95(13):2512.	Jl. 1970.	(R. Haseltine)
PW	197(14):55.	Ap. 6, 1970.	

The plague from space. Garden City, N.Y., Doubleday, 1965. 207 p. 65-19917.

NWB	No. 164:148-149.	Jl. 1966.	(H. Bailey)
FSF	30(3):46.	Mr. 1966.	(J. Merril)

Planet of the damned. New York, Bantam, 1962. 135 p.

AMZ	36(6):140.	Je. 1962.	(S. Cotts)
ASF	69(5):167.	Jl. 1962.	(P. Miller)
FSF	22(6):87-88.	Je. 1962.	(A. Bester)

Prime number. New York, Berkley, 1970. 191 p.

LM	26/27:43.	Jl/Ag. 1971.	(D. Paskow)

SF: the author's choice, ed. by Harry Harrison. New York, Berkley, 1968. 224 p.

NWB	No. 187:63-64.	F. 1969.	(J. Cawthorn)

SF: author's choice 2, ed. by Harry Harrison. New York, Berkley, 1970. 286 p.

FSF	40:65-66.	Ap. 1971.	(J. Russ)

SF: author's choice 3, ed. by Harry Harrison. New York, Putnam, 1971. 222 p. 75-151207.

FSF	42:66-67.	Mr. 1972.	(A. Panshin)

SF: author's choice four, ed. by Harry Harrison. New York, Putnam, 1974. 248 p. 74-116158.

KR	41:990.	S. 1, 1973.	(n.g.)

Spaceship medic. Garden City, N.Y., Doubleday, 1970. 142 p. 70-103750.

LJ	95(18):3637.	O. 15, 1970.	(F. Postell)
LM	29:26.	O. 1971.	(D. Paskow)

The stainless steel rat. New York, Pyramid, 1961. 158 p.

AMZ	36(5):138,141.	My. 1962.	(S. Cotts)
ASF	69(3):171.	My. 1962.	(P. Miller)
GAL	20(6):194.	Ag. 1962.	(F. Gale)
FSF	22(6):88.	Je. 1962.	(A. Bester)
LM	19:32.	D. 1970.	(S. Mines)

HARRISON, HARRY (Continued)

The stainless steel rat (Continued).

NR   22(27):743-744. Jl. 14, 1970. (T. Sturgeon)

The stainless steel rat saves the world. New York, Putnam, 1972. 191 p. 72-83853.

BKL   69:620. Mr. 1, 1973. (n.g.)
LJ   98:2205-2206. Jl. 1973. (J. Cavallini)
BB   19:130-131. N. 1973. (K. Bazarov)
NST   60:61-62. O. 4, 1973. (M. Sherwood)
KR   40:1216. O. 15, 1972. (n.g.)
PW   202:50. O. 30, 1972. (n.g.)

The stainless steel rat's revenge. New York, Walker, 1970. 185 p. 79-123268.

LJ   95(19):3806. N. 1, 1970. (J. Polacheck)
FSF   41:12-13. Ag. 1971. (J. Blish)
LM   21:25. F. 1971. (B. Burley)
SFR   42:41-42. Ja. 1971. (R. Geis)
PW   195(2):61. Ja. 12, 1970.

Star smashers of the galaxy rangers. New York, Putnam, 1973. 212 p. 73-78643.

KR   41:990. S. 1, 1973. (n.g.)
PW   204:56. S. 17, 1973. (n.g.)

Stonehenge, by Harry Harrison and Leon Stover. New York, Scribners, 1972. 254 p. 71-38279.

BKL   69:275. N. 15, 1972. (n.g.)
NYT   p. 67. N. 12, 1972. (M. Levin)
FOU   3:72-74. Mr. 1973. (P. Nicholls)

The technicolor time machine. Garden City, N.Y., Doubleday, 1967. 190 p. 67-17726.

AMZ   41(4):103. O. 1967. (B. Aldiss)
ASF   81(2):162. Ap. 1968. (P. Miller)
NWB   No. 186:61. Ja. 1969. (J. Cawthorn)
FSF   34(4):40. Ap. 1968. (P. Anderson)
LM   6:30. N. 1969. (J. Slavin)

A tunnel through the deeps. New York, Putnam, 1972. 192 p. 79-186650.

ALG   19:28. N. 1972. (D. Lupoff)
ASF   90:166-167. O. 1972. (P. Miller)
KR   40:432. Ap. 1, 1972. (n.g.)
LJ   97:2438. Jl. 1972. (F. Patten)
PW   201:53. Ap. 10, 1972. (n.g.)
WIF   21:113-115. O. 1972. (L. del Rey)
BB   18:86. F. 1973. (O. Blakeston)
TLS   3700:129. F. 2, 1973. (n.g.)
FUT   5(5):504-505. O..1973. (D. Livingston)
FOU   4:75-77. Jl. 1973. (G. Hay)

Worlds of wonder: sixteen tales of science fiction, ed. by Harry Harrison. Garden City, N.Y., Doubleday, 1969. 287 p. 76-78664.

LM   15:33. Ag. 1970. (C. Moslander)
SFR   40:28-29. O. 1970. (P. Walker)

The year 2000, ed. by Harry Harrison. Garden City, N.Y., Doubleday, 1970. 288 p. 70-97667.

VEN   4(3):107-108. Ag. 1970. (R. Goulart)
LJ   95(6):1050. Mr. 15, 1970. (D. Polacheck)
PW   195(2):61. Ja. 12, 1970. (n.g.)
LM   24/25:40. My/Je. 1971. (D. Paskow)
SWSJ   18:6-7. Ap. 1971. (T. Pauls)
SFO   26:37-38. Ap. 1972. (T. Pauls)

The year 2000 (Continued).

KPG   6:24. S. 1972. (n.g.)

HARRISON, MICHAEL

The exploits of the Chevalier Dupin. Sauk City, Wisc., Mycroft & Moran, 1968. 138 p. 58-7907.

SMS   2(6):76-77. Sp. 1969. (R. Lowndes)

HARRISON, MIKE JOHN

The committed men. Garden City, N.Y., Doubleday, 1971. 183 p. 70-157597.

LJ   96:2550. Ag. 1971. (D. Gilzinger)
PW   200:68. Jl. 12, 1971. (n.g.)
BKL   68:489. F. 15, 1972. (n.g.)
FSF   43:43-45. D. 1972. (J. Russ)
LM   38/39:44. Jl/Ag. 1972. (S. Mines)

The pastel city. Garden City, N.Y., Doubleday, 1972. 158 p.

KR   40:1164. O. 1, 1972. (n.g.)
LJ   97:3932. D. 1, 1972. (J. B. Post)
LM   41/42:37. O/N. 1972. (J. B. Post)
BKL   69:620. Mr. 1, 1973. (n.g.)

HARRISON, RICHARD

The true book about science and crime. London, Muller, 1955. 144 p.

AUT   No. 62:152. O. 1955. (n.g.)

HARTLEY, HAROLD

Science and industry—the pattern of the future. Southampton, Eng., University of Southampton, 1954. 24 p. 56-2677.

AUT   No. 52:132-134. D. 1954. (n.g.)

HARTLEY, LESLIE POLES

Facial justice. Garden City, N.Y., Doubleday, 1961. 263 p. 61-10115.

AMZ   35(9):135-136. S. 1961. (S. Cotts)
ASF   68(2):168-169. O. 1961. (P. Miller)
GAL   20(3):192. F. 1962. (F. Gale)

HARTMAN, LOU

The monstrous leathern man. New York, Atheneum, 1970. 185 p. 78-115080.

LM   32:25. Ja. 1972. (C. Moslander)

HARTRIDGE, JON

Binary divine. Garden City, N.Y., Doubleday, 1970. 213 p. 78-116211.

LJ   95(15):2826. S. 1, 1970. (R. Ryan)
FSF   40:38-39. My. 1971. (J. Blish)
LM   31:29. D. 1971. (R. Freedman)
WSJ   supp. 75-2:2. F/Mr. 1971. (J. Newton)

HARTRIDGE, JON (Continued)

Earthjacket. New York, Walker, 1970. 182 p. 71-130810.

```
LJ     96:979.  Mr. 15, 1971.  (M. Burgess)
WSJ    76:44.   Ap/My. 1971.  (J. Newton)
SWSJ   35:10.   O. 1971.  (T. Pauls)
LM     38/39:36.  Jl/Ag. 1972.  (D. Paskow)
```

HASLETT, ARTHUR WOODS

Unresolved problems of science. New York, Macmillan, 1935. 317 p. 35-34862.

```
AMZ    10(11):133.  Ag. 1936.  (C. Brandt)
```

HASS, HANS

We come from the sea. Garden City, N.Y., Doubleday, 1959. 288 p. 59-8264.

```
GAL    18(4):143.  Ap. 1960.  (F. Gale)
```

HASSLER, KENNETH W.

The glass cage. London, Dobson, 1972. 192 p.

```
TLS    3684:1235.  O. 13, 1972.  (n.g.)
```

HAWKES, JACQUETTA HOPKINS

A land. New York, Random House, 1952. 248 p. 52-5138.

```
AMZ    26(8):148-149.  Ag. 1952.  (S. Merwin)
```

Man and the sun. New York, Random House, 1962. 277 p. 62-8448.

```
FSF    26(2):97.  F. 1964.  (A. Davidson)
```

Providence island. New York, Random House, 1959. 239 p. 59-7980.

```
ASF    64(4):149-150.  D. 1959.  (P. Miller)
```

HAY, GEORGE, ed.

The disappearing future: a symposium of speculations. London, Panther, 1970. 158 p.

```
SFO    21:11-16.  My. 1971.  (F. Rottensteiner)
RQ     5:136-139.  F. 1972.  (J. Christopher)
```

Hell hath fury: an 'Unknown' anthology. London, Spearman, 1963. 240 p.

```
NWB    No. 138:128.  Ja. 1964.  (L. Flood)
```

HAY, JACOB

Autopsy for a cosmonaut, by Jacob Hay and John M. Keshishian. Boston, Little, Brown, 1969. 242 p. 69-12634.

```
LM     7:26.  D. 1969.  (J. B. Post)
```

HAYNES, JOHN ROBERT

The scream from outer space. London, Rich & Cowan, 1955. 176 p.

```
AUT    No. 62:155.  O. 1955.  (n.g.)
NWB    No. 40:128.  O. 1955.  (L. Flood)
BSP    2(4):52-53.  S. 1955.  (n.g.)
```

HAZEN, BARBARA

The sorcerer's apprentice. New York, Lancelot Press, 1969. 40 p. 69-19776.

```
LM     18:19.  N. 1970.  (M. Hewitt)
```

HEALD, TIM

Unbecoming habits. New York, Stein & Day, 1973. 223 p. 73-81792.

```
PW     204:80.  O. 1, 1973.  (n.g.)
```

HEALY, RAYMOND J., ed.

Adventures in time and space, by Raymond J. Healy and J. F. McComas. New York, Random House, 1946. 997 p. 46-7121.

```
AMZ    23(12):148.  D. 1949.  (M. Tish)
FASF   1(2):49.  D. 1952.  (L. Raymond)
SFA    1(3):68.  Mr. 1953.  (L. del Rey)
SFO    18:5-17.  D. 1970.  (B. Gillespie)
WIF    20(7):64.  S/O. 1970.  (L. del Rey)
```

Adventures in time and space, ed. by Raymond J. Healy and J. Frances McComas. London, Grayson, 1952. 326 p.

```
NWB    No. 20:95.  Mr. 1953.  (J. Carnell)
AUT    No. 30:139.  F. 1953.  (H. Campbell)
```

Famous science fiction stories: adventures in time and space. New York, Random House/Modern Library, 1957. 997 p. 57-11402.

```
FSF    14(2):107.  F. 1958.  (A. Boucher)
```

More adventures in time and space, ed. by Raymond J. Healy and J. Francis McComas. New York, Bantam, 1955. 142 p.

```
ASF    55(4):160.  Je. 1955.  (P. Miller)
```

New tales of space and time. New York, Holt, 1951. 294 p. 51-14220.

```
AMZ    26(4):152.  Ap. 1952.  (S. Merwin)
ASF    48(6):153-155.  F. 1952.  (P. Miller)
FASF   1(1):34,50.  Ag. 1952.  (L. Raymond)
GAL    3(6):82-83.  Mr. 1952.  (G. Conklin)
NWB    No. 18:95.  N. 1952.  (L. Flood)
SFA    1(2):114.  F. 1953.  (D. Knight)
```

Nine tales of space and time. New York, Holt, 1954. 307 p. 54-7026.

```
ASF    54(4):148-149.  D. 1954.  (P. Miller)
GAL    9(1):96.  O. 1954.  (G. Conklin)
AUT    No. 57:120.  My. 1955.  (n.g.)
ISF    5(11):109.  N. 1954.  (H. Bott)
NWB    No. 34:124-125.  Ap. 1955.  (L. Flood)
```

HEARD, GERALD

Doppelgangers, by H. F. Heard. New York, Vanguard, 1947.
281 p. 47-1725.

    ASF   41(3):95-96. My. 1948. (P. Miller)
    SFA   2(3):122-123. Je. 1954. (D. Knight)

Gabriel and the creatures. New York, Harper, 1952.
244 p. 52-5445.

    FSF   3(6):100. O. 1952. (Boucher & McComas)

Is another world watching? New York, Harper, 1951.
183 p. 51-10396.

    GAL   2(4):116-117. Jl. 1951. (G. Conklin)
    FSF   2(4):84. Ag. 1951. (Boucher & McComas)

Is another world watching? rev. ed. New York, Bantam,
1953. 182 p. 53-26428.

    FSF   5(1):86. Jl. 1953. (Boucher & McComas)

HEARD, H. F.
    SEE Heard, Gerald.

HEARN, LAFCADIO

Kwaidan. Rutland, Vt., Tuttle, 1971. 240 p. 75-138067.

    FANA   1:9. S. 1973. (D. Schweitzer)

HEATH, PETER

The mind brothers. New York, Lancer, 1967. 159 p.

    FSF   33(4):26-27. O. 1967. (T. Carr)

HECHT, BEN

A book of miracles. New York, Viking, 1939. 465 p.
39-14613.

    AST   1(2):109. Ap. 1940. (D. Wollheim)

HECHT, SELIG

Explaining the atom, revised and with four additional
chapters by Eugene Rabinowitch. New York, Viking, 1954.
237 p. 54-10708.

    GAL   10(3):118. Je. 1955. (G. Conklin)

HECK, LUTZ

Animals, my adventure. London, Methuen, 1954. 169 p.
55-620.

    AUT   No. 51:134. N. 1954. (n.g.)

HEDIGER, HEINI

Studies of the psychology and behavior of captive
animals in zoos and circuses. London, Butterworths,
1955. 166 p. A56-4317.

    AUT   No. 60:150. Ag. 1955. (n.g.)

HEIDE, FLORENCE PARRY

Giants are very brave people. New York, Parents Maga-
zine Press, 1970. 42 p. 75-93857.

    LM   34:26. Mr. 1972. (J. Post)

HEINLEIN, ROBERT ANSON

Assignment in eternity. Reading, Pa., Fantasy Press,
1953. 256 p. 53-12678.

    ASF   53(3):150. My. 1954. (P. Miller)
    GAL   7(6):119-120. Mr. 1954. (G. Conklin)
    AUT   No. 57:119. My. 1955. (n.g.)
    NEB   No. 13:105. S. 1955. (K. Slater)
    NWB   No. 35:128. My. 1955. (L. Flood)
    NWB   No. 99:126. O. 1960. (L. Flood)

Between planets. New York, Scribners, 1951. 222 p.
51-7229.

    ASF   49(1):157-158. Mr. 1952. (P. Miller)
    GAL   3(5):84-85. F. 1952. (G. Conklin)
    GAL   13(3):46-47. Ja. 1957. (F. Gale)
    WIF   20:118-120. Ag. 1971. (L. del Rey)

Beyond this horizon. New York, Fantasy Press, 1948.
242 p. 48-7765.

    AMZ   25(10):143. O. 1951. (S. Merwin)
    SSS   5(1):91. Ja. 1949. (F. Pohl)
    TWS   39(1):145. O. 1951. (S. Merwin)
    ASF   42(6):145-146. F. 1949. (P. Miller)
    FNM   3(2):118-119. Jl. 1949. (S. Moskowitz)
    STL   18(3):176. Ja. 1949. (n.g.)

Citizen of the galaxy. New York, Scribners, 1957.
302 p. 57-10008.

    ASF   61(2):146. Ap. 1958. (P. Miller)
    ASF   61(3):138. My. 1958. (P. Miller)
    GAL   16(4):126-127. Ag. 1958. (F. Gale)
    INF   3(4):83-86. Ap. 1958. (D. Knight)
    BB   17:XI-XII. Mr. 1972. (J. Boland)

The day after tomorrow. New York, Signet, 1949. 144 p.

    FUTF   2(5):82. Ja. 1952. (n.g.)
    TWS   39(3):142. F. 1952. (S. Mines)

The door into summer. Garden City, N.Y., Doubleday,
1957. 188 p. 57-5529.

    AMZ   31(7):125. Jl. 1957. (V. Gerson)
    ASF   69(6):143-144. Ag. 1957. (P. Miller)
    GAL   14(3):108. Jl. 1957. (F. Gale)
    ISF   8(5):115. O. 1957. (H. Bott)
    INF   2(3):120-121. Je. 1957. (D. Knight)

Double star. Garden City, N.Y., Doubleday, 1956. 186 p.
56-5961.

    AMZ   30(7):115. Jl. 1956. (V. Gerson)
    ASF   57(6):149. Ag. 1956. (P. Miller)
    FAU   5(6):125. Jl. 1956. (H. Santesson)
    GAL   12(5):110-111. S. 1956. (F. Gale)
    ISF   7(4):122. Ag. 1956. (H. Bott)
    INF   1(4):105-106. Ag. 1956. (D. Knight)
    NEB   No. 32:107. Jl. 1958. (K. Slater)
    NWB   No. 73:3. Jl. 1958. (L. Flood)
    FSF   10(6):101. Je. 1956. (A. Boucher)
    SFIQ   4(4):78-79. Ag. 1956. (R. Garrett)
    SFAD   2(4):100. Mr. 1958. (C. Knox)

HEINLEIN, ROBERT ANSON (Continued)

<u>Farmer in the sky</u>. New York, Scribners, 1950. 216 p.
50-14133.

```
ASF    47(2):136.  Ap. 1951.  (P. Miller)
FSO    4(3):154-155.  Ap. 1952.  (P. Miller)
GAL    1(5):99-100.  F. 1951.  (G. Conklin)
ISF    3(1):73.  Ja. 1952.  (n.g.)
NWB    No. 119:128.  Je. 1962.  (L. Flood)
WBD    1(3):93-94.  F. 1951.  (D. Knight)
FSF    2(3):84.  Je. 1951.  (Boucher & McComas)
```

<u>Farnham's freehold</u>. Garden City, N.Y., Doubleday, 1964.
315 p. 64-18007.

```
NWB    No. 156:125-126.  N. 1965.  (H. Bailey)
FSF    28(1):83-84.  Ja. 1965.  (R. Goulart)
```

<u>Glory road</u>. New York, Putnam, 1963. 288 p. 63-16185.

```
AMZ    38(3):120-121.  Mr. 1964.  (L. del Rey)
ASF    72(6):93.  F. 1964.  (P. Miller)
```

<u>The green hills of Earth</u>. Chicago, Shasta, 1951. 256 p.
51-8740.

```
AMZ    26(7):143.  Jl. 1952.  (S. Merwin)
ASF    49(3):159.  My. 1952.  (P. Miller)
AUT    No. 47:112-113.  Jl. 1954.  (n.g.)
GAL    3(6):84.  Mr. 1952.  (G. Conklin)
NEB    No. 9:118.  Ag. 1954.  (K. Slater)
NWB    No. 24:128.  Je. 1954.  (L. Flood)
STL    26(2):144-145.  Je. 1952.  (n.g.)
```

<u>Have spacesuit-will travel</u>. New York, Scribners, 1958.
276 p. 58-10638.

```
ASF    63(4):151-152.  Je. 1959.  (P. Miller)
GAL    17(6):140.  Ag. 1959.  (F. Gale)
```

<u>I will fear no evil</u>. New York, Putnam, 1970. 401 p.
75-126443.

```
LJ     95(21):4196.  D. 1, 1970.  (D. Polacheck)
LJ     95(22):4385-4386.  D. 15, 1970.  (R. Minudri)
PW     198(12):53.  S. 21, 1970.
SFR    41:19-20.  N. 1970.  (A. Panshin)
NR     9(46):25.  N. 16, 1970.  (P. Corwin)
ASF    87:169-170.  Mr. 1971.  (P. Miller)
FSF    40:17-19.  Mr. 1971.  (J. Blish)
LM     24/25:50-51.  My/Je. 1971.  (G. Bear)
REN    3:13-14.  1971.  (J. Pierce)
SPEC   28:5-7.  Ja. 1971.  (A. Panshin)
WSJ    75:29-30.  F/Mr. 1971.  (J. Newton)
FAS    21:102-105.  Ag. 1972.  (F. Leiber)
```

<u>The man who sold the moon</u>. Chicago, Shasta, 1950.
288 p. 53-3804.

```
ASF    47(1):144-145.  Mr. 1951.  (P. Miller)
FUTF   2(3):94-95.  S. 1951.  (R. Lowndes)
FSO    3(2):31.  Mr. 1951.  (B. Tucker)
GAL    2(2):85.  My. 1951.  (G. Conklin)
AUT    No. 36:137.  Ag. 1953.  (n.g.)
AUT    No. 58:119.  Je. 1955.  (n.g.)
SCF    No. 1:69-70.  Sm. 1950.  (J. Aiken)
STL    23(1):157-158.  Mr. 1951.  (n.g.)
SSS    7(3):95-96.  N. 1950.  (F. Pohl)
FSF    2(1):58-59.  F. 1951.  (Boucher & McComas)
```

<u>The menace from Earth</u>. Hicksville, N.Y., Gnome, 1959.
255 p. 59-15187.

```
ASF    65(5):159-162.  Jl. 1960.  (P. Miller)
GAL    19(2):123.  D. 1960.  (F. Gale)
```

<u>Methuselah's children</u>. Hicksville, N.Y., Gnome, 1958.
188 p. 58-6984.

```
AMZ    34(4):139-140.  Ap. 1960.  (S. Cotts)
ASF    62(6):147-148.  F. 1959.  (P. Miller)
FAU    10(4):118.  O. 1958.  (H. Santesson)
GAL    17(6):139.  Ag. 1959.  (F. Gale)
NWB    No. 137:127.  D. 1963.  (L. Flood)
WIF    10(3):102.  Jl. 1960.  (F. Pohl)
FUTF   No. 45:115-116.  O. 1959.  (C. Knox)
FSF    15(5):84.  N. 1958.  (A. Boucher)
```

<u>The moon is a harsh mistress</u>. New York, Putnam, 1966.
383 p. 66-15582.

```
ASF    78(4):162-163.  D. 1966.  (P. Miller)
GAL    25(2):125-128.  D. 1966.  (A. Budrys)
FSF    31(5):61.  N. 1966.  (J. Merril)
```

<u>Orphans of the sky</u>. New York, Putnams, 1964. 187 p.
64-13034.

```
ASF    74(1):87.  S. 1964.  (P. Miller)
ASF    80(1):162-164.  S. 1967.  (P. Miller)
NWB    No. 130:126.  My. 1963.  (L. Flood)
FSF    27(4):37-38.  O. 1964.  (A. Davidson)
```

<u>The past through tomorrow</u>. New York, Putnam, 1967.
667 p. 67-15112.

```
ASF    80(1):162-164.  S. 1967.  (P. Miller)
GAL    26(1):191-192.  O. 1967.  (A. Budrys)
```

<u>Podkayne of Mars</u>. New York, Putnam, 1963. 191 p.
63-7740.

```
AMZ    37(4):122-124.  Ap. 1963.  (S. Cotts)
ASF    71(4):90.  Je. 1963.  (P. Miller)
FSF    24(5):98.  My. 1963.  (A. Davidson)
```

<u>The puppet masters</u>. Garden City, N.Y., Doubleday, 1951.
219 p. 51-13249.

```
AMZ    26(2):148-149.  F. 1952.  (S. Merwin)
ASF    49(1):159.  Mr. 1952.  (P. Miller)
AUT    No. 19:112.  Mr. 1952.  (n.g.)
GAL    3(5):84-85.  F. 1952.  (G. Conklin)
NWB    No. 21:126.  Je. 1953.  (J. Carnell)
WT     44(2):94.  Ja. 1952.  (n.g.)
FSF    3(1):105.  F. 1952.  (Boucher & McComas)
FUTF   No. 45:116-117.  O. 1959.  (C. Knox)
```

<u>Red planet</u>. New York, Scribners, 1949. 211 p. 49-11347.

```
ASF    45(6):147.  Ag. 1950.  (P. Miller)
MSF    3(1):99.  N. 1950.  (W. Wright)
NWB    No. 132:125-126.  Jl. 1963.  (L. Flood)
SCF    No. 1:69-70.  Sm. 1950.  (J. Aiken)
WIF    20:120.  Ag. 1971.  (L. del Rey)
```

<u>Revolt in 2100</u>. Chicago, Shasta, 1954. 317 p. 53-12529.

```
ASF    54(3):148-149.  N. 1954.  (P. Miller)
GAL    8(5):94-95.  Ag. 1954.  (G. Conklin)
ISF    5(8):111.  Ag. 1954.  (H. Bott)
SFIQ   3(4):77-78.  F. 1955.  (D. Knight)
FSF    6(6):70-71.  Je. 1954.  (Boucher & McComas)
```

HEINLEIN, ROBERT ANSON (Continued)

The rolling stones. New York, Scribners, 1952. 276 p.
52-13941.

ASF	51(3):148-149.	My. 1953.	(P. Miller)
GAL	6(1):114-115.	Ap. 1953.	(G. Conklin)
SFA	1(5):118-119.	Jl. 1953.	(D. Knight)
SPF	1(6):82-83.	My. 1953.	(G. Smith)
FSF	4(2):74.	F. 1953.	(Boucher & McComas)
WIF	20:120.	Ag. 1971.	(L. del Rey)

6 X H. New York, Pyramid, 1959. 191 p.

AMZ	35(12):131-132.	D. 1961.	(S. Cotts)
NWB	No. 112:128.	N. 1961.	(J. Carnell)
FSF	21(6):73.	D. 1961.	(A. Bester)

Sixth column. New York, Gnome Press, 1949. 256 p.
50-5003.

ASF	46(4):99.	D. 1950.	(P. Miller)
FSO	2(2):140-141.	S. 1950.	(F. Ackerman)
SSS	6(4):90-91.	My. 1950.	(F. Pohl)
FSF	1(3):106.	Sm. 1950.	(Boucher & McComas)

Space cadet. New York, Scribners, 1948. 242 p. 48-4723.

ASF	43(3):157.	My. 1949.	(P. Miller)
FSO	1(4):54-55.	My. 1950.	(F. Ackerman)
STL	19(2):156.	My. 1949.	(n.g.)

The star beast. New York, Scribners, 1954. 282 p.
54-9413.

ASF	55(2):144.	Ap. 1955.	(P. Miller)
GAL	9(6):99.	Mr. 1955.	(G. Conklin)
SFIQ	3(5):58.	My. 1955.	(D. Knight)
WIF	20:120-121.	Ag. 1971.	(L. del Rey)

Starman Jones. New York, Scribners, 1953. 305 p. 53-12457.

ASF	53(3):149-150.	My. 1954.	(P. Miller)
GAL	8(2):131-132.	My. 1954.	(G. Conklin)
AUT	No. 52:129.	D. 1954.	(n.g.)
NEB	No. 11:118.	D. 1954.	(K. Slater)
NWB	No. 29:124.	N. 1954.	(J. Carnell)
FSF	6(1):94-95.	Ja. 1954.	(Boucher & McComas)

Starship troopers. New York, Putnams, 1959. 309 p.
59-12950.

ASF	65(1):155-159.	Mr. 1960.	(P. Miller)
GAL	19(1):145-146.	O. 1960.	(F. Gale)
NWB	No. 97:2-3,128.	Ag. 1960.	(J. Carnell)
SFO	4:48.	Jl. 1969.	(J. Gibson)

Stranger in a strange land. New York, Putnams, 1961.
408 p. 61-11702.

AMZ	35(12):130-131.	D. 1961.	(S. Cotts)
ASF	68(5):159-162.	Ja. 1962.	(P. Miller)
GAL	20(5):193-194.	Je. 1962.	(F. Gale)
NWB	No. 155:124.	O. 1965.	(C. Platt)
FSF	21(5):77-79.	N. 1961.	(A. Bester)
RQ	5:30-37.	Jl. 1971.	(R. Plank)

Three by Heinlein: The puppet masters, Waldo, and Magic,
Inc. Garden City, N.Y., Doubleday, 1965. 426 p.
65-23797.

ASF	77(3):156.	My. 1966.	(P. Miller)

Time enough for love. New York, Putnam, 1973. 605 p.
72-98131.

ALG	21:43-44.	N. 1973.	(R. Lupoff)
ASF	92:166-168.	N. 1973.	(P. Miller)
KR	41:479-480.	Ap. 15, 1973.	(n.g.)
KR	41:528.	My. 1, 1973.	(n.g.)
LJ	98:2340.	Ag. 1973.	(C. Mayer)
LJ	98:2679.	S. 15, 1973.	(M. Blalock)
GAL	34:85-86.	N. 1973.	(T. Sturgeon)
WIF	22:145-150.	S/O. 1973.	(L. del Rey)
VTX	1:12-13.	O. 1973.	(R. Ashby)
EJ	62:1060.	O. 1973.	(H. Means)
BKL	70:151,163.	O. 1, 1973.	(n.g.)
SDNP	p. 6.	Jl. 14/15, 1973.	(B. Friend)
REN	5(2):13-15.	Sp. 1973.	(J. Pierce)
NYT	p. 38.	S. 23, 1973.	(T. Sturgeon)
VIEWS AND REVIEWS 5(2):34-35.		D. 1973.	(R. Briney)

Time for the stars. New York, Scribners, 1956. 244 p.
56-9286.

ASF	59(2):154.	Ap. 1957.	(P. Miller)
FAS	6(2):127.	Mr. 1957.	(V. Gerson)
GAL	14(1):122-123.	My. 1957.	(F. Gale)
INF	2(5):95-98.	S. 1957.	(D. Knight)
NWB	No. 137:127.	D. 1963.	(L. Flood)
FSF	12(2):100-101.	F. 1957.	(A. Boucher)

Tomorrow, the stars. Garden City, N.Y., Doubleday, 1952.
249 p. 52-5218.

AMZ	26(7):142-143.	Jl. 1952.	(S. Merwin)
ASF	49(6):127-128.	Ag. 1952.	(P. Miller)
FASF	1(2):49.	D. 1952.	(L. Raymond)
FUTF	3(4):94.	N. 1952.	(R. Lowndes)
FUTF	4(6):27,42.	Mr. 1954.	(D. Knight)
GAL	4(3):124-125.	Je. 1952.	(G. Conklin)
AUT	No. 22:112.	Je. 1952.	(n.g.)
FSF	3(4):102.	Ag. 1952.	(Boucher & McComas)

Tunnel in the sky. New York, Scribners, 1955. 273 p.
55-10142.

AMZ	30(2):116-117.	F. 1956.	(V. Gerson)
ASF	57(1):157.	Mr. 1956.	(P. Miller)
INF	2(5):95-98.	S. 1957.	(D. Knight)
NWB	No. 152:122-123.	Jl. 1965.	(L. Jones)
FSF	10(2):97.	F. 1956.	(A. Boucher)
PW	198(2):164.	Jl. 13, 1970.	(n.g.)
WIF	20:124-125.	Ja/F. 1971.	(L. del Rey)
WIF	20:121,176.	Ag. 1971.	(L. del Rey)

The unpleasant profession of Jonathan Hoag. Hicksville,
N.Y., Gnome, 1959. 256 p. 59-15188.

ASF	65(5):150-152.	Jl. 1960.	(P. Miller)
GAL	19(3):141.	F. 1961.	(F. Gale)
NWB	No. 145:119-120.	N/D. 1964.	(J. Colvin)

Waldo and Magic, inc. Garden City, N.Y., Doubleday,
1950. 219 p. 50-5838.

ASF	45(6):146.	Ag. 1950.	(L. de Camp)
FBK	2(1):105.	1951.	(n.g.)
FSO	3(3):37,53.	My. 1951.	(P. Miller)
SCF	No. 1:69-70.	Sm. 1950.	(J. Aiken)
SSS	6(4):90-91.	My. 1950.	(F. Pohl)
FSF	1(3):106.	Sm. 1950.	(Boucher & McComas)

Waldo: genius in orbit. New York, Avon, 1950. 191 p.

FAU	11(1):110.	Ja. 1959.	(H. Santesson)
FUTF	No. 45:117.	O. 1959.	(C. Knox)

HEINLEIN, ROBERT ANSON (Continued)

The worlds of Robert A. Heinlein. New York, Ace, 1966.
189 p.

    FSF   31(5):61. N. 1966. (J. Merril)
    NWB   No. 163:144. Je. 1966. (J. Colvin)

HEINS, HENRY HARDY

A golden anniversary bibliography of Edgar Rice
Burroughs. Complete ed., rev. West Kingston, R.I.,
Donald M. Grant, 1964. 418 p. 63-13900.

    ASF   74(5):87. Ja. 1965. (P. Miller)

HEIT, ROBERT

The building that ran away. New York, Walker, 1969.
23 p. 77-82755.

    LM   14:22. Jl. 1970. (J. Post)

The day that Monday ran away. New York, Lion, 1969.
25 p. 69-17727.

    LM   22:21. Mr. 1971. (J. Post)

HELM, THOMAS

Monsters of the deep. New York, Dodd, Mead, 1962.
232 p. 62-16329.

    FSF   24(4):85-86. Ap. 1963. (A. Davidson)

HELMRATH, MARILY OLEAR

Bobby Bear's rocket ride, by Marilyn Olear Helmrath and
Janet La Spisa Bartlett. Mankato, Minn., Oddo, 1968.
32 p. 68-56809.

    LM   13:15. Je. 1970. (J. Post)

HELVEY, T. C.

Moon base: technical and psychological aspects. New
York, Rider, 1960. 72 p. 60-8957.

    ASF   66(1):151. S. 1960. (P. Miller)

HELVICK, JAMES
SEE Cockburn, Claud

HENDERSON, JAMES

Copperhead. New York, Ace, 1971. 252 p.

    PW   201:70. Ja. 10, 1972. (n.g.)

HENDERSON, ZENNA

The anything box. Garden City, N.Y., Doubleday, 1965.
205 p. 65-24001.

    ASF   78(2):161-162. O. 1966. (P. Miller)
    FSF   30(2):42. F. 1966. (J. Merril)

Holding wonder. Garden City, N.Y., Doubleday, 1971.
302 p. 75-144271.

    KR   39:258. Mr. 1, 1971. (n.g.)
    KR   39:385. Ap. 1, 1971. (n.g.)
    LJ   96:1730. My. 15, 1971. (J. B. Post)
    LJ   96:1830. My. 15, 1971. (R. Minudri)
    PW   199:66. Mr. 8, 1971. (n.g.)
    KPG   6:88. N. 1972. (P. Selden)
    LM   38/39:51. Jl/Ag. 1972. (C. Moslander)
    SWSJ   51:3. Mr. 1972. (J. Newton)

The people: no different flesh. Garden City, N.Y.,
Doubleday, 1967. 236 p. 67-11184.

    ASF   81(2):159-160. Ap. 1968. (P. Miller)

Pilgrimage: the book of the people. Garden City, N.Y.,
Doubleday, 1961. 239 p. 61-7653.

    AMZ   35(6):140-141. Je. 1961. (S. Cotts)
    ASF   68(1):163-164. S. 1961. (P. Miller)
    GAL   20(2):146. D. 1961. (F. Gale)
    NWB   No. 123:127. O. 1962. (L. Flood)
    NWB   No. 163:152. Je. 1966. (J. Cawthorn)
    FSF   20(3):96-97. My. 1961. (A. Bester)

HENDRICKSON, WALTER B.

Handbook for space travelers. Indianapolis, Bobbs
Merrill, 1960. 256 p. 59-14307.

    GAL   19(3):141-142. F. 1961. (F. Gale)

HERBERT, BENSON

Crisis 1992. London, Richards Press, 1936. 286 p.

    AMZ   11(4):133. Ag. 1937. (C. Brandt)

HERBERT, DON

Mr. Wizard's experiments for young scientists. Garden
City, N.Y., Doubleday, 1959. 187 p. 59-7907.

    GAL   18(4):146. Ap. 1960. (F. Gale)

HERBERT, FRANK

The book of Frank Herbert. New York, Daw, 1973. 189 p.

    KPG   7:22. Ap. 1973. (n.g.)

Destination: void. New York, Berkley, 1966. 190 p.
NUC 70-92817.

    NWB   No. 167:154-155. O. 1966. (J. Cawthorn)
    FSF   32(5):44-48. My. 1967. (J. Merril)

The dragon in the sea. Garden City, N.Y., Doubleday,
1956. 192 p. 56-5586.

    AMZ   30(7):118. Jl. 1956. (V. Gerson)
    ASF   57(5):155-156. Jl. 1956. (P. Miller)
    FAU   5(5):127-128. Je. 1956. (H. Santesson)
    GAL   12(3):99-100. Jl. 1956. (F. Gale)
    AUT   No. 69:153. My. 1956. (n.g.)
    ISF   7(6):122. D. 1956. (H. Bott)
    INF   1(5):66-67. O. 1956. (D. Knight)
    NWB   No. 97:123-124. Ag. 1960. (L. Flood)
    FSF   10(6):102. Je. 1956. (A. Boucher)

HERBERT, FRANK (Continued)

Dune. Philadelphia, Chilton, 1965. 412 p. 65-22547.

```
ASF    77(2):140-141. Ap. 1966. (P. Miller)
GAL    24(4):67-71. Ap. 1966. (A. Budrys)
FSF    30(3):51-53. Mr. 1966. (J. Merril)
```

Dune messiah. New York, Putnam, 1969. 256 p. 77-91815.

```
ASF    85(4):165-166. Je. 1970. (P. Miller)
LJ     95(2):259. Ja. 15, 1970. (M. Chelton)
LM     19:22. D. 1970. (A. Brodsky)
PW     197(19):44. My. 11, 1970.
SFR    39:24. Ag. 1970. (R. Delap)
SFO    16:5-7. O. 1970. (R. Bleker)
SFO    17:11-13. N. 1970. (F. Rottensteiner)
```

The eyes of Heisenberg. New York, Berkley, 1966. 158 p. NUC 70-50255.

```
ASF    79(5):163-164. Jl. 1967. (P. Miller)
FSF    33(2):32. Ag. 1967. (J. Merril)
```

The god makers. New York, Putnam, 1972. 190 p. 74-186649.

```
PW     202:70. Jl. 31, 1972. (n.g.)
ASF    91:172. My. 1973. (P. Miller)
BKL    69:620. Mr. 1, 1973. (n.g.)
GAL    33:154. Mr/Ap. 1973. (T. Sturgeon)
EJ     62:1059. O. 1973. (H. Means)
LJ     98:1022. Mr. 15, 1973. (J. Bodart)
WIF    21:122-123. Ap. 1973. (L. del Rey)
SWSJ   93:2. Je. 1973. (D. D'Ammassa)
KR     40:825. Jl. 15, 1972. (n.g.)
KR     40:869. Ag. 1, 1972. (n.g.)
LJ     97:3184. O. 1, 1972. (D. Gilzinger)
```

The green brain. New York, Ace, 1966. 160 p. NUC 70-92816.

```
FSF    31(5):59-60. N. 1966. (J. Merril)
NWB    No. 167:154-155. O. 1966. (J. Cawthorn)
FUT    3:317-318. S. 1971. (D. Livingston)
```

The heaven makers. New York, Avon, 1966. 159 p.

```
NWB    No. 188:61. Mr. 1969. (J. Cawthorn)
VEN    3(1):115. My. 1969. (R. Goulart)
```

The Santaroga barrier. New York, Berkley, 1967. 255 p. NUC 71-93992.

```
FSF    36(4):47-48. Ap. 1969. (J. Russ)
```

Whipping star. New York, Putnam, 1970. 192 p. 71-108744.

```
ASF    86(3):169-170. N. 1970. (P. Miller)
LJ     95(12):2284. Je. 15, 1970. (D. Polacheck)
FSF    40:39-40. My. 1971. (J. Blish)
LM     26/27:44. Jl/Ag. 1971. (D. Hamilton)
SFO    20:29-30. Ap. 1971. (P. Anderson)
SFR    42:38. Ja. 1971. (T. Pauls)
SWSJ   26:6-7. Jl. 1971. (J. Newton)
```

The worlds of Frank Herbert. New York, Ace, 1971. 191 p.

```
KPG    6:26. F. 1972. (C. Hovland)
```

HERRICK, ROBERT

Sometime. New York, Farrar & Rinehart, 1933. 338 p. 33-16579.

```
AMZ    8(8):130. D. 1933. (C. Brandt)
```

HERRIMAN, GEORGE

Krazy Kat. New York, Grosset, 1969. 168 p. NUC 70-112648.

```
LM     16:18. S. 1970. (J. B. Post)
VEN    4(2):111. My. 1970. (R. Goulart)
```

HERRMAN, LOUIS

In the sealed cave. New York, Appleton-Century, 1935. 226 p. 35-9077.

```
AMZ    10(3):134. Je. 1935. (C. Brandt)
```

HERRMAN, PAUL

Conquest by man. New York, Harper, 1955. 455 p. 54-10080.

```
ASF    55(6):152-153. Ag. 1955. (P. Miller)
SFIQ   4(3):51. My. 1956. (L. de Camp)
```

HERSEY, JOHN RICHARD

The child buyer. New York, Knopf, 1960. 258 p. 60-13850.

```
ASF    67(4):162-163. Je. 1961. (P. Miller)
EXT    2:40-41. My. 1961. (R. Plank)
```

White lotus. New York, Knopf, 1965. 683 p. 65-11104.

```
FSF    29(1)[i.e. 28(6)]:73-74. Je. 1965. (J. Merril)
```

HERSHMAN, MORRIS

Shareworld. New York, Walker, 1972. 186 p. 71-177915.

```
KR     39:1335. D. 15, 1971. (n.g.)
LJ     97:217. Ja. 15, 1972. (M. Peffers)
```

HERTEL, ARTHUR

The impossible isle. New York, Vantage Press, 1969. 43 p.

```
LM     13:18. Je. 1970. (C. Moslander)
```

HESKY, OLGA

The purple armchair. London, Blond, 1961. 232 p.

```
NWB    No. 115:128. F. 1962. (L. Flood)
```

HESSE, HERMAN

Beneath the wheel. New York, Bantam, 1970. 216 p.

```
PW     198(8):64. Ag. 24, 1970.
```

HESSE, HERMAN (Continued)

The glass bead game (Magister Ludi). New York, Holt, 1969. 558 p. 78-80343.

LM   51:31. Ag. 1970. (J. B. Post)
PW   198(8):64. Ag. 24, 1970.

Knulp: three tales from the life of Knulp. London, Jonathan Cape, 1972. 114 p.

BB   18:36-37. O. 1972. (J. Meades)

Steppenwolf. Harmondsworth, Penguin, 1963. 252 p. NUC 67-99679.

NWB   No. 160:156. Mr. 1966. (J. Colvin)

Strange news from another star. New York, Farrar, 1972. 145 p.

LM   46:30-31. Mr. 1973. (M. Purcell)

HEUER, KENNETH

An adventure in astronomy. New York, Viking, 1958. 127 p. 58-13439.

FAU   11(2):103. Mr. 1959. (H. Santesson)

The end of the world. New York, Rhinehart, 1953. 220 p. 52-9360.

ASF   52(6):150-151. F. 1954. (P. Miller)
FAU   9(2):96. F. 1958. (H. Santesson)
GAL   7(5):130. Ja. 1954. (G. Conklin)
FSF   5(2):98. Ag. 1953. (Boucher & McComas)

Men of other planets. New York, Pellagrini & Cudahy, 1951. 165 p. 51-10208.

ASF   48(4):162. D. 1951. (P. Miller)
GAL   2(4):119. Jl. 1951. (G. Conklin)
FSF   2(5):60. O. 1951. (Boucher & McComas)
AUT   No. 17:112. Ja. 1952. (n.g.)

The next 50 billion years. New York, Viking, 1957. 144 p. 57-7336.

FAU   9(2):96. F. 1958. (H. Santesson)
GAL   15(6):87-88. Ap. 1958. (F. Gale)

HEUVELMANS, BERNARD

On the track of unknown animals. New York, Hill and Wang, 1959. 558 p. 59-8519.

ASF   64(6):164. F. 1960. (P. Miller)
NWB   No. 199:29. Mr. 1970. (J. Churchill)

HEYCK, HANS

Deutschland ohne Deutsche. Leipzig, L. Staackmann, 1929. 312 p. 30-4959.

AMZ   5(1):84. Ap. 1930. (C. Brandt)

HEYERDAHL, THOR

Aku-Aku. Chicago, Rand McNally, 1958. 384 p. 58-7834.

ASF   63(1):139-140. Mr. 1959. (P. Miller)

American Indians in the Pacific. New York, Rand McNally, 1953. 821 p. A54-8841.

ASF   52(5):143-144. Ja. 1954. (P. Miller)

HEYNE, WILLIAM P.

Tale of two futures. New York, Exposition Press, 1958. 160 p.

GAL   17(6):139-140. Ag. 1959. (F. Gale)

HEYWOOD, ROSALIND

Beyond the reach of sense. New York, Dutton, 1961. 224 p. 61-9472.

ASF   67(6):169-170. Ag. 1961. (P. Miller)

ESP, a personal memoir. New York, Dutton, 1964. 224 p. 64-19526.

FSF   28(3):58-59. Mr. 1965. (J. Merril)

HICKS, CLIFFORD B.

The first boy on the moon. Philadelphia, Winston, 1959. 120 p. 59-5465.

WIF   9(6):88. Ja. 1960. (F. Pohl)

HICKS, GRANVILLE

The first to awaken. New York, Modern Age Books, 1940. 346 p. 40-11300.

AST   1(4):4. Ag. 1940. (D. Wollheim)

HIEATT, CONSTANCE

The sword and the grail. New York, Crowell, 1972. 82 p.

LM   46:13. Mr. 1973. (K. Anderson)

HIGH, PHILIP E.

Prodigal sun. London, Compact, 1965. 190 p.

NWB   No. 156:124. N. 1965. (J. Colvin)

Reality forbidden. New York, Ace, 1967. 151 p.

GAL   25(6):136-138. Ag. 1967. (A. Budrys)

The time mercenaries. London, Dobson, 1969. 118 p.

NWB   No. 200:31-32. Ap. 1970. (J. Cawthorn)

Twin planets. New York, Paperback Library, 1967. 159 p.

SWSJ   108:3. O. 1973. (K. Ozanne)
NWB   No. 190:61. My. 1969. (J. Cawthorn)

HILDICK, EDMUND WALLACE

The dragon that lived under Manhattan. New York, Crown, 1970. 62 p. 76-127522.

LM   37:27. Je. 1972. (J. Post)

HILL, DOUGLAS, ed.

The Devil his due. London, Hart-Davis, 1967. 156 p.

NWB   No. 176:63-64. O. 1967. (J. Cawthorn)

Window on the future. London, Hart-Davie, 1966. 159 p.

SFI   1(12):149. F. 1967. (A. Bevan)

HILL, DOUGLAS ARTHUR

The supernatural, by Douglas Arthur Hill and Pat Williams. New York, Hawthorn, 1966. 350 p. 66-11502.

FSF   32(6):37-39. Je. 1967. (J. Merril)

HILL, ERNEST

Pity about Earth. New York, Ace, 1968. 132 p.

FAS   18(3):145. F. 1969. (M. Skinner)

HILL, ROBERT

Photosynthesis, by Robert Hill and C. P. Whittingham. London, Methuen, 1957. 175 p. 57-4273.

AUT   No. 59:119-120. Jl. 1955. (n.g.)

HILLEGAS, MARK R.

The future as nightmare: H. G. Wells and the anti-utopians. New York, Oxford University Press, 1967. 200 p. 67-28128.

ASF   81(6):161-162. Ag. 1968. (P. Miller)
GAL   27(2):191-192. S. 1968. (A. Budrys)
NWB   No. 182:62-64. Jl. 1968. (C. Shackleton)
NWB   No. 183:63-64. O. 1968. (C. Shackleton)
FSF   35(1):61. Jl. 1968. (V. Carew)
EXT   9:22-23. D. 1967. (T. Clareson)
JPC   1:298-299. W. 1967. (V. Lokke)

Shadows of the imagination: the fantasies of C. S. Lewis, J. R. R. Tolkien and Charles Williams. Carbondale, Southern Illinois Univ. Press, 1969. 170 p. 69-19750.

LM   16:23. S. 1970. (J. B. Post)
RQ   4(3):210-211. Je. 1970. (L. Sapiro)

HILLS, BALDWIN

Simon, king of the witches. New York, Dell, 1971. 234 p.

LM   34:28. Mr. 1972. (M. McQuown)

HILTON, JAMES

Lost horizon. New York, Pocket Books, 1942. 182 p.

AST   1(1):110. F. 1940. (D. Wollheim)

HIPOLITO, JANE, ed.

Mars, we love you, ed. by Jane Hipolito and Willis E. McNelly. Garden City, N.Y., Doubleday, 1971. 332 p. 77-166420.

KR   39:1039. S. 15, 1971. (n.g.)
KR   39:1089. O. 1, 1971. (n.g.)
LJ   96:3641. N. 1, 1971. (J. Richter)
PW   200:53. O. 4, 1971. (n.g.)
ASF   89:161-163. Jl. 1972. (P. Miller)
LJ   97:790. F. 15, 1972. (R. Minurdi)
LM   41/42:39. O/N. 1972. (J. B. Post)
NR   24:106-107. F. 4, 1972. (T. Sturgeon)
NYT   p. 34. My. 14, 1972. (T. Sturgeon)
SWSJ   58:3-4. Jl. 1972. (B. Keller)

HIRSCH, PHIL., ed.

Out to launch. New York, Pyramid, 1969. n.p.

LM   21:30. F. 1971. (D. Paskow)

HITCHCOCK, ALFRED JOSEPH, ed.

Alfred Hitchcock presents stories not for the nervous. New York, Random House, 1965. 363 p. 65-21262.

FSF   30(4):39. Ap. 1966. (F. Leiber)

Alfred Hitchcock presents stories they wouldn't let me do on TV. New York, Simon & Schuster, 1957. 372 p. 57-7307.

FSF   13(1):90-91. Jl. 1957. (A. Boucher)

HITCHCOCK, RAYMOND

Percy. London, Allen, 1969. 192 p. 78-466071.

NWB   No. 198:30. F. 1970. (M. Walters)

HJELM, JERRY

Thaddeus Jones and the dragon. Mankato, Minn., Oddo, 1968. 64 p. 68-56830.

LM   13:15. Je. 1970. (J. Post)

HJORTSBERG, WILLIAM

Gray matters. New York, Simon & Schuster, 1971. 160 p. 73-156153.

KR   39:828. Ag. 1, 1971. (n.g.)
LJ   96:2351. Jl. 1971. (A. Boyer)
NYT   p. 7. O. 31, 1971. (H. Crews)
PW   200:63. Ag. 2, 1971. (n.g.)
NWK   78:104. N. 29, 1971. (P. Prescott)
BOOK WORLD p. 6. D. 19, 1971. (D. Ackerman)
ASF   88:175. F. 1972. (P. Miller)
FUT   4:195. Je. 1972. (D. Livingston)
LM   38/39:30. Jl/Ag. 1972. (P. Walker)
PW   202:59-60. N. 6, 1972. (n.g.)
TLS   3715:562. My. 18, 1973. (n.g.)
EJ   62:1059. O. 1973. (H. Means)
KPG   7:63. F. 1973. (C. Richey)

HOAR, ROGER SHERMAN

Omnibus of time, by Ralph Milne Farley. Los Angeles, Fantasy Publishing Co., 1950. 315 p. 50-7228.

    FBK   2(1):106. 1951. (n.g.)
    SCF   No. 1:43-44. Sm. 1950. (V. Parker)
    SSS   7(2):68-69. S. 1950. (F. Pohl)

The radio beasts, by Ralph Milne Farley. New York, Ace, 1964. 191 p.

    FAS   14(4):126. Ap. 1965. (R. Silverberg)

The radio man, by Ralph Milne Farley. Los Angeles, Fantasy Publishing Co., 1948. 177 p. 49-196.

    FNM   4(2):105-106. Jl. 1950. (S. Moskowitz)
    SSS   5(3):96. Jl. 1949. (F. Pohl)

Strange worlds, by Ralph Milne Farley. Los Angeles, Fantasy Publishing Co., 1953. 311 p.

    SFP   1(4):66. Je. 1953. (S. Moskowitz)

HOBSBAWM, ERIC J.

Captain Swing, by E. J. Hobsbawm and George Rude. London, Lawrence, 1969. 384 p. 78-373453.

    NWB   No. 190:62. My. 1969. (J. Cawthorn)

HOCH, EDWARD D.

The fellowship of the hand. New York, Walker, 1973. 198 p.

    ASF   92:168. D. 1973. (P. Miller)
    FSF   45:37-38. O. 1973. (A. Davidson)
    LJ   98:567. F. 15, 1973. (M. Burgess)
    NYT   p. 50. Mr. 11, 1973. (N. Callendar)
    KR   40:1445. D. 15, 1972. (n.g.)
    PW   202:34. D. 11, 1972. (n.g.)

The judges of Hades. North Hollywood, Ca., Leisure Books, 1971. 174 p.

    TAD   5:163. Ap. 1972. (J. Christopher)

The transvection machine. New York, Walker, 1971. 220 p. 78-161120.

    KR   39:897. Ag. 15, 1971. (n.g.)
    ASF   89:165-166. My. 1972. (P. Miller)
    BKL   68:649. Ap. 1, 1972. (n.g.)
    LM   38/39:52. Jl/Ag. 1972. (S. Mines)
    TMNR   2:38. Ja/Mr. 1972. (R. Briney)
    SWSJ   91:2. Je. 1973. (D. D'Ammassa)

HODDER-WILLIAMS, CHRISTOPHER

Fistful of digits. London, Hodder & Stoughton, 1972. 288 p.

    SWSJ   110:4. O. 1973. (D. D'Ammassa)

The main experiment. New York, Putnam, 1965. 250 p. 65-10854.

    FSF   29(5):22. N. 1965. (J. Merril)

HODGART, MATTHEW JOHN CALDWELL

A new voyage to the country of the Houyhnhnms. New York, Putnam, 1970. 91 p. 79-114228.

    ASF   85(6):164-165. Ag. 1970. (P. Miller)
    LM   24/25:38. My/Je. 1971. (J. B. Post)

HODGSON, WILLIAM HOPE

The boats of the 'Glen Carrig.' New York, Ballantine, 1971. 176 p.

    LM   38/39:47. Jl/Ag. 1972. (C. Moslander)

Carnacki, the ghost-finder. Sauk City, Mycroft and Moran, 1947. 241 p. 48-5230.

    FNM   3(5):115. Ja. 1949. (S. Moskowitz)
    TAD   5:99. Ja. 1972. (R. Hays)

Deep waters. Sauk City, Wisc., Arkham House, 1967. 300 p. 67-3482.

    SMS   1(5):117. Sm. 1967. (R. Lowndes)

The house on the borderland. New York, Ace, n.d. 157 p.

    NWB   No. 189:64. Ap. 1969. (J. Cawthorn)
    SCF   No. 55:112. O. 1962. (J. Carnell)

The night land. New York, Ballantine, 1972. 2 v.

    SWSJ   100:6. Jl. 1973. (J. Frederick)

HOFF, SYDNEY

The horse in Harry's room, by Syd Hoff. New York, Harper, 1970. 32 p. 71-104753.

    LM   29:24. O. 1971. (J. Post)

The litter knight. New York, McGraw-Hill, 1970. 38 p. 75-107291.

    LM   19:18. D. 1970. (J. Post)

Palace bug. New York, Putnam, 1970. 47 p. 68-24519.

    LM   32:24. Ja. 1972. (J. Post)

HOFFMAN, ERNST THEODOR AMADEUS

The best tales of Hoffman. New York, Dover, 1967. 419 p. 67-18740.

    GAL   26(6):163-164. Jl. 1968. (A. Budrys)

The selected tales of E. T. A. Hoffmann, ed. by Leonard J. Kent and Elizabeth C. Knight. Chicago, University of Chicago Press, 1969. 2 v. 73-88790.

    LM   16:30. S. 1970. (J. B. Post)

The tales of Hoffman, trans. by Michael Bullock. New York, Frederick Unger, 1963. 248 p. 63-21988.

    FSF   27(3):78-79. S. 1964. (A. Davidson)

HOFFMAN, LEE

Always the black knight. New York, Avon, 1970. 160 p.

SFR   41:30. N. 1970. (D. Schweitzer)
LM   26/27:39. Jl/Ag. 1971. (T. Bulmer)

The caves of Karst. New York, Ballantine, 1969. 224 p.

AMZ   43(4):116-117. N. 1969. (T. White)
LM   9:30. F. 1970. (J. B. Post)
WSJ   74:41. D. 1970/Ja. 1971. (T. Pauls)

Change song. Garden City, N.Y., Doubleday, 1972.
203 p. 78-171298.

KR   39:1335. D. 15, 1971. (n.g.)
PW   200:52. D. 6, 1971. (n.g.)
BKL   68:931. Jl. 1, 1972. (n.g.)
KR   40:15. Ja. 1, 1972. (n.g.)
LJ   97:217. Ja. 15, 1972. (D. Polacheck)
LJ   98:660. F. 15, 1973. (H. Malm)
LM   44:24. Ja. 1973. (J. Pierce)

HOFFMAN, STUART S.

An index to Unknown and Unknown Worlds. Black Earth,
Wisc., Sirius Press, 1955. 34 p.

ASF   56(2):146. O. 1955. (P. Miller)
FSF   10(1):97. Ja. 1956. (A. Boucher)

HOFFMANN, MARGARET JONES

The wild rocket. Philadelphia, Westminster, 1960.
172 p. 60-9713.

GAL   20(1):177. O. 1961. (F. Gale)

HOGAN, ROBERT J.

Ace of the white death (G-8 and his battle aces no. 3).
New York, Berkley, 1970. 128 p.

LM   24/25:58. My/Je. 1971. (R. Freedman)

The bat staffel (G-8 and his battle aces no. 1). New
York, Berkley, 1969. 133 p.

LM   24/25:58. My/Je. 1971. (R. Freedman)
SWSJ   26:3-4. Jl. 1971. (D. Halterman)

Purple aces (G-8 and his battle aces no. 2). New York,
Berkley, 1970. 159 p.

LM   24/25:58. My/Je. 1971. (R. Freedman)

HOGBEN, LANCELOT THOMAS

Mathematics for the million. New York, Norton, 1937.
647 p. 37-4855.

TWS   12(2):115. O. 1938. (P. M.)

Men, missiles and machines. London, Rathbone, 1957.
69 p. 58-35925.

NWB   No. 66:128. D. 1957. (L. Flood)

Science for the citizen. New York, Knopf, 1938. 1082 p.
38-17730rev.

TWS   13(1):127. F. 1939. (M. Weisinger)

HOGG, JAMES

The private memoirs and confessions of a justified
sinner. New York, Chanticleer, 1947. 230 p.

FSF   1(2):107. W/S. 1970. (Boucher & McComas)

HOLDEN, RICHARD CORT

Snow fury. New York, Dodd, Mead, 1955. 248 p. 55-6933.

ASF   56(1):147. S. 1955. (P. Miller)

HOLDING, ELISABETH SANXAY

Miss Kelly. New York, Morrow, 1947. 125 p. 47-30838.

FSF   9(2):95. Ag. 1955. (A. Boucher)

HOLLISTER, WARREN

The moons of Meer, by Warren Hollister and Judith Pike.
New York, Walck, 1970. 119 p. 72-119931.

LM   21:24. F. 1971. (C. Moslander)

HOLLY, J. HUNTER

The dark enemy. New York, Avalon, 1965. 190 p.

ASF   76(2):148-149. O. 1965. (P. Miller)

The dark planet. New York, Avalon, 1962. 224 p. NUC
66-74450.

ASF   69(6):172. Ag. 1962. (P. Miller)

Encounter. New York, Avalon Books, 1959. 224 p. NUC
66-74171.

AMZ   33(9):63-64. S. 1959. (S. Cotts)
ASF   64(6):169-170. F. 1960. (P. Miller)
GAL   18(3):165. F. 1960. (F. Gale)
WIF   9(5):97. N. 1959. (F. Pohl)

The gray aliens. New York, Avalon, 1963. 192 p.

ASF   72(6):94. F. 1964. (P. Miller)

The green planet. New York, Avalon Books, 1960. 222 p.

AMZ   34(12):135. D. 1960. (S. Cotts)
GAL   19(4):132. Ap. 1961. (F. Gale)

The running man. Derby, Conn., Monarch Books, 1963.
142 p.

ASF   72(4):88. D. 1963. (P. Miller)

HOLMES, DAVID C.

What's going on in space. New York, Funk and Wagnalls,
1958. 256 p. 58-7283.

GAL   17(4):145-146. Ap. 1959. (F. Gale)

HOLMES, H. H.
SEE White, William Anthony Parker.

HOLST, SPENCER

The language of cats and other stories. New York, McCall, 1971. 86 p. 79-134479.

    LM   41/42:49. O/N. 1972. (C. Moslander)

HOLZER, HANS

The red chindvit conspiracy. New York, Award, 1970. 154 p.

    LM   29:30. O. 1971. (D. Paskow)

HONDERICH, TED

Punishment: the supposed justifications. London, Hutchinson, 1969. 202 p. 79-408761.

    NWB   No. 192:63-64. Jl. 1969. (D. Conway)

HONOUR, ALAN

Ten miles high, two miles deep. New York, Whittlesey House, 1957. 206 p. 57-9423.

    GAL   17(1):77. N. 1958. (F. Gale)

HOOD, PETER

The sky and the heavens. Harmondsworth, Penguin, 1953. 31 p.

    AUT   No. 41:152. Ja. 1954. (n.g.)

HOOVER, H. M.

Children of morrow. New York, Four Winds, 1973. 192 p. 72-87080.

    BKL   69:947. Je. 1, 1973. (n.g.)
    CCB   27:28. O. 1973. (n.g.)

HOROVITZ, MICHAEL

Children of albion. Harmondsworth, Penguin, 1969. 382 p.

    NWB   No. 196:29. D. 1969. (M. Walters)

HOSKINS, ROBERT, ed.

The edge of never. Greenwich, Conn., Fawcett, 1973. 289 p. 73-76986.

    KPG   7:26. S. 1973. (n.g.)

The far-out people. New York, Signet, 1971. 191 p.

    PW   199:70. My. 24, 1971. (n.g.)
    GAL   32:86. Mr. 1972. (T. Sturgeon)

First step outward. New York, Dell, 1969. 224 p.

    LM   14:30. Jl. 1970. (D.PPaskow)

Infinity one. New York, Lancer, 1970. 253 p.

    GAL   30(5):188-190. Ag/S. 1970. (A. Budrys)
    LM   13:27. Je. 1970. (J. B. Post)
    SFR   39:35-36. Ag. 1970. (R. Delap)
    SFO   21:23-25. My. 1971. (B. Gillespie)

Infinity two. New York, Lancer, 1971. 237 p.

    KPG   5:sec. II. Ap. 1971. (B. Cooperman)
    LM   38/39:35. Jl/Ag. 1972. (D. Paskow)

Infinity three. New York, Lancer, 1972. 220 p.

    LM   38/39:43. Jl/Ag. 1972. (S. Mines)

Infinity 5. New York, Lancer.

    PW   203:51. My. 21, 1973. (n.g.)

Strange tomorrows. New York, Lancer, 1972. 352 p.

    LM   46:16. Mr. 1973. (S. Mines)

Tomorrow I. New York, New American Library, 1971. 192 p.

    KPG   5:18. S. 1971. (n.g.)
    GAL   32:85-86. Mr. 1972. (T. Sturgeon)
    LM   38/39:58. Jl/Ag. 1972. (S. Mines)

Wondermakers. Greenwich, Conn., Fawcett, 1972. 351 p.

    KPG   6:25. S. 1972. (n.g.)
    PW   201:70. Mr. 20, 1972. (n.g.)

Wondermakers II. Greenwich, Conn., Gold Medal, 1974. 320 p.

    PW   204:39. D. 10, 1973. (n.g.)

HOUGH, RICHARD ALEXANDER

Into a strange lost world, by Bruce Carter. New York, Crowell, 1952. 196 p. 53-8410.

    ASF   54(3):143. N. 1954. (P. Miller)

HOUGH, STANLEY BENNETT

First on Mars, by Rex Gordon. New York, Ace, 1957. 192 p.

    AMZ   31(12):118. D. 1957. (S. Cotts)
    ASF   60(6):146-147. F. 1958. (P. Miller)
    FSF   13(5):117. N. 1957. (A. Boucher)
    INF   3(5):94-95. Je. 1958. (D. Knight)

First through time, by Rex Gordon. New York, Ace, 1962. 160 p.

    AMZ   37(4):124,128. Ap. 1963. (S. Cotts)
    ASF   71(6):88-89. Ag. 1963. (P. Miller)

First to the stars, by Rex Gordon. New York, Ace, 1959. 190 p.

    FSF   18(3):90-91. Mr. 1960. (D. Knight)
    WIF   10(2):90. My. 1960. (F. Pohl)

HOUGH, STANLEY BENNETT (Continued)

No man Friday, by Rex Gordon. London, Heinemann, 1956.
201 p. 57-15354.

NEB   No. 18:104-105. N. 1956. (K. Slater)
NWB   No. 54:128. D. 1956. (L. Flood)

Utopia 239, by Rex Gordon. London, Heineman, 1955.
208 p. 55-33524.

AUT   No. 59:121-122. Jl. 1955. (n.g.)
NWB   No. 37:123-124. Jl. 1955. (L. Flood)

The yellow fraction, by Rex Gordon. New York, Ace,
1969. 160 p. NUC 71-106839.

LM   19:25. D. 1970. (D. Paskow)
SFR   41:27-28. N. 1970. (P. Walker)
WIF   20(6):151-152. Jl/Ag. 1970. (L. del Rey)

HOUSEHOLD, GEOFFREY

Dance of the dwarfs. London, Joseph, 1968. 209 p.

NWB   No. 187:59. F. 1969. (M. Harrison)

HOUSER, LIONEL

Lake of fire. New York, Claude Kendall, 1933. 295 p.
33-9092.

AMZ   8(6):616. O. 1933. (C. Brandt)

HOWARD, HAYDEN

The Eskimo invasion. New York, Ballantine, 1967.
380 p.

ASF   82(2):163. O. 1968. (P. Miller)
FSF   34(6):51. Je. 1968. (J. Merril)

HOWARD, IVAN, ed.

Escape to Earth. New York, Belmont, 1963. 173 p.

ASF   74(3):88. N. 1964. (P. Miller)

Novelets of science fiction. New York, Belmont, 1963.
173 p.

ASF   73(1):91. Mr. 1964. (P. Miller)

Things. New York, Belmont, 1964. 157 p.

ASF   74(5):88. Ja. 1965. (P. Miller)

HOWARD, LELAND OSSIAN

The insect menace. New York, Century, 1931. 347 p.
31-24018.

AMZ   6(11):1046. F. 1932. (C. Brandt)

HOWARD, ROBERT ERVIN

Almuric. New York, Ace, 1964. 157 p.

FAS   14(3):114. Mr. 1965. (R. Silverberg)
SFR   39:22-23. Ag. 1970. (P. Walker)

The coming of Conan. New York, Gnome Press, 1953. 224 p.
53-12602.

ASF   54(1):151. S. 1954. (P. Miller)
FUTF   5(3):105,125. O. 1954. (D. Knight)

Conan of Cimmeria, by Robert E. Howard, L. Sprague de
Camp, and Lin Carter. New York, Lancer, 1969. 192 p.

VOT   1(4):61-62. Ja. 1970. (J. Foyster)

Conan the adventurer. New York, Lancer, 1967. 224 p.

FAS   17(5):142-143. My. 1968. (F. Leiber)

Conan the barbarian. New York, Gnome Press, 1954. 224 p.
54-12146.

AMZ   29(3):116. My. 1955. (V. Gerson)
ASF   55(2):140-143. Ap. 1955. (P. Miller)
SFIQ   3(6):38-39. Ag. 1955. (L. de Camp)

Conan the conqueror. New York, Gnome, 1950. 255 p.
51-2043rev.

ASF   47(2):136-137. Ap. 1951. (L. de Camp)
FAS   17(5):142-143. My. 1968. (F. Leiber)
FAM   1(1):72. F. 1953. (n.g.)
FUTF   1(6):69. Mr. 1951. (R. Lowndes)
GAL   1(4):139. Ja. 1951. (G. Conklin)
NWB   No. 32:121-122. F. 1955. (L. Flood)
STL   23(1):159. Mr. 1951. (n.g.)
SSS   8(1):37. Ap. 1951. (F. Pohl)
WBD   1(3):95. F. 1951. (D. Knight)
WFA   1(3):186-187. W. 1970/1971. (L. del Rey)

Conan the usurper, by Robert E. Howard and L. Sprague de
Camp. New York, Lancer, 1967. 256 p. NUC 70-71717.

FAS   17(5):142-143. My. 1968. (F. Leiber)

Conan the warrior, by Robert E. Howard and L. Sprague de
Camp. New York, Lancer, 1967. 222 p. NUC 70-108565.

FAS   17(5):142-143. My. 1968. (F. Leiber)

The dark man and others. Sauk City, Wisc., Arkham House,
1963. 284 p. 64-1667rev.

FSF   26(5):70-71. My. 1964. (A. Davidson)
LM   43:21. D. 1972. (B. Fredstrom)

The hand of Kane. New York, Centaur, 1968. 127 p.

FF   1:76. Je. 1971. (D. Menville)
LM   29:29. O. 1971. (J. B. Post)

King Conan. New York, Gnome Press, 1953. 255 p. 53-
8200.

DSF   1(5):64. O. 1953. (R. Lowndes)
ISF   5(1):143. Ja. 1954. (M. Reinsberg)

King Kull, by Robert E. Howard and Lin Carter. New York,
Lancer, 1967. 223 p.

FAS   17(5):142-143. My. 1968. (F. Leiber)
GAL   26(3):158-159. F. 1968. (A. Budrys)

The moon of skulls. New York, Centaur Press, 1968.
127 p.

MOH   6(4):72. Fl. 1970. (R. Lowndes)
VEN   4(3):107. Ag. 1970. (R. Goulart)
LM   22:27. Mr. 1971. (A. Brodsky)
LM   24/25:60. My/Je. 1971. (D. Paskow)

HOWARD, ROBERT ERVIN (Continued)

Red blades of Black Cathay, by Robert E. Howard and Trevis Clyde Smith. West Kingston, R.I., Grant, 1971. 125 p.

LM   31:30. D. 1971. (B. Fredstrom)

Singers in the shadows. West Kingston, R.I., Grant, 1970. 55 p.

LM   26/27:48. Jl/Ag. 1971. (D. Paskow)

Solomon Kane. New York, Centaur Press, 1968. 128 p.

LM   35/36:62. Ap/My. 1972. (B. Fredstrom)

The sowers of the thunder. West Kingston, R.I., Grant, 1973. 285 p.

LM   49:22. At. 1973. (B. Fredstrom)
VIEWS AND REVIEWS 4(4):78. Sm. 1973. (R. Briney)

The sword of Conan. New York, Gnome Press, 1952. 251 p. 52-9402rev.

ASF   50(5):158-160. Ja. 1953. (P. Miller)
DSF   1(5):32,64. O. 1953. (R. Lowndes)
FAM   1(1):72. F. 1953. (n.g.)
GAL   5(2):124-125. N. 1952. (G. Conklin)

Tales of Conan, by Robert E. Howard and L. Sprague de Camp. New York, Gnome Press, 1955. 218 p. 55-12268.

ASF   57(6):150. Ag. 1956. (P. Miller)
FAU   5(4):126. My. 1956. (H. Santesson)
GAL   12(3):102. Jl. 1956. (F. Gale)
SFIQ   4(4):77. Ag. 1956. (D. Knight)

HOWARD, SIDNEY

Yellow Jack. New York, Harcourt, 1934. 152 p. 34-18182.

TWS   6(5):630. O. 1934. (n.g.)

HOWATCH, SUSAN

The devil on Lammas night. New York, Ace, 1970. 190 p.

LM   20:29. Ja. 1971. (J. Rapkin)

HOWELLS, WILLIAM WHITE

Back of history. Garden City, N.Y., Doubleday, 1954. 384 p. 54-7593.

ASF   54(3):152. N. 1954. (P. Miller)

HOYLE, FRED

A for Andromeda, by Fred Hoyle and John Elliot New York, Harper, 1962. 206 p. 62-13768.

ASF   70(3):161-162. N. 1962. (P. Miller)
NWB   No. 116:127. Mr. 1962. (L. Flood)
FSF   23(6):81-82. D. 1962. (A. Davidson)

Andromeda breakthrough, by Fred Hoyle and John Elliot. New York, Harper, 1964. 192 p. 64-7828.

ASF   76(2):150. O. 1965. (P. Miller)
FSF   28(5):70-75. My. 1965. (J. Merril)

The black cloud. New York, Harper, 1958. 251 p. 58-6160.

ASF   61(5):154-155. Jl. 1958. (R. Richardson)
ASF   62(3):142-143. N. 1958. (P. Miller)
FAU   10(2):124-125. Ag. 1958. (H. Santesson)
GAL   17(2):100-101. D. 1958. (F. Gale)
NEB   No. 26:103. Ja. 1958. (K. Slater)
NWB   No. 68:125. F. 1958. (L. Flood)
WIF   9(1):109-110. D. 1958. (D. Knight)
WIF   9(5):95-96. N. 1959. (F. Pohl)
FSF   14(5):113-114. My. 1958. (A. Boucher)

Element 79. New York, New American Library, 1967. 180 p. 67-14726.

FSF   33(2):35-36. Ag. 1967. (J. Merril)

Fifth planet, by Fred Hoyle and Geoffrey Hoyle. New York, Harper, 1963. 218 p. 63-20284.

ASF   73(3):87. My. 1964. (P. Miller)
NWB   No. 137:128. D. 1963. (L. Flood)
NWB   No. 156:118. N. 1965. (J. Colvin)
FSF   26(3):83-84. Mr. 1964. (A. Davidson)

Frontiers of astronomy. New York, Harper, 1955. 360 p. 55-6582.

ASF   56(6):145-146. F. 1956. (P. Miller)
GAL   12(1):102-103. My. 1956. (F. Gale)
VEN   2(1):80. Ja. 1958. (T. Sturgeon)

The inferno, by Fred Hoyle and Geoffrey Hoyle. New York, Harper, 1973. 184 p. 73-4151.

BB   18:81-82. Mr. 1973. (J. Boland)
BKL   70:368. D. 1, 1973. (n.g.)
PW   204:49. Ag. 13, 1973. (n.g.)
KR   41:839. Ag. 1, 1973. (n.g.)

Man in the universe. New York, Columbia University Press, 1966. 81 p. 66-17067.

ASF   78(5):167. Ja. 1967. (P. Miller)

The molecule men, by Fred Hoyle and Geoffrey Hoyle. New York, Harper, 1971. 254 p. 74-184380.

ASF   90:166. Ja. 1973. (P. Miller)
KR   40:555. My. 1, 1972. (n.g.)
LJ   97:2438. Jl. 1972. (M. Smith)
LJ   97:4094. D. 15, 1972. (J. Cavallini)
PW   201:46. My. 22, 1972. (n.g.)
SDNP   p. 9. S. 16/17, 1972. (B. Friend)

The nature of the universe. New York, Harper, 1951. 142 p. 51-9852.

ASF   48(3):117. N. 1951. (P. Miller)
ASF   48(5):136-138. Ja. 1952. (R. Richardson)
GAL   2(4):117-118. Jl. 1951. (G. Conklin)
AUT   No. 6:126. Mr. 15, 1951. (n.g.)

October the first is too late. New York, Harper, 1966. 200 p. 66-20764.

ASF   78(5):167. Ja. 1967. (P. Miller)
FAS   18(3):143-144. F. 1969. (F. Leiber)
FSF   32(1):66-67. Ja. 1967. (J. Merril)

Of men and galaxies. Seattle, University of Washington Press, 1964. 73 p. 64-25266.

ASF   75(5):148-149. Jl. 1965. (P. Miller)

HOYLE, FRED (Continued)

Ossian's ride. New York, Harper, 1959. 207 p. 59-6325.

ASF	64(3):155. N. 1959.	(P. Miller)
GAL	18(3):164-165. F. 1960.	(F. Gale)
NWB	No. 107:123. Je. 1961.	(J. Carnell)
WIF	9(5):96. N. 1959.	(F. Pohl)

Rockets in Ursa Major, by Fred Hoyle and Geoffrey Hoyle. New York, Harper, 1970. 169 p. 77-110329.

LJ	95(16):3078. S. 15, 1970.	(C. Clark)
LM	31:31. D. 1971.	(D. Paskow)
SWSJ	21:2-3. My. 1971.	(T. Pauls)
SWSJ	26:9. Jl. 1971.	(J. Newton)
WIF	21:114-116. My/Je. 1972.	(L. del Rey)
SDNP	p. 6. N. 21/22, 1972.	(B. Friend)

Seven steps to the sun, by Fred Hoyle and Geoffrey Hoyle. New York, Harper, 1970. 246 p. 73-138786.

KR	39:27. Ja. 1, 1971.	(n.g.)
LJ	96:500. F. 1, 1971.	(R. Rosichan)
LJ	96:2938. S. 15, 1971.	(A. Iceman)
SWSJ	28:8. Jl. 1971.	(J. Newton)
LM	38/39:31. Jl/Ag. 1972.	(R. Freedman)
ALG	20:26. My. 1973.	(R. Lupoff)

HOYNE, THOMAS TEMPLE

Intrigue on the upper level. Chicago, Reilly & Lee, 1934. 292 p. 34-7407.

AMZ	9(6):136. O. 1934.	(C. Brandt)

HUBBARD, LAFAYETTE RONALD

Death's deputy. Los Angeles, Fantasy Publishing Co., 1948. 167 p. 48-10605.

AMZ	24(9):163. S. 1950.	(M. Tish)
LM	35/36:57. Ap/My. 1972.	(P. Walker)

Dianetics. New York, Hermitage House, 1950. 452 p. 50-8065.

PS	4(9):102. N. 1950.	(J. Blish)
WBD	1(1):115-116. D. 1950.	(D. Knight)

Fear and The ultimate adventure, by L. Ron Hubbard. New York, Berkley, 1970. 221 p.

LM	23:27. Ap. 1971.	(D. Paskow)

Final blackout. Providence, R.I., Hadley, 1948. 154 p. 48-17797.

AMZ	23(12):154. D. 1949.	(M. Tish)
ASF	43(1):152. Mr. 1949.	(P. Miller)
FNM	3(2):120. Jl. 1949.	(S. Moskowitz)
SSS	5(1):93. Ja. 1949.	(F. Pohl)
LM	35/36:57. Ap/My. 1972.	(P. Walker)

The kingslayer. Los Angeles, Fantasy Publishing Co., 1949. 208 p. 49-49236.

FBK	2(1):105. 1951.	(n.g.)
SCF	No. 2:76. W. 1950/1951.	(J. Aiken)

Ole doc Methuselah. New York, Daw, 1972. 190 p.

ASF	91:164-165. Mr. 1973.	(P. Miller)

Return to tomorrow. New York, Ace, 1954. 157 p.

GAL	9(2):121. N. 1954.	(G. Conklin)

Slaves of sleep. Chicago, Shasta, 1948. 206 p. 48-9282.

AMZ	24(8):180. Ag. 1950.	(M. Tish)
ASF	43(4):161-162. Je. 1949.	(L. de Camp)
FNM	4(1):117. My. 1950.	(S. Moskowitz)
STL	19(1):162. Mr. 1949.	(n.g.)
SSS	5(2):74. Ap. 1949.	(F. Pohl)

Triton and Battle of wizards. Los Angeles, Fantasy Publishing Co., 1949. 172 p. 49-49235.

ASF	44(6):126. F. 1950.	(W. Wright)
FBK	1(6):31. 1950.	(n.g.)
SSS	6(1):81. N. 1949.	(F. Pohl)

Typewriter in the sky and Fear: two novels. New York, Gnome Press, 1951. 256 p. 51-3763.

AMZ	25(11):158-159. N. 1951.	(S. Merwin)
ASF	47(6):143. Ag. 1951.	(F. Ackerman)
GAL	2(6):113. S. 1951.	(G. Conklin)
SFIQ	2(2):77-79. F. 1953.	(D. Knight)

HUDGENS, BETTY LENHARDT

Kurt Vonnegut, Jr.: a checklist. Detroit, Gale, 1972. 67 p.

CHO	10:756. Jl/Ag. 1973.	(n.g.)
LJ	98:1571-1572. My. 15, 1973.	(R. Heinzkill)

HUGHART, SARAH

The girl from yesterday. New York, Avon, 1970. 190 p.

LM	20:28. Ja. 1971.	(J. Rapkin)

HUGHES, JAMES

Ends. New York, Knopf, 1970. 227 p. 72-123427.

LJ	96:1289. Ap. 1, 1971.	(P. Dollard)
NYT	p. 30. Ja. 17, 1971.	(P. Sourian)
TLS	p. 693. Je. 18, 1971.	
NS	81:815. Je. 11, 1971.	(S. Hill)
SR	54:37. F. 20, 1971.	(N. Samstag)
PW	198(21):37. N. 23, 1970.	(n.g.)

HUGHES, ROBERT

Heaven and hell in western art. New York, Stein, 1968. 288 p. 68-27617.

NWB	No. 188:56-59. Mr. 1969.	(K. Coutts-Smith)

HUGHES, TED

The iron giant: a story in 5 nights. New York, Harper, 1968. 56 p. 68-24326.

LM	7:19. D. 1969.	(J. Post)

HUGHES, WILLIAM

Lust for a vampire. New York, Beagle, 1971. 159 p.

    LM   41/42:59. O/N. 1972. (M. McQuown)

HULL, EDNA MAYNE

Planets for sale. New York, Frederick Fell, 1954. 192 p. 54-8076.

    ASF   54(5):154. Ja. 1955. (P. Miller)
    GAL   9(1):97-98. O. 1954. (G. Conklin)
    ISF   5(11):108. N. 1954. (H. Bott)
    FSF   7(3):93. S. 1954. (A. Boucher)

HUMPHREYS, THOMAS ALFRED

A first year algebra. London, Putmans, 1954. 132 p.

    AUT   No. 50:135. O. 1954. (n.g.)

HUMPHRIES, JOHN

Rockets and guided missiles. London, Benn, 1956. 229 p. 56-2762.

    AUT   No. 65:154. Ja. 1956. (n.g)

HUNTER, EVAN

Find the feathered serpent. Philadelphia, Winston, 1952. 207 p. 52-5495.

    AMZ   26(10):148. O. 1952. (S. Merwin)
    ASF   50(3):154-155. N. 1952. (P. Miller)
    FUTF   3(5):91. Ja. 1953. (R. Lowndes)
    GAL   5(2):123-124. N. 1952. (G. Conklin)
    SPF   1(3):103. N. 1952. (G. Smith)
    SPS   1(1):129. O. 1952. (n.g.)

Tomorrow and tomorrow, by Hunt Collins. New York, Pyramid, 1956. 190 p. NUC 67-44320.

    AMZ   36(2):138-139. F. 1962. (S. Cotts)
    FF   1(2):32-33. D. 1970. (D. Menville)
    SAT   1(3):115-116. F. 1957. (S. Moskowitz)
    FSF   23(1):111. Jl. 1962. (A. Bester)

Tomorrow's world, by Hunt Collins. New York, Avalon Books, 1956. 223 p. 56-13301rev.2.

    AMZ   31(4):128. Ap. 1957. (V. Gerson)
    ASF   59(2):153-154/ Ap. 1957. (P. Miller)
    FUTF   No. 31:101. Win. 1956/1957. (M. King)
    FSF   12(1):95. Ja. 1957. (A. Boucher)

HUNTER, MATTHEW

The Cambridgeshire disaster. London, Fontana, 1969. 191 p.

    SFO   7:35. N. 1969. (M. O'Brien)

HUNTER, MEL
SEE Richardson, Robert Shirley

HUNTER, MOLLIE
SEE McIlwraith, Maureen Mollie Hunter McVeigh

HURD, DOUGLAS

Send him victorius, by Douglas Hurd and Andrew Osmond. New York, Macmillan, 1969. 246 p. 69-12650.

    LM   11:28. Ap. 1970. (D. Paskow)

The smile on the face of the tiger, by Douglas Hurd and Andrew Osmond. New York, Macmillan, 1970. 281 p. 77-90223.

    LM   24/25:48. My/Je. 1971. (D. Paskow)

HURWOOD, BERNHARDT J.

The mind master. Greenwich, Conn., Fawcett, 1973. 160 p.

    LM   46:17. Mr. 1973. (M. McQuown)

Monsters Galore, ed. by Bernhardt J. Hurwood. Greenwich, Conn., Gold Medal Books, 1965. 224 p.

    MOH   2(6):81-82. W. 1965/1966. (R. Lowndes)

Passport to the supernatural. New York, Taplinger, 1972. 319 p. 78-164019.

    GAL   33:170-171. N. 1972. (T. Sturgeon)
    NYT   p. 20. S. 3, 1972. (T. Sturgeon)

HUSON, PAUL

Mastering witchcraft: a practical guide for witches, warlocks and covens. New York, Putnam, 1970. 256 p. 79-111530.

    LM   26/27:31. Jl/Ag. 1971. (M. Hewitt)

HUXLEY, ALDOUS LEONARD

After many a summer dies the swan. New York, Harper, 1939. 356 p. 40-27086.

    SSS   1(2):4. My. 1940. (D. Wollheim)

Ape and essence. New York, Harper, 1948. 205 p. 48-7921.

    TWS   33(3):160-161. F. 1949. (S. Merwin)
    SSS   5(2):72. Ap. 1949. (F. Pohl)

Brave new world. Garden City, N.Y., Doubleday, 1932. 311 p. 32-3525.

    AMZ   7(1):86. Ap. 1932. (C. Brandt)

Brave new world revisited. New York, Harper, 1958. 147 p. 58-12451.

    ASF   63(2):142-144. Ap. 1959. (P. Miller)

Heaven and hell. New York, Harper, 1956. 103 p. 55-10694.

    ASF   58(4):147-150. D. 1956. (P. Miller)

Island. New York, Harper, 1962. 335 p. 62-7923.

    AMZ   36(9):123-124. S. 1962. (S. Cotts)
    ASF   69(6):162-164. Ag. 1962. (P. Miller)

HUXLEY, JULIAN SORELL

Evolution in action. New York, Harper, 1953. 182 p. 52-5450.

ASF   51(5):152-156. Jl. 1953. (P. Miller)

HUYSMANS, JORIS KARL

La-bas. New York, Dover, 1972. 287 p.

LM   49:21. At. 1973. (M. McQuown)

HYAMS, EDWARD SOLOMON

998. New York, Pantheon Books, 1952. 208 p. 52-7935.

ASF   51(3):147-148. My. 1953. (P. Miller)
GAL   4(5):99-100. Ag. 1952. (G. Conklin)

HYDE, FRANK W.

Radio astronomy for amateurs. New York, Norton, 1963. 236 p. 63-11686.

FSF   26(2):94-95. F. 1964. (A. Davidson)

HYDE, GEORGE EDWARD

All about photographing insects with your camera. London, Focal Press, 1956. 54 p.

AUT   No. 72:153. Ag. 1956. (n.g.)

HYDE, MARGARET OLDROYD

Exploring earth and space. New York, Whittlesey House, 1959. 160 p. 59-10714.

GAL   17(2):103. D. 1958. (F. Gale)

Off into space! science for young space travelers. 3d. ed. New York, McGraw Hill, 1969. 63 p. 70-77557.

LM   16:10. S. 1970. (J. Post)

HYNDMAN, JANE ANDREWS LEE

Russian tales of fabulous beasts and marvels, by Lee Wyndham. New York, Parents Magazine Press, 1969. 96 p.

LM   16:7. S. 1970. (J. Post)

The winter child, by Lee Wyndham. New York, Parents Magazine Press, 1970. 40 p. 78-93855.

LM   26/27:23. Jl/Ag. 1971. (J. Post)

HYNE, CHARLES JOHN CUTCLIFFE WRIGHT

The lost continent. New York, Ballantine, 1972. 274 p. 72-182492.

PW   200:44. D. 13, 1971. (n.g.)
KPG   6:97. S. 1972. (E. Nicholas)
LM   43:29. D. 1972. (J. B. Post)
SWSJ   100:5-6. Jl. 1973. (J. Frederick)

HYNES, SAMUEL LYNN

The Edwardian turn of mind. Princeton, N.J., Princeton University Press, 1968. 427 p. 68-12929.

NWB   No. 189:58-59. Ap. 1969. (B. Aldiss)

Twentieth century interpretations of 1984. Englewood Cliffs, N.J., Prentice-Hall, 1971. 117 p. 78-160533.

PW   200:51. O. 25, 1971. (n.g.)

I

ICENHOWER, JOSEPH BRYAN

The first book of submarines. New York, Watts, 1957. 60 p. 56-5855.

GAL   16(5):104. S. 1958. (F. Gale)

IDYLL, CLARENCE PURVIS

Abyss. New York, Crowell, 1964. 396 p. 64-13911.

FSF   29(6):33-34. D. 1965. (R. Raphael)

IM, PANG

Korean folk tales: imps, ghosts and faries, trans. by James S. Gale. Rutland, Vt., C. E. Tuttle, 1963. 233 p. 62-21538.

FSF   25(3):92. S. 1963. (A. Davidson)

INDUSTRIAL BULLETIN

A scientific sampler, ed. by Raymond Stevens and Alan A. Smith. Princeton, N.J., Van Nostrand, 1956. 413 p. 56-12096.

FUTF   No. 33:122-123. Sm. 1957. (R. Garrett)

INGREY, DEREK

Pig on a lead. London, Faber, 1963. 252 p.

NWB   No. 135:127. O. 1963. (L. Flood)

INNES, ROY

Science and our future. London, Lawrence & Wishart, 1954. 55 p. 54-44370.

AUT   No. 52:132-133. D. 1954. (n.g.)

IONESCO, EUGENE

Story number 1. New York, Harlan Quist, 1968. n.g. 68-56364.

LM   23:23. Ap. 1971. (B. Stiffler)

Story number 2. New York, Harlan Quist, 1970. n.g. 71-102365.

LM   23:23. Ap. 1971. (B. Stiffler)

IPCAR, DAHLOV ZORACH

The warlock of night. New York, Viking, 1969. 160 p. 72-85875.

LJ   95(4):788. F. 15, 1970. (N. Berkowitz)

IRWIN, CONSTANCE H. FRICK

Fair gods and stone faces. New York, St. Martins, 1963. 346 p. 62-14158rev.

ASF   72(1):95. S. 1963. (P. Miller)

IRWIN, KEITH GORDON

The romance of chemistry. New York, Viking, 1959. 148 p. 59-8347.

GAL   19(1):143. O. 1960. (F. Gale)

The romance of weights and measures. New York, Viking, 1960. 144 p. 60-6303.

GAL   20(1):176. O. 1961. (F. Gale)

IZZARD, RALPH

The abominable snowman. Garden City, N.Y., Doubleday, 1955. 250 p. 55-5510.

ASF   56(4):145-146. D. 1955. (P. Miller)
FSF   10(1):97. Ja. 1956. (A. Boucher)

J

JABLOW, ALTA

The man in the moon: sky tales from many lands, by Alta
Jablow and Carl Withers. New York, Holt, 1969. 131 p.
69-11819.

   LM   12:25. My. 1970. (C. Moslander)

JACKSON, BASIL

Epicenter. New York, Norton, 1971. 234 p. 78-125862.

   PW   198(24):32. D. 14, 1970.
   LJ   96:206. Ja. 15, 1971. (E. Tannenbaum)

JACKSON, FRANCIS LESLIE

Life in the universe, by Francis Jackson and Patrick
Moore. New York, Norton, 1962. 140 p. 61-13044.

   FSF   25(2):110-111. Ag. 1963. (A. Davidson)

JACKSON, SHIRLEY

The haunting of hill house. New York, Viking, 1959.
246 p. 59-13414.

   FSF   18(1):65-67. Ja. 1960. (D. Knight)

The sundial. New York, Farrar, 1958. 245 p. 58-6457.

   FAS   13(1):127-128. Ja. 1964. (S. Cotts)
   NWB   No. 189:63. Ap. 1969. (J. Cawthorn)
   WIF   9(1):113. D. 1958. (D. Knight)
   FSF   15(5):85-86. N. 1958. (A. Boucher)

We have always lived in the castle. New York, Viking,
1962. 214 p. 62-17935.

   FSF   24(4):86. Ap. 1963. (A. Davidson)

JACOBI, CARL

Disclosures in scarlet. Sauk City, Wisc., Arkham House,
1972. 181 p.

   FSF   45:41. D. 1973. (G. Wilson)
   LM   44:20. Ja. 1973. (J. B. Post)

Portraits in moonlight. Sauk City, Wisc., Arkham House,
1964. 213 p. 64-55862.

   MOH   2(4):84-85. Ag. 1965. (R. Lowndes)

JACOBS, FRANCINE

The legs of the moon. New York, Coward-McCann, 1971.
48 p. 74-132592.

   LM   40:16. S. 1972. (J. Post)

JACOBS, FRANK

The mad world of William M. Gaines. New York, Lyle
Stuart, 1972. 271 p.

   LM   45:31. F. 1973. (J. B. Post)

JACOBS, HARVEY

The egg of the glak and other stories. New York, Harper,
1969. 276 p. 75-81874.

   LM   14:23. Jl. 1970. (C. Moslander)
   BB   16:49-50. S. 1971. (M. Moorcock)

JACOBS, LELAND BLAIR, ed.

Poetry of witches, elves and goblins. Champaign, Ill.,
Gerrard, 1970. 63 p. 70-99767.

   LM   24/25:36. My/Je. 1971. (J. Post)

JACOBS, LOU, JR.

Space station '80. New York, Hawthorn, 1973. 111 p.
73-5444.

   LJ   98:3712. D. 15, 1973. (O. Fortier)
   BS   33:429. D. 15, 1973. (F. Carmody)

JAFFE, BERNARD

Chemistry creates a new world. New York, Pyramid, 1962.
256 p. 62-3537.

   WIF   12(4):6-7. S. 1962. (F. Pohl)

JAKES, JOHN W.

Black in time. New York, Paperback Library, 1970. 171 p.

   LM   30:27. N. 1971. (G. Wolfe)

Brak the barbarian versus the mark of the demons. New
York, Paperback Library, 1969. 159 p.

   LM   16:19. S. 1970. (D. Paskow)
   SWSJ 24:5. Je. 1971. (R. Rieve)

JAKES, JOHN W. (Continued)

The last magicians. New York, Signet, 1969. 190 p.

LM   10:23. Mr. 1970. (L. Carter)

Master of the dark gate. New York, Lancer, 1970. 219 p.

LM   22:28. Mr. 1971. (S. Mines)
SFR   42:38-39. Ja. 1971. (F. Patten)

Mention my name in Atlantis. New York, Daw, 1972. 142 p.

LM   41/42:42. O/N. 1972. (W. Bacharach)
PW   202:52. S. 4, 1972. (n.g.)
WIF   21:171-172. Je. 1973. (L. del Rey)

On wheels. New York, Warner Paperback Library, 1973.
174 p.

SWSJ   105:2. S. 1973. (D. D'Ammassa)

The planet wizard. New York, Ace, 1969. 159 p.

LM   7:23. D. 1969. (T. Bulmer)
NWB   No. 192:61-62. Jl. 1969. (J. Churchill)

Secrets of stardeep. Philadelphia, Westminster, 1969.
192 p. 71-85391.

LM   8:24. Ja. 1970. (D. Paskow)

Six-gun planet. New York, Paperback Library, 1970.
174 p.

LM   24/25:55. My/Je. 1971. (T. Bulmer)
SWSJ   21:3. My. 1971. (D. Halterman)

Time gate. Philadelphia, Westminster, 1972. 174 p.
72-175546.

KR   40:192. F. 15, 1972. (n.g.)
LJ   97:1922. My. 15, 1972. (J. Winnikoff)

Tonight we steal the stars. New York, Ace, 1969. 173 p.

SFR   40:27. O. 1970. (P. Walker)

JAMES, HENRY

The ghostly tales of Henry James, ed. by Leon Edel. New
Brunswick, Rutgers University Press, 1948. 765 p. 49-
7759.

FSF   1(2):107. W/Sp. 1950. (Boucher & McComas)
FSF   26(6):35-36. Je. 1964. (A. Davidson)

JAMES, MONTAGUE RHODES

Ghost stories of an antiquary. New York, Dover, 1971.
152 p. 74-160855.

LM   40:24. S. 1972. (M. McQuown)

JAMESON, MALCOLM

Bullard of the space patrol. Cleveland, World, 1951.
255 p. 51-12352.

AMZ   26(2):149-150. F. 1952. (S. Merwin)
ASF   49(1):158-159. Mr. 1952. (P. Miller)
FASF   1(1):34. Ag. 1952. (L. Raymond)
GAL   3(4):118-119. Ja. 1952. (G. Conklin)
FSF   3(1):106. F. 1952. (Boucher & McComas)

Tarnished utopia. New York, Galaxy Novels, 1956. 126 p.

ASF   59(3):149. My. 1957. (P. Miller)

JAMESON, TWIGGS

Billy and Betty. New York, Grove Press, 1968. 224 p.
68-22000.

LM   16:3. S. 1970. (G. Bear)

JAMIESON, LELAN SHATTUCK

Attack. New York, Morrow, 1940. 140 p. 40-10770.

AST   2(2):25. D. 1940. (D. Wollheim)

JANIFER, LAURENCE M.

18 greatest science fiction stories, ed. by Laurence M.
Janifer. New York, Grosset & Dunlap, 1966. 310 p.

REN   3:15-16. 1971. (R. Hodgens)

The high hex. New York, Ace, 1969. 112 p.

LM   7:24. D. 1969. (J. Schaumburger)

Impossible? New York, Belmont, 1968. 159 p.

ASF   82(6):169. F. 1969. (P. Miller)

Slave planet. New York, Pyramid, 1963. 142 p.

AMZ   37(12):122. D. 1963. (S. Cotts)
ASF   72(2):91. O. 1963. (P. Miller)
NWB   No. 133:128. Ag. 1963. (J. Carnell)

The wagered world. New York, Ace, 1969. 79 p.

SFR   40:27. O. 1970. (P. Walker)

Wonder war. New York, Pyramid, 1964. 128 p.

ASF   73(6):87. Ag. 1964. (P. Miller)

JANOSCH
SEE Eckert, Horst

JANSSON, TOVE

Comet in Moominland. New York, Walck, 1968. 192 p.
67-28419.

LM   10:25. Mr. 1970. (D. Hamilton)

Exploits of Moominpoppa. New York, Walck, 1966. 156 p.
67-111.

LM   10:25. Mr. 1970. (D. Hamilton)

Finn family Moomintroll. New York, Walck, 1965. 170 p.
65-23254.

LM   10:25. Mr. 1970. (D. Hamilton)

Moominland midwinter. New York, Walck, 1962. 165 p.
62-17844.

LM   10:25. Mr. 1970. (D. Hamilton)

JANSSON, TOVE (Continued)

Moominpoppa at sea. New York, Walck, 1967. 192 p. 67-1121.

    LM   10:25. Mr. 1970. (D. Hamilton)

Moominsummer madness. New York, Walck, 1961. 163 p. 61-8872.

    LM   10:25. Mr. 1970. (D. Hamilton)

Tales from Moominvalley. New York, Walck, 1964. 175 p. 64-22550.

    LM   10:25. Mr. 1970. (D. Hamilton)

JAY, KENNETH EDMUND BRIAN

Atomic research at Harwell. New York, Philosophical Library, 1955. 144 p. 55-13666rev.

    AUT   No. 61:152. S. 1955. (n.g.)

Britain's atomic factories. London, HMSO, 1954. n.g.

    AUT   No. 63:154-155. N. 1955. (n.g.)

Calder hall. New York, Harcourt, 1956. 88 p. 56-11959.

    ASF   59(2):150-153. Ap. 1957. (P. Miller)
    AUT   No. 77:157. F. 1957. (n.g.)

JAY, MEL

Orbit one. New York, Macfadden, 1970. 144 p.

    LM   24/25:49. My/Je. 1971. (T. Bulmer)

JEAN, MARCEL

The history of surrealist painting. London, Weidenfeld, 1960. 383 p.

    NWB   NO. 164:141-146. Jl. 1966. (J. Ballard)

JEANNERAT DE BEERSKI, PIERRE

Flying to 3,000 B. C., by Pierre Jeannerat. London, Hodder, 1957. 230 p. 57-3017.

    AUT   No. 83:128. Ag. 1957. (A. Harby)

JEANS, JAMES HOPWOOD

The new background of science. New York, Macmillan, 1933. 301 p. 33-13615.

    AMZ   8(6):617. O. 1933. (C. Brandt)

Through space and time. New York, Macmillan, 1934. 224 p. 34-37235.

    AMZ   10(1):134. Ap. 1935. (C. Brandt)

JEEVES, B. T., comp.

A checklist of Astounding: part 3, 1950-1959. Sheffield, England, The Author, 1970. 52 p.

    ASF   87:175. Je. 1971. (P. Miller)

JEFFREY, ADI-KENT THOMAS

Witches and wizards. Chicago, Cowles, 1971. 101 p. 73-163278.

    LM   43:18. D. 1972. (S. Deckinger)

JEFFRIES, RICHARD

After London. New York, Dutton, 1939. 344 p. 40-5847.

    AST   1(4):4. Ag. 1940. (D. Wollheim)

JENKINS, ESTER BIGGER

The golden age. New York, Vantage, 1970. 231 p.

    LM   34:30. Mr. 1972. (D. Paskow)

JENKINS, WILLIAM FITZGERALD

The aliens, by Murray Leinster. New York, Berkley, 1960. 144 p.

    ASF   66(3):167. N. 1960. (P. Miller)

City on the Moon, by Murray Leinster. New York, Avalon, 1957. 224 p. 57-8734.

    ASF   60(3):148-149. N. 1957. (P. Miller)
    ASF   62(3):144-145. N. 1958. (P. Miller)
    OSFS 10(2):65. My. 1959. (C. Knox)
    VEN   1(5):51. S. 1957. (T. Sturgeon)

Colonial survey, by Murray Leinster. New York, Gnome Press, 1957. 185 p. 57-7110.

    ASF   60(3):142-146. N. 1957. (P. Miller)
    GAL   15(1):120. N. 1957. (F. Gale)
    VEN   1(5):51. S. 1957. (T. Sturgeon)

Creatures of the abyss, by Murray Leinster. New York, Berkley, 1961. 148 p.

    ASF   69(5):170. Jl. 1962. (P. Miller)

Doctor to the stars, by Murray Leinster. New York, Pyramid, 1964. 176 p.

    AMZ   38(10):121-122. O. 1964. (R. Silverberg)
    ASF   73(6):86. Ag. 1964. (P. Miller)
    FSF   28(3):53-57. Mr. 1965. (J. Merril)
    ASF   91:165. Mr. 1973. (P. Miller)

Forgotten planet, by Murray Leinster. New York, Gnome Press, 1954. 177 p. 54-7255.

    ASF   55(2):143-144. Ap. 1955. (P. Miller)
    ASF   58(1):156-157. S. 1956. (P. Miller)
    FAU   2(3):126-127. N. 1954. (R. Frazier)
    GAL   9(4):120. Ja. 1955. (G. Conklin)
    GAL   21(4):159. Ap. 1963. (F. Gale)
    SFIQ 3(5):64. My. 1955. (D. Knight)

JENKINS, WILLIAM FITZERGALD (Continued)

Four from planet 5, by Murray Leinster. Greenwich, Conn., Fawcett, 1959. 160 p.

    ASF   66(1):148. S. 1960. (P. Miller)

Gateway to elsewhere, by Murray Leinster. New York, Ace, 1954. 139 p. 54-31825.

    GAL   8(6):117. S. 1954. (G. Conklin)

Get off my world! by Murray Leinster. New York, Belmont, 1966. 157 p.

    ASF   78(6):162. F. 1967. (P. Miller)

Great stories of science fiction, ed. by Murray Leinster. New York, Random House, 1951. 321 p. 51-4033.

    AMZ   25(11):158. N. 1951. (S. Merwin)
    ASF   48(4):161-162. D. 1951. (P. Miller)
    AUT   No. 37:138. S. 1953. (n.g.)
    FASF   1(2):49. D. 1952. (L. Raymond)
    GAL   3(2):98-99. N. 1951. (G. Conklin)

The last space ship, by Murray Leinster. New York, Frederick Fell, 1949. 239 p. 49-6995.

    ASF   46(5):73-74. Ja. 1951. (P. Miller)
    SSS   6(2):96. Ja. 1950. (F. Pohl)
    TWS   36(1):156. Ap. 1950. (S. Merwin)
    AUT   No. 24:112. Ag. 1952. (n.g.)

Men into space, by Murray Leinster. New York, Berkley, 1961. 142 p.

    ASF   67(4):167-168. Je. 1961. (P. Miller)

The monster from Earth's end, by Murray Leinster. Greenwich, Conn., Fawcett, 1959. 176 p. 59-1295.

    AMZ   33(4):139-140. Ap. 1959. (S. Cotts)
    ASF   64(1):148. S. 1959. (P. Miller)

Monsters and such, by Murray Leinster. New York, Avon, 1959. 174 p.

    WIF   9(6):86-87. Ja. 1960. (F. Pohl)

Murder madness, by Murray Leinster. Los Angeles, Fantasy Publishing Co., 1949. 296 p. 50-5636.

    FBK   2(1):106. 1951. (n.g.)

Murder of the U. S. A., by Murray Leinster. New York, Crown, 1946. 172 p. 46-20792.

    ASF   38(5):120. Ja. 1947. (n.g.)

The mutant weapon, by Murray Leinster. New York, Ace, 1959. 93 p.

    ASF   65(5):165. Jl. 1960. (P. Miller)
    WIF   19(1):105. Mr. 1960. (F. Pohl)

Operation: outer space, by Murray Leinster. Reading, Pa., Fantasy Press, 1954. 208 p. 54-5693.

    ASF   55(6):150-151. Ag. 1955. (P. Miller)
    GAL   9(6):97-98. Mr. 1955. (G. Conklin)
    NEB   No. 24:101-102. S. 1957. (K. Slater)
    NWB   No. 58:128. Ap. 1957. (L. Flood)
    SFIQ   3(5):59. My. 1955. (D. Knight)
    FSF   8(2):97. F. 1955. (A. Boucher)

The other side of here, by Murray Leinster. New York, Ace, 1955. 134 p.

    GAL   10(4):90-91. Jl. 1955. (G. Conklin)

The other side of nowhere, by Murray Leinster. New York, Berkley, 1964. 142 p.

    ASF   74(5):88. Ja. 1965. (P. Miller)

Out of this world, by Murray Leinster. New York, Avalon, 1958. 221 p. 58-7597.

    ASF   62(2):145-146. O. 1958. (P. Miller)
    GAL   16(6):133. O. 1958. (F. Gale)
    OSFS   9(3):90-91. S. 1958. (C. Knox)
    WIF   9(1):112. D. 1958. (D. Knight)

The pirates of Zan, by Murray Leinster. New York, Ace, 1959. 163 p.

    ASF   65(5):165. Jl. 1960. (P. Miller)
    WIF   10(1):105. Mr. 1960. (F. Pohl)
    AMZ   34(3):43. Mr. 1960. (S. Cotts)

The planet explorer, by Murray Leinster. New York, Avon, 1957. 171 p.

    VEN   2(3):58. My. 1958. (T. Sturgeon)

Sidewise in time, by Murray Leinster. Chicago, Shasta, 1950. 211 p. 50-1899.

    ASF   46(6):151-152. F. 1951. (L. de Camp)
    SCF   No. 1:44. Sm. 1950. (V. Parker)
    STL   21(3):160-161. Jl. 1950. (n.g.)

Space gypsies, by Murray Leinster. New York, Avon, 1967. 128 p.

    AMZ   41(5):142. D. 1967. (H. Harrison)

Space platform, by Murray Leinster. Chicago, Shasta, 1953. 223 p. 53-7291.

    ASF   54(3):144. N. 1954. (P. Miller)
    GAL   6(6):124. S. 1953. (G. Conklin)

Space tug, by Murray Leinster. Chicago, Shasta, 1953. 223 p. 53-7292.

    GAL   8(4):99-100. Jl. 1954. (G. Conklin)
    ISF   5(6):117. Je. 1954. (H. Bott)

Talents, incorporated, by Murray Leinster. New York, Avon, 1962. 159 p.

    ASF   70(2):168-169. O. 1962. (P. Miller)

This world is taboo, by Murray Leinster. New York, Ace, 1961. 127 p.

    ASF   69(3):173. My. 1962. (P. Miller)

Time tunnel, by Murray Leinster. New York, Pyramid, 1966. 140 p.

    ASF   75(6):153-154. Ag. 1965. (P. Miller)

Twists in time, by Murray Leinster. New York, Avon, 1960. 160 p.

    ASF   66(2):169-170. O. 1960. (P. Miller)

JENKINS, WILLIAM FITZGERALD (Continued)

The wailing asteroid, by Murray Leinster. New York, Avon, 1960. 143 p.

AMZ   35(5):132-133. My. 1961. (S. Cotts)
ASF   67(5):156. Jl. 1961. (P. Miller)

War with the gizmos, by Murray Leinster. New York, Gold Medal Books, 1958. 156 p.

AMZ   32(8):60. Ag. 1958. (S. Cotts)
ASF   62(6):148. F. 1959. (P. Miller)

JENNINGS, GARY

March of the robots: from the manikins of antiquity to the space robots of tomorrow. New York, Dial, 1962. 152 p. 62-17877.

FSF   24(6):61. Je. 1963. (A. Davidson)

JENNINGS, WILLIAM DALE

The ronin. Rutland, Vt., Tuttle, 1968. 159 p. 68-25890.

LM   15:34. Ag. 1970. (J. B. Post)

JESSUP, MORRIS K.

The case for the UFO. New York, Citadel, 1955. 239 p. 55-7817rev.

ASF   56(2):144-145. O. 1955. (P. Miller)
FAU   8(5):101-102. N. 1957. (H. Santesson)
FSF   9(3):90. S. 1955. (A. Boucher)

The expanding case for the UFO. New York, Citadel, 1957. 253 p. 57-6206.

ASF   60(6):148-150. F. 1958. (P. Miller)
GAL   15(2):103. D. 1957. (F. Gale)
FSF   13(3):85. S. 1957. (A. Boucher)

UFO and the Bible. New York, Citadel, 1956. 126 p. 56-10279.

GAL   13(6):107. Ap. 1957. (F. Gale)
FSO   p. 93. Je. 1957. (n.g.)
FSF   11(4):106. O. 1956. (A. Boucher)

UFO annual. New York, Citadel Press, 1956. n.g. 56-8852.

ASF   58(5):155. Ja. 1957. (P. Miller)
FAU   6(3):91-92. O. 1956. (H. Santesson)
FSF   11(4):106. O. 1956. (A. Boucher)

JOHANNESSON, OLOF
SEE Alfven, Hannes

JOHNS, KENNETH

The true book about space travel. London, Muller, 1960. 143 p.

NWB   No. 97:124. Ag. 1960. (L. Flood)

JOHNS, WILLIAM EARL

The edge of beyond. London, Hodder & Stoughton, 1958. 192 p.

NEB   No. 34:106-107. S. 1958. (K. Slater)

Kings of space. London, Hodder & Stoughton, 1954. 176 p.

AUT   No. 48:126. Ag. 1954. (n.g.)
NEB   No. 11:116. D. 1954. (K. Slater)

Now to the stars. London, Hodder, 1956. 190 p. 56-43539.

AUT   No. 75:153. D. 1956. (n.g.)

Return to Mars. London, Hodder, 1955. 160 p. 56-20444.

AUT   No. 64:156. D. 1956. (n.g.)

JOHNS, WILLY

The fabulous journey of Hieronymus Meeker. Boston, Little, Brown, 1954. 370 p. 54-6889.

ASF   54(6):142-143. F. 1955. (P. Miller)
GAL   9(2):120-121. N. 1954. (G. Conklin)

JOHNSON, AMY FLORA MACDONALD

A textbook of botany for students. London, Allman, 1935. 557 p.

AUT   No. 41:152-153. Ja. 1954. (n.g.)

JOHNSON, BENJAMIN KING

Practical photography. London, Hutchinson, 1954. 146 p. 54-4955.

AUT   No. 51:133. N. 1954. (n.g.)

JOHNSON, BRYAN STANLEY

The unfortunates. London, Panther, 1969. 136 p.

NWB   No. 188:62. Mr. 1969. (J. Cawthorn)

JOHNSON, GERALD WHITE

The lunatic fringe. Philadelphia, Lippincott, 1957. 248 p. 57-8949.

FSF   13(6):93-94. D. 1957. (A. Boucher)

JOHNSON, MARTIN CHRISTOPHER

Astronomy of stellar energy and decay. New York, Dover, 216 p. A53-9822.

ASF   49(6):129-130. Ag. 1952. (P. Miller)

Time, knowledge, and the nebulae. New York, Dover, 1947. 189 p. 47-5245.

ASF   47(2):138-140. Ap. 1951. (J. Blish)

JOHNSON, OWEN MCMAHON

The coming of the Amazons. New York, Longmans, Green, 1931. 251 p. 31-30596.

AMZ   6(11):1046. F. 1932. (C. Brandt)

JOHNSON, RAYNOR CAREY

Psychical research. New York, Philosophical Library, 1956. 176 p. A57-6812.

GAL   13(2):87. D. 1956. (F. Gale)

JOHNSON, STANLEY

The presidential plot. New York, Simon & Schuster, 1968. 216 p. 68-19943.

LM   16:26. S. 1970. (J. Slavin)

JOHNSON, WILLIAM, ed.

Focus on the science fiction film. Englewood Cliffs, N.J., Prentice-Hall, 1972. 182 p. 72-3633.

EXT   14:71. D. 1972. (T. Clareson)
PW   202:76. Jl. 24, 1972. (n.g.)

JONES, DENNIS FELTHAM

Colossus. New York, Putnam, 1967. 256 p. 67-10957.

AMZ   41(2):158-159. Je. 1967. (H. Harrison)
ASF   80(1):165-166. S. 1967. (P. Miller)
SFI   1(12):148-149. F. 1967. (A. Bevan)
FSF   33(6):34. D. 1967. (J. Merril)

Denver is missing. New York, Walker, 1971. 224 p. 70-161102.

KR   39:897. Ag. 15, 1971. (n.g.)
LJ   96:3641. N. 1, 1971. (M. Burgess)
LM   38/39:60. Jl/Ag. 1972. (J. B. Post)
PW   200:76. Ag. 23, 1971. (n.g.)
SPEC   31:27-28. At. 1972. (T. Shippey)

Don't pick the flowers. London, Panther, 1971. 240 p.

SWSJ   108:3. O. 1973. (D. D'Ammassa)

Implosion. London, Rupert Hart-Davis, 1967. 264 p. 68-108830.

NWB   No. 176:63. O. 1967. (J. Cawthorn)

JONES, DOROTHY

The Star Trek concordance. Los Angeles, Mathom House, 1969. 83 p.

LM   12:29. My. 1970. (D. Paskow)

JONES, GEORGE ALAN

Modern applied photography. New York, Philosophical Library, 1957. 162 p.

GAL   15(6):87. Ap. 1958. (F. Gale)

JONES, HAROLD SPENCER

Life on other worlds. New York, Macmillan, 1940. 299 p. 40-34047.

ASF   26(5):115. Ja. 1941. (J. Campbell, Jr.)

Worlds without end. New York, Macmillan, 1935. 329 p. 35-33574.

AMZ   10(10):132-133. Je. 1936. (T. Sloane)
TWS   9(1):9. F. 1937. (M. Weisinger)

JONES, LANGDON

The eye of the lens. New York, Macmillan, 1972. 173 p.

SWSJ   81:8. Ja. 1973. (J. Newton)

The new SF, ed. by Langdon Jones. London, Hutchinson, 1969. 223 p. 78-464574.

NWB   No. 197:32. Ja. 1970. (M. Harrison)
SPEC   3(1):21-22. Ja. 1970. (B. Parkinson)
VOT   1(6):64. Mr. 1970. (R. Conquest)

JONES, LOUIS CLARK

Things that go bump in the night. New York, Hill & Wang, 1959. 208 p. 59-8152.

GAL   18(3):167-168. F. 1960. (F. Gale)

JONES, MARGARET

Transplant. New York, Stein & Day, 1968. 224 p. 68-30947.

FSF   36(4):48. Ap. 1969. (J. Russ)

JONES, MERVYN

On the last day. London, Cape, 1958. 266 p.

NEB   No. 30:104-105. My. 1958. (K. Slater)

JONES, NEIL R.

The planet of the double sun. New York, Ace, 1967. 123 p.

FMF   1(6):77. Sp. 1968. (R. Lowndes)

The sunless world. New York, Ace, 1967. 189 p.

FMF   1(6):77. Sp. 1968. (R. Lowndes)

Space war. New York, Ace, 1967. 158 p.

FMF   1(6):77. Sp. 1968. (R. Lowndes)

JONES, RAYMOND F.

The cybernetic brains. New York, Avalon, 1962. 224 p.

ASF   69(5):169-170. Jl. 1962. (P. Miller)

Man of two worlds. New York, Pyramid, 1951. 268 p.

AMZ   38(4):127. Ap. 1964. (R. Silverberg)

JONES, RAYMOND F.

Moonbase one. New York, Schuman, 1971. 144 p. 71-160108.

KR	40:335. Mr. 15, 1972. (n.g.)
NS	2150:759. Je. 2, 1972. (C. Storr)
LM	45:22. F. 1973. (F. Maxim)

Planet of light. Philadelphia, Winston, 1953. 211 p. 53-7339.

| ASF | 54(3):144. N. 1954. (P. Miller) |
| GAL | 8(3):122. Je. 1954. (G. Conklin) |

Renaissance. New York, Gnome, 1951. 255 p. 51-10436.

AMZ	25(10):143. O. 1951. (S. Merwin)
ASF	48(4):160. D. 1951. (P. Miller)
GAL	2(5):98-99. Ag. 1951. (G. Conklin)
SFIQ	1(6):78. Ag. 1952. (R. Lowndes)
STL	24(2):144. N. 1951. (n.g.)
SSS	8(3):49. Ag. 1951. (F. Pohl)
FSF	2(5):59. O. 1951. (Boucher & McComas)

The secret people. New York, Avalon Books, 1956. 224 p. 56-13307.

AMZ	31(7):123. Jl. 1957. (V. Gerson)
ASF	59(2):154-156. Ap. 1957. (P. Miller)
FUTF	No. 31:101. W. 1956/1957. (M. King)
ISF	8(6):107. D. 1957. (H. Bott)
FSF	12(2):99-100. F. 1957. (A. Boucher)

Son of the stars. Philadelphia, Winston, 1952. 210 p. 52-5494.

AMZ	26(10):147. O. 1952. (S. Merwin)
ASF	50(3):154. N. 1952. (P. Miller)
FUTF	3(5):85. Ja. 1953. (R. Lowndes)
GAL	5(2):123-124. N. 1952. (G. Conklin)
SPF	1(3):102. N. 1952. (G. Smith)
SPS	1(1):128. O. 1952. (n.g.)

This island Earth. Chicago, Shasta, 1952. 220 p. 53-5746.

ASF	52(2):150-151. O. 1953. (P. Miller)
GAL	6(5):117-118. Ag. 1953. (G. Conklin)
ISF	4(5):144. Je. 1953. (M. Reinsberg)
NEB	No. 13:105. S. 1955. (K. Slater)
NWB	No. 33:119-120. Mr. 1955. (L. Flood)

The toymaker. Los Angeles, Fantasy Publishing Co., 1951. 287 p. 51-2678.

| ASF | 48(1):125. S. 1951. (F. Ackerman) |
| GAL | 3(2):99-100. N. 1951. (G. Conklin) |

The year when stardust fell. Philadelphia, Winston, 1958. 203 p. 58-5676.

| ASF | 62(6):140-141. F. 1959. (P. Miller) |
| GAL | 17(5):141. Je. 1959. (F. Gale) |

JORGENSEN, IVAR

The deadly sky. New York, Pinnacle, 1971. 188 p.

| PW | 199:151. F. 22, 1971. (n.g.) |

Starhaven. New York, Avalon, 1958. 220 p. 58-9140.

ASF	63(1):144. Mr. 1959. (P. Miller)
ASF	64(3):153. N. 1959. (P. Miller)
FAU	11(4):125. Jl. 1959. (H. Santesson)
GAL	18(1):147-148. O. 1959. (F. Gale)

Ten from infinity. Derby, Conn., Monarch Books, 1963. 139 p.

| ASF | 72(5):89. Ja. 1964. (P. Miller) |

Whom the gods would slay. New York, Belmont, 1968. 140 p.

| LM | 1:23-24,27. Je. 1969. (R. Brisson) |

JOSEPH, M. K.

The hole in the zero. New York, Dutton, 1968. 192 p. 68-15661.

| LM | 11:31. Ap. 1970. (G. Bear) |
| SFO | 24:17-22. N. 1971. (S. Lem) |

JUCKER, SITA

Squaps, the moonling. New York, Atheneum, 1969. 27 p. 75-75521.

| LM | 17:29. O. 1970. (J. Post) |

JUDD, CYRIL, pseud.

Gunner Cade. New York, Simon & Schuster, 1952. 218 p. 52-3697.

ASF	51(1):160-161. Mr. 1953. (P. Miller)
ASF	61(1):142. Mr. 1958. (P. Miller)
FAS	6(10):123. N. 1957. (S. Cotts)
NWB	No. 143:81. Jl/Ag. 1964. (n.g.)
NWB	No. 166:154-155. S. 1966. (H. Bailey)
SPF	1(5):116. Mr. 1953. (G. Smith)

Outpost Mars. New York, Abelard Press, 1952. 268 p. 52-10246.

| ASF | 51(4):81. Je. 1953. (P. Miller) |
| FSF | 3(7):114-115. N. 1952. (Boucher & McComas) |

JUENGER, ERNST

The glass bees. New York, Noonday Press, 1961. 149 p. 60-10005.

| ASF | 67(6):170. Ag. 1961. (P. Miller) |
| FSF | 22(1):84-85. Ja. 1962. (A. Bester) |

JUNG, CARL GUSTAV

Essays on a science of mythology, by C. G. Jung and C. Kerenyi. Trans. by R. F. C. Hull. New York, Harper, 1963. 200 p. 63-3824.

| FSF | 26(2):97-99. F. 1964. (W. Breen) |

Ein moderner Mythus, von dingen, die am Himmel gesehen werden. Zurich, Rascher, 1958. 122 p. 58-28384.

| FAU | 10(4):117-118. O. 1958. (H. Santesson) |

JUNGK, ROBERT

Brighter than a thousand suns. New York, Harcourt, 1958.
369 p. 58-8581.

ASF   63(3):148-150. My. 1959. (P. Miller)
GAL   18(2):153. D. 1959. (F. Gale)
WIF   9(5):99-100. N. 1959. (F. Pohl)

Tomorrow is already here. New York, Simon & Schuster,
1954. 241 p. 54-6672.

ASF   55(1):156. Mr. 1955. (P. Miller)
AUT   No. 44:93-94. Ap. 1954. (n.g.)

Ħ

KAEMPFFERT, WALDEMAR BERNHARD

Explorations in science. New York, Viking, 1953. 296 p.
53-5610rev.

    SFIQ   2(5):62. N. 1953. (L. de Camp)

KÄSTNER, ERICH

The little man. New York, Knopf, 1966. 183 p. 67-2072.

    LM   26/27:29. J1/Ag. 1971. (C. Moslander)

The little man and the big thief. New York, Knopf, 1969.
162 p. 77-108452.

    LM   26/27:29. J1/Ag. 1971. (C. Moslander)

KAFKA, FRANZ

Selected short stories. New York, Modern Library, 1952.
328 p. 52-9771rev.

    FSF   4(2):73-74. F. 1953. (Boucher & McComas)

KAGAN, NORMAN

The cinema of Stanley Kubrick. New York, Holt, 1972.
204 p. 72-182766.

    EJ   62:826. My. 1973. (J. Conner)
    LJ   98:1024. Mr. 15, 1973. (H. Malm)

KAHN, FRITZ

Design of the universe. New York, Crown, 1954. 373 p.
54-6641.

    AMZ   29(3):116-117. My. 1955. (V. Gerson)
    GAL   10(3):120. Je. 1955. (G. Conklin)

KAHN, HERMAN

The year 2000, by Herman Kahn and Anthony J. Wiener. New
York, Macmillan, 1967. 431 p. 67-29488.

    FUT   4:196. Je. 1972. (D. Livingston)

KAHN, JOAN, ed.

Graveyard shift. New York, Dell, 1970. 319 p.

    LM   21:32. F. 1971. (D. Paskow)

Some things dark and dangerous. New York, Harper, 1970.
294 p. 78-121804.

    FSF   41:76. J1. 1971. (G. Wilson)
    LM   38/39:19. J1/Ag. 1972. (C. Moslander)

KAMIN, NICK

Earthrim. New York, Ace, 1969. 147 p. NUC 71-89350.

    LM   19:27. D. 1970. (D. Paskow)
    SFR   41:27-28. N. 1970. (P. Walker)

KANE, GIL

Blackmark. New York, Bantam, 1971. 128 p.

    FAS   20:115-117,125. Ag. 1971. (T. White)
    WSJ   78:37-38. Je/J1. 1971. (F. Patten)

KANTOR, MACKINLAY

If the South had won the Civil War. New York, Bantam,
1961. 113 p.

    ASF   68(3):169. N. 1961. (P. Miller)

KAPLAN, HOWARD S.

The dragon from the Bronx. New York, Putnam, 1968. 72 p.
68-15059.

    LM   6:24. N. 1969. (D. Langsam)

KAPP, COLIN

The dark mind. London, Corgi, 1965. 158 p.

    NWB   No. 154:124. S. 1965. (J. Colvin)

The wizard of Anharitte. New York, Award, 1973. 190 p.

    PW   204:67. Ag. 6, 1973. (n.g.)

KARP, DAVID

One. New York, Vanguard, 1953. 311 p. 53-10801.

    ASF   54(1):154. S. 1954. (P. Miller)
    GAL   7(6):116-117. Mr. 1954. (G. Conklin)
    SFIQ   3(1):28,62,96. My. 1954. (D. Knight)
    FSF   6(1):95. Ja. 1954. (Boucher & McComas)

KASTLE, HERBERT D.

The reassembled man. Greenwich, Conn., Fawcett, 1964. 192 p.

    FSF   29(1):[i.e. 28(6)]:76-77. Je. 1965. (J. Merril)

KATZ, DAVID

Animals and men. London, Penguin, 1953. 191 p.

    AUT   No. 42:152. F. 1954. (n.g.)

KAVAN, ANNA
SEE Edmonds, Helen Woods

KAY, FREDERICK GEORGE

The Atlantic ocean. London, Museum Press, 1954. 208 p. 55-744.

    AUT   No. 53:131. Ja. 1955. (n.g.)

KAY, TERENCE

Space volunteers. New York, Harper, 1960. 136 p. 60-5780.

    GAL   20(1):173-174. O. 1961. (F. Gale)

KEEFER, LOWELL B.

Visitors from outer space. New York, Carlton Press, 1969. 149 p.

    LM   8:27. Ja. 1970. (J. Schaumburger)

KEEL, JOHN A.

Strange creatures from time and space. Greenwich, Conn., Fawcett, 1970. n.g.

    PW   197(9):84. Mr. 2, 1970.
    SFR   41:25-26. N. 1970. (P. Walker)

KEEN, ARTHUR WILLIAM

Electronics. New York, Philosophical Library, 1956. 255 p. 57-2133.

    GAL   12(6):94. O. 1956. (F. Gale)

KEENE, DAY

World without women, by Day Keene and Leonard Pruyn. Greenwich, Conn., Fawcett, 1960. 176 p.

    ASF   66(2):168. O. 1960. (P. Miller)
    FSF   19(2):103. Ag. 1960. (D. Knight)

KELEN, EMERY

Stamps tell the story of space travel. Nashville, Nelson, 1972. 143 p. 74-181677.

    LM   44:19. Ja. 1973. (F. Maxim)

KELLEAM, JOSEPH E.

Hunters of space. New York, Avalon, 1960. 223 p.

    ASF   68(1):169. S. 1961. (P. Miller)
    GAL   19(6):157. Ag. 1961. (F. Gale)

The little men. New York, Avalon, 1960. 226 p.

    ASF   66(3):163. N. 1960. (P. Miller)
    GAL   19(2):124. D. 1960. (F. Gale)

Overlords from space. New York, Ace, 1956. 146 p.

    ASF   58(5):156-157. Ja. 1957. (P. Miller)

KELLER, DAVID HENRY

The devil and the doctor. New York, Simon & Schuster, 1940. 308 p. 40-32082.

    AST   2(3):4. F. 1941. (D. Wollheim)
    STS   1(2):126,129. Ap. 1941. (D. Wollheim)

The eternal conflict. Philadelphia, Prime Press, 1949. 191 p. 50-7068.

    SSS   7(1):70-71. Jl. 1950. (F. Pohl)
    TWS   36(3):157-158. Ag. 1950. (S. Merwin)

The folsom flint and other curious tales. Sauk City, Wisc., Arkham House, 1969. 213 p.

    WTT   1(3):118. Fl. 1970. (R. Lowndes)
    FSF   39(4):27-28. O. 1970. (G. Wilson)

The homunculus. Philadelphia, Prime Press, 1949. 160 p. 49-11754.

    TWS   36(1):156-157. Ap. 1950. (S. Merwin)
    SSS   6(3):98. Mr. 1950. (F. Pohl)

The lady decides. Philadelphia, Prime Press, 1950. 133 p. 50-7069.

    SSS   7(1):70-71. Jl. 1950. (F. Pohl)
    TWS   36(3):157-158. Ag. 1950. (S. Merwin)

Life everlasting and other stories of science, fantasy, and horror. Newark, Avalon Co., 1947. 382 p.

    AMZ   23(9):161. S. 1949. (n.g.)
    FNM   2(5):113-114. Ja. 1949. (S. Moskowitz)
    FBK   1(4):38. 1948. (n.g.)
    TWS   33(1):174-175. O. 1948. (S. Merwin)
    SSS   5(3):95-96. Jl. 1949. (F. Pohl)

The solitary hunters and The abyss. Philadelphia, New Era, 1948. 265 p. 49-523.

    FNM   4(1):116-117. My. 1950. (S. Moskowitz)
    FUTF   3(6):63. Mr. 1953. (R. Lowndes)
    TWS   34(1):162. Ap. 1949. (n.g.)

Tales from underwood. Sauk City, Arkham House, 1952. 322 p. 52-8576.

    FUTF   3(6):63. Mr. 1953. (R. Lowndes)
    GAL   4(6):132-133. S. 1952. (G. Conklin)

KELLEY, LEO P.

The accidental Earth. New York, Belmont, 1970. 173 p.

    LM   23:26. Ap. 1971. (D. Paskow)

Brother John. New York, Avon, 1971. 160 p.

    LM   35/36:64. Ap/My. 1972. (T. Bulmer)

The coins of Murph. New York, Berkley, 1971. 190 p.

    LM   31:24. D. 1971. (P. Walker)

The Earth tripper. Greenwich, Conn., Fawcett, 1973. 159 p.

    GAL   34:103. O. 1973. (T. Sturgeon)

Mindmix. Greenwich, Conn., Fawcett, 1972. 172 p.

    PW   201:60. Ap. 10, 1972. (n.g.)

Mythmaster. New York, Dell, 1973. 224 p.

    SWSJ   106:4. O. 1973. (D. D'Ammassa)

Odyssey to earthdeath. New York, Belmont, 1968. 174 p.

    LM   1:30. Je. 1969. (J. Slavin)

Time rogue. New York, Lancer, 1970. 190 p.

    SFR   41:29. N. 1970. (P. Walker)
    FSF   40:66-67. Ap. 1971. (J. Russ)
    LM   24/25:53. My/Je. 1971. (S. Mines)

KELLEY, THOMAS P.

The face that launched a thousand ships. Toronto, Adam, 1941. 125 p.

    SSS   3(4):123. My. 1942. (D. Wollheim)

KELLY, ROBERT

The scorpions. Garden City, N.Y., Doubleday, 1967. 188 p. 66-20978.

    GAL   25(5):192-194. Je. 1967. (A. Budrys)
    FSF   32(5):44-48. My. 1967. (J. Merril)

KELLY, WALT

G. O. fizzickle Pogo. New York, Simon & Schuster, 1958. 191 p. 58-59612.

    FAU   11(2):109. Mr. 1959. (H. Santesson)

The Pogo Sunday book. New York, Simon & Schuster, 1956. 132 p. 56-13921.

    FSF   11(6):108. D. 1956. (A. Boucher)

KENLEY, JULIE CLOSSON

The astonishing ant. New York, Appleton, 1931. 250 p. 31-9958.

    AMZ   6(4):379. Jl. 1931. (T. Sloane)

KENNAWAY, JAMES

The mind benders. New York, Atheneum, 1963. 157 p. 63-17847.

    FSF   28(4):70. Ap. 1965. (J. Merril)

KENNEDY, JOHN DE NAVARRE

In the shadow of the Cheka. New York, Macaulay, 1935. 320 p. 35-13194.

    AMZ   10(10):132. Je. 1936. (C. Brandt)

KENNY, HERBERT A.

Alistare owl. New York, Harper, 1969. 80 p. 78-77934.

    LM   18:20. N. 1970. (C. Moslander)

KENT, JACK

The blah. New York, Parents Magazine Press, 1970. 32 p. 73-93851.

    LM   29:23. O. 1971. (J. Post)

The wizard of Wallaby Wallow. New York, Parents Magazine Press, 1971. 54 p. 79-153785.

    LM   43:18. D. 1972. (S. Deckinger)

KENYON, LEY

The pocket guide to the underwater world. New York, Barnes, 1956. 256 p. 57-13590.

    GAL   14(6):124-125. O. 1957. (F. Gale)

KERR, GEOFFREY

Under the influence. Philadelphia, Lippencott, 1953. 238 p. 53-37024.

    SFIQ   3(5):59. My. 1955. (D. Knight)
    FSF   7(4):95. O. 1954. (A. Boucher)

KERRUISH, JESSIE DOUGLAS

The undying monster. New York, Macmillan, 1936. 256 p. 37-1673.

    AMZ   11(1):133. F. 1937. (C. Brandt)

KERSH, GERALD

On an odd note. New York, Ballantine, 1958. 154 p.

    AMZ   32(11):79. N. 1958. (S. Cotts)
    FAU   10(3):118. S. 1958. (H. Santesson)
    GAL   17(4):144. Ap. 1959. (F. Gale)
    FSF   15(3):98. S. 1958. (A. Boucher)

The secret masters. New York, Ballantine, 1953. 225 p. 53-8523.

    ASF   52(5):150. Ja. 1954. (P. Miller)
    GAL   7(3):85-86. D. 1953. (G. Conklin)
    SFA   2(2):80. F. 1954. (D. Knight)

KETTERER, DAVID

New worlds for old: the apocalyptic imagination, science fiction, and American literature. Garden City, N.Y., Doubleday Anchor, 1974. 360 p. 72-96278.

LJ   98: 3637. D. 15, 1973. (D. Sternlicht)
PW   204:58. N. 5, 1973. (n.g.)

KEY, ALEXANDER

Escape to witch mountain. Philadelphia, Westminster, 1968. 172 p. 68-11206.

ASF   82(5):163. Ja. 1969. (P. Miller)

Flight to the lonesome place. Philadelphia, Westminster, 1971. 192 p. 78-133889.

KR   39:381. Ap. 1, 1971. (n.g.)
PW   199:60. Ap. 26, 1971. (n.g.)
LM   35/36:46. Ap/My. 1972. (C. Moslander)

The forgotten door. Philadelphia, Westminster Press, 1965. 126 p. 65-10170.

ASF   76(2):149. O. 1965. (P. Miller)

The golden enemy. Philadelphia, Westminster, 1969. 176 p. 69-14200.

ASF   84(5):166. Ja. 1970. (P. Miller)
LM   6:24. N. 1969. (D. Paskow)

The incredible tide. Philadelphia, Westminster, 1970. 159 p. 70-100952.

LJ   95(13):254. Jl. 1970. (E. Haynes)
PW   197(20):39. My. 18, 1970.
LM   26/27:29. Jl/Ag. 1971. (D. Paskow)

The preposterous adventures of swimmer. New York, Westminster, 1973. 128 p. 73-7945.

KR   41:1200-1201. N. 1, 1973. (n.g.)

KEYES, DANIEL

Flowers for Algernon. New York, Harcourt, 1966. 274 p. 66-12366.

ASF   78(6):161. F. 1967. (P. Miller)
GAL   24(6):193-194. Ag. 1966. (A. Budrys)
FSF   30(6):36-38. Je. 1966. (J. Merril)

KEYHOE, DONALD EDWARD

The flying saucer conspiracy. New York, Holt, 1955. 315 p. 55-7918.

ASF   58(5):154. Ja. 1957. (P. Miller)
FAU   5(2):121-122. Mr. 1956. (H. Santesson)
AUT   No. 81:126-127. Je. 1957. (A. Harby)
FSF   10(4):77. Ap. 1956. (A. Boucher)

Flying saucers are real. New York, Fawcett, 1950. 175 p. 50-4886.

FSF   1(4):83. Fl. 1950. (Boucher & McComas)

Flying saucers from outer space. New York, Holt, 1953. 276 p. 53-9588.

ASF   53(2):140-144. Ap. 1954. (P. Miller)
AUT   No. 48:126-127. Ag. 1954. (n.g.)
GAL   8(1):118. Ap. 1954. (G. Conklin)
NWB   No. 25:126. Jl. 1954. (L. Flood)
FSF   6(2):95-96. F. 1954. (Boucher & McComas)

KINDON, THOMAS

Murder in the moor. New York, Dutton, 1929. 248 p. 29-25601.

ADT   1(3):286. Mr. 1931. (n.g.)

KING, CYNTHIA

In the morning of time. New York, Four Winds, 1970. 237 p. 79-81702.

LM   26/27:29. Jl/Ag. 1971. (D. Hamilton)

KING, VINCENT

Another end. New York, Ballantine, 1971. n.g.

PW   198(25):62. D. 28, 1970.

Light a last candle. London, Rapp & Whiting, 1970. 217 p. 70-487432.

LM   13:30. Je. 1970. (D. Paskow)
VOT   1(9):29. Je. 1970. (G. Giles)

KINNELL, GALWAY

Poems at night. London, Rapp & Carroll, 1968. 63 p. 68-95277.

NWB   No. 181:64. Ap. 1968. (J. Sallis)

KIRST, HANS HELLMUT

The seventh day. Garden City, N.Y., Doubleday, 1959. 424 p. 59-8267.

AMZ   33(8):44-45. Ag. 1959. (S. Cotts)
ASF   64(5):170-171. Ja. 1960. (P. Miller)

KITCHIN, CLIFFORD HENRY BENN

Death of my aunt. New York, Harcourt, 1930. 247 p. 30-4655.

ADT   1(7):667. Jl. 1930. (n.g.)

KLASS, PHILIP

Children of wonder, ed. by William Tenn. New York, Simon & Schuster, 1953. 337 p. 53-8490.

ASF   52(6):152. F. 1954. (P. Miller)
FUTF   4(5):66. Ja. 1954. (R. Lowndes)
GAL   6(6):120-121. S. 1953. (G. Conklin)
ISF   4(8):145. S. 1953. (M. Reinsberg)
SFP   1(5):27. Ag. 1953. (S. Moskowitz)
FSF   5(2):97. Ag. 1956. (Boucher & McComas)

KLASS, PHILIP (Continued)

The human angle, by William Tenn. New York, Ballantine, 1956. 152 p. 56-11224.

ASF	58(5):155-156. Ja. 1957.	(P. Miller)
GAL	13(4):51. F. 1957.	(F. Gale)
INF	2(4):99. Jl. 1957.	(D. Knight)
FSF	12(1):96. Ja. 1957.	(A. Boucher)
FSF	35(3):30-34. S. 1968.	(J. Merril)

Of all possible worlds, by William Tenn. New York, Ballantine, 1955. 161 p. 54-8911.

ASF	56(1):148-149. S. 1955.	(P. Miller)
FAU	4(3):109. O. 1955.	(H. Santesson)
GAL	8(6):116. S. 1954.	(G. Conklin)
AUT	No. 78:126. Mr. 1957.	(n.g.)
OSFS	6(2):120. S. 1955.	(D. Knight)
FSF	35(3):30-34. S. 1968.	(J. Merril)

Of men and monsters, by William Tenn. New York, Ballantine, 1968. 256 p.

AMZ	42(3):142. S. 1968.	(H. Harrison)
NWB	No. 183:62. O. 1968.	(D. Hill)
FSF	35(3):30-34. S. 1968.	(J. Merril)
WSJ	70:29-30. D. 1969/F. 1970.	(T. Pauls)

The seven sexes, by William Tenn. New York, Ballantine, 1968. 236 p.

FSF	35(3):30-34. S. 1968.	(J. Merril)

The square root of man, by William Tenn. New York, Ballantine, 1968. 220 p. NUC 70-70685.

FSF	35(3):30-34. S. 1968.	(J. Merril)

Time in advance, by William Tenn. New York, Bantam, 1958. 153 p. 58-8495.

ASF	63(1):144-145. Mr. 1959.	(P. Miller)
NWB	No. 130:126-127. My. 1963.	(L. Flood)
NWB	No. 164:150-151. Jl. 1966.	(H. Bailey)
FSF	15(3):98. S. 1958.	(A. Boucher)

The wooden star, by William Tenn. New York, Ballantine, 1968. 251 p. NUC 70-70686.

BB	16:paperback supp. VI. Ag. 1971.	(M. Learmont)
FSF	35(3):30-34. S. 1968.	(J. Merril)

KLEIN, GERARD

The overlords of war. Garden City, N.Y., Doubleday, 1973. 186 p. 72-84923.

AMZ	47:119-120. D. 1973.	(T. Monteleone)
BKL	69:835. My. 1, 1973.	(n.g.)
GAL	33:172. My/Je. 1973.	(T. Sturgeon)
KR	41:24. Ja. 1, 1973.	(n.g.)
LJ	98:567. F. 15, 1973.	(T. Bell)
LM	49:26-27. At. 1973.	(M. Purcell)
PW	202:34. D. 18, 1972.	(n.g.)

Starmaster's gambit. New York, Daw, 1973. 172 p.

PW	204:82. Jl. 2, 1973.	(n.g.)
SWSJ	109:3. O. 1973.	(D. D'Ammassa)

KLEIN, JAY KAY

Convention annual no. 3; discon edition. Syracuse, The Author, 1963. 103 p.

FAS	14(5):125-126. My. 1965.	(R. Silverberg)

KLEY, HEINRICH

The drawings of Heinrich Kley. New York, Dover, 1961. 128 p. 61-4034.

FSF	23(2):68. Ag. 1962.	(A. Davidson)

KLINE, MILTON V., ed.

A scientific report on "The search for Bridey Murphy." New York, Julian Press, 1956. 224 p. 56-3062.

ASF	58(1):160. S. 1956.	(J. Campbell, Jr.)
FUTF	No. 32:117-119. Sp. 1957.	(L. de Camp)
GAL	13(2):87. D. 1956.	(F. Gale)
INF	2(3):122-124. Je. 1957.	(D. Knight)
FSF	11(4):104-105. O. 1956.	(A. Boucher)

KLINE, OTIS ADELBERT

The outlaws of Mars. New York, Avalon, 1961. 224 p.

ASF	67(6):168-169. Ag. 1971.	(P. Miller)
GAL	20(2):147. D. 1961.	(F. Gale)

The planet of peril. Chicago, McClurg, 1929. 358 p. 29-20648.

AMZ	4(12):1188. Mr. 1930.	(C. Brandt)
ASF	70(1):160-161. S. 1962.	(P. Miller)

Port of peril. Providence, Grandon, 1949. 218 p.

ASF	46(2):127. O. 1950.	(P. Miller)
SCF	No. 2:76. W. 1950/1951.	(J. Aiken)

Prince of peril. New York, Ace, 1962. 174 p.

AMZ	38(7):124-125. Jl. 1964.	(R. Silverberg)

The swordsman of Mars. New York, Avalon, 1960. 218 p.

ASF	67(2):170. Ap. 1961.	(P. Miller)
GAL	19(4):132. Ap. 1961.	(F. Gale)
WIF	10(6):88. Ja. 1961.	(F. Pohl)

KLINKOWITZ, JEROME

The Vonnegut statement, by Jerome Klinkowitz and John Somer. New York, Delacorte, 1973. 286 p. 72-5161.

KR	40:1391-1392. D. 1, 1972.	(n.g.)
KR	40:1436. D. 15, 1972.	(n.g.)
LJ	97:3712-3713. N. 15, 1972.	(R. Grefrath)
PW	202:63. D. 4, 1972.	(n.g.)
PW	202:38. D. 18, 1972.	(n.g.)
NR	25:1064. S. 28, 1973.	(C. Nicol)
TM	101:74-78. F. 12, 1973.	(R. Sheppard)
CHO	10:620. Je. 1973.	(n.g.)

KNEALE, NIGEL

Quatermass and the pit. Baltimore, Penguin, 1960. 187 p. 60-3713.

    ASF   66(6):166-169. F. 1961. (P. Miller)

The Quatermass experiment. Baltimore, Penguin, 1960. 191 p. 60-424.

    ASF   66(6):166-169. F. 1961. (P. Miller)

Quatermass II. Baltimore, Penguin, 1960. 173 p. 60-2047.

    ASF   66(6):166-169. F. 1961. (P. Miller)

Tomato Cain. New York, Knopf, 1950. 300 p. 59-12595.

    FSF   2(1):59. F. 1951. (Boucher & McComas)

KNEBEL, FLETCHER

Seven days in May, by Fletcher Knebel and Charles W. Bailey II. New York, Harper, 1962. 341 p. 62-14555.

    ASF   70(6):172-174. F. 1963. (P. Miller)

Trespass. Garden City, N.Y., Doubleday, 1969. 371 p. 71-78731.

    LM   35/36:58. Ap/My. 1972. (D. Paskow)

KNIGHT, CHARLES ROBERT

Before the dawn of history. New York, McGraw-Hill, 1935. 119 p. 35-1358.

    AMZ   10(2):135. My. 1935. (C. Brandt)

KNIGHT, DAMON FRANCIS

A for anything. New York, Walker, 1970. 160 p. 70-141817.

    SFO   25:13. D. 1971. (P. Anderson)
    KPG   6:80. S. 1972. (B. Cooperman)
    LM   35/36:49. Ap/My. 1972. (D. Paskow)
    SWSJ   66:8. S. 1972. (B. Keller)

Beyond the barrier. Garden City, N.Y., Doubleday, 1964. 188 p. 64-10559.

    AMZ   38(6):120-122. Je. 1964. (R. Silverberg)
    ASF   73(4):87. Je. 1964. (P. Miller)
    NWB   No. 146:117. Ja. 1965. (J. Colvin)

Beyond tomorrow. New York, Harper, 1965. 333 p. 65-20251.

    ASF   77(1):150-151. Mr. 1966. (P. Miller)
    FSF   30(4):39. Ap. 1966. (F. Leiber)
    SFR   40:31. O. 1970. (P. Walker)

A century of great short science fiction novels. New York, Delacorte, 1964. 379 p. 64-11910.

    ASF   74(4):87. D. 1964. (P. Miller)
    NWB   No. 158:122-123. Ja. 1966. (J. Colvin)
    FSF   27(5):42-43. N. 1964. (A. Davidson)

A century of science fiction. New York, Simon & Schuster, 1962. 352 p. 62-12409.

    AMZ   36(7):141-143. Jl. 1962. (S. Cotts)
    ASF   70(1):156-157. S. 1962. (P. Miller)
    GAL   21(3):143-144. F. 1963. (F. Gale)
    NWB   No. 139:128. F. 1964. (L. Flood)
    FSF   23(4):63-65. O. 1962. (A. Davidson)

Charles Fort: prophet of the unexplained. Garden City, N.Y., Doubleday, 1970. 224 p. 70-111340.

    SFR   41:25-26. N. 1970. (P. Walker)
    LM   24/25:44. My/Je. 1971. (G. Wolfe)

Cities of wonder. Garden City, N.Y., Doubleday, 1966. 252 p. 66-11767.

    ASF   80(1):166-167. S. 1967. (P. Miller)
    FSF   31(3):19. S. 1966. (J. Merril)

The dark side. Garden City, N.Y., Doubleday, 1965. 241 p. 65-10606.

    GAL   23(6):192-193. Ag. 1965. (A. Budrys)
    NWB   No. 165:148-149. Ag. 1966. (J. Cawthorn)
    FSF   29(2):64. Ag. 1965. (F. Leiber)

Dimension X: five science fiction novellas. New York, Simon & Schuster, 1970. 351 p. 71-122940.

    LJ   95(22):4364. D. 15, 1970. (M. Dorsey)
    ASF   87:168-169. Mr. 1971. (P. Miller)
    BB   17:72. Je. 1972. (B. Patten)
    LM   35/36:57. Ap/My. 1972. (D. Paskow)

Far out. New York, Simon & Schuster, 1961. 282 p. 61-5838.

    AMZ   35(8):134-135. Ag. 1961. (S. Cotts)
    ASF   67(6):166-167. Ag. 1961. (P. Miller)
    NWB   No. 116:128. Mr. 1962. (L. Flood)
    FSF   21(1):82. Jl. 1961. (A. Bester)

First flight. New York, Lancer, 1963. 160 p.

    ASF   72(6):94. F. 1964. (P. Miller)

Hell's pavement. New York, Lion Books, 1955. 192 p.

    ASF   56(1):150-151. S. 1955. (P. Miller)
    GAL   10(6):91. S. 1955. (G. Conklin)
    OSFS   6(2):122-125. S. 1955. (R. Lowndes)
    FSF   8(6):76. Je. 1955. (A. Boucher)
    LM   40:26. S. 1972. (P. Walker)

In deep. New York, Berkley, 1963. 158 p. NUC 71-101649.

    ASF   73(6):85. Ag. 1964. (P. Miller)

In search of wonder. Chicago, Advent, 1956. 180 p. 57-180.

    ASF   59(1):141-143. Mr. 1957. (P. Miller)
    FAU   9(6):120. Je. 1958. (H. Santesson)
    GAL   13(6):105-106. Ap. 1957. (F. Gale)
    ISF   8(2):123. Ap. 1957. (H. Bott)
    NWB   No. 65:127-128. N. 1957. (L. Flood)
    SAT   1(4):124-125. Ap. 1957. (S. Moskowitz)
    SFIQ   5(1):16,76,92. My. 1957. (J. Tyler)
    FSF   11(5):99. N. 1956. (A. Boucher)

KNIGHT, DAMON FRANCIS (Continued)

In search of wonder. Rev. ed. Chicago, Advent, 1967.
306 p. 67-4260.

AMZ	42(5):144. Ja. 1969. (B. Malzberg)
ASF	81(6):162-163. Ag. 1968. (P. Miller)
GAL	26(2):187-188. D. 1967. (A. Budrys)
FMF	2(1):115. Sm. 1968. (R. Lowndes)
FSF	33(3):61. S. 1967. (J. Merril)

Masters of evolution. New York, Ace, 1959. 96 p.

ASF	65(3):172-173. My. 1960. (P. Miller)
WIF	9(6):84-85. Ja. 1960. (F. Pohl)

Mind switch. New York, Berkley, 1965. 144 p.

ASF	78(2):165. O. 1966. (P. Miller)
FSF	30(5):44-45. My. 1966. (J. Merril)

Nebula award stories: 1965, ed. by Damon Knight. Garden
City, N.Y., Doubleday, 1966. 299 p.

ASF	79(2):165-166. Ap. 1967. (P. Miller)
NWB	No. 169:156. D. 1966. (W. E. B.)
FSF	32(1):68-69. Ja. 1967. (J. Merril)
LM	20:28. Ja. 1971. (J. Slavin)
WSJ	72:25-26. Je/Ag. 1971. (T. Pauls)

100 years of science fiction, ed. by Damon Knight. New
York, Simon & Schuster, 1968. 384 p. 68-28913.

GAL	28(4):136-137. My. 1969. (A. Budrys)
SFO	16:13-16. N. 1970. (B. Gillespie)

Orbit 1, ed. by Damon Knight. New York, Putnam, 1966.
192 p.

ASF	78(5):161-162. Ja. 1967. (P. Miller)
GAL	25(1):154-158. O. 1966. (A. Budrys)
NWB	No. 169:156. D. 1966. (W. E. B.)
FSF	31(3):18-19. S. 1966. (J. Merril)

Orbit 2, ed. by Damon Knight. New York, Putnam, 1967.
255 p.

ASF	80(6):166-167. F. 1968. (P. Miller)
GAL	26(2):192-194. D. 1967. (A. Budrys)
NWB	No. 186:61. Ja. 1969. (J. Cawthorn)

Orbit 3, ed. by Damon Knight. New York, Berkley, 1968.
224 p.

GAL	28(1):185-186. F. 1969. (A. Budrys)
SFO	7:31. N. 1969. (B. Gillespie)

Orbit 4, ed. by Damon Knight. New York, Putnam, 1968.
254 p.

LM	6:30. N. 1969. (J. Schaumburger)
NR	22(9):266-267. Mr. 10, 1970. (T. Sturgeon)
SPEC	28:27-28. Ja. 1971. (B. Gillespie)

Orbit 5, ed. by Damon Knight. New York, Putnam, 1969.
222 p.

ASF	85(1):163-164. Mr. 1970. (P. Miller)
FSF	38(5):27-28. My. 1970. (B. Malzberg)
LM	16:13. S. 1970. (G. Bear)
SFR	38:32-34. Je. 1970. (R. Delap)
SFO	21:32-37. My. 1971. (B. Gillespie)
SWSJ	29:6. Jl. 1971. (yngvi)

Orbit 6, ed. by Damon Knight. New York, Putnam, 1970.
222 p.

LJ	95(10):1970. My. 15, 1970. (N. Menken)
PW	195(5):90. F. 2, 1970.
SFR	40:26-27. O. 1970. (R. Delap)
SFO	22:27-33. Jl. 1971. (B. Gillespie)
LM	24/25:41. My/Je. 1971. (R. Freedman)

Orbit 7, ed. by Damon Knight. New York, Putnam, 1970.
224 p.

LJ	95(12)2284. Je. 15, 1970. (J. Polacheck)
SFR	41:21-22. N. 1970. (R. Delap)
LM	26/27:31. Jl/Ag. 1971. (D. Hamilton)
SFO	22:27-33. Jl. 1971. (B. Gillespie)
SWSJ	21:3-4. My. 1971. (J. Newton)

Orbit 8, ed. by Damon Knight. New York, Putnam, 1970.
224 p.

PW	198(14):57. O. 5, 1970.
SFR	43:36-38. Mr. 1971. (R. Delap)
SWSJ	26:10. Jl. 1971. (J. Newton)
LM	34:29. Mr. 1972. (C. Moslander)

Orbit 9, ed. by Damon Knight. New York, Putnam, 1971.
192 p.

KR	39:771. Jl. 15, 1971. (n.g.)
FSF	42:64-66. Mr. 1972. (A. Panshin)
GAL	32:86-87. Mr. 1972. (T. Sturgeon)
LJ	97:293. Ja. 15, 1972. (S. Yamashita)
LM	44:25. Ja. 1973. (J. B. Post)

Orbit 10, ed. by Damon Knight. New York, Putnam, 1972.
255 p.

KR	39:1233. N. 15, 1971. (n.g.)
KR	39:1265. D. 1, 1971. (n.g.)
PW	200:52. D. 6, 1971. (n.g.)
LJ	97:518-519. F. 1, 1972. (J. Post)
LJ	97:1934. My. 15, 1972. (G. Merrill)
SDNP	p. 8. Jl. 15/16, 1972. (B. Friend)
SWSJ	75:8. D. 1972. (J. Newton)

Orbit 11, ed. by Damon Knight. New York, Putnam, 1972.
255 p.

ASF	91:167-169. Jl. 1973. (P. Miller)
GAL	33:156. Mr/Ap. 1973. (T. Sturgeon)
KPG	7:23. Ap. 1973. (n.g.)
SWSJ	103:2. Ag. 1973. (J. Frederick)
KR	40:885. Ag. 1, 1972. (n.g.)
PW	202:70. Jl. 31, 1972. (n.g.)

Orbit 12, ed. by Damon Knight. New York, Putnam, 1973.
254 p.

ASF	92:165-166. O. 1973. (P. Miller)

The other foot. London, Whiting, 1966. 159 p. NUC 67-
102347.

NWB	No. 169:154. D. 1966. (H. Bailey)

The people maker. Rockville Centre, N.Y., Zenith Books,
1959. 159 p.

ASF	65(1):161-162. Mr. 1960. (P. Miller)

Perchance to dream, ed. by Damon Knight. Garden City,
N.Y., Doubleday, 1972. 206 p. 72-76181.

AMZ	47:118-119. Ag. 1973. (T. Monteleone)
BKL	69:429. Ja. 1, 1973. (n.g.)
GAL	33:156. Mr/Ap. 1973. (T. Sturgeon)

KNIGHT, DAMON FRANCIS (Continued)

Perchance to dream (Continued).

NR	25:104.	Ja. 19, 1973.	(T. Sturgeon)
KR	40:697.	Je. 15, 1972.	(n.g.)
LJ	97:2494.	Jl. 1972.	(J. Kammermeyer)

A pocketful of stars, ed. by Damon Knight. Garden City, N.Y., Doubleday, 1971. 294 p. 72-116223.

KR	39:836.	Ag. 1, 1971.	(n.g.)
LJ	96:2673.	S. 1, 1971.	(S. Avila)
TLS	3684:1235.	O. 13, 1972.	(n.g.)
PW	200:76.	Ag. 23, 1971.	(n.g.)

A science fiction argosy, ed. by Damon Knight. New York, Simon & Schuster, 1972. 828 p. 73-165473.

BKL	68:931.	Jl. 1, 1972.	(n.g.)
KR	40:224.	F. 15, 1972.	(n.g.)
PW	201:68.	F. 14, 1972.	(n.g.)
SDNP	p. 8.	Jl. 15/16, 1972.	(B. Friend)
SWSJ	75:8.	D. 1972.	(J. Newton)
BB	18:86-87.	S. 1973.	(B. Patten)

Science fiction inventions, ed. by Damon Knight. New York, Lancer, 1967. 256 p. NUC 70-89199.

ASF	82(6):167-169.	F. 1969.	(P. Miller)
GAL	26(5):126-127.	Je. 1968.	(A. Budrys)

The sun saboteurs. New York, Ace, 1961. 101 p.

ASF	68(6):168.	F. 1962.	(P. Miller)

Thirteen French science-fiction stories, ed. by Damon Knight. New York, Bantam, 1965. 167 p. 65-15738.

ASF	76(4):151-152.	D. 1965.	(P. Miller)
FSF	30(4):38-39.	Ap. 1966.	(F. Leiber)

Three novels: Rule golden, Natural state, and The dying man. Garden City, N.Y., Doubleday, 1967. 189 p. 67-10402.

FSF	33(6):33-34.	D. 1967.	(J. Merril)

Tomorrow and tomorrow, ed. by Damon Knight. New York, Simon & Schuster, 1973. 253 p. 73-2152.

BKL	70:334.	N. 15, 1973.	(n.g.)
KR	41:1108.	O. 1, 1973.	(n.g.)

Tomorrow times four, ed. by Damon Knight. Greenwich, Conn., Fawcett, 1964. 176 p. NUC 65-85284.

AMZ	39(2):117.	F. 1965.	(R. Silverberg)

Toward infinity, ed. by Damon Knight. London, Gollancz, 1970. 319 p.

SFO	17:24-25.	N. 1970.	(D. Penman)

Turning on. Garden City, N.Y., Doubleday, 1966. 180 p. 66-17438.

ASF	81(5):160.	Jl. 1968.	(P. Miller)
FSF	33(2):35.	Ag. 1967.	(J. Merril)

World without children and The earth quarter. New York, Lancer, 1970. 192 p.

LM	24/25:61.	My/Je. 1971.	(S. Mines)

Worlds to come, ed. by Damon Knight. New York, Harper, 1967. 337 p. 67-4153.

GAL	26(1):188-190.	O. 1967.	(A. Budrys)

KNIGHT, DAVID C.

Poltergists: hauntings and the haunted, ed. by David C. Knight. Philadelphia, Lippencott, 1972. 160 p. 72-2445.

SWSJ	88:2.	Ap. 1973.	(C. Wolfe)

KNIGHT, ERIC

Sam Small flies again. New York, Harper, 1942. 285 p. 42-5832.

SSS	4(1):71.	Ag. 1942.	(D. Wollheim)

KNIGHT, JOHN ALDEN

Moon up-moon down. New York, Scribners, 1942. 163 p. 42-22349.

ASF	31(6):161-162.	Ag. 1943.	(A. Boucher)

KNIGHT, MALLORY T.

Dracutwig. New York, Award, 1969. 156 p.

LM	16:3.	S. 1970.	(G. Bear)

KNOTT, BILL

Journey across the third planet, by William C. Knott. Philadelphia, Chilton, 1969. 160 p. 79-80082.

LM	12:28.	My. 1970.	(D. Hamilton)

KNOX, CALVIN M.

Lest we forget thee, Earth. New York, Ace, 1958. 126 p.

ASF	62(5):153.	Ja. 1959.	(P. Miller)
FAU	10(3):118.	S. 1958.	(H. Santesson)

One of our asteroids is missing. New York, Ace, 1964. 124 p.

ASF	75(1):87-88.	Mr. 1965.	(P. Miller)

The plot against Earth. New York, Ace, 1959. 138 p.

ASF	64(4):148-149.	D. 1959.	(P. Miller)
WIF	9(4):100.	S. 1959.	(D. Knight)

KOCHER, PAUL HAROLD

Master of Middle-Earth: the fiction of J. R. R. Tolkien. New York, Houghton Mifflin, 1972. 247 p. 72-4263.

BKL	69:616.	Mr. 1, 1973.	(n.g.)
CHO	9:1590.	F. 1973.	(n.g.)
NS	2201:769.	My. 25, 1973.	(M. Hodgart)
BB	18:124-126.	Jl. 1973.	(P. Brendon)
EXT	14:165-166.	My. 1973.	(V. Kennedy)
KR	40:999.	Ag. 15, 1972.	(n.g.)
LJ	97:2733.	S. 1, 1972.	(M. Peffers)
KR	40:1212.	O. 15, 1972.	(n.g.)

KOCHER, PAUL HAROLD (Continued)

Master of Middle-Earth, the fiction of J. R. R. Tolkien (Continued)

```
NR     24:1417.  D. 22, 1972.  (J. Lobdell)
PW     202:79.  Ag. 21, 1972.  (n.g.)
SFN    17/18:3.  N/D. 1972.  (D. Rogers)
NY REVIEW OF BOOKS 19:19-21.  D. 14, 1972.  (J. Smith)
```

KOENIGSWALD, GUSTAV HEINRICH RALPH VON

Meeting prehistoric man. New York, Harper, 1956. 216 p. 56-8769.

```
GAL    14(5):106.  S. 1957.  (F. Gale)
```

KÖRNER, STEPHAN

Kant. Harmondsworth, Penguin, 1955. 230 p.

```
AUT    No. 60:152.  Ag. 1955.  (n.g.)
```

KOESTLER, ARTHUR

Beyond reductionism: new perspectives in the life sciences. Proceedings of the Alpbach Symposium 1968, ed. by Arthur Koestler and J. R. Smythies. London, Hutchinson, 1969. 438 p.

```
NWB    No. 200:29.  Ap. 1970.  (B. Marsden)
```

KOMATSU, SAKYO

Robbers of the future. Moscow, Mir, 1970. 318 p.

```
SFO    23:17-18.  S. 1971.  (S. Lem)
```

KOONTZ, DEAN R.

Anti-man. New York, Paperback Library, 1970. 142 p.

```
LM     26/27:33.  Jl/Ag. 1971.  (J. Evers)
```

Beastchild. New York, Lancer, 1970. 189 p.

```
ASF    88:166-167.  S. 1971.  (P. Miller)
REN    3:14.  1971.  (J. Pierce)
```

The dark symphony. New York, Lancer, 1970. 205 p.

```
FSF    40:65.  F. 1971.  (J. Russ)
LM     20:29.  Ja. 1971.  (S. Mines)
LM     24/25:42.  My/Je. 1971.  (J. Pierce)
```

A darkness in my soul. New York, Daw, 1972. 124 p.

```
GAL    33:173.  Ja. 1973.  (T. Sturgeon)
```

Demon seed. New York, Bantam, 1973. 182 p.

```
SWSJ   94:5.  Je. 1973.  (D. D'Ammassa)
```

The flesh in the furnace. New York, Bantam, 1972. 132 p.

```
ASF    91:167-168.  Mr. 1973.  (P. Miller)
```

The haunted Earth. New York, Lancer, 1973. 192 p.

```
SWSJ   90:2.  My. 1973.  (D. D'Ammaasa)
```

Warlock. New York, Lancer, 1972. 221 p.

```
LM     46:24.  Mr. 1973.  (B. Fredstrom)
```

A werewolf among us. New York, Ballantine, 1973. 211 p.

```
SWSJ   90:2.  My. 1973.  (D. D'Ammassa)
```

KORNBLUTH, CYRIL M.

Christmas eve. London, Joseph, 1956. 207 p.

```
AUT    No. 70:154.  Je. 1956.  (n.g.)
NEB    No. 17:102-103.  Jl. 1956.  (K. Slater)
NWB    No. 49:124-125.  Jl. 1956.  (L. Flood)
```

The explorers. New York, Ballantine, 1954. 147 p. 54-9671.

```
ASF    55(1):160.  Mr. 1955.  (P. Miller)
FAU    2(3):126.  N. 1954.  (R. Frazier)
GAL    9(4):121.  Ja. 1955.  (G. Conklin)
SFIQ   3(4):76.  F. 1955.  (D. Knight)
```

The marching morons. New York, Ballantine, 1959. 158 p. 59-10034.

```
AMZ    33(9):64.  S. 1959.  (S. Cotts)
ASF    64(5):174-176.  Ja. 1960.  (P. Miller)
FAU    11(5):99-100.  S. 1959.  (H. Santesson)
WIF    9(4):97-99.  S. 1959.  (D. Knight)
```

A mile beyond the moon. Garden City, N.Y., Doubleday, 1958. 239 p. 58-11318.

```
ASF    63(3):155-156.  My. 1959.  (P. Miller)
FAU    11(1):111.  Ja. 1959.  (H. Santesson)
GAL    17(6):139.  Ag. 1959.  (F. Gale)
OSFS   10(4):97-99.  S. 1959.  (C. Knox)
WIF    9(4):97-99.  S. 1959.  (D. Knight)
```

The mindworm. London, Joseph, 1955. 255 p.

```
NWB    No. 42:127.  D. 1955.  (L. Flood)
FSF    11(5):101.  N. 1956.  (A. Boucher)
```

Not this August. New York, Doubleday, 1955. 190 p. 55-8406.

```
AMZ    29(7):114.  D. 1955.  (V. Gerson)
ASF    56(5):152.  Ja. 1956.  (P. Miller)
FAU    4(4):117-118.  N. 1955.  (H. Santesson)
GAL    11(3):92.  Ja. 1956.  (G. Conklin)
AUT    No. 62:154-155.  O. 1955.  (n.g.)
ISF    7(1):123.  F. 1956.  (H. Bott)
SFIQ   4(2):51.  F. 1956.  (D. Knight)
FSF    10(1):93.  Ja. 1956.  (A. Boucher)
```

The syndic. Garden City, N.Y., Doubleday, 1953. 223 p. 53-9984.

```
AMZ    40(1):157-158.  Ag. 1965.  (R. Silverberg)
ASF    53(2):148.  Ap. 1954.  (P. Miller)
AUT    No. 41:150.  Ja. 1954.  (n.g.)
FAU    1(5):158-159.  Mr. 1954.  (R. Frazier)
GAL    7(6):117.  Mr. 1954.  (G. Conklin)
ISF    5(3):146.  Mr. 1954.  (H. Bott)
NWB    No. 146:120-122.  Ja. 1965.  (L. Jones)
SFA    2(3):160.  Je. 1954.  (D. Knight)
FSF    6(1):95.  Ja. 1954.  (Boucher & McComas)
```

KORNBLUTH, CYRIL M. (Continued)

Takeoff. Garden City, N.Y., Doubleday, 1952. 218 p.
52-7206.

    ASF   50(2):170. O. 1952. (P. Miller)
    GAL   4(6):134-135. S. 1952. (G. Conklin)
    SFA   1(2):111-112. F. 1953. (D. Knight)
    SPF   1(4):99. F. 1953. (G. Smith)
    FSF   3(5):43-44. S. 1952. (Boucher & McComas)

Thirteen o'clock and other zero hours. New York, Dell,
1970. 155 p.

    LM   38/39:32. Jl/Ag. 1972. (J. Rapkin)

Wolfbane, by C. M. Kornbluth and Frederik Pohl. New
York, Ballantine Books, 1959. 140 p.

    AMZ   34(1):70. Ja. 1960. (S. Cotts)
    ASF   65(4):163. Je. 1960. (P. Miller)
    NWB   No. 105:127. Ap. 1961. (L. Flood)
    FSF   18(1):67. Ja. 1960. (D. Knight)

KORNBLUTH, MARY, ed.

Science fiction showcase. Garden City, N.Y., Doubleday,
1959. 264 p. 59-11601.

    AMZ   33(12):141. D. 1959. (S. Cotts)
    ASF   65(3):166-168. My. 1960. (P. Miller)
    GAL   18(4):144. Ap. 1960. (F. Gale)
    NWB   No. 164:156-157. Jl. 1966. (B. Barclay)
    WIF   10(2):88-89. My. 1960. (F. Pohl)

KOSINSKI, JERZY

Steps. London, Bodley Head, 1969. 154 p.

    NWB   No. 195:31. N. 1969. (J. Clute)

KRACAUER, SIEGFRIED

From Caligari to Hitler. Princeton, N.J., Princeton
University Press, 1947. 361 p. 47-4412.

    FSF   17(2):93-94. Ag. 1959. (D. Knight)

KRAHN, FERNANDO

The life of numbers, by Fernando and Maria de la luz
Krahn. New York, Simon & Schuster, 1970. 47 p. 70-
107271.

    LM   31:27. D. 1971. (J. Post)

KRAMER, SAMUEL NOAH

From the tablets of Sumer. Indian Hills, Colo.,
Falcon's Wing Press, 1956. 293 p. 56-8506.

    GAL   13(5):118. Mr. 1957. (F. Gale)

KREEFT, PETER

C. S. Lewis: a critical essay. Grand Rapids, Eerdmans,
1969. 48 p. 68-54101.

    LM   13:23. Je. 1970. (J. B. Post)

KREIG, MARGARET B.

Green medicine; the search for plants that heal. Chicago,
Rand McNally, 1964. 462 p. 64-14403.

    FSF   27(5):43-44. N. 1964. (A. Davidson)

KREISHEIMER, H. C.

The whooping crane. New York, Pageant Press, 1955. 89 p.
55-8976.

    GAL   11(5):98. Mr. 1956. (F. Gale)

KRESSING, HARRY

The cook. New York, Random House, 1955. 244 p. 64-
20032.

    FSF   29(5):22. N. 1965. (J. Merril)
    GAL   24(2):155-156. D. 1965. (A. Budrys)

KRICK, IRVING P.

Sun, sea, and sky, by Irving P. Krick and Roscoe Fleming.
Philadelphia, Lippincott, 1954. 248 p. 54-11246.

    ASF   55(5):156. Jl. 1955. (P. Miller)

KRIEGER, FIRMIN JOSEPH

Behind the sputniks. Washington, Public Affairs Press,
1958. 380 p. 58-9324.

    ASF   64(4):145. D. 1959. (P. Miller)

KRINOV, E. L.

Giant meteorites. New York, Pergamon, 1966. 397 p.
65-13142.

    ASF   80(5):168-169. Ja. 1968. (R. Hall)

KROPP, LLOYD

The drift. Garden City, N.Y., Doubleday, 1969. 263 p.
68-17792.

    ASF   84(2):173. O. 1969. (P. Miller)
    LM   8:28. Ja. 1970. (F. Maxim)

KRUSE, WILLY

The stars, by W. Kruse and W. Dieckvoss. Ann Arbor,
University of Michigan Press, 1957. 202 p. 57-7745.

    GAL   16(6):131. O. 1958. (F. Gale)

KUBIE, NORA BENJAMIN

The first book of archaeology. New York, Watts, 1957.
63 p. 57-9636.

    GAL   16(5):104. S. 1958. (F. Gale)

KUBINYI, LASZLO

Zeki and the talking cat Shukru. New York, Simon & Schuster, 1970. 47 p. 75-101890.

    LM   30:24. N. 1971. (J. Post)

KUBRICK, STANLEY

Stanley Kubrick's A clockwork orange, based on the novel by Anthony Burgess. New York, Abelard, 1973. 384 p. 72-10604.

    LJ   98:1506. My. 1, 1973. (A. Burgess)

KUEBLER, HAROLD W., ed.

A treasury of science fiction classics. Garden City, N.Y., Hanover House, 1954. 694 p. 55-5273.

    AMZ   29(4):98. Jl. 1955. (V. Gerson)
    ASF   56(1):149-150. S. 1955. (P. Miller)
    GAL   10(2):113-114. My. 1955. (G. Conklin)
    ISF   6(8):115. O. 1955. (H. Bott)
    AUT   No. 57:119. My. 1955. (n.g.)

KUIPER, GERALD PETER, ed.

The atmospheres of the Earth and planets. Chicago, University of Chicago Press, 1949. 366 p. 49-7849rev.

    ASF   43(6):157-158. Ag. 1949. (R. Richardson)

The atmospheres of the Earth and planets, rev. ed. Chicago, University of Chicago Press, 1952. 434 p. 52-9902.

    ASF   50(5):160. Ja. 1953. (P. Miller)
    AUT   No. 7:111. Ap. 1, 1951. (n.g.)

The Earth as a planet. Chicago, University of Chicago Press, 1954. 751 p. 61-45074.

    ASF   55(5):153-154. Jl. 1955. (P. Miller)

Planets and satellites, ed. by Gerald P. Kuiper and Barbara M. Middlehurst. Chicago, University of Chicago Press, 1961. 601 p. 61-66777.

    ASF   70(1):161-162. S. 1962. (P. Miller)

The sun. Chicago, University of Chicago Press, 1953. 745 p. 61-45072rev.

    ASF   55(5):153-154. Jl. 1955. (P. Miller)

KUMMER, FREDERIC ARNOLD

The mark of the rat, by Arnold Fredericks. New York, J. H. Sears, 1929. 291 p. 29-18934.

    ADT   1(9):862. S. 1930. (n.g.)

KURLAND, MICHAEL

Transmission error. New York, Pyramid, 1970. 159 p.

    SFR   42:40. Je. 1971. (R. Geis)
    SWSJ   23:8. Je. 1971. (F. Patten)
    LM   35/36:47. Ap/My. 1972. (C. Moslander)

The unicorn girl. New York, Pyramid, 1969. 159 p.

    LM   18:27. N. 1970. (G. Bear)

KURTZ, KATHERINE

The chronicles of the Deryni: v. 1, Deryni rising, v. 2, Deryni checkmate, v. 3, High Deryni. New York, Ballantine, 1970-1973. 3 v.

    FANA   1:9-10. S. 1973. (I. Slater)
    FANA   1:8-9. N. 1973. (I. Slater)
    FANA   1:9-10. D. 1973. (I. Slater)

Deryni checkmate. New York, Ballantine, 1972. 302 p.

    KPG   6:27. S. 1972. (n.g.)
    SWSJ   68:9. S. 1972. (S. Burns)
    WIF   21:140. Jl/Ag. 1972. (L. del Rey)
    LM   45:24. F. 1973. (B. Fredstrom)

Deryni rising. New York, Ballantine, 1970. 271 p.

    RQ   5:60-62. Jl. 1971. (J. Christopher)

High Deryni. New York, Ballantine, 1973. 369 p.

    PW   204:48. Jl. 9, 1973. (n.g.)

KUTTNER, HENRY

Ahead of time. New York, Ballantine, 1953. 179 p. 53-9110.

    ASF   53(1):154-155. Mr. 1954. (P. Miller)
    AUT   No. 45:135-136. My. 1954. (n.g.)
    FUTF   5(3):127. O. 1954. (D. Knight)
    GAL   7(5):131-132. Ja. 1954. (G. Conklin)
    ISF   5(1):142. Ja. 1954. (M. Reinsberg)
    NWB   No. 113:127. D. 1961. (J. Carnell)
    BSP   1(3):20. Ap. 1954. (n.g.)
    FSF   5(4):73. O. 1953. (Boucher & McComas)

The best of Kuttner. London, Mayflower, 1966. 288 p.

    NWB   No. 165:145-146. Ag. 1966. (J. Cawthorn)

Bypass to otherness. New York, Ballantine, 1961. 144 p. NUC 65-71519.

    AMZ   35(10):135-136. O. 1961. (S. Cotts)
    ASF   68(6):162-163. F. 1962. (P. Miller)
    FSF   21(4):80-81. O. 1961. (A. Bester)

Chessboard planet, by Lewis Padgett. New York, Galaxy Novels, 1956. 124 p.

    ASF   58(4):153. D. 1956. (P. Miller)

Destination, infinity. New York, Avon, 1959. 192 p.

    FUTF   No. 45:115. O. 1959. (C. Knox)

Dr. Cyclops, by Will Garth. New York, Phoenix, 1940. 255 p. 40-8133.

    TWS   17(1):125. Jl. 1940. (C. S.)

Fury. New York, Grosset & Dunlap, 1950. 186 p.

    ASF   48(2):140-141. O. 1951. (P. Miller)
    FUTF   2(4):86. N. 1951. (R. Lowndes)
    FSO   3(5):132. S. 1951. (B. Tucker)
    NWB   No. 26:124-126. Ag. 1954. (L. Flood)
    NWB   No. 166:154. S. 1966. (H. Bailey)

KUTTNER, HENRY (Continued)

Fury (Continued).

```
SSS   8(1):36.  Ap. 1951.  (F. Pohl)
WBD   1(3):94-95.  F. 1951.  (D. Knight)
PW    202:60.  N. 6, 1972.  (n.g.)
KPG   7:24-25.  F. 1973.  (n.g.)
NYT   p. 16.  Ap. 22, 1973.  (T. Sturgeon)
```

A gnome there was, by Lewis Padgett. New York, Simon &
Schuster, 1950. 276 p. 50-11220.

```
ASF   47(4):132-133.  Je. 1951.  (P. Miller)
FSO   4(5):145.  Jl. 1952.  (B. Tucker)
GAL   1(5):100-101.  F. 1951.  (G. Conklin)
TWS   38(1):161-162.  Ap. 1951.  (S. Merwin)
SSS   8(1):37,113.  Ap. 1951.  (F. Pohl)
```

Murder of a wife. New York, Permabooks, 1958. 182 p.

```
ASF   62(1):149.  S. 1958. ' (P. Miller)
```

Mutant, by Lewis Padgett. New York, Gnome Press, 1953.
210 p. 53-12601.

```
ASF   53(6):155.  Ag. 1954.  (P. Miller)
FUTF  5(3):101-102.  O. 1954.  (D. Knight)
GAL   8(2):129.  My. 1954.  (G. Conklin)
AUT   No. 49:131.  S. 1954.  (n.g.)
NWB   No. 29:118-119.  N. 1954.  (L. Flood)
NEB   No. 10:117.  O. 1954.  (K. Slater)
```

No boundaries, by Henry Kuttner and C. L. Moore. New
York, Ballantine, 1955. 151 p. 55-12406.

```
ASF   57(3):145-146.  My. 1956.  (P. Miller)
FAU   5(3):128.  Ap. 1956.  (H. Santesson)
GAL   12(2):105.  Je. 1956.  (F. Gale)
INF   1(3):98-99.  Je. 1956.  (D. Knight)
FSF   10(2):96.  F. 1956.  (A. Boucher)
```

Return to otherness. New York, Ballantine, 1962. 240 p.

```
AMZ   36(10):120-121.  O. 1962.  (S. Cotts)
ASF   70(4):158.  D. 1962.  (P. Miller)
```

Robots have no tails, by Lewis Padgett. New York, Gnome
Press, 1952. 224 p. 52-10383.

```
ASF   50(4):101-102.  D. 1952.  (P. Miller)
GAL   5(1):124.  O. 1952.  (G. Conklin)
SFA   1(5):120-123.  Jl. 1953.  (D. Knight)
SPF   1(4):99.  F. 1953.  (G. Smith)
STL   30(1):146.  My. 1953.  (n.g.)
FSF   3(6):99.  O. 1952.  (Boucher & McComas)
```

Time axis. New York, Ace, 1948. 142 p.

```
FSF   30(5):45.  My. 1966.  (J. Merril)
```

Tomorrow and tomorrow and The fairy chess men, by Lewis
Padgett. New York, Gnome Press, 1951. 254 p. 51-14785.

```
AMZ   26(4):153,162.  Ap. 1952.  (S. Merwin)
ASF   49(3):160.  My. 1952.  (P. Miller)
GAL   4(1):118-119.  Ap. 1952.  (G. Conklin)
SFA   1(5):120-123.  Jl. 1953.  (D. Knight)
STL   26(2):145-146.  Je. 1952.  (n.g.)
FSF   3(3):86.  Je. 1952.  (Boucher & McComas)
```

Valley of the flame. New York, Ace, 1964. 156 p.

```
FAS   14(3):116-117.  Mr. 1965.  (R. Silverberg)
```

L

LA BARRE, WESTON

The human animal. Chicago, University of Chicago Press, 1954. 372 p. 54-12371.

    WIF   11(5):105-106. N. 1961. (T. Sturgeon)

LA CROIX, ROBERT DE

Mysteries of the North Pole. New York, John Day, 1956. 251 p. 56-5979.

    GAL   12(5):111-112. S. 1956. (F. Gale)

LAFFERTY, R. A.

Arrive at easterwine. New York, Scribners, 1971. 216 p. 70-143937.

    EXT   13:77-78. D. 1971. (T. Clareson)
    KR   39:397. Ap. 1, 1971. (n.g.)
    LJ   96:1389. Ap. 15, 1971. (S. Avila)
    PW   199:76. Ap. 12, 1971. (n.g.)
    BS   31:173-174. Jl. 1, 1971. (J. Murray)
    FSF   42:27-28. Ja. 1972. (J. Blish)
    GAL   32:119. Ja. 1972. (T. Sturgeon)
    KPG   7:90. S. 1973. (P. Mattern)
    SWSJ   103:2. Ag. 1973. (D. D'Ammassa)

The devil is dead. New York, Avon, 1971. 224 p.

    ASF   89:168-170. Je. 1972. (P. Miller)
    LM   35/36:50-51. Ap/My. 1972. (P. Walker)

The flame is green. New York, Walker, 1971. 245 p. 75-142837.

    KR   39:72. Ja. 15, 1971. (n.g.)
    LJ   96:861. Mr. 1, 1971. (D. Gilzinger)
    PW   199:60-61. Ja. 11, 1971. (n.g.)
    FSF   42:38-39. F. 1972. (J. Blish)
    LM   40:22. S. 1972. (C. Moslander)

Fourth mansions. New York, Ace, 1969. 252 p.

    AMZ   43(6):133. Mr. 1970. (A. Panshin)
    SFR   38:23-24. Je. 1970. (H. Stine)
    WIF   20(2):2, 147-149. F. 1970. (L. Del Rey)
    WSJ   72:24. Je/Ag. 1970. (A. Gilliland)
    FSF   40:40-42. My. 1971. (J. Blish)
    LM   35/36:60. Ap/My. 1972. (C. Woodruff)

Nine hundred grandmothers. New York, Ace, 1970. 318 p.

    PW   197(19):44. My. 11, 1970.
    EXT   13:77. D. 1971. (T. Clareson)
    LM   24/25:37. My/Je. 1971. (D. Paskow)

Past master. New York, Ace, 1968. 191 p.

    AMZ   42(5):143-144. Ja. 1969. (A. Panshin)
    ASF   82(3):163-164. N. 1968. (P. Miller)
    GAL   27(2):192-193. S. 1968. (A. Budrys)
    NWB   No. 186:61. Ja. 1969. (J. Cawthorn)
    FSF   34(5):49-50. My. 1968. (J. Merril)

The reefs of earth. New York, Berkley, 1968. 144 p.

    ASF   82(3):163. N. 1968. (P. Miller)
    NWB   No. 184:61. N. 1968. (R. Meadley & M. Harrison)
    FSF   35(5):46-49. N. 1968. (J. Merril)

Space chantey. New York, Ace, 1968. 123 p.

    ASF   82(3):162-163. N. 1968. (P. Miller)
    FAS   18(2):141-142. D. 1968. (F. Leiber)

Strange doings. New York, Scribners, 1972. 276 p. 72-162759.

    LJ   96:3348. O. 15, 1971. (S. Avila)
    BKL   68:753. My. 1, 1972. (n.g.)
    KR   40:28. Ja. 1, 1972. (n.g.)
    PW   201:58. Ja. 17, 1972. (n.g.)
    FSF   44:48-49. Ja. 1973. (J. Blish)
    GAL   34:87-88. S. 1973. (T. Sturgeon)
    LM   44:20. Ja. 1973. (P. Walker)
    KPG   7:28. S. 1973. (n.g.)

LAMBURN, RICHMAL CROMPTON

William and the moon rocket, by Richmal Crompton. London, Newnes, 1954. 197 p.

    AUT   No. 53:127. Ja. 1955. (n.g.)

LAMM, NORMAN

Faith and doubt: studies in traditional Jewish thought. New York, Ktav, 1972. 309 p. 75-138852.

    SFN   11:3. My. 1972. (F. Lerner)

LAMPMAN, EVELYN SIBLEY

Rusty's space ship. Garden City, N.Y., Doubleday, 1957. 240 p. 57-10458.

    GAL   16(1):118-119. My. 1958. (F. Gale)

LANCOUR, GENE

The lerios mecca. Garden City, N.Y., Doubleday, 1973. 180 p.

    PW   204:64. Ag. 6, 1973. (n.g.)

LANDOLFI, TOMMASO

Cancerqueen and other stories. New York, Dial, 1971. 276 p. 75-150400.

    PW   199:62. My. 17, 1971. (n.g.)

LANDON, HERMAN

The three brass elephants. New York, Liveright, 1930. 328 p.

    ADT   1(6):564. Je. 1930. (n.g.)

LANE, FRANK WALTER

Kingdom of the octopus. New York, Sheridan, 1960. 300 p. 60-13164.

    FSF   24(6):63. Je. 1963. (A. Davidson)

LANG, ALLEN KIM

Wild and outside. Philadelphia, Chilton, 1966. 139 p. 66-15725.

    ASF   78(6):161-162. F. 1967. (P. Miller)
    GAL   24(6):192-193. Ag. 1966. (A. Budrys)
    FSF   31(5):60-61. N. 1966. (J. Merril)

LANG, DANIEL

An inquiry into enoughness. New York, McGraw Hill, 1965. 216 p. 65-17652.

    WIF   16(11):6-7. N. 1966. (F. Pohl)

The man in the thick lead suit. New York, Oxford University Press, 1954. 207 p. 54-10001.

    FSF   8(4):83. Ap. 1955. (A. Boucher)

LANG, SIMON

All the gods of Eisernon. New York, Avon, 1973. 302 p.

    SWSJ   104:3. S. 1973. (D. D'Ammassa)

LANGART, DARREL T.
SEE Garrett, Randell

LANGE, JOHN

Binary. New York, Knopf, 1972. 213 p. 72-178958.

    PW   201:70-71. Ap. 3, 1972. (n.g.)

LANGE, OLIVER

Vandenberg. New York, Stein & Day, 1971. 333 p. 77-144774.

    LJ   96:1387. Ap. 15, 1971. (R. Donahugh)
    WSJ   79:29. N. 1971/Ja. 1972. (W. Marlow)

LANGELAAN, GEORGE

Out of time. London, Four Square, 1965. 190 p.

    FSF   30(2):43. F. 1966. (J. Merril)

LANGER, SUSANNE K.

An introduction to symbolic logic. 2d. ed. New York, Dover, 1953. 431 p. 53-6997.

    GAL   7(6):117-118. Mr. 1954. (G. Conklin)

LANGGUTH, A. J.

Jesus Christs. New York, Harper, 1968. 247 p. 67-28818.

    LM   10:32. Mr. 1970. (D. Paskow)
    GAL   31:142-143. Ap. 1971. (A. Budrys)
    NWB   No. 185:60-61. D. 1968. (M. Harrison)

LANGLEY, NOEL

Dream of the dragonflies. New York, Macmillan, 1971. 166 p. 70-134510.

    PW   199:73. F. 15, 1971. (n.g.)
    LM   40:26. S. 1972. (J. McQuown)

LANGTON, JANE

The astonishing stereoscope. New York, Harper, 1971. 240 p. 74-157894.

    LM   43:19. D. 1972. (K. Anderson)

LANIER, STIRLING

Hiero's journey: a romance of the future. Radnor, Pa., Chilton, 1973. 280 p. 73-4999.

    BKL   70:321. N. 15, 1973. (n.g.)
    LJ   98:2340. Ag. 1973. (D. Williams)
    PW   203:54. Ap. 30, 1973. (n.g.)
    LJ   98:3165. O. 15, 1973. (M. O'Liddy)
    WIF   22:86-87. N/D. 1973. (L. del Rey)
    SWSJ   102:2. Ag. 1973. (H. Hall)
    REN   5(3):6. Sm. 1973. (J. Pierce)

The peculiar exploits of Brigadier Ffellowes. New York, Walker, 1971. 159 p. 74-188477.

    PW   201:57. Mr. 6, 1972. (n.g.)
    ASF   91:162-163. Ag. 1973. (P. Miller)
    LM   44:30-31. Ja. 1973. (P. Walker)
    FSF   45:40-41. D. 1973. (G. Wilson)

The war for the lot: a tale of fantasy and terror. New York, Follett, 1969. 256 p.

    LM   13:16. Je. 1970. (C. Moslander)

LANNING, GEORGE

The pedestal. New York, Harper, 1966. 198 p. 66-15739.

    FSF   37(4):96-97. O. 1969. (G. Wilson)

LANSDELL, NORMAN

The atom and the energy revolution. New York, Philosophical Library, 1958. 200 p. 59-16007.

    FAU   10(5):121. N. 1958. (H. Santesson)
    GAL   18(3):168. F. 1960. (F. Gale)
    WIF   9(5):100. N. 1959. (F. Pohl)

LAPP, RALPH EUGENE

The new priesthood. New York, Harper, 1965. 244 p.
65-14686.

    WIF   16(11):4-6. N. 1966. (F. Pohl)

LARGE, ERNEST CHARLES

Asleep in the afternoon. New York, Holt, 1939. 351 p.
39-21296.

    AST   1(1):109. F. 1940. (D. Wollheim)

Dawn in Andromeda. London, Cape, 1956. 282 p.

    NEB   No. 18:106. N. 1956. (K. Slater)

Sugar in the air. New York, Scribner, 1937. 447 p.
37-16649.

    SFA   2(3):123. Je. 1954. (D. Knight)

LARNER, JEREMY, ed.

The addict in the street, ed. by Jeremy Larner and Ralph
Tefferteller. Harmondsworth, Penguin, 1966. 251 p.
66-78940.

    NWB   No. 165:149. Ag. 1966. (W. E. B.)

LARSEN, EGON
SEE Lehrburger, Egon

LASKI, MARGHANITA

The victorian chaise longue. Boston, Houghton Mifflin,
1954. 119 p. 54-5695.

    ASF   54(6):145. F. 1955. (P. Miller)
    FSF   7(4):95. O. 1954. (A. Boucher)

LASSER, DAVID

The conquest of space. New York, Penguin Press, 1931.
262 p. 31-35429.

    AMZ   9(7):134. N. 1934. (C. Brandt)

LASSWITZ, KURD

Two planets. Carbondale, Southern Illinois University
Press, 1971. 405 p. 78-156776.

    PW   200:44. O. 18, 1971. (n.g.)
    ASF   89:171-172. Ag. 1972. (P. Miller)
    BKL   68:701-702. Ap. 15, 1972. (n.g.)
    CHO   9:388. My. 1972. (n.g.)
    LJ   97:1350. Ap. 1, 1972. (F. Patten)
    NR   24:106. F. 4, 1972. (T. Sturgeon)
    NYT   p. 33. My. 14, 1972. (T. Sturgeon)
    REN   4:17. Sp. 1972. (J. Pierce)
    WIF   21:112-113. My/Je. 1972. (L. del Rey)
    ALG   20:28. My. 1973. (R. Lupoff)
    KPG   7:82. Ap. 1973. (P. Mattern)

LATEY, MAURICE

Tyranny: a study in the abuse of power. London, Mac-
millan, 1969. 328 p.

    NWB   No. 191:62-63. Je. 1969. (R. Jones)

LATHAM, PHILIP
SEE Richardson, Robert Shirley.

LA TOURETTE, JACQUELINE

The Joseph stone. New York, Leisure Books, 1971. 192 p.

    LM   38/39:34. Jl/Ag. 1972. (M. McQuown)

LAUBENTHAL, SANDERS ANNE

Excalibur. New York, Ballantine, 1973. 236 p.

    SWSJ   106:3. O. 1973. (D. D'Ammassa)
    SWSJ   111:4. O. 1973. (D. Gilliland)
    FANA   1:10-11. O. 1973. (I. Slater)

LAUBER, PATRICIA

Curious critters. Champaign, Ill., Garrard, 1969. 63 p.
68-22637.

    LM   14:19. Jl. 1970. (J. Post)

LAUMER, KEITH

Assignment in nowhere. New York, Berkley, 1968. 143 p.

    ASF   83(2):166-167. Ap. 1969. (P. Miller)
    NWB   No. 187:63. F. 1969. (J. Cawthorn)
    BB   18:73. D. 1972. (B. Patten)
    TLS   3684:1235. O. 13, 1972. (n.g.)

The day before forever and Thunderhead. Garden City,
N.Y., Doubleday, 1968. 164 p. 68-10578.

    FSF   36(1):38-39. Ja. 1969. (J. Merril)

Dinosaur beach. New York, Scribners, 1971. 186 p.
73-143942.

    KR   39:701. Jl. 1, 1971. (n.g.)
    PW   200:119. Jl. 19, 1971. (n.g.)
    RQ   5:65-66. Jl. 1971. (G. Zebrowski)
    ASF   89:172. Ap. 1972. (P. Miller)
    BKL   68:489. F. 15, 1972. (n.g.)
    GAL   32:116. Ja. 1972. (T. Sturgeon)
    LM   41/42:55. O/N. 1972. (B. Fredstrom)
    SDNP   p. 9. S. 16/17, 1972. (B. Friend)
    WIF   21:166. F. 1973. (L. del Rey)

Earthblood, by Keith Laumer and Rosel George Brown.
Garden City, N.Y., Doubleday, 1966. 253 p. 66-24313.

    ASF   80(2):163-164. O. 1967. (P. Miller)
    GAL   25(5):189-191. Je. 1967. (A. Budrys)
    GAL   27(1):157-159. Ag. 1968. (A. Budrys)
    FSF   33(2):32. Ag. 1967. (J. Merril)

Envoy to new worlds. New York, Ace, 1963. 134 p.

    AMZ   37(12):119-120. D. 1963. (S. Cotts)
    ASF   72(4):88. D. 1963. (P. Miller)
    LM   8:29. Ja. 1970. (J. Schaumburger)

LAUMER, KEITH (Continued)

Galactic diplomat. Garden City, N.Y., Doubleday, 1965.
227 p. 65-11536rev.

ASF	76(6):147-148. F. 1966. (P. Miller)
GAL	24(3):136-137. F. 1966. (A. Budrys)
NWB	No. 165:144. Ag. 1966. (J. Cawthorn)
FSF	29(3):70-71. S. 1965. (J. Merril)

Galactic odyssey. New York, Berkley, 1967. 160 p.

| ASF | 81(2):162-163. Ap. 1968. (P. Miller) |
| SFO | 25:16-17. D. 1971. (D. Boutland) |

The glory game. Garden City, N.Y., Doubleday, 1973.
186 p. 72-84925.

KR	40:1327. N. 15, 1972. (n.g.)
PW	202:43. N. 13, 1972. (n.g.)
BKL	69:835. My. 1, 1973. (n.g.)
LJ	98:86-87. Ja. 1, 1973. (F. Patten)
WIF	21:172-173. Je. 1973. (L. del Rey)

The great time machine hoax. New York, Simon & Schuster,
1964. 190 p. 64-17493.

ASF	74(6):88-89. F. 1965. (P. Miller)
GAL	23(3):157. F. 1965. (A. Budrys)
FSF	28(3):57-58. Mr. 1965. (J. Merril)

Greylorn. New York, Berkley, 1968. 192 p.

| FSF | 36(1):39-40. Ja. 1969. (J. Merril) |

The house in November. New York, Putnam, 1970. 192 p.
70-124173.

LJ	95(21):4196. D. 1, 1970. (D. Polacheck)
LJ	95(22):4386. D. 15, 1970. (M. Pridemore)
PW	193(11):68. S. 14, 1970.
SWSJ	33:9. S. 1971. (J. Newton)
LM	37:28. Je. 1972. (G. Bear)

The infinite cage. New York, Putnam, 1972. 221 p.
70-186684.

BKL	68:976. Jl. 15, 1972. (n.g.)
KR	40:353-354. Mr. 15, 1972. (n.g.)
KR	40:416. Ap. 1, 1972. (n.g.)
LJ	97:2970. S. 15, 1972. (M. Blalock)
PW	201:73. Mr. 27, 1972. (n.g.)
LM	48:31. Fl. 1973. (C. Moslander)
ASF	90:165-166. Ja. 1973. (P. Miller)

It's a mad, mad, mad galaxy. New York, Berkley, 1968.
160 p.

| LM | 3:31. Ag. 1969. (J. Rapkin) |

The long twilight. New York, Putnam, 1969. 222 p.
73-95237.

FSF	38(6):54-55. Je. 1970. (S. Coleman)
LJ	95(2):260. Ja. 15, 1970. (Y. Schmitt)
LM	24/25:48. My/Je. 1971. (G. Bear)

The monitors. New York, Berkley, 1966. 160 p.

| FSF | 33(2):32. Ag. 1967. (J. Merril) |

Night of delusions. New York, Putnam, 1973. 190 p.
72-79515.

ASF	92:166. O. 1973. (P. Miller)
BKL	69:620-621. Mr. 1, 1973. (n.g.)
LJ	98:184. Ja. 15, 1973. (R. Rosichan)

Night of delusions (Continued).

LM	49:24. At. 1973. (N. Barron)
KR	40:1118. S. 15, 1972. (n.g.)
PW	202:44. O. 16, 1972. (n.g.)

Nine by Laumer. Garden City, N.Y., Doubleday, 1967.
222 p. 67-10401.

AMZ	41(3):5,155. Ag. 1967. (H. Harrison)
ASF	81(2):161-162. Ap. 1968. (P. Miller)
FSF	33(2):34. Ag. 1967. (J. Merril)

Once there was a giant. Garden City, N.Y., Doubleday,
1971. 252 p. 73-139040.

KR	39:701. Jl. 1, 1971. (n.g.)
PW	200:68. Jl. 12, 1971. (n.g.)
LM	41/42:34. O/N. 1972. (B. Fredstrom)
SWSJ	41:9. Ja. 1972. (D. Bischoff)

The other side of time. New York, Walker, 1965. 160 p.
78-142851.

GAL	32:145-146. S/O. 1971. (A. Budrys)
LM	40:20. S. 1972. (C. Moslander)
KPG	7:83. Ap. 1973. (P. Deck)

A plague of demons. New York, Berkley, 1965. 144 p.

NWB	No. 175:64. S. 1967. (J. Cawthorn)
FSF	30(5):45. My. 1966. (J. Merril)
LM	40:21. S. 1972. (D. Schweitzer)

Retief: ambassador to space. Garden City, N.Y., Double-
day, 1969. 216 p. 69-12230.

ASF	83(6):164-165. Ag. 1969. (P. Miller)
NWB	No. 194:29. O. 1969. (J. Clute)
LM	8:29. Ja. 1970. (J. Schaumburger)

Retief and the warlords. Garden City, N.Y., Doubleday,
1968. 188 p. 68-27128.

| ASF | 83(4):162. Je. 1969. (P. Miller) |
| LM | 1:29. Je. 1969. (L. Carter) |

Retief of the CTD. Garden City, N.Y., Doubleday, 1971.
172 p. 73-150902.

KR	39:576. My. 15, 1971. (n.g.)
KR	39:599. Je. 1, 1971. (n.g.)
SWSJ	36:9. N. 1971. (D. Bischoff)
GAL	32:115-116. Ja. 1972. (T. Sturgeon)
LM	38/39:33-34. Jl/Ag. 1972. (P. Walker)
SWSJ	45:5-6. Ja. 1972. (J. Newton)

Retief's ransom. New York, Putnam, 1971. 189 p. 74-
154789.

KR	39:611-612. Je. 1, 1971. (n.g.)
LM	38/39:33-34. Jl/Ag. 1972. (P. Walker)
GAL	32:116. Ja. 1972. (T. Sturgeon)

Retief's war. Garden City, N.Y., Doubleday, 1966. 208 p.
66-17436.

| ASF | 79(3):160-161. My. 1967. (P. Miller) |

The shape changer. New York, Putnam, 1972. 189 p.
71-171473.

KR	39:1281. D. 1, 1971. (n.g.)
PW	200:52. O. 6, 1971. (n.g.)
BKL	68:753. My. 1, 1972. (n.g.)
LJ	97:790. F. 15, 1972. (M. Blalock)
LM	49:29. At. 1973. (B. Fredstrom)

LAUMER, KEITH (Continued)

The star treasure. New York, Putnam, 1971. 188 p.
79-147057.

```
FSF      41:28.  O. 1971.  (B. Searles)
GAL      32:147. S/O. 1971. (A. Budrys)
LJ       96:1641.  My. 1, 1971.  (B. Smith)
LJ       96:3488.  O. 15, 1971.  (W. Hampton)
PW       199:49.  Ja. 18, 1971.  (n.g.)
CHRISTIAN SCIENCE MONITOR  p. 13.  Mr. 31, 1971.
                                    (M. Maddocks)
LM       38/39:33-34.  Jl/Ag. 1972.  (P. Walker)
```

Time trap. New York, Putnam, 1970. 150 p. 75-102646.

```
LJ       95(8):1660.  Ap. 15, 1970.  (A. Hankenson)
PW       195(4):269.  Ja. 26, 1970.
LM       33:31.  F. 1972.  (P. Walker)
```

A trace of memory. New York, Berkley, 1963. 174 p.

```
ASF      73(3):88.  My. 1964.  (P. Miller)
NWB      No. 187:63.  F. 1969.  (J. Cawthorn)
```

The world shuffler. New York, Putnam, 1970. 185 p.
70-108347.

```
LJ       95(12):2284.  Je. 15, 1970.  (D. Polacheck)
PW       197(23):179.  Je. 8, 1970.
SWSJ     18:9.  Ap. 1, 1971.  (J. Newton)
LM       38/39:50.  Jl/Ag. 1972.  (C. Moslander)
BB       18:87.  S. 1973.  (B. Patten)
```

Worlds of the Imperium. New York, Ace, 1962. 133 p.

```
ASF      69(5):168-169.  Jl. 1962.  (P. Miller)
SFO      25:16-17.  D. 1971.  (D. Boutland)
```

LAURENCE, MARGARET

Jason's quest. New York, Knopf, 1970. 211 p. 78-
106138.

```
LM       30:22.  N. 1971.  (D. Hamilton)
```

LAURENS, MARSHALL

The Z effect. New York, Pocket Books.

```
PW       204:63.  N. 19, 1973.  (n.g.)
```

LAURIA, FRANK

Doctor Orient. New York, Bantam, 1970. 214 p.

```
PW       198(2):164.  Jl. 13, 1970.
LM       40:20.  S. 1972.  (J. Rapkin)
```

LAWRENCE, HARRIET

H. Phillip Birdsong's ESP. New York, Scott, 1969. 304 p.
69-14568.

```
LM       11:21.  Ap. 1970.  (B. Stiffler)
```

LAWRENCE, LOUISE

The power of stars. London, Collins, 1972. 159 p.
73-153740.

```
NS       2150:759.  Je. 2, 1972.  (C. Storr)
EJ       62:1059-1060.  O. 1973.  (H. Means)
```

LAWRENCE, MARGERY H.

Number seven Queer street. Sauk City, Wisc., Mycroft &
Moran, 1969. 236 p. 72-6083.

```
SMS      3(4):66-69.  Sm. 1970.  (R. Lowndes)
FSF      38(3):112.  Mr. 1970.  (G. Wilson)
```

LAWRENCE, MAUREEN

The tunnel. London, Gollancz, 1969. 224 p.

```
NWB      No. 191:64.  Je. 1969.  (D. Boardman)
```

LAZARUS, KEO FELKER

The gizmo. Chicago, Follett, 1971. 126 p. 75-118924.

```
LM       33:28.  F. 1972.  (D. Paskow)
```

LEACH, AROLINE ARNETT BEECHER

The miracle of the mountain, by Rudyard Kipling, adapted
by Aroline Beecher Leach. Reading, Mass., Addison-
Wesley, 1969. 48 p. 69-15801.

```
LM       13:19.  Je. 1970.  (J. Post)
```

LEAHY, JOHN MARTIN

Drome. Los Angeles, Fantasy Publishing Co., 1952. 295 p.
53-39520.

```
ASF      51(3):144-145.  My. 1953.  (P. Miller)
GAL      6(1):117.  Ap. 1953.  (G. Conklin)
```

LEAR, EDWARD

The dong with a luminous nose. New York, Young Scott,
1969. 39 p. 69-14571.

```
LM       13:19.  Je. 1970.  (J. Post)
```

LEBEAU, MARY

Beyond doubt. New York, Harper, 1956. 179 p. 55-11476.

```
GAL      13(5):119.  Mr. 1957.  (F. Gale)
```

LEE, ELSIE

Barrow sinister. New York, Dell, 1969. 188 p.

```
LM       10:30.  Mr. 1970.  (J. Rapkin)
```

LEE, ROBERT A.

Orwell's fiction. Notre Dame, Univ. of Notre Dame Press, 1969. 188 p. 74-75151.

LM   16:17. S. 1970. (J. B. Post)

LEE, ROBERT C.

The day it rained forever. Boston, Little, Brown, 1968. 178 p. 68-12349.

ASF   82(5):163. Ja. 1969. (P. Miller)

LEE, TANITH

The dragon hoard. New York, Farrar, 1971. 162 p. 72-161368.

LM   38/39:24. Jl/Ag. 1972. (D. Hamilton)

LEE, WALTER W., JR.

Reference guide to fantastic films: science fiction, fantasy, horror. Los Angeles, Chelsea-Lee Books, 1972-.

EXT   14:71. D. 1972. (T. Clareson)
GAL   32:122-125. My. 1972. (T. Sturgeon)
LJ   97:3697. N. 15, 1972. (H. Hall)
LM   40:23. S. 1972. (G. Bear)
SFN   17/18:4. N/D. 1972. (F. Lerner)
ASF   90:160-161. F. 1973. (P. Miller)
CHO   9:1575. F. 1973. (n.g.)
GAL   33:174. Ja. 1973. (T. Sturgeon)

Science fiction and fantasy film checklist. Los Angeles, The Author, 1959. 75 p.

ASF   64(6):166-167. F. 1960. (P. Miller)
GAL   19(3):143. F. 1961. (F. Gale)

LEEK, SYBIL

The tree that conquered the world. Englewood Cliffs, N.J., Prentice-Hall, 1969. 135 p. 73-79115.

LM   11:24. Ap. 1970. (D. Paskow)
YOUNG READER'S REVIEW 6(2):15-16. O. 1969. (P. Cohen)

LE FANU, JOSEPH SHERIDAN

Best ghost stories of J. S. Le Fanu, ed. by Everett F. Bleiler. New York, Dover, 1964. 467 p. 64-13463.

FAS   14(4):125. Ap. 1965. (R. Silverberg)
FSF   28(1):84. Ja. 1965. (R. Goulart)

Carmilla and The haunted baronet. New York, Paperback Library, 1970. 221 p.

FF   1(2):33. D. 1970. (D. Menville)

LEGUIN, URSULA KROEBER

City of illusions. New York, Ace, 1967. 160 p.

LM   30:32. N. 1971. (P. Walker)
NR   23:39-41. Ja. 12, 1971. (T. Sturgeon)
WIF   20:125. Ja/F. 1971. (L. del Rey)

The farthest shore. New York, Atheneum, 1972. 223 p. 72-75273.

BKL   69:245. N. 1, 1972. (n.g.)
HB   48:599-600. D. 1972. (S. Andrews)
KR   40:728. Jl. 1, 1972. (n.g.)
LJ   97:3461. O. 1, 1972. (E. Haynes)
BB   18:106-107. Jl. 1973. (R. Nye)
CCB   26:109. Mr. 1973. (n.g.)
EJ   62:1060. O. 1973. (H. Means)
LM   45:23. F. 1973. (K. Anderson)
NYT   p. 8. F. 18, 1973. (R. Nye)
WIF   21:165-166. F. 1973. (L. del Rey)
NS   2201:780. My. 25, 1973. (S. Toulson)
ALG   21:42-43. N. 1973. (R. Lupoff)

From Elfland to Poughkeepsie. Portland, Ore., Pendragon Press, 1973. 31 p.

ALG   21:43. N. 1973. (R. Lupoff)
FANA   1:9,12. Ag. 1973. (n.g.)

The lathe of Heaven. New York, Scribners, 1971. 184 p. 77-162760.

KR   39:1095. O. 1, 1971. (n.g.)
KR   39:1137. O. 15, 1971. (n.g.)
LJ   96:3641-3642. N. 1, 1971. (D. Gilzinger)
PW   200:52. O. 4, 1971. (n.g.)
ASF   89:167-168. Je. 1972. (P. Miller)
ALG   18:12. My. 1972. (D. Lupoff)
BB   17:72-73. Je. 1972. (B. Patten)
BKL   68:489. F. 15, 1972. (n.g.)
FSF   43:62-63. Jl. 1972. (J. Blish)
FOU   2:54-55. Je. 1972. (G. Hay)
FUT   4:195. Je. 1972. (D. Livingston)
LJ   97:791. F. 15, 1972. (D. Thompson)
NR   24:107. F. 4, 1972. (T. Sturgeon)
NYT   p. 33. My. 14, 1972. (T. Sturgeon)
REN   4:14-15. Sp. 1972. (J. Pierce)
SWSJ   75:9. D. 1972. (M. Shoemaker)
TLS   3669:705. Je. 23, 1972. (n.g.)
WIF   21:121-122. Ap. 1972. (L. del Rey)
KPG   7:91. S. 1973. (E. Sisco)
NWK   78:105. N. 29, 1971. (P. Prescott)
BOOK WORLD p. 6. D. 19, 1971. (D. Ackerman)

Left hand of darkness. New York, Walker, 1969. 286 p. 72-86391.

GAL   29(5):144-145. F. 1970. (A. Budrys)
LM   11:32. Ap. 1970. (C. Woodruff)
SFO   17:37-38. N. 1970. (G. Turner)
SPEC   3(1):20-21. Ja. 1970. (B. Stableford)
SPEC   3(3):16-17. S/O. 1970. (P. Bulmer)
VOT   1(9):31. Je. 1970. (K. Buckely)
WSJ   70:23. D. 1969/F. 1970. (A. Gilliland)
FUT   3:415-416. D. 1971. (D. Livingston)
KPG   5:62. S. 1971. (L. Hale)
SFO   24:22-24. N. 1971. (S. Lem)
WSJ   78:33-34. Ag/O. 1971. (D. Halterman)
AMZ   43(2):124,128. Jl. 1969. (T. White)
ASF   83(6):167-168. Ag. 1968. (P. Miller)
WIF   19(7):152-154. S. 1969. (L. del Rey)
NWB   No. 194:29-30. O. 1969. (J. Clute)
FSF   37(5):50-51. N. 1969. (A. Panshin)

Planet of exile. New York, Ace, 1966. 126 p.

REN   3:17. Sm. 1971. (J. Pierce)
LM   40:30. S. 1972. (S. Mines)
SWSJ   111:3-4. O. 1973. (K. Ozanne)

LEGUIN, URSULA KROEBER (Continued)

Rocannon's world. New York, Ace, 1966. 136 p.

ASF	80(3):166. N. 1967.	(P. Miller)
NWB	No. 165:147. Ag. 1966.	(J. Cawthorn)
FSF	31(6):33. D. 1966.	(J. Merril)

The tombs of Atuan. New York, Atheneum, 1971. 163 p. 70-154753.

HB	47:490. O. 1971.	(P. Heins)
KR	39:816. Ag. 1, 1971.	(n.g.)
LJ	96:2930-2931. S. 15, 1971.	(E. Haynes)
PW	200:81. Ag. 23, 1971.	(n.g.)
CCB	25:126. Ap. 1972.	(n.g.)
FAS	21:112-113. F. 1972.	(T. White)
FOU	2:54-55. Je. 1972.	(G. Hay)
LM	38/39:21. Jl/Ag. 1972.	(D. Hamilton)
NS	2150:759. Je. 2, 1972.	(C. Storr)
ALG	21:42-43. N. 1973.	(R. Lupoff)
NYT	p. 8. F. 18, 1973.	(R. Nye)

A wizard of Earthsea. Berkeley, Ca., Parnassus Press, 1968. 205 p. 68-21992.

AMZ	43(6):127-129. Mr. 1970.	(T. White)
LM	3:28. Ag. 1969.	(C. Woodruff)
HB	47:129-138. Ap. 1971.	(E. Cameron)
KPG	5:sec. II. F. 1971.	(L. Hale)
NR	23:39-41. Ja. 12, 1971.	(T. Sturgeon)
WFA	1(3):186. W. 1970/1971.	(L. del Rey)
ALG	21:42-43. N. 1973.	(R. Lupoff)
NYT	p. 8. F. 18, 1973.	(R. Nye)

LEHNER, ERNST

Devils, demons, death and damnation, by Ernst Lehner and Johanna Lehner. New York, Dover, 1971. 174 p. 72-137002.

LM	38/39:37. Jl/Ag. 1972.	(M. McQuown)

Folklore and odysseys of food and medicinal plants, by Ernst Lehner and Johanna Lehner. New York, Tudor, 1962. 128 p. 61-12333.

FSF	24(4):86-87. Ap. 1963.	(A. Davidson)

LEHRBURGER, EGON

The true book about inventions. London, Muller, 1954. 144 p. 54-42587.

AUT	No. 50:134. O. 1954.	(n.g.)

You'll see, by Egon Larsen. London, Rider, 1957. 176 p. A58-3066.

AUT	No. 85:128. O. 1957.	(A. Harby)

LEIBER, FRITZ

The big time. New York, Ace, 1961. 129 p.

ASF	67(6):167-168. Ag. 1961.	(P. Miller)
GAL	26(1):190-191. O. 1967.	(A. Budrys)
FSF	21(4):81-82. O. 1961.	(A. Bester)

Conjure wife. New York, Twayne, 1953. 154 p. 53-12460.

ASF	53(1):159. Mr. 1954.	(P. Miller)
FAU	1(6):158-159. My. 1954.	(R. Frazier)

The demons of the upper air: a booklet of Fritz Leiber's poems. Glendale, Calif., R. Squires, 1969. 20 p. 71-9552.

FAS	19(3):142. F. 1970.	(A. Temple)

Destiny times three. New York, Galaxy Novels, 1957. 126 p.

FSF	13(2):106-107. Ag. 1957.	(A. Boucher)

Gather, darkness. New York, Pellegrini & Cudahy, 1950. 240 p. 50-6699.

AMZ	25(10):143. O. 1951.	(S. Merwin)
ASF	47(1):147. My. 1951.	(P. Miller)
FUTF	1(4):98. N. 1950.	(n.g.)
FSO	3(3):37. My. 1951.	(P. Miller)
TWS	39(1):145. O. 1951.	(S. Merwin)
SSS	7(1):69. Jl. 1950.	(F. Pohl)
FSF	1(4):81. Fl. 1950.	(Boucher & McComas)

The green millennium. New York, Abelard, 1953. 256 p. 53-10637.

ASF	53(6):150-151. Ag. 1954.	(P. Miller)
FAU	1(6):159. My. 1954.	(R. Frazier)
GAL	8(2):130. My. 1954.	(G. Conklin)
VEN	3(2):122. Ag. 1969.	(R. Goulart)
SFA	2(3):160. Je. 1954.	(D. Knight)
FSF	6(2):94. F. 1954.	(Boucher & McComas)
LM	2:23. Jl. 1969.	(G. Bear)

The mind spider. New York, Ace, 1961. 127 p.

ASF	67(6):167-168. Ag. 1961.	(P. Miller)
FSF	21(4):81-82. O. 1961.	(A. Bester)

Night monsters. New York, Ace, 1969. 80 p.

LM	2:23. Jl. 1969.	(G. Bear)
VEN	3(2):122-123. Ag. 1969.	(R. Goulart)

The night of the wolf. New York, Ballantine, 1966. 221 p.

ASF	79(4):171-172. Je. 1967.	(P. Miller)
GAL	25(3):189-191. F. 1967.	(A. Budrys)
FSF	31(5):61-62. N. 1966.	(J. Merril)

A pail of air. New York, Ballantine, 1964. 191 p.

AMZ	39(1):123-124. Ja. 1965.	(R. Silverberg)
FSF	28(3):53-57. Mr. 1965.	(J. Merril)

The secret songs. London, Hart-Davis, 1968. 229 p.

NWB	No. 188:60. Mr. 1969.	(J. Harrison)

Shadows with eyes. New York, Ballantine, 1962. 128 p.

FSF	22(6):88-89. Je. 1962.	(A. Bester)

The silver eggheads. New York, Ballantine, 1962. 192 p. NUC 63-50716.

ASF	69(4):162-163. Je. 1962.	(P. Miller)
NWB	No. 117:127-128. Ap. 1962.	(J. Carnell)
FSF	22(2):114. Ap. 1962.	(A. Bester)
SFR	39:32-33. Ag. 1970.	(P. Walker)

A specter is haunting Texas. New York, Walker, 1969. 245 p. 69-13140.

ASF	84(5):165-166. Ja. 1970.	(P. Miller)
SFO	12:9-10. Je. 1970.	(D. Penman)
LM	35/36:52. Ap/My. 1972.	(M. McQuown)

LEIBER, FRITZ (Continued)

A specter is haunting Texas (Continued).

FSF	37(5):49-50. N. 1969.	(A. Panshin)
VEN	3(3):106. N. 1969.	(R. Goulart)

Swords against death. New York, Ace, 1970. 251 p.

SFR	41:32. N. 1970.	(F. Patten)

Swords against wizardry. New York, Ace, 1968. 188 p.

FAS	19(1):129-130. O. 1969.	(F. Lathrop)

Swords and deviltry. New York, Ace, 1970. 254 p.

LM	18:16. N. 1970.	(L. Carter)
SFR	41:31-32. N. 1970.	(F. Patten)
WSJ	74:35-36. D. 1970/Ja. 1971.	(T. Pauls)

Swords in the mist. New York, Ace, 1968. 190 p.

FAS	19(1):129-130. O. 1969.	(F. Lathrop)

Swords of Lankhmar. New York, Ace, 1968. 224 p.

FAS	19(1):129-130. O. 1969.	(F. Lathrop)
FSF	35(3):34-35. S. 1968.	(J. Merril)

Tarzan and the valley of gold. New York, Ballantine, 1966. 317 p.

FSF	31(5):58-59. N. 1966.	(J. Merril)

Two sought adventure. New York, Gnome Press, 1957. 186 p. 57-7112.

ASF	60(6):145. F. 1958.	(P. Miller)
FAU	9(6):113-114. Je. 1958.	(H. Santesson)
GAL	15(5):122. Mr. 1958.	(F. Gale)
VEN	1(6):83. N. 1957.	(T. Sturgeon)

The wanderer. New York, Ballantine, 1964. 318 p.

AMZ	38(12):124-125. D. 1964.	(R. Silverberg)
ASF	74(3):87. N. 1964.	(P. Miller)
NWB	No. 174:63-64. Ag. 1967.	(J. Cawthorn)
FSF	27(2):23-24. Ag. 1964.	(A. Davidson)
LJ	95(10):1970. My. 1970.	(M. Chelton)
SFO	2:25. Mr. 1969.	(B. Gillespie)
SFR	39:32-33. Ag. 1970.	(P. Walker)

Witches three, by Fritz Leiber, James Blish, and Fletcher Pratt. New York, Twayne, 1952. 423 p. 52-12851.

ASF	52(4):150-151. D. 1953.	(P. Miller)
FUTF	4(3):84. S. 1953.	(R. Lowndes)
GAL	5(6):110. Mr. 1953.	(G. Conklin)
ISF	4(7):145. Ag. 1953.	(M. Reinsberg)
SFA	1(4):88-90. My. 1953.	(D. Knight)
SFP	1(4):66. Je. 1953.	(S. Moskowitz)
FSF	4(1):91. Ja. 1953.	(Boucher & McComas)

You're all alone. New York, Ace, 1972. 191 p.

SWSJ	71:9. N. 1972.	(S. Burns)

LEINSTER, MURRAY
SEE Jenkins, William Fitzgerald.

LEM, STANISLAW

The cyberiad. New York, Seabury, 1974. 73-6420.

KR	41:1231. N. 1, 1973.	(n.g.)
PW	204:31. D. 10, 1973.	(n.g.)

The invincible. New York, Seabury, 1973. 183 p.

GAL	34:84. N. 1973.	(T. Sturgeon)
SDNP	p. 10. D. 1/2, 1973.	(B. Friend)
REN	5(3):8. Sm. 1973.	(J. Pierce)
NYT	p. 39. S. 23, 1973.	(T. Sturgeon)

Memoirs found in a bathtub. New York, Seabury, 1973. 191 p.

GAL	34:84. N. 1973.	(T. Sturgeon)
SDNP	p. 10. D. 1/2, 1973.	(B. Friend)
REN	5(3):8. Sm. 1973.	(J. Pierce)
NYT	p. 39. S. 23, 1973.	(T. Sturgeon)
LM	48:26-27. Fl. 1973.	(M. Purcell)

Solaris. New York, Walker, 1970. 217 p. 75-123267.

LJ	95(19):3806. N. 1, 1970.	(J. Polacheck)
LM	17:30. O. 1970.	(J. B. Post)
PW	198(7):50. Ag. 17, 1970.	
ASF	87:169-170. Je. 1971.	(P. Miller)
FSF	40:42-43. My. 1971.	(J. Blish)
GAL	31:95-102. My/Je. 1971.	(A. Budrys)
LJ	96:748. F. 15, 1971.	(A. Iceman)
SFR	42:41. Ja. 1971.	(R. Geis)
SFO	24:25-34. N. 1971.	(B. Gillespie)
WSJ	74:11-12. D. 1970/Ja. 1971.	(D. Halterman)
WSJ	76:16. Ap/My. 1971.	(J. Newton)
AMZ	45:111-112. Ja. 1972.	(S. Whealton)
FOU	1:60-65. 1972.	(P. Nicholls)
SPEC	30:20-21. Je. 1972.	(T. Sudbery)
SFO	35/37:37-45. Jl/S. 1973.	(G. Turner)
SFO	35/37:46-48. Jl/S. 1973.	(G. Murnane)

L'ENGLE, MADELEINE

Dance in the desert. New York, Farrar, 1969. 53 p. 68-29465.

LM	9:23. F. 1970.	(J. Post)

A wind in the door. New York, Farrar, 1973. 211 p.

BKL	69:948-949. Je. 1, 1973.	(n.g.)
EE	50:946. S. 1973.	(n.g.)
KR	41:463. Ap. 15, 1973.	(n.g.)
HB	49:379-380. Ag. 1973.	(A. Silvey)
LJ	98:1691. My. 15, 1973.	(M. Dorsey)
NYT	p. 8. Jl. 8, 1973.	(M. Murray)
PW	203:54. Ap. 16, 1973.	(n.g.)
CCB	27:12. S. 1973.	(n.g.)

A wrinkle in time. New York, Ariel, 1962. 211 p. 62-7203.

ASF	71(4):89. Je. 1963.	(P. Miller)
WSJ	supp. 75-1:10. F/Mr. 1971.	(S. Miller)
GAL	34:72. D. 1973.	(T. Sturgeon)

The young unicorns. New York, Farrar, 1968. 245 p. 68-13682.

ASF	82(5):163-164. Ja. 1969.	(P. Miller)

LENGYEL, CORNEL ADAM

The atom clock. Los Angeles, Fantasy Publishing Co., 1951. 66 p. 52-1577.

GAL   4(4):106. Jl. 1952. (G. Conklin)

LEONARD, JOHN

Crybaby of the western world. London, Macdonald, 1968. 308 p.

NWB   No. 187:59. F. 1969. (M. Harrison)

LEONARD, JONATHAN NORTON

Exploring science. Cleveland, World, 1959. 318 p. 58-9422.

GAL   18(5):155. Je. 1960. (F. Gale)

Flight into space. New York, Random House, 1953. 309 p. 53-6920.

ASF   53(5):151. Jl. 1954. (P. Miller)
GAL   8(2):130-131. My. 1954. (G. Conklin)
AUT   No. 42:151. F. 1954. (n.g.)
NWB   No. 22:126. Ap. 1954. (L. Flood)
SFD   1(1):154-155. F. 1954. (E. Lewis)

Tools of tomorrow. New York, Viking, 1935. 307 p. 35-5845.

AMZ   10(7):133-134. D. 1935. (C. Brandt)

LEOPOLD, ALDO STARKER

A sand country almanac. New York, Oxford, 1966. 269 p. 66-28871.

SWSJ   114:4. N. 1973. (D. Gilliland)

LE QUEUX, WILLIAM

The rat trap. New York, Macaulay, 1930. 312 p. 30-21776.

ADT   1(5):468. My. 1930. (n.g.)

LERNET-HOLENIA, ALEXANDER

Count Luna. New York, Criterion, 1956. 252 p. 56-6212.

FSF   12(2):100. F. 1957. (A. Boucher)

LEROUX, ETIENNE

The third eye. London, Allen, 1969. 171 p.

NWB   No. 198:30. F. 1970. (M. Walters)

LESLIE, DESMOND

Flying saucers have landed, by Desmond Leslie and George Adamski. London, Laurie, 1953. 232 p.

ASF   53(2):140-144. Ap. 1954. (P. Miller)
BSP   1(1):17. Ja. 1954. (n.g.)
AUT   No. 41:151-152. Ja. 1954. (n.g.)
AUT   No. 81:126. Je. 1957. (A. Harby)

Flying saucers have landed (Continued).

NWB   No. 25:123-124. Jl. 1954. (L. Flood)

LESSER, MILTON

Earthbound. Philadelphia, Winston, 1952. 208 p. 52-5493.

AMZ   26(10):148. O. 1952. (S. Merwin)
ASF   50(3):154. N. 1952. (P. Miller)
FUTF   3(6):62. Mr. 1953. (R. Lowndes)
GAL   5(2):123-124. N. 1952. (G. Conklin)
SPF   1(3):102. N. 1952. (G. Smith)
SPS   1(1):128. O. 1952. (n.g.)

Looking forward, ed. by Milton Lesser. New York, Beechhurst Press, 1953. 400 p. 53-11680.

ASF   53(5):149-150. Jl. 1954. (P. Miller)
GAL   8(2):132-133. My. 1954. (G. Conklin)
NWB   No. 43:128. Ja. 1956. (L. Flood)

Recruit for Andromeda. New York, Ace, 1959. 117 p.

ASF   64(4):148-149. D. 1959. (P. Miller)
WIF   9(4):100. S. 1959. (D. Knight)

Secret of the black planet. New York, Belmont, 1969. 157 p.

LM   16:23. S. 1970. (D. Paskow)

Spacemen, go home. New York, Holt, 1961. 221 p. 61-9046.

ASF   68(2):170. O. 1961. (P. Miller)
GAL   20(6):192. Ag. 1962. (F. Gale)

Stadium beyond the stars. Philadelphia, Winston, 1960. 206 p. 60-5840.

AMZ   34(7):138. Jl. 1960. (S. Cotts)
ASF   66(6):171-172. F. 1961. (P. Miller)
GAL   19(5):97. Je. 1961. (F. Gale)
WIF   10(4):86-87. S. 1960. (F. Pohl)

The star seekers. Philadelphia, Winston, 1953. 212 p. 53-7338.

ASF   54(3):144-145. N. 1954. (P. Miller)
FAU   1(5):160. Mr. 1954. (R. Frazier)
ISF   5(4):115. Ap. 1954. (H. Bott)
FSF   6(2):95. F. 1954. (Boucher & McComas)

LESSING, DORIS

Briefing for a descent into hell. New York, Knopf, 1971. 251 p.

AMZ   47:104-106. Je. 1973. (A. Panshin)
FUT   5:595. D. 1973. (D. Livingston)

LESSING, ERICH

Discoverers of space: a pictorial narration. London, Burns, 1969. 176 p. 74-86843.

LM   19:23. D. 1970. (C. Moslander)

LESTER, REGINALD MOUNSTEPHENS

The observer's book of weather. London, Warne, 1955. 151 p. 55-14864.

AUT   No. 59:120. Jl. 1955. (n.g.)

Towards the hereafter. New York, Citadel, 1957. 191 p.

GAL   15(2):101. D. 1957. (F. Gale)

LEVENE, MALCOLM

Carder's paradise. New York, Walker, 1969. 184 p. 76-86392.

LM   16:15. S. 1970. (S. Mines)
SFR   39:34. Ag. 1970. (P. Walker)

LEVEY, ANTON SZANDOR

The Satanic Bible. New York, Avon, 1969. 272 p.

WSJ·   76:95-96. Ap/My. 1971. (W. Linder)

LEVIN, IRA

The Stepford wives. New York, Random House, 1972. 145 p. 72-2841.

LJ   97:2645. Ag. 1972. (J. Avant)
LM   43:31. D. 1972. (P. Walker)
NYT   p. 43. O. 15, 1972. (M. Levin)
SR   55:98. O. 7, 1972. (W. Schott)
ASF   91:171-172. Ap. 1973. (P. Miller)
NR   25:106. Ja. 19, 1973. (J. Coyne)

This perfect day. New York, Random, 1970. 320 p. 70-102346.

ASF   86(1):164. S. 1970. (P. Miller)
LJ   95(4):684-685. F. 15, 1970. (J. Avant)
PLAYBOY 17(4):24. Ap. 1970.
BOOK WORLD p. 5. F. 15, 1970. (L. Davis)
NYT   p. 46. F. 22, 1970. (T. Fleming)
NWK   75:1098. Mr. 16, 1970. (A. Keneas)
TM   95:78. Mr. 2, 1970.
FSF   40:60-62. F. 1971. (J. Russ)
LM   26/27:46. Jl/Ag. 1971. (J. McQuown)
PW   199:73. F. 1, 1971. (n.g.)
SFR   42:37-38. Ja. 1971. (P. Walker)
LJ   95(13):2546. Jl. 1970. (A. Hankenson)

LEVIN, LAWRENCE M., ed.

The book of popular science. New York, Crolier, 1958. 10 v. 59-5015.

GAL   16(6):133. O. 1958. (F. Gale)

LEVI-STRAUSS, CLAUDE

Tristes tropiques. New York, Atheneum, 1964. 404 p. NUC 65-28744.

FSF   27(4):40-41. O. 1964. (A. Davidson)

LEVITT, ISREAL MONROE

A space traveler's guide to Mars. New York, Holt, 1956. 175 p. 56-10515.

ASF   59(2):159-160. Ap. 1957. (P. Miller)

LEVY, DAVID

The gods of Foxcroft. New York, Arbor House, 1970. 277 p. 77-122640.

PW   198(8):46. Ag. 24, 2970.
LJ   96:748. F. 15, 1971. (A. Iceman)
LM   38/39:39. Jl/Ag. 1972. (M. McQuown)
RQ   5:306. Ap. 1973. (L. Sapiro)

LEVY, JACOB

Space moves thru time. Chicago, The Author, 1939. 91 p. 40-12139.

SSS   1(2):4. My. 1940. (C. Kornbluth)

LEVY, MAURICE

Lovecraft ou du fantastique. Paris, Union Generale d'Editions, 1972. 189 p.

SFN   13/15:3-4. Jl/S. 1972. (E. Rochon)

LEWELLEN, JOHN BRYAN

You and space travel. Chicago, Children's Press, 1951. 60 p. 51-12201.

ASF   49(1):156-157. Mr. 1951. (P. Miller)

LEWIN, LEONARD

The diffusion of sufi ideas in the west. Boulder, Colo., Keysign Press, 1972. 212 p. 74-182745.

AMZ   47:104-106. Je. 1973. (A. Panshin)

Triage. New York, Dial, 1972. 215 p. 79-38901.

BKL   68:887. Je. 15, 1972. (n.g.)
LJ   97:1625-1626. Ap. 15, 1972. (E. Storey)
NR   24:651. Je. 9, 1972. (J. Burnham)
NYT   p. 9. Jl. 2, 1972. (W. Hjortsberg)
NYT   p. 80. D. 3, 1972. (n.g.)
NWK   79:101. My. 22, 1972. (P. Prescott)
KPG   7:104. S. 1973. (n.g.)
SWSJ   115:4. N. 1973. (D. D'Ammassa)

LEWIN, LEONARD C.

Report from Iron Mountain on the possibility and desirability of peace. New York, Dial Press, 1967. 109 p. 67-27553.

ASF   81(4):158-160. Je. 1968. (P. Miller)
FSF   34(6):49-51. Je. 1968. (J. Merril)

LEWINSOHN, RICHARD

Animals, myths, and men. New York, Harper, 1954. 422 p. 53-11848.

SFIQ   3(6):37. Ag. 1955. (L. de Camp)

LEWIS, AL

Index to the science fiction magazines, 1961, 1962, 1963. Los Angeles, Calif., The Author, 41 p., 52 p., 62 p.

AMZ   39(2):116-117. F. 1965. (R. Silverberg)
ASF   69(6):172-173. Ag. 1962. (P. Miller)
ASF   72(5):90. Ja. 1964. (P. Miller)
ASF   74(6):89. F. 1965. (P. Miller)

LEWIS, ARTHUR H.

Hex. New York, Pocket Books, 1970. 228 p.

SFR   41:25-26. N. 1970. (P. Walker)
LM   21:32. F. 1971. (J. Rapkin)

LEWIS, CLIVE STAPLES

The complete chronicles of Narnia (set): The lion, The witch, The wardrobe, Prince Caspian, The voyage of the Dawn Treader, The silver chair, The horse and his boy, The magician's nephew, The last battle.

FAS   22:114-115. O. 1972. (F. Leiber)
LM   30:25. N. 1971. (C. Moslander)

The last battle. New York, Macmillan, 1956. 174 p. 56-9362.

GAL   14(2):109. Je. 1957. (F. Gale)

Of other worlds. New York, Harcourt, 1967. 148 p. 67-10766.

ASF   79(6):164-166. Ag. 1967. (P. Miller)
FSF   32(2):24-26. F. 1967. (J. Merril)

Out of the silent planet. New York, Avon, 1956. 159 p.

ASF   61(6):134-137. Ag. 1958. (P. Miller)
GAL   21(1):194. O. 1962. (F. Gale)

Perelandra. New York, Macmillan, 1958. 238 p.

ASF   61(6):134-137. Ag. 1958. (P. Miller)
AUT   No. 38:138. O. 1953. (n.g.)

Poems. New York, Harcourt, 1965. 142 p. 65-11997.

FSF   29(4):98. O. 1965. (V. Kidd)

That hideous strength. London, Pan, 1962. 252 p.

AUT   No. 56:135. Ap. 1955. (n.g.)

Till we have faces. New York, Harcourt, 1957. 313 p. 56-11300.

FSF   12(6):109-110. Je. 1957. (A. Boucher)

The tortured planet. New York, Avon, 1952. 254 p.

ASF   61(6):134-137. Ag. 1958. (P. Miller)
GAL   17(4):145. Ap. 1959. (F. Gale)

The voyage of the Dawn Treader. New York, Macmillan, 1952. 210 p. 52-4219.

FSF   4(2):74. F. 1953. (Boucher & McComas)

The world's last night. New York, Harcourt, 1960. 113 p. 60-5439.

FSF   19(2):102. Ag. 1960. (D. Knight)

LEWIS, MICHAEL ARTHUR

The three amateurs. Boston, Houghton Mifflin, 1929. 316 p. 29-11582.

ADT   1(1):95. Ja. 1930. (n.g.)

LEWIS, OSCAR

The lost years. New York, Knopf, 1951. 121 p. 51-11067.

ASF   49(5):161. Jl. 1952. (P. Miller)

LEWIS, RICHARD S.

Appointment on the moon. rev. ed. New York, Viking, 1969. 560 p. 77-97748.

LM   14:24. Jl. 1970. (J. B. Post)

LEWIS, WYNDHAM

The childermass. London, Jupiter, 1965. 320 p.

NWB   No. 160:148-154. Mr. 1966. (J. Ballard)

Malign fiesta. London, Jupiter, 1966. 240 p.

NWB   No. 160:148-154. Mr. 1966. (J. Ballard)

Monstre gai. London, Jupiter, 1965. 254 p.

NWB   No. 160:148-154. Mr. 1966. (J. Ballard)

LEY, WILLY

Another look at Atlantis. Garden City, N.Y., Doubleday, 1969. 229 p. 69-11988.

GAL   28(6):153. Ag. 1969. (A. Budrys)
LM   7:23. D. 1969. (J. B. Post)

Beyond the solar system, by Willy Ley and Chesley Bonestell. New York, Viking, 1964. 108 p. 64-20682.

ASF   74(6):90-91. F. 1965. (J. Campbell, Jr.)
GAL   23(4):4. Ap. 1965. (F. Pohl)
FSF   29(1)[i.e. 28(6)]:77. Je. 1965. (J. Merril)

The days of creation. New York, Modern Age Books, 1941. 275 p. 42-4222.

ASF   29(3):54. My. 1942. (R. Heinlein)
SSS   4(1):72. Ag. 1942. (D. Wollheim)

Dragons in amber. New York, Viking, 1951. 328 p. 51-9226.

ASF   47(4):134-135. Je. 1951. (L. de Camp)
AUT   No. 26:128. O. 1952. (n.g.)
GAL   2(2):84. My. 1951. (G. Conklin)
STL   23(2):159-160. My. 1951. (n.g.)

LEY, WILLY (Continued)

Dragons in amber (Continued).

    FSF   2(6):87. D. 1951. (Boucher & McComas)

The drifting continents. New York, Weybright & Talley, 1969. 90 p. 69-19141.

    LM   13:17. Je. 1970. (C. Moslander)

Engineers' dreams. New York, Viking, 1954. 239 p. 54-5683.

    ASF   54(3):146-147. N. 1954. (P. Miller)
    FAU   2(2):126. S. 1954. (R. Frazier)
    GAL   9(1):97. O. 1954. (G. Conklin)
    AUT   No. 67:152. Mr. 1956. (n.g.)
    FSF   7(4):97. O. 1954. (A. Boucher)

Events in space. New York, McKay, 1969. 180 p. 69-20204.

    LM   12:29. My. 1970. (J. B. Post)

Exotic zoology. New York, Viking, 1959. 468 p. 59-8356.

    ASF   65(4):164-165. Je. 1960. (P. Miller)

The exploration of Mars, by Willy Ley and Wernher von Braun. New York, Viking, 1956. 176 p. 56-7596.

    ASF   58(4):154-155. D. 1956. (P. Miller)
    FUTF   No. 32:113-114. Sp. 1957. (L. de Camp)
    GAL   13(2):84-85. D. 1956. (F. Gale)
    NWB   No. 55:128. Ja. 1957. (L. Flood)
    FSF   12(6):112-113. Je. 1957. (A. Boucher)

Gas giants: the largest planets. New York, McGraw-Hill, 1969. 143 p. 76-98052.

    LM   13:26. Je. 1970. (J. B. Post)

The lungfish and the unicorn. New York, Modern Age Books, 1941. 305 p. 41-7770.

    AST   3(1):8. S. 1941. (D. Wollheim)
    ASF   27(6):146. Ag. 1941. (J. Campbell, Jr.)

The lungfish, the dodo, and the unicorn. New York, Viking, 1948. 361 p. 48-8709.

    ASF   43(3):157-159. My. 1949. (L. de Camp)
    FNM   4(2):106. Jl. 1950. (S. Moskowitz)
    TWS   33(3):161. F. 1949. (S. Merwin)

The mystery of other worlds revealed, by Willy Ley and others. New York, Sterling, 1953. 143 p.

    FSF   4(6):71. Je. 1953. (Boucher & McComas)
    ASF   52(4):146. D. 1953. (P. Miller)

Rockets. New York, Viking, 1944. 287 p. 44-4167.

    ASF   33(5):153-154. Jl. 1943. (R. Heinlein)

Rockets and space travel. New York, Viking, 1947. 374 p. 47-1899.

    ASF   39(4):41. Je. 1947. (n.g.)

Rockets, missiles, and men in space. New York, Viking, 1968. 557 p. 67-20676.

    ASF   83(2):160-161. Ap. 1969. (P. Miller)
    SAT   2(2):125-126. D. 1957. (S. Moskowitz)

Rockets, missiles and space travel. New York, Viking, 1951. 432 p. 51-11482.

    ASF   48(3):115-116. N. 1951. (P. Miller)
    GAL   3(1):89-90. O. 1951. (G. Conklin)
    STL   24(2):142. N. 1951. (n.g.)
    FSF   2(6):87. D. 1951. (Boucher & McComas)

Rockets, missiles, and space travel. New York, Viking, 1957. 528 p. 57-11123.

    ASF   60(6):147-148. F. 1958. (P. Miller)
    GAL   15(6):85. Ap. 1958. (F. Gale)
    INF   3(5):96. Je. 1958. (D. Knight)

Salamanders and other wonders. New York, Viking, 1955. 293 p. 55-7630.

    ASF   56(4):143-145. D. 1955. (P. Miller)
    GAL   11(3):90. Ja. 1956. (F. Gale)
    SFIQ   4(3):50. My. 1956. (L. de Camp)
    FSF   9(4):102-103. O. 1955. (A. Boucher)

Satellites, rockets, and outer space. New York, Signet, 1958. 128 p.

    AMZ   32(10):54,145. O. 1958. (S. Cotts)
    FAU   10(3):118. S. 1958. (H. Santesson)
    FUTF   No. 44:104-105. Ag. 1959. (C. Knox)

Shells and shooting. New York, Modern Age Books, 1942. 223 p. 42-22924.

    ASF   30(3):105. N. 1942. (R. Heinlein)

Space stations. Poughkeepsie, N.Y., Guild Press, 1958. 44 p. 58-14668.

    ASF   62(1):154. S. 1958. (P. Miller)

Space travel. Poughkeepsie, N.Y., Guild Press, 1958. 44 p. 58-14999.

    ASF   62(6):141. F. 1959. (P. Miller)

Visitors from afar: the comets. New York, McGraw-Hill, 1969. 144 p. 69-17451.

    LM   12:29. My. 1970. (J. B. Post)

Watchers of the skys. New York, Viking, 1963. 528 p. 61-7386.

    ASF   73(3):86. My. 1964. (P. Miller)
    WOT   1(6):5. F. 1964. (F. Pohl)
    FSF   26(4):88-89. Ap. 1964. (A. Davidson)
    LM   7:28. D. 1969. (V. Woehr)

LIBBY, WILLARD F.

Radiocarbon dating. Chicago, University of Chicago Press, 1952. 124 p. 52-8364.

    SFIQ   2(5):62-63. N. 1953. (L. de Camp)

LIFE

Planets, by Carl Sagan and John Norton Leonard. New York, Life Science Library, 1966. 200 p. 66-22436.

    FSF   34(3):42. Mr. 1968. (J. Merril)

The world we live in, by the Editorial staff of Life and Lincoln Barnett. New York, Simon & Schuster, 1955. 304 p. 55-13583.

    GAL   12(2):106-107. Je. 1956. (F. Gale)

LIFTON, BETTY JEAN

The mud snail son. New York, Atheneum, 1971. 38 p. 77-134816.

    LM   41/42:29. O/N. 1972. (J. Post)

LIGHTNER, ALICE M.

The day of the drones. New York, Norton, 1969. 255 p. 69-12618.

    ASF   84(2):175. O. 1969. (P. Miller)
    LM   1:25. Je. 1969. (M. Hewitt)
    KPG   5:63. S. 1971. (C. Richey)

The galactic troubadours. New York, Norton, 1965. 237 p. 65-18041.

    ASF   77(5):151. Jl. 1966. (P. Miller)

Gods or demons? New York, Four Winds, 1973. 208 p. 73-81172.

    KR   41:882-883. Ag. 15, 1973. (n.g.)

The space ark. New York, Putnam, 1968. 190 p. 68-11363.

    ASF   83(3):167-168. My. 1969. (P. Miller)

Star dog. New York, McGraw-Hill, 1973. 109 p. 73-8989.

    BKL   69:947. Je. 1, 1973. (n.g.)

The Thursday toads. New York, McGraw-Hill, 1971. 189 p. 73-167494.

    CCB   25:110. Mr. 1972. (n.g.)
    HB   48:155. Ap. 1972. (M. Burns)

LILLY, JOHN C.

Man and dolphin. Garden City, N.Y., Doubleday, 1961. 312 p. 61-9528.

    AMZ   36(1):140. Ja. 1962. (S. Cotts)
    ASF   68(6):159-161. F. 1962. (P. Miller)
    GAL   21(1):192-193. O. 1962. (F. Gale)
    FSF   25(1):108. Jl. 1963. (A. Davidson)

LIN, YU-TANG

Looking beyond. New York, Prentice-Hall, 1955. 387 p. 55-5859.

    ASF   57(1):155. Mr. 1956. (P. Miller)
    FAU   4(4):118. N. 1955. (H. Santesson)
    FSF   9(4):102. O. 1955. (A. Boucher)

LINDAMAN, EDWARD B.

Space: a new direction for mankind. New York, Harper, 1969. 158 p. 78-85043.

    LM   16:29. S. 1970. (C. Moslander)

LINDEGRIN, CARL CLARENCE

The cold war in biology. Ann Arbor, Planarian Press, 1966. 113 p. 66-29217.

    ASF   80(3):167. N. 1967. (P. Miller)

LINDNER, ROBERT

The fifty minute hour. New York, Rinehart, 1955. 293 p. 54-9863.

    AMZ   29(5):110,130. S. 1955. (V. Gerson)
    ASF   56(5):153-154. Ja. 1956. (P. Miller)
    SFIQ   4(4):77. Ag. 1956. (D. Knight)

LINDOP, AUDREY ERSKINE

Sight unseen. Garden City, N.Y., Doubleday, 1969. 304 p. 68-21059.

    LM   6:31. N. 1969. (J. Rapkin)

LINDSAY, DAVID

A voyage to Arcturus. New York, Macmillan, 1963. 244 p. 63-15669.

    AMZ   43(2):119-120. Jl. 1968. (W. Atheling, Jr.)
    ASF   73(2):92. Ap. 1964. (P. Miller)
    VEN   3(1):114-115. My. 1969. (R. Goulart)
    FSF   26(3):82. Mr. 1964. (A. Davidson)
    LM   5:32. O. 1969. (J. B. Post)
    SFO   7:36. N. 1969. (J. Foyster)

LINEBARGER, PAUL

The planet buyer, by Cordwainer Smith. New York, Pyramid, 1964. 156 p.

    AMZ   39(6):123-124. Je. 1965. (R. Silverberg)
    ASF   75(1):87. Mr. 1965. (P. Miller)
    GAL   23(4):142-144. Ap. 1965. (A. Budrys)
    FSF   28(3):57. Mr. 1965. (J. Merril)

Quest of the three worlds, by Cordwainer Smith. New York, Ace, 1966. 174 p.

    ASF   79(4):172-173. Je. 1967. (P. Miller)
    NWB   No. 170:154-155. Ja. 1967. (J. Cawthorn)
    FSF   32(1):66. Ja. 1967. (J. Merril)

Space lords, by Cordwainer Smith. New York, Pyramid, 1965. 206 p.

    ASF   76(5):146-147. Ja. 1966. (P. Miller)

Stardreamer, by Cordwainer Smith. New York, Beagle, 1971. 185 p.

    ASF   89:174-175. Ap. 1972. (P. Miller)
    REN   3:11. Fl. 1971. (J. Pierce)
    AMZ   47:110-112. Je. 1973. (C. Chauvin)

LINEBARGER, PAUL (Continued)

Under old Earth, by Cordwainer Smith. London, Panther, 1970. 192 p.

SWSJ 109:5. O. 1973. (K. Ozanne)

The underpeople, by Cordwainer Smith. New York, Pyramid, 1968. 159 p.

ASF 83(5):168. Jl. 1969. (P. Miller)
SFO 4:50. Jl. 1969. (G. Turner)

You will never be the same, by Cordwainer Smith. Evanston, Ill., Regency Books, 1963. 156 p.

ASF 71(6):86-87. Ag. 1963. (P. Miller)
NWB No. 143:83-84. Jl/Ag. 1964. (J. Colvin)

LINKLATER, ERIC

A spell for old bones. New York, Macmillan, 1950. 223 p. 50-6430.

FSF 1(4):82. Fl. 1950. (Boucher & McComas)

LINKROUM, RICHARD

One before bedtime. Philadelphia, Lippencott, 1968. 201 p. 68-10219.

SFR 39:24-25. Ag. 1970. (P. Walker)
LM 21:28. F. 1971. (J. Rapkin)

LINSINGEN, FREDERICK WILLIAM BERRY VON

The pressure gauge murder. New York, Dutton, 1930. 214 p. 30-7786.

ADT 1(3):286. Mr. 1931. (n.g.)

LINTON, RALPH

The tree of culture. New York, Knopf, 1955. 692 p. 55-5173.

SFIQ 4(3):50. My. 1956. (L. de Camp)

LIPMAN, WILLIAM

Yonder grow the daisies. New York, Ives Washburn, 1929. 319 p. 29-20649.

ADT 1(1):95. Ja. 1930. (n.g.)

LIPPINCOTT, DAVID

E pluribus bang! New York, Viking, 1970. 212 p. 70-123027.

LM 31:29. D. 1971. (D. Paskow)

LISSNER, IVAR

The living past. New York, Putnam, 1957. 444 p. 57-12213.

GAL 16(3):106-107. Jl. 1958. (F. Gale)

LITHGOW, MICHAEL

Mach one, by Mike Lithgow. London, Wingate, 1954. 151 p. 55-20296.

AUT No. 66:154. F. 1956. (n.g.)

LITTLE, JANE

The philosopher's stone. New York, Atheneum, 1971. 123 p. 74-154754.

LM 41/42:30. O/N. 1972. (K. Anderson)

LITTLEDALE, FREYA

Ghosts and spirits of many lands. Garden City, N.Y., Doubleday, 1970. 164 p. 75-89123.

LM 31:25. D. 1971. (C. Moslander)

LIVESEY, CLAIRE WARNER

At the butt end of a rainbow and other Irish tales. Irvington-on-Hudson, N.Y., Harvey House, 1970. 155 p. 78-89783.

LM 29:24. O. 1971. (C. Moslander)

LIVINGSTON, HAROLD

The climacticon. New York, Ballantine, 1960. 191 p.

AMZ 34(11):134-135. N. 1960. (S. Cotts)
NWB No. 99:127-128. O. 1960. (L. Flood)
WIF 10(5):85. N. 1960. (F. Pohl)

LOBE, MIRA

The grandma in the apple tree. New York, McGraw-Hill, 1970. 96 p. 75-127972.

LM 35/36:41. Ap/My. 1972. (C. Moslander)

LOCKE, GEORGE, ed.

Worlds apart. London, Cornmarket Reprints, 1972. 180 p.

NST 56:415. N. 16, 1972. (R. Fifield)

LOCKE, WILLIAM NASH, ed.

Machine translation of languages, ed. by William N. Locke and A. Donald Booth. New York, Wiley, 1955. 243 p. 55-8750.

GAL 13(1):69. N. 1956. (F. Gale)

LOCKEMANN, GEORG

The story of chemistry. New York, Philosophical Library, 1959. 277 p. 60-16179.

GAL 19(3):143. F. 1961. (F. Gale)

LÖFGREN, ULF

Felix forgetful. New York, Delacorte, 1969. 134 p. 69-19816.

    LM   13:16. Je. 1970. (C. Moslander)

The wonderful tree. New York, Delacorte, 1970. 32 p. 79-101997.

    LM   26/27:29. Jl/Ag. 1971. (D. Langsam)

LOGAN, JEFFREY, ed.

The complete book of outer space. New York, Gnome Press, 1953. 144 p. 55-2168.

    ASF   53(5):150. Jl. 1954. (P. Miller)
    GAL   8(2):130-131. My. 1954. (G. Conklin)
    AUT   No. 45:140. My. 1954. (n.g.)
    BSP   1(4):55-56. My. 1954. (n.g.)
    NEB   2(4):127. Ap. 1954. (Slater & Elder)
    NWB   No. 22:126. Ap. 1954. (L. Flood)
    SFIQ 3(2):61-62. Ag. 1954. (D. Knight)

LONDON, JACK

Before Adam. New York, Macmillan, 1962. 172 p. 62-17336.

    ASF   73(2):91. Ap. 1964. (P. Miller)
    FF   1(2):32. D. 1970. (D. Menville)
    FF   1(3):38. F. 1971. (D. Menville)

The iron heel. New York, Macmillan, 1958. 303 p.

    WIF   9(1):114. D. 1958. (D. Knight)

The star rover. New York, Macmillan, 1963. 336 p. 62-21212.

    ASF   73(2):91. Ap. 1964. (P. Miller)
    FSF   26(1):43. Ja. 1964. (M. Bradley)

LONG, CHARLES R.

The eternal man. New York, Avalon, 1964. 191 p. NUC 67-99116.

    ASF   74(3):90. N. 1964. (P. Miller)

The infinite brain. New York, Avalon, 1957. 224 p. 57-8740.

    ASF   60(5):144. Ja. 1958. (P. Miller)
    OSFS 9(3):93-94. S. 1958. (C. Knox)
    VEN   1(5):51. S. 1957. (T. Sturgeon)
    FSF   13(1):93-94. Jl. 1957. (A. Boucher)

LONG, FRANK BELKNAP

It was the day of the robot. New York, Belmont, 1963. 141 p.

    ASF   72(6):92. F. 1964. (P. Miller)

John Carstairs, space detective. New York, Fell, 1949. 265 p. 49-11560.

    AUT   No. 18:112. F. 1952. (n.g.)
    STL   21(1):161-162. Mr. 1950. (n.g.)
    SSS   6(3):98. Mr. 1950. (F. Pohl)

Mars is my destination. New York, Pyramid, 1962. 158 p.

    GAL   21(4):157-158. Ap. 1963. (F. Gale)
    NWB   No. 125:127. D. 1962. (J. Carnell)

The Martian visitors. New York, Avalon, 1964. 192 p. NUC 65-28578.

    ASF   74(4):88-89. D. 1964. (P. Miller)

Mission to a star. New York, Avalon, 1964. 192 p. NUC 65-28985.

    ASF   75(3):158. My. 1965. (P. Miller)

Monster from out of time. New York, Popular Library, 1970. 127 p.

    LM   22:25. Mr. 1971. (J. Schaumburger)

The night of the wolf. New York, Popular Library, 1972. 175 p.

    LM   45:25. F. 1973. (J. Rapkin)

The rim of the unknown. Sauk City, Wisc., Arkham House, 1972. 291 p.

    LJ   98:1195. Ap. 1, 1973. (R. Molyneux)
    LM   43:24. D. 1972. (J. B. Post)

Space station #1. New York, Ace, 1957. 157 p.

    ASF   61(3):147-148. My. 1958. (P. Miller)

Three steps spaceward. New York, Avalon, 1963. 192 p.

    ASF   73(5):90-91. Jl. 1964. (P. Miller)

LONG, LYDA BELKNAP

To the dark tower. New York, Lancer, 1969. 191 p.

    LM   11:29. Ap. 1970. (J. Rapkin)

LONGSTRETH, THOMAS MORRIS

Time flight. New York, Macmillan, 1954. 216 p. 54-9010.

    ASF   54(3):142. N. 1954. (P. Miller)

LOOMIS, NOEL

City of glass. New York, Columbia Publications, 1955. 128 p.

    ASF   56(4):150-151. D. 1955. (P. Miller)
    GAL   11(1):111-112. O. 1955. (G. Conklin)

LOPEZ, HANK

Afro-6. New York, Dell, 1969. 237 p.

    LM   13:24. Je. 1970. (D. Paskow)

LORAC, GODWIN

A question of identity. Boston, Brice & Carter.

    AST   2(2):25,33. D. 1940. (D. Wollheim)

LORD, BEMAN

The spaceship returns. New York, Walck, 1970. 62 p.
70-100708.

    PW   197(14):61. Ap. 6, 1970.
    LM   29:23. O. 1971. (D. Langsam)

LORD, JEFFREY

The jade warrior. New York, Macfadden, 1969. 192 p.

    LM   10:32. Mr. 1970. (G. Bear)
    SWSJ 26:5. Jl. 1971. (D. Halterman)

Jewel of Tharn. New York, Macfadden, 1969. 160 p.

    LM   18:16-17. N. 1970. (L. Carter)

LORENZEN, CORAL E.

The great flying saucer hoax. New York, William-
Frederick Press, 1962. 257 p. 62-10876.

    AMZ   36(8):123-124. Ag. 1962. (S. Cotts)
    FSF   23(1):109. Jl. 1962. (A. Bester)

LORENZEN, JAN A., comp.

20 years of Analog/Astounding science fiction—science
fact. Avon Lake, Ohio, Locomotive Workshop, 1971. 40 p.

    ASF   89:167. My. 1972. (P. Miller)

LORENZINI, CARLO

Pinocchio, by Carlo Collodi. New York, Grossett, 1971.
20 p.

    LM   32:24. Ja. 1972. (J. Post)

LORY, ROBERT

Dracula returns. New York, Pinnacle Books.

    SWSJ 98:2. Jl. 1973. (D. D'Ammassa)

The eyes of Bolsk. New York, Ace, 1969. 90 p.

    SFR   35:35. F. 1970. (T. Pauls)

Hand of Dracula. New York, Pinnacle Books.

    SWSJ 104:4. S. 1973. (D. D'Ammassa)

A harvest of hoodwinks. New York, Ace, 1970. 117 p.

    LM   31:31. D. 1971. (R. Freedman)

Masters of the lamp. New York, Ace, 1970. 136 p.

    LM   31:31. D. 1971. (R. Freedman)

The veiled world. New York, Ace, 1972. 116 p.

    LM   45:32. F. 1973. (J. Rapkin)

LOUGHLIN, RICHARD L.

Journeys in science fiction, by Richard L. Loughlin and
Lilian M. Popp. New York, Globe, 1961. 656 p. 61-457.

    LM   22:24. Mr. 1971. (M. Hewitt)

LOVECRAFT, HOWARD PHILLIPS

At the mountains of madness. Sauk City, Wisc., Arkham
House, 1964. 432 p.

    TM   101:99-100. Je. 11, 1973. (P. Herrera)

The case of Charles Dexter Ward. New York, Belmont, 1965.
141 p. NUC 66-84603.

    LM   20:30. Ja. 1971. (J. B. Post)

Collected poems. Sauk City, Wisc., Arkham House, 1963.
134 p. 63-5547.

    FSF   26(5):69. My. 1964. (A. Davidson)

The colour out of space. New York, Lancer, 1967. 222 p.
NUC 70-78992.

    AMZ   38(11):122-123. N. 1964. (R. Silverberg)
    LM   8:30. Ja. 1970. (J. B. Post)

Dagon and other macabre tales. Sauk City, Wisc., Arkham
House, 1965. 413 p. 65-5859.

    FSF   30(5):47. My. 1966. (F. Leiber)
    MOH   2(6):80-81. W. 1965/1966. (R. Lowndes)

The dark brotherhood. Sauk City, Wisc., Arkham House,
1966. 321 p. 66-31920.

    MOH   3(1):29,55. Sm. 1966. (R. Lowndes)

The dream-quest of unknown Kadath. New York, Ballantine,
1970. 242 p.

    LM   19:21. D. 1970. (J. B. Post)
    FAS   20:109-111,128. F. 1971. (F. Leiber)
    LM   24/25:33-34. My/Je. 1971. (P. Walker)
    SFR   43:39. Mr. 1971. (P. Walker)

The Dunwich horror and others. Sauk City, Wisc., Arkham
House, 1963. 431 p. 63-4565.

    FSF   26(1):43-45. Ja. 1964. (F. Leiber)
    LM   8:30. Ja. 1970. (J. B. Post)

The lurking fear. New York, Beagle, 1971. 182 p.

    TM   101:99-100. Je. 11, 1973. (P. Herrera)

The outsider and others. Sauk City, Arkham House, 1939.
553 p. 40-667.

    TWS   16(1):126. Ap. 1940. (E. Heath)
    SSS   1(2):4. My. 1940. (D. Wollheim)

Selected letters, 1911-1924. Sauk City, Wisc., Arkham
House, 1965. 362 p. 65-3831rev.

    FSF   30(5):46-47. My. 1966. (F. Leiber)

Selected letters II: 1925-1929. Sauk City, Wisc., Ark-
ham House, 1968. 359 p. 65-3831rev.

    MOH   4(6):112-114. N. 1968. (R. Lowndes)

LOVECRAFT, HOWARD PHILLIPS (Continued)

Selected letters, 1929-1931. Sauk City, Wisc., Arkham House, 1971. 451 p. 65-3831rev.

    LM   41/42:50. O/N. 1972. (J. B. Post)

The shadow over Innsmouth. Everett, Pa., Visionary Publishing Co., 1936. 158 p. 37-14575.

    AMZ   11(4):133. Ag. 1937. (C. Brandt)

The shuttered room and other pieces. Sauk City, Wisc., Arkham House, 1959. 313 p. 59-65100.

    FSF   19(2):100-102. Ag. 1960. (D. Knight)
    TM   101:99-100. Je. 11, 1973. (P. Herrera)

Supernatural horror in literature. New York, Dover, 1973. 111 p.

    SFN   27:4. S. 1973. (F. Lerner)
    PW   204:81. Jl. 2, 1973. (n.g.)

The survivors and others. Sauk City, Arkham House, 1957. 161 p. 57-28108.

    GAL   15(2):102. D. 1957. (F. Gale)
    SCF   No. 55:112. O. 1962. (J. Carnell)
    FSF   13(1):92. Jl. 1957. (A. Boucher)
    FSF   24(1):48-50. Ja. 1963. (A. Davidson)

Three tales of terror. Sauk City, Wisc., Arkham House, 1967. 134 p. 67-7496.

    FSF   34(4):42-43. Ap. 1968. (G. Wilson)

The tomb and other tales. New York, Beagle, 1965. 190 p.

    FSF   41:75-76. Jl. 1971. (G. Wilson)
    KPG   5:sec. II. Ap. 1971. (C. Richey)
    LM   38/39:37. Jl/Ag. 1972. (J. B. Post)
    TM   101:99-100. Je. 11, 1973. (P. Herrera)

LOW, ARCHIBALD MONTGOMERY

Satellite in space. London, Jenkins, 1956. 190 p. 60-22085.

    AUT   No. 77:154-155. F. 1957. (n.g.)

Thanks to inventors. London, Lutterworths, 1954. 208 p. 55-27217.

    AUT   No. 53:131. Ja. 1955. (n.g.)
    NWB   No. 29:123-124. N. 1954. (J. Carnell)

What's the world coming to? Philadelphia, Lippincott, 1951. 214 p. 51-11194.

    FSF   2(6):87. D. 1951. (Boucher & McComas)

LOWNDES, MARION S.

Ghosts that still walk. New York, Knopf, 1941. 147 p. 41-16256.

    SSS   4(2):91. N. 1942. (D. Wollheim)

LOWNDES, ROBERT W.

Believers' world. New York, Avalon, 1961. 224 p.

    GAL   20(3):191-192. F. 1962. (F. Gale)

Mystery of the third mine. Philadelphia, Winston, 1953. 201 p. 52-12901.

    ASF   53(1):158-159. Mr. 1954. (P. Miller)
    GAL   6(5):118. Ag. 1953. (G. Conklin)
    SFIQ   3(2):63. Ag. 1954. (R. Lowndes)

The puzzle planet. New York, Ace, 1961. 119 p.

    ASF   67(5):160-161. Jl. 1961. (P. Miller)

Three faces of science fiction. Cambridge, Mass., NESFA, 1973. 96 p.

    ASF   92:160-161. O. 1973. (P. Miller)
    VIEWS AND REVIEWS 4(4):78. Sm. 1973. (R. Briney)

LUBAN, MILTON

The spirit was willing. New York, Greenberg, 1951. 188 p. 51-11544.

    GAL   3(1):90. O. 1951. (G. Conklin)

LUCE, JOHN VICTOR

Lost Atlantis: new light on an old legend. New York, McGraw-Hill, 1969. 224 p. 69-18730.

    ASF   84(2):170-172. O. 1969. (P. Miller)

LUCIE-SMITH, EDWARD, ed.

Holding your eight hands: an anthology of science fiction verse. Garden City, N.Y., Doubleday, 1969. 120 p. 69-15580.

    WIF   19(8):144. O. 1969. (L. del Rey)
    FSF   38(4):48-49. Ap. 1970. (J. Blish)
    LM   9:24. F. 1970. (J. B. Post)

LUDLAM, HARRY

Witch's curse. New York, Award, 1969. 154 p.

    LM   19:31. D. 1970. (D. Paskow)

LUKENS, ADAM

Alien world. New York, Avalon, 1963. 192 p. NUC 65-28118.

    ASF   72(4):87-88. D. 1963. (P. Miller)

Conquest of life. New York, Avalon, 1960. 221 p.

    GAL   19(5):96. Je. 1961. (F. Gale)

Eevalu. New York, Avalon, 1963. 192 p. 63-6874/CD.

    ASF   73(2):96. Ap. 1964. (P. Miller)

The glass cage. New York, Avalon, 1962. 223 p.

    ASF   69(6):170-171. Ag. 1962. (P. Miller)

The sea people. New York, Avalon, 1959. 221 p.

    AMZ   34(3):43. Mr. 1960. (S. Cotts)
    ASF   65(5):162-163. Jl. 1960. (P. Miller)
    GAL   18(6):119. Ag. 1960. (F. Gale)
    WIF   10(2):90-91. My. 1960. (F. Pohl)

LUKENS, ADAM (Continued)

Sons of the wolf. New York, Avalon, 1961. 224 p.

    ASF   68(1):167-168. S. 1961. (P. Miller)
    GAL   20(3):192-193. F. 1962. (F. Gale)

The world within. New York, Avalon, 1962. 222 p.

    ASF   71(5):89-90. Jl. 1963. (P. Miller)

LUM, PETER

Fabulous beasts. New York, Pantheon, 1951. 256 p.
51-8062.

    FSF   3(3):86. Je. 1952. (Boucher & McComas)

LUMLEY, BRIAN

The caller in black. Sauk City, Wisc., Arkham House,
1971. 235 p. 70-169743.

    FSF   45:41. D. 1973. (G. Wilson)
    LM   43:29. D. 1972. (J. B. Post)

LUNDWALL, SAM J.

Bernhard the conqueror. New York, Daw, 1973. 159 p.

    KPG   7:87. N. 1973. (M. Friedman)
    SWSJ   102:2. Ag. 1973. (D. D'Ammassa)

Science fiction—what it's all about. New York, Ace,
1971. 256 p.

    FSF   42:130-132. My. 1972. (D. Suvin)
    GAL   32:118. Ja. 1972. (T. Sturgeon)
    LM   41/42:46. O/N. 1972. (J. B. Post)
    NYT   p. 36. Mr. 5, 1972. (T. Sturgeon)
    RQ   5:231-235. Ag. 1972. (J. Anderson)
    ASF   88:162-163. D. 1971. (P. Miller)
    FAS   21:114-115,124. D. 1971. (T. White)
    NR   23:1245-1246. N. 5, 1971. (T. Sturgeon)
    REN   3:7-10. Fl. 1971. (R. Hodgens)
    EJ   62:1059. O. 1973. (H. Means)

LUNN, JANET

Twin spell. New York, Dell, 1971. 159 p.

    LM   38/39:23. Jl/Ag. 1972. (C. Moslander)

LUPOFF, RICHARD A.

All in color for a dime, by Dick Lupoff and Don Thompson.
New York, Arlington House, 1970. 263 p. 71-83454.

    JPC   5:246-247. Sm. 1971. (H. Lutterell)
    WSJ   81:N/1-N/2. F. 1973. (J. Taylor)
    WSJ   81:N/2. F. 1973. (P. Garabedian)

Edgar Rice Burroughs: master of adventure. New York,
Canaveral, 1965. 296 p. 64-25827.

    ASF   77(4):148-149. Je. 1966. (P. Miller)
    NWB   No. 191:62. Je. 1969. (J. Cawthorn)
    FSF   31(3):23-24. S. 1966. (J. Merril)
    MOH   5(5):51,57. S. 1969. (R. Lowndes)
    LM   2:21. Jl. 1969. (J. B. Post)
    WSJ   71:85-86. Mr/My. 1970. (D. Halterman)

Into the aether. New York, Dell, 1974. 220 p.

    PW   204:58. N. 5, 1973. (n.g.)

LYMINGTON, JOHN

Froomb! Garden City, N.Y., Doubleday, 1966. 187 p. 66-
11754.

    FSF   31(1):34-35. Jl. 1966. (J. Merril)
    GAL   25(3):191-193. F. 1967. (A. Budrys)

Night of the big heat. New York, Dutton, 1960. 160 p.
60-5069.

    ASF   66(3):166-167. N. 1960. (P. Miller)
    NWB   No. 112:127. N. 1961. (J. Carnell)
    FSF   18(5):79-80. My. 1960. (D. Knight)

The night spiders. Garden City, N.Y., Doubleday, 1967.
190 p. 67-10400.

    ASF   84(6):165-166. F. 1970. (P. Miller)

The nowhere place. Garden City, N.Y., Doubleday, 1971.
210 p. 74-150905.

    ASF   88:166-167. N. 1971. (P. Miller)
    KR   39:576. My. 15, 1971. (n.g.)
    LJ   96:2795. S. 15, 1971. (F. Patten)
    PW   199:62. My. 17, 1971. (n.g.)

The screaming face. London, Corgi, 1965. 176 p.

    NWB   No. 153:127. Ag. 1965. (H. Bailey)

The star witches. New York, Macfadden, 1965. 144 p.

    LM   23:30. Ap. 1971. (T. Bulmer)

Ten million years to Friday. Garden City, N.Y.,
Doubleday, 1970. 203 p. 72-89125.

    ASF   86(1):164-165. S. 1970. (P. Miller)
    FSF   39(2):58-59. Ag. 1970. (J. Blish)
    LJ   95(10):1970. My. 15, 1970. (M. Chelton)
    LM   24/25:60. My/Je. 1971. (D. Paskow)

LYNCH, PATRICIA

Brogeen and the bronze lizard. New York, Macmillan,
1970. 180 p. 77-99123.

    LM   26/27:26. Jl/Ag. 1971. (C. Moslander)

LYNDON, BARRE

The man who could cheat death, by Barre Lyndon and
Jimmie Sangster. New York, Avon, 1959. 160 p.

    WIF   10(2):93. My. 1960. (F. Pohl)

LYTTLETON, RAYMOND ARTHUR

The modern universe. New York, Harper, 1957. 207 p.
57-6139.

    GAL   15(3):107. Ja. 1958. (F. Gale)

ⅢＩ

MCALLISTER, BRUCE

Humanity prime. New York, Ace, 1971. 285 p.

```
FUT    3:415-416. D. 1971. (D. Livingston)
REN    3:15. Fl. 1971. (J. Pierce)
FSF    43:42-43. D. 1972. (J. Russ)
KPG    6:78. F. 1972. (T. Selden)
```

MACAPP, C. C.
SEE Capps. Carroll M.

MACARDLE, DOROTHY

The uninvited. Garden City, N.Y., Doubleday, 1942.
342 p. 42-18493.

```
SSS    4(3):67. F. 1943. (D. Wollheim)
```

MCCAFFREY, ANNE

Alchemy and academe, ed. by Anne McCaffrey. Garden City,
N.Y., Doubleday, 1970. 264 p. 73-129892.

```
LJ     95(21):4194-4195. D. 1, 1970. (D. Halprin)
PW     198(15):50-51. O. 12, 1970.
LJ     96:748. F. 15, 1971. (T. Hirt)
WSJ    77:29-30. Je/Jl. 1971. (T. Pauls)
SWSJ   19:8. Ap. 1971. (J. Newton)
LM     35/36:55-56. Ap.My. 1972. (D. Schweitzer)
```

Cooking out of this world. New York, Ballantine, 1973.
213 p.

```
FANA   1:10. S. 1973. (L. Newman)
PW     203:91-92. Je. 4, 1973. (n.g.)
VTX    1:10. D. 1973. (n.g.)
```

Decision at Doona. New York, Ballantine, 1969. 246 p.

```
ASF    84(3):171. N. 1969. (P. Miller)
NWB    No. 192:61. Jl. 1969. (J. Churchill)
WIF    19(8):149-150. O. 1969. (L. del Rey)
LM     9:26. F. 1970. (J. Schaumburger)
```

Dragonflight. New York, Ballantine, 1968. 309 p.

```
ASF    83(2):166. Ap. 1969. (P. Miller)
VOT    1(4):36-38. Ja. 1970. (K. Buckley)
```

Dragonquest. New York, Ballantine, 1971. 333 p.

```
LM     28:30-32. S. 1971. (P. Walker)
PW     199:85. Ap. 12, 1971. (n.g.)
REN    3:16. Sm. 1971. (J. Pierce)
WIF    21:170-172. N/D. 1971. (L. del Rey)
ASF    89:169. Ap. 1972. (P. Miller)
```

Restoree. New York, Ballantine, 1967. 252 p.

```
ASF    83(1):172. Mr. 1969. (P. Miller)
FAS    18(3):144. F. 1969. (F. Leiber)
```

The ship who sang. New York, Walker, 1969. 248 p. 79-
86390.

```
ASF    86(1):167. S. 1970. (P. Miller)
FSF    39(1):40-42. Jl. 1970. (J. Russ)
GAL    30(4):102-103. Jl. 1970. (A. Budrys)
LJ     95(4):793. F. 15, 1970. (M. Chelton)
LM     16:15. S. 1970. (D. Paskow)
SFR    38:35. Je. 1970. (P. Walker)
WSJ    71:81-82. Mr/My. 1970. (T. Pauls)
```

To ride Pegasus. New York, Ballantine, 1973. 243 p.

```
KPG    7:88. N. 1973. (L. Haines)
```

MCCANN, EDSON

Preferred risk. New York, Simon & Schuster, 1955. 248 p.
55-10044.

```
AMZ    30(7):116. Jl. 1956. (V. Gerson)
ASF    57(4):145-146. Je. 1956. (P. Miller)
FAU    5(1):110. F. 1956. (H. Santesson)
GAL    11(6):87. Ap. 1956. (F. Gale)
OSFS   7(1):106-107. Jl. 1956. (D. Knight)
FSF    10(1):95. Ja. 1956. (A. Boucher)
```

MCCANN, LEE

Nostradamus, the man who saw through time. New York,
Creative Age, 1941. 421 p. 41-13614.

```
UNK    6(1):106-108. Je. 1942. (A. Boucher)
UNK    6(1):109,129. Je. 1942. (J. Wells)
```

MCCLARY, THOMAS CALVERT

Three thousand years. Reading, Pa., Fantasy Press, 1954.
224 p. 54-5691.

```
ASF    55(1):153-154. Mr. 1955. (P. Miller)
ASF    58(5):157-158. Ja. 1957. (P. Miller)
FAU    2(6):127. Ja. 1955. (R. Frazier)
GAL    9(5):109-110. F. 1955. (G. Conklin)
```

MCCLOY, HELEN

Through a glass, darkly. New York, Random, 1950. 238 p.
50-7488.

```
FSF    1(4):82. Fl. 1950. (Boucher & McComas)
```

MCCOMAS, J. FRANCIS, ed.

Crimes and misfortunes. New York, Random House, 1970. 459 p. 72-102341.

    SFR   42:33-34. Ja. 1971. (J. Christopher)

Special wonder: the Anthony Boucher memorial anthology of fantasy and science fiction. New York, Random, 1970. 410 p. 76-102342.

    FSF   39(4):30. O. 1970. (E. Ferman)
    LJ   95(13):2517. Jl. 1970. (R. Ryan)
    PW   195(6):78. F. 9, 1970.
    LM   28:32. S. 1971. (J. B. Post)
    SFR   42:33-34. Ja. 1971. (J. Christopher)

MCCOY, JOHN

They shall be gathered together. Corpus Christi, Texas, The Author, n.d.

    FAU   9(3):99-100. Mr. 1958. (H. Santesson)

MCCREA, WILLIAM HUNTER

Physics of the sun and stars. New York, Hutchinsons, 1950. 192 p. 50-10929.

    AUT   No. 5:126. Mr. 1, 1951. (n.g.)

MCCULLAGH, SHEILA

Adventures in space: Moonflight, 1-3; Journey to Mars, 1-3; Red planet, 1-3. New York, Fearon, 1968-1970.

    LM   30:23. N. 1971. (S. Deckinger)

MCCUTCHAN, PHILIP

The all-purpose bodies. New York, Day, 1970. 205 p. 77-120863.

    LM   33:31. F. 1972. (D. Paskow)

The screaming dead balloons. New York, Day, 1968. 224 p. 68-24146.

    ASF   83(2):163-164. Ap. 1969. (P. Miller)

MACDANIEL, DAVID

The arsenal out of time. New York, Ace, 1967. 156 p.

    ASF   81(5):163. Jl. 1968. (P. Miller)

The prisoner #2. New York, Ace, 1969. 158 p.

    SFR   38:35-36. Je. 1970. (P. Walker)
    FAS   19(4):113,133. Ap. 1970. (H. Stine)

MACDONALD, GEORGE

Evenor. New York, Ballantine, 1972. 210 p.

    SWSJ   100:5. Jl. 1973. (J. Frederick)

Lilith. New York, Ballantine, 1969. 275 p.

    FSF   38(4):51-52. Ap. 1970. (J. Blish)
    LM   16:20. S. 1970. (G. Bear)
    SFR   38:27-28. Je. 1970. (P. Walker)

Phantastes. New York, Ballantine, 1970. 212 p.

    BFT   1(2):72. Mr. 1971. (R. Lowndes)
    LM   24/25:44. My/Je. 1971. (J. Evers)
    SFR   43:39. Mr. 1971. (P. Walker)

Visionary novels: Lilith and Phantastes, ed. by Anne Jackson Freemantle. New York, Noonday Press, 1954. 434 p. 54-11729.

    GAL   10(4):91. Jl. 1955. (G. Conklin)

MACDONALD, JOHN DANN

Ballroom of the skies. New York, Greenburg, 1952. 206 p. 52-10870.

    ASF   52(2):145-146. O. 1953. (P. Miller)
    FUTF   4(6):42-43. Mr. 1954. (D. Knight)
    GAL   6(3):122. Je. 1953. (G. Conklin)
    STL   31(2):130. Ja. 1954. (n.g.)

The girl, the gold watch & everything. Greenwich, Conn., Fawcett. 1962. 207 p. 63-1852.

    ASF   72(1):94. S. 1963. (P. Miller)
    FSF   29(5):16-18. N. 1965. (J. Merril)

Planet of the dreamers. London, Hale, 1954. 175 p.

    NWB   No. 33:120-122. Mr. 1955. (L. Flood)

Wine of the dreamers. New York, Greenberg, 1951. 219 p. 51-12736.

    AMZ   26(1):158. Ja. 1952. (S. Merwin)
    ASF   49(2):112-113. Ap. 1952. (P. Miller)
    GAL   3(3):111. D. 1951. (G. Conklin)
    SFA   1(1):125. N. 1952. (D. Knight)

MACDOUGALL, CURTIS DANIEL

Hoaxes. New York, Dover, 1958. 338 p. 38-12615.

    ASF   63(3):147. My. 1959. (P. Miller)

MACEWEN, GWENDOLEN

Julian the magician. New York, Corinth Books, 1963. 151 p. 63-15417.

    FSF   26(4):90-91. Ap. 1964. (A. Davidson)

MCGHAN, BARRY

An index to science fiction book reviews in Astounding/ Analog 1949-1969, Fantasy and Science Fiction 1949-1969, Galaxy 1950-1969. College Station, Tx., Science Fiction Research Association, 1973. 88 p.

    LM   49:22. At. 1973. (W. Cole)

Science fiction and fantasy pseudonyms. Dearborn, Mich., Howard DeVore, 1971. 34 p.

    ASF   89:168. Jl. 1972. (P. Miller)

MCGIVERN, WILLIAM P.

Odds against tomorrow. New York, Dodd, Mead, 1957.
274 p. 57-11395.

    ASF   62(1):149. S. 1958. (P. Miller)

MCGOWEN, TOM

Dragon stew. Chicago, Follett, 1969. 32 p. 68-14584.

    LM   9:22. F. 1970. (D. Langsam)

Sir Machinery. Chicago, Follett, 1971. 155 p.
78-118965.

    LJ   96:4191. D. 15, 1971. (D. Fry)

MCGRAW, WILLIAM CORBIN

The day Willie wasn't, by William Corbin. New York,
Coward-McCann, 1971. 48 p. 76-126446.

    LM   40:16. S. 1972. (S. Deckinger)

MACGREGOR, ELLEN

Miss Pickerell and the weather satellite, by Ellen
MacGregor and Dora Pantell. New York, McGraw-Hill,
1971. 157 p.

    LM   35/36:45. Ap/My. 1972. (K. Anderson)

Miss Pickerell goes to Mars. New York, Whittlesey House,
1951. 128 p. 51-13241.

    ASF   49(1):156. Mr. 1952. (P. Miller)

MACGREGOR, JAMES MURDOCH

Born leader, by J. T. MacIntosh. Garden City, N.Y.,
Doubleday, 1954. 221 p. 54-5173.

    ASF   54(1):150-151. S. 1954. (P. Miller)
    AUT   No. 44:91. Ap. 1954. (n.g.)
    FAU   2(2):128. S. 1954. (R. Frazier)
    FUTF   5(3):104-105. O. 1954. (D. Knight)
    GAL   8(3):120. Je. 1954. (G. Conklin)
    AUT   No. 65:155. Ja. 1956. (n.g.)
    ISF   5(7):117. Jl. 1954. (H. Bott)
    NEB   No. 15:101. Ja. 1956. (K. Slater)
    NWB   No. 42:125. D. 1955. (L. Flood)

The fittest, by J. T. MacIntosh. Garden City, N.Y.,
Doubleday, 1955. 192 p. 55-5503.

    ASF   56(4):147-148. D. 1955. (P. Miller)
    FAU   4(3):112-113. O. 1955. (H. Santesson)
    GAL   11(2):103-104. N. 1955. (F. Gale)
    AUT   No. 60:154. Ag. 1955. (n.g.)
    ISF   7(3):123. Je. 1956. (H. Bott)
    OSFS   6(4):120. Ja. 1956. (D. Knight)
    FSF   10(1):94. Ja. 1956. (A. Boucher)

Flight from rebirth, by J. T. McIntosh. New York, Avon,
1971. 160 p.

    PW   199:136. My. 31, 1971. (n.g.)

The million cities, by J. T. McIntosh. New York,
Pyramid, 1963. 141 p.

    ASF   73(2):96. Ap. 1964. (P. Miller)

One in three hundred, by J. T. MacIntosh. New York, Ace,
1955. 222 p. 55-42202rev.

    ASF   54(6):147. F. 1955. (P. Miller)
    ASF   56(4):150. D. 1955. (P. Miller)
    AUT   No. 50:128-129. N. 1954. (n.g.)
    GAL   9(4):122-123. Ja. 1955. (G. Conklin)
    GAL   11(3):91-92. Ja. 1956. (F. Gale)
    AUT   No. 68:153. Ap. 1956. (n.g.)
    NEB   No. 17:102. Jl. 1956. (K. Slater)
    NWB   No. 47:127-128. My. 1956. (L. Flood)
    NWB   No. 112:125. N. 1961. (J. Carnell)
    ISF   6(4):122. Ap. 1955. (H. Bott)
    SFIQ   3(4):75-76. F. 1955. (D. Knight)

Six gates from limbo, by J. T. McIntosh. New York, Avon,
1968. 191 p.

    ASF   85(1):166-167. Mr. 1970. (P. Miller)
    VEN   4(1):99-100. F. 1970. (R. Goulart)

Snow White and the giants, by J. T. McIntosh. New York,
Avon, 1967. 159 p.

    ASF   83(5):167. Jl. 1969. (P. Miller)

Transmigration, by J. T. McIntosh. New York, Avon, 1970.
176 p.

    PW   198(21):40. N. 23, 1970. (n.g.)

200 years to Christmas, by J. T. McIntosh. New York,
Ace, 1961. 81 p.

    ASF   69(3):172-173. My. 1962. (P. Miller)

World out of mind, by J. T. MacIntosh. Garden City, N.Y.,
Doubleday, 1953. 222 p. 53-6252.

    ASF   52(6):148-149. F. 1954. (P. Miller)
    DSF   1(6):36. Ja. 1954. (R. Lowndes)
    GAL   7(3):87. D. 1953. (G. Conklin)
    AUT   No. 56:136. Ap. 1955. (n.g.)
    ISF   5(1):143. Ja. 1954. (M. Reinsberg)
    NEB   No. 12:112. Ap. 1955. (K. Slater)
    NWB   No. 33:120. Mr. 1955. (L. Flood)
    NWB   No. 112:125. N. 1961. (J. Carnell)
    FSF   5(3):101-102. S. 1953. (Boucher & McComas)

MCHARGUE, GEORGESS

The best of both worlds: an anthology of stories for all
ages. Garden City, N.Y., Doubleday, 1968. 774 p. 68-
22466.

    LM   7:20. D. 1969. (J. B. Post)

The impossible people: a history natural and unnatural
of beings terrible and wonderful. New York, Holt, 1972.
169 p. 75-150033.

    BKL   68:862. Je. 1, 1972. (n.g.)
    HB   48:380. Ag. 1972. (S. Long)
    NYT   p. 8. Ap. 2, 1972. (B. Wersba)
    NYT   p. 29. N. 5, 1972. (n.g.)
    COMMONWEAL 97:159. N. 17, 1972. (E. Graves)
    PW   201:140. Je. 5, 1972. (n.g.)

MACHEN, ARTHUR

The green round. Sauk City, Wisc., Arkham House, 1968.
218 p. NUC 69-99350.

FSF   35(4):28-29. O. 1968. (G. Wilson)
MOH   4(6):114-116. N. 1968. (R. Lowndes)

The three imposters. New York, Ballantine, 1972. 194 p.

LM   46:26-27. Mr. 1973. (P. Walker)
PW   201:60. Ap. 10, 1972. (n.g.)

MCHUGH, VINCENT

I am thinking of my darling. New York, Simon & Schuster,
1943. 292 p. 43-10325.

GAL   1(3):65. D. 1950. (G. Conklin)
SFA   2(3):123. Je. 1954. (D. Knight)

MCILWAIN, DAVID

Alph, by Charles Eric Maine. New York, Ballantine, 1972.
216 p.

KPG   7:64. F. 1973. (P. Mattern)
LM   46:21. Mr. 1973. (S. Bacharach)

Crisis 2000, by Charles Eric Maine. London, Holder &
Stoughton, 1955. 192 p.

AUT   No. 65:155-156. Ja. 1956. (n.g.)
NEB   No. 16:101. Mr. 1956. (K. Slater)
NWB   No. 44:123-124. F. 1956. (L. Flood)

Darkest of nights, by Charles Eric Maine. London,
Hodder, 1962. 254 p.

NWB   No. 124:127-128. N. 1962. (L. Flood)

Escapement, by Charles Eric Maine. London, Hodder, 1956.
224 p. 57-34233.

AUT   No. 74:154. N. 1956. (n.g.)
NWB   No. 52:128. O. 1956. (L. Flood)

Fire past the future, by Charles Eric Maine. New York,
Ballantine, 1959. 160 p.

ASF   66(1):154. S. 1960. (P. Miller)
WIF   10(4):90. S. 1960. (F. Pohl)

He owned the world, by Charles Eric Maine. New York,
Avalon, 1960. 224 p.

GAL   19(6):156. Ag. 1961. (F. Gale)
AMZ   35(2):133-134. F. 1961. (n.g.)

High vacuum, by Charles Eric Maine. New York,
Ballantine, 1957. 185 p. 57-12239.

GAL   15(5):120-121. Mr. 1958. (F. Gale)
NEB   No. 25:105-106. O. 1957. (K. Slater)
NWB   No. 66:127-128. D. 1957. (L. Flood)
OSFS   8(7):113-115. Je. 1958. (D. Knight)
VAN   1(1):89-91. Je. 1958. (L. del Rey)
VEN   1(6):84. N. 1957. (T. Sturgeon)
FSF   13(5):117. N. 1957. (A. Boucher)

The isotope man, by Charles Eric Maine. Philadelphia,
Lippincott, 1957. 217 p. 57-8943.

ASF   60(5):150. Ja. 1958. (P. Miller)
GAL   15(4):107. F. 1958. (F. Gale)
AUT   No. 81:128. Je. 1957. (A. Harby)
NEB   No. 20:102. Mr. 1957. (K. Slater)
NWB   No. 57:128. Mr. 1957. (L. Flood)
FSF   13(2):108. Ag. 1957. (A. Boucher)

The man who couldn't sleep, by Charles Eric Maine.
Philadelphia, Lippincott, 1958. 224 p. 58-6908.

ASF   62(3):147-148. N. 1958. (P. Miller)
FAU   9(6):115-116. Je. 1958. (H. Santesson)
GAL   17(2):101. D. 1958. (F. Gale)
WIF   9(1):110. D. 1958. (D. Knight)
FSF   14(6):103-104. Je. 1958. (A. Boucher)

Spaceways, by Charles Eric Maine. London, Hodder, 1953.
191 p. 53-37858.

AUT   No. 38:137. O. 1953. (n.g.)
NEB   2(2):124. D. 1953. (K. Slater)

Spaceways satellite, by Charles Eric Maine. New York,
Avalon Books, 1958. 224 p. 58-7591.

AMZ   32(5):57. My. 1958. (S. Cotts)
ASF   61(6):137-138. Ag. 1958. (P. Miller)
GAL   17(1):75-76. N. 1958. (F. Gale)
VEN   2(3):58. My. 1958. (T. Sturgeon)
FSF   14(4):93. Ap. 1958. (A. Boucher)

Subterfuge, by Charles Eric Maine. London, Hodder,
1960. 192 p.

NWB   No. 94:125. My. 1960. (L. Flood)

The tide went out, by Charles Eric Maine. London,
Hodder, 1958. 190 p. 58-48177.

ASF   63(4):148-150. Jl. 1959. (P. Miller)
FAU   11(5):101. S. 1959. (H. Santesson)
NEB   No. 36:103-104. N. 1958. (K. Slater)
NWB   No. 99:126. O. 1960. (L. Flood)
WIF   9(3):99. Jl. 1959. (F. Pohl)
       (Vol. & issue numbers incorrect in issue)

Timeliner, by Charles Eric Maine. New York, Rinehart &
Co., 1955. 249 p. 55-5308.

AMZ   29(5):104-105. S. 1955. (V. Gerson)
ASF   56(1):146-147. S. 1955. (P. Miller)
FAU   4(3):112. O. 1955. (H. Santesson)
GAL   10(6):92. S. 1955. (G. Conklin)
AUT   No. 56:135-136. Ap. 1955. (n.g.)
ISF   6(7):122. Jl. 1955. (H. Bott)
NEB   No. 12:112-113. Ap. 1955. (K. Slater)
NWB   No. 33:122-123. Mr. 1955. (L. Flood)
OSFS   6(2):118. S. 1955. (D. Knight)

World without men, by Charles Eric Maine. New York, Ace,
1958. 190 p.

AMZ   32(6):86. Je. 1958. (S. Cotts)
ASF   62(3):147-148. N. 1958. (P. Miller)
FAU   9(6):114. Je. 1958. (H. Santesson)
WIF   9(1):112-113. D. 1958. (D. Knight)
FSF   14(5):114. My. 1958. (A. Boucher)

MCILWRAITH, MAUREEN MOLLIE HUNTER MCVEIGH

The haunted mountain, by Mollie Hunter. New York, Harper, 1972. 126 p.

    LM   44:18. Ja. 1973. (C. Moslander)

The 13th member, by Mollie Hunter. New York, Harper, 1971. 214 p. 76-148423.

    LM   38/39:22. Jl/Ag. 1972. (C. Moslander)

The walking stones: a story of suspense, by Mollie Hunter. New York, Harper, 1970. 143 p. 79-121807.

    LM   35/36:42. Ap/My. 1972. (C. Moslander)

MCINNES, GRAHAM

Lost island. Cleveland, World, 1954. 255 p. 54-5349.

    ASF   54(5):149-152. Ja. 1955. (P. Miller)

MACINTOSH, J. T.
SEE MacGregor, James Murdoch

MACKAY, LEWIS HUGH

The third force, by Hugh Matheson. New York, Ives Washburn, 1960. 248 p. 60-7111.

    ASF   66(5):161-162. Ja. 1961. (P. Miller)

MCKEE, FRANCES

Rockabye to monster land. New York, Putnam, 1970. 32 p. 72-110317.

    LM   38/39:21. Jl/Ag. 1972. (J. Post)

MACKELWORTH, R. W.

Starflight 3000. New York, Ballantine, 1972. 184 p.

    LM   41/42:46. O/N. 1972. (D. Lundry)

Tiltangle. New York, Ballantine, 1970. 183 p.

    PW   197(19):44. My. 11, 1970.
    LM   26/27:45. Jl/Ag. 1971. (D. Paskow)

MCKENNA, RICHARD

Casey Agonistes and other fantasy and science fiction stories. New York, Harper, 1973. 224 p. 69-15281.

    KR   41:533. My. 1, 1973. (n.g.)
    LJ   98:2151. Jl. 1973. (C. Mayer)
    PW   203:44. My. 14, 1973. (n.g.)

MACKENZIE, COMPTON

The lunatic republic. London, Chatto, 1959. 223 p.

    NWB   No. 84:83. Je. 1959. (L. Flood)

MCKENZIE, ELLEN KINDT

Drujienna's harp. New York, Dutton, 1971. 305 p. 70-135854.

    LM   41/42:31. O/N. 1972. (C. Moslander)

Taash and the jesters. New York, Holt, 1968. 233 p. 68-24763.

    LM   6:23. N. 1969. (B. Stiffler)

MACKENZIE, NIGEL

Invasion from space. London, Wright, 1954. 158 p.

    AUT   No. 49:129-130. S. 1954. (n.g.)
    NWB   No. 26:126-128. Ag. 1954. (L. Flood)

MACKENZIE, NORMAN

H. G. Wells: a biography, by Norman Mackenzie and Jeanne Mackenzie. New York, Simon & Schuster, 1973. 512 p. 73-1184.

    LJ   98:1920-1921. Je. 15, 1973. (R. Gefrath)
    LST   2307:806. Je. 14, 1973. (F. Kermode)
    TM   102:78-81. Ag. 20, 1973. (R. Sheppard)
    NWK   82:78. Ag. 27, 1973. (P. Prescott)
    KR   41:735. Jl. 1, 1973. (n.g.)
    NS   2204:885. Je. 15, 1973. (V. Pritchett)
    BS   33:367. N. 15, 1973. (A. Solomon)
    NST   60:494-495. N. 15, 1973. (M. Kenward)
    BB   18:54-56. Jl. 1973. (C. Wilson)
    PW   204:75. Jl. 2, 1973. (n.g.)
    N Y REVIEW OF BOOKS 20:33-36. N. 15, 1973. (N. Annan)

MACKENZIE, NORMAN IAN

Dreams and dreaming. London, Aldus, 1965. 352 p. 67-119303.

    NWB   No. 162:140-144. My. 1966. (L. Jones)

MACKERRAS, COLIN

China observed, by Colin Mackerras and Neale Hunter. London, Pall Mall, 1968. 194 p.

    NWB   No. 185:58. D. 1968. (W. E. B.)

MCLACHLAN, EDWARD

Simon in the land of chalk drawings. Chicago, Follett, 1969. 29 p. 69-15972.

    LM   14:20. Jl. 1970. (J. Post)

MACLAGAN, DAVID

Adventures into unknowns. Rutland, Vt., Tuttle, 1972. 111 p. 70-182062.

    LM   41/42:28. O/N. 1972. (K. Anderson)

MACLAREN, BERNARD

Day of misjudgement. London, Gollancz, 1956. 272 p. 57-23225.

NEB   No. 21:103-104. My. 1957. (K. Slater)

MCLAUGHLIN, DEAN

Dome world. New York, Pyramid, 1962. 159 p.

ASF   71(1):89. Mr. 1963. (P. Miller)

The fury from Earth. New York, Pyramid, 1963. 192 p.

AMZ   38(3):121. Mr. 1964. (L. del Rey)
ASF   73(3):87. My. 1964. (P. Miller)

The man who wanted stars. New York, Lancer, 1968. 222 p.

ASF   83(1):171-172. Mr. 1969. (P. Miller)

MACLEAN, ALISTAIR

The satan bug, by Ian Stuart. New York, Scribners, 1962. 270 p. 62-15837.

FSF   24(3):32. Mr. 1963. (A. Davidson)

MACLEAN, KATHERINE

The diploids. New York, Avon, 1962. 192 p.

ASF   71(6):86-87. Ag. 1963. (P. Miller)

MCLEISH, DOUGAL

The traitor game. Boston, Houghton, 1968. 212 p. 68-21738.

SFR   35:32-33. F. 1970. (J. Boardman)

MACLEOD, ANGUS

The body's guest. New York, Roy Publishers, 1958. 191 p. 59-8442.

ASF   65(1):161. Mr. 1960. (P. Miller)

MCLUHAN, HERBERT MARSHALL

The Gutenberg galaxy. London, Routledge, 1962. 293 p. NUC 63-42497.

NWB   No. 178:62-64. D. 1967/Ja. 1968. (J. Sladek)

The mechanical bride. London, Routledge, 1967. 157 p.

NWB   No. 178:62-64. D. 1967/Ja. 1968. (J. Sladek)

The medium is the massage. New York, Bantam, 1967. 159 p. 67-17773.

NWB   No. 178:62-64. D. 1967/Ja. 1968. (J. Sladek)

Understanding media. New York, McGraw-Hill, 1964. 359 p. 64-16296.

NWB   No. 178:62-64. D. 1967/Ja. 1968. (J. Sladek)

MCMULLEN, ROY

Art, affluence and alienation. London, Pall Mall, 1968. 272 p.

NWB   No. 188:56-59. Mr. 1969. (K. Coutts-Smith)

MCNAIL, STANLEY

Something breathing. Sauk City, Wisc., Arkham House, 1965. 44 p. 65-6783.

MOH   3(1):55. Sm. 1966. (R. Lowndes)

MCNALLY, RAYMOND T.

In search of Dracula: a true history of Dracula and vampire legends. Greenwich, Conn., New York Graphic Society, 1972. 223 p. 72-80419.

LJ   98:422. F. 1, 1973. (J. Suleiman)
PW   204:66. Ag. 6, 1973. (n.g.)
SRSC   1:68-71. Ja. 27, 1973. (G. Stuttaford)
TM   101:76-79. Ja. 15, 1973. (J. Skow)

MCNAUGHTON, CHARLES, JR.

Mindblower. North Hollywood, Ca., Essex House, 1969. 272 p.

LM   7:26. D. 1969. (J. B. Post)

MCNEILL, JANET

A monster too many. Boston, Little, Brown, 1972. 60 p.

LM   46:12. Mr. 1973. (C. Lundry)

MCNELLY, WILLIS EVERETT, ed.

Above the human landscape: a social science fiction anthology, ed. by Willis E. McNelly and Leon Stover. Pacific Palisades, Ca., Goodyear, 1972. 387 p. 75-184131.

EXT   14:71-72. D. 1972. (T. Clareson)
LM   48:31. Fl. 1973. (N. Barron)
HARVARD EDUCATIONAL REVIEW 43:290-295. My. 1973.
                    (H. Littlefield)

MACPHERSON, HECTOR COPLAND

Guide to the stars. New York, Philosophical Library, 1955. 144 p. 55-13821.

GAL   12(1):102. My. 1956. (F. Gale)

MACSWEENEY, BARRY

The boy from the Green Cabaret tells of his mother. London, New Authors, 1968. 54 p.

NWB   No. 190:62. My. 1969. (J. Clute)

MACTYRE, PAUL

Doomsday, 1999. New York, Ace, 1963. 158 p.

ASF   72(6):94. F. 1964. (P. Miller)

Midge. London, Hodder, 1962. 195 p.

NWB   No. 124:128. N. 1962. (L. Flood)

MACVICAR, ANGUS

Space agent and the isles of fire. New York, Roy Publishers, 1963. 152 p. 62-16752.

ASF   72(5):89. Ja. 1964. (P. Miller)

MAD

The Mad reader, by Harvey Kurtzman, Jack Davis, Bill Elder, and Wallace Wood. New York, Ballantine, 1954. 182 p. 54-13035.

GAL   10(2):113. My. 1955. (G. Conklin)

MADDOCK, LARRY

The time trap gambit. New York, Ace, 1969. 255 p.

LM   19:25. D. 1970. (D. Paskow)
SFR   41:27-28. N. 1970. (P. Walker)
ASF   86:168. Ja. 1971. (P. Miller)

MADDUX, RACHEL

The green kingdom. New York, Simon & Schuster, 1957. 561 p. 56-9918.

ASF   59(4):141-143. Je. 1957. (P. Miller)

MAGIDOFF, ROBERT, ed.

Russian science fiction. New York, New York University Press, 1964. 272 p. 63-11301.

ASF   74(2):87-88. O. 1964. (P. Miller)
NWB   No. 140:127. Mr. 1964. (L. Flood)

Russian science fiction: 1968. New York, New York University Press, 1968. 211 p.

ASF   82(2):160-162. O. 1968. (P. Miller)

Russian science fiction, 1969. New York, New York University Press, 1969. 210 p. 75-88134.

ASF   86(2):161-163. O. 1970. (P. Miller)
LM   14:30. Jl. 1970. (J. B. Post)

MAHR, KURT

Perry Rhodan #3: Galactic alarm, by Kurt Mahr and W. W. Schols. New York, Ace, 1969. 187 p.

LM   6:26-27. N. 1969. (J. Schaumburger)
ASF   84(4):162-164. D. 1969. (P. Miller)

MAHY, MARGARET

The boy with two shadows. New York, Franklin Watts, 1972. 24 p.

LM   45:23. F. 1973. (G. Lundry)

Pillycock's shop. New York, Watts, 1969. 24 p. 74-76743.

LM   9:22. F. 1970. (J. Post)

MAILER, NORMAN

Cannibals and Christians. New York, Dial Press, 1966. 400 p. 66-12831.

NWB   No. 180:62-63. Mr. 1968. (D. Hill)

Of a fire on the moon. Boston, Little, Brown, 1970. 472 p. 74-105566.

NR   23:38-39. Ja. 12, 1971. (D. Brudnoy)
NEW YORK REVIEW OF BOOKS. 16:13-15. My. 6, 1971.
                                      (R. Sale)
RQ   5:83-88. F. 1972. (P. Sargent)

Why are we in Viet Nam? New York, Putnam, 1967. 208 p. 67-12133.

NWB   No. 180:62-63. Mr. 1968. (D. Hill)

MAINE, CHARLES ERIC
SEE McIlwain, David.

MAKEPEACE-LOTT, STANLEY

Escape to Venus. London, Rich, 1956. 221 p.

AUT   No. 71:158. Jl. 1956. (n.g.)
NWB   No. 49:125-126. Jl. 1956. (L. Flood)

MALCOLM-SMITH, GEORGE

The grass is always greener. Garden City, N.Y., Doubleday, 1947. 217 p. 47-11416.

SSS   5(3):96. Jl. 1949. (F. Pohl)

MALEC, ALEXANDER

Extrapolasis. Garden City, N.Y., Doubleday, 1967. 192 p. 67-11166.

FSF   33(2):35-36. Ag. 1967. (J. Merril)
NWB   No. 174:63-64. Ag. 1967. (J. Cawthorn)

MALIS, JODY CAMERON

The dark shadows cookbook. New York, Ace, 1970. 175 p.

LM   15:34. Ag. 1970. (M. Hewitt)

MALKO, GEORGE

Scientology: the now religion. New York, Delacorte, 1970. 205 p. 73-108660.

SFR   43:28-30. Mr. 1971. (B. Malzberg)

MALLAN, LLOYD

Men, rockets, and space rats. New York, Messner, 1955.
335 p. 55-7257.

   ASF   57(3):141-142. My. 1956. (P. Miller)
   FAU   5(5):128. Je. 1956. (H. Santesson)
   GAL   12(4):110-111. Ag. 1956. (F. Gale)

Secrets of space flight. Greenwich, Conn., Fawcett,
1956. 144 p. 56-7993.

   ASF   57(6):151-152. Ag. 1956. (P. Miller)

MALLARDI, WILLIAM C.

The Double:Bill symposium, by William C. Mallardi and
William L. Bowers. Akron, Ohio, The Authors, 1969.
111 p.

   GAL   29(6):145-146. Mr. 1970. (A. Budrys)
   MOH   6(6):114-116. Ap. 1971. (R. Lowndes)

MALONEY, TERRY

Other worlds in space. New York, Sterling Publishing
Co., 1958. 128 p. 58-2305.

   ASF   63(2):147-148. Ap. 1959. (P. Miller)
   NWB   No. 68:126. F. 1958. (L. Flood)

MALTIN, LEONARD

The Disney films. New York, Crown, 1973. 312 p.

   FANA   1:9-10. N. 1973. (P. Marmor)

MALZBERG, BARRY N.

Beyond Apollo. New York, Random House, 1972. 138 p.
73-37427.

   ALG   19:29. N. 1972. (D. Lupoff)
   KR   40:432. Ap. 1, 1972. (n.g.)
   PW   201:73-74. Mr. 27, 1972. (n.g.)
   ASF   92:160-161. S. 1973. (P. Miller)
   FSF   44:29-31. F. 1973. (J. Russ)
   SWSJ   80:3-4. Ja. 1973. (R. Delap)
   RQ   6:79-82. Ag. 1973. (D. Barbour)

The falling astronauts. New York, Ace, 1971. 191 p.

   ALG   20:26. My. 1973. (R. Lupoff)
   FSF   43:41-42. D. 1972. (J. Russ)
   GAL   33:93-94. Jl. 1972. (T. Sturgeon)
   NR   24:535-536. My. 12, 1972. (T. Sturgeon)

Herovit's world. New York, Random House, 1973. 209 p.
72-11447.

   KR   41:534. My. 1, 1973. (n.g.)
   LJ   98:2340. Ag. 1973. (I. Benig)
   PW   203:60. My. 7, 1973. (n.g.)

In the enclosure. New York, Avon, 1973. 190 p.

   GAL   34:103-104. O. 1973. (T. Sturgeon)
   KPG   7:92. S. 1973. (E. Sisco)
   SWSJ   94:6. Je. 1973. (D. D'Ammassa)

Overlay. New York, Lancer, 1972. 189 p.

   ALG   20:26. My. 1973. (R. Lupoff)
   LM   45:25. F. 1973. (D. Lundry)

Revelations. New York, Warner Paperback Library, 1972.
141 p.

   SWSJ   113:3. N. 1973. (D. D'Ammassa)

MANCHESTER, WILLIAM

The arms of Krupp. London, Joseph, 1969. 1053 p.

   NWB   No. 189:59-63. Ap. 1969. (J. Churchill)

MANLEY, ISLAY

Field and forest. London, Batchworth, 1955. 187 p.
55-1852.

   AUT   No. 56:132. Ap. 1955. (n.g.)

MANLEY, SEAN, ed.

Ladies of horror, by Sean Manley and Lewis Gogo. New
York, Lothrop, 1971. 288 p.

   LM   44:30-31. Ja. 1973. (P. Walker)

Shapes of the supernatural, ed. by Sean Manley and Gogo
Lewis. Garden City, N.Y., Doubleday, 1969. 370 p.
69-15199.

   LJ   95(4):790. F. 15, 1970. (M. Cart)
   LM   17:29. O. 1970. (D. Hamilton)

MANN, A. PHILO.

The kingdom of Fukkian. New York, Belmont, 1969. 173 p.

   LM   13:28. Je. 1970. (G. Bear)
   SFR   37:28-29. Ap. 1970. (R. Delap)

MANN, JOHN HARVEY

Students of the light. New York, Grossman, 1972. 246 p.
70-143534.

   FUT   4:196. Je. 1972. (D. Livingston)
   KR   40:93. Ja. 15, 1972. (n.g.)
   LJ   97:2646. Ag. 1972. (M. Freese)
   NR   24:536. My. 12, 1972. (T. Sturgeon)
   PW   201:244. Ja. 31, 1972. (n.g.)

MANN, THOMAS

The transposed heads. New York, Knopf, 1941. 196 p.
41-7867.

   SSS   3(3):142. F. 1942. (D. Wollheim)

MANNES, MARYA

They. Garden City, N.Y., Doubleday, 1968. 215 p.
68-22514.

   ASF   83(5):162-163. Jl. 1969. (P. Miller)

MANNING, ROSEMARY

Dragon in danger. London, Constable, 1959. 160 p.

LM   45:21. F. 1973. (K. Anderson)

MANNING-SANDERS, RUTH

A book of ghosts and goblins. New York, Dutton, 1969.
127 p.

LM   6:23. N. 1969. (J. Post)

A choice of magic. New York, Dutton, 1971. 318 p.
70-157945.

LM   38/39:22. Jl/Ag. 1972. (K. Anderson)

Gianni and the ogre. New York, Dutton, 1971. 192 p.

LM   45:22. F. 1973. (C. Moslander)

MANO, D. KEITH

The bridge. Garden City, N.Y., Doubleday, 1973. 240 p.
72-96248.

BKL   70:321. N. 15, 1973. (n.g.)
LJ   98:2883. O. 1, 1973. (J. Aroeste)
BS   33:276-277. S. 15, 1973. (R. Williams)
REN   5(4):12. Fl. 1973. (J. Pierce)

Horn. Boston, Houghton, 1969. 337 p. 69-11730.

LM   11:29-30. Ap. 1970. (J. B. Post)

MANSFIELD, JAMES CARROLL

Dawn of creation. New York, Lothrop, 1947. 238 p.
47-12056.

AUT   No. 30:139. F. 1953. (H. Campbell)

MANSFIELD, ROGER, ed.

The starlit corridor. New York, Pergamon Press, 1967.
145 p. 67-26690.

FSF   35(4):25. O. 1968. (R. Hughes)

MANTLEY, JOHN

The 27th day. New York, Dutton, 1957. 248 p. 57-5320.

ASF   60(3):146-147. N. 1957. (P. Miller)
GAL   15(1):120. N. 1957. (F. Gale)
NWB   No. 53:127. N. 1956. (L. Flood)
NWB   No. 113:127. D. 1961. (J. Carnell)

MANUSHKIN, FRAN

Baby. New York, Harper, 1972. 26 p.

LM   46:13. Mr. 1973. (G. Lundry)

MANVELL, ROGER

The dreamers. London, Gollancz, 1958. 206 p. 58-22588.

NEB   No. 30:102-104. My. 1958. (K. Slater)
FSF   14(4):95. Ap. 1958. (A. Boucher)

MARBARGER, JOHN PORTER, ed.

Space medicine. Urbana, University of Illinois Press,
1951. 83 p. 51-6149.

AMZ   26(2):148. F. 1952. (S. Merwin)
ASF   48(3):116-117. N. 1951. (P. Miller)
ASF   49(1):159-161. Mr. 1952. (W. Ley)
FSF   3(1):107. F. 1952. (Boucher & McComas)
SFIQ 2(1):57-58,127. N. 1952. (L. del Rey)
AUT   No. 20:112. Ap. 1952. (n.g.)
GAL   3(3):109-110. D. 1951. (R. Heinlein)

MARCUS, ABRAHAM

Power unlimited! by Abraham Marcus and Rebecca B. Marcus.
Englewood Cliffs, N.J., Prentice Hall, 1959. 152 p.
59-8659.

WIF   10(1):106-107. Mr. 1960. (F. Pohl)

Tomorrow the moon! by Abraham Marcus and Rebecca Marcus.
Englewood Cliffs, N.J., Prentice Hall, 1959. 150 p.
59-8651.

WIF   10(1):106. Mr. 1960. (F. Pohl)

MARCUSE, HERBERT

An essay on liberation. Boston, Beacon Press, 1969.
91 p. 69-15591.

WSJ   71:82-83. Mr/My. 1970. (A. Gilliland)

Negations: essays in critical theory. London, Allen
Lane, 1968. 290 p.

NWB   No. 186:57. Ja. 1969. (J. Brunner)

MARDER, LESLIE

Time and the space-traveller. Philadelphia, Univ. of
Pennsylvania Press, 1971. 208 p. 77-182498.

LM   43:26. D. 1972. (N. Barron)

MAREK, KURT W.

Gods, graves, and scholars, by C. W. Ceram. New York,
Knopf, 1951. 426 p. 51-11081.

SFIQ 3(6):37. Ag. 1955. (L. de Camp)

The march of archeology, by C. W. Ceram. New York,
Knopf, 1958. 326 p. 58-10977.

GAL   18(2):153. D. 1959. (F. Gale)

The secret of the Hittites, by C. W. Ceram. New York,
Knopf, 1956. 281 p. 53-9457.

ASF   57(3):149-150. My. 1956. (P. Miller)

MARGROFF, ROBERT

The E. S. P. worm, by Robert Margroff and Piers Anthony. New York, Paperback Library, 1970. 159 p.

LM   26/27:34. Jl/Ag. 1971. (D. Paskow)

MARGULIES, LEO, ed.

From off this world, ed. by Leo Margulies and Oscar J. Friend. New York, Merlin Press, 1949. 430 p. 49-49116.

STL   20(1):160-161. S. 1949. (n.g.)

Get out of my sky. Greenwich, Conn., Fawcett, 1960. 176 p. NUC 66-21634.

ASF   66(4):164. D. 1960. (P. Miller)

The ghoul keepers. New York, Pyramid, 1961. 157 p.

FSF   22(1):85-86. Ja. 1962. (A. Bester)
FSF   30(5):46. My. 1966. (F. Leiber)

The giant anthology of science fiction, ed. by Leo Margulies and Oscar J. Friend. New York, Merlin Press, 1954. 580 p. 54-11439.

FAU   2(4):127. N. 1954. (R. Frazier)
GAL   9(1):98-99. O. 1954. (G. Conklin)

My best science fiction story, ed. by Leo Margulies and Oscar J. Friend. New York, Merlin, 1949. 556 p. 49-49362.

STL   21(1):159-160. Mr. 1950. (n.g.)

Three from out there. Greenwich, Conn., Fawcett, 1959. 192 p.

ASF   64(3):152-153. N. 1959. (P. Miller)

Three in one. New York, Pyramid, 1963. 144 p.

AMZ   38(1):124-127. Ja. 1964. (S. Cotts)
ASF   73(1):91. Mr. 1964. (P. Miller)

Three times infinity. Greenwich, Conn., Fawcett, 1958. 176 p.

AMZ   32(7):41. Jl. 1958. (S. Cotts)
ASF   62(1):150-151. S. 1958. (P. Miller)
FAU   9(4):95. Ap. 1958. (H. Santesson)
GAL   16(4):128-129. Ag. 1958. (F. Gale)
OSFS   10(2):68. My. 1959. (C. Knox)
FSF   14(4):95. Ap. 1958. (A. Boucher)

The unexpected. New York, Pyramid, 1961. 160 p.

NWB   No. 107:127-128. Je. 1961. (J. Carnell)
FSF   20(3):97-98. My. 1961. (A. Bester)

Weird tales. New York, Pyramid, 1964. 155 p.

FAS   14(1):123-124. Ja. 1965. (R. Silverberg)

Worlds of weird. New York, Pyramid, 1965. 158 p.

FAS   14(5):123-124. My. 1965. (R. Silverberg)
FSF   29(2):63-64. Ag. 1965. (F. Leiber)

MARIOTTI, MARCELLO

The three kings. New York, Knopf, 1970. 40 p. 69-11537.

LM   21:23. F. 1971. (J. Post)

MARK, TED

The pussycat transplant. New York, Berkley.

SWSJ   18:8-9. Ap. 1, 1971. (D. Halterman)

MARS, ALASTAIR

Atomic submarine. London, Elek, 1957. 192 p. 58-18342.

NEB   No. 27:98-99. F. 1958. (K. Slater)

MARSHACK, ALEXANDER

The world in space. New York, Nelson, 1958. 176 p. 58-6117.

ASF   62(1):155. S. 1958. (P. Miller)
FAU   10(2):125. Ag. 1958. (H. Santesson)

MARSHALL, EDISON

Darzee, girl of India. New York, Kinsey, 1937. 280 p. 37-2388.

AMZ   11(4):132-133. Ag. 1937. (C. Brandt)

Dian of the lost land. New York, Kinsey & Co., 1935. 269 p. 35-4333.

AMZ   10(4):133-134. Jl. 1935. (C. Brandt)
GAL   24(6):192. Ag. 1966. (A. Budrys)

The lost land. New York, Curtis, 1966. 189 p.

SWSJ   102:2. Ag. 1973. (D. D'Ammassa)

Sam Campbell, gentleman. New York, Kinsey & Co., 1935. 273 p. 35-15467.

AMZ   10(10):132. Je. 1936. (C. Brandt)

The stolen god. New York, Kinsey, 1936. 271 p. 36-18151.

AMZ   11(1):133-134. F. 1937. (C. Brandt)

The white brigand. New York, Kinsey, 1937. 280 p. 37-20205.

AMZ   12(1):133. F. 1938. (C. Brandt)

MARSTEN, RICHARD

Rockets to Luna. Philadelphia, Winston, 1953. 211 p. 52-12899.

ASF   53(1):158-159. Mr. 1954. (P. Miller)
GAL   6(5):118. Ag. 1953. (G. Conklin)
AUT   No. 49:130. S. 1954. (n.g.)

MARTELLO, LEO L.

Weird ways of witchcraft. New York, HC Pubs., 1969.
221 p.

   LM   18:26. N. 1970. (J. Rapkin)

MARTIN, JOHN STUART

General manpower. New York, Simon & Schuster, 1938.
306 p. 39-5400.

   ASF   23(3):149-151. My. 1939. (C. Brandt)

MARTIN, MARGARET RHETT

Charlestown ghosts. Columbia, University of South
Carolina Press, 1963. 105 p. 63-22508.

   FSF   26(6):37-38. Je. 1964. (A. Davidson)

MARTIN, MARTHA EVANS

The friendly stars, revised and updated by Donald H.
Menzel. New York, Dover, 1964. 147 p. 63-17911.

   GAL   23(4):145. Ap. 1965. (F. Pohl)

MARTIN, REX

Kemlo and the craters of the moon, by E. C. Eliott.
London, Nelson, 1955. 200 p.

   AUT   No. 60:153. Ag. 1955. (n.g.)

Kemlo and the end of time, by E. C. Eliott. London,
Nelson, 1957. 196 p.

   AUT   No. 84:126-127. S. 1957. (n.g.)

Kemlo and the gravity rays, by E. C. Eliott. London,
Nelson, 1956. 202 p.

   AUT   No. 69:154. My. 1956. (n.g.)

Kemlo and the Martian ghosts, by E. C. Eliott. London,
Nelson, 1954. 202 p.

   AUT   No. 58:118. Je. 1955. (n.g.)

Kemlo and the sky horse, by E. C. Eliott. London,
Nelson, 1954. 189 p.

   AUT   No. 54:127. F. 1955. (n.g.)

Kemlo and the space lanes, by E. C. Eliott. London,
Nelson, 1955. 200 p.

   AUT   No. 60:153. Ag. 1955. (n.g.)

Kemlo and the star men, by E. C. Eliott. London, Nelson,
1955. 193 p.

   AUT   No. 66:153. F. 1956. (n.g.)

Tas and the postal rocket, by E. C. Eliott. London,
Nelson, 1955. 119 p.

   AUT   No. 59:122. Jl. 1955. (n.g.)

Tas and the space machine, by E. C. Eliott. London,
Nelson, 1955. 119 p.

   AUT   No. 59:122. Jl. 1955. (n.g.)

MARTINI, VIRGILIO

The world without women. New York, Dial, 1971. 125 p.
72-144379.

   KR   39:572. My. 15, 1971. (n.g.)
   PW   199:62. My. 17, 1971. (n.g.)

MARTINSON, HARRY

Aniara. New York, Knopf, 1963. 133 p. 62-8700.

   ASF   75(3):156-157. My. 1965. (P. Miller)
   GAL   21(6):180-181. Ag. 1963. (T. Sturgeon)

MASON, DAVID

Kavin's world. New York, Lancer, 1969. 221 p.

   FAS   20(1):122-123. O. 1970. (F. Leiber)
   LM   14:29. Jl. 1970. (G. Bear)
   SFR   39:25. Ag. 1970. (E. Evers)
   WSJ   72:21. Je/Ag. 1970. (D. Halterman)
   VOT   1(5):20. F. 1970. (J. Foyster)

The return of Kavin. New York, Lancer, 1972. 286 p.

   LM   48:32. F. 1973. (B. Fredstrom)

The shores of tomorrow. New York, Lancer, 1971. 240 p.

   LM   38/39:60. Jl/Ag. 1972. (B. Fredstrom)

The sorcerer's skull. New York, Lancer, 1970. 192 p.

   SFR   39:25. Ag. 1970. (E. Evers)
   SFR   43:39-40. Mr. 1971. (P. Walker)

MASON, DOUGLAS R.

Dilation effect. New York, Ballantine, 1971. 185 p.

   PW   199:80-81. F. 15, 1971. (n.g.)
   SWSJ 39:9-10. D. 1971. (M. Shoemaker)
   VTX   1:98. Ag. 1973. (n.g.)

The end bringers. New York, Ballantine, 1973. 208 p.

   LJ   98:2883. O. 1, 1973. (T. Bell)
   WSJ   82:R/12. S. 1973. (D. D'Ammassa)

Horizon alpha. New York, Ballantine, 1971. 168 p.

   PW   199:81. F. 15, 1971. (n.g.)
   SWSJ 39:9-10. D. 1971. (M. Shoemaker)
   REN   4:15. Sp. 1972. (J. Pierce)

Matrix. New York, Ballantine, 1970. 202 p.

   NWB   No. 200:31. Ap. 1970. (J. Cawthorn)
   SFR   41:33. N. 1970. (T. Pauls)
   LM   22:27. Mr. 1971. (D. Paskow)

The Phaeton condition. New York, Putnam, 1973. 192 p.
72-85627.

   BKL   69:1009. Jl. 1, 1973. (n.g.)
   GAL   33:172. My/Je. 1973. (T. Sturgeon)

MASON, DOUGLAS R. (Continued)

Ring of violence. New York, Avon, 1969. 159 p.

    LM   13:22. Je. 1970. (D. Paskow)
    SFR   41:25. N. 1970. (W. Connelly)

Satellite 54-zero. New York, Ballantine, 1971. 185 p.

    PW   198(25):62. D. 28, 1970.
    LM   38/39:43. Jl/Ag. 1972. (D. Paskow)

MASON, GREGORY

The golden archer. New York, Twayne, 1956. 296 p. 56-549.

    ASF   59(6):148. Ag. 1957. (P. Miller)

MASON, LOWELL BLAKE

The bull on the bench. Oak Park, Ill., Arcturus, 1967. 234 p. 67-26246.

    FSF   34(6):52. Je. 1968. (J. Merril)

MASSIE, DIANE REDFIELD

Magic Jim. New York, Parents Mag. Press. unpaged. 67-18462.

    LM   28:23. S. 1971. (J. Post)

The monstrous glisson glop. New York, Parents Mag. Press, 1970. 39 p. 71-93856.

    LM   28:23. S. 1971. (J. Post)

MASTERS, ANTHONY

A natural history of the vampire. New York, Putnam, 1972. 259 p. 70-175268.

    LM   45:31. F. 1973. (J. B. Post)
    TMNR 4:35. n.d. (S. Carlin)

MASTERS, R. E. L.

Eros and evil. New York, Julian Press, 1962. 322 p. 62-19302.

    FSF   26(2):94. F. 1964. (A. Davidson)

MATHERS, HARRY

Tlooth. Garden City, N.Y., Doubleday, 1966. 191 p. 66-20984.

    NWB   No. 174:59-60. Ag. 1967. (B. Aldiss)

MATHERS, S. LIDDEL MACGREGOR

The book of sacred magic of Abra-Melin the mage. Milwaukee, Caspar, 1937. 268 p.

    UNK   5(3):121. O. 1941. (O. Graves)

The key of Solomon the king. London, Redway, 1889. 115 p.

    UNK   6(1):105-106. Je. 1942. (O. Graves)

MATHESON, HUGH
  SEE Mackay, Lewis Hugh

MATHESON, RICHARD

Born of man and woman. Philadelphia, Chamberlain, 1954. 252 p. 54-5703.

    ASF   54(5):153-154. Ja. 1955. (P. Miller)
    FAU   2(2):126-127. S. 1954. (R. Frazier)
    GAL   8(5):95. Ag. 1954. (G. Conklin)
    NWB   No. 53:128. N. 1956. (L. Flood)

Hell house. New York, Viking, 1971. 279 p. 77-149273.

    FSF   43:61-62. Jl. 1972. (J. Blish)
    LM   38/39:59-60. Jl/Ag. 1972. (P. Walker)

I am legend. New York, Fawcett, 1954. 160 p. 54-43095.

    GAL   9(4):121. Ja. 1955. (G. Conklin)
    NWB   No. 99:126. O. 1960. (L. Flood)
    LM   30:26. N. 1971. (C. Moslander)
    SWSJ 18:7-8. Ap. 1971. (J. Newton)

Shock. New York, Dell, 1964. 191 p.

    ASF   69(1):168-169. Mr. 1962. (P. Miller)

Shock II. New York, Dell, 1964. 192 p.

    FSF   28(3):53-57. Mr. 1965. (J. Merril)

The shores of space. New York, Bantam, 1957. 184 p. 57-5194.

    ASF   60(1):147-148. S. 1957. (P. Miller)
    INF   2(4):97-98. Jl. 1957. (D. Knight)

The shrinking man. New York, Gold Medal Books, 1956. 192 p. NUC 66-3641.

    ASF   58(3):156-157. N. 1956. (P. Miller)
    FAS   6(1):109. F. 1957. (V. Gerson)
    FUTF No. 31:96-100. S. 1956. (D. Knight)
    FSF   11(3):109-110. S. 1956. (A. Boucher)

A stir of echoes. Philadelphia, Lippincott, 1958. 220 p. 58-5846.

    ASF   62(3):141-142. N. 1958. (P. Miller)
    FAU   9(6):121. Je. 1958. (H. Santesson)
    GAL   16(4):127. Ag. 1958. (F. Gale)
    NWB   No. 102:124. Ja. 1961. (J. Carnell)
    NWB   No. 149:126. Ap. 1965. (L. Jones)
    WIF   9(1):110. D. 1958. (D. Knight)
    FSF   14(5):114-115. My. 1958. (A. Boucher)
    FSF   37(4):97. O. 1969. (G. Wilson)

MATSON, NORMAN HÄGHEJM

Enchanted beggar. New York, Lippincott, 1959. 187 p. 59-7786.

    FSF   18(3):89-90. Mr. 1960. (D. Knight)

MATSUTANI, MIYOKO

Gengoroh and the thunder god. New York, Parents Magazine Press, 1970. 32 p. 70-99582.

LM   26/27:24. Jl/Ag. 1971. (J. Post)

The witch's magic cloth. English version by Alvin Tresselt. New York, Parents Magazine Press, 1969. 32 p. 79-77787.

LM   16:7. S. 1970. (J. Post)

MATTHEWSON, G.

Constructing an astronomical telescope. 2d ed. London, Blackie, 1955. 100 p. 56-33836.

GAL   16(2):100. Je. 1958. (F. Gale)
AUT   No. 65:154. Ja. 1956. (n.g.)
AUT   No. 67:155. Mr. 1956. (n.g.)

MAUROIS, ANDRE

The weigher of souls & The earth dwellers. New York, Macmillan, 1963. 187 p. 63-13325.

ASF   73(2):91. Ap. 1964. (P. Miller)

MAVOR, JAMES W., JR.

Voyage to Atlantis. New York, Putnam, 1969. 320 p.

ASF   84(2):170-172. O. 1969. (P. Miller)
LM   8:25. Ja. 1970. (J. B. Post)

MAX, NICHOLAS

President McGovern's first term. Garden City, N.Y., Doubleday, 1973. 158 p.

FUT   5(5):504-505. O. 1973. (D. Livingston)

MAY, JULIAN

There's adventure in atomic energy. Chicago, Popular Mechanics Press, 1957. 174 p. 57-12312.

GAL   16(4):129. Ag. 1958. (F. Gale)

There's adventure in chemistry. Chicago, Popular Mechanics Press, 1957. 156 p. 57-12314.

GAL   16(4):129. Ag. 1958. (F. Gale)

There's adventure in electronics. Chicago, Popular Mechanics Press, 1957. 170 p. 57-12313.

GAL   16(4):129. Ag. 1958. (F. Gale)

MAYNE, WILLIAM

A game of dark. New York, Dutton, 1971. 143 p. 70-154012.

LM   38/39:29. Jl/Ag. 1972. (D. Hamilton)

William Main's book of giants, ed. by William Mayne. New York, Dutton, 1969. 215 p.

LM   6:25. N. 1969. (J. Schaumburger)

MAZZEO, HENRY, ed.

Hauntings, tales of the supernatural. Garden City, N.Y., Doubleday, 1968. 318 p. 68-17795.

FSF   36(4):49. Ap. 1969. (G. Wilson)
FAS   22:110-113. S. 1973. (F. Leiber)

MAZZEO, JOSEPH ANTHONY

The design of life. London, Macdonald, 1968. 227 p.

NWB   No. 185:62-63. D. 1968. (C. Smith)

MEAD, HAROLD

The bright phoenix. New York, Ballantine, 1956. 184 p. 56-9577.

AMZ   39(9):94-95. S. 1956. (V. Gerson)
ASF   58(4):155. D. 1956. (P. Miller)
FAU   6(3):92. O. 1956. (H. Santesson)
GAL   13(1):69-70. N. 1956. (F. Gale)
AUT   No. 58:120. Je. 1955. (n.g.)
INF   1(6):114-115. D. 1956. (D. Knight)
NEB   No. 13:104. S. 1955. (K. Slater)
NWB   No. 35:126-127. My. 1955. (L. Flood)
FSF   11(3):110. S. 1956. (A. Boucher)

Mary's country. London, Michael Joseph, 1957. 288 p. 57-30585.

AUT   No. 84:125-126. S. 1957. (n.g.)
NWB   No. 65:125. N. 1957. (L. Flood)

MEAD, SHEPHERD

The big ball of wax. New York, Simon & Schuster, 1954. 246 p. 54-9809.

AMZ   31(4):129. Ap. 1957. (V. Gerson)
ASF   55(6):150. Ag. 1955. (P. Miller)
GAL   11(1):108-110. O. 1955. (G. Conklin)
GAL   13(6):104-105. Ap. 1957. (F. Gale)
AUT   No. 64:156. D. 1956. (n.g.)
NEB   No. 15:102-103. Ja. 1956. (K. Slater)
NWB   No. 42:124-125. D. 1955. (L. Flood)
FSF   8(4):81-82. Ap. 1955. (A. Boucher)
WSJ   76:107-108. Ap/My. 1971. (T. Pauls)

The carefully considered rape of the world. New York, Simon & Schuster, 1966. 245 p. 66-12964.

ASF   78(1):161. S. 1966. (P. Miller)
NWB   No. 169:155. D. 1966. (H. Bailey)
FSF   30(5):44. My. 1966. (J. Merril)
LM   14:26. Jl. 1970. (S. Mines)

MEADE, RICHARD

The sword of morning star. New York, Signet, 1969. 144 p.

LM   1:23-24,27. Je. 1969. (R. Brisson)

MEADOWS, DEONELLA H.

The limits to growth. New York, Universe Books. 205 p. 73-187907.

PW   202:52. S. 4, 1972. (n.g.)
SFN   11:3. My. 1972. (F. Lerner)
SR   55:65-68. Ap. 22, 1972. (L. Brown)

MEDAWAR, PETER BRIAN

The future of man. New York, Basic Books, 1960. 128 p. 60-12203.

ASF   67(1):153-154. Mr. 1961. (P. Miller)

MEEK, STERNER ST. PAUL

The drums of Tapajos. New York, Avalon, 1961. 224 p. 61-65993.

GAL   20(3):191. F. 1962. (F. Gale)

The monkeys have no tails in Zamboanga. New York, Morrow, 1935. 288 p. 35-3925.

AMZ   10(4):135. Jl. 1935. (C. Brandt)

Troyana. New York, Avalon, 1962. 224 p.

ASF   69(3):170. My. 1962. (P. Miller)

MEERLOO, JOOST ABRAHAM MAURITS

The rape of the mind. Cleveland, World, 1956. 320 p. 56-9252rev.2.

GAL   13(6):106. Ap. 1957. (F. Gale)

MELLANBY, HELEN

Animal life in fresh water. 5th ed. London, Methuen, 1953. 296 p.

AUT   No. 43:149-150. Mr. 1954. (n.g.)

MELTZER, DAVID

Agency. North Hollywood, Calif., Essex House, 1968. 160 p.

NWB   No. 194:31. O. 1969. (N. Spinrad)

Lovely: brain-plant book 1. North Hollywood, Ca., Essex House, 1969. 159 p.

LM   7:26. D. 1969. (J. B. Post)
SFR   37:14-15. Ap. 1970. (P. Anthony)

MENDELSOHN, FELIX, JR.

Superbaby. Los Angeles, Nash, 1969. 211 p. 73-95375.

LJ   95(12):2320. Je. 15, 1970. (R. Coats)
LM   13:31-32. Je. 1970. (C. Moslander)

MENDOZA, GEORGE

A beastly alphabet. New York, Grosset & Dunlap, 1969. 29 p.

LM   11:24. Ap. 1970. (J. Post)

The thumbtown toad. Englewood Cliffs, N.J., Prentice-Hall, 1971. 32 p. 78-131868.

LM   31:26. D. 1971. (J. Post)

MENEN, AUBREY

The fig tree. New York, Scribners, 1959. 192 p.

ASF   64(3):148. N. 1959. (P. Miller)
WIF   9(4):97. S. 1959. (D. Knight)

MENGER, HOWARD

From outer space to you. Clarksburg, W.V., Saucerian Books, 1959. 256 p. 59-10057.

FAU   11(5):101-103. S. 1959. (H. Santesson)

MENOTTI, GIAN CARLO

Help, help, the globolinks! New York, McGraw-Hill, 1970. 56 p.

LM   38/39:18. Jl/Ag. 1972. (J. Post)

MENZEL, DONALD HOWARD

Astronomy. New York, Random House, 1970. 320 p. 70-127542.

WIF   21:143. S/O. 1971. (L. del Rey)

Flying saucers. Cambridge, Mass., Harvard University Press, 1953. 319 p. 52-12419.

ASF   53(2):140-144. Ap. 1954. (P. Miller)
GAL   6(4):122-123. Jl. 1953. (I. Asimov)
NWB   No. 25:124-125. Jl. 1954. (L. Flood)
SFP   1(1):60. Mr. 1953. (S. Moskowitz)
SFIQ   2(5):63. N. 1953. (L. de Camp)
SPF   2(2):157-158. S. 1953. (G. Smith)
FSF   4(6):71. Je. 1953. (Boucher & McComas)

The world of flying saucers, by Donald H. Menzel and Lyle G. Boyd. Garden City, N.Y., Doubleday, 1963. 302 p. 63-12989.

ASF   73(1):4-5,89. Mr. 1964. (P. Miller)
FSF   26(2):97. F. 1964. (A. Davidson)
GAL   22(2):124-125. D. 1963. (F. Pohl)

MERAK, A. J.

The dark millennium. New York, Belmont, 1970. 143 p.

LM   24/25:61. My/Je. 1971. (D. Paskow)

The frozen planet. New York, Belmont, 1969. 142 p.

LM   18:27. N. 1970. (J. Slavin)

MEREDITH, GEORGE

The shaving of Shagpat. New York, Ballantine, 1970.
278 p.

    LM   26/27:37. Jl/Ag. 1971. (J. Evers)

MEREDITH, RICHARD C.

At the narrow passage. New York, Putnam, 1973. 256 p.
72-94264.

    KR   41:345. Mr. 15, 1973. (n.g.)
    LJ   98:1512. My. 1, 1973. (D. Ginzinger, Jr.)
    PW   203:59. Ap. 2, 1973. (n.g.)
    WIF   21:109. Jl/Ag. 1973. (L. del Rey)
    BKL   69:1009. Jl. 1, 1973. (n.g.)

The sky is filled with ships. New York, Ballantine,
1969. 184 p.

    LM   2:28. Jl. 1969. (T. Bulmer)

We all died at breakaway station. New York, Ballantine,
1969. 244 p.

    LM   19:26. D. 1970. (G. Bear)
    SFR   37:35. Ap. 1970. (R. Geis)

MERLE, ROBERT

The day of the dolphin. New York, Simon & Schuster,
1969. 320 p. 73-75865.

    ASF   84(1):160-161. S. 1969. (P. Miller)
    FSF   38(1):37-38. Ja. 1970. (J. Russ)
    LM   11:27. Ap. 1970. (D. Paskow)
    LOOK 33:12. Je. 10, 1969. (P. Prescott)
    NST   59:345. Ag. 9, 1973. (F. Hussain)

MERRIL, JUDITH

Beyond human ken, ed. by Judith Merril. New York,
Random House, 1952. 334 p. 52-7134.

    ASF   51(4):78-80. Je. 1953. (P. Miller)
    AUT   No. 37:138. S. 1953. (n.g.)
    FAU   1(1):189-190. Je/Jl. 1953. (S. Merwin, Jr.)
    GAL   5(6):108-109. Mr. 1953. (G. Conklin)
    NEB   2(1):123. S. 1953. (K. Slater)
    SFA   1(3):65-68. Mr. 1953. (L. del Rey)
    SFA   1(6):94. S. 1953. (D. Knight)
    SFIQ 2(3):70. My. 1953. (R. Lowndes)
    FSF   4(1):90-91. Ja. 1953. (Boucher & McComas)

Beyond the barriers of space and time, ed. by Judith
Merril. New York, Random House, 1954. 295 p. 54-
10743.

    ASF   55(5):154-156. Jl. 1955. (P. Miller)
    FUTF No. 28:84-85. 1955. (D. Knight)
    GAL   10(3):117-118. Je. 1955. (G. Conklin)
    AUT   No. 65:156. Ja. 1956. (n.g.)
    NEB   No. 16:102-103. Mr. 1956. (K. Slater)
    NWB   No. 43:125. Ja. 1956. (L. Flood)
    FSF   8(2):96. F. 1955. (A. Boucher)

Daughters of earth. Garden City, N.Y., Doubleday,
1969. 256 p. 69-20062.

    ASF   84(5):164-165. Ja. 1970. (P. Miller)
    FAS   19(4):106-108. Ap. 1970. (F. Leiber)
    LM   13:20. Je. 1970. (D. Paskow)
    SFR   36:33-34. 1970. (T. Pauls)

England swings SF, ed. by Judith Merril. Garden City,
N.Y., Doubleday, 1968. 406 p. 68-17793.

    ASF   82(6):163-166. F. 1969. (P. Miller)
    FSF   35(4):23. O. 1968. (R. Hughes)
    EXT   10:47. D. 1968. (n.g.)
    NWB   No. 186:62. Ja. 1969. (J. Churchill)
    PW   196(2):66. Ja. 12, 1970. (n.g.)
    SFO   16:10-14. O. 1970. (B. Gillam)
    SFR   41:20-21. N. 1970. (P. Walker)

The fifth annual of the year's best S-F, ed. by Judith
Merril. New York, Simon & Schuster, 1960. 320 p.

    AMZ   35(3):140-142. Mr. 1961. (S. Cotts)
    NWB   No. 101:127-128. D. 1960. (J. Carnell)

Galaxy of ghouls, ed. by Judith Merril. New York, Lion
Library, 1955. 192 p. 55-58950.

    ASF   56(6):144. F. 1956. (P. Miller)
    SFIQ 4(2):51-52. F. 1956. (D. Knight)
    FSF   9(3):91. S. 1955. (A. Boucher)

Human? ed. by Judith Merril. New York, Lion Books, 1954.
190 p. 54-35672.

    ASF   55(2):145. Ap. 1955. (P. Miller)
    GAL   8(6):115. S. 1954. (G. Conklin)
    FSF   7(2):77. Ag. 1954. (Boucher & McComas)

Off the beaten orbit, ed. by Judith Merril. New York,
Pyramid, 1955. 192 p.

    FAU   11(4):123. Jl. 1959. (H. Santesson)

Out of bounds. New York, Pyramid, 1960. 160 p.

    ASF   66(5):165-167. Ja. 1961. (P. Miller)
    WIF   10(4):89. S. 1960. (F. Pohl)
    FSF   19(4):94. O. 1960. (A. Bester)

Path into the unknown: the best of soviet science
fiction, ed. by Judith Merril. New York, Delacorte,
1967. 191 p. 67-20896.

    ASF   81(5):157-158. Jl. 1968. (P. Miller)
    GAL   27(2):187-191. S. 1968. (A. Budrys)
    FSF   34(5):53. My. 1968. (J. Merril)

SF '57: the year's greatest science fiction and fantasy,
ed. by Judith Merril. Hicksville, N.Y., Gnome Press,
1957. 320 p.

    FAS   7(1):125-126. Ja. 1958. (S. Cotts)

SF '59: the year's greatest science fiction and fantasy,
ed. by Judith Merril. Hicksville, N.Y., Gnome Press,
1959. 256 p.

    GAL   19(2):125-126. D. 1960. (F. Gale)

SF: the best of the best, ed. by Judith Merril. New
York, Delacorte, 1967. 438 p.

    GAL   26(5):122-123. Je. 1968. (A. Budrys)
    FSF   35(1):54-55. Jl. 1968. (J. Russ)
    NWB   No. 186:62. Ja. 1969. (J. Churchill)

SF: the year's greatest science-fiction and fantasy, ed.
by Judith Merril. New York, Gnome Press, 1956. 352 p.

    ASF   57(6):146-148. Ag. 1956. (P. Miller)
    FAU   8(5):100. N. 1957. (H. Santesson)
    GAL   13(4):51. F. 1957. (F. Gale)
    INF   1(5):67-69. O. 1956. (D. Knight)
    VEN   1(6):84. N. 1957. (T. Sturgeon)

MERRIL, JUDITH (Continued)

SF: the year's greatest science-fiction and fantasy
(Continued)

    WIF   9(1):111. D. 1958. (D. Knight)

SF: the year's greatest science-fiction and fantasy,
second annual volume, ed. by Judith Merril. New York,
Gnome Press, 1957. 320 p.

    ASF   60(5):145-147. Ja. 1958. (P. Miller)
    GAL   16(1):117. My. 1958. (F. Gale)
    INF   3(2):86-88. Ja. 1958. (D. Knight)
    FSF   13(6):94-95. D. 1957. (A. Boucher)

SF: the year's greatest science-fiction and fantasy:
third annual volume, ed. by Judith Merril. New York,
Gnome Press, 1958. 255 p.

    ASF   62(6):143-145. F. 1959. (P. Miller)
    FAU   10(4):114-116. O. 1958. (H. Santesson)
    GAL   17(5):141. Je. 1959. (F. Gale)
    FSF   15(5):84-85. N. 1958. (A. Boucher)

SF: the year's greatest science-fiction and fantasy:
fourth annual volume, ed. by Judith Merril. New York,
Dell, 1959. 256 p.

    ASF   65(2):163-164. Ap. 1960. (P. Miller)
    GAL   18(3):167. F. 1960. (F. Gale)
    FSF   17(5):96-97. N. 1959. (D. Knight)

SF 12, ed. by Judith Merril. New York, Delacorte,
1968. 384 p.

    ASF   82(6):163-166. F. 1969. (P. Miller)
    FSF   35(4):24. O. 1968. (R. Hughes)

Shadow on the hearth. Garden City, N.Y., Doubleday,
1950. 277 p. 50-8437.

    ASF   47(1):145-146. Mr. 1951. (P. Miller)
    FBK   2(1):106. 1951. (n.g.)
    FUTF   1(4):98. N. 1950. (R. Lowndes)
    SFO   3(5):133. S. 1951. (P. Miller)
    GAL   1(1):141-142. O. 1950. (G. Conklin)
    AUT   No. 42:148-149. F. 1954. (K. Slater)
    NEB   2(3):125. F. 1954. (K. Slater)
    NWB   No. 23:126-127. My. 1954. (L. Flood)
    STL   22(2):159-160. N. 1950. (n.g.)
    SSS   7(2):67. S. 1950. (F. Pohl)
    FSF   1(5):104. D. 1950. (Boucher & McComas)

A shot in the dark, ed. by Judith Merril. New York,
Bantam, 1950. 310 p. 50-17825.

    FUTF   1(1):91-92. Jl/Ag. 1950. (R. Lowndes)
    STL   21(2):160-161. My. 1950. (n.g.)
    SSS   6(3):98. Mr. 1950. (F. Pohl)
    FSF   1(3):107. Sm. 1950. (Boucher & McComas)

The tomorrow people. New York, Pyramid, 1962. 192 p.
NUC 63-62161.

    ASF   66(5):165-167. Ja. 1961. (P. Miller)
    WIF   10(4):89-90. S. 1960. (F. Pohl)

The year's best SF: 5th annual edition, ed. by Judith
Merril. New York, Simon & Schuster, 1960. 320 p.

    ASF   67(1):154-156. Mr. 1961. (P. Miller)
    FSF   20(2):105-108. F. 1961. (A. Bester)

The year's best SF: 6th annual edition, ed. by Judith
Merril. New York, Simon & Schuster, 1961. 384 p.

    AMZ   36(3):136-139. Mr. 1962. (S. Cotts)
    ASF   69(1):171-173. Mr. 1962. (P. Miller)

The year's best SF: 7th annual edition, ed. by Judith
Merril. New York, Simon & Schuster, 1962. 399 p.

    AMZ   37(8):125-127. Ag. 1963. (S. Cotts)
    ASF   71(1):85-87. Mr. 1963. (P. Miller)
    FSF   24(1):47-48. Ja. 1963. (A. Davidson)

The year's best SF, 8th annual edition, ed. by Judith
Merril. New York, Simon & Schuster, 1963. 382 p.

    ASF   73(4):85-86. Je. 1964. (P. Miller)
    FSF   26(6):39. Je. 1964. (A. Davidson)

The year's best SF: 9th annual edition, ed. by Judith
Merril. New York, Simon & Schuster, 1964. 384 p.

    ASF   75(5):146-148. Jl. 1965. (P. Miller)
    FSF   28(4):73-74. Ap. 1965. (B. Davenport)
    GAL   23(4):138-141. Ap. 1965. (A. Budrys)

The year's best SF: 10th annual edition, ed. by Judith
Merril. New York, Delacorte, 1965. 383 p.

    ASF   78(1):161-162. S. 1966. (P. Miller)
    FSF   30(4):38. Ap. 1966. (E. Ferman)
    GAL   24(6):186-190. Ag. 1966. (A. Budrys)
    NWB   No. 165:151-152. Ag. 1966. (J. C.)
    RQ   2(2):123-125. Jl. 1966. (L. Sapiro)

The year's best S-F: 11th annual edition, ed. by
Judith Merril. New York, Delacorte, 1966. 384 p.

    ASF   79(4):163-165. Je. 1967. (P. Miller)
    NWB   No. 173:63. Jl. 1967. (D. Hill)

The year's greatest science fiction and fantasy, ed. by
Judith Merril. New York, Dell Books, 1956. 255 p.

    AMZ   33(1):102. Ja. 1959. (S. Cotts)
    FAU   6(1):126. Ag. 1956. (H. Santesson)
    AUT   No. 72:152. Ag. 1956. (n.g.)
    NWB   No. 49:2-3. Jl. 1956. (J. Carnell)
    FSF   11(2):107. Ag. 1956. (A. Boucher)

MERRITT, ABRAHAM

The black wheel, completed & illus. by Hannes Bok.
New York, The New Collectors, 1947. 115 p. 48-2474.

    FNM   2(5):113. Ja. 1949. (S. Moskowitz)
    TWS   33(2):176-177. D. 1948. (S. Merwin)

Burn, witch, burn. London, Spearman, 1955. 223 p.

    NEB   No. 27:102. F. 1958. (K. Slater)
    NWB   No. 46:127. Ap. 1956. (L. Flood)

Creep, shadow. Garden City, Doubleday, 1934. 301 p.
34-39747.

    AMZ   9(10):132-133. F. 1935. (C. Brandt)

Dwellers in the mirage. New York, Liveright, 1932.
294 p. 32-17144.

    AMZ   7(6):570. S. 1932. (C. Brandt)
    AUT   No. 9:110. My. 15, 1951. (n.g.)

MERRITT, ABRAHAM (Continued)

Dwellers in the mirage and The face in the abyss. New York, Liveright, 1953. 642 p.

ASF	52(3):145. N. 1953. (P. Miller)	
FSO	3(5):147-148. Ja. 1952. (P. Miller)	
SFP	1(7):65. D. 1953. (S. Moskowitz)	

The face in the abyss. New York, Horace Liveright, 1931. 343 p. 31-15685.

AMZ	6(7):667. O. 1931. (C. Brandt)
ASF	60(5):139-143. Ja. 1958. (P. Miller)

The fox woman, by A. Merritt and The blue pagoda, by Hannes Bok. New York, New Collectors Group, 1946. 109 p. 47-15520.

TWS   33(1):177. O. 1948. (S. Mines)

The metal monster. New York, Avon, 1946. 203 p.

ASF   60(5):139-143. Ja. 1958. (P. Miller)

The moon pool. New York, Putnam, 1919. 433 p. 19-15978.

ASF   60(5):139-143. Ja. 1958. (P. Miller)

Seven footprints to satan. New York, Boni & Liveright, 1928. 310 p. 28-10390.

SSS	4(2):91. N. 1942. (D. Wollheim)
VEN	2(3):58. My. 1958. (T. Sturgeon)

The ship of Ishtar. Los Angeles, Borden Publishing Co., 1950. 309 p.

ASF	44(5):153. Ja. 1950. (A. Lorraine)
GAL	1(5):101. F. 1951. (G. Conklin)

MERTZ, BARBARA

Ammie, come home, by Barbara Michaels. Greenwich, Conn., Fawcett, 1969. 223 p.

LM   18:29. N. 1970. (J. Rapkin)

Prince of darkness, by Barbara Michaels. New York, Meridith, 1969. 230 p. 78-91014.

LM   18:29. N. 1970. (D. Paskow)

Temples, tombs, and hieroglyphs. New York, Coward-McCann, 1964. 349 p. 63-15531.

ASF   73(6):87. Ag. 1964. (P. Miller)

MERWIN, SAM, JR.

The house of many worlds. Garden City, N.Y., Doubleday, 1951. 216 p. 51-12481.

AMZ	26(1):159. Ja. 1952. (S. Merwin)
ASF	48(6):157-158. F. 1952. (P. Miller)
AUT	No. 20:112. Ap. 1952. (n.g.)
GAL	3(4):116-117. Ja. 1952. (G. Conklin)
TWS	39(3):142-143. F. 1952. (S. Mines)
WT	44(2):94. Ja. 1952. (n.g.)
FSF	3(1):106. F. 1952. (Boucher & McComas)

Killer to come. New York, Abelard, 1953. 251 p. 53-10108.

ASF	53(4):143-144. Je. 1954. (P. Miller)
FAU	1(5):159-160. Mr. 1954. (R. Frazier)
GAL	7(5A):112. F. 1954. (G. Conklin)

The time shifters. New York, Lancer, 1971. 173 p.

LM   37:31. Je. 1972. (K. Gurnett)

Three faces of time. New York, Ace, 1955. 135 p.

ASF   57(1):158. Mr. 1956. (P. Miller)

The white widows. Garden City, N.Y., Doubleday, 1953. 224 p. 53-5962.

ASF	53(6):154-155. Ag. 1954. (P. Miller)
AUT	No. 41:149. Ja. 1954. (n.g.)
FAU	1(5):159-160. Mr. 1954. (R. Frazier)
GAL	8(1):121. Ap. 1954. (G. Conklin)
ISF	5(5):115. My. 1954. (H. Bott)
LM	21:29. F. 1971. (J. Evers)

MERWIN, SAMUEL

Lady can do. Boston, Houghton Mifflin, 1929. 233 p. 29-22430.

ADT   1(4):374. Ap. 1930. (n.g.)

MESTHENE, EMMANUEL G.

Technological change. Cambridge, Harvard University Press, 1970. 127 p. 76-106960.

VEN   4(3):107. Ag. 1970. (R. Goulart)

METCALF, NORM

The index of science fiction magazines: 1951-1965. El Cerrito, Calif., J. Ben Stark, 1968. 253 p.

ASF	83(3):163-165. My. 1969. (P. Miller)
GAL	29(6):3,140-143. Mr. 1970. (A. Budrys)
LM	1:31. Je. 1969. (D. Paskow)

METRAUX, ALFRED

Easter island. New York, Oxford University Press, 1957. 249 p. 57-13826.

ASF	60(5):148-150. Ja. 1958. (P. Miller)
GAL	15(1):119. N. 1957. (F. Gale)

MEYER, JEROME SYDNEY

Prisms and lenses. Cleveland, World, 1959. 63 p. 59-11546.

GAL   19(2):126. D. 1960. (F. Gale)

MEYER, JOHN JOSEPH

Thirteen seconds that rocked the world. New York, Henkle, 1935. 205 p. 35-1690.

AMZ   10(3):134. Je. 1935. (C. Brandt)

MEYER, JOHN JOSEPH (Continued)

Try another world. New York, Business Bourse, 1942. 256 p. 42-20656.

SSS   4(3):68. F. 1943. (D. Wollheim)

MEYERS, ROY

Destiny and the dolphins. New York, Ballantine, 1969. 210 p.

LM   11:30. Ap. 1970. (D. Paskow)

Dolphin boy. New York, Ballantine, 1967. 224 p.

AMZ   41(4):5. O. 1967. (H. Harrison)
FSF   33(6):34. D. 1967. (J. Merril)

MIAN, MARY

Take three witches. Boston, Houghton Mifflin, 1971. 279 p. 70-142825.

LM   41/42:32. O/N. 1972. (C. Moslander)

MICHAELS, BARBARA
SEE Mertz, Barbara

MICHEL, AIME

Flying saucers and the straight-line mystery. New York, Criterion Books, 1958. 285 p.

ASF   63(5):151-152. Jl. 1959. (P. Miller)
FAU   10(5):116-117. N. 1958. (H. Santesson)
FSF   16(1):86-87. Ja. 1959. (A. Boucher)

Lueurs sur les soucoupes volantes. Paris, Collection Decouvertes, 1954. 286 p. 54-35958.

NWB   No. 29:121. N. 1954. (L. Flood)

The truth about flying saucers. New York, Criterion Books, 1956. 255 p. 56-6208.

ASF   58(5):154-155. Ja. 1957. (P. Miller)
AUT   No. 84:127-128. S. 1957. (n.g.)
FAU   7(4):110-111. Ap. 1957. (H. Santesson)
FSO   p. 92. Je. 1957. (n.g.)
FSF   11(4):105-106. O. 1956. (A. Boucher)

MICHELL, JOHN

The view over Atlantis London, Abacus, 1973. 221 p.

SFN   20/21:4. F/Mr. 1973. (V. Kennedy)

MIKOLAYCAK, CHARLES

The boy who tried to cheat death, by Charles Mikolaycak and Carole Kismaric. Garden City, N.Y., Doubleday, 1971. 32 p. 79-138506.

LM   41/42:32. O/N. 1972. (S. Deckinger)

MILES, MILDRED LYNN

Index to Playboy: belles-letters, articles, and humor, Dec. 1953-Dec. 1969. New York, Scarecrow, 1970. 162 p.

LM   24/25:54. My/Je. 1971. (J. B. Post)

MILLARD, JOSEPH

The gods hate Kansas. Derby, Conn., Monarch Books, 1964. 126 p.

ASF   75(1):88. Mr. 1965. (P. Miller)

MILLER, GEORGE ARMITAGE

The psychology of communication. London, Penguin, 1968. 197 p.

NWB   No. 186:56. Ja. 1969. (J. Brunner)

MILLER, JIMMY

The big win. New York, Bantam, 1970. 196 p.

LM   18:26. N. 1970. (S. Mines)
PW   198(19):62. N. 9, 1970.

MILLER, KARL, ed.

Writing in England today, the last fifteen years. Harmondsworth, Penguin, 1968. 362 p.

NWB   No. 183:62. O. 1968. (W. E. B.)

MILLER, MARJORIE M.

Isaac Asimov: a checklist of works published in the United States, March 1939-May 1972. Kent, Ohio, Kent State University Press, 1972. 98 p.

LM   44:21. Ja. 1973. (J. B. Post)
RQ   (Am. Lib. Assn.) 12:403. Sm. 1973. (J. B. Post

MILLER, MAX B.

Flying saucers: fact or fiction? Los Angeles, Trend Books, 1957. 128 p. 57-7210.

ASF   60(6):148-150. F. 1958. (P. Miller)

MILLER, PETER SCHUYLER

The titan. Reading, Pa., Fantasy Press, 1952. 252 p. 53-18614.

ASF   51(3):149-150. My. 1953. (P. Miller)
SFP   1(2):65. Ap. 1953. (S. Moskowitz)
BSP   1(3):20. Ap. 1954. (n.g.)
AUT   No. 45:135-136. My. 1954. (n.g.)
GAL   6(4):123-124. Jl. 1964. (G. Conklin)
ISF   4(5):145. Je. 1953. (M. Reinsberg)

MILLER, RICHARD DEWITT

The man who lived forever, by R. DeWitt Miller and Anna Hunger. New York, Ace, 1956. 137 p.

ASF   58(3):158. N. 1956. (P. Miller)

MILLER, RICHARD DEWITT (Continued)

Stranger than life. New York, Ace, 1963. 190 p.

    FAS   13(1):128. Ja. 1964. (S. Cotts)

You do take it with you. New York, Citadel, 1956.
238 p. 56-7674.

    GAL   14(1):124-125. My. 1957. (F. Gale)

MILLER, WALTER M., JR.

A canticle for Leibowitz. Philadelphia, Lippincott,
1960. 320 p. 60-5735.

    AMZ   35(7):136-138. Jl. 1961. (S. Cotts)
    ASF   66(3):165-166. N. 1960. (P. Miller)
    ASF   75(4):156-158. Je. 1965. (P. Miller)
    GAL   19(3):139. F. 1961. (F. Gale)

Conditionally human. New York, Ballantine, 1962. 191 p.

    AMZ   36(12):120-121. D. 1962. (S. Cotts)
    ASF   70(6):177-178. F. 1963. (P. Miller)
    NWB   No. 137:127. D. 1963. (L. Flood)

The view from the stars. New York, Ballantine, 1964.
192 p. NUC 66-87472.

    ASF   79(4):170-171. Je. 1967. (P. Miller)
    FSF   29(1):82-83. Jl. 1965. (J. Merril)

MILLER, WARREN

Looking for the general. New York, McGraw-Hill, 1964.
203 p. 63-21785.

    ASF   73(5):88. Jl. 1964. (P. Miller)
    FSF   27(2):26. Ag. 1964. (A. Davidson)

The siege of Harlem. Greenwich, Conn., Fawcett, 1969
(c1964). 143 p.

    LM   11:29-30. Ap. 1970. (J. B. Post)

MILLS, MARY

Peter Pretzel. Philadelphia, Dorrance, 1970. 22 p.

    LM   32:24-25. Ja. 1972. (J. Post)

MILLS, ROBERT P., ed.

The best from fantasy and science fiction: ninth series.
Garden City, N.Y., Doubleday, 1959. 264 p.

    AMZ   34(5):140. My. 1960. (S. Cotts)
    ASF   65(6):170-172. Ag. 1960. (P. Miller)
    AMZ   38(8):120-122. Ag. 1964. (R. Silverberg)
    GAL   19(2):125. D. 1960. (F. Gale)
    NWB   No. 123:127-128. O. 1962. (L. Flood)
    NWB   No. 146:118. Ja. 1965. (J. Colvin)
    WIF   10(3):101-102. Jl. 1960. (F. Pohl)

The best from fantasy and science fiction: tenth series.
New York, Doubleday, 1961. 262 p.

    AMZ   35(9):133-134. S. 1961. (S. Cotts)
    ASF   68(2):165-166. O. 1961. (P. Miller)
    GAL   20(6):194. Ag. 1962. (F. Gale)
    NWB   No. 132:125. Jl. 1963. (L. Flood)

The best from fantasy and science fiction: eleventh
series. Garden City, N.Y., Doubleday. 258 p.

    AMZ   36(11):123-124. N. 1962. (S. Cotts)
    ASF   70(1):153-154. S. 1962. (P. Miller)
    GAL   21(3):141-142. F. 1963. (F. Gale)
    NWB   No. 141:124-125. Ap. 1964. (L. Flood)
    NWB   No. 162:144-146. My. 1966. (J. Colvin)

A decade of fantasy and science fiction. Garden City,
N.Y., Doubleday, 1960. 406 p. 60-15188.

    AMZ   35(3):142-143. Mr. 1961. (S. Cotts)
    ASF   67(3):167-168. My. 1961. (P. Miller)
    GAL   20(2):145. D. 1961. (F. Gale)
    NWB   No. 126:128. Ja. 1963. (L. Flood)
    NWB   No. 146:118-119. Ja. 1965. (J. Colvin)

The worlds of science fiction. New York, Dial Press,
1963. 349 p. 63-12175.

    AMZ   38(1):123-124. Ja. 1964. (S. Cotts)
    ASF   72(4):88. D. 1963. (P. Miller)
    NWB   No. 147:119. F. 1965. (J. Colvin)
    FSF   25(6):77. D. 1963. (A. Davidson)

MINES, SAMUEL, ed.

The best from Startling Stories. New York, Holt, 1953.
301 p. 53-8980.

    ASF   53(5):148-149. Jl. 1954. (P. Miller)
    GAL   8(1):119. Ap. 1954. (G. Conklin)
    ISF   5(3):147. Mr. 1954. (H. Bott)
    SFD   1(1):155-156. F. 1954. (E. Lewis)
    FSF   6(1):96. Ja. 1954. (Boucher & McComas)

Startling stories. London, Cassell, 1954. 320 p.

    NWB   No. 32:124. F. 1955. (L. Flood)

MINNAERT, MARCEL GILLES JOZEF

The nature of light and colour in the open air. New
York, Dover, 1954. 362 p. 54-10021rev.

    GAL   9(2):123. N. 1954. (G. Conklin)

MINOT, STEPHEN

Chill of dusk. Garden City, N.Y., Doubleday, 1964.
327 p. 64-19236.

    ASF   75(4):156-158. Je. 1965. (P. Miller)

MIRRLEES, HOPE

Lud-in-the-mist. New York, Ballantine, 1970. 273 p.

    LM   26/27:41. Jl/Ag. 1971. (G. Bear)
    SFR   42:32-33. My. 1971. (P. Walker)
    FOU   2:57. Je. 1972. (G. Hay)

MITCHELL, EDWARD PAGE

The crystal man: landmark science fiction, ed. by Sam
Moskowitz. Garden City, N.Y., Doubleday, 1973. 358 p.
73-79697.

    BKL   70:422. D. 15, 1973. (n.g.)
    KR   41:913. Ag. 15, 1973. (n.g.)
    PW   204:55-56. S. 17, 1973. (n.g.)

MITCHELL, EDWARD PAGE (Continued)

The crystal man: landmark science fiction (Continued).

REN   5(4):10. Fl. 1973. (J. Pierce)

MITCHELL, JAMES LESLIE

The conquest of the Maya. New York, Dutton, 1935.
279 p. 35-12876.

AMZ   10(3):135. Je. 1935. (C. Brandt)

Three go back. Indianapolis, Bobbs-Merrill, 1932.
303 p. 32-11460.

AMZ   7(5):471. Ag. 1932. (C. Brandt)

MITCHISON, NAOMI HALDANE

Memoirs of a spacewoman. London, Gollancz, 1962. 176 p.
NUC 63-28437.

NWB   No. 124:126. N. 1962. (L. Flood)
KPG   7:89. N. 1973. (P. Mattern)
PW   203:68. Ap. 9, 1973. (n.g.)
SWSJ   103:2. Ag. 1973. (D. D'Ammassa)

MOBERLY, CHARLOTTE ANNE ELIZABETH

An adventure, by Charlotte Moberly and E. F. Jourdain.
5th ed. New York, Coward-McCann, 1955. 131 p. 55-
1654.

FSF   9(2):95. Ag. 1955. (A. Boucher)

MODIGLIANI, PIERO

Journal of a scientician. New York, Philosophical
Library, 1957. 136 p. 57-2522.

GAL   15(4):107. F. 1958. (F. Gale)

MOHS, MAYO

Other worlds, other gods, ed. by Mayo Mohs. Garden City,
N.Y., Doubleday, 1971. 264 p. 76-144282.

KR   39:518. My. 1, 1971. (n.g.)
KR   39:322-323. Mr. 15, 1971. (n.g.)
LJ   96:2011. Je. 1, 1971. (D. Gilzinger)
SWSJ   30:8. Ag. 1971. (J. Newton)
FSF   42:66-67. Mr. 1972. (A. Panshin)
LM   40:21. S. 1972. (C. Moslander)

MOLESWORTH, VOL

Blinded they fly. Sydney, Australia, Futurian Press,
1951. 31 p. 51-37120.

TWS   39(2):141-142. D. 1951. (n.g.)

MOLNAR, THOMAS

Utopia. London, Stacey, 1972. 245 p.

BB   18:111. D. 1972. (D. Llewellyn)

MONSARRAT, NICHOLAS

The time before this. New York, Pocket Books.

SWSJ   115:3. N. 1973. (D. D'Ammassa)

MONTAGU, ASHLEY

Human heredity. New York, Signet, 1963. 432 p.

WOT   1(6):6. F. 1964. (F. Pohl)

Man: his first million years. Cleveland, World, 1957.
249 p. 57-9280.

GAL   16(3):108. Jl. 1958. (F. Gale)

MONTGOMERY, ROBERT BRUCE, ed.

Best SF., ed. by Edmund Crispin. London, Faber & Faber,
1955. 365 p. 56-4394.

AUT   No. 57:119-120. My. 1955. (n.g.)
NEB   No. 12:114. Ap. 1955. (K. Slater)
NWB   No. 34:124. Ap. 1955. (L. Flood)

Best SF, two, ed. by Edmund Crispin. London, Faber,
1956. 296 p.

AUT   No. 76:155-156. Ja. 1957. (n.g.)
NEB   No. 19:104. D. 1956. (K. Slater)
NWB   No. 53:127-128. N. 1956. (L. Flood)

Best SF, three, ed. by Edmund Crispin. London, Faber,
1958. 224 p.

NEB   No. 33:107. Ag. 1958. (K. Slater)
NWB   No. 76:122-123. O. 1958. (L. Flood)
NWB   No. 154:124. S. 1965. (J. Colvin)

Best SF 4, ed. by Edmund Crispin. London, Faber, 1961.
224 p.

NWB   No. 105:128. Ap. 1961. (L. Flood)
NWB   No. 154:123-124. S. 1965. (J. Colvin)

Best SF 5, ed. by Edmund Crispin. London, Faber, 1963.
256 p. 64-9618.

NWB   No. 133:125. Ag. 1963. 256 p. 64-9618.

Best SF 6, ed. by Edmund Crispin. London, Faber, 1966.
252 p. 66-71245.

NWB   No. 163:149-150. Je. 1966. (J. Colvin)

Best tales of terror, ed. by Edmund Crispin. London,
Faber, 1962. 255 p. 63-3492.

NWB   No. 119:127-128. Je. 1962. (L. Flood)

MOON, SHEILA

Hunt down the prize. New York, Atheneum, 1971. 244 p.
75-154757.

LM   38/39:23. Jl/Ag. 1972. (D. Hamilton)

MOORCOCK, MICHAEL

An alien heat. New York, Harper, 1972. 158 p.

FSF	45:23-26. N. 1973.	(S. Coleman)
GAL	34:105-106. O. 1973.	(T. Sturgeon)
KR	41:25. Ja. 1, 1973.	(n.g.)
LJ	98:567. F. 15, 1973.	(P. Fanning)
PW	203:70. Ja. 22, 1973.	(n.g.)
SWSJ	95:2. Jl. 1973.	(D. D'Ammassa)
TLS	3686:1273. O. 27, 1972.	(n.g.)

Behold the man. London, Allison, 1969. 144 p.

NWB	No. 190:58-59. Mr. 1969.	(M. Harrison)
PW	197(13):66. Mr. 30, 1970.	(n.g.)
SPEC	3(2):23-26. My. 1970.	(B. Aldiss)
AMZ	45:108-110. My. 1971.	(R. Lupoff)
ASF	86:169. Ja. 1971.	(P. Miller)
LM	24/25:58. My/Je. 1971.	(G. Bear)

The best of New Worlds, ed. by Michael Moorcock. London, Compact, 1965. 318 p.

NWB	No. 159:117-118. F. 1966.	(R. Bennett)
FSF	30(3):54. Mr. 1966.	(J. Merril)

The best SF stories from New Worlds, ed. by Michael Moorcock. New York, Berkley, 1967. 158 p.

ASF	81(6):166. Ag. 1968.	(P. Miller)
GAL	27(4):163-166. N. 1968.	(A. Budrys)
NWB	No. 186:61. Ja. 1969.	(J. Cawthorn)

The best SF stories from New Worlds No. 2, ed. by Michael Moorcock. New York, Berkley, 1968. 152 p.

FSF	37(2):28-29. Ag. 1969.	(J. Russ)

Best SF stories from New Worlds 3, ed. by Michael Moorcock. New York, Berkley, 1968. 191 p.

LM	21:31. F. 1971.	(S. Mines)

Best SF stories from New Worlds 5, ed. by Michael Moorcock. New York, Berkley, 1971. 175 p.

SFO	20:15-19. Ap. 1971.	(B. Gillespie)
SFO	20:21-23. Ap. 1971.	(A. van der Poorten)
LM	41/42:50. O/N. 1972.	(M. McQuown)

The black corridor. New York, Ace, 1969. 187 p.

AMZ	43(6):132-133. Mr. 1970.	(R. Lupoff)
FSF	38(5):25-26. My. 1970.	(B. Malzberg)
LM	18:25. N. 1970.	(J. Slavin)
SFO	17:16-21. N. 1970.	(B. Gillespie)
SFO	17:36-37. N. 1970.	(G. Turner)
SPEC	3(2):23-26. My. 1970.	(B. Aldiss)
VOT	1(10):54-55. Jl. 1970.	(K. Buckley)

Breakfast in the ruins. London, New English Library, 1972. 175 p.

BB	18:80-81. O. 1972.	(J. Boland)

The bull and the spear. London, Allison & Busby, 1973. 168 p.

BB	18:78. Ag. 1973.	(R. Greacen)
NS	2200:741. My. 18, 1973.	(P. Prince)

The champion of Garathorm. London, Mayflower, 1973. 127 p.

BB	18:90. S. 1973.	(R. Baker)

A cure for cancer. London, Allison, 1971. 256 p.

BB	16:44-46. Je. 1971.	(J. Story)
LJ	96:2673-2674. S. 1, 1971.	(J. Post)
LM	41/42:34-35. O/N. 1972.	(P. Walker)

The dreaming city. New York, Lancer, 1972. 189 p.

HOH	1:123-124. Je. 1973.	(B. Searles)
LM	46:23. Mr. 1973.	(B. Fredstrom)

Eldric of Melnibone. London, Hutchinson, 1972. 191 p.

BB	18:80-81. O. 1972.	(J. Boland)

The English assassin. London, Allison & Busby, 1972. 254 p.

BB	18:80-81. O. 1972.	(J. Boland)

The eternal champion. New York, Dell, 1970.

PW	195(8):163. F. 23, 1970.	
SFR	42:36. Ja. 1971.	(F. Patten)

The final programme. New York, Avon, 1968. 191 p.

FSF	35(6):19-20. D. 1968.	(J. Russ)
NWB	No. 185:58-60. D. 1968.	(J. Churchill)
NWB	No. 197:32. Ja. 1970.	(M. Harrison)
ASF	84(6):166. F. 1970.	(P. Miller)
SPEC	3(2):23-26. My. 1970.	(B. Aldiss)
BB	16:44-46. Je. 1971.	(J. Story)

The fireclown. London, Compact, 1965. 189 p.

NWB	No. 158:121-122. Ja. 1966.	(J. Colvin)
FSF	30(3):49-50. Mr. 1966.	(J. Merril)

The ice schooner. New York, Berkley, 1969. 207 p.

ASF	85(6):170. Ag. 1970.	(P. Miller)
LM	16:16. S. 1970.	(S. Mines)
SFR	37:37. Ap. 1970.	(R. Geis)
SFO	20:31-32. Ap. 1971.	(T. Pauls)
NWB	No. 190:61. My. 1969.	(J. Cawthorn)

The jewel in the skull. London, Mayflower, 1969. 156 p.

NWB	No. 190:61-62. My. 1969.	(J. Cawthorn)

Knight of swords. New York, Berkley, 1971. 176 p.

SWSJ	47:4. F. 1972.	(S. Goldstein)

New Worlds quarterly 1, ed. by Michael Moorcock. New York, Berkley, 1971. 192 p.

ASF	89:166-167. Je. 1972.	(P. Miller)
REN	4:3-5. Sm. 1972.	(D. Schweitzer)

New Worlds quarterly 3, ed. by Michael Moorcock. New York, Berkley, 1972. 224 p.

KPG	6:29. S. 1972.	(n.g.)

New Worlds quarterly 4, ed. by Michael Moorcock. London, Sphere, 1972. 224 p.

RQ	5:315-317. Ap. 1973.	(C. Chauvin)

The secret of the runestaff. New York, Lancer, 1969. 192 p.

LM	8:29. Ja. 1970.	(T. Bulmer)

MOORCOCK, MICHAEL (Continued)

The silver warriors. New York, Dell, 1973. 220 p.

  PW   204:82. Jl. 2, 1973. (n.g.)
  SWSJ 115:3. N. 1973. (D. D'Ammassa)

The sleeping sorceress. New York, Lancer, 1972. 192 p.

  HOH   1:123-124. Je. 1973. (B. Searles)
  LM   46:23. Mr. 1973. (B. Fredstrom)

Stealer of souls. London, Spearman, 1963. 215 p.

  NWB   No. 137:128. D. 1963. (L. Flood)
  FSF   33(4):30. O. 1967. (J. Russ)

Stormbringer. London, Jenkins, 1965. 189 p.

  NWB   No. 147:120-123. F. 1965. (A. Forrest)
  NWB   No. 188:62. Mr. 1969. (J. Cawthorn)
  FSF   33(4):30. O. 1967. (J. Russ)

The sundered worlds. London, Compact, 1965. 159 p.

  NWB   No. 149:125-126. Ap. 1965. (L. Jones)

Sword of the dawn. New York, Lancer, 1968. 191 p.

  LM   8:29. Ja. 1970. (T. Bulmer)

The time dwellers. London, Hart-Davies, 1969. 176 p.

  SPEC 3(1):23. Ja. 1970. (M. Kenward)
  SWSJ 34:2. S. 1971. (T. Pauls)
  LM   38/39:45. Jl/Ag. 1972. (Y. Edeiken)

The warlord of the air. New York, Ace, 1971. 187 p.

  BB   17:66-68. D. 1971. (F. Brown)
  PW   200:51. Jl. 5, 1971. (n.g.)

MOORE, CATHERINE L.

Doomsday morning. Garden City, N.Y., Doubleday, 1957.
216 p. 57-12471.

  ASF   61(3):144-145. My. 1958. (P. Miller)
  FAU   9(2):92. F. 1958. (H. Santesson)
  GAL   16(2):98. Je. 1958. (F. Gale)
  ISF   9(4):124. Ag. 1958. (H. Bott)
  NWB   No. 188:61-62. Mr. 1969. (J. Cawthorn)
  OSFS 10(2):65-66. My. 1959. (C. Knox)
  VEN   2(3):58. My. 1958. (T. Sturgeon)
  FSF   14(2):107-108. F. 1958. (A. Boucher)

Jirel of Joiry. New York, Paperback Library, 1969.
175 p.

  GAL   30(4):103-104. Jl. 1970. (A. Budrys)
  FAS   19(4):108-109. Ap. 1970. (F. Leiber)
  LM   14:25. Jl. 1970. (D. Paskow)
  VOT   1(7):57. Ap. 1970. (J. Foyster)

Judgment night. New York, Gnome Press, 1952. 344 p.
53-1769.

  ASF   51(6):143-144. Ag. 1953. (P. Miller)
  FAU   1(1):191. Je/Jl. 1953. (S. Merwin, Jr.)
  GAL   6(2):119-120. My. 1953. (G. Conklin)
  SFP   1(2):65. Ap. 1953. (S. Moskowitz)
  SPF   2(1):94. Jl. 1953. (G. Smith)

Northwest of Earth. New York, Gnome Press, 1954. 212 p.
54-12145.

  ASF   55(6):148-149. Ag. 1955. (P. Miller)

Shambleau and others. New York, Gnome Press, 1953.
224 p. 53-12604.

  ASF   54(2):147-148. O. 1954. (P. Miller)

MOORE, HARRIS

Slater's planet. New York, Pinnacle, 1971. 188 p.

  LM   40:28. S. 1972. (B. Fredstrom)

MOORE, MARIE DRURY

Two princes, a witch, and Miss Katie O'Flynn. Englewood
Cliffs, N.J., Prentice-Hall, 1970. 40 p. 68-19145.

  LM   34:25. Mr. 1972. (S. Deckinger)

MOORE, PATRICK

The atlas of the universe. New York, Rand McNally, 1970.
272 p. 77-653619.

  ASF   87:168. Mr. 1971. (J. Campbell)
  FSF   41:11-12. Ag. 1971. (J. Blish)
  WIF   21:143. S/O. 1971. (L. del Rey)
  LM   34:31. Mr. 1972. (J. B. Post)

Challenge of the stars: a forecast of the future explor-
ation of the universe, by Patrick Moore and David C.
Hardy. Chicago, Rand McNally, 1972. 62 p. 71-18909.

  KR   40:1110. S. 15, 1972. (n.g.)
  SR   55:79. N. 11, 1972. (K. Kuskin)
  BKL   69:611. Mr. 1, 1973. (n.g.)
  LM   45:29. F. 1973. (J. B. Post)

Crater of fear. Irvington-on-Hudson, N.Y., Harvey House,
1962. 156 p. 62-16751.

  ASF   71(4):90. Je. 1963. (P. Miller)

Earth satellites. New York, Norton, 1956. 157 p.
56-10853.

  ASF   59(1):145-146. Mr. 1957. (P. Miller)

The frozen planet. London, Museum Press, 1954. 184 p.

  AUT   No. 55:133. Mr. 1955. (n.g.)
  NEB   No. 11:119. D. 1954. (K. Slater)

Guide to Mars. New York, Macmillan, 1958. 124 p.

  ASF   62(2):146-147. O. 1958. (P. Miller)

A guide to the moon. New York, Norton, 1953. 255 p.
53-9390.

  ASF   52(6):147-148. F. 1954. (P. Miller)
  FSF   5(4):70-71. O. 1953. (Boucher & McComas)

A guide to the planets. New York, Norton, 1954. 254 p.
54-13043.

  ASF   54(6):148. F. 1955. (P. Miller)
  AUT   No. 56:133-134. Ap. 1955. (n.g.)
  BSP   2(1):31-32. Je. 1955. (n.g.)

MOORE, PATRICK (Continued)

A guide to the stars. New York, Norton, 1960. 222 p. 60-7584.

    FSF   20(1):97. Ja. 1961. (A. Bester)
    GAL   19(5):95. Je. 1961. (F. Gale)

Moon flight atlas. Chicago, Rand McNally, 1969. 48 p. 73-94055.

    LM   16:18. S. 1970. (J. B. Post)

Out into space, by Patrick Moore and A. L. Helm. London, Museum Press, 1954. 144 p.

    NEB   No. 11:119. D. 1954. (K. Slater)
    AUT   No. 54:129. F. 1955. (n.g.)

The planet Venus. New York, Macmillan, 1957. 132 p. 58-14546.

    ASF   61(4):147. Je. 1958. (P. Miller)
    GAL   19(4):133. Ap. 1961. (F. Gale)

The planets. New York, Norton, 1962. 189 p. 62-20547.

    FSF   24(6):61-62. Je. 1963. (A. Davidson)

Science and fiction. London, Harrap, 1957. 192 p. 57-3394.

    AUT   No. 82:127-128. Jl. 1957. (A. Harby)
    NEB   No. 20:100-102. Mr. 1957. (K. Slater)
    NWB   No. 57:123-126. Mr. 1957. (L. Flood)

Suns, myths and men. London, Muller, 1954. 192 p. 55-19015.

    AUT   No. 55:134. Mr. 1955. (n.g.)
    NWB   No. 32:126. F. 1955. (L. Flood)

A survey of the moon. New York, Norton, 1963. 332 p. 63-9881.

    FSF   26(2):95-96. F. 1964. (A. Davidson)

World of mists. London, Muller, 1956. 160 p.

    AUT   No. 69:153-154. My. 1956. (n.g.)
    NWB   No. 47:128. My. 1956. (L. Flood)

The true book about worlds around us. London, Muller, 1954. 144 p.

    AUT   No. 52:131-132. D. 1954. (n.g.)

MOORE, WARD

Bring the jubilee. New York, Farrar, 1953. 196 p. 53-10417.

    ASF   53(2):144-145. Ap. 1954. (P. Miller)
    GAL   7(5A):111-112. F. 1954. (G. Conklin)
    AUT   No. 61:154. S. 1955. (n.g.)
    NWB   No. 40:123. O. 1955. (L. Flood)
    SFD   1(1):158-159. F. 1954. (E. Lewis)
    SFIQ   3(2):62. Ag. 1954. (D. Knight)
    KPG   6:29. S. 1972. (n.g.)

Greener than you think. New York, William Sloane, 1947. 358 p. 47-31071.

    AMZ   24(8):181. Ag. 1950. (M. Tish)
    ASF   68(6):159-161. F. 1962. (P. Miller)
    NWB   No. 112:127. N. 1961. (J. Carnell)

Greener than you think (Continued).

    TWS   32(1):141-142. Ap. 1948. (S. Merwin)
    FSF   21(6):73. D. 1961. (A. Bester)

MORAY WILLIAMS, URSULA

The moonball. New York, Meredith, 1967. 138 p. 67-14749.

    ASF   80(5):165-166. Ja. 1968. (P. Miller)

The toymaker's daughter. New York, Meredith, 1969. 134 p.

    LM   9:23. F. 1970. (B. Stiffler)

MORE, ANTHONY
SEE Clinton, Edwin M.

MOREL, DIGHTON

Moonlight red. London, Secker, 1960. 287 p.

    NWB   No. 101:125. D. 1960. (L. Flood)

MORGAN, DAN

Mind trap. New York, Avon, 1970. 189 p.

    LM   23:26. Ap. 1971. (D. Paskow)

The new minds. New York, Avon, 1967. 193 p.

    FSF   38(4):53. Ap. 1970. (J. Blish)
    LM   2:22. Jl. 1969. (G. Bear)
    NWB   No. 195:31. N. 1969. (M. Harrison)

The richest corpse in show business. London, Compact, 1966. 190 p.

    NWB   No. 164:151-152. Jl. 1966. (R. Bennett)

Seed of stars, by Dan Morgan and John Kippax. New York, Ballantine, 1972. 210 p.

    PW   200:50. D. 20, 1971. (n.g.)

The several minds. New York, Avon, 1969. 190 p.

    FSF   38(4):53. Ap. 1970. (J. Blish)
    LM   16:31. S. 1970. (S. Mines)
    SFR   37:34. Ap. 1970. (P. Walker)

A thunder of stars, by Dan Morgan and John Kippax. New York, Ballantine, 1970. 200 p.

    PW   197(14):62. Ap. 6, 1970.
    LM   24/25:46. My/Je. 1971. (J. Osborne)
    SFR   43:38. Mr. 1971. (P. Walker)

MORGAN, HELEN AXFORD

Satchkin patchkin. Philadelphia, Macrae Smith, 1970. 64 p. 75-113384.

    LM   34:26. Mr. 1972. (J. Post)

MORGENSTERN, CHRISTIAN

The great lalula and other nonsense rhymes. New York, Putnam, 1969. 61 p. 68-24527.

    LM   26/27:28. Jl/Ag. 1971. (J. Post)

MORLAND, DICK

Heart clock. London, Faber, 1973. 216 p.

    BB   18:87. S. 1973. (B. Patten)

MORLEY, FELIX

Gumption island. Caldwell, Idaho, Caxton, 1956. 306 p. 56-9761.

    FSF   12(2):100. F. 1957. (A. Boucher)

MORRESSY, JOHN

Nail down the stars. New York, Walker, 1973. 256 p. 72-95788.

    KR   41:580. My. 15, 1973. (n.g.)
    LJ   98:2151. Jl. 1973. (S. Avila)
    PW   203:44. My. 14, 1973. (n.g.)
    LJ   98:3475. N. 15, 1973. (C. Coon)

Starbrat. New York, Walker, 1972. 239 p.

    KR   40:98. Ja. 15, 1972. (n.g.)
    LJ   97:1350. Ap. 1, 1972. (R. Barber)
    LJ   97:1626. Ap. 15, 1972. (M. Blalock)
    PW   201:93. F. 7, 1972. (n.g.)
    SWSJ   93:2. Je. 1973. (D. D'Ammassa)
    LM   46:15-16. Mr. 1973. (R. Freedman)

MORRILL, THOMAS

Let us reason together. Tallahassee, Fla., Dupont Press, 1968. 143 p.

    FSF   34(6):51-52. Je. 1968. (J. Merril)

MORRIS, ROBERT K.

The consolations of ambiguity: an essay on the novels of Anthony Burgess. Columbia, Univ. of Missouri Press, 1971. 89 p. 70-167599.

    CHO   9:506. Je. 1972. (n.g.)

MORRIS, WILLIAM

The sundering flood. New York, Ballantine, 1973. 238 p.

    FANA   1:6-7. Jl. 1973. (L. Newman)

The well at the world's end. New York, Ballantine, 1970.

    BB   16:paperback supp. IV-VI. Ag. 1971. (M. Leamont)
    FF   1:37-38. F. 1971. (R. Reginald)

The wood beyond the world. New York, Dover, 1972. 261 p. 71-189346.

    KPG   7:26. F. 1973. (n.g.)
    FANA   1:9-10. Je. 1973. (D. Schweitzer)
    FSF   38(1):44. F. 1970. (J. Blish)
    MOH   6(6):113. Ap. 1971. (R. Lowndes)
    SFR   35:34. F. 1970. (C. Thorne)

MORRISON, ARTHUR

Martin Hewitt: investigator. Philadelphia, Train, 1971. 216 p.

    LM   44:28. Ja. 1973. (B. Fredstrom)

MORRISON, PEGGY

The bespoken mile, by March Cost. New York, Vanguard, 1959. 448 p. 59-7770.

    WIF   9(4):96-97. S. 1959. (D. Knight)

MORRISON, WILLIAM
SEE Samachson, Joseph.

MOSKOWITZ, SAMUEL

The coming of the robots, ed. by Sam Moskowitz. New York, Collier, 1963. 254 p. 63-10945.

    AMZ   37(10):122-123. O. 1963. (S. Cotts)
    NWB   No. 133:127. Ag. 1963. (J. Carnell)

Editor's choice in science fiction, ed. by Sam Moskowitz. New York, McBride, 1954. 285 p. 54-7374rev.

    ASF   55(4):156-157. Je. 1955. (P. Miller)
    AUT   No. 48:124-125. Ag. 1954. (n.g.)
    FAU   2(1):159-160. Jl. 1954. (R. Frazier)
    GAL   9(1):96-97. O. 1954. (G. Conklin)
    NEB   No. 11:119. D. 1954. (K. Slater)
    SFIQ   3(6):41-42,69. Ag. 1955. (R. Lowndes)

Explorers of the infinite. Cleveland, World, 1963. 353 p. 63-8778.

    AMZ   37(11):122-125. N. 1963. (S. Cotts)
    ASF   72(2):89-90. O. 1963. (P. Miller)
    GAL   22(2):122-124. D. 1963. (T. Sturgeon)
    NWB   No. 133:126-127. Ag. 1963. (J. Carnell)
    FSF   26(1):41-42. Ja. 1964. (A. Davidson)
    EXT   4:24-25. My. 1963. (T. Clareson)
    EXT   5:15-16. D. 1963. (T. Clareson)
    SFST   1(1):37-41. Sp. 1973. (R. Philmus)

Exploring other worlds, ed. by Sam Moskowitz. New York, Collier, 1963. 256 p. 63-10800.

    NWB   No. 133:127. Ag. 1963. (J. Carnell)

Futures to infinity, ed. by Sam Moskowitz. New York, Pyramid, 1970. 222 p.

    SWSJ   26:6. Jl. 1971. (F. Patten)

Ghostly by gaslight: fearful tales of a lost era, ed. by Sam Moskowitz and Alden H. Norton. New York, Pyramid, 1971.

    LM   38/39:40. Jl/Ag. 1972. (M. McQuown)

MOSKOWITZ, SAMUEL (Continued)

Horrors in hiding, ed. by Sam Moskowitz and Alden H. Norton. New York, Berkley, 1973. 192 p.

KPG   7:25. Ap. 1973. (n.g.)

Horrors unknown: newly discovered masterpieces by great names in fantastic terror, ed. by Sam Moskowitz. New York, Walker, 1971. 214 p.

LJ   96:3161-3162. O. 1, 1971. (B. Smith)
LM   31:30. D. 1971. (J. B. Post)
GAL   34:131-132. Jl/Ag. 1973. (T. Sturgeon)

The immortal storm. Atlanta, ASFO Press, 1954. 269 p. 54-14284rev.

AMZ   26(8):150. Ag. 1952. (S. Merwin)
AMZ   29(7):114-115. D. 1955. (V. Gerson)
ASF   50(1):162-166. S. 1952. (P. Miller)
ASF   55(1):154-155. Mr. 1955. (P. Miller)
FAU   2(4):128. N. 1954. (R. Frazier)
GAL   13(5):117. Mr. 1957. (F. Gale)
NEB   No. 11:123. D. 1954. (W. Willis)
OSFS   6(1):107,124. Jl. 1953. (D. Knight)
FSF   8(2):98. F. 1955. (A. Boucher)
SFIQ   3(6):36. Ag. 1955. (L. de Camp)
AMZ   46:111-113. My. 1972. (R. Lupoff)

The man who called himself Poe. Garden City, N.Y., Doubleday, 1969. 244 p.

FSF   38(3):46. Mr. 1970. (G. Wilson)
MOH   6(2):35-37. F. 1970. (R. Lowndes)
LM   13:24. Je. 1970. (J. B. Post)
VOT   1(11):66. Ag. 1970. (D. Malcolm)

Masterpieces of science fiction. Cleveland World, 1966. 552 p. 66-14995.

ASF   79(5):159-161. Jl. 1967. (P. Miller)
FMF   1(4):113-116. Fl. 1967. (R. Lowndes)

Modern masterpieces of science fiction. Cleveland, World, 1965. 518 p. 65-18008.

ASF   78(1):158-159. S. 1966. (P. Miller)
FMF   1(1):60. W. 1966/1967. (R. Lowndes)
FMF   1(4):113. Fl. 1967. (R. Lowndes)
GAL   25(1):158-161. O. 1966. (A. Budrys)
NWB   No. 165:142-143. Ag. 1966. (B. Barclay)
FSF   31(3):20. S. 1966. (J. Merril)

Science fiction by gaslight. Cleveland, World, 1968. 364 p.

ASF   83(1):167-168. Mr. 1969. (P. Miller)
FMF   2(3):118-119. Sp. 1969. (R. Lowndes)
GAL   27(5):151-153. D. 1968. (A. Budrys)
VEN   3(2):123. Ag. 1969. (R. Goulart)
EXT   10:4-6. D. 1968. (n.g.)

Seekers of tomorrow. Cleveland, World, 1966. 441 p. 65-18007.

AMZ   42(1):135-136. Ap. 1968. (W. Atheling, Jr.)
ASF   77(6):161-162. Ag. 1966. (P. Miller)
FMF   1(1):60. W. 1966/1967. (R. Lowndes)
GAL   25(1):158-161. O. 1966. (A. Budrys)
NWB   No. 165:142-143. Ag. 1966. (B. Barclay)
FSF   31(3):22. S. 1966. (J. Merril)
SWSJ   37:9. D. 1971. (A. Gilliland)
RQ   5:140-143. F. 1972. (J. Blish)

Strange signposts, ed. by Sam Moskowitz and Roger Elwood. New York, Holt, 1966. 319 p. 66-13106.

FSF   31(6):36-37. D. 1966. (J. Russ)
SMS   1(2):91. Fl. 1966. (R. Lowndes)

Three stories by Murray Leinster, Jack Williamson and John Wyndham, ed. by Sam Moskowitz. Garden City, N.Y., Doubleday, 1967. 184 p. 67-11801.

AMZ   41(3):155. Ag. 1967. (H. Harrison)
FMF   1(4):117. Fl. 1967. (R. Lowndes)
GAL   25(6):134-136. Ag. 1967. (A. Budrys)
FSF   33(3):54-59. S. 1967. (J. Merril)

Under the moons of Mars: a history and anthology of "The scientific romance" in the Munsey Magazines, 1912-1920. New York, Holt, 1970. 433 p. 72-80355.

FF   1(2):31-32. D. 1970. (D. Menville)
MOH   6(6):110-111. Ap. 1971. (R. Lowndes)
AMZ   44(4):142-143. N. 1970. (R. Lupoff)
ASF   86(3):166-168. N. 1970. (P. Miller)
LJ   95(10):1860. My. 15, 1970. (M. Cross)
PW   197(12):61. Mr. 23, 1970. (n.g.)
WIF   20(8):168-169. N/D. 1970. (L. del Rey)
WSJ   72:23-24. Je/Ag. 1970. (J. Ellis)
EXT   12(1):26-27. D. 1970. (n.g.)
FSF   40:24-25. Ja. 1971. (J. Blish)
LM   24/25:59. My/Je. 1971. (J. B. Post)
WSJ   79:35-36. N. 1971/Ja. 1972. (J. Newton)

When women rule. New York, Walker, 1972. 221 p.

LM   49:21. At. 1973. (C. Moslander)
SFN   25/26:3-4. Jl/Ag. 1973. (V. Eads)

MOTT-SMITH, MORTON CHURCHILL

This mechanical world. New York, Appleton, 1931. 232 p. 31-13207.

AMZ   6(5):476. Ag. 1931. (T. Sloane)
AMZ   7(12):1145. Mr. 1933. (S. C.)

MOUDY, WALTER

No man on earth. New York, Berkley, 1964. 176 p.

NWB   No. 164:156. Jl. 1966. (B. Barclay)
FSF   29(5):20-21. N. 1965. (J. Merril)

MOUNTAIN, LEE

Space carnival. Indianapolis, Pictorial Pubs., 1970. 1 v.

LM   28:22. S. 1971. (J. Post)

MOXLEY, F. WRIGHT

Red snow. New York, Simon & Schuster, 1930. 409 p. 30-19834.

AMZ   5(11):1048. F. 1931. (C. Brandt)

MULLER, WOLFGANG DANIEL

Man among the stars. New York, Criterion, 1957. 307 p. 56-11399.

ASF   61(5):148-149. Jl. 1958. (P. Miller)

MULIKITA, FWANYANGA MATALE

A point of no return. London, Macmillan, 1968. 112 p.

NWB   No. 190:62. My. 1969. (J. Clute)

MULLEN, STANLEY

Kinsmen of the dragon. Chicago, Shasta, 1951. 336 p.
A51-8174.

AMZ   26(5):147. My. 1952. (S. Merwin)
ASF   47(6):141-142. Ag. 1951. (W. Wright)
SFIQ   2(2):79-80. F. 1953. (D. Knight)
STL   26(1):145. My. 1952. (n.g.)

Moonfoam and sorceries. Denver, Colo., Gorgon Press,
1948. 264 p. 48-28145.

TWS   35(1):157-158. O. 1949. (S. Merwin)
SSS   5(2):74. Ap. 1949. (F. Pohl)

MULLER, HERBERT JOSEPH

The uses of the past: profiles of former societies.
New York, Oxford University Press, 1952. 394 p. 52-
6168.

SFIQ   2(5):60. N. 1953. (L. de Camp)

MULLER, JOHN E.

The day the world died. Clovis, Calif., Vega Books,
1963. 137 p.

ASF   74(2):91. O. 1964. (P. Miller)

MUMFORD, EDWIN

Flight of the Starfire: a fantasy. Jericho, N.Y.,
Exposition Press, 1972. 61 p.

LM   48:30. Fl. 1973. (J. B. Post)

The second flight of the Starfire. Jericho, N.Y.,
Exposition Press, 1972. 57 p.

LM   48:30. Fl. 1973. (J. B. Post)

The third flight of the Starfire. Jericho, N.Y.,
Exposition Press, 1972. 48 p.

LM   48:30. Fl. 1973. (J. B. Post)

The fourth flight of the Starfire. Jericho, N.Y.,
Exposition Press, 1972. 48 p.

LM   48:30. Fl. 1973. (J. B. Post)

MUNDY, TALBOT

The devil's guard. Indianapolis, Bobbs-Merril, 1926.
335 p.

FSF   1(4):83. Fl. 1950. (Boucher & McComas)

Full moon. New York, Appleton-Century, 1935. 312 p.
35-4294.

AMZ   10(7):134. D. 1935. (C. Brandt)

Purple pirate. New York, Gnome Press, 1959. 367 p.

GAL   18(3):165. F. 1960. (F. Gale)

The thunder dragon gate. New York, Appleton-Century,
1937. 335 p. 37-4538.

AMZ   11(6):134-135. D. 1937. (C. Brandt)

Tros of Samothrace. Hicksville, N.Y., Gnome, 1958.
949 p. 58-8768.

FAU   11(2):106-107. Mr. 1959. (H. Santesson)
GAL   17(6):138. Ag. 1959. (F. Gale)
WIF   9(6):87-88. Ja. 1960. (F. Pohl)

MUNITZ, MILTON KARL

Theories of the universe. Glenco, Ill., Free Press,
1957. 437 p. 57-6746.

GAL   16(2):97-98. Je. 1958. (F. Gale)

MURCHIE, GUY

Music of the spheres. New York, Houghton Mifflin, 1961.
644 p. 60-13172.

FSF   21(5):79-80. N. 1961. (A. Bester)

Song of the sky. Cambridge, Mass., Riverside Press,
1954. 438 p. 54-9119.

ASF   56(5):156-158. Ja. 1956. (P. Miller)

MURPHY, GARDNER

Challenge of psychical research. New York, Harper, 1961.
297 p. 61-6180.

ASF   67(6):169-170. Ag. 1961. (P. Miller)

MURRAY, EDMUND P.

The passion players. London, Barker, 1968. 342 p.

NWB   No. 190:62-63. My. 1969. (J. Clute)

MURRAY, MARGARET. ALICE

The witch-cult in western Europe. Oxford, Clarendon,
1962. 303 p. 63-2965.

FSF   25(3):90-91. S. 1963. (A. Davidson)

MUSES, CHARLES

Consciousness and reality, by Charles Muses and Arthur
M. Young. New York, Outerbridge & Lazard, 1972. 472 p.
74-165547.

GAL   33:171-172. N. 1972. (T. Sturgeon)
NYT   p. 20. S. 3, 1972. (T. Sturgeon)

MYERS, HENRY

O king, live forever. New York, Crown, 1953. 214 p.
53-5675.

GAL   7(5):130-131. Ja. 1954. (G. Conklin)

MYERS, JOHN MYERS

   Silverlock. New York, Dutton, 1949. 349 p.

     NWB   No. 167:156-157. O. 1966. (J. Cawthorn)

MYERS, RUSSELL

   Broom Hilda. New York, Lancer, 1971. unpaged.

     LM   40:31. S. 1972. (J. B. Post)

MYERS, WALTER DEAN

   The dragon takes a wife. Indianapolis, Bobbs-Merrill,
1972. 30 p.

     LM   44:18. Ja. 1973. (S. Deckinger)

N

NABOKOV, VLADIMIR

King Queen Knave. London, Weidenfeld, 1968. 288 p.

  NWB   No. 187:59. F. 1969. (M. Harrison)

A Russian beauty and other stories. New York, McGraw-Hill, 1973. 268 p. 72-10094.

  SWSJ   115:3-4. N. 1973. (B. Gillam)

NAGEL, ERNEST

Goedel's proof, by Ernest Nagel and James R. Newman. New York, New York University Press, 1958. 118 p. 58-5610.

  WIF   10(2):91-92. My. 1960. (F. Pohl)

NAITO, MIROSHI

Legends of Japan. Rutland, Vt., Tuttle, 1972. 111 p. 73-188013.

  LM   43:31. D. 1972. (C. Moslander)

NATHAN, ROBERT

The elixir. New York, Knopf, 1971. 176 p. 73-154936.

  KR   39:608. Je. 1, 1971. (n.g.)
  LJ   96:3915. N. 15, 1971. (A. Master)
  PW   199:52. Je. 7, 1971. (n.g.)

The fair. New York, Knopf, 1964. 208 p. 64-12322.

  FSF   28(4):72. Ap. 1965. (J. Merril)

The Mallot diaries. New York, Knopf, 1965. 174 p. 65-17384.

  ASF   76(5):144. Ja. 1966. (P. Miller)

The weans. New York, Knopf, 1960. 56 p. 60-12962.

  FSF   19(6):72. D. 1960. (A. Bester)

NATIONAL ASSOCIATION OF MANUFACTURERS

Industrial nuclear development: a challenge to the states. New York, National Association of manufacturers, 1958. 64 p. A59-5748rev.

  FAU   10(5):115. N. 1958. (H. Santesson)

NEALE, ARTHUR, ed.

The great weird stories. New York, Duffield & Co., 1929. 409 p. 29-26784.

  AMZ   4(6):566. S. 1929. (C. Brandt)

NEARING, HOMER, JR.

The sinister researches of C. P. Ransom. Garden City, N.Y., Doubleday, 1954. 217 p. 54-5168.

  ASF   54(1):151-152. S. 1954. (P. Miller)
  AUT   No. 45:137. My. 1954. (n.g.)
  GAL   8(4):97. Jl. 1954. (G. Conklin)
  ISF   5(8):111. Ag. 1954. (H. Bott)
  FSF   6(6):71. Je. 1954. (Boucher & McComas)
  LM   18:30. N. 1970. (D. Paskow)

NEBEL, LONG JOHN

The way out world. Englewood Cliffs, N.J., Prentice-Hall, 1961. 225 p. 61-17882.

  ASF   69(4):164-165. Je. 1962. (P. Miller)
  FSF   23(5):55-57. N. 1962. (A. Davidson)

NECKER, CLAIRE, ed.

Supernatural cats. Garden City, N.Y., Doubleday, 1972. 439 p. 72-79412.

  LM   49:29. At. 1973. (C. Moslander)
  LJ   97:3334. O. 15, 1972. (S. Swanson)

NEEDHAM, JOSEPH

Science and civilization in China, vol. I. Cambridge, Cambridge University Press, 1954. 54-4723.

  GAL   9(6):96-97. Mr. 1955. (G. Conklin)

NEELY, HENRY MILTON

The stars by clock and fist. New York, Viking, 1956.
192 p. 56-5607.

GAL   13(3):49. Ja. 1957. (F. Gale)

NEGLEY, GLENN ROBERT

The quest for Utopia, by Glenn Negley and J. Max
Patrick. New York, Schuman, 1952. 599 p. 52-7939.

ASF   50(4):96-100. D. 1952. (P. Miller)
GAL   5(4):96-97. Ja. 1953. (G. Conklin)

NEIDER, CHARLES, ed.

Man against nature. London, Weidenfeld, 1955. 512 p.

AUT   No. 67:154. Mr. 1956. (n.g.)

NELSON, ALBERT FRANCIS JOSEPH HORATIO NELSON

There is life on Mars. New York, Citadel Press, 1956.
145 p. 56-11885.

ASF   58(6):145-147. F. 1957. (P. Miller)
GAL   13(6):105. Ap. 1957. (F. Gale)
AUT   No. 67:154-155. Mr. 1956. (n.g.)

NEMEROV, HOWARD

The winter lightning. London, Rapp & Whiting, 1968.
80 p.

NWB   No. 181:64. Ap. 1968. (J. Sallis)

NESVADBA, JOSEF

In the footsteps of the abominable snowman. London,
Gollancz, 1970. 256 p.

SPEC   3(3):18-20. S/O. 1970. (B. Aldiss)

The lost face. New York, Taplinger, 1971. 215 p. 71-
126982.

LJ   96:1641. My. 1, 1971. (M. Peffers)
PW   199:81. F. 8, 1971. (n.g.)
ASF   88:165-166. Ja. 1972. (P. Miller)
FSF   42:39-41. F. 1972. (J. Blish)
LM   35/36:51. Ap/My. 1972. (J. B. Post)

NEUFELD, JOHN

Sleep, two, three, four: a political thriller. New
York, Harper & Row, 1971. 201 p. 72-148422.

LM   41/42:29. O/N. 1972. (C. Moslander)
EJ   62:1060. O. 1973. (H. Means)

NEURATH, MARIE

Machines which seem to think. London, Parrish, 1954.
36 p.

AUT   No. 55:134-135. Mr. 1955. (n.g.)

Rockets and jets. London, Parrish, 1951. 36 p.

AUT   No. 20:112. Ap. 1952. (n.g.)

Speeding into space. London, Parrish, 1954. 36 p.

AUT   No. 48:129. Ag. 1954. (n.g.)
NWB   No. 24:128. Je. 1954. (L. Flood)

The wonder world of the deep sea. London, Parrish, 1955.
36 p.

AUT   No. 62:152-153. O. 1955. (n.g.)

NEVILLE, JILL

The love germ. London, Weidenfeld, 1969. 162 p.

NWB   No. 197:32-33. Ja. 1970. (J. Clute)

NEVILLE, KRIS

Bettyann. New York, Tower, 1970. 170 p.

LM   19:21. D. 1970. (G. Bear)

NEW ENGLAND SCIENCE FICTION ASSOCIATION

Index to the science fiction magazines: 1967.
Cambridge, Mass., NESFA, 1968. 18 p.

ASF   83(3):164. My. 1969. (P. Miller)

Index to the science fiction magazines: 1968.
Cambridge, Mass., NESFA, 1969. 19 p.

ASF   84(4):167-168. D. 1969. (P. Miller)
FSF   39(4):30. O. 1970. (E. Ferman)

Index to the science fiction magazines, 1966-1970.
Cambrdige, Mass., NESFA, 1971. 82 p.

LJ   96:3996. D. 1, 1971. (H. Hall)
FSF   42:31. Ja. 1972. (E. Ferman)
LM   35/36:48. Ap/My. 1972. (W. Cole)

Index to the science fiction magazines, 1969.
Cambridge, Mass., NESFA, 1970. 20 p.

ASF   87:165. My. 1971. (P. Miller)

The N. E. S. F. A. index: science fiction magazines and
original anthologies 1971-1972. Cambridge, Mass., NESFA,
1973. 42 p.

FSF   45:43. D. 1973. (E. Ferman)
LM   49:23. At. 1973. (W. Cole)
VIEWS AND REVIEWS 5(2):34. D. 1973. (R. Briney)

NEW SCIENTIST

The world in 1984, ed. by Nigel Calder. Harmondsworth,
Pelican, 1965. 2 v.

NWB   No. 150:48. My. 1965. (J. Colvin)

NEWBROUGH, JOHN BALLOU

Oahspe. Los Angeles, Kosmon Publishing Co., 1942. 890 p.

AMZ   21(4):158-159. Ap. 1947. (R. Palmer)

NEWBY, PERCY HOWARD

The spirit of Jem. New York, Delacorte, 1967. 185 p. 67-6424.

VEN   4(3):106. Ag. 1970. (R. Goulart)

NEWELL, HOMER EDWARD

Space book for young people. New York, Whittlesey House, 1958. 114 p. 58-8044.

GAL   17(4):146. Ap. 1959. (F. Gale)

Window in the sky. New York, McGraw-Hill, 1959. 116 p. 59-13938.

GAL   19(1):144-145. O. 1960. (F. Gale)

NEWFIELD, JACK

A prophetic minority: the American new left. London, Blond, 1967. 213 p.

NWB   No. 180:63-65. Mr. 1968. (J. Sallis)

NEWMAN, BERNARD

The flying saucer. New York, Macmillan, 1950. 250 p. 50-5009.

ASF   47(2):135. Ap. 1951. (P. Miller)

NEWMAN, ROBERT

Merlin's mistake. New York, Atheneum, 1970. 237 p. 68-18454.

LM   26/27:30. Jl/Ag. 1971. (C. Moslander)

The testing of Tertius. New York, Atheneum, 1973. 186 p. 72-86944.

KR   41:317. Mr. 15, 1973. (n.g.)

NICHOL, HUGH

Microbes and us. Harmondsworth, Penguin, 1955. 272 p.

AUT   No. 57:117-118. My. 1955. (n.g.)

NICHOLS, RUTH

A walk out of the world. New York, Harcourt, 1969. 192 p. 68-13777.

LM   6:25. N. 1969. (B. Stiffler)

NICOLSON, MARJORIE HOPE

Voyages to the moon. New York, Macmillan, 1948. 297 p. 48-9024.

ASF   43(6):154-156. Ag. 1949. (W. Ley)

NIELSEN, JON

The wishing pearl and other tales of Viet-Nam, by Jon Nielsen and Kay Nielsen. Irvington-on-Hudson, N.Y., Harvey House, 1969. 47 p.

LM   14:21. Jl. 1970. (J. Post)

NININGER, HARVEY HARLOW

A comet strikes the Earth. El Centro, Calif., Desert Magazine Press, 1942. 38 p. GS46-153.

SSS   4(3):67. F. 1943. (D. Wollheim)

Our stone-pelted planet. Cambridge, Mass., Houghton Mifflin, 1933. 237 p. 33-12585.

AMZ   8(4):374. Jl. 1933. (T. Sloane)

Out of the sky. New York, Dover, 1959. 336 p.

WIF   10(1):107-108. Mr. 1960. (F. Pohl)

NISHIMAKI, KAYAKO

The land of lost buttons, by Kayako Nishimaki and Shigeo Nakamura. New York, Parents Mag. Press, 1970. 40 p. 71-99135.

LM   33:28. F. 1972. (J. Post)

NIVEN, LARRY

All the myriad ways. New York, Ballantine, 1971. 181 p.

REN   3:16-17. Sm. 1971. (J. Pierce)
PW   199:45. My. 10, 1971. (n.g.)
LM   38/39:50. Jl/Ag. 1972. (A. Jackson)

Inconstant moon. London, Gollancz, 1973. 251 p.

SPEC   32:37. Sp. 1973. (P. Weston)
TLS   3711:451. Ap. 20, 1973. (n.g.)

The flight of the horse. New York, Ballantine, 1973. 212 p.

KPG   7:30. N. 1973. (E. Sisco)
SWSJ   106:3-4. O. 1973. (A. Gilliland)
SWSJ   110:3-4. O. 1973. (D. Stever)

A gift from Earth. New York, Ballantine, 1968. 254 p.

ASF   83(1):173-174. Mr. 1969. (P. Miller)
GAL   28(3):119-122. Ap. 1969. (A. Budrys)
SWSJ   26:4-5. Jl. 1971. (J. Newton)

Neutron star. New York, Ballantine, 1968. 285 p.

AMZ   42(4):73-74. N. 1968. (W. Atheling, Jr.)
ASF   82(4):164-165. D. 1968. (P. Miller)
GAL   27(5):149-151. D. 1968. (A. Budrys)
VOT   1(4):55-56. Ja. 1970. (P. Weston)

Protector. New York, Ballantine, 1973. 218 p.

SWSJ   113:3. N. 1973. (D. Stever)

NIVEN, LARRY (Continued)

Ringworld. New York, Ballantine, 1970. 342 p.

    AMZ   45:105-107. My. 1971. (R. Lupoff)
    ASF   87:173-174. Je. 1971. (P. Miller)
    FSF   41:41-43. S. 1971. (J. Blish)
    GAL   31:112-113. Mr. 1971. (A. Budrys)
    REN   3:10. 1971. (S. Meschkow)
    WIF   20:164-165. Mr/Ap. 1971. (L. del Rey)
    WSJ   75:31. F/Mr. 1971. (A. Gilliland)
    WSJ   76:108. Ap/My. 1971. (M. Shoemaker)
    BB   17:60-61. Mr. 1972. (B. Patten)
    FOU   2:44-52. Je. 1972. (P. Nicholls)

The shape of space. New York, Ballantine, 1969. 244 p.

    SFR   35:37-38. F. 1970. (T. Pauls)

World of the Ptavvs. New York, Ballantine, 1966. 188 p.

    GAL   25(4):172-173. Ap. 1967. (A. Budrys)

NOEL, STERLING

We who survived. New York, Avon, 1960. 160 p.

    ASF   65(5):165-166. Jl. 1960. (P. Miller)
    WIF   10(2):93. My. 1960. (F. Pohl)

NOLAN, WILLIAM F.

The human equations, ed. by William F. Nolan. Los
Angeles, Sherbourne, 1971. 254 p.

    KR   39:258. Mr. 1, 1971. (n.g.)
    LJ   96:1730. My. 15, 1971. (D. Polacheck)
    PW   199:66. Mr. 8, 1971. (n.g.)

Logan's run, by William F. Nolan and George Clayton
Johnson. New York, Dial, 1967. 134 p.

    ASF   81(2):160-161. Ap. 1968. (P. Miller)
    FAS   17(6):140-141. Ag. 1968. (F. Ackerman)
    FSF   34(2):54-55. F. 1968. (J. Merril)

The pseudo-people, ed. by William F. Nolan. Los Angeles,
Sherbourne, 1965. 238 p. 65-23703.

    ASF   77(6):163-164. Ag. 1966. (P. Miller)
    FSF   30(6):40. Je. 1966. (F. Leiber)

Ray Bradbury review, ed. by William F. Nolan. San Diego,
The Author, 1952. 63 p.

    FSF   3(3):87. Je. 1952. (Boucher & McComas)

Space for hire. New York, Lancer, 1971. 174 p.

    LM   37:30. Je. 1972. (K. Gurnett)

A wilderness of stars, ed. by William F. Nolan. Los
Angeles, Sherbourne, 1969. 276 p. 78-83562.

    VEN   4(1):100-101. F. 1970. (R. Goulart)
    SFO   17:21-22. N. 1970. (D. Boutland)

NORDEN, ERIC

The ultimate solution. New York, Warner Paperback
Library, 1973. 142 p.

    PW   203:73. Mr. 19, 1973. (n.g.)

NORKIN, ISRAEL

Saucer diary. New York, Pageant Press, 1957. 137 p.
57-7930.

    ASF   60(6):148-150. F. 1958. (P. Miller)

NORMAN, ERIC

The under-people. New York, Award, 1969. 155 p.

    LM   19:22. D. 1970. (J. Slavin)

NORMAN, JOHN

Assassins of Gor. New York, Ballantine, 1971. 409 p.

    PW   198(22):43. N. 30, 1970.
    WIF   20:121-124. Ja/F. 1971. (L. del Rey)

Captive of Gor. New York, Ballantine, 1972. 370 p.

    FAS   23:90-91. N. 1973. (F. Leiber)
    WIF   21:167-169. Je. 1973. (L. del Rey)
    SWSJ   94:5-6. Je. 1973. (C. Derry)
    LM   48:30. Fl. 1973. (B. Fredstrom)

Nomads of Gor. New York, Ballantine, 1969. 344 p.

    LM   18:23. N. 1970. (J. Schaumburger)
    SFR   39:27-28. Ag. 1970. (P. Walker)

Outlaw of Gor. London, Sidgwick, 1970. 255 p.

    NWB   No. 200:30. Ap. 1970. (J. Churchill)

Priest kings of Gor. New York, Ballantine, 1968. 317 p.

    SFO   25:15-16. D. 1971. (P. Anderson)
    WIF   19(9):153-154. N. 1969. (L. del Rey)

Raiders of Gor. New York, Ballantine, 1971. 312 p.

    LM   34:23. Mr. 1972. (L. Carter)
    WIF   21:159-160. F. 1972. (L. del Rey)

Tarnsman of Gor. New York, Ballantine, 1966. 219 p.

    AMZ   41(2):159. Je. 1967. (H. Harrison)
    SFO   25:14-15. D. 1971. (P. Anderson)

NORRIS, FRANK CALLAN

Nutro 29. New York, Rinehart, 1950. 307 p. 50-7231.

    AUT   No. 18:112. F. 1952. (n.g.)

NORRIS, KATHLEEN

Through a glass darkly. Garden City, N.Y., Doubleday,
1957. 287 p. 57-11317.

    GAL   16(2):99. Je. 1958. (F. Gale)

NORTH AMERICAN AVIATION, INC. SPACE SCIENCE LABORATORY

Lunar atlas, ed. by Dinsmore Alter. New York, Dover,
1968. 343 p. 67-28175.

    WIF   21:143. S/O. 1971. (L. del Rey)

NORTH, ANDREW
SEE Norton, Alice Mary

NORTH, ERIC
SEE Cronin, Bernard

NORTH, JOAN

The light maze. New York, Farrar, 1971. 185 p.
70-161370.

KR	39:1132. O. 15, 1971. (n.g.)
LJ	96:4192. D. 15, 1971. (R. Robinson)
PW	200:50. O. 18, 1971. (n.g.)
BKL	68:392. Ja. 1, 1972. (n.g.)
CCB	26:12-13. S. 1972. (n.g.)
HB	48:156. Ap. 1972. (E. Heins)
LM	38/39:23. Jl/Ag. 1972. (D. Hamilton)
TLS	3687:1329. N. 3, 1972. (n.g.)

NORTH, WILLIAM

The secret of the flames, by Ralph Rodd. New York, Dial
Press, 1929. 308 p. 29-20007.

ADT	1(2):186. F. 1930. (n.g.)

NORTON, ALDEN H.

Great untold stories of fantasy and horror, ed. by Alden
H. Norton and Sam Moskowitz. New York, Pyramid, 1969.
222 p.

LM	15:34. Ag. 1970. (S. Mines)

Hauntings and horrors, ed. by Alden H. Norton and Sam
Moskowitz. New York, Berkley, 1969. 171 p.

FSF	37(4):98-99. O. 1969. (G. Wilson)

Masters of horror, ed. by Alden H. Norton and Sam
Moskowitz. New York, Berkley, 1968. 192 p.

FSF	35(4):29. O. 1968. (G. Wilson)

The space magicians, ed. by Alden H. Norton and Sam
Moskowitz. New York, Pyramid, 1971. 206 p.

LM	38/39:35. Jl/Ag. 1972. (D. Paskow)
PW	198(24):40. D. 14, 1970. (n.g.)
SWSJ	118:3. D. 1973. (K. Ozanne)

NORTON, ALICE MARY

Android at arms, by Andre Norton. New York, Harcourt,
1971. 253 p. 77-152695.

KR	39:683. Jl. 1, 1971. (n.g.)
LJ	96:2931-2932. S. 15, 1971. (R. Robinson)
ASF	88:174-175. F. 1972. (P. Miller)
LM	38/39:20. Jl/Ag. 1972. (S. Deckinger)
KPG	7:90. N. 1973. (P. Mattern)
SWSJ	111:5. O. 1973. (D. D'Ammassa)

The beast master, by Andre Norton. New York, Harcourt,
1959. 192 p. 59-8955.

ASF	65(1):159-160. Mr. 1960. (P. Miller)
ASF	68(1):165-166. S. 1961. (P. Miller)
GAL	18(4):145. Ap. 1960. (F. Gale)
WIF	9(6):87. Ja. 1960. (F. Pohl)

Breed to come, by Andre Norton. New York, Viking, 1972.
285 p. 71-183937.

ASF	90:171. N. 1972. (P. Miller)
BKL	69:101. S. 15, 1972. (n.g.)
KR	40:623. Je. 1, 1972. (n.g.)
PW	204:70. Jl. 30, 1973. (n.g.)
SWSJ	113:4. N. 1973. (D. D'Ammassa)

Catseye, by Andre Norton. New York, Harcourt, 1961.
192 p. 61-11750.

ASF	68(6):167-168. F. 1962. (P. Miller)
NWB	No. 125:124-125. D. 1962. (L. Flood)
FSF	23(1):109-110. Jl. 1962. (A. Bester)

The crossroads of time, by Andre Norton. New York, Ace,
1956. 169 p.

ASF	58(3):157. N. 1956. (P. Miller)
FSF	11(3):109. S. 1956. (A. Boucher)

The crystal gryphon, by Andre Norton. New York,
Atheneum, 1972. 234 p. 70-190559.

SWSJ	114:3. N. 1973. (D. D'Ammassa)

Dark piper, by Andre Norton. New York, Harcourt, 1968.
249 p. 68-25193.

ASF	82(5):161-162. Ja. 1969. (P. Miller)
LM	1:26. Je. 1969. (M. Hewitt)
SFR	39:27-28. Ag. 1970. (P. Walker)
WSJ	72:27-28. Je/Ag. 1970. (T. Pauls)

Daybreak-2250 A. D., by Andre Norton. New York, Ace,
c1952. 182 p.

AMZ	36(6):137-138. Je. 1962. (S. Cotts)

The defiant agents, by Andre Norton. Cleveland, World,
1962. 224 p. 62-9063.

ASF	69(5):165-166. Jl. 1962. (P. Miller)

Dragon magic, by Andre Norton. New York, Crowell, 1972.
213 p. 70-158697.

BKL	68:1004-1005. Jl. 15, 1972. (n.g.)
CCB	25:160-161. Je. 1972. (n.g.)
HB	48:373. Ag. 1972. (B. Robinson)
KR	40:485. Ap. 15, 1972. (n.g.)
LJ	97:2244. Je. 15, 1972. (M. Brady)
SWSJ	103:2. Ag. 1973. (D. D'Ammassa)

Dread companion, by Andre Norton. New York, Harcourt,
1970. 234 p. 72-115758.

LJ	95(22):4366. D. 15, 1970. (E. Haynes)
BB	17:72-73. Je. 1972. (B. Patten)
LM	41/42:53. O/N. 1972. (A. Jackson)
LM	1:26. Je. 1969. (M. Hewitt)

Eye of the monster, by Andre Norton. New York, Ace,
1962. 80 p.

ASF	70(4):155. D. 1962. (P. Miller)

Forerunner foray, by Andre Norton. New York, Viking,
1973. 286 p. 72-91403.

BKL	69:990. Je. 15, 1973. (n.g.)
EF	62:1060. O. 1973. (H. Means)
KR	41:397. Ap. 1, 1973. (n.g.)

NORTON, ALICE MARY (Continued)

Fur magic, by Andre Norton. Cleveland, World, 1968.
174 p. 68-26970.

    LM   1:26. Je. 1969. (M. Hewitt)

Galactic derelict, by Andre Norton. Cleveland, World,
1959. 224 p. 59-11542.

    ASF   65(3):168-170. My. 1960. (P. Miller)
    GAL   18(5):155. Je. 1960. (F. Gale)

Gates to tomorrow: an introduction to science fiction,
ed. by Andre Norton and Ernestine Donaldy. New York,
Atheneum, 1973. 264 p. 72-85921.

    BKL   70:113. S. 15, 1973. (n.g.)
    KR   41:385. Ap. 1, 1973. (n.g.)
    LJ   98:2203. Jl. 1973. (E. Haynes)

Here abide monsters, by Andre Norton. New York,
Atheneum, 1973. 215 p. 73-65438.

    BS   33:430. D. 15, 1973. (D. Parente)
    LJ   98:3708. D. 15, 1973. (E. Haynes)
    KR   41:760. Jl. 15, 1973. (n.g.)
    PW   204:280. Ag. 27, 1973. (n.g.)

High sorcery, by Andre Norton. New York, Ace, 1970.
156 p.

    KPG   6:31. F. 1972. (P. Selden)

Ice crown, by Andre Norton. New York, Viking, 1970.
256 p. 72-102928.

    ASF   86:166-167. Ja. 1971. (P. Miller)
    BS   30:146. Jl. 1, 1971. (C. Storr)
    LM   31:27. D. 1971. (D. Hamilton)
    NYT   p. 47. S. 20, 1971. (B. Searles)
    TLS   p. 767. Jl. 2, 1971. (n.g.)
    SWSJ   20:7-8. My. 1971. (T. Pauls)
    NS   81:777. Je. 4, 1971. (B. Searles)

Judgment on Janus, by Andre Norton. New York, Harcourt,
1963. 220 p. 63-16035.

    ASF   73(2):92-93. Ap. 1964. (P. Miller)
    NWB   No. 146:115. Ja. 1965. (J. Colvin)

Key out of time, by Andre Norton. Cleveland, World,
1963. 224 p. 63-10861.

    ASF   71(6):88. Ag. 1963. (P. Miller)

The last planet, by Andre Norton. New York, Ace, 1955.
192 p.

    ASF   56(1):152. S. 1955. (P. Miller)
    GAL   10(4):92. Jl. 1955. (G. Conklin)

Lord of thunder, by Andre Norton. New York, Harcourt,
Brace & World, 1962. 192 p. 62-14247.

    AMZ   37(2):121-122. F. 1963. (S. Cotts)
    ASF   70(6):174-175. F. 1963. (P. Miller)

Moon of three rings, by Andre Norton. New York, Viking,
1966. 316 p. 66-10251.

    ASF   79(4):166-167. Je. 1967. (P. Miller)

Night of masks, by Andre Norton. New York, Harcourt,
1964. 191 p. 64-16266.

    ASF   74(5):86-87. Ja. 1965. (P. Miller)
    NWB   No. 163:154. Je. 1966. (J. Cawthorn)
    FSF   27(5):45. N. 1964. (T. White)

Operation time search, by Andre Norton. New York, Ace,
1969. 221 p.

    LM   6:31. N. 1969. (S. Mines)

Ordeal in otherwhere, by Andre Norton. Cleveland, World,
1964. 221 p. 64-12354.

    ASF   73(6):84-85. Ag. 1964. (P. Miller)

Plague ship, by Andrew North. New York, Gnome Press,
1956. 192 p. 56-7843.

    ASF   58(2):156-157. O. 1956. (P. Miller)
    ASF   64(2):148. O. 1959. (P. Miller)
    FAU   5(4):126. My. 1956. (H. Santesson)
    GAL   12(6):95. O. 1956. (F. Gale)

Postmarked the stars, by Andre Norton. New York,
Harcourt, 1969. 223 p. 69-18626.

    LM   17:29. O. 1970. (C. Moslander)
    SFR   42:31. Ja. 1971. (F. Patten)
    WSJ   76:96-99. Ap/My. 1971. (J. Newton)
    SWSJ   36:10. N. 1971. (T. Pauls)

Quest crosstime, by Andre Norton. New York, Viking,
1965. 253 p. 65-18159.

    ASF   77(3):154-155. My. 1966. (P. Miller)

Sargasso of space, by Andrew North. New York, Gnome
Press, 1955. 185 p. 55-5464rev.

    ASF   56(5):154-156. Ja. 1956. (P. Miller)
    ASF   61(4):145-146. Je. 1958. (P. Miller)
    FAU   4(5):127. D. 1955. (H. Santesson)
    GAL   11(4):90. F. 1956. (F. Gale)
    SFAD   2(4):101. Mr. 1958. (C. Knox)

Sea siege, by Andre Norton. New York, Harcourt, 1957.
216 p. 57-8586.

    ASF   61(2):143. Ap. 1958. (P. Miller)
    ASF   70(4):155. D. 1962. (P. Miller)
    FAS   6(10):122-123. N. 1957. (S. Cotts)
    GAL   15(6):84-86. Ap. 1958. (F. Gale)
    ISF   9(2):115. Ap. 1958. (H. Bott)

Secret of the lost race, by Andre Norton. New York, Ace,
1959. 144 p.

    AMZ   33(11):140. N. 1959. (S. Cotts)
    ASF   65(3):168-169. My. 1960. (P. Miller)
    WIF   9(6):87. Ja. 1960. (F. Pohl)

Shadow Hawk, by Andre Norton. New York, Harcourt, 1960.
237 p. 60-10247.

    GAL   19(6):156. Ag. 1961. (F. Gale)
    FSF   20(1):96. D. 1961. (A. Bester)

The Sioux spacemen, by Andre Norton. New York, Ace,
1960. 133 p.

    ASF   67(1):159-160. Mr. 1961. (P. Miller)
    WIF   10(4):91. S. 1960. (F. Pohl)

NORTON, ALICE MARY (Continued)

Space pioneers, ed. by Andre Norton. Cleveland, World, 1954. 294 p. 54-5338.

    GAL   8(4):100. Jl. 1954. (G. Conklin)

Space police, ed. by Andre Norton. Cleveland, World, 1956. 255 p. 56-5309.

    AMZ   30(9):96. S. 1956. (V. Gerson)
    ASF   58(6):143-144. F. 1957. (P. Miller)
    FAU   5(6):126-127. Jl. 1956. (H. Santesson)
    GAL   13(3):47-48. Ja. 1957. (F. Gale)

Space service, ed. by Andre Norton. Cleveland, World, 1953. 277 p. 52-13235.

    ASF   51(5):156-158. Jl. 1953. (P. Miller)
    GAL   6(3):124. Je. 1953. (G. Conklin)

Spell of the witch world, by Andre Norton. New York, Daw, 1972. 159 p.

    LM   41/42:52. O/N. 1972. (B. Fredstrom)
    SWSJ   66:7-8. S. 1972. (S. Burns)

Star born, by Andre Norton. Cleveland, World, 1957. 212 p. 57-5898.

    ASF   60(4):153-154. D. 1957. (P. Miller)
    ASF   63(1):145-146. Mr. 1959. (P. Miller)
    GAL   15(3):107. Ja. 1958. (F. Gale)
    FSF   13(2):106. Ag. 1957. (A. Boucher)

Star gate, by Andre Norton. New York, Harcourt, 1958. 192 p. 58-8626.

    AMZ   32(12):73-74. D. 1958. (S. Cotts)
    ASF   63(3):154-155. My. 1959. (P. Miller)
    GAL   17(5):141-142. Je. 1959. (F. Gale)
    FSF   15(5):86. N. 1958. (A. Boucher)

Star guard, by Andre Norton. New York, Harcourt, Brace & Co., 1955. 247 p. 55-7612.

    AMZ   30(3):59. Mr. 1956. (V. Gerson)
    ASF   56(5):152-153. Ja. 1956. (P. Miller)
    ASF   59(6):147-148. Ag. 1957. (P. Miller)
    GAL   11(3):93. Ja. 1956. (F. Gale)
    ISF   7(4):123. Ag. 1956. (H. Bott)
    FSF   10(2):97-98. F. 1956. (A. Boucher)

Star hunter, by Andre Norton. New York, Ace, 1961. 96 p.

    ASF   68(1):165-166. S. 1961. (P. Miller)
    ASF   83(3):168-169. My. 1969. (P. Miller)

Star man's son, by Andre Norton. New York, Harcourt, 1952. 248 p. 52-6906.

    ASF   51(2):157-158. Ap. 1953. (P. Miller)
    GAL   8(1):119-120. Ap. 1954. (G. Conklin)

Star rangers, by Andre Norton. New York, Harcourt, 1953. 280 p. 53-7869.

    ASF   53(4):146-147. Je. 1954. (P. Miller)
    GAL   8(1):119-120. Ap. 1954. (G. Conklin)
    SFD   1(1):157-158. F. 1954. (E. Lewis)
    FSF   5(5):100. N. 1953. (Boucher & McComas)

The stars are ours, by Andre Norton. Cleveland, World, 1954. 237 p. 54-8169.

    ASF   55(1):158-159. Mr. 1955. (P. Miller)
    ASF   57(1):158. Mr. 1956. (P. Miller)
    GAL   9(3):110-111. D. 1954. (G. Conklin)

Storm over Warlock, by Andre Norton. Cleveland, World, 1960. 251 p. 60-7204.

    ASF   66(1):153-154. S. 1960. (P. Miller)
    GAL   19(1):146. O. 1960. (F. Gale)

The time traders, by Andre Norton. Cleveland, World, 1958. 219 p. 58-11154.

    ASF   63(3):154-155. My. 1959. (P. Miller)
    GAL   17(6):140. Ag. 1959. (F. Gale)

Uncharted stars, by Andre Norton. New York, Viking, 1969. 253 p. 69-13080.

    ASF   84(3):168-169. N. 1969. (P. Miller)

Victory on Janus, by Andre Norton. New York, Harcourt, 1966. 224 p. 66-10079.

    ASF   79(2):167-168. Ap. 1967. (P. Miller)

Voodoo planet, by Andrew North. New York, Ace, 1959. 78 p.

    ASF   64(2):148. O. 1959. (P. Miller)
    ASF   83(3):168-169. My. 1969. (P. Miller)
    FAU   11(4):124. Jl. 1959. (H. Santesson)

Witch world, by Andre Norton. New York, Ace, 1963. 222 p.

    ASF   72(1):92. S. 1963. (P. Miller)

The X factor, by Andre Norton. New York, Harcourt, 1965. 191 p. 65-17992.

    ASF   77(1):151-152. Mr. 1966. (P. Miller)

Year of the unicorn, by Andre Norton. New York, Ace, 1965. 224 p.

    ASF   77(6):165-167. Ag. 1966. (P. Miller)

The zero stone, by Andre Norton. New York, Viking, 1968. 286 p. 68-16065.

    ASF   82(2):165-166. O. 1968. (P. Miller)
    ASF   84(3):168-169. N. 1969. (P. Miller)
    SWSJ   18:3-4. Ap. 1971. (D. Halterman)

NORTON, ANDRE
SEE Norton, Alice Mary

NORTON, MARY

The borrowers afield. New York, Harcourt, 1955. 215 p. 55-11011.

    LM   22:20. Mr. 1971. (C. Moslander)

Poor stainless: a new story about the borrowers. New York, Harcourt, 1971. 31 p. 70-140781.

    LM   35/36:44. Ap/My. 1972. (C. Moslander)

NORWAY, NEVIL SHUTE

In the wet, by Nevil Shute. New York, Morrow, 1953.
339 p. 53-5216.

    ASF   61(6):146-147. Ag. 1958. (P. Miller)

No highway, by Nevil Shute. New York, Morrow, 1948.
346 p. 48-3534.

    SSS   5(2):73-74. Ap. 1949. (F. Pohl)

An old captivity, by Nevil Shute. London, Heinemann,
1951. 277 p.

    FAU   11(5):100-101. S. 1959. (H. Santesson)

On the beach, by Nevil Shute. New York, Morrow, 1957.
320 p. 57-9158.

    ASF   60(6):144-145. F. 1958. (P. Miller)
    GAL   15(5):119-120. Mr. 1958. (F. Gale)
    NWB   No. 65:124. N. 1957. (L. Flood)
    VEN   2(1):80. Ja. 1958. (T. Sturgeon)
    FSF   13(4):102-103. O. 1957. (A. Boucher)

NOTREDAME, MICHEL DE

Nostradamus prophecies about the war. Stockholm,
Stockholm Bokindustri Aktiebolag, 1940.

    UNK   6(1):106-108. Je. 1942. (A. Boucher)

Oracles of Nostradamus, ed. by Charles A. Ward. New
York, Scribners, 1940. 425 p. 40-31305.

    UNK   6(1):106-108. Je. 1942. (A. Boucher)

NOURSE, ALAN EDWARD

The counterfeit man. New York, McKay, 1963. 185 p.
63-15883.

    AMZ   37(12):120-121. D. 1963. (S. Cotts)
    ASF   72(5):87. Ja. 1964. (P. Miller)
    NWB   No. 145:120. N/D. 1964. (J. Colvin)

The invaders are coming, by Alan E. Nourse and J. A.
Meyer. New York, Ace, 1959. 224 p.

    ASF   65(2):164-165. Ap. 1960. (P. Miller)

A man obsessed. New York, Ace, 1955. 127 p.

    AMZ   29(5):106. S. 1955. (V. Gerson)
    ASF   56(1):152. S. 1955. (P. Miller)
    GAL   10(4):92. Jl. 1955. (G. Conklin)
    FSF   8(6):76. Je. 1955. (A. Boucher)

The mercy men. New York, McKay, 1968. 180 p. 68-14121.

    ASF   82(5):165. Ja. 1969. (P. Miller)
    FSF   35(2):19-23. Ag. 1968. (J. Merril)
    LM   2:21. Jl. 1969. (D. Paskow)
    SFR   40:29-30. O. 1970. (P. Walker)

Nine planets. New York, Harper, 1960. 295 p. 60-8539.

    AMZ   34(12):135-136. D. 1960. (S. Cotts)
    ASF   66(5):159. Ja. 1961. (P. Miller)
    WIF   12(4):6. S. 1962. (F. Pohl)

Raiders from the rings. New York, McKay, 1962. 211 p.
61-8729.

    ASF   70(3):162-163. N. 1962. (P. Miller)

Rocket to limbo. New York, McKay, 1957. 184 p. 57-
12177.

    AMZ   34(1):70. Ja. 1960. (S. Cotts)
    ASF   61(3):138-139. My. 1958. (P. Miller)
    ASF   65(4):161-162. Je. 1960. (P. Miller)
    FAU   11(4):126. Jl. 1959. (H. Santesson)
    WIF   10(1):105. Mr. 1960. (F. Pohl)

Rx for tomorrow. New York, McKay, 1971. 216 p. 73-
147278.

    KR   39:381. Ap. 1, 1971. (n.g.)
    LJ   96:2370. Jl. 1971. (S. Pickles)
    PW   200:73. Jl. 12, 1971. (n.g.)
    LM   41/42:57. O/N. 1972. (P. Walker)
    ASF   91:165-166. Mr. 1973. (P. Miller)

Scavengers in space. New York, McKay, 1959. 180 p.
59-5114.

    ASF   64(3):154. N. 1959. (P. Miller)
    GAL   18(2):153. D. 1959. (F. Gale)

Star surgeon. New York, McKay, 1960. 182 p. 60-7199.

    ASF   68(4):155. D. 1961. (P. Miller)
    GAL   19(5):96-97. Je. 1961. (F. Gale)
    NWB   No. 124:127. N. 1962. (L. Flood)

Tiger by the tail. New York, McKay, 1961. 184 p. 61-
6108.

    AMZ   35(8):135-136. Ag. 1961. (S. Cotts)
    ASF   68(6):164-165. F. 1962. (P. Miller)
    GAL   20(3):191. F. 1962. (F. Gale)
    NWB   No. 119:127. Je. 1962. (L. Flood)
    FSF   21(1):82. Jl. 1961. (A. Bester)

Trouble on Titan. Philadelphia, Winston, 1954. 208 p.
54-5067rev.

    ASF   59(1):147-148. Mr. 1957. (P. Miller)
    GAL   9(2):122. N. 1954. (G. Conklin)
    AUT   No. 73:153-154. S. 1956. (n.g.)

The universe between. New York, McKay, 1965. 208 p.
65-24489.

    ASF   77(5):151. Jl. 1966. (P. Miller)
    FSF   30(4):37. Ap. 1966. (J. Merril)

NOWLAN, PHIL

Buck Rogers, by Phil Nowlan and Dick Calkins. Ann Arbor,
Mich., April, 1971. 356 strips.

    LM   32:26. Ja. 1972. (Y. Edeiken)

NOWLAN, PHILIP FRANCIS

Armageddon 2419 A. D. New York, Avalon, 1962. 224 p.

    ASF   70(2):166-167. O. 1962. (P. Miller)
    SFR   36:38. 1970. (P. Walker)
    WIF   20(4):154-155. Ap. 1970. (L. del Rey)

NOYES, ALFRED

No other man. New York, Stokes, 1940. 320 p. 40-12660rev.

AST   2(2):25. D. 1940. (D. Wollheim)

NUETZEL, CHARLES

Images of tomorrow. Reseda, Ca., Powell, 1969. 224 p.

LM   8:31. Ja. 1970. (J. Schaumburger)

Raiders of Noomas. Reseda, Ca., Powell, 1969. 208 p.

SWSJ   24:3. Je. 1971. (D. Halterman)

Swordsmen of Vistar. Reseda, Ca., Powell, 1969. 223 p.

LM   7:23. D. 1969. (T. Bulmer)

Warriors of Noomas. Reseda, Ca., Powell, 1969.

SWSJ   24:3. Je. 1971. (D. Halterman)

NUNES, CLAUDE

Inherit the Earth. New York, Ace, 1966. 127 p.

FSF   31(6):33. D. 1966. (J. Merril)

NYBERG, BJÖRN

The return of Conan, by Björn Nyberg and L. Sprague de Camp. New York, Gnome Press, 1957. 191 p. 57-7113.

ASF   62(2):147. O. 1958. (P. Miller)
FAU   9(6):117. Je. 1958. (H. Santesson)

NYE, RUSSEL BLAINE

The unembarrassed muse: the popular arts in America. New York, Dial, 1970. 497 p. 70-111449.

JPC   4:737-741. W. 1971. (R. Browne)

O

OAKES, PHILIP

Experiment at Proto. New York, Coward, 1973. 320 p. 72-94114.

LJ 98:1512. My. 1, 1973. (J. Richter)
LJ 98:2206. Jl. 1973. (M. Liddy)

OBERTH, HERMANN

Man into space. New York, Harper, 1957. 232 p. 56-6039.

ASF 61(1):144-145. Mr. 1958. (P. Miller)
GAL 15(5):121-122. Mr. 1958. (F. Gale)

The moon car. New York, Harper, 1959. 98 p. 59-10604.

ASF 65(4):165-166. Je. 1960. (P. Miller)
GAL 18(5):152. Je. 1960. (F. Gale)

OBOLER, ARCH

The night of the auk: a free prose play. New York, Horizon, 1958. 180 p. 58-13553.

FSF 17(5):99. N. 1959. (D. Knight)

O'BRIEN, FLANN
SEE O'Nolan, Brian

O'BRIEN, ROBERT C.

Mrs. Frisby and the rats of Nimh. New York, Atheneum, 1971. 233 p. 74-134818.

LM 40:19. S. 1972. (C. Moslander)

A report from group 17. New York, Atheneum, 1972. 210 p. 76-175291.

ASF 90:166. O. 1972. (P. Miller)
BS 32:99. My. 15, 1972. (n.g.)
EJ 61:1259-1260. N. 1972. (J. Conner)
LJ 97:1351. Ap. 1, 1972. (H. Veit)
LJ 97:1954. My. 15, 1972. (R. Minurdi)
NR 24:700. Je. 23, 1972. (J. Coyne)
NYT p. 41. Ap. 9, 1972. (N. Callendar)
BB 18:102-103. Je. 1973. (B. Patten)
PW 203:91. F. 5, 1973. (n.g.)
TLS 3700:129. F. 2, 1973. (n.g.)
KPG 7:105. S. 1973. (A. Irving)

OBRUCHEV, VLADIMIR AFANAS'EVICH

Plutonia. New York, Criterion Books, 1961. 253 p. 61-7197.

ASF 68(3):166. N. 1961. (P. Miller)
NEB No. 23:105-106. Ag. 1957. (K. Slater)

Sannikiv land. Moscow, Foreign Languages Publishing House, 1958. 371 p.

ASF 70(4):151-152. D. 1962. (P. Miller)

O'CONNELL, CHARLES C.

The vanishing island. New York, Devlin-Adair, 1958. 211 p. 58-12622.

ASF 64(3):154. N. 1959. (P. Miller)

O'DONNELL, K. M.

Dwellers of the deep. New York, Ace, 1970. 113 p.

SWSJ 37:9. D. 1971. (F. Patten)

The empty people. New York, Lancer, 1969. 159 p.

LM 13:28. Je. 1970. (J. Slavin)
FSF 38(1):43. Ja. 1970. (J. Russ)

Final war. New York, ACe, 1969. 118 p.

SFR 40:31. O. 1970. (P. Walker)

Gather in the hall of the planets. New York, Ace, 1971. 121 p.

FSF 43:42. D. 1972. (J. Russ)
GAL 32:88. Mr. 1972. (T. Sturgeon)
LM 41/42:38. O/N. 1972. (B. Fredstrom)

Universe day. New York, Avon, 1971. 160 p.

PW 199:72. Mr. 8, 1971. (n.g.)
REN 3:14. Sm. 1971. (J. Pierce)
FSF 42:96-97. Je. 1972. (J. Blish)

O'DONOGHUE, MICHAEL

The adventures of Phoebe Zeit Geist, by Michael O'Donoghue and Frank Springer. New York, Grove, 1969. 108 p.

LM 10:28. Mr. 1970. (J. Schaumburger)

ÖPIK, ERNST JULIUS

The oscillating universe. New York, New American Library, 1960. 144 p. 60-9595.

WIF   10(4):93. S. 1960. (F. Pohl)

OFFUTT, ANDREW J.

Ardor on Aros. New York, Dell, 1973. 192 p.

WIF   22:88-89. N/D. 1973. (L. del Rey)
SWSJ   100:6. Jl. 1973. (D. D'Ammassa)

The castle keeps. New York, Berkley, 1972. 191 p.

LM   41/42:47. O/N. 1972. (D. Lundry)

Evil is live spelled backwards. New York, Paperback Library, 1970. 158 p.

REN   3:15. Sm. 1971. (J. Pierce)
LM   35/36:62. Ap/My. 1972. (P. Walker)

The galactic rejects. New York, Lothrup, 1973. 191 p. 73-4948.

KR   41:1201. N. 1, 1973. (n.g.)

Messenger of Zhuvastou. New York, Berkley, 1973. 286 p.

SWSJ   91:2. Je. 1973. (D. D'Ammassa)
WIF   22:87-88. N/D. 1973. (L. del Rey)

OFSHE, RICHARD, comp.

The sociology of the possible. Englewood Cliffs, N.J., Prentice Hall, 1970. 391 p. 75-118810.

FUT   3:195-196. Je. 1971. (D. Livingston)

OHLE, DAVID

Motorman. New York, Knopf, 1972. 116 p. 77-171130.

KR   40:24. Ja. 1, 1972. (n.g.)
PW   201:56. Ja. 17, 1972. (n.g.)

OHLSON, HEREWARD

Thunderbolt and the rebel planet. London, Lutterworths, 1954. 190 p.

AUT   No. 53:127. Ja. 1955. (n.g.)

O'KEEFE, RICHARD F.

A book of creatures. New York, Carlton, 1970. unpaged.

LM   32:24-25. Ja. 1972. (J. Post)

OLDFELD, PETER, pseud.

The alchemy murder. New York, Ives Washburn, 1929. 315 p. 29-9002.

ADT   1(1):95. Ja. 1930. (n.g.)

OLIVER, CHAD

Another kind. New York, Ballantine, 1955. 170 p. 55-11647.

AMZ   30(2):118. F. 1956. (V. Gerson)
ASF   57(2):148-149. Ap. 1956. (P. Miller)
FAU   4(6):128. Ja. 1955. (H. Santesson)
GAL   11(5):97. Mr. 1956. (F. Gale)
OSFS   6(5):95,116,140. Mr. 1956. (D. Knight)
FSF   10(1):96. Ja. 1956. (A. Boucher)
FSF   10(3):121-122. Mr. 1956. (A. Boucher)

The edge of forever. Los Angeles, Sherbourne, 1971. 305 p. 70-162386.

ASF   90:163-164. Ja. 1973. (P. Miller)
FSF   43:18. N. 1972. (J. Blish)
PW   200:68. Jl. 12, 1971. (n.g.)

Mists of dawn. Philadelphia, Winston, 1952. 208 p. 52-8974.

ASF   51(6):144-145. Ag. 1953. (P. Miller)
GAL   5(6):111. Mr. 1953. (G. Conklin)
SPF   2(1):92-93. Jl. 1953. (G. Smith)
SPS   2(1):127-128. Ap. 1953. (n.g.)
FSF   4(1):89. Ja. 1953. (Boucher & McComas)

Shadows in the sun. New York, Ballantine, 1954. 152 p. 54-12509.

AMZ   29(3):114. My. 1955. (V. Gerson)
ASF   55(3):149. My. 1955. (P. Miller)
AUT   No. 54:127. F. 1955. (n. g.)
FAU   2(6):126-127. Ja. 1955. (R. Frazier)
GAL   9(5):108. F. 1955. (G. Conklin)
ISF   6(9):123. D. 1955. (H. Bott)
NEB   No. 16:101-102. Mr. 1956. (K. Slater)
NWB   No. 43:126-127. Ja. 1956. (L. Flood)
SFIQ   3(5):59. My. 1955. (D. Knight)
FSF   8(4):81. Ap. 1955. (A. Boucher)

The shores of another sea. New York, Signet, 1971. 159 p.

BB   17:50-51. O. 1971. (D. Compton)
PW   199:58. Ja. 4, 1971. (n.g.)
LOCUS 87:3. Je. 25, 1971. (T. Pauls)
SWSJ   49:3,10. F. 1972. (F. Patten)

Unearthly neighbors. New York, Ballantine, 1960. 144 p.

AMZ   34(6):134. Je. 1960. (S. Cotts)
ASF   66(2):168-169. O. 1960. (P. Miller)
NWB   No. 94:126. My. 1960. (L. Flood)
WIF   10(4):90. S. 1960. (F. Pohl)

The winds of time. Garden City, N.Y., Doubleday, 1957. 192 p. 57-6711.

ASF   60(2):154-156. O. 1957. (P. Miller)
FAU   8(2):112. Ag. 1957. (H. Santesson)
GAL   14(5):105-106. S. 1957. (F. Gale)
INF   2(6):107-108. O. 1957. (D. Knight)
VEN   1(4):79. Jl. 1957. (T. Sturgeon)
FSF   13(1):93. Jl. 1957. (A. Boucher)

OLIVER, JANE

Morning for Mr. Prothero. New York, McKay, 1951. 242 p. 51-10163.

FSF   2(6):88. D. 1951. (Boucher & McComas)

OLIVER, JEROME

Khan phantom emperor of 1940. New York, J. C. Reklar, 1934. 337 p. 34-29546.

 AMZ 9(10):133. F. 1935. (C. Brandt)
 TWS 6(6):760. N. 1934. (n.g.)

OLSEN, THOMAS M., ed.

The reference for outstanding UFO sighting reports. Riderwood, Md., UFO Information Retrieval Center, 1966. 1 v. 66-30657.

 ASF 79(6):167. Ag. 1967. (P. Miller)

O'NEIL, DANNY

Green Lantern & Green Arrow #1, by Danny O'Neil and Neal Adams. New York, Paperback Library, 1972. 1 v.

 FAS 21:99-106. Je. 1972. (T. White)

O'NEIL, WILLIAM MATTHEW

The beginnings of modern psychology. Harmondsworth, Penguin, 1968. 157 p. 79-353169.

 NWB No. 187:60. F. 1969. (R. Jones)

O'NEILL, JOSEPH

Land under England. New York, Simon & Schuster, 1935. 296 p. 35-27365.

 AMZ 10(9):134. Ap. 1936. (C. Brandt)

ONIONS, OLIVER

The collected ghost stories of Oliver Onions. New York, Dover, 1971. 689 p.

 FSF 44:75-76. My. 1973. (G. Wilson)

O'NOLAN, BRIAN

The third policeman, by Flann O'Brien. New York, Walker, 1968. 200 p. 67-23112.

 LM 30:28. N. 1971. (J. Evers)

OPARIN, ALEKSANDR IVANOVICH

Life in the universe, by A. Oparin and V. Fesenkov. New York, Twayne, 1961. 244 p. 61-15354.

 ASF 69(4):163-164. Je. 1962. (P. Miller)

The origin of life. New York, Macmillan, 1938. 270 p. 38-11377.

 ASF 22(3):148. N. 1938. (L. de Camp)
 GAL 7(1):118-119. O. 1953. (G. Conklin)

OPPENHEIM, EDWARD PHILLIPS

The great Prince Shan. New York, Pocket Books, 1940.

 AST 2(1):35. O. 1940. (D. Wollheim)

ORGEL, DORIS

Baron Munchausen: fifteen truly tall tales. Reading, Mass., Addison Wesley, 1971. 38 p. 75-118991.

 LM 40:18. S. 1972. (J. Post)

The child from far away, by E. T. A. Hoffmann, retold by Doris Orgel. Reading, Mass., Addison-Wesley, 1971. 63 p. 74-110347.

 LM 40:18. S. 1972. (J. Post)

The uproar. New York, McGraw, 1970. 40 p. 72-111992.

 LM 30:24. N. 1971. (J. Post)

ORKOW, BEN

When time stood still. New York, Signet, 1962. 174 p.

 AMZ 37(1):120-121. Ja. 1963. (S. Cotts)
 NWB No. 125:127. D. 1962. (J. Carnell)

ORR, WILLIAM F.

I have no nose and I must sneeze. Madison, Wisc., Carralot Publications, 1969. 13 p.

 LM 9:30. F. 1970. (G. Bear)

ORWELL, GEORGE

Animal farm. New York, Harcourt, 1946. 118 p. 46-6290.

 SSS 6(1):80. N. 1949. (F. Pohl)

1984. New York, Harcourt, 1949. 314 p. 49-9278.

 AMZ 23(12):39. D. 1949. (n.g.)
 ASF 46(2):127-129. O. 1950. (P. Miller)
 FBK 1(6):30. 1950. (n.g.)
 FUTF 2(1):98. My. 1951. (R. Lowndes)
 MSF 3(1):99-100. N. 1950. (F. Ackerman)
 STL 23(1):157. Mr. 1951. (n.g.)
 SSS 6(1):80. N. 1949. (F. Pohl)

OSBORN, FAIRFIELD

The limits of the Earth. Boston, Little, Brown, 1953. 238 p. 53-7324.

 SFD 1(2):124-125. My. 1954. (E. Lewis)

OSBORNE, DAVID

Aliens from space. New York, Avalon, 1958. 223 p.

 GAL 17(6):140. Ag. 1959. (F. Gale)

Invisible barriers. New York, Avalon Books, 1958. 223 p. 58-9122.

 AMZ 32(8):61. Ag. 1958. (S. Cotts)
 ASF 62(5):151-152. Ja. 1959. (P. Miller)
 GAL 17(3):142. F. 1959. (F. Gale)

O'SULLIVAN, JAMES BRENDAN

I die possessed. New York, Mill-Morrow, 1953. 249 p.
53-9198.

FSF   5(5):99-100. N. 1953. (Boucher & McComas)

O'SULLIVAN, JUDITH

The art of the comic strip. College Park, Univ. of
Maryland Department of Art, 1971. 95 p. 77-634302.

LM   40:32. S. 1972. (N. Barron)

OUPENSKY, PETR
SEE Uspenskii, Petr Dem'ianovich

OVENDEN, MICHAEL WILLIAM

Looking at the stars. New York, Philosophical Library,
1957. 192 p. 58-3264.

WIF   10(1):106. Mr. 1960. (D. Knight)

OWEN, FRANK

The porcelain magician. New York, Gnome, 1949. 256 p.
49-8344.

FNM   4(2):107. Jl. 1950. (S. Moskowitz)
TWS   35(2):162. D. 1949. (S. Merwin)

OWER, ERNEST

High-speed flight, by E. Ower and J. L. Nayler. New York,
Philosophical Library, 1957. 227 p. 57-1595.

FUTF   No. 33:121. Sm. 1957. (R. Garrett)
GAL   15(4):106. F. 1958. (F. Gale)

OWINGS, MARK

The electric bibliograph: part I, Clifford D. Simak.
Baltimore, Md., The Author, 1971. 13 p.

ASF   89:172-173. Ap. 1972. (P. Miller)

The index to the science-fantasy publishers, by Mark
Owings and Jack L. Chalker. 2d. ed., rev. Baltimore,
The Authors, 1966. 74 p. NUC 68-57312.

ASF   79(2):163-165. Ap. 1967. (P. Miller)
FMF   1(2):71. Sp. 1967. (R. Lowndes)

The necronomicon. Baltimore, Mirage, 1967. 30 p.
NUC 71-44745.

SMS   2(5):113. W. 1968. (R. Lowndes)

Robert Heinlein: a bibliography. Baltimore, Croatan
House, 1973. 23 p.

SFN   25/26:3. Jl/Ag. 1973. (H. Hall)

P

PADGETT, LEWIS
SEE Kuttner, Henry

PAGANO, JOHN

Johnny and the winged horse. Philadelphia, Dorrance,
1970. 52 p. 70-130890.

    LM   32:24-25. Ja. 1972. (J. Post)

PAGE, NORVELL W.

Flame winds. New York, Berkley, 1969. 144 p.

    LM   10:22. Mr. 1970. (L. Carter)
    LM   16:28. S. 1970. (D. Paskow)
    WFA   1(3):188-189. W. 1970/1971. (L. del Rey)

Sons of the bear-god. New York, Berkley, 1969. 143 p.

    LM   18:17. N. 1970. (L. Carter)

PALEY, CLAUDIA

Benjamin the true. Boston, Little, Brown, 1969. 90 p.
69-10663.

    LM   4:25. S. 1969. (M. Hewitt)

PALMER, BERNARD

Jim Dunlap and the mysterious orbiting rocket. Chicago,
Moody, 1968. 128 p.

    LM   26/27:25. Jl/Ag. 1971. (D. Paskow)

Jim Dunlap and the secret rocket formula. Chicago,
Moody, 1967. 127 p.

    LM   26/27:25. Jl/Ag. 1971. (D. Paskow)

Jim Dunlap and the wingless plane. Chicago, Moody, 1968.
128 p.

    LM   26/27:25. Jl/Ag. 1971. (D. Paskow)

PALMER, LIONEL STANLEY

Man's journey through time. New York, Philosophical
Library, 1959. 184 p. 59-2921.

    GAL   18(4):144. Ap. 1960. (F. Gale)

PALMER, WILLIAM J.

The curious culture of the planet Loretta. New York,
Vantage, 1969. 126 p.

    LM   7:25. D. 1969. (J. B. Post)

PANGBORN, EDGAR

Davy. New York, St. Martins, 1964. 308 p. 64-10349.

    ASF   74(1):86-87. S. 1964. (P. Miller)
    ASF   75(4):156-158. Je. 1965. (P. Miller)
    GAL   23(5):164-166. Je. 1965. (A. Budrys)
    FSF   27(2):22-23. Ag. 1964. (A. Davidson)
    SFO   12:17-18. Je. 1970. (J. Gibson)
    KPG   7:30. S. 1973. (n.g.)

Good neighbors and other strangers. New York, Macmillan,
1972. 195 p. 75-182023.

    GAL   33:92-93. Jl. 1972. (T. Sturgeon)
    KR   40:224. F. 15, 1972. (n.g.)
    LJ   97:3820. N. 15, 1972. (J. Prince)
    PW   201:68. F. 14, 1972. (n.g.)
    SWSJ   72:2. N. 1972. (J. Newton)
    LM   45:29. F. 1973. (S. Mines)

The judgment of Eve. New York, Simon & Schuster, 1966.
223 p. 66-20255.

    ASF   79(5):161-162. Jl. 1967. (P. Miller)
    FSF   31(6):31-32. D. 1966. (J. Merril)

A mirror for observers. Garden City, N.Y., Doubleday,
1954. 222 p. 54-5352.

    ASF   54(1):149-150. S. 1954. (P. Miller)
    AUT   No. 44:91. Ap. 1954. (n.g.)
    FUTF   5(3):102-103. O. 1954. (D. Knight)
    GAL   8(3):119. Je. 1954. (G. Conklin)
    AUT   No. 60:154. Ag. 1955. (n.g.)
    ISF   5(6):116. Je. 1954. (H. Bott)
    NWB   No. 40:122-123. O. 1955. (L. Flood)
    NWB   No. 165:152. Ag. 1966. (L. J.)
    FSF   6(5):88. My. 1954. (Boucher & McComas)

West of the sun. Garden City, N.Y., Doubleday, 1953.
219 p. 52-14193.

    ASF   52(2):148-150. O. 1953. (P. Miller)
    FUTF   5(3):102-103. O. 1954. (D. Knight)
    GAL   6(4):121. Jl. 1953. (G. Conklin)
    AUT   No. 33:138. My. 1953. (H. Campbell)
    ISF   4(6):142. Jl. 1953. (M. Reinsberg)
    NWB   No. 28:128. O. 1954. (L. Flood)

Wilderness of spring. New York, Rinehart, 1958. 374 p.
58-5139.

    ASF   62(1):148. S. 1958. (P. Miller)

PANSHIN, ALEXEI

Heinlein in dimension. Chicago, Advent, 1968. 198 p.
68-2797.

AMZ	42(3):140-141. S. 1968.	(L. Tanner)
ASF	81(6):162. Ag. 1968.	(P. Miller)
GAL	26(6):164-167. Jl. 1968.	(A. Budrys)
FSF	35(4):26-27. O. 1968.	(T. White)
MOH	5(3):37. My. 1969.	(R. Lowndes)

Masque world. New York, Ace, 1969. 156 p.

ASF	85(1):167-168. Mr. 1970.	(P. Miller)
FSF	38(6):52-53. Je. 1970.	(S. Coleman)
GAL	29(5):143-144. F. 1970.	(A. Budrys)
LM	16:20. S. 1970.	(J. Schaumburger)
SFR	35:35-36. F. 1970.	(A. Gilliland)
SWSJ	18:9. Ap. 1971.	(R. Weston)

Rite of passage. New York, Ace, 1968. 254 p.

AMZ	42(5):143. Ja. 1969.	(W. Atheling, Jr.)
ASF	83(2):165-166. Ap. 1969.	(P. Miller)
GAL	28(5):156-158. Jl. 1969.	(A. Budrys)
FSF	36(1):41-43. Ja. 1969.	(J. Merril)

Star well. New York, Ace, 1968. 157 p.

ASF	83(4):165-166. Je. 1969.	(P. Miller)
FSF	36(1):41-43. Ja. 1969.	(J. Merril)
SFO	4:40. Jl. 1969.	(G. Turner)

The Thurb revolution. New York, Ace, 1968. 159 p.

ASF	83(4):165-166. Je. 1969.	(P. Miller)

PAPAZIAN, HAIG P.

Modern genetics. London, Weidenfeld, 1967. 350 p.
NUC 68-4744.

NWB	No. 185:63. D. 1968.	(C. Smith)

PAPE, DONNA LUGG

King Robert the restless ruler. Mankato, Minn., Oddo,
1965. 48 p. 65-22305.

LM	13:15. Je. 1970.	(J. Post)

PAPE, RICHARD

And so ends the world. London, Elek, 1961. 222 p.

NWB	No. 110:124. S. 1961.	(L. Flood)

PAPINI, GIOVANNI

Gog, tr. by Mary Prichard Agnetti. New York, Harcourt,
Brace & Co., 1931. 300 p. 31-25661.

AMZ	6(9):854. D. 1931.	(C. Brandt)

PAPP, DESIDERIUS

Creations doom. New York, Appleton-Century, 1934. 287 p.
34-8176.

AMZ	9(3):132. Jl. 1934.	(C. Brandt)
TWS	6(4):506. S. 1934.	(n.g.)

PARDOE, MARGOT

Curtain of mist. New York, Funk & Wagnalls, 1957. 246 p.
57-10585.

WIF	8(6):111-112. O. 1958.	(D. Knight)

PARKER, BRANT

The wondrous wizard of Id, by Brant Parker and Johnny
Hart. Greenwich, Conn., Fawcett, 1970. 125 p.

LM	28:30. S. 1971.	(G. Bear)

PARKER, RICHARD

The old powder line. New York, Nelson, 1971. 144 p.

LM	46:12. Mr. 1973.	(C. Moslander)

Spell seven. New York, Thomas Nelson, 1971. 127 p.
76-140082.

LM	41/42:31. O/N. 1972.	(C. Moslander)

PARKINSON, CYRIL NORTHCOTE

Parkinson's law, and other studies in administration.
Boston, Houghton Mifflin, 1957. 112 p. 57-9981.

ASF	61(2):138-140. Ap. 1958.	(P. Miller)

PARRINDER, PATRICK, ed.

H. G. Wells: the critical heritage. Boston, Routledge,
1972. 351 p. 72-83659.

CHO	10:622. Je. 1973.	(n.g.)
NS	2176:824-825. D. 1, 1972.	(N. MacKenzie)

PARRY, MICHEL

Beware of the cat: stories of feline fantasy and horror,
ed. by Michel Parry. New York, Taplinger, 1973. 192 p.

FAS	22:110-111. Jl. 1973.	(F. Leiber)

Countess Dracula. New York, Beagle, 1971. 140 p.

LM	41/42:59. O/N. 1972.	(M. McQuown)

PARSON, NELS A.

Guided missiles in war and peace. Cambridge, Harvard
University Press, 1956. 161 p. 56-6520.

ASF	58(1):159-160. S. 1956.	(P. Miller)

PATCHETT, MARY ELWYN

Adam Troy, astroman. London, Lutterworths, 1954. 189 p.
55-15731.

AUT	No. 53:127. Ja. 1955.	(n.g.)

PATCHETT, MARY ELWYN (Continued)

Flight to the misty planet. Indianapolis, Bobbs-Merrill, 1954. 236 p. 56-13796.

GAL   13(3):48. Ja. 1957. (F. Gale)

Send for Johnny Danger. New York, Whittlesey House, 1958. 174 p. 58-9258.

GAL   17(6):141. Ag. 1959. (F. Gale)
AUT   No. 72:151-152. Ag. 1956. (n.g.)

PAULING, LINUS CARL

No more war! New York, Dodd, Mead, 1958. 254 p. 58-11741.

ASF   63(3):148-150. My. 1959. (P. Miller)

PAUWELS, LOUIS

The dawn of magic, by Louis Pauwels and Jacques Bergier. London, Gibbs, 1964. 303 p. NUC 65-35382.

NWB   NO. 132:126. Jl. 1963. (L. Flood)

PAYNE, DONALD GORDON

The lost ones, by Ian Cameron. New York, Morrow, 1968. 220 p. 68-31912.

ASF   83(1):169-170. Mr. 1969. (P. Miller)
LM   22:23. Mr. 1971. (T. Bulmer)

The mountains at the bottom of the world, by Ian Cameron. New York, Morrow, 1972. 212 p. 70-170248.

BS   32:330-331. L. 15, 1972. (D. Lawler)
BKL   69:328. D. 1, 1972. (n.g.)
LJ   97:3617. N. 1, 1972. (J. Breen)
NYT   p. 41. N. 5, 1972. (M. Levin)
PW   202:41. Ag. 7, 1972. (n.g.)
LJ   98:660. F. 15, 1973. (D. Malm)

PAYNE, PIERRE STEPHEN ROBERT

The deluge, a novel by Leonardo da Vinci, ed. by Robert Payne. New York, Twayne, 1954. 99 p. 54-8557.

ASF   54(6):146-147. F. 1955. (P. Miller)

PEAKE, MERVYN

Gormenghast. London, Eyre, 1968. 511 p. 70-382499.

NWB   No. 188:59. Mr. 1969. (J. Harrison)

The inner landscape, by Mervyn Peake, J. G. Ballard and Brian W. Aldiss. London, Allison, 1969. 151 p.

NWB   No. 191:60. Je. 1969. (M. Harrison)

Mr. Pye. Harmondsworth, Penguin, 1972. 254 p.

BB   17:VIII. Mr. 1972. (F. Brown)

Titus groan. London, Eyre, 1968. 506 p. 68-81081.

NWB   No. 181:60-62. Ap. 1968. (L. Jones)

PEARCE, PHILIPPA

The squirrel wife. New York, Crowell, 1972. 61 p.

LM   48:22. Fl. 1973. (C. Moslander)

PECK, RICHARD E.

Final solution. Garden City, N.Y., Doubleday, 1973. 192 p. 72-89340.

BS   33:54-55. My. 1, 1973. (L. Howard)
KR   41:149. F. 1, 1973. (n.g.)
LJ   98:1193. Ap. 1, 1973. (T. Bell)
LJ   98:3166. O. 15, 1973. (J. Smith)
PW   203:122. F. 26, 1973. (n.g.)
GAL   34:130-131. Jl/Ag. 1973. (T. Sturgeon)
FSF   45:28-29. N. 1973. (S. Coleman)
BKL   69:1009. Jl. 1, 1973. (n.g.)
SWSJ   118:4. D. 1973. (W. Hixon)

PEDLAR, KIT

Mutant 59: the plastic eaters, by Kit Pedlar and Gerry Davis. New York, Viking, 1972. 246 p.

AMZ   46:106-108. Ja. 1973. (T. Monteleone)
ASF   90:165-166. O. 1972. (P. Miller)
LM   46:29. Mr. 1973. (G. Bear)
WIF   22:84-86. N/D. 1973. (L. del Rey)
WSJ   82:R/2-R/4. S. 1973. (J. Newton)

PEDOE, JOSEPH

Advanced national certificate mathematics. V. 2. London, English Universities Press, 1954. 382 p.

AUT   No. 53:131. Ja. 1955. (n.g.)

PEEK, BERTRAND MEIGH

The planet Jupiter. New York, Macmillan, 1958. 283 p. 58-14816.

ASF   63(3):152-154. My. 1959. (P. Miller)

PEET, BILL

The Wump world. Boston, Houghton, 1970. 44 p. 72-124999.

LM   34:24. Mr. 1972. (J. Post)

PEI, MARIO ANDREW

The sparrows of Paris. New York, Philosophical Library, 1958. 121 p. 58-4324.

GAL   17(6):139. Ag. 1959. (F. Gale)

Tales of the natural and supernatural. Old Greenwich, Conn., Devin-Adair, 1971. 310 p. 72-149813.

LM   38/39:57-58. Jl/Ag. 1972. (P. Walker)

PEIERLS, RUDOLF ERNEST

The laws of nature. London, Allen & Unwin, 1955. 284 p. 55-3907.

AUT   No. 63:155. N. 1955. (n.g.)

PENDLETON, DON

Cataclysm-the day the world died. New York, Pinnacle, 1970. 256 p.

LM   24/25:64. My/Je. 1971. (S. Mines)

The guns of Terra 10. New York, Pinnacle Books, 1970. 189 p.

PW   197(18):65. My. 4, 1970.

1989: population doomsday. New York, Pinnacle, 1970. 192 p.

LM   24/25:64. My/Je. 1971. (S. Mines)

PENDRAY, EDWARD

The Earth tube, by Gawain Edwards. New York, Appleton, 1929. 208 p. 29-19452rev.

AMZ   4(9):862. D. 1929. (C. Brandt)

PENZOLDT, PETER

The supernatural in fiction. London, Peter Nevill, 1952. 271 p. 53-6698.

FUTF   5(2):80-82. Ag. 1954. (L. de Camp)
FSF   5(4):71. O. 1953. (Boucher & McComas)

PERKINS, MICHAEL

Evil companions. North Hollywood, Calif., Essex House, 1968. 176 p.

NWB   No. 194:31-32. O. 1969. (N. Spinrad)
SFR   37:15-16. Ap. 1970. (P. Anthony)

PERONNIK. ENGLISH.

Peronnique: a celtic folk-tale from Brittany. New York, Atheneum, 1970. 32 p. 78-98618.

LM   40:16. S. 1972. (J. Post)

PESEK, LUDEK

Log of a moon expedition. New York, Knopf, 1969. 113 p.

LM   19:19. D. 1970. (D. Paskow)

PETAJA, EMIL

Alpha yes, Terra no! New York, Ace, 1965. 156 p.

FSF   29(5):19-20. N. 1965. (J. Merril)

And flights of angels: the life and legend of Hannes Bok. San Francisco, Bokanalia Memorial Foundation, 1968. 156 p.

MOH   5(1):114-115. Ja. 1969. (R. Lowndes)

The caves of Mars. New York, Ace, 1965. 125 p.

NWB   No. 163:153. Je. 1966. (J. Cawthorn)

The nets of space. New York, Berkley, 1969. 128 p.

LM   10:31. Mr. 1970. (J. Schaumburger)
SFR   36:35-36. 1970. (T. Pauls)

The path beyond the stars. New York, Dell, 1969. 188 p.

LM   8:26. Ja. 1970. (J. Slavin)

Seed of the dreamers. New York, Ace, 1970. 103 p.

LM   23:29. Ap. 1971. (D. Paskow)

Stardrift and other fantastic flotsam. Alhambra, Calif., Fantasy Pub. Co., 1971. 220 p.

LJ   96:2795. S. 15, 1971. (J. B. Post)
LM   28:32. S. 1971. (J. B. Post)

PETERKIEWICZ, JERZY

Inner circle. London, Macmillan, 1966. 185 p.

FSF   32(2):29. F. 1967. (J. Merril)

PETERS, LUDOVIC

Riot '71. New York, Walker, 1967. 190 p.

SFR   36:35. 1970. (J. Boardman)

PETERSON, JOHN

The Littles to the rescue. Englewood Cliffs, N.J., Scholastic Starline, 1971. 94 p.

LM   35/36:43. Ap/My. 1972. (J. Post)

PETERSON, ROBERT C., ed.

The science-fictional Sherlock Holmes. Denver, Colo., The Council of Four, 1960. 137 p.

ASF   70(6):175-176. F. 1963. (P. Miller)
GAL   20(2):146-147. D. 1961. (F. Gale)
SMS   3(4):68. Sm. 1970. (R. Lowndes)

PETERSON, WILLIAM

The politics of population. Garden City, N.Y., Doubleday, Anchor, 1964. 350 p. 64-11684.

WOT   3(2):6. Jl. 1965. (F. Pohl)

PFEIFFER, JOHN

From galaxies to man. New York, Random House, 1959. 234 p. 59-12308.

GAL   19(3):140. F. 1961. (F. Gale)

The human brain. New York, Pyramid, 1962. 256 p. 62-3623.

WIF   12(4):5. S. 1962. (F. Pohl)

PFEIFFER, JOHN R.

Fantasy and science fiction: a critical guide. Palmer Lake, Colo., Filter Press, 1971. 64 p.

LM   32:29-31. Ja. 1972. (J. B. Post)

PHELPS, GILBERT

The centenarians. London, Heinemann, 1958. 218 p. 58-28639.

NEB   No. 31:106. Je. 1958. (K. Slater)

The winter people. New York, Simon & Schuster, 1964. 254 p. 64-12268.

ASF   73(5):88-89. Jl. 1964. (P. Miller)

PHILLIFENT, JOHN T.

Genius unlimited. New York, Daw, 1972. 141 p.

GAL   33:173. Ja. 1973. (T. Sturgeon)

PHILLIPS, ALEXANDER MOORE

The mislaid charm. Philadelphia, Prime Press, 1947. 92 p. 47-23973.

ASF   40(6):95-96. F. 1948. (L. de Camp)
FBK   1(2):41. 1947. (Varulvan)

PHILLIPS, MARK

Brain twister. New York, Pyramid Books, 1962. 144 p.

AMZ   37(1):121-123. Ja. 1963. (S. Cotts)
ASF   70(6):177. F. 1963. (P. Miller)

The impossibles. New York, Pyramid, 1963. 157 p.

AMZ   37(12):121-122. D. 1963. (S. Cotts)
ASF   72(4):88-89. D. 1963. (P. Miller)

Supermind. New York, Pyramid, 1963. 192 p.

ASF   72(6):93. F. 1964. (P. Miller)

PHILLIPS, ROG

The involuntary immortals. New York, Avalon, 1959. 223 p.

ASF   64(6):168-169. F. 1960. (P. Miller)
GAL   18(3):167. F. 1960. (F. Gale)
WIF   9(4):99-100. S. 1959. (D. Knight)

PHILLPOTTS, EDEN

Address unknown. London, Hutchinson, 1949. 219 p.

TWS   35(3):162. F. 1950. (n.g.)

PICCARD, AUGUSTE

Between earth and sky. London, Falcon Press, 1950. 157 p. A51-8968.

AUT   No. 6:126. Mr. 15, 1951. (n.g.)

Earth, sky and sea. New York, Oxford University Press, 1956. 192 p. 56-9276.

GAL   13(2):86. D. 1956. (F. Gale)

PICCARD, JACQUES

Seven miles down. New York, Putnam, 1961. 249 p. 60-16679.

GAL   20(1):176-177. O. 1961. (F. Gale)

PICKERING, JAMES SAYRE

1001 questions answered about astronomy. New York, Dodd, Mead, 1958. 420 p. 58-8294.

GAL   17(4):144. Ap. 1959. (F. Gale)

PIER, ARTHUR STANWOOD

God's secret. New York, Scribners, 1935. 327 p. 35-4221.

AMZ   10(4):133. Jl. 1935. (C. Brandt)

PIERCE, JOHN ROBINSON

The beginnings of satellite communications. San Francisco, San Francisco Press, 1968. 61 p. 68-19315.

LM   2:26. Jl. 1969. (J. B. Post)

Electrons, waves and messages. Garden City, N.Y., Hanover House, 1956. 318 p. 56-5591.

ASF   57(6):151. Ag. 1956. (P. Miller)
GAL   13(2):86. D. 1956. (F. Gale)

Theory and design of electron beams. New York, Van Nostrand, 1949. 197 p. 50-5753.

ASF   46(2):130. O. 1950. (E. Locke)

PIERCY, MARGE

Dance the eagle to sleep. Garden City, N.Y., Doubleday, 1970. 232 p. 75-124560.

LM   33:30. F. 1972. (D. Paskow)

PIGGOTT, STUART

Approach to archaeology. Harmondsworth, Penguin, 1966. 151 p. 68-100794.

NWB   No. 170:156. Ja. 1967. (J. Cawthorn)

PINCHER, CHAPMAN

Not with a bang. New York, New American Library, 1965. 248 p. 65-14331.

ASF   77(1):152-153. Mr. 1966. (P. Miller)
FSF   29(3):69-70. S. 1965. (J. Merril)

PINES, ELYSE S., ed.

The log of the U. S. S. Enterprise. New York, The Author, 1971. 22 p.

LM   24/25:54. My/Je. 1971. (G. Bear)

PIPER, H. BEAM

Crisis in 2140, by H. Beam Piper and John J. McGuire. New York, Ace, 1957. 120 p.

ASF   61(1):142. Mr. 1958. (P. Miller)
FAS   6(10):123-124. N. 1957. (S. Cotts)
FSF   13(3):86. S. 1957. (A. Boucher)

Four-day planet. New York, Putnam, 1961. 221 p. 61-8242.

ASF   68(5):159. Ja. 1962. (P. Miller)

Junkyard planet. New York, Putnam, 1963. 224 p. 63-7752.

ASF   72(1):95. S. 1963. (P. Miller)

Little Fuzzy. New York, Avon, 1962. 160 p.

ASF   69(5):164-165. Jl. 1962. (P. Miller)

The other human race. New York, Avon, 1964. 190 p.

ASF   76(1):148-149. S. 1965. (P. Miller)

A planet for Texans, by H. Beam Piper and John J. McGuire. New York, Ace, 1958. 101 p.

ASF   63(1):145-146. Mr. 1959. (P. Miller)

Space vikings. New York, Ace, 1963. 191 p.

ASF   72(5):87-88. Ja. 1964. (P. Miller)

PIPER, ROGER

The big dish. New York, Harcourt, 1963. 159 p. 63-7890.

FSF   26(2):94-95. F. 1964. (A. Davidson)

PISERCHIA, DORIS

Mister Justice. New York, Ace, 1973. 176 p.

GAL   34:102-103. O. 1973. (T. Sturgeon)
SWSJ   101:2. Jl. 1973. (D. D'Ammassa)

PIZOR, FAITH K.

The man in the Moone and other lunar fantasies. New York, Praeger, 1971. 230 p. 73-136146.

PW   199:42. Ap. 19, 1971. (n.g.)
SFO   26:35-37. Ap. 1972. (L. Cullen)

PLATT, CHARLES

City dwellers. London, Sidgwick, 1970. 192 p.

NWB   No. 199:29-30. Mr. 1970. (P. White)

Garbage world. New York, Berkley, 1967. 144 p.

SFO   7:33. N. 1969. (F. Rottensteiner)
NWB   No. 188:62. Mr. 1969. (J. Cawthorn)

The planet of the Voles. New York, Putnam, 1971. 192 p. 72-147058.

KR   39:141. F. 1, 1971. (n.g.)
LJ   96:863. Mr. 1, 1971. (M. Cross)
LJ   96:2940. S. 15, 1971. (M. Liddy)
FSF   42:29-30. Ja. 1972. (J. Blish)
LM   40:30. S. 1972. (P. Walker)
SWSJ   41:9. Ja. 1972. (J. Newton)

PLATT, KIN

Mystery of the witch who wouldn't. Philadelphia, Chilton, 1969. 265 p. 70-91658.

LM   22:22. Mr. 1971. (C. Moslander)

PLAYBOY

The Playboy book of science fiction and fantasy. Chicago, Playboy Press, 1966. 402 p.

GAL   26(2):189. D. 1967. (A. Budrys)
NWB   No. 177:63. N. 1967. (J. Cawthorn)

POCOCK, BRYANT WALKER

The mists of Zwillingzeit. New York, Vantage, 1971. 234 p.

LM   44:23. Ja. 1973. (J. B. Post)

POE, EDGAR ALLAN

Tales of the grotesque and arabesque. Philadelphia, Lea, 1840. 2 v. 7-35802.

AMZ   34(10):136. O. 1960. (S. Cotts)

POHL, FREDERIK

The abominable earthman. New York, Ballantine, 1963. 159 p.

ASF   75(1):86-87. Mr. 1965. (P. Miller)

The age of the pussyfoot. New York, Trident, 1969. 191 p. 69-13009.

ASF   83(5):166. Jl. 1969. (P. Miller)
VEN   3(2):124. Ag. 1969. (R. Goulart)
NWB   No. 197:33. Ja. 1970. (J. Clute)
FSF   36(4):45-47. Ap. 1969. (J. Russ)
LM   15:30. Ag. 1970. (S. Mines)
SFO   15:11-12. S. 1970. (D. Penman)
SFR   37:31. Ap. 1970. (P. Walker)

Alternating currents. New York, Ballantine, 1956. 154 p. 56-7235.

AMZ   30(7):116-117. Jl. 1956. (V. Gerson)
ASF   57(6):148-149. Ag. 1956. (P. Miller)
FAU   5(5):127. Je. 1956. (H. Santesson)
GAL   12(3):101. Jl. 1956. (F. Gale)
NWB   No. 163:145. Je. 1966. (J. Colvin)

POHL, FREDERIK

Assignment in tomorrow, ed. by Frederik Pohl. Garden City, N.Y., Hanover House, 1954. 317 p. 54-9852.

ASF	55(6):149-150. Ag. 1955. (P. Miller)
FAU	2(6):128. Ja. 1955. (R. Frazier)
GAL	9(5):107. F. 1955. (G. Conklin)
AUT	No. 52:130. D. 1954. (n.g.)
ISF	6(1):121. Ja. 1955. (H. Bott)
SFIQ	3(4):77. F. 1955. (D. Knight)
FSF	8(1):95. Ja. 1955. (A. Boucher)

Best science fiction for 1972, ed. by Frederik Pohl. New York, Ace, 1972. 315 p.

ASF	91:169-171. My. 1973. (P. Miller)
FSF	44:33-36. Ap. 1973. (A. Davidson)
WSJ	82:R/5-R/6. S. 1973. (R. Delap)
LM	46:24. Mr. 1973. (S. Mines)
REN	4:10-12. Fl. 1972. (J. Pierce)

Beyond the end of time, ed. by Frederik Pohl. Garden City, N.Y., Permabooks, 1952. 407 p. 52-19609.

AMZ	26(7):143. Jl. 1952. (S. Merwin)
GAL	4(2):125. My. 1952. (G. Conklin)
SFIQ	1(6):80. Ag. 1952. (R. Lowndes)

The case against tomorrow. New York, Ballantine, 1957. 152 p.

ASF	60(4):156. D. 1957. (P. Miller)
FAU	8(5):101. N. 1957. (H. Santesson)
GAL	15(2):101. D. 1957. (F. Gale)
INF	2(6):108-109. O. 1957. (D. Knight)
VEN	1(5):51. S. 1957. (T. Sturgeon)
FSF	13(3):86. S. 1957. (A. Boucher)

Digits and dastards. New York, Ballantine, 1966. 192 p.

| NWB | No. 169:155. D. 1966. (H. Bailey) |

Drunkard's walk. New York, Ballantine, 1960. 142 p.

AMZ	35(3):143. Mr. 1961. (S. Cotts)
ASF	67(3):170. My. 1961. (P. Miller)
NWB	No. 104:126-128. Mr. 1961. (J. Carnell)
NWB	No. 115:127-128. F. 1962. (L. Flood)

The eighth Galaxy reader, ed. by Frederik Pohl. Garden City, N.Y., Doubleday, 1965. 248 p.

GAL	23(6):193-194. Ag. 1965. (A. Budrys)
NWB	No. 164:150. Jl. 1966. (H. Bailey)
FSF	29(2):65-66. Ag. 1965. (F. Leiber)

The eleventh Galaxy reader, ed. by Frederik Pohl. Garden City, N.Y., Doubleday, 1969. 254 p.

ASF	85(5):166. Jl. 1970. (P. Miller)
SFR	37:33-34. Ap. 1970. (F. Patten)
WIF	20(5):/0-71. My/Je. 1970. (L. del Rey)
LM	21:27. F. 1971. (S. Mines)

The expert dreamers. Garden City, N.Y., Doubleday, 1962. 248 p. 62-11295.

ASF	71(3):93. My. 1963. (P. Miller)
NWB	No. 135:126. O. 1963. (L. Flood)
FSF	24(3):32-33. Mr. 1963. (A. Davidson)

Gladiator-at-law, by Frederik Pohl and C. M. Kornbluth New York, Ballantine, 1955. 171 p. 55-9559.

| ASF | 56(4):148. D. 1955. (P. Miller) |
| FAU | 4(3):112. O. 1955. (H. Santesson) |

Gladiator-at-law (Continued).

GAL	11(1):110. O. 1955. (G. Conklin)
NWB	No. 140:128. Mr. 1964. (L. Flood)
FSF	9(3):92. S. 1955. (A. Boucher)

The gold at the starbow's end. New York, Ballantine, 1972. 215 p.

KPG	6:89. N. 1972. (J. Rubins)
REN	4:15. Sm. 1972. (J. Pierce)
WIF	21:158-159. N/D. 1972. (L. del Rey)
ASF	91:171. Ap. 1973. (P. Miller)
FSF	44:38. Ap. 1973. (A. Davidson)

The If reader of science fiction, ed. by Frederik Pohl. Garden City, N.Y., Doubleday, 1966. 252 p. 66-12247.

| NWB | No. 165:149. Ag. 1966. (J. Cawthorn) |
| FSF | 31(3):18. S. 1966. (J. Merril) |

The man who ate the world. New York, Ballantine, 1960. 144 p.

AMZ	34(10):136. O. 1960. (S. Cotts)
ASF	67(2):173-174. Ap. 1961. (P. Miller)
NWB	No. 99:127. O. 1960. (L. Flood)

Nightmare age, ed. by Frederik Pohl. New York, Ballantine, 1970. 312 p.

ASF	87:166-167. Jl. 1971. (P. Miller)
KPG	5:sec. II. Ap. 1971. (J. Purfield)
LM	31:32. D. 1971. (G. Wolfe)
WIF	20:169. Mr/Ap. 1971. (L. del Rey)

The ninth Galaxy reader, ed. by Frederik Pohl. Garden City, N.Y., Doubleday, 1966. 203 p.

| ASF | 78(1):162-164. S. 1966. (P. Miller) |
| FSF | 31(3):17-18. S. 1966. (J. Merril) |

A plague of pythons. New York, Ballantine, 1965. 158 p.

ASF	79(5):163. Jl. 1967. (P. Miller)
SFI	1(9):62-63. N. 1966. (T. Boardman, Jr.)
FSF	30(3):50-51. Mr. 1966. (J. Merril)

The reefs of space, by Frederik Pohl and Jack Williamson. New York, Ballantine, 1963. 188 p.

| ASF | 77(5):153-154. Jl. 1966. (P. Miller) |
| GAL | 23(3):158-159. F. 1965. (A. Budrys) |

Science fiction: the great years, ed. by Frederik Pohl and Carol Pohl. New York, Ace, 1973. 349 p.

WIF	21:107. Jl/Ag. 1973. (L. del Rey)
NYT	p. 16. Ap. 22, 1973. (T. Sturgeon)
REN	5(2):19. Sp. 1973. (J. Pierce)

Search the sky, by Frederik Pohl and C. M. Kornbluth. New York, Ballantine, 1954. 165 p. 54-6478.

ASF	54(2):148-149. O. 1954. (P. Miller)
FAU	2(2):128. S. 1954. (R. Frazier)
FUTF	5(3):125-126. O. 1954. (D. Knight)
GAL	8(3):120. Je. 1954. (G. Conklin)
FSF	6(5):89. My. 1954. (Boucher & McComas)

The second If reader of science fiction, ed. by Frederik Pohl. New York, Ace, 1968. 255 p.

| GAL | 28(3):118-119. Ap. 1969. (A. Budrys) |

POHL, FREDERIK (Continued)

The seventh Galaxy reader, ed. by Frederik Pohl. Garden City, N.Y., Doubleday, 1964. 247 p.

```
AMZ    38(11):121-122.  N. 1964.  (R. Silverberg)
ASF    74(1):87.  S. 1964.  (P. Miller)
NWB    No. 151:118-119.  Je. 1965.  (J. Colvin)
FSF    27(1):72.  Jl. 1964.  (A. Davidson)
```

Shadows of tomorrow, ed. by Frederik Pohl. New York, Permabooks, 1953. 379 p.

```
FUTF   5(3):126-127.  O. 1957.  (D. Knight)
GAL    7(6):119.  Mr. 1954.  (G. Conklin)
FSF    5(5):100.  N. 1953.  (Boucher & McComas)
```

Slave ship. New York, Ballantine, 1957. 148 p. 56-13477.

```
ASF    60(1):145-146.  S. 1957.  (P. Miller)
GAL    14(6):123.  O. 1957.  (F. Gale)
NWB    No. 105:127.  Ap. 1961.  (L. Flood)
FSF    12(5):74-75.  My. 1957.  (A. Boucher)
FSF    13(3):85-86.  S. 1957.  (A. Boucher)
```

The space merchants, by Frederik Pohl and C. M. Kornbluth. New York, Ballantine, 1953. 179 p. 53-6886.

```
ASF    52(3):148-149.  N. 1953.  (P. Miller)
DSF    1(6):26,36.  Ja. 1954.  (R. Lowndes)
GAL    6(5):114-115.  Ag. 1953.  (G. Conklin)
AUT    No. 64:155.  D. 1955.  (n.g.)
ISF    4(11):145.  D. 1953.  (M. Reinsberg)
NWB    No. 42:125.  D. 1955.  (L. Flood)
NWB    No. 156:120.  N. 1965.  (J. Colvin)
TWS    42(3):145.  Ag. 1953.  (n.g.)
BSP    2(5):66.  O. 1955.  (n.g.)
FSF    5(1):84-85.  Jl. 1953.  (Boucher & McComas)
SPEC   31:30-31.  At. 1972.  (T. Shippey)
TLS    3700:129.  F. 2, 1973.  (n.g.)
```

Star of stars, ed. by Frederik Pohl. Garden City, N.Y., Doubleday, 1960. 240 p. 60-13554.

```
GAL    19(6):155.  Ag. 1961.  (F. Gale)
WIF    10(6):89.  Ja. 1961.  (F. Pohl)
AMZ    35(2):130-131.  F. 1961.  (n.g.)
FSF    20(1):97.  Ja. 1961.  (A. Bester)
```

Star science fiction stories, ed. by Frederik Pohl. New York, Ballantine, 1953. 206 p. 53-5671rev.

```
ASF    51(6):142-143.  Ag. 1953.  (P. Miller)
AUT    No. 50:132.  O. 1954.  (n.g.)
FAU    1(2):190-191.  Ag/S. 1953.  (S. Merwin, Jr.)
FUTF   4(1):51-52.  My. 1953.  (R. Lowndes)
GAL    6(3):120-121.  Je. 1953.  (G. Coinlin)
ISF    4(8):144.  S. 1953.  (M. Reinsberg)
NWB    No. 27:3.  S. 1954.  (J. Carnell)
NWB    No. 29:119-120.  N. 1954.  (L. Flood)
NWB    No. 164:157.  Jl. 1966.  (B. Barclay)
SFA    2(1):120-121.  D. 1953.  (D. Knight)
SFP    1(3):66.  My. 1953.  (S. Moskowitz)
TWS    42(2):145.  Je. 1953.  (n.g.)
SPF    2(2):95.  S. 1953.  (G. Smith)
BSP    1(7):70-71.  N. 1954.  (n.g.)
```

Star science fiction stories no. 2, ed. by Frederik Pohl. New York, Ballantine, 1953. 197 p.

```
ASF    53(5):147-148.  Jl. 1954.  (P. Miller)
GAL    8(2):131.  My. 1954.  (G. Conklin)
```

Star science fiction stories no. 3, ed. by Frederik Pohl. New York, Ballantine, 1955. 186 p.

```
AMZ    29(4):96.  Jl. 1955.  (V. Gerson)
ASF    55(4):158.  Je. 1955.  (P. Miller)
GAL    10(2):114-115.  My. 1955.  (G. Conklin)
```

Star science fiction stories no. 4, ed. by Frederik Pohl. New York, Ballantine, 1958. 157 p.

```
AMZ    33(3):141.  Mr. 1959.  (S. Cotts)
ASF    63(6):151-152.  Ag. 1959.  (P. Miller)
FAU    11(2):101.  Mr. 1959.  (H. Santesson)
```

Star science fiction no. 5, ed. by Frederik Pohl. New York, Ballantine, 1959. 159 p.

```
AMZ    33(9):63.  S. 1959.  (S. Cotts)
ASF    65(1):162-163.  Mr. 1960.  (P. Miller)
FAU    11(5):100.  S. 1959.  (H. Santesson)
```

Star science fiction no. 6, ed. by Frederik Pohl. New York, Ballantine, 1960. 156 p.

```
AMZ    34(4):140.  Ap. 1960.  (S. Cotts)
ASF    66(1):148-149.  S. 1960.  (P. Miller)
```

Star short novels, ed. by Frederik Pohl. New York, Ballantine, 1954. 168 p. 54-11986.

```
ASF    55(2):147-148.  Ap. 1955.  (P. Miller)
FAU    2(6):127-128.  Ja. 1955.  (R. Frazier)
GAL    9(4):121-122.  Ja. 1955.  (G. Conklin)
```

Starchild, by Frederik Pohl and Jack Williamson. New York, Ballantine, 1965. 191 p.

```
ASF    77(5):153-154.  Jl. 1966.  (P. Miller)
FSF    30(5):43-44.  My. 1966.  (J. Merril)
```

The tenth Galaxy reader, ed. by Frederik Pohl. Garden City, N.Y., Doubleday, 1967. 232 p. NUC 68-66068.

```
ASF    81(3):165-166.  My. 1968.  (P. Miller)
NWB    No. 177:63.  N. 1967.  (J. Cawthorn)
```

Time waits for Winthrop and four other short novels from Galaxy, ed. by Frederik Pohl. Garden City, N.Y., Doubleday, 1962. 336 p.

```
AMZ    37(3):123-125.  Mr. 1963.  (S. Cotts)
ASF    71(2):88-89.  Ap. 1963.  (P. Miller)
FSF    24(6):62-63.  Je. 1963.  (A. Davidson)
```

Tomorrow times seven. New York, Ballantine, 1959. 160 p.

```
AMZ    33(11):139-140.  N. 1959.  (S. Cotts)
ASF    65(2):167.  Ap. 1960.  (P. Miller)
```

Turn left at Thursday. New York, Ballantine, 1961. 159 p. NUC 65-88494.

```
ASF    68(1):167.  S. 1961.  (P. Miller)
FSF    21(1):83.  Jl. 1961.  (A. Bester)
```

Undersea city, by Frederik Pohl and Jack Williamson. Hicksville, N.Y., Gnome Press, 1958. 188 p. 57-14673.

```
ASF    62(6):140.  F. 1959.  (P. Miller)
FAU    10(4):118.  O. 1958.  (H. Santesson)
GAL    17(6):140-141.  Ag. 1959.  (F. Gale)
NWB    No. 190:61.  My. 1969.  (J. Cawthorn)
FUTF   No. 44:103-104.  Ag. 1959.  (C. Knox)
KPG    5:64.  S. 1971.  (J. Purfield)
```

POHL, FREDERIK (Continued)

Undersea fleet, by Frederik Pohl and Jack Williamson.
New York, Gnome Press, 1956. 187 p. 55-12189.

    ASF   60(1):145. S. 1957. (P. Miller)
    GAL   14(6):123-124. O. 1957. (F. Gale)
    FSF   12(6):112. Je. 1957. (A. Boucher)
    KPG   5:64. S. 1971. (J. Purfield)

Undersea quest, by Frederik Pohl and Jack Williamson.
New York, Gnome Press, 1954. 189 p. 54-7256.

    AMZ   29(5):106. S. 1955. (V. Gerson)
    ASF   55(6):151-152. Ag. 1955. (P. Miller)
    GAL   10(4):93. Jl. 1955. (G. Conklin)
    FSF   9(3):89. S. 1955. (A. Boucher)
    KPG   5:64. S. 1971. (J. Purfield)

The wonder effect, by Frederik Pohl and Cyril M.
Kornbluth. London, Gollancz, 1967. 160 p.

    NWB   No. 173:64. Jl. 1967. (J. Cawthorn)

POHLMAN, EDWARD

The god of planet 607. Philadelphia, Westminster, 1972.
123 p. 71-190503.

    LM   48:27. Fl. 1973. (J. B. Post)

POLLACK, PHILIP

Careers and opportunities in science. New York, Dutton,
1961. 159 p. 61-6025.

    GAL   20(1):175. O. 1961. (F. Gale)

PONTON, DOROTHY

How letters and numbers began. Poole, Ponton, 1953.
71 p.

    AUT   No. 41:152. Ja. 1954. (n.g.)

POOLE, JOSEPHINE

The visitor. New York, Harper, 1972. 148 p.

    LM   46:12. Mr. 1973. (C. Moslander)

POOLE, LYNN

Frontiers of science. New York, Whittlesey House, 1958.
173 p. 58-7424.

    GAL   17(3):143. F. 1959. (F. Gale)

Your trip into space. London, Lutterworths, 1954. 192 p.
55-27504.

    AUT   No. 53:128. Ja. 1955. (n.g.)
    NWB   No. 29:123-124. N. 1954. (J. Carnell)

PORTER, JOHN GUY, ed.

Yearbook of astronomy, 1963. New York, Norton, 1963.
214 p. 62-1706.

    FSF   25(5):69. N. 1963. (A. Davidson)

Yearbook of astronomy, 1964. New York, Norton, 1964.
215 p. 62-1706.

    FSF   27(3):79. S. 1964. (A. Davidson)

POST, JOYCE

Lets drink to that. Philadelphia, Terminus, 1970. 58 p.

    LM   22:29. Mr. 1971. (G. Bear)

POST, MELVILLE DAVISSON

The Broadmoor murder. New York, J. H. Sears, 1929.
297 p. 29-5229.

    ADT   1(2):187. F. 1930. (n.g.)

The strange schemes of Randolph Mason. Philadelphia,
Train, 1973. 288 p.

    LM   49:25. At. 1973. (J. B. Post)

POSTGATE, OLIVER

The ice dragon. New York, Holiday House, 1968. 48 p.
77-222.

    LM   10:26-27. Mr. 1970. (D. Langsham)

King of the nogs. New York, Holiday House, 1968. 48 p.
70-223.

    LM   10:26-27. Mr. 1970. (D. Langsham)

Nogbad and the elephants by Oliver Postgate and Peter
Firmin. New York, D. White, 1967. 47 p. 67-23583.

    LM   10:26-27. Mr. 1970. (D. Langsham)

Noggin and the moon mouse, by Oliver Postgate and Peter
Firmin. New York, D. White, 1967. 47 p. 67-23584.

    LM   10:26-27. Mr. 1970. (D. Langsham)

The saga of Noggin the nog, by Oliver Postgate and Peter
Firmine. New York, Holiday House, 1968. 2 v. NUC 69-
96584.

    LM   10:26-27. Mr. 1970. (D. Langsham)

POTOCKI, JAN

The Saragossa manuscript. New York, Orion Press, 1960.
233 p. 60-8360.

    FSF   19(5):90-91. N. 1960. (A. Bester)

POUNDS, NORMAN JOHN GREVILLE

The Earth and you. Chicago, Rand McNally, 1962. 591 p.
62-19548.

    FSF   25(1):106. Jl. 1963. (A. Davidson)

POWELL, EDWARD ALEXANDER

Red drums. New York, Washburn, 1935. 339 p. 35-16056.

    AMZ   10(9):134. Ap. 1936. (C. Brandt)

POWYS, JOHN COWPER

Up and out. London, Macdonald, 1957. 224 p.

    NEB   No. 25:107. O. 1957. (K. Slater)

POYER, JOE

North cape. Garden City, N.Y., Doubleday, 1969. 231 p.
69-20085.

    LM   14:26. Jl. 1970. (G. Bear)
    GAL   29(3):139-140. N. 1969. (A. Budrys)

Operation Malacca. Garden City, N.Y., Doubleday, 1968.
208 p. 68-17810.

    ASF   83(5):165-166. Jl. 1969. (P. Miller)
    NWB   No. 184:60. N. 1968. (R. Medley & M. Harrison)
    SWSJ 26:8. Jl. 1971. (D. Halterman)

PRAGER, ARTHUR

Rascals at large, or the clue in the old nostalgia.
Garden City, N.Y., Doubleday, 1971. 334 p. 70-158350.

    TRR   8:28. Mr. 1972. (J. Harwood)

PRAGNELL, FESTUS

The green men of Graypec. New York, Greenberg, 1950.
189 p. 50-10205.

    GAL   1(3):65. D. 1950. (G. Conklin)
    STL   23(1):159-160. Mr. 1951. (n.g.)
    SSS   8(1):37. Ap. 1951. (F. Pohl)
    WBD   1(1):113. D. 1950. (D. Knight)

PRATT, FLETCHER

The blue star. New York, Ballantine, 1969. 240 p.

    WFA   1(3):189. W. 1970/1971. (L. del Rey)
    WIF   19(9):151-152. N. 1969. (L. del Rey)
    FSF   38(1):47-48. F. 1970. (J. Blish)
    SFR   36:31-32. 1970. (H. Davis)
    SWSJ 21:5-6. My. 1971. (M. Shoemaker)

Double in space, two novels. Garden City, N.Y.,
Doubleday, 1951. 217 p. 51-14187.

    AMZ   26(3):151. Mr. 1952. (S. Merwin)
    ASF   49(2):112. Ap. 1952. (P. Miller)
    GAL   3(6):83-84. Mr. 1952. (G. Conklin)
    NWB   NO. 32:120-121. F. 1955. (L. Flood)
    STL   25(2):138-139. Mr. 1952. (n.g.)

Double jeopardy. Garden City, N.Y., Doubleday, 1952.
214 p. 52-8057.

    ASF   51(2):154-155. Ap. 1953. (P. Miller)
    GAL   5(2):122-123. N. 1952. (G. Conklin)
    WT   44(8):74. Ja. 1953. (n.g.)

Invaders from Rigel. New York, Avalon, 1960. 224 p.

    ASF   66(4):166-167. D. 1960. (P. Miller)
    GAL   19(3):143. F. 1961. (F. Gale)

Land of unreason, by Fletcher Pratt and L. Sprague de
Camp. New York, Ballantine, 1970. 240 p.

    VEN   4(3):106. Ag. 1970. (R. Goulart)
    SSS   4(2):90. N. 1942. (D. Wollheim)
    NWB   No. 200:31. Ap. 1970. (J. Cawthorn)
    LM   16:13. S. 1970. (J. Slavin)
    SFR   40:22-23. O. 1970. (T. Pauls)
    VOT   1(10):55. Jl. 1970. (J. Foyster)

The undying fire. New York, Ballantine, 1953. 148 p.
53-7621rev.

    ASF   52(6):149-150. F. 1954. (P. Miller)
    FUTF 4(6):56. Mr. 1954. (L. Stanton)
    GAL   7(1):121. O. 1953. (G. Conklin)
    STL   31(2):129-130. Ja. 1954. (n.g.)
    FSF   5(2):96-97. Ag. 1953. (Boucher & McComas)

The well of the unicorn, by George U. Fletcher. New York,
Sloane, 1948. 338 p. 48-5093.

    ASF   41(4):161-162. Je. 1948. (L. de Camp)
    FBK   1(3):38. 1948. (n.g.)
    WFA   1(3):185. W. 1970/1971. (L. del Rey)
    WIF   19(9):152. N. 1969. (L. del Rey)

World of wonder. New York, Twayne, 1951. 445 p.
51-12260.

    AMZ   26(1):156. Ja. 1952. (S. Merwin)
    ASF   48(4):158. D. 1951. (P. Miller)
    ASF   48(6):158-159. F. 1952. (P. Miller)
    GAL   3(4):115-116. Ja. 1952. (G. Conklin)
    SFIQ 2(3):70. My. 1953. (R. Lowndes)
    FSF   3(1):106. F. 1952. (Boucher & McComas)

PRATT, JOSEPH GAITHER

Parapsychology: an insider's view of ESP. Garden City,
N.Y., Doubleday, 1964. 300 p. 64-11388.

    ASF   73(6):84. Ag. 1964. (P. Miller)
    FSF   27(3):77-78. S. 1964. (A. Davidson)

PRATT, THEODORE

Mr. Limpet. New York, Knopf, 1942. 144 p. 42-104.

    SSS   4(1):71. Ag. 1942. (D. Wollheim)

PREHODA, ROBERT W.

Designing the future: the role of technological fore-
casting. New York, Chilton, 1967. 310 p. 67-24412.

    ASF   81(1):166-167. Mr. 1968. (G. Stine)

PRESCOTT, ORVILLE, ed.

Mid-century. New York, Pocket Books, 1958. 320 p.
57-11177.

    WIF   8(6):107-109. O. 1958. (D. Knight)

PREST, THOMAS PECKETT

Varney the vampyre, or, the feast of blood. New York,
Dover, 1972. 868 p. 70-188949.

SFN   19:3-4. Ja. 1973. (V. Kennedy)
FSF   43:21-22. Ag. 1972. (G. Wilson)

PRICE, E. HOFFMANN

Strange gateways. Sauk City, Wisc., Arkham House, 1967.
208 p. 68-549.

FSF   34(4):43-44. Ap. 1968. (G. Wilson)
MOH   4(4):114-116. Jl. 1968. (R. Lowndes)

PRICE, ROGER

The last little dragon. New York, Harper, 1969. 32 p.
71-77943.

LM   13:15. Je. 1970. (J. Post)

The great roob revolution. New York, Random, 1970.
137 p. 77-85564.

PW   197(11):51. Mr. 16, 1970.

PRICHARD, WILLIAM THOMAS

Children of the void, by William Dexter. London, Peter
Owen, 1955. 190 p. 55-30860.

AUT   No. 58:118-119. Je. 1955. (n.g.)
NWB   No. 35:128. My. 1955. (L. Flood)

World in eclipse, by William Dexter. London, Peter Owen,
1954. 195 p. 54-41566.

AUT   No. 52:128-129. D. 1954. (n.g.)
NWB   No. 29:120. N. 1954. (L. Flood)

PRIEST, CHRISTOPHER

Darkening island. New York, Harper, 1972. 147 p.
71-181660.

ASF   91:164. Ag. 1973. (P. Miller)
NR   25:104,106. Ja. 19, 1973. (T. Sturgeon)
LJ   97:2651. Ag. 1972. (M. Cross)

Fugue for a darkening land. London, Faber, 1972. 147 p.

FOU   2:56-57. Je. 1972. (G. Hay)
NST   54:156-157. Ap. 20, 1972. (M. Kenward)

Indoctrinaire. New York, Harper, 1970. 227 p. 76-123984.

PW   198(8):46. Ag. 24, 1970.
LJ   96:287-288. Ja. 15, 1971. (A. Hankenson)
SPEC   29:29-32. O. 1971. (T. Sudbury)
SWSJ   18:10. Ap. 1971. (J. Newton)
LM   33:30. F. 1972. (D. Paskow)

PRIESTLEY, JOHN BOYNTON

The magicians. New York, Harper, 1954. 246 p. 54-6024.

ASF   54(6):141-142. F. 1955. (P. Miller)
SFIQ   3(5):59. My. 1955. (D. Knight)
FSF   7(4):96. O. 1954. (A. Boucher)

The other place. New York, Harper, 1955. 265 p.
54-11928.

ASF   56(1):150. S. 1955. (P. Miller)
FSF   8(5):72. My. 1955. (A. Boucher)

Snoggle. New York, Harcourt, 1972. 158 p. 74-188966.

KR   40:1145. O. 1, 1972. (n.g.)
PW   202:50. O. 16, 1972. (n.g.)
LM   48:22. Fl. 1973. (C. Moslander)

The thirty-first of June. Garden City, N.Y., Doubleday,
1962. 168 p. 62-11458.

FSF   24(1):50-51. Ja. 1963. (A. Davidson)

PRINCE, DON

Tom. New York, Messner, 1940. 272 p. 40-14537.

AST   2(2):25. D. 1940. (D. Wollheim)

PRINGLE, PATRICK

Great discoveries in modern science. London, Harrap,
1955. 206 p.

AUT   No. 61:151-152. S. 1955. (n.g.)

PROCOPIO, ANDREW B.

Mr. Beumpy, an animal fantasy. New York, Carlton, 1970.
unpaged.

LM   30:22. N. 1971. (J. Post)

PROELL, WAYNE A.

A handbook of space flight, by Wayne A. Proell and Norman
J. Bowman. Chicago, Perastadion Press, 1958. 458 p.
58-1976.

WIF   11(5):106. N. 1961. (T. Sturgeon)

PUHARICH, ANDRIJA

The sacred mushroom. Garden City, N.Y., Doubleday, 1958.
262 p. 58-13293.

AMZ   33(5):141. My. 1959. (S. Cotts)
GAL   18(2):153-154. D. 1959. (F. Gale)

PUNCH.

A century of Punch cartoons, ed. by R. E. Williams. New
York, Simon & Schuster, 1955. 340 p. 55-10054.

FSF   11(6):109. D. 1956. (A. Boucher)

PURDOM, TOM

Adventures in discovery. Garden City, N.Y., Doubleday,
1969. 182 p. 71-84394.

GAL   29(6):143-144. Mr. 1970. (A. Budrys)
LM   18:25. N. 1970. (J. B. Post)
SFR   38:29-30. Je. 1970. (P. Walker)

PURDOM, TOM (Continued)

The barons of behavior. New York, Ace, 1972. 189 p.

    LM   38/39:41. Jl/Ag. 1972. (S. Mines)
    REN   4:14. Sm. 1972. (J. Pierce)
    SWSJ   67:10. S. 1972. (S. Burns)

Q

QUINN, JAMES L., ed.

The first world of If, ed. by James L. Quinn and Eve Wulf.
Kingston, N.Y., Quinn Publishing Co., 1957. 160 p.

  ASF   60(1):149. S. 1957. (P. Miller)
  FSF   12(5):76. My. 1957. (A. Boucher)

The second world of If, ed. by James L. Quinn and Eve
Wulf, Kingston, N.Y., Quinn Publishing Co., 1958.
159 p.

  ASF   62(4):158-159. D. 1958. (P. Miller)
  FSF   15(3):99. S. 1958. (A. Boucher)

QUINN, SEABURY

Is the devil a gentleman? Baltimore, Mirage, 1970.
247 p.

  LM   28:26. S. 1971. (D. Schweitzer)
  FSF   42:22-23. Ag. 1972. (G. Wilson)

The phantom-fighter. Sauk City, Wisc., Mycroft & Moran,
1966. 263 p. 66-4166.

  SMS   1(2):24. Fl. 1966. (R. Lowndes)

Roads. Sauk City, Wisc., Arkham House, 1948. 110 p.
49-316.

  FNM   4(1):115. My. 1950. (S. Moskowitz)
  SSS   5(3):96. Jl. 1949. (F. Pohl)

A

RABINOWITCH, EUGENE I.

Man on the moon: the impact on science, technology and international cooperation, ed. by Eugene Ravinowitch and Richard S. Lewis. New York, Basic Books, 1969. 204 p. 76-94289.

LM   20:30. Ja. 1971. (J. B. Post)

RACKHAM, JOHN

The anything tree. New York, Ace, 1970. 114 p.

WIF   20(6):150. Jl/Ag. 1970. (L. del Rey)
SFR   42:30-31. Ja. 1971. (P. Walker)

Earthstrings. New York, Ace, 1972. 141 p.

LM   45:32. F. 1973. (J. Rapkin)

Flower of Doradil. New York, Ace, 1970. 126 p.

LM   24/25:50. My/Je. 1971. (J. Evers)

Ipomoea. New York, Ace, 1969. 128 p.

LM   6:31. N. 1969. (S. Mines)
BB   18:73. D. 1972. (B. Patten)

Life with Lancelot. New York, Ace,

SWSJ   109:5. O. 1973. (D. D'Ammassa)

Treasure of Tau Ceti. New York, Ace, 1969. 118 p.

SFR   40:31. O. 1970. (P. Walker)

RACKIN, DONALD, ed.

Alice's adventures in wonderland, a critical handbook. Belmont, Calif., Wadsworth, 1969. 371 p. 69-18082.

LM   17:32. O. 1970. (C. Moslander)

RADEMACHER, HANS

The enjoyment of mathematics, by Hans Rademacher and Otto Topelitz. Princeton, Princeton University Press, 1957. 204 p. 57-627.

FUTF   No. 33:121-122. Sm. 1957. (R. Garrett)

RAGLAN, FITZROY RICHARD SOMERSET, 4th BARON

How came civilization? London, Methuen & Co., 1939. 191 p. A41-2827.

ASF   27(6):144-145. Ag. 1941. (L. de Camp)

RAHN, ALPHONSO WILLIAM

Your work abilities. New York, Harper, 1936. 134 p. 36-22631.

AMZ   11(1):134. F. 1937. (C. Brandt)

RAITT, HELEN

Exploring the deep Pacific. New York, Norton, 1956. 272 p. 56-10089.

GAL   13(6):107. Ap. 1957. (F. Gale)

RAMSAY, RAYMOND H.

No longer on the map: discovering places that never were. New York, Viking, 1972. 276 p.

LM   44:22. Ja. 1973. (J. B. Post)

RAND, AYN

Anthem. New York, Signet, 1961. 123 p.

ASF   69(2):163-164. Ap. 1962. (P. Miller)

Atlas shrugged. New York, Random House, 1957. 1168 p. 57-10033.

ASF   61(2):146-148. Ap. 1958. (P. Miller)
ASF   61(5):152-154. Jl. 1958. (J. Campbell, Jr.)
VEN   2(3):58. My. 1958. (T. Sturgeon)

RANDALL, FLORENCE ENGEL

The place of sapphires. New York, Harcourt, 1969. 248 p. 69-12044.

LM   7:27. D. 1969. (J. Rapkin)

RANDALL, ROBERT, pseud.

The dawning light. New York, Gnome Press, 1959. 191 p. 59-9316.

ASF   65(3):170. My. 1960. (P. Miller)
WIF   9(6):88. Ja. 1960. (F. Pohl)

The shrouded planet. New York, Gnome Press, 1957. 188 p. 57-14671.

AMZ   32(7):41-42. Jl. 1958. (S. Cotts)
ASF   62(2):147-148. O. 1958. (P. Miller)
FAU   9(6):116. Je. 1958. (H. Santesson)
GAL   16(6):131-132. O. 1958. (F. Gale)
OSFS   9(3):111-112. S. 1958. (J. Tyler)
FSF   14(6):103. Je. 1958. (A. Boucher)

RANKIN, WILLIAM HENRY

The man who rode the thunder. Englewood Cliffs, N.J., Prentice Hall, 1960. 208 p. 60-16622.

GAL   20(1):174. O. 1961. (F. Gale)

RANKINE, JOHN

Interstellar two five. London, Dobson, 1966. 183 p.

NWB   No. 166:150. S. 1966. (J. Cawthorn)

Moons of Triopus. New York, Paperback, 1968. 157 p.

LM   19:23. D. 1970. (T. Bulmer)

The ring of Garamas. London, Dobson, 1972. 192 p.

FOU   3:77-78. Mr. 1973. (C. Priest)

RAPHAEL, RICK

Code three. New York, Simon & Schuster, 1965. 252 p. 65-26251.

ASF   77(6):165. Ag. 1966. (P. Miller)
GAL   24(4):71-75. Ap. 1966. (A. Budrys)
NWB   No. 164:149. Jl. 1966. (H. Bailey)
FSF   30(4):36-37. Ap. 1966. (J. Merril)

The thirst quenchers. London, Gollancz, 1965. 175 p.

NWB   No. 153:127. Ag. 1965. (H. Bailey)
FSF   30(2):44. F. 1966. (J. Merril)

RAPOPORT, ANATOL

Operational philosophy. New York, Harper, 1953. 258 p. 53-8550.

GAL   8(5):94. Ag. 1954. (G. Conklin)

RASKIN, ELLEN

Franklin Stein. New York, Atheneum, 1972. 29 p.

LM   45:23. F. 1973. (G. Lundry)

RAY, HOWARD WILLIAM

The new school. New York, Exposition Press, 1959. 94 p.

GAL   18(4):145. Ap. 1960. (F. Gale)

RAY, RENE

The strange world of planet X. London, Herbert Jenkins, 1957. 190 p.

AUT   No. 84:126. S. 1957. (n.g.)
NEB   No. 25:106-107. O. 1957. (K. Slater)

RAYER, F. G.

Tomorrow sometimes comes. London, Home & van Thal, 1951. 256 p.

AMZ   26(6):148. Je. 1952. (S. Merwin)
ASF   52(1):142-143. S. 1953. (D. Archer)

Tomorrow sometimes comes (Continued).

NWB   No. 10:59. Sm. 1951. (J. Carnell)
STL   25(1):141-142. F. 1952. (n.g.)

RAYMOND, ALEX

Flash Gordon (Comic strips). New York, Nostalgia Press, 1967. 1 v. 67-28204.

GAL   27(1):153-155. Ag. 1968. (A. Budrys)

Flash Gordon: into the water world of Mongo. New York, Nostalgia Press, 1971. 1 v.

ASF   90:162-163. Ja. 1973. (P. Miller)

READ, HERBERT

The green child. Norfolk, Conn., New Directions, 1948. 194 p. 48-9595.

SSS   6(1):81. N. 1949. (F. Pohl)
NWB   No. 196:33. Ja. 1970. (J. Clute)

READY, WILLIAM

Understanding Tolkien and "The lord of the rings." New York, Paperback Library, 1969. 96 p. NUC 70-114425.

FAS   19(2):139-140. D. 1969. (F. Lerner)
FAS   19(3):140-141. F. 1970. (F. Leiber)

READY, WILLIAM B.

The great disciple and other stories. St. Paul, Minn., Bruce, 1951. 158 p. 51-11244.

FSF   3(1):106. F. 1952. (Boucher & McComas)

REED, CLARENCE

Prophecies about the war in Europe. New York, McKay, 1941. 63 p. 41-10079.

UNK   6(1):106-108. Je. 1942. (A. Boucher)

REED, KIT

Armed camps. New York, Dutton, 1970. 189 p. 79-113456.

PW   197(13):63. Mr. 30, 1970.
FSF   41:26-27. O. 1971. (B. Searles)
LM   29:30. O. 1971. (P. Walker)

Mister Da V. and other stories. London, Faber, 1967. 222 p.

NWB   No. 178:61. D. 1967/Ja. 1968. (J. Colvin)

REES, ENNIS

Potato talk. New York, Pantheon, 1969. 24 p. 69-13454.

LM   13:17. Je. 1970. (J. Post)

REESINK, MARYKE

Peter and the twelve-headed dragon. New York, Harcourt, 1970. 32 p. 77-11137.

LM   23:21. Ap. 1971. (J. Post)

REEVES, JAMES

The cold flame. New York, Meredith, 1969. 137 p. 67-14771.

LM   8:22. Ja. 1970. (B. Stiffler)

REGINALD, ROBERT, comp.

Stella Nova: contemporary science fiction authors. Medford, Oregon, Unicorn, 1970. 1 v. (unpaged).

FF   1:47-48. Ap. 1971. (D. Menville)

REICHENBACH, HANS

Atom and cosmos, tr. by Edward S. Allen. New York, Macmillan, 1933. 294 p. 33-3402.

AMZ   8(8):131. D. 1933. (C. Brandt)

REID, CONSTANCE

From zero to infinity. 2d rev. ed. New York, Crowell, 1960. 161 p. 61-4776.

WIF   10(5):88-89. N. 1960. (F. Pohl)

REIDA, ALVAH

Fault lines. New York, World, 1972. 278 p. 76-183090.

BS   32:147. Je. 15, 1972. (C. Leary)
LJ   97:1741. My. 1, 1972. (F. Patten)

REIN, HAROLD

Few were left. New York, John Day, 1955. 248 p. 55-5940.

ASF   56(3):148. N. 1955. (P. Miller)
GAL   10(4):92-93. Jl. 1955. (G. Conklin)
FSF   8(5):72. My. 1955. (A. Boucher)

REINFELD, FRED

Rays: visible and invisible. New York, Sterling, 1958. 204 p. 58-7611rev.

GAL   18(2):154. D. 1959. (F. Gale)

REITBERGER, REINHOLD

Comics: anatomy of a mass medium, by Reinhold Reitberger and Wolfgang Fuchs. Boston, Little, Brown, 1972. 264 p. 72-1826.

LJ   98:158. Ja. 15, 1973. (L. Griffin)

REPP, EDWARD EARL

The radium pool. Los Angeles, Fantasy Publishing Co., 1949. 188 p. 49-49237.

FBK   1(6):31. 1950. (n.g.)

The stellar missiles. Los Angeles, Fantasy Publishing Co., 1949. 192 p. 50-5641.

FBK   2(1):105. 1951. (n.g.)

REY, HANS AUGUSTO

Find the constellations, by Uncle Gus. New York, Houghton Mifflin, 1954. 72 p. 54-9051.

GAL   10(2):115-116. My. 1955. (G. Conklin)

The stars: a new way to see them, by Uncle Gus. Boston, Houghton Mifflin, 1952. 144 p.

GAL   7(5A):110-111. F. 1954. (G. Conklin)

REYNOLDS, JAMES

Gallery of ghosts. New York, Creative Age, 1949. 295 p. 49-48171.

FSF   1(2):107. W/S. 1950. (Boucher & McComas)

Ghosts in American houses. New York, Farrar, 1955. 229 p. 55-10783.

FSF   10(5):91. My. 1956. (A. Boucher)

REYNOLDS, MACK

Blackman's burden. New York, Ace, 1972. 137 p.

LM   46:27. Mr. 1973. (J. Rapkin)

Breed nor birth. New York, Ace, 1972. 150 p.

LM   46:27. Mr. 1973. (J. Rapkin)

The case of the little green men. New York, Phoenix Press, 1951. 224 p. 51-12283.

AMZ   26(1):158-159. Ja. 1952. (S. Merwin)
ASF   48(6):156. F. 1952. (P. Miller)

Code duello. New York, Ace, 1968. 147 p.

NWB   No. 191:61-62. Je. 1969. (J. Cawthorn)
LM   7:22. D. 1969. (S. Mines)

The cosmic eye. New York, Belmont, 1969. 157 p.

LM   16:16. S. 1970. (S. Mines)

Dawnman planet. New York, Ace, 1966. 117 p.

FSF   31(6):33. D. 1966. (J. Merril)

The Earth war. New York, Pyramid, 1962. 141 p.

ASF   73(2):95-96. Ap. 1964. (P. Miller)

Looking backward from the year 2000. New York, Ace, 1973. 237 p.

SWSJ   101:2. Jl. 1973. (D. Stever)
SWSJ   98:2. Jl. 1973. (D. D'Ammassa)

REYNOLDS, MACK (Continued)

Once departed. New York, Curtis, 1970. 128 p.

SWSJ   22:7. My. 1971. (F. Patten)

Planetary agent X. New York, Ace, 1965. 133 p.

NWB   No. 163:156. Je. 1966. (J. Cawthorn)
FSF   30(4):35-36. Ap. 1966. (J. Merril)

The space barbarians. New York, Ace, 1969. 162 p.

SFR   35:35. F. 1970. (T. Pauls)

Time gladiator. New York, Lancer, 1969. 192 p.

ASF   84(4):167. D. 1969. (P. Miller)

RHINE, JOSEPH BANKS

New world of the mind. New York, Sloane, 1953. 339 p.
53-9339.

ASF   53(3):145-146. My. 1954. (P. Miller)
GAL   8(3):118-119. Je. 1954. (G. Conklin)

Parapsychology: frontier science of the mind, by J. B.
Rhine and J. G. Pratt. Springfield, Ill., Thomas, 1957.
220 p. 57-10999.

ASF   63(5):155-156. Jl. 1959. (P. Miller)
FSF   27(3):77-78. S. 1964. (A. Davidson)

The reach of the mind. New York, Sloane, 1947. 234 p.
47-30743.

ASF   41(6):87-88. Ag. 1948. (J. Williamson)
AUT   No. 54:130-131. F. 1955. (n.g.)

RHINE, LOUISA E.

Hidden channels of the mind. New York, William Sloane,
1961. 291 p. 61-12982.

ASF   69(2):161-162. Ap. 1962. (P. Miller)

RHODES, DENYS

The eighth plague. London, Longmans, 1956. 280 p.
57-63.

AUT   No. 78:125. Mr. 1957. (n.g.)

RHODES, HENRY TAYLOR FOWKES

The satanic mass. New York, Citadel, 1955. 232 p.
55-4565.

FSF   10(5):91. My. 1956. (A. Boucher)

RICCI, BARBARA GUIGNON

Year of the rat. New York, Walker, 1973. 275 p.
72-95760.

BKL   69:1009. Jl. 1, 1973. (n.g.)
GAL   34:88. S. 1973. (T. Sturgeon)
LJ   98:567-568. F. 15, 1973. (J. Richter)
PW   203:63. Ja. 8, 1973. (n.g.)

RICE, ELMER

Voyage to Perulia. Harmondsworth, Penguin, 1954. 185 p.

AUT   No. 45:136. My. 1954. (n.g.)

RICHARDS, GUY

Brother bear. London, Joseph, 1957. 206 p.

NEB   No. 22:101-102. Jl. 1957. (K. Slater)

Two rubles to Times Square. New York, Duell, Sloan &
Pearce, 1956. 249 p. 56-5921.

ASF   58(4):153-154. D. 1956. (P. Miller)
GAL   12(6):93. O. 1956. (F. Gale)
FSF   12(2):100. F. 1957. (A. Boucher)

RICHARDS, HORACE GARDINER

The story of earth science. Philadelphia, Lippincott,
1959. 169 p. 59-9218.

GAL   19(1):145. O. 1960. (F. Gale)

RICHARDSON, CYRIL

Venus speaks. London, Regency, 1954. 63 p.

NWB   No. 26:128. Ag. 1954. (L. Flood)

RICHARDSON, ROBERT SHIRLEY

Exploring Mars. New York, McGraw Hill, 1954. 261 p.
54-10645.

ASF   55(5):148-151. Jl. 1955. (P. Miller)
FAU   4(5):125-126. D. 1955. (H. Santesson)
GAL   10(3):120. Je. 1955. (G. Conklin)
FSF   8(6):74-75. Je. 1955. (A. Boucher)

The fascinating world of astronomy. New York, McGraw-
Hill, 1960. 171 p. 61-5813.

GAL   29(1):175. O. 1961. (F. Gale)

Five against Venus, by Philip Latham. Philadelphia,
Winston, 1952. 214 p. 52-5496rev.

AMZ   26(10):148. O. 1952. (S. Merwin)
ASF   50(3):154. N. 1952. (P. Miller)
FUTF   3(5):85,91. Ja. 1953. (R. Lowndes)
GAL   5(2):123-124. N. 1952. (G. Conklin)
SPF   1(3):102. N. 1952. (G. Smith)
SPS   1(1):128-129. O. 1952. (n.g.)

Getting acquainted with comets. New York, McGraw-Hill,
1967. 306 p. 66-24480.

ASF   80(4):166. D. 1967. (R. Hall)

Man and the moon. Cleveland, World, 1961. 171 p.
61-5813.

ASF   68(2):167-168. O. 1961. (P. Miller)

RICHARDSON, ROBERT SHIRLEY (Continued)

Man and the planets. London, Muller, 1954. 188 p.
55-16202.

   AUT   No. 54:129. F. 1955. (n.g.)
   AUT   No. 61:151. S. 1955. (n.g.)

Mars, by Robert S. Richardson and Chesley Bonestell. New York, Harcourt, 1964. 151 p. 63-17767.

   ASF   75(2):152-153. Ap. 1965. (P. Miller)

Missing men of Saturn, by Philip Latham. Philadelphia, Winston, 1953. 215 p. 53-7336rev.

   ASF   54(3):145. N. 1954. (P. Miller)

Second satellite, by Mel Hunter. New York, McGraw, 1956. 191 p. 55-12110.

   FSF   12(2):101. F. 1957. (A. Boucher)

RICHMOND, WALT

Gallagher's glacier, by Walt and Leigh Richmond. New York, Ace, 1970. 106 p.

   LM   24/25:45. My/Je. 1971. (J. Osborne)
   SFR   42:30-31. Ja. 1971. (P. Walker)
   SWSJ   23:8. Je. 1971. (T. Pauls)

Phoenix ship, by Walt and Leigh Richmond. New York, Ace, 1969. 106 p.

   LM   19:27. D. 1970. (D. Paskow)
   SFR   41:27-28. N. 1970. (P. Walker)

Positive charge, by Walt and Leigh Richmond. New York, Ace, 1970. 148 p.

   LM   24/25:45. My/Je. 1971. (J. Osborne)
   SFR   42:30-31. Ja. 1971. (P. Walker)
   SWSJ   28:7-8. Jl. 1971. (T. Pauls)

Shock wave, by Walt and Leigh Richmond. New York, Ace, 1967. 127 p.

   SFO   8:41. Ja. 1970. (P. Anderson)

RICHTER, CONRAD

The waters of Kronos. New York, Knopf, 1960. 176 p.
60-7297.

   ASF   66(6):171. F. 1961. (P. Miller)

RICHTER, PEYTON E., ed.

Utopias: social ideals and communal experiments. Boston, Holbrook, 1971. 323 p. 79-130646.

   SFN   3:3. Je. 1971. (V. Carew)

RICKERT, CORINNE HOLT

The case of John Darrell, minister and exorcist. Gainesville, University of Florida Press, 1962. 67 p. 62-62828.

   FSF   25(6):78. D. 1963. (A. Davidson)

RIDDELL, JAMES

Hit or myth. New York, Harper, 1969. 32 p.

   LM   4:25. S. 1969. (M. Hewitt)

RIEDMAN, SARAH REGAL

Men and women behind the atom. New York, Abelard-Schuman, 1958. 228 p. 58-12802.

   GAL   19(1):145. O. 1960. (F. Gale)

RIENOW, LEONA

The year of the last eagle. New York, Ballantine, 1970. 246 p.

   PW   198(18):55. N. 2, 1970.
   ASF   87:174. Je. 1971. (P. Miller)
   LJ   96:1138. Mr. 15, 1971. (G. Merrill)

RIMMER, ROBERT H.

The Zolotov affair. Los Angeles, Sherbourne, 1968. 191 p. 67-17561.

   WSJ   78:31-32. Ag/O. 1971. (F. Patten)

RINKOFF, BARBARA

The dragon's handbook. New York, Scholastic Book Service, 1971. 112 p.

   LM   37:27. Je. 1972. (J. Post)

Harry's homemade robot. New York, Crown, 1969. 33 p. 79-90994.

   LM   16:9. S. 1970. (J. Post)

ROBB, STEWART

The doom of Germany according to the prophecy of St. Odile. New York, Kings, 1942. 13 p.

   UNK   7(1):156-159. Je. 1943. (A. Boucher)

Nostradamus on Napoleon, Hitler and the present crisis. New York, Scribners, 1941. 218 p. 41-24922.

   UNK   6(1):106-108. Je. 1942. (A. Boucher)

ROBBINS, JOHN ALBERT

The Merrill checklist of Edgar Allan Poe. Columbus, Ohio, Merrill, 1969. 44 p. 72-90037.

   LM   18:24. N. 1970. (J. B. Post)

ROBBINS, TOM

Another roadside attraction. New York, Ballantine, 1972. 337 p.

   KPG   6:80. N. 1972. (n.g.)
   GAL   33:171. Ja. 1973. (T. Sturgeon)
   NR   25:104. Ja. 19, 1973. (T. Sturgeon)

ROBERTS, HENRY C., ed.

The complete prophecies of Nostradamus. New York, Nostradamus, Inc., 1949. 350 p.

    FUTF   3(1):58-59. My. 1952. (L. de Camp)
    FSF   25(5):69-70. N. 1963. (A. Davidson)

ROBERTS, JANE

The education of oversoul seven. Englewood Cliffs, N.J., Prentice-Hall, 1973. 226 p.

    LJ   98:1512. My. 1, 1973. (W. Robinson)
    PW   204:79. Jl. 2, 1973. (n.g.)

The rebellers. New York, Ace, 1963. 155 p.

    ASF   72(5):88. Ja. 1964. (P. Miller)

ROBERTS, KEITH

Anita. New York, Ace, 1970. 221 p.

    LM   35/36:54. Ap/My. 1972. (C. Moslander)

The furies. New York, Berkley, 1966. 192 p.

    FSF   31(5):60. N. 1966. (J. Merril)

The inner wheel. Garden City, N.Y., Doubleday, 1970. 207 p. 75-116248.

    GAL   31:113-116. Mr. 1971. (A. Budrys)
    LM   30:31. N. 1971. (S. Mines)
    SWSJ 17:2. Mr. 1971. (J. Newton)

Machines and men. London, Hutchinson, 1973. 286 p.

    BB   18:81-82. S. 1973. (J. Meades)
    TLS   3715:562. My. 18, 1973. (n.g.)

Pavane. Garden City, N.Y., Doubleday, 1968. 279 p. 68-22526.

    ASF   83(2):164. Ap. 1969. (P. Miller)
    GAL   28(3):116-118. Ap. 1969. (A. Budrys)
    NWB   No. 186:62-63. Ja. 1969. (J. Churchill)
    FSF   36(4):44-45. Ap. 1969. (J. Russ)
    WIF   20(4):155-156. Ap. 1970. (L. del Rey)

ROBERTS, KENNETH LEWIS

Water unlimited. Garden City, N.Y., Doubleday, 1957. 285 p. 57-11437.

    ASF   61(4):146-147. Je. 1958. (P. Miller)

ROBERTS, TERENCE

Report on the status quo. New York, Merlin Press, 1955. 63 p. 55-12135.

    ASF   57(2):150-151. Ap. 1956. (P. Miller)
    GAL   12(1):101. My. 1956. (F. Gale)
    SFIQ 4(4):77. Ag. 1956. (D. Knight)

ROBESON, KENNETH

Red snow. New York, Bantam, c1935. 139 p.

    VEN   4(1):100. F. 1970. (R. Goulart)
    LM   14:24. Jl. 1970. (D. Paskow)

World's fair goblin. New York, Bantam, 1969. 122 p.

    LM   14:24. Jl. 1970. (D. Paskow)

ROBINSON, FRANK M.

The power. Philadelphia, Lippincott, 1956. 218 p. 56-6413.

    ASF   58(1):156. S. 1956. (P. Miller)
    FUTF   No. 31:95-96. W. 1956/1957. (D. Knight)
    GAL   12(6):92-93. O. 1956. (F. Gale)
    ISF   7(5):122-123. O. 1956. (H. Bott)
    NEB   No. 21:104. My. 1957. (K. Slater)
    NWB   No. 58:125. Ap. 1957. (L. Flood)
    FSF   11(1):94. Jl. 1956. (A. Boucher)

ROBINSON, JOHN

The universe we live in. New York, Crowell, 1952. 252 p. 52-7854.

    SFP   1(2):65. Ap. 1953. (S. Moskowitz)

ROBLES, ANTONIO

The refugee centaur, by antoniorrobles. New York, Twayne, 1952. 245 p. 52-12880.

    GAL   5(6):110-111. Mr. 1953. (G. Conklin)

ROCKLYNNE, ROSS

The men and the mirror. New York, Ace, 1973. 208 p.

    WIF   21:107-108. Jl/Ag. 1973. (L. del Rey)

The sun destroyers. New York, Ace, 1973. 156 p.

    VIEWS AND REVIEWS 4(4):77-78. Sm. 1973. (R. Briney)

ROCKWELL, CAREY

Danger in deep space. New York, Grosset, 1953. 209 p. 53-8503.

    AUT   No. 53:126. Ja. 1955. (n.g.)

Stand by for Mars. New York, Grosset, 1952. 216 p. 52-14369.

    AUT   No. 53:126. Ja. 1955. (n.g.)

RODD, RALPH
SEE North, William.

RODGERS, MARY

Freaky Friday. New York, Harper & Row, 1972. 145 p.
74-183158.

LM   41/42:28. O/N. 1972. (K. Anderson)

RODGERS, WILLIAM

Think. London, Weidenfeld, 1970. 320 p.

NWB   No. 198:30-31. F. 1970. (J. Sladek)

ROE, ANNE

The making of a scientist. New York, Dodd, Mead, 1953.
244 p. 53-8405.

FUTF   5(2):85-86. Ag. 1954. (L. de Camp)

ROGERS, ALVA

A requiem for Astounding. Chicago, Advent, 1964. 224 p.
64-57082.

AMZ   42(5):144-145. Ja. 1969. (B. Malzberg)
ASF   75(1):84. Mr. 1965. (P. Miller)

ROGERS, MICHAEL

Mindfogger. New York, Knopf, 1973. 224 p. 72-11026.

BS   33:142. Je.15, 1973. (K. Cook)
KR   41:201. F. 15, 1973. (n.g.)
LJ   98:442. F. 1, 1973. (M. Rogers)
LJ   98:1193. Ap. 1, 1973. (J. Aroeste)
LJ   98:3166. O. 15, 1973. (Y. Schmitt)
NS   2227:782. N. 23, 1973. (P. Straub)
NYT   p. 38. My. 13, 1973. (M. Levin)

ROGHI, GIANNI

Dahlak, by Gianni Roghi and F. Baschieri. London, Kaye,
1956. 256 p.

GAL   15(4):105. F. 1958. (F. Gale)

ROHMER, SAX
SEE Wade, Arthur Sarsfield

ROKEAH, DAVID

Eyes in the rock. London, Rapp & Carroll, 1968. 78 p.

NWB   No. 181:64. Ap. 1968. (J. Sallis)

ROLAND, NICHOLAS

Natural causes. Nashville, Aurora, 1971. 208 p.
74-125581.

PW   198(12):53. S. 21, 1970.

ROMANO, DEAN

Flight from time one. New York, Walker, 1972. 259 p.

LM   49:27. At. 1973. (K. Anderson)
LJ   98:568. F. 15, 1973. (R. Middleton)

ROMER, ALFRED SHERWOOD

Man and the vertebrates. Harmondsworth, Penguin, 1954.
2 v.

AUT   No. 53:132. Ja. 1955. (n.g.)

ROMILLY, ERIC

Bleeding from the Roman. London, Chapman, 1949. 255 p.

STL   20(2):156. N. 1949. (n.g.)

RONAY, GABRIEL

The Dracula myth. London, Allen, 1972. 180 p.

BB   18:40-45. D. 1972. (I. Moncreiffe)

The truth about Dracula. New York, Stein & Day, 1972.
180 p. 72-83095.

LJ   98:422. F. 1, 1973. (J. Suleiman)
SRSC   1:68-71. Ja. 27, 1973. (G. Stuttaford)

ROSCHWALD, MODECAI

Level 7. New York, McGraw-Hill, 1959. 186 p. 60-8115.

AMZ   35(11):144. N. 1961. (S. Cotts)
ASF   66(3):161-163. N. 1960. (P. Miller)
GAL   19(3):140-141. F. 1961. (F. Gale)
SCF   No. 40:112. Ap. 1960. (L. Flood)
FSF   18(7):76-78. Jl. 1960. (D. Knight)

A small Armageddon. London, Heinemann, 1962. 211 p.
62-40452.

NWB   No. 116:127-128. Mr. 1962. (L. Flood)

ROSE, ELIZABETH

The sorcerer's apprentice. New York, Walker, 1968. 32 p.
68-28152.

LM   4:25. S. 1969. (M. Hewitt)
LM   5:31-32. O. 1969. (D. Langsam)

ROSE, HOWARD

12 ravens. New York, Macmillan, 1969. 405 p. 78-75905.

LM   24/25:37. My/Je. 1971. (D. Paskow)

ROSE, LOIS

The shattered ring: science fiction and the quest for
meaning, by Lois and Stephen Rose. Richmond, Va., John
Knox Press, 1970. 127 p. 70-103465.

GAL   31(1):94-95,191. D. 1970. (A. Budrys)
LJ   95:2683. Ag. 1970. (A. Seaburg)
PW   197(15):78. Ap. 13, 1970.

ROSE, LOIS (Continued)

The shattered ring: science fiction and the quest for meaning (Continued)

SFR	40:23.	O. 1970.	(R. Delap)
EXT	12(1):28-29.	D. 1970.	
ASF	87:161-163.	Ap. 1971.	(P. Miller)
BB	16:11,64.	F. 1971.	(J. Ballard)
FSF	41:13-14.	Ag. 1971.	(J. Blish)
LM	24/25:49.	My/Je. 1971.	(J. B. Post)
WSJ	76:114.	Ap/My. 1971.	(J. Newton)
PW	202:76.	Jl. 24, 1972.	(n.g.)

ROSE, MITCHELL

Norman. New York, Simon & Schuster, 1970. 48 p. 72-101892.

    LM   31:26. D. 1971. (S. Deckinger)

ROSE, RONALD

Living magic. Chicago, Rand McNally, 1956. 240 p. 56-10878.

    ASF   59(1):146-147. Mr. 1957. (P. Miller)

ROSE, STEPHEN

The chemistry of life. Harmondsworth, Penguin, 1966. 272 p.

    NWB   No. 165:150. Ag. 1966. (W. E. B.)

ROSE, WILLIAM, ed.

The historie of the damnable life and deserved death of Doctor John Faustus. Notre Dame, Univ. of Notre Dame Press, 1963. 210 p. 63-693.

    FSF   25(5):71-72. N. 1963. (A. Davidson)

ROSEBURY, THEODOR

Peace or pestilence. New York, Whittlesey House, 1949. 218 p. 49-3462.

    SSS   6(1):81. N. 1949. (F. Pohl)

ROSEN, MILTON W.

The Viking rocket story. New York, Harper, 1955. 242 p. 55-6592.

ASF	57(3):142-143.	My. 1956.	(P. Miller)
AUT	No. 72:152-153.	Ag. 1956.	(n.g.)
NEB	No. 27:102.	F. 1958.	(K. Slater)
FSF	10(1):96.	Ja. 1956.	(A. Boucher)

ROSENBERG, HAROLD

Tradition of the new. London, Panther, 1970. 256 p.

    NWB   No. 196:32. D. 1969. (M. Moorcock)

ROSNY, J-H., AINE, pseud. of J. H. H. BOËX

Quest of the dawn man. New York, Ace, 1964. 156 p.

    ASF   75(1):88. Mr. 1965. (P. Miller)

ROSS, FRANK, JR.

Spaceships and space travel. London, Museum Press, 1956. 166 p.

AUT	No. 69:154.	My. 1956.	(n.g.)
NEB	No. 17:102.	Jl. 1956.	(K. Slater)
NWB	No. 47:128.	My. 1956.	(L. Flood)

ROSS, JAMES

The god killers. London, Sidgwick & Jackson, 1970. 190 p.

    SFO   17:24. N. 1970. (P. Anderson)

ROSS, JOSEPH, ed.

The best of Amazing. Garden City, N.Y., Doubleday, 1967. 222 p. 67-15359.

AMZ	41(5):141-142.	D. 1967.	(H. Harrison)
GAL	26(2):190-192.	D. 1967.	(A. Budrys)

ROSS, MALCOLM HARRISON

The man who lived backward. New York, Farrar, Strauss & Co., 1950. 461 p. 50-8807.

    ASF   47(3):151. My. 1951. (P. Miller)

ROSS, MARILYN

Barnabas Collins and the mysterious ghost. New York, Paperback Library, 1970. 160 p.

    LM   21:30. F. 1971. (J. Rapkin)

Barnabas Collins versus the warlock (Dark shadows #11). New York, Paperback Library, 1969. 156 p.

    LM   13:30. Je. 1970. (J. Rapkin)

The foe of Barnabas Collins. New York, Paperback Library, 1969. 158 p.

    FAS   20(1):123,136. O. 1970. (H. Stine)

House of dark shadows. New York, Paperback Library, 1970.

    LM   35/36:59. Ap/My. 1972. (R. FitzOsbert)

The peril of Barnabas Collins (Dark shadows #12). New York, Paperback Library, 1969. 158 p.

    LM   13:30. Je. 1970. (J. Rapkin)

ROSSITER, OSCAR

Tetrasomy two. Garden City, N.Y., Doubleday, 1974. 186 p. 73-83666.

KR	41:1232.	N. 1, 1973.	(n.g.)
PW	204:56.	N. 5, 1973.	(n.g.)

ROSTAND, JEAN

Can man be modified? New York, Basic Books, 1959. 105 p. 59-8370.

    ASF   67(1):153-154. Mr. 1961. (P. Miller)
    WIF   9(5):100-101. N. 1959. (F. Pohl)

ROTHBERG, ABRAHAM

The sword of the Golem. New York, McCall, 1971. 232 p. 71-134477.

    LM   33:32. F. 1972. (P. Walker)

ROTHMAN, MILTON A.

The laws of physics. New York, Basic Books, 1963. 254 p. 63-20022.

    ASF   73(3):86. My. 1964. (P. Miller)

ROTTENSTEINER, FRANZ, ed.

View from another shore. New York, Seabury, 1973. 234 p.

    GAL   34:81-83. N. 1973. (T. Sturgeon)
    NYT   p. 38-39. S. 23, 1973. (T. Sturgeon)

ROUECHE, BERTON

Curiosities of medicine. Boston, Little, Brown, 1963. 338 p. 63-13979.

    FSF   26(4):89-90. Ap. 1964. (A. Davidson)

ROUSSEL, RAYMOND

Locus solus. Berkeley, University of California Press, 1970. 254 p. 79-100023.

    LJ   96:502. F. 1, 1971. (A. Curley)
    LM   35/36:58. Ap/My. 1972. (G. Labowitz)

ROWLAND, JOHN

The astonishing atom. London, Arnold, 1952. 119 p.

    AUT   No. 61:152. S. 1955. (n.g.)

Mysteries of science. New York, Philosophical Library, 1957. 214 p. 57-3297.

    GAL   16(1):119. My. 1958. (F. Gale)

This age of science. London, Arnold, 1955. 128 p.

    AUT   No. 60:151. Ag. 1955. (n.g.)

ROY, LILLIAN ELIZABETH

The prince of Atlantis. New York, Education Press, 1929. 351 p. A31-370.

    AMZ   4(11):1088. F. 1930. (C. Brandt)

RUBLOWSKY, JOHN

Life and death of the sun. New York, Basic Books, 1964. 164 p. 64-17279.

    FSF   29(1)[i.e. 28(6)]:77. Je. 1965. (J. Merril)

RUDAUX, LUCIEN, ed.

Larousse encyclopedia of astronomy, ed. by Lucien Rudaux and G. de Vaucouleurs. New York, Prometheus Press, 1959. 506 p. 59-11018.

    ASF   66(2):171. O. 1960. (P. Miller)

RUDD, ANTHONY MELVILLE

The stuffed men. New York, Macauley, 1935. 250 p. 35-18569.

    AMZ   10(9):135. Ap. 1936. (C. Brandt)

RUDOLPH, MARGUERITA

The brave soldier and a dozen devils. New York, Seabury, 1970. 41 p. 79-115781.

    LM   33:28. F. 1972. (S. Deckinger)

RUDORFF, RAYMOND

The Dracula archives. New York, Arbor House, 1972. 206 p. 73-183380.

    SWSJ   114:3. N. 1973. (W. Hixon)

RÜBER, JOHANNES

Bach and the heavenly choir. Cleveland, World, 1956. 150 p. 57-5888.

    FSF   12(6):110. Je. 1957. (A. Boucher)

RUNES, DAGOBERT DAVID

On the nature of man. New York, Philosophical Library, 1956. 105 p. 56-13512.

    GAL   12(3):101. Jl. 1956. (F. Gale)

RUNYON, CHARLES W.

Pig world. Garden City, N.Y., Doubleday, 1971. 215 p. 73-163093.

    KR   39:1040. S. 15, 1971. (n.g.)
    LJ   96:3642. N. 1, 1971. (F. Patten)
    PW   200:58. O. 11, 1971. (n.g.)
    LJ   97:792. F. 15, 1972. (A. Hankenson)

RUPPELT, EDWARD J.

The report on unidentified flying objects. Garden City, N.Y., Doubleday, 1956. 315 p. 56-5444.

    ASF   58(5):151-154. Ja. 1957. (P. Miller)
    FAU   5(6):127. Jl. 1956. (H. Santesson)
    SFIQ   4(4):73-74. Ag. 1956. (D. Knight)
    FSF   10(5):90-91. My. 1956. (A. Boucher)

RUSS, JOANNA

And chaos died. New York, Ace, 1970. 189 p.

AMZ	44(3):130-131. S. 1970. (G. Benford)
FAS	19(4):109. Ap. 1970. (F. Leiber)
FSF	39(6):20-21. D. 1970. (J. Blish)
SFR	35:42. F. 1970. (R. Geis)
SFO	17:34-35. N. 1970. (G. Turner)
ASF	86:167-168. F. 1971. (P. Miller)
LM	23:26. Ap. 1971. (C. Woodruff)

Picnic on paradise. New York, Ace, 1968. 157 p.

AMZ	42(6):143-144. Mr. 1969. (W. Atheling, Jr.)
FAS	18(2):141. D. 1968. (F. Leiber)
NWB	No. 185:61. D. 1968. (M. Harrison)
ASF	83(2):165. Ap. 1969. (P. Miller)
FSF	35(3):35-37. S. 1968. (J. Merril)
SFO	1:10. Ja. 1969. (G. Turner)

RUSSELL, BERTRAND ARTHUR WILLIAM RUSSELL, 3d EARL

The impact of science on society. New York, Simon & Schuster, 1953. 144 p. 52-14878.

| SFIQ | 2(5):59-60. N. 1953. (L. de Camp) |

Mysticism and logic. Harmondsworth, Penguin, 1953. 220 p.

| AUT | No. 53:132. Ja. 1955. (n.g.) |

Nightmares of eminent persons. New York, Simon & Schuster, 1955. 177 p. 54-12360.

| ASF | 57(3):147-148. My. 1956. (P. Miller) |
| FSF | 9(4):102. O. 1955. (A. Boucher) |

Satan in the suburbs. New York, Simon & Schuster, 1953. 148 p. 53-11006.

| FSF | 5(4):73. O. 1953. (Boucher & McComas) |

RUSSELL, EDWARD JOHN

Science and modern life. London, Epworth, 1955. 104 p.

| AUT | No. 67:155. Mr. 1956. (n.g.) |

RUSSELL, ERIC FRANK

Dark tides. London, Dobson, 1962. 184 p.

| NWB | No. 130:127. My. 1963. (L. Flood) |

Deep space. Reading, Pa., Fantasy Press, 1954. 249 p. 54-5690.

ASF	55(6):147-148. Ag. 1955. (P. Miller)
GAL	9(3):110. D. 1954. (G. Conklin)
AUT	No. 70:155. Je. 1956. (n.g.)
NEB	No. 17:101. Jl. 1956. (K. Slater)
NWB	No. 49:124. Jl. 1956. (L. Flood)
SFIQ	3(5):59. My. 1955. (D. Knight)

Dreadful sanctuary. Reading, Pa., Fantasy Press, 1951. 276 p. 51-10363.

ASF	48(5):134. Ja. 1952. (P. Miller)
GAL	2(4):117. Jl. 1951. (G. Conklin)
FSF	2(5):59. O. 1951. (Boucher & McComas)
ALG	19:29. N. 1972. (D. Lupoff)

Far stars. London, Dobson, 1961. 191 p.

| NWB | No. 110:125. S. 1961. (L. Flood) |

The great explosion. New York, Dodd, Mead, 1962. 187 p. 62-17824.

| ASF | 71(2):87-88. Ap. 1963. (P. Miller) |
| NWB | No. 118:128. My. 1962. (L. Flood) |

Great world mysteries. New York, Roy Publishers, 1957. 191 p. 57-11233.

ASF	61(4):144-145. Je. 1958. (P. Miller)
NEB	No. 27:100-101. F. 1958. (K. Slater)
FSF	15(6):103. D. 1958. (A. Boucher)

Men, martians and machines. New York, Roy Publishers, 1956. 191 p. 56-8334.

ASF	58(6):144-145. F. 1957. (P. Miller)
GAL	13(6):106. Ap. 1957. (F. Gale)
NWB	No. 156:121. N. 1965. (J. Colvin)
NEB	No. 18:104. N. 1956. (K. Slater)
FSF	11(5):100. N. 1956. (A. Boucher)

Sentinels from space. New York, Bouregy & Curl, 1953. 256 p. 52-14743.

ASF	53(2):146-147. Ap. 1954. (P. Miller)
AUT	No. 46:138-139. Je. 1954. (n.g.)
GAL	6(4):122. Jl. 1953. (G. Conklin)
GAL	8(4):99. Jl. 1954. (G. Conklin)
NWB	No. 23:126. My. 1954. (L. Flood)
FSF	4(2):74. F. 1953. (Boucher & McComas)

Sinister barrier. Reading, Pa., Fantasy Press, 1948. 253 p. 48-8355.

AMZ	39(4):126-127. Ap. 1965. (R. Silverberg)
ASF	44(1):151-152. S. 1949. (P. Miller)
FNM	4(1):117. My. 1950. (S. Moskowitz)
AUT	No. 22:112. Je. 1952. (n.g.)
SSS	5(1):93. Ja. 1949. (F. Pohl)

Six worlds yonder. New York, Ace, 1958. 125 p.

| ASF | 63(4):150. Je. 1959. (P. Miller) |
| REN | 3:17. Fl. 1971. (M. Hickman) |

Somewhere a voice. London, Dobson, 1965. 184 p. NUC 67-57376.

| NWB | No. 157:122-123. D. 1965. (R. Bennett) |

The space willies. New York, Ace, 1958. 131 p.

AMZ	33(3):141-142. Mr. 1959. (S. Cotts)
ASF	63(4):150. Je. 1959. (P. Miller)
FAU	11(2):102. Mr. 1959. (H. Santesson)
REN	3:17. Fl. 1971. (M. Hickman)

Three to conquer. New York, Avalon, 1956. 224 p. 56-13295.

ASF	59(1):145. Mr. 1957. (P. Miller)
ASF	60(5):144-145. Ja. 1958. (P. Miller)
FAS	6(1):109. F. 1957. (V. Gerson)
FUTF	No. 31:100-101. W. 1956/1957. (M. King)
ISF	8(2):122. Ap. 1957. (H. Bott)
NEB	No. 23:105. Ag. 1957. (K. Slater)
FSF	12(1):95-96. Ja. 1957. (A. Boucher)

RUSSELL, ERIC FRANK

Wasp. New York, Avalon Books, 1957. 223 p. 57-12689.

    AMZ   32(5):56-57. My. 1958. (S. Cotts)
    ASF   61(6):138-139. Ag. 1958. (P. Miller)
    GAL   16(4):128. Ag. 1958. (F. Gale)
    NWB   No. 84:84. Je. 1959. (L. Flood)
    SFAD   2(6):91-92. Je. 1958. (C. Knox)
    FSF   14(4):94. Ap. 1958. (A. Boucher)

With a strange device. London, Dobson, 1964. 183 p.

    NWB   No. 145:119. N/D. 1964. (J. Colvin)

RUSSELL, GERALDINE

A rocket trip to the moon. New York, Golden Press,
1970. 31 p.

    LM   26/27:28. Jl/Ag. 1971. (J. Post)

RUSSELL, JOHN

Pop art redefined, by John Russell and Suzi Gablik.
London, Thames and Hudson, 1969. 240 p.

    NWB   No. 195:33. N. 1969. (R. Jones)

RUSSELL, RAY

The case against Satan. London, Souvenir, 1963. 190 p.

    SCF   No. 58:111-112. Ap. 1963. (J. Carnell)

Sardonicus and other short stories. New York,
Ballantine, 1961. 143 p.

    NWB   No. 113:128. D. 1961. (J. Carnell)

RUZIC, NEIL P.

The case for going to the moon. New York, Putnam, 1965.
240 p. 65-22124.

    ASF   77(2):144-146. Ap. 1966. (P. Miller)

Where the winds sleep. Garden City, N.Y., Doubleday,
1970. 234 p. 74-97687.

    SFN   8:3. F. 25, 1972. (F. Lerner)

RYAN, CORNELIUS

Across the space frontier. New York, Viking, 1952.
147 p. 52-12571.

    ASF   51(1):156-157. Mr. 1953. (P. Miller)
    AUT   No. 31:137. Mr. 1953. (H. Campbell)
    FSF   4(4):97-98. Ap. 1953. (Boucher & McComas)
    GAL   5(5):97-98. F. 1953. (G. Conklin)
    NWB   No. 19:94. Ja. 1953. (A. Clarke)
    SPF   1(4):100. F. 1953. (G. Smith)

Conquest of the moon, ed. by Cornelius Ryan. New York,
Viking, 1953. 126 p. 53-8620.

    ASF   53(6):153-154. Ag. 1954. (P. Miller)
    FSF   6(2):96. F. 1954. (Boucher & McComas)
    GAL   8(2):130-131. My. 1954. (G. Conklin)
    SFD   1(1):159-160. F. 1954. (E. Lewis)

RYCROFT, CHARLES

Anxiety and neurosis. London, Allen Lane, 1968. 160 p.

    NWB   No. 186:57. Ja. 1969. (J. Brunner)

S

SABERHAGEN, FRED

Berserker. New York, Ballantine, 1967. 190 p.

    ASF   80(4):163. D. 1967. (P. Miller)
    FSF   33(2):35. Ag. 1967. (J. Merril)

The black mountains. New York, Ace, 1971. 159 p.

    WIF   21:173-174. N/D. 1971. (L. del Rey)
    LM   35/36:48. Ap/My. 1972. (D. Paskow)

Brother assassin. New York, Ballantine, 1969. 222 p.

    AMZ   43(3):127. S. 1969. (W. Atheling, Jr.)
    NWB   No. 191:61. Je. 1969. (J. Cawthorn)
    NWB   No. 194:29. O. 1969. (J. Clute)

SADECKY, PETR

Octobriana and the Russian underground. New York, Harper, 1972. 128 p. 70-184217.

    ASF   90:171-172. D. 1972. (P. Miller)

SADIL, JOSEF

The moon and the planets. London, Hamlyn, 1963. 22 p. 64-1737.

    ASF   73(6):87-88. Ag. 1964. (P. Miller)

SADOUL, JACQUES

Hier, l'an 2000. Paris, Denoel, 1973. 176 p.

    VIEWS AND REVIEWS 5(1):39. S. 1973. (R. Briney)

SAENGER, E.

A rocket drive for long range bombers, by E. Saenger and J. Bredt. Santa Barbara, Calif., Robert Cornog, 1952. 175 p.

    SFIQ   2(5):63. N. 1953. (L. de Camp)
    SFP   2(2):158. S. 1953. (G. Smith)
    GAL   6(5):117. Ag. 1953. (G. Conklin)

SAGAN, CARL

The cosmic connection: an extraterrestrial perspective. Garden City, N.Y., Doubleday, 1973. 274 p.

    PW   204:54. N. 5, 1973. (n.g.)

UFO's: a scientific debate, ed. by Carl Sagan and Thornton Page. Ithaca, N.Y., Cornell University Press, 1972. 310 p.

    GAL   34:120-130. Jl/Ag. 1973. (T. Sturgeon)
    TLS   3719:658. Je. 15, 1973. (n.g.)
    LM   46:14. Mr. 1973. (N. Barron)
    PW   202:56. N. 6, 1972. (n.g.)

ST. CLAIR, MARGARET

Agent of the unknown. New York, Ace, 1956. 128 p. 56-28855.

    ASF   58(1):158-159. S. 1956. (P. Miller)
    FSF   11(2):108. Ag. 1956. (A. Boucher)

The games of Neith. New York, Ace, 1960. 149 p.

    AMZ   35(1):134. Ja. 1961. (S. Cotts)
    ASF   67(2):172-173. Ap. 1961. (P. Miller)

The green queen. New York, Ace, 1956. 190 p.

    ASF   58(5):157-158. Ja. 1957. (P. Miller)

Sign of the labrys. New York, Bantam, 1963. 139 p. 63-15233.

    ASF   73(1):91. Mr. 1964. (P. Miller)

ST. JOHN, DAVID

The sorcerers. New York, Weybright, 1969. 160 p. 74-95055.

    LM   20:30. Ja. 1971. (J. B. Post)

ST. JOHN, PHILIP
SEE del Rey, Lester

ST. JOHN, WYLLY FOLK

The ghost next door. New York, Harper, 1971. 178 p.

    LM   44:16. Ja. 1973. (K. Anderson)

SALE, ROGER

Modern heroism: essays on D. H. Lawrence, William Empson, and J. R. R. Tolkien. Richmond, University of California Press, 1973. 250 p. 73-186106.

    LJ   97:3914. N. 15, 1972. (K. Cushman)

SALISBURY, WILLIAM

The squareheads: a story of a socialized state. New Rochelle, N.Y., Independent Publishing Co., 1929. 168 p. 29-21544.

AMZ   4(12):1188. Mr. 1930. (C. Brandt)

SALLASKA, GEORGIA

Three ships and three kings. Garden City, N.Y., Doubleday, 1969. 383 p. 69-10948.

LM   7:30-31. D. 1969. (J. B. Post)

SALLIS, JAMES

A few last words. New York, Macmillan, 1970. 226 p. 71-122293.

LJ   95(21):4196. D. 1, 1970. (D. Polacheck)
PW   198(3):68. Jl. 20, 1970.
FSF   41:14-15. Ag. 1971. (J. Blish)
LM   31:28. D. 1971. (C. Moslander)
SFO   23:14-17. S. 1971. (B. Gillam)

The shores beneath, ed. by James Sallis. New York, Avon, 1971. 192 p.

GAL   32:86. Mr. 1972. (T. Sturgeon)
KPG   6:74. F. 1972. (C. Richey)

SAMACHSON, JOSEPH

Mel Oliver and space rover on Mars, by William Morrison. New York, Gnome Press, 1954. 191 p. 54-7254.

ASF   54(3):144. N. 1954. (P. Miller)
GAL   9(2):123. N. 1954. (G. Conklin)
FSF   9(3):88. S. 1955. (A. Boucher)

SAMBROT, WILLIAM

Island of fear. New York, Permabook, 1963. 166 p.

ASF   73(1):90. Mr. 1964. (P. Miller)

SANCHEZ-SILVA, JOSE MARIA

Ladis and the ant. New York, McGraw-Hill, 1969. 91 p. 69-16261.

LM   11:23. Ap. 1970. (C. Moslander)

SANDERSON, IVAN TERENCE

Abominable snowmen: legend come to life. Philadelphia, Chilton, 1961. 505 p. 61-10907.

FSF   21(6):71-72. D. 1961. (A. Bester)

Animal treasure. New York, Viking, 1937. 325 p. 37-28557.

TWS   11(2):79. Ap. 1938. (P. M.)

Things. New York, Pyramid, 1967. 188 p.

FSF   34(3):44. Mr. 1968. (J. Merril)

SANDOZ, MAURICE YVES

Fantastic memories. Garden City, N.Y., Doubleday, 1957. 146 p. 57-9512.

FAS   6(11):124. D. 1957. (S. Cotts)
FSF   13(5):116. N. 1957. (A. Boucher)

SANTESSON, HANS STEFAN, ed.

Crime prevention in the 30th century. New York, Walker, 1969. 175 p. 70-86393.

LJ   94:4158. N. 15, 1969. (P. Edlund)
FSF   39(3):17-18. S. 1970. (J. Blish)
SFR   40:31. O. 1970. (P. Walker)
NR   22:(27):743-744. Jl. 4, 1970. (T. Sturgeon)
CHO   7:952. S. 1970.
NYT   p. 45. Mr. 15, 1970. (A. Hubin)
ASF   88:165-166. S. 1971. (P. Miller)
LM   21:26. F. 1971. (D. Paskow)
VEN   4(2):110. My. 1970. (R. Goulart)

The days after tomorrow. Boston, Little, Brown, 1971. 261 p. 77-129913.

LJ   96:3479-3480. O. 15, 1971. (E. Haynes)
PW   200:73. Jl. 12, 1971. (n.g.)
LM   38/39:44. Jl/Ag. 1972. (G. Bear)

The Fantastic Universe omnibus. Englewood Cliffs, N.J., Prentice-Hall, 1960. 270 p. 60-7664.

ASF   66(4):167-169. D. 1960. (P. Miller)
GAL   19(5):97. Je. 1961. (F. Gale)

Gentle invaders. New York, Belmont, 1969. 176 p.

LM   9:29. F. 1970. (J. Slavin)

The mighty barbarians. New York, Lancer, 1969. 221 p.

LM   15:31. Ag. 1970. (D. Paskow)
SFR   38:34. Je. 1970. (F. Patten)

The mighty swordsmen. New York, Lancer, 1970. 256 p.

FF   1:76. Je. 1971. (D. Menville)
LM   22:18. Mr. 1971. (L. Carter)

Rulers of men. New York, Pyramid, 1965. 173 p.

NWB   No. 158:122. Ja. 1966. (J. Colvin)
FSF   30(6):38. Je. 1966. (F. Leiber)

Understanding Mu. New York, Paperback Library, 1970. 189 p.

LM   26/27:31. Jl/Ag. 1971. (R. Freedman)

SANTUCCI, LUIGI

Orfeo in paradise. New York, Knopf, 1969. 210 p. 69-10715.

LM   8:27. Ja. 1970. (J. B. Post)

SANZ, JOSE, ed.

SF symposium/F. C. simposio. Rio de Janeiro, Instituto Nacional do Cinema, 1970. 188 p.

LM   24/25:63. My/Je. 1971. (J. B. Post)

SAPIRO, LELAND

Lovecraft: a symposium. Los Angeles, The Author, 1964. 17 p.

    ASF   73(6):84. Ag. 1964. (P. Miller)

SARAC, ROGER

The throwbacks. New York, Belmont, 1966. 140 p.

    LM   15:35. Ag. 1970. (J. Slavin)

SARBAN
SEE Wall, John W.

SATURDAY EVENING POST

The Post reader of fantasy and science fiction. Garden City, N.Y., Doubleday, 1964. 311 p. 64-11293.

    ASF   73(4):87. Je. 1964. (P. Miller)
    FSF   26(5):67-68. My. 1964. (A. Davidson)

SAUER, ROB., ed.

Voyages: scenarios for a ship called Earth. New York, Ballantine/ZPG, 1971. 315 p.

    FUT   3:317-318. S. 1971. (D. Livingston)
    LM   40:22. S. 1972. (M. McQuown)

SAUL, GEORGE BRANDON, ed.

Owl's watch. Greenwich, Conn., Fawcett, 1965. 238 p. 65-23753.

    FSF   30(4):40. Ap. 1966. (F. Leiber)

SAUNDERS, ERNEST JAMES

Science and ourselves, by E. J. Saunders and E. R. Franklin. London, Murray, 1954. 287 p.

    AUT   No. 50:135. O. 1954. (n.g.)

SAVAGE, BLAKE

Rip Foster rides the grey planet. Racine, Wisc., Whitman, 1952. 250 p. 52-4711.

    AUT   No. 53:126. Ja. 1955. (n.g.)
    LM   11:23-24. Ap. 1970. (D. Paskow)

SAVAGE, MARY

A likeness to voices. New York, Torquil, 1963. 214 p. 63-11176.

    FSF   25(5):71. N. 1963. (A. Davidson)

SAWYER, WILLIAM WARWICK

Prelude to mathematics. Harmondsworth, Penguin, 1955. 214 p.

    AUT   No. 60:151-152. Ag. 1955. (n.g.)

SAXON, PETER

Dark ways to death. New York, Berkley, 1969. 143 p.

    FAS   20(1):119-121. O. 1970. (F. Leiber)
    LM   13:28. Je. 1970. (S. Mines)
    SWSJ   24:7-8. Je. 1971. (D. Halterman)
    SWSJ   26:5-6. Jl. 1971. (R. Rieve)

The haunting of Alan Mais. New York, Berkley, 1969. 143 p.

    LM   14:28. Jl. 1970. (D. Paskow)
    WIF   20(1):157-158. Ja. 1970. (L. del Rey)
    SWSJ   24:7-8. Je. 1971. (D. Halterman)
    WSJ   supp 74-1:3. 1971. (R. Rieve)

The killing bone. New York, Berkley, 1969. 159 p.

    FAS   20(1):119-122. O. 1972. (F. Leiber)
    LM   13:28. Je. 1970. (S. Mines)

Vampire's moon. New York, Belmont, 1970. 176 p.

    LM   30:30. N. 1971. (J. Rapkin)

SAXTON, JOSEPHINE

Group feast. Garden City, N.Y., Doubleday, 1971. 184 p. 74-171270.

    LJ   96:3348. O. 15, 1971. (B. Smith)
    FSF   43:64,117. Jl. 1972. (J. Blish)
    LM   41/42:58. O/N. 1972. (C. Moslander)
    NR   24:535. My. 12, 1972. (T. Sturgeon)
    SWSJ   58:3. Jl. 1972. (B. Keller)

The hieros gamos of Sam and An Smith. Garden City, N.Y., Doubleday, 1969. 138 p. 69-20071.

    AMZ   43(6):134-135. Mr. 1970. (R. Delap)
    FSF   38(1):48-49. F. 1970. (J. Blish)
    LM   16:31. S. 1970. (J. B. Post)
    GAL   33:94. Jl. 1972. (T. Sturgeon)
    NWB   No. 195:32. N. 1969. (M. Harrison)

Vector for seven. Garden City, N.Y., Doubleday, 1970. 238 p. 70-123709.

    PW   198(14):57. O. 5, 1970.
    SWSJ   20:9. My. 1971. (J. Newton)
    FSF   42:28-29. Ja. 1972. (J. Blish)
    LM   34:31. Mr. 1972. (C. Moslander)

SAY, ALLEN

Dr. Smith's safari. New York, Harper & Row, 1972. 28 p. 78-184401.

    LM   43:19. D. 1972. (S. Deckinger)

SAYERS, DOROTHY LEIGH, ed.

The omnibus of crime. New York, Payson, 1929. 1177 p. 29-17288.

    ADT   1(2):184. F. 1930. (n.g.)

SCHACHNER, NATHAN

Space lawyer, by Nat Schachner. New York, Gnome Press, 1953. 222 p. 53-12603.

ASF   54(2):148. O. 1954. (P. Miller)
FAU   2(1):160. Jl. 1954. (R. Frazier)
FUTF 5(1):89,105. Je. 1954. (D. Knight)

SCHÄREN, BEATRIX

Gigin and Till. New York, Atheneum, 1969. 24 p. 69-13535.

LM   8:24. Ja. 1970. (D. Langsam)

SCHATZ, LETTA

Never-empty. New York, Follett, 1969. 48 p.

LM   16:10. S. 1970. (J. Post)

SCHEALER, JOHN M.

Zip-zip and his flying saucer. New York, Dutton, 1956. 118 p. 56-6314.

GAL   13(3):48-49. Ja. 1957. (F. Gale)

Zip-zip goes to Venus. New York, Dutton, 1958. 125 p. 58-9574.

GAL   18(1):148. O. 1959. (F. Gale)

SCHEER, KARL-HERBERT

Perry Rhodan #1: enterprise stardust, by K. H. Scheer and Walter Ernsting. New York, Ace, 1969. 189 p.

LM   6:26-27. N. 1969. (J. Schaumburger)
SFO   13:11-12. Jl. 1970. (P. Anderson)
ASF   84(4):162-164. D. 1969. (P. Miller)

Perry Rhodan #2: the radiant dome. New York, Ace, 1969. 188 p.

LM   6:26-27. N. 1969. (J. Schaumburger)
ASF   84(4):162-164. D. 1969. (P. Miller)

Perry Rhodan 5: the Vega sector, by Karl-Herbert Scheer and Kurt Mahr. New York, Ace, 1970. 189 p.

LM   22:31. Mr. 1971. (D. Paskow)

SCHEVILL, JAMES

Lovecraft's follies. Chicago, Swallow Press, 1971. 90 p.

LM   38/39:62. Jl/Ag. 1972. (N. Barron)

SCHIFFERES, JUSTUS J.

How to live longer. New York, Dutton, 1949. 255 p. 49-7110.

STL   19(3):134. Jl. 1949. (n.g.)

SCHMECK, HAROLD M.

The semi-artificial man. New York, Walker, 1965. 224 p. 65-12763.

WIF   15(5):4. My. 1965. (F. Pohl)

SCHMEIDLER, GERTRUDE R.

ESP and personality patterns. New Haven, Conn., Yale University Press, 1958. 136 p. 58-6544.

ASF   62(4):152-155. D. 1958. (P. Miller)

SCHMIDT, OTTO

A theory of the origin of the Earth. 3d ed. London, Lawrence, 1959. 139 p.

NWB   No. 84:86. Je. 1959. (L. Flood)

SCHMITZ, JAMES H.

Agent of Vega. Hicksville, N.Y., Gnome, 1960. 191 p. 60-10555.

ASF   67(2):170-172. Ap. 1961. (P. Miller)
FSF   19(6):71. D. 1960. (A. Bester)
GAL   19(5):95. Je. 1961. (F. Gale)

The demon breed. New York, Ace, 1968. 157 p.

AMZ   42(6):142-143. Mr. 1969. (W. Atheling, Jr.)
ASF   83(5):167-168. Jl. 1969. (P. Miller)
NWB   No. 191:62. Je. 1969. (J. Cawthorn)
LM   8:26. Ja. 1970. (J. B. Post)
SWSJ 18:5. Ap. 1971. (yngvi)

The eternal frontiers. New York, Putnam, 1973. 190 p.

ASF   92:163. S. 1973. (P. Miller)
BKL   69:835. My. 1, 1973. (n.g.)
LJ   98:437. F. 1, 1973. (G. Siehl)
LJ   98:2016. Je. 15, 1973. (J. Prince)
REN   5(3):9. Sm. 1973. (J. Pierce)
KR   40:1327. N. 15, 1972. (n.g.)
PW   202:64. N. 20, 1972. (n.g.)

The lion game. New York, Daw, 1973. 157 p.

ASF   92:163. S. 1973. (P. Miller)
PW   202:42. N. 27, 1972. (n.g.)

A nice day for screaming. Philadelphia, Chilton, 1965. 159 p. 65-22543.

ASF   77(5):150-151. Jl. 1966. (P. Miller)

A pride of monsters. New York, Macmillan, 1970. 248 p. 72-85788.

LJ   95(6):1047. Mr. 15, 1970. (J. Davis)
PW   195(2):61. Ja. 12, 1970.
FSF   40:20-22. Je. 1971. (H. Ellison)
LM   24/25:37. My/Je. 1971. (D. Paskow)
SWSJ 24:2. Je. 1971. (J. Newton)
VTX   1:98. Ag. 1973. (n.g.)

A tale of two clocks. New York, Dodd, Mead, 1962. 206 p. 62-9978.

ASF   69(6):164-165. Ag. 1962. (P. Miller)

SCHMITZ, JAMES H. (Continued)

The universe against her. New York, Ace, 1964. 160 p.

    ASF   76(2):150-151. O. 1965. (P. Miller)

The witches of Karres. Philadelphia, Chilton, 1966.
202 p. 66-25045.

    ASF   79(3):159-160. My. 1967. (P. Miller)
    FSF   33(2):33. Ag. 1967. (J. Merril)
    SFO   8:37. Ja. 1970. (P. Anderson)
    SFR   39:30-31. Ag. 1970. (P. Walker)

SCHNECK, STEPHEN

Nocturnal vaudeville. New York, Dutton, 1971. 191 p.
74-133581.

    LJ   96:4109. D. 15, 1971. (H. Hutchinson)

SCHNEIDER, JOHN G.

The golden kazoo. New York, Rinehart, 1956. 246 p.
55-11020.

    ASF   57(5):151. Jl. 1956. (P. Miller)
    GAL   12(6):94. O. 1956. (F. Gale)
    FSF   11(1):94. Jl. 1956. (A. Boucher)

SCHOLES, ROBERT E.

The fabulators. London, Oxford University Press, 1967.
180 p. 67-25465.

    FSF   35(1):60. Jl. 1968. (V. Carew)

SCHOONOVER, LAWRENCE L.

Central passage. New York, William Sloane, 1962. 246 p.
62-9298.

    ASF   69(5):161-163. Jl. 1962. (P. Miller)

SCHRAM, IRENE

Ashes, ashes, we all fall down. New York, Simon &
Schuster, 1972. 192 p. 72-75049.

    KR   40:600. My. 15, 1972. (n.g.)

SCHREIBER, HERMANN

Vanished cities, by Hermann Schreiber and Georg Schreiber.
New York, Knopf, 1957. 344 p. 57-7550.

    ASF   61(1):146-148. Mr. 1958. (P. Miller)

SCHROEDER, BINETTE

Lupinchen. New York, Delacorte, 1970. 32 p. 78-103152.

    LM   26/27:27. Jl/Ag. 1971. (G. Brunick)

SCHROEDER, WOLFGANG

Practical astronomy. London, Laurie, 1956. 206 p.
56-46146.

    AUT   No. 70:157. Je. 1956. (n.g.)

SCHUBERT, JACK

Radiation: what it is and how it affects you, by Jack
Schubert and Ralph E. Lapp. New York, Viking, 1957.
314 p. 57-7556.

    ASF   60(4):148-152. D. 1957. (P. Miller)
    GAL   15(6):86. Ap. 1958. (F. Gale)

SCHULMAN, L. M., ed.

The cracked looking glass. New York, Macmillan, 1971.
254 p. 78-138302.

    KR   39:180. F. 15, 1971. (n.g.)
    LJ   96:2146. Je. 15, 1971. (M. Blalock)
    LM   38/39:32. Jl/Ag. 1972. (J. B. Post)

SCHUYLER, GEORGE SAMUEL

Black no more. New York, Macaulay, 1931. 250 p.
31-2174.

    AMZ   7(11):1048. F. 1933. (C. Brandt)

SCHWEBELL, GERTRUDE CLORIUS

Undine, by Friedrich de la Motte Fouque, retold by
Gertrude C. Schwebell. New York, Simon & Schuster, 1971.
64 p. 76-144207.

    LM   40:18. S. 1972. (J. Post)

SCHWONKE, MARTIN

Vom Statsroman zur Science Fiction. Stuttgart,
Fredinand Enke, 1957. 194 p.

    EXT   3:48-50. My. 1962. (R. Plank)

SCIENTIFIC AMERICAN

Atomic power. New York, Simon & Schuster, 1955. 180 p.
55-12530.

    ASF   59(3):149-150. My. 1957. (P. Miller)

Automatic control. New York, Simon & Schuster, 1955.
148 p. 55-12529.

    ASF   59(3):149-150. My. 1957. (P. Miller)

The new astronomy. New York, Simon & Schuster, 1956.
243 p. 55-12533.

    ASF   59(3):149-150. My. 1957. (P. Miller)

The physics and chemistry of life. New York, Simon &
Schuster, 1956. 270 p. 55-12531.

    ASF   59(3):149-150. My. 1957. (P. Miller)

SCIENTIFIC AMERICAN (Continued)

Scientific American reader. New York, Simon & Schuster, 1953. 626 p. 53-11330.

    ASF   53(6):149. Ag. 1954. (P. Miller)
    FUTF   5(2):86-87. Ag. 1954. (L. de Camp)

A 20th century bestiary. New York, Simon & Schuster, 1955. 240 p. 57-1482.

    ASF   59(3):149-150. My. 1957. (P. Miller)

SCIORTINO, JOSEPH

Santa's search, by Joseph and Anthony Sciortino. New York, Carleton, 1969. 63 p.

    LM   8:23. Ja. 1970. (J. Post)

SCOGGINS, CHARLES ELBERT

The house of dawn. New York, Appleton, 1935. 281 p. 35-10850.

    AMZ   10(9):135. Ap. 1936. (C. Brandt)

SCORTIA, THOMAS N.

Artery of fire. Garden City, N.Y., Doubleday, 1972. 181 p. 72-79422.

    BKL   69:621. Mr. 1, 1973. (n.g.)
    LM   49:31. At. 1973. (K. Anderson)
    KR   40:1216. O. 15, 1972. (n.g.)
    LJ   97:3932. D. 1, 1972. (S. Avila)

Strange bedfellows: sex and science fiction, ed. by Thomas N. Scortia. New York, Random, 1972. 273 p. 72-5611.

    KR   40:1269. N. 1, 1972. (n.g.)
    LJ   97:3617-3618. N. 1, 1972. (D. Halprin)
    PW   202:39-40. O. 23, 1972. (n.g.)
    ASF   91:159-161. Ag. 1973. (P. Miller)
    GAL   34:132. Jl/Ag. 1973. (T. Sturgeon)
    FSF   45:67-69. Jl. 1973. (J. Russ)

Two views of wonder, ed. by Tom Scortia and Chelsea Quinn. New York, Ballantine, 1973. 274 p.

    PW   204:112. O. 22, 1973. (n.g.)

SCOTT, JAMES MAURICE

Dingo. Philadelphia, Chilton, 1967. 166 p. 67-22759.

    VEN   3(2):122. Ag. 1969. (R. Goulart)

SCOTT, WILLIAM BERRYMAN

A history of land mammals in the western hemisphere. 2d. ed. New York, Macmillan, 1937. 786 p. 37-36366.

    ASF   23(3):151. My. 1939. (L. de Camp)

SCULLY, FRANK

Behind the flying saucers. New York, Holt, 1950. 230 p. 50-9662.

    GAL   1(3):63-64. D. 1950. (G. Conklin)

SEABORG, GLENN THEODORE

Elements of the universe. New York, Dutton, 1958. 253 p. 58-9576.

    GAL   18(4):146. Ap. 1960. (F. Gale)

SEABROOK, JEREMY

The unpriviliged. London, Longmans, 1967. 137 p. 67-85297.

    NWB   No. 174:60-63. Ag. 1967. (B. Aldiss)

SEABROOK, WILLIAM

Witchcraft. New York, Harcourt, 1940. 387 p. 40-31468.

    AST   2(4):4. Ap. 1941. (D. Wollheim)

SEARLE, RONALD

Hello, where did all the people go? Brattleboro, Vt., Stephen Greene Press, 1970. 71 p. 74-95169.

    LM   32:28. Ja. 1972. (J. Post)

SEARLS, HANK
SEE Searls, Henry

SEARLS, HENRY

The big X., by Hank Searls. New York, Harper, 1959. 241 p. 59-6333rev.

    WIF   9(6):86. Ja. 1960. (F. Pohl)

The pilgrim project, by Hank Searls. New York, McGraw-Hill, 1964. 274 p. 64-17909.

    ASF   74(4):86. D. 1964. (P. Miller)
    FSF   27(6):71. D. 1964. (R. Goulart)

SEGUR, SOPHIE (ROSTOPCHINE), COMTESSE DE

Forest of lilacs, by Countess de Segur. New York, Harlin Quist, 1969. 40 p. 72-84756.

    LM   28:23. Jl/Ag. 1971. (B. Stiffler)

SEIDENBERG, RODERICK

Post-historic man. Chapel Hill, University of North Carolina Press, 1950. 246 p. 50-13890.

    TWS   37(3):160-161. F. 1951. (S. Merwin)

SEIGNOLLE, CLAUDE

The accursed, two diabolical tales. New York, Coward-McCann, 1967. 286 p. 67-16262.

AMZ   41(6):138-141. F. 1968. (F. Leiber)

SELBY, JOHN

The paper dragon. London, Barker, 1968. 214 p.

NWB   No. 185:57-58. D. 1968. (W. E. B.)

SELLERS, CON

F. S. C. Chicago, Novel Books, 1963. 128 p.

ASF   74(2):91. O. 1964. (P. Miller)

SELLINGS, ARTHUR

Junk day. London, Dobson, 1970. 192 p.

NWQ   1:171-172. 1971. (M. Harrison)

The power of X. New York, Berkley, 1970. 144 p.

PW   195(3):82. Ja. 19, 1970.
SFR   41:22. N. 1970. (P. Walker)
LM   23:30. Ap. 1971. (T. Bulmer)
SWSJ   17:2-3. Mr. 1971. (T. Pauls)

The silent speakers. London, Panther, 1965. 128 p.

NWB   No. 149:125. Ap. 1965. (L. Jones)

Telepath. New York, Ballantine, 1962. 160 p.

AMZ   36(10):121-122. O. 1962. (S. Cotts)
ASF   70(3):163-164. N. 1962. (P. Miller)
SCF   No. 54:111. Ag. 1962. (J. Carnell)

Time transfer. London, Joseph, 1956. 240 p. 56-33342.

AUT   No. 70:155. Je. 1956. (n.g.)
NEB   No. 17:101. Jl. 1956. (K. Slater)
NWB   No. 47:127. My. 1956. (L. Flood)
NWB   No. 164:152-154. Jl. 1966. (R. Bennett)

The uncensored man. New York, Berkley, 1964. 160 p.

AMZ   41(4):5,103. O. 1967. (H. Harrison)
NWB   No. 146:119-120. Ja. 1965. (L. Jones)
FSF   33(4):31-33. O. 1967. (T. White)

SENDAK, JACK

The magic tears. New York, Harper, 1971. 58 p. 72-157900.

NYT   p. 8. Mr. 5, 1972. (N. Babbitt)
LM   44:18. Ja. 1973. (S. Deckinger)

SENDAK, MAURICE

In the night kitchen. New York, Harper, 1970. 40 p. 70-105483.

LM   38/39:24. Jl/Ag. 1972. (J. Post)

SENET, ANDRE

Man in search of his ancestors: the romance of paleontology. New York, McGraw-Hill, 1956. 274 p. 56-8184.

FUTF   No. 32:116-117. Sp. 1957. (L. de Camp)
GAL   13(5):117-118. Mr. 1957. (F. Gale)

SERLING, ROD

More stories from the Twilight Zone. New York, Bantam, 1961. 149 p. 61-2474.

ASF   68(5):163. Ja. 1962. (P. Miller)
NWB   No. 110:127. S. 1961. (J. Carnell)

New stories from the Twilight Zone. New York, Bantam, 1962. 122 p.

FSF   23(4):65-66. O. 1962. (A. Davidson)

Stories from "The Twilight Zone." New York, Bantam, 1960. 151 p.

ASF   67(3):166-167. My. 1961. (P. Miller)

SERVADIO, GAIA

Melinda. London, Weidenfeld, 1968. 335 p.

NWB   No. 183:61-62. O. 1968. (W. E. B.)

SERVISS, GARRETT PUTMAN

Edison's conquest of Mars. Los Angeles, Carcosa House, 1947. 186 p. 47-7149.

AMZ   23(12):149. D. 1949. (M. Tish)
FBK   1(2):41. 1947. (Varulvan)
TWS   32(1):142-143. Ap. 1948. (S. Merwin)

Invasion of Mars. Reseda, Calif., Powell, 1969. 201 p.

LM   16:18. S. 1970. (J. Schaumburger)

SEVERN, DAVID
SEE Unwin, David Storr

SEWARD, GEORGENE HOFFMAN

Sex and the social order. Harmondsworth, Penguin, 1954. 275 p.

AUT   No. 51:132. N. 1954. (n.g.)

SHAFER, ROBERT

The conquered place. New York, Putnam, 1954. 313 p. 54-7865.

ASF   54(4):147. D. 1954. (P. Miller)

SHANNON, FRED

Weightless in Gaza. New York, Tower, 1970. 138 p.

LM   16:3. S. 1970. (G. Bear)

SHAPLEY, HARLOW

The inner metagalaxy. New Haven, Conn., Yale University Press, 1957. 204 p. 57-6877.

    ASF   61(6):140-142. Ag. 1958. (P. Miller)

Of stars and men. Boston, Beacon Press, 1958. 157 p. 58-6242.

    ASF   62(3):142. N. 1958. (P. Miller)

A treasury of science, ed. by Harlow Shapley. 3d. rev. ed. London, Angus & Robertson, 1954. 654 p.

    AUT   No. 53:129. Ja. 1955. (n.g.)

The view from a distant star. New York, Basic Books, 1963. 212 p. 63-18673.

    ASF   73(2):92. Ap. 1964. (P. Miller)
    WOT   1(6):5. F. 1964. (F. Pohl)

SHARKEY, JACK

The secret Martians. New York, Ace, 1960. 132 p.

    ASF   67(5):157-158. Jl. 1961. (P. Miller)

SHARP, DOLPH

The other ark. New York, Putnam, 1969. 47 p. 73-77772.

    LM   31:26. D. 1971. (S. Deckinger)

SHAVER, RICHARD S.

I remember Lemuria. Evanston, Ill., Venture Books, c1948. 215 p.

    AMZ   24(8):181. Ag. 1950. (M. Tish)

SHAW, BOB

Ground zero man. New York, Avon, 1971. 160 p.

    ALG   18:13. My. 1972. (D. Lupoff)
    FOU   2:53. Je. 1972. (P. Nicholls)
    LM   38/39:51. Jl/Ag. 1972. (R. Freedman)

One million tomorrows. New York, Ace, 1970. 191 p.

    PW   198(21):40. N. 23, 1970.
    ASF   87:168. Jl. 1971. (P. Miller)
    REN   3:11. 1971. (J. Pierce)
    SFR   42:40-41. Ja. 1971. (R. Geis)
    SWSJ   30:7. Ag. 1971. (F. Patten)
    LM   34:29. Mr. 1972. (D. Schweitzer)

Other days, other eyes. New York, Ace, 1972. 186 p.

    FUT   4:92. D. 1972. (D. Livingston)
    PW   201:34. My. 29, 1972. (n.g.)
    REN   4:11. Sm. 1972. (J. Pierce)
    SWSJ   70:10. O. 1972. (S. Burns)
    TLS   3684:1235. O. 13, 1972. (n.g.)
    ASF   90:167-168. Ja. 1973. (P. Miller)
    WIF   21:172. Je. 1973. (L. del Rey)

The palace of eternity. New York, Ace, 1969. 222 p.

    ASF   85(1):166. Mr. 1970. (P. Miller)
    AMZ   44(1):110-111. My. 1970. (G. Benford)
    GAL   29(5):144. F. 1970. (A. Budrys)
    SFR   35:43-44. F. 1970. (R. Geis)
    SFO   14:16-19. Ag. 1970. (T. Pauls)
    SPEC   3(2):26-29. My. 1970. (T. Sudbery)
    VOT   1(11):67-68. Ag. 1970. (K. Buckley)
    FOU   2:53. Je. 1972. (P. Nicholls)
    WIF   19(10):97-98. D. 1969. (L. del Rey)

The shadow of heaven. New York, Avon, 1969. 175 p.

    ASF   85(6):167-168. Ag. 1970. (P. Miller)
    LM   13:26-27. Je. 1970. (R. Freedman)
    SFO   14:13-15. Ag. 1970. (B. Gillespie)

Tomorrow lies in ambush. New York, Ace, 1973. 281 p.

    KPG   7:27. Ap. 1973. (n.g.)
    REN   5(2):17-18. Sp. 1973. (J. Pierce)
    TLS   3711:451. Ap. 20, 1973. (n.g.)
    FOU   4:77-79. Jl. 1973. (C. Priest)

The two-timers. New York, Ace, 1968. 191 p.

    ASF   83(1):174. Mr. 1969. (P. Miller)
    GAL   28(1):188-191. F. 1969. (A. Budrys)
    FSF   36(2):22-24. F. 1969. (J. Merril)
    SFO   4:39. Jl. 1969. (G. Turner)
    SFO   14:11-13. Ag. 1970. (D. Penman)

SHAW, FREDERICK, JR.

Envoy to the dog star. New York, Ace, 1967. 127 p.

    SFO   8:41. Ja. 1970. (P. Anderson)

SHAW, GEORGE

Astrosex. S. L., Midwood, 1970. 203 p.

    LM   19:30. D. 1970. (D. Paskow)

SHAW, LARRY T., ed.

Great science fiction adventures. New York, Lancer, 1963. 174 p.

    ASF   74(1):88. S. 1964. (P. Miller)

SHEAR, DAVID

Cloning. New York, Walker, 1972. 162 p. 72-83119.

    LJ   98:568. F. 15, 1973. (C. Mayer)
    WIF   21:120-122. Ap. 1973. (L. del Rey)

SHECKLEY, ROBERT

Can you feel anything when I do this? Garden City, N.Y., Doubleday, 1971. 191 p. 70-163095.

    KR   39:1096. O. 1, 1971. (n.g.)
    LJ   96:3642. N. 1, 1971. (D. Polacheck)
    PW   200:58. O. 11, 1971. (n.g.)
    BKL   68:753. My. 1, 1972. (n.g.)
    FSF   43:45. D. 1972. (J. Blish)
    LJ   97:792. F. 15, 1972. (R. Minudri)
    NYT   p. 34. My. 14, 1972. (T. Sturgeon)

SHECKLEY, ROBERT (Continued)

Can you feel anything when I do this? (Continued).

TLS   3667:650. Je. 9, 1972. (n.g.)
FOU   3:74-76. Mr. 1973. (P. Nicholls)

Citizen in space. New York, Ballantine, 1956. 200 p.
56-6652.

AMZ   30(7):117. Jl. 1956. (V. Gerson)
ASF   57(5):156-158. Jl. 1956. (P. Miller)
FAU   5(4):125. My. 1956. (H. Santesson)
GAL   12(3):100. Jl. 1956. (F. Gale)
OSFS 7(1):107,127. Jl. 1956. (D. Knight)
FSF   10(4):79-80. Ap. 1956. (A. Boucher)

Immortality delivered. New York, Avalon, 1958. 221 p.

ASF   64(3):150-151. N. 1959. (P. Miller)
GAL   18(2):150-151. D. 1959. (F. Gale)

Immortality, inc. New York, Bantam, 1959. 152 p.

ASF   65(2):160-162. Ap. 1960. (P. Miller)
NWB   No. 132:124. Jl. 1963. (L. Flood)
WIF   10(2):92. My. 1960. (F. Pohl)
FSF   18(1):67. Ja. 1960. (D. Knight)

Journey beyond tomorrow. New York, Signet, 1963. 144 p.

ASF   72(3):91. N. 1963. (P. Miller)
NWB   No. 141:124. Ap. 1964. (L. Flood)
NWB   No. 152:113-115. Jl. 1965. (G. Collyn)
NWB   No. 133:127. Ag. 1963. (J. Carnell)

Mindswap. New York, Delacorte, 1966. 216 p. 65-18627.

ASF   78(2):160-161. O. 1966. (P. Miller)

Notions unlimited. New York, Bantam, 1960. 170 p.
60-50940.

ASF   67(2):174. Ap. 1961. (P. Miller)
WIF   10(5):86-87. N. 1960. (F. Pohl)
FSF   19(5):92. N. 1960. (A. Bester)

The people trap. London, Gollancz, 1969. 222 p.

NWB   No. 195:31. N. 1969. (M. Harrison)

Pilgrimage to Earth. New York, Bantam, 1957. 167 p.
57-11486.

AMZ   39(1):125-126. Ja. 1965. (R. Silverberg)
ASF   61(3):146-147. My. 1958. (P. Miller)
INF   3(4):86-87. Ap. 1958. (D. Knight)
SFAD 2(5):114. Ap. 1958. (C. Knox)
FSF   14(2):109. F. 1958. (A. Boucher)

Shards of space. New York, Bantam Books, 1962. 152 p.

AMZ   37(1):123. Ja. 1963. (S. Cotts)

The status civilization. New York, Signet, 1960. 127 p.

ASF   67(5):154-155. Jl. 1961. (P. Miller)
NWB   No. 104:128. Mr. 1961. (J. Carnell)
WIF   10(6):86-87. Ja. 1961. (F. Pohl)
FSF   19(6):72-73. D. 1960. (A. Bester)

Store of infinity. New York, Bantam, 1960. 151 p.
60-12807.

ASF   67(5):155-156. Jl. 1961. (P. Miller)

The tenth victim. New York, Ballantine, 1965. 158 p.

GAL   24(5):142-145. Je. 1966. (A. Budrys)
NWB   No. 169:156. D. 1966. (W. E. B.)
FSF   30(5):42. My. 1966. (J. Merril)

Untouched by human hands. New York, Ballantine, 1954.
70 p. 54-7987.

ASF   54(4):147-148. D. 1954. (P. Miller)
GAL   8(5):96-97. Ag. 1954. (G. Conklin)
AUT   No. 65:156. Ja. 1956. (n.g.)
NEB   No. 16:103. Mr. 1956. (K. Slater)
NWB   No. 43:127-128. Ja. 1956. (L. Flood)

SHEEHAN, CAROLYN

Magnifi-cat, by Carolyn and Edmund Sheehan. Garden City,
N.Y., Doubleday, 1972. 229 p. 72-76204.

LJ   97:2756-2757. S. 1, 1972. (S. Avila)
LJ   97:3189-3190. O. 1, 1972. (C. Sheehan)
BS   32:345. N. 1, 1972. (H. Kennedy)
LM   46:32. Mr. 1973. (C. Moslander)

SHEEHAN, PERLEY POORE

The abyss of wonders. Reading, Pa., Polaris Press, 1953.
191 p. 53-10035.

ASF   52(5):148. Ja. 1954. (P. Miller)
FAU   1(3):190-191. O/N. 1953. (S. Merwin, Jr.)
GAL   7(3):87. D. 1953. (G. Conklin)
FSF   5(3):101. S. 1953. (Boucher & McComas)

SHELTON, WILLIAM ROY

Countdown: the story of Cape Canaveral. Boston, Little,
Brown, 1960. 185 p. 60-9331.

GAL   20(1):174. O. 1961. (F. Gale)

Stowaway to the moon: the Camelot odyssey. Garden City,
N.Y., Doubleday, 1973. 343 p. 73-79709.

KR   41:1213. N. 1, 1973. (n.g.)

SHEPARD, FRANCIS PARKER

The earth beneath the sea. Baltimore, Johns Hopkins,
1959. 275 p. 59-10475.

WIF   9(5):101. N. 1959. (F. Pohl)

SHEPHERD, ARTHUR PEARCE

A scientist of the invisible. London, Hodder, 1954.
221 p. 55-1013.

AUT   No. 53:132. Ja. 1955. (n.g.)

SHEPLEY, JAMES ROBINSON

The hydrogen bomb, by James Shepley and Clay Blair. New
York, McKay, 1954. 244 p. 54-4446.

AUT   No. 55:135. Mr. 1955. (n.g.)
AUT   No. 58:121. Je. 1955. (n.g.)

SHERBURNE, ZOA

The girl who knew tomorrow. New York, Morrow, 1970.
190 p. 78-104736.

LM   22:20. Mr. 1971. (B. Stiffler)

SHERIDAN, MARTIN

Comics and their creators. Brooklyn, N.Y., Luna Press,
1971. 304 p.

FSF   43:41. O. 1972. (R. Goulart)
LM   35/36:63. Ap/My. 1972. (N. Barron)

SHERIFF, ROBERT CEDRIC

The Hopkins manuscript. New York, Macmillan, 1939.
337 p. 39-15798.

AST   1(2):109. Ap. 1940. (D. Wollheim)
AST   73(2):92. Ap. 1964. (P. Miller)
TWS   15(1):129. Ja. 1940. (H. K.)
FSF   26(1):41. Ja. 1964. (A. Davidson)

SHERRED, T. L.

Alien island. New York, Ballantine, 1970. 217 p.

GAL   30(3):27-29. Je. 1970. (A. Budrys)
SFR   39:28. Ag. 1970. (T. Pauls)
LM   24/25:57. My/Je. 1971. (J. Evers)
SFO   20:30-31. Ap. 1971. (P. Anderson)
NWB   No. 200:32. Ap. 1970. (J. Cawthorn)

First person, peculiar. New York, Ballantine, 1972.
214 p.

GAL   33:91-92. Jl. 1972. (T. Sturgeon)
LM   43:21. D. 1972. (W. Rupp)
REN   4:16. Ap. 1972. (J. Pierce)

SHIEL, MATTHEW PHIPPS

Dr. Drasinski's secret. New York, Vanguard, 1929.
337 p. 29-20889.

ADT   1(1):95. Ja. 1930. (n.g.)

The purple cloud. New York, Paperback Library, c1930.
191 p.

NWB   No. 192:62. Jl. 1969. (J. Churchill)
FSF   26(3):80-81. Mr. 1964. (A. Davidson)

SHIPPEN, KATHERINE BINNEY

Men, microscopes and living things. New York, Viking,
1955. 192 p. 55-1263.

GAL   12(2):108. Je. 1956. (F. Gale)
AUT   No. 79:128. Ap. 1957. (n.g.)

SHIRAS, WILMAR H.

Children of the atom. New York, Gnome, 1953. 216 p.
53-10534.

ASF   53(1):155-156. Mr. 1954. (P. Miller)
FSF   5(3):101. S. 1953. (Boucher & McComas)
GAL   7(3):84-85. D. 1953. (G. Conklin)

Children of the atom (Continued).

ISF   5(2):145. F. 1954. (M. Reinsberg)
NEB   No. 10:114. O. 1954. (K. Slater)
NWB   No. 32:118. F. 1955. (L. Flood)
SFP   1(7):65. D. 1953. (S. Moskowitz)
OSFS   10(2):67-68. My. 1959. (C. Knox)
BSP   1(8):65. D. 1954. (n.g.)

SHKLOVSKII, I. S.

Intelligent life in the universe, by I. S. Shklovskii and
Carl Sagan. San Francisco, Holden-Day, 1966. 509 p.
64-18404.

ASF   80(6):165-166. F. 1968. (P. Miller)
FSF   32(6):39-43. Je. 1967. (J. Merril)

SHORES, LOUIS

Looking forward to 1999. Tallahassee, Fla., South Pass
Press, 1972. 262 p. 70-190736.

LM   43:25. D. 1972. (J. B. Post)

SHTERNFELD, ARIO ABRAMOVICH

Soviet space science. New York, Basic Books, 1959.
360 p. 59-8673.

ASF   64(4):147. D. 1959. (P. Miller)

SHURA, MARY FRANCIS

The valley of the frost giants. New York, Lothrup, 1971.
48 p.

LM   31:25. D. 1971. (J. Post)

SHUTE, NEVIL
SEE Norway, Nevil Shute

SIDGWICK, JOHN BENSON

Introducing astronomy. New York, Macmillan, 1957. 259 p.
57-13752.

GAL   16(2):99. Je. 1958. (F. Gale)

SIEGAL, MARTIN

Agent of entropy. New York, Lancer, 1969. 189 p.

LM   16:16. S. 1970. (S. Mines)
SFR   37:31. Ap. 1970. (P. Walker)

SIEMEL, SASHA

Tigrero. Englewood Cliffs, N.J., Prentice-Hall, 1953.
265 p. 53-9629.

SFD   1(1):156-157. F. 1954. (E. Lewis)

SIEMON, FREDRICK, comp.

Ghost story index: an author-title index to more than 2,200 stories of ghosts, horrors, and the macabre appearing in 190 books and anthologies. rev. ed. San Jose, Calif., Library Research Associates, 1968. 141 p.

    LM   14:23. Jl. 1970. (J. B. Post)

Science fiction story index, 1950-1968. Chicago, American Library Assn., 1971. 274 p. 70-162470.

    LJ   96:3314. O. 15, 1971. (H. Hall)
    LM   29:26-27. O. 1971. (R. Walters)
    RQ   (ALA) 11:180. W. 1971. (D. Ginzinger)
    SFN   6:4. D. 25, 1971. (F. Lerner)
    AMZ   45:113-114. Ja. 1972. (A. Panshin)
    ASF   89:170-171. Mr. 1972. (P. Miller)
    WIF   21:122-123. Ap. 1972. (L. del Rey)
    DREXEL LIBRARY QUARTERLY. 8:109. Ja. 1972. (W. Page)

SIEVEKING, LANCE DE GIBERNE

A private volcano. London, Ward Lock, 1955. 254 p. 56-19241.

    NEB   No. 17:103. Jl. 1956. (K. Slater)
    NWB   No. 46:126. Ap. 1956. (L. Flood)

SILENT, WILLIAM T.

Lord of the red sun. New York, Walker, 1972. 181 p. 72-165935.

    KR   39:836. Ag. 1, 1971. (n.g.)
    LJ   96:3348. O. 15, 1971. (J. B. Post)
    LM   38/39:47. Jl/Ag. 1972. (S. Mines)

SILLITOE, ALAN

Guzman go home. London, Macmillan, 1968. 169 p.

    NWB   No. 187:59. F. 1969. (M. Harrison)

Travels in Nihilon. New York, Scribners, 1972. 254 p. 72-1187.

    LJ   97:3618. N. 1, 1972. (M. Smith)

SILVERBERG, BARBARA

Kitten caboodle. New York, Holt, 1969. 204 p. 69-11813.

    WTT   1(2):116. Sm. 1970. (R. Lowndes)

SILVERBERG, ROBERT

Across a billion years. New York, Dial, 1969. 249 p. 69-18228.

    LM   9:27. F. 1970. (D. Paskow)

Alpha one, ed. by Robert Silverberg. New York, Ballantine, 1970. 278 p.

    LM   22:28. Mr. 1971. (R. Freedman)
    SFR   42:34-36. Ja. 1971. (R. Delap)
    SWSJ 24:2. Je. 1971. (F. Patten)
    KPG   7:31. N. 1973. (P. Deck)

Alpha 2, ed. by Robert Silverberg. New York, Ballantine, 1971. 310 p.

    AMZ   46:121-123. N. 1972. (B. Noble, 3rd)
    GAL   33:95. Jl. 1972. (T. Sturgeon)
    KPG   6:33. F. 1972. (n.g.)
    NYT   p. 34. My. 14, 1972. (T. Sturgeon)

Alpha three, ed. by Robert Silverberg. New York, Ballantine, 1972. 177 p.

    LM   46:23. Mr. 1973. (S. Mines)
    KPG   6:40. N. 1972. (n.g.)

Alpha four, ed. by Robert Silverberg. New York, Ballantine, 1973. 279 p.

    PW   204:113. Jl. 16, 1973. (n.g.)

Beyond control, ed. by Robert Silverberg. Nashville, T. Nelson, 1972. 219 p. 72-2897.

    KR   40:729. Jl. 1, 1972. (n.g.)
    LJ   97:3816. N. 15, 1972. (M. Brady)
    PW   202:37. Jl. 3, 1972. (n.g.)
    BKL   69:490. Ja. 15, 1973. (n.g.)
    LM   46:18. Mr. 1973. (S. Mines)
    NYT   p. 12. Ja. 28, 1973. (T. Sturgeon)

The book of skulls. New York, Scribners, 1972. 222 p. 72-162775.

    FSF   44:49-51. Ja. 1973. (J. Blish)
    HOH   1:121-123. Je. 1973. (B. Searles)
    ETR   1:10. 1973. (F. Patten)
    LM   45:29-30. F. 1973. (G. Bear)
    SDNP p. 9. S. 16/17, 1972. (B. Friend)

The calibrated alligator. New York, Holt, 1969. 224 p. 69-11216.

    ASF   84(4):164-165. D. 1969. (P. Miller)
    LM   9:28. F. 1970. (D. Paskow)

Collision course. New York, Avalon, 1961. 224 p.

    ASF   67(5):160. Jl. 1961. (P. Miller)
    GAL   19(6):155. Ag. 1961. (F. Gale)

Conquerors from the darkness. New York, Holt, 1965. 191 p. 65-15242.

    ASF   77(3):153-154. My. 1966. (P. Miller)

The cube root of uncertainty. New York, Macmillan, 1970. 239 p. 70-107051.

    LJ   95(13):2520. Jl. 1970. (B. Laite)
    LJ   95(16):3081. S. 15, 1970. (M. Pridemore)
    PW   197(16):57. Ap. 20, 1970.
    FSF   40:66-67. Ap. 1971. (J. Russ)
    SFO   20:13-15. Ap. 1971. (B. Gillam)
    SWSJ 26:2. Jl. 1971. (J. Newton)

Dark stars. New York, Ballantine, 1969. 309 p.

    SFR   40:24-25. O. 1970. (B. Gillespie)
    LM   21:27. F. 1971. (D. Paskow)
    WSJ   76:93. Ap/My. 1971. (T. Pauls)
    NWB   No. 200:32. Ap. 1970. (J. Cawthorn)

The day the sun stood still, ed. by Robert Silverberg. New York, Nelson, 1972. 240 p.

    FUT   5:335. Je. 1973. (D. Livingston)
    WIF   21:162-164. F. 1973. (L. del Rey)

SILVERBERG, ROBERT (Continued)

Deep space, ed. by Robert Silverberg. New York, Nelson, 1973. 223 p. 72-14315.

BKL	69:1070-1071.	Jl. 15, 1973.	(n.g.)
KR	41:195.	N. 15, 1973.	(n.g.)
PW	203:122.	F. 26, 1973.	(n.g.)
LJ	98:3159.	O. 15, 1973.	(M. Keck)
VTX	1:13.	Ag. 1973.	(n.g.)
SWSJ	114:4.	N. 1973.	(W. Johnson)

Dimension thirteen. New York, Ballantine, 1969. 215 p.

LM	9:31.	F. 1970.	(T. Bulmer)
SFR	37:32-33.	Ap. 1970.	(T. Pauls)

Downward to the Earth. Garden City, N.Y., Doubleday, 1970. 180 p. 76-16689.

WSJ	77:32-33.	Je/Jl. 1971.	(R. Delap)
LM	38/39:58.	Jl/Ag. 1972.	(C. Moslander)

Dying inside. New York, Scribners, 1972. 245 p.

ASF	92:160-161.	S. 1973.	(P. Miller)
LJ	98:183.	Ja. 15, 1973.	(R. Ahrold)
FSF	45:70-71.	Jl. 1973.	(J. Russ)
HOH	1:121-123.	Je. 1973.	(B. Searles)
SDNP	p. 11.	Ja. 27/28, 1973.	(B. Friend)
LM	48:32.	Fl. 1973.	(P. Chin)
KR	40:1165.	O. 1, 1972.	(n.g.)
PW	202:106.	O. 9, 1972.	(n.g.)

Earthmen and strangers, ed. by Robert Silverberg. New York, Duell, 1966. 240 p. 66-8135.

GAL	25(4):169-172.	Ap. 1967.	(A. Budrys)

Empires in the dust. Philadelphia, Chilton, 1963. 247 p. 63-17057.

ASF	73(2):93.	Ap. 1964.	(P. Miller)

The ends of time: eight stories of science fiction, ed. by Robert Silverberg. New York, Hathorn, 1970. 225 p. 74-121775.

LJ	95(20):4066.	N. 15, 1970.	(A. Masters)
LM	26/27:41.	Jl/Ag. 1971.	(D. Hamilton)
PW	199:80.	F. 15, 1971.	(n.g.)
SWSJ	17:3.	Mr. 1971.	(J. Newton)

Gate of worlds. New York, Holt, 1967. 244 p. 67-4817.

ASF	80(5):164-165.	Ja. 1968.	(P. Miller)

Great short novels of science fiction, ed. by Robert Silverberg. New York, Ballantine, 1970. 373 p.

PW	197(22):69.	Je. 1, 1970.	
LM	26/27:38.	Jl/Ag. 1971.	(J. Evers)
SFR	42:34-36.	Ja. 1971.	(R. Delap)

Hawksbill station. Garden City, N.Y., Doubleday, 1968. 166 p. 68-22612.

ASF	83(5):165.	Jl. 1969.	(P. Miller)
LM	24/25:40.	My/Je. 1971.	(J. Rapkin)

Invaders from Earth. New York, Ace, 1958. 169 p.

ASF	62(5):152-153.	Ja. 1959.	(P. Miller)
FAU	10(2):122-123.	Ag. 1958.	(H. Santesson)
NWB	No. 186:61.	Ja. 1969.	(J. Cawthorn)

Invaders from space, ed. by Robert Silverberg. New York, Hawthorn, 1972. 241 p. 75-179117.

KR	39:1181.	N. 1, 1971.	(n.g.)
BKL	68:931.	Jl. 1, 1972.	(n.g.)
LJ	97:518-519.	F. 1, 1972.	(J. Post)
LJ	97:3820.	N. 15, 1972.	(R. Minurdi)
LM	43:27.	D. 1972.	(S. Mines)
PW	201:65.	Ja. 3, 1972.	(n.g.)

Lost cities and vanished civilizations. Philadelphia, Chilton, 1962. 177 p. 62-8846.

ASF	72(4):87.	D. 1963.	(P. Miller)
FSF	22(6):86.	Je. 1962.	(A. Bester)

Lost race of Mars. Philadelphia, Winston, 1960. 120 p. 60-5768.

ASF	66(6):171-172.	F. 1961.	(P. Miller)
GAL	19(2):127.	D. 1960.	(F. Gale)
WIF	10(4):87.	S. 1960.	(F. Pohl)

The masks of time. New York, Ballantine, 1968. 252 p.

ASF	82(6):167.	F. 1969.	(P. Miller)
GAL	27(5):153-155.	D. 1968.	(A. Budrys)
SFO	1:11.	Ja. 1969.	(G. Turner)
SFO	5:40.	Ag. 1969.	(J. Bangsund)

Master of life and death. New York, Ace, 1957. 163 p.

AMZ	31(12):117.	D. 1957.	(S. Cotts)
FAU	9(2):94.	F. 1958.	(H. Santesson)
NWB	No. 186:61.	Ja. 1969.	(J. Cawthorn)
FSF	13(5):118.	N. 1957.	(A. Boucher)

Men and machines, ed. by Robert Silverberg. New York, Meredith, 1968. 240 p. 68-28721.

LM	4:28.	S. 1969.	(C. Woodruff)

Mind to mind, ed. by Robert Silverberg. New York, Nelson, 1971. 270 p. 74-145923.

KR	39:560.	My. 15, 1971.	(n.g.)
LJ	96:3778.	N. 15, 1971.	(M. Smith)
LJ	96:4193.	D. 15, 1971.	(E. Haynes)
LM	38/39:42.	Jl/Ag. 1972.	(D. Hamilton)

The mirror of infinity, ed. by Robert Silverberg. New York, Harper, 1970. 320 p. 75-96004.

LJ	95(13):2520.	Jl. 1970.	(B. Laite)
LJ	95(22):4386.	D. 15, 1970.	(E. Storey)
PW	197(14):55.	Ap. 6, 1970.	
EXT	12(1):26.	D. 1970.	
BB	17:50-51.	O. 1971.	(D. Compton)
FUT	3:97-98.	Mr. 1971.	(D. Livingston)
LM	26/27:34.	Jl/Ag. 1971.	(J. B. Post)
FSF	42:132.	My. 1972.	(D. Suvin)
WSJ	79:35-36.	N. 1971/Ja. 1972.	(J. Newton)

Moonferns and starsongs. New York, Ballantine, 1971. 244 p.

ASF	89:173-174.	Ap. 1972.	(P. Miller)
LM	41/42:61.	O/N. 1972.	(Y. Edeiken)
NYT	p. 37.	Mr. 5, 1972.	(T. Sturgeon)

Needle in a timestack. New York, Ballantine, 1966. 190 p.

FSF	33(2):35.	Ag. 1967.	(J. Merril)

New dimensions I, ed. by Robert Silverberg. Garden City, N.Y., Doubleday, 1971. 246 p. 73-157623.

KR	39:837.	Ag. 1, 1971.	(n.g.)

SILVERBERG, ROBERT (Continued)

New dimensions I (Continued).

KR	39:887.	Ag. 15, 1971.	(n.g.)
LJ	96:2674.	S. 1, 1971.	(M. Peffers)
PW	200:56.	Ag. 16, 1971.	(n.g.)
AMZ	46:121-123.	N. 1972.	(B. Noble, 3rd)
BKL	68:489.	F. 15, 1972.	(n.g.)
FSF	43:20-21.	N. 1972.	(J. Blish)
GAL	32:85.	Mr. 1972.	(T. Sturgeon)
LM	37:28.	Je. 1972.	(J. B. Post)
NYT	p. 37.	Mr. 4, 1972.	(T. Sturgeon)
SWSJ	66:7.	S. 1972.	(D. Bischoff)
SFO	39:10-18.	N. 1973.	(G. Turner)
ASF	91:168.	Mr. 1973.	(P. Miller)

New dimensions II, ed. by Robert Silverberg. Garden City, N.Y., Doubleday, 1972. 229 p. 72-79423.

KR	40:1118.	S. 15, 1972.	(n.g.)
PW	202:54.	O. 2, 1972.	(n.g.)
FSF	44:16-18.	Je. 1973.	(A. Panshin)
NYT	p. 12.	Ja. 28, 1973.	(T. Sturgeon)

New dimensions III, ed. by Robert Silverberg. Garden City, N.Y., Doubleday, 1973. 212 p.

PW	204:58.	N. 5, 1973.	(n.g.)
SWSJ	114:3.	N. 1973.	(B. Gillam)

Nightwings. New York, Walker, 1970. 190 p. 70-109186.

LM	24/25:41.	My/Je. 1971.	(D. Paskow)
SWSJ	21:10.	My. 1971.	(J. Newton)
BB	17:72-73.	Je. 1972.	(B. Patten)
NWB	No. 197:33.	Ja. 1970.	(J. Clute)

No mind of man, ed. by Robert Silverberg. New York, Hawthorn, 1973. 182 p.

KR	41:778.	Jl. 15, 1973.	(n.g.)
PW	204:110-111.	Jl. 16, 1973.	(n.g.)

Other dimensions, ed. by Robert Silverberg. New York, Hawthorn, 1973. 178 p.

KR	41:26.	Ja. 1, 1973.	(n.g.)

Parsecs and parables. Garden City, N.Y., Doubleday, 1970. 203 p. 70-89111.

LJ	95(6):1050.	Mr. 15, 1970.	(D. Polacheck)
PW	195(4):269.	Ja. 26, 1970.	
SFR	39:33-34.	Ag. 1970.	(R. Delap)

The reality trip. New York, Ballantine, 1972. 210 p.

ASF	90:162-163.	F. 1973.	(P. Miller)
LM	41/42:39.	O/N. 1972.	(K. Ludwig)

Recalled to life. Garden City, N.Y., Doubleday, 1972. 184 p. 70-186042.

KR	40:603.	My. 15, 1972.	(n.g.)
LJ	97:1971.	S. 15, 1972.	(J. Cavallini)
PW	201:33.	My. 29, 1972.	(n.g.)
ASF	72(1):92.	S. 1963.	(P. Miller)

Regan's planet. New York, Pyramid, 1964. 141 p.

ASF	74(3):89.	N. 1964.	(P. Miller)
FSF	28(3):57.	Mr. 1965.	(J. Merril)

Revolt on Alpha C. New York, Crowell, 1955. 148 p. 55-9219.

ASF	57(4):147.	Je. 1956.	(P. Miller)

Revolt on Alpha C. (Continued)

FAU	5(3):128.	Ap. 1956.	(H. Santesson)
GAL	12(1):103.	My. 1956.	(F. Gale)

The science fiction bestiary, ed. by Robert Silverberg. New York, Nelson, 1971. 256 p. 70-160148.

KR	39:817.	Ag. 1, 1971.	(n.g.)
LJ	96:4139.	D. 15, 1971.	(E. Haynes)
BKL	68:613.	Mr. 15, 1972.	(n.g.)
LM	44:18.	Ja. 1973.	(C. Moslander)

Science fiction hall of fame, V. 1, ed. by Robert Silverberg. Garden City, N.Y., Doubleday, 1970. 588 p. 70-97691.

LJ	95(12):2284.	Je. 15, 1970.	(J. Polacheck)
LJ	95(16):3081.	S. 15, 1970.	(M. Chelton)
PW	195(7):74.	F. 16, 1970.	
GAL	31(1):93-94.	D. 1970.	(A. Budrys)
SFR	40:19-21.	O. 1970.	(P. Walker)
WIF	20(7):65-69.	S/O. 1970.	(L. del Rey)
NR	22(43):1170-1171.	N. 3, 1970.	(T. Sturgeon)
ASF	87:170-171.	Mr. 1971.	(P. Miller)
LM	23:28.	Ap. 1971.	(J. B. Post)
PW	199:70.	My. 24, 1971.	(n.g.)
SFO	23:12-14.	S. 1971.	(G. Turner)
SWSJ	33:3.	S. 1971.	(J. Newton)
WIF	21:156.	F. 1972.	(L. del Rey)
EJ	62:1059.	O. 1973.	(H. Means)
VIEWS AND REVIEWS	4(4):77.	Sm. 1973.	(R. Briney)

Scientists and scoundrels. New York, Crowell, 1965. 251 p. 65-11649.

WIF	15(7):5.	Jl. 1965.	(F. Pohl)

The seed of Earth. New York, Ace, 1962. 139 p.

AMZ	36(11):124.	N. 1962.	(S. Cotts)

The silent invaders. New York, Ace, 1963. 117 p.

ASF	72(5):88.	Ja. 1964.	(P. Miller)

Son of man. New York, Ballantine, 1971. 212 p.

EXT	13:76-77.	D. 1971.	(T. Clareson)
FUT	3:415-416.	D. 1971.	(D. Livingston)
ASF	89:172-173.	Ag. 1972.	(P. Miller)
LM	41/42:48.	O/N. 1972.	(A. Jackson)
NYT	p. 37.	Mr. 5, 1972.	(T. Sturgeon)
SWSJ	41:10.	Ja. 1972.	(S. Goldstein)

Starman's quest. Hicksville, N.Y., Gnome, 1959. 185 p. 58-8767.

ASF	64(3):151-152.	N. 1959.	(P. Miller)
FAU	11(5):100.	S. 1959.	(H. Santesson)
GAL	18(2):151-152.	D. 1959.	(F. Gale)
WIF	9(6):88.	Ja. 1960.	(F. Pohl)
LJ	95(4):791.	F. 15, 1970.	(S. Gilles)
LM	8:22.	Ja. 1970.	(C. Moslander)

Stepsons of Terra. New York, Ace, 1958. 128 p.

ASF	63(4):152-153.	Je. 1959.	(P. Miller)
FAU	11(1):109.	Ja. 1959.	(H. Santesson)

Sunken history. Philadelphia, Chilton, 1963. 177 p. 63-7507.

ASF	72(4):87.	D. 1963.	(P. Miller)

The 13th immortal. New York, Ace, 1957. 129 p.

ASF	60(5):150.	Ja. 1958.	(P. Miller)
FAU	8(5):100-101.	N. 1957.	(H. Santesson)

SILVERBERG, ROBERT (Continued)

The 13th immortal (Continued).

| VAN | 1(1):100-101. Je. 1958. (L. del Rey) |
| FSF | 13(2):108. Ag. 1957. (A. Boucher) |

Thorns. New York, Ballantine, 1967. 222 p.

ASF	81(3):166-167. My. 1968. (P. Miller)
NWB	No. 197:32. Ja. 1970. (M. Harrison)
WSJ	72:22-23. Je/Ag. 1970. (T. Pauls)
VOT	1(8):27-28. My. 1970. (K. Buckley)

Three for tomorrow, by Robert Silverberg, Roger Zelazny and James Blish. New York, Meredith, 1969. 204 p. 70-85419.

AMZ	44(1):111-112. My. 1970. (A. Panshin)
LM	13:31. Je. 1970. (J. B. Post)
WIF	20(2):149-152. F. 1970. (L. del Rey)
SPEC	29:33-35. O. 1971. (R. Conquest)

Three survived. New York, Holt, 1969. 117 p. 69-11814.

| ASF | 84(2):174. O. 1969. (P. Miller) |
| LM | 12:29. My. 1970. (D. Paskow) |

Three trips in time and space, ed. by Robert Silverberg. New York, Hawthorn, 1973. 193 p. 72-4917.

KR	40:1269. N. 1, 1972. (n.g.)
PW	202:64. N. 20, 1972. (n.g.)
FSF	45:31-34. Ag. 1973. (S. Coleman)

The time hoppers. Garden City, N.Y., Doubleday, 1967. 182 p. 67-12893.

ASF	81(1):164-165. Mr. 1968. (P. Miller)
FSF	34(1):40-41. Ja. 1968. (T. Carr)
SFO	25:17-18. D. 1971. (A. van der Poorten)

A time of changes. New York, Signet, 1971. 220 p.

PW	199:72. Je. 21, 1971. (n.g.)
SWSJ	40:3-4. D. 1971. (M. Shoemaker)
ASF	89:168-169. Mr. 1972. (P. Miller)
KPG	6:79. F. 1972. (L. Lenoff)
NYT	p. 37. Mr. 5, 1972. (T. Sturgeon)
REN	4:9-10. 1972. (D. Dickinson)

Time of the great freeze. New York, Holt, 1964. 192 p. 64-14345.

| ASF | 74(2):89-90. O. 1964. (P. Miller) |

To live again. Garden City, N.Y., Doubleday, 1969. 231 p. 76-78743.

ASF	85(1):165-166. Mr. 1970. (P. Miller)
FSF	38(6):53-54. Je. 1970. (S. Coleman)
GAL	29(5):2,42-43. F. 1970. (A. Budrys)
LM	16:17. S. 1970. (S. Mines)
WSJ	71:73-74. Mr/My. 1970. (T. Pauls)
WSJ	81:R/1-R/7. F. 1973. (L. Taylor)

To open the sky. New York, Ballantine, 1967. 222 p.

| ASF | 81(4):164. Je. 1968. (P. Miller) |
| NWB | No. 175:64. S. 1967. (J. Cawthorn) |

To the stars, ed. by Robert Silverberg. New York, Hawthorn, 1971. 255 p. 76-132555.

PW	198(23):49. D. 7, 1970.
SWSJ	36:9. N. 1971. (J. Newton)
LM	38/39:48. Jl/Ag. 1972. (Y. Edeiken)

To worlds beyond. Philadelphia, Chilton, 1965. 170 p. 65-14889.

| ASF | 76(5):145-146. Ja. 1966. (P. Miller) |
| GAL | 24(2):151-155. D. 1965. (A. Budrys) |

Tomorrow's worlds. Des Moines, Ia., Meredith, 1969. 234 p. 69-16298.

| LM | 5:31. O. 1969. (M. Hewitt) |
| SFR | 40:30-31. O. 1970. (R. Delap) |

Tower of glass. New York, Scribners, 1970. 247 p. 75-123835.

LJ	95(21):4196. D. 1, 1970. (D. Polacheck)
PW	198(8):46. Ag. 1970.
ASF	87:162-163. My. 1971. (P. Miller)
EXT	13:76. D. 1971. (T. Clareson)
FUT	3:97-98. Mr. 1971. (D. Livingston)
LM	23:25. Ap. 1971. (G. Bear)
KPG	5:76. N. 1971. (C. Richey)
SFR	43:40-42. Mr. 1971. (G. Zebrowski)
WSJ	supp. 75-2:7. F/Mr. 1971. (J. Newton)

Unfamiliar territory. New York, Scribners, 1973. 279 p. 73-3914.

BKL	70:369. D. 1, 1973. (n.g.)
LJ	98:3023. O. 15, 1973. (B. Baker)
GAL	34:72-73. D. 1973. (T. Sturgeon)
KR	41:779. Jl. 15, 1973. (n.g.)

Up the line. New York, Ballantine, 1969. 250 p.

ASF	84(5):166-167. Ja. 1970. (P. Miller)
GAL	30(2):106-108,134. My. 1970. (A. Budrys)
LM	14:31. Jl. 1970. (J. Schaumburger)
SFR	37:35. Ap. 1970. (R. Geis)
RQ	4:298-299. Mr. 1971. (T. Pauls)

Voyagers in time. New York, Meredith, 1967. 243 p. 67-20857.

| ASF | 81(2):158-159. Ap. 1968. (P. Miller) |

The world inside. Garden City, N.Y., Doubleday, 1971. 201 p. 72-150918.

ALG	20:25. My. 1973. (R. Lupoff)
EXT	13:77. D. 1971. (T. Clareson)
KR	39:534. My. 1, 1971. (n.g.)
LJ	96:3489. O. 15, 1971. (P. Wegars)
SWSJ	35:9. O. 1971. (J. Newton)
ASF	89:169-170. Mr. 1972. (P. Miller)
NYT	p. 37. Mr. 5, 1972. (T. Sturgeon)
WSJ	79:29-30. N. 1971/Ja. 1972. (T. Pauls)
WSJ	79:30-31. N. 1971/Ja. 1972. (A. Gilliland)
LM	38/39:62. Jl/Ag. 1972. (C. Moslander)

World's Fair 1992. New York, Follett, 1970. 248 p. 76-85947.

LM	26/27:47. Jl/Ag. 1971. (D. Paskow)
NYT	p. 47. S. 20, 1971. (B. Searles)
ASF	89:171-172. Ap. 1972. (P. Miller)

Worlds of maybe, ed. by Robert Silverberg. Camden, N.J., Nelson, 1970. 256 p. 73-123115.

| LJ | 96:1524. Ap. 15, 1971. (C. Clark) |
| LM | 38/39:26. Jl/Ag. 1972. (C. Moslander) |

SILVERSTEIN, SHEL

Grab your socks. New York, Ballantine, 1956.

| FSF | 11(6):109. D. 1956. (A. Boucher) |

SIMAK, CLIFFORD DONALD

Aliens for neighbours. London, Faber, 1961. 255 p.

    NWB   No. 112:124-125. N. 1961. (L. Flood)

All flesh is grass. Garden City, N.Y., Doubleday, 1965.
260 p. 65-19926.

    ASF   77(5):152. Jl. 1966. (P. Miller)
    NWB   No. 163:148. Je. 1966. (J. Colvin)
    FSF   30(3):53-54. Mr. 1966. (J. Merril)

All the traps of Earth. Garden City, N.Y., Doubleday,
1962. 287 p. 62-7679.

    ASF   69(4):160-161. Je. 1962. (P. Miller)
    GAL   21(4):159. Ap. 1963. (F. Gale)

Best science fiction stories of Clifford D. Simak.
Garden City, N.Y., Doubleday, 1971. 232 p. 70-131106.

    PW   198(20):71. N. 16, 1970.
    GAL   32:162-164. Jl. 1971. (A. Budrys)
    WSJ   76:44. Ap/My. 1971. (J. Newton)
    SWSJ   37:2. D. 1971. (C. Chauvin)
    KPG   6:32. S. 1972. (n.g.)
    LM   38/39:64. Jl/Ag. 1972. (D. Paskow)

Cemetery world. New York, Putnam, 1973. 191 p.

    BKL   69:835. My. 1, 1973. (n.g.)
    BKL   69:903. My. 15, 1973. (n.g.)
    KR   41:149. F. 1, 1973. (n.g.)
    KR   41:201. F. 15, 1973. (n.g.)
    LJ   98:437. F. 1, 1973. (R. Molyneux)
    LJ   98:1710-1711. My. 15, 1973. (J. Gartner)
    LM   49:24-25. At. 1973. (P. Walker)

A choice of gods. New York, Putnam, 1971. 190 p.
78-171472.

    KR   39:1181. N. 1, 1971. (n.g.)
    PW   200:67. N. 15, 1971. (n.g.)
    ASF   89:168. Je. 1972. (P. Miller)
    BKL   68:649. Ap. 1, 1972. (n.g.)
    LJ   97:1627. Ap. 15, 1972. (J. Prince)
    LM   41/42:36. O/N. 1972. (B. Fredstrom)
    REN   4:16. Sp. 1972. (J. Pierce)
    WIF   21:120-121. Ap. 1972. (L. del Rey)
    AMZ   47:112-114. Je. 1973. (T. Monteleone)
    FOU   4:74-75. Jl. 1973. (G. Hay)

City. New York, Gnome Press, 1952. 224 p. 52-10460.

    ASF   50(5):160-161. Ja. 1953. (P. Miller)
    AUT   No. 44:90-91. Ap. 1954. (n.g.)
    FUTF   No. 41:117. F. 1959. (C. Knox)
    GAL   5(1):123-124. O. 1952. (G. Conklin)
    NWB   No. 22:126-128. Ap. 1954. (L. Flood)
    SFA   1(2):112. F. 1953. (D. Knight)
    SFP   1(1):60. Mr. 1953. (S. Moskowitz)
    SPF   1(5):116-117. Mr. 1953. (G. Smith)
    FSF   3(6):98. O. 1952. (Boucher & McComas)
    BSP   1(3):41. Ap. 1954. (n.g.)
    NEB   2(4):126. Ap. 1954. (Slater & Elder)

Cosmic engineers. New York, Gnome Press, 1950. 224 p.
51-9901.

    AMZ   39(6):125-126. Je. 1965. (R. Silverberg)
    ASF   47(4):132. Je. 1951. (P. Miller)
    FUTF   2(5):82. Ja. 1952. (n.g.)
    FSO   4(5):145. Jl. 1952. (B. Tucker)
    GAL   1(5):101. F. 1951. (G. Conklin)
    TWS   38(1):162. Ap. 1951. (S. Merwin)
    SSS   8(1):37. Ap. 1951. (F. Pohl)
    WBD   1(2):103. Ja. 1951. (D. Knight)

Destiny doll. New York, Putnam, 1971. 189 p. 78-136805.

    PW   198(22):38. N. 30, 1970.
    ASF   88:165-166. D. 1971. (P. Miller)
    LJ   96:2940. S. 15, 1971. (C. Lingo)
    LM   38/39:54-55. Jl/Ag. 1972. (P. Walker)
    SWSJ   41:10. Ja. 1972. (J. Newton)

The goblin reservation. New York, Putnam, 1968. 192 p.
68-25455.

    ASF   83(5):165. Jl. 1969. (P. Miller)
    FAS   18(3):142-143. F. 1969. (F. Leiber)
    FSF   36(2):22-24. F. 1969. (J. Merril)
    LM   2:25. Jl. 1969. (J. Slavin)

Nebula award stories six, ed. by Clifford D. Simak. Gar-
den City, N.Y., Doubleday, 1971. 204 p.

    KR   39:1096. O. 1, 1971. (n.g.)
    KR   39:1137. O. 15, 1971. (n.g.)
    KPG   6:32. S. 1972. (n.g.)
    LM   38/39:52-53. Jl/Ag. 1972. (G. Bear)
    SFO   26:31-34. Ap. 1972. (G. Turner)

Our children's children. New York, Putnam, 1974. 186 p.
73-78644.

    KR   41:1057. S. 15, 1973. (n.g.)
    PW   204:80. O. 1, 1973. (n.g.)
    SWSJ   108:3-4. O. 1973. (D. D'Ammassa)

Out of their minds. New York, Putnam, 1970. 186 p.
75-97095.

    ASF   86(2):164-165. O. 1970. (P. Miller)
    LJ   95(15):2829-2830. S. 1, 1970. (M. Cross)
    WIF   20(6):148-149. Jl/Ag. 1970. (L. del Rey)
    LM   24/25:39. My/Je. 1971. (D. Paskow)

Ring around the sun. New York, Simon & Schuster, 1953.
242 p. 53-7828.

    ASF   53(2):146. Ap. 1954. (P. Miller)
    GAL   7(1):119-120. O. 1953. (G. Conklin)
    GAL   9(2):121-122. N. 1954. (G. Conklin)
    ISF   4(10):144. N. 1953. (M. Reinsberg)
    WIF   9(4):97-98. S. 1959. (D. Knight)
    FSF   4(6):71. Je. 1953. (Boucher & McComas)

So bright the vision. New York, Ace, 1968. 141 p.

    NWB   No. 189:63. Ap. 1969. (J. Cawthorn)

The solar system, our new front yard. New York, St.
Martin's, 1962. 290 p. 62-11109.

    FSF   25(1):107. Jl. 1963. (A. Davidson)

Strangers in the universe. New York, Simon & Schuster,
1956. 371 p. 56-11189.

    ASF   59(5):145-146. Jl. 1957. (P. Miller)
    GAL   14(1):123. My. 1957. (F. Gale)
    NEB   No. 32:106-107. Jl. 1958. (K. Slater)
    VEN   1(4):79. Jl. 1957. (T. Sturgeon)
    FSF   12(4):84. Ap. 1957. (A. Boucher)

They walked like men. Garden City, N.Y., Doubleday, 1962.
234 p. 62-17362.

    AMZ   37(5):122-123. My. 1963. (S. Cotts)
    ASF   71(2):87. Ap. 1963. (P. Miller)
    NWB   No. 132:125. Jl. 1963. (L. Flood)
    FSF   24(2):35. F. 1963. (A. Davidson)

SIMAK, CLIFFORD DONALD (Continued)

Time and again. New York, Simon & Schuster, 1951. 235 p. 51-10314.

ASF   48(4):159-160. D. 1951. (P. Miller)
GAL   2(5):100-101. Ag. 1951. (G. Conklin)
AUT   No. 67:151-152. Mr. 1956. (n.g.)
NWB   No. 46:127. Ap. 1956. (L. Flood)
SSS   8(3):49. Ag. 1951. (F. Pohl)
SFR   38:26. Je. 1970. (P. Walker)

Time is the simplest thing. Garden City, N.Y., Doubleday, 1961. 263 p. 61-9554.

AMZ   35(12):132-133. D. 1961. (S. Cotts)
ASF   68(6):165. F. 1962. (P. Miller)
NWB   No. 119:126. Je. 1962. (L. Flood)
FSF   22(2):90. F. 1962. (A. Bester)

The trouble with Tycho. New York, Ace, 1961. 82 p.

ASF   68(6):165-166. F. 1962. (P. Miller)

Way station. Garden City, N.Y., Doubleday, 1963. 210 p. 63-12874.

AMZ   38(3):118-120. Mr. 1964. (L. del Rey)
ASF   73(2):93. Ap. 1964. (P. Miller)
NWB   No. 140:128. Mr. 1964. (L. Flood)
FSF   26(3):79. Mr. 1964. (A. Davidson)

The werewolf principle. New York, Putnam, 1967. 216 p. 67-23598.

ASF   81(4):162. Je. 1968. (P. Miller)
FAS   18(1):136-137. O. 1968. (F. Leiber)
FSF   34(5):51. My. 1968. (J. Merril)
SWSJ   24:7. Je. 1971. (M. Shoemaker)

Why call them back from heaven? Garden City, N.Y., Doubleday, 1967. 190 p. 67-10392.

AMZ   41(2):158. Je. 1967. (H. Harrison)
GAL   25(5):191-192. Je. 1967. (A. Budrys)
FSF   32(5):44-48. My. 1967. (J. Merril)

The worlds of Clifford Simak. New York, Simon & Schuster, 1960. 378 p. 60-10981.

AMZ   34(11):136-137. (S. Cotts)
ASF   67(1):160-162. Mr. 1961. (P. Miller)
NWB   No. 99:125. O. 1960. (L. Flood)
FSF   19(4):92-93. O. 1960. (A. Bester)

Worlds without end. New York, Belmont, 1964. 140 p.

ASF   76(3):150. N. 1965. (P. Miller)

SIMON, EDITH

The twelve pictures. New York, Putnam, 1955. 367 p. 55-5771.

OSFS   8(2):115-116. S. 1957. (L. de Camp)

SIMON, TONY

The moon explorers. New York, Four Winds, 1970. 128 p.

LM   27:22. Jl/Ag. 1971. (J. Post)

SIMONS, JOSEPH H.

A structure of science. New York, Philosophical Library, 1960. 269 p. 60-13640.

GAL   19(4):133. Ap. 1961. (F. Gale)

SINCLAIR, ANDREW

Gog. New York, Avon, 1969. 448 p.

LM   9:25. F. 1970. (S. Mines)

The project. New York, Simon & Schuster, 1960. 186 p. 60-10992.

AMZ   35(1):134-135. Ja. 1961. (S. Cotts)
GAL   20(2):147. D. 1961. (F. Gale)

SINGER, ISAAC BASHEVIS

Alone in the wild forest. New York, Farrar, 1971. 79 p. 78-161372.

LM   38/39:26. Jl/Ag. 1972. (J. Post)

Short Friday. New York, Farrar, 1964. 243 p. 64-23122.

FSF   28(4):71. Ap. 1965. (J. Merril)

SINGER, KURT DEUTSCH

I can't sleep at night. London, Whiting, 1966. 238 p. 66-73359.

NWB   No. 164:151. Jl. 1966. (H. Bailey)

SINGH, JAGJIT

Great ideas and theories of modern cosmology. New York, Dover, 1961. 276 p. 62-239.

WOT   2(6):5-6. Mr. 1965. (F. Pohl)

SINIAVSKII, ANDREI DONAT'EVICH

Fantastic stories, by Abram Tertz. New York, Pantheon, 1963. 213 p. 62-14263rev.

FSF   25(6):80-81. D. 1963. (A. Davidson)

The makepeace experiment, by Abram Tertz. New York, Pantheon, 1965. 192 p. 64-18351.

ASF   76(3):146-147. N. 1965. (P. Miller)
FSF   30(2):42-43. F. 1966. (J. Merril)

SIODMAK, CURT

F. P. 1 antwortet nicht. Berlin, August Scherl, 1931. 180 p. 31-32529.

AMZ   7(11):1048. F. 1933. (C. Brandt)

F. P. 1 does not reply, tr. by H. W. Farrel. Boston, Little, Brown, 1933. 290 p. 33-28929.

AMZ   9(1):134. My. 1934. (C. Brandt)

SIODMAK, CURT (Continued)

Hauser's memory. New York, Putnams, 1968. 184 p.
68-12111.

    AMZ   42(3):141-142. S. 1968. (L. Tanner)
    ASF   83(2):161-162. Ap. 1969. (P. Miller)
    VOT   1(8):30-31. My. 1970. (K. Buckley)

Riders to the stars, by Curt Siodmak and Robert Smith.
New York, Ballantine, 1954. 166 p.

    ASF   54(6):146. F. 1955. (P. Miller)
    GAL   8(3):121-122. Je. 1954. (G. Conklin)

Skyport. New York, Crown, 1959. 223 p. 59-14017.

    AMZ   35(12):133-134. D. 1961. (S. Cotts)
    ASF   65(4):167. Je. 1960. (P. Miller)
    GAL   18(5):152-153. Je. 1960. (F. Gale)
    WIF   10(1):105. Mr. 1960. (F. Pohl)

The third ear. New York, Putnam, 1971. 254 p. 75-
163415.

    KR   39:968. S. 1, 1971. (n.g.)
    LJ   96:3348. O. 15, 1971. (F. Patten)
    PW   200:43. S. 6, 1971. (n.g.)
    BKL   68:649. Ap. 1, 1972. (n.g.)
    FSF   43:60-61. Jl. 1972. (J. Blish)
    LM   44:26. Ja. 1973. (S. Mines)

SIZEMORE, JULIUS C.

The sea people, by Julius C. Sizemore and Wilkie G.
Sizemore. New York, Exposition Press, 1957. 263 p.
57-9224.

    ASF   61(3):144. My. 1958. (P. Miller)

SKILLING, WILLIAM THOMPSON

A brief text in astronomy, by W. T. Shilling and R. S.
Richardson. London, Chapman & Hall, 1955. 327 p.

    AUT   No. 63:154. N. 1955. (n.g.)

SKINKLE, DOROTHY

Star giant. New York, Tower, 1969. 154 p.

    LM   16:22. S. 1970. (S. Mines)

SKINNER, BURRHUS FREDERIC

Walden two. New York, Macmillan, 1961. 266 p.

    FSF   19(3):79-80. S. 1960. (D. Knight)

SLADEK, JOHN THOMAS

Mechasm. New York, Ace, 1969. 222 p.

    LM   12:31. My. 1970. (J. Slavin)
    ASF   87:168. Ag. 1971. (P. Miller)
    ASF   88:167. S. 1971. (P. Miller)

The Muller-Fokker effect. New York, Morrow, 1971. 246 p.
71-166345.

    BS   31:428. D. 15, 1971. (J. Murray)
    KR   39:1093. O. 1, 1971. (n.g.)
    PW   200:43. O. 18, 1971. (n.g.)
    FUT   4:195. Je. 1972. (D. Livingston)
    LJ   97:86. Ja. 1, 1972. (H. Hutchinson)
    ASF   92:170. N. 1973. (P. Miller)

The reproductive system, a science fiction novel. Lon-
don, Gollancz, 1968. 192 p.

    NWB   No. 185:62. D. 1968. (M. Harrison)

SLATER, HENRY J.

Ship of destiny. New York, Crowell, 1951. 187 p. 52-
817.

    AMZ   26(7):143-144. Jl. 1952. (S. Merwin)
    ASF   50(1):168-169. S. 1952. (P. Miller)
    GAL   5(3):127. D. 1952. (G. Conklin)

SLATER, KENNETH

British science fiction book index, 1955. Walsoken,
Cambs., FANTAST, 1956. 14 p.

    AUT   No. 79:128. Ap. 1957. (n.g.)

SLAUGHTER, FRANK GILL

Epidemic! Garden City, N.Y., Doubleday, 1961. 286 p.
61-5982.

    AMZ   35(5):131-132. My. 1961. (S. Cotts)
    ASF   68(1):168. S. 1961. (P. Miller)

SLEIGH, BARBARA

Stirabout stories. Indianapolis, Bobbs-Merrill, 1972.
143 p.

    LM   48:23. Fl. 1973. (C. Moslander)

SLIJPER, EVERHARD JOHANNES

Whales. New York, Basic Books, 1962. 475 p. 62-13870.

    FSF   25(2):112-113. Ag. 1963. (A. Davidson)

SLIM, EVELYN RAYNOR

The saviors. Des Moines, Ia., Meredith.

    SFR   38:28-29. Je. 1970. (T. Pauls)

SLIPHER, EARL C.

The photographic story of Mars. Cambridge, Mass., Sky
Publishing Co., 1962. 168 p. 62-21127rev.

    ASF   71(2):86-87. Ap. 1963. (P. Miller)

SLIVNICK, CHARLENE

The three wheeled rocket. New York, Walker, 1968. 24 p. 68-22560.

LM   4:25. S. 1969. (M. Hewitt)

SLOANE, WILLIAM

The edge of running water. New York, Dodd, Mead, 1955. 295 p. 55-7243.

ASF   56(3):148-149. N. 1955. (P. Miller)
TWS   15(2):128. F. 1940. (H. K.)
FSF   10(2):97. F. 1956. (A. Boucher)

The rim of morning. New York, Dodd, Mead, 1964. 602 p. 64-21782.

ASF   75(1):85-86. Mr. 1965. (P. Miller)

Space, space, space, ed. by William Sloane. New York, Franklin Watts, 1953. 288 p. 53-9924.

ASF   54(3):145-146. N. 1954. (P. Miller)
GAL   8(1):120. Ap. 1954. (G. Conklin)

Stories for tomorrow, ed. by William Sloane. New York, Funk & Wagnalls, 1954. 628 p. 53-10794.

ASF   55(5):153. Jl. 1955. (P. Miller)
FAU   3(1):128. F. 1955. (R. Frazier)
GAL   9(4):119. Ja. 1955. (G. Conklin)
AUT   No. 68:154. Ap. 1956. (n.g.)
NWB   No. 46:128. Ap. 1956. (L. Flood)
FSF   7(6):90. D. 1954. (A. Boucher)

To walk the night. New York, Dodd, Mead, 1954. 307 p. 54-12515.

ASF   55(6):151. Ag. 1955. (P. Miller)
GAL   9(6):96. Mr. 1955. (G. Conklin)
SFIQ   4(2):52. F. 1956. (D. Knight)
FSF   8(1):94. Ja. 1955. (A. Boucher)

SLOBODKIN, LOUIS

The space ship in the park. New York, Macmillan, 1972. 167 p. 70-187799.

KR   40:1192. O. 15, 1972. (n.g.)

The space ship under the apple tree. New York, Collier, 1971. 118 p.

LM   35/36:45. Ap/My. 1972. (K. Anderson)

SLUCKIN, WLADYSLAW

Minds and machines. Harmondsworth, Penguin, 1954. 223 p.

AUT   No. 54:131. F. 1955. (n.g.)

SMART, WILLIAM MARSHALL

The origin of the Earth. Harmondsworth, Penguin, 1955. 223 p. 56-1329.

AUT   No. 60:149. Ag. 1955. (n.g.)

Some famous stars. London, Longmans Green, 1950. 219 p. A52-2129.

AUT   No. 10:109. Je. 15, 1951. (n.g.)

SMITH, CLARK ASHTON

Grotesques & fantastiques. Saddle River, N.J., Gerry de la Ree, 1973. 40 p.

LM   48:30. Fl. 1973. (J. B. Post)

The hills of Dionysus. Pacific Grove, Calif., 1962. 48 p. 63-286.

FSF   26(6):36-37. Je. 1964. (A. Davidson)

Hyperborea. New York, Ballantine, 1971. 205 p.

LM   40:23. S. 1972. (R. FitzOsbert)

Lost worlds. London, Spearman, 1971. 419 p.

LM   34:27. Mr. 1972. (N. Barron)

Other dimensions. Sauk City, Wisc., Arkham House, 1970. 329 p. 79-117341.

LM   24/25:44. My/Je. 1971. (J. B. Post)
FSF   41:73-75. Jl. 1971. (G. Wilson)
BFT   1(2):72. Mr. 1971. (R. Lowndes)
WSJ   74:40-41. D. 1970/Ja. 1971. (R. Stooker)

Out of space and time. Sauk City, Arkham House, 1942. 370 p. 42-20807.

SFS   3(2):71. D. 1942. (R. Lowndes)
SSS   4(3):67. F. 1943. (D. Wollheim)
UNK   6(6):103-104. Ap. 1943. (A. Boucher)
LM   34:27. Mr. 1972. (N. Barron)

Planets and dimensions. Baltimore, Mirage, 1973. 87 p.

ASF   92:161-162. O. 1973. (P. Miller)
LM   48:28. Fl. 1973. (J. B. Post)

Poems in prose. Sauk City, Wisc., Arkham House, 1965. 77 p. 65-5225.

FSF   29(6):37. D. 1965. (F. Leiber)
MOH   2(6):81. W. 1965/1966. (R. Lowndes)

Poseidonis. New York, Ballantine, 1973. 210 p.

FANA   1:9. S. 1973. (I. Slater)

Selected poems. Sauk City, Wisc., Arkham House, 1971. 403 p.

FSF   44:76. My. 1973. (G. Wilson)
LM   41/42:51. O/N. 1972. (J. B. Post)

Tales of science and sorcery. Sauk City, Wisc., Arkham House, 1964. 256 p. 65-208.

MOH   2(4):84. Ag. 1965. (R. Lowndes)

Xiccarph. New York, Ballantine, 1972. 247 p.

LM   44:29. Ja. 1973. (J. B. Post)
SWSJ   100:5. Jl. 1973. (J. Frederick)
ETR   1(1):17. Jl. 1972. (F. Patten)

SMITH, CLARK ASHTON (Continued)

Zothique. New York, Ballantine, 1970. 273 p.

SFR	41:31. N. 1970. (G. Cook)	
FAS	20:107-109. F. 1971. (F. Leiber)	
FF	1:33. D. 1970. (D. Menville)	
FSF	41:75. Jl. 1971. (G. Wilson)	
LM	26/27:42. Jl/Ag. 1971. (J. Evers)	

SMITH, CORDELIA TITCOMB, ed.

Great science fiction stories. New York, Dell, 1964. 288 p.

ASF   74(3):89. N. 1964. (P. Miller)

SMITH, CORDWAINER
SEE Linebarger, Paul

SMITH, DOROTHY GLADYS

The starlight barking, by Dodie Smith. New York, Dell, 1970. 156 p.

LM   30:24. N. 1971. (M. Hewitt)

SMITH, EDWARD ELMER

Children of the lens. Reading, Pa., Fantasy Press, 1954. 293 p. 54-5692.

ASF   55(2):140-143. Ap. 1955. (P. Miller)
GAL   9(6):98. Mr. 1955. (G. Conklin)

First lensman. Reading, Pa., Fantasy Press, 1950. 306 p. 50-5730.

ASF	45(5):124. Jl. 1950. (P. Miller)	
AUT	No. 66:151. F. 1956. (n.g.)	
FSO	3(7):144-145. D. 1951. (P. Miller)	
TWS	36(2):156-157. Je. 1950. (S. Merwin)	
SSS	6(4):93. My. 1950. (F. Pohl)	
WBD	1(2):102-103. Ja. 1951. (D. Knight)	

Galactic patrol. Reading, Pa., Fantasy Press, 1950. 273 p. 51-9107.

ASF   47(4):133. Je. 1951. (P. Miller)
FSO   3(7):144-145. D. 1951. (P. Miller)
TWS   38(2):144. Je. 1951. (S. Merwin)

The galaxy primes. New York, Ace, 1965. 192 p.

ASF   78(6):159. F. 1967. (P. Miller)

Grey lensman. Reading, Pa., Fantasy Press, 1951. 306 p. 51-8198.

AMZ	26(3):151-152. Mr. 1952. (S. Merwin)	
ASF	49(3):157-158. My. 1952. (P. Miller)	
ASF	49(3):164-165. Je. 1952. (P. Miller)	
GAL	3(6):84. Mr. 1952. (G. Conklin)	
STL	25(2):139-140. Mr. 1952. (n.g.)	
FSF	23(1):109. Jl. 1962. (A. Bester)	

Second stage lensman. Reading, Pa., Fantasy Press, 1953. 308 p. 53-9939.

ASF   52(3):150. N. 1953. (P. Miller)
FAU   1(3):192. O/N. 1953. (S. Merwin, Jr.)
GAL   7(2):80. N. 1953. (G. Conklin)
ISF   5(2):145. F. 1954. (M. Reinsberg)

The skylark of space. Providence, R.I., Hadley, 1947. 303 p. 48-22.

AMZ	23(12):149-150. D. 1949. (M. Tish)	
FBK	1(2):41. 1947. (W. C.)	
GAL	2(3):54-55. Je. 1951. (G. Conklin)	
SFIQ	1(2):86. Ag. 1951. (G. Smith)	
WIF	9(1):110-111. D. 1958. (D. Knight)	

Skylark of Valeron. Reading, Pa., Fantasy Press, 1949. 252 p. 49-8714.

ASF   44(2):141-142. O. 1949. (P. Miller)
TWS   34(3):158-159. Ag. 1949. (S. Merwin)
SSS   5(4):101. S. 1949. (F. Pohl)

Skylark three. Reading, Pa., Fantasy Press, 1948. 247 p. 48-9439.

AMZ   23(12):151-152. D. 1949. (M. Tish)
AMZ   38(5):126-127. My. 1964. (R. Silverberg)
ASF   44(1):152. S. 1949. (P. Miller)
STL   19(1):161-162. Mr. 1949. (n.g.)

Spacehounds of IPC. Reading, Pa., Fantasy Press, 1947. 257 p. 47-17967.

ASF   40(2):104-106. O. 1947. (P. Miller)
TWS   30(3):113. Ag. 1947. (S. Merwin)

Subspace Explorers. New York, Canaveral, 1965. 278 p. 64-25828.

FAS   17(6):139-140. Ag. 1968. (C. Tanner)
NWB   No. 191:61. Je. 1969. (J. Cawthorn)
SWSJ   17:4-5. Mr. 1971. (A. Gilliland)

Triplanetary. Reading, Pa., Fantasy Press, 1948. 287 p. 48-6988.

ASF	42(2):141. O. 1948. (P. Miller)	
FNM	3(2):118-119. Jl. 1949. (S. Moskowitz)	
FSO	3(7):144-145. D. 1951. (P. Miller)	
AUT	No. 55:134. Mr. 1955. (n.g.)	
NWB	No. 32:119-120. F. 1955. (L. Flood)	
STL	18(2):177. N. 1948. (n.g.)	
BSP	1(11):54-55. Mr. 1955. (n.g.)	

The vortex blasters. Hicksville, N.Y., Gnome, 1960. 191 p. 60-4973.

ASF   67(4):165-166. Je. 1961. (P. Miller)
FSF   19(6):71-72. D. 1960. (A. Bester)
GAL   19(5):94-95. Je. 1961. (F. Gale)

SMITH, EDWARD HENRY

You can escape. New York, Macmillan, 1929. 364 p. 29-19014.

ADT   1(1):95. Ja. 1930. (n.g.)

SMITH, EVELYN E.

The perfect planet. New York, Avalon Books, 1962. 224 p.

AMZ   36(12):122-123. D. 1962. (S. Cotts)

SMITH, GEORGE HENRY

Doomsday wing. Derby, Conn., Monarch Books, 1963. 124 p.

ASF   73(4):88-89. Je. 1964. (P. Miller)

SMITH, GEORGE HENRY (Continued)

The forgotten planet. New York, Avalon, 1965. 189 p.
NUC 66-82075.

    ASF   77(4):145. Je. 1966. (P. Miller)

Kar Kaballa. New York, Ace, 1969. 145 p.

    LM   24/25:33. My/Je. 1971. (P. Walker)
    SFR   42:30-31. Ja. 1971. (P. Walker)

The unending night. New York, Tower, 1969. 138 p.

    LM   16:23. S. 1970. (D. Paskow)

Witch queen of Lochlann. New York, Signet, 1969. 159 p.

    LM   10:23-24. Mr. 1970. (L. Carter)

SMITH, GEORGE LAWSON

Transfer. New York, Vantage, 1970. 95 p.

    LM   34:32. Mr. 1972. (J. B. Post)

SMITH, GEORGE OLIVER

Fire in the heavens. New York, Avalon Books, 1958.
224 p. 58-9134.

    AMZ   32(9):50. S. 1958. (S. Cotts)
    ASF   62(6):142-143. F. 1959. (P. Miller)
    ASF   65(3):172-173. My. 1960. (P. Miller)
    GAL   18(1):147. O. 1959. (F. Gale)
    WIF   9(6):85. Ja. 1960. (F. Pohl)
    FUTF   No. 44:101-102. Ag. 1959. (C. Knox)

The fourth "R". New York, Ballantine, 1959. 160 p.
59-11151.

    AMZ   33(10):74. O. 1959. (S. Cotts)
    ASF   65(2):165. Ap. 1960. (P. Miller)
    FSF   17(5):99. N. 1959. (D. Knight)
    WIF   9(6):85. Ja. 1960. (F. Pohl)

Hellflower. New York, Abelard, 1953. 264 p. 53-8686.

    ASF   52(4):146. D. 1953. (P. Miller)
    DSF   1(6):36,48. Ja. 1954. (K. MacLean)
    FAU   1(2):192. Ag/S. 1953. (S. Merwin, Jr.)
    GAL   6(6):123. S. 1953. (G. Conklin)
    AUT   No. 60:153-154. Ag. 1955. (n.g.)
    NEB   No. 14:103. N. 1955. (K. Slater)
    NWB   No. 37:127. Jl. 1955. (L. Flood)
    SPF   2(2):95. S. 1953. (G. Smith)

Highways in hiding. New York, Gnome Press, 1955. 223 p.
56-10475.

    ASF   58(4):151. D. 1956. (P. Miller)
    GAL   13(4):51-52. F. 1957. (F. Gale)
    INF   1(6):112-114. D. 1956. (D. Knight)
    SAT   1(3):117. F. 1957. (S. Moskowitz)
    FSF   11(5):101. N. 1956. (A. Boucher)

Lost in space. New York, Avalon Books, 1959. 224 p.

    ASF   63(6):152-153. Ag. 1959. (P. Miller)
    ASF   67(3):169. My. 1961. (P. Miller)
    GAL   18(2):151. D. 1959. (F. Gale)
    WIF   10(4):88. S. 1960. (F. Pohl)
    FUTF   No. 45:17,113. O. 1959. (C. Knox)

Nomad. Philadelphia, Prime Press, 1950. 286 p. 50-
6371.

    ASF   45(4):101-102. Je. 1950. (W. Ley)
    FSO   2(3):35. O. 1950. (n.g.)
    SCF   No. 2:76. W. 1950/1951. (J. Aiken)
    STL   21(3):161. Jl. 1950. (n.g.)
    SSS   7(1):70. Jl. 1950. (F. Pohl)

Path of unreason. Hicksville, N.Y., Gnome, 1958. 185 p.
58-8766.

    ASF   64(6):166. F. 1960. (P. Miller)
    GAL   18(2):152. D. 1959. (F. Gale)
    WIF   9(6):86. Ja. 1960. (F. Pohl)

Pattern for conquest. New York, Gnome Press, 1949.
252 p. 50-3818.

    ASF   46(6):150. F. 1951. (P. Miller)
    SCF   No. 2:76. W. 1950/1951. (J. Aiken)
    SSS   6(3):97. Mr. 1950. (F. Pohl)

Space plague. New York, Avon, 1956. 191 p.

    VEN   1(6):83. N. 1957. (T. Sturgeon)

Troubled star. New York, Avalon Books, 1957. 220 p.
57-12683.

    ASF   61(4):144. Je. 1958. (P. Miller)
    GAL   16(5):103. S. 1958. (F. Gale)
    VEN   2(3):59. My. 1958. (T. Sturgeon)
    FSF   14(2):108. F. 1958. (A. Boucher)

Venus equilateral. Philadelphia, Prime Press, 1947.
455 p. 47-31451.

    ASF   40(4):155. D. 1947. (n.g.)
    TWS   32(1):142. Ap. 1948. (S. Merwin)

SMITH, HARRY ALLEN

The age of the tail. Boston, Little, Brown, 1955.
159 p. 55-10751.

    ASF   57(1):157-158. Mr. 1956. (P. Miller)

SMITH, HORACE HERBERT

Crooks of the Waldorf, being the story of Joe Smith,
master detective. New York, Macaulay, 1929. 318 p.
29-18679.

    ADT   1(2):184. F. 1930. (n.g.)

SMITH, L. H.

Journey through space, by Speedy Williams. New York,
Exposition Press, 1958. 108 p.

    GAL   17(2):103. D. 1958. (F. Gale)
    FAU   10(3):119. S. 1958. (H. Santesson)

SMITH, MARTIN

The Indians won. New York, Belmont, 1970. 219 p.

    LM   24/25:57. My/Je. 1971. (D. Paskow)

SMITH, NORMAN F.

Uphill to Mars, downhill to Venus: the science and technology of space travel. Boston, Little, Brown, 1970. 136 p. 70-81889.

LM   19:18. D. 1970. (D. Paskow)

SMITH, PERRY MICHAEL

Last rites. New York, Scribners, 1971. 389 p. 73-140774.

BS   31:214. Ag. 1, 1971. (P. Earl)
LJ   96:1388. Ap. 15, 1971. (A. Curley)
SR   54:19. Jl. 3, 1971.

SMITH, RALPH ANDREWS

The exploration of the moon, by R. A. Smith and Arthur C. Clarke. New York, Harper, 1954. 112 p. 55-6572.

ASF   56(1):147-148. S. 1955. (P. Miller)
AUT   No. 52:131. D. 1954. (n.g.)
FSF   9(2):95. Ag. 1955. (A. Boucher)
NWB   No. 32:117. F. 1955. (L. Flood)
SFIQ   4(2):52. F. 1956. (D. Knight)
GAL   10(6):90. S. 1955. (G. Conklin)

SMITH, RAY

Cape Breton is the thought control centre of Canada. Toronto, Anansi, 1969. 136 p.

NWB   No. 194:30. O. 1969. (J. Churchill)

SMITH, STEVIE

Novel on yellow paper. London, Cape, 1969. 256 p.

NWB   No. 195:31. N. 1969. (J. Clute)

SMITH, THORNE

The passionate witch. Garden City, N.Y., Doubleday, 1941. 267 p. 41-13943.

SSS   3(3):141-142. F. 1942. (D. Wollheim)

SMITHIES, RICHARD H. R.

The Yeggs and the Yahbuts, by Richard Smithies and Maura Cavanagh. New York, Random House, 1969. 82 p. 72-90289.

LM   14:21. Jl. 1970. (J. Post)

SMITHLINE, FREDERICK

Answers about the moon, stars and planets. New York, Grosset, 1969. 61 p. 76-86700.

LM   16:11. S. 1970. (J. Post)

SMYTHE, R. JOHN

The conception. s.l., Phoenix.

SWSJ   25:5-6. Je. 1971. (D. Halterman)

SNOW, CHARLES PERCY

The search. New York, Scribners, 1959. 342 p. 59-6070rev.

WIF   9(5):94-95. N. 1959. (F. Pohl)

SNOW, EDWARD ROWE

The vengeful sea. New York, Dodd, Mead, 1956. 307 p. 56-10918.

GAL   14(1):124. My. 1957. (F. Gale)

SNOW, JACK

Who's who in Oz. Chicago, Reilly & Lee, 1954. 277 p. 54-38447.

FSF   8(4):83. Ap. 1955. (A. Boucher)

SNYDER, GUY

Testament XXI. New York, Daw, 1973. 144 p.

KPG   7:91. N. 1973. (P. Mattern)
PW   203:41. My. 28, 1973. (n.g.)
SWSJ   105:2. S. 1973. (D. D'Ammassa)

SNYDER, ZILPHA KEATLEY

The headless cupid. New York, Atheneum, 1971. 203 p. 78-154763.

LM   35/36:44. Ap/My. 1972. (L. Tuttle)

The witches of Worm. New York, Atheneum, 1972. 183 p.

LM   45:22. F. 1973. (K. Anderson)

SOAL, SAMUEL GEORGE

The mind readers, by S. G. Soal and H. T. Bowden. Garden City, N.Y., Doubleday, 1960. 290 p. 60-5608.

AMZ   34(5):139. My. 1960. (S. Cotts)
ASF   66(6):172-174. F. 1961. (P. Miller)
WIF   10(3):103-104. Jl. 1960. (F. Pohl)

Modern experiments in telepathy, by S. G. Soal and Frederick Bateman. New Haven, Yale University Press, 1954. 425 p. A54-10093.

ASF   57(1):151-154. Mr. 1956. (P. Miller)

SOBEL, ROBERT

For want of a nail...if Burgoyne had won at Saratoga. New York, Macmillan, 1973. 441 p.

SWSJ   106:4. O. 1973. (D. Stever)
FUT   5(5):504-505. O. 1973. (D. Livingston)

SOHL, JERRY

The altered ego. New York, Rinehart, 1954. 248 p. 54-6373.

ASF   55(1):153. Mr. 1955. (P. Miller)
GAL   9(2):120. N. 1954. (G. Conklin)

SOHL, JERRY (Continued)

The altered ego (Continued).

   ISF   5(12):106. D. 1954. (H. Bott)

Costigan's needle. New York, Rinehart, 1953. 250 p. 53-7719.

   ASF   53(4):146. Je. 1954. (P. Miller)
   AUT   No. 66:153-154. F. 1956. (n.g.)
   GAL   8(2):133. My. 1954. (G. Conklin)
   ISF   5(4):114. Ap. 1954. (H. Bott)
   NWB   No. 44:125-126. F. 1956. (L. Flood)
   SFD   1(2):125-126. My. 1954. (E. Lewis)
   SFIQ   3(2):62. Ag. 1954. (K. Knight)

The haploids. New York, Rinehart, 1952. 248 p. 52-5571.

   ASF   50(3):157. N. 1952. (P. Miller)
   GAL   5(3):126-127. D. 1952. (G. Conklin)

The Mars monopoly. New York, Ace, 1956. 183 p.

   ASF   58(3):158. N. 1956. (P. Miller)

Night slaves. New York, Gold Medal, 1965. 174 p.

   FSF   29(5):22. N. 1965. (J. Merril)

The odius ones. New York, Rinehart, 1959. 245 p. 59-13404.

   ASF   65(4):166-167. Je. 1960. (P. Miller)
   GAL   18(6):119-120. Ag. 1960. (F. Gale)

One against Herculum. New York, Ace, 1959. 124 p.

   AMZ   33(11):139. N. 1959. (S. Cotts)
   ASF   65(3):168-169. My. 1960. (P. Miller)
   WIF   9(6):87. Ja. 1960. (F. Pohl)

Point ultimate. New York, Rinehart, 1955. 244 p. 55-5769.

   AMZ   29(6):115-116. N. 1955. (V. Gerson)
   ASF   56(4):149-150. D. 1955. (P. Miller)
   FAU   4(4):117. N. 1955. (H. Santesson)
   GAL   11(2):104. N. 1955. (F. Gale)
   ISF   7(1):123. F. 1956. (H. Bott)
   OSFS   6(4):120-122. Ja. 1956. (D. Knight)
   WIF   9(5):97. N. 1959. (F. Pohl)

The spun-sugar hole. New York, Simon & Schuster, 1971. 318 p. 73-139661.

   GAL   32:119. Ja. 1972. (T. Sturgeon)

The time dissolver. New York, Avon, 1957. 158 p.

   ASF   61(2):145. Ap. 1958. (P. Miller)
   OSFS   8(7):115-116. Je. 1958. (D. Knight)
   VEN   2(1):80. Ja. 1958. (T. Sturgeon)
   SFAD   2(5):114-115. Ap. 1958. (C. Knox)
   FSF   13(6):95. D. 1957. (A. Boucher)

Transcendent man. New York, Rinehart, 1953. 244 p. 52-13577.

   ASF   52(6):149. F. 1954. (P. Miller)
   GAL   7(1):121. O. 1953. (G. Conklin)
   WIF   9(6):87. Ja. 1960. (F. Pohl)

SOLOMON, DAVID, ed.

LSD: the consciousness-expanding drug. New York, Putnam, 1964. 273 p. 64-18016.

   FSF   30(4):31-32. Ap. 1966. (J. Merril)

The marijuana papers. Indianapolis, Bobbs-Merrill, 1966. 448 p. 66-25282.

   NWB   No. 196:27. D. 1969. (M. Harrison)

SOLOVAY, JACOB C.

Sherlock Holmes: two sonnet sequences. Culver City, Calif., Luther Norris, 1971.

   SMS   3(6):39. Mr. 1971. (R. Lowndes)

SOMERLOTT, ROBERT

The inquisitor's house. New York, Avon, 1969. 351 p.

   LM   16:25. S. 1970. (J. Rapkin)

SONTAG, SUSAN

The benefactor. New York, Farrar, 1963. 273 p. 63-16473.

   FSF   26(3):82. Mr. 1964. (A. Davidson)

SOREL, EDWARD

Moon missing. New York, Simon & Schuster, 1962. 1 v. 62-19648.

   AMZ   37(5):122. My. 1963. (S. Cotts)

SOUTHWOLD, STEPHEN

The lord of life, by Neil Bell. Boston, Little, Brown, 1933. 295 p. 33-17277.

   AMZ   8(8):130-131. D. 1933. (C. Brandt)

SOWDEN, LEWIS

Tomorrow's comet. London, Hale, 1952. 302 p.

   NWB   No. 10:59. Sm. 1951. (J. Carnell)
   AUT   No. 15:111. N. 1951. (n.g.)

SPANUTH, JURGEN

Atlantis-the mystery unraveled. New York, Citadel, 1956. 207 p. 56-1820.

   FAU   6(4):109-110. N. 1956. (H. Santesson)
   GAL   13(1):70. N. 1956. (F. Gale)

SPATH, MARGARET

The adventures of Packy. New York, Vantage, 1969. 131 p.

   LM   16:8. S. 1970. (C. Moslander)

SPEARING, JUDITH

The ghosts who went to school. Englewood Cliffs, N.J., Scholastic Book Service, 1966. 160 p.

LM   16:9. S. 1970. (C. Moslander)

The museum house ghosts. New York, Atheneum, 1969. 181 p. 69-18957.

LM   16:9. S. 1970. (C. Moslander)

SPECK, GERELD EUGENE, ed.

The science reader's companion. London, Ward Lock, 1954. 256 p. 54-31986.

AUT   No. 45:142-143. My. 1954. (n.g.)

SPENGLER, OSWALD

The decline of the west. New York, Knopf, 1926-1928. 2 v. 26-9486.

NWB   No. 176:58-63. O. 1967. (T. Disch)

SPICER, DOROTHY GLADYS

13 goblins. New York, Coward-McCann, 1969. 127 p. 68-23863.

LM   7:20. D. 1969. (B. Stiffler)

SPIEGEL, CHARLES A.

Math on Mars: a new path to math. Jerico, N.Y., Exposition Press, 1969. 86 p.

LM   20:27. Ja. 1971. (J. B. Post)

SPINOZA, BARUCH

The road to inner freedom, the ethics. New York, Philosophical Library, 1957. 215 p. 57-1250.

GAL   14(5):107. S. 1957. (F. Gale)

SPINRAD, NORMAN

Bug Jack Barron. New York, Avon, 1969. 327 p.

AMZ   43(4):117-119. N. 1969. (R. Delap)
ASF   84(3):166-167. N. 1969. (P. Miller)
GAL   28(6):2,149-152. Ag. 1969. (A. Budrys)
WIF   19(7):113,149-152. S. 1969. (L. del Rey)
MOH   6(2):4-7,120-127. My. 1970. (R. Lowndes)
FSF   38(1):38-40. Ja. 1970. (J. Russ)
LM   2:19-21. Jl. 1969. (J. St. John)

The iron dream. New York, Avon, 1972. 255 p.

AMZ   47:116-117. Ag. 1973. (B. Noble)
FSF   45:69. Jl. 1973. (J. Russ)
GAL   33:156-157. Mr/Ap. 1973. (T. Sturgeon)
NR   25:103. Ja. 19, 1973. (T. Sturgeon)
VTX   1:12,95. Ap. 1973. (D. Simon)
SFST   1(1):41-44. Sp. 1973. (U. Le Guin)
SPEC   32:29-30. Sp. 1973. (D. Redd)
ETR   1:11-13. 1973. (J. Clark)
LM   41/42:45. O/N. 1973. (W. Bacharach)
REN   4:9. Fl. 1972. (J. Pierce)

The last hurrah of the golden horde. Garden City, N.Y., Doubleday, 1970. 215 p. 72-18682.

WSJ   73:48-49. S/N. 1970. (T. Pauls)
GAL   31:117-118. F. 1971. (A. Budrys)
KPG   5:sec. II. F. 1971. (C. Richey)
WSJ   77:31-32. Je/Jl. 1971. (R. Delap)

The men in the jungle. Garden City, N.Y., Doubleday, 1967. 240 p. 67-11179.

ASF   81(1):163-164. Mr. 1968. (P. Miller)
NWB   No. 174:63-64. Ag. 1967. (J. Cawthorn)
LM   14:27. Jl. 1970. (J. Slavin)

The new tomorrows, ed. by Norman Spinrad. New York, Belmont, 1971. 235 p.

GAL   32:121-122. My. 1972. (T. Sturgeon)

SQUARE, A.
SEE Abbott, Edwin A.

STABLEFORD, BRIAN M.

The blind worm. London, Sigwick & Jackson, 1970. 192 p.

SFO   17:25-26. N. 1970. (B. Gillespie)
LM   23:29. Ap. 1971. (D. Paskow)

Day of wrath. New York, Ace, 1971. 174 p.

LM   47:29. Sm. 1973. (B. Fredstrom)

The days of glory. New York, Ace, 1971. 158 p.

LM   47:29. Sm. 1973. (B. Fredstrom)

The halcyon drift. New York, Daw, 1972. 175 p.

LM   46:22. Mr. 1973. (S. Bacharach)

In the kingdom of the beasts. New York, Ace, 1971. 188 p.

LM   47:29. Sm. 1973. (B. Fredstrom)

Rhapsody in black. New York, Daw, 1973. 157 p.

SWSJ   103:2. Ag. 1973. (D. D'Ammassa)

To challenge chaos. New York, Daw, 1972. 160 p.

SWSJ   86:8. Mr. 1973. (S. Goldstein)
LM   41/42:60. O/N. 1972. (B. Fredstrom)

STADLER, JOHN

Eco-fiction. New York, Washington Square, 1971. 211 p. 78-23628.

LM   40:25. S. 1972. (S. Mines)

STANDEN, ANTHONY

Science is a sacred cow. New York, Dutton, 1950. 221 p. 50-5956.

ASF   47(2):137-138. Ap. 1951. (L. de Camp)

STANFORD, BARBARA

Myths and modern man. New York, Pocket Books, 1972.
364 p.

   ETR   1:13. 1973. (S. Gregg)

STANILAND, LANCELOT NORMAN

The principles of line illustration. London, Burke,
1952. 212 p.

   AUT   No. 36:138. Ag. 1953. (n.g.)

STANSKY, PETER DAVID LYMAN

The unknown Orwell, by Peter Stansky and William Abrahams.
New York, Knopf, 1972. 316 p. 72-2245.

   NS   2170:555-556. O. 20, 1972. (F. Hope)
   PW   202:44. S. 4, 1972. (n.g.)
   SDNP p. 12. N. 18/19, 1972. (B. Friend)
   NY REVIEW OF BOOKS 19:3-4. N. 16, 1972. (S. Spender)
   CHO   10:292. Ap. 1973. (n.g.)
   NWK   81:54. Ja. 1, 1973. (W. Clemons)

STANTON, PAUL

Village of stars. New York, Morrow, 1960. 241 p.
60-12917.

   AMZ   34(11):135-136. N. 1960. (S. Cotts)

STAPLEDON, WILLIAM OLAF

Darkness and the light. London, Methuen, 1942. 181 p.

   SSS   4(2):90. N. 1942. (D. Wollheim)

Last and first men & Starmaker. New York, Dover, 1968.
438 p. 68-19448.

   ASF   83(6):165-166. Ag. 1969. (P. Miller)
   ALG   18:13. My. 1972. (D. Lupoff)
   LM   13:26. Je. 1970. (J. Schaumburger)

Last men and first. New York, Jonathan Cape, 1931.
371 p. 31-7638.

   AMZ   6(5):476. Ag. 1931. (C. Brandt)

Odd John. New York, Dutton, 1936. 282 p. 36-15690.

   AMZ   11(2):134. Ap. 1937. (C. Brandt)

Odd John and Sirius. New York, Dover, 1972. 309 p.

   LM   47:31-32. Sm. 1973. (M. Purcell)
   KPG   7:28. Ap. 1973. (n.g.)

Quadratic, by Olaf Stapledon and Murray Leinster. Los
Angeles, Fantasy Publishing Co., 1953. 580 p.

   SFP   1(4):66. Je. 1953. (S. Moskowitz)

Star maker. Harmondsworth, Penguin, 1972. 264 p.
73-157939.

   KPG   7:28. Ap. 1973. (n.g.)

To the end of time. New York, Funk & Wagnalls, 1953.
775 p. 53-6981.

   ASF   53(6):146-149. Ag. 1954. (P. Miller)
   GAL   7(2):77-78. N. 1953. (G. Conklin)
   ISF   5(2):144. F. 1954. (M. Reinsberg)
   SFA   2(2):81. F. 1954. (D. Knight)
   SFP   1(6):65. O. 1953. (S. Moskowitz)
   FSF   5(3):99-100. S. 1953. (Boucher & McComas)

Worlds of wonder. Los Angeles, Fantasy Publishing Co.,
1949. 279 p. 49-50143.

   FBK   2(1):105. 1951. (n.g.)
   FSO   1(4):55. My. 1950. (F. Ackerman)

STAPP, ROBERT

A more perfect union. New York, Harper's, 1970. 375 p.
73-106938.

   LJ   95(8):1504-1505. Ap. 15, 1970. (D. Polacheck)
   PW   197(11):54. Mr. 16, 1970.

STARNES, RICHARD

The flypaper war. New York, Trident, 1969. 254 p.
69-18268.

   LM   11:27-28. Ap. 1970. (D. Paskow)

STARRETT, VINCENT

Best loved books of the twentieth century. New York,
Bantam, 1955. 137 p. 56-18964.

   FSF   11(5):99. N. 1956. (A. Boucher)

STASHEFF, CHRISTOPHER

King Kobold. New York, Ace, 1971. 254 p.

   LM   40:28. S. 1972. (Y. Edeiken)
   WIF   21:256-257. F. 1972. (L. del Rey)

The warlock in spite of himself. New York, Ace, 1969.
285 p.

   LM   16:21. S. 1970. (J. Schaumburger)
   SFO   23:21-23. S. 1971. (T. Pauls)
   WIF   19(10):92-93. D. 1969. (L. del Rey)

STEARN, GERALD EMANUEL

McLuhan hot and cool. Harmondsworth, Penguin, 1968.
350 p.

   NWB   No. 187:61. F. 1969. (R. Ryan)

STEARN, JESS

The door to the future. Garden City, N.Y., Doubleday,
1963. 327 p. 63-7721.

   FSF   25(5):70-71. N. 1963. (A. Davidson)

STEBBING, LIZZIE SUSAN

Logic in practice. 4th ed. rev. London, Methuen, 1954. 90 p.

    AUT   No. 48:128-129. Ag. 1954. (n.g.)

STEDMAN, RALPH

The little red computer. New York, McGraw-Hill, 1969. 32 p. 69-17734.

    LM   7:19. D. 1969. (J. Schaumburger)

STEDMAN, RAYMOND WILLIAM

The serials: suspense and drama by installments. Norman, Univ. of Oklahoma Press, 1971. 510 p. 74-123343.

    LM   38/39:42. Jl/Ag. 1972. (D. Paskow)

STEEL, KURT

Murder in G sharp. Indianapolis, Bobbs-Merrill, 1937. 320 p. 37-12724.

    AMZ   11(6):134. D. 1937. (C. Brandt)

STEELE, MARY Q.

Journey outside. New York, Viking, 1969. 143 p. 69-18263.

    LM   10:27. Mr. 1970. (C. Moslander)

STEEN, MARGUERITE

The unquiet spirit. Garden City, N.Y., Doubleday, 1956. 253 p. 56-7660.

    GAL   13(4):50-51. F. 1957. (F. Gale)
    FSF   11(3):110. S. 1956. (A. Boucher)

STEERS, JAMES ALFRED

The sea coast. New York, Collins, 1953. 276 p. 53-32917.

    AUT   No. 33:139. My. 1953. (H. Campbell)

STEIGER, ANDREW JACOB

The moon man. New York, Philosophical Library, 1961. 318 p. 61-10615.

    ASF   69(5):163-164. Jl. 1962. (P. Miller)

STEIGER, BRAD

Atlantis rising. New York, Dell, 1973. 220 p.

    SFN   20/21:4. F/Mr. 1973. (V. Kennedy)

The enigma of reincarnation. New York, Ace, 1973. 189 p.

    GAL   34:130. Jl/Ag. 1973. (T. Sturgeon)

STEINBRUNNER, CHRIS

Cinema of the fantastic, by Chris Steinbrunner and Burt Goldblatt. New York, Saturday Review Press, 1972. 282 p. 76-154252.

    SFN   22:3. Ap. 1973. (V. Kennedy)

STEINER, GEROLF

The snouters, by Harald Stümpe. New York, Natural History Press, 1967. 92 p. 68-10594.

    ASF   81(4):158-160. Je. 1968. (P. Miller)
    FSF   34(3):43. Mr. 1968. (J. Merril)

STEINER, RUDOLF

The redemption of thinking. London, Hodder, 1956. 191 p.

    AUT   No. 74:155. N. 1956. (n.g.)

STEMPEL, HANS

Andromedar SR 1, by Hans Stempel and Martin Ripkens. New York, Harlan Quist, 1971. 25 p. 71-141524.

    CCB   25:128. Ap. 1972. (n.g.)
    KR   39:231-232. Mr. 1, 1971. (n.g.)
    PW   199:71. Mr. 8, 1971. (n.g.)

STERANKO, JAMES

The Steranko history of comics, Vol. 1. Reading, Pa., Supergraphics, 1970. 84 p.

    AMZ   45:110-112,125. My. 1971. (T. White)

STERLING, BRETT

Danger planet. New York, Popular Library, 1968. 128 p.

    SWSJ   33:9-10. S. 1971. (D. Halterman)

STERN, JULIUS DAVID

Eidolon. New York, Messner, 1952. 246 p. 52-7410.

    GAL   5(3):126-127. D. 1952. (G. Conklin)

STERN, PHILIP VAN DOREN

Great tales of fantasy and imagination. New York, Pocket Books, 1943. 485 p.

    SFIQ   3(6):40-41. Ag. 1955. (D. Knight)

The midnight reader. New York, Holt, 1942. 564 p. 42-10680.

    SSS   4(1):71. Ag. 1942. (D. Wollheim)
    UNK   6(6):104. Ap. 1943. (L. Searles)

The other side of the clock: stories out of time, out of place, ed. by Philip Van Doren Stern. New York, Van Nostrand, 1969. 192 p. 70-90311.

    LJ   95(12):2284. Je. 15, 1970. (J. Polacheck)
    LM   19:31. D. 1970. (D. Paskow)

STERN, PHILIP VAN DOREN (Continued)

Strange beasts and unnatural monsters, ed. by Philip Van Doren Stern. Greenwich, Conn., Fawcett, 1968. 224 p. 68-29492.

FSF   36(4):49-50. Ap. 1969. (G. Wilson)

STERNBERG, JACQUES

Future without future. New York, Seabury, 1974. 74-6427.

KR   41:1287. N. 15, 1973. (n.g.)
PW   204:31. D. 10, 1973. (n.g.)

STERNFELD, ARI

Soviet writings on earth satellites and space travel. New York, Citadel, 1958. 253 p. 58-10597.

ASF   64(4):146. D. 1959. (P. Miller)

STEVENS, FRANCIS
SEE Bennett, Gertrude Barrows

STEVENSON, FLORENCE

The curse of the Concullens. New York, Signet, 1972. 239 p.

TMNR   5:36. n.d. (R. Briney)

A feast of eggshells. New York, Signet, 1970. 189 p.

LM   18:29. N. 1970. (J. Rapkin)

STEVENSON, JAMES

Walker, the witch and the striped flying saucer. Boston, Little, Brown, 1969. 48 p. 75-81890.

LM   12:27. My. 1970. (J. Post)

STEWART, FRED MUSTARD

The mephisto waltz. New York, Coward-McCann, 1969. 256 p. 69-17367.

LM   9:26. F. 1970. (J. Rapkin)

The Methuselah enzyme. New York, Arbor House, 1970. 244 p. 76-122333.

LJ   95(16):2936. S. 15, 1970. (A. Ringer)
LJ   95(18):3651. O. 15, 1970. (B. Grey)
ASF   88:167-168. O. 1971. (P. Miller)
PW   201:47. Ap. 24, 1972. (n.g.)
WIF   21:174. O. 1972. (L. del Rey)

STEWART, GEORGE RIPPEY

Earth abides. New York, Random House, 1949. 373 p.

ASF   46(2):129-130. O. 1950. (P. Miller)
AUT   No. 36:137. Ag. 1953. (n.g.)
SSS   6(2):96-97. Ja. 1950. (F. Pohl)
FUT   3:317-318. S. 1971. (D. Livingston)

STEWART, MARY

The crystal cave. New York, Morrow, 1970. 521 p. 75-120616.

LM   41/42:47. O/N. 1972. (M. McQuown)
FANA   1:6-8. O. 1973. (J. Allan)

The hollow hills. New York, Morrow, 1973. 499 p. 72-102.

FANA   1:6-8. O. 1973. (J. Allan)

STEWART, OLIVER

Danger in the air. New York, Philosophical Library, 1958. 194 p. 58-3015.

GAL   17(5):139. Je. 1959. (F. Gale)

STEWART, RAMONA

The possession of Joel Delany. Boston, Little, Brown, 1970. 246 p. 75-117036.

LM   38/39:40. Jl/Ag. 1972. (M. McQuown)

STEWART, WILL
SEE Williamson, Jack

STIMPSON, CATHERINE R.

J. R. R. Tolkien. New York, Columbia University Press, 1969. 48 p.

LM   13:25. Je. 1970. (J. B. Post)

STIMPSON, GEORGE WILLIAM

Uncommon knowledge. Indianapolis, Bobbs-Merrill, 1936. 368 p. 36-17991.

AMZ   11(2):133. Ap. 1937. (C. Brandt)

STINAR, V.

From Earth to the moon with Sparty Spaceman. Jericho, N.Y., Exposition Press, 1969. 25 p.

LM   16:11. S. 1970. (J. Post)

STINE, GEORGE HARRY

Contraband rocket, by Lee Correy. New York, Ace, 1956. 143 p.

ASF   58(1):156-157. S. 1956. (P. Miller)
FSF   10(6):102. Je. 1956. (A. Boucher)

Earth satellites and the race for space superiority. New York, Ace, 1957. 191 p. 57-4047.

FAS   6(11):124-125. D. 1957. (S. Cotts)
FAU   9(2):94-96. F. 1958. (H. Santesson)
FSF   13(5):119. N. 1957. (A. Boucher)

STINE, GEORGE HARRY (Continued)

Rocket man, by Lee Correy. New York, Holt, 1955. 224 p. 55-10566.

GAL   12(4):111. Ag. 1956. (F. Gale)

Rocket power and space flight. New York, Holt, 1957. 182 p. 57-11690.

ASF   61(2):142. Ap. 1958. (P. Miller)
FSF   14(4):93-94. Ap. 1958. (A. Boucher)

Starship through space, by Lee Correy. New York, Holt, 1954. 241 p. 54-5736.

ASF   54(3):143. N. 1954. (P. Miller)
GAL   8(5):97. Ag. 1954. (G. Conklin)
ISF   5(11):109. N. 1954. (H. Bott)

STINE, HANK

Season of the witch. North Hollywood, Calif., Essex House, 1968. 224 p.

AMZ   43(3):127-130. S. 1969. (T. White)
FAS   18(6):127-130. Ag. 1969. (F. Leiber)
NWB   No. 194:31. O. 1969. (N. Spinrad)

Thrill city. North Hollywood, Ca., Essex House, 1969. 159 p.

SWSJ   25:5-6. Je. 1971. (D. Halterman)

STIRLING, ANNA WILHELMINA

Ghosts vivisected. London, Hale, 1957. 189 p.

FAU   11(1):112. Ja. 1959. (H. Santesson)

STOCKBRIDGE, GRANT

City of flaming shadows (The spider. #4). New York, Berkley, 1970. 175 p.

LM   24/25:40. My/Je. 1971. (D. Paskow)

STOKER, BRAM

Dracula. New York, Dodd, Meade, 1970. 431 p. 75-99187.

LM   24/25:56. My/Je. 1971. (D. Paskow)

STOKES, H. A. C.

Harold in Heavenland. New York, Vantage, 1972. 199 p.

LM   44:23. Ja. 1973. (J. B. Post)

STONE, GRAHAM

Australian science fiction index: 1939-1962. Sydney, Futurian Society of Sydney, 1964. 113 p.

ASF   74(6):89. F. 1965. (P. Miller)

Australian science fiction index: 1925-1967. Canberra, Australian Science Fiction Association, 1968. 158 p.

ASF   83(3):166. My. 1969. (P. Miller)
LM   6:29. N. 1969. (J. B. Post)
ASF   87:166. Jl. 1971. (P. Miller)

STONE, IDELLA PURNELL, ed.

14 great tales of ESP. Greenwich, Conn., Fawcett, 1969. 303 p.

GAL   30(5):186-188. Ag/S. 1970. (A. Budrys)
SFR   40:28-29. O. 1970. (P. Walker)

Never in this world. Greenwich, Conn., Gold Medal, 1971. 253 p.

WSJ   78:32-33. Ag/O. 1971. (T. Pauls)
SWSJ   44:2. Ja. 1972. (F. Patten)

STONG, PHILIP DUFFIELD, ed.

The other worlds. New York, Funk and Wagnalls, 1941. 466 p. 41-10142.

AST   3(1):6,8. S. 1941. (D. Wollheim)
SFS   2(2):90. D. 1941. (R. Lowndes)
STS   2(1):65-66. Mr. 1942. (D. Wollheim)
UNK   5(5):112. F. 1942. (J. Wells)
TWS   21(1):13. O. 1941. (A. S.)

STORM, THEODOR

Little John, retold by Doris Orgel. New York, Farrar, 1972. 33 p.

LM   45:21. F. 1973. (G. Lundry)

STORR, CATHERINE

The adventures of Polly and the wolf. Philadelphia, Macrae Smith, 1970. 94 p. 71-113383.

LM   29:25. O. 1971. (J. Post)

Rufus. Boston, Gambit, 1969. 130 p. 69-17744.

LM   26/27:27. Jl/Ag. 1971. (C. Moslander)

STORY, JACK TREVOR

I sit in hanger lane. London, Secker, 1968. 192 p.

NWB   No. 186:57,60. Ja. 1969. (W. Barclay)

Little dog's day. London, Allison, 1970. 143 p.

BB   16:49-50. S. 1971. (M. Moorcock)
NWQ   4:7-14. 1972. (M. Harrison)

One last mad embrace. London, Allison, 1970. 214 p.

NWB   No. 200:31. Ap. 1970. (J. Churchill)

STOUTENBURG, ADRIEN

Fee, fi, fo, fum: friendly and funny giants. New York, Viking, 1969. 127 p. 74-85870.

LM   18:21. N. 1970. (J. Post)

Out there. New York, Viking, 1971. 222 p. 77-150118.

KR   39:502. My. 1, 1971. (n.g.)
PW   199:63. Je. 28, 1971. (n.g.)
LM   45:21. F. 1973. (S. Mines)

STOVER, LEON, ed.

Apeman, spaceman. Garden City, N.Y., Doubleday, 1968.
355 p. 68-14170.

ASF   88:168. N. 1971. (P. Miller)
FUT   3:195-196. Je. 1971. (D. Livingston)
LM   24/25:48. My/Je. 1971. (C. Moslander)

STRAUSS, ERWIN S.

Index to the S-F magazines, 1951-1965. Cambridge, Mass.,
MIT Science Fiction Society, 1966. 207 p.

AMZ   42(1):147. Ap. 1968. (H. Harrison)
ASF   78(6):159-160. F. 1967. (P. Miller)
FSF   31(3):23. S. 1966. (J. Merril)

Index to the S-F magazines, 1966. Cambridge, Mass., The
Author, 1967. 56 p.

AMZ   42(1):147. Ap. 1968. (H. Harrison)

STREHL, ROLF

The robots are among us. London, Arco, 1955. 316 p.

AUT   No. 64:153-154. D. 1955. (n.g.)

STRIEB, DANIEL T.

Operation: countdown, by Daniel T. Strieb and Robert
Page Jones. Reseda, Calif., Powell, 1970. 206 p.

LM   23:25. Ap. 1971. (D. Paskow)

STRIKE, JEREMY

A promising planet. New York, Ace, 1970. 125 p.

LM   24/25:50. My/Je. 1971. (J. Evers)

STRINGER, ARTHUR JOHN ARBUTHNOTT

The woman who couldn't die. Indianapolis, Bobbs-Merrill,
1929. 315 p. 29-8392.

AMZ   7(9):857. D. 1932. (C. Brandt)

STRINGFIELD, LEONARD H.

Inside saucer post...3-0 blue. Cincinnati, CRIFO, 1957.
94 p. 57-14605.

FAU   9(3):97-98. Mr. 1958. (H. Santesson)

STRUGATSKI, ARKADI

Hard to be a god, by Arkadi and Boris Strugatski. New
York, Seabury, 1973. 218 p.

GAL   34:84-85. N. 1973. (T. Sturgeon)
REN   5(3):7. Sm. 1973. (J. Pierce)
NYT   p. 39. S. 23, 1973. (T. Sturgeon)

STRUGHOLD, HUBERTUS

The green and red planet. Albuquerque, University of
New Mexico Press, 1953. 109 p. 53-8894.

ASF   53(1):150-154. Mr. 1954. (P. Miller)
NWB   No. 26:124. Ag. 1954. (L. Flood)
NEB   No. 10:117. O. 1954. (K. Slater)

STUART, IAN
SEE MacLean, Alistair

STUART, SIDNEY

The beast with the red hands. New York, Popular Library,
1973. 192 p.

SWSJ   104:3. S. 1973. (D. D'Ammassa)

STUART, W. J.

Forbidden planet. New York, Straus & Cudahy, 1956. 184 p.
56-5755.

ASF   57(6):149-150. Ag. 1956. (P. Miller)
FAU   5(6):126. Jl. 1956. (H. Santesson)
GAL   12(5):111. S. 1956. (F. Gale)
INF   1(4):107. Ag. 1956. (D. Knight)

STUBBS, HARRY C.

Close to critical, by Hal Clement. New York, Ballantine,
1964. 190 p.

ASF   74(5):87-88. Ja. 1965. (P. Miller)
NWB   No. 166:150. S. 1966. (J. Cawthorn)
SFI   1(9):63-64. N. 1966. (T. Boardman, Jr.)
WOT   5(3):4,188. Sp. 1971. (L. del Rey)

Cycle of fire, by Hal Clement. New York, Ballantine,
1957. 185 p. 57-14440rev.

ASF   60(3):142-146. N. 1957. (P. Miller)
GAL   14(5):105. S. 1957. (F. Gale)
VEN   1(4):79. Jl. 1957. (T. Sturgeon)
WOT   5(3):188-189. Sp. 1971. (L. del Rey)
FSF   13(2):107-108. Ag. 1957. (A. Boucher)

First flight to the moon, ed. by Hal Clement. Garden
City, N.Y., Doubleday, 1970. 217 p. 74-103738.

LJ   95(10):1860. My. 15, 1970.
LJ   95(16):3077. S. 15, 1970. (K. Roberts)
PW   197(11):55. Mr. 16, 1970. (n.g.)
LM   24/25:38. My/Je. 1971. (D. Paskow)
SFR   43:38-39. Mr. 1971. (T. Pauls)
SWSJ   17:9. Mr. 1971. (J. Newton)

Iceworld, by Hal Clement. New York, Gnome Press, 1953.
216 p. 53-9547.

AMZ   44(4):137-139. N. 1970. (T. White)
ASF   52(5):147-148. Ja. 1954. (P. Miller)
FAU   1(3):191. O/N. 1953. (S. Merwin, Jr.)
GAL   7(1):119. O. 1953. (G. Conklin)
FSF   5(2):97. Ag. 1956. (Boucher & McComas)

STUBBS, HARRY C. (Continued)

Mission of gravity, by Hal Clement. Garden City, N.Y., Doubleday, 1954. 224 p. 54-5720.

ASF	54(2):148. O. 1954.	(P. Miller)
FUTF	5(3):103. O. 1954.	(D. Knight)
GAL	8(5):95-96. Ag. 1954.	(G. Conklin)
ISF	5(8):110. Ag. 1954.	(H. Bott)
NWB	No. 138:125. Ja. 1964.	(J. Carnell)
FSF	6(6):69-70. Je. 1954.	(Boucher & McComas)

Natives of space, by Hal Clement. New York, Ballantine, 1965. 156 p.

ASF	76(2):151. O. 1965.	(P. Miller)
WOT	5(3):189. Sp. 1971.	(L. del Rey)
FSF	29(3):71-72. S. 1965.	(J. Merril)

Needle, by Hal Clement. Garden City, N.Y., Doubleday, 1950. 222 p. 50-6146.

ASF	46(3):93. N. 1950.	(L. de Camp)
FBK	2(1):105. 1951.	(n.g.)
STL	21(3):159-160. Jl. 1950.	(n.g.)
SSS	6(4):92-93. My. 1950.	(F. Pohl)

Ocean on top, by Hal Clement. New York, Daw, 1973. 141 p.

ASF	92:169. N. 1973.	(P. Miller)
PW	203:74. Ap. 23, 1973.	(n.g.)

The ranger boys in space, by Hal Clement. Boston, L. C. Page & Co., 1956. 257 p. 56-58295.

FAS	6(4):124. My. 1957.	(V. Gerson)
GAL	14(4):117. Ag. 1957.	(F. Gale)

Small changes, by Hal Clement. Garden City, N.Y., Doubleday, 1969. 230 p. 69-13647.

ASF	83(4):160-162. Je. 1969.	(P. Miller)
GAL	28(5):154-156. Jl. 1969.	(A. Budrys)
FSF	37(2):27-28. Ag. 1969.	(J. Russ)
LM	13:20. Je. 1970.	(C. Woodruff)
NWB	No. 191:62. Je. 1969.	(J. Cawthorn)

Starlight, by Hal Clement. New York, Ballantine, 1971. 279 p.

PW	200:65. Ag. 2, 1971.	(n.g.)
WIF	21:141-143. S/O. 1971.	(L. del Rey)
ASF	89:168-169. Ap. 1972.	(P. Miller)

STÜMPE, HARALD
   SEE Steiner, Gerolf

STURGEON, THEODORE

Aliens 4. New York, Avon, 1959. 224 p.

ASF	64(6):163-164. F. 1960.	(P. Miller)
ASF	87:166. My. 1971.	(P. Miller)

...And my fear is great and Baby is three. New York, Galaxy Novels, 1965. 127 p.

AMZ	40(1):157. Ag. 1965.	(R. Silverberg)

Beyond. New York, Avon, 1960. 157 p.

AMZ	34(11):136. N. 1960.	(S. Cotts)
WIF	10(5):87-88. N. 1960.	(F. Pohl)
FSF	19(5):92. N. 1960.	(A. Bester)

Caviar. New York, Ballantine, 1955. 168 p. 55-12088.

AMZ	30(2):119. F. 1956.	(V. Gerson)
ASF	57(2):149-150. Ap. 1956.	(P. Miller)
FAU	5(2):122. Mr. 1956.	(H. Santesson)
GAL	11(6):86-87. Ap. 1956.	(F. Gale)
SFIQ	4(4):77. Ag. 1956.	(D. Knight)
FSF	10(2):95-96. F. 1956.	(A. Boucher)

The cosmic rape. New York, Dell Books, 1958. 160 p.

AMZ	33(1):101. Ja. 1959.	(S. Cotts)
ASF	63(5):152-153. Jl. 1959.	(P. Miller)
FAU	11(1):110. Ja. 1959.	(H. Santesson)
FUTF	No. 45:114-115. O. 1959.	(C. Knox)
FSF	15(6):101. D. 1958.	(A. Boucher)

The dreaming jewels. New York, Greenberg, 1950. 217 p. 50-9541.

ASF	47(2):138. Ap. 1951.	(P. Miller)
FSO	4(3):155. Ap. 1952.	(P. Miller)
GAL	1(2):87-88. N. 1950.	(G. Conklin)
NWB	No. 43:126. Ja. 1956.	(L. Flood)
STL	23(1):158-159. Mr. 1951.	(n.g.)
WBD	1(1):113. D. 1950.	(D. Knight)
FSF	2(1):58. F. 1951.	(Boucher & McComas)

E pluribus unicorn. New York, Abelard, 1953. 276 p. 53-11914.

ASF	53(6):152-153. Ag. 1954.	(P. Miller)
FAU	1(6):157-158. My. 1954.	(R. Frazier)
FUTF	5(1):88-89. Je. 1954.	(D. Knight)
GAL	8(1):118. Ap. 1954.	(G. Conklin)
GAL	14(1):124. My. 1957.	(F. Gale)
SAT	1(4):125-126. Ap. 1957.	(S. Moskowitz)
FSF	6(2):94. F. 1954.	(Boucher & McComas)

The joyous invasions. London, Gollancz, 1965. 208 p. NUC 66-34374.

NWB	No. 153:126-127. Ag. 1965.	(R. Bennett)

More than human. New York, Farrar, 1953. 233 p. 53-11211.

ASF	53(4):144-145. Je. 1954.	(P. Miller)
FAU	1(6):159. My. 1954.	(R. Frazier)
FUTF	5(1):88-89. Je. 1954.	(D. Knight)
GAL	7(6):118-119. Mr. 1954.	(G. Conklin)
NWB	No. 27:2. S. 1954.	(J. Carnell)
NWB	No. 29:116-117. N. 1954.	(L. Flood)
NWB	No. 156:120-121. N. 1965.	(J. Colvin)
BSP	2(4):50-51. O. 1955.	(n.g.)
FSF	6(2):93. F. 1954.	(Boucher & McComas)

Not without sorcery. New York, Ballantine, 1961. 160 p.

AMZ	35(10):136-137. O. 1961.	(S. Cotts)
FSF	21(4):80. O. 1961.	(A. Bester)

Some of your blood. New York, Ballantine, 1961. 143 p.

AMZ	35(5):130-131. My. 1961.	(S. Cotts)
ASF	68(1):164-165. S. 1961.	(P. Miller)
NWB	No. 107:127. Je. 1961.	(J. Carnell)
FSF	20(3):96. My. 1961.	(A. Bester)

Starshine. New York, Pyramid, 1966. 174 p.

ASF	80(4):164-166. D. 1967.	(P. Miller)

STURGEON, THEODORE (Continued)

Sturgeon in orbit. New York, Pyramid, 1964. 159 p.

AMZ	38(7):126-127. Jl. 1964. (R. Silverberg)
ASF	74(1):88. S. 1964. (P. Miller)
FSF	28(3):53-57. Mr. 1965. (J. Merril)

Sturgeon is alive and well. New York, Putnam, 1971. 221 p. 70-136811.

PW	198(24):34. D. 14, 1970.
LM	38/39:38. Jl/Ag. 1972. (S. Mines)
FSF	41:22-23. D. 1971. (J. Blish)
LJ	96:2146. Je. 15, 1971. (A. Hankenson)
LJ	96:2351. Jl. 1971. (J. B. Post)
NR	23:485-487. My. 4, 1971. (P. Anderson)
SWSJ	30:7. Ag. 1971. (J. Newton)
WIF	21:140. S/O. 1971. (L. del Rey)

Sturgeon's west, by Theodore Sturgeon and Don Ward. Garden City, N.Y., Doubleday, 1973. 186 p. 73-135717.

| PW | 202:34. D. 11, 1972. (n.g.) |
| NR | 25:905. Ag. 17, 1973. (J. Coyne, Jr.) |

The synthetic man. New York, Pyramid, 1961. 174 p.

AMZ	35(11):144,146. N. 1961. (S. Cotts)
FAS	14(5):124. My. 1965. (R. Silverberg)
NWB	No. 112:128. N. 1961. (J. Carnell)
FSF	21(4):80. O. 1961. (A. Bester)

Thunder and roses. London, Joseph, 1957. 255 p.

| AUT | No. 81:128. Je. 1957. (A. Harby) |
| NEB | No. 21:103. My. 1957. (K. Slater) |

A touch of strange. Garden City, N.Y., Doubleday, 1958. 262 p. 58-10044.

AMZ	32(12):73. D. 1958. (S. Cotts)
ASF	63(2):145-146. Ap. 1959. (P. Miller)
FAU	11(1):111. Ja. 1959. (H. Santesson)
GAL	17(5):139. Je. 1959. (F. Gale)
FSF	15(6):101-102. D. 1958. (A. Boucher)

Venus plus X. New York, Pyramid, 1960. 160 p. NUC 63-73359.

AMZ	35(1):135-136. Ja. 1961. (S. Cotts)
WIF	10(6):84-85. Ja. 1961. (F. Pohl)
FSF	20(1):95-96. Ja. 1961. (A. Bester)

Voyage to the bottom of the sea. New York, Pyramid, 1961. 159 p.

AMZ	39(4):126. Ap. 1965. (R. Silverberg)
ASF	68(4):156-157. D. 1961. (P. Miller)
NWB	No. 110:126. S. 1961. (J. Carnell)

A way home. New York, Funk & Wagnalls, 1955. 333 p. 55-5485.

AMZ	29(7):113. D. 1955. (V. Gerson)
ASF	56(3):150-151. N. 1955. (P. Miller)
GAL	11(1):110-111. O. 1955. (G. Conklin)
ISF	7(1):122. F. 1956. (H. Bott)
SFIQ	4(2):50-51. F. 1956. (D. Knight)
FSF	9(3):91. S. 1955. (A. Boucher)
FSF	22(2):90. F. 1962. (A. Bester)

Without sorcery. Philadelphia, Prime Press, 1949. 355 p. 49-13397.

ASF	44(1):152-153. S. 1949. (P. Miller)
FNM	4(2):105. Jl. 1950. (S. Moskowitz)
TWS	34(2):158. Je. 1949. (S. Merwin)
SSS	5(3):94. Jl. 1949. (F. Pohl)
FSF	1(2):106. W/S. 1950. (Boucher & McComas)

SUDAK, EUNICE

X. New York, Lancer, 1963. 126 p.

| ASF | 74(2):91. O. 1964. (P. Miller) |

SUDDABY, DONALD

Prisoners of Saturn. London, J. Lane, 1957. 190 p.

| NEB | No. 22:103-104. Jl. 1957. (K. Slater) |

SULKOWSKI, ANN ELIZABETH

The witch who used a six-shift vacuum cleaner. New York, Vantage, 1970. 39 p.

| LM | 33:27. F. 1972. (C. Moslander) |

SULLIVAN, WALTER

Quest for a continent. New York, McGraw-Hill, 1957. 372 p. 56-12541.

| GAL | 15(1):120-121. N. 1957. (F. Gale) |

We are not alone. New York, McGraw-Hill, 1964. 325 p. 64-24113.

ASF	75(2):153-154. Ap. 1965. (P. Miller)
WOT	3(1):4-6. My. 1965. (F. Pohl)
FSF	29(1)[i.e. 28(6)]:72-73. Je. 1965. (J. Merril)

White land of adventure. New York, Whittlesey House, 1957. 224 p. 57-12594.

| GAL | 17(2):103. D. 1958. (F. Gale) |

SUTER, RUFUS

A gallery of scientists. New York, Vantage, 1956. 132 p. 55-8390.

| GAL | 12(3):101-102. Jl. 1956. (F. Gale) |

SUTHERLAND, SIDNEY

Ten real murder mysteries. New York, Putnam, 1929. 347 p. 29-17829.

| ADT | 1(8):765. Ag. 1930. (n.g.) |

SUTTON, HENRY

Vector. New York, Bernard Geis, 1970. 350 p.

| LM | 22:26. Mr. 1971. (D. Paskow) |

SUTTON, JEAN

The beyond, by Jean Sutton and Jeff Sutton. New York, Putnam, 1968. 223 p. 67-24175.

    ASF   82(5):161. Ja. 1969. (P. Miller)

Lord of the stars, by Jean Sutton and Jeff Sutton. New York, Putnam, 1969. 220 p. 71-77769.

    LJ   95(4):794. F. 15, 1970. (Y. Schmitt)

The programmed man, by Jean Sutton and Jeff Sutton. New York, Putnam, 1968. 192 p. 68-15082.

    ASF   82(5):161. Ja. 1969. (P. Miller)

SUTTON, JEFFERSON

Alien from the stars, by Jeff and Jean Sutton. New York, Putnam, 1970. 223 p. 74-113507.

    LM   30:23. N. 1971. (D. Paskow)

Alton's unguessable. New York, Ace, 1970. 151 p.

    LM   24/25:50. My/Je. 1971. (T. Bulmer)

The atom conspiracy. New York, Avalon, 1963. 192 p.

    ASF   72(4):90. D. 1963. (P. Miller)
    NWB   No. 163:144. Je. 1966. (J. Colvin)

Bombs in orbit. New York, Ace, 1959. 192 p.

    AMZ   33(10):75. O. 1959. (S. Cotts)
    ASF   65(4):163-164. Je. 1960. (P. Miller)
    WIF   9(6):86. Ja. 1960. (F. Pohl)

The boy who had the power, by Jeff Sutton and Jean Sutton. New York, Putnam, 1971. 189 p. 71-151222.

    KR   39:555. My. 15, 1971. (n.g.)
    LJ   96:1828. My. 15, 1971. (D. Jones)
    WSJ   78:34. Ag/O. 1971. (J. Newton)
    LM   38/39:27. Jl/Ag. 1972. (C. Moslander)

First on the moon. New York, Ace, 1958. 192 p.

    ASF   64(1):149-150. S. 1959. (P. Miller)
    FAU   11(2):109. Mr. 1959. (H. Santesson)

The man who saw tomorrow. New York, Ace, 1968. 115 p.

    NWB   No. 189:63. Ap. 1969. (J. Cawthorn)

The mind blocked man. New York, Daw, 1972. 159 p.

    GAL   33:174. Ja. 1973. (T. Sturgeon)
    LM   45:24. F. 1973. (S. Mines)

Spacehive. New York, Ace, 1960. 192 p.

    AMZ   35(5):133-134. My. 1961. (S. Cotts)
    ASF   67(5):158. Jl. 1961. (P. Miller)

Whisper from the stars. New York, Dell, 1970. 157 p.

    LM   24/25:43. My/Je. 1971. (T. Bulmer)

SUTTON, LEE

Venus boy. New York, Lothrup, 1955. 182 p. 54-7882.

    GAL   11(3):93. Ja. 1956. (F. Gale)
    FSF   9(3):89. S. 1955. (A. Boucher)

SUTTON, OLIVER GRAHAM

Mathematics in action. London, G. Bell, 1954. 226 p. 55-5328.

    AUT   No. 46:141-142. Je. 1954. (n.g.)

SUVIN, DARKO, ed.

Other worlds, other seas. New York, Random House, 1970. 217 p. 69-16412.

    LJ   95(15):2830. S. 1, 1970. (R. Ryan)
    PW   197(19):40. My. 11, 1970.
    NEW REPUBLIC 163(3):23-25. Jl. 18, 1970. (R. Whittemor)
    EXT   12(1):26. D. 1970.
    ASF   88:162-164. S. 1971. (P. Miller)
    FSF   40:22-23. Ja. 1971. (J. Blish)
    KPG   7:28-29. Ap. 1973. (n.g.)
    LM   45:28-29. F. 1973. (M. Purcell)

Russian science fiction literature and critisism: 1956-1970, a bibliography. Toronto Secondary Universe Conference IV, 1971. 35 p.

    SFN   5:3-4. O. 15, 1971. (F. Lerner)
    ASF   89:170-171. Je. 1972. (P. Miller)

SWAIN, DWIGHT V.

The transposed man. New York, Ace, 1955. 97 p. 55-42207.

    ASF   56(4):150. D. 1955. (P. Miller)
    GAL   11(3):91-92. Ja. 1956. (F. Gale)

SWANN, THOMAS BURNETT

Day of the minotaur. New York, Ace, 1966. 159 p.

    FSF   33(6):34. D. 1967. (J. Merril)
    NWB   No. 170:154. Ja. 1967. (J. Cawthorn)

The forest of forever. New York, Ace, 1971. 158 p.

    LM   34:22-23. Mr. 1972. (L. Carter)

The goat without horns. New York, Ballantine, 1971. 175 p.

    WSJ   79:33-34. N. 1971/Ja. 1972. (F. Patten)

Green phoenix. New York, Daw, 1972. 141 p.

    LM   46:14. Mr. 1973. (S. Bucharach)

Moondust. New York, Ace, 1968. 159 p.

    NWB   No. 189:63. Ap. 1969. (J. Cawthorn)
    WIF   19(9):152-153. N. 1969. (L. del Rey)
    WSJ   70:30-31. D. 1969/F. 1970. (D. Halterman)

SWANN, THOMAS BURNETT (Continued)

Wolfwinter. New York, Ballantine, 1972. 203 p.

ALG   20:27. My. 1973. (R. Lupoff)
FSF   44:19-20. Je. 1973. (A. Panshin)

SWARTHOUT, GLENDON FRED

Bless the beasts and children. Garden City, N.Y.,
Doubleday, 1970. 205 p. 79-94331.

LM   23:24. Ap. 1971. (D. Paskow)

SWENSON, LOYD S., JR.

This new ocean, a history of project Mercury, by Loyd S.
Swenson, Jr., James M. Grimwood, and Charles C. Alexander.
Washington, D.C., National Aeronautics and Space
Administration, 1966. 681 p. 66-62424.

GAL   26(3):161. F. 1968. (A. Budrys)

SWEZEY, KENNETH MALCOLM

Science magic. London, Kaye, 1955. 182 p.

AUT   No. 65:153. Ja. 1956. (n.g.)

SWIFT, JONATHAN

Tales from Gulliver's travels. New York, Pyramid, 1969.
62 p.

LM   13:30. Je. 1970. (D. Paskow)

SWIGART, LESLIE

Harlan Ellison: a bibliographical checklist. Dallas,
Tx., Williams Pub. Co., 1973. 117 p.

FSF   45:43. D. 1973. (E. Ferman)

SWINNERTON, HENRY HURD

The earth beneath us. Boston, Little, Brown, 1956.
335 p. 56-10637.

GAL   14(2):109. Je. 1957. (F. Gale)

SYMONDS, JOHN

The great beast: the life of Aleister Crowley. London,
Rider, 1951. 316 p.

SFIQ   2(4):74. Ag. 1953. (L. de Camp)

SYMPOSIUM ON SPACE PHYSICS, WASHINGTON, D.C., 1959.

The exploration of space, ed. by Robert Jastrow. New
York, Macmillan, 1960. 160 p. 60-10053.

GAL   19(3):142. F. 1961. (F. Gale)

SZEPES, MARIA

Surayana elo szobrai. (The living statues of Surayana).
Budapest, Kozmosz, 1971. 260 p.

LM   28:27-28. S. 1971. (P. Kuczka)

SZILARD, LEO

The voice of the dolphins. New York, Simon & Schuster,
1961. 122 p. 61-7014.

AMZ   35(8):133-134. Ag. 1961. (S. Cotts)
ASF   68(1):161-163. S. 1961. (P. Miller)
NWB   No. 122:123-124. N. 1961. (L. Flood)

T

TABORI, PAUL

The cleft. New York, Pyramid, 1969. 174 p.

SWSJ   26:7. Jl. 1971. (D. Halterman)

The demons of Sandorra. New York, Award, 1970. 154 p.

LM   33:29. F. 1972. (C. Moslander)

The green rain. New York, Pyramid, 1961. 192 p.

ASF   68(4):155-156. D. 1961. (P. Miller)
NWB   No. 110:126. S. 1961. (J. Carnell)

TAINE, JOHN
SEE Bell, Eric Temple

TALLON, ROBERT

Zoophabets. Indianapolis, Bobbs-Merrill, 1971. 26 p.

LM   44:16. Ja. 1973. (S. Deckinger)

TALMAN, WILFRED B.

The normal Lovecraft. Saddle River, N.J., Gerry de la Ree, 1973.

FANA   1:9. N. 1973. (L. Newman)

TANIUCHI, KOTA

The north star man. New York, Franklin Watts, 1970. 25 p. 70-110721.

LM   38/39:29. Jl/Ag. 1972. (J. Post)

TANNENBAUM, BEULAH

Isaac Newton, by Beulah Tannenbaum and Myra Stillman. New York, Whittlesey House, 1959. 128 p. 59-11946.

GAL   18(5):155. Je. 1960. (F. Gale)

TARRANT, DESMOND

James Branch Cabell: the dream and the reality. Norman, University of Oklahoma Press, 1967. 292 p. 67-15595.

FSF   35(1):61. Jl. 1968. (V. Carew)

TASSOS, JOHN

The underwater world. Englewood Cliffs, N.J., Prentice Hall, 1957. 242 p. 57-5557.

GAL   14(6):124-125. O. 1957. (F. Gale)

TATE, PETER

Country love and poison rain. Garden City, N.Y., Doubleday, 1973. 178 p.

FSF   45:38-39. O. 1973. (A. Davidson)
LJ   98:768. Mr. 1, 1973. (R. Nadelfaft)
LM   49:28. At. 1973. (K. Anderson)

Gardens one to five. Garden City, N.Y., Doubleday, 1971. 181 p. 76-139067.

LJ   96:502. F. 1, 1971. (M. Burgess)
LJ   96:2378. Jl. 1971. (J. Cavallini)
SWSJ   30:8. Ag. 1971. (J. Newton)
FSF   42:102-103. Ap. 1972. (J. Blish)
LM   40:31. S. 1972. (C. Moslander)
NWK   81:503. Ap. 9, 1972. (J. Burroway)

The thinking seat. Garden City, N.Y., Doubleday, 1969. 225 p. 70-78739.

LM   18:27. N. 1970. (C. Moslander)
FSF   40:25-26. Ja. 1971. (J. Blish)

TATON, RENE

Reason and chance in scientific discovery. New York, Philosophical Library, 1957. 171 p. 58-580.

GAL   16(4):109. Jl. 1958. (F. Gale)

TAURASI, JAMES

Science fiction yearbook, compiled by James Taurasi, Ray Van Houten, and Frank Prieto, Jr. Paterson, N.J., The Authors, 1956. 42 p.

ASF   60(6):140-142. F. 1958. (P. Miller)

TAYLOR, CONSTANCE LINDSAY

Post mortem, by Guy Cullingford. New York, Lippincott, 1953. 255 p. 53-8920.

FSF   5(5):99-100. N. 1953. (Boucher & McComas)

TAYLOR, JOHN WILLIAM RANSOM

ABC civil aircraft markings. London, Allan, 1955. 75 p.

    AUT   No. 61:151. S. 1955. (n.g.)

ABC of helicopters. London, Allan, 1955. 60 p.

    AUT   No. 61:151. S. 1955. (n.g.)

Scientific wonders of the atomic age. London, MacDonald, 1956. 128 p.

    AUT   No. 73:154. S. 1956. (n.g.)
    NWB   No. 50:128. Ag. 1956. (L. Flood)

TAYLOR, ROBERT LEWIS

Adrift in a boneyard. Garden City, N.Y., Doubleday, 1947. 255 p. 47-30281.

    ASF   41(3):94-95. My. 1948. (P. Miller)
    SFA   2(3):123. Je. 1954. (D. Knight)

TEILHARD DE CHARDIN, PIERRE

The future of man. New York, Harper, 1964. 319 p. 64-20327.

    WOT   2(5):4-6. Ja. 1965. (F. Pohl)

TELLER, EDWARD

Our nuclear future, by Edward Teller and Albert L. Latter. New York, Criterion Books, 1958. 184 p. 58-8783rev.

    ASF   62(5):150-151. Ja. 1959. (P. Miller)

TEMPLE, WILLIAM FREDERICK

The automated Goliath. New York, Ace, 1962. 143 p.

    ASF   70(1):160. S. 1962. (P. Miller)

Battle on Venus. New York, Ace, 1963. 104 p.

    ASF   72(5):88. Ja. 1964. (P. Miller)

The fleshpots of Sansato. London, New English Library, 1970. 128 p.

    VOT   1(7):56-57. Ap. 1970. (K. Buckley)

Four-sided triangle. New York, Frederick Fell, 1951. 240 p. 51-10086.

    ASF   48(2):141. O. 1951. (P. Miller)
    GAL   2(2):83-84. My. 1951. (G. Conklin)
    NWB   No. 5:96. 1949. (n.g.)
    TWS   35(3):161-162. F. 1950. (n.g.)

Martin Magnus on Mars. London, Muller, 1956. 190 p.

    AUT   No. 79:126. Ap. 1957. (n.g.)
    NWB   No. 55:128. Ja. 1957. (L. Flood)

Martin Magnus on Venus. London, Muller, 1955. 176 p.

    AUT   No. 64:155-156. D. 1955. (n.g.)
    NEB   No. 15:101-102. Ja. 1956. (K. Slater)
    NWB   No. 43:124-125. Ja. 1956. (L. Flood)

Martin Magnus, planet rover. London, Muller, 1955. 167 p.

    AUT   No. 56:135. Ap. 1955. (n.g.)
    NEB   No. 12:113. Ap. 1955. (K. Slater)
    NWB   No. 37:124-125. Jl. 1955. (L. Flood)

The Prentice-Hall book about space travel. New York, Prentice-Hall, 1955. 142 p. 55-7253.

    ASF   56(5):158-159. Ja. 1956. (P. Miller)
    FSF   9(3):90. S. 1955. (A. Boucher)

Shoot at the moon. New York, Simon & Schuster, 1966. 249 p. 66-16153.

    NWB   No. 169:153-154. D. 1966. (H. Bailey)
    FSF   32(2):28. F. 1967. (J. Merril)

The three suns of Amara. New York, Ace, 1962. 80 p.

    ASF   70(1):160. S. 1962. (P. Miller)

The true book about space travel. London, Muller, 1954. 142 p. 54-22278.

    AUT   No. 45:139-140. My. 1954. (n.g.)
    NWB   No. 22:126. Ap. 1954. (L. Flood)
    NEB   2(4):127. Ap. 1954. (Slater & Elder)

TENN, WILLIAM
SEE Klass, Philip

TEPPER, M. B.

The Asimov science fiction bibliography. Santa Monica, Ca., The Author, 1971. 85 p.

    ASF   86:168-169. F. 1971. (P. Miller)
    LM   30:28. N. 1971. (W. Cole)

TERRILL, ROGERS, ed.

The Argosy book of adventure stories. New York, Bantam, 1953. 281 p.

    FUTF   5(3):127. O. 1954. (D. Knight)

TERRIS, SUSAN

The upstairs witch and the downstairs witch. Garden City, N.Y., Doubleday, 1970. 46 p.

    LM   38/39:27. Jl/Ag. 1972. (J. Post)

TERTZ, ABRAM
SEE Siniavskii, Andrei Donat'evich

TEVIS, WALTER S.

The man who fell to earth. Greenwich, Conn., Fawcett, 1963. 144 p. NUC 65-97200.

    ASF   72(2):91. O. 1963. (P. Miller)
    FSF   25(2):112. Ag. 1963. (A. Davidson)
    SFR   43:44. Mr. 1971. (P. Walker)

THACKER, ERIC

Musrum, by Eric Thacker and Anthony Earnshaw. London, Cape, 1968. 160 p.

LJ	95(22):4281. D. 15, 1970. (P. Dollard)
LM	30:31. N. 1971. (D. Paskow)
NWB	No. 186:63. Ja. 1969. (J. Churchill)

THEOBALD, ROBERT

Teg's 1994: an anticipation of the near future, by Robert Theobald and J. M. Scott. 2d. ed. Chicago, Swallow Press, 1972. 211 p. 70-150754.

KR	39:1141. O. 15, 1971. (n.g.)
KR	39:1222. N. 15, 1971. (n.g.)
LJ	96:4109. D. 15, 1971. (M. Peffers)
PW	200:43. O. 25, 1971. (n.g.)
FUT	4:196. Je. 1972. (D. Livingston)
LJ	97:2246-2247. Je. 15, 1972. (T. Hirt)
LM	47:30. Sm. 1973. (C. Moslander)

THEVENIN, RENE

Animal migration. New York, Walker, 1963. 130 p. 62-19514.

| FSF | 26(3):81-82. Mr. 1964. (A. Davidson) |

THIEL, RUDOLPH

And there was light. New York, Knopf, 1957. 415 p. 57-13059.

| GAL | 16(3):107. Jl. 1958. (F. Gale) |
| WIF | 10(5):89. N. 1960. (F. Pohl) |

THIGPEN, CORBETT H.

The three faces of Eve, by Corbett H. Thigpen and Hervey M. Checkley. New York, McGraw-Hill, 1957. 308 p. 56-12526.

| ASF | 59(6):140-141. Ag. 1957. (P. Miller) |

THIRD PROGRAMME (RADIO PROGRAM)

Rival theories of cosmology, by H. Bondi, et al. New York, Oxford University Press, 1960. 64 p. 61-308.

| ASF | 67(5):151-154. Jl. 1961. (P. Miller) |

THIRRING, HANS

Energy for man. Bloomington, Indiana University Press, 1958. 409 p. 57-10730.

| WIF | 9(5):100. N. 1959. (F. Pohl) |

THOMAS, SHIRLEY

Men of space. Philadelphia, Chilton, 1960. 60-15720rev.

| WIF | 13(3):113-115. Jl. 1963. (T. Sturgeon) |

THOMAS, THEODORE L.

The clone, by Theodore L. Thomas and Kate Wilhelm. New York, Berkley, 1965. 143 p.

ASF	77(6):166-167. Ag. 1966. (P. Miller)
GAL	24(5):145-147. Je. 1966. (A. Budrys)
SFI	1(8):19-21. O. 1966. (B. Aldiss)

The year of the cloud, by Ted Thomas and Kate Wilhelm. Garden City, N.Y., Doubleday, 1970. 216 p. 71-116263.

ASF	87:172-173. Je. 1971. (P. Miller)
GAL	31:2-3,113-114. F. 1971. (A. Budrys)
LM	31:32. D. 1971. (C. Moslander)
SWSJ	33:10. S. 1971. (J. Newton)
PW	198(7):50. Ag. 17, 1970. (n.g.)
WSJ	73:43-44. S/N. 1970. (T. Pauls)

THOMPSON, DAVID

The people of the sea. Cleveland, World, 1967. 210 p. 67-14314.

| SWSJ | 24:3. Je. 1971. (N. Brooks) |

THOMPSON, WILLIAM IRWIN

At the edge of history: speculations on the transformation of culture. New York, Harper, 1971. 180 p.

| FUT | 5:594-595. D. 1973. (D. Livingston) |

THOMSON, GEORGE PAGET

The foreseeable future. London, Cambridge University Press, 1955. 166 p. 55-13641.

ASF	56(6):140-143. F. 1956. (P. Miller)
AUT	No. 64:154. D. 1955. (n.g.)
SFIQ	4(4):77. Ag. 1956. (D. Knight)
FSF	10(5):91. My. 1956. (A. Boucher)

THOULESS, ROBERT HENRY

Straight and crooked thinking. London, Pan, 1953. 189 p.

| AUT | No. 33:138-139. My. 1953. (H. Campbell) |

THURBER, JAMES

The last flower. New York, Harper, 1939. 107 p. 39-32475.

| SSS | 1(1):127. Mr. 1940. (D. Wollheim) |

The white deer. New York, Harcourt, 1968 (c1945). 115 p.

| LM | 3:31. Ag. 1969. (J. B. Post) |

The wonderful O. New York, Simon & Schuster, 1957. 72 p. 57-7942.

| FSF | 13(6):96. D. 1957. (A. Boucher) |

TICHENOR, TOM

Sir Patches and the dragon. New York, Aurora, 1971. 95 p.

LM   44:16. Ja. 1973. (S. Deckinger)

TIDY, BILL

Tidy's world: a collection. London, Hutchinson, 1969. unpaged.

LM   18:32. N. 1970. (J. B. Post)

TIDYMAN, ERNEST

Absolute zero. New York, Dial, 1971. 182 p. 79-150401.

FSF   42:93-94. Je. 1972. (J. Blish)
REN   4:13-14. 1972. (J. Pierce)

TIMPERLEY, ROSEMARY

Child in the dark. New York, Crowell, 1956. 256 p. 56-10603.

FSF   12(1):96. Ja. 1957. (A. Boucher)

TIPTREE, JAMES, JR.

Ten thousand light-years from home. New York, Ace, 1973. 319 p.

REN   5(3):5. Sm. 1973. (J. Pierce)

TITUS, EVE

Basil and the pigmy cats. New York, McGraw, 1971. 96 p. 73-135307.

LM   37:27. Je. 1972. (K. Anderson)

TODD, RUTHVEN

The lost traveler. New York, Dover, 1968 (c1943). 164 p.

LM   6:26. N. 1969. (J. B. Post)

Space cat. New York, Scribners, 1952. 72 p. 52-12576.

FSF   4(1):90. Ja. 1953. (Boucher & McComas)
SPS   2(1):126. Ap. 1953. (n.g.)

Space cat and the kittens. New York, Scribners, 1958. 94 p. 58-10635.

GAL   17(6):141. Ag. 1959. (F. Gale)

Space cat meets Mars. New York, Scribners, 1957. 72 p. 57-5170.

FSF   12(6):112. Je. 1957. (A. Boucher)

Space cat visits Venus. New York, Scribners, 1955. 87 p. 55-6919.

GAL   11(2):106. N. 1955. (F. Gale)
AUT   No. 80:127. My. 1957. (n.g.)
NWB   No. 57:128. Mr. 1957. (J. Carnell)
FSF   9(1):100. Jl. 1955. (A. Boucher)

TOFFLER, ALVIN

Future shock. New York, Random House, 1970. 505 p. 67-12744.

PW   197(20):36. My. 18, 1970.
LJ   96:753. F. 15, 1971. (A. Iceman)
LM   26/27:36. Jl/Ag. 1971. (J. B. Post)
WIF   20:2,144-146. My/Je. 1971. (L. del Rey)

The futurists. New York, Random House, 1972. 321 p. 70-39770.

LJ   98:1713. My. 15, 1973. (J. Prince)
LM   41/42:63. O/N. 1972. (J. B. Post)

TOLKIEN, JOHN ROBERT REUEL

The adventures of Tom Bombadil. New York, Houghton Mifflin, 1963. 63 p. 63-10658rev.

FSF   26(3):83. Mr. 1964. (A. Davidson)

The fellowship of the ring. Boston, Houghton Mifflin, 1954. 423 p. 54-4943.

AMZ   29(5):110. S. 1955. (V. Gerson)
ASF   55(5):156-157. Jl. 1955. (P. Miller)
GAL   10(2):115. My. 1955. (G. Conklin)
FSF   8(4):82. Ap. 1955. (A. Boucher)
SFIQ   3(6):39-40. Ag. 1955. (L. de Camp)

The hobbit. Boston, Houghton Mifflin, 1938. 315 p. 38-5859rev.

ASF   55(5):156-157. Jl. 1955. (P. Miller)
N.Y. REVIEW OF BOOKS 19:19-21. D. 14, 1972. (J. Smith)
LST   2328:634-636. N. 8, 1973. (J. Burrow)

The lord of the rings. London, Allen, 1954-1955. 3 v. 54-36398rev.

NEB   No. 12:113-114. Ap. 1955. (K. Slater)
FSF   11(1):91-92. Jl. 1956. (A. Boucher)
NWQ   2:181-185. 1971. (M. Harrison)
N.Y. REVIEW OF BOOKS 19:19-21. D. 14, 1972. (J. Smith)
LST   2328:634-636. N. 8, 1973. (J. Burrow)
TM   102:101. S. 17, 1973. (n.g.)

The return of the king. Boston, Houghton Mifflin, 1956. 416 p. 54-4943.

ASF   57(5):153-154. Jl. 1956. (P. Miller)
GAL   12(4):109. Ag. 1956. (F. Gale)

Smith of Wootten Major and Farmer Giles of Ham. New York, Ballantine, 1969. 156 p.

LM   8:27. Ja. 1970. (J. Slavin)

The Tolkien reader. New York, Ballantine, 1966. 1 v. 66-8065.

ASF   78(4):160. D. 1966. (P. Miller)

The two towers. Boston, Houghton Mifflin, 1955. 352 p. 54-4943.

AMZ   29(7):115. D. 1955. (V. Gerson)
ASF   57(1):155-156. Mr. 1956. (P. Miller)
FSF   9(2):93. Ag. 1955. (A. Boucher)

TOLSTOY, ALEXIS

Vampires: stories of the supernatural. New York, Hawthorn, 1969. 183 p.

    LM   13:27. Je. 1970. (J. B. Post)

TONKS, ANGELA

Mind out of time. New York, Knopf, 1959. 266 p. 59-5426.

    ASF   64(4):150. D. 1959. (P. Miller)

TOOKER, RICHARD

The day of the brown horde. New York, Harcourt, 1929. 309 p. 29-24587.

    AMZ   4(11):1088. F. 1930. (C. Brandt)

TOOMBS, ALFRED

Good as gold. New York, Crowell, 1955. 281 p. 55-9201.

    ASF   57(1):154-155. Mr. 1956. (P. Miller)
    FUTF   No. 29:121-122. 1956. (D. Knight)
    FSF   10(4):79. Ap. 1956. (A. Boucher)

TOOMEY, ROBERT E., JR.

World of trouble. New York, Ballantine, 1973. 207 p.

    SWSJ   101:2. Jl. 1973. (D. D'Ammassa)
    SWSJ   105:2. S. 1973. (D. Stever)

TOTAL EFFECT

Survival printout. New York, Vintage, 1973. 332 p.

    FAS   23:92. N. 1973. (F. Leiber)
    NYT   p. 14,16. Ap. 22, 1973. (T. Sturgeon)
    VTX   1:13. Ag. 1973. (n.g.)
    KPG   7:223. S. 1973. (I. Healy)
    SFN   25/26:4. Jl/Ag. 1973. (V. Kennedy)

TOZER, BASIL

Confidence crooks and blackmailers—their ways and methods. Boston, Stratford, 1930. 236 p. 35-10564.

    ADT   1(5):468. My. 1930. (n.g.)

TRAIN, ARTHUR

The moon maker, by Arthur Train and R. W. Wood. Hamburg, N.Y., Dawn Press, 1958. 84 p.

    ASF   63(6):153-154. Ag. 1959. (P. Miller)

TRAMMELL, SHIRLEY

Upside over. New York, Golden Press, 1969. 191 p.

    LM   12:25. My. 1970. (C. Moslander)

TRAVERS, P. L.

Friend monkey. New York, Harcourt, 1971. 284 p.

    LM   38/39:25. Jl/Ag. 1972. (K. Anderson)

TREECE, HENRY

The great captains. New York, Random, 1956. 302 p. 55-8146.

    OSFS   8(2):115. S. 1957. (L. de Camp)

TRELL, MAX

The small gods and Mr. Barnum. New York, McCall, 1971. 230 p. 71-139544.

    LM   35/36:52. Ap/My. 1972. (J. B. Post)

TRENCH, BRINSLEY LEPOER

The sky people. New York, Award, 1970. 189 p.

    LM   28:26. S. 1971. (J. B. Post)

TRESSELT, ALVIN R.

Wonder-fish from the sea, by Josef Guggenmos. New York, Parents Magazine Press, 1971. 25 p. 78-148165.

    LM   38/39:27. Jl/Ag. 1972. (J. Post)

TRIMBLE, BJO, ed.

Star Trek concordance. Los Angeles, Mathom House, 1969. 84 p.

    ASF   84(5):164. Ja. 1970. (P. Miller)
    LM   12:29. My. 1970. (D. Paskow)

TRIMBLE, LOUIS

The city machine. New York, Daw, 1972. 143 p.

    LM   46:29. Mr. 1973. (S. Mines)
    WIF   21:166. F. 1973. (L. del Rey)

Guardians of the gate, by Louis Trimble and Jacquelyn Trimble. New York, Ace, 1972. 157 p.

    LM   43:29. D. 1972. (B. Fredstrom)

TRUDEAU, GARRY

Call me when you find America. New York, Holt.

    SWSJ   117:4. N. 1973. (D. Stever)

TRUZZI, MARCELLO

Caldron cookery: an authentic guide for coven connoisseurs. New York, Meredith, 1969. 115 p.

    LM   15:34. Ag. 1970. (M. Hewitt)

TRYON, THOMAS

The other. Greenwich, Conn., Fawcett, 1972. 288 p.

LM   44:30-31. Ja. 1973. (P. Walker)

TSIOLKOVSKY, KONSTANTIN EDUARDOVICH

Beyond the planet Earth. New York, Pergamon, 1960.
190 p. 60-10838.

ASF   67(3):162-163. My. 1961. (P. Miller)
NWB   No. 105:128. Ap. 1961. (L. Flood)

TUBB, E. C.

Alien dust. New York, Avalon, 1957. 223 p. 57-13559.

ASF   59(6):146-147. Ag. 1957. (P. Miller)
AUT   No. 59:121. Jl. 1955. (n.g.)
NEB   No. 13:104-105. S. 1955. (K. Slater)
NWB   No. 37:123. Jl. 1955. (L. Flood)
OSFS   9(3):94,111. S. 1958. (C. Knox)

Century of the manikin. New York, Daw, 1972. 142 p.

LM   46:25. Mr. 1973. (S. Mines)
PW   201:64. Je. 26, 1972. (n.g.)

Escape into space. London, Sidgwick & Jackson. 188 p.

VOT   1(3):34. N. 1969. (K. Slater)

The jester at scar. New York, Ace, 1970. 126 p.

LM   20:31. Ja. 1971. (J. Osborne)
SFR   42:30-31. Ja. 1971. (P. Walker)

Jondelle. New York, Daw, 1973. 159 p.

SWSJ   114:4. N. 1973. (D. D'Ammassa)

Kalin. New York, Ace, 1969. 131 p.

SFR   41:27-28. N. 1970. (P. Walker)

Mayenne. New York, Daw, 1973. 159 p.

SWSJ   93:2. Je. 1973. (D. D'Ammassa)
SWSJ   101:2. Jl. 1973. (D. Stever)

The mechanical monarch. New York, Ace, 1958. 165 p.

ASF   62(2):146. O. 1958. (P. Miller)
FSF   14(5):114. My. 1958. (A. Boucher)

Moon base. London, Jenkins, 1964. 175 p.

NWB   No. 141:125. Ap. 1964. (L. Flood)

S. T. A. R. flight. New York, Paperback Library, 1969.
144 p.

LM   2:22. Jl. 1969. (D. Paskow)

The space born. New York, Ace, 1956. 158 p.

ASF   59(6):141-142. Ag. 1957. (P. Miller)
FAS   6(4):122-123. My. 1957. (V. Gerson)
INF   2(2):96-97. Ap. 1957. (L. Shaw & I. Stein)

Ten from tomorrow. London, Hart-Davis, 1966. 187 p.
67-76054.

SFI   1(12):149. F. 1967. (A. Bevan)

Verucchia. New York, Ace, 1973. 190 p.

SWSJ   104:4. S. 1973. (D. D'Ammassa)

World at bay. London, Panther, 1954. 159 p.

AUT   No. 45:137. My. 1954. (n.g.)

TUCILLE, JEROME

Here comes immortality. New York, Stein & Day, 1973.
191 p.

SWSJ   96:3-4. Jl. 1973. (R. Delap)

TUCK, DONALD HENRY

A handbook of science fiction and fantasy. North Hobart,
Tasmania, The Author, 1954. 151 p. A55-3612.

ASF   54(3):147-148. N. 1954. (P. Miller)
GAL   8(6):118. S. 1954. (G. Conklin)
WIF   10(1):108. Mr. 1960. (F. Pohl)
FSF   7(2):80. Ag. 1954. (Boucher & McComas)
SFIQ   3(6):37. Ag. 1955. (L. de Camp)

A handbook of science fiction and fantasy. 2nd ed.
North Hobart, Tasmania, The Author, 1959. 396 p.
60-40710.

ASF   64(6):165-166. F. 1960. (P. Miller)
FSF   17(5):98-99. N. 1959. (D. Knight)

TUCKER, WILSON

The city in the sea. New York, Rinehart & Co., 1951.
250 p. 51-13119.

AMZ   26(5):146-147. My. 1952. (S. Merwin)
FSO   3(5):148. Ja. 1952. (F. Robinson)
GAL   4(1):119. Ap. 1952. (G. Conklin)
AUT   No. 56:137. Ap. 1955. (n.g.)
SFA   1(1):122-123. N. 1952. (D. Knight)
STL   25(1):142. F. 1952. (n.g.)

The Lincoln hunters. New York, Rinehart, 1958. 221 p.
58-5207.

ASF   62(5):148-149. Ja. 1959. (P. Miller)

The long loud silence. New York, Rinehart, 1952. 217 p.
52-8742.

ASF   51(4):80-81. Je. 1953. (P. Miller)
GAL   5(5):99. F. 1953. (G. Conklin)
SFA   1(4):86-88. My. 1953. (D. Knight)
FSF   4(1):90. Ja. 1953. (Boucher & McComas)

The science fiction sub-treasury. New York, Rinehart,
1954. 240 p. 54-8255.

ASF   55(3):147-148. My. 1955. (P. Miller)
FAU   2(3):127. N. 1954. (R. Frazier)
GAL   9(5):109. F. 1955. (G. Conklin)
ISF   6(3):120. Mr. 1955. (H. Bott)
SFIQ   3(4):76-77. F. 1955. (D. Knight)

Time bomb. New York, Rinehart, 1955. 246 p.
55-8008.

AMZ   30(3):58-59. Mr. 1956. (V. Gerson)
ASF   56(6):147. F. 1956. (P. Miller)

TUCKER, WILSON (Continued)

Time bomb (Continued).

```
FAU    4(4):118.  N. 1955.  (H. Santesson)
GAL    11(4):89-90.  F. 1956.  (F. Gale)
ISF    7(2):123.  Ap. 1956.  (H. Bott)
OSFS   7(1):103.  Jl. 1956.  (D. Knight)
```

The time masters. New York, Rinehart, 1953. 249 p.
53-5357.

```
ASF    53(3):150.  My. 1954.  (P. Miller)
GAL    7(5):129-130.  Ja. 1954.  (G. Conklin)
ISF    5(2):145.  F. 1954.  (M. Reinsberg)
SFA    2(2):80.  F. 1954.  (D. Knight)
FSF    5(3):102.  S. 1953.  (Boucher & McComas)
TLS    3715:562.  My. 18, 1973.  (n.g.)
SWSJ   111:5.  O. 1973.  (K. Ozanne)
```

To the Tombaugh station. New York, Ace, 1960. 145 p.

```
ASF    67(4):168.  Je. 1961.  (P. Miller)
```

Tomorrow plus X. New York, Avon, 1955. 158 p.

```
VEN    2(3):59.  My. 1958.  (T. Sturgeon)
```

The warlock. Garden City, N.Y., Doubleday, 1967.
176 p. 67-12539.

```
LM     19:27.  D. 1970.  (J. Slavin)
```

Wild talent. New York, Rinehart, 1954. 250 p. 53-10921.

```
ASF    54(1):150.  S. 1954.  (P. Miller)
FAU    2(6):128.  Ja. 1955.  (R. Frazier)
GAL    8(4):98-99.  Jl. 1954.  (G. Conklin)
NWB    No. 42:124.  D. 1955.  (L. Flood)
SFD    1(2):123-124.  My. 1954.  (E. Lewis)
FSF    6(5):89.  My. 1954.  (Boucher & McComas)
```

The year of the quiet sun. New York, Ace, 1970. 252 p.

```
ASF    86(2):167.  O. 1970.  (P. Miller)
PW     197(11):56.  Mr. 16, 1970.
SFR    37:27.  Ap. 1970.  (P. Anthony)
WIF    20(8):167-168.  N/D. 1970.  (L. del Rey)
WSJ    72:26.  Je/Ag. 1970.  (M. Shoemaker)
SFO    24:5-11.  N. 1971.  (B. Gillespie)
```

TURKLE, BRINTON

Mooncoin castle: or skulduggery rewarded. New York,
Viking, 1970. 141 p. 77-106920.

```
LM     35/36:42.  Ap/My. 1972.  (C. Moslander)
```

TURNER, GERRY

Stranger from the depths. Garden City, N.Y., Doubleday,
1967. 204 p. 67-17275.

```
ASF    80(5):165.  Ja. 1968.  (P. Miller)
```

TURSKA, KRYSTYNE

Pegasus. New York, Franklin Watts, 1970. 32 p.

```
LM     26/27:24.  Jl/Ag. 1971.  (J. Post)
```

TWAIN, MARK
    SEE Clemens, Samuel Langhorne

TWEED, THOMAS F.

Gabriel over the white house. London, Kemsley, 1952.
190 p.

```
AUT    No. 24:112.  Ag. 1952.  (n.g.)
```

TWIFORD, WILLIAM RICHARD

Sown in the darkness, A. D. 2000. New York, Tremayne,
1941. 372 p. 41-13947.

```
SSS    3(3):142.  F. 1942.  (D. Wollheim)
```

TYLER, THEODORE

The man whose name wouldn't fit. Garden City, N.Y.,
Doubleday, 1968. 262 p. 68-14195.

```
FSF    36(1):37-38.  Ja. 1969.  (J. Merril)
```

TYRRELL, GEORGE NUGENT MERLE

Apparitions. New York, Pantheon, 1954. 172 p.
54-16110.

```
GAL    10(2):116.  My. 1955.  (G. Conklin)
```

U

UBBELOHDE, ALFRED RENE

Man and energy. London, Hutchinson, 1954. 247 p. 54-14654.

AUT   No. 63:154. N. 1955. (n.g.)

UDRY, JANICE MAY

Glenda. New York, Harper, 1969. 55 p. 69-14443.

LM   14:19. Jl. 1970. (J. Post)

UHL, MARION MORRIS

The spiral horn. Garden City, N.Y., Doubleday, 1968. 122 p. 68-22482.

LM   7:20.. D. 1969. (J. Schaumburger)

ULANOFF, STANLEY M.

Illustrated guide to U. S. missiles and rockets. Garden City, N.Y., Doubleday, 1962. 128 p. 62-11369.

FSF   25(1):106-107. Jl. 1963. (A. Davidson)

UNDERWOOD, PETER

Horror man: the life of Boris Karloff, with an appendix of the films in which he appeared. London, Leslie Prewin, 1972. 226 p.

SFN   13/15:4. Jl/S. 1972. (V. Kennedy)

UNGERER, TOMI

The hat. New York, Parents Mag. Press, 1970. 32 p. 78-99.

LM   30:24. N. 1971. (J. Post)

UNIDENTIFIED FLYING OBJECT RESEARCH COMMITTEE, AKRON, OHIO

Report on unidentified flying objects observed Feb. 24, 1959 by American and United Airline pilots. Akron, Ohio, The Committee, 1960. 22 p. 60-2130.

FAU   11(3):97. My. 1959. (H. Santesson)

UNITED NATIONS EDUCATIONAL, SCIENTIFIC AND CULTURAL ORGANIZATION

UNESCO source book for science teaching. Rev. ed. Paris, UNESCO, 1962. 250 p. 63-1126.

WIF   13(4):56-59. S. 1963. (T. Sturgeon)

UNWIN, DAVID STORR

The future took us, by David Severn. Baltimore, Penguin, 1962. 159 p.

ASF   72(6):92-93. F. 1964. (P. Miller)

UPCHURCH, BOYD

The doomsday gene, by John Boyd. New York, Weybright & Talley, 1973. 230 p. 72-95166.

ASF   92:168-169. N. 1973. (P. Miller)
KR   41:579. My. 15, 1973. (n.g.)
LJ   98:1194-1195. Ap. 1, 1973. (R. Middleton)
PW   203:123. F. 26, 1973. (n.g.)
CHO   10:1546. D. 1973. (n.g.)
SWSJ 111:6. O. 1973. (D. D'Ammassa)

The gorgon festival, by John Boyd. New York, Weybright & Talley, 1972. 184 p. 73-185141.

KR   40:97. Ja. 15, 1972. (n.g.)
LJ   97:2639. Ag. 1972. (F. Patten)
PW   201:59. Ja. 24, 1972. (n.g.)
LM   48:28. Fl. 1973. (B. Fredstrom)

The I.Q. merchant, by John Boyd. New York, Weybright & Talley, 1972. 218 p. 72-87330.

KR   40:1117. S. 15, 1972. (n.g.)
LJ   97:4001. D. 15, 1972. (R. Nadelhaft)
PW   202:107. O. 9, 1972. (n.g.)
ASF   91:157-158. Je. 1973. (P. Miller)
FSF   44:18-19. Je. 1973. (A. Panshin)

The last starship from Earth, by John Boyd. New York, Weybright & Talley, 1968. 182 p. 68-17752.

ASF   84(2):172. O. 1969. (P. Miller)
FSF   37(3):24. S. 1969. (J. Russ)
LM   2:25. Jl. 1969. (S. Mines)

The organ bank farm, by John Boyd. New York, Weybright, 1970. 216 p. 72-119907.

ASF   86:167. F. 1971. (P. Miller)
LJ   95(17):3303. O. 1, 1970. (R. Hough)
PW   198(8):46. Ag. 24, 1970. (n.g.)

UPCHURCH, BOYD (Continued)

The pollinators of Eden, by John Boyd. New York,
Weybright, 1969. 212 p. 69-19614.

    ASF   84(4):167-168. Je. 1970. (P. Miller)
    PW   195(16):64. Ap. 21, 1969. (n.g.)
    LM   22:29. Mr. 1971. (D. Paskow)
    SPEC   28:18-20. Ja. 1971. (M. Adlard)
    SFO   25:11-12. D. 1971. (T. Pauls)
    NWB   No. 200:30. Ap. 1970. (J. Churchill)
    WIF   19(10):95-97. D. 1969. (L. del Rey)

The rakehells of heaven, by John Boyd. New York,
Weybright, 1969. 184 p. 79-87067.

    ASF   85(5):162-164. Jl. 1970. (P. Miller)
    FSF   39(6):21-22. D. 1970. (J. Blish)
    LM   19:28. D. 1970. (D. Paskow)

Sex and the high command, by John Boyd. New York,
Weybright, 1970. 192 p.

    ASF   85(5):162-164. Jl. 1970. (P. Miller)
    LJ   95(2):175. Ja. 15, 1970. (P. Edlund)
    LM   22:28. Mr. 1971. (S. Mines)

URANG, GUNNAR

Shadows of heaven: religion and fantasy in the writings
of C. S. Lewis, Charles Williams, and J. R. R. Tolkien.
Philadelphia, Pilgrim Press, 1971. 186 p.

    LM   41/42:48. O/N. 1972. (N. Barron)

UREY, HAROLD CLAYTON

The planets: their origin and development. New Haven,
Yale University Press, 1952. 245 p. 52-5359.

    ASF   50(2):164-166. O. 1952. (P. Miller)

USPENSKII, PETR DEM'IANOVICH

The strange life of Ivan Osokin, by Petr Ouspensky.
Baltimore, Penguin, 1971. 204 p.

    SWSJ   80:4. Ja. 1973. (T. Waters)

UVAROV, EUGENE BORIS

A dictionary of science, by E. B. Uvarov and D. R.
Chapmen. 2d. ed. Harmondsworth, Penguin, 1951. 240 p.

    AUT   No. 13:111. S. 1951. (n.g.)

U

VAETH, JOSEPH GORDON

200 miles up-the conquest of the upper air. 2d. ed.
New York, Ronald, 1955. 261 p. 55-11779.

 OSFS 7(4):121-123. Ja. 1957. (R. Garrett)

VALENS, EVANS G.

Cybernaut. New York, Viking, 1968. 46 p. 68-30744.

 ASF 83(5):163-164. Jl. 1969. (P. Miller)

VALENTINE, CHARLES WILFRID

Psychology and its bearing on education. London,
Methuen, 1955. 647 p.

 AUT No. 60:150. Ag. 1955. (n.g.)

VALLEE, JACQUES

Passport to Magonia: from folklore to flying saucers.
Chicago, Regnery, 1969. 372 p. 76-88851.

 LM 18:26. N. 1970. (J. B. Post)

VALLENTIN, ANTONINA

Einstein. London, Weidenfeld, 1954. 219 p. 54-2064.

 AUT No. 46:140-141. Je. 1954. (n.g.)

VAN ALLEN, JAMES ALFRED, ed.

Scientific uses of earth satellites. London, Chapman,
1957. 316 p.

 AUT No. 85:127. O. 1957. (A. Harby)

VAN ARNAM, DAVE

Lord of blood. New York, Lancer, 1970. 192 p.

 SFR 42:39-40. Ja. 1971. (R. Geis)

Star barbarian. New York, Lancer, 1969. 223 p.

 LM 9:24. F. 1970. (J. Schaumburger)

Starmind. New York, Ballantine, 1969. 216 p.

 AMZ 44(1):112-113. My. 1970. (R. Lupoff)
 LM 13:21. Je. 1970. (S. Mines)
 SFR 39:33. Ag. 1970. (E. Evers)

VAN ASH, CAY

Master of villainy: a biography of Sax Rohmer, by Cay
Van Ash and Elizabeth Sax Rohmer. Bowling Green, Ohio,
Bowling Green Univ. Press, 1972. 312 p. 76-186636.

 ALG 19:18. N. 1972. (D. Lupoff)
 CHO 9:1134. N. 1972. (n.g.)
 TRR 9:27. Ag. 1972. (M. Lachman)
 TMNR 4:34. n.d. (L. Carlin)
 TAD 5:230. Jl. 1972. (J. Cox)

VANCE, JACK

The anome. New York, Dell, 1971. 224 p.

 SWSJ 98:2. Jl. 1973. (J. Frederick)

Big planet. New York, Avalon, 1957. 223 p. 57-8746.

 ASF 60(5):144. Ja. 1958. (P. Miller)
 ASF 63(1):145. Mr. 1959. (P. Miller)
 INF 3(1):97-98. N. 1957. (D. Knight)
 OSFS 9(3):91-92. S. 1958. (C. Knox)
 VAN 1(1):91-92. Je. 1958. (L. del Rey)
 VEN 1(5):51. S. 1957. (T. Sturgeon)
 FUTF No. 44:102-103. Ag. 1959. (C. Knox)
 FSF 13(2):107. Ag. 1957. (A. Boucher)

The blue world. New York, Ballantine, 1966. 190 p.

 ASF 81(1):166. Mr. 1968. (P. Miller)
 NWB No. 167:153. O. 1966. (J. Cawthorn)
 FSF 31(6):32-33. D. 1966. (J. Merril)

The brains of Earth. New York, Ace, 1966. 108 p.

 NWB No. 167:152. O. 1966. (J. Cawthorn)

The dirdir. New York, Ace, 1969. 188 p.

 SFR 35:34-35. F. 1970. (J. Boardman)

The dragon masters. New York, Ace, 1963. 102 p.

 ASF 71(6):89. Ag. 1963. (P. Miller)
 GAL 22(2):125. D. 1963. (F. Pohl)
 NWB No. 143:85. Jl/Ag. 1964. (J. Colvin)

The dying Earth. New York, Lancer, 1962. 160 p.

 ASF 71(1):87. Mr. 1963. (P. Miller)

Eight fantasms and magics. New York, Macmillan, 1969.
288 p.

 ASF 85(2):165-167. Ap. 1970. (P. Miller)
 FSF 38(4):52-53. Ap. 1970. (J. Blish)
 LJ 95(8):1661. Ap. 15, 1970. (D. Jensen)
 LM 18:28. N. 1970. (C. Moslander)
 SFR 38:31-32. Je. 1970. (P. Walker)
 WSJ 75:38. F/Mr. 1971. (J. Newton)

VANCE, JACK (Continued)

Emphyrio. Garden City, N.Y., Doubleday, 1969. 288 p. 69-15168.

    NWB   No. 195:31-32. N. 1969. (M. Harrison)
    ASF   86(2):165. O. 1970. (P. Miller)
    FSF   38(1):40-42. Ja. 1970. (J. Russ)
    LM   6:28. N. 1969. (J. B. Post)

The eyes of the overworld. New York, Ace, 1966. 189 p.

    FSF   33(2):33. Ag. 1967. (J. Merril)

The five gold bands. New York, Ace, 1963. 122 p.

    ASF   71(6):89. Ag. 1963. (P. Miller)
    NWB   No. 143:85. Jl/Ag. 1964. (J. Colvin)

The houses of Iszm. New York, Ace, 1964. 112 p.

    AMZ   38(9):117-118. S. 1964. (R. Silverberg)
    ASF   74(5):88-89. Ja. 1965. (P. Miller)

The killing machine. New York, Berkley, 1964. 158 p.

    ASF   76(1):151-152. S. 1965. (P. Miller)

The languages of Pao. New York, Avalon Books, 1958. 223 p.

    AMZ   33(3):142. Mr. 1959. (S. Cotts)
    ASF   63(5):150. Jl. 1959. (P. Miller)
    GAL   17(6):140. Ag. 1959. (F. Gale)
    NWB   No. 167:153. O. 1966. (J. Cawthorn)
    WIF   9(3):100. Jl. 1959. (F. Pohl) (Vol. & issue number incorrect in issue)

The last castle. New York, Ace, 1966. 71 p.

    NWB   No. 177:63. N. 1967. (J. Cawthorn)

The many worlds of Magnus Ridolph. New York, Ace, 1966. 146 p.

    NWB   No. 167:152. O. 1966. (J. Cawthorn)

The palace of love. New York, Berkley, 1967. 189 p.

    ASF   81(5):162. Jl. 1968. (P. Miller)

The pnume. New York, Ace, 1970. 156 p.

    SFR   41:21. N. 1970. (T. Pauls)
    LM   22:24. Mr. 1971. (D. Paskow)

Slaves of the Klau. New York, Ace, 1958. 129 p.

    ASF   63(1):145. Mr. 1959. (P. Miller)
    FAU   10(3):119-120. S. 1958. (H. Santesson)
    FUTF   No. 44:102-103. Ag. 1959. (C. Knox)

Son of the tree. New York, Ace, 1964. 111 p.

    AMZ   38(9):117-118. S. 1964. (R. Silverberg)
    ASF   74(5):88-89. Ja. 1965. (P. Miller)

The star king. New York, Berkley, 1964. 158 p.

    AMZ   38(9):118-119. S. 1964. (R. Silverberg)
    ASF   76(1):151-152. S. 1965. (P. Miller)
    RQ   1(1):26-31. Ag. 1964. (A. Cox)

To live forever. New York, Ballantine, 1956. 185 p. 56-12123.

    ASF   59(1):143-144. Mr. 1957. (P. Miller)
    FAS   6(1):108-109. F. 1957. (V. Gerson)
    GAL   13(5):116. Mr. 1957. (F. Gale)
    FSF   12(2):99. F. 1957. (A. Boucher)

Trullion: Alastor 2262. New York, Ballantine, 1973. 247 p.

    KPG   7:92. N. 1973. (K. Reeds)
    REN   5(3):9-10. Sm. 1973. (J. Pierce)
    WSJ   82:R/12. S. 1973. (D. D'Ammassa)

Vandals of the void. Philadelphia, Winston, 1953. 213 p. 52-8975.

    ASF   53(1):158-159. Mr. 1954. (P. Miller)
    GAL   6(5):118. Ag. 1953. (G. Conklin)

VAN DE WATER, MARJORIE

Edison experiments you can do. New York, Harper, 1960. 129 p. 60-9459.

    GAL   20(1):177. O. 1961. (F. Gale)

VAN DINE, S. S.
SEE Wright, Willard Huntington

VAN GREENAWAY, PETER

The man who held the queen to ransom and sent Parliament packing. New York, Atheneum, 1969. 256 p. 69-18618.

    LM   8:32. Ja. 1970. (S. Mines)

VANHALEWIJN, MARIETTA

The little witch Wanda. New York, World, 1970. 32 p. 74-127831.

    LM   38/39:21. Jl/Ag. 1972. (S. Deckinger)

VAN LHIN, ERIK

Battle on Mercury. Philadelphia, Winston, 1953. 207 p. 52-12900.

    ASF   53(1):158-159. Mr. 1954. (P. Miller)
    GAL   6(5):118. Ag. 1953. (G. Conklin)

Police your planet. New York, Avalon Books, 1956. 224 p. 56-13313.

    AMZ   31(6):122. Je. 1957. (V. Gerson)
    ASF   59(6):147. Ag. 1957. (P. Miller)
    FUTF   No. 31:101. Wn. 1956/1957. (M. King)
    ISF   8(2):123. Ap. 1957. (H. Bott)

VAN LOON, HENDRIK WILLEM

Invasion. New York, Harcourt, 1940. 203 p. 40-34231.

    AST   2(3):4. F. 1941. (D. Wollheim)

VAN SCYOC, SYDNEY

Saltflower. New York, Avon, 1971. 176 p.

PW 198(24):40. D. 14, 1970.
LM 38/39:35. J1/Ag. 1972. (D. Paskow)

VANSITTART, PETER

The dark tower. New York, Crowell, 1969. 135 p. 69-15564.

LM 11:21. Ap. 1970. (B. Stiffler)

VAN TASSELL, GEORGE W.

Into this world and out again. n.p., The Author, 1956. 94 p.

FSO No. 25:84. Ag. 1957. (n.g.)

VAN THAL, HERBERT, ed.

A book of strange stories. London, Pan, 1954. 190 p.

AUT No. 54:128. F. 1955. (n.g.)

VAN VOGT, ALFRED ELTON

Away and beyond. New York, Pellegrini & Cudahy, 1952. 309 p. 52-9050.

ASF 52(2):144-145. O. 1953. (P. Miller)
GAL 5(4):98-99. Ja. 1953. (G. Conklin)
STL 30(2):145. Je. 1953. (n.g.)
FSF 4(1):90. Ja. 1953. (Boucher & McComas)

The battle of forever. New York, Ace, 1971. 191 p.

KPG 5:65. S. 1971. (J. Purfield)
BB   18:72-73. D. 1972. (B. Patten)

The beast. Garden City, N.Y., Doubleday, 1963. 207 p. 63-11213.

AMZ 37(9):122-123. S. 1963. (S. Cotts)
ASF 72(3):88-89. N. 1963. (P. Miller)
FSF 25(5):68-69. N. 1963. (A. Davidson)

The book of Ptath. Reading, Pa., Fantasy Press, 1947. 227 p. 48-448.

FBK 1(2):41. 1947. (E. Hull)
TWS 32(2):144-145. Je. 1948. (S. Merwin)

The book of Van Vogt. New York, Daw, 1972. 191 p.

ALG 19:29. N. 1972. (D. Lupoff)
KPG 6:35. S. 1972. (n.g.)
GAL 33:87. S. 1972. (T. Sturgeon)
LM   41/42:63. O/N. 1972. (B. Fredstrom)

Children of tomorrow. New York, Ace, 1970. 254 p.

LM   31:28. D. 1971. (J. Evers)
SFR   43:42-43. Mr. 1971. (F. Patten)
WIF   20:166-167. Mr/Ap. 1971. (L. del Rey)
BB   17:72-73. Je. 1972. (B. Patten)
SWSJ 49:3. F. 1972. (M. Shoemaker)

The darkness of Diamondia. New York, Ace, 1972. 254 p.

REN 4:15. 1972. (J. Pierce)
ASF 90:164. F. 1973. (P. Miller)

Destination: universe! New York, Pellegrini & Cudahy, 1952. 295 p. 52-5053.

ASF 50(4):103. D. 1952. (P. Miller)
GAL 4(4):105-106. J1. 1952. (G. Conklin)
AUT No. 34:139. Je. 1953. (n.g.)
STL 27(3):145. O. 1952. (n.g.)
FSF 3(4):103. Ag. 1952. (Boucher & McComas)

Earth's last fortress. New York, Ace, 1960. 114 p.

ASF 67(3):169. My. 1961. (P. Miller)
WIF 10(4):88-89. S. 1960. (F. Pohl)

Empire of the atom. New York, Shasta, 1957. 192 p. 56-12564.

ASF 61(3):147-148. My. 1958. (P. Miller)
FAU 8(2):113. Ag. 1957. (H. Santesson)
FAU 9(2):96. F. 1958. (H. Santesson)
GAL 14(4):116-117. Ag. 1957. (F. Gale)
ISF 8(6):107. D. 1957. (H. Bott)
FAS 7(1):125. Ja. 1958. (S. Cotts)
FSF 14(2):108-109. F. 1958. (A. Boucher)

The far-out worlds of A. E. Van Vogt. New York, Ace, 1968. 223 p.

AMZ 43(4):119. N. 1969. (R. Delap)
NWB No. 188:62. Mr. 1969. (J. Cawthorn)
LM   3:32. Ag. 1969. (S. Mines)

Future glitter. New York, Ace, 1973. 215 p.

PW   204:113. J1. 16, 1974. (n.g.)
SWSJ 115:4. N. 1973. (D. D'Ammassa)
REN   5(4):13-14. F1. 1973. (J. Pierce)

The house that stood still. New York, Greenberg, 1950. 210 p. 50-10531.

ASF 47(2):135-136. Ap. 1951. (W. Wright)
FSO 3(6):96. O. 1951. (B. Tucker)
GAL 1(4):138-139. Ja. 1951. (G. Conklin)
NWB No. 20:95-96. Mr. 1953. (J. Carnell)
STL 23(1):158. Mr. 1951. (n.g.)
SSS 8(1):113. Ap. 1951. (F. Pohl)
WBD 1(1):114-115. D. 1950. (D. Knight)

M 33 in Andromeda. New York, Paperback Library, 1971. 252 p.

SWSJ 32:9-10. S. 1971. (F. Patten)

Masters of time and Changeling. Reading, Pa., Fantasy Press, 1950. 227 p. 50-7467.

ASF 46(6):150. F. 1951. (P. Miller)
SCF No. 1:44,95. Sm. 1950. (V. Parker)
TWS 36(3):157. Ag. 1950. (S. Merwin)
SSS 7(2):67. S. 1950. (F. Pohl)
WBD 1(2):101-102. Ja. 1951. (D. Knight)

The mind cage. New York, Simon & Schuster, 1957. 220 p. 57-14594.

ASF 61(6):139-140. Ag. 1958. (P. Miller)
GAL 16(5):101-102. S. 1958. (F. Gale)
FSF 14(4):94-95. Ap. 1958. (A. Boucher)
SFR 43:44. Mr. 1971. (P. Walker)

VAN VOGT, ALFRED ELTON (Continued)

The mixed men. New York, Gnome, 1952. 223 p. 52-10217.

AMZ	26(10):146-147. O. 1952. (S. Merwin)
ASF	50(4):102-103. D. 1952. (P. Miller)
GAL	4(6):133. S. 1952. (G. Conklin)
SPF	1(6):84. My. 1953. (G. Smith)

More than superhuman. New York, Dell, 1971. 215 p.

| LM | 38/39:45. Jl/Ag. 1972. (B. Fredstrom) |

One against eternity. New York, Ace, 1952. 186 p.

| GAL | 10(4):90-91. Jl. 1955. (G. Conklin) |

Out of the unknown, by A. E. Van Vogt and E. Mayne Hull.
Los Angeles, Fantasy Publishing Co., 1948. 141 p.
48-2355.

AMZ	23(12):150. D. 1949. (M. Tish)
FBK	1(3):37. 1948. (n.g.)
TWS	33(1):176-177. O. 1948. (S. Merwin)
LM	9:26. F. 1970. (J. Rapkin)

The pawns of null-A. New York, Ace, 1956. 254 p.

AMZ	31(7):124. Jl. 1957. (V. Gerson)
ASF	59(4):144-145. Je. 1957. (P. Miller)
NWB	No. 99:126. O. 1960. (L. Flood)

The players of null-A. New York, Berkley, 1966. 192 p.

| NWB | No. 165:144. Ag. 1966. (J. Cawthorn) |

Quest for the future. New York, Ace, 1970. 253 p.

| ASF | 88:167-168. N. 1971. (P. Miller) |
| SWSJ | 17:8-9. Mr. 1971. (M. Shoemaker) |

Rogue ship. Garden City, N.Y., Doubleday, 1965. 213 p.
65-19922.

| ASF | 77(5):151. Jl. 1966. (P. Miller) |
| FSF | 30(5):44. My. 1966. (J. Merril) |

The sea thing and other stories, by A. E. Van Vogt and
E. Mayne Hull. London, Sidgwick, 1970. 222 p.

| SFO | 25:13-14. D. 1971. (P. Anderson) |

Siege of the unseen. New York, Ace, 1959. 103 p.

| ASF | 65(4):162-163. Je. 1960. (P. Miller) |
| WIF | 10(2):92. My. 1960. (F. Pohl) |

The silkie. New York, Ace, 1969. 191 p.

ASF	83(6):166-167. Ag. 1969. (P. Miller)
GAL	28(6):153. Ag. 1969. (A. Budrys)
SWSJ	22:8. My. 1971. (D. Halterman)

Slan. New York, Simon & Schuster, 1951. 247 p. 51-14040.

AMZ	26(4):152-153. Ap. 1952. (S. Merwin)
ASF	49(3):158-159. My. 1952. (P. Miller)
ASF	49(5):159-160. Jl. 1952. (P. Miller)
GAL	4(1):120. Ap. 1952. (G. Conklin)
STL	25(2):139. Mr. 1952. (n.g.)
FSF	21(4):82. O. 1961. (A. Bester)

The twisted men. New York, Ace, 1964. 130 p.

| ASF | 75(1):87-88. Mr. 1965. (P. Miller) |

The voyage of the Space Beagle. New York, Simon &
Schuster, 1950. 240 p. 50-14253.

ASF	47(3):152. My. 1951. (P. Miller)
FUTF	2(1):55. My. 1951. (R. Lowndes)
FSO	4(3):155-156. Ap. 1952. (P. Miller)
GAL	1(3):64-65. D. 1950. (G. Conklin)
STL	22(3):157. Ja. 1951. (n.g.)
WBD	1(2):101-102. Ja. 1951. (D. Knight)
AUT	No. 17:112. Ja. 1952. (n.g.)

The war against the Rull. New York, Simon & Schuster,
1959. 244 p. 59-13144.

AMZ	34(1):69. Ja. 1960. (S. Cotts)
ASF	65(3):168. My. 1960. (P. Miller)
GAL	18(5):154. Je. 1960. (F. Gale)
WIF	10(2):92. My. 1960. (F. Pohl)
FSF	18(1):67-68. Ja. 1960. (D. Knight)

The weapon makers. New York, Greenberg, 1952. 220 p.
50-5626.

AMZ	26(8):149. Ag. 1952. (S. Merwin)
ASF	50(1):169-170. S. 1952. (P. Miller)
AUT	No. 44:90. Ap. 1954. (n.g.)
GAL	4(4):105-106. Jl. 1952. (G. Conklin)
TWS	30(3):112-113. Ag. 1947. (S. Merwin)
SPF	1(2):119. S. 1952. (G. Smith)
FSF	3(4):103. Ag. 1952. (Boucher & McComas)
BSP	1(3):41. Ap. 1954. (n.g.)
NEB	2(4):128. Ap. 1954. (Slater & Elder)

The weapon shops of Isher. New York, Greenburg, 1951.
231 p. 51-11115.

AMZ	25(12):150. D. 1951. (S. Merwin)
ASF	48(2):143-144. O. 1951. (P. Miller)
GAL	2(6):111-112. S. 1951. (G. Conklin)
GAL	8(6):117. S. 1954. (G. Conklin)
AUT	No. 56:137. Ap. 1955. (n.g.)
NWB	No. 18:96. N. 1952. (L. Flood)
FSF	2(6):88. D. 1951. (Boucher & McComas)
SFR	41:30. N. 1970. (P. Walker)

The wizard of Linn. New York, Ace, 1962. 190 p.

| ASF | 71(2):89. Ap. 1963. (P. Miller) |

The world of null-A. New York, Simon & Schuster, 1948.
246 p. 48-1232.

AMZ	23(12):152-153. D. 1949. (M. Tish)
FNM	2(5):114. Ja. 1949. (S. Moskowitz)
FBK	1(3):38. 1948. (n.g.)
FUTF	2(4):86. N. 1951. (R. Lowndes)
FSO	3(5):132. S. 1951. (B. Tucker)
TWS	32(3):144-145. Ag. 1948. (S. Merwin)
AMZ	39(1):125. Ja. 1965. (R. Silverberg)

VAS DIAS, ROBERT, ed.

Inside outer space: new poems of the space age. Garden
City, N.Y., Doubleday, 1970. 398 p. 78-107352.

| LJ | 96:1142. Mr. 15, 1971. (J. Strain) |

VASIL'EV, MIKHAIL VASIL'EVICH, ed.

Russian science in the 21st century, ed. by Sergei
Gouschev and Mikhail Vassiliev. New York, McGraw Hill,
1960. 222 p. 60-15290.

| ASF | 67(1):151-152. Mr. 1961. (P. Miller) |

VASIL'EV, MIKHAIL VASIL'EVICH, ed. (Continued)

Sputnik into space, by M. Vassiliev. New York, Dial, 1958. 181 p. 58-11429.

    ASF   63(1):147-148. Mr. 1959. (P. Miller)

VASILIU, MIRCEA

Mortimer, the friendly dragon. New York, John Day, 1968. 1 v. 68-13942.

    LM   6:24. N. 1969. (D. Langsam)

VASSILIKOS, VASSILIS

The plant, the well, the angel. New York, Knopf, 1964. 272 p. 64-13446.

    FSF   27(6):72-73. D. 1964. (R. Goulart)

VAUCOULEURS, GERARD DE

Discovery of the universe. New York, Macmillan, 1957. 328 p. 57-10015.

    ASF   61(6):140-142. Ag. 1958. (P. Miller)
    GAL   15(3):105-106. Ja. 1958. (F. Gale)

Physics of the planet Mars. New York, Macmillan, 1955. 284 p.

    ASF   55(5):148-151. Jl. 1955. (P. Miller)
    FSF   8(6):74-75. Je. 1955. (A. Boucher)

The planet Mars. London, Faber, 1950. 87 p. 50-4736.

    AUT   No. 7:111. Ap. 1, 1951. (n.g.)

VAVRA, ROBERT

Tiger flower. New York, Morrow, 1969. 40 p.

    LM   7:19. D. 1969. (J. Post)

VELIKOVSKY, IMMANUEL

Earth in upheaval. Garden City, N.Y., Doubleday, 1955. 301 p. 55-11339.

    AUT   No. 78:127-128. Mr. 1957. (n.g.)

Worlds in collision. New York, Macmillan, 1950. 401 p. 52-2250.

    ASF   46(1):138-141. S. 1950. (L. de Camp)
    SSS   7(1):71. Jl. 1950. (F. Pohl)

VERCORS
SEE Bruller, Jean

VERGARA, WILLIAM CHARLES

Mathematics in everyday things. New York, Harper, 1959. 301 p. 59-10606.

    GAL   19(2):125. D. 1960. (F. Gale)

Science in everyday things. New York, Harper, 1958. 308 p. 57-11790.

    GAL   17(6):141. Ag. 1959. (F. Gale)

Science, the never-ending quest. New York, Harper, 1965. 434 p. 64-25142.

    WIF   16(11):7. N. 1966. (F. Pohl)

VERNE, JULES

The Begum's fortune. Westport, Conn., Associated Booksellers, 1958. 191 p.

    ASF   63(5):153-155. Jl. 1959. (P. Miller)

Black diamonds. Westport, Conn., Associated Booksellers, 1961. 190 p.

    ASF   70(2):165-166. O. 1962. (P. Miller)

Dr. Ox's experiment. New York, Macmillan, 1963. 101 p. 63-8179.

    ASF   73(2):91-92. Ap. 1964. (P. Miller)
    FSF   26(1):42-43. Ja. 1964. (A. Davidson)

Five weeks in a balloon. Westport, Conn., Associated Booksellers, 1958. 253 p.

    ASF   63(5):153-155. Jl. 1959. (P. Miller)

A floating city. Westport, Conn., Associated Booksellers, 1958. 189 p.

    ASF   63(5):153-155. Jl. 1959. (P. Miller)

For the flag. Westport, Conn., Associated Booksellers, 1961. 192 p.

    ASF   70(2):165-166. O. 1962. (P. Miller)
    ASF   84(3):170-171. N. 1969. (P. Miller)

From the earth to the moon and A trip around it. Philadelphia, Lippencott, 1958. 276 p. 58-940.

    GAL   17(2):102. D. 1958. (F. Gale)

From the earth to the moon and All around the moon. New York, Dover, 1960. 470 p. 68-1422rev.

    SFR   43:32-33. Mr. 1971. (W. Connelly)

Journey to the center of the Earth. New York, Ace, 1956. 256 p.

    ASF   58(5):158. Ja. 1957. (P. Miller)
    INF   1(5):69. O. 1956. (D. Knight)
    WIF   10(1):104. Mr. 1960. (F. Pohl)
    FSF   11(2):108. Ag. 1956. (A. Boucher)

Jules Verne, master of science fiction, ed. by Idrisyn Oliver Evans. New York, Rinehart, 1958. 236 p. 58-1092.

    AMZ   31(11):121. N. 1957. (S. Cotts)
    ASF   60(6):145-146. F. 1958. (P. Miller)
    AUT   No. 75:153-154. D. 1956. (n.g.)
    FSF   13(4):104. O. 1957. (A. Boucher)
    NWB   No. 53:128. N. 1956. (L. Flood)
    VEN   1(6):84. N. 1957. (T. Sturgeon)

Off on a comet. New York, Ace, 1957. 318 p.

    FSF   13(6):95. D. 1957. (A. Boucher)

The purchase of the north pole. New York, Ace, n.d. 159 p.

    ASF   66(2):163-168. O. 1960. (P. Miller)

VERNE, JULES (Continued)

Robur the conqueror. New York, Didier, 1951. 261 p. A53-9915.

GAL 4(5):101-102. Ag. 1952. (G. Conklin)

To the sun? and Off on a comet. New York, Dover, 1960. 462 p. 60-50100.

SFR 43:32-33. Mr. 1971. (W. Connelly)

Twenty thousand leagues under the sea. New York, Washington Square Press, 1965. 387 p. 65-25245.

ASF 78(2):161. O. 1966. (P. Miller)

20,000 leagues under the sea, retold by A. B. Miller. New York, Random, 1969. 23 p.

LM 16:10. S. 1970. (J. Post)

VERNEY, JOHN

Seven sunflower seeds. New York, Holt, 1969. 256 p. 69-11821.

LM 8:23. Ja. 1970. (C. Moslander)

VERNON, ROGER LEE

Robot hunt. New York, Avalon, 1959. 224 p.

ASF 65(3):170-171. My. 1960. (P. Miller)
GAL 18(5):152. Jl. 1960. (F. Gale)
WIF 9(6):88. Ja. 1960. (F. Pohl)

The space frontiers. New York, New American Library, 1955. 152 p. 55-10447.

ASF 57(1):159. Mr. 1956. (P. Miller)
OSFS 6(5):93-95. Mr. 1956. (D. Knight)
FSF 10(1):96. Ja. 1956. (A. Boucher)

VERRILL, ALPHEUS HYATT

America's ancient civilizations, by A. Hyatt Verrill and Ruth Verrill. New York, Putnam, 1953. 334 p. 52-13659.

ASF 52(5):144-147. Ja. 1954. (P. Miller)
SFIC 2(5):60-61. N. 1953. (L. de Camp)

Before the conquerors. New York, Dodd, Mead, 1935. 286 p. 35-13815.

AMZ 10(9):135. Ap. 1936. (C. Brandt)

The bridge of light. Reading, Pa., Fantasy Press, 1950. 248 p. 50-8738.

ASF 47(3):149-150. My. 1951. (P. Miller)
FSO 3(4):36-37. Je/Jl. 1951. (P. Miller)
STL 22(2):160-161. N. 1950. (n.g.)

My jungle trails. Boston, L. G. Page & Co., 1937. 329 p. 37-8132.

AMZ 11(6):135. D. 1937. (C. Brandt)

Old civilization of the new world. New York, Bobbs-Merrill, 1929. 393 p. 29-9422.

AMZ 4(10):976. Ja. 1930. (T. Sloane)

VERSINS, PIERRE

Encyclopedie de l'utopie, des voyages estraordinaires et la science-fiction. Lausanne, Age d'Homme, 1972. 997 p.

ERBdom. No. 72:FC p. 1-2. Jl. 1973. (B. Robbins)
VIEWS AND REVIEWS 5(1):31. S. 1973. (R. Briney)

VIAN, BORIS

Froth on the daydream. London, Rapp & Carroll, 1967. 221 p.

NWB No. 181:63. Ap. 1968. (J. Sallis)
NWB No. 199:30. Mr. 1970. (W. E. B.)

Heartsnatcher. London, Rapp, 1968. 245 p.

NWB No. 183:60-61. O. 1968. (J. Sallis)

VIDAL, GORE

Messiah. New York, Dutton, 1954. 254 p. 54-5053.

ASF 54(3):149-150. N. 1954. (P. Miller)
GAL 10(3):118. Je. 1955. (G. Conklin)
SFIQ 3(5):57. My. 1955. (D. Knight)
FSF 7(4):96. O. 1954. (A. Boucher)

VIGGIANO, MICHAEL

Science fiction title changes, by Michael Viggiano and Donald Franson. North Hollywood, The Author, 1965. 47 p.

ASF 77(4):149. Je. 1966. (P. Miller)
FSF 31(3):23. S. 1966. (J. Merril)

VILLIERS DE L'ISLE-ADAM, PHILIPPE AUGUSTE

Axel. Englewood Cliffs, N.J., Prentice Hall, 1970. 199 p. 77-91779.

LM 22:25. Mr. 1971. (J. B. Post)

VINGE, VERNOR

Grimm's world. New York, Berkley, 1969. 178 p.

AMZ 44(3):152-154. S. 1970. (G. Benford)
ASF 85(6):170-171. Ag. 1970. (P. Miller)

VLADIMIROV, LEONID

The Russian space bluff: the inside story of the Soviet drive to the moon and beyond. New York, Dial, 1973. 190 p. 72-11523.

KR 41:202. F. 15, 1973. (n.g.)

VON BRAUN, WERNHER

First men to the moon. New York, Holt, 1960. 96 p. 60-5202.

AMZ 34(12):136-137. D. 1960. (S. Cotts)
ASF 66(6):170-171. F. 1961. (P. Miller)
GAL 19(5):95-96. Je. 1961. (F. Gale)
NWB No. 110:126. S. 1961. (L. Flood)
FSF 19(5):91. N. 1960. (A. Bester)

VON BRAUN, WERNHER (Continued)

Man on the moon. London, Sidgwick, 1955. 134 p. 54-22874.

    AUT   No. 41:153. Ja. 1954. (n.g.)

The Mars project. Urbana, University of Illinois Press, 1953. 91 p. 52-12407.

    ASF   53(1):150-154. Mr. 1954. (P. Miller)
    GAL   8(6):117. S. 1954. (G. Conklin)

Space frontier. Greenwich, Conn., Fawcett, 1969. 224 p.

    LM   10:32. Mr. 1970. (V. Woehr)

VON HAGEN, VICTOR WOLFGANG

Highway of the sun. New York, Duell, Sloane & Pearce, 1955. 320 p. 55-10763.

    ASF   57(4):144-145. Je. 1956. (P. Miller)

VONNEGUT, KURT, JR.

Breakfast of champions. New York, Delacorte, 1973. 295 p.

    SWSJ   105:2. S. 1973. (B. Gillam)

Canary in a cat house. Greenwich, Conn., Fawcett, 1961. 160 p. NUC 67-76731.

    ASF   69(2):164-165. Ap. 1962. (P. Miller)

Cat's cradle. New York, Holt, 1963. 233 p. 63-10930.

    ASF   72(3):89-90. N. 1963. (P. Miller)
    GAL   21(6):182. Ag. 1963. (T. Sturgeon)
    NWB   No. 135:125. O. 1963. (L. Flood)
    NWB   No. 156:119-120. N. 1965. (J. Colvin)
    FSF   25(3):90. S. 1963. (A. Davidson)
    SFO   1:19-23. Ja. 1969. (D. Broderick)
    SR   54:29-32,38. My. 1, 1971. (B. deMott)
    COMMONWEAL 94:207-209. My. 7, 1971. (E. Ranly)
    BB   18:34-37. F. 1973. (J. Meades)

God bless you, Mr. Rosewater. New York, Holt, 1965. 217 p. 65-16434.

    NWB   No. 161:153-156. Ap. 1966. (G. Collyn)
    FSF   29(1):78-79. Jl. 1965. (J. Merril)
    SR   54:29-32,38. My. 1, 1971. (B. deMott)
    COMMONWEAL 94:207-209. My. 7, 1971. (E. Ranly)
    BB   18:34-37. F. 1973. (J. Meades)

Mother night. New York, Harper, 1966. 202 p. 66-13931.

    COMMONWEAL 94:207-209. My. 7, 1971. (E. Ranly)
    SR   54:29-32,38. My. 1, 1971. (B. deMott)
    BB   18:34-37. F. 1973. (J. Meades)

Player piano. New York, Scribners, 1952. 295 p. 52-2643.

    ASF   50(6):167-168. F. 1953. (P. Miller)
    FSF   4(4):98. Ap. 1953. (Boucher & McComas)
    FSF   31(5):62. N. 1966. (J. Merril)
    GAL   5(5):96-97. F. 1953. (G. Conklin)
    NWB   No. 21:125-126. Je. 1953. (L. Flood)
    SFA   1(5):116-117. Jl. 1953. (D. Knight)
    SFR   38:27-28. Je. 1970. (P. Walker)
    SR   54:29-32,38. My. 1, 1971. (B. deMott)

Player piano (continued).

    COMMONWEAL 94:207-209. My. 7, 1971. (E. Ranly)
    BB   18:34-37. F. 1973. (J. Meades)

The sirens of Titan. Boston, Houghton Mifflin, 1961. 319 p. 61-6895.

    ASF   65(3):175. My. 1960. (P. Miller)
    GAL   20(2):144. D. 1961. (F. Gale)
    FSF   18(3):91-92. Mr. 1960. (D. Knight)
    SFO   1:19-23. Ja. 1969. (D. Broderick)
    SR   54:29-32,38. My. 1, 1971. (B. deMott)
    COMMONWEAL 94:207-209. My. 7, 1971. (E. Ranly)
    BB   18:34-37. F. 1973. (J. Meades)

Slaughterhouse five. New York, Delacorte, 1969. 186 p. 69-11929.

    BB   18:34-37. F. 1973. (J. Meades)
    SFO   35/37:49-53. Jl/S. 1973. (G. Murnane)
    SFO   35/37:54-55. Jl/S. 1973. (B. Gillam)
    SFO   15:12-13. S. 1970. (P. Anderson)
    SFO   17:31-33. N. 1970. (G. Turner)
    VOT   1(4):60. Ja. 1970. (J. Foyster)
    LM   26/27:41. Jl/Ag. 1971. (C. Moslander)
    SR   54:29-32,38. My. 1, 1971. (B. deMott)
    VEN   3(3):105. N. 1969. (R. Goulart)
    NWB   No. 195:30. N. 1969. (J. Clute)
    AMERICA 123(5):125-127. S. 5, 1970. (W. McNelly)
    COMMONWEAL 94:207-209. My. 7, 1971. (E. Ranly)

Welcome to the monkey house. New York, Delacorte, 1968. 298 p. 68-14979.

    LM   19:29. D. 1970. (C. Moslander)

VORHIES, JOHN ROYAL

Pre-empt. New York, Avon, 1969. 224 p.

    GAL   31:114-117. F. 1971. (A. Budrys)

VRIES, LEONARD DE

The book of the atom. New York, Macmillan, 1960. 267 p. 60-53112.

    GAL   20(1):175. O. 1961. (F. Gale)

W

WADE, ARTHUR SARSFIELD

The bat flies low, by Sax Rohmer. Garden City, N.Y.,
Doubleday, 1935. 310 p. 35-30051.

AMZ   10(11):134. Ag. 1936. (C. Brandt)

The brood of the witch-queen, by Sax Rohmer. New York,
Pyramid, 1966. 190 p.

NWB   No. 167:156. O. 1966. (J. Cawthorn)

The day the world ended, by Sax Rohmer. New York,
Doubleday, 1930. 306 p. 30-20636.

AMZ   5(10):952. Ja. 1931. (C. Brandt)
FAS   14(3):115-116. Mr. 1965. (R. Silverberg)

The green eyes of Bast, by Sax Rohmer. New York,
Grossett, 1920. 311 p.

LM   38/39:40. Jl/Ag. 1972. (R. FitzOsbert)

The island of Fu Manchu, by Sax Rohmer. Garden city,
N.Y., Doubleday, 1941. 299 p. 41-2439.

SSS   3(3):141. F. 1942. (D. Wollheim)

Re-enter Fu Manchu, by Sax Rohmer. New York, Gold Medal
Books, 1957. 144 p.

ASF   61(1):145-146. Mr. 1958. (P. Miller)

The romance of sorcery, by Sax Rohmer. New York,
Paperback Library, 1970. 236 p.

LM   24/25:63. My/Je. 1971. (D. Paskow)

The secret of Holm Peel and other strange stories, by Sax
Rohmer. New York, Ace, 1970. 191 p.

FF   1(2):32. D. 1970. (D. Menville)

Sinister madonna, by Sax Rohmer. New York, Gold Medal,
1956. 156 p.

FSF   10(6):104. Je. 1956. (A. Boucher)

The trail of Fu Manchu, by Sax Rohmer. New York,
Pyramid, c1934. 220 p.

NWB   No. 167:155-156. O. 1966. (J. Cawthorn)

WADE, HENRY, Pseud.
SEE Aubrey-Fletcher, Henry Lancelot

WAGAR, W. WARREN

Building the city of man. New York, Grossman, 1971.
180 p. 77-162961.

FUT   4:196. Je. 1972. (D. Livingston)

WAHL, JAN

Christobal and the witch. New York, Putnam, 1972. 36 p.

LM   43:19. D. 1972. (S. Deckinger)

The furious flycycle. New York, Delacorte, 1968. 114 p.
67-19773.

LM   21:23. F. 1971. (D. Hamilton)

How the children stopped the wars. New York, Farrar,
1969. 95 p. 69-14979.

LM   19:18. D. 1970. (D. Hamilton)

Lorenzo bear and company. New York, Putnam, 1971. 41 p.
76-145456.

LM   43:19. D. 1972. (S. Deckinger)

Pleasant fieldmouse. New York, Dell, 1970. 66 p.

LM   34:24. Mr. 1972. (C. Moslander)

WAHLGREN, ERIK

The Kensington stone, a mystery solved. Madison,
University of Wisconsin Press, 1958. 228 p. 58-6281.

ASF   62(4):152-155. D. 1958. (P. Miller)

WAHLOO, PER

Murder on the 31st floor, by Peter Wahloo. London,
Joseph, 1966. 190 p. 66-72631.

NWB   No. 164:149. Jl. 1966. (H. Bailey)

The steel spring, by Peter Wahloo. New York, Delacorte,
1970. 187 p. 74-120849.

ASF   87:164-165. Jl. 1971. (P. Miller)
LJ   96:1139. Mr. 15, 1971. (A. Master)
LJ   95:4196. D. 1, 1970. (M. Avant)
LM   30:31. N. 1971. (D. Paskow)
BOOK WORLD p. 2. N. 15, 1970. (L. Davis)
CHRISTIAN SCIENCE MONITOR p. 15. S. 10, 1970. (M.
                                            Maddocks)
NYT   p. 38. Ja. 31, 1971. (A. Hubin)

The thirty-first floor, by Peter Wahloo. New York,
Knopf, 1967. 207 p. 67-11145.

ASF   80(4):160-161. D. 1967. (P. Miller)
FSF   33(2):33. Ag. 1967. (J. Merril)
LM   41/42:62. O/N. 1972. (P. Walker)

WAIN, RALPH LOUIS

Plant growth substances. London, Royal Institute of Chemistry, 1953. 16 p.

AUT   No. 36:138. Ag. 1938. (n.g.)

WAKEFIELD, HERBERT RUSSELL

The clock strikes twelve. Sauk City, Wisc., Arkham House, 1946. 284 p.

FSF   21(6):73-74. D. 1961. (A. Bester)
NWB   No. 112:127. N. 1961. (J. Carnell)

Imagine a moon in a box and other stories. New York, Appleton, 1931. 317 p. 31-30267.

AMZ   7(9):857. D. 1932. (C. Brandt)

Others who returned. New York, Appleton, 1929. 275 p. 29-18154.

AMZ   5(1):84. Ap. 1930. (C. Brandt)

WALDBERG, PATRICK

Surrealism. London, Thames, 1966. 128 p. 66-71485.

NWB   No. 164:141-146. Jl. 1964. (J. Ballard)

WALKER, ALEXANDER

Stanley Kubrick directs. New York, Harcourt, 1972. 304 p. 72-192870.

LJ   97:296. Ja. 15, 1972. (R. Minurdi)

WALKER, DANTON MACINTYRE

Spooke deluxe. New York, Franklin Watts, 1956. 187 p. 56-10067.

GAL   14(1):123. My. 1957. (F. Gale)

WALKER, DAVID

The lord's pink ocean. Boston, Houghton Mifflin, 1972. 185 p. 72-189330.

KR   40:695. Je. 15, 1972. (n.g.)
LJ   97:3932. D. 1, 1972. (R. Middleton)
SWSJ   113:4. N. 1973. (D. D'Ammassa)

WALKER, JEROME OLIVER

Mission accomplished, by Jerry Walker. New York, Cosmos, 1947. 246 p. 47-12338.

SSS   5(2):72. Ap. 1949. (F. Pohl)

WALKER, JERRY
SEE Walker, Jerome Oliver

WALKER, KENNETH MACFARLANE

Sex and society, by Kenneth Walker and Peter Fletcher. London, Muller, 1955. 236 p. A56-1182.

AUT   No. 57:118. My. 1955. (n.g.)

WALKER, VICTORIA

Winter of enchantment. Indianapolis, Bobbs-Merrill, 1971. 150 p. 75-136421.

LM   41/42:31. O/N. 1972. (C. Moslander)

WALL, JOHN W.

The doll maker, by Sarban. New York, Ballantine, 1960. 144 p.

NWB   No. 102:125. Ja. 1961. (J. Carnell)
AMZ   35(2):131-132. F. 1961. (n.g.)

Ringstones, by Sarban. New York, Ballantine, 1961. 139 p.

AMZ   35(9):134-135. S. 1961. (S. Cotts)
NWB   No. 112:127. N. 1961. (J. Carnell)

The sound of his horn, by Sarban. New York, Ballantine, 1960. 125 p.

AMZ   34(7):138. Jl. 1960. (S. Cotts)
ASF   65(6):168-169. Ag. 1960. (P. Miller)
WIF   10(4):85-86. S. 1960. (F. Pohl)

WALLACE, BARBARA BROOKS

The trouble with Miss Switch. Nashville, Abingdon, 1971. 128 p. 73-135043.

LM   41/42:30. O/N. 1972. (S. Deckinger)

WALLACE, DOREEN

Forty years on. London, Collins, 1958. 254 p.

NEB   No. 35:107-108. O. 1958. (K. Slater)

WALLACE, FLOYD L.

Address: Centauri. New York, Gnome Press, 1955. 220 p. 55-6843.

AMZ   29(6):116. N. 1955. (V. Gerson)
ASF   56(4):149. D. 1955. (P. Miller)
FAU   4(3):111. O. 1955. (H. Santesson)
GAL   11(1):111. O. 1955. (G. Conklin)
OSFS   10(5):128. N. 1959. (C. Knox)

WALLACE, IAN

Croyd. New York, Berkley, 1967. 184 p.

ASF   84(2):175-176. O. 1969. (P. Miller)
VEN   3(1):114. My. 1969. (R. Goulart)

Deathstar voyage. New York, Putnam, 1969. 180 p.

BB   18:102-103. Je. 1973. (B. Patten)
TLS   3700:129. F. 2, 1973. (n.g.)

WALLACE, IAN (Continued)

Dr. Orpheus. New York, Putnam, 1968. 205 p. 68-25464.

ASF 85(5):166-167. Jl. 1970. (P. Miller)
LM   8:25. Ja. 1970. (J. B. Post)
WSJ 74:36. D. 1970/Ja. 1971. (A. Gilliland)

Pan Sagittarius. New York, Putnam, 1973. 223 p. 72-94258.

LJ   98:2466. S. 1, 1973. (M. Gilzinger, Jr.)
PW   203:59-60. Ap. 2, 1973. (n.g.)

The purloined prince. New York, McCall, 1971. 207 p. 72-154251.

KR   39:1040. S. 15, 1971. (n.g.)
LJ   96:3642. N. 1, 1971. (B. Smith)
BKL 68:489. F. 15, 1972. (n.g.)

WALLACE, IRVING

The square pegs. New York, Knopf, 1957. 315 p. 57-7552.

FSF 13(6):93. D. 1957. (A. Boucher)

WALLER, LOUISE

Take me to your leader, by Louise Waller and Leslie Waller. New York, Putnams, 1961. 1 v. 61-12746.

AMZ 35(12):134-135. D. 1961. (S. Cotts)

WALLING, ROBERT ALFRED JOHN

The man with the squeaky voice. New York, William Morrow, 1930. 304 p. 30-841.

ADT 1(4):374. Ap. 1930. (n.g.)

WALLING, WILLIAM

No one goes there now. Garden City, N.Y., Doubleday, 1971. 248 p. 71-150923.

KR   39:657. Je. 15, 1971. (n.g.)
LJ   96:2550. Ag. 1971. (A. Boyer)
PW   199:63. Je. 28, 1971. (n.g.)
FSF 42:92-93. Je. 1972. (J. Blish)
SWSJ 58:3. Jl. 1972. (M. Shoemaker)

WALLIS, G. MCDONALD

Legend of lost Earth. New York, Ace, 1963. 133 p.

ASF 72(4):89. D. 1963. (P. Miller)

The light of Lilith. New York, Ace, 1961. 123 p.

ASF 68(6):168. F. 1962. (P. Miller)

WALLOP, DOUGLASS

What has four wheels and flies. New York, Norton, 1959. 192 p. 58-13952.

ASF 63(6):154. Ag. 1959. (P. Miller)

WALLS, HENRY JAMES

Photo-technique. London, Focal Press, 1954. 384 p. 55-30849.

AUT No. 56:134. Ap. 1955. (n.g.)

WALPOLE, HORACE

The castle of Otranto. New York, Collier, 1963. 128 p. 62-22073.

FSF 25(6):79. D. 1963. (A. Davidson)

WALSH, CHAD

From utopia to nightmare. London, Bles, 1962. 191 p.

EXT 4:23-24. My. 1963. (T. Clareson)
AMZ 47:119-120. Ag. 1973. (C. Chauvin)

WALSH, JAMES MORGAN

Vandals of the void. London, John Hamilton, Ltd., 1931. 288 p.

AMZ 7(3):280. Je. 1932. (C. Brandt)

WALTER, WILLIAM GREY

The curve of the snowflake. New York, Norton, 1956. 282 p. 56-10093.

ASF 59(4):139-141. Je. 1957. (P. Miller)

Further outlook. London, Duckworth, 1956. 224 p.

NEB No. 19:102-103. D. 1956. (K. Slater)

The living brain. New York, Norton, 1953. 311 p. 53-8577.

ASF 53(1):160-161. Mr. 1954. (J. Winter)
GAL 9(1):96. O. 1954. (G. Conklin)
AUT No. 34:140. Je. 1953. (n.g.)

WALTERS, HUGH

Blast-off at 0300. New York, Criterion Books, 1958. 187 p. 58-5449.

ASF 62(6):139. F. 1959. (P. Miller)
GAL 19(1):145. O. 1960. (F. Gale)

Blast off at Woomera. London, Faber, 1957. 202 p. 57-35802.

AUT No. 80:127-128. My. 1957. (n.g.)
NEB No. 21:104-105. My. 1957. (K. Slater)
NWB No. 58:126-127. Ap. 1957. (L. Flood)

The domes of Pico. London, Faber, 1958. 196 p.

NEB No. 33:107-108. Ag. 1958. (K. Slater)
NWB No. 76:123. O. 1958. (L. Flood)

Expedition Venus. New York, Criterion Books, 1963. 191 p. 63-10426.

ASF 72(5):89. Ja. 1964. (P. Miller)
NWB No. 119:128. Je. 1962. (L. Flood)

WALTERS, HUGH (Continued)

First contact? New York, Nelson, 1973. 174 p. 73-10047.

BKL 70:447. D. 15, 1973. (n.g.)
LJ   98:3470-3471. N. 15, 1973. (R. Robinson)
KR   41:693. Jl. 1, 1973. (n.g.)

First on the moon. New York, Criterion, 1960. 192 p. 60-14138.

ASF 68(5):159. Ja. 1962. (P. Miller)

Menace from the moon. New York, Criterion Books, 1959. 191 p. 59-6130.

ASF 64(3):148-149. N. 1959. (P. Miller)
GAL 19(2):127. D. 1960. (F. Gale)

Moon base one. London, Faber, 1961. 189 p.

NWB No. 110:125. S. 1961. (L. Flood)

Neptune one is missing. New York, Washburn, 1969. 184 p. 79-120956.

LJ   96:745. F. 15, 1971. (D. Jones)

Operation Columbus. London, Faber, 1960. 191 p.

NWB No. 97:124. Ag. 1960. (L. Flood)

Outpost on the moon. New York, Criterion Books, 1962. 191 p. 62-8942.

ASF 70(2):169. O. 1962. (P. Miller)

Passage to Pluto. London, Faber, 1973. 148 p.

BB   18:XIII-XIV. My. 1973. (G. Williams)

WALTON, ALAN HULL

The open grave. New York, Taplinger, 1971. 233 p.

LM   40:28. S. 1972. (M. McQuown)

WALTON, BRYCE

Sons of the ocean deeps. Philadelphia, Winston, 1952. 216 p. 52-8973.

ASF 51(6):144-145. Ag. 1953. (P. Miller)
GAL 5(6):111. Mr. 1953. (G. Conklin)
SPF 2(1):93. Jl. 1953. (G. Smith)
SPS 2(1):127. Ap. 1953. (n.g.)

WALTON, EVANGELINE

Children of Llyr. New York, Ballantine, 1971. 221 p.

PW   199:72. Je. 21, 1971. (n.g.)
WIF 21:144-145. S/O. 1971. (L. del Rey)
LM   41/42:43-44. O/N. 1972. (P. Walker)

Island of the mighty. New York, Ballantine, 1970. 368 p.

WFA 1(3):186. W. 1970/1971. (L. del Rey)
LM   28:29. S. 1971. (P. Walker)

The song of Rhiannon. New York, Ballantine, 1972. 208 p.

KPG 7:58. F. 1973. (C. Richey)
LM   46:26-27. Mr. 1973. (P. Walker)

WANDREI, DONALD

The web of Easter Island. Sauk City, Wisc., Arkham House, 1948. 191 p. 48-8447.

SSS 5(2):73. Ap. 1949. (F. Pohl)

WANTLING, WILLIAM

The awakening. London, Rapp & Carroll, 1967. 47 p.

NWB No. 181:63-64. Ap. 1968. (J. Sallis)

WARD, BOB, ed.

A funny thing happened on the way to the moon. Greenwich, Conn., Fawcett, 1970. 144 p.

LM   21:30. F. 1971. (D. Paskow)

WARD, DON, ed.

The dark of the soul. New York, Tower, 1970. 157 p.

LM   22:27. Mr. 1971. (J. B. Post)

WARD, HENRY

The green suns. London, Sidgwick, 1961. 206 p. NUC 63-61729.

NWB No. 112:124. N. 1961. (L. Flood)

Hell's above us. London, Sidgwick, 1960. 319 p. A62-5359.

NWB No. 101:126-127. D. 1960. (L. Flood)

WARNER, AARON W., ed.

The impact of science on technology, by Aaron W. Warner, Dean Morse, and Alfred S. Teichner. New York, Columbia University Press, 1965. 221 p. 65-19445rev.

WIF 16(11):7. N. 1966. (F. Pohl)

WARNER, HARRY, JR.

All our yesterdays. Chicago, Advent, 1969. 336 p. 69-17980.

GAL 29(1):91-97. S. 1969. (A. Budrys)
LM   1:30. Je. 1969. (J. Schaumburger)
WIF 19(9):105,151. N. 1969. (L. del Rey)
VOT 1(4):62. Ja. 1970. (J. Foyster)
AMZ 46:111-113. My. 1972. (R. Lupoff)
ASF 83(6):162-164. Ag. 1969. (P. Miller)
VEN 3(3):107. N. 1969. (R. Goulart)
MOH 6(2):26-27. My. 1970. (R. Lowndes)

WARSHOFSKY, FRED

The 21st century: the control of life. New York,
Viking, 1969. 181 p.

    LM   15:32. Ag. 1970. (J. B. Post)

The 21st century: the new age of exploration. New York,
Viking, 1969. 177 p.

    LM   2:23. Jl. 1969. (J. B. Post)

WARTOFSKY, VICTOR

Year of the yahoo. New York, John Day, 1972. 223 p.
72-2405.

    PW   202:42. Ag. 7, 1972. (n.g.)

WATER, SILAS

The man with absolute motion. London, Rich & Cowan,
1955. 206 p.

    AUT   No. 60:153. Ag. 1955. (n.g.)
    NEB   No. 15:102. Ja. 1956. (K. Slater)
    NWB   No. 40:126-127. O. 1955. (L. Flood)
    BSP   2(3):84-85. Ag. 1955. (n.g.)

WATKINS, WILLIAM JON

Clickwhistle. Garden City, N.Y., Doubleday, 1973.
179 p. 73-83608.

    LJ   98:3580. D. 1, 1973. (C. Horwitz)
    PW   204:181. S. 24, 1973. (n.g.)

Ecodeath, by William Jon Watkins and E. V. Snyder.
Garden City, N.Y., Doubleday, 1972. 180 p. 71-171327.

    LM   48:23. At. 1973. (W. Rupp)
    PW   200:40. N. 22, 1971. (n.g.)

The god machine. Garden City, N.Y., Doubleday, 1973.
208 p. 72-84952.

    KR   40:1327. N. 15, 1972. (n.g.)
    LJ   97:3932-3933. D. 1, 1972. (S. Fell)
    PW   202:54. N. 6, 1972. (n.g.)
    BKL   69:835. My. 1, 1973. (n.g.)
    FSF   45:35-36. Ag. 1973. (S. Coleman)
    WSJ   81:R/7-R/8. F. 1973. (P. Weston)

WATSON, FLETCHER GUARD

Between the planets. Rev. ed. Cambridge, Harvard
University Press, 1956. 188 p. 56-6526.

    GAL   13(1):70. N. 1956. (F. Gale)
    OSFS   7(4):123-125. Ja. 1957. (R. Garrett)

WATSON, JAMES DEWEY

The double helix. London, Weidenfeld, 1968. 235 p.

    FSF   35(1):53-54. Jl. 1968. (I. Asimov)
    NWB   No. 185:62. D. 1968. (C. Smith)

WATSON, SALLY

Magic at Wychwood. New York, Knopf, 1970. 127 p.
76-82752.

    LM   26/27:38. Jl/Ag. 1971. (C. Moslander)

WAUCHOPE, ROBERT

Lost tribes and sunken continents. Chicago, University
of Chicago Press, 1962. 155 p. 62-18112.

    FSF   25(5):72-73. N. 1963. (A. Davidson)

WAY, PETER

The Kretzmer syndrome. London, Jenkins, 1968. 186 p.

    NWB   No. 186:60. Ja. 1969. (J. Cawthorn)

WAY, ROBERT BARNARD

Everybody's book of electricity. London, Marshall, 1954.
114 p.

    AUT   No. 53:132-133. Ja. 1955. (n.g.)

Rockets and jets, by Barnard Way and Noel Dutton Green.
London, Darton, 1949. 176 p.

    AUT   No. 5:126. Mr. 1, 1951. (n.g.)

WAYMAN, TONY RUSSELL

World of the sleeper. New York, Ace, 1967. 184 p.

    NWB   No. 177:63-64. N. 1967. (J. Cawthorn)

WEEKLEY, ERNEST

Cruelty to words. New York, Dutton, 1931. 94 p.
31-22556.

    AMZ   6(12):1142. Mr. 1932. (T. Sloane)

WEINBAUM, STANLY GRAUMAN

The black flame. Reading, Pa., Fantasy Press, 1948.
240 p. 48-1786.

    FNM   2(5):114. Ja. 1949. (S. Moskowitz)
    FBK   1(3):38. 1948. (n.g.)
    TWS   32(3):143-144. Ag. 1948. (S. Merwin)
    SSS   5(3):96. Jl. 1949. (F. Pohl)
    LM   9:27. F. 1970. (J. Schaumburger)
    SFR   38:30-31. Je. 1970. (D. Schweitzer)
    VOT   1(5):19. F. 1970. (J. Foyster)

The dark other. Los Angeles, Fantasy Publishing Co.,
1950. 256 p. 50-12836.

    FBK   2(1):106. 1951. (n.g.)
    FSO   2(4):84. N. 1950. (F. Ackerman)

A Martian odyssey and others. Reading, Pa., Fantasy
Press, 1949. 289 p. 49-8970.

    AMZ   24(8):180. Ag. 1950. (M. Tish)
    ASF   44(6):124. F. 1950. (P. Miller)
    FNM   4(2):107. Jl. 1950. (S. Moskowitz)
    TWS   35(1):157. O. 1949. (S. Merwin)

WEINBAUM, STANLEY GRAUMAN (Continued)

A Martian odyssey and others (Continued).

    SSS   5(4):100. S. 1949. (F. Pohl)

The new Adam. Chicago, Ziff-Davis, 1939. 262 p. 39-31793.

    SSS   1(1):4,126-127. Mr. 1940. (D. Wollheim)
    LM   11:28. Ap. 1970. (G. Bear)
    SFR   38:30-31. Je. 1970. (D. Schweitzer)
    SWSJ   18:4-5. Ap. 1971. (M. Shoemaker)

The red peri. Reading, Pa., Fantasy Press, 1952. 270 p. 52-41135.

    ASF   51(3):150-151. My. 1953. (P. Miller)
    SFP   1(1):60. Mr. 1953. (S. Moskowitz)

WEINBERG, ROBERT

The hero pulp index, by Robert Weinberg and Lohr McKinstry. Evergreen, Colo., Opar Press, 1971. 48 p.

    LM   35/36:63. Ap/My. 1972. (M. Purcell)

A reader's guide to the Cthulhu mythos. Hillside, N.J., The Author, 1970. 9 p.

    MOH   6(3):41-42. Sm. 1970. (R. Lowndes)

WEISS, KEN

To be continued. . ., by Ken Weiss and Ed. Goodgold. New York, Crown, 1972. 341 p.

    SWSJ   88:2. Ap. 1973. (D. Lewis)

WEISS, MIRIAM STRAUSS

A lively corpse: religion in Utopia. New York, Barnes, 1969. 385 p. 68-23068.

    EXT   12(1):38. D. 1970.

WELLMAN, MANLY WADE

The dark destroyers. New York, Avalon Books, 1959. 224 p.

    AMZ   34(2):138. F. 1960. (S. Cotts)
    ASF   65(3):174-175. My. 1960. (P. Miller)
    ASF   67(3):169-170. My. 1961. (P. Miller)
    GAL   18(5):153-154. Je. 1960. (F. Gale)
    NWB   No. 97:127. Ag. 1960. (L. Flood)
    WIF   10(2):93. My. 1960. (F. Pohl)

Giants from eternity. New York, Avalon Books, 1959. 223 p.

    AMZ   33(8):44. Ag. 1959. (S. Cotts)
    ASF   64(4):147-148. D. 1959. (P. Miller)
    GAL   18(3):165-166. F. 1960. (F. Gale)
    WIF   9(4):99. S. 1959. (D. Knight)

Island in the sky. New York, Avalon, 1961. 223 p.

    AMZ   35(12):133. D. 1961. (S. Cotts)
    ASF   69(3):173. My. 1962. (P. Miller)

The solar invasion. New York, Popular Library, 1946. 126 p.

    SWSJ   33:9-10. S. 1971. (D. Halterman)

Twice in time. New York, Avalon, 1957. 222 p. 57-12672.

    ASF   61(3):143-144. My. 1958. (P. Miller)
    GAL   16(1):119. My. 1958. (F. Gale)
    OSFS   9(3):92-93. S. 1958. (C. Knox)
    VEN   2(3):59. My. 1958. (T. Sturgeon)
    FAS   7(1):126-127. Ja. 1958. (S. Cotts)
    FSF   14(2):108. F. 1958. (A. Boucher)

Who fears the devil. New York, Ballantine, 1964. 186 p.

    FAS   14(3):116. Mr. 1965. (R. Silverberg)
    FSF   26(2):96-97. F. 1964. (A. Davidson)

WELLMAN, PAUL ISELIN

The fiery flower. Garden City, N.Y., Doubleday, 1959. 285 p. 59-12660.

    NWB   No. 169:155. D. 1966. (H. Bailey)
    FSF   18(3):92-93. Mr. 1960. (D. Knight)

WELLS, BARRY

The day the Earth caught fire. New York, Ballantine, 1962. 154 p.

    ASF   70(4):156. D. 1962. (P. Miller)

WELLS, BASIL

Planets of adventure. Los Angeles, Fantasy Publishing Co., 1949. 280 p. 49-3234.

    FBK   1(6):30. 1950. (n.g.)
    SSS   6(2):127. Ja. 1950. (F. Pohl)

WELLS, CAROLYN

Triple murder. Philadelphia, Lippincott, 1929. 309 p. 29-24590.

    ADT   1(2):184-185. F. 1930. (n.g.)

WELLS, HERBERT GEORGE

The first men in the moon. New York, Ballantine, 1963. 160 p.

    FAS   14(5):126. My. 1965. (R. Silverberg)

The invisible man. New York, Penguin, 1938. 192 p.

    AST   1(1):110. F. 1940. (D. Wollheim)

The island of Dr. Moreau. New York, Ace, 1958. 192 p.

    AMZ   33(2):52. F. 1959. (S. Cotts)
    AMZ   38(9):119,127. S. 1964. (R. Silverberg)

WELLS, HERBERT GEORGE (Continued)

Little wars. New York, Macmillan, 1970. 111 p.

    LM   30:26. N. 1971. (J. B. Post)

The man who could work miracles. New York, Macmillan, 1936. 109 p. 36-10133.

    AMZ   10(13):135. D. 1936. (C. Brandt)

Men like gods. New York, Leisure, 1970. 238 p.

    LM   35/36:57. Ap/My. 1972. (P. Walker)

The sea lady. New York, Appleton, 1902. 300 p. 2-23406.

    SFIQ   3(2):63-65. Ag. 1954. (R. Madle)

Seven famous novels. New York, Knopf, 1934. 860 p. 34-27157.

    AMZ   9(6):136. O. 1934. (C. Brandt)
    TWS   6(4):506-507. S. 1934. (n.g.)

Seven science fiction novels of H. G. Wells. New York, Dover, 1950. 1015 p. 51-2132.

    ASF   48(3):118. N. 1951. (P. Miller)
    FASF   1(1):34. Ag. 1952. (L. Raymond)
    FSO   3(5):149. Ja. 1952. (B. Tucker)
    GAL   1(1):144. O. 1950. (G. Conklin)
    SPF   1(3):103. N. 1952. (G. Smith)
    WBD   1(3):90-91. F. 1951. (D Knight)

The shape of things to come. New York, Macmillan, 1933. 431 p. 33-23044.

    AMZ   8(10):134. F. 1934. (C. Brandt)

Star begotten. New York, Viking, 1937. 217 p. 37-27374.

    AMZ   12(1):133. F. 1938. (C. Brandt)
    TWS   11(1):88. F. 1938. (H. K.)
    LM   35/36:57. Ap/My. 1972. (P. Walker)

Things to come; a scenario. New York, Macmillan, 1935. 155 p. 35-22628.

    AMZ   10(11):133-134. Ag. 1936. (C. Brandt)

Three prophetic novels of H. G. Wells. New York, Dover, 1960. 335 p. 59-14229.

    ASF   66(2):163-168. O. 1960. (P. Miller)

The time machine. New York, Airmont Books, 1964. 126 p.

    AMZ   40(1):155-157. Ag. 1965. (R. Silverberg)
    AUT   No. 38:137-138. O. 1953. (n.g.)

The time machine and The war of the worlds. New York, Heritage Press, 1964. 286 p.

    ASF   74(2):88-89. O. 1964. (P. Miller)

28 science fiction stories of H. G. Wells. New York, Dover, 1952. 915 p. 52-13264.

    ASF   51(2):155-156. Ap. 1953. (P. Miller)
    GAL   5(5):98. F. 1953. (G. Conklin)

The war in the air, In the days of the comet, and The food of the gods. New York, Dover, 1963. 645 p. 63-19504.

    AMZ   40(1):155-157. Ag. 1965. (R. Silverberg)
    FSF   27(2):24-25. Ag. 1964. (A. Davidson)

The war of the worlds. New York, Airmont Books, 1964. 128 p. 66-1310/CD.

    AMZ   40(1):155-157. Ag. 1965. (R. Silverberg)
    LM   23:23. Ap. 1971. (D. Paskow)

When the sleeper wakes. New York, Ace, 1960. 288 p.

    GAL   18(4):143-144. Ap. 1960. (F. Gale)
    WIF   10(1):104. Mr. 1960. (F. Pohl)

The world set free. New York, Dutton, 1914. 307 p. 14-5817.

    REN   3:16. Fl. 1971. (J. Pierce)

The wealth of Mr. Waddy. Carbondale, Southern Illinois Univ. Press, 1969. 198 p. 78-76192.

    LM   16:23. S. 1970. (J. B. Post)

WELLS, ROBERT

The parasaurians. New York, Berkley, 1969. 190 p.

    LM   19:25. D. 1970. (S. Mines)
    SFR   41:22. N. 1970. (P. Walker)
    WSJ   supp 73-2:10. 1970. (T. Pauls)

Right-handed wilderness. New York, Ballantine, 1973. 184 p.

    GAL   34:70. D. 1973. (T. Sturgeon)
    SWSJ   105:2. S. 1973. (D. D'Ammassa)
    SWSJ   114:3. N. 1973. (D. Stever)

WELLS, ROSEMARY

The first child. New York, Hawthorn, 1970. 32 p. 76-111792.

    LM   31:26. D. 1971. (J. Post)

WENDE, PHILIP

Bird boy. New York, Cowles, 1970. 44 p. 70-104356.

    LM   26/27:26. Jl/Ag. 1971. (J. Post)

WENDT, HERBERT

I looked for Adam. London, Weidenfeld, 1955. 556 p. 56-19994.

    AUT   No. 67:153-154. Mr. 1956. (n.g.)

The road to man. Garden City, N.Y., Doubleday, 1959. 431 p. 59-7920.

    FSF   23(1):111. Jl. 1962. (A. Bester)
    WIF   12(4):7. S. 1962. (F. Pohl)

WERSBA, BARBARA

Let me fall before I fly. New York, Atheneum, 1971. 31 p. 78-157312.

LM   38/39:28. Jl/Ag. 1972. (J. Post)

WESLEY, MARY

The sixth seal. New York, Stein, 1971. 252 p. 77-163453.

LJ   96:2940. S. 15, 1971. (R. Minudri)
LJ   96:3162. O. 1, 1971. (M. Burgess)
LM   41/42:52. O/N. 1972. (C. Moslander)

WEST, ANTHONY

Another kind. New York, Houghton Mifflin, 1952. 351 p. 52-5253.

FSF   3(6):99. O. 1952. (Boucher & McComas)

The vintage. New York, Houghton Mifflin, 1950. 310 p. 50-5012.

FSF   1(3):107. Sm. 1950. (Boucher & McComas)

WEST, DONALD JAMES

Psychical research today. London, Duckworth, 1954. 144 p.

AUT   No. 48:127. Ag. 1954. (n.g.)

WEST, MORRIS L.

The shoes of the fisherman. New York, Morrow, 1963. 374 p. 63-11743.

SWSJ   40:4. D. 1971. (D. Halterman)

WEST, PAUL

Colonel Mint. New York, Dutton, 1972. 188 p. 71-188330.

LJ   97:2120. Je. 1, 1972. (B. Allen)

WEST, RICHARD C.

Tolkein criticism: an annotated checklist. Kent, Ohio, Kent State Univ. Press, 1970. 73 p. 71-626235.

LJ   95(11):2134. Je. 1, 1970. (H. Whitmore)
LM   13:25. Je. 1970. (J. B. Post)
EXT   12(1):27. D. 1970.

WEST, WALLACE

The bird of time. Hicksville, N.Y., Gnome, 1959. 256 p. 59-9315.

ASF   65(6):169-170. Ag. 1960. (P. Miller)
GAL   18(6):118. Ag. 1960. (F. Gale)

Lords of Atlantis. New York, Avalon Books, 1960. 220 p.

AMZ   34(10):135. O. 1960. (S. Cotts)
ASF   66(6):170. F. 1961. (P. Miller)
GAL   19(4):133. Ap. 1961. (F. Gale)

The memory bank. New York, Avalon, 1961. 221 p.

ASF   69(1):170. Mr. 1962. (P. Miller)

Outposts in space. New York, Avalon, 1962. 220 p.

FSF   24(4):87-88. Ap. 1963. (J. Wark)

River of time. New York, Avalon, 1963. 221 p.

ASF   72(1):93. S. 1963. (P. Miller)

The time lockers. New York, Avalon, 1964. 190 p.

ASF   74(1):87-88. S. 1964. (P. Miller)

WESTON, GEORGE

His first million women. New York, Farrar, 1934. 312 p. 34-4060.

AMZ   9(3):132. Jl. 1934. (C. Brandt)

WETHERELL, JUNE

Blueprint for yesterday. New York, Walker, 1971. 179 p. 71-161121.

LJ   96:3778. N. 15, 1971. (J. B. Post)
PW   200:44. O. 18, 1971. (n.g.)
LM   35/36:62. Ap/My. 1972. (E. Wood)

WEYER, EDWARD MOFFAT, JR.

Strangest creatures on Earth. London, Harrap, 1953. 216 p.

AUT   No. 61:152-153. S. 1955. (n.g.)

WHEATLEY, DENNIS

The devil rides out. London, Hutchinson, 1948. 320 p.

STL   21(2):161. My. 1950. (n.g.)

The Ka of Gifford Hillary. New York, Bantam, 1969. 369 p.

LM   9:24. F. 1970. (J. Rapkin)

Sixty days to live. London, Hutchinson, 1950. 392 p.

STL   23(3):142. Jl. 1951. (n.g.)

Star of ill omen. London, Hutchinson, 1952. 320 p. 52-33990.

ASF   52(1):141-142. S. 1953. (D. Archer)

Worlds far from here. London, Hutchinson, 1952. 1120 p.

ASF   52(1):146. S. 1953. (D. Archer)

They found Atlantis. Philadelphia, Lippincott, 1936. 325 p. 36-13461.

AMZ   11(2):133-134. Ap. 1937. (C. Brandt)

WHEELER, ROBERT ERIC MORTIMER

Still digging. New York, Dutton, 1956. 236 p. 56-5269.

    GAL   13(2):86-87. D. 1956. (F. Gale)

WHEELER, THOMAS GERALD

Lost threshold. New York, Phillips, 1968. 189 p.
68-16349.

    ASF   83(1):169-170. Mr. 1969. (P. Miller)

WHELLOCK, REGINALD BALDWIN

General biology. London, Harraps, 1955. 159 p.

    AUT   No. 57:119. My. 1955. (n.g.)

WHITE, ARED

Attack on America. Boston, Houghton Mifflin, 1939.
302 p. 39-24438.

    AST   1(2):109. Ap. 1940. (D. Wollheim)

WHITE, CLAYTON S., ed.

Physics and medicine of the upper atmosphere, ed. by
Clayton S. White and Otis O. Benson, Jr. Albuquerque,
University of New Mexico Press, 1952. 611 p. 52-8552.

    SFP   1(3):66. My. 1953. (S. Moskowitz)
    ASF   51(3):140-144. My. 1953. (P. Miller)
    SPF   1(5):118. Mr. 1953. (G. Smith)

WHITE, JAMES

The aliens among us. New York, Ballantine, 1969. 217 p.

    LM   7:31. D. 1969. (J. Schaumburger)

All judgement fled. New York, Walker, 1969. 215 p.
70-86388.

    ASF   86(4):168-169. D. 1970. (P. Miller)
    LJ   95(6):1211. Mr. 15, 1970. (M. Chelton)
    LM   18:32. N. 1970. (D. Paskow)
    WSJ   70:25-26. D. 1969/F. 1970. (E. Spratt)
    GAL   31:116-117. Mr. 1971. (A. Budrys)
    NWB   No. 186:61. Ja. 1969. (J. Cawthorn)

Dark inferno. London, Michael Joseph, 1972. 158 p.

    TLS   3700:129. F. 2, 1973. (n.g.)

Hospital station. New York, Ballantine, 1962. 191 p.

    FSF   23(2):69. Ag. 1962. (A. Davidson)

Lifeboat. New York, Ballantine, 1972. 186 p.

    KPG   6:44. N. 1972. (n.g.)
    LM   43:23. D. 1972. (S. Mines)

Major operation. New York, Ballantine, 1971. 183 p.

    ASF   91:165. Mr. 1973. (P. Miller)

Second ending. New York, Ace, 1962. 100 p.

    ASF   71(6):91-92. Ag. 1963. (P. Miller)

The secret visitors. New York, Ace, 1957. 155 p.

    AMZ   32(1):122. Ja. 1958. (S. Cotts)
    FSF   13(5):118. N. 1957. (A. Boucher)

Star surgeon. New York, Ballantine, 1963. 159 p.

    ASF   72(1):93-94. S. 1963. (P. Miller)
    NWB   No. 133:127. Ag. 1963. (J. Carnell)
    ASF   91:165. Mr. 1973. (P. Miller)

Tomorrow is too far. New York, Ballantine, 1971. 183 p.

    FSF   41:44-45. S. 1971. (J. Blish)
    PW   199:54. Ja. 18, 1971. (n.g.)
    REN   3:16-17. 1971. (J. Pierce)
    LM   38/39:46. Jl/Ag. 1972. (P. Walker)

The watch below. New York, Ballantine, 1966. 189 p.

    ASF   79(5):164-165. Jl. 1967. (P. Miller)
    GAL   24(6):190-192. Ag. 1966. (A. Budrys)
    NWB   No. 164:154-156. Jl. 1966. (B. Barclay)
    FSF   30(5):42-43. My. 1966. (J. Merril)
    SFR   38:34. Je. 1970. (P. Walker)
    WSJ   71:75-77. Mr/My. 1970. (T. Pauls)
    FUT   5:420. Ag. 1973. (D. Livingston)

WHITE, TED

Android avenger. New York, Ace, 1965. 113 p.

    FSF   39(3):48-49. Mr. 1966. (J. Merril)

By furies possessed. New York, Signet, 1970. 192 p.

    LM   24/25:55. My/Je. 1971. (D. Paskow)
    SFR   42:39. Ja. 1971. (R. Geis)

The jewels of elsewhen. New York, Belmont, 1967. 172 p.

    ASF   81(5):162-163. Jl. 1968. (P. Miller)

No time like tomorrow. New York, Crown, 1969. 152 p.

    ASF   84(1):161-162. S. 1969. (P. Miller)
    AMZ   43(6):129-130. Mr. 1970. (G. Benford)
    LM   8:23. Ja. 1970. (C. Moslander)

Secret of the Marauder satellite. Philadelphia, West-
minster, 1967. 171 p. 67-1411.

    ASF   80(5):164. Ja. 1968. (P. Miller)
    FSF   33(4):27-28. O. 1967. (T. Carr)

Sideslip, by Ted White and Dave Van Arnam. New York,
Pyramid, 1968. 188 p.

    SFO   7:35. N. 1969. (M. O'Brien)

Star wolf. New York, Lancer, 1971. 190 p.

    LM   43:22. D. 1972. (B. Fredstrom)
    WIF   21:138-139. Jl/Ag. 1972. (L. del Rey)

Trouble on Project Ceres. Philadelphia, Westminster,
1971. 157 p. 77-134205.

    KR   39:181. F. 15, 1971. (n.g.)
    LJ   96:2143. Je. 15, 1971. (S. Budd)

WHITE, TERENCE HANBURY

The master. New York, Putnam, 1957. 256 p. 56-6497.

    ASF   60(1):144. S. 1957. (P. Miller)
    NEB   No. 22:102-103. Jl. 1957. (K. Slater)
    FSF   12(6):111-112. Je. 1957. (A. Boucher)

The once and future king. New York, Putnam, 1958. 677 p. 58-10760.

    GAL   17(6):138. Ag. 1959. (F. Gale)
    NEB   No. 35:106-107. O. 1958. (K. Slater)

WHITE, WILLIAM ANTHONY PARKER

The best from Fantasy and Science Fiction, by Anthony Boucher. Boston, Little, Brown, 1952. 214 p.

    ASF   49(6):123-125. Ag. 1952. (P. Miller)
    GAL   4(4):103-104. Jl. 1952. (G. Conklin)

The best from Fantasy and Science Fiction: second series, ed. by Anthony Boucher and J. Francis McComas. Boston, Little, Brown, 1953. 270 p.

    ASF   52(4):144-146. D. 1953. (P. Miller)
    GAL   6(4):121-122. Jl. 1953. (G. Conklin)
    ISF   4(8):145. S. 1953. (M. Reinsberg)

The best from Fantasy and Science Fiction: third series, ed. by Anthony Boucher and J. Francis McComas. Garden City, N.Y., Doubleday, 1954. 252 p.

    ASF   54(4):149-150. D. 1954. (P. Miller)
    AUT   No. 45:136-137. My. 1954. (n.g.)
    FUTF   5(3):126. O. 1954. (D. Knight)
    GAL   8(4):97. Jl. 1954. (G. Conklin)
    AUT   No. 56:136-137. Ap. 1955. (n.g.)
    ISF   5(10):109. O. 1954. (H. Bott)

The best from Fantasy and Science Fiction: fourth series, ed. by Anthony Boucher. Garden City, N.Y., Doubleday, 1955. 250 p.

    AMZ   29(4):97-98. Jl. 1955. (V. Gerson)
    ASF   55(3):148-149. My. 1955. (P. Miller)
    FUTF   No. 28:85. 1955. (D. Knight)
    GAL   10(2):116. My. 1955. (G. Conklin)
    ISF   6(6):122. Je. 1955. (H. Bott)

The best from Fantasy and Science Fiction: fifth series, ed. by Anthony Boucher. Garden City, N.Y., Doubleday, 1956. 256 p.

    ASF   58(1):154-156. S. 1956. (P. Miller)
    FAU   5(4):125-126. My. 1956. (H. Santesson)
    GAL   12(4):109-110. Ag. 1956. (F. Gale)
    AUT   No. 68:154-155. Ap. 1956. (n.g.)

The best from Fantasy and Science Fiction: sixth series, ed. by Anthony Boucher. Garden City, N.Y., Doubleday, 1957. 255 p.

    ASF   59(5):147-149. Jl. 1957. (P. Miller)
    FAS   6(2):126-127. Mr. 1957. (V. Gerson)
    FAU   7(4):112. Ap. 1957. (H. Santesson)
    GAL   14(3):109. Jl. 1957. (F. Gale)

The best from Fantasy and Science Fiction: seventh series, ed. by Anthony Boucher. Garden City, N.Y., Doubleday, 1958. 264 p.

    ASF   62(1):152-153. S. 1958. (P. Miller)
    GAL   16(5):102. S. 1958. (F. Gale)
    VEN   2(3):58. My. 1958. (T. Sturgeon)

The best from Fantasy and Science Fiction: 8th series, ed. by Anthony Boucher. Garden City, N.Y., Doubleday, 1959. 240 p.

    AMZ   33(4):140. Ap. 1959. (S. Cotts)
    ASF   63(4):148-150. Je. 1959. (P. Miller)
    GAL   18(1):147. O. 1959. (F. Gale)

The compleat werewolf and other stories of Fantasy and Science Fiction, by Anthony Boucher. New York, Simon & Schuster, 1969. 256 p. 71-92185.

    LM   19:27. D. 1970. (S. Mines)
    SFR   40:21-22. O. 1970. (J. Christopher)
    GAL   33:95. Jl. 1972. (T. Sturgeon)

Far and away, by Anthony Boucher. New York, Ballantine, 1955. 166 p. 56-2173.

    AMZ   30(3):58. Mr. 1956. (V. Gerson)
    ASF   57(1):156-157. Mr. 1956. (P. Miller)
    FAU   4(5):127. D. 1955. (H. Santesson)
    GAL   11(3):92-93. Ja. 1956. (F. Gale)

Rocket to the morgue, by H. H. Holmes. New York, Duell, 1942. 279 p. 42-51486.

    ASF   30(5):127. Ja. 1943. (J. Campbell, Jr.)

A treasury of great science fiction, ed. by Anthony Boucher. Garden City, N.Y., Doubleday, 1959. 1049 p. 58-9379.

    ASF   65(5):166-167. Jl. 1960. (P. Miller)
    GAL   18(6):117-118. Ag. 1960. (F. Gale)
    WIF   10(1):103-104. Mr. 1960. (F. Pohl)
    FSF   18(3):93. Mr. 1960. (D. Knight)

WHITE, WILLIAM LUTHER

The image of man in C. S. Lewis. Nashville, Abingdon Press, 1969. 239 p. 76-84722.

    LM   16:30. S. 1970. (F. Lerner)

WHITESIDE, THOMAS

Alone through the dark seas. New York, Braziller, 1964. 174 p. 64-21766.

    GAL   23(4):144-145. Ap. 1965. (F. Pohl)

Defoliation. New York, Ballantine, 1970. 168 p. 72-13059.

    SFR   41:30-31. N. 1970. (P. Walker)

WHITFIELD, STEPHEN E.

The making of Star Trek, by Stephen E. Whitfield with Gene Roddenberry. New York, Ballantine, 1968. 413 p.

    AMZ   42(6):143. Mr. 1969. (J. Blish)

WHITROW, G. J.

The structure of the universe. London, Huchinsons, 1949. 171 p.

    AUT   No. 6:126. Mr. 15, 1951.

WHITTEN, LESLIE H.

Moon of the wolf. New York, Ace, 1969. 188 p.

    FSF   37(4):98. O. 1969. (G. Wilson)

Progeny of the adder. New York, Ace, 1968. 189 p.

    FSF   37(4):97. O. 1969. (G. Wilson)

WHITTIER, JOHN GREENLEAF

The supernaturalism of New England. Norman, Univ. of Oklahoma Press, 1969. 133 p.

    LM   9:28. F. 1970. (J. B. Post)

WIBBERLEY, LEONARD PATRICK O'CONNOR

Encounter near Venus. New York, Farrar, 1967. 214 p. 67-3797.

    ASF   80(5):165. Ja. 1968. (P. Miller)

Journey to Untor. New York, Farrar, 1970. 188 p.

    LM   23:21. Ap. 1971. (C. Moslander)

McGillicuddy McGotham. Boston, Little, Brown, 1956, 111 p. 56-7964.

    FSF   10(6):103-104. Je. 1956. (A. Boucher)

The mouse on the moon. New York, Morrow, 1962. 191 p. 62-19411.

    ASF   71(2):87. Ap. 1963. (P. Miller)
    FSF   24(2):35. F. 1963. (A. Davidson)

The mouse on Wall Street. New York, Morrow, 1969. 159 p. 78-85130.

    SWSJ   28:7. Jl. 1971. (F. Patten)

The mouse that roared. Boston, Little, Brown, 1955. 280 p. 54-8294.

    ASF   55(5):151-152. Jl. 1955. (P. Miller)
    FSF   8(6):75. Je. 1955. (A. Boucher)

The quest of Excalibur. New York, Putnam, 1957. 190 p. 59-12007.

    GAL   18(5):153. Je. 1960. (F. Gale)

Take me to your president. New York, Putnam, 1957. 186 p. 57-6196rev.

    ASF   61(1):144. Mr. 1958. (P. Miller)
    GAL   15(4):104-105. F. 1958. (F. Gale)
    INF   3(2):91. Ja. 1958. (D. Knight)
    VEN   1(6):84. N. 1957. (T. Sturgeon)
    FSF   13(3):87. S. 1957. (A. Boucher)

The wrath of grapes. London, Hale, 1955. 191 p.

    BSP   1(7):28. N. 1954. (n.g.)

WIENER, NORBERT

Cybernetics. New York, Wiley, 1948. 194 p. 48-11017.

    SSS   5(4):100-101. S. 1949. (F. Pohl)

Ex-prodigy. New York, Simon & Schuster, 1953. 310 p. 53-7583.

    GAL   7(1):120. O. 1953. (G. Conklin)

God and Gollem. Cambridge, Mass., MIT Press, 1964. 93 p. 64-16415.

    WOT   2(5):4-6. Ja. 1965. (F. Pohl)

The human use of human beings. London, Eyre, 1954. 199 p.

    AUT   No. 57:117. My. 1955. (n.g.)

WILDING, PHILIP

Shadow over the Earth. New York, Philosophical Library, 1956. 160 p.

    AUT   No. 78:126-127. Mr. 1957. (n.g.)
    GAL   14(1):124. My. 1957. (F. Gale)
    NWB   No. 55:128. Ja. 1957. (L. Flood)

Spaceflight—Venus. New York, Philosophical Library, 1955. 190 p. 56-2316.

    AUT   No. 51:129. N. 1954. (n.g.)
    GAL   11(4):90-91. F. 1956. (F. Gale)
    NWB   No. 29:117-118. N. 1954. (L. Flood)

WILFORD, JOHN NOBLE

We reach the moon. New York, Norton, 1969. 352 p.

    LM   18:31. N. 1970. (C. Moslander)

We reach the moon. (Young Reader's Edition). New York, Norton, 1969. 132 p.

    LM   18:19. N. 1970. (C. Moslander)

WILHELM, KATE

Abyss. Garden City, N.Y., Doubleday, 1971. 158 p. 75-131110.

    PW   198(24):34. D. 14, 1970.
    FSF   41:19-21. N. 1971. (J. Russ)
    KR   39:12. Ja. 1, 1971. (n.g.)
    LJ   96:101. Ja. 1, 1971. (M. Burgess)
    LJ   96:2147. Je. 15, 1971. (D. Jensen)
    SFO   25:12. D. 1971. (T. Pauls)
    SWSJ   32:9. S. 1971. (J. Newton)
    ASF   88:174. F. 1972. (P. Miller)
    LM   37:31-32. Je. 1972. (D. Schweitzer)

The downstairs room. Garden City, N.Y., Doubleday, 1967. 215 p. 68-22513.

    GAL   28(2):190-191. Mr. 1969. (A. Budrys)
    FSF   36(1):40. Ja. 1969. (J. Merril)
    SFO   12:7-9. Je. 1970. (B. Gillam)
    LM   21:31. F. 1971. (C. Moslander)

The killer thing. Garden City, N.Y., Doubleday, 1967. 190 p. 66-20972.

    ASF   81(1):164. Mr. 1968. (P. Miller)
    FSF   34(4):40-42. Ap. 1968. (P. Anderson)

Let the fire fall. Garden City, N.Y., Doubleday, 1969. 228 p. 69-12214.

    ASF   84(3):168. N. 1969. (P. Miller)
    NWB   No. 194:28-29. O. 1969. (J. Clute)
    FSF   37(3):21-23. S. 1969. (J. Russ)

WILHELM, KATE (Continued)

Let the fire fall (Continued).

LM   8:32. Ja. 1970. (J. B. Post)
VOT   1(9):28-29. Je. 1970. (J. Foyster)
REN   3:12. 1971. (J. Pierce)
BB   17:XI-XII. Mr. 1972. (J. Boland)

Margaret and I. Boston, Little, Brown, 1971. 247 p.
70-154951.

KR   39:610. Je. 1, 1971. (n.g.)

The mile-long spaceship. New York, Berkley, 1963.
160 p.

ASF   75(1):88-89. Mr. 1965. (P. Miller)

The nevermore affair. Garden City, N.Y., Doubleday,
1966. 236 p. 66-22939.

ASF   80(1):164-165. S. 1967. (P. Miller)

WILKIE, JAMES H. P.

The gift within: experiences of a spiritual medium.
New York, Signet, 1971.

NR   24:536. My. 12, 1972. (T. Sturgeon)

WILKINS, HAROLD TIM

Flying saucers on the attack. New York, Citadel, 1954.
329 p. 54-10761.

ASF   56(2):143-144. O. 1955. (P. Miller)

Flying saucers on the moon. London, Owen, 1954. 329 p.
54-44989.

NWB   No. 25:125-126. Jl. 1954. (L. Flood)

Flying saucers uncensored. New York, Citadel, 1955.
255 p. 55-11618.

FAU   5(3):126-128. Ap. 1956. (H. Santesson)
FSO   p. 92-93. Je. 1957. (n.g.)
FSF   10(4):76. Ap. 1956. (A. Boucher)

Mysteries of ancient South America. New York, Roy, 1952.
216 p. 52-12577.

ASF   52(5):143-144. Ja. 1954. (P. Miller)
GAL   13(5):119. Mr. 1957. (F. Gale)

WILKINS, HUGH PERCIVAL

Clouds, rings and crocodiles. Boston, Little, Brown,
1956. 148 p. 56-8459.

GAL   13(5):118. Mr. 1957. (F. Gale)

Elger's map of the moon. London, George Philip &
Sons.

AUT   No. 39:138. N. 1953. (n.g.)
AUT   No. 62:153. O. 1955. (n.g.)

Guide to the heavens. London, Muller, 1956. 107 p.

AUT   No. 75:154. D. 1956. (n.g.)

How to make and use a telescope, by H. Percy Wilkins and
Patrick Moore. New York, Norton, 1956. 196 p. 56-10091.

GAL   13(6):106-107. Ap. 1957. (F. Gale)

Making and using a telescope. London, Eyre, 1956. 160 p.
56-37583.

AUT   No. 70:156. Je. 1956. (n.g.)

The moon, by H. P. Wilkins and Patrick Moore. New York,
Macmillan, 1955. 388 p. 56-727.

GAL   12(2):108. Je. 1956. (F. Gale)

Mysteries of space and time. London, Muller, 1955.
208 p. 55-4557.

AUT   No. 60:149. Ag. 1955. (n.g.)

Our moon. London, Muller, 1954. 180 p. 54-32883.

AUT   No. 47:114-115. Jl. 1954. (n.g.)

WILKINS, WILLIAM VAUGHN

The city of frozen fire. New York, Macmillan, 1951.
250 p. 51-320.

FSF   2(4):84. Ag. 1951. (Boucher & McComas)

Valley beyond time. New York, St. Martin's, 1955.
304 p. 55-9053.

ASF   57(2):150. Ap. 1956. (P. Miller)
FSF   10(1):95. Ja. 1956. (A. Boucher)
FAU   5(2):120-121. Mr. 1956. (H. Santesson)
FUTF   No. 29:123-126. 1956. (D. Knight)

WILLANS, GEOFFREY

Moleworth's guide to the atomic age, by Geoffrey Willans
and Ronald Searle. New York, Vanguard, 1957. 104 p.
57-7678.

GAL   14(5):107. S. 1957. (F. Gale)

WILLES, WALTER

The harp stateside. Belfast, The Author, 1957. 70 p.

AUT   No. 82:127. Jl. 1957. (A. Harby)

WILLIAMS, BERYL

The rocket pioneers, by Beryl Williams and Samuel Epstein.
London, Lutterworth, 1957. 247 p.

AUT   No. 85:127. Jl. 1957. (A. Harby)

The rocket pioneers on the road to space, by Beryl
Williams and Samuel Epstein. New York, Messner, 1955.
241 p. 55-6921.

ASF   57(3):143. My. 1956. (P. Miller)
FAU   4(6):127-128. Ja. 1956. (H. Santesson)
GAL   10(6):91-92. S. 1955. (G. Conklin)
GAL   17(5):142. Je. 1959. (F. Gale)

WILLIAMS, CHARLES

All hallows' eve. New York, Pellegrini, 1948. 273 p. 48-8932.

SSS 5(2):72-73. Ap. 1949. (F. Pohl)
LM   16:28. S. 1970. (D. Paskow)

The greater trumps. New York, Pellegrini & Cudahy, 1950. 268 p. 50-6710.

FUTF 1(6):69. Mr. 1951. (R. Lowndes)
FSF   1(4):82-83. Fl. 1950. (Boucher & McComas)
LM   16:28. S. 1970. (D. Paskow)

The place of the lion. New York, Pellegrini & Cudahy, 1951. 236 p. 51-9847.

FSF 2(5):59. O. 1951. (Boucher & McComas)

Shadows of ecstasy. New York, Pellegrini & Cudahy, 1950. 260 p. 50-14559.

FUTF 1(6):69. Mr. 1951. (R. Lowndes)
STL   22(3):156. Ja. 1951. (n.g.)

Witchcraft. London, Faber, 1941. 316 p. 41-11760.

UNK 6(5):116-117. F. 1943. (J. Wells)

WILLIAMS, JAY

A box full of infinity. New York, Grossett, 1970. 39 p. 70-127732.

LM 31:27. D. 1971. (J. Post)

Danny Dunn and the anti-gravity paint, by Jay Williams and Raymond Abrashkin. New York, Whittlesey House, 1956. 154 p. 56-11732.

GAL 14(2):110. Je. 1957. (F. Gale)

Danny Dunn and the homework machine, by Jay Williams and Raymond Abrashkin. New York, Whittlesey House, 1958. 141 p. 58-10015.

GAL 17(6):141. Ag. 1959. (F. Gale)

Danny Dunn and the smallifying machine, by Jay Williams and Raymond Abrashkin. New York, McGraw-Hill, 1969. 139 p.

LM   22:22. Mr. 1971. (C. Moslander)
WSJ supp. 75-1:10. F/Mr. 1971. (S. Miller)

Danny Dunn and the swamp monster, by Jay Williams and Raymond Abrashkin. New York, McGraw Hill, 1971. 142 p.

LM 48:22. Fl. 1973. (C. Moslander)

Danny Dunn and the weather machine, by Jay Williams and Raymond Abrashkin. New York, Whittlesey House, 1959. 144 p. 59-9995.

GAL 18(4):146. Ap. 1960. (F. Gale)

Danny Dunn on the ocean floor. New York, Whittlesey House, 1960. 156 p. 60-12786.

GAL 20(1):177. O. 1961. (F. Gale)

The hawkstone. New York, Walck. 1971. 141 p.

LM 44:17. Ja. 1973. (C. Moslander)

The hero from otherwhere. New York, Walck, 1972. 175 p. 73-188904.

KR 40:1193. O. 15, 1972. (n.g.)
PW 202:60. S. 25, 1972. (n.g.)
LJ 98:1399. Ap. 15, 1973. (G. Heaberlin)

A present from a bird. New York, Parents Magazine Press, 1971. 40 p. 72-153786.

LM 41/42:29. O/N. 1972. (S. Deckinger)

The silver whistle. New York, Parents Magazine Press, 1971. 41 p. 71-136987.

LM 38/39:26. Jl/Ag. 1972. (J. Post)

WILLIAMS, JOHN ALFRED

Sons of darkness, sons of light. Boston, Little Brown, 1969. 279 p. 69-16977.

LM 38/39:39. Jl/Ag. 1972. (J. Rapkin)

WILLIAMS, MARGERY

The velveteen rabbit: or how toys become real. Garden City, N.Y., Doubleday, 1969. 44 p.

LM 14:21. Jl. 1970. (J. Post)

WILLIAMS, NICK BODDIE

Atom curtain. New York, Ace, 1956. 168 p.

ASF 57(5):160. Jl. 1956. (P. Miller)

WILLIAMS, RAYMOND

George Orwell. New York, Viking, 1971. 102 p. 71-132184.

KPG 6:90. S. 1972. (A. Irving)
NY REVIEW OF BOOKS 19:3-4. N. 16, 1972. (S. Spender)

WILLIAMS, ROBERT MOORE

Beachhead planet. New York, Dell, 1970. 190 p.

LM 24/25:57. My/Je. 1971. (J. Evers)

The blue atom. New York, Ace, 1958. 124 p.

ASF 64(1):148-149. S. 1959. (P. Miller)
FAU 11(2):102-103. Mr. 1959. (H. Santesson)

The chaos fighters. New York, Ace, 1955. 160 p.

ASF 55(5):153. Jl. 1955. (P. Miller)
GAL 10(3):119. Je. 1955. (G. Conklin)

Conquest of the space sea. New York, Ace, 1955. 151 p.

ASF 56(3):149. N. 1955. (P. Miller)
GAL 10(6):92. S. 1955. (G. Conklin)

The darkness before tomorrow. New York, Ace, 1962. 113 p.

ASF 70(4):156-157. D. 1962. (P. Miller)

The day they H-bombed Los Angeles. New York, Ace, 1961.
128 p.

    AMZ   36(2):139-140. F. 1962. (S. Cotts)
    ASF   69(2):165-166. Ap. 1962. (P. Miller)

Doomsday eve. New York, Ace, 1957. 138 p.

    ASF   60(5):144-145. Ja. 1958. (P. Miller)
    FSF   13(1):94. J1. 1957. (A. Boucher)

Flight from yesterday. New York, Ace, 1963. 120 p.

    ASF   72(4):88. D. 1963. (P. Miller)

Jongor fights back. New York, Popular Library, 1970.
128 p.

    LM   22:19. Mr. 1971. (L. Carter)

Jongor of lost land. New York, Popular Library, 1970.
126 p.

    LM   18:17. N. 1970. (L. Carter)

Love is forever—we are for tonight. New York, Modern
Library.

    WSJ   73:46-47. S/N. 1970. (P. Chapdelaine)
    WSJ   73:47-48. S/N. 1970. (T. Pauls)

The lunar eye. New York, Ace, 1964. 115 p.

    ASF   74(3):88. N. 1964. (P. Miller)

Now comes tomorrow. New York, Curtis, 1971. 160 p.

    LM   38/39:39. J1/Ag. 1972. (S. Mines)

The star wasp. New York, Ace, 1963. 126 p.

    ASF   72(4):90. D. 1963. (P. Miller)

To the end of time. New York, Ace, 1960. 108 p.

    ASF   67(1):160. Mr. 1961. (P. Miller)
    WIF   10(4):90. S. 1960. (F. Pohl)

The void beyond. New York, Ace, 1958. 130 p.

    ASF   64(1):148-149. S. 1959. (P. Miller)

World of the masterminds. New York, Ace, 1960. 149 p.

    ASF   67(1):160. Mr. 1961. (P. Miller)
    WIF   10(4):90. S. 1960. (F. Pohl)

Zanthar at trip's end. New York, Lancer, 1969. 191 p.

    LM   10:31. Mr. 1970. (J. Schaumburger)

WILLIAMS, SPEEDY
    SEE Smith, L. H.

WILLIAMS, URSULA MORAY
    SEE Moray Williams, Ursula

WILLIAMS-ELLIS, AMABEL, ed.

Out of this world choice, ed. by Amabel Williams-Ellis and
Mably Owen. London, Blackie, 1972. 376 p.

    TLS   3692:1496. D. 8, 1972. (n.g.)

Out of this world 1, ed. by Amabel Williams-Ellis and
Mably Owen. London, Blackie, 1960. 197 p.

    NWB   No. 101:126. D. 1960. (L. Flood)

WILLIAMSON, GEORGE HUNT

Other tongues-other flesh. Amherst, Wisc., Amherst
Press, 1953. 488 p.

    FSO   No. 25:83-84. Ag. 1957. (n.g.)

UFOS confidential, by George Hunt Williamson and John
McCoy. Corpus Christi, Texas, Essene Press, 1958.
100 p. 58-2655.

    FAU   11(1):111-112. Ja. 1959. (H. Santesson)

WILLIAMSON, JACK

The cometeers. Reading, Pa., Fantasy Press, 1950. 310 p.
50-11000.

    ASF   47(5):156. J1. 1951. (P. Miller)
    FSO   3(5):146-147. Ja. 1952. (P. Miller)
    TWS   38(1):162. Ap. 1951. (S. Merwin)
    FSF   2(4):84. Ag. 1951. (Boucher & McComas)

Darker than you think. Reading, Pa., Fantasy Press,
1948. 310 p. 49-7348.

    ASF   44(2):141. O. 1949. (C. de Camp)
    TWS   34(2):157-158. Je. 1949. (S. Merwin)

Dome around America. New York, Ace, 1955. 187 p.

    ASF   56(6):147-148. F. 1956. (P. Miller)

Dragon's island. New York, Simon & Schuster, 1951.
246 p. 51-10321.

    ASF   48(2):142-143. O. 1951. (P. Miller)
    AUT   No. 48:125-126. Ag. 1954. (n.g.)
    GAL   2(6):112-113. S. 1951. (G. Conklin)
    AUT   No. 13:111. S. 1951. (n.g.)
    NWB   No. 24:127-128. Je. 1954. (L. Flood)
    STL   24(2):144. N. 1951. (n.g.)
    FSF   2(5):59. O. 1951. (Boucher & McComas)

Golden blood. New York, Lancer, 1964. 157 p.

    FAS   14(1):124,126. Ja. 1965. (R. Silverberg)

The green girl. New York, Avon, 1950. 125 p.

    SSS   7(2):68. S. 1950. (F. Pohl)

H. G. Wells: critic of progress. Baltimore, Mirage,
1973. 162 p. 77-169989.

    ASF   92:160-161. O. 1973. (P. Miller)
    LJ   98:2110. J1. 1973. (D. Sternlicht)
    LM   48:29. F1. 1973. (N. Barron)

The humanoids. New York, Simon & Schuster, 1949. 239 p.
49-10019.

    ASF   45(3):104. My. 1950. (P. Miller)
    FBK   1(6):31. 1950. (n.g.)
    FUTF   2(4):86. N. 1951. (R. Lowndes)
    FSO   3(5):132-133. S. 1951. (B. Tucker)
    AUT   No. 42:147-148. F. 1954. (n.g.)
    SSS   5(3):94-95. J1. 1949. (F. Pohl)
    WBD   1(3):91-93. F. 1951. (D. Knight)

WILLIAMSON, JACK (Continued)

The legion of space. Reading, Pa., Fantasy Press, 1947.
259 p. 47-23202.

    ASF   41(3):94. My. 1948. (P. Miller)
    TWS   31(1):111-112. O. 1947. (S. Merwin)

The legion of time. Reading, Pa., Fantasy Press, 1953.
252 p. 52-4799.

    ASF   51(5):158-160. Jl. 1953. (P. Miller)
    FAU   1(1):191-192. Je/Jl. 1953. (S. Merwin, Jr.)
    GAL   6(2):122. My. 1953. (G. Conklin)
    ISF   5(1):143. Ja. 1954. (M. Reinsberg)
    SPF   1(6):83. My. 1953. (G. Smith)

The moon children. New York, Putnam, 1972. 190 p.
73-186646.

    KR   40:555. My. 1, 1972. (n.g.)
    LJ   97:2438-2439. Jl. 1972. (M. Peffers)
    LJ   97:2971. S. 15, 1972. (A. Master)
    LM   43:22. D. 1972. (S. Mines)
    PW   201:49. My. 1, 1972. (n.g.)
    SDNP   p. 9. S. 16/17, 1972. (B. Friend)
    FUT   5:419-420. Ag. 1973. (D. Livingston)

The reign of wizardry. New York, Lancer, 1964. 142 p.

    FAS   14(3):115. Mr. 1965. (R. Silverberg)

Science fiction comes to college. Portales, N.M., The
Author, 1971.

    ASF   89:172. Je. 1972. (P. Miller)

Seetee ship, by Will Stewart. New York, Gnome Press,
1951. 255 p. 51-11667.

    AMZ   25(12):151. D. 1951. (S. Merwin)
    ASF   48(3):117-118. N. 1951. (P. Miller)
    DSF   1(3):49-51,67. Je. 1953. (D. Knight)
    GAL   3(2):100. N. 1951. (G. Conklin)
    FSF   2(6):88. D. 1951. (Boucher & McComas)
    WIF   21:117,174. O. 1972. (L. del Rey)
    SWSJ   117:4. N. 1973. (K. Ozanne)

Seetee shock, by Will Stewart. New York, Simon &
Schuster, 1950. 238 p. 50-7396.

    FUTF   1(4):98. N. 1950. (n.g.)
    FSO   4(3):156. Ap. 1952. (P. Miller)
    STL   22(1):158-159. S. 1950. (n.g.)
    SSS   7(2):68. S. 1950. (F. Pohl)
    WIF   21:117,174. O. 1972. (L. del Rey)

Star bridge, by Jack Williamson and James E. Gunn. New
York, Gnome Press, 1955. 221 p. 55-5463.

    AMZ   29(6):112-113. N. 1955. (V. Gerson)
    ASF   56(2):147-148. O. 1955. (P. Miller)
    FAU   4(3):112. O. 1955. (H. Santesson)
    GAL   11(2):104. N. 1955. (F. Gale)

The trial of Terra. New York, Ace, 1962. 159 p.

    GAL   21(4):156. Ap. 1963. (F. Gale)

WILLIAMSON, MARGARET

The first book of mammals. New York, Watts, 1957. 62 p.
57-5186.

    GAL   16(5):104. S. 1958. (F. Gale)

WILLIS, ANTHONY ARMSTRONG

The strange case of Mr. Pelham, by Anthony Armstrong.
Garden City, N.Y., Crime Club, 1957. 192 p. 57-5779.

    FSF   12(5):78. My. 1957. (A. Boucher)

WILLIS, DONALD C.

Horror and science fiction films: a checklist. New
York, Scarecrow, 1972. 612 p. 72-3682.

    CHO   10:434. My. 1973. (n.g.)
    LJ   98:729. Mr. 1, 1973. (R. Bravard)
    LM   44:26. Ja. 1973. (J. B. Post)
    RQ   (Am. Lib. Assn.) 12:325. Sp. 1973. (J. Post)

WILSON, ANDREW

The bomb and the computer. London, Barrie, 1968. 192 p.

    NWB   No. 188:60-61. Mr. 1969. (J. Harrison)

WILSON, ANGUS

A. D. 2500, ed. by Angus Wilson. London, Heinemann,
1955. 241 p.

    NWB   No. 44:122-123. F. 1956. (L. Flood)

The old men at the zoo. New York, Viking, 1961. 352 p.
61-13729.

    ASF   69(4):157-158. Je. 1962. (P. Miller)

WILSON, COLIN

The mind parasites. Sauk City, Wisc., Arkham House,
1967. 222 p. 67-6297.

    FSF   34(1):38-39. Ja. 1968. (J. Russ)
    FMF   1(5):111-113. W. 1967/1968. (R. Lowndes)
    SFR   35:38-39. F. 1970. (H. Davis)

The philosopher's stone. New York, Crown, 1971. 315 p.
77-147331.

    ASF   87:165-166. Jl. 1971. (P. Miller)
    LJ   96:2350-2351. Jl. 1971. (A. Boyer)
    REN   3:16-17. 1971. (J. Pierce)
    FSF   42:23-24. Ag. 1972. (G. Wilson)
    SWSJ   53:3. Ap. 1972. (J. Newton)

WILSON, GAHAN

I paint what I see. New York, Simon & Schuster, 1971.
126 p. 75-139667.

    FSF   41:26. D. 1971. (E. Ferman)

Playboy's Gahan Wilson. Chicago, Playboy Press, 1973.
160 p. 72-90415.

    FSF   45:36. Ag. 1973. (E. Ferman)

WILSON, JOHN ANTHONY BURGESS

A clockwork orange, by Anthony Burgess. New York, Norton, 1962. 184 p. 63-7983rev.

AMZ	37(7):121-123. Jl. 1963. (S. Cotts)
ASF	72(1):94. S. 1963. (P. Miller)
NWB	No. 146:119. Ja. 1965. (J. Colvin)
FSF	25(4):21-22. O. 1963. (A. Davidson)
RQ	4:296-297. Mr. 1971. (W. Connelly)
FAS	22:115-116. O. 1972. (F. Leiber)

Tremor of intent, by Anthony Burgess. London, Heinemann, 1966. 240 p. 66-72207.

| NWB | No. 188:60. Mr. 1969. (J. Harrison) |

The wanting seed, by Anthony Burgess. New York, Norton, 1963. 285 p. 63-15877rev.

| ASF | 73(3):85. My. 1964. (P. Miller) |
| FSF | 26(4):91-92. Ap. 1964. (A. Davidson) |

WILSON, RICHARD

And then the town took off. New York, Ace, 1960. 123 p.

AMZ	34(8):137. Ag. 1960. (S. Cotts)
ASF	67(1):159-160. Mr. 1961. (P. Miller)
WIF	10(4):91. S. 1960. (F. Pohl)

The girls from planet 5. New York, Ballantine, 1955. 186 p. 55-11965.

AMZ	30(2):117. F. 1956. (V. Gerson)
ASF	57(3):146. My. 1956. (P. Miller)
FAU	5(1):112. F. 1956. (H. Santesson)
GAL	11(6):85-86. Ap. 1956. (F. Gale)
SFIQ	4(4):75. Ag. 1956. (D. Knight)
FSF	10(1):94-95. Ja. 1956. (A. Boucher)

30-day wonder. New York, Ballantine, 1960. 158 p.

ASF	67(2):172. Ap. 1961. (P. Miller)
NWB	No. 102:126-127. Ja. 1961. (J. Carnell)
AMZ	25(2):132. F. 1961. (n.g.)

Those idiots from Earth. New York, Ballantine, 1957. 160 p.

ASF	61(4):143-144. Je. 1958. (P. Miller)
FAU	9(3):101. Mr. 1958. (H. Santesson)
GAL	16(3):106. Jl. 1958. (F. Gale)
VEN	2(3):57. My. 1958. (T. Sturgeon)
FSF	14(4):95. Ap. 1958. (A. Boucher)

Time out for tomorrow. New York, Ballantine, 1962. 159 p.

| ASF | 71(6):89. Ag. 1963. (P. Miller) |
| NWB | No. 133:128. Ag. 1963. (J. Carnell) |

WILSON, ROBIN SCOTT

Clarion, ed. by Robin Scott Wilson. New York, Signet, 1971. 239 p.

NR	23:1246. N. 5, 1971. (T. Sturgeon)
PW	199:64. My. 17, 1971. (n.g.)
SFO	25:32-33. D. 1971. (R. Delap)
LM	38/39:57. Jl/Ag. 1972. (S. Mines)
NYT	p. 36-37. Mr. 5, 1972. (T. Sturgeon)
SFN	9:3-4. Mr. 25, 1972. (J. Kagan)
SFN	17/18:2. N/D. 1972. (n.g.)
RQ	6:72-73. Ag. 1973. (W. Connelly)

Clarion II, ed. by Robin Scott Wilson. New York, Signet, 1972. 256 p.

ALG	19:29. N. 1972. (D. Lupoff)
KPG	6:35-36. S. 1972. (n.g.)
SFN	17/18:2. N/D. 1972. (n.g.)
AMZ	47:120-121,126. D. 1973. (C. Chauvin)
FSF	44:37-39. Mr. 1973. (A. Davidson)
EJ	62:1060. O. 1973. (H. Means)

To the sound of freedom, by Robin Scott Wilson and Richard W. Shryock. New York, Ace, 1973. 219 p.

| FAS | 23:91. N. 1973. (F. Leiber) |

WINICK, CHARLES

Outer space humor. Mount Vernon, N.Y., Peter Pauper, 1963. 62 p. 63-25442.

| FSF | 27(3):79. S. 1964. (A. Davidson) |

WINSOR, FREDERICK

The space child's Mother Goose. Illus. by Marian Parry. New York, Simon & Schuster, 1958. 1 v. 58-7574.

| AMZ | 37(5):121. My. 1963. (S. Cotts) |
| ASF | 62(2):148-149. O. 1958. (P. Miller) |

WINTER, JOSEPH AUGUSTUS

Are your troubles psychosomatic? New York, Messner, 1952. 222 p. 52-9490.

| STL | 28(3):144-145. Ja. 1953. (n.g.) |

A doctor's report on dianetics. New York, Julian, 1951. 220 p.

| STL | 27(2):140. S. 1952. (J. Blish) |

You and psychosomatics. London, Rider, 1956. 172 p.

| AUT | No. 80:128. My. 1957. (n.g.) |

WINTERBOTHAM, RUSSELL ROBERT

The men from Arcturus. New York, Avalon, 1963. 192 p. 63-6870/CD.

| ASF | 73(2):96. Ap. 1964. (P. Miller) |

The puppet planet. New York, Avalon, 1964. 189 p. NUC 65-9609.

| ASF | 74(5):88. Ja. 1965. (P. Miller) |

The space egg. New York, Avalon Books, 1958. 224 p. 58-12507.

AMZ	32(11):78-79. N. 1958. (S. Cotts)
ASF	63(1):143-144. Mr. 1959. (P. Miller)
GAL	17(5):140. Je. 1959. (F. Gale)
OSFS	10(4):94-95. S. 1959. (C. Knox)

WINTERFELD, HENRY

Star girl. New York, Harcourt, 1957. 191 p. 57-10351.

| ASF | 61(4):144. Je. 1958. (P. Miller) |
| FAS | 7(2):121. F. 1958. (S. Cotts) |

WINTERFELD, HENRY (Continued)

Star girl (Continued).

    GAL   16(3):109. Jl. 1958. (F. Gale)
    OSFS   8(7):118. Je. 1958. (D. Knight)

WISE, WINIFRED E.

The revolt of the Darumas. New York, Parents Magazine
Press, 1970. 38 p.

    LM   26/27:24. Jl/Ag. 1971. (J. Post)

WISEMAN, BERNARD

Morris goes to school. New York, Harper, 1970. 64 p.
75-77944.   .

    LM   29:24. O. 1971. (J. Post)

WITHERS, CARL

The grindstones of God. New York, Holt, 1970. 32 p.
70-98912.

    LM   28:23. S. 1971. (J. Post)

WOLF, LEONARD

A dream of Dracula: in search of the living dead.
Boston, Little, Brown, 1972. 327 p. 72-7337.

    PW   204:66. Ag. 6, 1973. (n.g.)
    SRSC   1:68-71. Ja. 27, 1973. (G. Stuttaford)
    TM   101:76-79. Ja. 15, 1973. (J. Skow)

WOLFE, BERNARD

Limbo. New York, Random House, 1952. 438 p. 52-5165.

    ASF   52(5):149-150. Ja. 1954. (P. Miller)
    GAL   6(2):120-121. My. 1953. (G. Conklin)
    SFA   1(6):92-94. S. 1953. (D. Knight)
    STL   30(1):145-146. My. 1953. (n.g.)
    WT   45(1):72. Mr. 1953. (n.g.)
    FSF   4(2):73. F. 1953. (Boucher & McComas)

WOLFE, GENE

The fifth head of Cerberus. New York, Scribners, 1972.
244 p. 77-38283.

    AMZ   36:123-124,129. N. 1972. (T. Monteleone)
    ASF   90:170-171. D. 1972. (P. Miller)
    KR   40:354. Mr. 15, 1972. (n.g.)
    LJ   97:2651-2652. Ag. 1972. (J. Richter)
    PW   201:73. Mr. 27, 1972. (n.g.)
    SDNP   p. 8. Jl. 15/16, 1972. (B. Friend)
    REN   5(4):11. Fl. 1973. (R. Friedman)
    TLS   3715:562. My. 18, 1973. (n.g.)
    SFO   39:4-7. N. 1973. (G. Turner)
    RQ   6:79-82. Ag. 1973. (D. Barbour)

Operation Ares. New York, Berkley, 1970. 208 p.

    FSF   40:69. Ap. 1971. (J. Russ)
    LM   26/27:40. Jl/Ag. 1971. (R. Freedman)
    WOT   5(3):191. Sp. 1971. (L. del Rey)

WOLLHEIM, DONALD A.

Ace science fiction reader, ed. by Donald A. Wollheim.
New York, Ace, 1971. 251 p.

    GAL   32:86. Mr. 1972. (T. Sturgeon)

Adventures in the far future, ed. by Donald A. Wollheim.
New York, Ace, 1954. 177 p.

    GAL   9(5):108-109. F. 1955. (G. Conklin)

Adventures on other planets, ed. by Donald A. Wollheim.
New York, Ace, 1955. 160 p.

    ASF   57(4):146-147. Je. 1956. (P. Miller)

The earth in peril, ed. by Donald A. Wollheim. New York,
Ace, 1957. 158 p.

    ASF   60(1):149-150. S. 1957. (P. Miller)

The end of the world, ed. by Donald A. Wollheim. New
York, Ace, 1956. 160 p.

    ASF   59(2):158-159. Ap. 1957. (P. Miller)
    FAS   6(4):123-124. My. 1957. (V. Gerson)
    FSF   12(1):96. Ja. 1957. (A. Boucher)

Every boy's book of science fiction, ed. by Donald A.
Wollheim. New York, Frederick Fell, 1951. 254 p.
51-11296.

    ASF   48(4):158. D. 1951. (P. Miller)
    GAL   3(4):117-118. Ja. 1952. (G. Conklin)

Flight into space, ed. by Donald A. Wollheim. New York,
Frederick Fell, 1950. 251 p. 50-8318.

    ASF   46(3):93-94. N. 1950. (P. Miller)
    FSO   3(1):100. Ja. 1951. (B. Tucker)
    GAL   1(1):143-144. O. 1950. (G. Conklin)
    AUT   No. 18:112. F. 1952. (n.g.)
    SCF   No. 1:29. Sm. 1950. (G. Giles)
    TWS   37(1):156. O. 1950. (S. Merwin)
    SSS   7(2):68. S. 1950. (F. Pohl)
    FSF   1(5):104. D. 1950. (Boucher & McComas)

Hidden planet, ed. by Donald A. Wollheim. New York, Ace,
1959. 190 p.

    ASF   64(6):167-168. F. 1960. (P. Miller)
    FAU   11(5):101. S. 1959. (H. Santesson)

The macabre reader, ed. by Donald A. Wollheim. New York,
Ace, 1959. 222 p.

    FAU   11(5):101. S. 1959. (H. Santesson)
    FSF   17(2):91-94. Ag. 1959. (D. Knight)

Men on the moon, ed. by Donald A. Wollheim. New York,
Ace, 1958. 137 p.

    ASF   62(3):144-145. N. 1958. (P. Miller)
    FAU   10(2):124. Ag. 1958. (H. Santesson)
    OSFS   10(2):64-65. My. 1959. (C. Knox)
    LM   19:26. D. 1970. (D. Paskow)
    SFR   41:27-28. N. 1970. (P. Walker)
    VOT   1(10):55. Jl. 1970. (J. Foyster)

Mike Mars and the mystery satellite. Garden City, N.Y.,
Doubleday, 1963. 190 p. 63-18231.

    ASF   73(3):88. My. 1964. (P. Miller)

WOLLHEIM, DONALD A. (Continued)

Mike Mars around the moon. Garden City, N.Y., Doubleday, 1964. 192 p. 64-11703.

    ASF   74(3):89-90. N. 1964. (P. Miller)

Mike Mars, Astronaut. Garden City, N.Y., Doubleday, 1961. 188 p. 60-12789.

    ASF   68(5):158. Ja. 1962. (P. Miller)
    GAL   20(6):191. Ag. 1962. (F. Gale)

Mike Mars at Cape Canaveral. Garden City, N.Y., Double-day, 1961. 186 p. 61-10653.

    ASF   68(5):158. Ja. 1962. (P. Miller)
    GAL   20(6):191. Ag. 1962. (F. Gale)

Mike Mars flies the dyna-soar. Garden City, N.Y., Doubleday, 1962. 188 p. 62-11373.

    ASF   71(4):90. Je. 1963. (P. Miller)

Mike Mars flies the X-15. Garden City, N.Y., Doubleday, 1961. 187 p. 60-14181rev.

    ASF   68(5):158. Ja. 1962. (P. Miller)
    GAL   20(6):191. Ag. 1962. (F. Gale)

Mike Mars in orbit. Garden City, N.Y., Doubleday, 1961. 188 p. 61-10654.

    ASF   68(5):158. Ja. 1962. (P. Miller)
    GAL   20(6):191. Ag. 1962. (F. Gale)

Mike Mars, south pole spaceman. Garden City, N.Y., Doubleday, 1962. 190 p. 62-15868.

    ASF   73(3):88. My. 1964. (P. Miller)

The 1972 annual world's best SF, ed. by Donald A. Wollheim. New York, Daw, 1972. 302 p.

    GAL   33:87. S. 1972. (T. Sturgeon)
    KPG   6:36-37. S. 1972. (n.g.)
    LM   38/39:43. Jl/Ag. 1972. (S. Mines)
    REN   4:10-12. Fl. 1972. (J. Pierce)
    SDNP   p. 9. S. 16/17, 1972. (B. Friend)
    SWSJ   66:8. S. 1972. (S. Burns)
    ASF   91:169-171. My. 1973. (P. Miller)
    FSF   44:35-37. Mr. 1973. (A. Davidson)
    WSJ   82:R/4-R/5. S. 1973. (R. Delap)

The 1973 annual world's best SF, ed. by Donald A. Wollheim. New York, Daw, 1973. 253 p.

    ASF   92:164-165. O. 1973. (P. Miller)
    EJ   62:1059. O. 1973. (H. Means)
    KPG   7:35. N. 1973. (n.g.)
    REN   5(3):11-13. Sm. 1973. (J. Pierce)

One against the moon. Cleveland, World, 1956. 220 p. 56-9261.

    ASF   59(3):150. My. 1957. (P. Miller)
    FAS   6(2):127-128. Mr. 1957. (V. Gerson)
    FSF   12(2):101. F. 1957. (A. Boucher)

Operation: phantasy. West Kingston, R.I., Donald M. Grant, 1967. 59 p.

    SMS   2(4):74. Fl. 1968. (R. Lowndes)

Prize science fiction, ed. by Donald A. Wollheim. New York, McBride, 1953. 230 p.

    FUTF   4(5):62,66. Ja. 1954. (R. Lowndes)
    GAL   7(5A):109-110. F. 1954. (G. Conklin)
    ISF   4(11):145. D. 1953. (M. Reinsberg)
    SFA   2(2):81. F. 1954. (D. Knight)

Prize stories of space and time, ed. by Donald A. Wollheim. London, Weidenfeld & Nicholson, 1953. 256 p.

    AUT   No. 41:150. Ja. 1954. (n.g.)

The secret of Saturn's rings. Philadelphia, Winston, 1954. 207 p. 54-5068.

    GAL   9(2):122. N. 1954. (G. Conklin)

Secret of the Martian moons. Philadelphia, Winston, 1955. 206 p. 55-5741.

    ASF   59(1):147-148. Mr. 1957. (P. Miller)
    GAL   11(5):98-99. Mr. 1956. (F. Gale)
    FSF   10(2):98. F. 1956. (A. Boucher)

The secret of the ninth planet. Philadelphia, Winston, 1959. 203 p. 59-5328.

    ASF   65(5):163. Jl. 1960. (P. Miller)
    GAL   19(1):146. O. 1960. (F. Gale)

Tales of outer space, ed. by Donald A. Wollheim. New York, Ace, 1954. 140 p.

    GAL   9(5):108-109. F. 1955. (G. Conklin)

Terror in the modern vein, ed. by Donald A. Wollheim. Garden City, N.Y., Hanover House, 1955. 315 p. 55-6488.

    ASF   56(3):145-148. N. 1955. (P. Miller)
    FAU   5(1):112. F. 1956. (H. Santesson)
    GAL   11(2):105. N. 1955. (F. Gale)
    SFIQ   4(2):51-52. F. 1956. (D. Knight)
    FSF   9(1):99-100. Jl. 1955. (A. Boucher)

Trilogy of the future, ed. by Donald A. Wollheim. London, Sidgwick & Jackson, 1972. 251 p.

    BB   18:73. D. 1972. (B. Patten)

Two dozen dragon eggs. Reseda, Calif., Powell, 1969. 207 p.

    LM   16:19. S. 1970. (S. Mines)
    MOH   6(3):39-41. Sm. 1970. (R. Lowndes)
    VOT   1(8):30. My. 1970. (J. Foyster)

The ultimate invader and other science fiction, ed. by Donald A. Wollheim. New York, Ace, 1954. 139 p.

    GAL   8(4):99. Jl. 1954. (G. Conklin)

The universe makers: science fiction today. New York, Harper, 1971. 122 p. 75-123973.

    PW   198(24):35-36. D. 14, 1970.
    ASF   87:161-163. Ap. 1971. (P. Miller)
    ASF   87:159-161. My. 1971. (P. Miller)
    KR   39:14. Ja. 1, 1971. (n.g.)
    LJ   96:194. Ja. 15, 1971. (R. Rosichan)
    LM   28:21-22. S. 1971. (P. Walker)
    LM   30:19-20. N. 1971. (P. Walker)
    LOCUS   76:7. Mr. 4, 1971. (C. Brown)
    EXT   12:94-96. My. 1971. (J. Williamson)
    NR   23:1245. N. 5, 1971. (T. Sturgeon)
    REN   3:13. 1971. (J. Pierce)

WOLLHEIM, DONALD A. (Continued)

The universe makers: science fiction today (Continued).

SFN	5:3. 0. 15, 1971. (V. Carew)
WIF	20:168-169. Mr/Ap. 1971. (L. del Rey)
WSJ	76:91-93. Ap/My. 1971. (J. Newton)
BB	17:72-73. Je. 1972. (B. Patten)
FSF	42:129-130. My. 1972. (D. Suvin)
NST	54:156-157. Ap. 20, 1972. (M. Kenward)
NYT	p. 36-37. Mr. 5, 1972. (T. Sturgeon)
SFN	17/18:1. N/D. 1972. (n.g.)
SPEC	30:39-41. Je. 1972. (T. Shippey)
NWQ	5:234-239. 1973. (M. Harrison)

World's best science fiction: 1965, ed. by Donald A.
Wollheim and Terry Carr. New York, Ace, 1965. 288 p.

ASF	76(5):147-148. Ja. 1966. (P. Miller)
FSF	29(2):66-67. Ag. 1965. (T. White)
SWSJ	17:10. Mr. 1971. (J. Newton)

World's best science fiction: 1966, ed. by Donald A.
Wollheim and Terry Carr. New York, Ace, 1966. 287 p.

ASF	78(3):171-172. N. 1966. (P. Miller)
GAL	25(1):152-154. O. 1966. (A. Budrys)
NWB	No. 165:147. Ag. 1966. (J. Cawthorn)
SWSJ	17:10. Mr. 1971. (J. Newton)

World's best science fiction: 1967, ed. by Donald A.
Wollheim and Terry Carr. New York, Ace, 1967. 285 p.

ASF	81(1):165-166. Mr. 1968. (P. Miller)
FSF	33(5):28-32. N. 1967. (J. Merril)
SWSJ	17:10. Mr. 1971. (J. Newton)

World's best science fiction: 1968, ed. by Donald A.
Wollheim and Terry Carr. New York, Ace, 1968. 319 p.

ASF	82(5):164-165. Ja. 1969. (P. Miller)
SWSJ	17:10. Mr. 1971. (J. Newton)

World's best science fiction: 1969, ed. by Donald A.
Wollheim and Terry Carr. New York, Ace, 1969. 380 p.

AMZ	44(1):115-116. My. 1970. (A. Panshin)
SFO	12:11-17. Je. 1970. (B. Gillespie)
SFO	7:27. N. 1969. (B. Gillespie)
SFR	37:31-32. Ap. 1970. (R. Delap)
VOT	1(4):58-60. Ja. 1970. (J. Foyster)
NR	22(9):266-267. Mr. 10, 1970. (T. Sturgeon)
SWSJ	21:10. My. 1971. (yngvi)
FSF	37(3):23-24. S. 1969. (J. Russ)

World's best science fiction: 1970, ed. by Donald A.
Wollheim and Terry Carr. New York, Ace, 1970. 349 p.

PW	197(15):87. Ap. 13, 1970.
SFR	42:29-30. Ja. 1971. (R. Delap)

World's best science fiction: 1971, ed. by Donald A.
Wollheim and Terry Carr. New York, Ace, 1971. 349 p.

ASF	88:167-168. D. 1971. (P. Miller)
REN	3:12. Sm. 1971. (J. Pierce)
SFO	26:39-41. Ap. 1972. (C. McGowan)
SWSJ	45:3-4. Ja. 1972. (M. Shoemaker)
SWSJ	37:3-4. F. 1972. (T. Pauls)

WOLSTENHOLME, GORDEN E. W., ed.

ESP—extrasensory perception: Ciba Foundation symposium
on extra-sensory perception, ed. by G. E. W. Wolstenholme
and Elaine C. P. Millar. Boston, Little, Brown, 1956.
240 p. 56-4351.

ASF	58(6):138-142. F. 1957. (P. Miller)

WOOD, CYRIL WARCUP

Introductory biology. London, Allman, 1953. 143 p.

AUT	No. 39:138. N. 1953. (n.g.)

WOOD, PLAYSTED

I told you so: a life of H. G. Wells. New York,
Pantheon, 1969. 182 p. 68-24566.

LM	11:26. Ap. 1970. (C. Moslander)

WOODCOTT, KEITH

I speak for Earth. New York, Ace, 1961. 120 p.

ASF	68(2):166-167. O. 1961. (P. Miller)

The ladder in the sky. New York, Ace, 1962. 137 p.

ASF	70(4):156-157. D. 1962. (P. Miller)

The psionic menace. New York, Ace, 1963. 108 p.

ASF	72(3):90-91. N. 1963. (P. Miller)

WOOLLEY, RICHARD VAN DER RIET

A key to the stars. 3d ed. New York, Philosophical
Library, 1957. 144 p.

GAL	15(3):105. Ja. 1958. (F. Gale)

WORLDS OF IF MAGAZINE

The best from IF. Vol. 1. New York, Award.

KPG	7:19. Ap. 1973. (n.g.)

WORM RUNNER'S DIGEST

The worm re-turns, ed. by James V. McConnell. Englewood
Cliffs, N.J., Prentice-Hall, 1965. 182 p. 65-12482.

ASF	76(3):147-148. N. 1965. (P. Miller)
FSF	29(2):61-63. Ag. 1965. (J. Merril)

WREN, LASSITER

The second baffle book, by Lassiter Wren and Randle
McKay. New York, Doubleday, 1928. 281 p. 28-29558.

ADT	1(2):186. F. 1930. (n.g.)

WRIGHT, AUSTIN TAPPAN

Islandia. New York, Farrar, 1942. 1013 p. 42-7208.

ASF	63(4):145-147. Je. 1959. (P. Miller)
SSS	4(1):71. Ag. 1942. (D. Wollheim)
FANA	1:6. Jl. 1973. (L. Newman)

WRIGHT, HAROLD BELL

The devil's highway, by H. B. Wright and G. M. Wright. New York, Appleton, 1932. 334 p. 32-10836.

AMZ   7(3):280. Je. 1932. (C. Brandt)

WRIGHT, HELEN

Great adventures in science, ed. by Helen Wright and Samuel Rapport. New York, Harper, 1956. 338 p. 56-10529.

GAL   14(3):110-111. Jl. 1957. (F. Gale)

The great Palomar telescope. London, Faber, 1953. 176 p.

AUT   No. 36:137-138. Ag. 1953. (n.g.)·

WRIGHT, KENNETH

The mysterious planet. Philadelphia, Winston, 1953. 209 p. 52-14254.

ASF   53(1):158-159. Mr. 1954. (P. Miller)
GAL   6(5):118. Ag. 1953. (G. Conklin)

WRIGHT, LAN

The creeping shroud. London, Compact, 1966. 190 p.

NWB   No. 163:152-153. Je. 1966. (J. Colvin)

A man called destiny. New York, Ace, 1958. 128 p.

AMZ   33(2):53. F. 1959. (S. Cotts)
ASF   63(4):152-153. Je. 1959. (P. Miller)

Who speaks of conquest? New York, Ace, 1957. 160 p.

ASF   60(1):149-150. S. 1957. (P. Miller)
FSF   12(5):75. My. 1957. (A. Boucher)

WRIGHT, SYDNEY FOWLER

The island of Captain Sparrow. New York, Grosset & Dunlap, 1950. 296 p.

FUTF   2(4):86. N. 1951. (R. Lowndes)
FSO   3(5):133. S. 1951. (B. Tucker)
SSS   8(1):36-37. Ap. 1951. (F. Pohl)

Spider's war. New York, Abelard, 1954. 256 p. 54-5233.

ASF   54(5):155. Ja. 1955. (P. Miller)
FAU   2(2):125-126. S. 1954. (R. Frazier)
GAL   8(5):95. Ag. 1954. (G. Conklin)

The throne of Saturn. Sauk City, Wisc., Arkham House, 1949. 186 p. 50-5482.

ASF   48(5):134-135. Ja. 1952. (P. Miller)
WT   42(4):95. My. 1950. (n.g.)
FSF   1(3):106-107. Sm. 1950. (Boucher & McComas)

The world below. New York, Longmans, Green, 1930. 344 p. 30-9487.

AMZ   5(3):280. Je. 1930. (C. Brandt)
ASF   45(2):143-145. Ap. 1950. (L. de Camp)
FSO   3(2):30-31. Mr. 1951. (P. Miller)
MSF   3(1):98-99. N. 1950. (F. Ackerman)

The world below (Continued).

SSS   6(2):97. Ja. 1950. (F. Pohl)
STL   20(3):161. Ja. 1950. (n.g.)
FSF   1(2):106. W/S. 1950. (Boucher & McComas)

WRIGHT, WILLARD HUNTINGTON

The Benson murder case, by S. S. Van Dine. New York, Scribner's, 1926. 348 p.

ADT   1(8):765. Ag. 1930. (n.g.)

The Greene murder case, by S. S. Van Dine. New York, Scribner's, 1928. 388 p.

ADT   1(10):957. O. 1930. (n.g.)

The scarab murder case, by S. S. Van Dine. New York, Scribner's, 1930. 328 p.

ADT   1(9):862. S. 1930. (n.g.)

WUL, STEFAN

The temple of the past. New York, Seabury, 1973. 137 p.

GAL   34:83-84. N. 1973. (T. Sturgeon)
NYT   p. 39. S. 23, 1973. (T. Sturgeon)

WYCKOFF, NICHOLAS ELSTON

The braintree mission. New York, Macmillan, 1957. 184 p. 57-6353.

FSF   13(1):94. Jl. 1957. (A. Boucher)

WYLIE, PHILIP

The answer. New York, Rinehart, 1956. 63 p. 56-7006.

GAL   13(4):53. F. 1957. (F. Gale)
FSF   11(5):100. N. 1956. (A. Boucher)

The disappearance. New York, Rinehart, 1951. 405 p. 50-11198.

ASF   48(4):160-161. D. 1951. (P. Miller)
FSF   2(3):84-85. Je. 1951. (Boucher & McComas)

The end of the dream. Garden City, N.Y., Doubleday, 1972. 264 p. 73-186051.

BKL   69:69. S. 15, 1972. (n.g.)
CHO   9:1296. D. 1972. (n.g.)
KR   40:601. My. 15, 1972. (n.g.)
LJ   97:2652. Ag. 1972. (D. Polacheck)
PW   201:53. My. 15, 1972. (n.g.)

The gladiator. New York, Knopf, 1930. 332 p. 30-6546.

AMZ   5(3):280. Je. 1930. (C. Brandt)

Los Angeles: A.D. 2017. New York, Popular Library, 1971. 221 p.

LM   35/36:53. Ap/My. 1972. (P. Walker)

Tomorrow. New York, Rinehart, 1954. 372 p. 53-10924.

ASF   54(1):147-149. S. 1954. (P. Miller)
FAU   2(2):127-128. S. 1954. (R. Frazier)

WYLIE, PHILIP (Continued)

Triumph. Garden City, N.Y., Doubleday, 1963. 277 p.
63-7705.

  ASF   71(6):90-91. Ag. 1963. (P. Miller)
  FSF   25(3):92-93. S. 1963. (W. Moore)

WYNDHAM, HORACE

Criminology. New York, Cape & Smith, 1929. 105 p.

  ADT   1(6):564. Je. 1930. (n.g.)

WYNDHAM, JOHN
SEE Harris, John Beynon

WYNDHAM, LEE
SEE Hyndman, Jane Andrews Lee

Y

YATES, RAYMOND FRANCIS

Model jets and rockets for boys. London, Laurie, 1954.
115 p.

AUT   No. 47:115-116. Jl. 1954. (n.g.)

YEFREMOV, IVAN

Andromeda. Moskow, Foreign Language Publishing House,
n.d. 445 p.

INT   1(2):35-41. Je. 1968. (J. Isaac)

Stories. Moscow, Foreign Languages Publishing House,
1954. 260 p.

ASF   57(4):147-150. Je. 1956. (A. Budrys)
FSF   10(4):80. Ap. 1956. (A. Boucher)

YELLOWLEES, HENRY

To define true madness. Harmondsworth, Penguin, 1955.
172 p.

AUT   No. 62:151-152. O. 1955. (n.g.)

YELNICK, CLAUDE

The trembling tower. London, Museum Press, 1956. 160 p.

AUT   No. 77:155-156. F. 1957. (n.g.)
NEB   No. 24:102. S. 1957. (K. Slater)
NWB   No. 55:127-128. Ja. 1957. (L. Flood)

YEP, LAURENCE

Sweetwater. New York, Harper, 1973. 201 p. 72-9867.

GAL   34:105. O. 1973. (T. Sturgeon)
PW   203:55. Ap. 16, 1973. (n.g.)

YODA, JUNICH

The rolling rice ball, English version by Alvin Tresselt.
New York, Parents Mag. Press, 1969. 32 p.

LM   16:7. S. 1970. (J. Post)

YOLEN, JANE

The bird of time. New York, Crowell, 1971. 32 p.
72-139102.

LM   38/39:26. Jl/Ag. 1972. (J. Post)

The wizard of Washington Square. New York, World, 1969.
126 p. 79-82777.

LM   16:12. S. 1970. (C. Moslander)

Zoo 2000, ed. by Jane Yolen. New York, Seabury, 1973.
224 p. 72-97773.

LJ   98:3715. D. 15, 1973. (F. Postell)
KR   41:1162. O. 15, 1973. (n.g.)

YOUNG, RICHARD G., ed.

1970 Britannica yearbook of science and the future.
Chicago, Encyclopedia Britannica, 1969. 448 p.

LM   13:29. Je. 1970. (V. Woehr)

YOUNG, ROBERT F.

A glass of stars. Jacksonville, Ill., Harris-Wolfe,
1968. 356 p. 67-30930.

FAS   18(5):143-144. Je. 1969. (F. Leiber)

The worlds of Robert F. Young. New York, Simon &
Schuster, 1965. 163 p. 65-11979.

AMZ   39(5):126. My. 1965. (R. Silverberg)
ASF   76(6):150. F. 1966. (P. Miller)
GAL   23(5):167-168. Je. 1965. (A. Budrys)
NWB   No. 163:147-148. Je. 1966. (J. Colvin)
FSF   28(4):71. Ap. 1965. (J. Merril)

YOUNGBLOOD, GENE

Expanded cinema. New York, Dutton, 1970. 432 p.
71-87207.

SFN   8:3. F. 25, 1972. (I. Rogers)

ᒒ

ZAGAT, ARTHUR LEO

Seven out of time. Reading, Pa., Fantasy Press, 1949.
240 p. 49-5461.

TWS   35(2):160-162. D. 1949. (S. Merwin)
SSS   6(1):81. N. 1949. (F. Pohl)

ZAMIATIN, EVGENII IVANOVICH

We, by Yevgeny Zamyatin. New York, Viking, 1972. 204 p.
73-183514.

CHO   9:976. O. 1972. (n.g.)
KR   40:281. Mr. 1, 1972. (n.g.)
LJ   97:2202. Je. 15, 1972. (S. Haffner)
NYT   p. 7,29. Jl. 9, 1972. (S. Koch)
REN   4:15-16. Sm. 1972. (J. Pierce)
SDNP   p. 8. Jl. 15/16, 1972. (B. Friend)
ATLANTIC 229:112. Je. 1972. (P. Adams)
CHRISTIAN SCIENCE MONITOR p. 11. My. 10, 1972. (R.
                                            Haney)
NATION 214:824. Je. 26, 1972. (R. Morris)
NY REVIEW OF BOOKS 19:18-21. O. 19, 1972. (J. Bayley)
SR   55:88. My. 6, 1972. (V. Mihailovich)
ASF   65(4):160-161. Je. 1960. (P. Miller)
KPG   7:59. F. 1973. (n.g.)

ZANELLI, DAVIO, ed.

Fellini's satryicon. New York, Ballantine, 1970. 280 p.

LM   19:21. D. 1970. (D. Paskow)

ZAREM, LEWIS

The green man from space. New York, Dutton, 1955. 160 p.
55-5468.

GAL   11(4):91. F. 1956. (F. Gale)

New dimensions of flight. New York, Dutton, 1959. 256 p.
59-7800.

GAL   19(2):126. D. 1960. (F. Gale)

ZEBROWSKI, GEORGE

The omega point. New York, Ace, 1972. 169 p.

LM   46:22. Mr. 1973. (S. Mines)

ZEIGFREID, KARL

Radar alert. Clovis, Calif., Vega Books, 1964. 134 p.

ASF   74(2):91. O. 1964. (P. Miller)

World of the future. New York, Arcadia House, 1964.
189 p. 64-7367/CD.

ASF   75(4):158. Je. 1965. (P. Miller)

ZELAZNY, ROGER

Creatures of light and darkness. Garden City, N.Y.,
Doubleday, 1969. 187 p. 70-78673.

FSF   38(4):49-51. Ap. 1970. (J. Blish)
LM   16:25. S. 1970. (A. Brodsky)
SFR   35:28-29. F. 1970. (P. Walker)
SPEC   3(3):11-12. S/O. 1970. (B. Stableford)
KPG   5:sec. II. F. 1971. (L. Hale)
GAL   29(3):141-142. N. 1969. (A. Budrys)

Damnation alley. New York, Putnam, 1969. 157 p. 77-
95238.

FSF   38(5):26-27. My. 1970. (B. Malzberg)
LJ   95(2):260. Ja. 15, 1970. (C. Clark)
LM   16:26-27. S. 1970. (J. Pierce)
PW   197(19):44. My. 11, 1970.
SFR   39:31-32. Ag. 1970. (R. Delap)
WSJ   72:20-21. Je/Ag. 1970. (A. Gilliland)
SWSJ   37:9. D. 1971. (J. Newton)

The doors of his face, the lamps of his mouth and other
stories. Garden City, N.Y., doubleday, 1971. 229 p.
70-148921.

KR   39:466. Ap. 15, 1971. (n.g.)
LJ   96:2012. Je. 1, 1971. (H. Hall)
PW   199:55. My. 3, 1971. (n.g.)
REN   3:12. Fl. 1971. (J. Pierce)
ASF   90:161-162. S. 1972. (P. Miller)
GAL   32:119. Ja. 1972. (T. Sturgeon)
LM   38/39:32. Jl/Ag. 1972. (G. Bear)
BB   18:87. S. 1973. (B. Patten)
RQ   6:77-78. Ag. 1973. (D. Barbour)

The dream master. New York, Ace, 1970. 155 p.

LM   26/27:46-47. Jl/Ag. 1971. (J. Evers)
NWB   No. 170:155. Ja. 1967. (J. Cawthorn)
SWSJ   110:4. O. 1973. (K. Ozanne)

Four for tomorrow. New York, Ace, 1967. 191 p.

ASF   80(2):165-166. O. 1967. (P. Miller)
GAL   25(6):139-140. Ag. 1967. (A. Budrys)
NWB   No. 173:63. Jl. 1967. (J. Cawthorn)

The guns of Avalon. Garden City, N.Y., Doubleday, 1972.
180 p. 72-76223.

BKL   69:429. Ja. 1, 1973. (n.g.)
FSF   44:36-37. Ap. 1973. (A. Davidson)
GAL   33:155. Mr/Ap. 1973. (T. Sturgeon)
SWSJ   82:2. F. 1973. (J. Newton)
SWSJ   96:4. Jl. 1973. (J. Fredericks)

ZELAZNY, ROGER (Continued)

The guns of Avalon (Continued).

LM	49:30. At. 1973. (C. Moslander)	
KR	40:978. Ag. 15, 1972. (n.g.)	
PW	202:262. Ag. 28, 1972. (n.g.)	

Isle of the dead. New York, Ace, 1969. 190 p.

LM	2:27. Jl. 1969. (J. Slavin)	
RQ	4(3):208-209. Je. 1970. (T. Pauls)	
SFO	5:38. Ag. 1969. (J. Bangsund)	
SPEC	3(2):29-31. My. 1970. (F. Rottensteiner)	
SPEC	3(2):32-34. My. 1970. (B. Parkinson)	
SPEC	3(3):20. S/O. 1970. (R. Meadley)	
ASF	84(4):166-167. D. 1969. (P. Miller)	
FAS	18(6):130-132. Ag. 1969. (T. White)	
FSF	36(2):22-24. F. 1969. (J. Merril)	
GAL	28(2):188-190. Mr. 1969. (A. Budrys)	

Jack of shadows. New York, Walker, 1971. 207 p.
70-142849.

SWSJ	39:10. D. 1971. (D. Bischoff)	
SWSJ	40:3. D. 1971. (M. Shoemaker)	
FSF	42:103-104. Ap. 1972. (J. Blish)	
LJ	97:217. Ja. 15, 1972. (B. Smith)	
LM	34:22. Mr. 1972. (L. Carter)	
SFO	26:43-46. Ap. 1972. (B. Gillespie)	
WIF	21:158-159. F. 1972. (L. del Rey)	
TLS	3715:562. My. 18, 1973. (n.g.)	
EJ	5:335. Je. 1973. (D. Livingston)	
SPEC	32:30-32. Sp. 1973. (D. Pringle)	
ETR	1(1):15-17. Jl. 1972. (J. Clark)	

Lord of light. Garden City, N.Y., Doubleday, 1967.
257 p. 67-19099.

AMZ	41(6):141-142. F. 1968. (L. Tanner)	
ASF	81(4):160-161. Je. 1968. (P. Miller)	
NWB	No. 178:61. D/Ja. 1968. (J. Colvin)	
FSF	34(1):37-38. Ja. 1968. (J. Russ)	
LM	7:29. D. 1969. (J. Schaumburger)	
SWSJ	67:9-10. S. 1972. (R. Wadholm)	

Nebula award stories three, ed. by Roger Zelazny. Garden
City, N.Y., Doubleday, 1968. 272 p.

ASF	83(5):164. Jl. 1969. (P. Miller)	
GAL	28(4):137-139. My. 1969. (A. Budrys)	
NWB	No. 186:62. Ja. 1969. (J. Churchill)	
SFO	4:41. Jl. 1969. (B. Gillespie)	
LM	20:28. Ja. 1971. (J. Slavin)	
WSJ	74:36-37. D. 1970/Ja. 1971. (T. Pauls)	

Nine princes in amber. Garden City, N.Y., Doubleday,
1970. 188 p. 77-103787.

LJ	95(13):2513. Jl. 1970. (J. Davis)	
PW	197(17):79. Ap. 27, 1970.	
WIF	20(8):165-167. N/D. 1970. (L. del Rey)	
FSF	40:39. My. 1971. (J. Blish)	
LM	26/27:37. Jl/Ag. 1971. (C. Moslander)	
SWSJ	24:8. Je. 1971. (J. Newton)	
FOU	2:55-56. Je. 1972. (C. Ward)	
KPG	6:90. N. 1972. (C. Richey)	
SWSJ	96:4. Jl. 1973. (J. Fredericks)	
SWSJ	110:4. O. 1973. (K. Ozanne)	

This immortal. New York, Ace, 1966. 174 p.

GAL	25(2):131-133. D. 1966. (A. Budrys)	
NWB	No. 169:153. D. 1966. (H. Bailey)	
FSF	31(6):34-35. D. 1966. (J. Merril)	
SFO	20:28-29. Ap. 1971. (A. Robb)	

To die in Italbar. Garden City, N.Y., Doubleday, 1973.
183 p. 72-96269.

ASF	92:167-168. D. 1973. (P. Miller)	
KR	41:580. My. 15, 1973. (n.g.)	
LJ	98:2151. Jl. 1973. (D. Harrison)	
SWSJ	108:3. O. 1973. (W. Johnson)	

Today we choose faces. New York, Signet, 1973. 174 p.

SWSJ	94:5. Je. 1973. (D. D'Ammassa)	

ZELLER, BERNHARD

Hermann Hesse: an illustrated biography. London, Peter
Owen, 1972. 176 p.

BB	18:36-37. O. 1972. (J. Meades)	

ZEMACH, HARVE

Awake and dreaming, by Harve and Margot Zemach. New York,
Farrar, 1970. 32 p. 77-125145.

LM	38/39:20. Jl/Ag. 1972. (S. Deckinger)	

ZENKOVITCH, V.

The sea bed. London, Lawrence, 1959. 61 p.

NWB	No. 84:86. Je. 1959. (L. Flood)	

ZIMMER, ERNST

The revolution in physics. New York, Harcourt, 1936.
240 p. 36-17356.

TWS	8(3):121. D. 1936. (E. B.)	

ZIMPEL, LLOYD

Meeting the bear: journal of the black wars. New York,
Macmillan, 1971. 238 p. 71-134887.

SWSJ	106:3. O. 1973. (D. D'Ammassa)	

ZSOLDOS, PETER

A Feladat (The assignment). Budapest, Kosmosz Konyvek,
1971. 233 p.

LM	35/36:48-49. Ap/My. 1972. (O. Orban)	

ZUBER, STANLEY

The golden promise. New York, Pageant Press, 1956.
127 p. 55-12525.

GAL	12(4):111. Ag. 1956. (F. Gale)	

At the mountains of murkiness and other parodies.
  London, Ferret Fantasy, 1973. 111 p.

    FANA   1:10. D. 1973. (L. Newman)

Cowles encyclopedia of science, industry and technology.
  New York, Cowles Education Corp., 1967. 510 p. 67-26332.

    ASF   80(6):163-165. F. 1968. (J. Campbell, Jr.)

Destiny and the hero: a chronicle of one man's search for
salvation.
  Sacramento, Calif., Deuce of Clubs Press, 1970. 55 p.

    LM   26/27:45. Jl/Ag. 1971. (J. B. Post)

Fairy tales for computers, by E. M. Forster and others.
  New York, Eakins, 1969. 163 p. 77-93091.

    LM   19:30. D. 1970. (J. B. Post)

The fiend.
  Chicago, HMH Publishing Co., 1971. 192 p.

    RQ   5:307-309. Ap. 1973. (P. Bernhardt)

Five fates, by Keith Laumer and others.
  Garden City, N.Y., Doubleday, 1970. 256 p. 76-111173.

    LJ   95(16):3077. S. 15, 1970. (D. Jensen)
    LJ   95(21):4196. D. 1, 1970. (D. Polacheck)
    LM   26/27:32. Jl/Ag. 1971. (D. Paskow)
    NR   23:39-41. Ja. 12, 1971. (T. Sturgeon)
    SWSJ 18:3. Ap. 1971. (J. Newton)
    PW   197(24):59. Je. 15, 1970. (n.g.)

Four futures.
  New York, Hawthorn, 1971. 195 p. 79-158024.

    BKL   68:649. Ap. 1, 1972. (n.g.)
    CHO   9:640. Jl/Ag. 1972. (n.g.)
    FSF   43:18-20. N. 1972. (J. Blish)
    LM   43:29-30. D. 1972. (J. Pierce)
    REN   4:18. Sp. 1972. (J. Pierce)
    KR   39:836. Ag. 1, 1971. (n.g.)
    LJ   96:3161. O. 1, 1971. (J. Richter)
    PW   200:56. Ag. 16, 1971. (n.g.)

The frozen planet.
  New York, Macfadden, 1970. 160 p.

    LM   26/27:45. Jl/Ag. 1971. (R. Freedman)

The heart of the serpent.
  Moscow, Foreign Languages Publishing House, 196-. 266 p.

    NWB   No. 108:2-3. Jl. 1961. (J. Carnell)

Masters of science fiction.
  New York, Belmont, 1964. 157 p.

    ASF   76(6):150-151. F. 1966. (P. Miller)

The new space encyclopedia: a guide to astronomy and
space exploration.
  New York, Dutton, 1969. 316 p. 77-77915.

    LM   16:15. S. 1970. (J. B. Post)

Now and beyond.
  New York, Belmont, 1965. 157 p.

    ASF   78(2):164. O. 1966. (P. Miller)

The petrified planet.
  New York, Twayne, 1952. 263 p. 53-5926.

    ASF   51(5):162-163. Jl. 1953. (P. Miller)
    GAL   6(3):121-122. Je. 1953. (G. Conklin)
    FSF   4(4):99. Ap. 1953. (Boucher & McComas)
    ISF   4(5):145. Je. 1953. (M. Reinsberg)
    SFP   1(4):66. Je. 1953. (S. Moskowitz)
    SFIQ 3(2):62-63. Ag. 1954. (D. Knight)

Pulsating stars.
  London, Macmillan, 1968. 92 p.

    NWB   No. 187:62. F. 1969. (C. Platt)

The science fiction novel: imagination and social
criticism, by Basil Davenport and others.
  Chicago, Advent, 1959. 160 p. 58-7492.

    ASF   63(6):148-150. Ag. 1959. (P. Miller)
    FSF   17(1):74-76. Jl. 1959. (D. Knight)
    GAL   18(3):167. F. 1960. (F. Gale)

The science fiction novel: imagination and social
criticism. 2d. ed.
  Chicago, Advent, 1964. 160 p.

    ASF   75(1):86. Mr. 1965. (P. Miller)

A science fiction omnibus on pollution.
  London, Sidgwick and Jackson, 1971. 512 p.

    BB   17:50-51. O. 1971. (D. Compton)

The space encyclopedia, ed. by M. T. Bizony and R. Griffin.
  New York, Dutton, 1957. 287 p. 57-12923.

    WIF   9(1):113. D. 1958. (D. Knight)

Strange horizons.
  New York, Pyramid.

    FSF   34(3):42-43. Mr. 1968. (J. Merril)

Swordsmen and supermen.
  New York, Centaur Press, 1972. 120 p.

    LM   44:21. Ja. 1973. (B. Fredstrom)

Teen-age space adventures, ed. by A. L. Furman.
  Mt. Vernon, N.Y., Lantern, 1972. 192 p. 75-189828.

    LJ   97:3460. O. 15, 1972. (M. Brady)

The weird menace.
  Evergreen, Colo., Opar Press, 1972. 68 p.

    LM   44:20. Ja. 1973. (J. B. Post)

Zacherley's vulture stew.
  New York, Ballantine, 1960. 160 p.

    NWB   No. 102:125. Ja. 1961. (J. Carnell)

A. MERRITT'S FANTASY MAGAZINE. V. 1-2 NO. 1. DEC.
1949-OCT. 1950.
KOKOMO, IND., RECREATIONAL READING, INC.

```
        EDITOR:  MARY GNAEDINGER
        CODE:  AMF
        INDEXED IN:  DAY.

    ISSUE CHECKLIST:

            A. MERRITT'S FANTASY MAGAZINE
    V. 1      NO. 1      DEC        1949
    V. 1      NO. 2      FEB        1950
    V. 1      NO. 3      APR        1950
    V. 1      NO. 4      JUL        1950
    V. 2      NO. 1      OCT        1950
```

AIR WONDER STORIES. V. 1. JUL. 1929-MAY 1930.
NEW YORK, STELLAR PUBLISHING CORP.

```
        EDITOR:  HUGO GERNSBACK
        MERGED WITH SCIENCE WONDER STORIES TO FORM
    WONDER STORIES.
        CODE:  AWS
        INDEXED IN:  DAY.

    ISSUES CHECKLIST:

            AIR WONDER STORIES
    V. 1      NO. 1      JUL        1929
    V. 1      NO. 2      AUG        1929
    V. 1      NO. 3      SEP        1929
    V. 1      NO. 4      OCT        1929
    V. 1      NO. 5      NOV        1929
    V. 1      NO. 6      DEC        1929
    V. 1      NO. 7      JAN        1930
    V. 1      NO. 8      FEB        1930
    V. 1      NO. 9      MAR        1930
    V. 1      NO. 10     APR        1930
    V. 1      NO. 11     MAY        1930
```

AMAZING DETECTIVE TALES. V. 1. 1930.
N.P., TECHNI-CRAFT PUBLISHING CO.

```
        EDITOR:  HUGO GERNSBACK.
        CODE:  ADT
        INDEXED IN:  DAY.

    ISSUE CHECKLIST:

            SCIENTIFIC DETECTIVE MONTHLY
    V. 1      NO. 1      JAN        1930
    V. 1      NO. 2      FEB        1930
    V. 1      NO. 3      MAR        1930
    V. 1      NO. 4      APR        1930
    V. 1      NO. 5      MAY        1930
            AMAZING DETECTIVE TALES
              NO. 6      JUN        1930
              NO. 7      JUL        1930
              NO. 8      AUG        1930
              NO. 9      SEP        1930
              NO. 10     OCT        1930
```

AMAZING SCIENCE FICTION
    SEE AMAZING STORIES

AMAZING SCIENCE STORIES. NO. 1-2. 1951
MANCHESTER, ENG., PEMBERTONS.

```
        EDITOR:  NOT IDENTIFIED.
        CODE:  ASS
        INDEXED IN:

    ISSUE CHECKLIST:

            AMAZING SCIENCE STORIES
              NO. 1                 1951
              NO. 2                 1951
```

AMAZING STORIES. V. 1-   , APR. 1926-
FLUSHING, N.Y., ULTIMATE PUBLISHING CO., INC.

```
        EDITOR:  APR. 1926-APR. 1929, HUGO GERNSBACK;
    MAY-OCT. 1929, ARTHUR H. LYNCH;  NOV. 1929-APR.
    1938, T. O'CONNER SLOANE;  JUNE 1938-FEB. 1949, B.
    G. DAVIS;  MAR. 1947-DEC. 1949, RAYMOND A. PALMER;
    JAN. 1950-AUG. 1956, HOWARD BROWNE;  SEP. 1956-
    NOV. 1958, PAUL W. FAIRMAN;  DEC. 1958-JULY 1964,
    CELE GOLDSMITH;  AUG. 1964-JUNE 1965, CELE G.
    LALLI;  AUG. 1965-OCT. 1967, SOL COHEN;  DEC.
    1967-SEP. 1968, HARRY HARRISON;  NOV. 1968-JAN.
    1969, BARRY M. MALZBERG;  MAR. 1969-    , TED
    WHITE.
        PUBLISHER VARIES:  APR. 1926-SEP. 1931,
    EXPERIMENTER PUBLISHING CO., INC.;  OCT. 1931-
    FEB. 1938, TECK PUBLISHING CO.;  APR. 1938-
    JUNE 1965, ZIFF-DAVIS PUBLISHING CO.;  AUG. 1965-
    ULTIMATE PUBLISHING CO.
        CODE:  AMZ
        INDEXED IN:  DAY, STRAUSS, METCALF, NESFA

    ISSUE CHECKLIST:

            AMAZING STORIES
    V. 1      NO. 1      APR        1926
    V. 1      NO. 2      MAY        1926
    V. 1      NO. 3      JUN        1926
    V. 1      NO. 4      JUL        1926
    V. 1      NO. 5      AUG        1926
    V. 1      NO. 6      SEP        1926
    V. 1      NO. 7      OCT        1926
    V. 1      NO. 8      NOV        1926
    V. 1      NO. 9      DEC        1926
    V. 1      NO. 10     JAN        1927
    V. 1      NO. 11     FEB        1927
    V. 1      NO. 12     MAR        1927
    V. 2      NO. 1      APR        1927
    V. 2      NO. 2      MAY        1927
    V. 2      NO. 3      JUN        1927
    V. 2      NO. 4      JUL        1927
    V. 2      NO. 5      AUG        1927
    V. 2      NO. 6      SEP        1927
    V. 2      NO. 7      OCT        1927
    V. 2      NO. 8      NOV        1927
    V. 2      NO. 9      DEC        1927
    V. 2      NO. 10     JAN        1928
    V. 2      NO. 11     FEB        1928
    V. 2      NO. 12     MAR        1928
    V. 3      NO. 1      APR        1928
    V. 3      NO. 2      MAY        1928
    V. 3      NO. 3      JUN        1928
    V. 3      NO. 4      JUL        1928
    V. 3      NO. 5      AUG        1928
    V. 3      NO. 6      SEP        1928
    V. 3      NO. 7      OCT        1928
    V. 3      NO. 8      NOV        1928
    V. 3      NO. 9      DEC        1928
    V. 3      NO. 10     JAN        1929
    V. 3      NO. 11     FEB        1929
    V. 3      NO. 12     MAR        1929
    V. 4      NO. 1      APR        1929
    V. 4      NO. 2      MAY        1929
    V. 4      NO. 3      JUN        1929
    V. 4      NO. 4      JUL        1929
    V. 4      NO. 5      AUG        1929
    V. 4      NO. 6      SEP        1929
    V. 4      NO. 7      OCT        1929
    V. 4      NO. 8      NOV        1929
    V. 4      NO. 9      DEC        1929
    V. 4      NO. 10     JAN        1930
    V. 4      NO. 11     FEB        1930
    V. 4      NO. 12     MAR        1930
    V. 5      NO. 1      APR        1930
    V. 5      NO. 2      MAY        1930
    V. 5      NO. 3      JUN        1930
    V. 5      NO. 4      JUL        1930
    V. 5      NO. 5      AUG        1930
```

V. 5	NO. 6	SEP	1930
V. 5	NO. 7	OCT	1930
V. 5	NO. 8	NOV	1930
V. 5	NO. 9	DEC	1930
V. 5	NO. 10	JAN	1931
V. 5	NO. 11	FEB	1931
(V. 5 NO. 10 ON COVER)			
V. 5	NO. 12	MAR	1931
V. 6	NO. 1	APR	1931
V. 6	NO. 2	MAY	1931
V. 6	NO. 3	JUN	1931
V. 6	NO. 4	JUL	1931
V. 6	NO. 5	AUG	1931
V. 6	NO. 6	SEP	1931
V. 6	NO. 7	OCT	1931
V. 6	NO. 8	NOV	1931
V. 6	NO. 9	DEC	1931
V. 6	NO. 10	JAN	1932
V. 6	NO. 11	FEB	1932
V. 6	NO. 12	MAR	1932
V. 7	NO. 1	APR	1932
V. 7	NO. 2	MAY	1932
V. 7	NO. 3	JUN	1932
V. 7	NO. 4	JUL	1932
V. 7	NO. 5	AUG	1932
V. 7	NO. 6	SEP	1932
V. 7	NO. 7	OCT	1932
V. 7	NO. 8	NOV	1932
V. 7	NO. 9	DEC	1932
V. 7	NO. 10	JAN	1933
V. 7	NO. 11	FEB	1933
V. 7	NO. 12	MAR	1933
V. 8	NO. 1	APR	1933
V. 8	NO. 2	MAY	1933
V. 8	NO. 3	JUN	1933
V. 8	NO. 4	JUL	1933
V. 8	NO. 5	AUG/SEP	1933
V. 8	NO. 6	OCT	1933
V. 8	NO. 7	NOV	1933
V. 8	NO. 8	DEC	1933
V. 8	NO. 9	JAN	1934
V. 8	NO. 10	FEB	1934
V. 8	NO. 11	MAR	1934
V. 8	NO. 12	APR	1934
V. 9	NO. 1	MAY	1934
V. 9	NO. 2	JUN	1934
V. 9	NO. 3	JUL	1934
V. 9	NO. 4	AUG	1934
V. 9	NO. 5	SEP	1934
V. 9	NO. 6	OCT	1934
V. 9	NO. 7	NOV	1934
V. 9	NO. 8	DEC	1934
V. 9	NO. 9	JAN	1935
V. 9	NO. 10	FEB	1935
V. 9	NO. 11	MAR	1935
V. 10	NO. 1	APR	1935
V. 10	NO. 2	MAY	1935
V. 10	NO. 3	JUN	1935
V. 10	NO. 4	JUL	1935
V. 10	NO. 5	AUG	1935
V. 10	NO. 6	OCT	1935
V. 10	NO. 7	DEC	1935
V. 10	NO. 8	FEB	1936
V. 10	NO. 9	APR	1936
V. 10	NO. 10	JUN	1936
V. 10	NO. 11	AUG	1936
V. 10	NO. 12	OCT	1936
V. 10	NO. 13	DEC	1936
V. 11	NO. 1	FEB	1937
V. 11	NO. 2	APR	1937
V. 11	NO. 3	JUN	1937
V. 11	NO. 4	AUG	1937
V. 11	NO. 5	OCT	1937
V. 11	NO. 6	DEC	1937
V. 12	NO. 1	FEB	1938
V. 12	NO. 2	APR	1938
V. 12	NO. 3	JUN	1938
V. 12	NO. 4	AUG	1938
V. 12	NO. 5	OCT	1938
V. 12	NO. 6	NOV	1938
V. 12	NO. 7	DEC	1938
V. 13	NO. 1	JAN	1939
V. 13	NO. 2	FEB	1939
V. 13	NO. 3	MAR	1939
V. 13	NO. 4	APR	1939
V. 13	NO. 5	MAY	1939
V. 13	NO. 6	JUN	1939
V. 13	NO. 7	JUL	1939
V. 13	NO. 8	AUG	1939
V. 13	NO. 9	SEP	1939
V. 13	NO. 10	OCT	1939
V. 13	NO. 11	NOV	1939
V. 13	NO. 12	DEC	1939
V. 14	NO. 1	JAN	1940
V. 14	NO. 2	FEB	1940
V. 14	NO. 3	MAR	1940
V. 14	NO. 4	APR	1940
V. 14	NO. 5	MAY	1940
V. 14	NO. 6	JUN	1940
V. 14	NO. 7	JUL	1940
V. 14	NO. 8	AUG	1940
V. 14	NO. 9	SEP	1940
V. 14	NO. 10	OCT	1940
V. 14	NO. 11	NOV	1940
V. 14	NO. 12	DEC	1940
V. 15	NO. 1	JAN	1941
V. 15	NO. 2	FEB	1941
V. 15	NO. 3	MAR	1941
V. 15	NO. 4	APR	1941
V. 15	NO. 5	MAY	1941
V. 15	NO. 6	JUN	1941
V. 15	NO. 7	JUL	1941
V. 15	NO. 8	AUG	1941
V. 15	NO. 9	SEP	1941
V. 15	NO. 10	OCT	1941
V. 15	NO. 11	NOV	1941
V. 15	NO. 12	DEC	1941
V. 16	NO. 1	JAN	1942
V. 16	NO. 2	FEB	1942
V. 16	NO. 3	MAR	1942
V. 16	NO. 4	APR	1942
V. 16	NO. 5	MAY	1942
V. 16	NO. 6	JUN	1942
V. 16	NO. 7	JUL	1942
V. 16	NO. 8	AUG	1942
V. 16	NO. 9	SEP	1942
V. 16	NO. 10	OCT	1942
V. 16	NO. 11	NOV	1942
V. 16	NO. 12	DEC	1942
V. 17	NO. 1	JAN	1943
V. 17	NO. 2	FEB	1943
V. 17	NO. 3	MAR	1943
V. 17	NO. 4	APR	1943
V. 17	NO. 5	MAY	1943
V. 17	NO. 6	JUN	1943
V. 17	NO. 7	JUL	1943
V. 17	NO. 8	AUG	1943
V. 17	NO. 9	SEP	1943
V. 17	NO. 10	NOV	1943
V. 18	NO. 1	JAN	1944
V. 18	NO. 2	MAR	1944
V. 18	NO. 3	MAY	1944
V. 18	NO. 4	SEP	1944
V. 18	NO. 5	DEC	1944
V. 19	NO. 1	MAR	1945
V. 19	NO. 2	JUN	1945
V. 19	NO. 3	SEP	1945
V. 19	NO. 4	DEC	1945
V. 20	NO. 1	FEB	1946
V. 20	NO. 2	MAY	1946
V. 20	NO. 3	JUN	1946
V. 20	NO. 4	JUL	1946
V. 20	NO. 5	AUG	1946
V. 20	NO. 6	SEP	1946
V. 20	NO. 7	OCT	1946
V. 20	NO. 8	NOV	1946
V. 20	NO. 9	DEC	1946
V. 21	NO. 1	JAN	1947
V. 21	NO. 2	FEB	1947
V. 21	NO. 3	MAR	1947
V. 21	NO. 4	APR	1947
V. 21	NO. 5	MAY	1947
V. 21	NO. 6	JUN	1947
V. 21	NO. 7	JUL	1947
V. 21	NO. 8	AUG	1947
V. 21	NO. 9	SEP	1947
V. 21	NO. 10	OCT	1947
V. 21	NO. 11	NOV	1947
V. 21	NO. 12	DEC	1947
V. 22	NO. 1	JAN	1948

V. 22	NO. 2	FEB	1948
V. 22	NO. 3	MAR	1948
V. 22	NO. 4	APR	1948
V. 22	NO. 5	MAY	1948
V. 22	NO. 6	JUN	1948
V. 22	NO. 7	JUL	1948
V. 22	NO. 8	AUG	1948
V. 22	NO. 9	SEP	1948
V. 22	NO. 10	OCT	1948
V. 22	NO. 11	NOV	1948
V. 22	NO. 12	DEC	1948
V. 23	NO. 1	JAN	1949
V. 23	NO. 2	FEB	1949
V. 23	NO. 3	MAR	1949
V. 23	NO. 4	APR	1949
V. 23	NO. 5	MAY	1949
V. 23	NO. 6	JUN	1949
V. 23	NO. 7	JUL	1949
V. 23	NO. 8	AUG	1949
V. 23	NO. 9	SEP	1949
V. 23	NO. 10	OCT	1949
V. 23	NO. 11	NOV	1949
V. 23	NO. 12	DEC	1949
V. 24	NO. 1	JAN	1950
V. 24	NO. 2	FEB	1950
V. 24	NO. 3	MAR	1950
V. 24	NO. 4	APR	1950
V. 24	NO. 5	MAY	1950
V. 24	NO. 6	JUN	1950
V. 24	NO. 7	JUL	1950
V. 24	NO. 8	AUG	1950
V. 24	NO. 9	SEP	1950
V. 24	NO. 10	OCT	1950
V. 24	NO. 11	NOV	1950
V. 24	NO. 12	DEC	1950
V. 25	NO. 1	JAN	1951
V. 25	NO. 2	FEB	1951
V. 25	NO. 3	MAR	1951
V. 25	NO. 4	APR	1951
V. 25	NO. 5	MAY	1951
V. 25	NO. 6	JUN	1951
V. 25	NO. 7	JUL	1951
V. 25	NO. 8	AUG	1951
V. 25	NO. 9	SEP	1951
V. 25	NO. 10	OCT	1951
V. 25	NO. 11	NOV	1951
V. 25	NO. 12	DEC	1951
V. 26	NO. 1	JAN	1952
V. 26	NO. 2	FEB	1952
V. 26	NO. 3	MAR	1952
V. 26	NO. 4	APR	1952
V. 26	NO. 5	MAY	1952
V. 26	NO. 6	JUN	1952
V. 26	NO. 7	JUL	1952
V. 26	NO. 8	AUG	1952
V. 26	NO. 9	SEP	1952
V. 26	NO. 10	OCT	1952
V. 26	NO. 11	NOV	1952
V. 26	NO. 12	DEC	1952
V. 27	NO. 1	JAN	1953
V. 27	NO. 2	FEB	1953
V. 27	NO. 3	MAR	1953
V. 27	NO. 4	APR/MAY	1953
V. 27	NO. 5	JUN/JUL	1953
V. 27	NO. 6	AUG/SEP	1953
V. 27	NO. 7	OCT/NOV	1953
V. 27	NO. 8	DEC/JAN	1953/54
V. 28	NO. 1	MAR	1954
V. 28	NO. 2	MAY	1954
V. 28	NO. 3	JUL	1954
V. 28	NO. 4	SEP	1954
V. 28	NO. 5	NOV	1954
V. 29	NO. 1	JAN	1955
V. 29	NO. 2	MAR	1955
V. 29	NO. 3	MAY	1955
V. 29	NO. 4	JUL	1955
V. 29	NO. 5	SEP	1955
V. 29	NO. 6	NOV	1955
V. 29	NO. 7	DEC	1955
V. 30	NO. 1	JAN	1956
V. 30	NO. 2	FEB	1956
V. 30	NO. 3	MAR	1956
V. 30	NO. 4	APR	1956
V. 30	NO. 5	MAY	1956
V. 30	NO. 6	JUN	1956
V. 30	NO. 7	JUL	1956
V. 30	NO. 8	AUG	1956
V. 30	NO. 9	SEP	1956
V. 30	NO. 10	OCT	1956
V. 30	NO. 11	NOV	1956
V. 30	NO. 12	DEC	1956
V. 31	NO. 1	JAN	1957
V. 31	NO. 2	FEB	1957
V. 31	NO. 3	MAR	1957
V. 31	NO. 4	APR	1957
V. 31	NO. 5	MAY	1957
V. 31	NO. 6	JUN	1957
V. 31	NO. 7	JUL	1957
V. 31	NO. 8	AUG	1957
V. 31	NO. 9	SEP	1957
V. 31	NO. 10	OCT	1957
V. 31	NO. 11	NOV	1957
V. 31	NO. 12	DEC	1957
V. 32	NO. 1	JAN	1958
V. 32	NO. 2	FEB	1958

AMAZING SCIENCE FICTION

V. 32	NO. 3	MAR	1958
V. 32	NO. 4	APR	1958

AMAZING SCIENCE FICTION STORIES

V. 32	NO. 5	MAY	1958
V. 32	NO. 6	JUN	1958
V. 32	NO. 7	JUL	1958
V. 32	NO. 8	AUG	1958
V. 32	NO. 9	SEP	1958
V. 32	NO. 10	OCT	1958
V. 32	NO. 11	NOV	1958
V. 32	NO. 12	DEC	1958
V. 33	NO. 1	JAN	1959
V. 33	NO. 2	FEB	1959
V. 33	NO. 3	MAR	1959
V. 33	NO. 4	APR	1959
V. 33	NO. 5	MAY	1959
V. 33	NO. 6	JUN	1959
V. 33	NO. 7	JUL	1959
V. 33	NO. 8	AUG	1959
V. 33	NO. 9	SEP	1959
V. 33	NO. 10	OCT	1959
V. 33	NO. 11	NOV	1959
V. 33	NO. 12	DEC	1959
V. 34	NO. 1	JAN	1960
V. 34	NO. 2	FEB	1960
V. 34	NO. 3	MAR	1960
V. 34	NO. 4	APR	1960
V. 34	NO. 5	MAY	1960
V. 34	NO. 6	JUN	1960
V. 34	NO. 7	JUL	1960
V. 34	NO. 8	AUG	1960
V. 34	NO. 9	SEP	1960

AMAZING STORIES FACT AND SCIENCE FICTION

V. 34	NO. 10	OCT	1960
V. 34	NO. 11	NOV	1960
V. 34	NO. 12	DEC	1960
V. 35	NO. 1	JAN	1961
V. 35	NO. 2	FEB	1961
V. 35	NO. 3	MAR	1961
V. 35	NO. 4	APR	1961
V. 35	NO. 5	MAY	1961
V. 35	NO. 6	JUN	1961
V. 35	NO. 7	JUL	1961
V. 35	NO. 8	AUG	1961
V. 35	NO. 9	SEP	1961
V. 35	NO. 10	OCT	1961
V. 35	NO. 11	NOV	1961
V. 35	NO. 12	DEC	1961
V. 36	NO. 1	JAN	1962
V. 36	NO. 2	FEB	1962
V. 36	NO. 3	MAR	1962
V. 36	NO. 4	APR	1962
V. 36	NO. 5	MAY	1962
V. 36	NO. 6	JUN	1962
V. 36	NO. 7	JUL	1962
V. 36	NO. 8	AUG	1962
V. 36	NO. 9	SEP	1962
V. 36	NO. 10	OCT	1962
V. 36	NO. 11	NOV	1962
V. 36	NO. 12	DEC	1962
V. 37	NO. 1	JAN	1963
V. 37	NO. 2	FEB	1963
V. 37	NO. 3	MAR	1963
V. 37	NO. 4	APR	1963

V. 37	NO. 5	MAY	1963
V. 37	NO. 6	JUN	1963
V. 37	NO. 7	JUL	1963
V. 37	NO. 8	AUG	1963
V. 37	NO. 9	SEP	1963
V. 37	NO. 10	OCT	1963
V. 37	NO. 11	NOV	1963
V. 37	NO. 12	DEC	1963
V. 38	NO. 1	JAN	1964
V. 38	NO. 2	FEB	1964
V. 38	NO. 3	MAR	1964
V. 38	NO. 4	APR	1964
V. 38	NO. 5	MAY	1964
V. 38	NO. 6	JUN	1964
V. 38	NO. 7	JUL	1964
V. 38	NO. 8	AUG	1964
V. 38	NO. 9	SEP	1964
V. 38	NO. 10	OCT	1964
V. 38	NO. 11	NOV	1964
V. 38	NO. 12	DEC	1964
V. 39	NO. 1	JAN	1965
V. 39	NO. 2	FEB	1965
V. 39	NO. 3	MAR	1965
V. 39	NO. 4	APR	1965
V. 39	NO. 5	MAY	1965
V. 39	NO. 6	JUN	1965

AMAZING STORIES

V. 40	NO. 1	AUG	1965
V. 40	NO. 2	OCT	1965
V. 40	NO. 3	DEC	1965
V. 40	NO. 4	FEB	1966
V. 40	NO. 5	APR	1966
V. 40	NO. 6	JUN	1966
V. 40	NO. 7	AUG	1966
V. 40	NO. 8	OCT	1966
V. 40	NO. 9	DEC	1966
V. 40	NO. 10	FEB	1967
V. 41	NO. 1	APR	1967
V. 41	NO. 2	JUN	1967
V. 41	NO. 3	AUG	1967
V. 41	NO. 4	OCT	1967
V. 41	NO. 5	DEC	1967
V. 41	NO. 6	FEB	1968
V. 42	NO. 1	APR	1968

(DATED JUNE ON COVER AND SPINE)

V. 42	NO. 2	JUL	1968
V. 42	NO. 3	SEP	1968
V. 42	NO. 4	NOV	1968
V. 42	NO. 5	JAN	1969
V. 42	NO. 6	MAR	1969
V. 43	NO. 1	MAY	1969
V. 43	NO. 2	JUL	1969
V. 43	NO. 3	SEP	1969
V. 43	NO. 4	NOV	1969
V. 43	NO. 5	JAN	1970
V. 43	NO. 6	MAR	1970
V. 44	NO. 1	MAY	1970
V. 44	NO. 2	JUL	1970
V. 44	NO. 3	SEP	1970
V. 44	NO. 4	NOV	1970
V. 44	NO. 5	JAN	1971
V. 44	NO. 6	MAR	1971
V. 45	NO. 1	MAY	1971
V. 45	NO. 2	JUL	1971
V. 45	NO. 3	SEP	1971
V. 45	NO. 4	NOV	1971
V. 45	NO. 5	JAN	1972
V. 45	NO. 6	MAR	1972
V. 46	NO. 1	MAY	1972
V. 46	NO. 2	JUL	1972
V. 46	NO. 3	SEP	1972
V. 46	NO. 4	NOV	1972
V. 46	NO. 5	JAN	1973
V. 46	NO. 6	MAR	1973
V. 47	NO. 1	JUN	1973
V. 47	NO. 2	AUG	1973
V. 47	NO. 3	OCT	1973
V. 47	NO. 4	DEC	1973

AMAZING STORIES ANNUAL. V. 1 NO. 1. 1927.
NEW YORK, EXPERIMENTER PUBLISHING CO., INC.

    EDITOR: HUGO GERNSBACK
    CODE: AMA
    INDEXED IN: DAY.

ISSUE CHECKLIST:

    AMAZING STORIES ANNUAL

V. 1	NO. 1		1927

AMAZING STORIES QUARTERLY. V. 1-7 NO. 2. WIN. 1928-
    FALL 1934.
NEW YORK, EXPERIMENTER PUBLISHING CO., INC.

    EDITOR: WIN. 1928-WIN. 1929, HUGO GERNSBACK;
SPR. 1929-SUM. 1929, ARTHUR H. LYNCH; FALL 1929-
FALL 1934, T. O'CONNER SLOANE.
    PUBLISHER VARIES: WIN. 1928-SUM. 1930, EXPERI-
MENTER PUBLISHING CO.; FALL 1930-FALL 1934, TECK
PUBLISHING CO.
    CODE: AMQ
    INDEXED IN: DAY.

ISSUES CHECKLIST:

    AMAZING STORIES QUARTERLY

V. 1	NO. 1	WIN	1928
V. 1	NO. 2	SPR	1928
V. 1	NO. 3	SUM	1928
V. 1	NO. 4	FAL	1928
V. 2	NO. 1	WIN	1929
V. 2	NO. 2	SPR	1929
V. 2	NO. 3	SUM	1929
V. 2	NO. 4	FAL	1929
V. 3	NO. 1	WIN	1930
V. 3	NO. 2	SPR	1930
V. 3	NO. 3	SUM	1930
V. 3	NO. 4	FAL	1930
V. 4	NO. 1	WIN	1930

(DATED WINTER 1931 ON COVER AND SPINE)

V. 4	NO. 2	SPR	1931
V. 4	NO. 3	SUM	1931
V. 4	NO. 4	FAL	1931
V. 5	NO. 1	WIN	1932
V. 5	NO. 2	SPR/SUM	1932
V. 5	NO. 3	FAL/WIN	1932
V. 6	NO. 1	SPR/SUM	1933
V. 7	NO. 1	WIN	1933
V. 7	NO. 2	FAL	1934

ANALOG SCIENCE FICTION SCIENCE FACT. V. 1-
    JAN. 1930-
NEW YORK, CONDE NAST, INC., FEB. 1962-

    EDITOR: JAN. 1930-MAR. 1933, HARRY BATES;
OCT. 1933-SEP. 1937, FREDERICK ORLIN TREMAINE;
OCT. 1937-JULY 1971, JOHN WOOD CAMPBELL, JR.;
FEB. 1972-   , BEN BOVA.
    PUBLISHER VARIES: JAN. 1930-SEP. 1933,
CLAYTON MAGAZINES, INC.; OCT. 1933-JAN. 1962,
STREET AND SMITH, INC.; FEB. 1962-
CONDE NAST, INC.
    PUBLICATION SUSPENDED: JULY-AUG. 1932;
APR-SEP. 1933.
    CODE: ASF
    INDEXED IN: DAY, STRAUSS, METCALF, ASFA

ISSUE CHECKLIST:

    ASTOUNDING STORIES OF SUPER SCIENCE

V. 1	NO. 1	JAN	1930
V. 1	NO. 2	FEB	1930
V. 1	NO. 3	MAR	1930
V. 2	NO. 1	APR	1930
V. 2	NO. 2	MAY	1930
V. 2	NO. 3	JUN	1930
V. 3	NO. 1	JUL	1930
V. 3	NO. 2	AUG	1930
V. 3	NO. 3	SEP	1930
V. 4	NO. 1	OCT	1930
V. 4	NO. 2	NOV	1930
V. 4	NO. 3	DEC	1930

    ASTOUNDING STORIES

V. 5	NO. 1	JAN	1931
V. 5	NO. 2	FEB	1931
V. 5	NO. 3	MAR	1931
V. 6	NO. 1	APR	1931
V. 6	NO. 2	MAY	1931
V. 6	NO. 3	JUN	1931
V. 7	NO. 1	JUL	1931

V. 7	NO. 2	AUG	1931
V. 7	NO. 3	SEP	1931
V. 8	NO. 1	OCT	1931
V. 8	NO. 2	NOV	1931
V. 8	NO. 3	DEC	1931
V. 9	NO. 1	JAN	1932
V. 9	NO. 2	FEB	1932
V. 9	NO. 3	MAR	1932
V. 10	NO. 1	APR	1932
V. 10	NO. 2	MAY	1932
V. 10	NO. 3	JUN	1932
V. 11	NO. 1	SEP	1932
V. 11	NO. 2	NOV	1932

ASTOUNDING STORIES OF SUPER SCIENCE

V. 11	NO. 3	JAN	1933
V. 12	NO. 1	MAR	1933

ASTOUNDING STORIES

V. 12	NO. 2	OCT	1933
V. 12	NO. 3	NOV	1933
V. 12	NO. 4	DEC	1933
V. 12	NO. 5	JAN	1934
V. 12	NO. 6	FEB	1934
V. 13	NO. 1	MAR	1934
V. 13	NO. 2	APR	1934
V. 13	NO. 3	MAY	1934
V. 13	NO. 4	JUN	1934
V. 13	NO. 5	JUL	1934
V. 13	NO. 6	AUG	1934
V. 14	NO. 1	SEP	1934
V. 14	NO. 2	OCT	1934
V. 14	NO. 3	NOV	1934
V. 14	NO. 4	DEC	1934
V. 14	NO. 5	JAN	1935
V. 14	NO. 6	FEB	1935
V. 15	NO. 1	MAR	1935
V. 15	NO. 2	APR	1935
V. 15	NO. 3	MAY	1935
V. 15	NO. 4	JUN	1935
V. 15	NO. 5	JUL	1935
V. 15	NO. 6	AUG	1935
V. 16	NO. 1	SEP	1935
V. 16	NO. 2	OCT	1935
V. 16	NO. 3	NOV	1935
V. 16	NO. 4	DEC	1935
V. 16	NO. 5	JAN	1936
V. 16	NO. 6	FEB	1936
V. 17	NO. 1	MAR	1936
V. 17	NO. 2	APR	1936
V. 17	NO. 3	MAY	1936
V. 17	NO. 4	JUN	1936
V. 17	NO. 5	JUL	1936
V. 17	NO. 6	AUG	1936
V. 18	NO. 1	SEP	1936
V. 18	NO. 2	OCT	1936
V. 18	NO. 3	NOV	1936
V. 18	NO. 4	DEC	1936
V. 18	NO. 5	JAN	1937
V. 18	NO. 6	FEB	1937
V. 19	NO. 1	MAR	1937
V. 19	NO. 2	APR	1937
V. 19	NO. 3	MAY	1937
V. 19	NO. 4	JUN	1937
V. 19	NO. 5	JUL	1937
V. 19	NO. 6	AUG	1937
V. 20	NO. 1	SEP	1937
V. 20	NO. 2	OCT	1937
V. 20	NO. 3	NOV	1937
V. 20	NO. 4	DEC	1937
V. 20	NO. 5	JAN	1938
V. 20	NO. 6	FEB	1938

ASTOUNDING SCIENCE FICTION

V. 21	NO. 1	MAR	1938
V. 21	NO. 2	APR	1938
V. 21	NO. 3	MAY	1938
V. 21	NO. 4	JUN	1938
V. 21	NO. 5	JUL	1938
V. 21	NO. 6	AUG	1938
V. 22	NO. 1	SEP	1938
V. 22	NO. 2	OCT	1938
V. 22	NO. 3	NOV	1938
V. 22	NO. 4	DEC	1938
V. 22	NO. 5	JAN	1939
V. 22	NO. 6	FEB	1939
V. 23	NO. 1	MAR	1939
V. 23	NO. 2	APR	1939

V. 23	NO. 3	MAY	1939
V. 23	NO. 4	JUN	1939
V. 23	NO. 5	JUL	1939
V. 23	NO. 6	AUG	1939
V. 24	NO. 1	SEP	1939
V. 24	NO. 2	OCT	1939
V. 24	NO. 3	NOV	1939
V. 24	NO. 4	DEC	1939
V. 24	NO. 5	JAN	1940
V. 24	NO. 6	FEB	1940
V. 25	NO. 1	MAR	1940
V. 25	NO. 2	APR	1940
V. 25	NO. 3	MAY	1940
V. 25	NO. 4	JUN	1940
V. 25	NO. 5	JUL	1940
V. 25	NO. 6	AUG	1940
V. 26	NO. 1	SEP	1940
V. 26	NO. 2	OCT	1940
V. 26	NO. 3	NOV	1940
V. 26	NO. 4	DEC	1940
V. 26	NO. 5	JAN	1941
V. 26	NO. 6	FEB	1941
V. 27	NO. 1	MAR	1941
V. 27	NO. 2	APR	1941
V. 27	NO. 3	MAY	1941
V. 27	NO. 4	JUN	1941
V. 27	NO. 5	JUL	1941
V. 27	NO. 6	AUG	1941
V. 28	NO. 1	SEP	1941
V. 28	NO. 2	OCT	1941
V. 28	NO. 3	NOV	1941
V. 28	NO. 4	DEC	1941
V. 28	NO. 5	JAN	1942
V. 28	NO. 6	FEB	1942
V. 29	NO. 1	MAR	1942
V. 29	NO. 2	APR	1942
V. 29	NO. 3	MAY	1942
V. 29	NO. 4	JUN	1942
V. 29	NO. 5	JUL	1942
V. 29	NO. 6	AUG	1942
V. 30	NO. 1	SEP	1942
V. 30	NO. 2	OCT	1942
V. 30	NO. 3	NOV	1942
V. 30	NO. 4	DEC	1942
V. 30	NO. 5	JAN	1943
V. 30	NO. 6	FEB	1943
V. 31	NO. 1	MAR	1943
V. 31	NO. 2	APR	1943
V. 31	NO. 3	MAY	1943
V. 31	NO. 4	JUN	1943
V. 31	NO. 5	JUL	1943
V. 31	NO. 6	AUG	1943
V. 32	NO. 1	SEP	1943
V. 32	NO. 2	OCT	1943
V. 32	NO. 3	NOV	1943
V. 32	NO. 4	DEC	1943
V. 32	NO. 5	JAN	1944
V. 32	NO. 6	FEB	1944
V. 33	NO. 1	MAR	1944
V. 33	NO. 2	APR	1944
V. 33	NO. 3	MAY	1944
V. 33	NO. 4	JUN	1944
V. 33	NO. 5	JUL	1944
V. 33	NO. 6	AUG	1944
V. 34	NO. 1	SEP	1944
V. 34	NO. 2	OCT	1944
V. 34	NO. 3	NOV	1944
V. 34	NO. 4	DEC	1944
V. 34	NO. 5	JAN	1945
V. 34	NO. 6	FEB	1945
V. 35	NO. 1	MAR	1945
V. 35	NO. 2	APR	1945
V. 35	NO. 3	MAY	1945
V. 35	NO. 4	JUN	1945
V. 35	NO. 5	JUL	1945
V. 35	NO. 6	AUG	1945
V. 36	NO. 1	SEP	1945
V. 36	NO. 2	OCT	1945
V. 36	NO. 3	NOV	1945
V. 36	NO. 5	DEC	1945

(NUMBERING ERROR — ACTUALLY V. 36 NO. 4.)

V. 36	NO. 5	JAN	1946
V. 36	NO. 6	FEB	1946
V. 37	NO. 1	MAR	1946
V. 37	NO. 2	APR	1946

V. 37	NO. 3	MAY	1946
V. 37	NO. 4	JUN	1946
V. 37	NO. 5	JUL	1946
V. 37	NO. 6	AUG	1946
V. 38	NO. 1	SEP	1946
V. 38	NO. 2	OCT	1946
V. 38	NO. 3	NOV	1946
V. 38	NO. 4	DEC	1946
V. 38	NO. 5	JAN	1947
V. 38	NO. 6	FEB	1947
V. 39	NO. 1	MAR	1947
V. 39	NO. 2	APR	1947
V. 39	NO. 3	MAY	1947
V. 39	NO. 4	JUN	1947
V. 39	NO. 5	JUL	1947
V. 39	NO. 6	AUG	1947
V. 40	NO. 1	SEP	1947
V. 40	NO. 2	OCT	1947
V. 40	NO. 3	NOV	1947
V. 40	NO. 4	DEC	1947
V. 40	NO. 5	JAN	1948
V. 40	NO. 6	FEB	1948
V. 50	NO. 1	MAR	1948

(NUMBERING ERROR - ACTUALLY V. 41 NO. 1.)

V. 41	NO. 2	APR	1948
V. 41	NO. 3	MAY	1948
V. 41	NO. 4	JUN	1948
V. 41	NO. 5	JUL	1948
V. 41	NO. 6	AUG	1948
V. 42	NO. 1	SEP	1948
V. 42	NO. 2	OCT	1948
V. 42	NO. 3	NOV	1948
V. 42	NO. 4	DEC	1948
V. 42	NO. 5	JAN	1949
V. 42	NO. 6	FEB	1949
V. 43	NO. 1	MAR	1949
V. 43	NO. 2	APR	1949
V. 43	NO. 3	MAY	1949
V. 43	NO. 4	JUN	1949
V. 43	NO. 5	JUL	1949
V. 43	NO. 6	AUG	1949
V. 44	NO. 1	SEP	1949
V. 44	NO. 2	OCT	1949
V. 44	NO. 3	NOV	1949
V. 44	NO. 4	DEC	1949
V. 44	NO. 5	JAN	1950
V. 44	NO. 6	FEB	1950
V. 45	NO. 1	MAR	1950
V. 45	NO. 2	APR	1950
V. 45	NO. 3	MAY	1950
V. 45	NO. 4	JUN	1950
V. 45	NO. 5	JUL	1950
V. 45	NO. 6	AUG	1950
V. 46	NO. 1	SEP	1950
V. 46	NO. 2	OCT	1950
V. 46	NO. 3	NOV	1950
V. 46	NO. 4	DEC	1950
V. 46	NO. 5	JAN	1951
V. 46	NO. 6	FEB	1951
V. 47	NO. 1	MAR	1951
V. 47	NO. 2	APR	1951
V. 47	NO. 3	MAY	1951
V. 47	NO. 4	JUN	1951
V. 47	NO. 5	JUL	1951
V. 47	NO. 6	AUG	1951
V. 48	NO. 1	SEP	1951
V. 48	NO. 2	OCT	1951
V. 48	NO. 3	NOV	1951
V. 48	NO. 4	DEC	1951
V. 48	NO. 5	JAN	1952
V. 48	NO. 6	FEB	1952
V. 49	NO. 1	MAR	1952
V. 49	NO. 2	APR	1952
V. 49	NO. 3	MAY	1952
V. 49	NO. 4	JUN	1952
V. 49	NO. 5	JUL	1952
V. 49	NO. 6	AUG	1952
V. 50	NO. 1	SEP	1952
V. 50	NO. 2	OCT	1952
V. 50	NO. 3	NOV	1952
V. 50	NO. 4	DEC	1952
V. 50	NO. 5	JAN	1953
V. 50	NO. 6	FEB	1953
V. 51	NO. 1	MAR	1953
V. 51	NO. 2	APR	1953

V. 51	NO. 3	MAY	1953
V. 51	NO. 4	JUN	1953
V. 51	NO. 5	JUL	1953
V. 51	NO. 6	AUG	1953
V. 52	NO. 1	SEP	1953
V. 52	NO. 2	OCT	1953
V. 52	NO. 3	NOV	1953
V. 52	NO. 4	DEC	1953
V. 52	NO. 5	JAN	1954
V. 52	NO. 6	FEB	1954
V. 53	NO. 1	MAR	1954
V. 53	NO. 2	APR	1954
V. 53	NO. 3	MAY	1954
V. 53	NO. 4	JUN	1954
V. 53	NO. 5	JUL	1954
V. 53	NO. 6	AUG	1954
V. 54	NO. 1	SEP	1954
V. 54	NO. 2	OCT	1954
V. 54	NO. 3	NOV	1954
V. 54	NO. 4	DEC	1954
V. 54	NO. 5	JAN	1955
V. 54	NO. 6	FEB	1955
V. 55	NO. 1	MAR	1955
V. 55	NO. 2	APR	1955
V. 55	NO. 3	MAY	1955
V. 55	NO. 4	JUN	1955
V. 55	NO. 5	JUL	1955
V. 55	NO. 6	AUG	1955
V. 56	NO. 1	SEP	1955
V. 56	NO. 2	OCT	1955
V. 56	NO. 3	NOV	1955
V. 56	NO. 4	DEC	1955
V. 56	NO. 5	JAN	1956
V. 56	NO. 6	FEB	1956
V. 57	NO. 1	MAR	1956
V. 57	NO. 2	APR	1956
V. 57	NO. 3	MAY	1956
V. 57	NO. 4	JUN	1956
V. 57	NO. 5	JUL	1956
V. 57	NO. 6	AUG	1956
V. 58	NO. 1	SEP	1956
V. 58	NO. 2	OCT	1956
V. 58	NO. 3	NOV	1956
V. 58	NO. 4	DEC	1956
V. 58	NO. 5	JAN	1957
V. 58	NO. 6	FEB	1957
V. 59	NO. 1	MAR	1957
V. 59	NO. 2	APR	1957
V. 59	NO. 3	MAY	1957
V. 59	NO. 4	JUN	1957
V. 59	NO. 5	JUL	1957
V. 59	NO. 6	AUG	1957
V. 60	NO. 1	SEP	1957
V. 60	NO. 2	OCT	1957
V. 60	NO. 3	NOV	1957
V. 60	NO. 4	DEC	1957
V. 60	NO. 5	JAN	1958
V. 60	NO. 6	FEB	1958
V. 61	NO. 1	MAR	1958
V. 61	NO. 2	APR	1958
V. 61	NO. 3	MAY	1958
V. 61	NO. 4	JUN	1958
V. 61	NO. 5	JUL	1958
V. 61	NO. 6	AUG	1958
V. 62	NO. 1	SEP	1958
V. 62	NO. 2	OCT	1958
V. 62	NO. 3	NOV	1958
V. 62	NO. 4	DEC	1958
V. 62	NO. 5	JAN	1959
V. 62	NO. 6	FEB	1959
V. 63	NO. 1	MAR	1959
V. 63	NO. 2	APR	1959
V. 63	NO. 3	MAY	1959
V. 63	NO. 4	JUN	1959
V. 63	NO. 5	JUL	1959
V. 63	NO. 6	AUG	1959

(CALLED V. 64 ON CONTENTS PAGE)

V. 64	NO. 1	SEP	1959
V. 64	NO. 2	OCT	1959
V. 64	NO. 3	NOV	1959
V. 64	NO. 4	DEC	1959
V. 64	NO. 5	JAN	1960

ASTOUNDING (ANALOG) SCIENCE FACT AND FICTION

V. 64	NO. 6	FEB	1960
V. 65	NO. 1	MAR	1960

V. 65	NO. 2	APR	1960
V. 65	NO. 3	MAY	1960
V. 65	NO. 4	JUN	1960
V. 65	NO. 5	JUL	1960
V. 65	NO. 6	AUG	1960
V. 66	NO. 1	SEP	1960

ANALOG SCIENCE FACT AND FICTION

V. 66	NO. 2	OCT	1960
V. 66	NO. 3	NOV	1960
V. 66	NO. 4	DEC	1960
V. 66	NO. 5	JAN	1961
V. 66	NO. 6	FEB	1961
V. 67	NO. 1	MAR	1961
V. 67	NO. 2	APR	1961
V. 67	NO. 3	MAY	1961
V. 67	NO. 4	JUN	1961
V. 67	NO. 5	JUL	1961
V. 67	NO. 6	AUG	1961
V. 68	NO. 1	SEP	1961
V. 68	NO. 2	OCT	1961
V. 68	NO. 3	NOV	1961

ANALOG SCIENCE FACT-SCIENCE FICTION

V. 68	NO. 4	DEC	1961
V. 68	NO. 5	JAN	1962
V. 68	NO. 6	FEB	1962
V. 69	NO. 1	MAR	1962
V. 69	NO. 2	APR	1962
V. 69	NO. 3	MAY	1962
V. 69	NO. 4	JUN	1962
V. 69	NO. 5	JUL	1962
V. 69	NO. 6	AUG	1962
V. 70	NO. 1	SEP	1962
V. 70	NO. 2	OCT	1962
V. 70	NO. 3	NOV	1962
V. 70	NO. 4	DEC	1962
V. 70	NO. 5	JAN	1963
V. 70	NO. 6	FEB	1963
V. 71	NO. 1	MAR	1963
V. 71	NO. 2	APR	1963
V. 71	NO. 3	MAY	1963
V. 71	NO. 4	JUN	1963
V. 71	NO. 5	JUL	1963
V. 71	NO. 6	AUG	1963
V. 72	NO. 1	SEP	1963
V. 72	NO. 2	OCT	1963
V. 72	NO. 3	NOV	1963
V. 72	NO. 4	DEC	1963
V. 72	NO. 5	JAN	1964
V. 72	NO. 6	FEB	1964
V. 73	NO. 1	MAR	1964
V. 73	NO. 2	APR	1964
V. 73	NO. 3	MAY	1964
V. 73	NO. 4	JUN	1964
V. 73	NO. 5	JUL	1964
V. 73	NO. 6	AUG	1964
V. 74	NO. 1	SEP	1964
V. 74	NO. 2	OCT	1964
V. 74	NO. 3	NOV	1964
V. 74	NO. 4	DEC	1964
V. 74	NO. 5	JAN	1965
V. 74	NO. 6	FEB	1965
V. 75	NO. 1	MAR	1965

ANALOG SCIENCE FICTION SCIENCE FACT

V. 75	NO. 2	APR	1965
V. 75	NO. 3	MAY	1965
V. 75	NO. 4	JUN	1965
V. 75	NO. 5	JUL	1965
V. 75	NO. 6	AUG	1965
V. 76	NO. 1	SEP	1965
V. 76	NO. 2	OCT	1965
V. 76	NO. 3	NOV	1965
V. 76	NO. 4	DEC	1965
V. 76	NO. 5	JAN	1966
V. 76	NO. 6	FEB	1966
V. 77	NO. 1	MAR	1966
V. 77	NO. 2	APR	1966
V. 77	NO. 3	MAY	1966
V. 77	NO. 4	JUN	1966
V. 77	NO. 5	JUL	1966
V. 77	NO. 6	AUG	1966
V. 78	NO. 1	SEP	1966
V. 78	NO. 2	OCT	1966
V. 78	NO. 3	NOV	1966
V. 78	NO. 4	DEC	1966
V. 78	NO. 5	JAN	1967

V. 78	NO. 6	FEB	1967
V. 79	NO. 1	MAR	1967
V. 79	NO. 2	APR	1967
V. 79	NO. 3	MAY	1967
V. 79	NO. 4	JUN	1967
V. 79	NO. 5	JUL	1967
V. 79	NO. 6	AUG	1967
V. 80	NO. 1	SEP	1967
V. 80	NO. 2	OCT	1967
V. 80	NO. 3	NOV	1967
V. 80	NO. 4	DEC	1967
V. 80	NO. 5	JAN	1968
V. 80	NO. 6	FEB	1968
V. 81	NO. 1	MAR	1968
V. 81	NO. 2	APR	1968
V. 81	NO. 3	MAY	1968
V. 81	NO. 4	JUN	1968
V. 81	NO. 5	JUL	1968
V. 81	NO. 6	AUG	1968
V. 82	NO. 1	SEP	1968
V. 82	NO. 2	OCT	1968
V. 82	NO. 3	NOV	1968
V. 82	NO. 4	DEC	1968
V. 82	NO. 5	JAN	1969
V. 82	NO. 6	FEB	1969
V. 83	NO. 1	MAR	1969
V. 83	NO. 2	APR	1969
V. 83	NO. 3	MAY	1969
V. 83	NO. 4	JUN	1969
V. 83	NO. 5	JUL	1969
V. 83	NO. 6	AUG	1969
V. 84	NO. 1	SEP	1969
V. 84	NO. 2	OCT	1969
V. 84	NO. 3	NOV	1969
V. 84	NO. 4	DEC	1969
V. 84	NO. 5	JAN	1970
V. 84	NO. 6	FEB	1970
V. 85	NO. 1	MAR	1970
V. 85	NO. 2	APR	1970
V. 85	NO. 3	MAY	1970
V. 85	NO. 4	JUN	1970
V. 85	NO. 5	JUL	1970
V. 85	NO. 6	AUG	1970
V. 86	NO. 1	SEP	1970
V. 86	NO. 2	OCT	1970
V. 86	NO. 3	NOV	1970
V. 86	NO. 4	DEC	1970
V. 86	NO. 5	JAN	1971
V. 86	NO. 6	FEB	1971
V. 87	NO. 1	MAR	1971
V. 87	NO. 2	APR	1971
V. 87	NO. 3	MAY	1971
V. 87	NO. 4	JUN	1971
V. 87	NO. 5	JUL	1971
V. 87	NO. 6	AUG	1971
V. 88	NO. 1	SEP	1971
V. 88	NO. 2	OCT	1971
V. 88	NO. 3	NOV	1971
V. 88	NO. 4	DEC	1971
V. 88	NO. 5	JAN	1972
V. 88	NO. 6	FEB	1972
V. 89	NO. 1	MAR	1972
V. 89	NO. 2	APR	1972
V. 89	NO. 3	MAY	1972

LISTED AS NO. 4 ON CONTENTS PAGE

V. 89	NO. 4	JUN	1972
V. 89	NO. 5	JUL	1972
V. 89	NO. 6	AUG	1972
V. 90	NO. 1	SEP	1972
V. 90	NO. 2	OCT	1972
V. 90	NO. 3	NOV	1972
V. 90	NO. 4	DEC	1972
V. 90	NO. 5	JAN	1973
V. 90	NO. 6	FEB	1973
V. 91	NO. 1	MAR	1973
V. 91	NO. 2	APR	1973
V. 91	NO. 3	MAY	1973
V. 91	NO. 4	JUN	1973
V. 91	NO. 5	JUL	1973
V. 91	NO. 6	AUG	1973
V. 92	NO. 1	SEP	1973
V. 92	NO. 2	OCT	1973
V. 92	NO. 3	NOV	1973
V. 92	NO. 4	DEC	1973

ASTONISHING STORIES. V. 1-4. FEB. 1940-APR. 1943.
CHICAGO, FICTIONEERS, INC.

    EDITOR: FEB. 1940-SEP. 1941, FREDERIK POHL;
NOV. 1941-APR. 1943, HENRY A. NORTON.
    CODE: AST
    INDEXED IN: DAY

ISSUE CHECKLIST:

    ASTONISHING STORIES

V. 1	NO. 1	FEB	1940
V. 1	NO. 2	APR	1940
V. 1	NO. 3	JUN	1940
V. 1	NO. 4	AUG	1940
V. 2	NO. 1	OCT	1940
V. 2	NO. 2	DEC	1940
V. 2	NO. 3	FEB	1941
V. 2	NO. 4	APR	1941
V. 3	NO. 1	SEP	1941
V. 3	NO. 2	NOV	1941
V. 3	NO. 3	MAR	1942
V. 3	NO. 4	JUN	1942
V. 4	NO. 1	OCT	1942
V. 4	NO. 2	DEC	1942
V. 4	NO. 3	FEB	1943
V. 4	NO. 4	APR	1943

ASTOUNDING SF. NO. 1-   1970-
FLUSHING, N. Y., ULTIMATE PUBLISHING CO.

    EDITOR: NOT IDENTIFIED.
    CODE: ASY
    INDEXED IN: NESFA

ISSUE CHECKLIST:

    ASTOUNDING STORIES YEARBOOK
        NO. 1   1970
    ASTOUNDING SF
        NO. 2   FAL   1970

ASTOUNDING STORIES
    SEE ANALOG SCIENCE FICTION SCIENCE FACT

ASTOUNDING STORIES OF SUPER SCIENCE
    SEE ANALOG SCIENCE FICTION SCIENCE FACT

ASTOUNDING STORIES YEARBOOK
    SEE ASTOUNDING SF

AUTHENTIC SCIENCE FICTION. NO. 1-85. JAN. 1951-
OCT. 1957.
LONDON, HAMILTON AND CO. (STRATFORD) LTD.

    EDITOR: JAN. 1951-NOV. 1952, L. G. HOLMES;
DEC. 1952-JAN. 1956, H. J. CAMPBELL; FEB. 1956-
OCT. 1957, E. C. TUBBS.
    CODE: AUT
    INDEXED IN: STRAUSS, METCALF

ISSUE CHECKLIST:

    AUTHENTIC SCIENCE FICTION SERIES
        NO. 1   JAN   1951
        NO. 2   JAN   1951
        NO. 3   FEB   1951
    SCIENCE FICTION FORTNIGHTLY
        NO. 4   FEB   1951
        NO. 5   MAR   1951
        NO. 6   MAR   1951
        NO. 7   APR   1951
        NO. 8   APR   1951
    SCIENCE FICTION MONTHLY
        NO. 9   MAY   1951
        NO. 10   JUN   1951
        NO. 11   JUL   1951
        NO. 12   AUG   1951
    AUTHENTIC SCIENCE FICTION
        NO. 13   SEP   1951
        NO. 14   OCT   1951
        NO. 15   NOV   1951
        NO. 16   DEC   1951
        NO. 17   JAN   1952
        NO. 18   FEB   1952

NO. 19	MAR	1952
NO. 20	APR	1952
NO. 21	MAY	1952
NO. 22	JUN	1952
NO. 23	JUL	1952
NO. 24	AUG	1952
NO. 25	SEP	1952
NO. 26	OCT	1952
NO. 27	NOV	1952
NO. 28	DEC	1952
NO. 29	JAN	1953
NO. 30	FEB	1953
NO. 31	MAR	1953
NO. 32	APR	1953
NO. 33	MAY	1953
NO. 34	JUN	1953
NO. 35	JUL	1953
NO. 36	AUG	1953
NO. 37	SEP	1953
NO. 38	OCT	1953
NO. 39	NOV	1953
NO. 40	DEC	1953
NO. 41	JAN	1954
NO. 42	FEB	1954
NO. 43	MAR	1954
NO. 44	APR	1954
NO. 45	MAY	1954
NO. 46	JUN	1954
NO. 47	JUL	1954
NO. 48	AUG	1954
NO. 49	SEP	1954
NO. 50	OCT	1954
NO. 51	NOV	1954
NO. 52	DEC	1954
NO. 53	JAN	1955
NO. 54	FEB	1955
NO. 55	MAR	1955
NO. 56	APR	1955
NO. 57	MAY	1955
NO. 58	JUN	1955
NO. 59	JUL	1955
NO. 60	AUG	1955
NO. 61	SEP	1955
NO. 62	OCT	1955
NO. 63	NOV	1955
NO. 64	DEC	1955
NO. 65	JAN	1956
NO. 66	FEB	1956
NO. 67	MAR	1956
NO. 68	APR	1956
NO. 69	MAY	1956
NO. 70	JUN	1956
NO. 71	JUL	1956
NO. 72	AUG	1956
NO. 73	SEP	1956
NO. 74	NOV	1956
NO. 75	DEC	1956
NO. 76	JAN	1957
NO. 77	FEB	1957
NO. 78	MAR	1957
NO. 79	APR	1957
NO. 80	MAY	1957
NO. 81	JUN	1957
NO. 82	JUL	1957
NO. 83	AUG	1957
NO. 84	SEP	1957
NO. 85	OCT	1957

AUTHENTIC SCIENCE FICTION SERIES
    SEE AUTHENTIC SCIENCE FICTION

AVON FANTASY READER. NO. 1-18. 1947-1952.
NEW YORK, AVON BOOKS, INC.

    EDITOR: DONALD A. WOLLHEIM.
    CODE: AFR
    INDEXED IN: STRAUSS, METCALF.

ISSUE CHECKLIST:

    AVON FANTASY READER
        NO. 1   1947
        NO. 2   1947
        NO. 3   1947
        NO. 4   1947

NO. 5		1947
NO. 6		1948
NO. 7		1948
NO. 8		1948
NO. 9		1949
NO. 10		1949
NO. 11		1949
NO. 12		1950
NO. 13		1950
NO. 14		1950
NO. 15		1951
NO. 16		1951
NO. 17		1951
NO. 18		1952

AVON SCIENCE FICTION AND FANTASY READER. V. 1 NO. 1-2.
     JAN.-APR. 1953.
   NEW YORK, STRATFORD NOVELS, INC.

        EDITOR: SOL COHEN.
        PUBLISHER VARIES: JAN. 1953, AVON NOVELS, INC.
        CODE: ASFR
        INDEXED IN: STRAUSS, METCALF

     ISSUE CHECKLIST:

        AVON SCIENCE FICTION AND FANTASY READER
        V. 1   NO. 1   JAN   1953
        V. 1   NO. 2   APR   1953

AVON SCIENCE FICTION READER. NO. 1-3. 1951-1952.
   NEW YORK, AVON BOOK CO.

        EDITOR: DONALD A. WOLLHEIM.
        CODE: ASR
        INDEXED IN: STRAUSS, METCALF.

     ISSUE CHECKLIST:

        AVON SCIENCE FICTION READER
           NO. 1   1951
           NO. 2   1951
           NO. 3   1952

BEYOND FANTASY FICTION
     SEE BEYOND FICTION

BEYOND FICTION. V. 1-2 NO. 4. JUL. 1953-1955.
   NEW YORK, GALAXY PUBLISHING CO.

        EDITOR: HORACE L. GOLD.
        CODE: BFF
        INDEXED IN: STRAUSS, METCALF

     ISSUES CHECKLIST:

        BEYOND FANTASY FICTION
        V. 1   NO. 1   JUL   1953
        V. 1   NO. 2   SEP   1953
        V. 1   NO. 3   NOV   1953
        V. 1   NO. 4   JAN   1954
        V. 1   NO. 5   MAR   1954
        V. 1   NO. 6   MAY   1954
        V. 2   NO. 1   JUL   1954
        V. 2   NO. 2   SEP   1954
        BEYOND FICTION
        V. 2   NO. 3   1954
           (ALSO NUMBERED ISSUE NO. 9)
        V. 2   NO. 4   1955
           (ALSO NUMBERED ISSUE NO. 10)

BEYOND INFINITY. V. 1 NO. 1. NOV./DEC. 1967.
   HOLLYWOOD, CALIF., I. D. PUBLICATIONS, INC.

        EDITOR: DOUG STAPLETON.
        CODE: BDI
        INDEXED IN: NESFA

     ISSUES CHECKLIST:

        BEYOND INFINITY
        V. 1   NO. 1   NOV./DEC.   1967

BIZARRE FANTASY TALES. V. 1 NO. 1. FALL 1970.
   NEW YORK, HEALTH KNOWLEDGE, INC.

        EDITOR: ROBERT A. W. LOWNDES.
        CODE: BFT
        INDEXED IN: NESFA

     ISSUES CHECKLIST:

        BIZARRE FANTASY TALES
        V. 1   NO. 1   FAL   1970
        V. 1   NO. 2   MAR   1971

BIZARRE MYSTERY MAGAZINE. V. 1 NO. 1-3. OCT. 1965-
     JAN. 1966.
   CONCORD, N. H., PAMAR ENTERPRISES, INC.

        EDITOR: JOE POE
        CODE: BIZ
        INDEXED IN: STRAUSS, NESFA

     ISSUES CHECKLIST:

        BIZARRE MYSTERY MAGAZINE
        V. 1   NO. 1   OCT   1965
        V. 1   NO. 2   NOV   1965
        V. 1   NO. 3   JAN   1966

BOOK OF WEIRD TALES, A. V. 1 NO. 1. 1960.
   BURNLEY, ENG., VEEVERS AND HENSMAN,LTD.

        EDITOR: CLIFF LAWTON
        CODE: BKW
        INDEXED IN: STRAUSS

     ISSUES CHECKLIST:

        BOOK OF WEIRD TALES
        V. 1   NO. 1   1960

BRITISH SCIENCE FICTION MAGAZINE
     SEE BRITISH SPACE FICTION MAGAZINE

BRITISH SPACE FICTION MAGAZINE. V. 1-2 NO. 7.
     JAN. 1954-1956.
   LUTON, ENGLAND, DRAGON PUBLICATIONS, LTD.

        EDITOR: VARGO STATTEN (JOHN RUSSELL FEARN)
        PUBLISHER VARIES: JAN. 1954-NOV. 1954,
   SCION LTD.; DEC. 1954-1956, DRAGON PUBLICATIONS.
        CODE: BSP
        INDEXED IN: STRAUSS.

     ISSUES CHECKLIST:

        VARGO STATTEN SCIENCE FICTION MAGAZINE
        V. 1   NO. 1   JAN   1954
        V. 1   NO. 2   FEB   1954
        V. 1   NO. 3   APR   1954
        VARGO STATTEN BRITISH SCIENCE FICTION MAGAZINE
        V. 1   NO. 4   MAY   1954
        V. 1   NO. 5   JUL   1954
        BRITISH SCIENCE FICTION MAGAZINE
        V. 1   NO. 6   SEP   1954
        V. 1   NO. 7   NOV   1954
        V. 1   NO. 8   DEC   1954
        V. 1   NO. 9   JAN   1955
        V. 1   NO. 10   FEB   1955
        V. 1   NO. 11   MAR   1955
        V. 1   NO. 12   APR   1955
        BRITISH SPACE FICTION MAGAZINE
        V. 2   NO. 1   JUN   1955
        V. 2   NO. 2   JUL   1955
        V. 2   NO. 3   AUG   1955
        V. 2   NO. 4   SEP   1955
        V. 2   NO. 5   OCT   1955
        V. 2   NO. 6   1955
        V. 2   NO. 7   1956

CAPTAIN FUTURE. V. 1-6 NO. 2. WIN. 1940-SPR. 1944.
   NEW YORK, BETTER PUBLICATIONS.

        EDITOR: LEO MARGUILES.
        CODE: CAF
        INDEXED IN: DAY

ISSUES CHECKLIST:

CAPTAIN FUTURE

V. 1	NO. 1	WIN	1940
V. 1	NO. 2	SPR	1940
V. 1	NO. 3	SUM	1940
V. 2	NO. 1	FAL	1940
V. 2	NO. 2	WIN	1941
V. 2	NO. 3	SPR	1941
V. 3	NO. 1	SUM	1941
V. 3	NO. 2	FAL	1941
V. 3	NO. 3	WIN	1942
V. 4	NO. 1	SPR	1942
V. 4	NO. 2	SUM	1942
V. 4	NO. 3	FAL	1942
V. 5	NO. 1	WIN	1943
V. 5	NO. 2	SPR	1943
V. 5	NO. 3	SUM	1943
V. 6	NO. 1	WIN	1944
V. 6	NO. 2	SPR	1944

COMET STORIES. V. 1 NO. 1-6. DEC. 1940-JUL. 1941.
SPRINGFIELD, MASS., H-K PUBLICATIONS.

EDITOR: FREDERICK ORLIN TREMAINE
CODE: COM
INDEXED IN: DAY

ISSUES CHECKLIST:

COMET STORIES

V. 1	NO. 1	DEC	1940
V. 1	NO. 2	JAN	1941
V. 1	NO. 3	MAR	1941
V. 1	NO. 4	MAY	1941
V. 1	NO. 5	JUL	1941

COSMIC SCIENCE FICTION. V. 1 NO. 1-3. MAR.-JUL. 1941.
HOLYOKE, MASS., ALBING PUBLICATIONS.

EDITOR: DONALD A. WOLLHEIM.
CODE: COSM
INDEXED IN: DAY

ISSUES CHECKLIST:

COSMIC STORIES

V. 1	NO. 1	MAR	1941

COSMIC SCIENCE FICTION

V. 1	NO. 2	MAY	1941
V. 1	NO. 3	JUL	1941

COSMIC STORIES
SEE COSMIC SCIENCE FICTION

COSMOS SCIENCE FICTION AND FANTASY MAGAZINE. V. 1
NO. 1-4. SEP. 1953-JULY 1954.
NEW YORK, STAR PUBLICATIONS (J. A. KRAMER)

EDITOR: L. B. COLE.
CODE: COS
INDEXED IN: STRAUSS, METCALF

ISSUES CHECKLIST

COSMOS SCIENCE FICTION AND FANTASY MAGAZINE

V. 1	NO. 1	SEP	1953
V. 1	NO. 2	NOV	1953
V. 1	NO. 3	MAR	1954
	NO. 4	JUL	1954

DREAM WORLD, STORIES OF INCREDIBLE POWER. V. 1 NO. 1-3.
FEB.-AUG. 1957.
NEW YORK, ZIFF-DAVIS PUBLISHING CO.

EDITOR: PAUL W. FAIRMAN
CODE: DWD
INDEXED IN: STRAUSS, METCALF

ISSUES CHECKLIST:

DREAM WORLD, STORIES OF INCREDIBLE POWER

V. 1	NO. 1	FEB	1957
V. 1	NO. 2	MAY	1957
V. 1	NO. 3	AUG	1957

DYNAMIC SCIENCE FICTION. V. 1 NO. 1-6. DEC. 1952-
JAN. 1954.
NEW YORK, COLUMBIA PUBLICATIONS.

EDITOR: ROBERT W. LOWNDES.
CODE: DSF
INDEXED IN: STRAUSS, METCALF

ISSUES CHECKLIST:

DYNAMIC SCIENCE FICTION

V. 1	NO. 1	DEC	1952
V. 1	NO. 2	MAR	1953
V. 1	NO. 3	JUN	1953
V. 1	NO. 4	AUG	1953
V. 1	NO. 5	OCT	1953
V. 1	NO. 6	JAN	1954

DYNAMIC SCIENCE STORIES. V. 1 NO. 1-2. FEB.-MAY 1939.
CHICAGO, ILL., WESTERN FICTION PUBLISHING CO.

EDITOR: R. O. ERISMAN.
CODE: DSS
INDEXED IN: DAY

ISSUES CHECKLIST:

DYNAMIC SCIENCE STORIES

V. 1	NO. 1	FEB	1939
V. 1	NO. 2	APR/MAY	1939

FAMOUS FANTASTIC MYSTERIES. V. 1-14 NO. 4. SEP. 1939-
JUNE 1953.
NEW YORK, POPULAR PUBLICATIONS.

EDITOR: MARY GNAEDINGER.
PUBLISHER VARIES: SEP. 1939-DEC. 1942, FRANK
A. MUNSEY; MAR. 1943-JUNE.1953, POPULAR
PUBLICATIONS.
CODE: FFM
INDEXED IN: DAY, STRAUSS, METCALF.

ISSUES CHECKLIST:

FAMOUS FANTASTIC MYSTERIES

V. 1	NO. 1	SEP/OCT	1939
V. 1	NO. 2	NOV	1939
V. 1	NO. 3	DEC	1939
V. 1	NO. 4	JAN	1940
V. 1	NO. 5	FEB	1940
V. 1	NO. 6	MAR	1940
V. 2	NO. 1	APR	1940
V. 2	NO. 2	MAY/JUN	1940
V. 2	NO. 3	AUG	1940
V. 2	NO. 4	OCT	1940
V. 2	NO. 5	DEC	1940
V. 2	NO. 6	FEB	1941
V. 3	NO. 1	APR	1941
V. 3	NO. 2	JUN	1941
V. 3	NO. 3	AUG	1941
V. 3	NO. 4	OCT	1941
V. 3	NO. 5	DEC	1941
V. 3	NO. 6	FEB	1942
V. 4	NO. 1	APR	1942
V. 4	NO. 2	JUN	1942
V. 4	NO. 3	JUL	1942
V. 4	NO. 4	AUG	1942
V. 4	NO. 5	SEP	1942
V. 4	NO. 6	OCT	1942
V. 5	NO. 1	NOV	1942
V. 5	NO. 2	DEC	1942
V. 5	NO. 3	MAR	1943
V. 5	NO. 4	SEP	1943
V. 5	NO. 5	DEC	1943
V. 5	NO. 6	MAR	1944
V. 6	NO. 1	JUN	1944
V. 6	NO. 2	SEP	1944
V. 6	NO. 3	DEC	1944
V. 6	NO. 4	MAR	1945
V. 6	NO. 5	JUN	1945
V. 6	NO. 6	SEP	1945
V. 7	NO. 1	DEC	1945
V. 7	NO. 2	FEB	1946
V. 7	NO. 3	APR	1946
V. 7	NO. 4	JUN	1946

V. 7	NO. 5	AUG	1946
V. 8	NO. 1	OCT	1946
V. 8	NO. 2	DEC	1946
V. 8	NO. 3	FEB	1947
V. 8	NO. 4	APR	1947
V. 8	NO. 5	JUN	1947
V. 8	NO. 6	AUG	1947
V. 9	NO. 1	OCT	1947
V. 9	NO. 2	DEC	1947
V. 9	NO. 3	FEB	1948
V. 9	NO. 4	APR	1948
V. 9	NO. 5	JUN	1948
V. 9	NO. 6	AUG	1948
V. 10	NO. 1	OCT	1948
V. 10	NO. 2	DEC	1948
V. 10	NO. 3	FEB	1949
V. 10	NO. 4	APR	1949
V. 10	NO. 5	JUN	1949
V. 10	NO. 6	AUG	1949
V. 11	NO. 1	OCT	1949
V. 11	NO. 2	DEC	1949
V. 11	NO. 3	FEB	1950
V. 11	NO. 4	APR	1950
V. 11	NO. 5	JUN	1950
V. 11	NO. 6	AUG	1950
V. 12	NO. 1	OCT	1950
V. 12	NO. 2	JAN	1951
V. 12	NO. 3	MAR	1951
V. 12	NO. 4	MAY	1951
V. 12	NO. 5	JUL	1951
V. 12	NO. 6	OCT	1951
V. 13	NO. 1	DEC	1951
V. 13	NO. 2	FEB	1952
V. 13	NO. 3	APR	1952
V. 13	NO. 4	JUN	1952
V. 13	NO. 5	AUG	1952
V. 13	NO. 6	OCT	1952
V. 14	NO. 1	DEC	1952
V. 14	NO. 2	FEB	1953
V. 14	NO. 3	APR	1953
	(DATED APRIL 1943 ON TITLE PAGE)		
V. 14	NO. 4	JUN	1953

FAMOUS SCIENCE FICTION. V. 1-2 NO. 3. WIN. 1966-
       SPR. 1969.
NEW YORK, HEALTH KNOWLEDGE, INC.

       EDITOR: ROBERT A. W. LOWNDES
       CODE: FMF
       INDEXED IN: NESFA

ISSUES CHECKLIST:

       FAMOUS SCIENCE FICTION

V. 1	NO. 1	WIN	1966
V. 1	NO. 2	SPR	1967
V. 1	NO. 3	SUM	1967
V. 1	NO. 4	FAL	1967
V. 1	NO. 5	WIN	1967
V. 1	NO. 6	SPR	1968
V. 2	NO. 1	SUM	1968
V. 2	NO. 2	FAL	1968
V. 2	NO. 3	SPR	1969

FANCIFUL TALES OF TIME AND SPACE. V. 1 NO. 1.
       FALL 1936.
OAKMAN, ALA., SHEPHERD AND WOLLHEIM

       EDITOR: DONALD A. WOLLHEIM
       CODE: FTT
       INDEXED IN:

ISSUES CHECKLIST

       FANCIFUL TALES OF TIME AND SPACE

V. 1	NO. 1	FAL	1936

FANTASTIC
    SEE FANTASTIC STORIES

FANTASTIC ADVENTURES. V. 1-15 NO. 3. MAY 1939-
       MAR. 1953.
NEW YORK, ZIFF-DAVIS, INC.

       EDITOR: MAY 1939-JAN. 1947, B. G. DAVIS;
MAR. 1947-DEC. 1949, RAYMOND A. PALMER; JAN.
1950-MAR. 1953, HOWARD BROWN.
       CODE: FAD
       INDEXED IN: DAY, STRAUSS, METCALF

ISSUES CHECKLIST:

       FANTASTIC ADVENTURES

V. 1	NO. 1	MAY	1939
V. 1	NO. 2	JUL	1939
V. 1	NO. 3	SEP	1939
V. 1	NO. 4	NOV	1939
V. 2	NO. 1	JAN	1940
V. 2	NO. 2	FEB	1940
V. 2	NO. 3	MAR	1940
V. 2	NO. 4	APR	1940
V. 2	NO. 5	MAY	1940
V. 2	NO. 6	JUN	1940
V. 2	NO. 7	AUG	1940
V. 2	NO. 8	OCT	1940
V. 3	NO. 1	JAN	1941
V. 3	NO. 2	MAR	1941
V. 3	NO. 3	MAY	1941
V. 3	NO. 4	JUN	1941
V. 3	NO. 5	JUL	1941
V. 3	NO. 6	AUG	1941
V. 3	NO. 7	SEP	1941
V. 3	NO. 8	OCT	1941
V. 3	NO. 9	NOV	1941
V. 3	NO. 10	DEC	1941
V. 4	NO. 1	JAN	1942
V. 4	NO. 2	FEB	1942
V. 4	NO. 3	MAR	1942
V. 4	NO. 4	APR	1942
V. 4	NO. 5	MAY	1942
V. 4	NO. 6	JUN	1942
V. 4	NO. 7	JUL	1942
V. 4	NO. 8	AUG	1942
V. 4	NO. 9	SEP	1942
V. 4	NO. 10	OCT	1942
V. 4	NO. 11	NOV	1942
V. 4	NO. 12	DEC	1942
V. 5	NO. 1	JAN	1943
V. 5	NO. 2	FEB	1943
V. 5	NO. 3	MAR	1943
V. 5	NO. 4	APR	1943
V. 5	NO. 5	MAY	1943
V. 5	NO. 6	JUN	1943
V. 5	NO. 7	JUL	1943
V. 5	NO. 8	AUG	1943
V. 5	NO. 9	OCT	1943
V. 5	NO. 10	DEC	1943
V. 6	NO. 1	FEB	1944
V. 6	NO. 2	APR	1944
V. 6	NO. 3	JUN	1944
V. 6	NO. 4	OCT	1944
V. 7	NO. 1	JAN	1945
V. 7	NO. 2	APR	1945
V. 7	NO. 3	JUL	1945
V. 7	NO. 4	OCT	1945
V. 7	NO. 5	DEC	1945
V. 8	NO. 1	FEB	1946
V. 8	NO. 2	MAY	1946
V. 8	NO. 3	JUL	1946
V. 8	NO. 4	SEP	1946
V. 8	NO. 5	NOV	1946
V. 9	NO. 1	JAN	1947
V. 9	NO. 2	MAR	1947
V. 9	NO. 3	MAY	1947
V. 9	NO. 4	JUL	1947
V. 9	NO. 5	SEP	1947
V. 9	NO. 6	OCT	1947
V. 9	NO. 7	NOV	1947
V. 9	NO. 8	DEC	1947
V. 10	NO. 1	JAN	1948
V. 10	NO. 2	FEB	1948
V. 10	NO. 3	MAR	1948
V. 10	NO. 4	APR	1948
V. 10	NO. 5	MAY	1948
V. 10	NO. 6	JUN	1948

V. 10	NO. 7	JUL	1948
V. 10	NO. 8	AUG	1948
V. 10	NO. 9	SEP	1948
V. 10	NO. 10	OCT	1948
V. 10	NO. 11	NOV	1948
V. 10	NO. 12	DEC	1948
V. 11	NO. 1	JAN	1949
V. 11	NO. 2	FEB	1949
V. 11	NO. 3	MAR	1949
V. 11	NO. 4	APR	1949
V. 11	NO. 5	MAY	1949
V. 11	NO. 6	JUN	1949
V. 11	NO. 7	JUL	1949
V. 11	NO. 8	AUG	1949
V. 11	NO. 9	SEP	1949
V. 11	NO. 10	OCT	1949
V. 11	NO. 11	NOV	1949
V. 11	NO. 12	DEC	1949
V. 12	NO. 1	JAN	1950
V. 12	NO. 2	FEB	1950
V. 12	NO. 3	MAR	1950
V. 12	NO. 4	APR	1950
V. 12	NO. 5	MAY	1950
V. 12	NO. 6	JUN	1950
V. 12	NO. 7	JUL	1950
V. 12	NO. 8	AUG	1950
V. 12	NO. 9	SEP	1950
V. 12	NO. 10	OCT	1950
V. 12	NO. 11	NOV	1950
V. 12	NO. 12	DEC	1950
V. 13	NO. 1	JAN	1951
V. 13	NO. 2	FEB	1951
V. 13	NO. 3	MAR	1951
V. 13	NO. 4	APR	1951
V. 13	NO. 5	MAY	1951
V. 13	NO. 6	JUN	1951
V. 13	NO. 7	JUL	1951
V. 13	NO. 8	AUG	1951
V. 13	NO. 9	SEP	1951
V. 13	NO. 10	OCT	1951
V. 13	NO. 11	NOV	1951
V. 13	NO. 12	DEC	1951
V. 14	NO. 1	JAN	1952
V. 14	NO. 2	FEB	1952
V. 14	NO. 3	MAR	1952
V. 14	NO. 4	APR	1952
V. 14	NO. 5	MAY	1952
V. 14	NO. 6	JUN	1952
V. 14	NO. 7	JUL	1952
V. 14	NO. 8	AUG	1952
V. 14	NO. 9	SEP	1952
V. 14	NO. 10	OCT	1952
V. 14	NO. 11	NOV	1952
V. 14	NO. 12	DEC	1952
V. 15	NO. 1	JAN	1953
V. 15	NO. 2	FEB	1953
V. 15	NO. 3	MAR	1953

FANTASTIC ADVENTURES YEARBOOK. NO. 1- , 1970-
NEW YORK, ULTIMATE PUBLISHING CO.

    EDITOR: NOT IDENTIFIED.
    CODE: FAY
    INDEXED IN: NESFA

ISSUES CHECKLIST:

    FANTASTIC ADVENTURES YEARBOOK
        NO. 1   1970

FANTASTIC NOVELS MAGAZINE. V. 1-5 NO. 1. JULY 1940-
    JUNE 1951.
NEW YORK, POPULAR PUBLICATIONS.

    EDITOR: MARY GNAEDINGER.
    PUBLISHER VARIES: JULY 1940-APR. 1941,
FRANK A. MUNSEY; MAR. 1948-JUNE 1951, POPULAR
PUBLICATIONS.
    SUSPENDED: NAY 1941-APR. 1948.
    CODE: FNM
    INDEXED IN: DAY, STRAUSS, METCALF

ISSUES CHECKLIST:

    FANTASTIC NOVELS MAGAZINE

V. 1	NO. 1	JUL	1940
V. 1	NO. 2	SEP	1940
V. 1	NO. 3	NOV	1940
V. 1	NO. 4	JAN	1941
V. 1	NO. 5	APR	1941
V. 1	NO. 6	MAR	1948
V. 2	NO. 1	MAY	1948
V. 2	NO. 2	JUL	1948
V. 2	NO. 3	SEP	1948
V. 2	NO. 4	NOV	1948
V. 2	NO. 5	JAN	1949
V. 2	NO. 6	MAR	1949
V. 3	NO. 1	MAY	1949
V. 3	NO. 2	JUL	1949
V. 3	NO. 3	SEP	1949
V. 3	NO. 4	NOV	1949
V. 3	NO. 5	JAN	1950
V. 3	NO. 6	MAR	1950
V. 4	NO. 1	MAY	1950
V. 4	NO. 2	JUL	1950
V. 4	NO. 3	SEP	1950
V. 4	NO. 4	NOV	1950
V. 4	NO. 5	JAN	1951
V. 4	NO. 6	APR	1951
V. 5	NO. 1	JUN	1951

FANTASTIC SCIENCE FICTION. V. 1 NO. 1-2.
    AUG.-DEC. 1952.
DERBY, CONN., CAPITOL STORIES.

    EDITOR: WALTER B. GIBSON.
    PUBLISHER VARIES: AUG. 1952, SUPER FICTION
PUBLICATIONS; DEC. 1952, CAPITOL STORIES.
    CODE: FASF
    INDEXED IN: STRAUSS, METCALF

ISSUES CHECKLIST:

    FANTASTIC SCIENCE FICTION

V. 1	NO. 1	AUG	1952
V. 1	NO. 2	DEC	1952

FANTASTIC SCIENCE FICTION (1955-1960)
    SEE FANTASTIC STORIES

FANTASTIC STORIES. V. 1-   SUM. 1952-
NEW YORK, ULTIMATE PUBLICATIONS, INC.

    EDITOR: SUM. 1952-AUG. 1956, HOWARD BROWNE;
OCT. 1956-NOV. 1958, PAUL W. FAIRMAN; DEC. 1958-
JUNE 1965, CELE GOLDSMITH (CELE G. LALLI);
SEP. 1965-NOV. 1967, SOL COHEN; JAN. 1968-
OCT. 1968, HARRY HARRISON; DEC. 1968-FEB. 1969,
BARRY M. MALZBERG; APR. 1969-   , TED WHITE.
    PUBLISHER VARIES: SUM. 1952-JUNE 1965, ZIFF-
DAVIS; SEPT. 1965-   , ULTIMATE PUBLICATIONS.
    SUBTITLE VARIES.
    CODE: FAS
    INDEXED IN: STRAUSS, METCALF, NESFA, ASFA

ISSUES CHECKLIST:

    FANTASTIC

V. 1	NO. 1	SUM	1952
V. 1	NO. 2	FAL	1952
V. 1	NO. 3	NOV/DEC	1952
V. 2	NO. 1	JAN/FEB	1953
V. 2	NO. 2	MAR/APR	1953
V. 2	NO. 3	MAY/JUN	1953
V. 2	NO. 4	JUL/AUG	1953
V. 2	NO. 5	SEP/OCT	1953
V. 2	NO. 6	NOV/DEC	1953
V. 3	NO. 1	JAN/FEB	1954
V. 3	NO. 2	APR	1954
V. 3	NO. 3	JUN	1954
V. 3	NO. 4	AUG	1954
V. 3	NO. 5	OCT	1954
V. 3	NO. 6	DEC	1954
V. 4	NO. 1	FEB	1955

    FANTASTIC SCIENCE FICTION

V. 4	NO. 2	APR	1955
V. 4	NO. 3	JUN	1955

V. 4	NO. 4	AUG	1955
V. 4	NO. 5	OCT	1955
V. 4	NO. 6	DEC	1955
V. 5	NO. 1	FEB	1956
V. 5	NO. 2	APR	1956
V. 5	NO. 3	JUN	1956
V. 5	NO. 4	AUG	1956
V. 5	NO. 5	OCT	1956
V. 5	NO. 6	DEC	1956
V. 6	NO. 1	FEB	1957
V. 6	NO. 2	MAR	1957
V. 6	NO. 3	APR	1957
V. 6	NO. 4	MAY	1957
V. 6	NO. 5	JUN	1957
V. 6	NO. 6	JUL	1957
V. 6	NO. 7	AUG	1957
V. 6	NO. 8	SEP	1957
V. 6	NO. 9	OCT	1957
V. 6	NO. 10	NOV	1957
V. 6	NO. 11	DEC	1957
V. 7	NO. 1	JAN	1958
V. 7	NO. 2	FEB	1958
V. 7	NO. 3	MAR	1958
V. 7	NO. 4	APR	1958
V. 7	NO. 5	MAY	1958
V. 7	NO. 6	JUN	1958
V. 7	NO. 7	JUL	1958
V. 7	NO. 8	AUG	1958
V. 7	NO. 9	SEP	1958
V. 7	NO. 10	OCT	1958
V. 7	NO. 11	NOV	1958
V. 7	NO. 12	DEC	1958
V. 8	NO. 1	JAN	1959
V. 8	NO. 2	FEB	1959
V. 8	NO. 3	MAR	1959
V. 8	NO. 4	APR	1959
V. 8	NO. 5	MAY	1959
V. 8	NO. 6	JUN	1959
V. 8	NO. 7	JUL	1959
V. 8	NO. 8	AUG	1959

FANTASTIC SCIENCE FICTION STORIES

V. 8	NO. 9	SEP	1959
V. 8	NO. 10	OCT	1959
V. 8	NO. 11	NOV	1959
V. 8	NO. 12	DEC	1959
V. 9	NO. 1	JAN	1960
V. 9	NO. 2	FEB	1960
V. 9	NO. 3	MAR	1960
V. 9	NO. 4	APR	1960
V. 9	NO. 5	MAY	1960
V. 9	NO. 6	JUN	1960
V. 9	NO. 7	JUL	1960
V. 9	NO. 8	AUG	1960
V. 9	NO. 9	SEP	1960

FANTASTIC STORIES OF IMAGINATION

V. 9	NO. 10	OCT	1960
V. 9	NO. 11	NOV	1960
V. 9	NO. 12	DEC	1960
V. 10	NO. 1	JAN	1961
V. 10	NO. 2	FEB	1961
V. 10	NO. 3	MAR	1961
V. 10	NO. 4	APR	1961
V. 10	NO. 5	MAY	1961
V. 10	NO. 6	JUN	1961
V. 10	NO. 7	JUL	1961
V. 10	NO. 8	AUG	1961
V. 10	NO. 9	SEP	1961
V. 10	NO. 10	OCT	1961
V. 10	NO. 11	NOV	1961
V. 10	NO. 12	DEC	1961
V. 11	NO. 1	JAN	1962
V. 11	NO. 2	FEB	1962
V. 11	NO. 3	MAR	1962
V. 11	NO. 4	APR	1962
V. 11	NO. 5	MAY	1962
V. 11	NO. 6	JUN	1962
V. 11	NO. 7	JUL	1962
V. 11	NO. 8	AUG	1962
V. 11	NO. 9	SEP	1962
V. 11	NO. 10	OCT	1962
V. 11	NO. 11	NOV	1962
V. 11	NO. 12	DEC	1962
V. 12	NO. 1	JAN	1963
V. 12	NO. 2	FEB	1963
V. 12	NO. 3	MAR	1963

V. 12	NO. 4	APR	1963
V. 12	NO. 5	MAY	1963
V. 12	NO. 6	JUN	1963
V. 12	NO. 7	JUL	1963
V. 12	NO. 8	AUG	1963
V. 12	NO. 9	SEP	1963
V. 12	NO. 10	OCT	1963
V. 12	NO. 11	NOV	1963
V. 12	NO. 12	DEC	1963
V. 13	NO. 1	JAN	1964
V. 13	NO. 2	FEB	1964
V. 13	NO. 3	MAR	1964
V. 13	NO. 4	APR	1964
V. 13	NO. 5	MAY	1964
V. 13	NO. 6	JUN	1964
V. 13	NO. 7	JUL	1964
V. 13	NO. 8	AUG	1964
V. 13	NO. 9	SEP	1964
V. 13	NO. 10	OCT	1964
V. 13	NO. 11	NOV	1964
V. 13	NO. 12	DEC	1964
V. 14	NO. 1	JAN	1965
V. 14	NO. 2	FEB	1965
V. 14	NO. 3	MAR	1965
V. 14	NO. 4	APR	1965
V. 14	NO. 5	MAY	1965
V. 14	NO. 6	JUN	1965

FANTASTIC STORIES

V. 15	NO. 1	SEP	1965
V. 15	NO. 2	NOV	1965
V. 15	NO. 3	JAN	1966
V. 15	NO. 4	MAR	1966
V. 15	NO. 5	MAY	1966
V. 15	NO. 6	JUL	1966
V. 16	NO. 1	SEP	1966
V. 16	NO. 2	NOV	1966
V. 16	NO. 3	JAN	1967
V. 16	NO. 4	MAR	1967
V. 16	NO. 5	MAY	1967
V. 16	NO. 6	JUL	1967
V. 17	NO. 1	SEP	1967
V. 17	NO. 2	NOV	1967
V. 17	NO. 3	JAN	1968
V. 17	NO. 4	MAR	1968
V. 17	NO. 5	MAY	1968
V. 17	NO. 6	AUG	1968
V. 18	NO. 1	OCT	1968
V. 18	NO. 2	DEC	1968
V. 18	NO. 3	FEB	1969
V. 18	NO. 4	APR	1969
V. 18	NO. 5	JUN	1969
V. 18	NO. 6	AUG	1969
V. 19	NO. 1	OCT	1969
V. 19	NO. 2	DEC	1969
V. 19	NO. 3	FEB	1970
V. 19	NO. 4	APR	1970
V. 19	NO. 5	JUN	1970
V. 19	NO. 6	AUG	1970
V. 20	NO. 1	OCT	1970
V. 20	NO. 2	DEC	1970
V. 20	NO. 3	FEB	1971
V. 20	NO. 4	APR	1971
V. 20	NO. 5	JUN	1971
V. 20	NO. 6	AUG	1971
V. 21	NO. 1	OCT	1971
V. 21	NO. 2	DEC	1971
V. 21	NO. 3	FEB	1972
V. 21	NO. 4	APR	1972
V. 21	NO. 5	JUN	1972
V. 21	NO. 6	AUG	1972
V. 22	NO. 1	OCT	1972
V. 22	NO. 2	DEC	1972
V. 22	NO. 3	FEB	1973
V. 22	NO. 4	APR	1973
V. 22	NO. 5	JUL	1973
V. 22	NO. 6	SEP	1973
V. 23	NO. 1	NOV	1973

FANTASTIC STORIES OF IMAGINATION
SEE FANTASTIC STORIES

FANTASTIC STORY MAGAZINE. V. 1-8 NO. 2. SPR. 1950-
SPR. 1955.
NEW YORK, BEST BOOKS.

EDITOR: SPR. 1950-FALL 1951, SAM MERWIN;
WIN. 1952-FALL 1954, SAMUEL MINES; WIN.-SPR.
1955, ALEXANDER SAMALMAN.
CODE: FSM
INDEXED IN: DAY, STRAUSS, METCALF

ISSUES CHECKLIST:

FANTASTIC STORY QUARTERLY
V. 1	NO. 1	SPR	1950
V. 1	NO. 2	SUM	1950
V. 1	NO. 3	FAL	1950
V. 2	NO. 1	WIN	1951

FANTASTIC STORY QUARTERLY/MAGAZINE
V. 2	NO. 2	SPR	1951
V. 2	NO. 3	SUM	1951
V. 3	NO. 1	FAL	1951
V. 3	NO. 2	WIN	1952
V. 3	NO. 3	SPR	1952
V. 4	NO. 1	SUM	1952
V. 4	NO. 2	FAL	1952

(COVER AND SPINE DATED SEPTEMBER)
V. 4	NO. 3	NOV	1952
V. 5	NO. 1	JAN	1953
V. 5	NO. 2	MAR	1953
V. 5	NO. 3	MAY	1953
V. 6	NO. 1	JUL	1953
V. 6	NO. 2	SEP	1953
V. 6	NO. 3	WIN	1953

(WIN. 1954 ON SPINE)
V. 7	NO. 1	SPR	1954
V. 7	NO. 2	SUM	1954
V. 7	NO. 3	FAL	1954
V. 8	NO. 1	WIN	1955
V. 8	NO. 2	SPR	1955

FANTASTIC STORY QUARTERLY
SEE FANTASTIC STORY MAGAZINE

FANTASTIC UNIVERSE SCIENCE FICTION. V. 1-12 NO. 5.
JUN. 1953-MAR. 1960.
CHICAGO, ILL., KING-SIZE PUBLICATIONS.

EDITOR: JUNE-NOV. 1953, SAM MERWIN, JR.;
JAN.-MAR. 1954, BEATRICE JONES; MAY 1954-AUG.
1956, LEO MARGULES; SEP. 1956-MAR. 1960, HANS
STEFAN SANTESSON.
CODE: FAU
INDEXED IN: STRAUSS, METCALF

ISSUES CHECKLIST:

FANTASTIC UNIVERSE SCIENCE FICTION
V. 1	NO. 1	JUN/JUL	1953
V. 1	NO. 2	AUG/SEP	1953
V. 1	NO. 3	OCT/NOV	1953
V. 1	NO. 4	JAN	1954
V. 1	NO. 5	MAR	1954
V. 1	NO. 6	MAY	1954
V. 2	NO. 1	JUL	1954
V. 2	NO. 2	SEP	1954
V. 2	NO. 3	OCT	1954
V. 2	NO. 4	NOV	1954
V. 2	NO. 5	DEC	1954
V. 2	NO. 6	JAN	1955
V. 3	NO. 1	FEB	1955
V. 3	NO. 2	MAR	1955
V. 3	NO. 3	APR	1955
V. 3	NO. 4	MAY	1955
V. 3	NO. 5	JUN	1955
V. 3	NO. 6	JUL	1955
V. 4	NO. 1	AUG	1955
V. 4	NO. 2	SEP	1955
V. 4	NO. 3	OCT	1955
V. 4	NO. 4	NOV	1955
V. 4	NO. 5	DEC	1955
V. 4	NO. 6	JAN	1956
V. 5	NO. 1	FEB	1956
V. 5	NO. 2	MAR	1956
V. 5	NO. 3	APR	1956
V. 5	NO. 4	MAY	1956
V. 5	NO. 5	JUN	1956
V. 5	NO. 6	JUL	1956
V. 6	NO. 1	AUG	1956
V. 6	NO. 2	SEP	1956
V. 6	NO. 3	OCT	1956
V. 6	NO. 4	NOV	1956
V. 6	NO. 5	DEC	1956
V. 7	NO. 1	JAN	1957
V. 7	NO. 2	FEB	1957
V. 7	NO. 3	MAR	1957
V. 7	NO. 4	APR	1957
V. 7	NO. 5	MAY	1957
V. 7	NO. 6	JUN	1957
V. 8	NO. 1	JUL	1957
V. 8	NO. 2	AUG	1957
V. 8	NO. 3	SEP	1957
V. 8	NO. 4	OCT	1957
V. 8	NO. 5	NOV	1957
V. 8	NO. 6	DEC	1957
V. 9	NO. 1	JAN	1958
V. 9	NO. 2	FEB	1958
V. 9	NO. 3	MAR	1958
V. 9	NO. 4	APR	1958
V. 9	NO. 5	MAY	1958
V. 9	NO. 6	JUN	1958
V. 10	NO. 1	JUL	1958
V. 10	NO. 2	AUG	1958
V. 10	NO. 3	SEP	1958
V. 10	NO. 4	OCT	1958
V. 10	NO. 5	NOV	1958
V. 11	NO. 1	JAN	1959
V. 11	NO. 2	MAR	1959
V. 11	NO. 3	MAY	1959
V. 11	NO. 4	JUL	1959
V. 11	NO. 5	SEP	1959
V. 11	NO. 6	OCT	1959
V. 12	NO. 1	NOV	1959
V. 12	NO. 2	DEC	1959
V. 12	NO. 3	JAN	1960
V. 12	NO. 4	FEB	1960
V. 12	NO. 5	MAR	1960

FANTASY. NO. 1-3. SEP. 1938-JUN. 1939.
LONDON, GEORGE NEWNES, LTD.

EDITOR: T. STANHOPE SPRIGG.
CODE: FANT
INDEXED IN: DAY, ASFA

ISSUES CHECKLIST:

FANTASY
NO. 1	SEP	1938
NO. 2	MAR	1939
NO. 3	JUN	1939

FANTASY AND SCIENCE FICTION
SEE MAGAZINE OF FANTASY AND SCIENCE FICTION

FANTASY BOOK. V. 1-2 NO. 2. 1947-1951.
LOS ANGELES, FANTASY PUBLISHING CO., INC. (FPCI)

EDITOR: GARRETT FORD
CODE: FBK
INDEXED IN: DAY, STRAUSS, METCALF

ISSUES CHECKLIST:

FANTASY BOOK
V. 1	NO. 1	1947
V. 1	NO. 2	1947
V. 1	NO. 3	1948
V. 1	NO. 4	1948
V. 1	NO. 5	1949
V. 1	NO. 6	1950
V. 2	NO. 1	1951
V. 2	NO. 2	1951

(CALLED NO. 8 ON COVER)

FANTASY FICTION. V. 1 NO. 1-4. FEB.-NOV. 1953.
NEW YORK, FUTURE PUBLICATIONS, INC.

EDITOR: FEB.-AUG. 1953, LESTER DEL REY;

NOV. 1953, CAMERON HALL
    CODE: FAM
    INDEXED IN: STRAUSS, METCALF

ISSUES CHECKLIST:

    FANTASY MAGAZINE
V. 1   NO. 1   FEB   1953
    (DATED MARCH ON SPINE)
    FANTASY FICTION MAGAZINE
V. 1   NO. 2   JUN   1953
V. 1   NO. 3   AUG   1953
V. 1   NO. 4   NOV   1953

FANTASY MAGAZINE
    SEE FANTASY FICTION

FANTASY STORIES. V. 1 NO. 1-2. MAY-NOV. 1950.
NEW YORK, MAGABOOKS, INC.

    EDITOR: CURTIS MITCHELL.
    CODE: FFN
    INDEXED IN: DAY

ISSUES CHECKLIST:

    FANTASY FICTION
V. 1   NO. 1   MAY   1950
    FANTASY STORIES
V. 1   NO. 2   NOV   1950

FANTASY, THE MAGAZINE OF SCIENCE FICTION. V. 1 NO. 1-3.
DEC. 1946-AUG. 1947.
LONDON, TEMPLE BAR PUBLISHING CO.

    EDITOR: WALTER GILLINGS.
    CODE: FANS
    INDEXED IN: DAY

    ISSUES CHECKLIST:

    FANTASY, THE MAGAZINE OF SCIENCE FICTION
V. 1   NO. 1   DEC   1946
V. 1   NO. 2   APR   1947
V. 1   NO. 3   AUG   1947

FEAR. V. 1 NO. 1-2. MAY-JUL. 1960.
CONCORD, N. H., GREAT AMERICAN PUBLICATIONS, INC.

    EDITOR: JOSEPH L. MARX
    CODE: FER
    INDEXED IN: STRAUSS, METCALF

ISSUES CHECKLIST:

    FEAR
V. 1   NO. 1   MAY   1960
V. 1   NO. 2   JUL   1960

FLYING SAUCERS FROM OTHER WORLDS. V. 1 NO. 1 (WHOLE
NUMBER 1)-NO. 25. NOV. 1949-SEP. 1957.
EVANSTON, IND., PALMER PUBLICATIONS, INC.

    EDITOR: NOV. 1949, ROBERT N. WEBSTER; JAN.
1950, ROBERT N. WEBSTER AND RAY PALMER; MAR.
1950-SEP. 1957, RAY PALMER.
    PUBLISHER VARIES: NOV. 1949-JULY 1953, CLARKE
PUBLISHING CO.; MAY 1955-SEP. 1957, PALMER
PUBLICATIONS, INC.
    SUSPENDED AUG. 1953-APR. 1955. DURING THIS
PERIOD PALMER PUBLICATIONS ISSUED SCIENCE STORIES
(OCT. 1953-APR. 1954) AND UNIVERSE SCIENCE FICTION
(JUNE 1953-MAR. 1955). OTHER WORLDS SCIENCE
STORIES WAS RESUMED IN MAY 1955, CARRYING THE
NUMBERING OF UNIVERSE SCIENCE FICTION, WITH A
PARENTHETICAL WHOLE NUMBER CORRECTLY MATCHING THE
NUMBERING OF OTHER WORLDS SCIENCE STORIES BEFORE
SUSPENSION.
    CODE: FSO
    INDEXED IN: DAY, STRAUSS, METCALF

ISSUES CHECKLIST:

    OTHER WORLDS SCIENCE STORIES
V. 1   NO. 1   NOV   1949
V. 1   NO. 2   JAN   1950

V. 1	NO. 3	MAR	1950
V. 1	NO. 4	MAY	1950
V. 2	NO. 1	JUL	1950
V. 2	NO. 2	SEP	1950
V. 2	NO. 3	OCT	1950
V. 2	NO. 4	NOV	1950
V. 3	NO. 1	JAN	1951
V. 3	NO. 2	MAR	1951
V. 3	NO. 3	MAY	1951
V. 3	NO. 4	JUN/JUL	1951
V. 3	NO. 5	SEP	1951

    (CALLED V. 4 NO. 5 ON CONTENTS PAGE)

V. 3	NO. 6	OCT	1951
V. 3	NO. 7	DEC	1951
V. 3	NO. 5	JAN	1952
V. 4	NO. 2	MAR	1952
V. 4	NO. 3	APR	1952
V. 4	NO. 4	JUN	1952
V. 4	NO. 5	JUL	1952
V. 4	NO. 6	AUG	1952
V. 4	NO. 7	OCT	1952
V. 4	NO. 8	NOV	1952
V. 4	NO. 9	DEC	1952
V. 5	NO. 1	JAN	1953
V. 5	NO. 2	FEB	1953
V. 5	NO. 3	MAR	1953
V. 5	NO. 4	APR	1953
V. 5	NO. 5	MAY	1953
V. 5	NO. 6	JUN	1953
V. 5	NO. 7	JUL	1953
	NO. 11	MAY	1955
	NO. 12	JUL	1955
	NO. 13	SEP	1955
	NO. 14	NOV	1955
	NO. 15	FEB	1956
	NO. 16	APR	1956
	NO. 17	JUN	1956
	NO. 18	SEP	1956
	NO. 19	NOV	1956
	NO. 20	JAN	1957
	NO. 21	MAR	1957
	NO. 21	MAY	1957

    FLYING SAUCERS FROM OTHER WORLDS

		JUN	1957
		JUL	1957
	NO. 25	AUG	1957
		SEP	1957

FORGOTTEN FANTASY. V. 1 OCT. 1970-
HOLLYWOOD, CALIF., NECTAR PRESS, INC.

    EDITOR: DOUGLAS MENVILLE
    CODE: FF
    INDEXED IN: NESFA

ISSUES CHECKLIST.

    FORGOTTEN FANTASY
V. 1   NO. 1   OCT   1970
V. 1   NO. 2   DEC   1970
V. 1   NO. 3   FEB   1971
V. 1   NO. 4   APR   1971
V. 1   NO. 5   JUN   1971

FUTURE COMBINED WITH SCIENCE FICTION
    SEE SCIENCE FICTION STORIES

FUTURE COMBINED WITH SCIENCE FICTION STORIES
    SEE FUTURE SCIENCE FICTION

FUTURE FANTASY AND SCIENCE FICTION
    SEE SCIENCE FICTION STORIES

FUTURE FICTION
    SEE SCIENCE FICTION STORIES

FUTURE SCIENCE FICTION. V. 1-5 NO. 3; NO. 28-48.
MAY 1950-APR. 1960.
NEW YORK, COLUMBIA PUBLICATIONS.

    EDITOR: ROBERT W. LOWNDES.
    CODE: FUTF
    INDEXED IN: DAY, STRAUSS, METCALF

ISSUES CHECKLIST:

FUTURE COMBINED WITH SCIENCE FICTION STORIES

V. 1	NO. 1	MAY/JUN	1950
V. 1	NO. 2	JUL/AUG	1950
V. 1	NO. 3	SEP/OCT	1950
V. 1	NO. 4	NOV	1950
V. 1	NO. 5	JAN	1951
V. 1	NO. 6	MAR	1951
V. 2	NO. 1	MAY	1951
V. 2	NO. 2	JUL	1951
V. 2	NO. 3	SEP	1951
V. 2	NO. 4	NOV	1951

FUTURE SCIENCE FICTION STORIES

V. 2	NO. 5	JAN	1952
V. 2	NO. 6	MAR	1952

FUTURE SCIENCE FICTION

V. 3	NO. 1	MAY	1952
V. 3	NO. 2	JUL	1952
V. 3	NO. 3	SEP	1952
V. 3	NO. 4	NOV	1952
V. 3	NO. 5	JAN	1953
V. 3	NO. 6	MAR	1953
V. 4	NO. 1	MAY	1953
V. 4	NO. 2	JUL	1953
V. 4	NO. 3	SEP	1953
V. '4	NO. 4	NOV	1953
V. 4	NO. 5	JAN	1954
V. 4	NO. 6	MAR	1954
V. 5	NO. 1	JUN	1954
V. 5	NO. 2	AUG	1954
V. 5	NO. 3	OCT	1954
	NO. 28		1955
	NO. 29		1956
	NO. 30		1956/57
	NO. 31	WIN	1956
	NO. 32	SPR	1957
	NO. 33	SUM	1957
	NO. 34	FAL	1957
	NO. 35	FEB	1958
	NO. 36	APR	1958
	NO. 37	JUN	1958
	NO. 38	AUG	1958
	NO. 39	OCT	1958
	NO. 40	DEC	1958
	NO. 41	FEB	1959
	NO. 42	APR	1959
	NO. 43	JUN	1959
	NO. 44	AUG	1959
	NO. 45	OCT	1959
	NO. 46	DEC	1959
	NO. 47	FEB	1960
	NO. 48	APR	1960

FUTURISTIC STORIES. NO. 1-2. 1946.
LONDON, HAMILTON AND CO., LTD.

EDITOR:
CODE: FUTS
INDEXED IN: ASFA

ISSUES CHECKLIST:

FUTURISTIC STORIES

NO. 1	OCT	1946
NO. 2	NOV	1946

GALAXY. V. 1–   , OCT. 1950–
NEW YORK, UNIVERSAL PUBLISHING & DISTRIBUTING CORP.

EDITOR: OCT. 1950-OCT. 1961, HORACE L. GOLD; DEC. 1961-MAY 1969, FREDERIK POHL; JULY 1969- EJLER JAKOBSSON.
PUBLISHER VARIES: OCT. 1950-SEP. 1951, WORLD EDITIONS; OCT. 1951-MAY 1969, GALAXY PUBLISHING CORP.; JULY 1969-   UNIVERSAL PUBLISHING AND DISTRIBUTING CORP.
CODE: GAL
INDEXED IN: DAY, STRAUSS, METCALF, NESFA

ISSUES CHECKLIST:

GALAXY SCIENCE FICTION

V. 1	NO. 1	OCT	1950
V. 1	NO. 2	NOV	1950
V. 1	NO. 3	DEC	1950
V. 1	NO. 4	JAN	1951
V. 1	NO. 5	FEB	1951
V. 1	NO. 6	MAR	1951
V. 2	NO. 1	APR	1951
V. 2	NO. 2	MAY	1951
V. 2	NO. 3	JUN	1951
V. 2	NO. 4	JUL	1951
V. 2	NO. 5	AUG	1951
V. 2	NO. 6	SEP	1951
V. 3	NO. 1	OCT	1951
V. 3	NO. 2	NOV	1951
V. 3	NO. 3	DEC	1951
V. 3	NO. 4	JAN	1952
V. 3	NO. 5	FEB	1952
V. 3	NO. 6	MAR	1952
V. 4	NO. 1	APR	1952
V. 4	NO. 2	MAY	1952
V. 4	NO. 3	JUN	1952
V. 4	NO. 4	JUL	1952
V. 4	NO. 5	AUG	1952
V. 4	NO. 6	SEP	1952
V. 5	NO. 1	OCT	1952
V. 5	NO. 2	NOV	1952
V. 5	NO. 3	DEC	1952
V. 5	NO. 4	JAN	1953
V. 5	NO. 5	FEB	1953
V. 5	NO. 6	MAR	1953
V. 6	NO. 1	APR	1953
V. 6	NO. 2	MAY	1953
V. 6	NO. 3	JUN	1953
V. 6	NO. 4	JUL	1953
V. 6	NO. 5	AUG	1953
V. 6	NO. 6	SEP	1953
V. 7	NO. 1	OCT	1953
V. 7	NO. 2	NOV	1953
V. 7	NO. 3	DEC	1953
V. 7	NO. 5	JAN	1954
(NUMBERING ERROR – ACTUALLY V. 7 NO. 4.)			
V. 7	NO. 5A	FEB	1954
(NUMBERING ERROR – ACTUALLY V. 7 NO. 5.)			
V. 7	NO. 6	MAR	1954
V. 8	NO. 1	APR	1954
V. 8	NO. 2	MAY.	1954
V. 8	NO. 3	JUN	1954
V. 8	NO. 4	JUL	1954
V. 8	NO. 5	AUG	1954
V. 8	NO. 6	SEP	1954
V. 9	NO. 1	OCT	1954
V. 9	NO. 2	NOV	1954
V. 9	NO. 3	DEC	1954
V. 9	NO. 4	JAN	1955
V. 9	NO. 5	FEB	1955
V. 9	NO. 6	MAR	1955
V. 10	NO. 1	APR	1955
V. 10	NO. 2	MAY	1955
V. 10	NO. 3	JUN	1955
V. 10	NO. 4	JUL	1955
V. 10	NO. 5	AUG	1955
V. 10	NO. 6	SEP	1955
V. 11	NO. 1	OCT	1955
V. 11	NO. 2	NOV	1955
V. 11	NO. 3	JAN	1956
V. 11	NO. 4	FEB	1956
V. 11	NO. 5	MAR	1956
V. 11	NO. 6	APR	1956
V. 12	NO. 1	MAY	1956
V. 12	NO. 2	JUN	1956
V. 12	NO. 3	JUL	1956
V. 12	NO. 4	AUG	1956
V. 12	NO. 5	SEP	1956
V. 12	NO. 6	OCT	1956
V. 13	NO. 1	NOV	1956
V. 13	NO. 2	DEC	1956
V. 13	NO. 3	JAN	1957
V. 13	NO. 4	FEB	1957
V. 13	NO. 5	MAR	1957
V. 13	NO. 6	APR	1957
V. 14	NO. 1	MAY	1957
V. 14	NO. 2	JUN	1957
V. 14	NO. 3	JUL	1957
V. 14	NO. 4	AUG	1957
V. 14	NO. 5	SEP	1957
V. 14	NO. 6	OCT	1957
V. 15	NO. 1	NOV	1957

```
V. 15    NO. 2    DEC         1957
V. 15    NO. 3    JAN         1958
V. 15    NO. 4    FEB         1958
V. 15    NO. 5    MAR         1958
V. 15    NO. 6    APR         1958
V. 16    NO. 1    MAY         1958
V. 16    NO. 2    JUN         1958
V. 16    NO. 3    JUL         1958
V. 16    NO. 4    AUG         1958
        GALAXY MAGAZINE
V. 16    NO. 5    SEP         1958
V. 16    NO. 6    OCT         1958
V. 17    NO. 1    NOV         1958
V. 17    NO. 2    DEC         1958
V. 17    NO. 3    FEB         1959
V. 17    NO. 4    APR         1959
V. 17    NO. 5    JUN         1959
V. 17    NO. 6    AUG         1959
      GALAXY SCIENCE FICTION
V. 18    NO. 1    OCT         1959
V. 18    NO. 2    DEC         1959
        GALAXY MAGAZINE
V. 18    NO. 3    FEB         1960
V. 18    NO. 4    APR         1960
V. 18    NO. 5    JUN         1960
V. 18    NO. 6    AUG         1960
V. 19    NO. 1    OCT         1960
V. 19    NO. 2    DEC         1960
V. 19    NO. 3    FEB         1961
V. 19    NO. 4    APR         1961
V. 19    NO. 5    JUN         1961
V. 19    NO. 6    AUG         1961
V. 20    NO. 1    OCT         1961
V. 20    NO. 2    DEC         1961
V. 20    NO. 3    FEB         1962
V. 20    NO. 4    APR         1962
V. 20    NO. 5    JUN         1962
V. 20    NO. 6    AUG         1962
V. 21    NO. 1    OCT         1962
V. 21    NO. 2    DEC         1962
V. 21    NO. 3    FEB         1963
V. 21    NO. 4    APR         1963
V. 21    NO. 5    JUN         1963
V. 21    NO. 6    AUG         1963
V. 22    NO. 1    OCT         1963
V. 22    NO. 2    DEC         1963
V. 22    NO. 3    FEB         1964
V. 22    NO. 4    APR         1964
V. 22    NO. 5    JUN         1964
V. 22    NO. 6    AUG         1964
V. 23    NO. 1    OCT         1964
V. 23    NO. 2    DEC         1964
V. 23    NO. 3    FEB         1965
V. 23    NO. 4    APR         1965
V. 23    NO. 5    JUN         1965
V. 23    NO. 6    AUG         1965
V. 24    NO. 1    OCT         1965
V. 24    NO. 2    DEC         1965
V. 24    NO. 3    FEB         1966
V. 24    NO. 4    APR         1966
V. 24    NO. 5    JUN         1966
V. 24    NO. 6    AUG         1966
V. 25    NO. 1    OCT         1966
V. 25    NO. 2    DEC         1966
V. 25    NO. 3    FEB         1967
V. 25    NO. 4    APR         1967
V. 25    NO. 5    JUN         1967
V. 25    NO. 6    AUG         1967
V. 26    NO. 1    OCT         1967
V. 26    NO. 2    DEC         1967
V. 26    NO. 3    FEB         1968
V. 26    NO. 4    APR         1968
V. 26    NO. 5    JUN         1968
V. 26    NO. 6    JUL         1968
V. 27    NO. 1    AUG         1968
V. 27    NO. 2    SEP         1968
V. 27    NO. 3    OCT         1968
V. 27    NO. 4    NOV         1968
V. 27    NO. 5    DEC         1968
V. 27    NO. 6    JAN         1969
V. 28    NO. 1    FEB         1969
V. 28    NO. 2    MAR         1969
V. 28    NO. 3    APR         1969
V. 28    NO. 4    MAY         1969
```

```
V. 28    NO. 5    JUL         1969
V. 28    NO. 6    AUG         1969
   (NUMBERED V. 128 ON TITLE PAGE.)
V. 29    NO. 1    SEP         1969
   (NUMBERED V. 129 ON TITLE PAGE.)
V. 29    NO. 2    OCT         1969
   (NUMBERED V. 129 ON TITLE PAGE.)
V. 29    NO. 3    NOV         1969
   (NUMBERED V. 129 ON TITLE PAGE.)
V. 29    NO. 4    DEC         1969
V. 29    NO. 5    FEB         1970
V. 29    NO. 6    MAR         1970
V. 30    NO. 1    APR         1970
V. 30    NO. 2    MAY         1970
V. 30    NO. 3    JUN         1970
V. 30    NO. 4    JUL         1970
V. 30    NO. 5    AUG/SEP     1970
V. 30    NO. 6    OCT/NOV     1970
V. 31    NO. 1    DEC         1970
V. 31    NO. 2    JAN         1971
V. 31    NO. 3    FEB         1971
V. 31    NO. 4    MAR         1971
V. 31    NO. 5    APR         1971
V. 31    NO. 6    MAY/JUN     1971
V. 32    NO. 1    JUL/AUG     1971
V. 32    NO. 2    SEP/OCT     1971
V. 32    NO. 3    NOV/DEC     1971
V. 32    NO. 4    JAN/FEB     1972
V. 32    NO. 5    MAR/APR     1972
V. 32    NO. 6    MAY/JUN     1972
V. 33    NO. 1    JUL/AUG     1972
V. 33    NO. 2    SEP/OCT     1972
V. 33    NO. 3    NOV/DEC     1972
V. 33    NO. 4    JAN/FEB     1973
V. 33    NO. 5    MAR/APR     1973
V. 33    NO. 6    MAY/JUN     1973
V. 33    NO. 7    JUL/AUG     1973
   (CALLED V. 34 ON TITLE PAGE)
V. 33    NO. 8    SEP         1973
V. 34    NO. 2    NOV         1973
V. 34    NO. 3    DEC         1973
```

GALAXY SCIENCE FICTION
   SEE GALAXY MAGAZINE

GAMMA. V. 1 NO. 1-5. 1963-SEP. 1965.
   NORTH HOLLYWOOD, CALIF., STAR PRESS, INC.

     EDITOR: CHARLES E. FRITCH
     ISSUES ALSO NUMBERED AS WHOLE NUMBERS 1-5.
     CODE: GAM
     INDEXED IN: STRAUSS, METCALF

     ISSUES CHECKLIST:

```
    GAMMA
V. 1     NO. 1                   1963
V. 1     NO. 2                   1963
V. 2     NO. 1                   1964
V. 2     NO. 2    FEB            1965
V. 2     NO. 5    SEP            1965
   (NUMBERING ERROR-ACTUALLY V. 2 NO. 3.
```

GREAT SCIENCE FICTION STORIES. NO. 1-3. 1964-1966.
   NEW YORK, POPULAR LIBRARY, INC.

     EDITOR: JIM HENDRYX, JR.
     CODE: GSFS
     INDEXED IN:

     ISSUES CHECKLIST:

```
    TREASURY OF GREAT SCIENCE FICTION STORIES
         NO. 1                  1964
         NO. 2                  1965
    GREAT SCIENCE FICTION STORIES.
         NO. 3                  1966
```

HAUNT OF HORROR. V. 1, NO. 1-   JUNE 1973-
   NEW YORK, MARVEL COMICS GROUP.

     EDITOR: GERARD CONWAY.
     CODE: HOH

ISSUES CHECKLIST:

V. 1	NO. 1	JUNE	1973
V. 1	NO. 2	AUG	1973

IF, WORLDS OF SCIENCE FICTION.
  SEE WORLDS OF IF SCIENCE FICTION.

IMAGINATION SCIENCE FICTION. V. 1-9 NO. 5. OCT. 1950-
    OCT. 1958.
    EVANSTON, ILL., GREENLEAF PUBLISHING CO.

        EDITOR: OCT.-DEC. 1950, R. A. PALMER; FEB.
    1951-OCT. 1958, W. L. HAMLING.
        PUBLISHER VARIES: OCT.-DEC. 1950, CLARK
    PUBLISHING CO.; FEB. 1951-OCT. 1958, GREENLEAF
    PUBLISHING CO.
        CODE: ISF
        INDEXED IN: STRAUSS, METCALF.

ISSUES CHECKLIST:

IMAGINATION STORIES OF SCIENCE AND FANTASY

V. 1	NO. 1	OCT	1950
V. 1	NO. 2	DEC	1950
V. 2	NO. 1	FEB	1951
V. 2	NO. 2	APR	1951
V. 2	NO. 3	JUN	1951
V. 2	NO. 4	SEP	1951
V. 2	NO. 5	NOV	1951
V. 3	NO. 1	JAN	1952
V. 3	NO. 2	MAR	1952
V. 3	NO. 3	MAY	1952
V. 3	NO. 4	JUL	1952
V. 3	NO. 5	SEP	1952
V. 3	NO. 6	OCT	1952
V. 3	NO. 7	DEC	1952
V. 4	NO. 1	JAN	1953
V. 4	NO. 2	FEB	1953
V. 4	NO. 3	APR	1953
V. 4	NO. 4	MAY	1953
V. 4	NO. 5	JUN	1953
V. 4	NO. 6	JUL	1953
V. 4	NO. 7	AUG	1953
V. 4	NO. 8	SEP	1953
V. 4	NO. 9	OCT	1953
V. 4	NO. 10	NOV	1953
V. 4	NO. 11	DEC	1953
V. 5	NO. 1	JAN	1954
V. 5	NO. 2	FEB	1954
V. 5	NO. 3	MAR	1954
V. 5	NO. 4	APR	1954
V. 5	NO. 5	MAY	1954
V. 5	NO. 6	JUN	1954
V. 5	NO. 7	JUL	1954
V. 5	NO. 8	AUG	1954
V. 5	NO. 9	SEP	1954
V. 5	NO. 10	OCT	1954
V. 5	NO. 11	NOV	1954
V. 5	NO. 12	DEC	1954
V. 6	NO. 1	JAN	1955
V. 6	NO. 2	FEB	1955
V. 6	NO. 3	MAR	1955
V. 6	NO. 4	APR	1955
V. 6	NO. 5	MAY	1955
V. 6	NO. 6	JUN	1955
V. 6	NO. 7	JUL	1955

IMAGINATION SCIENCE FICTION

V. 6	NO. 8	OCT	1955
V. 6	NO. 9	DEC	1955
V. 7	NO. 1	FEB	1956
V. 7	NO. 2	APR	1956
V. 7	NO. 3	JUN	1956
V. 7	NO. 4	AUG	1956
V. 7	NO. 5	OCT	1956
V. 7	NO. 6	DEC	1956
V. 8	NO. 1	FEB	1957
V. 8	NO. 2	APR	1957
V. 8	NO. 3	JUN	1957
V. 8	NO. 4	AUG	1957
V. 8	NO. 5	OCT	1957
V. 8	NO. 6	DEC	1957
V. 9	NO. 1	FEB	1958
V. 9	NO. 2	APR	1958
V. 9	NO. 3	JUN	1958
V. 9	NO. 4	AUG	1958
V. 9	NO. 5	OCT	1958

IMAGINATION STORIES OF SCIENCE AND FANTASY
  SEE IMAGINATION SCIENCE FICTION

IMAGINATIVE TALES
  SEE SPACE TRAVEL

IMPULSE
  SEE SF IMPULSE

INFINITY SCIENCE FICTION. V. 1-4 NO. 2. NOV. 1955-
    NOV. 1958.
    NEW YORK, ROYAL PUBLICATIONS.

        EDITOR: LARRY T. SHAW.
        CODE: INF
        INDEXED IN: STRAUSS, METCALF.

ISSUES CHECKLIST:

INFINITY SCIENCE FICTION

V. 1	NO. 1	NOV	1955
V. 1	NO. 2	FEB	1956
V. 1	NO. 3	JUN	1956
V. 1	NO. 4	AUG	1956
V. 1	NO. 5	OCT	1956
V. 1	NO. 6	DEC	1956
V. 2	NO. 1	FEB	1957
V. 2	NO. 2	APR	1957
V. 2	NO. 3	JUN	1957
V. 2	NO. 4	JUL	1957
V. 2	NO. 5	SEP	1957
V. 2	NO. 6	OCT	1957
V. 3	NO. 1	NOV	1957
V. 3	NO. 2	JAN	1958
V. 3	NO. 3	MAR	1958
V. 3	NO. 4	APR	1958
V. 3	NO. 5	JUN	1958
V. 3	NO. 6	AUG	1958
V. 4	NO. 1	OCT	1958
V. 4	NO. 2	NOV	1958

INTERNATIONAL SCIENCE FICTION. V. 1 NO. 1-2.
    NOV. 1967-JUNE 1968.
    NEW YORK, GALAXY PUBLISHING CORP.

        EDITOR: FREDERIK POHL.
        CODE: INT
        INDEXED IN: NESFA.

ISSUES CHECKLIST:

INTERNATIONAL SCIENCE FICTION

V. 1	NO. 1	NOV	1967
V. 1	NO. 2	JUN	1968

MACABRE. NO. 1-9. JUNE 1957-SUM. 1961.
    NEW HAVEN, CONN., J. P. BRENNAN.

        EDITOR: J. P. BRENNAN.
        CODE: MAC
ISSUES CHECKLIST:

MACABRE

NO. 1	JUN	1957
NO. 2	WIN	1957
NO. 3	SUM	1958
NO. 4	WIN	1958
NO. 5	SUM	1959
NO. 6	WIN	1959
NO. 7	SUM	1960
NO. 8	WIN	1960
NO. 9	SUM	1961

MAGAZINE OF FANTASY
  SEE MAGAZINE OF FANTASY AND SCIENCE FICTION

MAGAZINE OF FANTASY AND SCIENCE FICTION. V. 1-
    FALL 1949-
    NEW YORK, MERCURY PRESS INC.

      EDITOR: FALL 1949-AUG. 1954, ANTHONY BOUCHER
AND J. FRANCIS MCCOMAS; SEP. 1954-AUG. 1958,
ANTHONY BOUCHER; SEP. 1958-MAR. 1962, ROBERT P.
MILLS; APR. 1962-FEB. 1963, ROBERT D. MILLS (CON-
SULTING EDITOR) AND EDWARD L. FERMAN (MANAGING
EDITOR); MAR. 1963-   EDWARD L. FERMAN.
    PUBLISHER VARIES: FALL 1949, MYSTERY HOUSE,
INC.; WIN/SPR. 1950-FEB. 1958, FANTASY HOUSE,
INC.; MAR. 1958-   , MERCURY PRESS, INC.
    CODE: FSF
    INDEXED IN: DAY, STRAUSS, METCALF.

ISSUES CHECKLIST:

    MAGAZINE OF FANTASY

V. 1	NO. 1	FAL	1949

    MAGAZINE OF FANTASY AND SCIENCE FICTION

V. 1	NO. 2	WIN/SPR	1950
V. 1	NO. 3	SUM	1950
V. 1	NO. 4	FAL	1950
V. 1	NO. 5	DEC	1950
V. 2	NO. 1	FEB	1951
V. 2	NO. 2	APR	1951
V. 2	NO. 3	JUN	1951
V. 2	NO. 4	AUG	1951
V. 2	NO. 5	OCT	1951
V. 2	NO. 6	DEC	1951
V. 3	NO. 1	FEB	1952
V. 3	NO. 2	APR	1952
V. 3	NO. 3	JUN	1952
V. 3	NO. 4	AUG	1952
V. 3	NO. 5	SEP	1952
V. 3	NO. 6	OCT	1952
V. 3	NO. 7	NOV	1952
V. 3	NO. 8	DEC	1952
V. 4	NO. 1	JAN	1953
V. 4	NO. 2	FEB	1953
V. 4	NO. 3	MAR	1953
V. 4	NO. 4	APR	1953
V. 4	NO. 5	MAY	1953
V. 4	NO. 6	JUN	1953
V. 5	NO. 1	JUL	1953
V. 5	NO. 2	AUG	1953
V. 5	NO. 3	SEP	1953
V. 5	NO. 4	OCT	1953
V. 5	NO. 5	NOV	1953
V. 5	NO. 6	DEC	1953
V. 6	NO. 1	JAN	1954
V. 6	NO. 2	FEB	1954
V. 6	NO. 3	MAR	1954
V. 6	NO. 4	APR	1954
V. 6	NO. 5	MAY	1954
V. 6	NO. 6	JUN	1954
V. 7	NO. 1	JUL	1954
V. 7	NO. 2	AUG	1954
V. 7	NO. 3	SEP	1954
V. 7	NO. 4	OCT	1954
V. 7	NO. 5	NOV	1954
V. 7	NO. 6	DEC	1954
V. 8	NO. 1	JAN	1955
V. 8	NO. 2	FEB	1955
V. 8	NO. 3	MAR	1955
V. 8	NO. 4	APR	1955
V. 8	NO. 5	MAY	1955
V. 8	NO. 6	JUN	1955
V. 9	NO. 1	JUL	1955
V. 9	NO. 2	AUG	1955
V. 9	NO. 3	SEP	1955
V. 9	NO. 4	OCT	1955
V. 9	NO. 5	NOV	1955
V. 9	NO. 6	DEC	1955
V. 10	NO. 1	JAN	1956
V. 10	NO. 2	FEB	1956
V. 10	NO. 3	MAR	1956
V. 10	NO. 4	APR	1956
V. 10	NO. 5	MAY	1956
V. 10	NO. 6	JUN	1956
V. 11	NO. 1	JUL	1956
V. 11	NO. 2	AUG	1956
V. 11	NO. 3	SEP	1956

    (DATED SEPTEMBER 1955 ON SPINE.)

V. 11	NO. 4	OCT	1956
V. 11	NO. 5	NOV	1956
V. 11	NO. 6	DEC	1956
V. 12	NO. 1	JAN	1957
V. 12	NO. 2	FEB	1957
V. 12	NO. 3	MAR	1957
V. 12	NO. 4	APR	1957
V. 12	NO. 5	MAY	1957
V. 12	NO. 6	JUN	1957
V. 13	NO. 1	JUL	1957
V. 13	NO. 2	AUG	1957
V. 13	NO. 3	SEP	1957
V. 13	NO. 4	OCT	1957
V. 13	NO. 5	NOV	1957
V. 13	NO. 6	DEC	1957
V. 13	NO. 7	JAN	1958

    (NUMBERING ERROR - CONSTITUTES V. 14 NO. 1.)

V. 14	NO. 2	FEB	1958
V. 14	NO. 3	MAR	1958
V. 14	NO. 4	APR	1958
V. 14	NO. 5	MAY	1958
V. 14	NO. 6	JUN	1958
V. 15	NO. 1	JUL	1958
V. 15	NO. 2	AUG	1958
V. 15	NO. 3	SEP	1958
V. 15	NO. 4	OCT	1958
V. 15	NO. 5	NOV	1958
V. 15	NO. 6	DEC	1958
V. 16	NO. 1	JAN	1959
V. 16	NO. 2	FEB	1959
V. 16	NO. 3	MAR	1959
V. 16	NO. 4	APR	1959
V. 16	NO. 5	MAY	1959
V. 16	NO. 6	JUN	1959
V. 17	NO. 1	JUL	1959
V. 17	NO. 2	AUG.	1959
V. 17	NO. 3	SEP	1959
V. 17	NO. 4	OCT	1959
V. 17	NO. 5	NOV	1959
V. 17	NO. 6	DEC	1959
V. 18	NO. 1	JAN	1960
V. 18	NO. 2	FEB	1960
V. 18	NO. 3	MAR	1960
V. 18	NO. 4	APR	1960
V. 18	NO. 5	MAY	1960
V. 18	NO. 6	JUN	1960
V. 18	NO. 7	JUL	1960

    (NUMBERING ERROR - CONSTITUTES V. 19 NO. 1.)

V. 19	NO. 2	AUG	1960
V. 19	NO. 3	SEP	1960
V. 19	NO. 4	OCT	1960
V. 19	NO. 5	NOV	1960
V. 19	NO. 6	DEC	1960
V. 20	NO. 1	JAN	1961
V. 20	NO. 2	FEB	1961
V. 20	NO. 3	MAR	1961
V. 20	NO. 4	APR	1961
V. 20	NO. 3	MAY	1961
V. 20	NO. 6	JUN	1961
V. 21	NO. 1	JUL	1961
V. 21	NO. 2	AUG	1961
V. 21	NO. 3	SEP	1961
V. 21	NO. 4	OCT	1961
V. 21	NO. 5	NOV	1961
V. 21	NO. 6	DEC	1961
V. 22	NO. 1	JAN	1962
V. 22	NO. 2	FEB	1962
V. 22	NO. 3	MAR	1962
V. 22	NO. 4	APR	1962
V. 22	NO. 5	MAY	1962
V. 22	NO. 6	JUN	1962
V. 23	NO. 1	JUL	1962
V. 23	NO. 2	AUG	1962
V. 23	NO. 3	SEP	1962
V. 23	NO. 4	OCT	1962
V. 23	NO. 5	NOV	1962
V. 23	NO. 6	DEC	1962
V. 24	NO. 1	JAN	1963
V. 24	NO. 2	FEB	1963
V. 24	NO. 3	MAR	1963
V. 24	NO. 4	APR	1963
V. 24	NO. 5	MAY	1963
V. 24	NO. 6	JUN	1963
V. 25	NO. 1	JUL	1963
V. 25	NO. 2	AUG	1963

V. 25	NO. 3	SEP	1963
V. 25	NO. 4	OCT	1963
V. 25	NO. 5	NOV	1963
V. 25	NO. 6	DEC	1963
V. 26	NO. 1	JAN	1964
V. 26	NO. 2	FEB	1964
V. 26	NO. 3	MAR	1964
V. 26	NO. 4	APR	1964
V. 26	NO. 5	MAY	1964
V. 26	NO. 6	JUN	1964
V. 27	NO. 1	JUL	1964
V. 27	NO. 2	AUG	1964
V. 27	NO. 3	SEP	1964
V. 27	NO. 4	OCT	1964
V. 27	NO. 5	NOV	1964
V. 27	NO. 6	DEC	1964
V. 28	NO. 1	JAN	1965
V. 28	NO. 2	FEB	1965
V. 28	NO. 3	MAR	1965
V. 28	NO. 4	APR	1965
V. 28	NO. 5	MAY	1965
V. 29	NO. 1	JUN	1965

(NUMBERING ERROR - CONSTITUTES V. 28 NO. 6.)

V. 29	NO. 1	JUL	1965
V. 29	NO. 2	AUG	1965
V. 29	NO. 3	SEP	1965
V. 29	NO. 4	OCT	1965
V. 29	NO. 5	NOV	1965
V. 29	NO. 6	DEC	1965
V. 30	NO. 1	JAN	1966
V. 30	NO. 2	FEB	1966
V. 30	NO. 3	MAR	1966
V. 30	NO. 4	APR	1966
V. 30	NO. 5	MAY	1966
V. 30	NO. 6	JUN	1966
V. 31	NO. 1	JUL	1966
V. 31	NO. 2	AUG	1966
V. 31	NO. 3	SEP	1966
V. 31	NO. 4	OCT	1966
V. 31	NO. 5	NOV	1966
V. 31	NO. 6	DEC	1966
V. 32	NO. 1	JAN	1967
V. 32	NO. 2	FEB	1967
V. 32	NO. 3	MAR	1967
V. 32	NO. 4	APR	1967
V. 32	NO. 5	MAY	1967
V. 32	NO. 6	JUN	1967
V. 33	NO. 1	JUL	1967
V. 33	NO. 2	AUG	1967
V. 33	NO. 3	SEP	1967
V. 33	NO. 4	OCT	1967
V. 33	NO. 5	NOV	1967
V. 33	NO. 6	DEC	1967
V. 34	NO. 1	JAN	1968
V. 34	NO. 2	FEB	1968
V. 34	NO. 3	MAR	1968
V. 34	NO. 4	APR	1968
V. 34	NO. 5	MAY	1968
V. 34	NO. 6	JUN	1968
V. 35	NO. 1	JUL	1968
V. 35	NO. 2	AUG	1968
V. 35	NO. 3	SEP	1968
V. 35	NO. 4	OCT	1968
V. 35	NO. 5	NOV	1968
V. 35	NO. 6	DEC	1968
V. 36	NO. 1	JAN	1969
V. 36	NO. 2	FEB	1969
V. 36	NO. 3	MAR	1969
V. 36	NO. 4	APR	1969
V. 36	NO. 5	MAY	1969
V. 36	NO. 6	JUN	1969
V. 37	NO. 1	JUL	1969
V. 37	NO. 2	AUG	1969
V. 37	NO. 3	SEP	1969
V. 37	NO. 4	OCT	1969
V. 37	NO. 5	NOV	1969
V. 37	NO. 6	DEC	1969
V. 38	NO. 1	JAN	1970
V. 38	NO. 2	FEB	1970
V. 38	NO. 3	MAR	1970
V. 38	NO. 4	APR	1970
V. 38	NO. 5	MAY	1970
V. 38	NO. 6	JUN	1970
V. 39	NO. 1	JUL	1970
V. 39	NO. 2	AUG	1970

V. 39	NO. 3	SEP	1970
V. 39	NO. 4	OCT	1970
V. 39	NO. 5	NOV	1970
V. 39	NO. 6	DEC	1970
V. 40	NO. 1	JAN	1971
V. 40	NO. 2	FEB	1971
V. 40	NO. 3	MAR	1971
V. 40	NO. 4	APR	1971
V. 40	NO. 5	MAY	1971
V. 40	NO. 6	JUN	1971
V. 41	NO. 1	JUL	1971
V. 41	NO. 2	AUG	1971
V. 41	NO. 3	SEP	1971
V. 41	NO. 4	OCT	1971
V. 41	NO. 5	NOV	1971
V. 41	NO. 6	DEC	1971
V. 42	NO. 1	JAN	1972
V. 42	NO. 2	FEB	1972
V. 42	NO. 3	MAR	1972
V. 42	NO. 4	APR	1972
V. 42	NO. 5	MAY	1972
V. 42	NO. 6	JUN	1972
V. 43	NO. 1	JUL	1972
V. 43	NO. 2	AUG	1972
V. 43	NO. 3	SEP	1972
V. 43	NO. 4	OCT	1972
V. 43	NO. 5	NOV	1972
V. 43	NO. 6	DEC	1972
V. 44	NO. 1	JAN	1973
V. 44	NO. 2	FEB	1973
V. 44	NO. 3	MAR	1973
V. 44	NO. 4	APR	1973
V. 44	NO. 5	MAY	1973
V. 44	NO. 6	JUN	1973
V. 45	NO. 1	JUL	1973
V. 45	NO. 2	AUG	1973
V. 45	NO. 3	SEP	1973
V. 45	NO. 4	OCT	1973
V. 45	NO. 5	NOV	1973
V. 45	NO. 6	DEC	1973

MAGAZINE OF HORROR. V. 1-   AUG. 1963-
NEW YORK, HEALTH KNOWLEDGE, INC.

    EDITOR: ROBERT A. W. LOWNDES.
    CODE: MOH
    INDEXED IN: STRAUSS, METCALF.

ISSUES CHECKLIST:

    MAGAZINE OF HORROR AND STRANGE STORIES

V. 1	NO. 1	AUG	1963
V. 1	NO. 2	NOV	1963
V. 1	NO. 3	FEB	1964
V. 1	NO. 4	MAY	1964
V. 1	NO. 5	SEP	1964

    MAGAZINE OF HORROR, STRANGE TALES, AND SCIENCE
    FICTION

V. 1	NO. 6	NOV	1964
V. 2	NO. 1	JAN	1965

    MAGAZINE OF HORROR, THE BIZARRE, THE FRIGHTEN-
    ING, THE GRUESOME.

V. 2	NO. 2	APR	1965
V. 2	NO. 3	JUN	1965
V. 2	NO. 4	AUG	1965
V. 2	NO. 5	NOV	1965
V. 2	NO. 6	WIN	1965/66

    MAGAZINE OF HORROR

V. 3	NO. 1	SUM	1966
V. 3	NO. 2	WIN	1966
V. 3	NO. 3	SPR	1967
V. 3	NO. 4	SUM	1967
V. 3	NO. 5	FAL	1967
V. 3	NO. 6	NOV	1967
V. 4	NO. 1	JAN	1968
V. 4	NO. 2	MAR	1968
V. 4	NO. 3	MAY	1968
V. 4	NO. 4	JUL	1968
V. 4	NO. 5	SEP	1968
V. 4	NO. 6	NOV	1968
V. 5	NO. 1	JAN	1969
V. 5	NO. 2	MAR	1969
V. 5	NO. 3	MAY	1969
V. 5	NO. 4	JUL	1969
V. 5	NO. 5	SEP	1969

V. 5	NO. 6	DEC	1969
V. 6	NO. 2	FEB	1970
V. 6	NO. 2	MAY	1970
V. 6	NO. 3	SUM	1970
V. 6	NO. 4	FAL	1970
V. 6	NO. 5	FEB	1971
V. 6	NO. 6	APR	1971

MAGIC CARPET MAGAZINE. V. 1-4 NO. 1. OCT/NOV. 1930-
      JAN. 1934.
      INDIANAPOLIS, IND., POPULAR FICTION PUBLISHING CO.

      EDITOR: FARNSWORTH WRIGHT.
      CODE: MCM
      INDEXED IN: COCKCROFT

   ISSUES CHECKLIST:

      ORIENTAL STORIES

V. 1	NO. 1	OCT/NOV	1930
V. 1	NO. 2	DEC/JAN	1930/31
V. 1	NO. 3	FEB/MAR	1931
V. 1	NO. 4	AP/MY/JE	1931
(DATED SPRING ON SPINE AND COVER.)			
V. 1	NO. 5	SUM	1931
V. 1	NO. 6	AUT	1931
V. 2	NO. 1	WIN	1932
V. 2	NO. 2	SPR	1932
V. 2	NO. 3	SUM	1932

      MAGIC CARPET MAGAZINE

V. 3	NO. 1	JAN	1933
V. 3	NO. 2	APR	1933
V. 3	NO. 3	JUL	1933
V. 3	NO. 4	OCT	1933
V. 4	NO. 1	JAN	1934

MARVEL SCIENCE FICTION. V. 1-3 NO. 6. AUG. 1938-
      MAY 1952.
      NEW YORK, STADIUM PUBLISHING CORP.

      EDITOR: AUG. 1938-APR. 1941, NOT IDENTIFIED;
   NOV. 1950-MAY 1952, R. O. ERISMAN.
      PUBLISHER VARIES: AUG. 1938-NOV. 1938, POSTAL
   PUBLICATIONS; FEB. 1939-APR. 1941, WESTERN
   PUBLISHING CO. INC.; NOV. 1950-MAY 1952, STADIUM
   PUBLISHING CO.
      SUSPENDED MAY 1941-NOV. 1950.
      CODE: MSF
      INDEXED IN:

   ISSUES CHECKLIST:

      MARVEL SCIENCE STORIES

V. 1	NO. 1	AUG	1938
V. 1	NO. 2	NOV	1938
V. 1	NO. 3	FEB	1939
V. 1	NO. 4	APR/MAY	1939
V. 1	NO. 5	AUG	1939

      MARVEL TALES

V. 1	NO. 6	DEC	1939
V. 2	NO. 1	MAY	1940

      MARVEL STORIES

V. 2	NO. 2	NOV	1940
V. 2	NO. 3	APR	1941

      MARVEL SCIENCE STORIES

V. 3	NO. 1	NOV	1950
V. 3	NO. 2	FEB	1951
V. 3	NO. 3	MAY	1951

      MARVEL SCIENCE FICTION

V. 3	NO. 4	AUG	1951
V. 3	NO. 5	NOV	1951
V. 3	NO. 6	MAY	1952

MARVEL SCIENCE STORIES
      SEE MARVEL SCIENCE FICTION

MARVEL STORIES
      SEE MARVEL SCIENCE FICTION

MARVEL TALES. V. 1 NO. 1-5. MAY 1934-SUM. 1935.
      LOS ANGELES, FANTASY PUBLICATIONS.

      EDITOR: W. L. CRAWFORD.
      CODE: MT
      INDEXED IN:

   ISSUES CHECKLIST:

      MARVEL TALES

V. 1	NO. 1	MAY	1934
V. 1	NO. 2	JUL	1934
V. 1	NO. 3	DEC	1934
V. 1	NO. 4	MAR/APR	1935
V. 1	NO. 5	JUL	1935

MARVEL TALES (1939-1940)
      SEE MARVEL SCIENCE FICTION

MIRACLE SCIENCE AND FANTASY STORIES. V. 1 NO. 1-2.
      APR-JULY 1931.
      NEW YORK, GOOD STORY MAGAZINE CO.

      EDITOR: DOUGLAS M. DOLD.
      CODE: MIR
      INDEXED IN: DAY.

   ISSUES CHECKLIST:

      MIRACLE SCIENCE AND FANTASY STORIES

V. 1	NO. 1	APR/MAY	1931
V. 1	NO. 2	JUN/JUL	1931

MOST THRILLING SCIENCE FICTION EVER TOLD. NO. 1-
      1966-
      FLUSHING, N. Y., ULTIMATE PUBLICATIONS, INC.

      EDITOR: NOT IDENTIFIED.
      EXCLUSIVELY REPRINTS.
      CODE: MTS
      INDEXED IN: DAY.

   ISSUES CHECKLIST:

      MOST THRILLING SCIENCE FICTION EVER TOLD

NO. 1		1966
NO. 2		1966
NO. 3		1966
NO. 4		1966
NO. 5		1967
NO. 6		1967
NO. 7	WIN	1967
NO. 8	SPR	1968
NO. 9	SUM	1968
NO. 10	FAL	1968
NO. 11	WIN	1968
NO. 12	SPR	1969
NO. 13	SUM	1969
NO. 14	FAL	1969
NO. 15	SPR	1970
NO. 16	SUM	1970
NO. 17	FAL	1970
NO. 18	WIN	1970

      THRILLING SCIENCE FICTION

NO. 19	APR	1971
NO. 20	SUM	1971
NO. 21	FAL	1971
NO. 22	DEC	1971
NO. 23	FEB	1972
NO. 24	APR	1972
NO. 25	JUN	1972
	AUG	1972
	OCT	1972
	DEC	1972

MYSTERIOUS TRAVELER MAGAZINE
      SEE MYSTERIOUS TRAVELER MYSTERY READER

MYSTERIOUS TRAVELER MYSTERY READER. V. 1 NO. 1-5.
      NOV. 1951-1952.
      NEW YORK, GRACE PUBLISHING CO.

      EDITOR: ROBERT ARTHUR.
      CODE: MYT
      INDEXED IN: STRAUSS.

   ISSUES CHECKLIST:

      MYSTERIOUS TRAVELER MAGAZINE

V. 1	NO. 1	NOV	1951
V. 1	NO. 2	JAN	1952

V. 1	NO. 3	MAR	1952
V. 1	NO. 4	JUN	1952

MYSTERIOUS TRAVELER MYSTERY READER, THE
NO. 5   1952

NEBULA SCIENCE FICTION. V. 1 NO. 1 (WHOLE NUMBER 1)-41.
AUT. 1952-JUNE 1959.
GLASGOW, PETER HAMILTON.

EDITOR: PETER HAMILTON
PUBLISHER VARIES: AUT. 1952-SEP. 1953, CROWN
PRINT PUBLICATIONS; FEB. 1954-JUNE 1959, PETER
HAMILTON.
CODE: NEB
INDEXED IN: DAY, STRAUSS, METCALF

ISSUES CHECKLIST:

NEBULA SCIENCE FICTION

V. 1	NO. 1	AUT	1952
V. 1	NO. 2	SPR	1953
V. 1	NO. 3	SUM	1953
V. 1	NO. 4	SEP	1953
V. 2	NO. 1	SEP	1953
V. 2	NO. 2	DEC	1953
V. 2	NO. 3	FEB	1954
V. 2	NO. 4	APR	1954
	NO. 9	AUG	1954
	NO. 10	OCT	1954
	NO. 11	DEC	1954
	NO. 12	APR	1955
	NO. 13	SEP	1955
	NO. 14	NOV	1955
	NO. 15	JAN	1956
	NO. 16	MAR	1956
	NO. 17	JUL	1956
	NO. 18	NOV	1956
	NO. 19	DEC	1956
	NO. 20	MAR	1957
	NO. 21	MAY	1957
	NO. 22	JUL	1957
	NO. 23	AUG	1957
	NO. 24	SEP	1957
	NO. 25	OCT	1957
	NO. 26	JAN	1958
	NO. 27	FEB	1958
	NO. 28	MAR	1958
	NO. 29	APR	1958
	NO. 30	MAY	1958
	NO. 31	JUN	1958
	NO. 32	JUL	1958
	NO. 33	AUG	1958
	NO. 34	SEP	1958
	NO. 35	OCT	1958
	NO. 36	NOV	1958
	NO. 37	DEC	1958
	NO. 38	JAN	1959
	NO. 39	FEB	1959
	NO. 40	MAY	1959
	(DATED JULY ON COVER)		
	NO. 41	JUN	1959

NEW WORLDS. V. 1 NO. 1 (I.E. NO. 1)-201. 1946-
MAR. 1971.
LONDON, NEW WORLDS PUBLICATIONS.

EDITOR: 1946-APR. 1964, EDWARD JOHN (TED)
CARNELL; MAY/JUNE 1964-APR. 1970, MICHAEL
MOORCOCK.
PUBLISHER VARIES: 1946-NO. 3 (UNDATED)
PENDULUM PUBLICATIONS; 1949-APR. 1964, NOVA
PUBLICATIONS; MAY/JUNE 1964-MAR. 1967, ROBERTS
AND VINTER, LTD. (COMPACT SF); JULY 1967-MAR.
1971, MICHAEL MOORCOCK (NEW WORLDS PUBLISHING).
CONTINUED AS AN IRREGULAR PAPERBACK TITLED
NEW WORLDS QUARTERLY.
CODE: NWB
INDEXED IN: DAY, STRAUSS, METCALF, NESFA.

ISSUES CHECKLIST:

NEW WORLDS

V. 1	NO. 1		1946
V. 1	NO. 2		1946
V. 1	NO. 3		

V. 2	NO. 4		1949
V. 2	NO. 5		1949
V. 2	NO. 6	SPR	1950
V. 3	NO. 7	SUM	1950
V. 3	NO. 8	WIN	1950
V. 3	NO. 9	SPR	1951
V. 4	NO. 10	SUM	1951
V. 4	NO. 11	AUT	1951
V. 4	NO. 12	WIN	1951
V. 5	NO. 13	JAN	1952
V. 5	NO. 14	MAR	1952
V. 5	NO. 15	MAY	1952
V. 6	NO. 16	JUL	1952
V. 6	NO. 17	SEP	1952
V. 6	NO. 18	NOV	1952
V. 7	NO. 19	JAN	1953

NEW WORLDS SCIENCE FICTION

V. 7	NO. 20	MAR	1953
V. 7	NO. 21	JUN	1953
V. 8	NO. 22	APR	1954
V. 8	NO. 23	MAY	1954
V. 8	NO. 24	JUN	1954
V. 9	NO. 25	JUL	1954
V. 9	NO. 26	AUG	1954
V. 9	NO. 27	SEP	1954
V. 10	NO. 28	OCT	1954
V. 10	NO. 29	NOV	1954
V. 10	NO. 30	DEC	1954
V. 11	NO. 31	JAN	1955
V. 11	NO. 32	FEB	1955
V. 11	NO. 33	MAR	1955
V. 12	NO. 34	APR	1955
V. 12	NO. 35	MAY	1955
V. 12	NO. 36	JUN	1955
V. 13	NO. 37	JUL	1955
V. 13	NO. 38	AUG	1955
V. 13	NO. 39	SEP	1955
V. 14	NO. 40	OCT	1955
V. 14	NO. 41	NOV	1955
V. 14	NO. 42	DEC	1955
V. 15	NO. 43	JAN	1956
V. 15	NO. 44	FEB	1956
V. 15	NO. 45	MAR	1956
V. 16	NO. 46	APR	1956
V. 16	NO. 47	MAY	1956
V. 16	NO. 48	JUN	1956
V. 17	NO. 49	JUL	1956
V. 17	NO. 50	AUG	1956
V. 17	NO. 51	SEP	1956
V. 18	NO. 52	OCT	1956
V. 18	NO. 53	NOV	1956
V. 18	NO. 54	DEC	1956
V. 19	NO. 55	JAN	1957
V. 19	NO. 56	FEB	1957
V. 19	NO. 57	MAR	1957
V. 20	NO. 58	APR	1957
V. 20	NO. 59	MAY	1957
V. 20	NO. 60	JUN	1957
V. 21	NO. 61	JUL	1957
V. 21	NO. 62	AUG	1957
V. 21	NO. 63	SEP	1957
V. 22	NO. 64	OCT	1957
V. 22	NO. 65	NOV	1957
V. 22	NO. 66	DEC	1957
V. 23	NO. 67	JAN	1958
V. 23	NO. 68	FEB	1958
V. 23	NO. 69	MAR	1958
V. 24	NO. 70	APR	1958
V. 24	NO. 71	MAY	1958
V. 24	NO. 72	JUN	1958
V. 25	NO. 73	JUL	1958
V. 25	NO. 74	AUG	1958
V. 25	NO. 75	SEP	1958
V. 26	NO. 76	OCT	1958
V. 26	NO. 77	NOV	1958
V. 26	NO. 78	DEC	1958
V. 27	NO. 79	JAN	1959
V. 27	NO. 80	FEB	1959
V. 27	NO. 81	MAR	1959
V. 28	NO. 82	APR	1959
V. 28	NO. 83	MAY	1959
V. 28	NO. 84	JUN	1959
V. 29	NO. 85	JUL	1959
V. 29	NO. 86	AUG/SEP	1959
V. 29	NO. 87	OCT	1959

V. 30	NO. 88	NOV	1959
V. 30	NO. 89	DEC	1959
V. 30	NO. 90	JAN	1960
V. 31	NO. 91	FEB	1960
V. 31	NO. 92	MAR	1960
V. 31	NO. 93	APR	1960
V. 32	NO. 94	MAY	1960
V. 32	NO. 95	JUN	1960
V. 32	NO. 96	JUL	1960
V. 33	NO. 97	AUG	1960
V. 33	NO. 98	SEP	1960
V. 33	NO. 99	OCT	1960
V. 34	NO. 100	NOV	1960
V. 34	NO. 101	DEC	1960
V. 34	NO. 102	JAN	1961
V. 35	NO. 103	FEB	1961
V. 35	NO. 104	MAR	1961
V. 35	NO. 105	APR	1961
V. 36	NO. 106	MAY	1961
V. 36	NO. 107	JUN	1961
V. 36	NO. 108	JUL	1961
V. 37	NO. 109	AUG	1961
V. 37	NO. 110	SEP	1961
V. 37	NO. 111	OCT	1961
V. 38	NO. 112	NOV	1961
V. 38	NO. 113	DEC	1961
V. 38	NO. 114	JAN	1962
V. 39	NO. 115	FEB	1962
V. 39	NO. 116	MAR	1962
V. 39	NO. 117	APR	1962
V. 40	NO. 118	MAY	1962
V. 40	NO. 119	JUN	1962
V. 40	NO. 120	JUL	1962
V. 41	NO. 121	AUG	1962
V. 41	NO. 122	SEP	1962
V. 41	NO. 123	OCT	1962
V. 42	NO. 124	NOV	1962
V. 42	NO. 125	DEC	1962
V. 42	NO. 126	JAN	1963
V. 43	NO. 127	FEB	1963
V. 43	NO. 128	MAR	1963
V. 43	NO. 129	APR	1963
V. 44	NO. 130	MAY	1963
V. 44	NO. 131	JUN	1963
V. 44	NO. 132	JUL	1963
V. 45	NO. 133	AUG	1963
V. 45	NO. 134	SEP	1963
V. 45	NO. 135	OCT	1963
V. 46	NO. 136	NOV	1963
V. 46	NO. 137	DEC	1963
V. 46	NO. 138	JAN	1964
V. 47	NO. 139	FEB	1964
V. 47	NO. 140	MAR	1964
V. 47	NO. 141	APR	1964

NEW WORLDS SF

V. 48	NO. 142	MAY/JUN	1964
V. 48	NO. 143	JUL/AUG	1964
V. 48	NO. 144	SEP/OCT	1964
V. 48	NO. 145	NOV/DEC	1964
V. 48	NO. 146	JAN	1965
V. 48	NO. 147	FEB	1965
V. 48	NO. 148	MAR	1965
V. 48	NO. 149	APR	1965
V. 48	NO. 150	MAY	1965
V. 49	NO. 151	JUN	1965
V. 49	NO. 152	JUL	1965
V. 49	NO. 153	AUG	1965
V. 49	NO. 154	SEP	1965
V. 49	NO. 155	OCT	1965
V. 49	NO. 156	NOV	1965
V. 49	NO. 157	DEC	1965
V. 49	NO. 158	JAN	1966
V. 49	NO. 159	FEB	1966
V. 49	NO. 160	MAR	1966
V. 49	NO. 161	APR	1966
V. 49	NO. 162	MAY	1966
V. 50	NO. 163	JUN	1966
V. 50	NO. 164	JUL	1966
V. 50	NO. 165	AUG	1966
V. 50	NO. 166	SEP	1966
V. 50	NO. 167	OCT	1966
V. 50	NO. 168	NOV	1966
V. 50	NO. 169	DEC	1966
V. 50	NO. 170	JAN	1967
V. 50	NO. 171	FEB	1967
V. 50	NO. 172	MAR	1967
V. 51	NO. 173	JUL	1967
V. 51	NO. 174	AUG	1967
V. 51	NO. 175	SEP	1967
V. 51	NO. 176	OCT	1967
V. 51	NO. 177	NOV	1967
	NO. 178	DEC/JAN	1968
	NO. 179	FEB	1968
	NO. 180	MAR	1968
	NO. 181	APR	1968
	NO. 182	JUL	1968
	NO. 183	OCT	1968
	NO. 184	NOV	1968
	NO. 185	DEC	1968
	NO. 186	JAN	1969
	NO. 187	FEB	1969
	NO. 188	MAR	1969
	NO. 189	APR	1969
	NO. 190	MAY	1969
	NO. 191	JUN	1969
	NO. 192	JUL	1969
	NO. 193	AUG	1969
	NO. 194	SEP/OCT	1969
	NO. 195	NOV	1969
	NO. 196	DEC	1969
	NO. 197	JAN	1970
	NO. 198	FEB	1970
	NO. 199	MAR	1970
	NO. 200	APR	1970
	NO. 201	MAR	1971

NEW WORLDS QUARTERLY. NO. 1-   1971-
    LONDON, SPHERE BOOKS, LTD.

        EDITOR: MICHAEL MOORCOCK
        INDEXED IN: NESFA
        CODE: NWQ
        NOTE: NEW WORLDS QUARTERLY IS ALSO PUBLISHED
    IN AN AMERICAN EDITION BY BERKLEY BOOKS.

    ISSUES CHECKLIST:
            NO. 1   1971
            NO. 2   1971
            NO. 3   1972
            NO. 4   1972

NEW WORLDS SF
    SEE NEW WORLDS

NEW WORLDS SCIENCE FICTION. V. 1 NO. 1-5.
        MAR.-JUNE 1960.
    CONCORD, N. H., GREAT AMERICAN PUBLICATIONS.

        EDITOR: HANS STEFAN SANTESSON.
        REPRINT OF THE BRITISH EDITION.
        CODE: NWA
        INDEXED IN: STRAUSS, METCALF.

    ISSUES CHECKLIST:

    NEW WORLDS SCIENCE FICTION

V. 1	NO. 1	MAR	1960
V. 1	NO. 2	APR	1960
V. 1	NO. 3	MAY	1960
V. 1	NO. 4	JUN	1960
V. 1	NO. 5	JUL	1960

NEW WORLDS SCIENCE FICTION
    SEE NEW WORLDS

ORBIT SCIENCE FICTION. V. 1 NO. 1-5. 1953-DEC. 1954.
    NEW YORK, HANRO CORPORATION.

        EDITOR: JULES SALTMAN.
        CODE: OSF
        INDEXED IN: STRAUSS, METCALF.

    ISSUES CHECKLIST:

    ORBIT SCIENCE FICTION

V. 1	NO. 1		1953
V. 1	NO. 2		1954
V. 1	NO. 3	JUL/AUG	1954
V. 1	NO. 4	SEP/OCT	1954
V. 1	NO. 5	NOV/DEC	1954

ORIENTAL STORIES
    SEE   MAGIC CARPET MAGAZINE

ORIGINAL SCIENCE FICTION STORIES. NO. (1)- V. 11 NO. 4.
    1953-WIN. 1963.
    HOLYOKE, MASS., COLUMBIA PUBLICATIONS, INC.

    EDITOR: ROBERT W. LOWNDES.
    CODE: OSFS
    INDEXED IN: STRAUSS, METCALF

ISSUES CHECKLIST:

    SCIENCE FICTION STORIES
        (NO. 1)   1953
        NO. 2   1954
    ASSUMED VOLUME NUMBERING OF FUTURE SCIENCE
        FICTION
    V. 5   NO. 4   JAN   1955
    V. 5   NO. 5   MAR   1955
    V. 5   NO. 6   MAY   1955
    V. 6   NO. 1   JUL   1953
    ORIGINAL SCIENCE FICTION STORIES
    V. 6   NO. 2   SEP   1955
    V. 6   NO. 3   NOV   1955
    V. 6   NO. 4   JAN   1956
    V. 6   NO. 5   MAR   1956
    V. 6   NO. 6   MAY   1956
    V. 7   NO. 1   JUL   1956
    V. 7   NO. 2   SEP   1956
    V. 7   NO. 3   NOV   1956
    V. 7   NO. 4   JAN   1957
    V. 7   NO. 5   MAR   1957
    V. 7   NO. 6   MAY   1957
    V. 8   NO. 1   JUL   1957
    V. 8   NO. 2   SEP   1957
    V. 8   NO. 3   NOV   1957
    V. 8   NO. 4   JAN   1958
    V. 8   NO. 5   MAR   1958
    V. 8   NO. 6   MAY   1958
    V. 8   NO. 7   JUN   1958
    V. 9   NO. 1   JUL   1958
    V. 9   NO. 2   AUG   1958
    V. 9   NO. 3   SEP   1958
    V. 9   NO. 4   NOV   1958
    V. 9   NO. 5   JAN   1959
    V. 9   NO. 6   FEB   1959
    V. 10   NO. 1   MAR   1959
    V. 10   NO. 2   MAY   1959
    V. 10   NO. 3   JUL   1959
    V. 10   NO. 4   SEP   1959
    V. 10   NO. 5   NOV   1959
    V. 10   NO. 6   JAN   1960
    V. 11   NO. 1   MAR   1960
    V. 11   NO. 2   MAY   1960
    V. 11   NO. 2A   DEC   1961
    V. 11   NO. 3   WIN   1962
    V. 11   NO. 4   WIN   1963

OTHER WORLDS SCIENCE STORIES
    SEE   FLYING SAUCERS FROM OTHER WORLDS

OUT OF THIS WORLD. NO. 1-2. 1954-1955.
    LONDON, JOHN SPENCER.

    EDITOR: JOHN S. MANNING
    CODE: OTW
    INDEXED IN: STRAUSS

ISSUES CHECKLIST:

    OUT OF THIS WORLD
        NO. 1   1954
        NO. 2   1955

OUT OF THIS WORLD ADVENTURES. V. 1 NO. 1-2.
    JULY-DEC. 1950.
    NEW YORK, AVON PERIODICALS, INC.

    EDITOR: DONALD A. WOLLHEIM.
    CODE: OTWA
    INDEXED IN: DAY.

ISSUES CHECKLIST:

    OUT OF THIS WORLD ADVENTURES
    V. 1   NO. 1   JUL   1950
    V. 1   NO. 2   DEC   1950

OUTLANDS, A MAGAZINE FOR ADVENTUROUS MINDS. NO. 1.
    WIN. 1946.
    LIVERPOOL, OUTLANDS PUBLICATIONS.

    EDITOR: NOT IDENTIFIED.
    CODE: OUT
    INDEXED IN:

ISSUE CHECKLIST:

    OUTLANDS
        NO. 1   WIN   1946

PHANTOM. V. 1 NO. 1-16. 1957-1958.
    BOLTON, DALROW PUBLICATIONS

    EDITOR: NOT IDENTIFIED
    CODE: PNM
    INDEXED IN: -

ISSUES CHECKLIST:

    PHANTOM
    V. 1   NO. 1   1957
    V. 1   NO. 2   MAY   1957
    V. 1   NO. 3   JUN   1957
    V. 1   NO. 4   JUL   1957
    V. 1   NO. 5   AUG   1957
    V. 1   NO. 6   SEP   1957
    V. 1   NO. 7   OCT   1957
    V. 1   NO. 8   NOV   1957
    V. 1   NO. 9   DEC   1957
    V. 1   NO. 10   JAN   1958
    V. 1   NO. 11   FEB   1958
    V. 1   NO. 12   MAR   1958
    V. 1   NO. 13   APR   1958
    V. 1   NO. 14   MAY   1958
    V. 1   NO. 15   JUN   1958
    V. 1   NO. 16   JUL   1958

PLANET STORIES. V. 1-6 NO. 11. WIN. 1939-SUM. 1955.
    NEW YORK, LOVE ROMANCES, INC.

    EDITOR: WIN. 1939-SUM. 1942, MALCOLM REISS;
    FALL 1942-FALL 1945, W. SCOTT PEACOCK; WIN. 1945-
    SUM. 1946, CHESTER WHITEHORN; FALL 1946-SPR.
    1950, PAUL L. PAYNE; SUM. 1950-JULY 1951, JEROME
    BIXBY; SEP. 1951-JAN. 1952, MALCOLM REISS;
    MAR. 1952-SUM. 1955, JACK O'SULLIVAN.
    CODE: PS
    INDEXED IN: DAY, STRAUSS, METCALF

ISSUES CHECKLIST:

    PLANET STORIES
    V. 1   NO. 1   WIN   1939
    V. 1   NO. 2   SPR   1940
    V. 1   NO. 3   SUM   1940
    V. 1   NO. 4   FAL   1940
    V. 1   NO. 5   WIN   1940/41
    V. 1   NO. 6   SPR   1941
    V. 1   NO. 7   SUM   1941
    V. 1   NO. 8   FAL   1941
    V. 1   NO. 9   WIN   1941/42
    V. 1   NO. 10   SPR   1942
    V. 1   NO. 11   SUM   1942
    V. 1   NO. 12   FAL   1942
    V. 2   NO. 1   WIN   1942/43
    V. 2   NO. 2   MAR   1943
    V. 2   NO. 3   MAY   1943
    V. 2   NO. 4   FAL   1943
    V. 2   NO. 5   WIN   1943
    V. 2   NO. 6   SPR   1944
    V. 2   NO. 7   SUM   1944
    V. 2   NO. 8   FAL   1944
    V. 2   NO. 9   WIN   1944
    V. 2   NO. 10   SPR   1945
    V. 2   NO. 11   SUM   1945
    V. 2   NO. 12   FAL   1945

V. 3	NO. 1	WIN	1945
V. 3	NO. 2	SPR	1946
V. 3	NO. 3	SUM	1946
V. 3	NO. 4	FAL	1946
V. 3	NO. 5	WIN	1946
V. 3	NO. 6	SPR	1946/47
V. 3	NO. 7	SUM	1947
V. 3	NO. 8	FAL	1947
V. 3	NO. 9	WIN	1947
V. 3	NO. 10	SPR	1947/48
V. 3	NO. 11	SUM	1948
V. 3	NO. 12	FAL	1948
V. 4	NO. 1	WIN	1948
V. 4	NO. 2	SPR	1949
V. 4	NO. 3	SUM	1949
V. 4	NO. 4	FAL	1949
V. 4	NO. 5	WIN	1949
V. 4	NO. 6	SPR	1950
V. 4	NO. 7	SUM	1950
V. 4	NO. 8	FAL	1950
V. 4	NO. 9	NOV	1950
V. 4	NO. 10	JAN	1951
V. 4	NO. 11	MAR	1951
V. 4	NO. 12	MAY	1951
V. 5	NO. 1	JUL	1951
V. 5	NO. 2	SEP	1951
V. 5	NO. 3	NOV	1951
V. 5	NO. 4	JAN	1952
V. 5	NO. 5	MAR	1952
V. 5	NO. 6	MAY	1952
V. 5	NO. 7	JUL	1952
V. 5	NO. 8	SEP	1952
V. 5	NO. 9	NOV	1952
V. 5	NO. 10	JAN	1953
(V. 5 NO. 8 ON SPINE)			
V. 5	NO. 11	MAR	1953
(V. 6 NO. 8 ON SPINE)			
V. 5	NO. 12	MAY	1953
V. 6	NO. 1	JUL	1953
V. 6	NO. 2	SEP	1953
V. 6	NO. 3	NOV	1953
V. 6	NO. 4	JAN	1954
V. 6	NO. 5	MAR	1954
V. 6	NO. 6	MAY	1954
V. 6	NO. 7	SUM	1954
V. 6	NO. 8	FAL	1954
V. 6	NO. 9	WIN	1954/1955
V. 6	NO. 10	SPR	1955
V. 6	NO. 11	SUM	1955
(V. 6 NO. 12 ON SPINE)			

ROCKET STORIES. V. 1 NO. 1-3. APR.-SEP. 1953.
NEW YORK, SPACE PUBLICATIONS, INC.

    EDITOR: WADE KAEMPFERT
    CODE: RKS
    INDEXED IN: STRAUSS, METCALF

ISSUES CHECKLIST:

    ROCKET STORIES

V. 1	NO. 1	APR	1953
V. 1	NO. 2	JUL	1953
V. 1	NO. 3	SEP	1953

S F GREATS. NO. 1- , 1965-
FLUSHING, NEW YORK, ULTIMATE PUBLICATIONS, INC.

    EDITOR: SPR-SUM. 1968, HARRY HARRISON;
OTHERS NOT IDENTIFIED.
    SUBTITLE VARIES: ISSUES 1, 3, 5: GREAT
SCIENCE FICTION FROM AMAZING; ISSUES 2, 4; GREAT
SCIENCE FICTION FROM FANTASTIC.
    CODE: SFG
    INDEXED IN: STRAUSS, METCALF, NESFA

ISSUES CHECKLIST:

    GREAT SCIENCE FICTION MAGAZINE

NO. 1	1965
NO. 2	1966
NO. 3	1966
NO. 4	1966
NO. 5	1966
NO. 6	1967
NO. 7	1967
NO. 8	1967

NO. 9	WIN	1968
NO. 10	SPR	1968
NO. 11	SUM	1968
NO. 12	FAL	1968

    SCIENCE FICTION GREATS

NO. 13	WIN	1969
NO. 14	SPR	1969
NO. 15	SUM	1969
NO. 16	WIN	1969

    S. F. GREATS

NO. 17	SPR	1970
NO. 18	SUM	1970
NO. 19	FAL	1970
NO. 20	WIN	1970
NO. 21	SPR	1971

S F IMPULSE. V. 1 NO. 1-12. MAR. 1966-FEB. 1967.
LONDON, ROBERTS AND VINTER, LTD.

    EDITOR: MAR. 1966-SEP. 1966, KYRIL
BONFIGLIOLI; OCT. 1966-FEB. 1967, HARRY HARRISON.
    CODE: SFI
    INDEXED IN: NESFA.

ISSUES CHECKLIST:

    IMPULSE

V. 1	NO. 1	MAR	1966
V. 1	NO. 2	APR	1966
V. 1	NO. 3	MAY	1966
V. 1	NO. 4	JUN	1966
V. 1	NO. 5	JUL	1966

    SF IMPULSE

V. 1	NO. 6	AUG	1966
V. 1	NO. 7	SEP	1966
V. 1	NO. 8	OCT	1966
V. 1	NO. 9	NOV	1966
V. 1	NO. 10	DEC	1966
V. 1	NO. 11	JAN	1967
V. 1	NO. 12	FEB	1967

SATELLITE SCIENCE FICTION. V. 1-3 NO. 6. OCT. 1956-
MAY 1959.
NEW YORK, RENOWN PUBLICATIONS.

    EDITOR: OCT-DEC. 1956, SAM MERWIN, JR.;
FEB. 1957-MAY 1959, CYLVIA KLEINMAN.
    CODE: SAT
    INDEXED IN: STRAUSS, METCALF

ISSUES CHECKLIST:

    SATELLITE SCIENCE FICTION.

V. 1	NO. 1	OCT	1956
V. 1	NO. 2	DEC	1956
V. 1	NO. 3	FEB	1957
V. 1	NO. 4	APR	1957
V. 1	NO. 5	JUN	1957
V. 1	NO. 6	AUG	1957
V. 2	NO. 1	OCT	1957
V. 2	NO. 2	DEC	1957
V. 2	NO. 3	FEB	1958
V. 2	NO. 4	APR	1958
V. 2	NO. 5	JUN	1958
V. 2	NO. 6	AUG	1958
V. 3	NO. 1	OCT	1958
V. 3	NO. 2	DEC	1958
V. 3	NO. 3	FEB	1959
V. 3	NO. 4	MAR	1959
V. 3	NO. 5	APR	1959
V. 3	NO. 6	MAY	1959

SATURN SCIENCE FICTION AND FANTASY. V. 1-NO. 1-5.
MAR. 1957-MAR. 1958.
HOLYOKE, MASS., CANDAR PUBLISHING CO.

    EDITOR: ROBERT C. SPROUL.
    CODE: SRN
    INDEXED IN: STRAUSS, METCALF.

ISSUES CHECKLIST:

```
      SATURN THE MAGAZINE OF SCIENCE FICTION
V. 1       NO. 1       MAR           1957
      SATURN, MAGAZINE OF FANTASY AND SCIENCE FICTION
V. 1       NO. 2       MAY           1957
      SATURN, MAGAZINE OF SCIENCE FICTION AND FANTASY
V. 1       NO. 3       JUL           1957
V. 1       NO. 4       OCT           1957
V. 1       NO. 5       MAR           1958
```

SATURN MAGAZINE OF FANTASY AND SCIENCE FICTION
   SEE   SATURN SCIENCE FICTION AND FANTASY

SCIENCE FANTASY. V. 1 NO. 1 (I.E. NO. 1)-V. 24 NO. 81
   (I.E. NO. 81). SUM. 1950-FEB. 1966.
   BOURNEMOUTH, ROBERTS AND VINTER, LTD.

   EDITOR: SUM. 1950-WIN. 1950/1951, WALTER
GILLINGS; WIN. 1951/1952-1964, JOHN CARNELL;
JUNE/JULY 1964-FEB. 1966, KYRIL BONFIGLIOLI.
   PUBLISHER VARIES: SUM. 1950-1964, NOVA
PUBLICATIONS; JUNE/JULY 1964-1966, ROBERTS AND
VINTER, LTD.
   CODE: SFB
   INDEXED IN: STRAUSS, METCALF

ISSUES CHECKLIST:

```
      SCIENCE-FANTASY
V. 1       NO. 1       SUM           1950
V. 1       NO. 2       WIN           1950/51
V. 1       NO. 3       WIN           1951/52
V. 2       NO. 4       SPR           1952
V. 2       NO. 5       AUT           1952
V. 2       NO. 6       SPR           1953
V. 3       NO. 7       MAR           1954
V. 3       NO. 8       MAY           1954
V. 3       NO. 9       JUL           1954
V. 4       NO. 10      SEP           1954
V. 4       NO. 11      DEC           1954
V. 4       NO. 12      FEB           1955
V. 5       NO. 13      APR           1955
V. 5       NO. 14      JUN           1955
V. 5       NO. 15      SEP           1955
V. 6       NO. 16      NOV           1955
      (V. 5 NO. 16 ON COVER)
V. 6       NO. 17      FEB           1956
V. 6       NO. 18      MAY           1956
V. 7       NO. 19      AUG           1956
V. 7       NO. 20      DEC           1956
V. 7       NO. 21      FEB           1957
V. 8       NO. 22      APR           1957
V. 8       NO. 23      JUN           1957
V. 8       NO. 24      AUG           1957
V. 9       NO. 25      OCT           1957
V. 9       NO. 26      DEC           1957
V. 9       NO. 27      FEB           1958
V. 10      NO. 28      APR           1958
V. 10      NO. 29      JUN           1958
V. 10      NO. 30      AUG           1958
V. 11      NO. 31      OCT           1958
V. 11      NO. 32      DEC           1958
V. 11      NO. 33      FEB           1959
V. 12      NO. 34      APR           1959
      (V. 11 NO. 34 ON TITLE PAGE)
V. 12      NO. 35      JUN           1959
V. 12      NO. 36      AUG           1959
V. 13      NO. 37      NOV           1959
V. 13      NO. 38      DEC           1959
V. 13      NO. 39      FEB           1960
V. 14      NO. 40      APR           1960
V. 14      NO. 41      JUN           1960
V. 14      NO. 42      AUG           1960
V. 15      NO. 43      OCT           1960
V. 15      NO. 44      DEC           1960
V. 15      NO. 45      FEB           1961
V. 16      NO. 46      APR           1961
V. 16      NO. 47      JUN           1961
V. 16      NO. 48      AUG           1961
V. 17      NO. 49      OCT           1961
V. 17      NO. 50      DEC           1961
V. 17      NO. 51      FEB           1962
V. 18      NO. 52      APR/MAY       1962
V. 18      NO. 53      JUN           1962
```

```
V. 18      NO. 54      AUG           1962
V. 19      NO. 55      OCT           1962
V. 19      NO. 56      DEC           1962
V. 19      NO. 57      FEB           1963
V. 20      NO. 58      APR           1963
V. 20      NO. 59      JUN           1963
V. 20      NO. 60      AUG           1963
V. 21      NO. 61      OCT           1963
V. 21      NO. 62      DEC           1963
V. 21      NO. 63      FEB           1964
V. 22      NO. 64      APR           1964
V. 22      NO. 65      JUN/JUL       1964
V. 22      NO. 66      JUL/AUG       1964
V. 23      NO. 67      SEP/OCT       1964
V. 23      NO. 68      DEC/JAN       1964/65
V. 23      NO. 69      JAN/FEB       1965
V. 23      NO. 70      MAR           1965
V. 23      NO. 71      APR           1965
V. 23      NO. 72      MAY           1965
V. 24      NO. 73      JUN           1965
V. 24      NO. 74      JUL           1965
V. 24      NO. 75      AUG           1965
V. 24      NO. 76      SEP           1965
V. 24      NO. 77      OCT           1965
V. 24      NO. 78      NOV           1965
V. 24      NO. 79      DEC           1965
V. 24      NO. 80      JAN           1966
V. 24      NO. 81      FEB           1966
```

SCIENCE FANTASY. NO. 1-   , 1970-
   FLUSHING, NEW YORK, ULTIMATE PUBLISHING CO.

   EDITOR: NOT IDENTIFIED.
   EXCLUSIVELY REPRINTS.
   CODE: SCF
   INDEXED IN: NESFA.

ISSUES CHECKLIST:

```
      SCIENCE FANTASY YEARBOOK
      NO. 1                     1970
      SCIENCE FANTASY
      NO. 2       FAL           1970
      NO. 3       WIN           1971
      NO. 4       SPR           1971
```

SCIENCE FANTASY YEARBOOK
   SEE   SCIENCE FANTASY (1970-

SCIENCE FICTION. V. 1-2 NO. 6. MAR. 1939-SEP. 1941.
   HOLYOKE, MASS., COLUMBIA PUBLICATIONS, INC.

   EDITOR: CHARLES D. HORNIG
   PUBLISHER VARIES: MAR.-DEC. 1939, BLUE RIBBON
MAGAZINES; MAR. 1940-JAN. 1941, DOUBLE ACTION
MAGAZINES; MAR. 1941-SEP. 1941, COLUMBIA
PUBLICATIONS.
   CODE: SF
   INDEXED IN: DAY.

ISSUES CHECKLIST

```
      SCIENCE FICTION
V. 1       NO. 1       MAR           1939
V. 1       NO. 2       JUN           1939
V. 1       NO. 3       AUG           1939
V. 1       NO. 4       OCT           1939
V. 1       NO. 5       DEC           1939
V. 1       NO. 6       MAR           1940
V. 2       NO. 1       JUN           1940
V. 2       NO. 2       OCT           1940
V. 2       NO. 3       JAN           1941
V. 2       NO. 4       MAR           1941
V. 2       NO. 5       JUN           1941
V. 2       NO. 6       SEP           1941
```

SCIENCE FICTION ADVENTURE CLASSICS. NO. 1-8, 12-
   1967-
   FLUSHING, NEW YORK, ULTIMATE PUBLISHING CO.

   EDITOR: NOT IDENTIFIED.
   EXCLUSIVLY REPRINT
   CODE: SFAC
   INDEXED IN: NESFA

ISSUES CHECKLIST:

SCIENCE FICTION CLASSICS

NO. 1			1967
NO. 2	FAL		1967
NO. 3	WIN		1967
NO. 4	SPR		1968
NO. 5	SUM		1968
NO. 6	FAL		1968

SCIENCE FICTION ADVENTURE CLASSICS

NO. 7	WIN		1969
NO. 8	FAL		1969
(NO. 9-11 NOT PUBLISHED)			
NO. 12	WIN		1970
NO. 13	SPR		1971
NO. 14	SUM		1971
NO. 15	FAL		1971
NO. 16	JAN		1972
NO. 17	MAR		1972
NO. 18	MAY		1972
NO. 19	JUL		1972
	SEP		1972
	NOV		1972

SCIENCE FICTION ADVENTURES. V. 1-2 NO. 3. NOV. 1952-
JUNE 1954.
NEW YORK, FUTURE PUBLICATIONS, INC.

EDITOR: NOV. 1952-SEP. 1953, PHILIP ST. JOHN;
DEC. 1953-MAY 1954, HARRY HARRISON
PUBLISHER VARIES: NOV. 1952, SCIENCE FICTION
PUBLICATIONS, INC.; FEB. 1953-MAY 1954, FUTURE
PUBLICATIONS.
CODE: SFA
INDEXED IN: STRAUSS, METCALF

ISSUES CHECKLIST:

SCIENCE FICTION ADVENTURES.

V. 1	NO. 1	NOV	1952
V. 1	NO. 2	FEB	1953
V. 1	NO. 3	MAR	1953
V. 1	NO. 4	MAY	1953
V. 1	NO. 5	JUL	1953
V. 1	NO. 6	SEP	1953
V. 2	NO. 1	DEC	1953
V. 2	NO. 2	FEB	1954
V. 2	NO. 3	JUN	1954

SCIENCE FICTION ADVENTURES. V. 1-2 NO. 6. DEC. 1956-
JUNE 1958.
NEW YORK, ROYAL PUBLICATIONS, INC.

EDITOR: LARRY T. SHAW
CODE: SFAD
INDEXED IN: STRAUSS, METCALF.

ISSUES CHECKLIST:

SCIENCE FICTION ADVENTURES

V. 1	NO. 6	DEC	1956
ERROR IN NUMBERING, ACTUALLY VOLUME 1, NUMBER 1.			
V. 1	NO. 2	FEB	1957
V. 1	NO. 3	APR	1957
V. 1	NO. 4	JUN	1957
V. 1	NO. 5	AUG	1957
V. 1	NO. 6	SEP	1957
V. 2	NO. 1	OCT	1957
V. 2	NO. 2	DEC	1957
V. 2	NO. 3	JAN	1958
V. 2	NO. 4	MAR	1958
V. 2	NO. 5	APR	1958
V. 2	NO. 6	JUN	1958

SCIENCE FICTION ADVENTURES. V. 1-5 NO. 32. MAR. 1958-
MAY 1963.
LONDON, NOVA PUBLICATIONS, LTD.

EDITOR: JOHN CARNELL
CODE: SFAB
INDEXED IN: STRAUSS, METCALF

ISSUES CHECKLIST:

SCIENCE FICTION ADVENTURES

V. 1	NO. 1	MAR	1958
V. 1	NO. 2	MAY	1958
V. 1	NO. 3	JUL	1958
V. 1	NO. 4	OCT	1958
V. 1	NO. 5	NOV	1958
V. 1	NO. 6	JAN	1959
V. 2	NO. 7	MAR	1959
V. 2	NO. 8	MAY	1959
V. 2	NO. 9	JUL	1959
V. 2	NO. 10	OCT	1959
V. 2	NO. 11	NOV	1959
V. 2	NO. 12	DEC	1959
V. 3	NO. 13	FEB	1960
V. 3	NO. 14	MAY	1960
V. 3	NO. 15	JUL	1960
V. 3	NO. 16	SEP	1960
V. 3	NO. 17	NOV	1960
V. 3	NO. 18	JAN	1961
V. 4	NO. 19	MAR	1961
V. 4	NO. 20	MAY	1961
V. 4	NO. 21	JUL	1961
V. 4	NO. 22	SEP	1961
V. 4	NO. 23	NOV	1961
V. 4	NO. 24	JAN	1962
V. 5	NO. 25	MAR	1962
V. 5	NO. 26	MAY/JUN	1962
V. 5	NO. 27	JUL	1962
V. 5	NO. 28	SEP	1962
V. 5	NO. 29	NOV/DEC	1962
V. 5	NO. 30	JAN/FEB	1963
V. 6	NO. 31	MAR	1963
V. 6	NO. 32	MAY	1963

SCIENCE FICTION ADVENTURES YEARBOOK., NO. 1-   1970-
FLUSHING, NEW YORK, ULTIMATE PUBLISHING CO., INC.

EDITOR: NOT IDENTIFIED.
CODE: SAY
INDEXED IN: NESFA

ISSUES CHECKLIST:

SCIENCE FICTION ADVENTURES YEARBOOK

NO. 1		1970

SCIENCE FICTION CLASSICS
SEE SCIENCE FICTION ADVENTURE CLASSICS

SCIENCE FICTION CLASSICS ANNUAL. NO. 1-   1970-
FLUSHING, NEW YORK, ULTIMATE PUBLISHING CO.

EDITOR: NOT IDENTIFIED
EXCLUSIVLY REPRINTS
CODE: SCA
INDEXED IN: NESFA

ISSUES CHECKLIST:

SCIENCE FICTION CLASSICS ANNUAL

NO. 1		1970

SCIENCE FICTION DIGEST. V. 1 NO. 1-2. 1954.
NEW YORK, SPECIFIC FICTION CORP.

EDITOR: CHESTER WHITEHORN.
CODE: SFD
INDEXED IN: STRAUSS, METCALF

ISSUES CHECKLIST:

SCIENCE FICTION DIGEST

V. 1	NO. 1	FEB	1954
V. 1	NO. 2	MAY	1954

SCIENCE FICTION FORTNIGHTLY
SEE AUTHENTIC SCIENCE FICTION

SCIENCE FICTION GREATS
SEE S. F. GREATS

SCIENCE FICTION MONTHLY
SEE AUTHENTIC SCIENCE FICTION

SCIENCE FICTION PLUS. V. 1 NO. 1-7. MAR.-DEC. 1953.
PHILADELPHIA, GERNSBACK PUBLICATIONS.

EDITOR: HUGO GERNSBACK
CODE: SFP
INDEXED IN: STRAUSS, METCALF

ISSUES CHECKLIST:

SCIENCE FICTION PLUS
V. 1	NO. 1	MAR	1953
V. 1	NO. 2	APR	1953
V. 1	NO. 3	MAY	1953
V. 1	NO. 4	JUN	1953
V. 1	NO. 5	AUG	1953
V. 1	NO. 6	OCT	1953
V. 1	NO. 7	DEC	1953

SCIENCE FICTION QUARTERLY. NO. 1-10. SUM. 1940-SPR.
1943.
HOLYOKE, MASS., COLUMBIA PUBLICATIONS, INC.

EDITOR: SUM. 1940-SUM. 1941, C. D. HORNIG;
WIN. 1941/1942-SPR. 1943, ROBERT W. LOWNDES.
PUBLISHER VARIES: SUM. 1940, DOUBLE ACTION
MAGAZINES, INC.; WIN. 1941-SPR. 1943, COLUMBIA
PUBLICATIONS, INC.
CODE: SFQ
INDEXED IN: DAY

ISSUES CHECKLIST:

SCIENCE FICTION QUARTERLY
NO. 1	SUM	1940
NO. 2	WIN	1941
NO. 3	SPR	1941
NO. 4	SUM	1941
NO. 5	WIN	1941/42
NO. 6	SPR	1942
NO. 7	SUM	1942
NO. 8	FAL	1942
NO. 9	WIN	1942
NO. 10	SPR	1943

SCIENCE FICTION QUARTERLY. V. 1-5 NO. 4. MAY 1951-
FEB. 1958.
HOLYOKE, MASS., COLUMBIA PUBLICATIONS, INC.

EDITOR: ROBERT A. W. LOWNDES
CODE: SFIQ
INDEXED IN: STRAUSS, METCALF

ISSUES CHECKLIST:

SCIENCE FICTION QUARTERLY
V. 1	NO. 1	MAY	1951
V. 1	NO. 2	AUG	1951
V. 1	NO. 3	NOV	1951
V. 1	NO. 4	FEB	1952
V. 1	NO. 5	MAY	1952
V. 1	NO. 6	AUG	1952
V. 2	NO. 1	NOV	1952
V. 2	NO. 2	FEB	1953

(NUMBERED VOL. 1 NO. 2 ON TITLE PAGE)
V. 2	NO. 3	MAY	1953
V. 2	NO. 4	AUG	1953
V. 2	NO. 5	NOV	1953
V. 2	NO. 6	FEB	1954
V. 3	NO. 1	MAY	1954
V. 3	NO. 2	AUG	1954
V. 3	NO. 3	NOV	1954
V. 3	NO. 4	FEB	1955
V. 3	NO. 5	MAY	1955
V. 3	NO. 6	AUG	1955
V. 4	NO. 1	NOV	1955
V. 4	NO. 2	FEB	1956
V. 4	NO. 3	MAY	1956
V. 4	NO. 4	AUG	1956
V. 4	NO. 5	NOV	1956
V. 4	NO. 6	FEB	1957
V. 5	NO. 1	MAY	1957
V. 5	NO. 2	AUG	1957
V. 5	NO. 3	NOV	1957
V. 5	NO. 4	FEB	1958

SCIENCE FICTION STORIES. V. 1-3 NO. 5. NOV. 1939-
JULY 1943.
NEW YORK, COLUMBIA PUBLICATIONS, INC.

EDITOR: NOV. 1939-APR. 1941, CHARLES D.
HORNING; AUG. 1941-JULY 1943, ROBERT W. LOWNDES.
PUBLISHER VARIES: NOV. 1939, BLUE RIBBON
MAGAZINES, INC.; MAR. 1940-NOV. 1940, DOUBLE
ACTION MAGAZINES, INC.; APR. 1941-JULY 1943,
COLUMBIA PUBLICATIONS, INC.
CODE: SFS
INDEXED IN: DAY

ISSUES CHECKLIST:

FUTURE FICTION
V. 1	NO. 1	NOV	1939
V. 1	NO. 2	MAR	1940
V. 1	NO. 3	JUL	1940
V. 1	NO. 4	NOV	1940
V. 1	NO. 5	APR	1941
V. 1	NO. 6	AUG	1941

FUTURE COMBINED WITH SCIENCE FICTION
V. 2	NO. 1	OCT	1941
V. 2	NO. 2	DEC	1941
V. 2	NO. 3	FEB	1942
V. 2	NO. 4	APR	1942
V. 2	NO. 5	JUN	1942
V. 2	NO. 6	AUG	1942

FUTURE FANTASY AND SCIENCE FICTION
V. 3	NO. 1	OCT	1942
V. 3	NO. 2	DEC	1942
V. 3	NO. 3	FEB	1943

SCIENCE FICTION STORIES
| V. 3 | NO. 4 | APR | 1943 |
| V. 3 | NO. 5 | JUL | 1943 |

SCIENCE FICTION STORIES (1953)
SEE ORIGINAL SCIENCE FICTION STORIES

SCIENCE FICTION YEARBOOK. NO. 1-   , 1967-
NEW YORK, POPULAR LIBRARY.

EDITOR: 1967-1969, HELEN TONO; 1970-
SHARON MOORE.
CODE: SFY
INDEXED IN: NESFA.

ISSUES CHECKLIST:

S F YEARBOOK; A TREASURY OF SCIENCE FICTION.
| NO. 1 | 1967 |

SCIENCE FICTION YEARBOOK
NO. 2	1968
NO. 3	1969
NO. 4	1970
NO. 5	1971

SCIENCE STORIES. NO. 1-4. OCT. 1953-APR. 1954.
EVANSTON, ILL., PALMER PUBLICATIONS.

EDITOR: RAY PALMER.
CODE: SST
INDEXED IN: STRAUSS, METCALF.

ISSUES CHECKLIST:

SCIENCE STORIES
NO. 1	OCT	1953
NO. 2	DEC	1953
NO. 3	FEB	1954
NO. 4	APR	1954

SCIENCE WONDER QUARTERLY
SEE WONDER STORIES QUARTERLY

SCIENCE WONDER STORIES
SEE THRILLING WONDER STORIES

SCIENTIFIC DETECTIVE MONTHLY
SEE AMAZING DETECTIVE TALES

SCOOPS. V. 1 NO. 1-20. FEB. 10, 1934-JUNE 23, 1934.
LONDON, PEARSONS.

    EDITOR: HADYN DIMMOCK.
    CODE: SCP
    INDEXED IN: ASFA.

ISSUES CHECKLIST:

    SCOOPS

V. 1	NO. 1	FEB 10	1934
V. 1	NO. 2	FEB 17	1934
V. 1	NO. 2	FEB 24	1934
V. 1	NO. 4	MAR 3	1934
V. 1	NO. 5	MAR 10	1934
V. 1	NO. 6	MAR 17	1934
V. 1	NO. 7	MAR 24	1934
V. 1	NO. 8	MAR 31	1934
V. 1	NO. 9	APR 7	1934
V. 1	NO. 10	APR 14	1934
V. 1	NO. 11	APR 21	1934
V. 1	NO. 12	APR 28	1934
V. 1	NO. 13	MAY 5	1934
V. 1	NO. 14	MAY 12	1934
V. 1	NO. 15	MAY 19	1934
V. 1	NO. 16	MAY 26	1934
V. 1	NO. 17	JUN 2	1934
V. 1	NO. 18	JUN 9	1934
V. 1	NO. 19	JUN 16	1934
V. 1	NO. 20	JUN 23	1934

SHOCK. V. 1 NO. 1-3. MAY-SEP. 1960.
NEW YORK, WINSTON PUBLICATIONS, INC.

    EDITOR: NOT IDENTIFIED.
    CODE: SHK
    INDEXED IN: STRAUSS, METCALF

ISSUES CHECKLIST:

    SHOCK

V. 1	NO. 1	MAY	1960
V. 1	NO. 2	JUL	1960
V. 1	NO. 3	SEP	1960

SPACE ADVENTURES. NO. 9- , 1970-
FLUSHING, NEW YORK, ULTIMATE PUBLICATIONS, INC.

    EDITOR: NOT IDENTIFIED.
    ISSUES NO. 1-8 NOT PUBLISHED.
    CODE: SPV
    INDEXED IN: NESFA.

ISSUES CHECKLIST

    SPACE ADVENTURES (CLASSICS)
        (NO. 1-8 NOT PUBLISHED)

| NO. 9 | WIN | 1970 |
| NO. 10 | SPR | 1970 |

    SPACE ADVENTURES

NO. 11	SUM	1970
NO. 12	WIN	1970
NO. 13	SPR	1971
NO. 14	SUM	1971

SPACE ADVENTURES (CLASSICS)
    SEE SPACE ADVENTURES

SPACE SCIENCE FICTION. V. 1-2 NO. 2. MAY 1952-
SEP. 1953.
NEW YORK, SPACE PUBLICATIONS.

    EDITOR: LESTER DEL REY.
    CODE: SPF
    INDEXED IN: STRAUSS, METCALF.

ISSUES CHECKLIST:

    SPACE SCIENCE FICTION.

V. 1	NO. 1	MAY	1952
V. 1	NO. 2	SEP	1952
V. 1	NO. 3	NOV	1952
V. 1	NO. 4	FEB	1953
V. 1	NO. 5	MAR	1953
V. 1	NO. 6	MAY	1953

| V. 2 | NO. 1 | JUL | 1953 |
| V. 2 | NO. 2 | SEP | 1953 |

SPACE SCIENCE FICTION MAGAZINE. V. 1 NO. 1-2.
SPR.-AUG. 1957.
NEW YORK, REPUBLIC FEATURES SYNDICATE.

    EDITOR: LYLE KENYON ENGEL.
    COVER TITLE: SPACE SCIENCE FICTION.
    CODE: SSM
    INDEXED IN: STRAUSS, METCALF.

ISSUES CHECKLIST:

    SPACE SCIENCE FICTION MAGAZINE

| V. 1 | NO. 1 | SPR | 1957 |
| V. 1 | NO. 2 | AUG | 1957 |

SPACE STORIES. V. 1-2 NO. 2. OCT. 1952-JUN. 1953.
NEW YORK, STANDARD MAGAZINES, INC.

    EDITOR: SAMUEL MINES.
    CODE: SPS
    INDEXED IN: STRAUSS, METCALF

ISSUES CHECKLIST:

    SPACE STORIES

V. 1	NO. 1	OCT	1952
V. 1	NO. 2	DEC	1952
V. 1	NO. 3	FEB	1953
V. 2	NO. 1	APR	1953
V. 2	NO. 2	JUN	1953

SPACE TRAVEL. (V. 1)-5 NO. 6. SEP. 1954-NOV. 1958.
EVANSTON, ILL., GREENLEAF PUBLISHING CO.

    EDITOR: W. L. HAMLING.
    CODE: SPT
    INDEXED IN: STRAUSS, METCALF.

ISSUES CHECKLIST:

    IMAGINATIVE TALES

	NO. 1	SEP	1954
	NO. 2	NOV	1954
V. 1	NO. 3	JAN	1955
V. 1	NO. 4	MAR	1955
V. 1	NO. 5	MAY	1955
V. 1	NO. 6	JUL	1955
V. 2	NO. 1	SEP	1955
V. 2	NO. 2	NOV	1955
V. 3	NO. 1	JAN	1956
V. 3	NO. 2	MAR	1956
V. 3	NO. 3	MAY	1956
V. 3	NO. 4	JUL	1956
V. 3	NO. 5	SEP	1956
V. 3	NO. 6	NOV	1956
V. 4	NO. 1	JAN	1957
V. 4	NO. 2	MAR	1957
V. 4	NO. 3	MAY	1957
V. 4	NO. 4	JUL	1957
V. 4	NO. 5	SEP	1957
V. 4	NO. 6	NOV	1957
V. 5	NO. 1	JAN	1958
V. 5	NO. 2	MAR	1958
V. 5	NO. 3	MAY	1958

    SPACE TRAVEL

V. 5	NO. 4	JUL	1959
V. 5	NO. 5	SEP	1958
V. 5	NO. 6	NOV	1958

SPACEWAY SCIENCE FICTION. V. 1-5 NO. 1. DEC. 1953-
JUNE 1970.
ALHAMBRA, CA., FANTASY PUBLISHING CO., INC. (FPCI)

    EDITOR: WILLIAM L. CRAWFORD.
    SUSPENDED, JUN. 1955-DEC. 1968.
    CODE: SPW
    INDEXED IN: STRAUS, METCALF, NESFA.

ISSUES CHECKLIST:

    SPACEWAY STORIES OF THE FUTURE

| V. 1 | NO. 1 | DEC | 1953 |

V. 1	NO. 2	FEB	1954
V. 1	NO. 3	APR	1954
V. 2	NO. 1	JUN	1954

SPACEWAY SCIENCE FICTION

V. 2	NO. 2	DEC	1954
V. 2	NO. 3	FEB	1955
V. 3	NO. 1	APR	1955
V. 3	NO. 2	JUN	1955
V. 4	NO. 1	JAN	1969
V. 4	NO. 2	MAY/JUN	1969
V. 4	NO. 3	SEP/OCT	1969
V. 5	NO. 1	JUN	1970

SPACEWAY STORIES OF THE FUTURE
SEE SPACEWAY SCIENCE FICTION

STAR SCIENCE FICTION. V. 1 NO. 1. JAN. 1958.
DERBY, CONN., BALLANTINE MAGAZINES, INC.

    EDITOR: FREDERIK POHL.
    CODE: STR
    INDEXED IN: STRAUSS, METCALF

ISSUES CHECKLIST:

    STAR SCIENCE FICTION

V. 1	NO. 1	JAN	1958

STARTLING MYSTERY STORIES. V. 1-3 NO. 5. SUM. 1966-
    FALL 1970.
NEW YORK, HEALTH KNOWLEDGE, INC.

    EDITOR: ROBERT A. W. LOWNDES.
    CODE: SMS
    INDEXED IN: NESFA

ISSUES CHECKLIST:

    STARTLING MYSTERY STORIES

V. 1	NO. 1	SUM	1966
V. 1	NO. 2	FAL	1966
V. 1	NO. 3	WIN	1966
V. 1	NO. 4	SPR	1967
V. 1	NO. 5	SUM	1967
V. 1	NO. 6	FAL	1967
V. 2	NO. 1	WIN	1967
V. 2	NO. 2	SPR	1968
V. 2	NO. 3	SUM	1968
V. 2	NO. 4	FAL	1968
V. 2	NO. 5	WIN	1968
V. 2	NO. 6	SPR	1969
V. 3	NO. 1	SUM	1969
V. 3	NO. 2	WIN	1969
V. 3	NO. 3	SPR	1970
V. 3	NO. 4	SUM	1970
V. 3	NO. 5	FAL	1970
V. 3	NO. 6	MAR	1971

STARTLING STORIES. V. 1-33 NO. 3. JAN. 1939-FALL 1955.
NEW YORK, STANDARD PUBLICATIONS.

    EDITOR: JAN. 1939-MAY 1941, MORT WEISINGER;
    JULY 1941-FALL 1944, OSCAR J. FRIEND; WIN. 1945-
    SEP. 1951, SAM MERWIN; NOV. 1951-FALL 1954,
    SAMUEL MINES; WIN.-FALL 1955, ALEX SAMALMAN.
    PUBLISHER VARIES: JAN. 1939-WIN. 1955, BETTER
    PUBLICATIONS, INC.; SPR. 1955-FALL 1955, STANDARD
    PUBLICATIONS.
    CODE: STL
    INDEXED IN: DAY, STRAUSS, METCALF

ISSUES CHECKLIST:

    STARTLING STORIES

V. 1	NO. 1	JAN	1939
V. 1	NO. 2	MAR	1939
V. 1	NO. 3	MAY	1939
V. 2	NO. 1	JUL	1939
V. 2	NO. 2	SEP	1939
V. 2	NO. 3	NOV	1939
V. 3	NO. 1	JAN	1940
V. 3	NO. 2	MAR	1940
V. 3	NO. 3	MAY	1940
V. 4	NO. 1	JUL	1940
V. 4	NO. 2	SEP	1940

V. 4	NO. 3	NOV	1940
V. 5	NO. 1	JAN	1941
V. 5	NO. 2	MAR	1941
V. 5	NO. 3	MAY	1941
V. 6	NO. 1	JUL	1941
V. 6	NO. 2	SEP	1941
V. 6	NO. 3	NOV	1941
V. 7	NO. 1	JAN	1942
V. 7	NO. 2	MAR	1942
V. 7	NO. 3	MAY	1942
V. 8	NO. 1	JUL	1942
V. 8	NO. 2	SEP	1942
V. 8	NO. 3	NOV	1942
V. 9	NO. 1	JAN	1943
V. 9	NO. 2	MAR	1943
V. 9	NO. 3	JUN	1943
V. 10	NO. 1	FAL	1943
V. 10	NO. 2	WIN	1944
V. 10	NO. 3	SPR	1944
V. 11	NO. 1	SUM	1944
V. 11	NO. 2	FAL	1944
V. 11	NO. 3	WIN	1945
V. 12	NO. 1	SPR	1945
V. 12	NO. 2	SUM	1945
V. 12	NO. 3	FAL	1945
V. 13	NO. 1	WIN	1946
V. 13	NO. 2	MAR	1946
V. 13	NO. 3	SPR	1946
V. 14	NO. 1	SUM	1946
V. 14	NO. 2	FAL	1946
V. 14	NO. 3	JAN	1947
V. 15	NO. 1	MAR	1947
V. 15	NO. 2	MAY	1947
V. 15	NO. 3	JUL	1947
V. 16	NO. 1	SEP	1947
V. 16	NO. 2	NOV	1947
V. 16	NO. 3	JAN	1948
V. 17	NO. 1	MAR	1948
V. 17	NO. 2	MAY	1948
V. 17	NO. 3	JUL	1948
V. 18	NO. 1	SEP	1948
V. 18	NO. 2	NOV	1948
V. 18	NO. 3	JAN	1949
V. 19	NO. 1	MAR	1949
V. 19	NO. 2	MAY	1949
V. 19	NO. 3	JUL	1949
V. 20	NO. 1	SEP	1949
V. 20	NO. 2	NOV	1949
V. 20	NO. 3	JAN	1950
V. 21	NO. 1	MAR	1950
V. 21	NO. 2	MAY	1950
V. 21	NO. 3	JUL	1950
V. 22	NO. 1	SEP	1950
V. 22	NO. 2	NOV	1950
V. 22	NO. 3	JAN	1951
V. 23	NO. 1	MAR	1951
V. 23	NO. 2	MAY	1951
V. 23	NO. 3	JUL	1951
V. 24	NO. 1	SEP	1951
V. 24	NO. 2	NOV	1951
V. 24	NO. 3	JAN	1952
V. 25	NO. 1	FEB	1952
V. 25	NO. 2	MAR	1952
V. 25	NO. 3	APR	1952
V. 26	NO. 1	MAY	1952
V. 26	NO. 2	JUN	1952
V. 26	NO. 3	JUL	1952
V. 27	NO. 1	AUG	1952
V. 27	NO. 2	SEP	1952
V. 27	NO. 3	OCT	1952
V. 28	NO. 1	NOV	1952
V. 28	NO. 2	DEC	1952
V. 28	NO. 3	JAN	1953
V. 29	NO. 1	FEB	1953
V. 29	NO. 2	MAR	1953
V. 29	NO. 3	APR	1953
V. 30	NO. 1	MAY	1953
V. 30	NO. 2	JUN	1953
V. 30	NO. 3	AUG	1953
V. 31	NO. 1	OCT	1953
V. 31	NO. 2	JAN	1954
V. 31	NO. 3	SPR	1954
V. 32	NO. 1	SUM	1954
V. 32	NO. 2	FAL	1954
V. 3	NO. 3	WIN	1955

```
        V. 33    NO. 1     SPR        1955
        V. 33    NO. 2     SUM        1955
        V. 33    NO. 3     FAL        1955
```

STIRRING SCIENCE STORIES. V. 1-2 NO. 1. FEB. 1941-
        MAR. 1942.
    NEW YORK, MANHATTEN FICTION PUBLICATIONS.

        EDITOR: DONALD A. WOLLHEIM.
        PUBLISHER VARIES: FEB.-JUNE 1941, ALBING
    PUBLICATIONS; MAR. 1942, MANHATTEN FICTION
    PUBLICATIONS.
        CODE: STS
        INDEXED IN: DAY

    ISSUES CHECKLIST:

        STIRRING SCIENCE STORIES
```
        V. 1     NO. 1     FEB        1941
        V. 1     NO. 2     APR        1941
        V. 1     NO. 3     JUN        1941
        V. 2     NO. 1     MAR        1942
```

STRANGE ADVENTURES. NO. 1-2. NOV. 1946-FEB. 1947.
    LONDON, HAMILTON AND CO.

        EDITOR: NOT IDENTIFIED.
        CODE: STA
        INDEXED IN:

    ISSUES CHECKLIST:

        STRANGE ADVENTURES
```
            NO. 1     NOV        1946
            NO. 2     FEB        1947
```

STRANGE FANTASY. NO. 8-   , SPR. 1969-
    FLUSHING, NEW YORK, ULTIMATE PUBLICATIONS, INC.

        EDITOR: NOT IDENTIFIED.
        NO. 1-7 NOT PUBLISHED.
        CODE: STF
        INDEXED IN: NESFA

    ISSUES CHECKLIST:

        STRANGE FANTASY
            (NO. 1-7 NOT PUBLISHED)
```
            NO. 8     SPR        1969
            NO. 9     SUM        1969
            NO. 10    FAL        1969
            NO. 11    SPR        1970
            NO. 12    SUM        1970
            NO. 13    FAL        1970
```

STRANGE STORIES. V. 1-5 NO. 1. FEB. 1939-FEB. 1941.
    NEW YORK, BETTER PUBLICATIONS, INC.

        EDITOR: LEO MARGULIES.
        CODE: SRS
        INDEXED IN:

    ISSUES CHECKLIST:

        STRANGE STORIES
```
        V. 1     NO. 1     FEB        1939
        V. 1     NO. 2     APR        1939
        V. 1     NO. 3     JUN        1939
        V. 2     NO. 1     AUG        1939
        V. 2     NO. 2     OCT        1939
        V. 2     NO. 3     DEC        1939
        V. 3     NO. 1     FEB        1940
        V. 3     NO. 2     APR        1940
        V. 3     NO. 3     JUN        1940
        V. 4     NO. 1     AUG        1940
        V. 4     NO. 2     OCT        1940
        V. 4     NO. 3     DEC        1940
        V. 5     NO. 1     FEB        1941
```

STRANGE TALES OF MYSTERY AND TERROR. V. 1-3 NO. 1.
        SEP. 1931-JAN. 1933.
    NEW YORK, CLAYTON

        EDITOR: HARRY BATES.
        CODE: STT
        INDEXED IN:

    ISSUES CHECKLIST:

        STRANGE TALES OF MYSTERY AND TERROR
```
        V. 1     NO. 1     SEP        1931
        V. 1     NO. 2     NOV        1931
        V. 1     NO. 3     JAN        1932
        V. 2     NO. 1     MAR        1932
        V. 2     NO. 2     JUN        1932
        V. 2     NO. 3     OCT        1932
        V. 3     NO. 1     JAN        1933
```

STRANGEST STORIES EVER TOLD. NO. 1-   , SUM. 1970-
    FLUSHING, N. Y., ULTIMATE PUBLISHING CO.

        EDITOR: NOT IDENTIFIED.
        CODE: SSE
        INDEXED IN: NESFA

    ISSUES CHECKLIST:

```
            NO. 1     SUM        1970
```

SUPER SCIENCE FICTION. V. 1-3 NO. 6. DEC. 1956-
        OCT. 1959.
    NEW YORK, HEADLINE PUBLICATIONS, INC.

        EDITOR: W. W. SCOTT.
        CODE: SSF
        INDEXED IN: STRAUSS, METCALF

    ISSUES CHECKLIST:

        SUPER SCIENCE FICTION
```
        V. 1     NO. 1     DEC        1956
        V. 1     NO. 2     FEB        1957
        V. 1     NO. 3     APR        1957
        V. 1     NO. 4     JUN        1957
        V. 1     NO. 5     AUG        1957
        V. 1     NO. 6     OCT        1957
        V. 2     NO. 1     DEC        1957
        V. 2     NO. 2     FEB        1958
        V. 2     NO. 3     APR        1958
        V. 2     NO. 4     JUN        1958
        V. 2     NO. 5     AUG        1958
        V. 2     NO. 6     OCT        1958
        V. 3     NO. 1     DEC        1958
        V. 3     NO. 2     FEB        1959
        V. 3     NO. 3     APR        1959
        V. 3     NO. 4     JUN        1959
        V. 3     NO. 5     AUG        1959
        V. 3     NO. 6     OCT        1959
```

SUPER SCIENCE NOVELS MAGAZINE
    SEE SUPER SCIENCE STORIES

SUPER SCIENCE STORIES. V. 1-8 NO. 3. MAR. 1940-
        AUG. 1951.
    KOKOMO, IND., FICTIONEERS, INC. (SUBSIDIARY OF
    POPULAR PUBLICATIONS, INC.)

        EDITOR: MAR. 1940-AUG. 1941, FREDERIK POHL;
    NOV. 1941-MAY 1943, ALDEN H. NORTON; JAN. 1949-
    AUG. 1951, EJLER JACOBSSON.
        CODE: SSS
        INDEXED IN: DAY, STRAUSS, METCALF

    ISSUES CHECKLIST:

        SUPER SCIENCE STORIES
```
        V. 1     NO. 1     MAR        1940
        V. 1     NO. 2     MAY        1940
        V. 1     NO. 3     JUL        1940
        V. 1     NO. 4     SEP        1940
        V. 2     NO. 1     NOV        1940
        V. 2     NO. 2     JAN        1941
```
        SUPER SCIENCE NOVELS MAGAZINE
```
        V. 2     NO. 3     MAR        1941
        V. 2     NO. 4     MAY        1941
        V. 3     NO. 1     AUG        1941
```
        SUPER SCIENCE STORIES
```
        V. 3     NO. 2     NOV        1941
```

V. 3	NO. 3	FEB	1942
V. 3	NO. 4	MAY	1942
V. 4	NO. 1	AUG	1942
V. 4	NO. 2	NOV	1942
V. 4	NO. 3	FEB	1943
V. 4	NO. 4	MAY	1943
V. 5	NO. 1	JAN	1949
V. 5	NO. 2	APR	1949
V. 5	NO. 3	JUL	1949
V. 5	NO. 4	SEP	1949
V. 6	NO. 1	NOV	1949
V. 6	NO. 2	JAN	1950
V. 6	NO. 3	MAR	1950
V. 6	NO. 4	MAY	1950
V. 7	NO. 1	JUL	1950
V. 7	NO. 2	SEP	1950
V. 7	NO. 3	NOV	1950
V. 7	NO. 4	JAN	1951
V. 8	NO. 1	APR	1951
V. 8	NO. 2	JUN	1951
V. 8	NO. 3	AUG	1951

SUSPENSE. V. 1 NO. 1-4. SPR. 1951-WIN. 1952.
CHICAGO, FARRELL PUBLISHING CO.

    EDITOR: THEODORE IRWIN.
    CODE: SUS
    INDEXED IN: STRAUSS.

ISSUES CHECKLIST:

    SUSPENSE

V. 1	NO. 1	SPR	1951
V. 1	NO. 2	SUM	1951
V. 1	NO. 3	FAL	1951
V. 1	NO. 4	WIN	1952

TALES OF THE FRIGHTENED. V. 1 NO. 1-2. SPR.-AUG. 1957.
NEW YORK, REPUBLIC FEATURES SYNDICATE.

    EDITOR: NOT IDENTIFIED.
    CODE: TOF
    INDEXED IN: STRAUSS, METCALF

ISSUES CHECKLIST:

    TALES OF THE FRIGHTENED

V. 1	NO. 1	SPR	1957
V. 1	NO. 2	AUG	1957

TALES OF TOMORROW. NO. 1-11. 1950-1954.
LONDON, JOHN SPENCER.

    EDITOR: NOT IDENTIFIED.
    CODE: TOT
    INDEXED IN: STRAUSS.

ISSUES CHECKLIST:

    TALES OF TOMORROW

NO. 1		1950
NO. 2		1950
NO. 3		1950
NO. 4		1952
NO. 5		1952
NO. 6		1953
NO. 7		1953
NO. 8		1953
NO. 9		1953
NO. 10		1954
NO. 11		1954

TALES OF WONDER. NO. (1)-16. MAR. 1937-SPR. 1942.
KINGSWOOD, ENGLAND, WORLD'S WORK.

    EDITOR: WALTER H. GILLINGS.
    CODE: TOW
    INDEXED IN: DAY

ISSUES CHECKLIST:

    TALES OF WONDER

(NO. 1)		1937
NO. 2	MAR	1938
NO. 3	SUM	1938

NO. 4	AUT	1938
NO. 5	WIN	1938
NO. 6	SPR	1939
NO. 7	SUM	1939
NO. 8	AUT	1939
NO. 9	WIN	1939
NO. 10	SPR	1940
NO. 11	SUM	1940
NO. 12	AUT	1940
NO. 13	WIN	1941
NO. 14	SPR	1941
NO. 15	AUT	1941
NO. 16	SPR	1942

10 STORY FANTASY. V. 1 NO. 1. SPR. 1951.
NEW YORK, AVON PERIODICALS.

    EDITOR: DONALD A. WOLLHEIM.
    CODE: TSF
    INDEXED IN: STRAUSS, METCALF

ISSUES CHECKLIST:

    10 STORY FANTASY

V. 1	NO. 1	SPR	1951

THRILLING WONDER STORIES. V. 1-44 NO. 3. JUNE 1929-
WIN. 1955.
NEW YORK, STANDARD MAGAZINES, INC.

    EDITOR: JUNE 1929-APR. 1936, HUGO GERNSBACK;
AUG. 1936-JUNE 1941, MORTIMER WEISINGER; AUG.
1941-FALL 1944, D. J. FRIEND; WIN. 1945-OCT. 1951
SAM MERWIN, JR.; DEC. 1951-SUM. 1954, SAMUEL
MINES; FALL 1954-SUM. 1955, ALEXANDER SAMALMAN.
    PUBLISHER VARIES: JUNE 1929-OCT. 1933,
STELLAR PUBLISHING CORP.; NOV. 1933-APR. 1936,
CONTINENTAL PUBLICATIONS, INC.; AUG. 1936-
JUNE 1937, BEACON MAGAZINES; OCT. 1937-AUG. 1943,
BETTER PUBLICATIONS, INC.; FALL 1943-WIN. 1955,
STANDARD MAGAZINES.
    NOTE: TWO ISSUES OF A REPRINT MAGAZINE WERE
PUBLISHED BEARING THE TITLE "WONDER STORIES, AN
ANTHOLOGY OF THE BEST IN SCIENCE FICTION" AND
CONTINUING THE VOLUME NUMBERING OF THRILLING
WONDER STORIES. BOTH ISSUES WERE EDITED BY JIM
HENDRYX, JR.
    CODE: TWS
    INDEXED IN: DAY, STRAUSS, METCALF

ISSUES CHECKLIST:

    SCIENCE WONDER STORIES

V. 1	NO. 1	JUN	1929
V. 1	NO. 2	JUL	1929
V. 1	NO. 3	AUG	1929
V. 1	NO. 4	SEP	1929
V. 1	NO. 5	OCT	1929
V. 1	NO. 6	NOV	1929
V. 1	NO. 7	DEC	1929
V. 1	NO. 8	JAN	1930
V. 1	NO. 9	FEB	1930
V. 1	NO. 10	MAR	1930
V. 1	NO. 11	APR	1930
V. 1	NO. 12	MAY	1930

    WONDER STORIES

V. 2	NO. 1	JUN	1930
V. 2	NO. 2	JUL	1930
V. 2	NO. 3	AUG	1930
V. 2	NO. 4	SEP	1930
V. 2	NO. 5	OCT	1930
V. 2	NO. 6	NOV	1930
V. 2	NO. 7	DEC	1930
V. 2	NO. 8	JAN	1931
V. 2	NO. 9	FEB	1931
V. 2	NO. 10	MAR	1931
V. 2	NO. 11	APR	1931
V. 2	NO. 12	MAY	1931
V. 3	NO. 1	JUN	1931
V. 3	NO. 2	JUL	1931
V. 3	NO. 3	AUG	1931
V. 3	NO. 4	SEP	1931
V. 3	NO. 5	OCT	1931
V. 3	NO. 6	NOV	1931
V. 3	NO. 7	DEC	1931

V. 3	NO. 8	JAN	1932
V. 3	NO. 9	FEB	1932
V. 3	NO. 10	MAR	1932
V. 3	NO. 11	APR	1932
V. 3	NO. 12	MAY	1932
V. 4	NO. 1	JUN	1932
V. 4	NO. 2	JUL	1932
V. 4	NO. 3	AUG	1932
V. 4	NO. 4	SEP	1932
V. 4	NO. 5	OCT	1932
V. 4	NO. 6	NOV	1932
V. 4	NO. 7	DEC	1932
V. 4	NO. 8	JAN	1933
V. 4	NO. 9	FEB	1933
V. 4	NO. 10	MAR	1933
V. 4	NO. 11	APR	1933
V. 4	NO. 12	MAY	1933
V. 5	NO. 1	JUN	1933
V. 5	NO. 2	AUG	1933
V. 5	NO. 3	OCT	1933
V. 5	NO. 4	NOV	1933
V. 5	NO. 5	DEC	1933
V. 5	NO. 6	JAN	1934
V. 5	NO. 7	FEB	1934
V. 5	NO. 8	MAR	1934
V. 5	NO. 9	APR	1934
V. 5	NO. 10	MAY	1934
V. 6	NO. 1	JUN	1934
V. 6	NO. 2	JUL	1934
V. 6	NO. 3	AUG	1934
V. 6	NO. 4	SEP	1934
V. 6	NO. 5	OCT	1934
V. 6	NO. 6	NOV	1934
V. 6	NO. 7	DEC	1934
V. 6	NO. 8	JAN	1935
V. 6	NO. 9	FEB	1935
V. 6	NO. 10	MAR	1935
V. 6	NO. 11	APR	1935
V. 6	NO. 12	MAY	1935
V. 7	NO. 1	JUN	1935
V. 7	NO. 2	JUL	1935
V. 7	NO. 3	AUG	1935
V. 7	NO. 4	SEP	1935
V. 7	NO. 5	OCT	1935
V. 7	NO. 6	NOV/DEC	1935
V. 7	NO. 7	JAN/FEB	1936
V. 7	NO. 8	APR	1936

THRILLING WONDER STORIES

V. 8	NO. 1	AUG	1936
V. 8	NO. 2	OCT	1936
V. 8	NO. 3	DEC	1936
V. 9	NO. 1	FEB	1937
V. 9	NO. 2	APR	1937
V. 9	NO. 3	JUN	1937
V. 10	NO. 1	AUG	1937
V. 10	NO. 2	OCT	1937
V. 10	NO. 3	DEC	1937
V. 11	NO. 1	FEB	1938
V. 11	NO. 2	APR	1938
V. 11	NO. 3	JUN	1938
V. 12	NO. 1	AUG	1938
V. 12	NO. 2	OCT	1938
V. 12	NO. 3	DEC	1938
V. 13	NO. 1	FEB	1939
V. 13	NO. 2	APR	1939
V. 13	NO. 3	JUN	1939
V. 14	NO. 1	AUG	1939
V. 14	NO. 2	OCT	1939
V. 14	NO. 3	DEC	1939
V. 15	NO. 1	JAN	1940
V. 15	NO. 2	FEB	1940
V. 15	NO. 3	MAR	1940
V. 16	NO. 1	APR	1940
V. 16	NO. 2	MAY	1940
V. 16	NO. 3	JUN	1940
V. 17	NO. 1	JUL	1940
V. 17	NO. 2	AUG	1940
V. 17	NO. 3	SEP	1940
V. 18	NO. 1	OCT	1940
V. 18	NO. 2	NOV	1940
V. 18	NO. 3	DEC	1940
V. 19	NO. 1	JAN	1941
V. 19	NO. 2	FEB	1941
V. 19	NO. 3	MAR	1941
V. 20	NO. 1	APR	1941

V. 20	NO. 2	JUN	1941
V. 20	NO. 3	AUG	1941
V. 21	NO. 1	OCT	1941
V. 21	NO. 2	DEC	1941
V. 21	NO. 3	FEB	1942
V. 22	NO. 1	APR	1942
V. 22	NO. 2	JUN	1942
V. 22	NO. 3	AUG	1942
V. 23	NO. 1	OCT	1942
V. 23	NO. 2	DEC	1942
V. 23	NO. 3	FEB	1943
V. 24	NO. 1	APR	1943
V. 24	NO. 2	JUN	1943
V. 24	NO. 3	AUG	1943
V. 25	NO. 1	FAL	1943
V. 25	NO. 2	WIN	1944
V. 25	NO. 3	SPR	1944
V. 26	NO. 1	SUM	1944
V. 26	NO. 2	FAL	1944
V. 26	NO. 3	WIN	1945
V. 27	NO. 1	SPR	1945
V. 27	NO. 2	SUM	1945
V. 27	NO. 3	FAL	1945
V. 28	NO. 1	WIN	1946
V. 28	NO. 2	SPR	1946
V. 28	NO. 3	SUM	1946
V. 29	NO. 1	FAL	1946
V. 29	NO. 2	DEC	1946
V. 29	NO. 3	FEB	1947
V. 30	NO. 1	APR	1947
V. 30	NO. 2	JUN	1947
V. 30	NO. 3	AUG	1947
V. 31	NO. 1	OCT	1947
V. 31	NO. 2	DEC	1947
V. 31	NO. 3	FEB	1948
V. 32	NO. 1	APR	1948
V. 32	NO. 2	JUN	1948
V. 32	NO. 3	AUG	1948
V. 33	NO. 1	OCT	1948
V. 33	NO. 2	DEC	1948
V. 33	NO. 3	FEB	1949
V. 34	NO. 1	APR	1949
V. 34	NO. 2	JUN	1949
V. 34	NO. 3	AUG	1949
V. 35	NO. 1	OCT	1949
V. 35	NO. 2	DEC	1949
V. 35	NO. 3	FEB	1950
V. 36	NO. 1	APR	1950
V. 36	NO. 2	JUN	1950
V. 36	NO. 3	AUG	1950
V. 37	NO. 1	OCT	1950
V. 37	NO. 2	DEC	1950
V. 37	NO. 3	FEB	1951
V. 38	NO. 1	APR	1951
V. 38	NO. 2	JUN	1951
V. 38	NO. 3	AUG	1951
V. 39	NO. 1	OCT	1951
V. 39	NO. 2	DEC	1951
V. 39	NO. 3	FEB	1952
V. 40	NO. 1	APR	1952
V. 40	NO. 2	JUN	1952
V. 40	NO. 3	AUG	1952
V. 41	NO. 1	OCT	1952
V. 41	NO. 2	DEC	1952
V. 41	NO. 3	FEB	1953
V. 42	NO. 1	APR	1953
V. 42	NO. 2	JUN	1953
V. 42	NO. 3	AUG	1953
V. 43	NO. 1	NOV	1953
V. 43	NO. 2	WIN	1954
V. 43	NO. 3	SPR	1954
V. 44	NO. 1	SUM	1954
V. 44	NO. 2	FAL	1954
V. 44	NO. 3	WIN	1955

WONDER STORIES

V. 45	NO. 1		1957
V. 45	NO. 2		1963

TOPS IN SCIENCE FICTION. V. 1 NO. 1-2. SPR.-FALL 1953.
NEW YORK, LOVE ROMANCES PUBLISHING CO., INC.

    EDITOR: SPR. 1953, JACK O'SULLIVAN; FALL 1953,
MALCOLM REISS.
    CODE: TIS
    INDEXED IN: STRAUSS, METCALF

ISSUES CHECKLIST:

```
     TOPS IN SCIENCE FICTION
V. 1    NO. 1    SPR      1953
V. 1    NO. 2    FAL      1953
```

TWO COMPLETE SCIENCE ADVENTURE BOOKS. V. 1 NO. 1-11.
     WIN. 1950-SPR. 1954
     NEW YORK, WINGS PUBLISHING CO.

     EDITOR: WIN. 1950-SUM. 1951, JEROME BIXBY;
WIN. 1951-SUM. 1953, MALCOLM REISS; WIN. 1953-
SPR. 1954, KATHARINE DAFFRON.
     CODE: TSB
     INDEXED IN: STRAUSS, METCALF
     NOTE: NUMBERED 1-11 ON COVER.

ISSUES CHECKLIST:

```
     TWO COMPLETE SCIENCE ADVENTURE BOOKS
V. 1    NO. 1     WIN      1950
V. 1    NO. 2     SPR      1951
V. 1    NO. 3     SUM      1951
V. 1    NO. 4     WIN      1951
V. 1    NO. 5     SPR      1952
V. 1    NO. 6     SUM      1952
V. 1    NO. 7     WIN      1952
V. 1    NO. 8     SPR      1953
V. 1    NO. 9     SUM      1953
V. 1    NO. 10    WIN      1953
V. 1    NO. 11    SPR      1954
```

UNCANNY STORIES. V. 1 NO. 1. APR. 1941.
     CHICAGO, ILL., MANVIS PUBLICATIONS, INC.

     EDITOR: ROBERT O. ERISMAN.
     CODE: UNC
     INDEXED IN: DAY

ISSUES CHECKLIST:

```
     UNCANNY STORIES
V. 1    NO. 1     APR      1941
```

UNCANNY TALES. NO. 1-21. NOV. 1940-SEP. 1943.
     TORONTO, NORMAN BOOK CO.

     EDITOR: LYLE KENYON ENGEL
     PUBLISHER VARIES: NOV. 1940-MAY 1942, ASAM
PUBLISHING CO.
     CODE: UNT
     INDEXED IN:

ISSUES CHECKLIST:

```
     UNCANNY TALES
        NO. 1
        NO. 2
        NO. 3
        NO. 4
        NO. 5
        NO. 6
        NO. 7
        NO. 8
        NO. 9
        NO. 10
        NO. 11
        NO. 12
        NO. 13
        NO. 14
        NO. 15
        NO. 16
        NO. 17
        NO. 18
        NO. 19
        NO. 20
        NO. 21
```

UNIVERSE SCIENCE FICTION. NO. 1-10. JUNE 1953-
     MAR. 1955.
     EVANSTON, ILL., PALMER PUBLICATIONS.

     EDITOR: JUNE-SEP. 1953, GEORGE BELL;
DEC. 1953-MAR. 1955, RAY PALMER.
     PUBLISHER VARIES: JAN.-SEP. 1953, BELL

PUBLICATIONS; DEC. 1953-MAR. 1955, PALMER
PUBLICATIONS.
     CODE: UNI
     INDEXED IN: STRAUSS, METCALF

ISSUES CHECKLIST:

```
     UNIVERSE SCIENCE FICTION
        NO. 1     JUN      1953
        NO. 2     SEP      1953
        NO. 3     DEC      1953
        NO. 4     MAR      1954
        NO. 5     MAY      1954
        NO. 6     JUL      1954
        NO. 7     SEP      1954
        NO. 8     NOV      1954
        NO. 9     JAN      1955
        NO. 10    MAR      1955
```

UNKNOWN
     SEE UNKNOWN WORLDS

UNKNOWN WORLDS. V. 1-7 NO. 3. MAR. 1939-OCT. 1943.
     NEW YORK, STREET AND SMITH.

     EDITOR: JOHN W. CAMPBELL, JR.
     CODE: UNK
     INDEXED IN: DAY

ISSUES CHECKLIST:

```
     UNKNOWN
V. 1    NO. 1     MAR      1939
V. 1    NO. 2     APR      1939
V. 1    NO. 3     MAY      1939
V. 1    NO. 4     JUN      1939
V. 1    NO. 5     JUL      1939
V. 1    NO. 6     AUG      1939
V. 2    NO. 1     SEP      1939
V. 2    NO. 2     OCT      1939
V. 2    NO. 3     NOV      1939
V. 2    NO. 4     DEC      1939
V. 2    NO. 5     JAN      1940
V. 2    NO. 6     FEB      1940
V. 3    NO. 1     MAR      1940
V. 3    NO. 2     APR      1940
V. 3    NO. 3     MAY      1940
V. 3    NO. 4     JUN      1940
V. 3    NO. 5     JUL      1940
V. 3    NO. 6     AUG      1940
V. 4    NO. 1     SEP      1940
V. 4    NO. 2     OCT      1940
V. 4    NO. 3     NOV      1940
V. 4    NO. 4     DEC      1940
V. 4    NO. 5     FEB      1941
V. 4    NO. 6     APR      1941
V. 5    NO. 1     JUN      1941
V. 5    NO. 2     AUG      1941
     UNKNOWN WORLDS
V. 5    NO. 3     OCT      1941
V. 5    NO. 4     DEC      1941
V. 5    NO. 5     FEB      1942
V. 5    NO. 6     APR      1942
V. 6    NO. 1     JUN      1942
V. 6    NO. 2     AUG      1942
V. 6    NO. 3     OCT      1942
V. 6    NO. 4     DEC      1942
V. 6    NO. 5     FEB      1943
V. 6    NO. 6     APR      1943
V. 7    NO. 1     JUN      1943
V. 7    NO. 2     AUG      1943
V. 7    NO. 3     OCT      1943
```

VANGUARD SCIENCE FICTION. V. 1 NO. 1. JUN. 1958.
     NEW YORK, VANGUARD SCIENCE FICTION, INC.

     EDITOR: JAMES BLISH.
     CODE: VAN
     INDEXED IN:

ISSUES CHECKLIST:

```
     VANGUARD SCIENCE FICTION
V. 1    NO. 1     JUN      1958
```

VARGO STATTEN BRITISH SCIENCE FICTION MAGAZINE
    SEE BRITISH SPACE FICTION MAGAZINE

VARGO STATTEN SCIENCE FICTION MAGAZINE
    SEE BRITISH SPACE FICTION MAGAZINE

VENTURE SCIENCE FICTION. V. 1-4 NO. 3. JAN. 1957-
    AUG. 1970.
    CONCORD, N. H., MERCURY PRESS, INC.

      EDITOR: JAN. 1957-JULY 1958, ROBERT P. MILLS;
MAY 1969-AUG. 1970, EDWARD L. FERMAN.
    PUBLISHER VARIES: JAN. 1957-MAR. 1958,
FANTASY HOUSE, INC.; MAY 1958-AUG. 1970, MERCURY
PRESS.
      CODE: VEN
      INDEXED IN: STRAUSS, METCALF, NESFA

    ISSUES CHECKLIST:

      VENTURE SCIENCE FICTION

V. 1	NO. 1	JAN	1957
V. 1	NO. 2	MAR	1957
V. 1	NO. 3	MAY	1957
V. 1	NO. 4	JUL	1957
V. 1	NO. 5	SEP	1957
V. 1	NO. 6	NOV	1957
V. 2	NO. 1	JAN	1958
V. 2	NO. 2	MAR	1958
V. 2	NO. 3	MAY	1958
V. 2	NO. 4	JUL	1958
V. 3	NO. 1	MAY	1969
V. 3	NO. 2	AUG	1969
V. 3	NO. 3	NOV	1969
V. 4	NO. 1	FEB	1970
V. 4	NO. 2	MAY	1970
V. 4	NO. 3	AUG	1970

VENTURE SCIENCE FICTION. NO. 1-28. SEP. 1963-
    DEC. 1965
    LONDON, ATLAS PUBLISHING AND DISTRIBUTING CO., LTD.

      EDITOR: NOT IDENTIFIED.
      CODE: VENB
      INDEXED IN:

      A STRICTLY REPRINT MAGAZINE, OFFERING MATERIAL
SELECTED FROM VENTURE, 1957-1958, AND FROM THE
MAGAZINE OF FANTASY AND SCIENCE FICTION, 1957-1959.

      THE BRITISH EDITION OF VENTURE CARRIED TWO
DATES: THE DATE OF BRITISH DISTRIBUTION, AND THE
DATE OF AUSTRALASIAN DISTRIBUTION, WHICH WAS TWO
MONTHS AFTER BRITISH DISTRIBUTION.

      INDEXED IN:

    ISSUES CHECKLIST:

      VENTURE SCIENCE FICTION.

NO. 1	SEP	1963
NO. 2	OCT	1963
NO. 3	NOV	1963
NO. 4	DEC	1963
NO. 5	JAN	1964
NO. 6	FEB	1964
NO. 7	MAR	1964
NO. 8	APR	1964
NO. 9	MAY	1964
NO. 10	JUN	1964
NO. 11	JUL	1964
NO. 12	AUG	1964
NO. 13	SEP	1964
NO. 14	OCT	1964
NO. 15	NOV	1964
NO. 16	DEC	1964
NO. 17	JAN	1965
NO. 18	FEB	1965
NO. 19	MAR	1965
NO. 20	APR	1965
NO. 21	MAY	1965
NO. 22	JUN	1965
NO. 23	JUL	1965
NO. 24	AUG	1965
NO. 25	SEP	1965
NO. 26	OCT	1965
NO. 27	NOV	1965
NO. 28	DEC	1965

VERTEX, THE MAGAZINE OF SCIENCE FICTION. V. 1-
    APR. 1973-
    LOS ANGELES, CALIF., MANKIND PUBLISHING CO.

      EDITOR: DONALD J. PFEIL
      CODE: VTX
      INDEXED IN: NESFA

    ISSUES CHECKLIST:

      VERTEX, THE MAGAZINE OF SCIENCE FICTION

V. 1	NO. 1	APR.	1973
V. 1	NO. 2	JUN	1973
V. 1	NO. 3	AUG.	1973
V. 1	NO. 4	OCT.	1973
V. 1	NO. 5	DEC.	1973

VISION OF TOMORROW. V. 1 NO. 1-12. AUG. 1969-
    1970-
    YAGOONA, AUSTRALIA, RONALD E. GRAHAM, LTD.

      EDITOR: PHILIP HARBOTTLE.
      CODE: VOT
      INDEXED IN: NESFA

    ISSUES CHECKLIST:

      VISION OF TOMORROW

V. 1	NO. 1	AUG	1969
V. 1	NO. 3	NOV	1969
V. 1	NO. 2	DEC	1969
V. 1	NO. 4	JAN	1970
V. 1	NO. 5	FEB	1970
V. 1	NO. 6	MAR	1970
V. 1	NO. 7	APR	1970
V. 1	NO. 8	MAY	1970
V. 1	NO. 9	JUN	1970
V. 1	NO. 10	JUL	1970
V. 1	NO. 11	AUG	1970
V. 1	NO. 12	SEP	1970

VORTEX SCIENCE FICTION. V. 1 NO. 1-2. MAY-OCT. 1953.
    NEW YORK, SPECIFIC FICTION CORP.

      EDITOR: CHESTER WHITEHORN.
      CODE: VOR
      INDEXED IN: STRAUSS, METCALF

    ISSUES CHECKLIST:

      VORTEX SCIENCE FICTION

V. 1	NO. 1	MAY	1953
V. 1	NO. 2	OCT	1953

WEIRD AND OCCULT LIBRARY. NO. 1-3. 1960.
    S. L., S. N.

      EDITOR: NOT IDENTIFIED.
      CODE: WOL
      INDEXED IN: STRAUSS

    ISSUES CHECKLIST:

      WEIRD AND OCCULT LIBRARY

NO. 1	1960
NO. 2	1960
NO. 3	1960

WEIRD MYSTERY. NO. 1-   , 1970-
    FLUSHING, NEW YORK, ULTIMATE PUBLISHING CO.

      EDITOR: NOT IDENTIFIED.
      CODE: WMY
      INDEXED IN: NESFA

ISSUES CHECKLIST:

WEIRD MYSTERY
```
    NO. 1      FAL       1970
    NO. 2      WIN       1970
    NO. 3      SPR       1971
    NO. 4      SUM       1971
```

WEIRD TALES. V. 1-46 NO. 4. MAR. 1923-SEP. 1954.
NEW YORK, SHORT STORIES, INC.

    EDITOR: MAR. 1923-MAY 1924, EDWIN BAIRD;
NOV. 1924-DEC. 1939, FARNSWORTH WRIGHT; JAN.
1940-SEP. 1954, DOROTHY MCILWRAITH
    PUBLISHER VARIES: MAR. 1923-JULY 1924, RURAL
PUBLISHING CORP. CHICAGO; NOV. 1924-OCT. 1938,
POPULAR FICTION PUBLISHING CO., INDIANAPOLIS;
NOV. 1938-MAY 1953, WEIRD TALES, NEW YORK;
JULY 1953-SEP. 1954, SHORT STORIES, INC., NEW
YORK.
    A MAGAZINE BEARING THE TITLE WEIRD TALES
BEGAN PUBLICATION DURING THE SUMMER OF 1973,
AND CONTINUED THE VOLUME NUMBERING OF WEIRD
TALES (1923-1954). DATA ON THAT MAGAZINE
FOLLOWS THIS LISTING.
    CODE: WT
    INDEXED IN: COCKCROFT, STRAUSS

ISSUES CHECKLIST:

WEIRD TALES
```
V. 1    NO. 1    MAR          1923
V. 1    NO. 2    APR          1923
V. 1    NO. 3    MAY          1923
V. 1    NO. 4    JUN          1923
V. 2    NO. 1    JUL/AUG      1923
V. 2    NO. 2    SEP          1923
V. 2    NO. 3    OCT          1923
V. 2    NO. 4    NOV          1923
V. 3    NO. 1    JAN          1924
V. 3    NO. 2    FEB          1924
V. 3    NO. 3    MAR          1924
V. 3    NO. 4    APR          1924
     (VOL. 4  NO. 1 NOT PUBLISHED)
V. 4    NO. 2    MAY/JN/JUL   1924
V. 4    NO. 3    NOV          1924
V. 4    NO. 4    DEC          1924
V. 5    NO. 1    JAN          1925
V. 5    NO. 2    FEB          1925
V. 5    NO. 3    MAR          1925
V. 5    NO. 4    APR          1925
V. 5    NO. 5    MAY          1925
V. 5    NO. 6    JUN          1925
V. 6    NO. 1    JUL          1925
V. 6    NO. 2    AUG          1925
V. 6    NO. 3    SEP          1925
V. 6    NO. 4    OCT          1925
V. 6    NO. 5    NOV          1925
V. 6    NO. 6    DEC          1925
V. 7    NO. 1    JAN          1926
V. 7    NO. 2    FEB          1926
V. 7    NO. 3    MAR          1926
V. 7    NO. 4    APR          1926
V. 7    NO. 5    MAY          1926
V. 7    NO. 6    JUN          1926
V. 8    NO. 1    JUL          1926
V. 8    NO. 2    AUG          1926
V. 8    NO. 3    SEP          1926
V. 8    NO. 4    OCT          1926
V. 8    NO. 5    NOV          1926
V. 8    NO. 6    DEC          1926
V. 9    NO. 1    JAN          1927
V. 9    NO. 2    FEB          1927
V. 9    NO. 3    MAR          1927
V. 9    NO. 4    APR          1927
V. 9    NO. 5    MAY          1927
V. 9    NO. 6    JUN          1927
V. 10   NO. 1    JUL          1927
V. 10   NO. 2    AUG          1927
V. 10   NO. 3    SEP          1927
V. 10   NO. 4    OCT          1927
V. 10   NO. 5    NOV          1927
V. 10   NO. 6    DEC          1927
V. 11   NO. 1    JAN          1928
V. 11   NO. 2    FEB          1928
```

```
V. 11   NO. 3    MAR          1928
V. 11   NO. 4    APR          1928
V. 11   NO. 5    MAY          1928
V. 11   NO. 6    JUN          1928
V. 12   NO. 1    JUL          1928
V. 12   NO. 2    AUG          1928
V. 12   NO. 3    SEP          1928
V. 12   NO. 4    OCT          1928
V. 12   NO. 5    NOV          1928
V. 12   NO. 6    DEC          1928
V. 13   NO. 1    JAN          1929
V. 13   NO. 2    FEB          1929
V. 13   NO. 3    MAR          1929
V. 13   NO. 4    APR          1929
V. 13   NO. 5    MAY          1929
V. 13   NO. 6    JUN          1929
V. 14   NO. 1    JUL          1929
V. 14   NO. 2    AUG          1929
V. 14   NO. 3    SEP          1929
V. 14   NO. 4    OCT          1929
V. 14   NO. 5    NOV          1929
V. 14   NO. 6    DEC          1929
V. 15   NO. 1    JAN          1930
V. 15   NO. 2    FEB          1930
V. 15   NO. 3    MAR          1930
V. 15   NO. 4    APR          1930
V. 15   NO. 5    MAY          1930
V. 15   NO. 6    JUN          1930
V. 16   NO. 1    JUL          1930
V. 16   NO. 2    AUG          1930
V. 16   NO. 3    SEP          1930
V. 16   NO. 4    OCT          1930
V. 16   NO. 5    NOV          1930
V. 16   NO. 6    DEC          1930
V. 17   NO. 1    JAN          1931
V. 17   NO. 2    FEB/MAR      1931
V. 17   NO. 3    APR/MAY      1931
V. 17   NO. 4    JUN/JUL      1931
V. 18   NO. 1    AUG          1931
V. 18   NO. 2    SEP          1931
V. 18   NO. 3    OCT          1931
V. 18   NO. 4    NOV          1931
V. 18   NO. 5    DEC          1931
V. 19   NO. 1    JAN          1932
V. 19   NO. 2    FEB          1932
V. 19   NO. 3    MAR          1932
V. 19   NO. 4    APR          1932
     (V. 19  NO. 3 ON TITLE PAGE)
V. 19   NO. 5    MAY          1932
V. 19   NO. 6    JUN          1932
V. 20   NO. 1    JUL          1932
V. 20   NO. 2    AUG          1932
V. 20   NO. 3    SEP          1932
V. 20   NO. 4    OCT          1932
V. 20   NO. 5    NOV          1932
V. 20   NO. 6    DEC          1932
V. 21   NO. 1    JAN          1933
V. 21   NO. 2    FEB          1933
V. 21   NO. 3    MAR          1933
V. 21   NO. 4    APR          1933
V. 21   NO. 5    MAY          1933
V. 21   NO. 6    JUN          1933
V. 22   NO. 1    JUL          1933
V. 22   NO. 2    AUG          1933
V. 22   NO. 3    SEP          1933
V. 22   NO. 4    OCT          1933
V. 22   NO. 5    NOV          1933
V. 22   NO. 6    DEC          1933
V. 23   NO. 1    JAN          1934
V. 23   NO. 2    FEB          1934
V. 23   NO. 3    MAR          1934
V. 23   NO. 4    APR          1934
V. 23   NO. 5    MAY          1934
V. 23   NO. 6    JUN          1934
V. 24   NO. 1    JUL          1934
V. 24   NO. 2    AUG          1934
V. 24   NO. 3    SEP          1934
V. 24   NO. 4    OCT          1934
V. 24   NO. 5    NOV          1934
V. 24   NO. 6    DEC          1934
V. 25   NO. 1    JAN          1935
V. 25   NO. 2    FEB          1935
V. 25   NO. 3    MAR          1935
V. 25   NO. 4    APR          1935
V. 25   NO. 5    MAY          1935
```

V. 25	NO. 6	JUN	1935
V. 26	NO. 1	JUL	1935
V. 26	NO. 2	AUG	1935
V. 26	NO. 3	SEP	1935
V. 26	NO. 4	OCT	1935
V. 26	NO. 5	NOV	1935
V. 26	NO. 6	DEC	1935
V. 27	NO. 1	JAN	1936
V. 27	NO. 2	FEB	1936
V. 27	NO. 3	MAR	1936
V. 27	NO. 4	APR	1936
V. 27	NO. 5	MAY	1936
V. 27	NO. 6	JUN	1936
V. 28	NO. 1	JUL	1936
V. 28	NO. 2	AUG/SEP	1936
V. 28	NO. 3	OCT	1936
V. 28	NO. 4	NOV	1936
V. 28	NO. 5	DEC	1936
V. 29	NO. 1	JAN	1937
V. 29	NO. 2	FEB	1937
V. 29	NO. 3	MAR	1937
V. 29	NO. 4	APR	1937
V. 29	NO. 5	MAY	1937
V. 29	NO. 6	JUN	1937
V. 30	NO. 1	JUL	1937
V. 30	NO. 2	AUG	1937
V. 30	NO. 3	SEP	1937
V. 30	NO. 4	OCT	1937
V. 30	NO. 5	NOV	1937
V. 30	NO. 6	DEC	1937
V. 31	NO. 1	JAN	1938
V. 31	NO. 2	FEB	1938
V. 31	NO. 3	MAR	1938
V. 31	NO. 4	APR	1938
V. 31	NO. 5	MAY	1938
V. 31	NO. 6	JUN	1938
V. 32	NO. 1	JUL	1938
V. 32	NO. 2	AUG	1938
V. 32	NO. 3	SEP	1938
V. 32	NO. 4	OCT	1938
V. 32	NO. 5	NOV	1938
V. 32	NO. 6	DEC	1938
V. 33	NO. 1	JAN	1939
V. 33	NO. 2	FEB	1939
V. 33	NO. 3	MAR	1939
V. 33	NO. 4	APR	1939
V. 33	NO. 5	MAY	1939
V. 34	NO. 1	JUN/JUL	1939
V. 34	NO. 2	AUG	1939
V. 34	NO. 3	SEP	1939
V. 34	NO. 4	OCT	1939
V. 34	NO. 5	NOV	1939
V. 34	NO. 6	DEC	1939
V. 35	NO. 1	JAN	1940
V. 35	NO. 2	MAR	1940
V. 35	NO. 3	MAY	1940
V. 35	NO. 4	JUL	1940
V. 35	NO. 5	SEP	1940
V. 35	NO. 6	NOV	1940
V. 35	NO. 7	JAN	1941
V. 35	NO. 8	MAR	1941
V. 35	NO. 9	MAY	1941
V. 35	NO. 10	JUL	1941
V. 36	NO. 1	SEP	1941
V. 36	NO. 2	NOV	1941
V. 36	NO. 3	JAN	1942
V. 36	NO. 4	MAR	1942
V. 36	NO. 5	MAY	1942
V. 36	NO. 6	JUL	1942
V. 36	NO. 7	SEP	1942
V. 36	NO. 8	NOV	1942
V. 36	NO. 9	JAN	1943
V. 36	NO. 10	MAR	1943
V. 36	NO. 11	MAY	1943
V. 36	NO. 12	JUL	1943
V. 37	NO. 1	SEP	1943
V. 37	NO. 2	NOV	1943
V. 37	NO. 3	JAN	1944
V. 37	NO. 4	MAR	1944
V. 37	NO. 5	MAY	1944
V. 37	NO. 6	JUL	1944
V. 38	NO. 1	SEP	1944
V. 38	NO. 2	NOV	1944
V. 38	NO. 3	JAN	1945
V. 38	NO. 4	MAR	1945

V. 38	NO. 5	MAY	1945
V. 38	NO. 6	JUL	1945
V. 39	NO. 1	SEP	1945
V. 39	NO. 2	NOV	1945
V. 39	NO. 3	JAN	1946
V. 39	NO. 4	MAR	1946
V. 39	NO. 5	MAY	1946
V. 39	NO. 6	JUL	1946
V. 39	NO. 7	SEP	1946
V. 39	NO. 8	NOV	1946
V. 39	NO. 9	JAN	1947
V. 39	NO. 10	MAR	1947
V. 39	NO. 11	MAY	1947
V. 39	NO. 11	JUL	1947
V. 39	NO. 12	SEP	1947
V. 40	NO. 1	NOV	1947
V. 40	NO. 2	JAN	1948
V. 40	NO. 3	MAR	1948
V. 40	NO. 4	MAY	1948
V. 40	NO. 5	JUL	1948
V. 40	NO. 6	SEP	1948
V. 41	NO. 1	NOV	1948
V. 41	NO. 2	JAN	1949
V. 41	NO. 3	MAR	1949
V. 41	NO. 4	MAY	1949
V. 41	NO. 5	JUL	1949
V. 41	NO. 6	SEP	1949
V. 42	NO. 1	NOV	1949
V. 42	NO. 2	JAN	1950
V. 42	NO. 3	MAR	1950
V. 42	NO. 4	MAY	1950
V. 42	NO. 5	JUL	1950
V. 42	NO. 6	SEP	1950
V. 43	NO. 1	NOV	1950
V. 43	NO. 2	JAN	1951
V. 43	NO. 3	MAR	1951
V. 43	NO. 4	MAY	1951
V. 43	NO. 5	JUL	1951
V. 43	NO. 6	SEP	1951
V. 44	NO. 1	NOV	1951
V. 44	NO. 2	JAN	1952
V. 44	NO. 3	MAR	1952
V. 44	NO. 4	MAY	1952
V. 44	NO. 5	JUL	1952
V. 44	NO. 6	SEP	1952
V. 44	NO. 7	NOV	1952
V. 44	NO. 8	JAN	1953
V. 45	NO. 1	MAR	1953
V. 45	NO. 2	MAY	1953
V. 45	NO. 3	JUL	1953
V. 45	NO. 4	SEP	1953
V. 45	NO. 5	NOV	1953
V. 45	NO. 6	JAN	1954
V. 46	NO. 1	MAR	1954
V. 46	NO. 2	MAY	1954
V. 46	NO. 3	JUL	1954
V. 46	NO. 4	SEP	1954

WEIRD TALES. V. 47 NO. 1-   SUMMER 1973-
    LOS ANGELES, WEIRD TALES.

        EDITOR: SAM MOSKOWITZ
        INDEXED IN: NESFA
        CODE: WTZ

    ISSUES CHECKLIST:

V. 47	NO. 1	SUM	1973
V. 47	NO. 2	FALL	1973
V. 47	NO. 3	WIN	1973

WEIRD TERROR TALES. V. 1 NO. 1-3. 1969-1970.
    NEW YORK, HEALTH KNOWLEDGE, INC.

        EDITOR: ROBERT A. W. LOWNDES.
        CODE: WTT
        INDEXED IN: NESFA

    ISSUES CHECKLIST:

        WEIRD TERROR TALES
V. 1	NO. 1	WIN	1969
V. 1	NO. 2	SUM	1970
V. 1	NO. 3	FAL	1970

WEIRD WORLD. V. 1 NO. 1-2. 1955-1956.
    BIRKENHEAD, ENGLAND, GANNET PRESS, LTD.

        EDITOR: NOT IDENTIFIED.
        CODE: WWD
        INDEXED IN: STRAUSS

    ISSUES CHECKLIST:

        WEIRD WORLD
    V. 1   NO. 1   1955
    V. 1   NO. 2   1956

WITCHCRAFT AND SORCERY. V. 1-   SEP. 1969-
    ALHAMBRA, CALIF., FANTASY PUBLISHING CO., INC.

        EDITOR: SEP. 1969-MAR. 1970, ARTHUR H. LANDIS
    JAN/FEB. 1971-   , GERALD W. PAGE.
        PUBLISHER VARIES: SEP. 1969-MAR. 1970,
    CAMELOT PUBLISHING CO.
        CODE: WAS
        INDEXED IN: NESFA

    ISSUES CHECKLIST:
        COVEN 13
    V. 1   NO. 1   SEP   1969
    V. 1   NO. 2   NOV   1969
    V. 1   NO. 2   JAN   1970
    V. 1   NO. 4   MAR   1970
        WITCHCRAFT AND SORCERY
    V. 1   NO. 5   JAN/FEB.   1971
    V. 1   NO. 6   MAY   1971
            NO. 7   1972
            NO. 8   1972
            NO. 9   1972

WONDER STORIES
    SEE THRILLING WONDER STORIES

WONDER STORY ANNUAL. V. 1-2 NO. 1. 1950-1953.
    NEW YORK, BEST BOOKS.

        EDITOR: 1950-1951, SAM MERWIN; 1952-1953,
    SAMUEL MINES.
        PUBLISHER VARIES: 1950, BETTER PUBLICATIONS;
    1951-1953, BEST BOOKS.
        CODE: WSA
        INDEXED IN: DAY, STRAUSS, METCALF

    ISSUES CHECKLIST:

        WONDER STORY ANNUAL
    V. 1   NO. 1   1950
    V. 1   NO. 2   1951
    V. 1   NO. 3   1952
    V. 2   NO. 1   1953

WONDER STORIES QUARTERLY. V. 1-4 NO. 2. FALL 1929-
        WIN. 1933.
    NEW YORK, STELLAR PUBLISHING CORP.

        EDITOR: HUGO GERNSBACK.
        CODE: WSQ
        INDEXED IN: DAY.

    ISSUES CHECKLIST:

        SCIENCE WONDER QUARTERLY
    V. 1   NO. 1   FAL   1929
    V. 1   NO. 2   WIN   1930
    V. 1   NO. 3   SPR   1930
        WONDER STORIES QUARTERLY
    V. 1   NO. 4   SUM   1930
    V. 2   NO. 1   FAL   1930
    V. 2   NO. 2   WIN   1931
    V. 2   NO. 3   SPR   1931
    V. 2   NO. 4   SUM   1931
    V. 3   NO. 1   FAL   1931
    V. 3   NO. 2   WIN   1932
    V. 3   NO. 3   SPR   1932
    V. 3   NO. 4   SUM   1932
    V. 4   NO. 1   FAL   1932
    V. 4   NO. 2   WIN   1933

WONDERS OF THE SPACEWAYS. NO. (1)-10. 1950-1954
    LONDON, ENGLAND, JOHN SPENCER.

        EDITOR: NOT IDENTIFIED.
        CODE: WOS
        INDEXED IN: STRAUSS

    ISSUES CHECKLIST:

        WONDERS OF THE SPACEWAYS
        (NO. 1)   1950
        NO. 2   1952
        NO. 3   1952
        NO. 4   1952
        NO. 5   1952
        NO. 6   1953
        NO. 7   1953
        NO. 8   1953
        NO. 9   1954
        NO. 10   1954

WORLDS BEYOND. V. 1 NO. 1-3. DEC. 1950-FEB. 1951.
    CHICAGO, HILLMAN PERIODICALS, INC.

        EDITOR: DAMON KNIGHT.
        CODE: WBD
        INDEXED IN: DAY, STRAUSS, METCALF

    ISSUES CHECKLIST:

        WORLDS BEYOND
    V. 1   NO. 1   DEC   1950
    V. 1   NO. 2   JAN   1951
    V. 1   NO. 3   FEB   1951

WORLDS OF FANTASY. NO. 1-14. 1950-1954.
    LONDON, ENGLAND, JOHN SPENCER.

        EDITOR: NOT IDENTIFIED.
        CODE: WOF
        INDEXED IN: STRAUSS

    ISSUES CHECKLIST:

        WORLDS OF FANTASY
        NO. 1   1950
        NO. 2   1950
        NO. 3   1950
        NO. 4   1951
        NO. 5   1952
        NO. 6   1952
        NO. 7   1952
        NO. 8   1953
        NO. 9   1953
        NO. 10   1953
        NO. 11   1953
        NO. 12   1954
        NO. 13   1954
        NO. 14   1954

WORLDS OF FANTASY. V. 1-   , 1968-
    NEW YORK, U P D PUBLISHING CORP.

        EDITOR: 1968-1970, LESTER DEL REY;
    1971 (NO. 3)-   , EJLER JAKOBSSON.
        CODE: WFA
        INDEXED IN: NESFA

    ISSUES CHECKLIST:

        WORLDS OF FANTASY
    V. 1   NO. 1   1968
    V. 1   NO. 2   1970
    V. 1   NO. 3   WIN   1970/71
    V. 1   NO. 4   SPR   1971

WORLDS OF IF SCIENCE FICTION. V. 1-   MAR. 1952-
    NEW YORK, UNIVERSAL PUBLISHING & DISTRIBUTING CORP.

        EDITOR: MAR. 1952-SEP. 1952, PAUL W. FAIRMAN;
    NOV. 1952-1959, JAMES L. QUINN; 1959-1961,
    H. L. GOLD; JAN. 1962-MAY 1969, FREDERIK POHL;
    JULY 1969-   , EJLER JAKOBSSON.
        PUBLISHER VARIES: MAR. 1952-1959, QUINN

PUBLISHING CO.: 1959-MAY 1963, DIGEST PRODUCTIONS
CORP.; JULY 1963-MAY 1969, GALAXY PUBLISHING
CORP.; JULY 1969-   , UNIVERSAL PUBLISHING AND
DISTRIBUTING CORP.
      CODE: WIF
      INDEXED IN: STRAUSS, METCALF, NESFA.

ISSUES CHECKLIST:

IF, WORLDS OF SCIENCE FICTION

V. 1	NO. 1	MAR	1952
V. 1	NO. 2	MAY	1952
V. 1	NO. 3	JUL	1952
V. 1	NO. 4	SEP	1952
V. 1	NO. 5	NOV	1952
V. 1	NO. 6	JAN	1953
V. 2	NO. 1	MAR	1953
V. 2	NO. 2	MAY	1953
V. 2	NO. 3	JUL	1953
V. 2	NO. 4	SEP	1953
V. 2	NO. 5	NOV	1953
V. 2	NO. 6	JAN	1954
V. 3	NO. 1	MAR	1954
V. 3	NO. 2	APR	1954
V. 3	NO. 3	MAY	1954
V. 3	NO. 4	JUN	1954
V. 3	NO. 5	JUL	1954
V. 3	NO. 6	AUG	1954
V. 4	NO. 1	SEP	1954
V. 4	NO. 2	OCT	1954
V. 4	NO. 3	NOV	1954
V. 4	NO. 4	DEC	1954
V. 4	NO. 5	JAN	1955
V. 4	NO. 6	FEB	1955
V. 5	NO. 1	MAR	1955
V. 5	NO. 2	APR	1955
V. 5	NO. 3	MAY	1955
V. 5	NO. 4	JUN	1955
V. 5	NO. 5	AUG	1955
V. 5	NO. 6	OCT	1955
V. 6	NO. 1	DEC	1955
V. 6	NO. 2	FEB	1956
V. 6	NO. 3	APR	1956
V. 6	NO. 4	JUN	1956
V. 6	NO. 5	AUG	1956
V. 6	NO. 6	OCT	1956
V. 7	NO. 1	DEC	1956
V. 7	NO. 2	FEB	1957
V. 7	NO. 3	APR	1957
V. 7	NO. 4	JUN	1957
V. 7	NO. 5	AUG	1957
V. 7	NO. 6	OCT	1957
V. 7	NO. 6	DEC	1957
V. 8	NO. 2	FEB	1958
V. 8	NO. 3	APR	1958
V. 8	NO. 4	JUN	1958
V. 8	NO. 5	AUG	1958
V. 8	NO. 6	OCT	1958
V. 9	NO. 1	DEC	1958
V. 9	NO. 2	FEB	1959
V. 8	NO. 6	JUL	1959

(ACTUALLY V. 9 NO. 3, JUL. 1959)

V. 9	NO. 4	SEP	1959
V. 9	NO. 5	NOV	1959
V. 9	NO. 6	JAN	1960
V. 10	NO. 6	MAR	1960

(ACTUALLY V. 10 NO. 1, MAR. 1960)

V. 10	NO. 2	MAY	1960
V. 10	NO. 3	JUL	1960
V. 10	NO. 4	SEP	1960
V. 10	NO. 5	NOV	1960
V. 10	NO. 6	JAN	1961
V. 11	NO. 1	MAR	1961
V. 11	NO. 2	MAY	1961
V. 11	NO. 3	JUL	1961
V. 11	NO. 4	SEP	1961

WORLDS OF IF SCIENCE FICTION

V. 11	NO. 5	NOV	1961
V. 11	NO. 6	JAN	1962
V. 12	NO. 1	MAR	1962
V. 12	NO. 2	MAY	1962
V. 12	NO. 3	JUL	1962
V. 12	NO. 4	SEP	1962
V. 12	NO. 5	NOV	1962
V. 12	NO. 6	JAN	1963

V. 13	NO. 1	MAR	1963
V. 13	NO. 2	MAY	1963
V. 13	NO. 3	JUL	1963
V. 13	NO. 4	SEP	1963
V. 13	NO. 5	NOV	1963
V. 13	NO. 6	JAN	1964
V. 14	NO. 1	MAR	1964
V. 14	NO. 2	MAY	1964
V. 14	NO. 3	JUL	1964
V. 14	NO. 4	AUG	1964
V. 14	NO. 5	OCT	1964
V. 14	NO. 6	NOV	1964
V. 14	NO. 7	DEC	1964
V. 15	NO. 1	JAN	1965
V. 15	NO. 2	FEB	1965
V. 15	NO. 3	MAR	1965
V. 15	NO. 4	APR	1965
V. 15	NO. 5	MAY	1965
V. 15	NO. 6	JUN	1965
V. 15	NO. 7	JUL	1965
V. 15	NO. 8	AUG	1965
V. 15	NO. 9	SEP	1965
V. 15	NO. 10	OCT	1965
V. 15	NO. 11	NOV	1965
V. 15	NO. 12	DEC	1965
V. 16	NO. 1	JAN	1966
V. 16	NO. 2	FEB	1966
V. 16	NO. 3	MAR	1966
V. 16	NO. 4	APR	1966
V. 16	NO. 5	MAY	1966
V. 16	NO. 6	JUN	1966
V. 16	NO. 7	JUL	1966
V. 16	NO. 8	AUG	1966
V. 16	NO. 9	SEP	1966
V. 16	NO. 10	OCT	1966
V. 16	NO. 11	NOV	1966
V. 16	NO. 12	DEC	1966
V. 17	NO. 1	JAN	1967
V. 17	NO. 2	FEB	1967
V. 17	NO. 3	MAR	1967
V. 17	NO. 4	APR	1967
V. 17	NO. 5	MAY	1967
V. 17	NO. 6	JUN	1967
V. 17	NO. 7	JUL	1967
V. 17	NO. 8	AUG	1967
V. 17	NO. 9	SEP	1967
V. 17	NO. 10	OCT	1967
V. 17	NO. 11	NOV	1967
V. 17	NO. 12	DEC	1967
V. 18	NO. 1	JAN	1968
V. 18	NO. 2	FEB	1968
V. 18	NO. 3	MAR	1968
V. 18	NO. 4	APR	1968
V. 18	NO. 5	MAY	1968
V. 18	NO. 6	JUN	1968
V. 18	NO. 7	JUL	1968
V. 18	NO. 8	AUG	1968
V. 18	NO. 9	SEP	1968
V. 18	NO. 10	OCT	1968
V. 18	NO. 11	NOV	1968
V. 18	NO. 12	DEC	1968
V. 19	NO. 1	JAN	1969
V. 19	NO. 2	FEB	1969
V. 19	NO. 3	MAR	1969
V. 19	NO. 4	APR	1969
V. 19	NO. 5	MAY	1969
V. 19	NO. 6	JUL	1969
V. 19	NO. 7	SEP	1969
V. 19	NO. 8	OCT	1969
V. 19	NO. 9	NOV	1969
V. 19	NO. 10	DEC	1969
V. 20	NO. 1	JAN	1970
V. 20	NO. 2	FEB	1970
V. 20	NO. 3	MAR	1970
V. 20	NO. 4	APR	1970
V. 20	NO. 5	MAY	1970
V. 20	NO. 6	JUL	1970
V. 20	NO. 7	SEP	1970
V. 20	NO. 8	NOV	1970
V. 20	NO. 9	JAN/FEB	1971
V. 20	NO. 10	MAR/APR	1971
V. 20	NO. 11	MAY/JUN	1971
V. 20	NO. 12	JUL/AUG	1971
V. 21	NO. 1	SEP/OCT	1971
V. 21	NO. 2	NOV/DEC	1971

```
V. 21     NO. 3     JAN/FEB     1972
V. 21     NO. 4     MAR/APR     1972
V. 21     NO. 5     MAY/JUN     1972
V. 21     NO. 6     JUL/AUG     1972
V. 21     NO. 7     SEP/OCT     1972
V. 21     NO. 8     NOV/DEC     1972
V. 21     NO. 9     JAN/FEB     1973
V. 21     NO. 10    MAR/APR     1973
V. 21     NO. 11    MAY/JUN     1973
V. 21     NO. 12    JUL/AUG     1973
V. 22     NO. 1     SEP/OCT     1973
V. 22     NO. 2     NOV/DEC     1973
```

WORLDS OF TOMORROW.   V. 1—   , 1963—
   NEW YORK, U P D PUBLISHING CORP.

        EDITOR: APR. 1963—MAY 1967, FREDERIK POHL;
   1970—   , EJLER JAKOBSSON.
        PUBLISHER VARIES: APR. 1963, BARMARAY CO.;
   JUNE 1963—MAY 1967, GALAXY PUBLISHING CORP.;
   1970 (V. 5 NO. 1)—   , UNIVERSAL PUBLISHING
   AND DISTRIBUTING CORP.; WIN. 1970—   , U P D
   PUBLISHING CORP.
        CODE: WOT
        INDEXED IN:

   ISSUES CHECKLIST:

        WORLDS OF TOMORROW
```
V. 1     NO. 1     APR     1963
V. 1     NO. 2     JUN     1963
V. 1     NO. 3     AUG     1963
V. 1     NO. 4     OCT     1963
V. 1     NO. 5     DEC     1963
V. 1     NO. 6     FEB     1964
V. 2     NO. 1     APR     1964
V. 2     NO. 2     JUN     1964
V. 2     NO. 3     AUG     1964
V. 2     NO. 4     NOV     1964
V. 2     NO. 5     JAN     1965
V. 2     NO. 6     MAR     1965
V. 3     NO. 1     MAY     1965
V. 3     NO. 2     JUL     1965
V. 3     NO. 3     SEP     1965
V. 3     NO. 4     NOV     1965
V. 3     NO. 5     JAN     1966
V. 3     NO. 6     MAR     1966
V. 3     NO. 7     MAY     1966
V. 4     NO. 1     AUG     1966
V. 4     NO. 2     NOV     1966
V. 4     NO. 3     FEB     1967
V. 4     NO. 4     MAY     1967
V. 5     NO. 1             1970
V. 5     NO. 2     WIN     1970
V. 5     NO. 3     SPR     1971
```

DIRECTORY OF MAGAZINES INDEXED

PART II: GENERAL MAGAZINES, LIBRARY MAGAZINES, AND FANZINES

ALGOL   CODE: ALG
    NO. 18, 1972–
ARMCHAIR DETECTIVE   CODE: TAD
    V. 5, 1972–
BEST SELLERS   CODE: BS
    V. 31, 1972–
BOOKLIST   CODE: BKL
    V. 68, 1972–
BOOKS AND BOOKMEN   CODE: BB
    V. 16, 1971–
CENTER FOR CHILDREN'S BOOKS, CHICAGO.
    BULLETIN. V. 25, 1972–   CODE: CCB
CHICAGO DAILY NEWS. PANORAMA.   CODE: SDNP
    1972–
CHOICE   CODE: CHO
    V. 8, 1972–
COLLEGE ENGLISH   CODE: CE
    V. 34, 1972–
ELEMENTARY ENGLISH   CODE: EE
    V. 49, 1972–
ENGLISH JOURNAL   CODE: EJ
    V. 61, 1972–
EXTRAPOLATION.   CODE: EXT
    V. 1, 1959–
FOUNDATION   CODE: FOU
    NO. 1, 1972–
FUTURES   CODE: FUT
    V. 3, 1971–
HORN BOOK   CODE: HB
    V. 47, 1971–
JOURNAL OF POPULAR CULTURE   CODE: JPC
    V. 5, 1971–
KIRKUS REVIEWS   CODE: KR
    V. 39, 1971–
KLIATT PAPERBACK BOOK GUIDE   CODE: KPG
    V. 5, 1971–
LIBRARY JOURNAL   CODE: LJ
    V. 95, 1970–
LUNA MONTHLY   CODE: LM
    NO. 1, 1969–
MYSTERY READERS NEWSLETTER   CODE: TMNR
    V. 5, 1972–
NATIONAL REVIEW   CODE: NR
    V. 23, 1971–

NEW SCIENTIST   CODE: NST
    1972–
NEW STATESMAN   CODE: NS
    1972–
NEW YORK TIMES BOOK REVIEW   CODE: NYT
    1971–
NEWSWEEK   CODE: NWK
    1972–
PUBLISHERS WEEKLY   CODE: PW
    V. 195, 1970–
RENAISSANCE   CODE: REN
    V. 3, 1971–
RIVERSIDE QUARTERLY   CODE: RQ
    V. 1, 1964–
ROHMER REVIEW   CODE: TRR
    NO. 8, 1972–
SF COMMENTARY   CODE: SFO
    NO. 1, 1969–
SFRA NEWSLETTER.   CODE: SFN
    NO. 1, 1971–
SATURDAY REVIEW   CODE: SR
    1972.
SATURDAY REVIEW OF EDUCATION   CODE: SRE
    1973.
SATURDAY REVIEW OF SCIENCE   CODE: SRSC
    1973.
SATURDAY REVIEW OF SOCIETY   CODE: SRSO
    1973.
SATURDAY REVIEW OF THE ARTS   CODE: SRA
    1973.
SCIENCE FICTION REVIEW   CODE: SFR
    NO. 35-43. 1970-1971.
SCIENCE FICTION STUDIES.
    V.1, 1973–
SON OF WSFA JOURNAL   CODE: SWSJ
    NO. 1, 1969–
SPECULATION   CODE: SPEC
    V.3, 1970–
TIME.   CODE: TM
    1972–
TIMES LITERARY SUPPLEMENT   CODE: TLS
    1971–
WSFA JOURNAL   CODE: WSJ
    NO. 70, 1969–

INDEXES TO SCIENCE FICTION MAGAZINES

DAY, DONALD B. INDEX TO THE SCIENCE FICTION
    MAGAZINES, 1926-1950. PORTLAND, OREGON,
    PERRI PRESS, 1952.
STRAUSS, ERWIN S. INDEX TO THE S-F MAGAZINES,
    1951-1965. CAMBRIDGE, MASS., THE AUTHOR,
    1966.
NEW ENGLAND SCIENCE FICTION ASSOCIATION. INDEX
    TO THE SCIENCE FICTION MAGAZINES, 1966-1970.
    CAMBRIDGE, MASS., NESFA, 1971.
NEW ENGLAND SCIENCE FICTION ASSOCIATION. INDEX
    TO THE SCIENCE FICTION MAGAZINES, 1971-
    CAMBRIDGE, MASS., NESFA, 1973-
METCALF, NORM. THE INDEX OF SCIENCE FICTION
    MAGAZINES, 1951-1965. EL CERRITO, CALIF.,
    J. BEN STARK, 1966.
STONE, GRAHAM. AUSTRALIAN SCIENCE FICTION INDEX,
    1925-1967. CANBERRA CITY, AUSTRALIAN SCIENCE
    FICTION SOCIETY, 1968.
AUSTRALIAN SCIENCE FICTION SOCIETY. INDEX TO
    BRITISH SCIENCE FICTION MAGAZINES, 1934-1953.
    CANBERRA CITY, ASFS, 1970.
COCKCROFT, T. G. L. INDEX TO THE WEIRD FICTION
    MAGAZINES. INDEX BY AUTHOR; INDEX BY TITLE.
    LOWER HUTT, N. Z., THE AUTHOR, 1962-1964.

EDITOR INDEX

APTHUP, ROBERT
    MYSTERIOUS TRAVELER MYSTERY READER (1951-1952)
BAIRD, EDWIN
    WEIRD TALES (1923-1924)
BATES, HARRY
    ANALOG SCIENCE FICTION SCIENCE FACT (1930-1933)
    STRANGE TALES OF MYSTERY AND TERROR (1931-1933)
BELL, GEORGE
    UNIVERSE SCIENCE FICTION (1953)
BLISH, JAMES
    VANGUARD SCIENCE FICTION (1958)
BIXBY, JEROME
    PLANET STORIES (1950-1951)
    TWO COMPLETE SCIENCE ADVENTURE BOOKS (1950-1951)
BONFIGLIOLI, KYRIL
    SF IMPULSE (1966)
    SCIENCE FANTASY (1964-1966)
BOUCHER, ANTHONY
    MAGAZINE OF FANTASY AND SCIENCE FICTION (1949-1958)
BOVA, BEN
    ANALOG (1972-   )
BRENNAN, J. P.
    MACABRE
BROWNE, HOWARD
    AMAZING STORIES (1950-1956)
    FANTASTIC ADVENTURES (1950-1953)
    FANTASTIC STORIES (1952-1956)
CAMPBELL, H. J.
    AUTHENTIC SCIENCE FICTION (1952-1956)
CAMPBELL, JOHN WOOD, JR.
    ANALOG SCIENCE FICTION SCIENCE FACT (1937-1971)
    FROM UNKNOWN WORLDS (1948)
    UNKNOWN WORLDS (1939-1943)
CARNELL, EDWARD JOHN (TED)
    NEW WORLDS (1946-1964)
    SCIENCE FANTASY (1951-1964)
    SCIENCE FICTION ADVENTURES (1958-1963)
CLANCY, EUGENE A.
    THRILL BOOK (1919)
COHEN, SOL
    AMAZING STORIES (1965-1967)
    AVON SCIENCE FICTION AND FANTASY READER (1953)
    FANTASTIC STORIES (1965-1967)
COLE, L. B.
    COSMOS SCIENCE FICTION AND FANTASY MAGAZINE
    (1953-1954)
CONWAY, GERARD
    HAUNT OF HORROR
CRAWFORD, WILLIAM L.
    MARVEL TALES (1934-1935)
    SPACEWAY SCIENCE FICTION (1953-1970)
DAFFRON, KATHERINE
    TWO COMPLETE SCIENCE ADVENTURE BOOKS (1953-1954)
DAVIS, B. G.
    AMAZING STORIES (1938-1949)
    FANTASTIC ADVENTURES (1939-1947)
DEL REY, LESTER
    FANTASY FICTION (1953)
    SPACE SCIENCE FICTION (1952-1953)
    WORLDS OF FANTASY (1968-1970)
DIMMOCK, HADYN
    SCOOPS (1934)
DOLD, DOUGLAS M.
    MIRACLE SCIENCE AND FANTASY STORIES (1931)
ENGEL, LYLE KENYON
    SPACE SCIENCE FICTION MAGAZINE (1957)
    TALES OF THE FRIGHTENED
ERISMAN, ROBERT O.
    DYNAMIC SCIENCE STORIES (1939)
    MARVEL SCIENCE FICTION (1950-1952)
    UNCANNY STORIES (1941)
FAIR, P. W.
    AMAZING STORIES SCIENCE FICTION NOVELS (1957)
FAIRMAN, PAUL W.
    AMAZING STORIES (1956-1958)
    DREAM WORLD (1957)
    FANTASTIC STORIES (1956-1958)
    WORLDS OF IF SCIENCE FICTION (1952)

FEARN, JOHN RUSSELL
    SEE VARGO STATTEN
FERMAN, EDWARD L.
    MAGAZINE OF FANTASY AND SCIENCE FICTION (1962-   )
    VENTURE SCIENCE FICTION (1969-1970)
FORD, GARRETT
    FANTASY BOOK (1947-1951)
FRIEND, OSCAR J.
    STARTLING STORIES (1941-1944)
    THRILLING WONDER STORIES (1941-1944)
FRITCH, CHARLES E.
    GAMMA (1963-1965)
GERNSBACK, HUGO.
    AIR WONDER STORIES (1929-1930)
    AMAZING DETECTIVE TALES (1930)
    AMAZING STORIES (1929)
    AMAZING STORIES ANNUAL (1927)
    AMAZING STORIES QUARTERLY (1928-1929)
    SCIENCE FICTION PLUS (1953)
    THRILLING WONDER STORIES (1929-1936)
    WONDER STORIES QUARTERLY (1929-1933)
GIBSON, WALTER B.
    FANTASTIC SCIENCE FICTION (1952)
GILLINGS, WALTER H.
    FANTASY, THE MAGAZINE OF SCIENCE FICTION. (1946-
    1947)
    SCIENCE FANTASY (1950-1951)
    TALES OF WONDER (1937-1942)
GNAEDINGER, MARY
    A. MERRITT'S FANTASY MAGAZINE (1949-1950)
    FAMOUS FANTASTIC MYSTERIES (1939-1953)
    FANTASTIC NOVELS MAGAZINE (1940-1951)
GOLD, HORACE L.
    BEYOND FICTION (1953-1955)
    GALAXY (1950-1961)
    WORLDS OF IF SCIENCE FICTION (1959-1961)
GOLDSMITH, CELE
    SEE LALLI, CELE GOLDSMITH.
HALL, CAMERON
    FANTASY FICTION (1953)
HAMILTON, PETER
    NEBULA SCIENCE FICTION (1952-1959)
HAMLING, W. L.
    IMAGINATION SCIENCE FICTION (1951-1958)
    SPACE TRAVEL (1954-1958)
HARBOTTLE, PHILIP.
    VISION OF TOMORROW (1969-1970)
HARRISON, HARRY
    AMAZING STORIES (1967-1968)
    FANTASTIC STORIES (1968)
    SF GREATS (1968)
    SF IMPULSE (1966-1967)
    SCIENCE FICTION ADVENTURES (1953-1954)
HENDRYX, JIM, JR.
    GREAT SCIENCE FICTION STORIES (1964-1966)
    WONDER STORIES; AN ANTHOLOGY OF THE BEST IN
    SCIENCE FICTION. (1957-1963)
HERSEY, HAROLD
    THRILL BOOK (1919)
HOLMES, L. G.
    AUTHENTIC SCIENCE FICTION (1951-1952)
HORNIG, CHARLES D.
    SCIENCE FICTION (1939-1941)
    SCIENCE FICTION QUARTERLY (1940-1941)
    SCIENCE FICTION STORIES (1939-1941)
IRWIN, THEODORE
    SUSPENSE (1951-1952)
JAKOBSSON, EJLER
    GALAXY (1969-   )
    SUPER SCIENCE STORIES (1949-1951)
    WORLDS OF FANTASY (1971-   )
    WORLDS OF IF SCIENCE FICTION (1969-   )
    WORLDS OF TOMORROW (1970-
JONES, BEATRICE
    FANTASTIC UNIVERSE SCIENCE FICTION (1954)
KAEMPFERT, WADE
    ROCKET STORIES (1953)

KLEINMAN, CYLVIA
    SATELLITE SCIENCE FICTION
KNIGHT, DAMON
    WORLDS BEYOND (1950-1951)
LALLI, CELE GOLDSMITH
    AMAZING STORIES (1958-1965)
    FANTASTIC STORIES (1958-1965)
LANDIS, ARTHUR H.
    COVEN 13
LAWTON, CLIFF
    A BOOK OF WEIRD TALES
LOWNDES, ROBERT A. W.
    BIZARRE FANTASY TALES
    DYNAMIC SCIENCE FICTION (1952-1954)
    FAMOUS SCIENCE FICTION (1966-1969)
    FUTURE SCIENCE FICTION (1950-1960)
    MAGAZINE OF HORROR (1963-)
    ORIGINAL SCIENCE FICTION STORIES (1953-1963
    SCIENCE FICTION QUARTERLY (1941-1943)
    SCIENCE FICTION QUARTERLY (1951-1958)
    SCIENCE FICTION STORIES (1941-1943)
    STARTLING MYSTERY STORIES (1966-1970)
    WEIRD TERROR TALES
LYNCH, ARTHUR H.
    AMAZING STORIES (1929)
    AMAZING STORIES QUARTERLY (1929)
MCCOMAS, J. FRANCIS
    MAGAZINE OF FANTASY AND SCIENCE FICTION (1949-1954)
MCILWRAITH, DOROTHY
    WEIRD TALES (1940-1954)
MALZBERG, BARRY M.
    AMAZING STORIES (1968-1969)
    FANTASTIC STORIES (1968-1969)
MANNING, JOHN S.
    OUT OF THIS WORLD (1954-1955)
MARGUILES, LEO
    CAPTAIN FUTURE (1940-1944)
    FANTASTIC UNIVERSE SCIENCE FICTION (1954-1956)
    STRANGE STORIES (1939-1941)
MARX, JOSEPH L.
    FEAR (1960)
MENVILLE, DOUGLAS
    FORGOTTEN FANTASY (1970-1972)
MERWIN, SAM, JR.
    FANTASTIC STORY MAGAZINE (1950-1951)
    FANTASTIC UNIVERSE SCIENCE FICTION (1953)
    SATELLITE SCIENCE FICTION (1956)
    STARTLING STORIES (1945-1951)
    THRILLING WONDER STORIES (1945-1951)
    WONDER STORIES ANNUAL (1950-1951)
MILLS, ROBERT P.
    MAGAZINE OF FANTASY AND SCIENCE FICTION (1958-1963)
    VENTURE SCIENCE FICTION (1957-1958)
MINES, SAMUEL
    FANTASTIC STORY MAGAZINE (1952-1954)
    SPACE STORIES (1952-1953)
    STARTLING STORIES (1951-1954)
    THRILLING WONDER STORIES (1951-1954
    WONDER STORIES ANNUAL (1952-1953)
MITCHELL, CURTIS
    FANTASY STORIES (1950)
MOORCOCK, MICHAEL
    NEW WORLDS (1964-1970)
    NEW WORLDS QUARTERLY
MOORE, SHARON
    SF YEARBOOK (1970-)
MOSKOWITZ, SAMUEL
    WEIRD TALES (1973-)
NORTON, ALDEN H.
    SUPER SCIENCE STORIES (1941-1943)
NORTON, HENRY A.
    ASTONISHING STORIES (1941-1943)
O'SULLIVAN, JACK
    PLANET STORIES (1952-1955)
    TOPS IN SCIENCE FICTION (1953)
PALMER, RAYMOND A.
    AMAZING STORIES (1947-1949)
    AMAZING STORIES QUARTERLY REISSNE (1947-1951)
    FANTASTIC ADVENTURES (1947-1949)
    FLYING SAUCERS FROM OTHER WORLDS (1950-1957)
    IMAGINATION SCIENCE FICTION (1950)
    SCIENCE STORIES (1953-1954)
    UNIVERSE SCIENCE FICTION (1953-1955)
PAYNE, PAUL L.
    PLANET STORIES (1946-1950)

PEACOCK, W. SCOTT
    PLANET STORIES (1942-1945)
POE, JOE
    BIZARRE MYSTERY MAGAZINE
POHL, FREDERIK
    ASTONISHING STORIES (1940-1941)
    GALAXY (1961-1969)
    INTERNATIONAL SCIENCE FICTION (1967-1968)
    STAR SCIENCE FICTION (1958)
    SUPER SCIENCE STORIES (1940-1941)
    WORLDS OF IF SCIENCE FICTION (1962-1969)
    WORLDS OF TOMORROW (1963-1967)
QUINN, JAMES L.
    WORLD OF IF (ANTHOLOGIES) (1957-1958)
    WORLDS OF IF SCIENCE FICTION (1952-1959)
REISS, MALEOLM
    PLANET STORIES (1939-1942)
    PLANET STORIES (1951-1952)
    TOPS IN SCIENCE FICTION (1953)
    TWO COMPLETE SCIENCE ADVENTURE BOOKS (1951-1953)
ST. JOHN, PHILIP (PSEUD. OF LESTER DEL REY)
    SCIENCE FICTION ADVENTURES (1952-1953)
SALTMAN, JULES
    ORBIT SCIENCE FICTION (1953-1954)
SAMALMAN, ALEXANDER
    FANTASTIC STORY MAGAZINE (1955)
    STARTLING STORIES (1955)
    THRILLING WONDER STORIES (1954-1955)
SANTESSON, HANS STEFAN
    FANTASTIC UNIVERSE SCIENCE FICTION (1956-1960)
    NEW WORLDS SCIENCE FICTION (1960)
SCOTT, W. W.
    SUPER SCIENCE FICTION (1956-1959)
SHAW, LARRY T.
    INFINITY SCIENCE FICTION (1955-1958)
    SCIENCE FICTION ADVENTURES (1956-1958)
SLOANE, T. O'CONNER
    AMAZING STORIES, (1938-1949)
    AMAZING STORIES QUARTERLY (1929-1934)
SPRIGG, T. STANHOPE
    FANTASY (1938-1939)
SPROUL, ROBERT C.
    SATURN SCIENCE FICTION AND FANTASY (1957-1958)
STAPLETON, DOUG.
    BEYOND INFINITY (1967)
STATTEN, VARGO (JOHN RUSSELL FEARN)
    BRITISH SPACE FICTION MAGAZINE. (1954-1956)
TONO, HELEN
    SF YEARBOOK (1967-1969)
TREMAINE, FREDERICK ORLIN
    ANALOG SCIENCE FICTION SCIENCE FACT (1933-1937)
    COMET STORIES (1940-1941)
TUBBS, E. C.
    AUTHENTIC SCIENCE FICTION (1956-1957)
WEBSTER, ROBERT N.
    FLYING SAUCERS FROM OTHER WORLDS (1949-1950)
WEISINGER, MORTIMER
    STARTLING STORIES (1939-1941)
    THRILLING WONDER STORIES (1936-1941)
WHITE, TED
    AMAZING STORIES (1969-)
    FANTASTIC STORIES (1969-)
WHITEHORN, CHESTER
    PLANET STORIES (1945-1946)
    SCIENCE FICTION DIGEST (1954)
    VORTEX SCIENCE FICTION (1953)
WOLLHEIM, DONALD A.
    AVON FANTASY READER (1947-1952)
    AVON SCIENCE FICTION READER (1951-1952)
    COSMIC SCIENCE FICTION (1941)
    FANCIFUL TALES OF TIME AND SPACE (1936)
    OUT OF THIS WORLD ADVENTURES (1950)
    STIRRING SCIENCE STORIES (1941-1942)
    10 STORY FANTASY (1951)
WRIGHT, FARNSWORTH
    MAGIC CARPET MAGAZINE (1930-1934)
    WEIRD TALES (1924-1939)
WULFF, EVE

TITLE INDEX

ALL THE TRAPS OF EARTH
Simak, Clifford Donald
THE ALLEY GOD
Farmer, Philip Jose
ALMURIC
Howard, Robert Ervin
ALONE AGAINST TOMORROW
Ellison, Harlan
ALONE BY NIGHT
Congdon, Michael
ALONE IN THE WILD FOREST
Singer, Isaac Bashevis
ALONE THROUGH THE DARK SEAS
Whiteside, Thomas
ALPH
McIlwain, David
ALPHA CENTAURI OR DIE!
Brackett, Leigh
ALPHA 1-4
Silverberg, Robert
ALPHA YES, TERRA NO!
Petaja, Emil
THE ALTER OF ASCONEL
Brunner, John
THE ALTERED EGO
Sohl, Jerry
ALTERNATE ORBITS
Chandler, A. Bertram
ALTERNATING CURRENTS
Pohl, Frederik
ALTON'S UNGUESSABLE
Sutton, Jefferson
ALWAYS THE BLACK KNIGHT
Hoffman, Lee
THE AMBIDEXTROUS UNIVERSE
Gardner, Martin
AMERICAN INDIANS IN THE
PACIFIC
Heyerdahl, Thor
AMERICA'S ANCIENT
CIVILIZATIONS
Verrill, Alpheus Hyatt
AMMIE, COME HOME
Mertz, Barbara
AMONG THE DEAD AND OTHER
EVENTS LEADING UP TO THE
APOCALYPSE
Bryant, Edward
THE AMPHIBIAN
Beliayev, Aleksandr
Romanovich
THE AMSIRS AND THE IRON
THORN
Budrys, Algis
ANALOG 1-8
Campbell, John Wood, Jr.
THE ANCIENT ENGINEERS
de Camp, Lyon Sprague
THE ANCIENT OF DAYS
Greenfield, Irving A.
ANCIENT RUINS AND
ARCHAEOLOGY
de Camp, Lyon Sprague
ANCIENT SORCERIES
Blackwood, Algernon
AND ALL THE STARS A STAGE
Blish, James
AND CHAOS DIED
Russ, Joanna
AND FLIGHTS OF ANGELS
Petaja, Emil
...AND MY FEAR IS GREAT
and BABY IS THREE
Sturgeon, Theodore
AND SO ENDS THE WORLD
Pape, Richard

AND SOME WERE HUMAN
del Rey, Lester
AND THE WATERS PREVAILED
Barringer, Daniel Moreau
AND THEN THE TOWN TOOK OFF
Wilson, Richard
AND THERE WAS LIGHT
Thiel, Rudolph
ANDROID AT ARMS
Norton, Alice Mary
ANDROID AVENGER
White, Ted
ANDROIDS, TIME MACHINES AND
BLUE GIRAFFES
Elwood, Roger
ANDROMEDA
Yefremov, Ivan
ANDROMEDA BREAKTHROUGH
Hoyle, Fred
THE ANDROMEDA STRAIN
Crichton, Michael
ANDROMEDAR SR 1
Stempel, Hans
ANGELO'S MOON
Brown, Alec
ANGELS AND SPACESHIPS
Brown, Fredric
THE ANGRY ESPERS
Biggle, Lloyd, Jr.
ANIARA
Martinson, Harry
ANIMAL FAIRY TALES
Baum, Lyman Frank
ANIMAL FARM
Orwell, George
ANIMAL LIFE IN FRESH WATER
Mellanby, Helen
ANIMAL MIGRATION
Thevenin, Rene
ANIMAL TREASURE
Sanderson, Ivan Terrance
ANIMALS AND MEN
Katz, David
ANIMALS, MY ADVENTURE
Heck, Lutz
ANIMALS, MYTHS, AND MEN.
Lewinsohn, Richard
ANIMALS WITHOUT BACKBONES
Buchsbaum, Ralph
ANITA
Roberts, Keith
THE ANOME
Vance, Jack
ANOTHER END
King, Vincent
ANOTHER KIND
Oliver, Chad
ANOTHER KIND
West, Anthony
ANOTHER LOOK AT ATLANTIS
Ley, Willy
ANOTHER ROADSIDE ATTRACTION
Robbins, Tom
ANOTHER TREE IN EDEN
Duncan, David
THE ANSWER
Wylie, Philip
ANSWERS ABOUT THE MOON,
STARS AND PLANETS
Smithline, Frederick
THE ANT MEN
Cronin, Bernard
ANTHEM
Rand, Ayn
ANTHONY BURGESS
Devitis, A. A.

ANTI-MAN
Koontz, Dean R.
THE ANTS
Goetsch, Wilhelm
ANXIETY AND NEUROSIS
Rycroft, Charles
THE ANXIETY MAKERS
Comfort, Alex
THE ANYTHING BOX
Henderson, Zenna
THE ANYTHING TREE
Rackham, John
ANYTHING YOU CAN DO
Garrett, Randall
ANYWHEN
Blish, James
APE AND ESSENCE
Huxley, Aldous Leonard
APEMAN, SPACEMAN
Stover, Leon
THE APOLLO LEGACY
Barker, Albert
APOLLO: LUNAR LANDING
Haggerty, James J.
APPARITIONS
Tyrrell, George Nugent
Merle
APPOINTMENT ON THE MOON
Lewis, Richard S.
APPROACH TO ARCHAEOLOGY
Piggott, Stuart
ARDOR ON AROS
Offutt, Andrew J.
ARE YOUR TROUBLES
PSYCHOSOMATIC?
Winter, Joseph Augustus
ARGOSY BOOK OF ADVENTURE
STORIES
Terrill, Rogers
ARK OF VENUS
Clason, Clyde B.
ARMAGEDDON 2419 A.D.
Nowlan, Philip Francis
THE ARMCHAIR SCIENCE
READER
Gordon, Isabel S.
ARMED CAMPS
Reed, Kit
THE ARMS OF KRUPP
Manchester, William
ARRIVE AT EASTERWINE
Lafferty, R. A.
THE ARSENAL OUT OF TIME
MacDaniel, David
ART, AFFLUENCE AND
ALIENATION
McMullen, Roy
ART AND REVOLUTION
Berger, John
THE ART OF THE COMIC STRIP
O'Sullivan, Judith
THE ART OF WALT DISNEY
Finch, Christopher
ARTERY OF FIRE
Scortia, Thomas N.
THE ARTIFICIAL MAN
Davies, Leslie Purnell
AS ON A DARKLING PLAIN
Bova, Benjamin William
THE ASCENT OF RUM DOODLE
Bowman, William Ernest
ASHES, ASHES
Barjavel, Rene
ASHES, ASHES, WE ALL FALL
DOWN
Schram, Irene

ASIMOV ANALYZED
Goble, Neil
ASIMOV ON ASTRONOMY
Asimov, Isaac
THE ASIMOV SCIENCE FICTION
BIBLIOGRAPHY
Tepper, M. B.
ASIMOV'S GUIDE TO
SHAKESPEARE
Asimov, Isaac
ASIMOV'S MYSTERIES
Asimov, Isaac
ASLEEP IN THE AFTERNOON
Large, Ernest Charles
ASPECTS OF SCIENCE FICTION
Doherty, G. D.
ASSASSINS OF GOR
Norman, John
ASSIGNMENT IN ETERNITY
Heinlein, Robert Anson
ASSIGNMENT IN NOWHERE
Laumer, Keith
ASSIGNMENT IN TOMORROW
Pohl, Frederik
ASSIGNMENT TO DISASTER
Aarons, Edward S.
ASTERIX AND CLEOPATRA
Goscinny, Rene
THE ASTONISHING ADVENTURES
OF PATRICK THE MOUSE
Beskow, Katja
THE ASTONISHING ANT
Kenley, Julie Closson
THE ASTONISHING ATOM
Rowland, John
THE ASTONISHING STEREOSCOPE
Langton, Jane
ASTOUNDING
Harrison, Harry
THE ASTOUNDING ANALOG READER
Harrison, Harry
THE ASTOUNDING SCIENCE
FICTION ANTHOLOGY
Campbell, John Wood, Jr.
ASTOUNDING TALES OF SPACE
AND TIME
Campbell, John Wood, Jr.
THE ASTROLOGER
Cameron, John
THE ASTRONAUTS
Caidin, Martin
THE ASTRONAUTS MUST NOT
LAND
Brunner, John
ASTRONOMY
Flammarion, Camille
ASTRONOMY
Menzel, Donald H.
ASTRONOMY OF STELLAR ENERGY
AND DECAY
Johnson, Martin
Christopher
ASTROSEX
Shaw, George
ASTROTOTS
Bannister, Constance
ASYLUMS
Goffman, Erving
AT THE BUTT END OF A
RAINBOW
Livesey, Claire Warner
AT THE EARTH'S CORE
Burroughs, Edgar Rice
AT THE EARTH'S CORE,
PELLUCIDAR, and TANAR OF
PELLUCIDAR
Burroughs, Edgar Rice

DAY OF THE MINOTAUR
    Swann, Thomas Burnett
DAY OF THE STAR CITIES
    Brunner, John
THE DAY OF THE TRIFFIDS
    Harris, John Beynon
DAY OF WRATH
    Stableford, Brian M.
THE DAY STAR
    Geston, Mark S.
THE DAY THAT MONDAY RAN
    AWAY
    Heit, Robert
THE DAY THE EARTH CAUGHT
    FIRE
    Wells, Barry
THE DAY THE SUN STOOD
    STILL
    Anderson, Poul
THE DAY THE SUN STOOD
    STILL
    Silverberg, Robert
THE DAY THE WORLD DIED
    Muller, John E.
THE DAY THE WORLD ENDED
    Wade, Arthur Sarsfield
THE DAY THEY H-BOMBED LOS
    ANGELES
    Williams, Robert Moore
THE DAY WILLIE WASN'T
    McGraw, William Corbin
DAYBREAK-2250 A. D.
    Norton, Alice Mary
THE DAYBREAKERS
    Curry, Jane Louise
DAYMARES
    Brown, Fredric
THE DAYS AFTER TOMORROW
    Santesson, Hans Stefan
THE DAYS OF CREATION
    Ley, Willy
THE DAYS OF GLORY
    Stableford, Brian M.
DEAD CITIES AND FORGOTTEN
    TRIBES
    Cooper, Gordon
DEADLY IMAGE
    Cooper, Edmund
THE DEADLY SKY
    Jorgensen, Ivar
DEALS WITH THE DEVIL
    Davenport, Basil
DEAR SNOWMAN
    Eckert, Horst
DEATH CELL
    Goulart, Ron
DEATH GOES BETTER WITH
    COCA COLA
    Godfrey, Dave
THE DEATH OF GRASS
    Christopher, John
DEATH OF MY AUNT
    Kitchin, Clifford Henry
    Benn
DEATH RATTLE
    Gobsch, Hanns
THE DEATH STRAIN
    Carter, Nick
DEATH'S DEPUTY
    Hubbard LaFayette Rona
DEATH'S MANNIKINS
    Afford, Max
DEATHSTAR VOYAGE
    Wallace, Ian
THE DEATHSTONES
    Arch, E. L.

DEATHWORLD
    Harrison, Harry
DEATHWORLD 2
    Harrison, Harry
DEATHWORLD 3
    Harrison, Harry
A DECADE OF FANTASY AND
    SCIENCE FICTION
    Mills, Robert P.
DECISION AT DOONA
    McCaffrey, Anne
THE DECISION TO DROP THE
    BOMB
    Giovannitti, Len
THE DECLINE OF THE WEST
    Spengler, Oswald
THE DEEP FIX
    Colvin, James
THE DEEP RANGE
    Clarke, Arthur Charles
THE DEEP REACHES OF SPACE
    Chandler, A. Bertram
DEEP SPACE
    Russell, Eric Frank
DEEP SPACE
    Silverberg, Robert
DEEP WATERS
    Hodgson, William Hope
DEEPER THAN DARKNESS
    Benford, Greg
THE DEFIANT AGENTS
    Norton, Alice Mary
DEFOLIATION
    Whiteside, Thomas
THE DELUGE
    Payne, Pierre Stephen
    Robert
DELUSION WORLD
    Dickson, Gordon R.
THE DEMIGODS
    Bennet, Alfred Gordon
THE DEMOLISHED MAN
    Bester, Alfred
THE DEMON BREED
    Schmitz, James H.
DEMON KIND
    Elwood, Roger
DEMON SEED
    Koontz, Dean R.
THE DEMONS
    Bulmer, Kenneth
DEMONS BY DAYLIGHT
    Campbell, Ramsey
THE DEMONS OF SANDORRA
    Tabori, Paul
THE DEMONS OF THE UPPER AIR
    Leiber, Fritz
DENVER IS MISSING
    Jones, Dennis Feltham
DERYNI CHECKMATE
    Kurtz, Katherine
DERYNI RISING
    Kurtz, Katherine
THE DESCENT OF PIERRE
    SAINT-MARTIN
    Casteret, Norbert
DESIGN FOR A BRAIN
    Ashby, William Ross
DESIGN FOR DECISION
    Bross, Irwin D. J.
THE DESIGN OF LIFE
    Mazzeo, Joseph Anthony
DESIGN OF THE UNIVERSE
    Kahn, Fritz
DESIGNING THE FUTURE
    Prehoda, Robert W.

DESPERATE GAMES
    Boulle, Pierre
DESTINATION: AMALTHEA
    Dixon, Richard
DESTINATION, INFINITY
    Kuttner, Henry
DESTINATION MARS
    Caiden, Martin
DESTINATION: UNIVERSE!
    Van Vogt, Alfred Elton
DESTINATION: VOID
    Herbert, Frank
DESTINY AND THE DOLPHINS
    Meyers, Roy
DESTINY AND THE HERO
    Title entry
DESTINY DOLL
    Simak, Clifford Donald
DESTINY TIMES THREE
    Leiber, Fritz
DESTINY'S ORBIT
    Grinnell, David
DEUTSCHLAND OHNE DEUTSCHE
    Heyck, Hans
THE DEVELOPMENT OF THE
    GUIDED MISSILE
    Gatland, Kenneth William
THE DEVIL AND THE DOCTOR
    Keller, David Henry
THE DEVIL HIS DUE
    Hill, Douglas
THE DEVIL IN VELVET
    Carr, John Dickson
THE DEVIL IS DEAD
    Lafferty, R. A.
THE DEVIL ON LAMMAS
    NIGHT
    Howatch, Susan
THE DEVIL RIDES OUT
    Wheatley, Dennis
DEVILDAY
    Hall, Angus
THE DEVIL'S ADVOCATE
    Caldwell, Taylor
DEVILS, DEMONS, DEATH AND
    DAMNATION
    Lehner, Ernest
THE DEVIL'S GUARD
    Mundy, Talbot
THE DEVIL'S HIGHWAY
    Wright, Harold Bell
THE DEVIL'S MISTRESS
    Coffman, Virginia
THE DEVIL'S WORK
    Brunner, John
THE DEVOLUTIONIST AND THE
    EMANCIPATRIX
    Flint, Homer Eon
THE DIALECTIC OF SEX
    Firestone, Shulamith
DIAN OF THE LOST LAND
    Marshall, Edison
DIANETICS
    Hubbard, LaFayette Ronald
A DICTIONARY OF SCIENCE
    Uvarov, Eugene Boris
THE DIFFUSION OF SUFI
    IDEAS IN THE WEST
    Lewin, Leonard
DIGITS AND DASTARDS
    Pohl, Frederik
DILATION EFFECT
    Mason, Douglas R.
DIMENSION A
    Davies, Leslie Purnell
DIMENSION 4
    Conklin, Groff

DIMENSION THIRTEEN
    Silverberg, Robert
DIMENSION X
    Knight, Damon Francis
DINGO
    Scott, James Maurice
DINOSAUR BEACH
    Laumer, Keith
DINOSAURS
    Geis, Darlene
THE DIPLOIDS
    MacLean, Katherine
THE DIRDIR
    Vance, Jack
THE DISAPPEARANCE
    Wylie, Philip
THE DISAPPEARING FUTURE
    Hay, George
DISCLOSURES IN SCARLET
    Jacobi, Carl
DISCOVERERS OF SPACE
    Lessing, Erich
DISCOVERIES IN FANTASY
    Carter, Lin
DISCOVERING CHEMISTRY
    Cooper, Elizabeth K.
DISCOVERING THE HEAVENS
    Evans, Idrisyn Oliver
DISCOVERY OF THE UNIVERSE
    Vaucouleurs, Gerard de
THE DISNEY FILMS
    Maltin, Leonard
DIVIDE AND RULE
    de Camp, Lyon Sprague
DO ANDROIDS DREAM OF
    ELECTRIC SHEEP?
    Dick, Philip K.
DO COWS HAVE NEUROSES?
    Bingham, June
DOC SAVAGE: HIS
    APOCALYPTIC LIFE
    Farmer, Philip Jose
DR. BLOODMONEY (OR HOW WE
    GOT ALONG AFTER THE BOMB)
    Dick, Philip K.
DR. CYCLOPS
    Kuttner, Henry
DR. DRASINSKI'S SECRET
    Shiel, Matthew Phipps
DR. FUTURITY
    Dick, Philip K.
DOCTOR MIRABILIS
    Blish, James
DOCTOR ORIENT
    Lauria, Frank
DR. ORPHEUS
    Wallace, Ian
DR. OX'S EXPERIMENT
    Verne, Jules
DR. SMITH'S SAFARI
    Say, Allen
DOCTOR TO THE STARS
    Jenkins, Wm. Fitzgerald
DOCTOR VAGO
    Brotman, Jordan
A DOCTOR'S REPORT ON
    DIANETICS
    Winter, Joseph Augustus
THE DOCTOR'S SECRET
    Dern, Dorothy Louise
DOG IN THE SKY
    Corwin, Norman Lewis
THE DOG THAT WAS AND WAS
    NOT: THE DOUBLE
    GUARANTEE
    Boas, Maurits Ignatius

DOG YEARS
  Grass, Gunter
THE DOLL MAKER
  Wall, John W.
DOLPHIN BOY
  Meyers, Roy
DOLPHIN ISLAND
  Clarke, Arthur Charles
DOM AND VA
  Christopher, John
DOME AROUND AMERICA
  Williamson, Jack
DOME WORLD
  McLaughlin, Dean
THE DOMES OF PICO
  Walters, Hugh
DOMNEI and THE MUSIC FROM
  BEHIND THE MOON
  Cabell, James Branch
DON RODRIGUEZ: CHRONICLES
  OF SHADOW VALLEY
  Dunsany, Edward John
  Morton Drax Plunkett,
  18th Baron
THE DONG WITH A
  LUMINOUS NOSE
  Lear, Edward
DON'T PICK THE FLOWERS
  Jones, Dennis Feltham
THE DOOM OF GERMANY
  ACCORDING TO THE
  PROPHECY OF ST. ODILE
  Robb, Stewart
THE DOOMSDAY COMMITTEE
  Gallagher, Richard
DOOMSDAY EVE
  Williams, Robert Moore
THE DOOMSDAY GENE
  Upchurch, Boyd
THE DOOMSDAY MEN
  Bulmer, Kenneth
DOOMSDAY MORNING
  Moore, Catherine L.
DOOMSDAY, 1999
  MacTyre, Paul
DOOMSDAY WING
  Smith, George Henry
THE DOOR INTO SUMMER
  Heinlein, Robert Anson
THE DOOR THROUGH SPACE
  Bradley, Marion Zimmer
THE DOOR TO THE FUTURE
  Stearn, Jess
THE DOORS OF HIS FACE, THE
  LAMPS OF HIS MOUTH AND
  OTHER STORIES
  Zelazny, Roger
DOPPELGANGERS
  Heard, Gerald
DOROTHY AND THE WIZARD OF
  OZ
  Baum, Lyman Frank
THE DOUBLE: BILL
  SYMPOSIUM
  Mallardi, Wm. C.
DOUBLE, DOUBLE
  Brunner, John
THE DOUBLE HELIX
  Watson, James Dewey
DOUBLE IN SPACE, TWO
  NOVELS
  Pratt, Fletcher
DOUBLE JEOPARDY
  Pratt, Fletcher
DOUBLE PHOENIX
  Cooper, Edmund

DOUBLE STAR
  Heinlein, Robert Anson
DOUBLE VISION
  Gerson, Noel Bertram
THE DOUBTFUL GUEST
  Gorey, Edward St. John
DOUBTING THOMAS
  Brebner, Winston
DOWN BOUND TRAIN
  Garnett, Bill
DOWN IN THE BLACK GANG
  Farmer, Philip Jose
DOWN TO EARTH
  Capon, Paul
THE DOWNSTAIRS ROOM
  Wilhelm, Kate
DOWNWARD TO THE EARTH
  Silverberg, Robert
DRACULA
  Stoker, Bram
THE DRACULA ARCHIVES
  Rudorff, Raymond
THE DRACULA MYTH
  Ronay, Gabriel
DRACULA RETURNS
  Lory, Robert
DRACULA'S GUEST AND OTHER
  STORIES
  Ghidalia, Victor
DRACUTWIG
  Knight, Mallory T.
DRAGON BONES IN THE YELLOW
  EARTH
  Crump, James
DRAGON FEAST
  Elliott, John
THE DRAGON FROM THE BRONX
  Kaplan, Howard S.
THE DRAGON HOARD
  Lee, Tanith
DRAGON IN DANGER
  Manning, Rosemary
THE DRAGON IN THE SEA
  Herbert, Frank
DRAGON MAGIC
  Norton, Alice Mary
THE DRAGON MASTERS
  Vance, Jack
DRAGON STEW
  McGowen, Tom
THE DRAGON TAKES A WIFE
  Myers, Walter Dean
THE DRAGON THAT LIVED
  UNDER MANHATTAN
  Hildick, Edmund Wallace
DRAGONFLIGHT
  McCaffrey, Anne
DRAGONQUEST
  McCaffrey, Anne
DRAGONS AND NIGHTMARES
  Bloch, Robert
DRAGONS, ELVES, AND HEROES
  Carter, Lin
THE DRAGON'S HANDBOOK
  Rinkoff, Barbara
DRAGONS IN AMBER
  Ley, Willy
DRAGON'S ISLAND
  Williamson, Jack
THE DRAMATURGES OF YAN
  Brunner, John
THE DRAWINGS OF HEINRICH
  KLEY
  Kley, Heinrich
DREAD COMPANION
  Norton, Alice Mary

DREADFUL SANCTUARY
  Russell, Eric Frank
THE DREAM ADVENTURE: A
  LITERARY ANTHOLOGY
  Caillois, Roger
THE DREAM MASTER
  Zelazny, Roger
A DREAM OF DRACULA
  Wolf, Leonard
DREAM OF THE DRAGONFLIES
  Langley, Noel
THE DREAM-QUEST OF UNKNOWN
  KADATH
  Lovecraft, Howard
  Phillips
THE DREAMERS
  Manvell, Roger
THE DREAMING CITY
  Moorcock, Michael
THE DREAMING EARTH
  Brunner, John
THE DREAMING JEWELS
  Sturgeon, Theodore
DREAMS AND DREAMING
  MacKenzie, Norman Ian
THE DRIFT
  Kropp, Lloyd
DRIFTGLASS
  Delany, Samuel R.
THE DRIFTING CONTINENTS
  Ley, Willy
DROME
  Leahy, John Martin
THE DROUGHT
  Ballard, J. G.
THE DROWNED WORLD
  Ballard, J. G.
THE DROWNED WORLD and THE
  WIND FROM NOWHERE
  Ballard, J. G.
DRUJIENNA'S HARP
  McKenzie, Ellen Kindt
THE DRUMS OF TAPAJOS
  Meek, Sterner St. Paul
DRUNKARD'S WALK
  Pohl, Frederik
DRUSO ODER DIE
  GESTOHLENE MENCHENWELT
  Frecksa, Friedrich
THE DUELING MACHINE
  Bova, Benjamin William
THE DUKE OF YORK'S STEPS
  Aubrey-Fletcher, Henry
  Lancelot
DUNE
  Herbert, Frank
DUNE MESSIAH
  Herbert, Frank
THE DUNWICH HORROR AND
  OTHERS
  Lovecraft, Howard Phillips
THE DUPLICATED MAN
  Blish, James
DWELLERS IN THE MIRAGE
  Merritt, Abraham
DWELLERS IN THE MIRAGE and
  THE FACE IN THE ABYSS
  Merritt, Abraham
DWELLERS OF THE DEEP
  O'Donnell, K. M.
THE DYING EARTH
  Vance, Jack
DYING INSIDE
  Silverberg, Robert
THE DYNAMICS OF CHANGE
  Fabun, Don

E

E PLURIBUS BANG!
  Lippincott, David
E PLURIBUS UNICORN
  Sturgeon, Theodore
ESP, A PERSONAL MEMOIR
  Heywood, Rosalind
ESP AND PERSONALITY PATTERNS
  Schmeidler, Gertrude R.
ESP---EXTRASENSORY
  PERCEPTION
  Wolstenholme, Gorden E. W.
THE E. S. P. WORM
  Margroff, Robert
THE EARLY ASIMOV
  Asimov, Isaac
EARS OF THE JUNGLE
  Boulle, Pierre
EARTH
  Farca, Marie C.
EARTH ABIDES
  Stewart, George Rippey
THE EARTH AND YOU
  Pounds, Norman John
  Greville
THE EARTH AS A PLANET
  Kuiper, Gerard Peter
THE EARTH BENEATH THE SEA
  Shepard, Francis Parker
THE EARTH BENEATH US
  Swinnerton, Henry Hurd
THE EARTH GODS ARE COMING
  Bulmer, Kenneth
AN EARTH GONE MAD
  Aycock, Roger D.
THE EARTH IN PERIL
  Wollheim, Donald A.
EARTH IN UPHEAVAL
  Velikovksy, Immanuel
EARTH IS ROOM ENOUGH
  Asimov, Isaac
EARTH SATELLITES
  Moore, Patrick
EARTH SATELLITES AND THE
  RACE FOR SPACE SUPERIORITY
  Stine, George Harry
EARTH SCIENCE
  Fletcher, Gustav Ludwig
EARTH, SKY AND SEA
  Piccard, Auguste
THE EARTH TRIPPER
  Kelley, Leo P.
THE EARTH TUBE
  Pendray, Edward
THE EARTH WAR
  Reynolds, Mack
EARTHBLOOD
  Laumer, Keith
EARTHBOUND
  Lesser, Milton
EARTHJACKET
  Hartridge, Jon
EARTHLIGHT
  Clarke, Arthur Charles
EARTHMAN, COME HOME
  Blish, James
EARTHMAN, GO HOME!
  Anderson, Poul
EARTHMAN'S BURDEN
  Anderson, Poul
EARTHMEN AND STRANGERS
  Silverberg, Robert

THE GREAT AUK
  Eckert, Allan W.
THE GREAT BEAST: THE LIFE
  OF ALEISTER CROWLEY
  Symonds, John
GREAT BRITISH TALES
  OF TERROR
  Haining, Peter
THE GREAT CAPTAINS
  Treece, Henry
THE GREAT COMIC BOOK HEROES
  Feiffer, Jules
THE GREAT DISCIPLE AND
  OTHER STORIES
  Ready, William B.
GREAT DISCOVERIES IN MODERN
  SCIENCE
  Pringle, Patrick
THE GREAT EXPLOSION
  Russell, Eric Frank
THE GREAT FLYING SAUCER HOAX
  Lorenzen, Coral E.
GREAT IDEAS AND THEORIES OF
  MODERN COSMOLOGY
  Singh, Jagjit
THE GREAT LALULA AND OTHER
  NONSENSE RHYMES
  Morgenstern, Christian
THE GREAT MOVIE SERIALS
  Harmon, Jim
THE GREAT PALOMAR TELESCOPE
  Wright, Helen
THE GREAT PRINCE SHAN
  Oppenheim, Edward Phillips
THE GREAT QUILL
  Garson, Paul
THE GREAT ROOB REVOLUTION
  Price, Roger
GREAT SCIENCE FICTION
  ADVENTURES
  Shaw, Larry T.
GREAT SCIENCE FICTION BY
  SCIENTISTS
  Conklin, Groff
GREAT SCIENCE FICTION
  STORIES
  Smith, Cordelia Titcomb
GREAT SCIENCE FICTION STORIES
  ABOUT MARS
  Dikty, T. E.
GREAT SHORT NOVELS OF
  ADULT FANTASY
  Carter, Lin
GREAT SHORT NOVELS OF
  SCIENCE FICTION
  Silverberg, Robert
GREAT STORIES OF SCIENCE
  FICTION
  Jenkins, Wm. Fitzgerald
GREAT STORIES OF SPACE
  TRAVEL
  Conklin, Groff
GREAT TALES OF FANTASY
  AND IMAGINATION
  Stern, Philip Van Doren
THE GREAT TIME MACHINE HOAX
  Laumer, Keith
GREAT UNTOLD STORIES OF
  FANTASY AND HORROR
  Norton, Alden H.
THE GREAT WEIRD STORIES
  Neale, Arthur
GREAT WORLD MYSTERIES
  Russell, Eric Frank
THE GREATER TRUMPS
  Williams, Charles

THE GREATEST ADVENTURE
  Bell, Eric Temple
THE GREEN AND RED PLANET
  Strughold, Hubertus
THE GREEN BRAIN
  Herbert, Frank
THE GREEN CHILD
  Read, Herbert
THE GREEN EYES OF BAST
  Wade, Arthur Sarsfield
GREEN FIRE,
  Bell, Eric Temple
THE GREEN FLASH AND OTHER
  TALES
  Aiken, Joan
THE GREEN GENE
  Dickinson, Peter
THE GREEN GIRL
  Williamson, Jack
THE GREEN HILLS OF EARTH
  Heinlein, Robert Anson
THE GREEN KINGDOM
  Maddux, Rachel
GREEN LANTERN & GREEN
  ARROW # 1
  O'Neil, Danny
THE GREEN MAN
  Amis, Kingsley
THE GREEN MAN FROM SPACE
  Zarem, Lewis
GREEN MEDICINE
  Kreig, Margaret B.
THE GREEN MEN OF GRAYPEC
  Pragnell, Festus
THE GREEN MILLENNIUM
  Leiber, Fritz
THE GREEN ODYSSEY
  Farmer, Philip Jose
GREEN PHOENIX
  Swann, Thomas Burnett
THE GREEN PLANET
  Holly J. Hunter
THE GREEN PLANTATIONS
  Elton, John
THE GREEN QUEEN
  St. Clair, Margaret
THE GREEN RAIN
  Tabori, Paul
THE GREEN ROUND
  Machen, Arthur
THE GREEN SUNS
  Ward, Henry
THE GREENE MURDER CASE
  Wright, Willard
  Huntington
GREENER THAN YOU THINK
  Moore, Ward
GRENDEL
  Gardner, John
GREY LENSMAN
  Smith, Edward Elmer
GREYBEARD
  Aldiss, Brian Wilson
GREYLORN
  Laumer, Keith
GRIMM'S WORLD
  Vinge, Vernor
THE GRINDSTONES OF GOD
  Withers, Carl
GROSTESQUES & FANTASTIQUES
  Smith, Clark Ashton
GROUND ZERO MAN
  Shaw, Bob
GROUP FEAST
  Saxton, Josephine
THE GRUESOME GREEN WITCH
  Coffin, Patricia

THE GUARDIANS
  Christopher, John
GUARDIANS OF THE GATE
  Trimble, Louis
GUARDIANS OF TIME
  Anderson, Poul
A GUIDE TO FAIRY CHESS
  Dickens, Anthony
GUIDE TO MARS
  Moore, Patrick
A GUIDE TO MIDDLE EARTH
  Foster, Robert
GUIDE TO THE HEAVENS
  Wilkins, Hugh Percival
A GUIDE TO THE MOON
  Moore, Patrick
A GUIDE TO THE PLANETS
  Moore, Patrick
A GUIDE TO THE SKY
  Beet, Ernest Agar
GUIDE TO THE STARS
  MacPherson, Hector Copland
A GUIDE TO THE STARS
  Moore, Patrick
GUIDED MISSILES IN WAR
  AND PEACE
  Parson, Nels A.
GUIDED WEAPONS
  Burgess, Eric
THE GUILTY HEAD
  Gary, Romain
GULLIVER OF MARS
  Arnold, Edwin L.
GUMPTION ISLAND
  Morley, Fleix
A GUN FOR DINOSAUR
  de Camp, Lyon Sprague
GUNNER CADE
  Judd, Cyril
THE GUNS OF AVALON
  Zelazny, Roger
THE GUNS OF TERRA 10
  Pendleton, Don
THE GUTENBERG GALAXY
  McLuhan, Herbert Marshall
GUZMAN GO HOME
  Sillitoe, Alan

H

H. G. WELLS: A BIOGRAPHY
  Mackenzie, Normàn
H.G. WELLS: AUTHOR IN
  AGONY
  Borrello, Alfred
H. G. WELLS: CRITIC OF
  PROGRESS
  Williamson, Jack
H.G. WELLS: HIS TURBULENT
  LIFE AND TIMES
  Dickson, Lovat
H. G. WELLS: THE CRITICAL
  HERITAGE
  Parrinder, Patrick
H. H. MONRO (SAKI)
  Gillen, Charles H.
HPL
  Frierson, Meade
H. P. LOVECRAFT: A
  PORTRAIT
  Cook, W. Paul
H. P. LOVECRAFT MEMORIAL
  SYMPOSIUM
  Eisner, Steve

H. PHILLIP BIRDSONG'S ESP
  Lawrence, Harriet
HABITABLE PLANETS FOR MAN
  Dole, Stephen H.
THE HAIRY HORROR TRICK
  Corbett, Scott
THE HALCYON DRIFT
  Stableford, Brian N.
HALF MAGIC
  Eager, Edward McMaken
HALF PAST HUMAN
  Bass, T. J.
THE HALFLING AND OTHER
  STORIES
  Brackett, Leigh
THE HALLOWEEN TREE
  Bradbury, Ray
THE HAMELIN PLAGUE
  Chandler, A. Bertram
HAND OF DRACULA
  Lory, Robert
THE HAND OF KANE
  Howard, Robert Ervin
THE HAND OF ZEI
  de Camp, Lyon Sprague
HANDBOOK FOR SPACE
  TRAVELERS
  Hendrickson, Walter B.
HANDBOOK, 1955
  British Astronomical
  Association
HANDBOOK OF BASIC
  MICROTECHNIQUE
  Gray, Peter
THE HANDBOOK OF ROCKETS
  AND GUIDED MISSILES
  Bowman, Norman J.
A HANDBOOK OF SCIENCE
  FICTION AND FANTASY
  Tuck, Donald Henry
A HANDBOOK OF SPACE FLIGHT
  Proell, Wayne A.
A HANDFUL OF DARKNESS
  Dick, Philip K.
A HANDFUL OF TIME
  Brown, Rosel George
HANSGEORG ERBT EIN WUNDER
  Bochow, Walter F.
THE HAPLOIDS
  Sohl, Jerry
HAPPY RETURNS
  Coles, Manning
HARD TO BE A GOD
  Strugatski, Arkadi
THE HARD WAY UP
  Chandler, A. Bertram
HARLAN ELLISON: A
  BIBLIOGRAPHICAL CHECKLIST
  Swigart, Leslie
HAROLD IN HEAVENLAND
  Stokes, H. A. C.
THE HARP STATESIDE
  Willes, Walter
HARRY'S HOMEMADE ROBOT
  Rinkoff, Barbara
A HARVEST OF HOODWINKS
  Lory, Robert
THE HAT
  Ungerer, Tomi
THE HAUNTED EARTH
  Koontz, Dean R.
THE HAUNTED MOUNTAIN
  McIlwraith, Maureen
  Mollie Hunter McVeigh
HAUNTED PEOPLE
  Carrington, Hereward

THE HUMAN EQUATIONS
Nolan, William F.
HUMAN HEREDITY
Montagu, Ashley
THE HUMAN TIME BOMB
Carter, Nick
THE HUMAN USE OF HUMAN BEINGS
Wiener, Norbert
HUMANITY PRIME
McAllister, Bruce
THE HUMANOIDS
Williamson, Jack
HUMP: OR, BONE BY BONE ALIVE
Benedictus, David
THE HUNDREDTH MAN
De Lenoir, Cecil
THE HUNGER
Beaumont, Charles
HUNT DOWN THE PRIZE
Moon, Sheila
HUNTERS OF SPACE
Kelleam Joseph E.
HUNTERS OF THE RED MOON
Bradley, Marion Zimmer
HUNTING ON KUNDERER
Barton, William
THE HYDROGEN BOMB
Shepley, James Robinson
THE HYDRONAUTS
Biemiller, Carl L.
HYDROSPACE
Caiden, Mattin
HYPERBOREA
Smith, Clark Ashton
HYPNOSIS AND SPACE TRAVEL
Copen, Bruce
HYPNOSIS-ITS MEANING AND PRACTICE
Cuddon, Eric
HYPNOTISM AND CRIME
Hammerschlag, Heinze Erich

I

THE I. Q. MERCHANT
Upchurch, Boyd
I AM LEGEND
Matheson, Richard
I AM THINKING OF MY DARLING
McHugh, Vincent
I CAN PREDICT THE FUTURE
Claro, Joseph
I CAN'T SLEEP AT NIGHT
Singer, Kunt Deutsch
I DIE POSSESSED
O'Sullivan, James Brendan
I HAVE NO MOUTH AND I MUST SCREAM
Ellison, Harlan
I HAVE NO NOSE AND I MUST SNEEZE
Orr, William F.
I LOOKED FOR ADAM
Wendt, Herbert
I PAINT WHAT I SEE
Wilson, Gahan
I REMEMBER LEMURIA
Shaver, Richard S.
I, ROBOT
Asimov, Isaac
I SING THE BODY ELECTRIC
Bradbury, Ray
I SIT IN HANGER LANE
Story, Jack Trevor

I SPEAK FOR EARTH
Woodcott, Keith
I TOLD YOU SO: A LIFE OF H. G. WELLS
Wood, Playsted
I WILL FEAR NO EVIL
Heinlein, Robert Anson
ICE
Edmonds, Helen Woods
ICE CROWN
Norton, Alice Mary
THE ICE DRAGON
Postgate, Oliver
ICE-MEN OF RIME
Bamman, Henry A.
THE ICE PEOPLE
Barjavel, Rene
THE ICE SCHOONER
Moorcock, Michael
ICEBERGS AND JUNGLES
Carpenter, Shirley
ICEWORLD
Stubbs, Harry C.
IDEAS AND OPINIONS
Einstein, Albert
THE IF READER OF SCIENCE FICTION
Pohl, Frederik
IF THE SOUTH HAD WON THE CIVIL WAR
Kantor, MacKinlay
IGNITION
Clark, John D.
ILLUSTRATED GUIDE TO U. S. MISSILES AND ROCKETS
Ulanoff, Stanley M.
AN ILLUSTRATED HISTORY OF THE HORROR FILMS
Clarens, Carlos
THE ILLUSTRATED MAN
Bradbury, Ray
THE IMAGE OF MAN IN C. S. LEWIS
White, William Luther
THE IMAGE OF THE BEAST
Farmer, Philip Jose
IMAGES OF TOMORROW
Nuetzel, Charles
IMAGINARY WORLDS
Carter, Lin
IMAGINATION UNLIMITED
Bleiler, Everett Franklin
IMAGINE A MOON IN A BOX AND OTHER STORIES
Wakefield, Herbert Russell
THE IMMENSE JOURNEY
Eiseley, Loren
THE IMMORTAL STORM
Moskowitz, Samuel
IMMORTALITY DELIVERED
Sheckley, Robert
IMMORTALITY, INC.
Sheckley, Robert
THE IMMORTALS
Gunn, James Edward
THE IMPACT OF SCIENCE ON SOCIETY
Russell, Bertrand Arthur William Russell, 3d Earl.
THE IMPACT OF SCIENCE ON TECHNOLOGY
Warner, Aaron W.
IMPLOSION
Jones, Dennis Feltham
IMPOSSIBLE?
Janifer, Laurence M.

THE IMPOSSIBLE ISLE
Hertel, Arthur
THE IMPOSSIBLE MAN
Ballard, J. G.
THE IMPOSSIBLE PEOPLE
McHargue, Georgess
THE IMPOSSIBLE WORLD
Binder, Eando
THE IMPOSSIBLES
Phillips, Mark
IN DEEP
Knight, Damon Francis
IN HIGH PLACES
Hailey, Arthur
IN QUEST OF QUASARS
Bova, Benjamin Wm.
IN SEARCH OF DRACULA
McNally, Raymond T.
IN SEARCH OF WONDER
Knight, Damon Francis
IN THE ENCLOSURE
Malzberg, Barry N.
IN THE FOOTSTEPS OF THE ABOMINABLE SNOWMAN
Nesvadba, Josef
IN THE KINGDOM OF THE BEASTS
Stableford, Brian M.
IN THE MORNING OF TIME
King, Cynthia
IN THE NAME OF SCIENCE
Gardner, Martin
IN THE NIGHT KITCHEN
Sendak, Maurice
IN THE SEALED CAVE
Herrman, Louis
IN THE SHADOW OF THE CHEKA
Kennedy, John de Navarre
IN THE SPACE OF A WINK
Brailsford, Frances
IN THE WET
Norway, Nevil Shute
THE INCHWORM WAR AND THE BUTTERFLY PEACE
Brower, Brock
THE INCOMPLETE ENCHANTER
de Camp, Lyon Sprague
INCONSTANT MOON
Niven, Larry
THE INCREDIBLE PLANET
Campbell, John Wood, Jr.
THE INCREDIBLE TIDE
Key, Alexander
INCUBUS
Berto, Giuseppe
THE INDESTRUCTIBLE
Garner, Rolf
THE INDEX OF SCIENCE FICTION MAGAZINES: 1951-1965
Metcalf, Norm
AN INDEX ON THE WEIRD AND FANTASTICA IN MAGAZINES
Day, Bradford M.
INDEX TO PLAYBOY: BELLES-LETTERS. ARTICLES. AND HUMOR, Dec. 1953-
Miles, Mildred Lynn
AN INDEX TO SCIENCE FICTION BOOK REVIEWS IN ASTOUNDING ANALOG 1949-1969, FANTASY AND SCIENCE FICTION 1949-1969, GALAXY 1950-1969
McGhan, Barry
INDEX TO THE S-F MAGAZINES, 1951-1965
Strauss, Erwin S.

INDEX TO THE S-F MAGAZINES, 1966
Strauss, Erwin S.
THE INDEX TO THE SCIENCE-FANTASY PUBLISHERS
Owings, Mark
INDEX TO THE SCIENCE FICTION MAGAZINES
New England Science Fiction Association
INDEX TO THE SCIENCE FICTION MAGAZINES: 1926-1950
Day, Donald Bryne
INDEX TO THE SCIENCE FICTION MAGAZINES, 1961, 1962, 1963
Lewis, Al
INDEX TO THE WEIRD FICTION MAGAZINES
Cockcroft, T. G. L.
AN INDEX TO UNKNOWN AND UNKNOWN WORLDS
Hoffman, Stuart S.
INDIAN MOSAIC
Channing, Mark
THE INDIANS WON
Smith, Martin
INDOCTRINAIRE
Priest, Christopher
INDUSTRIAL NUCLEAR DEVELOPMENT
National Association of Manufacturers
THE INEVITABLE HOUR
Boggon, Martyn
THE INEXPLICABLE SKY
Constance, Arthur
THE INFERNAL DESIRE MACHINE OF DOCTOR HOFFMAN
Carter, Angela
THE INFERNO
Creasey, John
THE INFERNO
Hoyle, Fred
THE INFINITE BRAIN
Long, Charles R.
THE INFINITE CAGE
Laumer, Keith
THE INFINITE MAN
Galouye, Daniel F.
THE INFINITE MOMENT
Harris, John Beynon
THE INFINITE VOYAGE
Anderson, Poul
INFINITY no. 1-3,5
Hoskins, Robert
INFORMED SOURCES (DAY EAST RECEIVED)
Bain, Willard S., Jr.
THE INHABITED UNIVERSE
Gatland, Kenneth William
INHERIT THE EARTH
Nunes, Claude
THE INHERITORS
Golding, Wm. Gerald
INNER CIRCLE
Peterkiewicz, Jerzy
THE INNER LANDSCAPE
Peake, Mervyn Laurence
THE INNER METAGALAXY
Shapley, Harlow
THE INNER WHEEL
Roberts, Keith
THE INNOCENCE OF PASTOR MULLER
Beuf, Carlo Maria Luigi

JOURNEY TO THE MOON
  Fuchs, Erich
JOURNEY TO UNTOR
  Wibberley, Leonard Patrick
  O'Conner
JOURNEYS IN SCIENCE
  FICTION
  Loughlin, Richard L.
THE JOY MAKERS
  Gunn, James Edward
THE JOY WAGON
  Hadley, Arthur T.
JOYLEG
  Davidson, Avram
THE JOYOUS INVASIONS
  Sturgeon, Theodore
THE JUDGES OF HADES
  Hoch, Edward D.
JUDGMENT NIGHT
  Moore, Catherine L.
THE JUDGMENT OF EVE
  Pangborn, Edgar
JUDGMENT ON JANUS
  Norton, Alice Mary
JUGGERNAUT
  Bantock, Gavin
JULES VERNE
  Allott, Kenneth
JULES VERNE, MASTER OF
  SCIENCE FICTION
  Verne, Jules
JULES VERNE, PROPHET OF A
  NEW AGE
  Allotte de la Fuye,
  Marguerite
JULIAN THE MAGICIAN
  MacEwen, Gwendolen
JUNGLE GIRL
  Burroughs, Edgar Rice
JUNK DAY
  Sellings, Arthur
JUNKYARD PLANET
  Piper, H. Beam

H

THE KA OF GIFFORD HILLARY
  Wheatley, Dennis
KAI LUNG'S GOLDEN HOURS
  Brahmah, Ernest
KALIN
  Tubb, E. C.
KANT
  Korner, Stephan
THE KAR-CHEE REIGN
  Davidson, Avram
KAR KABALLA
  Smith, George Henry
KAVIN'S WORLD
  Mason, David
KELWIN
  Barrett, Neal
KEMLO AND THE CRATERS OF
  THE MOON
  Martin, Rex
KEMLO AND THE END OF TIME
  Martin, Rex
KEMLO AND THE GRAVITY RAYS
  Martin, Rex
KEMLO AND THE MARTIAN
  GHOSTS
  Martin, Rex
KEMLO AND THE SKY HORSE
  Martin, Rex

KEMLO AND THE SPACE LANES
  Martin, Rex
KEMLO AND THE STAR MEN
  Martin, Rex
THE KENSINGTON STONE
  Wahlgren, Erik
THE KEY OF SOLOMON
  THE KING
  Mathers, S. Liddell
  MacGregor
KEY OUT OF TIME
  Norton, Alice Mary
THE KEY TO INTERPLANETARY
  SPACE TRAVEL
  Chambers, Bradford
THE KEY TO THE GREAT GATE
  Gottlieb, Hinko
A KEY TO THE STARS
  Woolley, Richard van der
  Riet
KHAN PHANTOM EMPEROR OF 1940
  Oliver, Jerome
THE KID FROM MARS
  Friend, Oscar J.
A KIDNAPPED SANTA CLAUS
  Baum, Lyman Frank
KILLER PINE
  Gutteridge, Lindsay
THE KILLER THING
  Wilhelm, Kate
KILLER TO COME
  Merwin, Sam, Jr.
THE KILLING BONE
  Saxon, Peter
THE KILLING MACHINE
  Vance, Jack
THE KING AND HIS FRIENDS
  Aruego, Jose
KING COBRA
  Channing, Mark
KING CONAN
  Howard, Robert Ervin
THE KING IN YELLOW
  Chambers, Robert Williams
KING KOBOLD
  Stasheff, Christopher
KING KULL
  Howard, Robert Ervin
THE KING OF ELFLAND'S
  DAUGHTER
  Dunsany, Edward John
  Morton Drax Plunkett,
  18th Baron
THE KING OF THE AMAZON
  Davis, Peter
KING OF THE NOGS
  Postgate, Oliver
KING QUEEN KNAVE
  Nabokov, Vladimir
KING ROBERT THE RESTLESS
  RULER
  Pape, Donna Lugg
THE KINGDOM OF FUKKIAN
  Mann, A. Philo
KINGDOM OF THE OCTOPUS
  Lane, Frank Walter
THE KING'S FOUNTAIN
  Alexander, Lloyd
KINGS OF INFINITE SPACE
  Balchin, Nigel
KINGS OF SPACE
  Johns, William Earl
THE KINGSLAYER
  Hubbard, La Fayette Ronald
KINSMEN OF THE DRAGON
  Mullen, Stanley

KISS KISS
  Dahl, Roald
KITTEN CABOODLE
  Silverberg, Barbara
KNIGHT OF SWORDS
  Moorcock, Michael
KNULP: THREE TALES FROM
  THE LIFE OF KNULP
  Hesse, Hermann
KOREAN FOLK TALES: IMPS,
  GHOSTS AND FAIRIES
  Im, Pang
KOTHAR AND THE CONJURER'S
  CURSE
  Fox, Gardner, F.
KOTHAR OF THE MAGIC
  SWORD
  Fox, Gardner F.
THE KRAKEN WAKES
  Harris, John Beynon
KRAZY KAT
  Herriman, George
THE KRETZMER SYNDROME
  Way, Peter
KRONK
  Cooper, Edmund
KULDESAK
  Cowper, Richard
KURT VONNEGUT: FANTASIST
  OF FIRE AND ICE
  Goldsmith, David H.
KURT VONNEGUT, JR.: A
  CHECKLIST
  Hudgens, Betty Lenhardt
KWAIDAN
  Hearn, Lafcadio

L

LSD: THE CONSCIOUSNESS-
  EXPANDING DRUG
  Solomon, David
LA-BAS
  Huysmans, Joris Karl
LABYRINTHS
  Borges, Jorge Luis
THE LADDER IN THE SKY
  Woodcott, Keith
LADIES OF HORROR
  Manley, Sean
LADIS AND THE ANT
  Sanchez-Silva, Jose
  Maria
LADY CAN DO
  Merwin, Samuel
THE LADY DECIDES
  Keller, David Henry
LADY OF THE SHADOWS
  Daniels, Dorothy
LAID IN THE FUTURE
  Gray, Rod
LAKE OF FIRE
  Houser, Lionel
LAMBDA I
  Carnell, John
THE LAMPTON DREAMERS
  Davies, Leslie Purnell
LANCELOT BIGGS: SPACEMAN
  Bond, Nelson Slade
A LAND
  Hawkes, Jacquetta Hopkins
A LAND FIT FOR 'EROS
  Atkins, John Alfred
THE LAND OF LOST BUTTONS
  Nishimaki, Kayako

THE LAND OF NO SHADOW
  Claudy, Carl H.
THE LAND OF OZ
  Baum, Lyman Frank
LAND OF TERROR
  Burroughs, Edgar Rice
LAND OF UNREASON
  Pratt, Fletcher
THE LAND THAT TIME FORGOT
  Burroughs, Edgar Rice
LAND UNDER ENGLAND
  O'Neill, Joseph
THE LANGUAGE OF CATS
  Holst, Spencer
THE LANGUAGES OF PAO
  Vance, Jack
THE LANI PEOPLE
  Bone, J. F.
LANDS BEYOND
  de Camp, Lyon Sprague
LAROUSSE ENCYCLOPEDIA
  OF ASTRONOMY
  Rudaux, Lucien
LAST AND FIRST MEN &
  STARMAKER
  Stapledon, William Olaf
THE LAST BATTLE
  Lewis, Clive Staples
THE LAST CASTLE
  Vance, Jack
THE LAST CONTINENT
  Cooper, Edmund
THE LAST DAY
  Clarkson, Helen
LAST DOOR TO AIYA
  Ginsburg, Mirra
THE LAST FLOWER
  Thurber, James
THE LAST 14
  Barr, Tyrone C.
THE LAST HORIZON
  Dasmann, Raymond
  Frederick
THE LAST HURRAH OF THE
  GOLDEN HORDE
  Spinrad, Norman
THE LAST LITTLE DRAGON
  Price, Roger
THE LAST MAGICIANS
  Jakes, John W.
LAST MEN AND FIRST
  Stapledon, William Olaf
THE LAST OF THE GREAT RACE
  Coblentz, Stanton Arthur
THE LAST OF THE JAPS AND
  THE JEWS
  Cruso, Solomon
THE LAST PLANET
  Norton, Alice Mary
THE LAST REVOLUTION
  Dunsany, Edward John
  Morton Drax Plunkett,
  18th Baron
LAST RITES
  Smith, Perry Michael
THE LAST SECRETS OF THE
  EARTH
  Busson, Bernard
THE LAST SPACE SHIP
  Jenkins, Wm. Fitzgerald
THE LAST STARSHIP FROM
  EARTH
  Upchurch, Boyd
THE LAST UNICORN
  Beagle, Peter S.
THE LATHE OF HEAVEN
  LeGuin, Ursula Kroeber

THE NECRONOMICON
Owings, Mark
THE NECRONOMICON, OR ,
AL AZIF
Alhazred, Abdul
NEEDLE
Stubbs, Harry C.
NEEDLE IN A TIMESTACK
Silverberg, Robert
NEGATIONS: ESSAYS IN
CRITICAL THEORY
Marcuse, Herbert
NEGATIVES
Everett, Peter
THE NEMESIS FROM TERRA
Brackett, Leigh
THE NEOPHILIACS
Booker, Christopher
NEPTUNE ONE IS MISSING
Walters, Hugh
NERVES
del Rey, Lester
THE NETS OF SPACE
Petaja, Emil
NEUTRON STAR
Niven, Larry
NEVER-EMPTY
Schatz, Letta
NEVER IN THIS WORLD
Stone, Ida Purell
NEVER STEAL A MAGIC CAT
Caufield, Donald E.
THE NEVERMORE AFFAIR
Wilhelm, Kate
THE NEW ADAM
Weinbaum, Stanley Grauman
THE NEW ASTRONOMY
Scientific American
THE NEW BACKGROUND OF
SCIENCE
Jeans, James Hopwood
NEW DIMENSIONS OF FLIGHT
Zarem, Lewis
NEW DIMENSIONS I-III
Silverberg, Robert
THE NEW INTELLIGENT MAN'S
GUIDE TO SCIENCE
Asimov, Isaac
NEW MAPS OF HELL
Amis, Kingsley
THE NEW MINDS
Morgan, Dan
THE NEW PRIESTHOOD
Lapp, Ralph Eugene
THE NEW SF
Jones, Langdon
THE NEW SCHOOL
Ray, Howard William
THE NEW SPACE ENCYCLOPEDIA
Title entry
NEW STORIES FROM THE
TWILIGHT ZONE
Serling, Rod
NEW TALES OF SPACE AND
TIME
Healy, Raymond J.
THE NEW TOMORROWS
Spinrad, Norman
A NEW VOYAGE TO THE COUNTRY
OF THE HOUYHNHNMS
Hodgart, Matthew John
Caldwell
NEW WORLD OF THE MIND
Rhine, Joseph Banks
NEW WORLDS FOR OLD
Carter, Lin

NEW WORLDS FOR OLD
Ketterer, David
NEW WORLDS OF FANTASY, 1-3
Carr, Terry
NEW WORLDS OF MODERN SCIENCE
Engel, Leonard
NEW WORLDS QUARTERLY, 1,
3-4
Moorcock, Michael
NEW WRITINGS IN SF 1-9,
15-17
Carnell, John
NEW WRITINGS IN SF 21-22
Bulmer, Kenneth
NEWNES SLIDE RULE MANUAL
Camm, Frederick James
NEWS FROM ELESWHERE
Cooper, Edmund
NEXT DOOR TO THE SUN
Coblentz, Stanton Arthur
THE NEXT 50 BILLION YEARS
Heuer, Kenneth
THE NEXT HUNDRED YEARS
Brown, Harrison Scott
THE NEXT MILLION YEARS
Darwin, Charles Galton
A NICE DAY FOR SCREAMING
Schmitz, James H.
NICHOLAS
Brande, Marlie
THE NIGHT CALLERS
Crisp, Frank
THE NIGHT LAND
Hodgson, William Hope
NIGHT MONSTERS
Leiber, Fritz
NIGHT OF DELUSIONS
Laumer, Keith
NIGHT OF LIGHT
Farmer, Philip Jose
NIGHT OF MASKS
Norton, Alice Mary
THE NIGHT OF THE AUK
Oboler, Arch
NIGHT OF THE BIG HEAT
Lymington, John
NIGHT OF THE SAUCERS
Binder, Eando
THE NIGHT OF THE WOLF
Leiber, Fritz
THE NIGHT OF THE WOLF
Long, Frank Belknap
THE NIGHT SHAPES
Blish, James
NIGHT SLAVES
Sohl, Jerry
THE NIGHT SPIDERS
Lymington, John
THE NIGHT WATCHMEN
Cresswell, Helen
NIGHTFALL AND OTHER STORIES
Asimov, Isaac
NIGHTFALL: 20 SF STORIES
Asimov, Isaac
NIGHTFRIGHTS
Haining, Peter
NIGHTMARE AGE
Pohl, Frederik
NIGHTMARE BABY
Du Breuil, Linda
NIGHTMARE NEED
Brennen, Joseph Payne
THE NIGHTMARE READER
Haining, Peter
NIGHTMARES AND DAYDREAMS
Bond, Nelson Slade
NIGHTMARES AND GEEZENSTACKS
Brown, Fredric

NIGHTMARES OF EMINENT
PERSONS
Russell, Bertrand Arthur
William Russel, 3d
earl
NIGHT'S YAWNING PEAL
Derleth, August William
NIGHTWINGS
Silverberg, Robert
NINE BY LAUMER
Laumer, Keith
NINE HORRORS AND A DREAM
Brennan, Joseph Payne
NINE HUNDRED GRANDMOTHERS
Lafferty, R. A.
998
Hyams, Edward Solomon
NINE PLANETS
Nourse, Alan Edward
NINE PRINCES IN AMBER
Zelazny, Roger
NINE TALES OF SPACE AND
TIME
Healy, Raymond J.
NINE TOMORROWS
Asimov, Isaac
1984
Orwell, George
1989; POPULATION DOOMSDAY
Pendleton, Don
1999 OUR HOPEFUL FUTURE
Cohn, Victor
1970 BRITANNICA YEARBOOK
OF SCIENCE
Young, Richard G.
THE 1972 ANNUAL WORLD'S
BEST SF
Wollheim, Donald A.
THE 1973 ANNUAL WORLD'S
BEST SF
Wollheim, Donald A
19 TALES OF TERROR
Burnett, Whit
NINETY SECONDS TO SPACE
Bergman, Jules
THE NINTH GALAXY READER
Pohl, Frederik
NINYA
Fagan, Henry Allan
NO BLADE OF GRASS
Christopher, John
NO BOUNDARIES
Kuttner, Henry
NO FLYING IN THE HOUSE
Brock, Betty
NO FUTURE IN IT
Brunner, John
NO HIGHWAY
Norway, Nevil Shute
NO LIMITS
Ferman, Joseph W.
NO LONGER ON THE MAP
Ramsay, Raymond H.
NO MAN FRIDAY
Hough, Stanley Bennett
NO MAN ON EARTH
Moudy, Wlater
NO MAN'S WORLD
Bulmer, Kenneth
NO MIND OF MAN
Silverberg, Robert
NO MORE WAR!
Pauling, Linus Carl
NO ONE GOES THERE NOW
Walling, William
NO OTHER MAN
Noyes, Alfred

NO PLACE LIKE EARTH
Carnell, John
NO PLACE ON EARTH
Charbonneau, Louis H.
NO REFUGE
Boland, John
NO TIME LIKE THE PRESENT
Bond, Nelson Slade
NO TIME LIKE TOMORROW
Aldiss, Brian Wilson
NO TIME LIKE TOMORROW
White, Ted
NO WORLD OF THEIR OWN
Anderson, Poul
NOAH II
Dixson, Roger
NOCTURNAL VAUDEVILLE
Schneck, Stephen
NOGBAD AND THE ELEPHANTS
Postgate, Oliver
NOGGIN AND THE MOON MOUSE
Postgate, Oliver
NOMAD
Smith, George Oliver
NOMADS OF GOR
Norman, John
NONE BUT MAN
Dickson, Gordon R.
NON-STOP
Aldiss, Brian Wilson
NOONMARK
Green, Julia Boynton
THE NORMAL LOVECRAFT
Talman, Wilfred B.
NORMAN
Rose, Mitchell
NORTH CAPE
Poyer, Joe
THE NORTH STAR MAN
Taniuchi, Kota
NORTHWEST OF EARTH
Moore, Catherine L.
NOSTRADAMUS ON NAPOLEON,
HITLER AND THE PRESENT
CRISIS
Robb, Stewart
NOSTRADAMUS PROPHECIES
ABOUT THE WAR
Notredame, Michel de
NOSTRADAMUS SPEAKS
Boswell, Rolfe
NOSTRADAMUS, THE MAN WHO
SAW THROUGH TIME
McCann, Lee
NOT IN SOLITUDE
Gantz, Kenneth Franklin
NOT THIS AUGUST
Kornbluth, Cyril M.
NOT WITH A BANG
Pincher, Chapman
NOT WITHOUT SORCERY
Sturgeon, Theodore
NOTES FROM THE FUTURE
Amosov, Nikolai
Mikhailovich
NOTIONS UNLIMITED
Sheckley, Robert
NOVA
Delany, Samuel R.
NOVA EXPRESS
Burroughs, William S.
NOVA 1-3
Harrison, Harry
NOVEL ON YELLOW PAPER
Smith, Stevie
NOVELETS OF SCIENCE FICTION
Howard, Ivan

POSITIVE CHARGE
Richmond, Walt
THE POSSESSION OF JOEL
DELANY
Stewart, Ramona
THE POSSESSORS
Christopher, John
POSSIBLE TOMORROWS
Conklin, Groff
POSSIBLE WORLDS OF SCIENCE
FICTION
Conklin, Groff
POST-HISTORIC MAN
Seidenberg, Roderick
POST MORTEM
Taylor, Constance Lindsay
THE POST READER OF FANTASY
AND SCIENCE FICTION
Saturday Evening Post
POSTMARKED THE STARS
Norton, Alice Mary
POTATO TALK
Rees, Ennis
THE POWER
Robinson, Frank M.
THE POWER OF STARS
Lawrence, Louise
THE POWER OF THE MIND
Alexander, Rolf
THE POWER OF X
Sellings, Arthur
POWER UNLIMITED!
Marcus, Abraham
PRACTICAL ASTRONOMY
Schroeder, Wolfgang
PRACTICAL CANDLE BURNING
Buckland, Raymond
PRACTICAL MATHEMATICS
Baker, Cyril Clarence
Thomas
PRACTICAL PHOTOGRAPHY
Johnson, Benjamin King
PREDICTIONS
Durant, John
PRE-EMPT
Vorhies, John Royal
PREFERRED RISK
McCann, Edson
PRELUDE TO MARS
Clarke, Arthur Charles
PRELUDE TO MATHEMATICS
Sawyer, Wm. Warwick
PRELUDE TO SPACE
Clarke, Arthur Charles
THE PREMIER
Conrad, Earl
THE PRENTICE-HALL BOOK
ABOUT SPACE TRAVEL
Temple, Wm. Frederick
THE PREPOSTEROUS ADVENTURES
OF SWIMMER
Key, Alexander
A PRESENT FROM A BIRD
Williams, Jay
PRESENTING MOONSHINE
Collier, John
PRESERVE AND PROTECT
Drury, Allen
THE PRESERVING MACHINE
Dick, Philip K.
PRESIDENT McGOVERN'S FIRST
TERM
Max, Nicholas
THE PRESIDENTIAL PLOT
Johnson, Stanley

THE PRESSURE GAUGE MURDER
Linsingen, Frederick
Wm. Berry von
PREVIEW FOR TOMORROW
Bliven, Bruce
PRICSONGS AND DESCANTS
Coover, Robert
A PRIDE OF MONSTERS
Schmitz, James H.
PRIEST KINGS OF GOR
Norman, John
THE PRIMAL URGE
Aldiss, Brian Wilson
PRIME NUMBER
Harrison, Harry
THE PRINCE IN WAITING
Christopher, John
THE PRINCE OF ATLANTIS
Roy, Lillian Elizabeth
PRINCE OF DARKNESS
Mertz, Barbara
PRINCE OF PERIL
Kline, Otis Adelbert
A PRINCESS OF MARS
Burroughs, Edgar Rice
A PRINCESS OF MARS and,
A FIGHTING MAN OF MARS
Burroughs, Edgar Rice
THE PRINCESS OF THE ATOM
Cummings, Ray
THE PRINCIPLES OF LINE
ILLUSTRATION
Staniland, Lancelot Norman
PRISMS AND LENSES
Meyer, Jerome Sydney
THE PRISONER
Disch, Thomas M.
PRISONER IN THE SKULL
Dye, Charles
THE PRISONER #2
McDaniel, David
PRISONERS OF SATURN
Suddaby, Donald
PRISONERS OF SPACE
del Rey, Lester
PRISONERS OF THE SKY
Capps, Carroll M.
THE PRITCHER MASS
Dickson, Gordon R.
THE PRIVATE MEMOIRS AND
CONFESSIONS OF A JUSTIFIED
SINNER
Hogg, James
A PRIVATE VOLCANO
Sieveking, Lance de
Giberne
PRIZE SCIENCE FICTION
Wollheim, Donald A.
PRIZE STORIES OF SPACE
AND TIME
Wollheim, Donald A.
THE PROBABILITY MAN
Ball, Brian N.
PRODIGAL SUN
High, Philip E.
THE PRODUCTIONS OF TIME
Brunner, John
PROFILES OF THE FUTURE
Clarke, Arthur Charles
PROGENY OF THE ADDER
Whitten, Leslie H.
THE PROGRAMMED MAN
Sutton, Jean
THE PROJECT
Sinclair, Andrew
PROJECT JUPITER
Brown, Fredric

PROJECT 12
Grouling, Thomas
PROLOGUE TO ANALOG
Campbell, John Wood, Jr.
THE PROMETHEUS PROJECT
Feinburg, Gerald
THE PROMISE OF SPACE
Clarke, Arthur Charles
A PROMISING PLANET
Strike, Jeremy
PROPHECIES ABOUT THE WAR
IN EUROPE
Reed, Clarence
A PROPHETIC MINORITY: THE
AMERICAN NEW LEFT
Newfield, Jack
PROPHETS AND PORTENTS.
SEVEN SEERS FORETELL
HITLER'S DOOM
Boswell, Rolfe
THE PROSPECT OF IMMORTALITY
Ettinger, Robert C.
PROSTHO PLUS
Anthony, Piers
PROTECTOR
Niven, Larry
PROTOSTARS
Gerrold, David
PROVIDENCE ISLAND
Hawkes, Jacquetta
Hopkins
THE PSEUDO-PEOPLE
Nolan, William F.
THE PSIONIC MENACE
Woodcott, Keith
PSTALEMATE
del Rey, Lester
PSYCHICAL RESEARCH
Johnson, Raynor Carey
PSYCHICAL RESEARCH TODAY
West, Donald James
PSYCHOGEIST
Davies, Leslie Purnell
PSYCHOLOGY AND ITS BEARING
ON EDUCATION
Valentine, Charles Wilfrid
THE PSYCHOLOGY OF
COMMUNICATION
Miller, George Armitage
THE PULPS
Goodstone, Tony
PULSATING STARS
Title entry
PUNISHMENT: THE SUPPOSED
JUSTIFICATIONS
Honderich, Ted
THE PUPPET MASTERS
Heinlein, Robert Anson
THE PUPPET PLANET
Winterbotham, Russell
Robert
THE PURCHASE OF THE NORTH
POLE
Verne, Jules
THE PURLOINED PLANET
Carter, Lin
THE PURLOINED PRINCE
Wallace, Ian
PURPLE ACES
Hogan, Robert J.
THE PURPLE ARMCHAIR
Hesky, Olga
THE PURPLE CLOUD
Shiel, Matthew Phipps
PURPLE PIRATE
Mundy, Talbot

PURSUIT THROUGH TIME
Burke, Jonathan
THE PUSSYCAT TRANSPLANT
Mark, Ted
PUT-OFFS AND COME-ONS
Chapman, Arthur Harry
PUZZLE BOX
Clinton, Edwin M.
THE PUZZLE PLANET
Lowndes, Robert W.
THE PYRAMIDS OF EGYPT
Edwards, Iowerth Eiddon
Stephen

Q

QUADRATIC
Stapledon, William Olaf
THE QUALITY OF MERCY
Compton, David Guy
QUARK, no. 1, 3-4
Delany, Samuel R.
QUATERMASS AND THE PIT
Kneale, Nigel
THE QUATERMASS EXPERIMENT
Kneale, Nigel
QUATERMASS II
Kneale, Nigel
QUEEN OF AIR AND DARKNESS
Anderson, Poul
QUEEN ZIXI OF IX
Baum, Lyman Frank
QUENCH THE BURNING STARS
Bulmer, Kenneth
QUEST BEYOND THE STARS
Hamilton, Edmond
QUEST CROSSTIME
Norton, Alice Mary
QUEST FOR A CONTINENT
Sullivan, Walter
QUEST FOR THE FUTURE
Van Vogt, Alfred Elton
THE QUEST FOR UTOPIA
Negley, Glenn Robert
THE QUEST OF EXCALIBUR
Wibberley, Leonard
Patrick O'Connor
QUEST OF THE DAWN MAN
Rosny, J-H.
QUEST OF THE THREE WORLDS
Linebarger, Paul
A QUESTION OF IDENTITY
Lorac, Godwin
THE QUESTIONERS: PHYSICISTS
AND THE QUANTUM THEORY
Cline, Barbara Lovett
QUICKSAND
Brunner, John
THE QUINCUNX OF TIME
Blish, James

R

R IS FOR ROCKET
Bradbury, Ray
THE R-MASTER
Dickson, Gordon R.
RACE AGAINST TIME
Anthony, Piers
RACES AND PEOPLE
Boyd, William Clouser
RADAR ALERT
Zeigfreid, Karl

YOU'LL SEE
    Lehrburger, Egon
YOUNG DEMONS
    Elwood, Roger
THE YOUNG MAGICIANS
    Carter, Lin
THE YOUNG SCIENTIST'S
    COMPANION
    Goldsmith, Maurice
THE YOUNG TRAVELLER IN SPACE
    Clarke, Arthur Charles
THE YOUNG UNICORNS
    L'Engle, Madeleine
YOUR SINS AND MINE
    Caldwell, Taylor
YOUR TRIP INTO SPACE
    Poole, Lynn
YOUR WORK ABILITIES
    Rahn, Alphonso Wm.
YOU'RE ALL ALONE
    Leiber, Fritz

Z

THE Z EFFECT
    Laurens, Marshall
ZACHERLEY'S VULTURE STEW
    Title entry
ZANTHAR AT TRIP'S END
    Williams, Robert Moore
THE ZAP GUN
    Dick, Philip K.
ZEKI AND THE TALKING
    CAT SHUKRU
    Kubinyi, Laszlo
THE ZERO STONE
    Norton, Alice Mary
THE ZILOV BOMBS
    Barron, Donald Gabriel
ZIP-ZIP AND HIS FLYING
    SAUCER
    Schealer, John M.
ZIP-ZIP GOES TO VENUS
    Schealer, John M.
THE ZOLOTOV AFFAIR
    Rimmer, Robert H.
ZOO 2000
    Yolen, Jane
ZOOGEOGRAPHY OF THE SEA
    Ekman, Sven
ZOOPHABETS
    Tallon, Robert
ZOTHIQUE
    Smith, Clark Ashton
DIE ZUKUNFT IM BUCH
    German Science Fiction
    Club